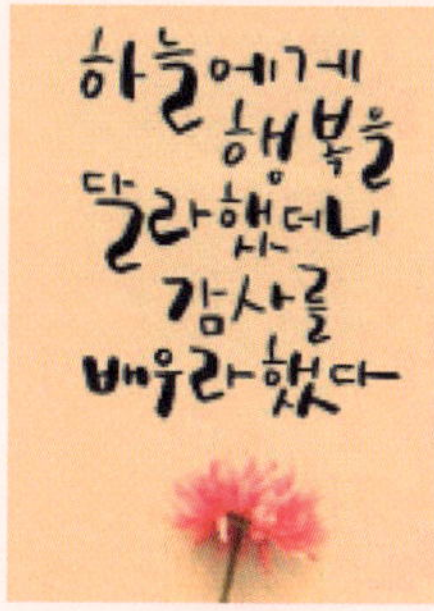

_______________ 님

余山 李基班

초판 인쇄 발행 2025년 12월 5일 1판 1쇄

지 은 이 이기반
펴 낸 이 육종덕
편집책임 이기문 / kmleeya@naver.com
디 자 인 샬롬기획
펴 낸 곳 태리안

출판등록 2006년 4월 14일
주 소 대전시 중구 태전로 26, 1층(정동)
전자우편 yjd6041@hanmail.net / jinhee1964@naver.com
전 화 042) 581-2146 / 042) 222-1335~6
팩 스 042) 222-1337

ISBN 978-89-6872-089-5

Letters to a Truth Seeker • The Deep Ocean of Truth between the Eastern and the Western Mind

정가 54,000원

『'실낙원'이후』 이상복 作

1권 Letters to a Truth Seeker

부록 A Hut in the Hookses

2권 The Deep Ocean of Truth between the Eastern and the Western Mind

God desires all people to be saved and
to come to the knowledge of the truth.

일러두기

- 이 책의 성서 인용은 주로 개역판을 따랐으며, 부분적으로 개역 개정판과 새 번역판도 포함되었다.
- 각 책의 본문의 다양한 언어 사용 특성상, 주석은 독자의 이해를 돕기 위해 저자 주석(註釋)과 저자의 감수를 거쳐 편집자 각주(脚註)를 달았다.
- 이 책의 맞춤법 표기 기준은 국립국어원 「한국어 어문 규범」(1988 개정)을 근거로, 한글 맞춤법, 표준어 규정, 외래어 표기, 국어의 로마자(기타 언어) 표기법을 따랐으며, 일부는 편집부의 지침을 따랐다.
- 성경은 개역, 개역 개정, 영어 성경 NIV, KJV판을 사용하였다.
- 이 각 권의 부(部)와 장(章) 말미 수록된 【묵상 적용과 토론을 위한 질문】은 본문에서 다룬 핵심 내용을 요약·정리하여 독자가 전체 맥락을 조망하고 심화된 성찰에 이르도록 돕기 위해 편집자가 별도로 마련한 것이다.
- 『어느 구도자에게 보내는 편지』의 부록 편 『훅시스의 오두막』의 표지와 내지 사진들은 저작권자인 David Carson과 <wordsbydesign>의 사용 허가(2025. 8. 22)를 받아 게재하였다.

- 합본 앞표지 사진: ◑「일출」 평창 발왕산(發旺山), 주칠용(대전평안교회 담임목사)
- 합본 뒤표지 그림: ◑「REDEMPTION」"序章 部分" 청라(青蘿) 이상복(相福) 화백
- 합본 삽지 그림: 「"실낙원"이후」 청라(青蘿) 이상복(相福) 화백

제1권 『어느 구도자에게 보내는 편지』:

- 표지의 제자(題字): ◑ 보담(寶譚) 백동기(서예) 작가
- 삽지 그림: ◑『설교를 그리다』「산상수훈」 목판 필사 박형만(건축사, 트리니티 필사학교장) 작가

제2권 『동양과 서양의 마음 -그 깊은 진리의 바다』:

- 표지 내 그림: ◑『아름다운 우리 강산』 연작 中 「한산 앞 바다, 미륵도 마을 풍경」 이한우 화백(국민훈장, 프랑스 정부 문화기사 훈장 수상, 게시 허가, 2010년)
- 삽지 그림: ◑『설교를 그리다』「로마서 8장」 목판 필사 박형만(건축사, 트리니티 필사학교장) 작가

차례

합본 출간에 부쳐

『어느 구도자에게 보내는 편지』는 1992년 과학과 예술, 1997년 세풍에서 발간된 이후, 세월의 흐름 속에서 절판되었으나 독자들의 지속적인 요청에 힘입어 이번에 개정·증보판으로 다시 출간하게 되었다. 이번 판의 부록에는 「훅시스의 오두막」을 함께 수록하였다. 청빈과 겸손을 실천하며 낮은 이들과 동행한 삶으로 필자의 신앙과 학문 여정에 깊은 영향을 끼친 존 스토트John Stott 목사님을 회고하며, 44인의 공동 저자, 대표Christopher J. H. Wright크리스토퍼 라이트가 엮은 『존 스토트, 우리의 친구』*A Portrait of John Stott by His Friends* 기독학생회출판부 IVP2011년 영국과 한국 동시 출간에 실렸던 필자의 원고 「이 땅에 타오르는 불꽃 - 훅시스의 오두막」*A Hut in the Hookses*을 옮겨 실었다.

『동양과 서양의 마음 - 그 깊은 진리의 바다』라는 다소 장엄하고 웅대한大言壯語 제목을 지닌 이 책은, 동양의 사유와 서양의 영성을 하나로 아우르며 궁극적 생명의 진리인 복음을 직관과 경건의 자세로 깊이 상고詳考하고 그 참됨을 확증하는 데 초점을 두었다. 그리스도의 십자가, 곧 십자가 신앙으로 읽어낸 은총의 진리들을 수렴한 구도求道와 심학尋學의 기록임을 밝힌다.

『어느 구도자에게 보내는 편지』는 필자의 졸저 『히말라야의 눈꽃 - 썬다 · 싱의 생애』를 읽은 한 스님이 1990년경 미국 체류 중 연락해오면서 시작된 서신 교류를 문답 형식으로 엮은 것으로써, 성경 진리로 변증한 전도 서신Ecclesiastes이다.

돌아보면, 도道와 진리眞理에 대한 갈증으로 지구의 미로를 돌고 가로지른 삶이었다. 10대에는 입산入山하여 잠시나마 수행의 길을 걸었고, 20대에는 세상 속에서 생업에 전념하며 부지런히 살았다. 30대에는 토론토대와 하버드대 등지에서 사회 과학을 탐구했으며, 40대 이후에는 영국 최남단 대서양 절벽 아래에서 십자가의 계시와 역사의 암호를 물으며 사유의 바다에 잠기곤 했다.

결국, 진리이신 말씀 앞, 깊은 명상의 샘가에 머물며 걷어 올린 정수精粹는 하나님의 경륜을 밝히 드러내고 선포하는 것임을 알게 되었다. 곧, 십자가의 구속으로 거듭난 백성들 안에 그분 자신의 생명과 충만한 존재가 임하셔서, 그리스도와 영 안에서 한 띠로 연합된 새 생명으로 다시 태어나게 하시는 것 - 그것도 영원한 생명 존재로 거듭나게 하시는 것 - 바로 이것이 하나님께서 영원 전부터 품고 계셨던 계획임을 깨닫게 된 것이다.

> 하나님은 모든 사람이 구원을 받으며 진리를 아는 데에 이르기를 원하시느니라. 딤전 2:4
> God desires all people to be saved and to come to the knowledge of the truth.

『어느 구도자에게 보내는 편지』와 『동양과 서양의 마음 - 그 깊은 진리의 바다』 그리고 두 책 사이에 『훅시스의 오두막』을 넣어 합본으로 출간하는 것은 진리와 영성 추구의 내용이 같은 구경究境을 갖고 있기에 하나로 모아 본 것이다.

한 권의 책이 독자 제현諸賢의 손에 들리는 여정은 지난하기 그지없다. 책장마다 많은 이들의 도움과 사랑의 흔적이 배어 있다. 합본이 세상에 나와 빛을 볼 수 있도록 기획과 편집, 디자인과 인쇄에 이르기까지 수고를 아끼지 않은 동생 내외 이기문 · 김진희 박사에게, 그리고 도서 출판 태리안太里安의 육종덕 대표께 말로 다 표현할 수 없는 깊은 감사를 전한다. 특별히 합본 서평을 써주신 이충재 문학평론가 · 시인과 기도로 함께 해 주시며, 책 곳곳에 아름다운 주제별 삽화로 졸저의 품격을 영적으로 한층 높여 주신 청라青蘿 이상복 화백·장로님께도 진심으로 감사의 마음을 드린다. 은혜와 신뢰 속에 살아간다는 든든함과 자유로움, 그리고 그 감사의 마음을 각 권의 「책의 머리에」에 담았다.

너희는 여호와를 만날 만한 때에 찾으라 가까이 계실 때에
그를 부르라…, 하늘이 땅보다 높음같이 내 길은 너희
길보다 높으며 내 생각은 너희 생각보다 높으니라사 55:6-9

2025년 단풍이 물들어가는 가평의 상천재上泉齋에서,

이 기 반 謹誌

서평

영성과 지성의 균형, 동서양의 융합을 통한 기독교 변증법 확증하기

- 이기반 교수의 제1권 『어느 구도자에게 보내는 편지』 제2권 『동양과 서양의 마음 - 그 깊은 진리의 바다』에 붙여

이기반 교수의 영성과 기독교 변증학적 원고들을 접하며

대한민국의 존재론적 고통을 재확인하기 위하여 강원도 철원 민통선으로 향하던 버스 안에서 한 통의 전화를 받은 것이 인연이 되어 이기반 교수의 기독 철학, 영성과 지성 그리고 비교종교학『동양과 서양의 마음』을 통한 하나님의 존재론적 확신과 접근을 허락받은 수혜를 접할 수 있는 계기가 마련되었음에 감사를 드린다.

이기반 교수를 최초로 만나게 된 계기는 바로 『어느 구도자에게 보내는 편지』1992, 과학과 예술에서 –"길眞理을 묻는 이와의 서신 교환을 통하여 우리들 영혼의 빈자리를 채워 주고 있음에 따름이다. 그것은 잔잔하게 흐르는 목소리이면서 하늘의 우레 소리이다. 길을 잃은 현대인에게 길을 가르쳐주는 이 깊은 영혼의 바다"와 『썬다 · 싱의 생애 히말라야의 눈꽃』1990, 홍성사 – "히말라야를 넘다 마흔 살에 끝내 실종된 기도와 전도에 신명을 바친 썬다 · 싱의 생애는 분명, 읽는 이들의 호흡을 순간순간 멈추게 하고 위대한 성자의 깊은 은혜의 체험을 함께 나눌 수 있도록 해줄 것이다."였다.

특히 『어느 구도자에게 보내는 편지』는 구입하여 기독교의 우수성을 증명하기 위한 전도 대상이나 변증의 필요성을 느끼는 비그리스도인들에게 선물할 수도 없는 절판된 도서라는 점에서 지금까지 아쉬움을 자아내게 하는 애증의 도서이다.

위의 도서는 필자가 읽어 온 변증 도서 ① **『다윈의 동화』,** 데이비드 스토브 지음, 신재일 옮김, 영림카디널 : 창조론자도 아닌 스토브가 역사학적으로 다윈의 진화를 대항하여 모순을 지적해 내는 도서, ② **『다윈의 블랙박스』,** 마이클 베이 지음, 김창환 외 옮김, 풀빛 : 생화학이 다윈에게 던지는 질문을 통하여 다윈의 진화론의 모순과 오류를 찾아내는 연구서, ③ **기독교적 변증 도서로서의 『특종! 믿음사건』,** 리스트로 벨 지음, 윤종석 옮김, 두란노 : 기독교 8대 난제에 대한 유명 저널리스트의 탐색, ④ **『기독교 변증 총서1』,** 조쉬 맥도웰 지음, 오진탁 외 2인 옮김, 순 출판사 : 오늘날 크리스천들이 당면한 질문에 대한 가장 적절하고 신뢰할 만한 조쉬 멕도웰의 명쾌한 답변들, ⑤ **『청춘을 위한 기독교 변증』,** 조쉬 멕도웰, 데이브 스테럿 지음, 오세원 옮김, 국제 제자훈련원 : 고민하지 않으면 청춘이 아니다. 감정적인 믿음을 넘어, 확실한 증거를 요구하는 청춘들의 이야기보다도 더 확실하고도 명쾌한 기독론적 세계관이 명시된 도서이다. 이들 도서와 더불어 이기반 교수의 위의 도서는 거대 담론의 주제로서의 영성과 지성과 비교 종교, 비교 철학, 비교 사상적인 방향에서도 가장 훌륭하고 확실한 자료와 설명을 기술해 놓아 가장 설득력이 있는 연구 도서로서의 가치를 지녔다고 할 수 있다.

지금까지의 그 어느 국내 신학 도서보다도 이기반 교수의 책은 영성론, 기독론, 기독 세계관, 비교 종교론들이 지닌 난해한 문제와의 갈등과 오해를 단숨에 해결해 주는 명쾌한 해답 도서가 되었다고 확신하며 이를 만났다는 감사와 기쁨을 자아내게 하는 수작秀作인 것이다.

진즉 바라고 원하던 자료집이 대한민국 기독교 세계관을 위한 혹은 향한 중심의 맥을 잡아 준다는 측면에서 쌍 손을 들고 환영하지 않을 수 없다. 그동안 많은 기독교 문서를 접할 때마다 두 가지의 갈등과 아쉬움이 있어 왔던 것이 사실이다. 첫째는 대한민국 신학계에도 수많은 신학자가 배출되어왔음에도 불구하고 기독교 변증학 분야나 영성, 실천적 신학의 맥을 확실하고도 시원하게 잡아 영적 성장과 신앙의 깊은 뿌리를 내리는데 늘 부족 현상을 자아내고 있음의 원인을 두고 아쉬워했던 것이 사실이다. 또한 학문이라는 이론에만 집착한 나머지, 신앙인의 생활 철학에 천착하지 못하거나 현실적인 대항마로 등장하지 못하여 늘 타 종교 혹은 부정적이고도 불온한 사회환경에 빛과 소금의 역할을 자아내지 못하고 있음이 두 번째 아쉬움으로 남아왔다. 그 외에도 신학적 학문의 확실성도 늘 개운치 않아 확신을 부여하는데 어디인가 아쉬움이 많았던 것이 사실이다. 특히 타 종교와의 비교선상에서 필요충분조건을 만족시키지 못함은 물론 그들로부터 우위성과 확실성을 드러내지 못하는 어정쩡한 위치에 머물고 있어서 충분한 영적 가이드 역할을 감당하지 못하는 등 대한민국에서의 기독교 신학이나 영성 신학과 기독교 변증학에서의 멘토 역할을 하는 이들을 만나기가 여간 어렵지 않았다는 아쉬움을 느끼곤 하였다. 그 결과 21세기 오늘날 대한민국의 기독교 현상에 미친 영향은 점점 더 하나님을 향한 순수 신앙과 세상을 향한 복음의 열정이 시들해짐은 물론 하나님을 향한 생명력과 비전의 밝은 빛이 희미해지는 작금의 문제성을 낳고 말았다.

이 현상은 우리가 가볍게 여겨서는 안 될 심각한 사회 문제성으로 전이되고 있음에 몇 가지의 영적인 경각심을 요청하기에 이르렀다.

그 첫째는 사이비 종파와 이단 종파가 버젓하게 현판을 내 걸고 가정을 파괴하거나 인성을 파괴하는 등 비그리스도인들의 야망과 욕망을 이용하여 사회에 깊게 뿌리를 내려 사회를 어지럽히고, 기독교인들과 기독 지도자들로 하여금 하나님을 향한 신앙의 순수성으로부터 일탈하여 마치 하나님과 교회를 자신들의 권력이나 명예나 인기 혹은 맘몬 우상의 물적 축적을 이룩하는 방편으로 이용하고 있음에도 불구하고 아무런 회심의 행위를 결정짓지 못하고 말았다는 것이다. 그러한 교회의 양적 부흥이나 지적 비대증은 열매 하나 맺지 못하는 무화과나무이거나 사탄이 뿌린 가라지 천지의 논과 밭으로서의 교회가 될 뿐, 하나님의 복음과 생명력과 그분의 영광과는 아무런 관계성을 발견할 수 없는 무아지경으로의 판만 키운다는 죄의 대가를 면키 어려울 것이다.

둘째는 그리스도인의 실천적 믿음과 영성을 기초로 한 사회의 변화와 부정적 문화를 정화淨化시키는 역할론으로부터 무딘 영적 상태이거나 잎만 무성하고 열매 하나 맺지 못한 자아로 전락하고 말았다는 것이다. 이는 교회의 지도자들과 평신도 사역자와 그리스도인들의 가치를 스스로 망가뜨리는 막강한 힘이 되어 늘 그리스도인들을 위협하는 대상이 되고 세상 사람들의 지탄의 대상이자 오히려 그들로 인한 긍휼의 대상으로 전락하고 말았다는 것이다. 그러니까 주객이 전도된 웃지 못할 일들이 복음 주변에서 일어나고 있다는 부끄러운 민낯을 그대로 드러내놓고 있다는 것이다.

셋째로는 하나님의 영광을 드러내 보이며 동시에 그리스도의 향기를 통하여 살아 역사하시는 하나님의 증인으로서의 역할론으로부터 이탈케 하는 그리스도인들의 탈 기독교 혹은 타 종교로의 개종을 선언하는 등 그리스도인의 양적 감소가 점점 늘어나고 있다는 것이다. 그 이유는 무엇일까? 한국 기독교 내에서 그 문제를 찾을 수밖에 없다. 기독인의 순수 신앙의 건강한 뿌리를 깊이 내리게 할만한 신학적, 영적, 지성적 역할론으로서의 충분한 자생적 자료와 운동이 턱없이 부족하다는 것이다.

바로 이들에게 『어느 구도자에게 보내는 편지』나 『히말라야의 눈꽃 - 썬다·싱의 생애』, 〈동서양의 문화와 학문 그리고 철학의 교집합적 진리를 발견하려는 의지와 시도〉 같은 기독교 변증학적 혹은 영적 도반의 연구서가 절실하게 읽히지도 공급하지도 못하는 결과로 인함이 아쉽다.

그런데 이번에 이기반 교수의 신작에서 『어느 구도자에게 보내는 편지』가 개정되어 제1권의 목록 아래 수록되고, 여기다가 철학적이고 사상적이며, 동서양의 지혜자들을 총동원하여 한 판 겨루어 확실한 기독교 교리나 하나님의 절대성을 향한 우위를 점검받을 장의 확대를 통하여 기독론의 절대 우위론을 재검증하고 있다는 것이다. 그뿐만 아니라 더욱 강화된 이론과 실천을 겸비한 『동양과 서양의 마음 - 그 깊은 진리의 바다』가 제2권으로 수록되어 출판된다니 대한민국 기독교의 현재와 미래에 막강한 영적 화력을 지니게 된 듯 기쁘다.

영적 화력으로서의 도서 내용 살펴보기

1) 『어느 구도자에게 보낸 편지』를 중심으로

이기반 교수의 방대한 분량의 도서 원고를 읽으면서 갑자기 그동안 필독하였던 몇 권의 대화록 혹은 편지글이 스쳐 지나갔다. 『루이스와 프란시스 쉐퍼의 대화』스콧 버슨·제리 월즈 지음, 김선일 옮김 IVP, 『복음주의가 자유주의에 답하다』존 스토트 지음, 김일우 옮김 포이에마, 『맬컴 X Vs 마틴 루터킹』제임스 H. 콘 지음 정철수 옮김 갑인공방, 『루이스 Vs 프로이트』아맨드 M. 니콜라이 지음, 홍승기 옮김 홍성사 그리고 이와 성격을 조금은 달리하는 편지글을 묶은 도서들이 떠올랐다.

『옥중 연서』디트리히 본회퍼·마리아 폰 베데마이어 지음 정현숙 옮김, 『D에게 보낸 편지』 앙드레 고르 지음, 임희근 옮김 학고재, 『카뮈- 그르니에 서한집』알베르 카뮈·장 그르니에 지음 김화영 옮김 책 세상, 『사랑하였으므로 행복하였네라』유치환 지음, 중앙출판공사, 『살구꽃 봉우리를 보니 눈물이 납니다』이오덕·권정생 지음, 한길사, 『딸에게 보내는 굿나잇 키스』이어령 지음, 열림원, 『그대 안에 내가 있음이여』이충재 지음, 도서 출판 한천 등을 들 수 있겠으나, 위의 소개된 도서들 위에 이기반 교수의 도서 『어느 구도자에게 보내는 편지』를 놓을 때, 그 도서가 지닌 특성 및 분명하고도 거룩한 목적성은 다른 도서들과는 뚜렷한 차이점을 보인다고 할 수 있다. 이는 영적이고도 동시에 기독교 변증법적 확증을 위해서 시도되는 위대한 도전이며 또한 기독교 사상의 청사진을 드러내는 위대한 선포식과도 맥을 같이 할 수 있다. 단순히 서로 다른 종교에 몸담은 이들이 주고받는 편지가 아닌, 종교적, 존재론적, 우주적. 인간적인 차이와 영혼과 몸과 학문과 사상과 배움의 세계가 지닌 차이의 벽을 뛰어넘는 감성적 이성적 대화의 시도란 점에서 그 어느 서간문보다도 위대하고도 그 내용이 심오하다고 할 수 있다. 그 예는 다음과 같다.

> 兄, 형은 예수를 역사상의 인물, 그저 크신 성인 중의 한 분으로만 보시는 것이 아닌가 하는 생각이 듭니다. 예수는 결코 과거의 인물이 아닙니다. 사람들은 그를 십자가 형주刑柱에 달아 못 박아 죽였으나 신적인, 아니 신의 길을 걸은 사람을 죽일 수는 없는 것입니다. 그리스도교는 이 신적인 그의 부활이 있음으로해서 소망의 종교가 되었습니다. 죽음보다 강한 부활, 그래서 사도바울이 고린도교인들에게 보낸 서간에서 이렇게 고백합니다. 고전15:12~14(구 도서. p.65)

> 형, 죽음이 생生의 마지막이라면, 생은 죽음을 위한 준비랄 수 있겠지요 〈어떻게 죽을 것인가?〉하는 데 대한 죽음의 연습 같은 것이 바로 생이 되겠지요? 기약 없이 올 수 있는 것이 죽음이라면, 죽음은 생명

을 받은 그때부터 계속 동행해 오고 있다고 볼 수도 있지 않겠습니까? 삶의 한 부분이 되어 동행하다가 어느 시점에 이르러서 우리를 또 하나의 장場으로 바꾸는 것이라고나 할까요. 생이 어느 한 곳까지 흘러온 강물이라면, 죽음은 그곳으로부터 계속해서 흘러가는 또 다른 강일 것입니다. 삶이 죽음을 인도하고 죽음은 삶을 승화하는 배역配役의 관계라고나 할까요. 죄인의 삶은 죄인의 죽음으로, 부자의 삶은 부자의 죽음으로, 또 성인의 삶은 성인의 죽음으로 연결이 될 것이겠지요. "누구든지 땅에 메이면 하늘에서도 메이고, 땅에서 풀면 하늘에서도 풀린다"라고 하지 않습니까?(구 도서. p.135)

형, 형께서는 불교와 기독교가 영원한 평행선으로 남을 것이라고 하시지만 저는 시각을 달리합니다. 동양인의 사유가 자연과 인간과의 관계를 일치할 수 있는 조화로 보는 한, 저는 불교 또는 노·장老莊 사상이 기독교의 신비주의 사상과 그렇게 먼 거리에 있다고 보고 싶지 않습니다. 물론 깨달음에 대한 근본 교리로 말하면, 기독교의 구원과는 다른 불교 사상의 신비주의가 기독교 신비주의와 인식 체계상 차이가 있지만, 양 종교가 거룩이라고 하는 신성神性에의 합일을 지향하는 한 만날 수 있다 하는 안위安慰를 가져봅니다. 비록 불교인들의 경우 십자가란 용어와 그 개념조차도 모르지만, 그들의 신성을 지향하는 마음을 자비심 등의 신적 속성으로 실현하려고 노력하는 한, 대화의 여지가 있다고 보여집니다. 거룩이라든지 자비심이라든지 하는 것은 서양의 사고와 동양의 사고 두 개의 것을 다 받아들일 수 있는 보편의 가치가 아닙니까? 그리고 무엇보다도 기독교가 원래의 동양적 모습에서 서양적인 철학화 내지 신학화가 되었다 하더라도 예수 가르침의 기본, 즉 '산상수훈'이 품고 있는 그 동양적 자연의 마음, 그 시적인 동양적 사고는 탈색脫色시킬 수 없는 것으로 여겨지는군요. 예를 들어 말씀드린다면 예수의 가르침에는 '낮아져라', '비우라', '없어져라'하는 '공空'과 '무無' 개념이 있는 이것은 대승불교 사상이, "색

> 즉시공色卽是空 공즉시색"空卽是色에서도 보여주는 바와 같이 우주의 궁극적 실재를 파악함에 있어서 먼저 무無인 그 공空을 감각화 함으로써 유有를 긍정할 수 있다는 의미와도 일맥상통하는 것이지요. 진리는 부정을 통하여 긍정으로 나아가는 것이라고나 할까요? 또 상대적인 것을 부정함으로써만 절대적인 긍정에 이른다는 직관이 역설처럼 두 종교 사상에는 내포되어 있습니다.(구 도서. pp.178~179)

이 외에도 이기반 교수의 『어느 구도자에게 보내는 편지』의 대화 문장들 하나하나를 그냥 가볍게 읽고 지나칠 수 없음은 위의 도서에 몰입해 보지 않은 사람들은 충분히 공감하기가 어려울 것이다.

위의 도서의 볼륨은 그렇게 방대하지 않지만, 그 대화의 내용을 살펴볼 때, 충분히 영적이고 우주적이고, 인류적이며 인간 내면의 울림과 형이상학적 고뇌의 해법을 발견케 하기에 필요충분조건 그 이상을 함축하고 있다고 할 수 있다.

필자가 위의 도서를 두 번 읽으면서 느낀 궁금증이 끊임없이 영적인 갈증을 야기해 왔는데, 증보판 성격을 띤 위의 도서와 치밀한 주석에서 이 모든 갈증을 화통하게 해독해 주어서 감동을 자아내기에 충분했다.

오늘날처럼 이념이나 생각의 다름이 틀림으로 오독誤讀되어 소통의 부재를 불러오고 있으며 그 결과물이 관계성의 심각한 균열과 존재론적 가해 행위인 불법적, 범죄적 결과물로 이어지는 시대에 서로 다른 이념과 종교성을 뛰어넘는 편지를 통한 진지한 소통을 시도하는 두 분의 서로 다른 도반들의 이야기를 앞으로 접할 기회는 아마도 어려울 것이다. 그 이유로 이 책에 대한 지속적인 가치를 찾아 나섰다가 이윽고 이번 기회에 위의 도서를 만나게 되어 참으로 기쁘고 행복하다. 더욱이 이 책이 저자의 오랜 연구의 결과물로서 친절한 주석이 보강되어 깊이도 부족하며 판단력과 선택적 결단의 부족으로 인해 참된 삶의 가치를 잃고 방황하는 기독교인 독자들을 초대할 준비를 하는 여정에 이르렀다는 소식을 접하니 날아갈 듯 마음이 가뿐하고도 기쁨을 억제할 수 없다.

고학력자가 많기로 소문난 대한민국에서, 물질적 부를 자랑삼는 이들이 권력과 갑질의 우위를 점유하는 세상에서, 특히 권력에 현혹되어 인본의 가치를 상실한 현주소를 망각하고도 부끄러움을 모르는 이들 틈새에서, 거대 담론과 미시적 담론의 연구가 턱없이 부족하면서도 지식인 혹은 지성이란 겉모양만 갖춘 이들이 행세하기에 자유로운 한반도에서 늘 아쉬워하고 신학이나 영성이나 특히 인문학이나 인간적 사유의 문을 확연하게 열어 보여주지 못하는 갈증에 목말라하던 시기에 우수하고도 방대한 기독교 변증법적, 영적, 철학적, 동·서양을 아울러 참된 삶의 가치를 물어갈 도서가 세상에 선을 보이게 된다는 것 하나만으로도 충분히 감사한 일이다.

노 교수의 진심 어린 조언이 증보판에서 빛을 보여 인용되면서 이 단락에서 다른 단락으로의 점프를 시도하고자 한다.

> K형, 그동안 서신에서 여러 번 언급했습니다만, 십자가의 복음을 알게 되면 불교의 그 아아峨峨한 가르침들도 심리 철학적 요소의 기초 위에 세워진 심학心學, Psychology of Mind의 집이라는 것을 깨닫게 될 것이라고 믿습니다. 영원히 목마르지 않을 생명수, 그 영생으로 인도하는 진리는 오직 '태초부터 천지를 지으신 빛이고 생명이신 예수 그리스도의 말씀의 원천源泉' 밖에는 없습니다.(신도서. pp. 341-342)

2) 『동양과 서양의 마음-그 깊은 진리의 바다』를 중심으로

이기반 교수의 논리가 위대한 것은 '내 것'만 또는 '우리의 것'만이라는 이기주의利己主義적 태도를 지니고 토론과 논의 그리고 연구과제 앞에서 미리 벽을 새워 두고 차단하는 폐쇄된 자세를 취하지 않고 마음을 터놓고 충분히 장시간 토의하여 그 토론장에서 제시된 주제의 진정성을 검증받는 열린 마음으로 학문을 대하고 접근을 시도한다는 것 때문이다.

오늘날 학문 혹은 종교, 사상, 인문학 분야의 경계가 맥없이 허물어지는 웃지 못할 위기의식을 접한다는 것은 어려운 일이 아니다. 물론 이 또한 그 가치 여부에 대한 진지한 판단과 진단과 관심을 지닌 사람들에게만 보이는 일이란 점에서 보편적 담론의 주제로 설정하는 것이 다소 무리가 없지 않아 있다. 이는 형이상학적 삶을 살려고 노력하는 사람들에게서 찾아보는, 아름다운 모습이란 점에서 충분히 사유할 필요성이 있겠다. 서양인들의 기독교 종사자들 또는 도반들이 어느 날 자신의 신앙을 버리거나 퓨전 종교 전향자로 변신하여 초월적 이미지의 삶을 살아가는 것인 양 자랑삼아 매스컴에 오르내리는 등 인기 차트나 다큐멘터리에 등장하는 모습들을 본다. 마침 이 세상은 그런 사람들을 가치 있는, 결단력 있는 초월적 존재인 양 치켜세워 세상 사람들을 현혹시키곤 한다. 이는 종교뿐 아니라 모든 분야에서 마치 붐인 양 호도하고 있는 추세다. 이것도 저것도 아니면 내 것이 최고이고 타인의 것은 가치 없는 인생인 것처럼 가볍게 치부해 버리는 그릇된 습성이 지배적이다.

이 책에서 이기반 교수께서 시도하는 방법은 그러한 천박한 논리를 전혀 사용하지 않는다는 것이다. '동양과 서양의 마음'이 그 증거이며 반증인 셈이다. 충분히 동양의 사상과 서양의 사상을 나란히 견주어 놓고, 독자들로 하여금 스스로 판단하게 하는 자유토론과 의지에 일정 부분을 맡기는 등 겸허한 자세로 접근하는 방식을 취하고 있다. 그러다가 막히거나 오기를 드러내 사유, 사상, 삶, 내세적 삶의 길을 잃고 벼락으로 굴러떨어질 즈음 형이상학적 자신의 연구 결과물과 영적인 깨달음을 은근슬쩍 독자들 혹은 토론자들의 머리맡에 내놓는 온유하고도 선한 방법을 제시하고 있다. 그 방법이 이 방대한 도서의 처음과 나중을 연결해 주고 있음을 발견하게 된다. 그뿐만 아니라 독자들이 이 험하고도 간사하고도 악한 시대의 얼어붙은 영적인 강을 건널 때 입고 지날 영혼의 외투를 마련하게 될 날실과 씨실 역할을 하기에 충분하다고 할 연구 자료집이 된다는 점을 확증시켜준다.

그런 의미에서 이번에 발간될 이기반 교수의 도서 제1권 「어느 구도자에게 보낸 편지」와 제2권 「동·서양의 마음 - 그 깊은 진리의 바다」는 대한민국에서 쉬 만나지 못할 서양의 신학과 철학과 사상을 섭렵하여 얻어낸 토속적 기독 신학 변증법의 확증과 영성과 문화의 절대성을 진단하게 될 자료집으로 길이 남을 것을 확신한다. 이미 서양에서 기독문화와 기독론과 영성 그리고 이데아의 진실 여부를 논했던 철학자들과 동양사상의 접목을 통해서 얻어지고 발견된 진리의 검증이란 점에서도 충분히 연구의 대상이 될 것이며, 가볍게 맛만 보고 지나치는 사람들이 쉬 범하게 될 오류를 바로잡아 줄 영적 가이드 자료집으로도 충분한 가치를 지닌다고 할 수 있다. 기독론 외에도 동서양의 학문의 깊이가 느껴지는 절대적 수혜의 대상으로서의 독자들이 누리는 영적 잔치 자리가 되리라 확신하는 그 기대가 결코 빗나가지 않으리라.

이 도서가 읽히는 곳마다 성령 하나님의 역사하심과 영적 뿌리 깊음과 회심을 기대하며

900여 쪽이 넘는 방대한, 그러나 좌로도 우로도 치우치지 않으면서도수 1:7 통전적으로 동·서양의 사상, 철학, 문명, 종교, 즉 인류의 정신과 문명사를 비교신학적으로 직조한 이기반 교수의 기독교 변증학 신학 도서를 감상하면서 보화를 얻은 것처럼, 밤을 설쳐가면서 흥분하지 않을 수 없는 기분을 느꼈다. 원하고 바라던 그 무엇을 단번에 얻은 것 같은 기분일까? 그리움 중 간절한 마음으로 기다려온 그 한 사람을 만나 회포를 푸는 느낌이라고 할까? 잠을 자면서도 문득문득 뇌리를 스쳐 가는 문장들로 인해 다시 일어나 읽고 또 읽었다. 그만큼 몹시 영적 갈증을 느껴왔다는 사실을 증명하는 셈이다.

한국 기독교가 양적으로는 충분히 성장했을지 몰라도 영적으로나 실천적 신앙과 기독론영성과 지성의 조화으로 볼 때 늘 아쉬움이 많아 턱 밑까지 차올라 울렁증까지 도지게 된 것이 또한 사실이다. 그런 까닭에 이기반 교수의 위 신간 증보판 도서가 대한민국의 기독론영성과 지성 그리고 실천적 교리의 확증과 그리스도인으로서의 향기와 자신감 등 실질적인 생활의 변화를 통한 하나님께 영광 돌리는 삶과 궁극적인 하나님 나라 확장을 위한 충분한 가이드 역할을 하기에 필요 충분 조건을 모두 갖추었다고 확신한다. 필자도 일전에 우리 신앙생활 중 발견된 수많은 죄성과 죄책과 죄를 회심하여 얻은 은혜로운 삶그리스도의 향기와 하나님의 영광을 지향할 목적으로 쓴 시들을 한 권의 시집 『그리스도의 풀』이충재의 제10 시집으로 묶어 출간한 적이 있다. 그중 한 편의 시「다시 주님께로」로 귀한 도서 출간을 즈음한 축하의 메시지로 남겨 본다.

다시 주님께로

이 충 재

이제 돌아가야 할까보다
새 예루살렘 성곽으로
주님과 동행하면서 먹은 말씀
나무 그늘 아래 누워 꾼 꿈을

오라하면 오고 가라하면 갈
주님이 쏟으신 피와 땀 향기를 그리우며
손 내밀어 안아 주시기까지 서성일까 보다

그림자뿐인
사랑의 언어를 잃은 군중들
눈먼 채 고단한 몸 이끌고 먼 길 돌아서서 간다
주님께로 가야 할 길 위에 장애물을 놓고
맹물 같은 사랑을 팔아 명분을 사고 있다
영혼의 해갈이 되지 않는 독안의 물을 팔아
하루치 양식을 삼고 입가심을 한다

죽어야 할까보다
육신이 나은 것은 묻어두고
생수의 강 흘러 우리의 무덤을 적시울 때
아무 일 없었던 듯 다시 일어나
예루살렘 성곽으로 돌아가야 할까보다
대륙 뒷골목을 지나 한반도에 오신 주님
그분 곁으로 슬픔의 낯가리고 가야 할까보다

이 원고를 읽으면서 성급한 마음과 조급한 마음이 왠지 치밀어 오르는 다급함을 느끼게 했다. 그만큼 종교다원주의의 포로가 되어 순수 신앙의 공동체를 이탈하는 수많은 그리스도인의 수가 눈에 띄게 늘어나는 영적 불안감을 좌시할 수만은 없었기 때문이다. 또한 유사 그리스도인, 나쁜 그리스도인 유형의 달갑지 않은 미성숙 그리스도인들로 인하여 하나님 영광을 가리는 등 교회를 떠나는 이들을 보면서 늘 가슴 아파해야만 했던 그 아픔이 영혼 깊이 침전되어 켜켜이 쌓여 올라오는 현상을 더 이상 참을 수 없었다는 것이 그 이유다.

유진 피터슨은 영적인 목표지점을 잃은 이 시대를 향한 안타까운 마음을 그의 저서 『한 길가는 순례자』에서 고스란히 드러내 놓고 있다.

> 거짓과 악의가 판치는 문화, 그러한 문화에 잠겨있는 사람은 익사할 것 같은 자신을 발견한다. 이제 그들은 무엇을 듣고 누구를 만나도 좀처럼 믿질 못한다. 세상에 대한 그러한 불만족은 실은 그리스도의 제자가 되기 위한 여정의 준비다. 그러한 불만족이 평안과 진실을 향한 갈망과 짝을 이루어, 완전하신 하나님을 만나는 순례길로 우리를 이끈다. …시편 120편은 거짓에 앓고 증오로 무력해진 이, 이 세상의 판도에 차라리 고뇌를 벗 삼아 살아온 이를 위한 노래다. 그러나 이 노래는 단순한 절규가 아니다. 그것은 차라리 절망을 관통해서 새로운 시작을 자극하는 아픔이다. 그 시작이란 하나님을 향한 여행으로, 곧 평안의 삶을 연다. p. 31 「회개」

> 시편 121편은 큰 문제를 이겨내는 바로 그 믿음이 사소한 경우에도 효력을 발한다고 말한다. 흑암에서 빛을 창조하신 창세기 1장의 하나님은 모든 악에서 당신을 지켜주시는 바로 오늘의 하나님이시다.
>
> 그리스도인의 삶은 사뿐히 걸어 들어가 우리 주님과 끊임없이 대화하는 동산으로의 은밀한 도피가 아니다. 또는 우리의 훈장이나 황금메달을, 승리자의 무리에 든 다른 이들의 것과 비교할 수 있는 하늘 도성으로의 환상적인 여행도 아니다. 그런 상상이나 기대를 지닌다는 것은 엉뚱한 방향으로 나사를 돌리는 것과 같다. 그리스도인의 삶은 하나님을 향해 간다. 하나님께로 가는 길에서 그리스도인은 세상 사람 누구나 밟는 땅을 밟고, 같은 공기, 같은 물을 마시고, 같은 상점에서 물건을 사고, 같은 신문을 읽는 것으로 정부의 시민이며, 식료품과 휘발유를 사기 위해 같은 값을 치르고, 똑같은 두려움을 느끼고, 같은 압력에 시달리고, 같은 고민을 겪고 같은 땅에 묻힌다.
>
> 다른 점이 있다면, 걸어 다니며 숨 쉴 때마다 우리가 하나님의 보호

아래 있으며 그분과 동행하며 그분의 통치를 받고 있다는 정도일 것이다. 그래서 우리가 어떤 의심에 시달리고 어떤 사고를 당하든지 주님이 모든 악에서 우리를 보호하시며, 우리의 현실에서의 삶을 지켜 주신다고 믿는 것이다. pp. 54-55. 「섭리 」

스캇 맥나이트, 로라 베린저는 그의 저서 『토브 처치』에서 권력에 저항하고 치유를 촉진하는 그리스도인의 문화 만들기에서 다음과 같이 공감력을 잃은 그리스도인의 영혼을 지적하고 있다.

모든 면에서 예수를 가장 잘 묘사하는 단어는 공감emphaty이라 할 수 있는데, 그것은 우리말 성경에서 긍휼compassion로 번역되는 단어 중 하나다. 공감은 다른 누군가가 느끼는 것을 느끼는 능력이요, 우리 자신의 감정에서 벗어나 타자의 경험 속으로 들어가는 능력이다. 따라서 공감은 타자의 고통을 통해 세상을 바라보는 능력이다. 공감의 하나님으로부터 부여받은 사명에 충실했던 예수께서는, 그분이 만나셨던 모든 사람에게 신실하게 긍휼을 베푸셨다. p. 152. 「토브 처치는 공감을 키운다」

니제이 굽타는 그의 저서 『기독교, 로마를 뒤흔든 낯선 종교』에서 오늘날의 교회의 그릇된 이탈의 현장을 진단하고 다음과 같이 그 대안을 제시해 주고 있다.

이 퀴리오스주님 예수님은 권력의 피라미드를 강화하는 일에 관심이 없으셨다. 그분은 온유와 겸손을 설교하셨고, 죄인들을 구원하기 위해 죽음까지 감수하며 양보와 섬김의 모범이 되셨다. 그분의 메시지의 주제는 차이를 초월하는 사랑이었다. 엘리트나 특정 민족 집단이나 특정 사회 계층만이 아닌, 모든 이를 위한 평화와 번영이었다. p. 101. 「십자가에 못 박힌 주라는 역설」

헨리 나우웬은 저서 『마음의 길』에서 다음과 같이 우리의 영적 생활의 건강성을 염려하고 있다.

> 신학 교육의 목표는 마음과 목숨과 뜻을 다하여 하나님을 사랑하고 이웃을 자기처럼 사랑하라는 지상 명령에 더 충실할 수 있도록 우리를 주 하나님께 더 가까워지게 하는 것이 아니고 무엇이겠는가?마 22:37 참조 신학교와 신학대학원은 하나님과의 교제, 서로 간의 교제, 동료 인간과의 교제가 끝없이 깊어지도록 신학생들을 이끌어 주어야 한다. 본래 신학교 교육이란 그리스도의 마음을 점점 더 닮아가도록 우리의 전인을 형성하기 위한 것이다. 그럴 때 우리의 기도와 믿음이 하나가 될 수 있다. 하지만 현실은 어떤가? 신학을 배우거나 가르치는 우리는 종종 하나님이나 그분과 관련된 이슈에 대한 온갖 복잡한 토론과 변론과 논쟁에 파묻혀 있는 것 같다. 그것이 워낙 심하다 보니 단순히 하나님과 대화하거나 그분 앞에 가만히 있는 일은 사실상 불가능해졌다. 우리의 언어 능력이 향상되어 있는 것을 능히 구별할 수 있게 된거야 좋지만, 때로는 생명의 말씀이신 그분께 일편단심 헌신하기보다 말이 그 초라한 대용품이 되었다. pp. 65-66

토머스 머튼의 자신의 일기로 읽는 자서전인 『토머스 머튼의 시간』에서 인간의 가치, 삶에 대해서 다음과 같이 고백하고 있다.

> 1965년 8월 13일 내가 인간이라는 기쁨! 내가 인간이라는 사실은 신학적 진리이며 신비다. 하느님께서는 그리스도 안에서 인간이 되셨다. 바로 나 같은 인간이 되심으로 그분은 나와 결합하고 나를 그분의 현현으로 만드신다. 그러기에 나는 그분을 드러내야 한다. 진정한 인간의 존재 이유가 바로 여기에 있다. 내 자유로 빛이신 그분께 순명順命함으로서 내 안에 그분을 드러내게 된다. …내가 만일 사람들의 인간성을 미워한다면 어떻게 인간으로서 자신을 사랑할 수 있겠는가? 내가 인간이라는 사실이 무한한 기쁨이고 즐거움이어야 한다. 나의 창조주에 의해 지음 받았음을 기뻐하는 것은 나의 구세주에 의해 회

> 복되도록 마음을 여는 것이다. 인간이 되는 기쁨이 순수한데도 이에 대한 그리스도교의 이해는 너무 빈약하여 인간이 아닌 다른 존재, 천사가 되는 것이 더 큰 기쁨인 것으로 잘못 생각한다. 그러나 하느님은 천사가 되지 않고 인간이 되셨다.

한스 로크마커는 『예술과 그리스도인』에서 아름다운 천지를 만드신 하나님의 피조물로서의 인간의 역할론에 대하여 다음과 같이 설명하고 있다.

> 우리가 의미 있는 것은 우리의 존재 때문이지 소유 때문이 아니다. 우리의 의미는 우리가 지닌 소유, 혹은 특성이나 재능에 있지 아니하다. 말을 잘하는 재능을 가진 설교자가 설혹 병이 들어, 설교하지 못하게 되었다고 할지라도, 하나님과 동료 인간들 앞에서 그의 인간성이나 의미를 상실하는 것은 아니다. 의미는 존재에 있는 것이지 소유에 있는 것이, 결코 아니다. 예술은 하나님으로부터 부여된 것이므로, 그분에 대한 순종과 사랑, 그리고 이웃에 대한 사랑 가운데서 그분을 통하여, 즉 그분이 주신 재능을 통하여 이루어져야 한다. 이러한 방식으로 우리는 예술을 하나님께 다시 헌상하는 것이다. 그러므로 이처럼 예술이 하나님의 창조물로서 고유한 의미를 지닌다면, 예술을 정당화하려고 노력할 필요는 없는 것이다. 예술의 정당성은 이미 그것이 하나님이 부여하신 가능성이라는 사실에 내재한다. pp. 52-53. 「예술의 고유한 가치」

이기반 교수는 이 책 말미에, 시대의 평화와 안녕을 위하여 모든 족속들에게 다음과 같이 경고성 조언을 남기고 있다.

> 영과 혼이 없는 사람은 살아있어도 죽은 사람이듯이, 이스라엘이든 미국이든 '칼을 드는 자는 그 칼로써 망할 것'마 26:52입니다. 바라건대 이스라엘은 '성전산'으로 이기려고 하지 말고, 하루라도 빨리 예수님 피의 새 언약인 십자가 앞으로 나아와, 그 십자가의 힘으로 이스라엘을 둘러싸고 있는 마성적 세력들이 물러가게 해야 할 것입니다.

> 플라톤이 『공화국』에서 '폭력과 복수Violence and Revenge'는 '영원한 복수의 연속'만 있게 한다고 했듯이, 바위 돔과 알아크사 사원을 뺏거나 부순다고 일이 끝나는 것이 아닙니다. 지난 세기 기독교 교단들의 죄악사가 보여주듯이, 서방 기독교 국가들이 성경 뒤에 대포를 싣고 가는 제국주의적 우를 범하지 말고, 사도 바울이 "한 사람이라도 더 구하기 위해서 모든 것을 한다"고전 9:22-23고 하듯이, 겸손한 태도를 지니고 선한 사마리아인이 되어 이웃 이슬람 백성들을 한 사람이라도 더 십자가 앞으로 나오게 하는 것밖에는 길이 없는 것입니다. 그것이 '평화의 터'라는 예루살렘이 할 도리입니다. pp. 900 「유프라데 강에 결박된 '네 천사'와 하나님의 인치는 역사」

위의 모든 신학적 기반과 함께한 이기반 교수는 불온한 인간 세상을 향한 영적 행보로서의 일평생 건강한 그리스도인들의 영성과 지성 그리고 성령 하나님 중심에 기초를 두고 논의하고 하나님의 살아 역사하심을 전파하고 증거 하는 자의 삶이라는 화두를 두고 영적 씨름해 온 과제와도 일맥상통하는 바다. 이것이 바로 이번에 출간될 신간 증보판이 영적 문화의 불모지인 21세기 종교다원주의로 혼란스러운 이 시대를 향하여 영성의, 기독론의 우수한 힘을 받아 역류하는 거대한 한 줄기 흐름으로 연결된다는 점에서 우리가 앞으로 영적 긴장감과 자유함을 가지고 생활해야 한다는 과제에 충실하게 하는 것과 직결된다고 할 수 있다. 이러한 사역에 한반도 그리스도인 모두가 동참하는데 가이드 역할을 하기에 충분한 요소를 지녔다고 확신하고 장담한다. 끝으로 이기반 교수님의 영적 건강과 육체의 건강을 지켜주시기를 하나님께 기도드리며 이 도서가 영적 불후의 명작으로서 대한민국 기독교인들의 영성과 은혜의 전당으로 향하는 이정표가 되어 주기를 간절히 기도 드린다.

이 충 재 시인, 문학평론가

제 1 권

어느 구도자에게 보내는 편지

글월에는 벌판을 달려오듯
살아왔다고 하셨는데 … .
저는 광야 또는 들판이란
말을 좋아합니다.

●

광야를 걸으면 자연과
인간의 만남이 있고
무한한 가능성을 향한
가슴뜀이 있습니다.
창조의 첫모습인 벌판의
그 시원(始原) 적인 빈들의 침묵 …

이 기 반

「산상수훈」 목판 필사, 박형만 作

1권 Letters to a Truth Seeker
부록 A Hut in the Hookses

고요히 빈 마음으로 기도드리면
깊은 숲, 새의 깃듦으로
우리 영혼의 숲에 사랑이 깃듭니다.
가을날, 쪽빛 하늘 밑
무심코 보는 창가의 실국화 한 송이에서
문득,
만물을 향한 사랑이 싹터옵니다.

빈 들에서 만나는 심오한 영성

- 이기반 교수의 『어느 구도자에게 보내는 편지』

청년 시절부터 나는 기독교 신앙을 동양적 영성의 언어와 사유로 표현할 수 없을까 하는 갈증을 느끼고 있었다. 그런데 우연히 이기반 교수가 이러한 관심에 한 줄기 빛을 안겨주는 책을 펴내었기에 읽고 소개한다. 『어느 구도자에게 보내는 편지』라는 책 제목이 보이는 것처럼 논문이라기보다는 서간문 형식으로 친근하게 접할 수 있어 좋다. 자연히 글이 퍽 따뜻하고 운율을 느끼게 하는 시적 농축이 신선하다.

저자는 캐나다와 미국, 그리고 영국에서 비교종교학과 중국철학, 역사학 등을 두루 섭렵하고 영국 버밍엄대학교에서 비교종교문화신학 전공으로 박사학위를 받은 희귀한 기독교 지성이다. 그런데 신기한 것은 세계 종교 사상에 대한 엄청난 편력遍歷에도 불구하고 그는 여전히 기독교 복음주의 신학자의 입장을 견지하고 있다는 것이다. 여기서 '복음주의'라고 함은 타 종교와의 대화와 문화수용을 거부하지 않으면서도 그리스도의 유일성과 독특성을 주장한다는 의미이다.

이 책은 빛을 갈구하는 한 산문山門 출신 구도자가 종교 언어가 주는 상징성과 감수성만으로 구름 따라 물 따라 도반道伴이 되어 보자는 제의를, 저자가 받아들여 편지를 교환하게 되었는데, 그 구도자의 글에 대한 답신 형식으로 이루어졌다. 총 42편의 편지를 7장으로 편집했는데, 한편 한편이 새롭고 진지하여 빈 들에서 생수를 마시는 지적 해갈을 경험케 한다.

구도자는 불교적 시각에서 끊임없이 질문해 왔다. 저자는 질문자의 불교적 사유와 용어들을 수용하면서 성실하게 예수와 복음을 해명하고 있다. "불교가 기독교보다 철학적으로 더 심오하지 않은가?"라는 물음에 이 책은 대답한다.

> 물론 명상의 수풀, 거대한 대륙 인도에서 옛부터 가꾸어 온 힌두교와 불교의 사유만큼 성경의 기사가 현란하고 심오해 보이지 않을는지 모르겠습니다. 그러나 성경의 한 글자 한 글자 뒤에 숨어 있는 신과 인간의 관계는 인간의 상식으로는 도저히 헤아리기 어려운 심묘막측深妙莫測한 비의秘義가 있습니다… 사실 어떤 면에선 예수의 가르침은 난해하기 짝이 없는 공안公案 같은 것입니다. 성령의 도움 없이는 한 자도 풀 수 없는 수수께끼 같은 것이지요.

그동안 교계는 얼마나 많은 기독교 신자들과 교사들에 의하여 기독교 진리와 신앙 체험이 깊이가 없고 경박한 것처럼 보여왔는지 모른다. 또한 복음이 서양으로 전파되어 서양 문화의 옷을 입음으로써, 서양적 사유의 한계를 기독교의 한계로 규정하려는 피상적 관찰도 유행하는 터이다.

저자는 이러한 피상성을 유유히 극복하고 있다. 그는 선방禪房에서나 듣던 공안公案 같은 것이 성경에도 있다고 한다. 예수께서 하나님 나라를 설說하다가 느닷없이 "주검이 있는 곳에 독수리가 모이느니라"눅 17:37 하신 것은 영락없이 공안 같은 대목이라는 것이다. 저자는 또 참다운 종교적 영성은 빈 마음의 자리에서만 가능하다는 것을 다음과 같이 설명한다.

> 궁극적인 지혜가 어디 사유의 달음질에 있겠습니까. 모든 것을 떼어 내버린, 그 비어 있는 마음의 정관靜觀에 있겠지요. 세상이 다 떠내려가도 홀로 고요히 앉아 있는 듯한 예수의 그 역설적인 「산상수훈」적 비움의 마음 위에서만 신적 지혜는 덮이는 것이 아니겠습니까? 산상수훈은 참으로 역하逆河적인 역설逆說입니다. 탈 문화, 반문화적인 역설입니다. 불교의 '불佛'의 원래 의미처럼 '세상을 부정弗하는 사람人이 되도록 깨달으라佛'는 말입니다. 세상적 야망을 버리는 일이지요. '사람이 온 세상을 얻고도 그의 영혼을 잃는다면 무엇이 유익하리요?'마 16:26라는 존재론적 실존의 문제를 생각해야 하는 질문입니다.

한편, 기독교인은 빈 마음의 그릇 안에 '죽음보다 강한 사랑'아 8:6을 채우는 자라고 말한다. 눈보라 치던 히말라야의 랑케트 고개에서 썬다·싱이 죽어가는 사람을 등에 업고 나아가듯, 기독인은 역사의 비탈에 무너져 앉은 사람들을 부추기고 업어 주면서 하나님 나라를 조용히 건설하는 '사랑의 불씨'들이라고 말한다. 이 감동적인 일화에서 저자는 '죽음보다 강한 사랑'의 문제를 독자들에게 남긴다.

> 어찌하면 사람은 죽음을 두려워하지 않을 수 있는가?

이에 대하여 필자는,

> 성聖도 속俗도 잊어버리고, 마치 예수님이 통옷을 입고 살 듯, 그저 전체로만 뚜벅뚜벅 살아가면 죽음은 두려워할 것이 아니라는 것이다. 사실 죽음은 다만 수없이 타唾는 삶의 마지막 파도에 불과한 것이다. 사도 바울은 그래서 "죽음아, 이제 네 쏘는 추악한 독침이 어디 있느냐?"고전 15:55-57라고 말하면서 부활이라고 하는 새로운 삶의 장章을 선언하는 것이다.

필자는 끊임없이 이어지는 저자의 바다 같은 사유를 이 지면에 다 소개할 수가 없다. 사막의 지혜, 불가지론일 수 없는 신의 문제, 말씀인 도道,

생명보다 더한 신비, 일원론과 이원론, 대도大道의 정맥正脈인 성경 …. 소제목들이 보여주는 대로 이 책은 타 종교인을 위한 기독교 이해를 복음적으로, 그러면서도 동양인의 언어와 심성으로 풍요롭게 전하고 있다.

목회에 바쁘고 사업에 기진하여 독서의 행복을 오랫동안 잊고 살던 이들이라도 이 책으로 하여 인간의 정신이 본질적으로 무엇을 원하는지 깨달음이 있으리라 생각된다.

송 기 식 전) 서울신학대학교 교수

* 본고本稿는 『활천活泉』지 1993. 6월호에 게재되었던 것을 옮겨 실은 것임

1980년대 캐나다 유학 시절, 여러 선배께서 토론토대학교를 거쳐 가신 것을 알게 되었습니다. 당시만 해도 한국 유학생이 많지 않았기에, 선배들께서 공부하시던 시절은 지금보다 훨씬 더 외롭고 힘든 시간이었을 것입니다. 그런 어려운 시대에 그분들이 이루어 놓은 놀라운 학문적 성취를 살펴보며 부끄러움과 함께 격려와 도전을 받곤 했습니다. 그중 한 분이 바로 이 책의 저자이신 이기반 선생님입니다. 직접 뵙지는 못했으나 글에 묻어나는 신앙적 인품과 학문적 탁월함에 저절로 머리 숙여집니다. 평생 그리스도 제자의 길을 오롯이 걸으면서 다른 도를 따르는 이와도 벗이 되어 준 자애로움은 종교와 이념 갈등 속에 살아가는 우리 시대에 큰 귀감입니다.

특히 'K형'이라 부른 불가의 구도자와의 진심 어린 대화 속에서, 무례하지 않은 종교적 확신이 어떻게 가능한지를 보여주셔서 참 감사했습니다. 일반은총 속에 다양하게 드러난 진리의 모습을 인정하면서도, 예수 그리스도가 어떻게 참 진리인 '하나님의 성誠'이신지를 자상히 설명합니다. 도성인신道成人身하시고 십자가에 달려 죽기까지 하신 예수는 부활하셔서 지금도 살아 계시며, 소망의 근원이 되심을 담대히 그러나 애정을 담아 설득합니다.

성경 말씀을 동·서양 사상과 언어를 자유로이 넘나들며 풀어내시는 선생님의 모습은 설교나 변증의 본질이 강요가 아니라 강해講解임을 확신하게 해줍니다. 참으로 귀한 선배님의 삶과 학문이 가득한 이 책이 예수님 가신 길을 따르는 우리 모두에게 큰 선물이 될 것입니다.

2024년 12월 3일

신 국 원 **총신대학교 신학과 명예교수**

✍ --- ✨ --- ✍

오늘 우리는 타 종교에 관해 관심도 없지만 그들의 사상과 언어와 한계에 대해 잘 모르는 경우가 많습니다. 크리스천들 가운데 불교에 심취해 있는 친구를 향해 서신을 주고받으며 깊은 대화할 수 있는 사람이 얼마나 될까요?

더욱이 그들의 언어를 이해하고 그들의 언어의 의미와 한계를 논하며 마음 깊은 사랑으로 그들이 이해할 수 있는 언어로 복음의 진리를 전할 수 있는 사람이 얼마나 될까요? 그것도 한두 번이 아니라 계속해서 그 영혼의 변화를 관찰하며 말입니다.

그런 점에서, 이기반 박사님께서 불교에 심취한 한 구도자 K에게 주고받은 글을 책으로 발간하는 일은, 왜 오늘 우리에게 또 한 권의 책이 필요한지를 잘 설명해 줍니다.

본서는 우리 주변의 다른 종교를 가진 사람들과 그들의 언어를 이해하고 그들에게 어떻게 복음을 전할 수 있을지 알려 주는 매우 귀한 책입니다. 단지 자신의 철학과 신학으로 생각을 표현한 글이 아니라, 삶 속에서 실제로 한 영혼을 움직이는 마음과 생각을 따라 함께 걸어간 글입니다. 동시에 진리를 찾는 한 영혼을 포기하지 않고 어떻게 계속해서 인내하며 교제하고 복음으로 대화할 수 있는지 길을 보여주는 책이기도 합니다.

독자들은 본서에 기록된 서신의 내용들을 한 줄 한 줄 읽어가면서 자연스럽게 복음의 핵심과 더불어 기독교와 복음의 변증을 배우게 될 것입니다.

누구든지 저자의 글을 읽게 되면, 저자에 대해 감탄하고 존경하게 되며 이러한 사람을 복음의 증거자로 세우신 하나님의 위대하심을 경험하게 될 것입니다.

주변의 타 종교인들을 이해하고 그들에게 복음을 더 잘 전하기 위해 배우기를 원하는 분과, 주변에 불교에 심취해 있는 사람들과 그들의 가족들, 그리고 교회의 양육훈련 과정에 큰 도움이 될 필독서이기에 적극적으로 추천합니다.

고 석 찬 **대전중앙교회 담임목사**

✍ --- ✨ --- ✍

이 책의 저자는 기독교 신앙을 불교와 힌두교 그리고 중국 사상과 비교하면서 기독교가 왜 진리인가를 잘 드러내고 있다. 따라서 생각하는 지성인, 불교에 해박한 종교인, 동양사상에 익숙한 사람에게 기독교 신앙을 효과적으로 전할 수 있는 탁월한 변증서라고 할 수 있다.

이 책은 단숨에 읽어 내려가기에는 그 내용이 너무 넓고 깊은 느낌이 든다. 저자는 심오한 기독교 진리를 타 종교에 대한 해박한 지식으로 정교하게 파헤치고 있다. 때로는 추천인 지식의 한계로 인해 동의하기 어려운 부분도 있지만, 큰 틀에서 볼 때 저자는 기독교 복음을 지성적으로 탁월하게 변증하고 있다.

특히 저자는 불교철학소승불교와 대승불교에 대한 깊은 지식을 토대로 기독교 신앙과 비교할 뿐만 아니라 공자와 노자 사상, 인도철학과 서양철학의 재료를 잘 버무려서 참된 진리가 무엇인지를 잘 설명하고 있다. 게다가 이 책의 저자는 성경 지식, 형이상학, 인식론, 심리철학, 종교철학, 그리고 인문학이라는 악기들을 잘 배열하여 진리를 향한 오케스트라를 연주하는 느낌을 주고 있다. 기독교 신앙을 품격있고 친절하게 아름다운 선율을 통해 지성적으로 잘 알려주고 있다.

진리를 추구하는 타 종교인과 회의하는 지성인에게 꼭 추천하고 싶은 책이다. 또한 기독교 신앙을 타 종교와 깊이 있게 비교해 보고자 하는 독자에게 일독을 권하고 싶은 책이다.

박 명 룡 청주서문교회 담임목사, 기독교 변증가

1990년 겨울 토론토, 눈 내리는 어느 날이었다. 필자의 졸저 『히말라야의 눈꽃-썬다 · 싱의 생애』를 뉴욕 센트럴 파크의 가로등 밑에 기대선 채 밤을 새워 다 읽었다는 한 장의 편지를 K라는 사람으로부터 받았다.

언젠가 보고 싶습니다. 정물처럼 앉아 있다가만 헤어지더라도 ….

한 페이지도 안 되는 짤막한 편지 속에서 이 한마디가 이상하게도 나의 마음을 끌었다.

세상을 떠돌며 살아왔다는 이 사람도 나처럼 도도한 역사의 강물에 떠밀려 이 먼 타관으로 흘러온 사람임에 틀림이 없다는 생각에서였다. 그 후 우리는 서신 교환을 하면서 도반道伴으로서의 관계를 굳혀 갔는데 생사의 문제가 걸린 문제를 글로써 서로 주고받았다.

K형, 어느 종교가 십자가에서 시작하여 십자가로 끝납니까? 어느 경전이 십자가 밑에서 하나님의 피 묻은 발을 붙들라고 합니까? 어느 종교인이 장작더미 위에서 몸이 불태워지면서도, '오, 전능하신 주여! 거룩하고 참된 주여! 당신의 자비로 저들을 용서하소서'라고 외칩니까? - 본문 중에서

이 책은 오래전 그의 진지한 진리의 물음에 답신한 서간문들에 제목들

을 붙여 묶은 것이다. 내 인생의 한 페이지를 이역異域에서 보내면서 영혼이 표백되던 순간들이 소중하게 여겨져 조각 글들을 모아 보았다.

혼돈과 어둠의 묵시默示 시대에 하나님의 뜻을 따라 하나님 앞에, 키르케고르의 말처럼 '단독자'로 서기를 원하는 사람들, 영원한 생명으로 안도하는 진리만을 찾는 이들에게 이 작은 글 모음이 조금이라도 길동무가 될 수 있으면 좋겠다.

그동안 〈과학과 예술〉과 〈세풍〉에서 발간한 후 절판되었던 것을, 묵힌 글들을 찾아 먼지를 털고 개정·보증하여 다시 세상에 빛을 보게 해 준 동생 내외, 이기문 · 김진희 박사에게 감사를 드린다. 출판을 위해 애써 주신 그리스도 안에 있는 여러 형제 · 자매들, 특히 물심양면으로 지원을 아끼지 않은 김정완 님과 김정숙 님께 깊은 사의를 드린다.

부족하나마 이 글이 있게 해 주신 선배 어른들과 학문 도반들에게 감사를 드린다. 고故 존 스토트 박사님, 고故 한경직 목사님, 고故 정대위 박사님, 이남 박사, 김정주 박사, 김태원 목사, 김광회 장로, 박상태 목사, 박희진 목사, 목양에 바쁘신 중에도 추천서를 써주신 신국원 교수님, 고석찬 목사님과 박명룡 목사님, 그리고 서평을 써 주셨던 고故 송기식 교수님께 머리 숙여 사의를 드린다. 제자題字를 친히 써주신 토론토의 보담寶譚 백동기 서예 작가님께도 감사 마음을 표한다.

나는 무익한 종이라, 나의 할 일을 한 것뿐이라. 눅 17:10

2025년 성하盛夏의 6월 초입, 가평의 상천재上泉齋에서,

李 基 班 **謹誌**

미륵산에서 바라본 가을 들녘, 『수국단상』中

1권 : 어느 구도자에게 보내는 편지

제1부
빈들의 사상

궁극적인 삶은
'무엇을 한다는 것이 아니라,
내가 무엇일 수 있느냐 하는 것'
이라고나 할까요.

1부

주칠용 목사

- 빈들의 사상
- 신의 불꽃과 무위진인無位眞人
- 십자가 없는 신 (I)
- 십자가 없는 신 (II)
- 전체를 보는 묵상
- 지식의 인간화
- 영원이 된 현재 (I)
- 영원이 된 현재 (II)
- 영원이 된 현재 (III)
- 랑게트로 가는 길

빈들의 사상

K형, 변변치 못한 졸저拙著, 『히말라야의 눈꽃-썬다 · 씽의 생애』를 과찬해 주시니 부끄러울 따름입니다. 벌판을 달려오듯 살아왔다는 형의 지나간 삶에 대한 독백에 숙연해지는 마음 금치 못합니다.

어찌 보면 인생은 누구에게나 다 여행과 같은 것이겠지요. 생의 외관外觀을 휘황하게 장식하는 사람도 있고, 조용히 나름대로 삶의 길을 걷는 사람도 있을 것입니다. 여러 해 동안 불교에 심취해 계시다가 해외로 나와 낭인浪人으로 지내신다니, 우선 하나님께서 형과 늘 함께하시기를 빕니다.

보내주신 글월 중에 "화두話頭며 공안公案을 아느냐?" 물으셨는데, 물론 선종禪宗 수행자들에게 깨달음의 길을 안내하는 대표적인 공안집書인 『푸른 바위에 새긴 글』碧巖錄 *벽암록,* 宗門第一書이나 『문 없는 문』無門關 *문무관*, 그리고 『지혜의 램프를 전한 기록』傳燈錄 *전등록* 등을 통해 그 어의語義를 살펴서 알고 있습니다. 그리고 앞으로 종교 언어가 지닌 상징성과 감수성만으로 구름 따라 물 따라 도반道伴이 되어 보자 하신 말씀, 참으로 우정어린 제안으로 감사히 받겠습니다. 다만 형께서 "산을 그리겠으니 저에게 숲도 구름도 넣어 보라."는 말씀은 저의 소양을 생각할 때 송구스럽기만 합니다. 하지만 이심전심以心傳心의 비법秘法이 논리를 떠난 논리, 언어를 끊은 언어로 격의格義를 서로 따라잡는 일만 이룰 수 있다면 그 이상의 기쁨이 어디 있겠습니까?

형께서 "벌판을 달려오듯… 살아오셨다."라고 하셨는데, 그 표현에 담긴 심중의 의미는 알 수 없지만, 저는 '광야' 혹은 '들판'이란 말을 참 좋아합니다. 휑하니 비어 있으면서도 만물이 다 채워진 듯한 광야를 걷다 보면, 언제나 자연과 인간의 숨결이 맞부딪히는 듯한 감각이 일고, 그 속에서 무한한 가능성을 품을 수 있을 것만 같은 가슴 뜀이 생깁니다. 그리고 저는 무엇보다도 창조의 첫 모습으로서의 벌판, 그 시원적始源的인 침묵을 좋아합니다. 끝없는 평화만이 흐르는 사막 같은 그 침묵, 태허太虛 같은 빈들에 깃든 사상이 바로 이 침묵의 사상이 아니겠는지요.

신의불꽃과 무위진인無位眞人

K형, "불교철학이 이론적으로는 기독교철학보다 훨씬 더 심오하지 않겠느냐"고 하는 글월 잘 읽었습니다.

양 종교 사상의 깊음과 넓음에 대한 이 문제를 짧은 서신 속에 모두 담아내기란 참으로 어렵습니다. 다이세츠 스즈키[1] 박사의 『신비주의: 기독교인과 불교인』*Mysticism: Christian and Buddhist, 1957*을 한 번 살펴보시면 좋겠습니다. 이 책이 기독교 신비신학과 불교 신비철학을 직접 비교한 것은 아니지만, 마이스터 에크하르트Johannes Eckhart, 1260~1327년경[2]의 신비 체

1 다이세츠鈴木大拙, 1870-1966는 일본을 대표하는 불교학자이자 선禪의 권위자이다. 1897년 첫 서양 방문 이후 칼 융, 앨런 긴즈버그, 토마스 머튼, 존 케이지 등 서구 지성들에게 깊은 영향을 미치며 '현대 선禪'의 중심인물로 자리매김했다. 그의 대표작 『Mysticism: Christian and Buddhist』에서 그는 기독교 신비주의, 특히 마이스터 에크하르트와 일본 선불교를 나란히 비교하며, 인간 영성의 보편적 체험을 다음 세 가지 관점에서 조명한다. 1) 경계 너머의 체험: 에크하르트가 말하는 언어와 개념을 초월한 '무nothingness'의 초월 체험과, 선禪에서 추구하는 '공空' 또는 '무일물無一物'의 직관적 경험을 대비·연결한다. 2) 보편적 영성: 동·서양 문화가 본질적으로 다르더라도, 이해의 한계를 넘어설 때 누구나 경험하는 '초언어적·초개념적' 체험의 동일성을 제시한다. 3) 관상과 좌선의 접점: 기독교의 관상기도contemplative prayer와 선불교의 좌선zazen에 공통된 내면의 침묵과 깨달음의 경로를 조망한다. 이러한 논의를 통해 그는 언어와 개념에 얽매이지 않는 초월적 체험이야말로 보편적 영성의 핵심임을 설파했다.

2 에크하르트13세기, 도미니코회 소속는 언어와 개념 너머의 실존적 체험, 곧 '무無das Nichts'를 신학의 핵심에 두었다. 그는 하나님God과 신성 본체Godhead를 구분하면서도, 이 둘이 '초본질superessence'에서 하나로 일치한다고 보았다. 이러한 사유와 실천

험과 동양 선사禪師들의 참구參究 체험을 비교해서 조명해 보실 수는 있을 것입니다.

물론 명상의 수풀과 같은 거대한 대륙에서 옛부터 인도인들이 가꾸어 온 철학적이면서도 시詩적인 힌두교나 불교의 사유만큼 성경의 글귀가 화려하고 심오해 보이지 않을는지 모릅니다. 그러나 성경 기록 한 글자 한 글자 뒤에는 인간의 상식으론 도저히 헤아리기 어려운 하나님과 인간 사이의 심묘막측深妙莫側한 비의秘義가 숨겨져 있습니다. 성경 표지에 '관주貫珠'라는 말이 적혀 있듯이, 성경 구절의 행간 행간에는 그 영적 의미가 황금색 보배 실로 짜여 있다고 생각합니다.

불교, 특히 우리나라에서 대종大宗禪을 이루는 선불교는 존재의 자연적·존재론적 근거를 통찰하려는 종지宗旨로 인해 전통적인 의미의 '종교'로 분류되기조차도 어렵습니다. 반면 기독교는 은총과 계시, 인격신과 그 인격신의 수육受肉을 다루기에 참으로 깊은 사상 체계가 아닐 수 없습니다. 게다가 '성도인신成道人身' 곧 그리스도의 계시 신비를 그리스도인 스스로 존재론적이고 실존적으로 육화肉化해야 하니, 불교의 인과율인 십이연기설十二緣起設, pratitya samutpāda[3]의 난해한 수준을 넘어서는 계시 신학

을 연결하는 관상 경험은, 중세 독일 신비 전통에서 독보적 위치를 차지한다. 그의 신비신학 여정은 다음의 세 단계로 요약된다. 1) '말 없는 관상觀想, Schweigen': 관상기도contemplative prayer를 통해 언어와 사유를 멈추고, 오직 침묵 속에서 하나님의 현존에 귀 기울이며 자아를 비우는 진입 단계이다. 2) '초연超然, Gelassenheit': 내면의 모든 집착과 능동적 노력을 내려놓고, 무das Nichts의 상태 즉, 침묵과 무silence and nothingness에 머무르며 반복적 관상을 통해 내적 동요를 가라앉히는 심화 단계, 이로써 말과 개념이 닿을 수 없는 순수 존재의 경지無에 이른다. 3) 비조건적 합일合一, Unio mystica: 무無의 심연에서 하나님의 신성 작용이 피조물의 존재를 관통하여, 은총으로만 가능한 조건 없는 일치를 체험하는 완성 단계이다.

3 십이연기설은 무명無明→행行→식識→명색名色→육입六入→촉觸→수受→애愛→취取→유有→생生→노사老死 열두 연緣이 상호의존과 인과관계로 윤회輪廻의 연결고리를 설명하는 불교 핵심 교리이다. 각 연은 고정된 실체가 아닌 유기적 흐름을 이루기에 "십이유지十二有支"라고도 한다.

의 깊이가 있다고 할 수 있지요. 인간의 영혼이 하나님의 사랑과 지혜로 완전해진다는 것, 하나님과 합일한 신적인 혼에 이르는 그 순간에야 비로소 참된 자유를 누릴 수 있다는 진리가 어찌 심오하지 않다고 말할 수 있겠습니까?

사실 어떤 면에선 예수의 가르침 대부분은 거의 다 난해하기 짝이 없는 공안公案과 같은 것이지요. 성령의 도움이 없이는 한 자도 풀 수 없는 어려운 수수께끼 같습니다. 그리고 기독교 사상, 특히 신비주의 학자들의 사상도 실존 문제를 놓고 생사를 걸고 다루는 태도와 학문적 폭에서 결코 조사祖師들의 어록과 불교철학에 결코 뒤지지 않습니다. 공안과 어록이 이야기가 나왔으니, 형께 한 가지 여쭙습니다. 형께서는 에크하르트의 다음과 같은 말을 어떻게 이해하시는지요?

“내가 하나님을 보는 눈은 하나님이 나를 보는 눈과 동일하다.” 또 그는 인간의 심령 내에 ‘신의 불꽃Divine Spark’이 있다고 했는데, 9세기 중국 당唐나라 선승, 혜조 선사 임제의현臨濟義玄, ?~867의 ‘무위진인無位眞人’으로 비교해 볼 만하지 않은지요?

『임제록』臨濟錄에서 임제혜조 선사, ?~867(당나라) 스님이 밝힌 우리 속에 생기 넘치게 살고 있는 ‘무의도인無依道人’ 또는 ‘무위진인無位眞人’의 불교 개념이 기독교 사상에 상사相似가 없는 것이 아닙니다. 참된 자아, 또는 진인眞人에 눈뜸으로써 더 물을 필요가 없는 궁극의 존재, 즉 ‘부처Buddha’가 된다는 그의 깨달음은 삼라만상을 다 비추는 ‘신의 불꽃’, 그 공空의 ‘성령의 빛’으로 말미암아 ‘영원자의 아들’이 된다는 에크하르트 사상과 맞닿아 있습니다. 붓다는 ‘무의無依’의 도인에게서 태어나고, ‘영원자의 아들’은 성령 하나님으로부터 내심內心에 불꽃을 모시고 나는 것이지요. 진리 안에서 ‘다시 나는sentient beings, 衆生’ 참된 인간의 자기 각성이란 구경究竟 말이지요.

"진인의 빛을 따라 '불佛, 깨달음'을 이루어 나간다."라고 하는 추상적·관념적인 불교와는 달리 "성령의 도움으로 하나님과 일치靈交, 영교, spiritual communion[4]해야만 인간의 실존이 완성된다."라고 보는 기독교 사상은 결코 피상적으로 극복되는 사상 체계가 아니라고 여겨집니다. 또한 실천적인 면에서도 "자기를 버리고 '매일'[5] 죽음의 십자가를 지라."마 16:24, 10:38; 눅 9:23라고 하니, επιούσιος 에피우씨우스, necessary for existence 이것이 어디 쉬운 일이겠습니까?

형께서도 아시다시피, 어느 종교가 십자가에서 시작해 십자가로 끝납니까? 어느 경전이 십자가 밑에서 하나님의 피 묻은 발을 붙들라고 합니까? 어느 종교가 안심입명安心立命이 의義를 위해 핍박받는 피에 있다고 합니까? 어느 종교인이 장작더미 위에서 몸이 불태워지면서도, "오, 전능하신 주여! 거룩하고 참된 주여! 당신의 자비로 저들을 용서하소서!" 시 25:6; 눅 23:34 하고 외칠 수 있겠습니까?

기독교 사상은 "당신이 하나님의 성전이다."고전 3:16라는 내심內心의 사상에 관심을 둡니다. 그리고 성경의 기사는 모두 암호 같은 「계시록」의 역사의 지평을 향해 초점이 모이고 또 그리로 올라갑니다.

---

4 롬: 8:26-28; 행 15:28; 요 26:14; 약 4:5 참조

5 '매일'은 원어 헬라어로 καθ' ἡμέραν, kath' hēmeran인데 '매일hēmeran' 앞에 형용사적 'kath'가 있으므로, '매일 같이 죽'이라는 뜻이 된다.

십자가 없는 신 (Ⅰ) - 유심론唯心論

K형, '종교철학관'을 담으신 글월 감사히 잘 읽었습니다. 특히 '신즉자연神卽自然'의 범신론汎神論이랄까, 범汎실재론적 사상에 애착을 가지시는 듯합니다. 형께서 '존재의 집은 불교적 사유를 중심으로 지어져야 하지 않겠느냐?' 하신 말씀 인상 깊었습니다.

불교의 유심론唯心論6으로 보면 확실히 우주 만물의 본체는 오직 인간의 정신이지요. 우주의 종국적 실재가 마음 하나뿐이니, 외계의 사물은 그 마음의 표현에 지나지 않을 따름입니다. 그러니 형께서, "삼계三界가 다 유심이고, 마음을 떠나 무슨 물物이 있겠느냐?"고 하신 말씀은 불교의 유심관이나 일원론一元論의 관점에서 보면 타당합니다.

이 유심관은 만물에 마음이 깃들어 있다는 만萬유심론唯心論으로 범심론汎心論7 과도 맥脈을 통하지요. '일체 만유萬有가 곧 신이어서 우주 밖에 신이 따로 있지 아니하다'는 범신론汎神論과도 무관하지 않겠습니다. 그

6 유심론唯心論, spiritualism은 '세계의 모든 것이 결국 정신적인 것으로 환원 가능하다'는 입장으로써, 정신을 실체로 인정한다. 유물론과 정반대 입장에 있다.

7 범신론汎神論, pantheism은 '현실, 우주, 자연이 신성 또는 최고 존재와 동일하다'라는 철학적이며 종교적 믿음이다. 세계 밖에 별개로 존재하는 인격신이 아닌 우주, 세계, 자연 등 현실의 모든 것을 신과 동일시 하는 입장이다. '일즉일체一側一體', '범아일여梵我一如', '신즉자연神卽自然', '만유신교萬有神教', '만유신론萬有神論' 등의 표현도 같은 개념으로 사용된다.

리고 좀 역설적입니다만, '의식意識 唯識'에 중점을 두는 불교의 유심관이 '절대자를 상정想定하지 않는다'8는 점에서는, 마음心이 이성理性으로 해석될 수 있다면, 세계가 신의 의지와 무관하게 자연의 독자적 법칙에 따라 움직인다고 하는 이신론理神論9과도 연계가 없는 것은 아니라고 볼 수 있습니다. 이 점에서 보면 불교는, 붓다 해탈 체험에 대한 실존적 혹은 경험적인 참여조차도 거부하는 선가禪家까지도 포함, 전 학파가 '마음cittā' 관념을 중심으로 하나의 철학 체계라는 인식을 공유합니다.

빛의 진리성을 자력自力에 의해 '관념이나 지성Jnāna Mārga'으로 이해하고 또 이를 내재화하려는 불교의 신성 추구는 어떤 면에선 현대의 '영지주의靈知主義 Gnosticism'나 칼 융Carl Gustav Jung 1875~1961의 '장식藏識 Store-house Consciousness'심리학, 또 헤르만 헤세Hermann Karl Hesse 1877~1962 등의 '신광神光, Divine Light' 그룹 등이 초자연적 인격신 대신 인간 내에서 발견할 수 있는 신성을 강조하는 경향과 맥을 같이하는 사상이라고 할 수 있을 것입니다. 우리나라 불교에서는 특히 원圓불교10의 윤리 사상이 이 점을 교육의 이상으로까지 승화시켜서 자아실현의 길로 삼고 있지요. 그들에게 삶의 원리는 신성神性을 내재한 인간 영靈의 빛 방사放射에 있으며, 자력自力으로 누구나 '마음자리' 하나만으로 신이 될 수 있다는 것이 아닙니까?

---

8 이에 대한 기독교적 반증에 대한 변증은, 이 책의 제 7부 「명상의 샘가에서」 집중적으로 많은 분량을 할애하여 다루고 있으므로 참고하기로 한다.

9 이신론理神論, deism 또는 자연신론自然神論은 18세기 계몽주의 시대에 등장한 철학 신학 이론이다.

10 원불교는 1916년 소태산 박중빈이 창시한 신종교로, 불법연구회를 계승하여 일원상一圓相의 진리를 대각大覺하였다. 그는 '진리적 종교의 신앙'과 '사실적 도덕의 훈련'을 바탕으로, 파란고해波瀾苦海에 헤매는 일체생령을 광대무량한 낙원으로 인도하기 위하여 개교한 것이라고 밝히고 있다.[『정전正典』, 「개교의 동기」] 원불교는 일원상의 진리와 함께 생활화·대중화·시대화를 지향한다.

"나의 나 됨이 다 하나님의 은혜로 된 것이니 …."고전 15:10라고 하는 기독교 성령의 개입에 의한 실존적 체험, 그 하나님의 현존現存 사상과는 다른 것이지요. 기독교의 경우 타락한 인간이 '자기 본래의 모습불교적 용어로는 自性本佛, 줄여서 自性'으로 회복되는 것은 오직 '하나님의 신聖靈'의 주권적 행사로만 가능하다고 믿습니다. 성령의 불덩어리로 인해서 과거의 '나'는 다 타 죽고, 그 잿더미 위에서 새로이 피워내는 인격의 꽃만이 진정한 인간됨을 회복케 한다는 것이지요.

십자가 없는 신 (Ⅱ) - 스피노자

K형, "범신汎神 사상에 관한 한 자연에 취해 존재의 밑바닥까지 내려가 신을 뵈온신학을 철학화한 사람을 들라"고 하면 제일 먼저 스피노자Baruch Spinoza 1632~1675[11]가 떠오릅니다.

그는 바람 부는 화란和蘭 Holland의 어느 길거리에서 평생 안경알을 닦으면서 '자연이 곧 신'이라는 '신즉자연神卽自然'의 사상을 품었던 사람이지요. 자연 같은 신, 신 같은 자연에 취했던 신비주의자라고나 할까요. 현상계 속에서 영원의 질서를 보고, 그 영원의 법칙을 다시 자연에서 직관으로 포착하기 위해 생애를 바치다가 사십 중반의 나이로 운명한 그는 '신인식'에 관한 한 가히, 프로타고라스[12]가 소크라테스에게 한 헌

---

11 스피노자는 네덜란드 암스테르담에서 태어난 유대인 철학자로, 전통 신앙과 교리에 의문을 품다가 공동체에서 파문당한 뒤 은둔하며 철학 연구에 몰두하였다. 그는 대표 저서 『윤리학』에서 신과 세계를 분리된 존재가 아니라 동일한 하나의 실체로 이해하며, 이를 '신 혹은 자연Deus sive Natura'이라 불렀다. 이러한 사상은 초월적 인격신을 부정하고, 모든 존재와 현상을 신의 표현으로 보는 '범신론적 관점'으로 정리된다. 스피노자에게 자유란 무제한적 선택이 아니라 자연의 필연성을 깨닫고 그 질서에 따라 사는 삶이었으며, 인간은 이성을 통해 정념을 이해하고 극복함으로써 평화와 행복에 이를 수 있다고 보았다. 그의 사상은 근대 철학과 신학, 그리고 이후 민주주의와 자연관에까지 깊은 영향을 끼쳤다.

12 프로타고라스Πρωταγόρας, Protagoras, B.C. 490~B.C. 415년는 고대 그리스의 대표적 소피스트로. '소피스트라'는 이름 아래 철학 및 문명사에서 처음으로 손꼽히는 사상가이자 교육자, 정치가였다. 그가 주장한 교육의 목적과 방법은 플라톤이 쓴 대화록 『프로타고라스』에서 처음으로 비판적으로 논의되었으며, "인간은 만물의

사인 '지자智者'요, 철인哲人이라고 해도 좋을 것 같군요.

그러나 그는 우리에게 근원적 존재로서의 초월적 신은 알려주고 있지만, 인격신은 말하지 않았지요. 선대先代의 데카르트, 그리고 후대의 칸트와 베르그송처럼 신神 개념을 자신의 철학 체계 안에 묶어 두었기 때문입니다. 신을 찾긴 찾았어도 지적 직관으로만 알았다고나 할까요. 물론 그의 직관은 신의 사랑과 지혜의 본질까지 꿰뚫어서, 참으로 존재의 규명에 관한 한 '실재實在'를 갈파한 대 사상가이며, 그의 사상은 삶의 역동성을 깨우는 '생의 철학'이지만 '수육受肉' 없는 근원자를 전함으로써 결국 '범실재론汎實在論'에 머물고 말았습니다.

어찌 보면 안타까운 일이지요. 베르그송과 아인슈타인, 마틴 부버처럼 스피노자도 결국 유대인이라는 제한된 의식구조와 역사 전통, 즉 관습 탓에 생래적生來的으로 '도성인신' 개념을 받아들이지 못했습니다. 유대인들의 정신적 삶의 구조에서는 2천 년의 세월이 지났어도 아직도 예수가 아닌 다른 메시아를 기다리며, 그들에게 영원의 책생명의 책은 신약과 아무런 관련이 없습니다. 그들은 십자가 없는 신, 십자가 없는 진리만을 믿는 것이지요. 유물론적 자연관과 영신靈神적 신관이 조화되는 특이한 예라고나 할까요. 마치 '생명의 정열의 시인, 직관의 천재, 신학의 아버지'로 불리는 플라톤처럼 말입니다.

따라서 우리에게 더 의미 있는 '생명의 철학'스피노자나 베르그송은 유한한

척도"라는 명제로 요약되는 그의 주관주의 철학 역시 플라톤의 『테아이테토스』에서 진지하게 다루어졌다. 그의 사상에 따르면, 인간이 획득하는 지식은 인간의 인식에 기초하며, 이 인식은 다시 감각에 기반한다. 감각기관을 통해 인식되는 내용은 사람마다 다르므로, 지식 또한 개인마다 다를 수밖에 없다. 이는 절대적 진리를 부정하고, 모든 진리를 상대적인 것으로 보는 상대주의적 진리론의 입장을 분명히 보여준다. 『위키백과사전』

존재로서 죽을 수밖에 없는 인생이 죄의 산, 갈보리 위에 세운 막대기 十字架 하나로 죽음을 이겨내고 초월하는 십자가 구원의 사상이라야 되겠지요, 그렇다고 헬레니즘화된Hellenisierung 사변思辨 신학의 집을 그대로 계속 모시자는 뜻은 아닙니다. 양식이 있는 사람이라면 알다시피, 이제 원초적 기독교와 나사렛 예수를 살리는 길은 현대 신학에서 희랍철학의 옷을 벗기는 일입니다.

촌스럽고 못나 보여도, 정신의 본적지 나사렛과 기독교 원형인 「산상수훈」으로 돌아가는 것입니다.

전체를 보는 묵상

K형, "지혜로 이르는 문은 아무래도 묵상인 것 같다."라고 하신 말씀, 참 좋습니다.

묵상은 사람이 편견과 차별을 없애고 전체를 바라보게 한다고 저 역시 생각합니다. 사도 바울이 '멀리 보라'고후 4:18고 말했듯, 마음을 끌어 올리고 끌어 올리면 문명과는 다른 자연의 조화, 그 신적 질서를 볼 수가 있겠지요. 사실 높은 곳에 올라앉아 보면 자연이 얼마나 아름다운지 새삼 깨닫습니다. 그저 산이 있고 물이 있고 하늘이 있고 진리가 있을 따름입니다. 그러면 작은 물가에서 푸닥거리 있을 마음이 생기지 않겠지요.

배타적 이기주의를 버리고 조용히 앉아 듣는 것입니다. 오늘날 문명의 비극은 인간이 가만히 있지 못한다는 데 있습니다. 부질없는 욕심을 탐하면서 이리저리 돌아다니는 것이지요. 묵상은 성찰省察이기도 합니다. 한자든, 영어든 자신을 비우고 작아지는 것을 지켜보는 행위입니다. 침묵 속에서 스스로를 비우고 있으면 마음 깊은 곳에서 평화가 일고, 그 평화가 사람을 멀리까지 보게 하는 것이지요. 사실 강가에 조용히 앉아 물 흐름을 바라보다 눈을 감으면, 아련히 만리장강萬里長江이 마음 안에서 유장悠長하게 그려져 오지 않습니까. 도그마dogma를 버리면 더 높은 진리의 산에 대한 눈뜸이 생기게 되는 것이지요.

그저 모습 없이 흐르는 물처럼, 그 흐름의 한 부분이 될 뿐입니다. 믿기 위해 신을 애써 보려 할 필요도 없겠지요. 집착 없이, 분투 없이 마음을 내려놓고 교리 지식을 내려놓으면 신앙은 '함'이 없이도 저절로 신앙이 되어지겠지요.

어스름 저녁, 침묵의 시간이 깊어 오면 사람들은 하루 일손을 멈춥니다. 어느 누가 마을을 돌아다니면서 '어두워졌으니 불을 켜시오' 일러주지 않아도 집집마다 등불이 일제히 켜집니다. 하루 삶의 노영露營 안에서 쉴 자리를 찾는 시간이기 때문입니다. 새들은 나래를 접고, 온갖 짐승도 자기 보금자리를 찾아갑니다. 살아 있는 모든 것이 신의 자비 안에 드는 순간이지요.

음악이 흐르듯 마음을 자연의 리듬에 맡겨 사는 것은 어떻겠는지요. 어린아이들이 아무 의식 없이 놀이에 열중하듯, 해변에서 조개껍질을 주우며 노는 어린아이처럼 그저 놀이하듯 살면 좋겠습니다. 그들에게는 어떤 목적이 있겠습니까. 놀이를 즐겨야 한다는 의식이 있습니까. 그럼에도 그들은 즐기며, 기쁨에 차 있고, 행복해합니다. 인생도 믿음도 그리하면 좋을 것을 ….

K형, 칠십 한평생에 무슨 장난감을 가지고 놀든 어떤 다름이 있겠습니까. '상선약수上善若水'13라고, 그저 열린 마음으로 아전인수我田引水14 없이 마음의 모닥불만 지피며 살면 될 일이 아니겠습니까.

정말이지 호환虎患보다 더 무서운 야차夜叉들의 난무가 이는 이 암흑

---

13 '최고의 선은 물과 같다'라는 뜻으로, 가장 아름다운 인생上善은 물처럼 사는 것若水란 뜻이다. 세상에서 물을 가장 윗길 가는 선善의 표본으로 여겨 일컫는 말이다. [『도덕경』 8장]

14 '자기 논에만 물을 준다'라는 뜻으로, '자신의 이익만을 생각하는 이기적인 행태'를 꼬집는 말이다. 뜻을 풀어서 '제 논에 물 대기'라고도 한다. '유유자적, 미증유, 덕후, 귀화' 등과 같이 일본어에서 유래한 말 중 하나이다.

세상에, 조용히 앉아 있는 시간이 절실히 필요한 듯싶습니다. 광야와 산의 한적한 곳에 나가 기도하고 묵상하시던 예수에게서 영원을 보았듯,누 5:16, 6:12; 막 1:35; 마 14:23 우리도 그처럼 흙 위에 무릎을 꿇고 살아야 할 것 같습니다. 묵상은 어쩌면 사람이 만들지 않은 흙과 만나는 즐거움이 아닐는지요.

만물을 낳고 감싸 안아주는 흙, 연꽃이 흐트러지는 연못도, 낙엽이 눈처럼 사방에 흩뿌려지는 것도, 돌계단과 빈 뜰, 천천 만만의 수많은 꽃과 나무와 풀이 뿌리를 내리는 곳도 모두 이 다정한 흙이 아닙니까. 만물의 몸을 받아주고 먹여주는 흙은 걸치고 가로막는 것 없이 온전히 품어주지요.

幽暗之古寺 유암지고사	암암幽暗한 고사古寺의 풍경 소리
風磬聲悠然響起 풍경성유연향기	잎사귀 몇 장 떨어져 내린 연못

그 지혜의 못 위에 연화蓮花 한 송이를 피워 보고 싶다는 마음은 예수의 빈들wilderness에서의 묵상의 마음과 다르지 않습니다. 예수의 마음은 중생의 마음이며, 그의 묵상의 마음은 전체를 관觀하는 영혼의 뜰입니다.

이제 우리는 하루에 단 십 분이라도 흙과 만나거나 눈을 감는 버릇을 가져보면 어떻겠습니까? 무심無心속 무위無爲중에 좋은 음악의 선율이 마음속으로 흘러들 듯, 자연의 소리를 들을 수 있을 것입니다. 현대인이 잃어버린 것들, 새들의 노랫소리, 숲 바람 소리, 그리고 별빛 빛나는 밤하늘을 다시 바라볼 수 있으면 좋겠습니다.

'묵상meditation'의 어원에 담긴 의미는 라틴어 'meditatio'에 나타난 뿌리의 의미로 '의약medicine'이나 '의술medical'이란 단어의 원래 의미처럼 '전체가 된다.' 또는 '온전해진다.'라는 뜻입니다. 묵상하면 정신이 건강해지고, 그 정신의 건강이 영육의 온전을 이끕니다. 등을 곧게 펴고 의연히 앉아 숨을 고르게 내쉬어 보면, 근심과 걱정이 사라지고 세상에 대한 두려움이 사라짐을 느끼곤 합니다. '의연依然'은 원래 불교 참선 수행 용어로써 '등을 똑바로 하다'의 뜻이지요.

이렇듯 묵상은 실로 무섭도록 현실적인 영육미靈肉美의 일치 사상이라고도 할 수가 있겠군요. 조화와 일치란 결국 지엽말절枝葉末節을 버리고 전체를 보라는 말 아니겠습니까. 성경도 멀리 보면 새 시대가 보입니다.

이제 우리는 모두 대지의 품으로, 또 하나님의 품으로 돌아가야 하겠습니다. 서양 문화의 산물인 배타적 인간 중심주의와 그 영악한 이기주의가 인간과 지구를 멸망시킨다는 사실을 깊이 깨달아야겠습니다. 28개 문명의 흥망성쇠를 분석한 12권의 『역사의 연구』에서 토인비Arnold Joseph Toynbee1889~1975의 말대로, '문명은 타살他殺이 아닌 자살自殺로 망하지 않았습니까?Civilization dies not by murder, but by suicide.'

천天, 지地, 인人, 삼재三才를 원圓으로 전체로 볼 수 있어야 하겠습니다.

지식의 비인간화

K형, "신의 영역에 속하는 형이상학적 신비의 개념적 분석은 가능한 한 덮어두는 것이 좋을 것 같다."라고 쓰셨군요. 저도 동감합니다.

문명의 여명기부터 인간은 부단히 스스로 신을 창조하고 무너뜨리는 과오過誤의 역사를 기록해 왔습니다. 신과 투쟁하는 이 과오로 점철된 역사는 일찍이 아담과 이브가 금단禁斷의 열매forbidden fruit인 선악과善惡果를 취해서 하나님과 같은 혜안慧眼을 가져보고자 하는 갈망, 그 지식욕에서부터 출발했습니다. 지식에 대한 갈망이 원죄原罪를 낳았음을 보여주는 것이라고나 할까요. 태고의 낙원, 에덴 정원의 아담과 이브가 욕심이 없었을 무염無染의 때엔 그들의 마음 밭心田, 심전이 낙원이었으나, 지식의 결과는 황야인 추방이었다는 말이지요. 지식으로 형이상학적 신비를 말하는 일이 점점 두려워지는군요.

사실 인간은 자신의 마음 밭에 지식으로 만든 각종의 주의主義나 교설敎說, 교리敎理로 자기들만의 세계를 틀frame 지음으로 인하여 수없이 인간을 유괴해왔습니다. 지식이 유괴의 도구로 쓰인 셈입니다. 지식으로 유괴된 인간은 본래의 순정純情한 어린아이의 진면목眞面目을 잃어버리게 되고, 자기 아닌 또 다른 무엇이 되지 않습니까. 마음에 욕망의 사邪를 품게 되면 그때는 이미 자연의 마음은 파괴된 후라고 할 수 있겠지요. 갈애渴愛를 동반한 지식貪心·탐심은 인간 스스로를 점점 더 추악한 모습으로 변질시켜 갑니다. 누가 뭐래도, 오늘날 우리가 지닌 문제 대부분은 이 순진純眞의 마음을 상실했다는 데 있다고 할 수 있을 것입니다. 영악한 개인주의가 인간성을 이토록 말살하기까지 기치旗幟를 들고 일어나 있기 때문이지요. 예수께서 "오직 어린이의 마음을 가진 자만이 하늘나라에 들어갈 수 있다"마 18:3고 하신 말씀은 우리를 향한 경책警責의 교훈이 아닐까요.

사실 우리가 그토록 중요하게 여기는 사랑의 문제도, 이 순수성의 문제라는 생각이 듭니다. 진실한 사랑은 결국 내면의 세계에서 나오는 순수한 모습이기 때문입니다.

마음을 고요히 재우고 빈 마음으로 손을 모아 기도 드리면, 깊은 숲에 새가 깃들듯 우리 영혼의 숲에 사랑이 깃듦을 봅니다. 가을날 무심코 보는 창가의 실 국화 송이에서, 또 흰 구름 사이로 빛나는 쪽빛 하늘에서 문득 만물에 대한 사랑의 마음이 생기듯 사랑은 그렇게 어린아이 같은 마음이었을 때 싹터오는 것입니다. 모든 허물을 덮으면서, 온갖 영혼을 따뜻하게 감싸는 신의 사랑처럼 물결쳐 오는 것이라고 봅니다.

사실 물방울 하나같은 미소微小한 인간이 어찌, 대양 같은 신의 세계 그 전체를 알겠습니까? 지식部分이 어찌 존재全體일 수 있겠습니까? 지식을 버릴 일입니다. 도가道家의 가르침인 '대현약우大賢若愚'라고, 결국 '크게 어짐'이란 어리석어 보이는 것이고, 성직자가 되는 것조차도, 이 바보가 되는 일, '대덕약소大德若疏'15가 아닐는지요.

15 『도덕경』 제41장 주요 구절 중 일부로 전문은 「大德若疏, 大白若辱, 大勇若怯, 大直若屈, 大巧若拙, 大辯若訥」로 큰 덕은 어설픈 듯하고 -대덕약소大德若疏, 큰 흰빛은 더럽혀진 듯하고-대백약욕大白若辱, 큰 용기는 겁먹은 듯하고 -대용약겁大勇若怯, 큰 곧음은 굽은 듯하고-대직약굴大直若屈, 큰 재주는 서툰 듯하고 -대교약졸大巧若拙, 큰 말재주는 어눌한 듯하다 -대변약눌大辯若訥이다. 이 구절은 겉모습과 내면의 진실 사이의 간극을 보여주며, 진정한 덕과 지혜는 겉으로 드러나지 않는다는 노자의 핵심 사상을 담고 있다.

K형, 예수께서 "나의 나라는 이 세상에 속해 있는 나라가 아니다"요 18:36 고 하신 그의 의도는 무엇이겠습니까? 아마도 그의 나라는 이 지식의 세계가 아닌 아이들 마음 같은 세계, 실낙원失樂園 이전의 본래의 그 세계를 말하는 것일 것입니다.

「산상수훈」마태복음 5장의 '비움의 도物極必反물극필반', '가난해짐의 도安貧樂道안빈낙도'가[16] 이를 극명히 말해주지 않습니까? 천국은 "흰옷 입은 큰 무리,계 7:9 그 거대한 비움의 무리의 순연純然한 나라"가 아니겠습니까? '지식學'으로 사는 사람은 매일 매일 얻으려고 하나, '믿음道'으로 사는 사람은 매일 잃되, 무無에 이르도록 비웁니다.『도덕경』 48장[17]

책을 많이 쓰려고 하지 말아라. 몸을 상하게 할 뿐이다전 12:12

지식이라고 하는 정신사史를 앓는 사람들에게 주는 「전도서」의 한 구절입니다. '식자우환識者憂患'[18]이라 하는 이 평범한 진리를 알면서도 인간은 끊임없이 '욕망이란 이름의 전차'[19]를 타고 있습니다. 지식의 집적集積에

---

16 마태복음 5:3에서 "심령이 가난한 자는 복이 있나니, 천국이 저희 것임이요" 라고 했는데, 헬라어 원어로는 '가난한'이 아니라 '비운'πτωχός, ptōchós으로, 단순한 '가난함'을 넘어서 '완전히 비워진 상태', 즉 절대적 빈곤을 의미한다.

17 『도덕경』 제48장 원문과 해석: -위학일익爲學日益; 학문을 하면 날마다 더해진다. -위도일손爲道日損; 도를 닦으면 날마다 덜어진다. -손지우손損之又損; 덜고 또 덜어 -이지어무위以至於無爲; 마침내 무위無爲의 경지에 이른다. -무위이무불위無爲而無不爲; 무위하면 하지 못하는 일이 없게 된다. 요약하면, 학문學은 지식을 축적하는 과정이며, 세상을 이해하려는 노력이나, 반면 도道는 비움과 덜어냄, 즉 욕심과 집착을 내려놓는 길이라는 것이다. 노자는 무위無爲의 상태야말로 자연과 조화를 이루는 참된 삶이라고 본다.

18 "문자를 배우고 학문을 하게 되면 많은 걸 알게 되는데, 바로 그 때문에 근심거리도 많아진다'는 뜻으로, 도리道理를 알고 있는 까닭으로 도리어 불리하게 되었음을 이르기도 하므로, '차라리 모르는 편이 나을 때'를 이른다. 소동파蘇東坡, 1036~1101는 「석창서취묵당石蒼舒醉墨堂」이란 시에서. '문자를 알게 되면서 사람의 우환은 시작되느니人生識字憂患始', '제 이름자나 겨우 쓸 수 있다면 편히 쉴 수 있으리姓名粗記可以休' 라고 읊고 있다.

19 테네시 윌리엄스 작으로, 1947년 뉴욕, 브로드웨이에서 첫 공연을 한 뮤지컬이자 영화이다.

압사당하고 마는 그 고통을 알면서도, 또 비본질적인 것을 많이 알수록 그의 내면이 점점 자리를 잃는다는 것을 느끼면서도 말이지요.

사람은 하나님이 주신 그 '천진天眞,『장자』 24절으로 지식 이전의 순진한 인격으로 회복이 가능하다고 봅니다. 천지의 대주재大主宰 만군의 하나님을 '아빠 아버지'막 14:3[20]라 부를 수 있는 예수의 마음, 그 순수 말입니다. 정신의 본적지를 잃어버린 것입니다.

"신은 전원田園을 창조하고, 인간惡魔은 도시를 만든다."*God made the country, and man made the town.*라는 속담[21]이 있듯이 어눌語訥하지만 담담한 촌부의 마음이 학자적 관념의 마음보다 낫다고 느껴집니다. 실로 인간이 무엇인가를 추구하면 추구할수록 '선악 나무' 앞에 다가가 서게 됩니다. 그럴수록 비인간화가 됩니다. 하나님의 사랑의 품성을 알고자 하는 지식, 그 생명 나무 외에는 다 버릴 때가 된 것 같습니다. 이제 우리는 이 야만의 땅 위에 세운 바벨Babel적 문명의 탑을 헐고, 어린아이의 마음으로 돌아가야 합니다.

사무사思毋邪! '거짓 없이 순수하고 깨끗하게 살자.' 공자의 『논어』「위정爲政편-2」에 나오는 말로, 옛날로 올라갈수록 사람들의 생각에는 사악함이 없었다는 말씀 아닙니까. '무불경毋不敬,예기禮記,곡례曲禮편, 즉 '모든 일에 공경하는 자세로 임해야 한다.'라는 것입니다. 실로 인간은 도시를 만들고 도시는 악마적인 인간을 만드는 것 같습니다. 플라톤이 왜 그토록 원시 공동체적인 자연부락을 염원했고, 장 자크 루소Jean Jacques Rousseau, 1712~1778가 이에 동조했는지 이해가 갑니다.

---

20 성경에서 '아버지'를 뜻하는 히브리어는 '아브ab'이고, 헬라어 단어는 '파테르pater'이다. 영어로는 구약시대에는 '주主, The Lord'로, 신약에서는 '하나님 아버지God the Father'라고 표현된다.

21 이 표현은 18세기 영국의 낭만주의 시인 윌리엄 카우퍼William Cowper가 1785년에 발표한 시 「The Task」에서 나오는 구절이다.

영원이 된 현재 (I)

K형, "이스라엘의 여인들아, 나를 위해 울지 말라"누 23:26-31는 구절이 '불교의 공안公案처럼 보였다.'라는 느낌을 적으셨군요.

저도 세례를 받기 수십 년 전에는, '예수의 말씀에 수수께끼 같은 데가 많아 조실祖室 큰 스님 방이나 일반 선방禪房에서 듣던 화두話頭와 공안公案 같은 것이 성경에도 있구나' 하는 생각을 해본 적이 있었지요. 제일 먼저 '공안'이라고 보았던 대목은 예수께서 '하나님의 나라'를 말씀하시다가 느닷없이 "주검시체이 있는 곳에 독수리가 모이느니라"누 17:37하고 '뚱딴지?' 같은 소리를 하는 대목이었지요. 마치 「로마서」를 처음 마주했을 때 거의 영적으로 눈먼 자와 같았던 제게, 이 말씀 부분은 틀어쥐어야 할 화두처럼 강렬한 충격이었고, 이 외에도 예수의 말씀은 대부분 이해하기가 어려웠습니다.

K형, 사람들이 죽음을 두려워하는 것은 진정한 삶을 살지 않았기 때문이라고 생각합니다. 전신을 던져 생애를 산 사람에게는 굳이 곡哭을 필요로 하지 않을 테니까요. 오체투지五體投地22 하듯 치열하게 살아온 이

22 부처께 온전히 자신을 맡긴다는 의미를 지닌 인사법으로, 인체의 다섯 부분머리, 두 팔, 두 다리을 펴서 모두 땅에 닿게 하는 절을 말한다. 이를 통해 몸과 마음의 교만을 내려놓고, 하심下心의 뜻을 되새기는 참회 수행법이다. 이 절은 '오륜박지五輪薄地', '오륜투지五輪投地', '오체착지五體着地'라고도 불린다. [「불교신문」]

에게 죽음은 대수가 아닐 것이란 생각이 듭니다. "아직 삶을 살지도 않았는데 시간이 오는 두려움 때문에, 사람은 죽음 앞에서 절망한다."『죽음에 이르는 병』, *Sygdommen til Døden, 1849* 라는 키르케고르Søren A. Kierkegaard, 1813~1855의 말처럼, 삶도 경험하지 않은 채 시간의 두려움을 앞세우니 죽음 앞에서 절망하는 것이 아닐까 싶습니다. 진실로 사람은 죽음 그 자체보다, 자신의 몫으로 주어진 그 제한된 시간을 두려워하는 것이 아닐는지요. 실로 인생들은 제한된 시간의 삶의 전쟁을 치르며 살고 있습니다.

이런 의미에서 보면, 허망뿐일 수밖에 없는 인생을 '참眞'으로, '알짬實'으로 꽉 차게 살았던 이는 예수가 아니었나 싶습니다. 십자가의 그림자가 일각一刻 일각 죽음의 시간으로 다가오는데 그는 깨어 기도하는 삶으로 죽음을 이겨내셨으니까요.

'미명未明의 새벽, 그는 습관을 좇아 한적한 곳으로 나아가 기도하였다'막 1:35는 예수야말로 실상 순간이 영원이 되도록 살아가며, 죽음에 대비하는 힘을 기르고 사신 것이 아니겠습니까? 날이 밝기 전 맑은 정신으로 기도하고, 하나님과의 관계를 점검해 간 그의 생활은 그야말로 매일의 일과가 정진精進이요 수행의 연속이었을 것입니다. 이 '깨어 기도'하고 '매일 같이 기도'하는 삶으로 그는 순간을 영원으로, 영원을 순간 속에서 승화시켰다고 여겨집니다.

영원이 된 현재 (II)

K형, "깊은 데로 나아가서 그물을 내리라"눅 5:4는 말씀, 참 좋지요? 이 말을 떠올릴 때면 저는 '찰랑거리는 수면은 시간이고, 대양은 영원 같은 것이다.'라는 생각이 들곤 했었습니다.

예수의 이 말씀을 곰곰이 생각해 보면, '찰랑이는 수면이 대양이 아니듯, 시간은 영원이 아니다.'[23]라는 결론을 내립니다. 깊은 영원에 안기지 못한 사람은 그저 찰랑거리는 일상의 시간에 하릴없이 분주하기만 하다고나 할까요. 시간에 사는 사람, 질주하듯이 바쁘게 돌아다니며 인생을 사는 사람은 생의 깊은 곳을 살지 않는 사람이겠지요.

반면 쫓김이 없는 마음으로 삶의 이랑을 깊이 파는 이들에게는 시간조차 사라진다는 말이 된다고 할 수 있을 것입니다. 생生의 심연深淵을

23 이 표현은 '시간은 영원의 일부가 아니며, 영원과는 본질적으로 다른 차원의 개념'이라는 철학적 인식에서 비롯한다. 앞서 언급한 키르케고르는 '순간Øieblikket'을 시간과 영원이 맞닿는 접점으로 보았다. 그에 따르면, 영원은 단순히 시간이 무한히 연장된 상태가 아니라, 신의 현존이 침투하여 삶을 뒤흔드는 찰나의 시간, 곧 '카이로스'kairos라 불리는 질적 순간이다[『순간』]. 구약성서의 시간 개념에서도 '올람עולם, eternal, everlasting: 창 21:33; 시 136:1'은 추상적이고 무한한 영원이 아니라, 과거와 미래의 가장 먼 시점을 가리키는 구체적이고 사건 중심적인 시간으로 사용된다. 따라서 "시간은 영원이 아니다."라는 결론은, 시간의 유한성과 사건성, 그리고 영원의 초월성과 본질성을 구분하는 철학적·신학적 사유에서 도출된 것이다.

파고들어 그곳에 그물을 던지는 사람만이 영원으로 향할 수 있을 것입니다.

사랑 역시, 순수하다면 애정이든 우정이든 시간을 초월해 영원을 지향하는 본성을 지닌다고 생각합니다. 진리의 법열法悅이나 예술 창조로 깃드는 기쁨도 마찬가지로 시간을 끊습니다. 한 송이 꽃의 아름다움이나 만월滿月의 원만圓滿에 사로잡히면 천지를 잊게 되듯 말이지요.

저 역시 생生의 골을 더욱 깊이 파서 들어가고 싶습니다. 과거도 없고 미래도 없는 오직 '지금', 깊은 곳으로 한 걸음씩 나아가 마침내 그 심연深淵에 이르는 그 순간이야말로 '영원'이 아닐는지요. 거기에 우리의 본적지가 있을 터입니다. 시간에 사는 이는 결코 이 영원의 주소에 이르지 못하리라 봅니다. 깊은 데로 나아가 그물을 던지지 않기 때문이겠지요.

언급한 "깊은 데로 가서 그물을 내리라"눅 5:4는 말씀은 결국 '영원하신 분El Olam, 존재의 근원; 시간을 초월한 자의 말씀 안에서 사람을 낚는 어부가 되라'는 말씀이지요. 말씀이 깊은 곳만이 '참'의 세계입니다. 헬라어론 '참', '참의 것'을 '알레떼이아ἀλήθεια'라고 하는데 '진리truth'란 말과 동의어입니다. '참' 좋지요. '참의 것만이 진리', 오직 그 '진리의 말씀'만이 우리를 자유롭게 합니다.

The truth will set you free. (라)Veritas Liberabit Vos.

너희가 내 말을 마음에 새기고 산다면
너희는 참으로 나의 제자이다
그러면 너희는 진리를 알게 될 것이며
진리가 너희를 자유롭게 할 것이다요 8:31-32

영원이 된 현재 (Ⅲ)

K형, "삶의 깊은 데로 나아가 '4천 척尺 깊이의 은혜의 물'로 생명 강을 건너는 삶을 산다는 것"겔 47:1-12[24]은 일상생활과 전혀 다른 것이 아니라고 봅니다. 그저 물길을 때 물 긷고, 나무할 때 나무하는 평상平常의 일과 같다고 생각합니다. 그 자신을 드러내지 않으면서 묵묵히 물만 긷고 나무만 하는 모습은 동양화 화폭 속 안개 낀 중첩한 산 어느 모퉁이 산골짜기에 풀섭풀더미을 지고 내려오는 초부樵夫와 같습니다. 산은 그를 기억했고, 바람은 그의 발자국을 따라 울었으니, 그의 모습은 이미 영원의 산중에 녹아 보이지 않는 것과 마찬가지이지요.

명색名色이 없는 사람들, 이름도 없이 빛도 없이 사는 그들의 삶에는

24 이 표현은 에스겔 47장 1~12절의 환상에서 유래한 것으로 보인다. 에스겔은 성전에서 흘러나오는 물이 천 척약 500m마다 발목 → 무릎 → 허리 → 마침내 헤엄쳐야 건널 수 있는 강이 되는 모습을 보았다. 여기서 '척尺'은 고대 길이 단위로, 히브리어 원문은 '큐빗cubit'을 사용한다. 1척큐빗은 약 45cm 정도로 계산되며, 1000척은 약 450m~500m에 해당한다. 따라서 성경 해석과 주석에서 일반적으로 천 척 ≈ 500m로 이해한다. 핵심 구절47:35에 따르면, 이 물은 성전에서 흘러나온 생명의 강으로, 4천 척에 이르러서는 사람이 스스로 건널 수 없는 깊이가 된다. 이는 하나님의 은혜가 점점 깊어져 결국 인간의 힘으로는 도달할 수 없는 경지에 이른다는 상징이다. 천 척마다 깊어지는 물은 신앙의 성장과 은혜의 단계를 나타내며, 자력에서 벗어나 전적으로 하나님께 의지하는 여정을 그린다. 이 생명의 강은 죽은 바다조차 되살리는 은혜의 물로, 모든 생명과 회복의 근원이 되며 '은혜의 깊은 데로 나아가는 삶', '자기 힘을 내려놓고 하나님께 맡기는 신앙'을 상징한다.

형상形像이 없기에 일상이 성경 사복음마태, 마가, 누가, 요한복음의 강물 안에만 있으면 영원이 되지 않겠는지요.[25] 마치 석가세존이 육체로 부처佛陀, Buddha가 되는 것이 아니라, 무상無常으로 부처의 참모습이 되었듯이. 모습이 있으면 이미 과거가 되고 시간이 되고 말지 않습니까?

사실 앉을 때는 앉고, 나무할 때는 나무하며, 걸을 때는 걸음으로 순간을 살되 전체로 사는 것이 진리인 듯합니다. 전체는 순간들의 집합集合이므로, 순간을 충실히 살면 자연스레 전체를 살게 되는 것이 아닐는지요. 우리는 그 단순한 진리를 간과할 때가 많습니다. 형께서도 알고 계시겠지만 당·송 팔대문장 중의 하나, 아니 당·송 최고의 문장가인 대유大儒 백거이白居易, 字는 樂天, 772~846와 조소선사鳥巢禪師의 아래 이야기는 이 진리의 단순성을 잘 보여줍니다.

당나라 때 시인이자 정치가이기도 한 백낙천이 지방 장관 격인 항주자사刺使로 있을 때, 어느 날 허난성河南省 북부 신샹시新鄕市 인근 태망산太芒山에 있는 고승으로 선종의 중요한 인물인 도림선사道林禪師, 741~824를 찾아갑니다. 일명 조소鳥巢, 새 둥우리 선사라고 불리는 이 고승은 예토穢土, 더러운 땅에 발을 붙이고 살기가 싫다고 하여 나무 위에 집을 짓고 항상 그 속에서 지냈다고 합니다. 평상시와 다름없이 나무 위에 있는 선사穢土를 보고 백낙천은 자기도 모르게 소리쳤습니다.

> *선사님, 높이 계시니 위험하지 않습니까? 내려오시오.*
> *그대야말로 위험하오.*

---

25 '명색名色이 없는 사람들'은 세상적 기준에서는 빛을 발하지 못하지만, 복음의 강물 안에서 예수의 삶·죽음·부활을 통해 형상을 부여받아 하나님의 형상으로 회복되고 영원한 존재로 자리매김한다. 이는 사회적 주변부의 일상이 복음의 내러티브 속에서 영원으로 승화됨을 보여주며 요한복음의 "빛이 어둠에 비치되 어둠이 깨닫지 못하더라"요 1:5와 신학적으로 맞닿아 있다.

나야 항주에 큰 저택 자사관刺使館을 갖고 있고 지금은 이렇게 땅에 서 있는데 무슨 위험이 있겠습니까? 선사께서는 나무 위에 높이 계시니 떨어질 위험이 있소. 아슬아슬해 보이오.
선사인 나야 떨어져 봤자 땅 위지만, 항주 지사인 태수太守께서는 떨어지면 지옥에 떨어질 걱정이 있소. 어찌 위험하지 않겠소?

말문이 막힌 백낙천이 이번에는 조심스럽게 경건을 다해 물었습니다.

불법佛法 진리란 무엇입니까?
행선피악行善避惡이라, 마음을 깨끗이 하여 착한 일을 힘써 행하고 악행을 저지르지 않는 것이오.

대학자 백낙천은 실망했습니다. 칠불통계七佛通戒의 기본 게송偈頌이며 그리고 과거 모든 '깨달은 자붓다'26의 공통적인 법어法語인 이것을 그가 모를 리가 없었기 때문입니다.

그것은 세 살 먹은 어린아이들도 아는 것이 아닙니까?
세 살 먹은 어린아이도 알고는 있지만 팔십 먹은 노인도 행하기는 어렵소.

백낙천은 이에 크게 깨닫고 절을 하고 물러나 돈독히 수행했다고 합니다.

自淨其意 자정기의　　**是諸佛法** 시제불법
스스로 그 마음을 청정하게 하라. 이것이 곧 부처님의 가르침이다.
- **칠불통계게**七佛通戒偈27

26 불교에서 '깨달은 자'를 뜻하는 한자어는 '불타佛陀' 또는 '불佛'이다. '불타'는 산스크리트어로 'पातयेत्, 붓다buddha'를 음역한 것으로, '깨달은 자', '눈을 뜬 자'라는 뜻을 지니고 있다.

27 칠불통계게七佛通誡偈는 "모든 악을 짓지 말고諸惡莫作, 모든 선을 받들어 행하며衆善奉行, 스스로 그 마음을 청정히 하라自淨其意. 이것이 곧 모든 부처님의 가르침이다是諸佛教"라는 보편적 진리를 담은 게송이다. 이 세 가지 원칙은 시대와

K형, 불심佛心은 평상심平常心, 결국 단순히 사는 것을 이르겠지요, 맹자도 "대인大人은 어린아이의 마음을 잃지 않는다."28 라고 했듯, 어린아이의 천진天眞으로 사는 것이 어떻겠습니까? 자신도, 주위도 잊고 그저 조개껍데기를 지고 움직이는 조개짓을 유심히 들여다보며 노는 어린아이의 몰아沒我처럼 순간순간에 충일充溢하는 것입니다. 한 포기의 풀이 발끝에 치일 때 신경을 쓰지 않듯이, 동녘의 햇살이 황금빛으로 퍼지는 일출의 장관을 즐기듯 그렇게 무심코 자연 안에 젖어 사는 것입니다. 한 송이 벌어지는 꽃과 한 마리 나는 나비에서 우주를 바라보는 삶이지요. '무위이화無爲而化'라. 애써 공들이지 않아도 저절로 변하여 잘 이루어진다는 말처럼, 즉 성인의 덕이 크면 아무것도 하지 않아도 백성들이 스스로 잘 따라와서 감화된다는 것이, 노자의 중심 가락사상 아닙니까.

어느 추운 늦겨울날 금강산 유점사寺 창가의 눈바람 속에 피어난 동백꽃 한 송이를 보고 '천지가 자비慈悲'라는 것을 깨친 만해萬海, 韓龍雲·한용운, 1879~1944 선생이 새삼 생각나는군요. '풍란화 매운 향내'라는 표현처럼, 지조와 절개, 뜨거운 열정의 삶을 산 만해에게 금강산은 불국토佛國土의 상징이자 수행의 도량道場이었습니다.29

성聖도 속俗도 잊고 전체로만 뚜벅뚜벅 살면 죽음조차 두려울 것이 없을 것 같습니다. 참으로 생生을 산 이는 죽음을 정상頂上으로 여길 것입니다.

지역을 초월해 모든 부처가 공통으로 설한 불교 윤리의 정수이며, 단순한 도덕적 권고를 넘어 수행과 깨달음의 길을 압축한 핵심 메시지로 전해진다. [「불교신문」, https://buddism.tistory.com/105, 2025.7.20]

28 '大人者 不失其赤子之心者也'니라. '큰 인물은 어릴 때의 마음을 잃지 않는 사람이다'. 『孟子』의 「離婁章句下이루장구하」; 『書經』에서는 '赤子적자'를 '백성'이라는 의미로도 사용하고 있다.

29 [특집] "만해 한용운과 금강산, 그리고 통일시대," 김윤길, 「불광미디어」, 2019. 02.26

백발이 생명의 면류관이듯이, 참된 삶을 살았던 사람에게 있어서 죽음은 생명의 최고봉일 것입니다. 결국 삶이란 물결에 휩쓸려 갈 준비를 하는 일, 마지막 물결에 몸을 맡겨 깊고 깊은 영원의 품으로 나아가는 여정이겠지요.

죽음을 잊은 채 죽음을 기다린다면 어찌 죽음이 존재하겠습니까? 죽음은 실상, 수없이 타乘는 삶의 파도 중 마지막 큰 파도일 뿐이니까요. 사도 바울의 「고린도전서」에 있는 말대로, "죽음아 이제 네 쏘는 추악한 독침이 어디 있느냐 사망아 네 재앙이 어디 있느냐"고전 15:55는 것이지요.

한 뉘를 온穩으로 살면 죽음을 따로 준비할 필요조차 없을 것입니다. 삶을 알면 죽음은 이미 안知 것이 아닙니까? 칸트30의 「비판철학」에서 통찰한바, "궁극적 삶은 무엇을 '하는가'가 아니라 무엇이 '될' 것인가에 관한 문제"'*The problems are not ways of doing, but ways of being.*'라고나 할까요. 진실로 생애를 산 사람에겐 곡哭을 필요로 하지 않을 것입니다.

"이스라엘의 여인들아 나를 위해 울지 말라 너와 너희 자녀를 위하여 울라"*Not for me, but for you*눅 23:28 예수께서 종지宗旨로 가르친 '하나님의 나라'는 어떤 의미에선 영원이 된 현재 이외의 아무것도 아닐 것입니다. 이생에서 그만큼 산 사람은 부활할 수밖에 없을 것입니다.

---

30 임마누엘 칸트Immanuel Kant, 1724~1804는 근대 계몽주의를 정점에 올려놓고 독일 관념철학의 토대를 확립한 프로이센의 철학자이다. 그는 21세기까지 영향을 미친 새롭고 폭넓은 철학적 관점을 제시했으며, 인식론을 비롯해 종교·법·역사에 관한 중요한 저작들을 남겼다. 대표작인 『순수이성 비판』*Kritik der reinen Vernunft*, 1판 1781년; 2판 1787)은 이성의 구조와 한계를 탐구하며, 전통 형이상학과 인식론을 비판하고 동시에 자신의 철학적 공헌을 부각시킨 저서이다. [최재희 옮김, 박영사, 2009년 개정판 참조]

랑게트로 가는 길 - 그리스도인은 누구인가?

K형, "매일 죽는 자는 살고, 매일 사는 자는 죽는다."마 16:25라고 말씀하신 예수의 성경 말씀의 뜻을 찾고 있다고 쓰셨군요. 혹 선종의 화두 중 '백척간두 진일보百尺竿頭 進一步'와 연계해보면 이해에 조금 도움이 될 수 있을는지요? '30m나 되는 깍아지른 듯한 낭떠러지, 그 진리의 험한 골짜기를 뛰어내리면 분명히 죽을 것이로되, 그러나 한 걸음 내디뎌 뛰어내렸기 때문에 살았다.'는 이야기 말입니다.[31]

K형, 예수의 말씀대로, '한 알의 씨앗은 떨어져 죽어야 그 죽음 속에서 다시 생명을 냅니다'요 12장 씨앗이 흙 속에서 자기를 죽이면 그것은 오십 배, 백 배의 밀알이 되기 때문입니다. 이때 씨앗은 죽었으되 죽지 않는 것이지요. 그런데 반대로 씨앗이 떨어져 죽기를 두려워하여 살아 있기만을 바란다면, 끝내 그것은 스스로 썩어 죽고 말 것입니다. 에고Ego, 自我는 죽어야 존재를 살리는 법이 아닙니까. 자아가 죽지 않으면 영은 절대로 기능을 발휘하지 못하지요.

마치 랑게트로 가는 길에서, 썬다 · 싱이 자기를 버리고, 눈 속에서 동사凍死하는 사람을 들쳐서 업고 갔기 때문에 그가 살았듯이 말입니다.

---

31 불가佛家의 용어지만, 유학자들도 '학문을 발전시키기 위한 결단력의 중요성'을 설說하기 위해 이 한자 성어를 애용하곤 했다.

이번의 여행에서 썬다는 마흔여덟 곳에서 전도를 했다. 하루 평균 사십 리 정도를 걸으면서 구월 말까지 전도했다. 그 해 티벧에는 7월 30일부터 8월 9일 사이에 큰 눈이 내렸고, 9월 말경이 되자 길은 얼고, 산천은 눈 속에 싸였다. 눈이 내리지 않는 여름이라 하더라도 산바람이나, 날려오는 천년 설의 눈사태 때문에 히말라야의 산길 들은 사지死地로 변하는 때가 많았는데, 눈까지 덮이고 귀로가 더욱 어렵게 되었다.

그러나 썬다는 더 추워지기 전에 심라힐로 돌아와야 했다. 그는 랑게트쪽으로 가는 길목에서 티벧인 한 사람과 동행했다. 앞을 분간할 수 없는 눈보라와 발이 푹푹 빠지는 눈길이었으나 동행이 있어 힘이 되었다. 한참 동안 사력을 다해 산길을 전진해 가니, 둘의 시야에 웅크리고 있는 동사체凍死體 하나가 나타났다. 얼어 죽은 모양이었다. 시체는 길에서 약 십 미터나 떨어진 가파른 비탈 쪽에 있었다. 썬다는 동행에게 구조하여 업고 가자고 제의하였다. 그랬더니 그 동행은 "그러다가는 우리도 얼어 죽소. 나는 살아야겠소."하면서 매정하게 고개를 젓고는 계속 나아가 버렸다.

썬다는 비탈을 조심스럽게 더듬어 내려가서 그의 생사를 확인했다. 아직 살아 있긴 했으나, 넘어져 다친데다 몸이 얼어 죽기 직전이었다. 썬다는 죽은 목숨과 같은 그를 끌어올려 들쳐서 업었다. 그를 업고 눈보라 길을 뚫어 랑게트까지 가야 한다. 어떡하든 움직여야 했다.

업었다가 붙안았다가 하면서 휘청이는 발걸음을 뗀 지 몇 시간이 지났을까? 고갯마루에 거의 다 다른 썬다의 시야에 또 하나의 동凍사체가 나타났다. 가까이 가서 살펴보니, 그는 바로 몇 시간 전 살겠다고 가버렸던 동행인, 그 사람이었다. 눈 속에 파묻히다시피 웅크려 쓰러진 그는 이미 꽁꽁 얼어 죽어 있었다.

> 무릇 자기 목숨을 보존하고자 하는 자는 잃을 것이요 잃는 자는 살리라눅 17:33
>
> 둘은 서로의 밀착된 체온이 내는 열기로 해서 살아남았는데, 목숨을 건지겠다고 앞서서 갔던 그는 혼자의 체온이 식어내려 결국 목숨을 잃고 말았던 것이다. 썬다는 그리스도의 말씀을 묵상하면서 이제는 의식을 되찾은 동행자와 랑게트행을 계속했다.

K형, 여기에 나오는 눈보라와 가파른 산길은 어쩌면 베드로의 앞을 가로막았던 거친 풍랑마 14:22-23을 떠올리게 합니다. 썬다 · 싱은 풍랑을 보지 않고 주님 안에서 죽음을 각오한 채 그 앞으로 나아갔기에 살았습니다. 반면, 베드로는 두려움의 파도와 자신의 에고에 싸여 죽음을 피하려 하자 익사하기 시작했던 것입니다. 다르게 말하면 죽음을 대범하게 무시하면 죽음은 물러가고, 죽음을 두려워하면 삶이 죽음에 삼켜지는 법이겠지요. 앞서 언급한 티벨인 동행자는 죽음을 두려워해 도망쳤으나, 결국 얼어붙어 죽음의 먹이가 되고 말았습니다.

"네가 물 가운데로 지날 때에 내가 너와 함께 할 것이라… 불 가운데로 지날 때에도 너를 사르지 못하리니…."사 43:2 고난의 길에서도 함께 하신다는 하나님의 약속입니다. 그분은 언제나 "내니 두려워 말라"마 14:27; 막 6:50; 요 6:20고 말씀하시며 우리에게 손 내미시는 분이십니다.

썬다는 목숨을 건 따뜻함으로 차가운 죽음을 멀리 몰아낸 셈이지요. 이처럼 '사랑은 죽음보다 강한 것'아 8:6이 아닙니까? 반면 사랑보다 미움沒人情이 강한 사람은 비록 살고자 해도 결국 죽음을 맞이하게 됩니다. 그 차가움과 몰인정함은 스스로 좁은 울타리를 쳐 자신만의 세계를 화석화하고 고체화하며 죽음으로 내몰지요. '저 사람을 돕다가는 나도 죽을 거야'라는 공포가 그를 움츠러들게 하고, 그렇게 굳어진 의식은 결국 앞서갔던 티벨인을 얼어붙게 한 것이지요.

K형, 아무래도 그리스도인 정신의 원형은 눈보라 치던 랑게트 고개에서 썬다·싱이 보여준 그 마음 같은 것 같습니다. 그의 사랑은 물처럼 흐를 뿐 아니라 이른 새벽의 암흑暗黑, 죽음, 어둠 세력을 사라지게 하는 해처럼 따뜻하기 때문이지요. 진실한 그리스도인은 이 따뜻한 사랑의 불씨를 지니고, 여리고Jericho32로 내려가는 언덕길에서 피 흘리며 쓰러진 사람을 살립니다. '그 선한 사마리아인이 포도주와 감람유를 상처에 부어 거의 죽게 된 사람을 살렸다'눅 10:25-42고 했는데, 그것은 바로 영원한 생명을 주재하시는 '말씀' 자체인 '예수'요 14:6를 이름입니다. 그리스도 안에 머물며 그리스도의 사랑을 실천하고, 하나님 나라의 준비를 위한 역사를 조용히 일구어 가는 것이 진정한 그리스도인의 사명입니다. 그 과정에서 우리는 역사의 비탈에서 무너진 이들을 부축하고 업어 주며 함께 나아가야 할 것이지요.

기독교가 가르치는 역사의 건설이란, 낮은 이들과 함께 이루어 가는 정신적인 왕국, 곧 하나님 나라의 도래를 준비하는 일이라 생각합니다. 이 사랑의 사역이 그리스도인이 지는 사회에 대한 책임이며, 한 알의 밀알처럼 자신을 바쳐 역사를 영원히 세우는 일입니다.

'살신성인殺身成仁'『논어』「위령공」편, 어둠 속으로 다가가 타 없어짐으로써

---

32 성경 속 지명은 '예리고'여리고이며 현지 아랍인들은 '아리하'라고 부른다. 예루살렘 북동쪽 36km, 요르단강과 사해가 합류하는 북서쪽 15km 지점에 있으며 지중해 해면보다 250m나 낮다. 즉, 예루살렘은 해발 750m에 있고 여리고는 바다면 보다도 250m 낮은 지점에 있어, 두 곳의 고저 차는 1,000m나 된다. 따라서 예루살렘에서 출발해 여리고에 이르는 길은 내려만 가는 비탈길이다. 각종 과실수특히 종려나무가 우거진 오아시스로, 예로부터 종려나무성이라 불러왔다. 본래 요르단 영토인 예리코는 1967년 6일 전쟁 때 이스라엘군이 점령한 후 줄곧 이스라엘이 장악하고 있다. 『위키대백과사전』

만 그 어둠을 깨우는 진리 정신, 이것이 예수와 함께 십자가에 못 박힘입니다.

K형, 만해 선생의 시에 '타고 남은 재가 다시 기름이 됩니다.'「알 수 없어요」, 『님의 침묵』라는 역설적 시구가 있지요. 타고 남은 재가 다시 기름이 된다는 사상처럼 무엇이든 타면 재가 남습니다.33 그리고 모두 재가 끝장이라고 생각한 그 재에서 만든 잿물로서 인간이 입은 옷의 때를 씻는 것입니다.

'타고 남은 재가 다시 기름이 된다.'라는 사상엔 또한 기독교의 놀라운 구원이 함께 있습니다.

무릇 시온에서 슬퍼하는 자에게 화관을 주어
그 재 대신에, 기쁨의 기름으로
그 슬픔 대신에, 그 근심 대신에 입히고 ....사 61:3

33 『장자』莊子에서도 강조되는 구절인 "脂窮於爲薪, 火傳也, 不知其盡也"지궁어위신: 기름은 땔감으로 쓰이다가 다 소진되고, 화전야: 불은 옮겨져 계속 이어지며, 부지기진야: 그 끝을 알 수 없다는 내편 「양생주」養生主에 나와, 생명의 연속성과 자연의 순환, 그리고 도道의 무궁함을 상징적으로 드러낸다. 이 표현은 성경의 구도적 메시지와도 맞닿아 있는데, "한 알의 밀알이 땅에 떨어져 죽지 아니하면… 죽으면 많은 열매를 맺느니라"요 12:24처럼, 죽음을 통한 생명의 확장이라는 역설적 진리를 담고 있다.

묵상 적용과 토론을 위한 질문 [1부 빈들의 사상]

1. 광야와 빈들의 침묵은 창조의 시원적 공간으로 묘사됩니다. 여러분은 자신의 삶 속에서 '빈들' 같은 공간을 어떻게 경험하며, 그것이 내적 성찰과 자유에 어떤 의미를 주었습니까?

2. 에크하르트의 '신의 불꽃'과 임제의 '무위진인'은 서로 다른 종교 전통에서 인간 내면의 신성을 강조합니다. 여러분은 동서양 신비사상의 공통성과 차이를 어떻게 이해하며, 오늘날 인간학적·신학적 논의에 어떤 적용이 가능하다고 보십니까?

3. 스피노자의 '신즉자연' 사상은 신을 자연과 동일시합니다. 여러분은 범신론적 세계관과 기독교의 인격신 신앙을 비교할 때, 현대 과학·생태 위기 시대에 어떤 관점이 더 설득력을 가진다고 생각합니까?

4. 불교의 공안과 기독교의 비유·계시는 모두 언어를 넘어서는 진리를 지향합니다. 여러분은 종교 언어의 상징성과 한계를 어떻게 이해하며, 오늘날 신앙 공동체에서 이를 어떻게 풀어내야 한다고 생각합니까?

5. 본 단락에서 강조되는 '전체를 보는 묵상'은 부분적 지식이 아닌 총체적 통찰을 요구합니다. 여러분은 분절된 현대 지식사회 속에서 전체적 안목을 회복하기 위해 어떤 훈련이나 태도가 필요하다고 보십니까?

6. 본 단락은 지식이 인간성을 상실할 위험을 경고합니다. 오늘날 AI·빅데이터 시대에, 여러분은 지식의 비인간화 현상을 어떻게 경험하며, 이를 극복하기 위해 신앙·윤리·교육은 어떤 역할을 해야 한다고 생각합니까?

7. 본 단락에서 다루는 '영원이 된 현재'는 시간 속에서 영원을 사는 삶을 묘사합니다. 여러분은 '영원'의 차원에서 현재의 삶을 바라보는 시각이 개인의 선택과 가치관에 어떤 변화를 줄 수 있다고 생각합니까?

8. 본 단락 - '랑케트로 가는 길' - 은 역사와 인간의 길을 성찰합니다. 동양의 순환적 역사관과 서양의 직선적 종말론을 비교할 때, 여러분은 오늘날 인류의 미래를 어떤 역사관 속에서 이해하는 것이 더 적절하다고 보십니까?

1권 :: 어느 구도자에게 보내는 편지

제2부
예수라는 사람

불교의 인본人本, human-centered적인 것과 달리,
그리스도교 경우
신 중심적神本, theo-centric이기 때문에
경건한 신앙이 문제 될 뿐,
사유와 논리는 대수가 아니라고
할 수 있을 것입니다.

2부

이상복

- 예수라는 사람
- 진리의 다양성과 문화의 내셔널리즘
- 사유와 본 마음자리
- 부활, 그 다시 사는 신비
- 온유, 그 사랑의 은은한 바람 (Ⅰ)
- 온유, 그 사랑의 은은한 바람 (Ⅱ)
- 산 자의 하나님
- 예수의 가르침은 계시요 말씀
- 믿음은 단斷

예수라는 사람

K형, 형께서는 '예수를 역사상의 인물, 그저 크신 성인 중의 한 분'으로만 보시는 것이 아닌가 하는 생각이 듭니다.

형, 예수는 결코 과거의 인물이 아닙니다. 사람들은 그를 십자가 형주刑柱에 달아 못 박아 죽였으나 신적인, 아니 신의 길을 걸은 사람을 죽일 수는 없는 것입니다. 그리스도교는 그리스도의 신적인 부활로 인해 소망의 종교가 되었습니다. 죽음보다 강한 부활, 그래서 사도 바울은 고린도인들에게 보낸 서간에서 이렇게 고백합니다.

> **그리스도께서 죽은 자 가운데서 다시 살아나셨다고 전파되었거늘 너희 중에서 어떤 이들은 어찌하여 죽은 자 가운데서 부활이 없다고 하느냐 만일 죽은 자의 부활이 없으면 그리스도도 다시 살지 못하셨으리라 그리스도께서 만일 다시 살지 못하셨으면 우리의 전파하는 것도 것이요 또 너희 믿음도 헛것이라**고전 15:12~14

형, '사람의 아들'이고, 또 '하나님의 아들'兩性合一論, Dyophysitism, Hypostatic Union이었다고 하는 역사적 실재 인물 예수는 역사의 계곡에 매몰되어 있는 것이 아니라, 이토록 부활하여 살아계심으로 인해서 오늘 우리는 그를 어디서나 만날 수 있습니다. 부활의 영원성, 그 영원성의 향기로 인해서 그는 오늘도 누구에게나 젊은 예수로 있는 것이지요. 세상의 잣대로 보면, 조국의 독립과 광영光榮에 불타는 기대를 지니고 메시아를 기다리던 유대인들의 눈에는 그는 실로 아무것도 하지 않았던 존재였지요. 그는 인위人爲로 세상을 변혁시켜 보고자 나선 적이 없습니다. 그런데 창세 전부터 계셨던 그는 홀연히 나타나서 어부들로 주종을 이룬 일단의 낮은 사람들을 데리고 다 이루어 냈습니다. 모든 것을 했고, 또 모든 것이 되었습니다. 그리하여 그의 생애는 인류의 빛이 된, 진리가 된 그의 존재가 대변합니다.

'참眞理'인 그는 실로, 말씀言을 이루어成 하나님의 성誠이 되었습니다. 성誠은 '참된 성' 자字지요. 『중용中庸』에서도 궁극적 신학天學 사상으로 나오는 하나님의 비밀한 경륜의 도道, 이 성誠의 존재성으로서, 『중용』을 '성誠의 신학'[34]이라고 부릅니다. 알고 계시듯, 『중용』에서는 인격신 하나님을 '誠'으로 상술하지 않습니까? 예수께서는 역사의 한 페이지가 아니라 역사의 전체가 됩니다. 인류사의 온 위인들도 그의 존재의 빛, 그 육화된 계시성인 '성誠' 앞에서는 각주脚註가 될 뿐이지요.

만물의 근원이고 끝이라는 이 성誠은 기실 "나는 알파άλφα와 오메가ωμέγαΩ요 처음과 나중이요 시작과 끝이라"계 22:13고 하며, "나로 말미암지 않고는 아무도 아버지께 갈 자가 없느니라"요 14:6 또 "만물은 다 나로

34 유교 경전 『중용』中庸의 핵심 철학 개념인 '성'誠을 기독교 신학의 관점에서 해석한 것이다. 특히 '성'을 하나님의 본질적 속성으로 이해하고, 이를 통해 『중용』을 '성의 신학'이라 부르는 시각은 동서양 사상의 융합적 해석에 해당한다. "성자誠者는 천지도야天之道也요, 성지자誠之者는 인지도야人之道也"라 하여, 성을 하늘의 도이자 이를 실현하는 것이 인간의 도로 규정한다. 여기서 '성'은 존재의 본질이자 완성이며, 궁극적으로 '천'天과 합일하는 경지를 뜻한다. 기독교적으로는 '성'을 요한복음 1장 1절의 "태초에 말씀이 계시니라"와 연결하여, 하나님의 진리이자 말씀의 실현으로 해석한다. 이러한 접근은 박종천의 『중용의 신학적 해석』(2004), 이승구의 『기독교 세계관과 동양사상』(2003) 등에서 찾아볼 수 있다.

말미암아 지음을 받았다"요 1:3-5고 하는 하나님의 '도道' 즉, 예수 그리스도인 것입니다. 예수는 만유의 실체인 '道'35이고, 만유萬有를 조화하는 '이성'의 '로고스λόγος logos'이지요.36

'화광동진和光同塵이라',37 「요한복음」적으로 말하면 그는 빛이되 누항陋巷의 먼지인 세상과 함께 있었기 때문에 조화造化요, 사마천의 『사기史記』식으로 말하면, 예수는 시장통에서 사람들과 더불어 살았기 때문에 '화和의 대인大人'인 것입니다. 노자나 불가의 인식으로 보더라도 그는 오예汚穢의 더러운 땅 예토穢土에서 추잡하고 낮은 백성들과도 어깨춤을 같이 추고 살았기 때문에 '상선上善'이고 중생의 마음이기에 '유정有情'하며, 이 마음으로 하늘 역사를 건설하는 꽃을 피운 것이 아니겠습니까. 이 십자가 도의 피가 과오過誤와 거짓과 몽매한 인간의 역사를 걸러낸다는 것이지요.

예수의 피가 우리를 모든 죄에서 깨끗하게 하고….요일 1:7; 히 9:14

가히 '십자가의 도'는 인생도, 역사도 '도' 됨을 회복시켜 줍니다. 예수 그리스도 스스로 화목 제물이 되어골 1:20 우리를, 세계를 하나님과 연결해 주시기 때문입니다. 그래서 「요한복음」에는 "예수의 또 다른 보혜사인 진리의 성령이 오시면 모든 진리 가운데로 인도하시리라"요 16:13고 명백히 쓰여 있습니다. 예수가 도중의 도道中道라는 말씀이지요. 우리가

---

35 원래 '머리'란 뜻이나 한대漢代에 와서 '말씀'이란 뜻으로 자전字典에서는 정의된다.

36 요한복음 1장 1절의 "한 처음에 로고스가 있었으니"에서 '로고스'λόγος는 하나님의 위격位格이신 선재先在 예수 그리스도를 가리킨다. 헬라어 원문에서 '로고스'는 '말씀'으로 번역되며, 일부 신학 서적·주석서·직역 성경에서는 원어 그대로 사용하기도 한다. 고대 그리스의 소크라테스 이전 철학자 헤라클레이토스Heraclitus of Ephesus, Ἡράκλειτος, 기원전 535~475는 로고스를 '균형의 원리'로 처음 사용했으며, 플라톤과 아리스토텔레스는 이를 '문장'과 '명제'를 뜻하는 용어로 썼다.

37 노자의 『도덕경』에서 '빛을 부드럽게 하여 속세의 티끌과 같이 한다'라는 뜻으로 쓰였다.

돌아가야 할 근원 중의 근원 인격이라고나 할까요.

회귀점回歸點, regression point, 불교에서 말하는 '일심이문一心二門', 즉, 상대세계가 벌어지는 '두 개의 문'38 心其如門심기여문 心生滅門심생멸문이 돌아가는 그 절대의 최고의 '하나의 마음'一心이 '예수의 도'가 아닐는지요. 왜 불교의 제 9식九識, 즉 주主도 객客도 없는 그 일치와 평화의 세계, 보편의 화엄 바다, 그보다 더, 한 단계 높은 「대승기신론大乘起信論」의 '일심 사상一心思想' 말입니다. 이 근원 자 '일심'은 하나님이 아닙니까?

> 너희는 신들이며 다 지존자, 하나님의 아들들이라시 82:6
> 하나님의 말씀을 받은 사람들은 신들이라요 10:34

"하나님의 섭리와 경륜은 우리가 다 알 수 없는 일이지만 …."신 29:29 예수는 이렇게 우리를 그의 '도'로 하늘과 연결해 줍니다. 오늘도 '도성인신道成人身'의 성육成肉한 계시로, 말씀으로, 보혜사로서 말입니다.

K형, 사실 성경은 그리스도로 가득 차 있습니다. 우리가 조금만 눈여겨보면 성경에는 「창세기」3장 15절에서부터 「계시록」 마지막 장에 이르기까지, 하늘과 땅의 모든 것이 그리스도로 인하여 숨 쉬고 있음을 알 수 있습니다. 조금 의아하게 생각하실지 모르지만, 이 점은 성경의 행간行間과 자구字句에만 보이는 것이 아니라, 그 모든 장章과 절節의 주종을 이루는 정신이기도 한 것입니다. 기원전 8세기 남유다 왕국의 선지자 이사야가 광야에 서서 그토록 애타게 노래하는 '메시아'와 '하나님의

---

38 '일자심진여문'一者心眞如門과 "이자심생멸문"二者心生滅門으로 표현하며, 대승기신론大乘起信論의 해석분에서 나오는 용어로, 일심一心의 두 문을 가리킨다. "일자심진여문"은 일심이 본래 그대로 오염되지 않은 채 드러나는 진리의 문을 뜻하며, "이자심생멸문"은 일심이 무명과 번뇌에 가려져 생사고락의 육도를 윤회하는 중생의 문을 의미한다. (『한국민족문화대백과사전』)

나라' 사 7-9장; 52:13-15; 53:1-6 말이지요.

K형, '만족'이란 뜻인 영어의 satisfaction은 어간 satis가 라틴어의 Satir에서 나왔습니다. 라틴어의 본래 의미는 '궁극적 또는 초월적 실재'라는 뜻입니다. '궁극적 실재,' 그 도眞理만이 인간에게 갈증을 해결할 수 있는 생수로서의 만족을 준다는 뜻이 아니겠습니까. 예수가 수가성의 우물가 여인에게 말하였듯이, '하나님의 말씀이 아니고는 하나님의 영이 아니고는 인간은 영원한 목마름 속에서 죽고 만다' 요 4:5-24는 이야기지요. 대성大聖 공자가 춘추전국春秋戰國 중기中期의 병든 역사의 슬픔과 고통을 보며 목 놓아 찾았던 '도'에 대한 고백도 이 맥락이 아니겠습니까. "천생덕어료天生德於了!" 세상을 구하기 위해 '하늘이 내게 덕을 내리셨도다.' 할 정도로까지 메시아로서의 사명을 가졌던 '지성선사 문성왕至聖先師 文聖王'39 공자가 진리에 그토록 허기虛氣졌던 것이 제게는 큰 의외로 여겨지는군요.

'성희천聖希天'이라고, "성인은 하늘과 같이 되기를 바란다."40라고 하는데, 예수는 실로 하늘을 우러르고, 하늘을 배우고 하늘을 온몸으로 안고 산 사람이었습니다. 아니 오르고 올라서 높고 넓은 그 하늘의 마음이 되었지요. 그는 지금도 하늘 말씀으로 타고나서 한없이 높은 하늘 말씀으로 거룩한 숨誠靈을 우리에게 주고 있습니다.

> 예수 그리스도는 어제나 오늘이나 영원토록 동일하시니라 히 13:8
> 나는 알파요 오메가라 이제도 있고 전에도 있었고 장차 올 자요 전능한 자라 계 1:8

---

39 산동山東 곡부曲阜 생가의 문묘文廟 현판에 새겨져 있는 추존 직함이다.

40 「소학집주」小學集註 가언嘉言 광경신廣敬身 5-60절에 따르면, 도학자 주돈이周敦頤, 렴계, 1017~1073가 『태극도설』太極圖說에서 말하길濂溪周先生曰, 즉 '성인은 하늘을 바라고聖希天, 현인은 성인을 바라고賢希聖, 선비는 현인을 바란다士希賢'하였다.

전신을 던지면 성聖이 되고 부분을 던지면 속俗이 되겠지요. 렘 29:13; 롬 12:1
부디 여호와 하나님과 그리스도를 알기를 기도합니다.

영생은 곧 유일하신 참 하나님과 그의 보내신 자
예수 그리스도를 아는 것이라 요 17:3

「빛과 소금」, 이상복

진리의 다양성과 문화의 내셔널리즘

K형, 주로 '진리의 다양성에 대한 형의 시각'을 쓰셨습니다. 형께서는 '동서고금을 막론하고 위대한 윤리 교사들이 존재해 왔다'라는 것을, 또 그 윤리의 큰 가르침에 따라 자기를 열어 깨치기만 하면 문화의 컨텍스트context라고 하는 인위人爲의 베일 뒤에 계시는 '근원자' 또는 '절대계'를 인식하지 않겠느냐고 하셨습니다.

물론, 하나님은 각 민족에게 그 민족의 지정적地情的 특이성에 따라 그 민족을 이끌고 갈 율법의 스승들을 증거자행 14:16-17로서 내셨지요. 이들은 예수 이전의 '몽학蒙學선생'들입니다.갈 3:24-26 이를테면 인도 대륙에는 붓다Buddha와 마하비라Mahavira,자니아교를, 페르시아에 조로아스터Zaraθuštra를, 이스라엘에 모세Mōysēs를, 동북아시아에는 공·맹孔·孟과 노·장老·莊을, 유럽에는 소크라테스Sōkrátēs를 말이지요. 그들의 영적 설법說法들은 가히 세상의 지혜 경전들이 되었습니다. 그리고 비록 문화의 차이 때문에, 외형상으로 나타난 표현의 다양성과 사유의 형태들 속에 있는 윤리나 종교적 측면의 상징성이 다르게 보이지만, 신성神性을 지향하려고 노력하는 혜맥慧脈들의 근간根幹에는 근본적인 일치가 있다고 여겨지는군요. 숭엄한 것에 대한 외경,畏敬 그 거룩함의 종교적 체험 같은 것이 그것이 아닐까요.

양심의 법을 성찰하는 한 '일반은총'토마스 아퀴나스,Thomas Aquinas, 1224~1274,

서방교회의 저명한 신학자이자 스콜라 철학자 하下의 이성은 그들을 신적인 데로 인도합니다.롬 1:19-20; 2:14-16 성경에서 말하는 대로 사람은 누구나 '영원을 사모하는 마음'전 3:11을 가지고 있기 때문이지요. 따라서 엄격히 말하면 세상에는 신성神性으로부터 격리된 사람은 사실상 한 사람도 없다고 느껴집니다. 참회懺悔의 고통도 회개悔改의 행위이듯 말이지요. 문제는 '일반은총' 하의 사람들은 아직도 그들의 '일반진리'가 하나님의 육화肉化, Incarnation 속에서 구원의 은총을 받은 것, 즉 '특별은총'말씀, Special Grace이 아님으로 해서 인간 존재의 본질의 내막과 신의 구원의 섭리 과정을 모른다는 것에 있습니다.

불행하게도 사람은 이 일반은총과 특별은총의 관계를 흑백 논리처럼, 미신, 즉 거짓 신앙과 참 신앙의 관계로만 해석하려고 함으로써 예수의 '성취설Theory of Fulfillment'을 오도誤導해 왔습니다. 일반은총 또한 하나님 편으로 보면 자기 계시, 즉 '도성인신道成人身' 이전에 인간에게 준 은혜인데, 인간은, 특히 문화적 민족주의cultural nationalism로 인하여, 타 종교에 대해서 서로 적대감을 가져온 것입니다. 문화의 컨텍스트와 그 이름이 다르다고 해서 동서를 하나로 묶지 못하는 것은 커다란 비극인데도 말입니다.

사실 물질문명의 우열이라든지, 지역 국가 간의 강·약과 거기에 따른 문화적 제국주의가 없었다면 인간은 정신적으로 좀 더 일치하고 행복하지 않았겠습니까? '신적 체험宗教次置'을 독단적인 개념 형성을 통해서 세속화한 것은 인류사의 비극이었습니다.

저는 세계에 궁극적으로 평화가 오려면 다른 종교들의 일치나 상호 이해는 차치하더라도 우선 기독교 내의 개신교Protestantism와 구교Roman Catholic는 예수 그리스도의 사랑과 복음이라는 공통된 신앙의 뿌리를 공유하므로, 분열보다 연합을 통해 더 온전한 증거와 치유를 세상에 보여

줄 수 있기에 합合해야 한다고 생각합니다. 그리스도는 날마다 자꾸 커져야 하는데 양대 교회 세계가 자꾸만 그리스도를 작게 만들어 가고 있습니다. 『옥중서신-저항과 복종』*Widerstand und Ergebung*, 1951, 2016년 9월 19일 한국어 번역, 김순현에서, 본회퍼Dietrich Bonhoeffer, 1906~1945가 지적을 엄중히 했듯이 오늘날의 그리스도인들은 그리스도인이라고들 공언하지만 사실상 '예수가 누구인가를 모름으로써,' '근본된 기둥이 허虛해져 있는 것이 현대인의 문제'라고 보입니다. 저 물질적이고 명목적인, 그리고 제국주의적 서양 문화로 커버린 기독교 제국Christendom은 이미 순수한 기독교가 아닙니다. 에드워드 기번Edward Gibbon, 1737-1794이 『로마제국 쇠망사』*The History of the Decline and Fall of the Roman Empire*, 1776년부터 1788년까지 총 6권에서 말한 대로 초기 3백 년의 기독교가 로마인들의 눈에는, 일종의 덜 떨어진 '야만주의Barbarism'로 보였으나, 그 'Barbarism'이야말로 순수하고 원초적인 기독교가 아닙니까?

인류가 지닌 보배로운 눈은 '바울이 가진 영안靈眼의 눈'[41]인데, 오늘 교회들은, 또 종교들은 어찌 그리 멀리 보지 않고 깊게 보지 않는지 모르겠습니다. 막힌 담을 허는 그리스도, 예수 안에서의 하나 된 세계, 그 이상理想이 언제 실현되어 광명한 천지를 볼 수 있을는지요?

---

41 '바울이 가진 영안靈眼'이란, 그의 영적 통찰력과 복음의 깊은 이해, 하나님의 경륜을 꿰뚫는 눈을 높이 평가하는 표현이다. 바울의 눈이 '인류의 보배로운 눈'이라 불리는 이유는 다음과 같다. (1) 복음의 깊이를 꿰뚫은 자: 단순한 교리 전달자가 아니라, 하나님의 경륜과 구속사의 비밀을 해석하고 전한 사도.(2) 이방인의 사도: 유대인뿐 아니라 모든 인류에게 복음을 전하며, 인류 전체를 향한 하나님의 뜻을 본 자.(3) 계시의 통로: 성령의 계시를 받아 신약성경 39권 중 13권(히브리서 제외)을 기록, 교회와 그리스도의 관계·종말·구원론 등 핵심 진리를 담음.(4) 영적 시야의 깊이: 문자와 율법을 넘어 영적 실체와 본질을 보는 눈을 가짐. 이 표현은 단순한 시각이 아니라 성령의 계시로 열린, 하나님의 뜻을 꿰뚫는 영적 통찰력을 의미하며, 오늘날 교회가 그 깊이와 넓이를 회복해야 한다는 도전을 담고 있다. 대표 성구로는 에베소서 1:17-18, 고린도전서 2:10-12, 빌립보서 3:8, 고린도후서 4:6-7 등이 있다.

사유와 본 마음자리

K형, 여로旅路에 유일하게 지니고 다닌다는 『반야심경般若心經』을 염송念誦한 후, 야반夜畔에 착잡한 심정으로 글을 쓴다고 하셨군요.

그저 착하게 사는 것이지요. 가능한 한 어린아이처럼 청결한 가슴으로 살도록 노력하면서 …..

길어야 칠십 인생, 이 제한된 시간의 삶의 전쟁을 치르면서, 우리가 하나님으로부터 받은 본래의 성품으로 돌아갈 수만 있다면 이 이상 더 귀중한 추구가 있겠습니까? 마음의 껍질을 한 꺼풀 한 꺼풀 벗기다 보면 더 이상 벗길 수 없는 깊은 내면은 아무래도 신과 가장 가까운 곳이 되지 않겠는지요?

불자佛子들은 '신神'이란 용어를 쓰는 데에는 다소 서먹하게 느껴지지만, 선정禪定에 드는 선禪 수행을 하는 것도 신성의 체험을 위한 것이라 여깁니다. '정定'을 고대 인도어산스크리트어, 梵語로 '사마디Samādhi'라고 하지 않습니까.[42] 그러니 'Samādhi'라는 말은 '궁극적으로 이르는 그 집중의

42 'sam'이라고 하는 어간은 '함께' '절대적 궁극적인 존재와 함께'라는 본래의 뜻을 지니고 있으며, 'adha'는 '이른다', '된다'라는 뜻이다. "Samādhi"는 명상 수행의 가장 깊은 단계로, 마음이 하나의 대상에 완전히 집중되어서 고요하고 변함없는 상태를 의미한다. 불교, 힌두교, 요가 등에서 모두 중요한 개념으로, 불교에서는 팔정도의 마지막 요소인 정정正定으로 등장한다.

경지'를 말합니다. 그것은 마음속으로 이르고 이르러서 더 나아갈 데가 없는 법열法悅, 더 벗길 껍질이 없는 인간의 본 마음자리, 그 명경明鏡에 다다름을 이름입니다. 여기서 인간의 마음은 신의 마음과 만난다는 것이지요.

따라서 불학佛學이 "인연의 사슬을 끊고 '공空'으로 화하여야 한다."는 '제일의第一義적인 교조敎條'는 이토록 불자佛子가 궁극적으로 절대적인 존재 안에 들어야 한다는 것을 보이고 있습니다. 이 존재 안에 들지 못하면 불자의 암묵暗默의 염원, 그 신의 입장인 '일심一心'에 서기가 어려운 것이지요. 신의 입장에 서지 못하면 어떻게 타인을 사랑할 수 있는 무량無量의 자비가 가능하겠습니까? 나가쥬나용수, 龍樹, 150년경~250년경?43의 반야지혜般若智慧로 공을 깨닫는다覺고 하더라도 현실의 인간이 서는 자리는 여전히 인간의 자리가 아닙니까? 차별 상相을 떨쳐버리지 못할 것입니다.

사실 불교학에 보이는 그 많은 사유思惟觀念論의 형태들이 불교를 더욱 어려운 이론과 철학으로 만든다는 생각이 드는군요. 해탈은 멀고 물음은 더욱 늘어가는 관념론으로 말입니다. 45년도 더 전의 일입니다만, 저는 티벧인 학승學僧으로부터 유식학唯識學44의 기본 주제인 '마음心' 글

---

43 나가르주나Nagarjunā, 산스크리트: नागार्जुन, 한역: 용수·龍樹는 3세기 인도의 불교 승려로, 중관中觀, Madhyamaka을 주창하였다. 그는 중관 불교의 틀을 유지하면서도 상좌부 불교를 비판하고 대승불교의 논리를 정립하여 '제2의 석가모니', '대승불교의 아버지'로 불린다. 석가모니 이후 출가자 중심의 수행 불교를 비판하고, 대승불교 교단을 새롭게 세운 인물이다.

44 대승불교를 완성한 인물로 평가되는 무착無着, Asanga, 약 4세기 중반~5세기 초은 4세기경 정신세계를 보다 진리답게 설명하고자 유식학파唯識學派, 법상종法相宗을 성립하였다. 그는 선과 악이 모두 마음에서 비롯되며, 악을 멸하고 선을 행하는 것도, 범부의 무지를 정화하여 지혜로운 사람이 되는 것도 모두 마음에 달려 있다고 보았다. 이러한 유식사상은 안식眼識·이식耳識·비식鼻識·설식舌識·신식身識·의식意識 등 육식六識에 의해 업력業力이 형성된다는 관점으로, 그 뿌리는 원시불교와 소승불교에도 찾아볼 수 있다.

자 하나를 배우는 데 1년을 할애한 적이 있었습니다. 그나마도 『아비달마』A.bhidharma, 그 붓다의 교법을 연구하고 고차원적으로 해석한 불교 논서의 텍스트는 사분의 일1/4도 넘어가지 않았지요.

팔만대장경을 이루는 그 많은 경經과 론論과 소疏의 행간 뒤에 보이는 깊은 사유의 골들은 좀 묻어 버리든지, 더덕더덕 붙어있는 그 관념의 조각들을 떼어내든지 해야 할 것이란 생각이 듭니다. 희랍인의 사유처럼 인도인들의 사유 형태도 너무 인간 중심이라서 번쇄煩瑣하기 짝이 없기 때문이지요. 비록 희랍인들의 철학 체계가 신학의 집을 짓게 되고, 그리하여 신학조차도 헤겔 이후에 와서는 '사변신학思辨神學'45이 되어버리고 말았지만, 그래도 그리스도교 정신은 성경에 보이는 히브리인들의 원정신이랄까, 사유의 형태가 '신神 중심'이 아닙니까? 불교의 인본人本, human-centered적인 것과는 달리, 신 중심적신본, theo-centric이기 때문에 경건한 신앙이 문제일 뿐, 사유와 논리는 대수가 아니라고 할 수 있을 것입니다.

> 지식이 많으면 근심도 더 하나니 …..전 1:18

「전도서」의 충고에서 보듯이, 지식과 관념의 체계는 골을 많이 파지 않는 것이 좋을 것전 12:12 같습니다. 왜냐하면 지식 때문에 신으로부터 멀어져 스스로가 불구화된 사람들이 많기 때문입니다. 세속적인 의미에서 위대한 사상가라고 하는 사람들, 몇 사람 예를 들면, 볼테르라든지 칼 맑스, 니체, 러셀, 또 화이트헤드 같은 사람들은 사실, 좋은 하나님 신앙을 지닐

45 사변신학思辨神學, speculative theology은 하나님을 개념적으로 이해하는 신학의 한 분야로, 계시된 진리를 단순히 개념화하는 데 그치지 않고, 성경과 전통 등 실증적 자료를 토대로 이성적·철학적 사유를 통해 신학 내용을 체계적으로 설명·정립한다. 실증신학positive theology이 역사적·문헌적 근거를 중시한다면, 사변신학은 그 성과를 바탕으로 논리적·체계적 해석과 이론화에 중점을 둔다. 이를 통해 '기독교의 믿음과 지성, 철학과 신학이 학문적으로 배타적이지 않다'라는 사실을 분명히 드러낸다.

가능성이 있었던 것으로 여겨집니다. 그런데 니체Friedrich W Nietzsche, 1844~1900에게서 보이듯이 인간 중심의 깊은 사유는 그를 '광인狂人, Der tolle Mensch, insane person'으로 만들지 않았습니까. 결국 니체의 『반反 그리스도』Anti-Christ, Der Antichrist, 1895는 예수가 거꾸로 선 형태의 피상적인 그리스도교에 대한 '급진적 관찰subversive insight'입니다. 버트런드 러셀Bertrand A. W. Russell, 1872~1970 경우도 그가 성경 진리를 깊이 이해했다고 보기 어렵게 느껴지는군요. 『왜 나는 그리스도교인이 아닌가?』Why I Am Not a Christian?, 1957를 읽어보셨으면 느끼셨을 것입니다만, 이 책이야말로 조금만 눈여겨보면 주마간산走馬看山격 임을 알 수가 있습니다. 그의 저술 중 가장 피상적이고 깊이 없는 책이며, 실제 그는 그리스도를 몰랐던 무신론자입니다.

데카르트로부터 헤겔에 이르기까지 '사유주의자'들은 관념 운동에만 바빴습니다. 그들은 관념의 대해大海呪縛에 익사하도록 달려만 온 것이지요. 그것도 모자라 현재는 2차대전 중 파리의 어느 카페에서 나온 유물론적 실존주의를 붙안고, 그 주박을 벗어나지 못하고 있는 지식인들이 많습니다. 그들이 아직도 앓고 있는 관념은 변증법의 그 'DDialectic'자 놀음일 뿐인데도 말입니다.

K형, 궁극적인 지혜가 어디 사유의 달음질에 있겠습니까. 모든 것을 떼어 내버린, 그 비어 있는 마음의 정관靜觀에 있겠지요. 세상이 다 떠내려가도 홀로 고요히 앉아 있는 듯한 예수의 그 역설적인 「산상수훈」적 '비움'46의 마음 위에만 신적 지혜는 덮히는 것이 아니겠습니까? 불교의 화엄 법계法界47로 말하자면 '속체俗諦도 진체眞諦도 없는', 즉, 사事도 이理도

46 앞서 언급한 대로, 헬'프토코스'πτωχός는 '가난한' 또는 '가난한 사람'을 뜻하는 형용사로 신약에 30번 이상 사용되었으나, 원어 원래의 뜻은 '비우다''이다.

47 화엄 법계는 『화엄경』에서 전개되는 우주관을 가리키며, 화엄종의 핵심 교의인 법계연기法界緣起 사상에 근거한다. 이는 우주의 모든 사물이 서로의 원인

없는 중도中道에 연화蓮花의 모습으로 앉아 있는 것, 그 자리가 반야般若, 지혜 자리가 아니겠는지요. 절대 무無, 그 텅 빈 세계가 어디 텅 빔空입니까?

"빛이 있으라 하시니 빛이 있더라"창 1:3 그 '무'의 창조 공간은 열려있기에 가득한 것이 아니겠습니까.참조 유물혼성<有物混成> 『도덕경』25

눈을 감으라, 신의 소리를 들을 것이다.『카타 우파니샤드』 2:1.1-2:1.2

모든 관념, 모든 문자 놀음을 떨쳐버리고 양파를 벗기듯 사유의 껍질을 한 꺼풀 한 꺼풀 벗기면서 사는 거지요. 더 벗을 것이 없을 그때 마음은 모든 것에서 놓임을 경험하게 되지 않겠는지요?

가장 원초적인 모습으로 한 꺼풀의 의상도 부착하지 않은 본래의 모습으로 돌아가는 것은 실상 자기 살 꺼풀을 한 꺼풀 한 꺼풀 벗겨 가는 큰 아픔일 것입니다. 층층으로 덮힌 육肉의 껍질을 벗고 정신의 밑바닥인 벌거벗은 영혼에까지 이르는 것, 그 과정은 지식이라고 하는, 사유라고 하는 번뇌의 껍질을 벗기는 과정이라고 할 수 있을 것입니다. 그것은 소음의 와중에서 침묵의 심연을 찾아가는 여행이 아닐는지요. 이 '청결한 마음만이 하나님을 볼 수 있다.'는 것이 아닙니까.마 5:8

심령이 가난한 자는 복이 있나니 천국이 저희 것임이라마 5:3

「산상수훈」은 참으로 '역하逆河적인 역설逆說'입니다. 탈 문화, 반 문화적인 역설입니다. 불교의 불佛의 원래 의미처럼 문화를, 세상을 부정弗하는 사람人이 되도록 깨달으라佛는 말입니다. 그것은 세상적 야망을 버리는

이 되어 대립을 초월해 하나로 융합한다는 개념으로, 일체가 상호 조건적으로 연결되어 있다는 불교의 진리관을 담는다. "현상이 곧 진리"라는 동아시아 불교의 사상적 경향을 대표하는 개념이자, 화엄 세계 전체가 한마음에 포섭되므로 모든 것은 마음이 만든 것이라 본다. 『한국민족문화대백과사전』

일이고, 인생의 궁극적인 문제는 소유가 아니라 존재에 있다는 것을 깨우쳐 주는 말씀입니다, '무소유 훈련'이라 할 수 있겠지요. 그러기에 전대錢帶를 차고서 갈보리 고개를 오르려고 하는 자들, 십자가 없는 성경을 들고 있는 자들, "피 흘림이 없으면 죄 사함이 없느니라"라는 히브리서 9:22의 말씀처럼 '피'없이 말씀을 읽고 있는 자들에 대하여, 예수는 생명이 아니라 죽음이라고 선언하고 있습니다.

> 네가 살았다 하는 이름은 가졌으나 죽은 자로다계 3:1
> 먼저 네가 가진 것을 다 팔아 가난한 자에게 주라 그리고 나를 따르라 마 19:16~22

K형, 죽지 않으면 어찌 부활이 있을는지요. 일체를 퍼내었기에 모든 것이 가득할 수 있는 공空.

십자가만 주장자柱杖子로 삼아 진리의 법상法床에 가만히 앉아 있는 것, 그리하여 말씀의 푸른 초원 아득히 몰려가는 양 떼들의 등허리 물결을 연민憐憫 중에 바라보며 살고 싶습니다. 종달새 울음소리 하나를 듣고 천지를 깨쳤다고 하는 우리의 화담花潭48 선생, 하나님의 텅 빔空, 그 하나님의 '절대 무'의 순수를 알기 위한 지하 공사로써 신학이 필요하지, '하나님의 나라'가 오면 신학이 다 무슨 의미가 있겠습니까?

> **雨過青山千萬里** 우과청산천만리　　**虛空宇宙滿春聲** 공우주만춘성
> 비가 푸른 산 천만리에 개니 큰 누리에 봄 소리가 가득히 울려 온다.
> 「겁외가」劫外歌, 고봉경욱高峰景煜, 1890~1961, 선사 作

48 서경덕徐敬德, 1489년~1546은 조선 중기의 학자로, 주기파主氣派의 거유巨儒이며 호는 복재復齋·화담花潭이다. 스승 없이 독학으로 사서와 육경을 연마했고, 정치와 거리를 두고 학문 연구와 후학 양성에 일생을 바쳤다. 그는 벽에 한자를 붙여 두고 그 글자와 세상과의 관계를 깊이 궁리하는 독특한 학습법을 사용했다고 전한다. 『한국민족문화대백과사전』

부활, 그 다시 사는 신비

K형, "부활이라고 하는 말은 참 황당하고 또 이질감이 든다."라고 하셨군요.

『서양의 몰락』을 쓴 슈펭글러Oswald Spengler, 1880-1936나 『역사의 연구』의 토인비Arnold J. Toynbee, 1889-1975적인 문명사관은 민족을 단위로 할 때뿐만 아니라 개인을 단위로 하여 보아도, 생명의 흥망이랄까 발양發揚 주기는 그 '사계절 순환설'이 적용된다고 할 수 있을 것입니다. 봄이 오면 만물은 움트고, 여름에 무성해지고, 그러고서는 조락의 가을을 맞다가 눈에 덮히고는, 깊은 안식으로 들어갑니다. 개인의 경우 죽음은 바로 이 겨울, 안식의 깊은 동면冬眠이겠지요. 그러다가 '하나님의 나라Kingdom of God'가 오면 인간은 그 깊은 잠에서부터 생명으로 나온다는 것이 하나님의 약속입니다. 성경은 죽음을 '잠'이라고 부릅니다. 예수가 무덤 속에 있는 나사로에 대해 '그가 잠자고 있는 것'요 11:11이라고 하셨듯이 말입니다.

문제는 사도 요한이 기록하고 있듯이, 어떤 사람은 '생명의 부활'로, 어떤 사람은 '심판의 부활'로 나온다요 5:29는 사실인데, '하나님의 공의'가 아니겠는지요. 부활 문제는 '부활復活의 장章'인 고린도전서 15장뿐만 아니라 구약 요나의 표적,요나서 다윗 예언 시편,16편, 110편 이사야,53: 9-12 바울의 다른 서간문롬 8:11, 34; 6:4; 고전 6:14에서도, 또 계시록에서도 나오는 사상이 아닙니까? 절대자 하나님 앞에 자기 존재를 회복한 사람, 그리하여 '하늘의 은혜와 진리로 다시 태어난 사람은 영원히 살아야' 하지 않겠습니까.

'해불양수海不讓水'[49]라. 실로 바다는 온갖 물을 거절치 않습니다. 천지간에 인생이 처할 곳을 자각한 사람, 거짓되고 속된 내면의 옷을 벗을 줄 알게 된 사람, 그런 사람에게 있어서 죽음이란 강물의 흐름 같이 자연스러운 것입니다.

가혹한 인생의 겨울, 그 갖가지 마성적인 것들을 견디어 낸 사람에겐 반드시 부활이란 봄이 있을 것을 나는 믿습니다.

부활을 믿지 않는다면 우리가 가르치는 것이 헛것이요
믿음 그 자체도 헛된 것이다고전 15:14

49 춘추전국시대에 살았던 관중管仲, 혹은 관이오管夷吾, 기원전 725년?~기원전 645년에 관하여 쓴 책 『管子』관자에서 유래한 고사성어이다. 『管子』 내용에는 목민牧民 사상, 경제 중시 정책 등이 골격을 이룬다. "창고가 가득 차야 예절을 알고, 의식이 풍족해야 명예와 치욕을 안다" 倉廩實, 則知禮節; 衣食足, 則知榮辱 『관자』「목민」편에 이와 같은 유명 구절이 포함되어 있다.

온유, 그 사랑의 은은한 바람 I - 예수의 기본 가르침

K형, "예수의 기본 가르침이 무엇이라고 보는가?" 하는 질문은 참 대답하기가 쉽지 않은 난제難題이군요. 마치 공자가 제자들에게 그의 가르침의 핵심인 '인仁'을 상황에 따라 정의定義를 여러 가지로 내리면서 가르치듯이, 예수의 가르침에도 한마디로 정의할 수 없는 복합적인 면들이 많이 있습니다. 굳이 줄여 말하자면 그의 말대로 경천애인敬天愛人, 즉 하늘을 공경하고 이웃을 사랑하여 앞으로 이 세상에 도래하는 '하나님의 나라'에 들어갈 수 있도록 하라는 것이 기본적인 가르침입니다. 물음을 던지셨으니, 하늘의 의義나 하나님의 나라에 대한 개념은 접어두고, '사랑'에 대한 부분만을 가지고 성경적 답변을 살펴보도록 하지요.

「고린도 전서」 13장에 보면 사랑의 여러 덕목이 있는데, 종합해 보면 '사랑은 온유하게 한다.' 즉, 다투지 않게 한다는 것에 초점이 맞추어져 있음을 발견합니다. 다투지 않으려면 자기를 낮추어야 할 것입니다. 마치 물이 지형을 가리지 않고 곧은 곳이나, 꾸불꾸불한 곳이나 마음대로 흐를 수 있는 것은 그 자체 속성에 모습이 없기에 그렇듯이 말이지요.

그런데 사랑의 마음으로 자신을 비울 수 있고, 자신을 비워 결국 자기를 이길 수 있다는 것은 '은총'이란 생각이 듭니다. 자기를 이기면克己 자기가 없어지니까無我, 그때 이기利己의 자리自利는 죽고 이타利他의 마음만 생기는 것입니다. 구원과 해탈이 따로 있는 것이 아닐 터이지요.

사랑은 차별이 없으므로 '경계선이 없는 것'으로 보입니다. 모든 존재는 '현상 세계'에서 보면 서로 형체가 다른 것 같지만 만물의 제동齊同, 『장자』을 이루는 '본질 세계',칸트 그 하나님의 눈으로 보면 온 우주 만물이 다 그의 차별 없는 사랑 아래서는 하나가 아니겠습니까? 우리는 차별에서 오는 구속을 초월하여 자유로 나아가야 하는 노력을 해야겠지요. 차별 없는 '참眞', 차별 없는 '선善', 차별 없는 '아름다움美'을 찾아 나서야 할 것 같군요.

성경에서 이 자유에의 세계를 진리에의 그리움으로 찾으면, "애통하는 자에게 복이 있나니 위로함을 받을 것임이요"마 5:4라고 합니다. 그리고 이 자유에의 여로는 사랑의 길에서 오고, 사랑은 또 온유에 바탕을 둔다는 것입니다.

예수의 기본 가르침은 정녕 이 '온유'에 있는 것으로 느낍니다. 약함과 부드러움에 있는 것이 아닐는지요. 「산상수훈」의 요지는 롱펠로우의 시詩처럼 '인생의 노영露營 안에서 싸워 이기라'50가 아닙니다. 오히려 져주라는 것입니다. "오리를 걷자고 하면 십 리를 걸어가 주어야 한다."마 5:41 "우는애통하는 자가 위로를 받을 것임이요."마 5:4 "심령이 가난한 자가 복을 받을 것이다."마 5:3 "스스로 낮추는 자가 높임을 받게 된다."마 23:12; 눅 14:11; 잠 29:23라는 것 등에서 예수의 가르침이 극명히 드러나고 있지요.

---

50 이 시구는 롱펠로우Henry Wadsworth Longfellow, 1807~1882의 대표작 「인생찬가」*A Psalm of Life,, 1838* 에서 나온 것이다. "*In the world's broad field of battle, / In the bivouac of Life, / Be not like dumb, driven cattle! / Be a hero in the strife!*"원문 구절; "이 세상 넓고 넓은 싸움터에서 / 인생의 노영(露營) 안에서 / 말없이 끌려가는 가축처럼 되지 말고 / 싸움에 이기는 영웅이 되라"한국어 번역. 이 시는 삶의 방향을 잃었을 때, 다시금 용기와 목적의식을 되찾게 해주는 고전적인 명시로 널리 사랑받고 있다.

부드러움과 약함은 곧 강함을 의미하는 것 같습니다. 노자老子도 '태강즉절太綱卽節'51 이라고 일렀듯이 너무 강하면 결국 부러지지 않습니까? 자연의 리듬은 부드러운 것인데, 어찌 강해지려고 하겠습니까? 사랑을 본질로 하는 성령이 부드러운데 어찌 약함을, 온유를 버리겠습니까? 열심을 품어도 좋지만 강한 마음을 키우면 오히려 사랑을 거스르게 될 수 있습니다.

그러면 온유가, 약하기만 한 부드러움이, 왜 그토록 은총이 되는 것일까요? '온유의 속성이 비폭력'이기 때문입니다. 성내지 않기 때문이지요. 용서가 있고 사랑이 있는데, 어찌 대립이 있겠습니까? 꽃은 다투지 않기 때문에 아름다운 법입니다. 태풍이 불 때 큰 바위는 넘어져도 풀은 뉘여졌다 다시 일어서지요. 그것은 부드럽기 때문입니다. 사랑은 바로 이 풀 같은 것이 아닐는지요.

하나님은 '부드러운 자의 편, 소자小子의 편, 유순한 자의 편에 서신다.' 마 5:5, 18:3-4; 사 57:15; 시 34:18라고 합니다. 순진한 어린아이의 눈에, 다투지 않는 한 송이 산나리의 아름다움에 하나님이 계시듯이, 온유한 사람에게 하나님의 은은한 사랑의 바람이 함께 하실 것입니다. 우리의 각박한 삶에 하나님이 안 계심은, 실은 하나님이 부재하심이 아니고, 온유한 우리의 모습이 부재하고 있기 때문이겠지요.

51 전한前漢 화남왕 유안劉安, 전한 고조 유방의 손자은 학자들과 빈객을 모아 기원전 139년부터 기원전 122년 사이에 21편의 내서內書로 구성된 『회남자』淮南子를 편찬하였다. 이 가운데 「범론훈」氾論訓에서도 해당 내용이 언급된다.

온유, 그 사랑의 은은한 바람 (Ⅱ)

K형, 인생이란 실로 항해와 같은 것이라고 하면, 어찌 키를 잡아 주고 어둠 속에서 등대가 되어주는 영혼의 선장이 필요하지 않겠습니까? 자연에 하나님이 계시면 삶에도 하나님이 계실 터, 삶을, 항해를 물 흐르듯 하나님과 함께 흐르는 것이 바로 우리 선현들이 말하는 '여천동생與天同生' 또는 '여천동락與天同樂'52입니다.

"하나님과 더불어 살라, 하나님과 더불어 기쁨을 같이 하라."창 5:24 이 도道와 동행하는 것은, 예수의 말씀대로 어린아이의 마음을 회복하는 것으로 보입니다. 자연과 다투지 않음입니다. 한 마리 '공중의 새', 한 송이 '들꽃'에서, 하나님의 자비로운 눈을 보고, 부드러운 입김을 느끼는 일입니다.

노자가 도덕경에서 말하는 '겸하부쟁'謙下不爭, 제8장, 제 22장, 제 66장 등의 겸손

52 '여천동생'與天同生과 '여천동락'與天同樂은 천도교 사상에서, 인간과 하늘한울님이 본질적으로 하나이며 함께 존재하고 기뻐한다는 뜻을 담는다. '여천동생'은 인간이 하늘과 같은 존재로 그 생명과 본질을 공유함을, '여천동락'은 하늘과 기쁨을 나누며 조화롭게 살아야 함을 의미한다. 두 표현은 '인내천'人乃天 사상과 밀접히 연결되며, 동학 창시자 최제우의 '시천주'侍天主와 2대 교주 최시형의 '사인여천'事人如天 사상을 계승하였다. 이후 손병희가 이를 천도교로 재정비하며 인내천을 중심 교리로 확립하였다. 천도교는 인간을 하늘과 같은 존재로 보고, 모든 이를 존귀히 대하며 하늘과 함께하는 삶을 지향한다. [국사편찬위원회「우리역사넷」; 『한국민족문화대백과사전』]

한 사람이, '자기를 낮추어 남과 다투지 않는' 온유의 사람이 어찌 인생을 경쟁적으로 살며, 욕심을 부리면서 살겠습니까? '말석末席에다 몸을 던질 일' 입니다.눅 14:10; 잠 25:6-7

공자도 '과욕過慾은 못 미치는 것不及과 같은 것'이라고 하였지요. 정심正心에 의한 수양修養, 번뇌煩惱로부터의 해탈解脫도, 개인의 신앙생활도, 남의 영혼을 구하는 전도사역도, 또 천국에 들고자 하는 소망도 너무 의식을 갖지 말아야 할 것 같습니다. 정작 천국에 들었을 때, 천국에 드는 감사를 잊을까 두렵기 때문입니다. 그 스스로 천국에 온 줄 알고 하나님의 은총을 망각할까 두렵다는 말이지요. 사도 베드로의 말대로 절제의 덕을 쌓으면서 그저 예수의 온유한 마음만을 묵묵히 닦아야 할 일벧전 3:13-22이 아닐는지요.

> 나는 마음이 온유하고 겸손하니 나의 멍에를 메고 내게 배우라. 그리하면 너희 마음이 쉼을 얻으리니….마 11:29-30

그리스도교는 결국 안식의 메시지로 보입니다. "인생들이 삶의 온갖 형태의 다툼을 멈추어야 한다."라고 성경은 말씀해 주시기 때문입니다. 예수의 마음은 온유한 마음, 남의 발을 씻기는 낮은 그 마음요 13:1-38입니다.

> 너희 안에 이 마음을 품으라. 곧 그리스도 예수의 마음이니….빌 2:5

K형, 제 생각으론 온 세상 구원의 길이 이 '낮아짐'에 있는 것 같습니다. 지금 세계는 낮추지 않음으로써 모두 갈라져 버리고 말았습니다.

온유와 겸손과 사랑의 '참 인간', 이제 인류는 이 「산상수훈」적 진인眞人의 영靈으로 모두 돌아가야 할 때가 아닌가 합니다. 『장자』는 군자보다도, 또 그보다 더 위에 있는 성인과 신인보다도, 이 '진인眞人, Sublime man', 성경적으로 말하자면, 곧 'godly man참 인간'을 최고의 인간상ideal man으로 봅니다. '오직 온유한 자가 땅을 영원히 차지하며 화평을 즐기게 된다.'라고 하는 것이 시편37:11에 녹아 있는 중요한 메시지입니다.

산 자의 하나님

K형, 첫 번째로 물으신 '한국교회의 역사적 공과功過'에 대해서는 제가 이 편지에 담을 수가 없군요. 한국교회는 인정받을 만한 공적도 많지만, 동시에 고백하고 성찰해야 할 역사적 과오過誤 또한 적지 않기에, 더욱 체계적인 연구와 성찰을 담은 논문이나 저술로 정리되어야 할 성질의 것이라 생각합니다. 두 번째로 물어오신 "산 자의 하나님인가? 죽은 자의 하나님인가?" 하는 질문은 한국 교계에서 팽배하고 있는 '죽음 이후의 타계他界주의사후 중심주의'에 관한 관심이신지요?

성경은 말합니다.

산 자의 하나님이지 죽은 자의 하나님이 아니다 마 22:32

그리스도교 신앙의 핵심을 한마디로 말할 수 있다면 살아 있는 하나님과 살아 있는 인간 간의 산生 교제, 그 관계 설정 문제라고 할 수 있습니다. 하나님의 형상을 다시 찾는 살아 있는 혼으로서의 자아 회복, 그리하여 그 영적인 혼으로 '하나님의 나라'를 준비해 가는 것이라고나 할까요. 결코 죽은 자의 천성天城이 목적이 아니라는 것이지요.

물론 타계他界53가 없다는 것이 아닙니다. 그러나 이 세상에 발을 붙

53 '타계'他界, the other world는 문자 그대로 '다른 세계', 즉 저승이나 사후 세계

이고 사는 은총이 하나님으로부터 주어진 유일회唯一回적인 삶이라고 하면, 삶을 밝혀서는 사死가 따라오게 하여야겠지요. 왜 불교인들이 쓰는 말에도 이런 것이 있지 않습니까.

死去當當 사거당당 **不隨死** 불수사[54]
죽음을 당함에, 죽음이 따라오지 않는다.

성경은 말합니다.

네가 이 땅에 무엇이든지 매면 하늘에서도 매일 것이요 네가 땅에서 무엇이든지 풀면 하늘에도 풀리리라 마 18:19

어쩌면 '저 세상'은 '이 세상'에 딸려있는지도 모릅니다. 이곳에서 순천順天과 행선行善을 이루면 저세상에서는 생명을 얻지만, 이와 반대라면 '사망의 심판'으로 나올 것이 명백하지 않겠습니까? 그러므로 죽어 높이 오르고자 한다면, 이 세상에서 깊고 충실하게 사는 것이 요구됩니다. 이 세상에서 '그리스도의 영으로 산 존재'가 되어 깊이 뿌리를 박고 살면 저 세상에서 꽃을 피울 것입니다. 반대로 이쪽 삶에서 깊이 뿌리 박지 못하고 살면 저세상에서 뽑히겠지요. 이쪽의 삶과 저쪽 삶이 대립이 되는 것이 아니니까요. 기실 저쪽의 삶은 이쪽 삶의 연장선 위에 놓

를 뜻하며, 불교의 십계十界 개념에서 유래한 용어이다. 기독교에서는 성도의 죽음을 '소천'召天, '하나님의 부르심을 받았다', '별세' 등으로 표현하는 것이 더 적절하다고 본다. 또한 '타계주의'他界主義는 한국 교계에서 죽음 이후의 세계, 곧 저승이나 천국에 지나치게 초점을 맞추는 신앙 태도를 비판적으로 지칭할 때 쓰이지만, 불교적 배경을 지닌 말이므로 기독교 신학적으로는 적절치 않다는 지적이 있다. [김활, 「기독교 용어 바로 알기·쓰기」, 2019.3.22.]

54 전체적으로 "죽음을 맞이하되 끌려가지 않는다", 혹은 "죽음을 당당히 맞이하되 얽매이지 않는다"는 뜻으로 해석할 수 있다. 이는 불교의 생사해탈生死解脫이나 선종禪宗의 깨달음과 관련된 표현일 가능성이 크다. 특히 중국 당나라 시대 선승들의 어록·게송에서 유사한 구절이 자주 보이며, 육조 혜능六祖慧能이나 임제臨濟 등은 "죽음이 와도 흔들리지 않는다"라는 식으로 생사 초월을 강조하였다.

인 하나의 흐름이라고 생각해야 할 것입니다.

사람들은 흔히 이쪽 세계를 '장차 망할 도성將亡城'이라 부르며, 이미 끝난 세계인 양 단정 짓고는 세상을 등지려고만 합니다.

하나님이 이토록 세상을 사랑하사 독생자까지 주셨으니…. 요 3:16

성경 말씀의 정수精髓요, 하나님 은혜의 핵심인 이 말씀대로, 어찌 그분이 이 세상 밖에만 계시겠습니까? 만일 이 세상을 버리고 다만 도道를 좇아 그를 찾으려 한다면, 우리는 영원히 그를 만나지 못할지도 모른다는 두려움이 듭니다.

"천국은 너희 가운데amongst 있다."눅 17:20-21 예수께서는 말씀하였는데, 바로 지금 여기에서부터 하나님을 찾아야 합니다. 진리의 영이요 보혜사 성령으로 와 계시는 그분, 하나님을 우리의 마음속에서 찾으셔야 한다고 봅니다.

기실 살아계신 하나님은 '진리의 성령'이라는 신성神性으로 우리 내면에 와 계십니다. 우리가 해야 할 일은 이 성신을 '보혜사'요 14:16로 모시고, '진리' 곧 '말씀'이라고 하는 '도성인신道成人身'의 하나님, 예수 그리스도와 동행하며 사는 것이지요.

성경을 보면 천국Kingdom of God은 예수 그리스도 자신입니다. 예수님이 그리스도의 왕국Kingdom of Christ인 하늘 왕국Heavenly Kingdom의 주인이시기 때문입니다. 2천 년 전 초림初臨했을 때 예수님이 드러내신 실체는 부분적으로 실현된partly revealed/realized 천국이며 머지않아 도래할 역사적 천국은 전체적으로 실현될will be fully realized/fulfilled 완성된 천국이지요.

그런데 놀라운 것은 제자들도 아니고 바리새인들이 예수를 둘러싼 가운데 "천국이 어디에 있느냐?"고 물었을 때, 그분은 대답하시길, "천국하나님 나라은 여기 있다 저기 있다 함도 아니요, 너희 가운데 있다."눅 17:11-21 라고 응답하신 사실입니다. 헬라어 원문으로 보면 흔히들 잘못 쓰고 있는 대로 '너희 속에', 즉 '너희 마음 안에 있다'가 아닙니다. '안에'란 전치사 단어는 영어의 'in'을 뜻하는 헬라어 '엔ἐν'을 써야 하는데 그렇지 않고, 영어의 'among' 또는 'amongst'을 뜻하는 헬라어 '엔토스ἐντὸς'로 사용하였다는 사실입니다.

따라서 천국은 개인 구원을 중심으로 한 '심령 천국'이 아니라 공동체적 의미 즉 '피로 세우신 교회' 행 20:28가 그리스도의 단체적corporate 몸으로 존재엡 1:23하듯이, "너희들과 함께 있다." 라는 것입니다. '임마누엘Emmanuel 하나님'과 같은 뜻이지요. 창조사역에 성부聖父, 성자聖子, 성령聖靈의 삼위三位하나님이 함께하신 것처럼, 하나님 나라의 예표인 교회도 우리와 함께 공동체적으로 계시는 것입니다.

"아제아제 바라아제 …."55 "가자 가자 저 열반의 피안의 언덕으로 …." 「반야심경」의 마지막 부분에 나오는 진언眞言으로 이 경의 핵심인 공空을 이해하고 깨달은 희열고통과 무명의 세계를 넘어선 내적 해탈을 외마디 탄성으로 표현한 진언인데, 범어 원문을 번역하지 않고 음송음을 그대로 염송하는

55 정식 명칭은 『摩訶般若波羅蜜多心經』마하반야바라밀다심경으로, '위대한 지혜의 완성에 이르는 마음의 경전'이라는 뜻이며, 약 260자로 이루어져 있다. 핵심 사상: 공空, 무아無我, 지혜般若, 해탈涅槃 등이다. 한자 원문 일부를 발췌하면, "觀自在菩薩 行深般若波羅蜜多時 照見五蘊皆空 度一切苦厄 舍利子 色不異空 空不異色 色即是空 空即是色 受想行識 亦復如是… 揭諦揭諦 波羅揭諦 波羅僧揭諦 菩提薩婆訶"(관자재보살 행심반야바라밀다시 조견오온개공 도일체고액 사리자 색불이공 공불이색 색즉시공 공즉시색 수상행식 역부여시… 아제 아제 바라아제 바라승아제 모지 사바하)로, 마무리 진언 부분, 산스크리트어로는, Gate Gate Pāragate Pārasaṃgate Bodhi Svāhā; 그 의미는 "가라, 가라, 피안으로 가라, 완전히 피안으로 가라, 깨달음이여, 이루어지소서!" 라는 의미이다 (『불교용어사전』, 불교성전편찬회의)

일이지요. 우리 운명의 주主, 우리 영혼의 선장되시는 그리스도 없이 고통 많은 이 세상에서 저쪽 언덕피안으로 가자고 하는 '피안彼岸 신앙'의 불교는 기독교의 중심사상과는 근본적으로 다르지요.

'한 새사람a new man, 엡 2:15이 그리스도의 단체적인 몸인 교회로 세워지고, 마침내 그분의 재림으로 그분과 하나 된 정신적靈的 왕국을 영원히 이룬다는 것이 기독교가 말하는 역사의 완성이며 신앙의 공동체적 완성입니다.

> 교회는 그의 몸이니 만물 안에서 만물을 충만케하시는 자의 충만이니라. 엡 1:23

하나님의 나라를 유업으로 받는 교회를 자신의 신부新婦 반열로 삼아, 그와 더불어 영원한 의의 나라, 진리의 나라, 빛의 나라를 이루신다는 메시아의 나라는 놀랍지 않습니까.

물론 불교에도 사성제四聖諦 팔정도八正道[56]로 깨달은 자붓다가 되면 이 '더러운 땅'인 예토穢土를 떠나 깨끗하고 아름다운 땅인 정토淨土에 살게 된다고 하나, 이는 본질적으로 관념에 불과한 이상향입니다. 형태적으로 유사한 상사morphological analogia를 보일지라도, 살아계신 하나님이 선포하시는 살아 있는 말씀은 불교의 추상적 관념과는 비교할 수 없을 만큼 구체적이며 역동적이지요.

---

56 사성제四聖諦, 팔정도八正道, 12연기十二緣起는 불교 진리를 나타내는 핵심 개념이다. 사성제는 고苦, 집集, 멸滅, 도道의 네 가지 진리를, 팔정도는 깨달음을 얻기 위한 8가지 수행 – '정견, 정사유, 정어, 정업, 정명, 정정진, 정념, 정정의' –을 뜻한다. 12연기는 원인과 조건에 따른 괴로움의 발생과 소멸구조를 설명하며, 그 각지가 모두 소멸함으로써 아라한阿羅漢, 산) Arhat과 같이 모든 번뇌를 끊고 해탈에 이른 경지에 도달할 수 있다. 불가에서는 이를 '죽음을 뛰어넘는 진리의 횃불'이라 부른다. [『불교대사전』, 김길상, 홍법원]

불교의 가르침에 따르면 '세속'samsāra, 원래의 뜻은 '윤회'라는 말의 흐름이 '열반'nirvāna, 격정의 온갖 불꽃 상태를 끈다는 뜻이고, 다시 열반涅槃이 세속의 흐름이라고 하지요. 이런 관점으로 보면 세속이 천국이고 천국이 곧 세속이 되고, 그러면 '영원永遠은 충일한 현재의 가꿈' 일 것이라는 사상이 진리가 아니고 오히려 미혹이 됩니다. 이는 절대자요 창조주이신 하나님의 참 생명조에, zóé, ζωή 농사를 모르는 많은 불교 지도자들이 뭇 중생을 오도하여 비진리로 속이는 행위이고 실로 무간지옥에 떨어질 중대한 죄악이 아닐까요.

> 너희는 많이들 가르치려고 하는 선생이 되려고 하지 말라. 가르치는 자가 심판이 더 크느니라 약 3:1
> 소경이 소경을 인도하여 둘 다 멸망의 구렁텅이에 빠지느니라 마 15:14

앞서 언급했던, '천국이 네 안에 있다.'라는 말의 오의奧義, 즉 깊은 뜻의 의미를 '하나님의 나라가 네 안에 있다.'심령 천국라고 만 해석해버리면 교회는 빛도 소금 역할도 못하게 됩니다. 이타利他 없는 자리自利는 불교의 '제행무상諸行無常' 사상57처럼 모든 것이 무상하여 무엇이든 영원한 것은 없다는 뜻으로 봅니다. 삼위三位 하나님의 창조와 보전과 관리 질서에 어긋나는 것이지요. 인간은 모두 '에덴의 하나님 복음 농사의 경작자인

57 삼법인三法印 - 제행무상諸行無常, 제법무아諸法無我, 열반적정涅槃寂靜 - 은 불교의 핵심 진리로, 간단히 '무상'anitya이라 부르기도 한다. 무상은 '항상함이 없다', 즉 모든 것은 끊임없이 변하여 사라진다는 뜻이며, 허무와는 다르다. 무상이기에 고苦이고, 또한 무아無我이다. 제법무아는 모든 존재에 고정된 자아가 없고, 인연에 따라 생겨난 것일 뿐이므로 '내 것'이라 주장할 것이 없음을 뜻한다. 열반적정은 번뇌가 소멸된 고요하고 평화로운 상태를 가리킨다. 법인法印은 '불법의 참된 가르침에 찍히는 인장'이라는 의미로, 이 세 진리가 담긴 경전은 참된 불설佛說로 인정된다. 여기에 '세상의 모든 존재와 현상은 변화하고 사라지며, 그 과정에서 고통을 수반한다는 깨달음'이란 뜻을 지닌 일체개고一切皆苦를 더하면 사법인四法印이 된다. 삼법인은 불교 경전 전반에 걸쳐 나타나며, 특히 『아함경』, 『대지도론』, 『성실론』, 『근본설일체유부비나야』 등에 명확히 언급된다. [『불교대사전』, 김길상, 홍법원, 1999]

것' 입니다.창 2:15

"행함이 없는 믿음은 믿음 그 자체가 죽은 믿음이다."약 2:17-18 세상의 빛이 되고 소금이 되는 행行이 없는 관념은 위험한 병폐만을 가져올 뿐입니다. 말할 것도 없이 그리스도의 천국 운동마 4:17은 하나님의 절대 주권에 의한 창조역사가 삼위 하나님의 공동체 역사이듯이, 피로 사신 그의 지체행 20:29도 그리스도의 천국 공동체 건설의 오의奧義 안에서 하나님의 한 권속食口, 엡 2:20-22들로 있습니다. 이것이 불교의 세계관과는 다른 '천국이 너희 가운데among amongst 있다'라고 하는 세계관 운동입니다.

그리스도를 교회의 머리로 모시고골 1:18 하나님 아버지께서는 만물을 충만케 하시는 예수 그리스도의 생명의 법世界안에서 영으로 운행하십니다. '하나님의 비밀인 예수 그리스도',골 2:2 "이 비밀은 너희 안에 계신 그리스도시니 곧 영광의 소망교회이니라".엡 3:1-7 참 놀라운 '하나님의 경륜'엡 1:9; 3:10의 비밀 아닙니까. 바울은 '그리스도의 남은 고난을 그의 몸 된 교회를 위하여 채우는 것이 자신의 사명'골 1:24이라고 했는데, 이것은 '사회적 문제들에 대한 교회의 답변'이라고 존 스토트John Stott, 1921-2011 박사가 줄 곳 주창하였지요. 그리스도의 단체적 표현인 이 교회가 의와 거룩함과 영광의 성인 새 예루살렘까지 갑니다.

불교의 가르침에서 세속의 흐름인 '삼사라'samsarā, 輪廻, reincarnation가 열반이 세속의 흐름이듯이, 세속이 천국이고, 천국이 바로 세속이라고 원융圓融적으로 생각하면, '영원이란 충일한 현재의 가꿈' 이라고 설說하는 것은 미혹입니다. 마찬가지로 천국을 '심령 안 천국'에만 주안점을 둔다면 그것도 온전치 못한 진리입니다.

空卽是色 色卽是空 공즉시색 색즉시공58

수레의 중심, 그 텅빈 우주의 마음은 수레의 바퀴살들spokes, 그 꽉 찬 만물의 마음이겠지요. 성령을 믿음이란, 깨달음이란, 이것저것을 넘어서는 이 온전한 전체를 아는 기쁨이 아니겠습니까?

초가 불타면 빛으로 변해서 우주공간에 남듯, 불타서야 만이 밝힐 수 있다고 하면, 살아계신 하나님의 뜻을 위해 살아 있는 동안에 '일어나 빛을 발해야겠지요,'사 60:1 매일 그리스도를 닮아가면서 말입니다. 인간 삶의 장場을 신성적 체험으로 승화시켜 가는 신앙의 역사적 완성, 이 살아 있는 혼魂들에게 하나님은 살아계신 하나님이 되는 것입니다.

58 『반야심경』에 나오는 말로, '물질적인 세계와 평등하여 무차별한 공空의 세계가 다르지 않다'는 뜻이다.

예수의 가르침은 계시요, 생명의 말씀

K형, 엄밀히 말해서 예수의 가르침은 '종교'라는 용어와 같이 혼용되어 쓰여서는 안 되겠지요.

무엇보다도 성경은, '삼라만상의 근원인 우주 창조를 하나님 본체인 말씀으로 지으셨다.'라는 「창세기」로부터 여타의 종교들이 품지 못하는 '새 하늘 새 땅의 창조'를 묵시하는 「계시록」을 마지막 권으로 하는 66권의 책으로 1천5백여 년에 걸쳐 성령의 영감으로 한자의 오류도 없이 쓰였다는 것입니다. 이 모든 내용의 중심에는 인간의 죄를 대속하기 위하여 화목 제물로 오셔서, 십자가에서 피 흘려 돌아가시고 부활하셔서 오늘도 영원히 복음으로 함께하시는 어린 양 그리스도 예수가 영속의 구원으로 서 있다는 사실입니다.참조: 로마서 3:25; 요일 2:2; 요 1:29; 고전 15:3-4; 히 7:25, 9:12

K형, 또한 예수의 가르침이 다른 종교와 다른 것은 보혈寶血의 피, 그 '십자가의 도'를 생명으로 갖고 있다는 것이지요. '원죄原罪', '언약言約', 또한 '구속救贖' 등의 개념은 다른 종교에서는 찾아볼 수 없는 특이한 것이지 않습니까?

역사상의 어느 위대한 윤리의 교사가 사랑하는 제자들을 위하여, 아니 만천하 온 사람들을 위하여 대신 죽으며, 그 후 3일 만에 부활할 것을 스스로 그렇게도 강력하게 믿으면서 인류의 죄와 사망 대신 값을 치르는代贖 십자가를 집니까? 참으로, 이 세상의 어느 고철대덕高哲大德도 스스로를 일컬어 "내가 곧 길이요, 진리요, 생명이다."요 14:6고 하며 하나님의 자리를 참월僭越하지 않았습니다. 오직 예수만이 천지간에 서서 감히 스스로를 '도道'라고 하며, "하늘과 땅은 변하려니와 내 말은 변치 않으리라."마 24:35라고 선언했지요.

이런 점에서 예수의 가르침은 문화의 유형 분류에서 말하는 종교라기보다는 '진리 계시'요 '생명의 말씀'이라고 별도로 분류되어 지칭되어야 할 것입니다. 그리고 무엇보다도 예수의 가르침에는 완벽한 논리를 쓰는 석가의 철학적 가르침이나 공자의 경직된 윤리적 가르침과는 크게 구별되는 면이 있습니다. 프랑스의 소설가이자 사회학자인 프랑수아 모리악François Mauriac, 1885-1970이 『예수의 생애』*La Vie de Jésus,* 1936에서 지적하듯, "예수는 역사가 우리에게 제공하는 모든 인격 중 가장 생생한 존재이기에, 오히려 가장 비논리적인 성격으로 다가온다."라고 할 수 있겠습니다. 그래서일까요, 초대 교부, 엄격히 말하면 속사도 교부 중의 한 사람인 카르타고Carthago의 교부 터툴리안Tərtʌliən, 160~240도, "성경이 불합리하기에 나는 믿는다."I believe because it is absurd.; 라)"Credo quia absurdum est"59라고

---

59 그 의미는 단순한 반지성주의가 아니라 "세상의 논리로는 이해할 수 없는 신앙의 신비를 오히려 믿을 만한 것으로 받아들인다"라는 역설적 고백이다. 이는 터툴리안Quintus Septimius Florens Tertullianus이 『그리스도의 육신론』*De Carne Christi,* 2세기 말~3세기 초에서 영지주의자 마르키온Marcion of Sinope의 '신이 인간의 육신을 입는다는 것은 불합리하다'는 주장에 반박하며, '신앙이 이성으로만 설명될 수 없는 영역'임을 강조한 대목이다. 그러나 훗날, 장 피에르Jean-Pierre, 1752~1809 등 일부 신학자들은 그를 "진리에 미친 사람"이라 조롱했으며, 그의 뜨거운 열정은 결국 몬타누스Montanus 성령운동에 참여하는 오류로 이어졌다. '몬타누스주의'Montanism는 2세기 후반 소아시아 프리기아에서 시작된 초기 기독교 성령운동으로, 예언·방언·종말론적 열정·금욕주의를 강조하고 여성 예언자와 지도자를 인정한 것이 특징이다. [김세환, 「크리스찬타임스」, 2025.7.30.]

말하면서 '삼위일체 교리'를 라틴어로 처음 입안했지요. 신앙은 인간의 이성으로는 설명할 수 없는 영역이라는 역설적 고백을 담고 있지요.

라틴 법률을 공부하여 누구보다도 논리적이고 신학적인 사람이었지만, 반대로 엄격하고 철저한 성격의 소유자로 평신도 신학자였던 사람인 터툴리안이 이 '삼위일체'三位一體, trinitas라는 신학의 중점 진리를 만들었다는 것이 기이하지 않습니까.

더욱 신비한 것은 예수 자체가 무엇을 가르치고 있는 것이 아니라는 것에 있습니다. 그분 자체가 의미 자체인 '무엇'이지요. 그는 결코 가르치고 있는 것이 아닙니다. "네 병든 손을 내밀라."막 3:1-5라고 하며 임재臨在하고 있는 것입니다. 무슨 교리나 경전을 들고 서 있는 것이 아니라, 그 스스로가 배워져야 하는 대상이요 목적입니다. 그 스스로가 '도성인신道成人身'된, 즉 수육受肉된 '도'라고 하니 이 이상의 신비가 세상에 있을 수가 있겠습니까?

그러면서도 그 '도'의 '영맥靈脈'을 전하지 않고는 죽을 수 없다고 하는 것이 그의 신비스런 인격이요 사명입니다. '거룩한 숨결'을 질그릇 같은 인간에게 불어 넣어서 인간으로 하여금 호흡하게 하는 인격의 본질인 것이지요. 하나님은 아담을 만든 후 그의 코에 '생기'生氣, נשמה, 네샤마, Neshamah, breath를 불어 넣었고,창 2:7 예수는 인간에게 '영기'靈氣, πνεύμα, 프뉴마, Pneuma, spirit를 불어 넣었습니다.롬 8:1-2; 롬 7:6 예수의 그 찢긴 몸에서 흘러나오는 '피의 잔'을 마시기만 하면 인간은 누구나 다, '거룩의 기름 부음'을 입는다는 것이지요.

> **내가 거룩하니 너희도 거룩할지어다** 벧전 1:16
> **하늘에 계신 너희 아버지의 온전하심과 같이 너희도 온전하라** 마 5:48

예수의 가르침은 감람유올리브유의 거룩한 '기름 부음'anointing의 가르침입니다.[60] 예수는 하나님의 거룩한 진리의 영, 자신을 부서뜨려 가루가 되게 하는 그 성령의 인도함을 받으라고 말합니다. 자연을 통해서 신의 의지의 현현顯現을 인식하듯이, 이 사랑의, 성령의 인도함을 통하여 말씀을 알게 되면 거룩holiness의 본질에 들게 된다는 것으로, 신성에 참여하게 된다는 것입니다.요 10:34~35 그 거룩의 중심 진리는 사랑입니다. 예수께서는 '믿음과 소망과 사랑 중에 그중에 제일 큰 것, 제일 큰 은사는 사랑'이라고 합니다.고전 12:31-13:8

"너희도 거룩할지어다."벧전 1:16하는 것은, 하늘의 아버지께서 온전하신 것같이 '우리도 그분의 속성인 사랑 안에서 온전함에 이르라.'는 부르심입니다. 우리가 어떻게 신성神性의 본질처럼 온전해질 수 있겠습니까? 거룩하신 '그리스도'χριστός, Christos, 기름 부음 받은 자를 닮아가라는 'imitatio Christi'그리스도의 모방에 있는 것이지요.

K형, 불교의 세계관으로 말하자면 신성의 극대화를 가진 사람, 이를테면 예수님은 '이미' 관세음보살입니다. 세상의 소리를 듣는 '보살'菩薩, Bodhisattva (보디사트봐: 깨달음을 얻고자 하면서도 중생을 돕는 이타적 존재)과 자비慈悲, Maitrī-Karuṇā (보마이트리 카루나: 사랑과 연민의 마음)로 '부처'[61]가 되기를 원하는 것을 불교 정각

---

60 '감람'zayit, 히) זַיִת, 헬) ἐλαία(elaia, Olive -은 '자신을 짓빻다/혹평하다'란 뜻)이다. '감람' 자체는 올리브나무의 열매를 뜻하며, '짓빻다'는 의미는 직접적인 어원적 의미는 아니나, 감람유를 얻기 위해서는 올리브 열매를 짓이겨야 하며, 이 과정은 자기 희생과 고난의 상징으로 해석되기도 한다. 예수께서 겟세마네감람산의 동산에서 기도하신 장면은, 바로 이 '짓빻는 고통'의 상징적 순간으로 여겨진다. 또한 기름 부음anointing은 구약과 신약 모두에서 하나님의 선택과 성령의 임재를 나타내는 행위를 의미한다. 감람유는 제사장, 왕, 예언자를 세울 때 사용되었고, 예수님은 기름 부음 받은 자Messiah, 그리스도로 불린다. 감람유는 상처를 치유하고, 빛을 밝히며, 거룩함을 상징하는 물질로, 예수님의 가르침과 삶을 상징적으로 나타낸다.

61 부처는, 'Buddha, बुद्ध, 佛陀, 부처, 붓다, 깨달은 자, 눈을 뜬 자, 진리를 깨달은 존재' 등의 표기와 의미를 지니며, 산스크리트어 'budh'깨닫다, 알아차리다에

正覺의 최고봉으로 두지 않습니까. 그래서 수행자들은 '(나무)관세음보살'62만을 음송하면서 육체로는 3백 배 절하는 수행을 하지 않습니까.

성령으로 '기름 부음'을 받는다는 것은 곧 하나님의 사랑이 우리 안에 임하는 성령의 역사입니다. '관세음觀世音', 세상의 소리를 듣는다는 '청세음聽世音'이 아니고 어떻게 세상의 소리를 본다觀고 할까요. '즐거움도 아픔도 함께 한다.'롬 12:15는 말씀 아니겠습니까. 관세음보살의 불교적 자비 개념과도 조화롭게 어우러집니다.

千江有水千江月 천강유수천강월　　萬里無雲萬里天 만리무운만리천

천 개의 강물에 천 개의 달로 비추시는
한량이 없으신 은혜의 하나님!
하늘에 구름 한 점 없는 푸른 하늘의 하나님!

- 「장엄염불」63 구절 중

서 유래한 말로, "깨달은 자"라는 뜻이다. 불교에서는 완전한 깨달음을 얻어 윤회에서 벗어난 존재를 부처라고 하며, 일반적으로는 석가모니고타마 붓다를 지칭하지만, 모든 중생이 부처가 될 수 있다는 가르침도 포함된다. 한자 佛陀불타는 Buddha의 음역이며, 한국어 '부처'는 이 한자어에서 유래한 표현이다. (『불교대사전』, 김길상, 홍법원, 1999)

62 (나무)관세음보살(南無)觀世音菩薩은 불교에서 자비와 구원의 상징으로 가장 널리 숭배되는 보살 중 하나이다. 산스크리트어 이름은, "Avalokiteśvara"아발로키테슈바라로, "세상의 소리를 관찰하는 자"라는 뜻이다. 중국어 번역은, 觀世音관세음 또는 觀自在관자재로 후자는 "자유롭게 관조하는 자"라는 의미로, 현장법사玄奘法師가 번역한 표현이다. 불교 전통에서는, 대승불교에서 등장하며, 특히 『법화경』의 「관세음보살보문품」에서 중심적으로 다뤄지는데, "세상의 고통스러운 소리를 듣고 구제하는 보살"이라는 뜻이다. 염불과 기도인, "나무 관세음보살"을 반복 염송하며 마음을 가라앉히고 자비심을 일깨움과 위기 상황에서 관세음보살을 부르면 구제받는다는 믿음으로 현재는 적용한다. 또한 명상과 수행에 있어, 관세음보살의 자비심을 본받아 타인의 고통에 공감하고 실천하는 삶을 지향으로, 주변의 어려운 이웃을 돕거나, 작은 선행을 통해 보살행菩薩行을 실천을 위하여 "관세음보살처럼 살겠다"는 발원은 곧 '자비로운 삶의 선언'이 된다. 따라서 "南無觀世音菩薩"은 "관세음보살님께 귀의합니다" 또는 "관세음보살님을 믿고 의지합니다"라는 의미로, 이 염송은 특히 자비와 구제의 기도, 재난 극복, 마음의 평화를 위한 수행에서 널리 사용된다. (『불교대사전』, 김길상, 홍법원, 1999)

특별 새벽기도 시간, "주신 말씀을 묵상하며"
靑蘿 이상복 글/그림

주님! 참 眞理를 제게 주시고 깨닫게 해주심을 感謝 드립니다.

이 진리는 사물이 實存하는 方法, 方式과 일치하는 眞理이며, 주님의 거룩하시고 사랑과 은혜가 넘치시는 性品과 일치하는 眞理이며 또 相對的이 아니라 絶對的인 眞理이고 어떤 문제나 現實이나 狀況에서도 적용되는 眞理입니다.

주께서 萬物을 回復하기 위해, 罪로 인해 저주咀呪 아래 놓인 우리 人生과 靈魂과 나의 삶을 回復하기 위해, 무엇을 하려고 하시는지를 주께서 말씀으로 매 순간 일깨워주시니 내 영혼이 감사와 경배와 찬양을 올리나이다.

저로 하여금 주를 향한 믿음을 굳게 잡고 모든 삶의 현장에서 行하고 다듬어지게 하셔서 주께서 이루시고자 원하시는 부르심의 뜻을 이 티끌보다 못한 인생을 通해 이룰 수 있게 은혜를 베푸시고 도우소서. 저에게 허락하신 恩惠를 주님 영광을 위해 쓰임 받게 하여 주옵소서.

---

63 莊嚴念佛장엄염불은 문자 그대로 '장엄하게 부처님을 염송하는 것'을 의미한다. 특히 아미타불을 염송하며 극락정토의 장엄함과 부처님의 공덕을 찬탄하는 내용으로 구성되어 있는데, 단순한 염불을 넘어, 정토신앙의 핵심 사상과 발원, 찬탄, 회향이 모두 포함된 종합적 염불문이다. 출전은, 고정된 경전이라기보다는 정토계 염불문과 경문 찬초纂抄를 바탕으로 염불승念佛僧들이 구성한 의례용 염불문이다. (불교문화원, 동국대학교, buddhaland.dongguk.edu)

믿음은 단斷

K형, '깨닫는다는 것과 믿는다는 것'에 대해 많이 쓰셨군요. '각覺이 신信이고, 신信이 각覺'이라고 하셨습니다.

저는 '깨닫는다'는 것이 하나님 앞에서 무엇을 이룬다는 것은 아니라고 봅니다. 의義를 세우게 되었다는 것도 또한 아닙니다. 진정한 신자는 신앙생활이 '하나님의 뜻θέλημα, 떼레마을 구하는 끊임없는 기도일 뿐임'을 알듯이, '성령의 도움으로 내가 누구인가를 알았다'는 것일 뿐이라고 생각합니다.

"하나님, 당신은 누구이시고, 나는 누구입니까?"하는 절대의 물음에 대해 답을 가지게 되었다는 것을 뜻하며 죄 많은 삶의 자리를 눈물로 돌아다볼 수 있게 된 것이라고나 할까요.

K형, 선지자 엘리야가 갈멜산 위에서 바알 신神의 추종자들에게, "너희가 언제까지 두 담두 생각사이에 발을 벌리고 있겠느냐"왕상 18:21고 하듯, 참으로 우리 인간은 악과 선, 진리와 비진리 두 담 사이에서 머뭇거리며 서성이는 존재 아닙니까? 누구나 죄의 강과 생수의 강 사이를 떠밀리듯 흘러가는 것이 인생의 실상實相 아니겠습니까?

'깨친다'는 것은 이 중에 전자인 죄의 강과 담을 끊는 것입니다. 그래서 '신앙은 단斷'이라고 할 수 있을 것입니다. 끊어 행하는 것이라고나 할까요. '회개'悔改, 명사) 메타노이아, μετάνοια, repentance라는 말의 동사가 '메타노에오' μετανοέω, metanoeo, 즉 예수님의 마음nous과 완전히 하나로 결속된meta 상태, 즉 의식의 완전한 개변改變이듯이, 완전하게 되돌리는 것이지요. 이 회개의 자각이 '깨친다'라는 것입니다. 속내면의 빛, 그 신성한 생명의 빛에 관한 눈뜸이라고 해도 되겠구요.

물론 이 깨침을 가지게 되면 사람은 외롭게 되겠지요, 홀로 갈보리를 향해 올라가야 하기 때문입니다. 그것도 매일 자기 십자가를 지고. 그러나 누구에겐가 기댈 데가 있다고 하는 희망, 누구를 내 생애의 빛으로 모시고 동행한다는 이것이야말로 은총이 아니겠습니까?

> 주는 그리스도시요, 살아계신 하나님의 아들이시나이다 마 16:16
> Tu es Christus, Filius Dei vivi. You are the Christ, the Son of the living God.
> 베드로의 이 신앙고백은 성경이 가르치는 복음의 핵심입니다.[64]

내 인생의 마지막 언덕 갈보리에서 내가 하나님께 영혼을 드린다는 믿음, 그 믿음 때문에 나는 전신에 사투死鬪를 치러서라도 그 골짜기를 올

64 "주는 그리스도시요, 살아계신 하나님의 아들이시나이다."마 16:16 베드로의 고백은 예수님의 신성과 인성을 동시에 드러내는 강력한 선언이다. 이러한 복합적인 정체성을 설명하는 신학적 용어로는 '성육신과 양성론'이 있다. 성육신Incarnation은 하나님께서 인간의 몸을 입고 이 땅에 오신 사건을 의미한다. 이는 예수 그리스도께서 완전한 하나님이시면서 동시에 완전한 인간으로 오셨다는 교리로, 요한복음 1장 14절 "말씀이 육신이 되어 우리 가운데 거하시매 …"라는 구절에 잘 나타나 있다. 또한 양성론Hypostatic Union은 예수 그리스도 안에 신성과 인성이 하나의 인격으로 연합되어 있다는 교리다. 이 두 본성은 혼합되지 않고, 변하지 않으며, 분리되지 않고, 나뉘지 않은 상태로 하나의 인격 안에 존재한다. 이 교리는 AD 451년 '칼케돈 공의회'에서 공식적으로 정립되었다. 성육신은 하나님이 인간이 되신 사건을 중심으로 설명하는 개념이고, 양성론은 그 사건 속에서 예수님의 존재론적 구조를 밝히는 교리로서, 기독교 신학에서 예수님의 정체성을 이해하는 데 핵심적인 역할을 한다.

라야 한다는 것이 성경의 가르침입니다. 진리로 깨어나고, 참진정한 나로 피어나는 꽃이 되라는 것입니다. 속 알이 터져서 싹이 트고 꽃이 피듯, '구원은 끊고 끊어斷 자기의 꽃을 피우는 일'이라는 것이지요.

옛 중국의 송나라 시기, 영안정오永安淨悟 선사가 출가해서 수도의 길道을 묻는 수도승에게, 萬丈懸崖撒手去만장현애살수거 "만 길이나 되는 절벽에서 잡고 있던 손을 놓아버리는 것이다."65라고 일러주듯 자기를 끊는 일입니다.

… 자기를 부인하고,
날마다 제 십자가를 지고 나를 따를 것이니라 눅 9:23

65 『오등회원』五燈會元에 실린 글로써, 『오등회원』은 대혜종고大慧宗杲의 제자였던 휘종慧洪이 남송시대 1252년경 편찬하였다. 중국 선종의 주요 선사들의 법어, 일화, 계보 등을 정리한 선 문헌을 내용으로 담고 있는데, 선종의 사상과 수행법을 이해하는 데 중요한 고전이라는 점에 의의가 있다. 영안정오永安正午 선사의 이 어록은 선종의 수행 핵심을 직관적으로 드러내는 말법言法으로, '절벽에서 손을 놓는다'는 표현은 자기 집착을 내려놓고 공空의 경지로 들어가는 수행자의 결단을 상징한다.

묵상 적용과 토론을 위한 질문 [2부 예수라는 사람]

1. 본 단락은 예수를 단순한 역사적 인물이 아니라, 부활로 인해 지금도 살아계신 분으로 제시합니다. 여러분은 '예수는 과거의 인물이 아니라 참 진리와 영원한 생명을 구현하는 현재적 실재'라는 주장을 어떻게 이해하며, 개인의 신앙과 삶에 어떤 의미로 다가옵니까?

2. 불교·유교·조로아스터교 등 다양한 종교 전통의 스승들이 배움의 초보(초등학문)를 가르치는 '몽학 선생'으로 언급됩니다. 여러분은 '일반은총'(일반진리)과 '특별은총'(특별진리, 특별계시)의 관계를 어떻게 이해하며, 오늘날 종교 간 대화와 문화적 갈등 속에서 어떤 적용이 가능하다고 보십니까?

3. 불교의 '삼매'(三昧, समाधि, Samādhi, 三摩地; '마음 집중', '통일된 마음 상태')와 기독교의 '산상 수훈적 비움'(심령의 가난)은 모두 원죄 이전의 인간 내면의 본래 자리로 돌아가려는 시도입니다. 여러분은 불교의 인본적 사유(자력 구원)와 기독교의 신본적 사유(타력 구원)를 비교할 때, 오늘날 인간의 자기 이해와 그리스도의 영이 중생받은 나의 영과 만나 하나로 연합한 상태인 '영성' 추구에 어떤 균형이 필요하다고 생각합니까?

4. 부활은 단순한 죽음의 극복이 아니라, 새로운 존재 방식(영원히 사는 영생 체)의 시작으로 제시됩니다. 여러분은 부활 신앙이 개인의 죽음 이해와 삶의 태도에 어떤 변화를 줄 수 있다고 보십니까?

5. 예수의 가르침은 하나님의 존재와 계획을 알리는 은유와 비유로 가득합니다. 여러분은 성경 상의 종교적 은유와 비유가 예수님의 단순한 상식적 또는 자연 비유에 대한 해석학이 아니라 삶을 변화시키는 힘이 될 수 있다고 보십니까? 그렇다면 어떤 방식으로 오늘 우리의 언어와 삶과 문화 속에 살아 있어야 할까요?

6. 본 단락은 하나님을 '죽은 자의 하나님'이 아니라 '산 자의 하나님'으로 강조합니다. 여러분은 죽음 이후의 타계 중심 신앙과 복음적 현세 삶 중심 신앙 사이에서 어떤 균형을 잡아야 한다고 생각합니까? 또한 성경적으로 균형 잡힌 신앙관은 무엇입니까?

7. 예수님의 가르침은 단순한 윤리 교훈이 아니라 하나님의 계시로 제시됩니다. 여러분은 계시로서의 말씀과 인간적 지혜로서의 가르침을 어떻게 구분하며, 오늘날 신앙 공동체에서 이 둘은 어떻게 조화를 이루어야 한다고 보십니까?

8. 본 단락은 믿음을 단순한 사상이나 감정이 아니라 삶의 비 진리적 요소와 죄상으로 가득한 우리의 본성을 끊고 끊어(斷, 단), 창조주 되시는 하나님, 생명의 말씀이시며 길이신 그리스도를 향한 공경의 단(壇, altar)만을 쌓을 것을 강조하며, 성경만이 하나님을 찾아가는 대도(大道)의 정맥(政脈)이라고 합니다. 우리는 말씀이 길이요 진리요 생명인 한, 지금 우리의 신앙에서 회복해야 할 가장 중요한 요소는 무엇이라고 생각합니까?

1권 .. 어느 구도자에게 보내는 편지

제3부
사이불장

생이 어느 한 곳까지 흘러온 강물이라면,

죽음은

그곳으로부터 계속해서 흘러가는

또 다른 강일 것 것입니다.

3부

「농다리」 - 홍장표 목사

- 사이불장死而不葬
- 무공능無功能의 공능
- 베스비어스 화산火山밑의 역사
- 방하착放下着해야 할 교리教理
- 신앙과 휴매니즘 (Ⅰ)
- 신앙과 휴매니즘 (Ⅱ)
- 현대의 기적
- 전쟁과 평화 (Ⅰ)
- 전쟁과 평화 (Ⅱ)
- 전쟁과 평화 (Ⅲ)
- 죽음과 죽음 이후 (Ⅰ)
- 죽음과 죽음 이후 (Ⅱ)
- 죽음과 죽음 이후 (Ⅲ)
- 죽음과 죽음 이후 (Ⅳ)

사이불장死而不葬

K형, '지난 편지에 걸프전에 관한 논평을 하지 않으셨는데, 알다시피, 지난주 17일 새벽에 터진 걸프전 전쟁1991년 1월 17일부터 5주간 지속에 대해 별로 관심이 없으신지요? 인간이 인간 이하로 전락하는 이 엄청난 전쟁의 비극을 어떻게 받아들이시는지요?

K형, 현대를 사는 우리들의 인간 조건이 마치 성경에 나오는 '거라사Gerasa, 오늘날의 요르단 북부 Jerash의 귀신 들린 청년'막 5:1-17처럼 제 머리를 스스로 무덤가의 돌에 짓 빻고 있어 한스럽기 그지없습니다. 『현대의 정신적 상황』*Die geistige Situation der Zeit*, 1931에서, "신뢰의 결여가 곧 인간의 위기이다."라고 한마디로 요약하여 말한 독일의 철학자 칼 야스퍼스Karl Jaspers, 1883-1969의 충고[66]는 이미 구석기 시대의 이야기가 되었습니다. 역사 이래 이 이상 현대와 같은 문명의 지옥이 있을는지 모르겠습니다. 토인비[67]의 우수 어린 얼굴이 떠오릅니다.

---

66 야스퍼스는 이 책에서 기술 문명과 합리주의가 인간을 기능화하고 고립시켜, 신뢰와 소통의 붕괴로 인간 존재 자체를 위협한다고 경고한다. 그는 이를 '실존의 위기'로 규정하며, 인간이 진정한 자아로 거듭나기 위해서는 한계 상황을 직면하고 타인과의 실존적 사귐을 통해 신뢰를 회복해야 한다고 주장했다.

67 아널드 J. 토인비Arnold J. Toynbee의 『토인비의 전쟁과 문명』*War and Civilization*, 1950, 조행복 옮김, 도서출판 까치, 2020은 그의 대표작 『A Study of History』에서 전쟁 관련 부분을 발췌·편집한 책이다. 토인비는 역사적 사례를 통해 군사주의가 문명에 끼친 파괴적 영향을 분석하며, 전쟁을 단순한 방어 수단이 아니라 문명의 흥망을

> … 3차 대전이 일어날 경우, 전 지구상의 인구는 사멸하고, 아프리카 어떤 계곡의 원시인 얼만가만 살아남아 그들이 다시 인류의 시조가 될지 모른다. 그런데 이것 역시 지나친 낙관론일지 모른다. 전 인류는 모두 죽고, 지구는 곤충의 세계가 될 것이다. 그때 곤충들이 기록할 수 있는 기술을 가진다면 아마 다음과 같이 쓸 것이다.
>
> …
>
> 한때 이 지구상엔 인류라고 하는 동물이 잠깐 동안 살고 있었다. 꽤 말이 많았던 이것들은 공연히 떠들썩하기만 하다가 순식간에 전멸해 버렸다 …. -『토인비의 전쟁과 문명』중에서

실로 토인비의 경고처럼 우리는 지금 제 도끼로 제 발등을 찍으면서 인류 운명의 막다른 골목으로 들어서고 있습니다. 인간의 몽매夢昧가 한 치 앞을 내다보지 못하게 합니다.

한 세대를 상거相拒하고 무려 두 차례의 세계대전을 겪었는데도 인간들은 이토록 역사에서 교훈을 배우지 못합니다. 그 두 차례의 대전은 민간인 사상자까지 합해서 무려 1억 2천만 명의 인명을 사망 또는 불구로 만들지 않았습니까? 그런데 그 처참했던 6.25 한국전과 월남전을 거쳐, 이제 또 무고한 시민들과 젊은 목숨이 시산혈해屍山血海를 이루게 되었으니, 이 재난을 어찌 감당해야 할지, 두렵기 그지없습니다. 당나라의 전성기에서 쇠퇴기로 접어드는 시점이었으며, 특히 안사의 난安史之亂, 755~763, 그 전란의 시대를 살았던 두보杜甫, 712~770의 반전反戰 시詩「병거행兵車行」의 글귀『두공부시집(杜工部詩集)』, 『전당시(全唐詩)』 권217처럼, 아들을 대륙의 벌砂漠, 청해靑海 인도양의 창파倉波 속걸프만 Gul에 던져 넣어 버릴 부모들의 원한과 통곡의 귀곡성鬼哭聲이 참으로 들리는 듯합니다.

좌우하는 핵심 요소로 보았다. 그는 "칼로 흥한 자는 칼로 망한다."라는 메시지를 강조한다.

車轔轔거린린	수레는 덜커덩덜커덩 소리를 내며 가고.
馬蕭蕭마소소	말은 슬프게 울부짖는다.
行人弓箭各在腰행인궁전각재요	징발된 병사들은 허리에 활과 화살을 차고,
耶孃妻子走相送야양처자주상송	부모와 아내, 자식들이 달려 나와 전송한다.
塵埃不見咸陽橋진애불견함양교	먼지가 자욱하여 함양교가 보이지 않는다.

『예기禮記』[68]에 적혀 있듯이 죽어 눈을 감을 수 없는 죽음, '사이불장死而不葬!' 이제 우리는 더 이상 북망北邙의 명계冥界를 떠돌며 헤매는 원혼들이 있게 해서는 안 될 것입니다. 인간은 어떠한 상황에서 피를 흘리는 것을 용납해서는 안 됩니다.

부시측George W. Bush, 미국 및 연합군과 후세인측Saddam Hussein, 이라크 정부 및 군은 이 악하고 졸렬한 국가 이기심의 표출인 전쟁을 즉각 중지해야 합니다. '기름값 폭등'이라고 하는 명분 아닌 명분 때문에, 인류의 운명이 걸린 미사일 불 전쟁을, 정의라는 이름으로, 또 성전聖戰이라는 미명하에 수행하는 것은 참으로 천인공노할 만한 집단 살인 행위입니다. 어찌 만萬의 병졸의 뼈骨를 썩혀가며 한 장수의 공功을 세우겠다는 양측을 그저 바라보고만 있겠습니까?

전쟁을 중단하라는 반전 시위가 세계 각국에서 확산되고 있으며, 특히 미국과 연합국에서는 시위가 치열한 전투를 방불케 할 정도로 격렬하게 벌어지고 있는 만큼, 다시 말하자면, 인류가 이성을 회복하여 평화로운 해결을 하여야 한다는 의지가 전쟁을 치르는 의지보다 강하면 지금이라도 지구촌의 이 살육 전을 막을 수 있다고 생각됩니다. 그런데

68 『예기』는 시경·서경·역경·춘추와 함께 5경을 이루는 유교 경전으로, 고대 중국의 예에 관한 기록과 해설을 정리한 책이다. 공자 사후, 예를 숭상한 제자들이 남긴 기록을 대덕과 대성이 수집·편찬하여 대대례기와 소대례기를 만들었으며, 이것이 『예기』의 시초가 되었다. [『한국민족문화대백과사전』]

도 모두 비디오 게임 즐기듯 이 번개 전 같은 전쟁놀이를 오락물처럼 즐겨 보고만 있습니다. 30개국이 엉켜 싸우는 이 천하의 참극 대란大亂을 말이지요.

전쟁은 참으로 끔찍한 일입니다. 어떤 전쟁들은 다른 전쟁들보다 정당하다고 하지만 전쟁은 항상 '죄의 결과'입니다.롬 3:10-18 그런데 전도서 3장 8절은 "사랑할 때가 있고 미워할 때가 있으며 전쟁할 때가 있고 평화할 때가 있느니라."라고 말합니다. 죄와 미움과 악이 가득 찬 이 세상에서는 전쟁이 불가피합니다. 지속되는 전쟁의 위협과 두려움 속에서도, 주께서 주시는 평안으로 우리의 마음이 평강을 누리게 하시며, 전쟁이 속히 종식되기를 간구하는 마음을 간절히 나눕니다. 참으로 암연暗然한 지구의 운명에 대해 망연자실할 뿐입니다.

저는 전쟁이 터지던 날 아침1990년 8월 2일, 「반전 선언」Anti-war Declaration의 글을 써서 당일當日 자로 이곳 토론토의 일간 신문에 실었습니다.

오 하나님, 다시는 이 땅에 전쟁이 없게 하옵소서!

이르시되 때가 찼고 하나님의 나라가 가까이 왔으니

회개하고 복음을 믿으라 하시더라 막 1:15

무공능無功能의 공능

K형, 묵향墨香에 젖을 수 있는 시간이 다 있는 모양이지요? 이민 가게에 가서 벼루와 붓을 사 와서는 아호雅號도 낙관落款도 넣지 않은 서예를 습작하신다니 존경스럽습니다. 작품다운 작품은 작자의 이름과 공능功能, 즉 그 공적과 재능이 보이지 않는 예술이어야겠지요.

3천 년 전 황하黃河에 흐르던 노래, 국풍國風. 공자가 그 노래들이 순전純全하다고 하여 뽑은 「시경詩經」 303편에 어디 작자들의 이름이 보입니까? 명상의 거대한 수풀, 그 인도인들 정신의 피륙에 씨줄과 날줄이 된 헌신의 노래 『우파니샤드』69에 어디 철인들의 이름이 보입니까? 신의 세계에는 예술이 없듯이, 좋은 작품일수록 자기는 감추어지고 신성의 모습만 나타나져야 한다는 생각입니다.

사실 꽃 한 송이가 사람보다 더 그윽해 보입니다. 어느 천재가 겨울 빈 산에 내리는 눈을 그릴 수 있겠습니까?

신적인 것은 모습을 나타내려고 애를 쓰지 않아도 그저 '봄날 봄바람이 불듯이春日春風裡, 봄빛이 물가에 어리듯이春光照春水'.70 작품 속에 '무공

---

69 우파니샤드उपनिषद्, Upaniṣad는 힌두교 이론과 사상의 토대를 이루는 철학 문헌들을 모은 것으로 한편, 베다의 끝 또는 베다의 결론이라는 뜻에서 <베단타> वेदान्त, Vedanta라고도 불린다.

능無功能의 공능功能', 그 자연스러움이 나타납니다.

'무위이화無爲而化'…. 이래라저래라 안 해도 그 사람이 가지는 덕德 때문에 감화의 향기가 훈훈한 사람과 작품이 그립습니다.

모습이 있으면 걸리고, 걸리면 넘어질 것입니다. 형께서도 아시겠지만, 왕유王維, 699~759, 중국 당나라의 시인·화가는 성실한 유학 쪽의 시성詩聖 두보杜甫처럼 한恨도 깔지 않고, 당대唐代의 기인奇人 선승禪僧인 한산寒山, 600~650처럼 허적虛寂한 선매禪昧의 분위기도 취하지 않습니다. 그렇다고 그는 도학道學 쪽의 열정의 시선詩仙 이백李白, 701~763의 도가道家적 모습을 보이는 것도 아니었지요. 그래서 자연 시인 왕유는 '시불詩佛' 칭호를 얻습니다.

'심여수'心如水, 마음가짐을 물과 같이 하니라. 저는 왕유의 시가 가슴에 닿습니다.

고려 말의 뛰어난 고승으로 무학대사의 스승이었던 나옹懶翁, 시호는 선각국사, 1320-1376 선사의 '청산가靑山歌' 한 구절이 떠오릅니다.

靑山兮要我以無語	청산혜요아이무어	**청산은 나를 보고 말없이 살라하고**
蒼空兮要我以無垢	창공혜요아이무구	**창공은 나를 보고 티없이 살라하네**
聊無愛而無憎兮	료무애이무증혜	**사랑도 벗어놓고 미움도 벗어놓고**
聊無怒而無惜兮	료무노이무석혜	**성냄도 벗어놓고 탐욕도 벗어놓고**
如水如風而終我	여수여풍이종아	**물같이 바람같이 살다가 가라하네.**

이 시를 현대적으로 번안한 사람은 김연준 님의 〈청산에 살리라〉로 보입니다.71 이 시를 탁 트인 테너 목소리, 아련하면서도 서정적인 음색

70 이 표현은 신라 향가 《찬기파랑가》讚耆婆郎歌에서 유래한 것으로, 작자는 충담사忠談師이며 신라 경덕왕 때 지어진 10구체 향가로 『삼국유사』 권2 「기이편」에 전한다. 작품은 자연의 조화와 평온함, 그리고 기파랑의 고결한 인품을 달·냇물·자갈·잣나무 등 자연물을 통해 상징적으로 드러내며, 직접적인 찬양보다 비유적 묘사를 통해 그의 숭고한 인격을 표현한다.(『한국민족문화대백과사전』)

71 우리 가곡 「청산에 살리라」는 한양대 설립자인 백남白南 김연준1914~2008이 19

으로 국민 가곡이 되게 한 사람은 박인수 님이지요. 개인적인 생각이지만 그의 성악은 '무공능의 공능Functionality of non-functionality'의 음악이 아닐까 생각합니다. 그의 노래에는 전혀 명색名色이 없는 먼 산의 산울림 같아 보입니다. 산고수성山高水聲이랄까요.

왕유를 언급했으니까 그의 단시短時, 죽리관竹里館을 적어 보고 싶습니다.

獨坐幽篁裏 독좌유황리 홀로 그윽한 대숲에 앉아서
彈琴復長嘯 탄금부장소 거문고 뜯고 다시 길게 휘파람 분다.
深林人不知 심림인부지 깊은 숲이라 사람들은 알지 못하는데
明月來相照 명월래상조 밝은 달이 찾아와 비춰준다.

대숲에 앉아왕유의 「망천별장」輞川別莊 달빛을 가슴에 안고 있는 그의 모습이 자연 속에 용해되어 세상일에 초연超然해 무아無我의 기쁨을 누리고 있는 것 같습니다.

전남 담양 소쇄원, 대나무 숲에서
https://m.blog.naver.com/hrsmc/220781169921

73년 '대한일보 수재의연금 횡령 사건'과 관련해 구속된 뒤 옥중에서 작사, 작곡한 4분의 사박자 가곡이다. 이듬해 대법원 무죄판결을 받은 후, 1960년 창립한 대한일보 사주와 대학 총장직에서 물러나 작곡에 전념하며 「비가」, 「제비」, 「나의 십자가」, 「무곡」 등 다수의 작품을 남겼다. 『한국민족문화대백과사전』

베스비어스 화산火山 밑의 역사

오늘의 우리는 우리의 살 곳을
베스비어스 화산 72 *밑에 정한다.* 니체

K형, 며칠 전 T.V. 화면에 나타난 참상惨象 중 한 장면을 기억하시는지요? 석유를 전신에 뒤집어쓴 바닷새들이 떼죽음을 당하기 전에 공포에 질린 눈으로 하늘을 두리번거리던 모습 말입니다.

이제 지구는 물새도 앉을 자리를 찾아 헤매야 하는 때가 되었습니다. 이와 같은 현실은 『미래의 충격』*Future Shock,* 1970에서 앨빈 토플러Alvin Toffler, 1928~2016나 피터 드럭커Peter Ferdinand Drucker, 1909~2005가 『단절의 시대』*The Age of Discontinuity,* 2003에서 보여주는 산업화에 따르는 지구 생태계의 비극일 뿐만 아니라, 전쟁놀이를 즐기는 인간들의 잔인성과 만용이 가져온 결과가 아니고 무엇이겠습니까? 28개 문명의 흥망성쇠와 독자적인 문명사관을 담은 대표 그의 저서 『역사의 연구』*A Study of History,* 1934-1961의 아널드 토인비Arnold Joseph Toynbee, 1889~1975가 남긴 말에, "우리 자손들의 머리 위에 핵비核雨가 떨어지지 않기를 바란다."라고 하였는데, 실로 우리는 이번 컴퓨터 게임과 같은 전쟁을 지켜보면서 무서운 시대, 전율의 찰나

72 베스비어스(일명 베수비오) 화산은 이탈리아 남부 나폴리 연안에 위치하며, A. D. 79년 8월 24일의 폭발로 폼페이Pompeii와 헤르쿨라네움Herculaneum 등 도시들이 불과 몇 시간 만에 화산재에 묻혔다. 이 사건은 소小 플리니우스의 기록에도 전하며, 로마 황제 티투스의 대응과 폼페이의 문화유산 등을 통해 역사적 맥락을 이해할 수 있다. [크리스천 & 에듀라이프, 08/24; 위키백과; 유네스코; 크리스천 라이프 편집부]

를 살고 있다는 것을 실감하고 있습니다.

K형, 인류가 기선이나 비행기와 같은 것들을 발명하기 전 시대의 유프라테스나 티그리스는 얼마나 깨끗한 강물이었겠습니까? 그러나 이제 페르시아만과 인도양의 푸른 바다로 흘러드는 이 거대한 젖줄은 이미 현대 문명의 집단적 자살, 그 시체들을 실어 나르는 썩은 하수河水로 흘러가고 있습니다. 인류는 어찌하여 이와 같은 개탄과 모멸의 시대를 자초하게 되었습니까? 지구의 종말을 본질적으로 암시하고 있는 듯합니다.

동물들의 사회만도 못한 살육의 전쟁놀이가 문명이라고 칭호될 수 있다면, 인간의 역사란 그야말로 악령적 역사의 배설물, 그 더러운 청부업에 지나지 않는다고 할 수 있을 것입니다.

K형, 참으로 인간이 인간을 사랑한다는 사실, 그것은 위대한 힘이라는 신뢰를 회복하고 싶습니다. 이 '아수라'73의 어둠 속에서, 버섯구름이 하늘을 덮고 있는 그늘에서 광명한 천지를 볼 수 있는 날은 없겠습니까? 저는 소위 현대 문명을 창조한다는 현대인들의 정신병리가 두렵고, 오늘을 사는 우리들의 인간 조건이 한스럽기만 한데 형의 생각은 어떻습니까?

이제 고통을 받는 것은 인간뿐이 아니게 되었습니다. 참으로 지구조차도 고통으로 신음하고 있습니다. 갈보리 산의 공중에 달린 십자가만 십자가가 아니라, 지구도 십자가가 되었습니다. 인간은 지구까지도 매달고 있습니다.

물새조차도 앉을 자리가 없는 땅과 바다, 이 지옥을 만드는 인간이란

---

73 阿修羅असुर, Asura, 인도 신화에 등장하는 인간과 신의 혼혈인 반신으로, 인드라와 같은 신에 대적하는 악한 무리로 나타난다.

동물이 과연 만물의 영장이겠습니까? 최고의 단수 높은 고등생물이며 지구의 꽃이라고 할 수가 있겠습니까? 지구를 송두리째 사탄에게 내어 주려고 하는 인간은 이미 사탄의 하수인이 된 것이 아니겠습니까? 이 문명의 야만, 이 파괴적이고 악령적인 집단國家이기주의와 종교주의는, 마치 별들의 우주 전쟁으로 외계인이 쳐들어와서 지구를 초토화하고 있는 것 같습니다.

병든 역사, 병든 종교, 병든 인간, 오늘 인류는 천지 공간을 횡행하는 거대한 허깨비에 모두 홀려 있습니다.

'세상은 암흑' 74이라며 대낮에 등불을 켜 들고 다닌 사람은 시노페의 디오게네스Διογένης ὁ Σινωπεύς Diogenese of Sinope였습니다. 지금 우리에게 불을 밝힐 등불은 어디에 있고, 그 등불을 켜 줄 사람은 어디에 있습니까?

74 Diogenese기원전 412~기원전 323년경, 고대 그리스의 철학자로, '견유학파'犬儒學派라 불리는 키니코스 학파Kynikós의 대표적 인물이다.

방하착放下着해야 할 교리教理

K형, '예수의 가르침을 중심으로 한 성경 진리와 기독교 명상 서적에는 관심이 있지만, 딱딱한 교리 서적이나 신학 서적은 별로 보고 싶은 마음이 없다.'라고 하셨군요, 그리고 신약에서 예수가 이스라엘에서 제일 가는 스승 니고데모에게 하신 말씀 부분요 3장을 유의 깊게 읽어보셨다고요.

예수께서 니고데모와의 대화에서 니고데모에게 신학적이고 지적 사변이 아닌 '다시 남重生, 중생'만을 말씀하신 것은 저에게도 큰 충격이었습니다. '거듭나야 천국에 갈 수 있다'며 '물과 성령으로 다시 나라'고만 하셨지요. 자구字句를 주목해 보면 '다시 태어나다born from above, rebirth'의 헬라어 원어 '겐나오 아노텐gennavw anwvqen'는 '위로부터 다시anwvqen' '태어나다gennavw' 입니다. 은혜와 진리의 세계, 곧 '하나님으로부터 다시 태어나라.'라는 말씀입니다.75

참으로 진리는 가이끝 없어서…, '학해무변學海無邊'76인 것 같습니다.

75 예수께서는 니고데모와의 대화에서 "내가 진실로 진실로 네게 이르노니"라는 표현을 세 차례요 2:3, 5, 11 사용하셨다. 이는 중요한 말씀을 하실 때 쓰신 어구로, 신약 원어 헬라어로는 Amen amen legi soi로 표기된다.

76 '學海無邊 苦作舟'배움의 바다는 끝이 없으니 고행을 배로 삼고는 당나라 문필가 한유韓愈 768~824의 『증광현문』增廣賢文 '권학문'에 나오는 구절로, 탄허 스님도 즐겨 인용하였다.

유교의 경우 '격물치지格物致知'77가 있고, 불교 경우에도 '정각진공묘유正覺眞空妙有'78가 있어, 동양인들은 '성인화'sagehood,儒敎에서 賢者와 '깨침'enlightment,佛敎에서 覺·道을 학문 탐구의 문제에서부터 체계적으로 다룹니다. 교파 문제가 '선禪宗' 혹은 '교敎宗'이든 간에, 공부工夫,원래 불교 용어인데, 방법이 '돈頓' 혹은 '점漸'이든, 불교인들은 정견正見 정사유正思惟를 중심으로 대승大乘철학의 정각正覺 개념을 심학心學에 근저根底를 둡니다. 또 주자朱子 신유학新儒學 경우도, '학學'과 '도道' 문제를 경험적인 형이하학形而上學에서부터 출발하여 형이상학形而下學의 우주론·존재론으로 정밀히 탐구해 올라가는데, 그 진리 연구가 학문의 객관적인 검증임으로 놀라움을 금치 못합니다.

그런데 예수께서는 이런 관념적 지적 탐구의 과정이 전혀 없이, '씻는 말씀의 물과, 태우는 성령의 불'만의 이야기를 느닷없이 하시는 것입니다. 또 영생을 묻는 엘리트 부자 청년에게는, "네가 소유한 것을 다 팔아 가난한 이들에게 나누어준 후 나를 따르라"마 19:16-22고 합니다. 파격이지요. 불교적 언어로 말하면, '다 내려놓으라.'라는 뜻인 '방하착放下着'이라고나 할까요.

실로 구원은 지식이나 권세나 소유가 아닌 우리 삶의 온기溫氣에 있다는 것이 느껴집니다. 그리고 인간의 인간됨을 완성救援시키는 것이, 그 온기에 있다는 것을 알았다면 낡은 인격의 옷은 다 씻어 버리고, 또 소멸의 능력, 그 성령의 불로 태워 없애 버려야 할 것 같습니다. 그 불순

77 '격물치지'格物致知는 중국 남송 시대 주희가 『대학장구』에서 『대학』의 '치지재격물'致知在格物 구절을 토대로 정립한 개념으로, 사물의 이치를 탐구하여 지식을 극진히 한다는 뜻의 유학 용어이다.

78 '正覺眞空妙有'는 참된 공이, 별도로 분리된 불변의 실체가 아니라 사물 그 자체의 존재 양상, 곧 다양한 인연의 조합인 연기緣起라는 불교 교리이다.

물이 다 없어진 마음, 정일精一한 정신은, 사도 바울식 표현대로 하자면 '사랑'이지요. 그래서 그는 "지식은 죽이나, 사랑은 덕을 세운다"Knowledge destroys someone down but, love raises someone up고전 8:1이라고 말합니다.

오늘날 언어만이 무성한 중구난방인 교리와 신학에는 문제가 많습니다. 많은 신학자가 성서의 진리를 오염시키고 있습니다. 마치 하나님을 부정하는 휴매니즘이 오늘의 미국을 망치고 있듯이 말입니다. 인도의 성자 썬다 · 싱Sadhu Sundar Singh, 1889-1929?의 말대로 하자면, '현대 신학자들은 마셔야 할 복음의 밀크milk를, 분석만 하고 있는 셈'이지요.79 그리하여 그 밀크를 가치 없게, 아니 마시지 못하게 하고 있습니다. 하나님과 참된 진리는 성경text에 잘 기술되어 있는데, 비성서적인 사고context에 치중한 신학자들이 성서의 진리를 왜곡시키고 있는 것입니다.

그러므로 성경의 산, 그 아아峨峨한 영산靈山은 우러러보면서 묵묵히 오르기만 할 일입니다. 『천로역정』80의 순례자처럼 일편단심으로 참眞을 향해 앞으로 나아갈 뿐입니다. 마치 '비로자나불毘盧遮那佛'81 그 진법신眞法身의 탑塔을 바라보면서 선재 동자善財童子, 사실 소년이 아니라 지혜의 보살, 문수, 文殊가 갖가지의 직업을 가진 53명의 사람을 거치면서 끝까지 인내심을 가지고 구법순례求法巡禮를 하듯이 말이지요. 「사십화엄四十華嚴」의 '보현행원

79 그의 강연, 서한, 혹은 전기적 기록에서 유래한 것으로 보이며, 특히 1920년 영국 국회 연설이나 그의 생애를 다룬 전기적 문헌에서 인용된 바 있다. 복음은 단순히 분석하거나 이론화할 대상이 아니라, 직접 마시고 체험해야 할 생명의 양식이라는 뜻으로, 썬다 싱은 "신학적 지식보다 예수님과의 인격적 만남"을 강조했다. [https://www.christianitytoday.com/2005/07/wanderer-for-christ]

80 『天路歷程』*The Pilgrim's Progress*은 1678년경 영국의 작가이자 침례교 설교가인 존 번연John Bunyan, 1628~1688의 대표작으로, 기독교 신앙의 여정을 상징적 이야기로 풀어낸 종교적 우화allegory이다. 이 작품은 단순한 이야기 그 이상으로, 신앙의 여정과 인간 내면의 싸움을 깊이 있게 그려낸 고전이다.

81 불교의 부처 중 하나로, 온 세상에 부처님의 법의 진리를 '광명' 또는 '태양'으로 형상화한 부처이다.

품普賢行願品'82에 보면, 이 선재 동자는 결국 장엄한 불신佛身의 탑, 주主도 객客도 없는 '보편의 화엄 바다'에 이르지 않습니까.

묵상하면서 사무처 '참'眞理,예수 그리스도을 찾으면서 나아가면 난해한 성경의 골짜기들도 이해될 때가 오리라 여겨집니다. 얼魂로써 올라가면 얼빛靈光으로 가득한 하늘을 만나겠지요. 아니 영은 영으로 만날 수밖에 없지 않겠습니까? '제사보다 낫다고 하는 순종의 삶',삼상 15:22 하나님께서 함께하시면 무슨 말이 필요하겠습니까?

항차恒次 진리가 어찌 교리에 묶이겠습니까?
교단도 내려놓고 교리도 내려놓고, 또 나도 내려놓을 일입니다.

여호와는 나의 빛이요 나의 구원이시니
내가 누구를 두려워하리요
여호와는 내 생명의 능력이시니
내가 누구를 무서워하리요 시 27:1

---

82 '보현행원품'普賢行願品은 『대방광불화엄경』大方廣佛華嚴經의 마지막 장으로, 특히 사십화엄四十華嚴이라 불리는 40권 본 화엄경에서 핵심적인 결론 역할을 한다. 이 품은 보현보살이 설파한 열 가지 서원보현십대원을 중심으로, 중생이 깨달음에 이르는 구체적인 실천 길을 제시한다. 원래 경전은 산스크리트어로 구성되었으며, 중국 당나라의 반야삼장般若三藏이 계빈국罽賓國: 카슈미르, Kashmir 지역 출신으로 번역한 것으로 알려져 있다. ("화엄경華嚴經 보현행원품普賢行願品 정법지견正法知見", 법성, 2020.12.29., https://m.blog.naver.com/dhammatruth/222189316601)

추 신追伸

K형, 보내신 편지의 별지에 "기독교 진리에도 불교 진리처럼 자기 부정의 진리가 뚜렷이 있느냐?"고 물으셨기에 별지에 간단히 답해 봅니다.

물론 불교의 인간 '이해관'과 '구원관'과는 맥락이 좀 다르다고 할 수 있겠지만, 성경 진리는 자기 부정에 대해 여러 곳에서 강조하지요. "네가 나를 따르려느냐? 그러면 자기를 버리고 매일 십자가를 지고 나를 따르라"마 16:24 등의 구절은 불교의 '무아無我' 개념과 일맥상통하는 데가 있는 것입니다. 불교의 '무아anattā'는 어떤 면에선 에고ego인 집착심, 즉 '망념과 망상을 내는 그 고집의 자아를 버리라.'라고 함으로써 존재의 깊은 문제는 터치touch되지 않는 점이 있지만, 기독교는 죄악의 덩어리로부터 완전히 '거듭남重生, rebirth'을 의미합니다.

죄 많은 개체의 자아는 신의 피그리스도의 보혈로써 씻겨 죽고, 신성하나님의 형상만의 새로운 자아로 다시 거듭나는 신적인 자기 회복의 존재성을 "두렵고 떨리는 가운데 너희 구원을 이루라."빌 2:12고 되어 있지요.

그리하여 '매일 사는 자는 죽고, 매일 죽는 자는 산다.'마 16:25; 고전 15:31라고까지 성경은 가르칩니다. 죄의 소아小我는 매일 죽고, 신성의 대아大我는 매일 다시 나야 한다고나 할까요. 그래서 아브람이 아브라함이 되고, 또 야곱이 이스라엘, 시몬이 베드로가 되고, 또 사울이 바울이 되어 다시 나는 것이지요.

육肉의 자기가 부정되고, 영靈의 자기로 다시 살아나오는 것입니다. 기독교에서 구원받음은 자기 부정과 떼려고 해도 뗄 수 없는 관계입니다. 이 점은 '탕자의 귀가'에서도 극명하게 보입니다.

탕자는 육의 자기를 버리고 결국 오직 살 길인 아버지의 품으로 돌아갑니다. 이기利己와 부조리不條理와 유한有限뿐인 자기를 장사葬事 지내고, 무한한 신의 사랑과 법도에 안기는 것이지요. 그는 광야에서 자기 부정을 배운 후에, 질곡桎梏뿐인 삶의 인간 조건으로부터 돌아오는 것[눅 15:11-32]입니다.

신앙과 휴매니즘 (Ⅰ)

K형, "어떤 의미에선 종교가 인간을 구금拘禁하는 것 같다."라고 하셨군요. 또 "이성을 통한 인생관의 조화나 삶의 승화된 가치는 굳이 하나님 신앙으로 나아가지 않아도 되지 않겠느냐?"고 물으셨습니다.

K형, 물론 인간이 도리를 지키고 공의를 실천하며 각자가 받은 삶의 소명에 진실되기만 하다면, 그의 노력은 인간 이상의 것이며, 그 개인 또한 훌륭한 사람이 되겠지요. 그러나 도리를 지키고 양심에 비추어 행동하며, 또 객관적 가치를 추구한다고 해서 인생의 문제가 완전히 해결되는 것은 아니라는 생각이 드는군요, 왜냐하면 윤리적 의무나 가치 자체가 인간의 것이 아닌 하나님 당신의 것이며, 또 인간 삶의 필요충분조건은 만물을 끊임없이 통합시키고 지탱시키는 신과 영혼의 교감 관계, 그 교통communion을 포함하고 있기 때문이지요.

그리고 무엇보다도 '원죄原罪'로 파탄된 인격, 즉 불완전한 인성人性은 수육受肉된 도道의 내재화를 통해 육과 혼만의 세계에만 머무르지 않고 혼지·정·의과 영의 빛의 세계로까지 나아가야, 비로소 참된 실존이 된다고 할 수 있기 때문입니다. 성경 구약의 「욥기」에서 욥이 자신의 선善만을 고집하다가 자기변호에 실패하는 대목이 이를 잘 보여주지요.

인간이 육의 세계를 넘어 '영원한 생명의 신령한 세계'를 안다는 것, 이것만큼 인생의 비의秘義, Anagogia 중의 비의가 없을 것입니다. 사실, 하나님을 아버지로 모실 수 있게 된 결단은, 참으로 인생에서 단 한 번뿐인 땅과 하늘이 합쳐지는 사건만큼이나 크나큰 일로 여겨집니다. 그러기에 성경은 인생의 참 행복과 의의가 소유와 육에 있는 것이 아니라 존재와 영靈에 있다고 말합니다. "살리는 것은 영이니 육은 무익하니라 내가 너희에게 이른 말이 영이요 생명이니라"요 6:63 한편, 예수께서 "내 살을 먹고 내 피를 마셔야 생명이 있다"요 6:53-56 두 번이나 강조하신 이 말씀의 의미가 무엇이겠습니까? 이보다 더 어려운 화두가 세상에 있겠습니까?

실로 우리는 우주보다도 귀하고 크다고 하는 영靈의 존재를 회복하는 데 마음을 기울여야 할 것입니다. 그렇지 않으면 키르케고르의 말대로 "우리는 실존하지 않았다. 참으로 살지 않았다."[83]라는 말밖에 할 것이 없겠지요.

진실로 사람은 생각하고 사는 존재, 하늘에 물으며 사는 존재입니다.

> **天命之謂性** 천명지위성 하늘이 인간에게 그의 성품을 심어 주셨으니
> **率性之謂道** 솔성지위도 그 하나님 성품을 따르고 사는 것이 도이며
> **修道之謂教** 수도지위교 그 길을 가르치는 것이 교육이라.

K형, 아시다시피, 이것은 우리의 고전 『중용』中庸, 1장 정신의 틀이자 우

---

83 『키르케고르, 나로 존재하는 용기』*The Existentialist's Survival Guide*, 고든 마리노 지음, 강주헌 옮김, 김영사, 2019)는 불안·우울·절망·죽음·진정성·신앙·도덕성·사랑 등 인간 내면의 어두운 감정과 실존적 질문을 키르케고르의 철학을 통해 조명한다. 단순한 철학 해설서가 아니라, 저자의 개인적 경험과 회고가 담긴 실존적 에세이로, 철학을 삶의 언어로 풀어내며 '진정한 나로 존재하는 용기'를 향한 내면의 여정을 안내한다.

리 동양인의 사유 형태의 원형이기도 합니다.

하나님의 성품을 따르는 것率性은 하나님께서 명하신 것天命입니다. 그래서 주자朱子는 '천명솔성天命率性'을 '도심道心'이라 했으며, 공자도 '하늘'이란 말을 '빛'으로 번역하기도 했습니다.

실로 '인간이 하나님의 형상으로 지어졌다.'라는 말만큼 큰 말, 신비로운 말, 은혜로운 말은 없을 것입니다. 따라서 하늘이 누구이며, 그의 뜻이 무엇인지를 아는 일은 인간에게 생래生來적이고 기본적인 의무가 되겠지요.

> **天生烝民** 천생증민 하늘이 만 사람을 낳았느니,
> **有物有則** 유물유칙 피조물은 모두 하늘 법칙을 따라야 한다.『시경』「증민편」

하늘은 이토록 숨生氣, vitality을 받은 인간들창 2:7이 가져야 할 가장 중요한 사안이자, 순종으로 보답해야 할 도덕적 의무의 절대적 대상입니다. 따라서 인간의 권위와 책임은 '우주주권성universal sovereignty'84이라 불리는 하나님과의 끊임 없는 동적 관계 속에 존재합니다. 이 관계가 인간 삶의 조건과 인간으로서의 품위를 규정합니다. 블레즈 파스칼Blaise Pascal, 1623~1662의 『팡세』*Pensées*나 존 칼빈John Calvin, 1509~1564의 『기독교 강요』*Institutes of the Christian Religion* 서문은 "하나님을 모르면 나를 모르고, 나를 모르면 하나님을 모른다."라고 말합니다. 이는 '천명지위성 솔성지위도'의 서양적

---

84 우주주권성Universal Sovereignty이란 하나님이 우주 전체를 다스리시는 절대적·영원한 권위를 뜻한다. 이는 단순한 통치가 아니라 사랑과 목적이 담긴 창조적 질서이다. 인간은 하나님과 고정된 거리에 있는 존재가 아니라, 끊임없이 변화·성장하며 교통하는 존재로, 이러한 동적 관계는 기도·믿음·순종·성령의 인도를 통해 이루어진다. 또한 인간은 하나님의 형상대로 창조되어 자유의지를 지닌 만큼 도덕적 책임을 지니며, 이 책임은 하나님과의 관계 속에서 의미를 갖고 실현된다.

사고의 고백이지요. 이처럼 하늘은 인간의 보편적 근원이자, 만천하 모든 사람이 귀의할 수밖에 없는 근원이고 궁극적 실재Ultimate Reality로 여겨집니다.

하늘이 인간이 되었다는 사상, 하나님이 인간을 찾아왔다는 사상, 하나님이 십자가를 졌다는 사상만큼 영혼을 뒤흔드는 우주적인 사상과 고귀한 사건이 어디 있겠습니까? 실로 인생은 소유만으로, 또 빵만으로 사는 것이 아닙니다. 빵만으로 산다면 우리는 동물들과 다를 바 없는 '진토塵土'에 지나지 않습니다. 하루를 살아도 높고도 높고, 깊고도 깊은 이 진리, 곧 말씀이며 그리스도이신 예수, 그분을 찾고 사랑하며 대화하는 삶이야말로 인생의 창조요 존재 이유입니다. 그리고 이 창조적 삶 속에서 어려운 이를 돕우며 살아가는 것, 그것이 인간으로서 품위를 지키는 삶이자 참된 인생의 의미가 될 것입니다.

그러므로 사람은 '생기生氣프뉴마, πνευμα, Pneûma'인 '하늘 영聖靈'에 붙잡혀야 한다고 생각합니다. 하늘 영의 생기에 부딪히지 않는 한, 인생의 본질적인 영의 문제를 어떻게 해결할 수 있겠습니까? 영의 세계는 육의 세계가 오르고 또 올라야 할 실존의 문제라고 할 수 있는 것이지요. 소크라테스는 이것에 대해 '인생이 추구해야 할 최고의 선德'[85]virtue: the highest goodness to pursue이라고 했습니다.

85 소크라테스는 인생이 추구해야 할 최고의 선으로 '덕'德, virtue을 강조했다. 그는 덕을 단순한 도덕적 행위가 아니라, 지혜와 진리에 대한 참된 이해에서 비롯된 삶의 방식으로 보았다. "덕은 지식이다"라는 그의 명제는 선한 삶이 참된 지식에서 나오고, 악행은 무지에서 비롯된다는 뜻으로, 진정으로 선을 안다면 악을 행할 수 없다는 입장을 담고 있다. 또한 덕을 단순한 기술이나 능력이 아니라 '삶 전체를 관통하는 도덕적·지적 탁월함'이자 '인생이 추구해야 할 최고의 선'으로 정의했다. 아폴로 신전 현관의 "너 자신을 알라"γνωθι σεαυτόν라는 말처럼, 그는 덕의 실천을 위해 끊임없는 자기 성찰을 강조했으며, 이러한 사상은 플라톤의 대화편 전반에 걸쳐 나타나 서양 윤리학의 기초를 이루었다.

물론 K형께서 말씀하신 대로 무신론자들이라고 해도 그들 각자의 도덕과 양심에 의해 인생의 문제를 어느 정도 해결할 수는 있을 것입니다. 그러나 나무가 홀로 자라면 구부러지듯, 사람도 오직 자연인으로만 성장하면 인성의 문제원죄, 原罪로 인해 한계를 뛰어넘을 수 없겠지요. 이것을 '역설적 한계 상황'paradoxical limit situation of human-being이라고 하지 않습니까.

그러니 우선 하나님을 모르는 인간들에게 절대적인 윤리를 기대한다는 것은 상정想定하기 어려운 일입니다. 사도 바울이나 칸트는 하나님을 모르는 그러한 사람들은 창조 질서의 영적 조화, 그 긍정적이고 신적인 세계관을 갖고 있지 않다고 봅니다.[86] 인지認知하시듯, '자연으로 왔다가 자연으로 간다.'라는 '순환적 사유'를 지닌 동양인과 인도인, 그리고 희랍 스토아 철학자들의 인생관과 세계관은, 마치 스스로 똑바로 서야 하는 나무의 '홀로서기' 고통과 같은 것이라고 봅니다. 반면 그리스도인들은 신앙 자체에 이미 일정한 윤리적 결단을 내포하고 있기에, 다시 말해, 그들의 행동과 삶의 근원을 하나님과의 동적인 관계, 곧 그 은총으로 봄으로써 '말씀'에 기초해서만, 아니 말씀에 의지해서만 살아가는 구체적이고 확실한 가치관이 서 있는 것입니다.

이러한 면에서 그리스도인들은 완성된 인격의 척도로서 '말씀'을 진리이자 계시로 믿는 하나님 신앙에 기준을 둡니다. 따라서 그리스도인들은 '말씀'의 진리, 곧 '도성인신道成人身'의 신비를 믿지 않는 사람들은

86 바울은 하나님과의 화목을 통해 인간이 창조의 목적과 질서를 이해할 수 있다고 보았다. 그는 로마서 1장에서 "하나님을 인정하지 않는 자들은 어리석은 마음이 어두워져 창조 세계를 왜곡된 시각으로 본다."라고 경고한다. 칸트는 도덕법과 실천이성의 관점에서, 인간이 도덕적 자율성과 책임을 지니려면 신적 질서와 목적을 전제해야 한다고 주장했다. 그는 "별이 빛나는 하늘과 내 마음속의 도덕법"이라는 말로 우주적 질서와 인간 내면의 윤리가 연결되어 있음을 표현했다.

참된 의미의 휴머니즘, 즉 승화된 가치와 조화로운 이성을 온전히 가질 수 없다고 여깁니다. 인간이 추구해야 할 솔성率性, 즉 절대 인격의 본성과 하나님의 은혜로 주어지는 역사적 구속 사건, 그리고 낙원적 환경에서의 삶에 대한 비전과 통찰은 단순한 이성理性만으로는 이해하거나 획득할 수 없습니다. 그렇기에 그리스도교는 "불완전하고 자기중심적인 인성人性을 지닌 인간이 온전한 하나님 앞으로 나아가야 한다."라고 믿습니다. 이 길만이 무명無明의 인간이 빛의 인간, 거룩한 인간으로 되게 한다는 것이지요.

오직 말씀과 기도로만 거룩하여지느니라 딤전 4:5

신앙과 휴매니즘 (Ⅱ)

K형께서도 고뇌하다시피, 사실 오늘날의 세계는 하나님의 말씀으로 돌아가지 않고서는 인류가 자멸의 위기에 직면할 만큼, 인간과 지구의 생존이 심각하게 위협받고 있습니다.

18세기 계몽주의 학파의 '이성理性 존중 운동' 이후, 오늘날 인간의 정신은 과학적이고 논리적인 사고 능력인 오성悟性의 이론으로만 가득 차 있으며, 세상은 배금拜金의 절대 유물론의 시대가 되었습니다. 신에 대한 사랑이 싹틈으로써 오성과 감성感性의 안개가 인간의 가슴에서 걷혀야 하건만, 사람들의 마음이 영원자인 절대자에게로 향해 있지 않으니, 우리는 이토록 세계 파멸의 종弔鐘만을 듣고 있음을 숨길 수 없습니다.

파스칼Blaise Pascal, 1623~1662[87]의 예언적 대답대로 하자면 '하나님을 탐구

---

87 이 말은 오늘날에도 깊은 울림을 준다. 지성과 과학기술이 비약적으로 발전했어도, 도덕과 영성이 결여된 사회는 오히려 더 위험해질 수 있다는 경고다. 파스칼은 이성만으로는 진리를 온전히 알 수 없으며, 심정과 직관을 통해서도 진리를 인식해야 한다고 보았다. 그의 통찰은 오늘날에도 "교육은 인간을 더 나은 존재로 만드는가?", "기술과 지식의 발전이 인간성과 도덕을 함께 끌어올리고 있는가?", "하나님 없이 인간은 진정한 의미와 목적을 찾을 수 있는가?"라는 근본적 질문을 던진다. 이는 단순한 철학적 사유를 넘어 현대 사회의 위기와 방향성에 대한 성찰을 요구한다. 파스칼은 흔히 프랑스의 심리학자·수학자·과학자·신학자·물리학자·발명가·작가·철학자·통계학자로 알려져 있으나, 실제로는 철학과 신학에 더 많은 시간을 바쳤다. 주요 저서로는 『팡세』

하려고 하지 않는 종교 없는 교육은, 현명한 악마shrewd devil들을 길러낸 결과'『팡세』라고 할 수 있겠습니다. 영국 아일랜드의 극작가 오스카 와일드Oscar Wilde, 1854-1900도 "하나님 없는 교육은 현명한 악마를 키우는 것과 같다."라고 말했듯이, 직접적 문헌 출처는 불확실 하나님이 우리에게 행하신 신앙의 횃불을 먼저 타오르게 하지 않으면, 아무리 높은 이상과 찬란한 미래의 꿈을 지닌 다음 세대에도 아무런 의미가 없다는 것입니다.

정말이지, 이제는 누가 뭐래도 인본주의에 기초한 인간의 이성과 정신이 창출한 금세기의 문명과 문화는 정치와 경제 그리고 사회 전반에 걸쳐 가히 마성적魔性的이란 비난을 면치 못하는 실정입니다. 오늘날 금세기에 들어서면서 하나님을 부정하는 휴머니스트들이 여론의 고삐를 쥐고 있으며, 그 결과로 SNS를 통한 인터넷 중독과 약물 중독, 사이버 피싱 등의 확산, 가족 제도 붕괴, 물질주의의 팽배, 폭력과 불의의 방임, 무법적 이기주의와 개인주의, 그리고 낙태 합법화나 동성애 묵인 같은 악의 다양한 형태들이 사회 전반에 퍼져 있습니다. 이는 '인류가 하나님의 말씀으로 돌아가지 않는다면 자멸의 길로 나아갈 수밖에 없다.'라는 사실을 여실히 보여줍니다.

미국의 경우를 예로 들면, 청교도들이 이루어 놓은 업적이 '휴머니즘'이라는 거대한 물결에 휩싸여, 결국 미국의 정신은 물론 세계의 정신까지 침몰하고 있습니다. 성경의 진리로 개종하지 않고도 진리를 캐낼 수 있다는 휴머니스트들과 유물론의 맑스주의자들, 또 과학만능주의자들의 주장은 오늘날 인간을 절망으로 이끌며, 이 시대의 병든 문화를 종말적으로 창출한 장본인이 된 것이지요.

따라서 신을 버린 현대 휴머니스트들과 지식인들이 '인류의 문제가

(*Pensées*., 원래 기획 제목 『그리스도교 변명』, 1670)와 『시골 벗에게 부치는 편지』*Les Provinciales, 1656-1657, 전 18편 연재* 등이 있다.

성서에 충실한 초기 기독교도 생활로 되돌아가는 청교도 정신의 부활에 있다.'라는 것을 모른다는 그 비극성 자체가 더욱 큰 비극이라 여겨집니다. 쉽게 말해, '양심만'으로는 우리를 구원할 수 없다는 문제를 깨닫지 못하고 있다는 점이 가장 심각한 문제인 것이지요.

유물론적인 관찰이든 과학적 정신의 탐구든, 지식의 체계는 본질적으로 외부 지향적 객관성의 추구가 아닙니까? 그러나 하나님을 아는 일은 이 외부 지향적 추구가 초래하는 인간 상호 간의 불신이나 적대감, 전쟁과 같은 일이 아니라 순수한 심령의 탐구입니다. 오직 신성한 심령의 깊은 탐구만이 진정한 평화와 행복의 종소리를 이 세상에 울려 퍼지게 할 수 있습니다. 우리의 삶이 이성理性을 통한 휴머니즘의 자尺가 아니라 하나님 신앙과 일치되어야 합니다. 미국을 비롯한 서방 국가들에 팽배하는 '생명의 마멸 운동' 같은 세기말적 사조나 적그리스도적 문화가 아니라, 새 생명 운동으로서의 그리스도교 신앙 문화를 새 질서와 새 가치 운동 속에서 천착穿鑿해야 합니다.

물론 오늘날의 기독교는 개교회주의와 교파주의라는 병폐를 극복해야 하는 과제를 안고 있습니다. 마치 음과 양이 합하여 태극을 이루듯 동·서의 영적 전통을 통합해 제3의 창조적 영성 지평을 열어야 하는 과제입니다. 이 영성적 지평은 바로 『산상수훈』적 정신의 실천을 통해 구현될 수 있다고 봅니다.

이제 세계를 살릴 수 있는 길은, 우리 모두가 잃어버린 하나님을 찾는 일과 「산상수훈」의 동산으로 소박하게 되돌아가는 것뿐이라는 느낌을 받습니다. 신교도 구교도 없이, 아니 가톨릭과 프로테스탄트가 손잡고 로마 국교 이전의 그 순수한 원초적 기독교로 복귀하자는 자각이 필요하지요. 새로운 사회 가치를 창출할 집단적 응집력은 오직 그 길밖에 없다는 생각입니다.

현대의 기적

K형, 전에 쓴 편지에서 걸프전戰의 발발을 보고, 제 나름대로 느낀 인류의 운명에 대한 우수憂愁랄까, 불안한 그림자를 말씀드렸습니다. 오늘은 어제 TV에서 본 특이한 장면 하나를 알려드리고자 합니다. 전쟁 상황은 미국 정부가 매일 24시간 생방송으로 실황 중계를 하고 있으니, K형께서도 그 사건을 보셨겠지요.

예의 그 걸프전, 세계 석유 생산의 삼 분의 일⅓을 차지하는 이라크는 폭 4km, 길이 16km에 달하는 수십억 배럴의 이라크산産 석유를 적국 쿠웨이트의 알 아흐마디Al Ahmadi 지역을 향해 전략적으로 흘렸습니다. 며칠 후, 석유로 뒤덮인 검은 강은 이 도시 유일의 식수원인 거대한 담수 처리 탱크장 인근까지 흘러들었습니다. 그 검은 기름 강이 탱크장 가까이 다다랐을 때 사람들은 말할 수 없는 공포와 절망을 느꼈습니다. 그것은 단순한 환경 재앙이 아니라 전쟁이 인간의 생존 기반을 어떻게 파괴하는지를 보여주는 상징적인 장면이었습니다. 석유로 뒤덮인 검은 강이 급수장 주위에서 넘실거리자 현지의 시민들은 아우성을 지르며 두려워했고, 또 TV를 보는 우리도 속수무책으로 아연실색했습니다.

그런데, 그때 기적이 일어났습니다. 갑자기 엄청난 광풍이 몰아치더니 석유로 뒤덮인 검은 강의 흐름이 방향을 바꿨습니다. 강은 더 이상

급수장을 향해 나아가지 않고, 오던 길을 되돌아 이라크 쪽으로 역류하기 시작한 것입니다. 미국을 중심으로 한 29개국 다국적군과 이라크는 서로 미사일을 주고받으며 걸프만 일대를 초토화하고 있었습니다. 그 순간, 보이지 않는 무서운 힘, 마치 하늘의 손길과도 같은 광풍이 폭 4km, 길이 16km에 이르는 죽음의 기름 강을 뒤흔들며 급수장에서 진로를 완전히 되돌려, 이라크 쪽으로 역류하게 만든 것입니다. 사람들은 그 장면을 바라보며 자연을 넘어선 섭리의 개입을 느꼈고, 절망의 한복판에서 기적과 희망의 빛을 다시 보았습니다. 저도 이 장면을 보자마자 벼락을 맞은 듯 놀랐습니다. 이 일이 어떻게 가능할 수 있겠습니까?

저는 '현대의 기적'이라고 할 수 있는 이 놀라운 사건을 보면서 옛날 하나님의 은총에 의해 홍해 바다가 갈라지던 출애굽 역사와, 가나안 입성을 앞두고 요단강이 말라버려 신을 신은 채로 건너간 성경 기사수 4:1-14를 떠올렸습니다.

> **여호수아가 가나안에 들어가기 위해 수백만의 동포를 이끌고 골란고원을 넘었을 때, 큰 강이 앞을 가로막고 있었습니다. 여호수아는 돌판 두 개로 된 법궤를 받쳐 들고 간절히 기도했습니다. 그러자 요단 강물이 뒤로 거슬러 올라가기 시작했습니다. 멀리 사르단에 가까운 아담읍**邑 **변방에서 강물이 댐처럼 고이더니, 아라바 바다와 염해로 흐르던 물줄기가 완전히 끊겼습니다. 백성들이 모두 여리고 쪽으로 건넌 후, 여호수아는 하나님의 명령대로 열두 지파를 상징하는 돌 열두 개를 취해 돌단을 쌓고 기념비를 세웠습니다**

이것이 바로, 이스라엘 백성이 마른 땅을 밟고 요단강을 건넌 그 기적 같은 도하渡河입니다. 저는 이 사건이 '하나님의 임재와 인도하심을 눈으로 확인한 역사적 순간이자, 믿음의 순종이 기적을 이룬 사건이었다'라고 생각합니다.

K형, 형께서는 이번의 '기름 강' 사건을 어떻게 바라보시는지요? 저는 인간의 무명無明과 우매愚昧가 저지른 행악行惡이 이토록 참혹한 비극으로 치달으면, 인간은 결국 스스로 자신의 재앙이 되었다고밖에 말할 수 없다는 상념을 떨칠 수 없습니다. 지구상에서 인간의 위치는 그야말로 하등동물 이하이며, 어쩌면 '마귀의 자식들'요 8:44이라고 부르는 편이 더 어울릴지도 모른다는 생각이 들었습니다. 지구의 가장 큰 적은 다름 아닌 인간인 것 같습니다.

> 가련한 사람들이여, 부질없는 사람들이여!.

한나라 말기의 명의名醫 화타華佗, 추정 약 141년~208년가 약초를 캐고 하산하던 중, 바다에 가득히 떠 있는 조조曹操의 병선兵船을 보며 한 탄식입니다. 진수(陳壽)의 『삼국지』 위서(魏書) 「방기전」

부 기 附記

〈현대의 기적〉의 내용 중, '석유 강물'이 쿠웨이트의 생명줄인 알 아흐마디Al Ahmadi시의 큰 담수 배수지를 향해 넘실거리며 오던 사건은, 1991년 1월 걸프전 당시 실제 있었던 일이다. 필자는 그때 해외에 있었는데 미국 CNN에서 그 역류하는 강물을 생방송으로 실시간 송출하는 것을 보고 온몸이 떨렸다.

성경 말씀을 보면, 「여호수아기」에 모세가 죽은 후 B.C. 1406년경, 여호수아의 인도 아래 이스라엘 백성이 요단강을 도강할 때, '궤를 멘 제사장들의 발이 물가에 잠기자, 하나님께서 요단강물을 상당히 위쪽에 있는 아담성 읍 변방 사르단까지 역류시키시고, 그곳에 물을 모두 모이게 하여 염해로 흘러가는 물줄기를 온전히 끊으셨다. 이스라엘 모든 백성은 그 마른 땅을 건너 여리고 앞으로 바로 나아갔다'여호수아 3:16라고 기록되어 있다.

하나님께서 주권적 섭리로 개입하신 그 놀라운 역사는 너무도 경이로워, 나는 K형에게 그 '석유 강물'이 역류하던 기적의 순간을 TV 중계를 통해 직접 보았는지 물었었다. 오늘날, 그때 벌어졌던 일을 떠올리며, 나는 도형道兄에게도 그 장엄한 광경을 목격했는지 조심스레 여쭌 것이다. 그것은 단순한 자연 현상이 아니라, '하늘의 손길이 전쟁의 한복판에 개입하신 순간'이었기 때문이다.

전쟁과 평화 (I)
- 전쟁은 역사의 배설물

K형, 예수는 고래古來의 히브리 전통을 이어받고 나왔음에도, 유대인들에게는 낯선 존재였습니다. 그는 유대인들이 도저히 이해할 수 없는 '랍비'רבי, Rabbi, 유대교에서 율법 학자 또는 존경받는 선생을 일컫는 호칭였습니다. 예수께서는 '눈은 눈으로, 이는 이'로同害報復法, 탈리오법칙, 함무라비 법전, 출 21: 23-25라고 가르치는 그들의 율법의 긴 강에 종지부를 찍으며, '지는 것이 이기는 것이다.'라는 역설적 진리를 통해 원수를 사랑하라마 5:38-42고 가르치시며 은혜의 시대를 여셨기 때문입니다.

> 오른편 빰을 치거든 왼편 빰도 돌려 대주라
> 속옷을 가지고자 하는 자에게는 겉옷까지도 내주라
> 누가 억지로 오리를 가자고 하거든 십 리를 같이 가주라

유대인의 심성과 문화 풍습으로는 도저히 받아들일 수 없는 이 파격적인 정신운동으로 인해, 결국 예수는 그들의 역사에서 거세당하고 처형되고 맙니다. 사랑의 사회를 이루어 보려 그렇게도 애썼던 그의 비폭력 정신은 끝내 꺾이고 말았습니다.

그런데 기이한 것은, 형께서도 아시다시피, 이 예수의 비폭력 정신이 지금까지 예수를 따른다고 자처하는 기독교 문명국들의 역사 속에서는

제대로 설 자리를 얻지 못했다는 사실입니다. '평화의 사도'여야 할 그리스도인들이 오히려 예수의 정신과는 정반대되는 폭력의 역사를 꾸려온 것이지요.

십자군은 'Deus lo vult'신이 그것을 원하신다라는 구호 아래 수많은 학살을 저질렀습니다. 십자군 전쟁88이 '성전聖戰'이라는 이름으로 자행된 것은 실로 역사의 아이러니라 할 수 있습니다. 심지어 기독교 국가들Christendom조차도 성경 뒤에 대포를 싣고 오지 않았습니까.

역사의 불한당들과 종교 정치가들에 의해 벌어지는 전쟁은, 실로 더러운 역사의 배설물과도 같으며, 온갖 인류의 죄악을 총괄적으로 거래하는 청부업 같은 것입니다. 쌍방이 지쳐 전장이 끝났다고 하더라도, 결국 남는 것은 의족醫足과 과부, 그리고 전염병보다도 더 악하고 무서운 인간성의 상실뿐이지요.

그런데도 인간들은 이러한 만 가지 악의 근원, 포학의 본질인 '전쟁의 신'을 스스로 창조하고 섬기고 있는 것입니다. 인간은 지옥의 경상景象을 스스로 만들어 내며, 특히 종교적 인간 군群들이 지옥의 문을 여는 죽음의 축연祝宴, 그 전쟁을 스스로 만들어 내는 데에는 아연할 뿐입니다.

전쟁은 인류를 괴롭히는 최악의 질병일 뿐 아니라, 본래는 짐승들 사이에서나 벌어질 법한 야만적 행위입니다. 그런데도 역사의 페이지마다 피로 물들지 않은 곳이 없으니, 인간은 이성을 지녔다고 자부하면서도

---

88 'Crusades'는 중세 라틴 교회의 공인을 받은 원정대와 이슬람 군대가 예루살렘을 중심으로 동지중해 연안 '레번트'Levant 지역의 지배권을 놓고 벌인 종교전쟁이다. 11~12세기 기후변화에 따른 무슬림 중심의 유목 사회와 유럽 정착 사회 간의 긴장에서 비롯되었으며 이는 교황권 강화를 위한 전쟁이자, 1095-1272/1291년까지 이어진 일명 '십자가 전쟁'을 비롯해 수많은 종교적 광기의 전쟁을 가리킨다.

그 이성을 가장 잔혹하게 사용하는 존재가 되어버렸습니다. 실로 동물 앞에서도 부끄러울 뿐입니다. 그 어떤 동물도 인간처럼 떼 전쟁을 일으킨 적은 없지 않습니까?

종교가 종교끼리, 기독교 국가가 기독교 국가끼리, 성전Holy War 신앙을 지키거나 확산하기 위한 전쟁이라거나 조국의 광영光榮이라는 미명으로, 신의 이름을 빌려 젊은이들을 군대로 끌어들여 억지로 살인자로 만들지 않으면 안 되는 현실이라면, 종교의 신은 이제 전쟁의 신이 되었다고 해야만 할는지요? 사람들의 생명을 살려야 할 종교가 오히려 떼로 병든 자들을 만들어 내고 있습니다.

전쟁과 평화 (Ⅱ)
- 희극적인 성전론聖戰論

K형, 도대체 종교전쟁이라는 것이 어떻게 가능하겠습니까? 모든 전쟁은 '본질적으로 반종교적인 것'이 아닙니까?

살인을, 그것도 대량 학살을 자행하면서도 이 전쟁걸프전과 이후 지금까지 계속되고 있는을 성전聖戰, Holy War이라 부르고, 이슬람권이스마엘 후손에서는 'Jihad'지하드라 하고, 기독교권이삭, 야곱, 다윗 후손에서는 '선악전'善惡戰, Spiritual Warfare, 엡 6:12이라 주장하고 있으니, 이는 마치 한 조상 아브라함의 하나님神을 찢어발기는 듯한 신성모독의 행위를 하는 셈입니다. 하기야 제1 · 2차 세계대전 당시에도 '성전'을 빙자하여 독일 교회와 연합군, 특히 러시아 교회가 서로 경쟁이라도 하듯 교회마다 징집 격려문을 게시하기도 했습니다. 거의 자구字句가 동일한 호소문이었지요. "청년들이여! 조국의 영광을 위해 성전에 나서라."라는 골자의 포스터[89]였습니다.

89 한편, 나치 독재에 동조한 독일 기독교인 연맹(Deutsche Christen)에 맞서, 교회의 자유와 복음의 순수성을 지키려는 신앙 고백인 「바르멘 선언」*Die Barmer Theologische Erklärung; The Theological Declaration of Barmen*은 1934년 5월 29~31일 독일 바르멘에서 열린 고백교회Bekennende Kirche; Confessing Church 총회에서 채택, 발표된 신학 선언으로, 나치 정권에 협력하던 독일교회에 맞서 '교회의 유일한 主는 예수 그리스도임을 고백한 문서'이다. 주창자는 칼 바르트Karl Barth를 중심으로 한 고백교회 신학자들로 한스 아스무센Hans Asmussen, 토마스 브라이트Thomas Breit, 디트리히 본회퍼Dietrich Bonhoeffer 등이었다. 이후 전 세계 교회가 정치 권력에 대한 교회의 독립성을 선언하는 중요한 신학적 전거가 되었다. 바르멘 선언의 여섯 조항은 모두 성경에 근거하여 "고백affirmation"과 "거부rejection"를 병행하는 구조로 되어 있다. 즉, 먼저 성경 말씀을 인용하고, 그 말씀에 따른 교

회의 신앙고백을 밝힌 뒤, 그 고백을 훼손하는 잘못된 교설이나 태도를 단호히 거부한다. **〖바르멘 선언 6개 조항 – 고백과 거부 요약〗**

제1조항 요 14:6; 10:1, 9 고백: 예수 그리스도는 성경에 증언된 하나님의 유일한 말씀으로, 교회는 그분만을 듣고 신뢰하며 순종해야 한다. 거부: 이 말씀 외에 다른 사건·권세·형상·진리를 하나님의 계시로 인정하는 모든 교설을 배격한다.

제2조항 고전 1:30 고백: 예수는 죄 사함의 확증이자 동시에 전 생명을 요구하시는 하나님의 강력한 주장이다. 거부: 교회가 특정 시대의 이념이나 지도자를 하나님의 계시와 동등하게 두는 것을 거부한다.

제3조항 엡 4:11-16 고백: 교회는 말씀과 성례 안에서 성령을 통해 역사하시는 그리스도의 몸이다. 거부: 교회가 다른 권위나 인간적 지도력에 의해 존재하거나 유지된다고 가르치는 것을 거부한다.

제4조항 마 20:25-26; 벧전 5:1-2 고백: 교회의 직분은 지배가 아니라 봉사이며, 직분자들은 형제적 섬김을 위해 세워졌다. 거부: 교회 직분을 권력이나 지배의 수단으로 삼는 것을 거부한다.

제5조항 벧전 2:17; 행 5:29 고백: 국가는 하나님의 질서에 따라 정의와 평화를 보장해야 하며, 교회는 이를 존중한다. 거부: 국가는 교회의 유일한 주가 될 수 없으며, 교회의 사명을 대신할 수 없음을 분명히 한다.

제6조항 마 28:20; 딤후 2:9 고백: 교회는 국가 질서의 유익을 감사히 인정하되, 하나님의 말씀은 결코 매일 수 없으며, 교회는 자유롭게 복음을 선포해야 한다. 거부: 국가 권력이 교회의 말씀 선포를 제한하거나 지배하려는 시도를 거부한다.

〖바르멘 선언 6개 조항의 현대적 적용 분석〗

바르멘 선언1934은 나치 독재와 결탁한 독일교회에 맞서, 교회의 주권이 오직 예수 그리스도께 속한다는 사실을 고백하고, 국가 권력이나 이념이 교회를 지배하는 것을 거부한 문서였다. 오늘날 교회 역시 정치적 이념화와 사회적 역할 논쟁 속에서 이 선언의 정신을 새롭게 적용할 필요가 있다.

제1조항 요 14:6; 10:1, 9은 예수 그리스도가 하나님의 유일한 말씀임을 고백한다. 현대 교회는 특정 정치 지도자, 이념, 혹은 사회운동을 복음과 동일시하는 유혹을 경계해야 한다. 복음은 그 어떤 이념보다 우위에 있으며, 교회의 메시지는 그리스도 중심성을 잃지 않아야 한다.

제2조항 고전 1:30은 예수가 죄 사함과 동시에 전 생명을 요구하시는 분임을 강조한다. 오늘날 교회가 사회봉사나 치유사역에 집중하는 것은 필요하지만, 그것이 단순한 인도주의적 활동에 머물러서는 안 되며, 하나님 나라의 총체적 요구를 드러내야 한다.

제3조항 엡 4:11-16은 교회가 말씀과 성례 안에서만 존재함을 천명한다. 현대 교회는 대형화, 프로그램 중심화, 혹은 정치적 영향력 추구에 치중할 위험이 있는데, 교회의 본질은 여전히 말씀과 성례를 통해 역사하시는 그리스도의 임재에 있다.

제4조항 마 20:25-26; 벧전 5:1-2은 교회의 직분이 지배가 아니라 봉사임을 밝힌다. 오늘날 교회 지도자들이 권력화되거나 교회가 사회적 권세를 추구할 때, 이는 선언이 거부한 "직분의 지배화"와 다르지 않다. 교회의 직분은 섬김과 책임으로 이해되어야 한다.

제5조항 벧전 2:17; 행 5:29은 국가는 정의와 평화를 위한 하나님의 질서로 인정되지만, 교회의 주는 될 수 없음을 선언한다. 현대 교회는 국가 권력과 협력할 수 있으나, 국가 이념이나 정책을 무비판적으로 수용하는 것은 복음의 본질을 훼손한다. 교회는 언제나 "사람보다 하나님께 순종"해야 한다.

제6조항 마 28:20; 딤후 2:9은 교회가 국가 질서를 인정하되, 말씀의 자유를 지켜야 함을 강조한다. 오늘날 교회는 표현의 자유와 종교의 자유를 지키는 동시에, 복음을 사회적·정치적 압력 속에서도 담대히 선포해야 한다.

아무리 교회사가 제국의 역사로서, 서구의 영토 팽창주의와 식민지 확장 정책에 편승하여 수많은 전쟁과 침탈의 선례를 남겼다 하더라도, 교회들끼리 동일한 성전 호소문을 내건다는 것은 '비극적이다 못해 희극적인 일'이 아니겠습니까?

성경은 단지 서구의 종교문서가 아니라, 동양의 심성과 영성 속에 깊이 스며든 평화의 계시입니다. 동정녀로부터 나신 예수 그리스도는 서구의 제국적 상징이 아니라, 고요한 동방의 빛으로 오신 분이었습니다. 그 분의 탄생은 동양의 겸손과 내면의 깊이를 닮은 사건이며, 그분의 삶은 침묵 속의 진리, 고난 속의 사랑, 그리고 평화 속의 구원을 보여주는 동방 영성의 결정체였습니다. 그런데 주 후 4세기, 콘스탄틴 대제가 기독교를 로마의 국교로 공인하고, 황금색 수를 놓은 법복法服인 수단soutane, cassock을 감독과 주교들에게 입힌 이후부터 교회는 정치적으로 이용당하기 시작했고, 교인들은 이념ideology 전쟁 속에서 수없이 죽어갔습니다. 그래서 엄밀한 의미에서 지금 '포도원에는 여우거짓 선지자만 득실거리며', 아가 2:15 '참 포도나무 가지가 없다.'요 15:1-5라고 해도 과언이 아닐 것입니다.

> **좋은 포도 맺기를 바라고 극상품 포도나무예수 피로 산 말씀를 심었더니 들 포도가 잔뜩 맺혔도다….**

이사야서 5장 1-4절에 나오는 예언의 말씀이지요. 이제 교인들은 '들의 꽃, 공중의 새'를 말하는 〈산상수훈〉의 성경을, 성경 뒤에 대포와 아편

- 결론
바르멘 선언은 단순히 1930년대 독일의 역사적 산물이 아니라, 오늘날 교회가 정치적 이념화, 사회적 역할 논쟁, 권력화의 유혹 속에서 본질을 지키도록 경고하는 신학적 나침반이다. 교회는 사회적 책임을 다하되, 그것이 본 목적이 아니라 하나님 나라 선포라는 본질적 사명 안에서만 의미를 가진다는 점을 잊지 말아야 한다.

을 싣고 오는 아편전쟁 같은 선교 방식의 제국주의적 기독교나 자본주의적 정치권력의 시녀가 된 기독교와 혼동해서는 안 될 것입니다. 조국의 영광을 위한다는 명목 아래 형제를 죽이는 유혈의 참극慘劇에 동조하는 자는 모두 살인자 가인의 아들들일 뿐입니다.

'자본주의'는 성경의 진리를 훔친 오른편 강도이며, 썩은 기독교 자본주의의 사생아인 '공산주의'는 왼편 강도입니다. 이 두 진영이 스가랴서 6장1-2에 나오는 '놋산mountains of bronze'이라고 불리는 '두 산'이라는 것을 알아야 합니다. 이 산들은 '앞으로 불탈 산', '장차 망할 도성將亡城', 즉 바벨론 멸망의 선포이며, 예레미야서에서 두 번,51:25, 52장 전체 그리고 요한계시록에도 두 번18:2, 8 명기되어 있음을 결코 망각해서는 안 될 것입니다.

전쟁과 평화 (Ⅲ) - 쉬는 혼만이 평화의 혼

K형, 생각해 보면 진실로 인간은 너무도 오랫동안 '전쟁'이라는 재난 아래 살아왔습니다. 이제야말로 우리는 그 온갖 전쟁의 신상神像을 부수고, 사랑의 신전들을 세워야 할 때가 아닌가 하는 생각이 듭니다. 인간 내면에 뿌리박힌 이기심의 광기狂氣, 그 썩은 배설물들을 토해 내고 말입니다.

내부의 오물이 제거되지 않는 한, 종교니 사상이니 정의니 하는 말들은 모두 무서운 관념의 질병만을 낳을 것입니다. 그것들은 계속해서 전쟁을 준비하는 사상적 명분과 도구로 작동해 왔습니다. 사실 우리의 수천 년 역사는, 입으로는 평화를 말하면서도 실제로는 전쟁을 끊임없이 만들어 낸 간단間斷없는 과오過誤의 기록이라 보입니다. 특히 기독교국들이 전쟁의 아수라장을 많이 만들어 왔습니다. 기독교국들의 죄악사史지요.

제 생각에는 이슬람교도이건 그리스도인이건, 모두가 우선 내면의 평화, 그 안식의 혼을 되찾아야 할 때라고 봅니다. 영악한 이기주의와 국수주의, 그리고 교리주의를 내려놓고, 모두가 침묵하는 혼, 쉬는 혼, 평화의 혼으로 돌아가야 한다고 믿습니다.

홉스Thomas Hobbes, 1588-1679는 그의 책 『리바이어던』*Leviathan: The Matter,*

Forme and Power of a Common-Wealth Ecclesiastical and Civil, 1651에서 "인간은 본성적으로 이기적이며, 자신의 이익을 위해 행동할 수밖에 없다."라고 주장했습니다. 그는 이러한 죄성sinful human nature을 '만인은 만인에 대한 투쟁' The war of all against all이라는 표현으로 설명했는데, 이는 결국 인간이 평화를 이루기 위해 스스로의 욕망을 절제하고, 때로는 져주는 선택을 해야 하는 것을 시사합니다. 그저 져주어야 할 일이지요. '겸하부쟁謙下不爭'90 이라, 낮춤으로써 져주는데 누가 이기려고 폭력을 쓰겠습니까? 예수께서 '누가 오른 빰을 치거든 왼뺨도 돌려대라.'마 5:39고 하신 것처럼, 낮아지고 비우는 자에게 누가 가슴을 찌르겠습니까? 진실로 높아지기를 원하면 낮아지고, 왕이 되고자 하면 거지가 될 일입니다. 붓다나 금욕의 자이나교Jainism를 세운 마하비라महावीर, B.C. 599년-B.C. 527년 또는 바르다마나처럼 '왕태자의 자리를 내려놓고 납자衲子'91가 될 일입니다.

디오게네스는 알렉산더 대왕에게 있어서 전 세계와도 바꿀 수 없는 존재였고, 에픽테토스Epictetus, 55년경~135년경92는 하도리아누스 황제나 마르쿠스 아우렐리우스 황제가 '존경의 념念'을 가지고 추모한 노예 철인이었습니다. 일국의 황제가 누릴 수 없는 거지의 자유를, 희랍의 디오게네스나 로마의 에픽테토스 같은 이들은 누린 것이지요.

예수처럼 마구간에서 태어날 정도로 모두 낮아져야 할 일입니다. 빈 골짜기가 크게 울리듯, 마음을 비우고 찾으면 빛을 온전히 받을 것입니다.

---

90 『도덕경』에서 노자는 어디까지나 문명과 나를 내세우지 않고 뭇 세상과 조화롭게 함께하는 소박한 삶의 방식을 권한다. 그러한 사상을 '겸하부쟁'謙下不爭으로 환언換言한 것이다.

91 불교 용어로 납의衲衣를 입는 스님이란 뜻의 '납자'는 원래 '거지'란 뜻이다.

92 고대 그리스 스토아 학파의 대표적인 철학자로, 소아시아 튀르키예에서 노예로 출생했다.

목욕한 사람은 발만 씻기면 온몸이 깨끗하게 되느니라. 요 13:1-10

어떻게 발 한 번 씻는 것으로 온몸이 깨끗하고 거룩하게 되겠습니까? 이는 '말씀福音의 신발을 신은 인격의 행行'을 말하는 것입니다.

침묵의 못, 겸손의 자리 그 내면에 조용히 쌓인 빛만이 밖으로 나와 세상의 빛이 될 것입니다. 이 낮아짐으로써만 얻을 수 있는 평화의 심령이 아니고서는, 전쟁이라는 어둠의 철장鐵杖을 끊을 길도, 녹일 날도 없습니다.

사실 이슬람교국이건 기독교국이건, 하나님을 믿는다고 하면서도 전쟁을 일으키는 인간들은 쓰레기 같은 종교적 위선자일 뿐이며, 모두 하나님의 이름을 도적질한 강도요, 윤리적·신학적 관점에서 보면 절도자입니다.

"인류가 전쟁에 종지부를 찍지 않으면, 전쟁이 인류에게 종지부를 찍을 것이다." *Mankind must put an end to war, or war will put an end to mankind.* 존 F. 케네디John F Kennedy, 1917~1963, 미국 제35대 대통령의 이 강력한 경고는, 당시1961년 9월 25일, 유엔 총회 연설; 군축을 위한 6가지 제안 발표 냉전 시대의 핵무기 경쟁 속에서뿐만 아니라, 오늘날 인류가 직면한 위기를 꿰뚫는 통찰이기도 합니다.

죽음과 죽음 이후 (I) - 생은 죽음을 위한 준비

한 번 죽는 것은 사람에게 정하신 것이요
그 후에는 심판이 있으리니 …. 히 9:27

K형, '삶과 죽음'에 대한 평소의 생각을 담담히 쓰셨군요. 이것은 형이상학적이라기보다는 '실존적인 고뇌'라고 하셨는데, 제 생각에는 '형이상학적인 고뇌'인 것 같습니다.

K형, 죽음이 생生의 마지막이라면, 생삶은 죽음을 위한 준비랄 수 있을 것입니다. '어떻게 죽을 것인가?'에 대한 연습 같은 자체가 곧 생生이 되겠지요? 기약 없이 올 수 있는 죽음이라면, 죽음은 생명을 받은 그 순간부터 계속 동행해 오고 있다고 볼 수도 있지 않겠습니까? 삶의 한 부분으로 동행하다가 어느 시점에 이르면 우리를 또 하나의 장場으로 옮기는 것이라고나 할까요. 생이 일정 지점까지 흐르는 강물이라면, 죽음은 그 지점에서부터 계속해서 흐르는 또 다른 강이라 할 수 있습니다.

삶이 죽음을 인도하고, 죽음이 삶을 승화시키는 배역配役의 관계라고나 할까요. 죄인의 삶은 죄인의 죽음으로, 롬 6:23; 약 1:15 부자의 삶 은 부자의 죽음으로, 눅 12:20-21,16:19-31 또 경건한 자의 삶은 의인의 죽음으로 시 116:15; 계 14:13; 딤후 4:7-8 연결될 것이겠지요.

보라 내가 속히 오리니 내가 줄 상이 내게 있어
각 사람에게 그의 일한 대로 갚아 주리라 계 22:12

죽음과 죽음 이후 (Ⅱ) - 죽음은 삶의 전이轉移요 부활에의 승화

生也一片浮雲起 생야일편부운기 生이란 한 조각 뜬구름이 일어남이요,
死也一片浮雲滅 사야일편부운멸 죽음이란 한 조각 뜬구름이 스러짐이라.
浮雲自體本無實 부운자체본무실 뜬구름 자체가 본래 실체가 없는 것이니
生死去來亦如然 생사거래역여연 나고 죽고 오고 감이 역시 그와 같다네.

「열반송涅槃頌」, 서산대사 입적송入寂頌, 해탈시解脫詩

K형, 묘향산 원적암에서 칩거하며 많은 제자를 가르치던 서산대사西山大師, 休靜, 속명 최여신, 1520~1604가 85세의 나이로 열반하기 직전 위와 같은 '해탈가'解脫歌를 읊은 뒤, 많은 제자가 지켜보는 가운데 가부좌를 틀고 앉아 잠든 듯이 입적하였다고 합니다. 서산대사가 자주 읊조렸으며, 실제 출전인 중국 불교 의례집인 『승가례의문』僧家禮儀文에도 실려 있는 이 말처럼, 죽음이란 그야말로 '한 편의 뜬구름이 사라지는 것'일지도 모릅니다. 그러나 지금까지 보이던 것이 보이는 않는 것으로 전이轉移되는 것이라고나 할까요. '인력引力의 법칙'93에서 에너지氣가 부단히 변형하고 전이될 뿐이듯, '사라진다고 해서 없어지는 것은 아님'을 압니다.

93 만유인력의 법칙萬有引力-法則, *law of universal gravity*은 질량을 가진 물체 사이의 중력끌림을 기술하는 물리학 법칙으로, 아이작 뉴턴Isaac Newton, 1643~1727의 1687년 발표 논문인 〈자연철학의 수학적 원리, 프린키피아Principia〉에서 처음 제시되었다. 그 핵심은 "모든 점질량은 서로를 잇는 선을 따라 힘으로 끌어당기며, 이 힘은 두 질량의 곱에 비례하고, 거리의 제곱에 반비례한다"라는 것이다.

성경에서는 죽음, 이 '없어지지 않음'을 '깊은 잠'신 31:16; 욥 3:12; 시 13:3; 마 9:24; 막 5:39 등에 비유합니다. 전진을 위해 휴식을 취하듯, 부활하기 전까지 안식 상태에 놓인다는 것이라고나 할까요. 마치 다음 날 부딪치는 전투적 일과를 위해 사람이 충분한 수면을 충분히 취해야 하듯, 장망성將亡城의 삶 다음에 오는 진정한 시민권의 세계天國, 하나님의 나라를 맞이하기까지 '깊은 잠'이라는 죽음의 단계가 과정처럼 있다고 보면 어떨는지요?

K형, 새들의 왕, 독수리가 홀로 고공高空의 하늘을 날개치고 올라가는 그 청춘의 힘시 103:5을 어디에서 얻는지 아시지요? 바로 낡은 부리와 발톱, 그리고 깃털을 스스로 새것으로 갈아내는 그 '쉼'에 있다고 합니다. 맹수가 상처를 혀로 핥아 치료하듯, 독수리는 낡은 부리와 발톱, 깃털을 바위에 부딪쳐 갈아내며 새로운 세포가 자라게 하는 생명의 발양發揚 운동을 한다는 것입니다. 그러다 그 큰 날개를 펴고 기다리다가 바람이 불어오면, 그 바람을 타고 구만리 창천蒼天으로 솟구쳐 오르는 것이지요. 독수리는 스스로 쉬면서 이렇게 늙어가는 자신을 새롭게 함으로써 약 2백 년가량을 산다고 합니다. 그리스 신화에서 불리는 대로 가히 성조聖鳥라 할 수 있지요.

물론 사람은 스스로 부리와 발톱을 떼어내는 '쉼'의 과정을 겪지는 않지만, 마취된 환자가 일정 시간이 지나 의식을 회복하듯, 하나님의 은총으로 다시 한번 살림生을 받은 부활復活의 의미에서는, 이와 상사相似가 있다고 할 수 있을 것입니다.

파고波高가 사라져도 수면 아래 물은 그대로이듯, 죽음의 파고는 또한 사라지는 것이 아니라고 봅니다. 삶이 또 다른 삶을 향해 떠나가는 것입니다.

삶의 수면 밑에 있는 본질 세계, 그 자비의 대양은 물이 증발하거나 사라지지 않는 것처럼, '그의 형상대로 지은 인간에게 하나님이 또 한 번 낙원적 환경에서 회복의 삶을 살아갈 기회를 주시겠다.'사 65:17-25; 계 21:1-4는 사실을 깨닫습니다. 하나님께서는 죽은 이를 살아 있을 때의 인격으로 모두 기억해 두었다가, 그의 나라가 도래到來하면 인간들을 부활시킨다는 것이 성경의 부활관 또는 내세관입니다. 앞에서도 잠깐 언급했듯이, 어떤 자는 '생명의 부활'로, 또 어떤 자는 '심판의 부활'요 5:29로 나와, '각 사람이 자기의 행위대로 심판을 받는다.'계 2:13; 21:12는 말이 실현되지요. 서산대사의 게송揭頌처럼;

死向何處去 사향하처거　죽으면 어디로 가는가?

생명의 부활로 나오는 사람에게 '죽음'은 단지 '삶의 전이轉移요, 승화昇華'에 불과하다고 생각됩니다.

죽음과 죽음 이후 (Ⅲ) - 하나님의 나라

K형, 성경의 기본적인 가르침은 이 땅 위에 역사적으로, 또한 실재實在, ἀλήθεια, 알레데이아, '진리'와 동의어로 도래하는 하나님의 신권정치theocracy, 곧 낙원적 질서인 '하나님의 나라' 개념입니다.

이 '하나님의 나라'를 선포하기 위해 예수께서는 태어나 지상에 오시고 가르치며 치유하시고, 전도하시다94가 십자가에 죽었다가 부활하셨습니다. 조금 더 엄밀히 말하면, 예수 자체가 이미 '하나님의 나라'이지요. 초림初臨95 시의 예수는 하나님 나라를 보이기 위한 하나의 예표豫表, 그 '부분적 계시', 또는 '부분적인 실현partial realization'이었지요. 그러나 앞으로 신앙의 역사적 완성에 이르는 전체 계시full revelation, 곧 '완전한

94 예수 그리스도의 지상 사역은 본질적으로 하나님 나라의 선포에 있었으며막 1:15 "때가 찼고 하나님의 나라가 가까이 왔으니 회개하고 복음을 믿으라", 그 과정에서 나타난 가르침마 5-7장 '산상수훈', 치유눅 4:18-19 "가난한 자에게 복음을 전하게 하시려고… 눈먼 자를 보게 하며", 전파마 9:35 "예수께서 모든 도시와 마을에 두루 다니사… 천국 복음을 전파하시며"는 본 목적을 드러내는 부가적 사역이었다. 그러나 교회와 그리스도인들이 이 부가적 목적에만 치중할 경우, 정작 복음의 핵심인 하나님 나라의 도래와 그 통치의 실현이라는 본질을 놓칠 위험이 있다. 따라서 신학적으로, 공관복음서가 증언하는 예수의 사역은 교육·치유·선교라는 실천이 결코 불필요한 것은 아니나, 오히려 "하나님 나라 선포"라는 본래적 목적 안에서만 의미를 갖는다는 점을 분명히 하며, 교회는 수단과 목적을 혼동하지 않고 복음의 중심을 붙드는 신학적 성찰을 지속해야 한다.

95 초림eskēnōsen, 에스케노센의 주님이 '육신의 몸을 입으시고 이 땅에 장막을 치셨다'라는 요한복음 1장 14절의 말씀으로, '장막을 치다'라는 뜻이다.

실현'이 예언의 성취로 온다는 것再臨입니다. 그것이 곧 하나님의 나라입니다.

하늘나라는 땅 위에 서서 예수를 '대제사장King Priest'으로 모시고 펼쳐지는 신권神權 정치적 나라를 말합니다. 전쟁과 기근이 없고, 슬픔과 눈물이 없는 나라, 동물들조차도 인간과 화해하게 된다는 우주 만물 공동체 나라를 이르지요.

이 신적인 창조 질서의 회복을 위해 예수께서는 「주主기도문」*Lord's Prayer* 에서, "하나님의 나라가 이 세상에 오시옵소서"Thy Kingdom come.라고 기도합니다. 그리고 요단강에서 세례받고 올라오신 후 입을 열어 한 첫 전도 말씀도, "**회개하라 천국이 가까웠다**"Metanoeite; ēngiken gar hē Basileia tōn Ouranōn. Repent, for the kingdom of heaven is at hand.[마 3:2, 4:17]란 종말론적인 복음의 메시지였습니다.

이 성령적 질서로 다스려지는 하나님의 나라에 의해 지구의 운명과 인류의 운명은 극복되며, 심지어 죽었던 사람들까지도 무덤을 열고[요 5:28; 마 27:52] 나온다는 것이지요.

만萬 중생을 살리기 위한 하나님의 자비가 크신 것은, 첫 사람인 아담 안에서 죽은 모든 자가 예수 안에서 모두 다시 한번 생명의 기회를 받을 수 있게 함에 있는 것고전 15:20-22; 롬 5:19입니다. 그러나 주의 깊게 보아야 할 것은, 성령 자체이신 하나님께 그 존재와 영靈을 거역하는 불경죄를 지으면 용서받을 수 없다는 것, 즉 생명의 부활이 없으리라는 것마 12:31-32입니다.

> 그러므로 내가 너희에게 이르노니 사람의 모든 죄와 훼방不敬은 사하심을 얻되, 성령을 훼방하는 것은 사하심을 얻지 못하겠고….[마 12:31]

> **또 누구든지 말로 인자예수를 거역하면 사하심을 얻되 말로 성령을 거역하면 이 세상과 오는 세상에도 사하심을 얻지 못하리라.** 마 12:32

하나님께서는 그가 택하신 백성, 소위 선택된 '적은 무리little flock'랄까, 구원의 하늘 상급을 받은 이들을 '하늘에 속한 자의 형상'고전 15:49으로 입혀 예수와 함께 있게 할 것이라고 성경은 전합니다. 이들이 「계시록」에서 말하는 '제사장priest'이 되지요. 그리고 하나님의 나라에서는 이 제사장들이 '대제사장King Priest'이신 예수님을 모시며, 흰옷 입은 큰 무리,계 7:9 즉 백성들의 왕들이 되어예수는 '王中王' King of Kings 다스린다는 것입니다. 이는 만물이 낙원적 환경으로 회복되는, 천년 지복 기간의 세계를 위해서 말이지요.

> **보라! 하나님의 장막이 사람이 사는 곳에 있으매, 하나님이 저희와 함께 거하시리니, 저희는 하나님의 백성이 되고 하나님은 친히 저희와 함께 계셔서** 계 21:3

> **모든 눈물을 그 눈에서 씻기시매, 다시 사망이 없고 애통하는 것이나 곡하는 것이나 아픈 것이 다시 있지 아니하리니 이전 것들이 다 지나갔음이라** 계 21:4

만물이 낙원적 환경으로 회복되는 '천년 지복 기간천년 왕국'이 지나면 다시는 죽음도 슬픔도 없이 영원히 그리스도와 함께 사는 '새 예루살렘' 시대가 옵니다. 이것이 하나님의 경륜, 곧 하나님 역사 완성의 모습입니다. '이기는 이들'계 22:7이 되어 이 새 예루살렘에 들어오는 하나님의 아들들은, 그리스도처럼 영광의 몸이 되어빌 3:20; 요일 3:2; 고후 3:17-18 영원히 그리스도와 함께 사는 영적 신부 공동체를 이룹니다.

사탄의 멍에 아래 죄와 고통과 슬픔의 굴레 속에서 살아가던 이 땅의 모든 영혼들에게, 이제 그 어둠의 시간이 끝나고 하나님의 뜻 안에서 회복과 자유, 그리고 영광의 날이 속히 임하기를 바랍니다. 우리는 그 날을 소망하며, 자유롭고 영화로운 몸으로 다시 일어설 그 순간을 간절히 기다립니다.

죽음과 죽음 이후 (Ⅳ)
- 죽음은 삶만큼 신적인 것

K형, '죽음과 죽음 이후'에 대해서 쓰셨습니다. 학파에 따라 견해차가 있긴 하지만, 일반적으로 인생은 '죽되, 죽는 것이 아니고', 하나님에 의해 그의 생전의 인격, 즉 영혼을 '깊은 잠' 속에 기억되고 있다가 '하나님의 나라가 오면 그 끝에 가서는 심판을 받는다.'고 하지요.계 20:12-15 그리스도인에게 있어 죽음은 '하나의 과정이며, 그 과정을 통해 인생이 영원히 사는 영광의 몸으로 승화된다'고전 15:44; 살전 4:16-17는 것을 믿습니다. 그리하여 그리스도인은 십자가 믿음으로 죽음의 철장鐵丈을 부수고, 죽음마저 붙잡아 쥐고 흔들며 죽음 저편에 부활의 세계를 세운다는 소망을 세계관고전 15장으로 삼습니다.

사도 바울에 따르면, "죽음아 네 쏘는 것이 어디 있느냐? 사망아, 네 이김이 어디 있느냐? 생명이 죽음을 이기었느니라"고전 15:54-57가 되지요. 그리스도인은 영원히 삽니다. 그리스도인은 부활에 대해 깊은 신뢰를 지니고 죽음을 평안한 마음으로 맞이합니다. 또 사도 바울이 경고한 대로, '이 강력한 부활 신앙이 없으면 그리스도를 따르는 자들의 믿음은 전부 헛된 것'입니다.고전 15:14, 17

결론적으로 말하면 삶 자체가 아니라, 승화의 문제인 죽음이야말로 인생 최대의 지난至難·지대至大한 수수께끼인 듯합니다. 삶은 죽음에서 꽃을 맺어야 하는 결산이랄까, 이룸完成을 보아야 하기 때문이지요. 그런데도 대부분의 우리 인생은 이 죽음의 문제에 무지한 것 같습니다. 삶과 죽음이 한 짝이라면, 삶이 성장의 과정이라면 죽음은 꽃피움이어야 하지 않겠습니까.

진실로 인간 존재의 가늠은 어떤 의미에선 이 죽음에 이르러서야 가능하다고 할 수 있겠지요. 왜냐하면 존재는 결국 죽음을 이긴 자리에서만 온전히 드러나기에 말입니다. 달리 말하자면, 실존은 죽음을 통해 새로워지는 것이라고나 할까요.

따라서 죽음에 대해 준비하면서 살아야 하는 것이 인생이라고 해야 하지 않겠는지요? 죽음이 영생으로 변모되어야만 실존이 성립된다면, 죽음은 삶만큼 진지한 신적인 사건입니다. 죽음은, 하나님께서 내 생전의 활동과 인격을 기억하시고, 나를 높고 높은 보좌의 권세까지 이끄시는 과정이며, 결국 내가 하늘의 아들로서 피안彼岸 곧 영원으로 향하는 삶의 항로라고 생각해 봅니다.

묵상 적용과 토론을 위한 질문 [3부 사이불장]

1. 사이불장(死而不葬)은 죽어 눈을 감을 수 없는 죽음으로 안타까운 죽음, 억울한 죽음입니다(공자.『禮記』). 성경은 "평화를 위해 일하는 자는 복이 있다(「산상수훈」 편)고 하였고, '한 영혼은 천하보다 귀하다'고 했는데, 인간이 인간으로서의 품위(존엄)를 지키려하면 어떻게 해야 할까요? '생명은 피에 있다'(창 9:5)고 했기에 어떤 일이 있어도 인간끼리 피를 흘리는 일이 있어서는 안 되는데, 여러분은 오늘날 전쟁과 폭력 속에서 인간의 존엄을 어떻게 회복할 수 있다고 생각합니까?

2. 「무공능의 공능」은 천국 헌법인, 곧 '모습 없이 이루라'는 '산상수훈'적 가르침의 핵심입니다. 어떻게 하면 모습 없이 사는 사람이 될 수 있을까요? 하나님이 원하시는 겸손과 비움은 개인의 삶에 어떤 영향을 미칠까요?

3. 베스비어스 화산의 용암과 재로 인하여 폼페이는 최후의 날을 순식간에 맞았습니다. 그 홀연히 멸망이 닥친 육적 문명의 종말을 어떻게 보십니까> 소돔과 고모라가 하나님의 심판인 유황불 비를 맞은 것과 상사(相似)를 이룬다고 봅니까?

4. '방하착(放下著) 해야 하는 교리(敎理) 문제를 어떻게 보십니까? 구원은 교단적 교리나 신학적 해석의 집착과 교단적 전통에 있는 것이 아니라, 내가 그리스도를 얼마나 살아 내느냐에 있다면, 우리는 얼마나 작은 그리스도들이 되어 가고 있습니까?

5. 저자는 본 단락 「신앙과 휴매니즘」에서 이성(理性)을 통한 도덕적 인생관의 조화나 윤리적 삶의 승화된 가치가 구원의 길로 나아갈 수 있겠느냐고 묻습니다. 휴매니즘에 기초한 영성이란 표현이 합당한 말일까요?

6. 저자는 본문에서 전쟁은 인간 악이 내는 더러운 역사의 배설물이며, '만인은 만인의 적'이 되어 사탄으로부터 사주받은 무서운 전쟁, 특히 성전(聖戰, holy war)이라는 그 악마적 국가 이기주의를 질타합니다. 인류는 언제 전쟁의 신상(神像)들을 부수고 사랑의 성전(聖殿)들만 있게 할 수 있을까요?

7. 죽음은 인간이 출생 이후부터 걸어가기 시작하는 사망 길의 행진이고, 그 행진의 끝에 필히 심판이 있다(히 9:27)고 했는데, 우리는 죽음을 위한 준비로 어떤 삶을 살아야 할까요?

8. 본문에서 '죽음은 삶의 전이(轉移)요 부활의 승화'라고 했는데, 성경에서 죽음은 무엇으로 정의되고, 또 부활 문제는 무엇인가요? 부활은 생명 메시지의 핵심인데, 변화 부활체들(고전 15:51-52; 살전 4:16-17)이 앞으로 예수 그리스도와 함께 영생체들(빌 3:21; 요일 3:2; 고후 3:17-18)이 된다는 말씀은 무슨 뜻일까요?

『수국단상』中

1권 : 어느 구도자에게 보내는 편지

제4부
붓다는 신을 알았을까?

붓다가 그토록 전 생애를 다하여
빛에 싸인 청정심淸淨心을 찾으라고 했을 때,
이 '깨끗함'이야말로
그 근원이 신적인 것이 아니겠습니까?

4부

「89 탄생」제4회 대한민국공예대전 대상作,『수국단상』中, 김설

- 붓다는 신을 알았을까?
- 사막의 지혜
- 불가지론不可知論일 수 없는 신의 문제
- 대도大道의 정맥正脈인 성경
- 먼지인 에고Ego
- 말씀인 도道
- 언어를 넘어서

붓다는 신을 알았을까?

K형, '석가세존世尊의 신관神觀'에 관해 물으셨군요. 참 좋은 질문이라고 생각합니다. 그러나 이 문제는 이 짧은 서간書簡 속에 담을 수 없으니, 이 글월에서는 간략하게 "붓다께서 신을 알고 계셨겠는가"의 여부如否에 관한 단상斷想만을 말씀드리는 것으로 대신하려 합니다.

칼 야스퍼스Karl Jaspers 1883-1969의 말대로 '아마 붓다는 신을 알았을 것' 입니다. 그처럼 위대한 신적 인격의 철인이 어찌 세상 사람들이 말하는 것처럼 신을 몰랐겠습니까. '중생을 싸안는 그의 원만'圓滿 깨달음의 경지, 수행의 완성, 자비의 충만함, '진리에 대한 그의 열정', 그리고 '나고 죽음이 없는 피안彼岸에의 절절한 그리움' 같은 것을 보더라도, 그는 절대에 대한 인간 영혼의 운명적인 애愛랄까, 혹은 믿음을 지녔을 것이라 생각듭니다. 무엇보다도 그가 깨달은 '생의 수레의 법칙', 곧 '십이연기문十二緣起門'[96]은 제일 원인第一原因인 창조자를 상정想定치 않고서는 철학화될 수 없는 가르침[97]이라고 보입니다.

---

96 십이연기문(설)十二緣起門(說), *the twelve nidanas*은 불교에서 윤회와 괴로움의 발생 원리, 그리고 깨달음으로 가는 길을 설명하는 핵심 교리이다. 무명無明부터 노사老死까지의 12지분 간의 인과 관계를 통하여 윤회를 해석하며, 이는 중생의 괴로움이 일어나는 유전문流轉門이자 동시에 깨달음을 성취하는 환멸문還滅門이다. 12연기를 역관逆觀과 순관順觀으로 통찰하면, 괴로움의 소멸과 깨달음의 이치를 이해하게 된다.

인도인들의 생래生來적 사유 전통은 베다Veda와 우파니샤드Upanishād 시대부터 우주 창조와 만물 생성生成의 원리로서 브라흐만Brahman을 인정합니다. 이 브라흐만의 인격적 실체로서 브라흐마Brahma, 즉 '범천신梵天神'이 신앙의 대상이지요. 그것도 인도인들이 헌신적으로 섬겨야 하는 최고 신으로서 말입니다.

아무리 붓다가 그의 가르침을 괴로움의 바다에서 인생을 건져내는 심리 치료적 현실 문제로 국한하였다 하더라도, 민족 특유의 정신적인 이영적 코드를 버릴 수는 없었을 것입니다. 야스퍼스가 지적하듯, 붓다는 단지 '신의 문제가 형이상학화 되어 관념적인 끝없는 논쟁으로 남을까 두려워 죽을 때까지 침묵했을지'『위대한 철학자들』*Die großen Philosophen*, 특히 붓다(Buddha)에 관한 장도 모르겠습니다.[98] 칼 바르트Karl Barth 1886-1968가 '만인은 다

97 필자는 기독교의 신론·구원론·종말론을 중심으로 여러 장에 걸쳐 주제를 전개한다. 특히 이 책의 제 7부 「명상의 샘가에서」에서 이 주제를 심도있게 다루며 반증하고 있으므로 참고하기로 한다. 한편, 불교 교리에서는, 십이연기문十二緣起門은 창조주 없이도 성립하는 인과의 법칙으로, 불교의 독특한 세계관을 보여준다. 연기緣起는 '조건緣에 의해 일어난다起'는 뜻으로, 여기서 조건은 원인因까지 포함한다. 산하대지와 인간의 몸과 마음을 비롯한 일체의 법一切法은 원인과 조건이 화합해 생겨나므로, 만물이 단일한 원인인 신神에 의해 창조되었다는 조물주 사상은 연기법에 어긋나는 사견邪見으로 본다. 따라서 불교는 제일원인으로서의 창조자를 상정하지 않으며, 인과의 연속성으로 윤회와 괴로움을 설명한다. 이는 신 없이도 철학적 체계를 구축할 수 있는 종교적 사유로, 불교의 핵심 차별점이다[출처:"십이연기는 무엇인가요?", 정법지견, 법성, 2020.6.23. https://m.blog.naver.com/dhammatruth/222009763916]. 본 장에서 인용된 '그의 중생을 싸안는 원만'이라는 표현은, 깨달은 자가 중생의 괴로움을 이해하고 그 인과를 끊어 자비로 감싸 안는 모습을 미학적으로 드러낸다.

98 카를 야스퍼스는 『위대한 철학자들』*Die großen Philosophen, 특히 붓다(Buddha)에 관한 장*에서 붓다를 "축의 시대"Achsenzeit의 대표적 인물로 평가하면서, 그가 신의 문제에 대해 침묵한 태도를 단순한 회피가 아니라 의도적 선택으로 해석하였다. 붓다는 신의 존재나 우주의 기원과 같은 형이상학적 질문에 답하지 않고 불교 전통의 "무기"無記, avyākṛta로 남겼는데, 이는 신의 문제가 "끝없는 관념적 논쟁으로 전락해 인간을 구원과 해탈의 길에서 벗어나게 할 것을 우려했기 때문"이라는 것이다. 야스퍼스는 이러한 침묵이 오히려 '실존적 깨달음과 해탈에 집중하게 하는 철학적 태도'였다고 보았으며, 따라서 붓다의 침묵은 단

신학자'『교의학 개요』Dogmatik im Grundriß, 1946라고 말했듯, 신의 문제와 영원의 문제는 사실상 누구나 자신만의 신관神觀을 지닐 수 있기 때문입니다.

어쩌면 붓다는 인격신에 헌신했을 것이면서도, 신의 문제에 관한 한 제자들의 수 차례 질문에도 끝까지 답하지 않은 것으로 보입니다. 그러나 침묵했다고 해서, 영원한 논리의 와중을 두려워했고 해서, 반드시 그가 '신을 부정했다'라고 단정적으로 여기면 안 되겠지요. 그에게 있어서는 '답 없음'이 바로 '답 있음'이었습니다. 이는 당대 베단타Vedanta 힌두학의 석학이었다가 붓다의 문하門下에 들어온 사리풋다99가 20년 후에야 붓다의 침묵의 깊은 뜻을 꿰뚫고 '대오활연大悟活然'하면서 고백한 말이 아닙니까?

정리하자면, 석가釋加, Sakya족族의 고타마Gotama 성을 가진 이, 본명 싯다르타Siddhārtha란 이름의 붓다Buddha,(일반명사)깨달은 자는 분명 '신을 인식하고 있었던 것'으로 여겨집니다. 그가 라쟈가하王舍城 근교, 우루베라의 네란쟈라 강기슭 보리수Pippala, 菩提樹나무 아래에서 대각大覺을 이룬 후, 우주와 인생의 진상眞相에 눈이 떠졌으나 깨달은 바를 어찌 세상에 전해야 할지 몰라 머뭇거릴 때, 정법正法의 수호신이자 악마Māra를 막는 범천梵天, Brahmā이 나타나 붓다에게 세상 사람들을 가르치라 권했다고 전해집니다.100「상응부경전」相應部經典, 제6범천상응, Brahmā-saṁyutta 범천의 권청勸請

순한 부정이 아니라 인간이 직접 실존의 진리를 체험하도록 이끄는 길로 이해할 수 있다.

99 사리푸트라Śāriputra,/사리풋다 Sāriputta, 사리불舍利佛은 석가의 십대제자 가운데 한 사람으로, '지혜 제일'智慧第一이라고 불리기도 하며, 반야심경에 나오는 '사리자'舍利子, Śāriputra의 음역가 바로 '사리풋다'이다. 출가 전에는 베다 학문에 정통한 바라문 출신이었으며, 목건련(마하목갈라나)과 함께 붓다의 제자가 되었다는 기록이 있다. 『위키대백과사전』

100 상응부경전 제6 범천상응Brahmā-saṁyutta에 따르면, 붓다가 깨달음을 얻은 후 정법을 세상에 설파할지 망설이던 순간, 범천梵天이 나타나 설법을 권청勸

을 단순히 문학적 또는 종교 언어적 상징으로만 보아서는 안 될 것입니다.

범천의 권청을 받은 붓다는 곧 결연히 일어나 우선 그와 같이 수행하던 다섯 명의 힌두 비구 형제들에게로 가서 「연기緣起의 법칙」부터 설법하지 않습니까?

귀 있는 자는 들어라, 내 이제 감로甘露의 문을 여나니….

팔리Pali어101로 된 원시 경전이 전하는 대로, 붓다는 해탈의 여정 시작부터 신을 알고 있었으며, 한편 수행자에게는 '입적入寂할 때까지 자기 보기를 원하지 말고 정법正法인 진리를 찾으라' 한 것입니다. "위로부터 찾아지는 그 진리, 상구보리上求菩提를 빛으로 삼아 몸을 이끌 것이지, 다른 무엇에도 의지하지 말라"102고 하면서 말이지요.

결국 붓다 신관神觀 문제는 유 · 무신론에 대한 붓다의 심중心中이나 인식 태도에 있는 것이 아니지요. 불교 종지宗旨가 마치 무신론에 닿은 듯

請하는 장면이 나온다. 이는 붓다의 깨달음이 '단순한 개인적 체험을 넘어, 우주적 진리의 공유로 이어지는' 중요한 전환점이다.

101 'Pāli'는 산스크리트어와는 달리 구어체에 가까운 고대 인도어로, 붓다가 평민들에게 직접 설법하기 위해 사용한 언어이다. 팔리어Pāli 경전은 주로 남방불교상좌부, 上座部, Theravāda 전통에서 보존되고 있으며, 스리랑카, 미얀마, 태국 등지에서 널리 연구되고 있다. 팔리어로 된 원시 경전은 불교의 초기 가르침을 담은 '팔리 삼장'Tipiṭaka을 중심으로 구성되어 있는데, 팔리삼장은 經藏Sutta Pitaka: 붓다의 설법을 모은 부분, 律藏Vinaya: 승려들의 계율과 규범을 담은 부분, 論藏Abhidhamma: 불교 교리를 체계적으로 분석한 철학적 논서으로 구성되어 있다.

102 구절은 초기 경전의 직접 인용이 아니라 대승불교의 보살수행 원리인 "상구보리上求菩提·하화중생下化衆生" 사상을 해설하는 과정에서 후대 불교 문헌이나 현대 강설에서 의역된 표현이다. 즉, 보살은 '위로는 깨달음을 구하고'上求菩提 '아래로는 중생을 교화한다'下化衆生는 원리를 따라 수행하며, 이때 "다른 무엇에도 의지하지 말고 진리를 등불 삼아 나아가라"는 가르침은 경전적 직설이라기보다 보살도의 정신을 요약한 교리적 해설로 이해할 수 있다. 『한국민족문화대백과사전』

굳어진 후대의 그 번쇄한 백파百派의 철학 전통이 불교를 무신론적 전통으로 몰아간 데 있지 않았나 하는 생각을 버릴 수가 없습니다. 소승小乘 부파部派 시절부터 대승大乘 선禪에 이르기까지, 대부분이 '마음바탈自性' 하나만을 찾는 화두話頭를 평생 쥐어 틀고 앉아 있으니, 하나님이 들어설 자리가 없었던 것이지요. 그보다도 불교인들은 신통神通이 광대廣大해서 마음에 따라 우주를 창조하기도 하고 부술 수도 있다고 가르치지 않습니까? 말하자면 우주 만유 자체가 무상無常하듯, '마음자리'만 찾으면 인간이 곧 신의 옆자리에, 아니면 곧 신 자체가 될 수 있다는 것이지요.

그래서 '일체유심조切唯心造'라는 가르침 아래, 만법萬法이 마음 안에 있고, 온 우주 삼라만상이 다 마음 안에 있는 마음 장난, 좀 더 정확한 용어로는 '마음 작용', 즉 '심상응법心相應法'103이라고 가르칩니다.

'일체유심조'라고 하는 그 '도'에 통한, 하늘 끝까지 올라가는 미묘법문微妙法門104이 단순히 '마음먹기 나름'이란 해석만은 아닌데도 말입니다.105

---

103 '심상응법'은 마음과 법(현상)이 서로 대응하고 상응한다는 뜻으로, 마음이 곧 세계를 드러내고, 세계는 마음의 작용을 반영한다는 상호의존적 관계를 설명한다. 이는 곧 주관과 객관, 마음과 세계가 둘이 아니라는 불이不二 사상으로 이어진다.

104 "하늘 끝까지 올라가는 미묘법문"이라는 표현은, 이 가르침이 단순한 심리학적 조언이 아니라 깨달음으로 나아가는 수행의 문法門임을 강조한다. 즉, 마음의 본질을 꿰뚫어 보아 모든 집착과 분별을 여의고, 공空과 연기緣起의 진리를 체득하는 길로서 이해해야 한다.

105 "일체유심조"는 『화엄경』華嚴經의 사상에서 비롯된 표현으로, "삼계유심三界唯心, 만법유식萬法唯識"이라는 구절과 연결된다. 이는 곧 삼라만상과 모든 법法이 독립된 실체로 존재하는 것이 아니라, 마음의 인식과 작용에 의해 드러난다는 불교적 세계관을 보여준다. 흔히 대중적으로는 "일체유심조 = 긍정적 마음가짐이 현실을 바꾼다" 정도로 이해되지만, 이는 단순화된 해석이고, 따라서 불교적 의미에서의 '마음'은 개인적 심리 상태를 넘어, 존재와 인식의 근원적 장場을 뜻한다. 따라서 "마음이 만든다"는 말은 단순한 심리적 태도가 아니라, 세계가 마음과 불가분리적 관계에 있다는 존재론

K형, 자성自性의 자리와 유심唯心의 문제는 앞으로 불자佛子의 영적 체험의 흐름 속에서 진지하게 다루어져야 할 주제라고 느낍니다.

> **月下假面劇** 월하가면극　　　　　　**一切非無常** 일체비무상
> **달빛 아래 펼쳐지는 가면극처럼, 모든 것은 덧없고 무상하여, 세상은 허상과 연극 같은 모습으로 흘러간다.**

그러하면서도 '명경지수明鏡止水'106의 마음이라고 하면, 그 마음이란 것이 대체 어디서 왔는가 하는 근본 문제가 남습니다.

양식이 있는 불교학도는 이 '심心, cittā'에 관해 아무리 심화시켜 궁구해 본다고 하여도 적절한 해답을 얻지 못하고 있음을 인지認知하고 있습니다. '여眞如, tathatā'의 절대 경지와의 합일 안에서의 '마음자리'를 신이라고 하는 인격적 절대자를 전제하지 않기 때문입니다. 유식唯識과 구사俱舍와 중관中觀과 선학禪學을 평생 공부해도, 신을 전제하지 않으면 불교 심학心學은 관념론으로만 남고 마는 것입니다.

참으로 안타까운 것은, 불교 학인學人들이 우주 삼라만상을 '여如, suchness'인 절대 세계, 곧 '진여眞如'의 그 비었음열려있음으로 가득한 '공空'으로 이야기하면서도, 인격적 절대성의 위격에 대해서는 침묵한다는 점입니다.

사람의 마음이 '여' 안에 있으며, 이 '공'이라고도 하는 '여'는 바로 '환幻'이 아닌 절대 세계의 마음이지요. 그러므로 '환' 같은 무분별한 인

적 선언으로 마음과 세계의 근원적 일체성을 드러내는 불교 철학의 정수라 할 수 있다.

106 장자莊子 덕충부편德充符篇에서 유래된 표현 '맑은 거울과 고요한 물'이라는 뜻으로, 잡념 없이 맑고 평온한 마음 상태를 비유한다. 공자는 "흐르는 물에는 자신을 비출 수 없고, 고요한 물에 비춰야 한다."라고 말하며, 성찰과 내면의 평정을 강조한다.

간의 마음일지라도 이 절대의 마음眞如一心에 합일合一함으로써 갖는 열반이고, 열반은 바로 절대의 마음에 안기는 안식安息입니다. 이 무한히 비치는 밝은 빛, '편조광명遍照光明'107으로 해서 사람은 '신통의 장神通藏'과 '광명의 당光明堂'을 마음에서 찾게 되는 것이지요.

K형, 붓다가 그토록 전 생애를 다해 빛으로 싸인 '청정심淸淨心'을 찾으라고 했을 때, 이 '깨끗함'이야말로 그 근원이 신적인 것이 아니겠습니까? 이런 점에서 붓다는 아마 신을 알았다고 할 수 있을 것입니다. 그가 심학心學에 우선권을 두었다고 해서 신학神學을 버렸다거나 신을 몰랐다고는 할 수는 없겠지요.

'심학'만으로도 팔만八萬의 장경藏經을 이루는데, 신학까지 논하게 되면 그야말로 인간의 논리가 온 세상을 덮고도 남을 만큼 그 사유의 논쟁과 언어로 발동될 번쇄煩瑣108함을 그는 피하고 싶었을 것입니다. 이는 마치 남송南宋의 대선사 대혜종고大慧宗杲, 1089-1163, 화두를 관하는 명상법인 간화선을 창시가 스승 원오圜悟가 해설을 부친 선종禪宗의 종문제일서宗門第一書인 『벽암록』碧巖錄109을 선지禪旨로 배웠으면서도, 공안公案 해설의 폐단을 염려하여 『벽암록』을 불살랐다고 해서 그가 공안선公案禪110을 폐한 것이 아니듯이 말

107 '아미타 부처의 공덕에서 나오는 광명이 염불하는 중생을 두루 비추어 보호하는 일'을 뜻하며, '광명변조'光明遍照如來라고도 한다.

108 번쇄煩瑣는 '煩'괴로워할 번: 번거롭고 귀찮은 상태과 '瑣'자질구레할 쇄: 작고 사소한 것이 많아 복잡한 상태를 합한 말이다. 철학적 사유나 언어적 논쟁이 지나치게 복잡하고 번거로워지는 상황을 지칭할 때 쓰이며, 『표준국어대사전』(국립국어원, 1999)에도 등재되어 있다. "그는 번쇄함을 피하고 싶었을 것이다."라는 문장은 사유의 단순성과 고요함을 추구하는 태도를 암시한다.

109 『불과환오선사벽암록』佛果圜悟禪師碧巖錄은 『벽암집』碧巖集이라고도 하며, 영미권에서는 『푸른 절벽의 기록』*Blue Cliff Record*으로 알려져 있다. 설두 중현 스님의 「설두송고」雪竇頌古에 원오스님이 주석을 붙인 것이 『벽암록』이다. 『한국민족문화대백과사전』, 백련불교문화재단.

110 공안선公案禪은 공안의 의미를 파악하여 지혜를 기르는 데 중점을 두고, 간화선

입니다. 오히려 그는 공안선을 더 발전시키지 않았습니까? 그는 언어와 의로義路의 집착을 끊고 현성공안現成公案111의 실천을 강조함으로써, 사유의 단순성과 고요함을 추구한 것입니다.

존재가 존재와 대면할 때 비로소 자기 존재를 회복하는 법이듯, 영원의 존재로부터 반사되어야 영원이 된다는 진리를 붓다가 어찌 몰랐겠습니까? 붓다는 깊은 무극無極의 진리의 세계가 있음을 알았고, 그 진리를 붙잡는 것만이 인간이 사는 길涅槃열반이라고 가르친 것입니다. 무명無明과 삼독三毒: 탐貪, 진瞋, 치痴의 구속에서 벗어나 절대 세계 '진여일심眞如一心'으로 나아가는 생명의 길을 선포한 것이지요.

그러나 그는 유신론적인 명제를 초월하여, 인간 자신 안에서 신을 체험하는 길을 제시합니다. 신적이고 영원한 것의 실현을 인간 안에서 추구했다고나 할까요. 따라서 붓다는 신의 존재를 인식하고 있었음에도, 신의 존재론과 인식론에 대한 철학적 개념의 경직更直성으로부터 인간을

看話禪은 화두 참구를 통해 먼저 번뇌 망상을 제압한 뒤 지혜를 닦는 수행법이다.

111 현성공안現成公案은 "깨달음이 이미 눈앞에 온전히 드러나 있다"는 뜻으로, 특별한 문제를 풀어야만 얻는 것이 아니라 모든 현상 자체가 곧 진리의 드러남이라는 선불교의 가르침을 말한다. 전통적인 공안이 스승이 제자에게 던지는 화두라면, 현성공안은 언어와 개념의 집착을 끊고 있는 그대로의 세계를 진리로 체득하는 수행을 강조한다. 이는 "일체유심조"와 "심상응법"의 사상과도 맞닿아 있어, 만법이 마음과 상응하여 드러난다는 통찰 속에서 주관과 객관의 분별을 넘어 불이不二의 진리를 자각하게 한다. 따라서 현성공안은 단순한 사유의 문제가 아니라, 지금 여기서 드러난 세계 자체를 깨달음으로 삼는 미묘한 법문이자 실천의 길로 이해된다. 역사적 맥락에서 이 개념은 중국 당대 선승 목주 도명睦州道明, 780-877의 가르침에서 처음 언급된 것으로 전해진다. 이후 묵조선默照禪, 조동종 계열에서 특히 강조되었으며, "애초부터 감추어짐이 없는 깨달음"이라는 사상으로 발전했다. 오해와 주안점으로는, "현성공안"을 잘못 이해하면 "아무 노력 없이도 깨달음은 이미 드러나 있으니 수행이 필요 없다"는 식의 방종으로 흐를 수 있다. 그러나 선불교에서는 그 사실을 실제로 자각하고 체험하는 수행이 반드시 필요하다고 강조한다. "현성공안"은 중국 선종(특히 조동종 계열)에서 강조된 개념으로, 한국 불교사전류나 선학 전문 용어집에 등장한다.

해방 시키고자 침묵했던 것으로 생각됩니다.

오, 바세타여Vasettha여,
나는 하나님과 하나님의 왕국Brahmaloka을 알며,
그곳으로 인도하는 길을 알고 있다.

- 『장아함경』 제 27장112

---

112 『장아함경』長阿含經, Digha Nikaya Sutrā은 팔리어 경전 『디가 니까야』*Dīgha Nikāya*에 수록된 「바사타 경」Vāseṭṭha Sutta에서 유래한 것으로, 후진後秦 시대인 413년경 불타야사佛陀耶舍와 축불념竺佛念이 장안長安에서 한역한 경전이다. 이 구절은 붓다가 '바세타'에게 말하는 장면에서 나오며, 붓다는 당시 브라만 계급이 주장하던 혈통 중심의 종교적 우월성을 부정하고, 덕과 실천을 통해 누구나 '브라흐만'범천, Brahmā의 세계에 이를 수 있다고 가르친다.

사막의 지혜The Wisdom of the Desert

K형, '선禪 문서들과 같이 놓고 읽을 수 있는 기독교 서적'이 있으면 한, 두 권 소개해 달라고 쓰셨군요.

글쎄요, 선 법문禪法門들과 비슷한 어록을 기독교 전통 속에서 찾는다면, 아무래도 선어禪語처럼 간결하고 담백한 초기 교부 시대 수도승들의 말과 기록이 적절하지 않을까 싶습니다. 사막으로 퇴수退修하여 지혜의 불을 밝혔던 수도승들과 선사들 사이에는, 그들이 적막한 곳에서 고요한 심령으로 감지했던 갖가지 내면의 연민이며 자연을 보는 눈, 유머와 역설Paradox, 그리고 영적인 기쁨까지 상사相似를 이루는 부분이 많이 있습니다.

혹, 토머스 머튼Thomas Merton, 1915-1968 신부의 『사막의 지혜』*The Wisdom of the Desert, 1960*를 읽어보셨는지요? 그 책을 읽어보시면, 형께서 물으신, "왜 신은 창조를 하기 시작하였을까요?"라는 질문이나, 사도 바울이 「로마서」 7장에서 말하는 "우리가 죄 많기 때문에 죄 없다."라는 화두話頭 같은 말씀의 의미를 이해하시는 데 도움이 될지도 모르겠습니다. 또한, 신의 창조가 '비움'으로부터 비롯한다는 현묘玄妙한 '성경 인식'빌 2:7을 다시금 되새겨볼 수도 있을 것입니다.

죄보다 큰 자비, 하나님은 이 비움을 통해 본질적인 '무無'와 만납니다. 하나님이 '무'와 만나게 되는 교차점은 '보살'의 이상理想입니다. B.C. 3세기의 아육왕阿育王113 이후, 크게 펼쳐진 『금강반야바라밀경』*Prājnapāramitā Sutrā*의 기본 가르침과 그 이후 '지혜의 완성'Perfection of Wisdom으로 보는 '공'의 '반야Prājnā, 지혜', 즉 '지혜 직관 사상Mādhyamika School'은 대승大乘불교가 생명처럼 여기는 보살행菩薩行, Bodhisattvā Path을 통해 불교를 자비의 종교로 만들었습니다. 성불成佛 할 수 있음에도 자기를 비워 이타利他의 길로 들어서는 보살은 그 비움의 자비 공덕으로 인해 오히려 영원한 붓다의 현현, 천신대보살Celestial Bod-hisattvās이 되지요.

그리하여 보살은 정토종淨土宗에서는 천상에서 아미다불Amitābha 곁에서는 자비의 천신 관음보살觀音, Avalokiteśvara, 지혜의 천신 문수보살文殊, Mānjusri로 공경받게 됩니다. 이들은 자신도 모르게 구제자救濟者, saviour 아닌 구제자가 되어, Theravada, 소승에는 구제자 개념이 없음 중생들을 열반Nirvāna으로 직접 이끌지는 않지만, 각자覺者인 붓다의 임무를 감당하며 불제자들을 천상으로 이끌어 견성見性과 성불成佛 설법을 들을 수 있도록 돕는 막중한 사명을 감당합니다. 이처럼 자기를 비운 보살 정신은 신적 연민의 사상이자이 일은 중생들을 구제하기 위해 있는 수많은 '각자覺者'인 붓다의 임무임 불교의 꽃입니다.

나는 자비를 원하고 제사禮拜를 원치 아니하노라 마 12:7; 호 6:6

사막의 수도승들의 정관靜觀과, 선가들의 참선參禪 사이에서 '관조觀照, Contemplation'의 공통점114을 읽을 수 있기를 바랍니다. 만물이 하나님의 자비

---

113 阿育王King Asoka, अशोक, 아쇼카, 기원전 304~기원전 232은 마가다의 제3대 마우리아 황제로 기원전 270년 무렵 인도에서 집권하였다. 집권 이후에 그는 불교로 개종하였으며, 선교사들을 전 세계에 파견해서 석가모니의 가르침을 전파했다.

안에 있음으로써 그를 떠나있는 것은 아무것도 없다는 수도승들의 우주관, 삼라만상 공동체를 신적 자비심Karuna 안에 이루려는 불자佛子들의 사고방식 사이에서 신적 접촉점을 발견합니다.

불교에서 의심처疑心處를 공안公案의 한 손가락一指으로 확 뚫어 버리고 자연 이치를 자비로 깨치고 나오듯이, 기독교에서는 신의 암호, 천지간에 매달리는 십자가 하나로 그리스도와 구원을 깨치는 것이지요.

그리스도를 깨우치면말씀을 모셔 들이면, 진리로 구원을 얻기 위해 그토록 관세음보살을 부르며 붓다가 되기 위해 붓다의 설법을 고행 속에서 사모할 필요가 없습니다. 무거운 짐을 다 내려놓고 그리스도 안에서 안식하는 것을 배우는 것, 그것이 불교 말로 하자면 '애써 구제받기 위해 부지런히 나아가는 것'115입니다.

---

114 두 수행 전통은 서로 다른 문화권에서 태어났지만, '관조'觀照라는 핵심적 영적 태도에서 만난다. 관조는 단순한 관찰이 아니라, 내면의 깊은 통찰과 직관을 통해 존재의 본질을 꿰뚫는 정신적 행위이다. 아리스토텔레스는 '관조'를 theoria 또는 contemplatio라 부르며, 실천praxis과 구분되는 지적 활동으로 보았다. 사막 수도승의 정관 목적은 "내면의 침묵 속에서 하느님의 현존을 체험하고 하느님의 뜻을 바라보며 자신을 비움"을 목표로 하고, 선가 수행자의 참선은 "마음의 본성을 직관하여 깨달음에 이르고, '무심'無心 속에서 '참나'眞我를 직시하며 분별을 내려놓음"을 지향한다. '정관'은 침묵·기도·금언 묵상을 통해 겸손, 사랑과 공동체적 연대를, '참선'은 좌선·화두 참구·무심 유지를 통해 자비와 지혜, 생사 초탈의 자유를 성취한다. 요약하면, 두 전통 모두 자기중심적 사고를 내려놓고 존재의 근원과 연결되는 길을 걷는다는 점에서 닮았다. [『한국불교문화포털』, 불교학술원, 동국대학교]

115 '불방일'不放逸과 '정정진'正精進은 불교 수행의 핵심 덕목으로, 팔정도八正道와 법구경法句經 등 여러 경전에서 반복적으로 강조된다. '불방일'은 게으름 없이 수행에 힘쓰며 악을 멀리하고 선을 실천하는 태도로, 붓다의 마지막 유언인 "모든 것은 무상하니, 게으르지 말고 정진하라appamādena sampādetha"에서도 그 중요성이 드러난다. 『법구경』 방일품에서는 "불방일을 실행하고 마음을 조절하면 지혜가 안정된 빛이 되어 번뇌의 세계로 돌아가지 않는다"고 설한다. '정정진'은 팔정도의 여섯 번째 항목으로, '바른 노력'을 뜻하며, 『잡아함경』에서는 "번뇌를 떠나기 위해 꾸준히 힘쓰고 부지런하며 조심하여 물러나지 않는 것"이라 설명한다. 수행자의 삶을 흔들림 없이 이끌어 주는 이 두 덕목은 서로

不放逸 불방일 精精進 정정진 appamāda sammā-vāyāma
- 『아비달마집이문족론』, 『잡아함경』, 『대반열반경』 등

그리스도는 어떤 면에선 바로 '천신 대보살天神 大菩薩, Deva Bodhisattva Mahāsattva', 이며, '진리法, Dharma' 자체입니다. 그 진리가 바로 우리를 무명無明에서 자유케 하여 줍니다.

진리를 알지니 진리가 너희를 자유롭게 하리라 요 8:32

연결되어 있는데 '불방일'은 '정정진'의 기반이며, '정정진'은 '불방일'한 삶을 실천하는 구체적 방식이다. 두 용어는 모두 부처님의 마지막 유훈과 팔정도 수행에서 핵심적으로 강조된다. [출처: [1] 위키백과, 「불방일」 [2] 법상스님, 「팔정도(6) 정정진」 [3] 『잡아함경』, 『중아함경』 정정진 관련 구절]

불가지론不可知論일 수 없는 신의 문제

K형, "현상계도 잘 모르는 처지에 영원계에 대해서야 '불가지론不可知論'으로 빠지는 때가 많다."라고 하셨는데 이해가 갑니다. 형의 겸손한 고백인 줄 믿습니다.

영원계의 진리를 상대적인 우리가 자세히 안다는 것은 사실 교만이겠지요. 인간이 타고 올라갈 수 있는 신학의 사다리에서 가장 높이 올라가 그리하여 하나님과 가장 가까운 곳에 있었다고 할 수 있는 '삼층천三層天, third heaven' 경험의 신비주의 학자 사도 바울도 '하나님의 하시는 일에 대해서는 인간이 헤아릴 수 없으며, 그분의 판단 또한 우리가 찾아낼 수 없는 것이다.'라고 한계를 표명합니다.롬 11:33 존 칼빈John Calvin, 1509~1564의 신인식론theology of the knowledge of God을 빌리지 않더라도, 실로 신의 본질은 인간의 사고를 초월하기에 신의 세계는 어쩌면 이해할 수 없는 것인지도 모릅니다. "하나님의 본질은 인간의 이성으로는 도달할 수 없는 깊은 신비이며, 우리는 하나님께서 자신을 드러내신자기계시 만큼만 알 수 있다."John Calvin,『기독교 강요』 中, 「Commentary on The Book of Psalms」

이 점에서 저는 구약 「욥기」의 욥이, "하나님의 심오하심과 전능하신 그분의 한계를 누가 찾아낼 수 있겠는가?"욥 11:7라는 물음에 절대 공감합니다. 참으로 인간이 정직하게 고백할 수 있는 것은 아이작 뉴턴Isaac

Newton, 1642~1727의 말처럼, '우리가 헤아릴 수 있는 진리란 대양가에서 만지작거리는 조개껍데기 하나 정도'116일지 모릅니다. 이는 석가세존이 말했듯『화엄경』이나 『법화경』에서, '진리에 관해서 인간은 갠지스 강변의 모래 한 알 정도를 쥐고 있는 것'에 불과할지도 모릅니다.117

그러나 K형, 불교에서 말하는 대로 우리가 '나를 낳아준 부모의 은혜, 나를 가르쳐 준 스승의 은혜, 그리고 사회의 은혜'118를 알아야 한다고 하면, 어찌 '근원자'이시고 '포괄자'이신 하나님의 사랑과 섭리를 생각해 보지 않을 수 있겠습니까? '모든 것이, 은혜 아닌 것이 없다.'고전 15:10; 요1:16를 깨달았다면, 삶 자체를 '불가지론不可知論'119 식으로 살아서는 안 되겠다는 믿음이 서는군요. 은혜의 근원자 되시는 하나님이 보여 준 그 사랑이 삶 전체의 의미를 결정해 주기 때문입니다.

생의 의미에 관심이 없는 사람이라면 몰라도, 자기의 삶에 대해 호롱

116 "나는 내 자신이 바닷가에서 노는 소년이라고 생각했다. 내 앞에는 아무것도 발견되지 않은 진리라는 거대한 대양이 펼쳐져 있고, 가끔씩 보통 것보다 더 매끈한 돌이나 더 예쁜 조개껍질을 찾고 즐거워하는 소년 말이다." 이 말은 뉴턴이 위대한 업적에도 불구하고, 진리 앞에서는 자신이 단지 조개껍질을 줍는 소년에 불과하다고 느낀 겸손한 고백이다. 과학자이자 철학자로서의 깊은 성찰이 담긴 이 표현은, 우리가 아는 진리가 광대한 미지의 세계 중 극히 일부에 불과함을 일깨운다. [출처: "진리의 바닷가에서 놀았던 소년, 무엇을 발견했을까?", 김별아, 「내 손안에 서울」, 서울특별시, 2013.12.27., https://mediahub.seoul.go.kr/archives/187979]

117 『화엄경』과 『법화경』 등에는 '갠지스강의 모래알처럼 무수한 부처님 세계' 또는 '갠지스강의 모래알처럼 많은 중생'이라는 표현이 등장한다. 이는 진리의 세계가 인간의 인식으로는 헤아릴 수 없을 만큼 광대하다는 점을 강조하는 비유다. 석가모니는 여러 경전에서 "나는 단지 길을 보여줄 뿐, 진리는 각자가 깨달아야 한다."라는 말씀으로 인간 인식의 한계를 인정하였다.

118 『사은초』四恩抄錄는 4가지 은혜, 즉 일체중생의 은혜, 부모의 은혜, 국주사회의 은혜, 삼보三寶(불佛 법法 승僧)의 은혜를 말한다.

119 불가지론不可知論, agnosticism은 몇몇 명제, 특히 신의 존재와 관련된 신학적 명제의 진위를 알 수 없다고 보는 철학적 입장이다. 또한 사물의 본질은 인간에게 인식 불가능하다고 보는 관점이기도 하다.

불 크기만 한 빛일지라도 영적인 광휘光彈를 밝혀 보려는 사람이라면, 신의 문제에 대해 진지하게 생각해 보아야 할 것입니다.

사실 하나님께서는 우리 인간들을 향해 구체적으로 묻고 계십니다. 성경에 나오는 다음 구절들은 다른 어느 종교 전통에서도 찾아보기 힘든, 인격적이고 실존적인 물음들입니다.

네가 어디 있느냐?
네가 무엇을 보느냐?
너희는 나를 누구라 하느냐?
네가 이것을 믿느냐?

이처럼 하나님의 말씀聖經은 인간이 결코 답하지 않을 수 없는, 외면할 수 없는, 구체적이고 확실한 실존적인 언질, 즉 부름입니다.

우리는 하나님의 문제를 고도의 철학, 이를테면 주정朱程학과 힌두학의 사변만으로 풀 수 없게 되는 것이지요. 물론 송명宋明 이학理學과 범梵사상에도 인격신의 개념이 전혀 없는 것은 아니지만, 그들의 이理와 범梵은 '비인격적인 일자一者' 또는 원리法, Dharma에 불과할 뿐, 살아있는 하나님은 아닙니다. 불교가 붙잡고 있는 '공空'도 마찬가지이고요.

불교가 아무리 일체를 포함하고 모든 규정을 넘어서는 '공'과 '무' 사상으로 불교의 '초월자적 이해' 또는 '내재적 초월*transcendence within immanence*'이라는 독특한 사유를 철학적 이론으로 정립하고자 해도, 문제는 '공'과 '무' 개념의 '비인격성'입니다. 따라서 불교 전통, 이를테면 유식唯識, Abidharma 철학이 마음cittá 문제를 수만 가지 언어로 설명하지만, 어찌 보면 그것은 나가쥬나의 논법처럼 빙빙 도는 논법으로 순환循環하고 즉비卽非하는 데 그칩니다. 이는 아브라함이 뿌리를 내리고 예수가 꽃을 피운 은혜의 하나님에 대한 생명의 말씀과는 달리 심리 철학으로 생각됩니다.

물론 신의 부정적 측면否定道, 소위 '부정신학Apophatic Theology'에서는, '공Sunyatā'의 '선禪 체험'과 '기독교 부정 신비주의Apophatic Christian Mysticism'가 상통한다고 봅니다. 그 알 수 없는 하나님이 불교의 '공' 사상과 맥락을 같이 하는 면도 있는 것이지요. 유有의 근저根底에는 본질적인 '무無'가 있는 법입니다. 그러나 '공' 개념이 어디 역사적으로나 인격적으로 인간에게 위에서 인용한 성경 구절과 같은 질문을 던진 적이 있습니까? 불교는 시작과 끝이 있는, 즉 구원의 섭리가 명확한 기독교와 달리 역사관 또는 역사성이 희박하다고 생각합니다.

살아 계신 신은 살아 있는 인간의 마음과 대화하기를 바랄 것입니다. 그가 바로 구약에서 7천 번 가까이 등장하는 야훼Yahweh, YHW(V)H, יהוה, 곧 여호와로서 다른 잡신들과 구별되는 가운데 '아빠, 아버지아바, Ἀββα ὁ πατήρ'라고 불리기를 원하시는 하나님사 63:16, 64:8; 롬 8:15; 갈 4:6; 막 14:36이 아닙니까?

K형, 실로 우리 머리 위에는 절대의 정신적 사령탑이 존재할 것입니다. '공'이니 '무'이니 하는 본래의 뜻 중 하나가 더 갈 수 없는 극진한 곳임을 말하듯, 극진한 정신이 서 있는 것이지요. 유학 용어로는 '무극無極에 이르면 더 나아갈 수가 없을 것'인데, 이는 바로 절대적 인격인 하나님을 이르는 말입니다. 만약 이 '절대 인격' 또는 '절대정신'이 없다고 하면 이 우주는 상대들만의 처참한 혼돈일 테지요. 이런 점에서 유신론적 관념론을 창안한 로체Rudolf Hermann Lotze, 1817-1881와 특히 뉴턴의 고전 역학을 거스른 프리고진Ilya Romanovich Prigogine, 1917~2003의 말은 탁견처럼 들립니다.

혼돈은 질서를 절정絶頂으로 삼을 수는 없다.[120]

인간은 이성을 소유한 존재로서 '작은 우주'cosmos, 원래 질서, 조화라 믿는다면, 이 우주 만상을 질서와 조화의 체계 속에 운행케 하는 그 보이지 않는 성신聖靈의 정신적인 활동Invisible Active Force of the Spirit을 믿는 것은 필연이 아니겠는지요.

신의 존재 문제는 인간 내면의 의미를 궁구해 보면 스스로 답이 나오는 것이라는 생각이 듭니다.

호흡이 있는 자마다 여호와를 찬양할지어다. 시 150:6

120 『혼돈으로부터의 질서』*Order out of Chaos*, 일리야 프리고진·이사벨 스텐저스, 신국조 옮김, 자유아카데미, 2011.

대도大道의 정맥正脈인 성경

K형, 편지를 쓸 때마다 저는 잠시 망설이곤 합니다. 일관된 논리로 하나의 주제theme만으로 회신을 드리지 못하고, 되는 대로 기독교 문제에 대한 '호교護敎론'을 펴고 있지 않나 하는 우려 때문입니다. 그런데도, 열린 마음으로 읽어주시고 또 새로운 물음을 제기해 주시니 감사합니다.

이번 편지에서는 '마음을 살펴야 한다'는 점을 많이 강조하셨습니다. 그런데 "불교 신자가 그리스도인이 되는 것은 어려운 일"이라고 거듭 말씀하시고 계시는군요.

성경을 자세히 살펴보시면 느끼실 일이지만, 그 진리 안에 불교의 지혜가 고스란히 수렴收斂되어 있다는 말씀을 먼저 드리고 싶습니다.

> 진리의 성령이 오시면 그가 너희를 모든 진리 가운데로 인도하시리니…. 요 16:13

성경에는 무명無明에서 광명光明으로 인도하는 진리의 혜맥慧脈이 대도大道로 뚫려 있습니다. 선맥仙脈이든 불맥佛脈이든, 또 유학儒學의 맥이든, 성경은 다 수렴하고 여과濾過하고 있다는 점이지요. 따라서 성경의 진리는 모든 지혜의 근원이지요. 이 성경을 읽어보지 않고 하나님을 바르게 찾아가는 구도자는 동서고금에 한 사람도 없다고 보입니다.

K형, 부디 이 대도大道 정맥正脈을 한 번 자세히 살펴보셨으면 합니다. 그 비의秘義를 추적하는 과정에서 놀라운 개안開眼이 있을 것임을 믿습니다. 불교의 아아峨峨한 영산靈山 진리와 '스스로 선다'는 '해탈관解脫觀'은, 기독교 교육 이념이 추구하는 최고 차원의 단수 높은 도맥道脈과는 그 방향성이 다릅니다. 그러나 그 차이를 통해, 오히려 기독교가 지향하는 궁극적 진리의 맥을 새롭게 발견하게 되실 것입니다. 특히 '도성 인신道成肉身, incarnation' 사상을 유심히 살펴보기를 권하고 싶군요. 인간은 하나님의 '도道'인 예수 그리스도의 인격을 닮도록 부름 받았고,고전 11:1 그리하여 우리도 '하나님처럼 온전하게 되어야 한다'마 5:48는, 'ideal man이상적인 인간像'의 요구를 눈여겨보시면 성경적 진리 이해에 도움이 될 수 있으리라 믿습니다.

불교가 팔만의 장경藏經을 통해 찾는 그 '마음바탈自性本佛'도 성경 안에 요약되어 있지요.

> 무릇 지킬 만한 것보다 더욱 네 마음을 지키라. 생명의 근원이 이에서 남이니라 잠 4:23

기독교에서 지키는 '마음'이란 다름 아닌 하나님의 형상으로 회복된 본성本性의 '성화聖化' 문제입니다. 불교에서 전력투구해서 찾는 '마음자리'도 본래 타락하기 이전의 본성, 즉 하나님의 형상으로 된 무염無染의 마음을 가리키지요. 그러니 불교인들도 사도 바울이 "율법의 수건을 벗고 성경을 읽으라"고후 3:14-16고 권한 것처럼, 일체의 문화적·종교적 선입견을 벗고 이 하늘의 언약 책을 '자유한 자리'에서 읽어야 합니다.

성경은 실로 하늘의 소리에 귀 기울이려 애쓰는 사람에게만 펼쳐지는 특이한 문서입니다. 그래서 '귀 있는 자에게는 열린 문서요, 많은 것을 볼지라도 뜻을 유의치 않는 자에게는 닫힌 문자, 인봉印封된 두루마리' 사 42:20라고 되어 있습니다. 하나님은 산 자의 하나님이시기에, 산 자의 영靈의 눈이 아니면 그 아아峨峨한 영산靈山의 암호 같은 골짜기를 오를 수가 없다는 것이지요.

또한 성경은 "곤고하고 심령에 통회하며 내 말에 떨며 읽으라"고 합니다.사 66:2 '일반은총' 하下의 도덕적 이해로는 성경만의 '특별계시Special revelation' 하下의 계시의 문제를 한 자字도 해독할 수 없다는 것입니다. 한 예를 들어 이 세상에 그 누가 저 '월광月光에 비친 괴괴한 에스겔 골짜기'를 이해할 수 있을까요?[121] 그런데도 성경에는 '빠진 것이 없고 짝이 없는 것이 없으니',사 34:16 하나님의 성령으로 된 이 책을 자세히 보고 '꿀같이 먹어 배 속 창자까지 채우라'는 것입니다.겔 3:1-3; 계 10:9-10 그리고 나아가 '듣던지 아니 듣던지, 때를 얻든지 못 얻든지, 여호와의 말씀을 전하라'겔 3:11고 합니다. '만약 전하지 않으면 그 영혼의 피 값을 네게서 찾겠다'겔 3:18고 까지 말합니다.

산 자는 무릇 성경 속에 뻗어 내린 대도의大道 정맥正脈의 피로 산행 20:29; 벧전 1:19 이 하늘 문서로 먹어내야 할 것입니다. 앞으로 도래할 광명한 천지, 하나님의 나라는 빛의 나라요 진리의 나라입니다. 광야에 내려꽂히는 번개와 같은 메시지, 그 '생명의 도'행 7:8가 이루고자 하는 나라는 '정신의 왕국'입니다. '생명의 도'는 원어ζωή, 조에로 보면 '하나님의 살아 있는 말씀이 삶 속에 깊이 거하는 것'이란 뜻입니다.

존귀에 처하나 말씀을 깨닫지 못하는 자는 멸망하는 짐승과 같도다 시 49:20

121 에스겔의 '마른 뼈 골짜기 환상'겔 37장은 인간의 이성이나 '일반은총'의 도덕적 이해로는 결코 해석할 수 없는 장면이다. 월광에 비친 괴괴한 골짜기는 죽음과 절망을 상징하지만, '성령의 조명' 아래에서는 '부활과 회복의 약속'으로 드러난다. 성경은 "빠진 것이 없고 짝이 없는 것이 없다"사 34:16 하신 대로 성령의 감동으로 기록된 특별계시이며, "꿀같이 먹어 속까지 채우라"겔 3:3는 말씀처럼 내면 깊이 받아들일 때 생명의 말씀으로 경험된다. 핵심은 성경은 일반적 도덕 이해로는 닫혀 있으나, 성령의 조명 안에서만 생명과 소망의 계시로 열린다는 점이다.

먼지인 에고Ego

K형, 불교 철학의 중심사상인 '무아無我 개념' 문제로 고민하고 있다는 글월 잘 읽었습니다.

불교 철학이 2천 년 동안 자아를 부정하는 무아無我, Anattā관을 견지堅持해 왔다고 하더라도, 어찌 생물학적 에고와 경험적 에고 자체를 완전히 부정할 수는 없지 않겠습니까? 그것은 곧 인간이 지닌 영·육의 생명체 자체being itself마저 인정하지 않는 것과 같은 말이니까요. 저는 붓다가, 인간 존재의 본질적 문제를 마음을 흐리게 하고 불건전한 행동으로 나타나는 정신 상태인 욕망, 곧 '망상클레샤, क्लेश, kleśa, 번뇌, 집착'에 두었고, 그 사로잡혀 있는 인간 존재의 자연적 상태가 너무나도 비참임을 민절悶絶, 지나치게 번민하여 정신을 잃고 까무러침한 나머지, 하나의 '심리적 치료술psychological therapy'로 이 설說을 내세웠을 것이라고 봅니다.

사실 존재에 관한 한 자아 중심적 욕망의 굴레, 그 무지나 무명無明, avidhyā 천지를 벗어나지 못하는 것이 인간의 실상實相 아닙니까? 진정한 개체적 존재의 핵심이 되는 절대적 자아가 부재함은 명백한 사실이니까요. 이 점은 기독교, 특히 개신교에서도 인간이 원죄 이후 절대하나님의 형상을 잃어버림으로써 죄罪와 악惡만이 본성 속에 남아 있다고 보는 것과 같지요. 그러나 에고 문제를 너무 현학玄學적으로 어렵게만 생각할 필요는 없다고 봅니다. 에고란 쉽게 말해 '자성自性 위에 쌓인 먼지', 즉 '때 묻은 마음'이라 할 수가 있겠지요.

이 '에고'는 때 묻어 있는 만큼, 본래의 청정淸淨한 인간의 온전한 모습, 그 생래적이고 전체적인 그런 상相이 아닌 것이지요. 불교식으로 말하면 무명無明 무지無知122가 가져온 '번뇌의 집합체'이고, 기독교식으로 말하면 '죄 덩어리'입니다. 지음 받음 대로의 형상自性을 가리우는 욕망의, 이기利己의 주관적이고 폐쇄적인 속성屬性 말입니다.

그에 따라 신앙인은 번뇌煩惱,Klesā, 망념妄念,muṣitasmṛtitā, forgetfulness, 失念이라고도 하는 이 에고의 문을 열고자 노력하며, 또 에고로부터 자기를 내려놓으려고 합니다. 번뇌와 고통을 불러오는 삼독三毒인 탐貪kamarāga 진瞋,dvesa, 치癡,moha와 선·악 업業의 원인이 되는 삼악三惡인 身신·口구·意의들을 던지는 것이지요, 에고의 껍질 속에 있던 자기에서, 에고를 벗어던진 자기로 확인해 가는 길이겠지요. 불교에서는 삼학三學인 계학戒學, 정학定學, 혜학慧學과 팔정도八正道를 통해 올바른 삶의 길을 실천함으로써 번뇌에서 벗어나려고 수행합니다. 그렇지 않으면 성경이 말하는 대로 '욕망욕심이 고통을 낳고, 고통죄은 결국 사망을 낳는다'약 1:15라는 것을 알기 때문입니다. 사실 누가 뭐래도 개체적 존재의 성격에서, 전체의 불행을 초래하는 모든 죄는 이 자아 중심적 망상인 에고에서 비롯된다고 할 수 있지요.

외람되지만, 『능엄경』123을 다시 살펴보시면 마음의 파도들이 한결

122 불교에서 '무지'Avidyā, अविद्य, ignorance는 만 악의 근본이자 모든 번뇌의 원인으로 본다. 힌두교에서는 이를 자아Ātman와 절대자Brahman의 일체성, 즉 범아일여梵我一如를 깨닫지 못한 상태로 정의한다.

123 『대불정여래밀인수증요의제보살만행수능엄경』大佛頂如來密因修證了義諸菩薩萬行首楞嚴經은 줄여서 『대불정수능엄경』 또는 『수능엄경』 또는 『능엄경』이라 불린

가라앉지 않겠는지요. 옛날 율곡李珥, 1536~1584 선생이 열여섯 살 때, 어머니平山申師任堂, 본명 申仁善, 1504~1551를 여의고 상심하던 중에, 봉은사에서 『능엄경』楞嚴經을 접하고는 금강산으로 출가해*출가 여부는 논란이 있음 불교를 연구하며 수도 없이 읽었다는 이야기가 전해지는데, 그가 이 경전을 통해 참 마음眞如과 무명無明이 불러 일으키는 내면의 고뇌妄念를 깊이 성찰했다고 하지요. 후에 휴정休靜, 1520~1604 서산대사의 『선가귀감』禪家龜鑑(임제종 간화선과 선·교 겸수兼修의 수행 방안을 제시한 선서, 1579)에도 『능엄경』의 영향이 크게 드러납니다.

성리학자인 율곡은 이런 말을 남겼지요. "마음은 유儒요 자취는 불佛이라."『栗谷全書』, 박지화, 시집 1권, 문집 9권, 1611 청소년기에 자당慈堂을 여의고, 깊은 슬픔과 실의에 빠졌던 율곡이 고뇌 해결에 크게 영향을 줄 수 있는 불교 서적에 영향을 받았던 것이지요. 예를 들면, 불성頓悟, 돈오과 유교의 성선설性善說의 통합적 이해를 통해, 인간의 본성을 회복하는 길에서 '불교의 깨달음과 유교의 수양'을 함께 탐구했습니다. 금강산에서 노승과 나눈 대화에서 '즉심즉불卽心卽佛'과 '비색비공非色非空' 같은 불교 개념을 유가적 관점으로 풀어낸 것124 또한, 그가 불교의 언어와 사유를

다. 선종禪宗의 주요 경전 중 하나로, 인간의 감각 작용에서 비롯되는 번뇌를 끊고 해탈에 이르는 요의를 설한 대승불교 경전이다. 당나라 때 반랄밀제般剌蜜帝가 한역한 서역 대승 경전을 조선 세조의 명으로 다시 번역한 것이 '능엄경언해'楞嚴經諺解이다. 경전은 감각과 의식의 작용, 번뇌의 근원, 해탈의 길을 설명하며, 수행자에게 지혜와 자비의 실천을 강조한다. 불교의 이치와 수행 방법을 구체적으로 제시한 입문 경전으로, 총 10권으로 구성되어 있다. 『한국민족문화대백과사전』

124 '즉심즉불'과 '비색비공'은 선불교의 핵심 사상으로, 인간의 본래 마음이 곧 부처라는 깨달음卽心卽佛과, 존재의 본질은 형상色도 공空도 아닌 그 너머의 '진여'眞如라는 통찰非色非空을 함께 드러낸다. 이는 언어와 개념을 초월한 직관적 체험을 통해 진리를 깨닫고자 하는 선종의 수행 원리를 함축한다. 이 두 개념은 선불교에서 개념을 넘어선 깨달음의 길을 가리키며, 수행자에게는 마음의 본질을 직시하게 하는 공안으로 작용한다. [출처: 卽心卽佛: 마조도일馬祖道一의 법어 및 『화엄경』 '심·불·중생 삼무차별三無差別' 사상, 非色非空: 『무문관』 제33칙

자유롭게 넘나드는 철학적 깊이를 보여줍니다. 이러한 문맥에서, 율곡은 단순히 유교적 학자에 머무르지 않고, 불교와 유교를 회통會通하려는 사상가로서의 면모를 보여줍니다. 그의 고뇌와 실의는 단지 개인적 상실을 넘어, 진리 탐구의 계기가 되었던 셈이죠.

13세에 진사시進士試에 합격하고도, 이후에 아홉 번이나 과거에 합격하여 '구도장원공九度壯元公'이라 불렸던 율곡의 다섯 살 때의 시는 놀랍기만 합니다. 어느 날 아버지인 이원수李元秀, 1501~1561가 친구들을 불러 술자리를 하던 중 그들의 어린 아이들에게 석류를 보내며 시를 지어보라고 합니다. "오오, 알알이 박힌 보석이여!"[125] 내면세계의 붉은 단심丹心을 어린아이가 어쩜 이렇게도 순전純全한 마음으로 표현했을까요. 원효元曉 스님이 강조한 『초발심자경문』初發心自警文[126]을 비롯한 불교의 구도 덕목의 처음 글들이 다 이 순수純粹와 무구無垢, 즉 깨끗하고 때가 없어 마음과 몸이 청정한 상태인 '순결무구純潔無垢'를 강조해 갓난아이의 마음, 즉

'비심비불非心非佛'과 선종 공안에서 파생된 표현] 『한국민족문화대백과사전』

125 율곡 이이 선생의 『율곡전서』栗谷全書 권1에 수록된 「단심가」丹心歌의 이 구절은 철학적 사유와 시적 감성이 어우러진 명문이다. 한문 원문: 噫吁巇! 何處是丹心? / 噫吁巇! 何處不是丹? / 丹不問處, 未知丹心若此多. 한글 번역: *아이고! 어디에 참된 붉은 마음丹心이 있겠는가? / 아이고! 어디에 붉은 마음이 아닌 곳이 있겠는가? / 붉음을 묻지 않으니, 이처럼 붉은 마음이 많음을 알지 못하리라.*

126 『초발심자경문』初發心自警文은 보조 지눌의 「계초심학인문」과 원효의 「발심수행장」이 함께 합본 되어 전하는, '처음 수행의 뜻을 세울 때 스스로를 경계하는 글'이라는 뜻의 불교 입문 교본이다. '초발심'은 수행을 향한 최초의 결심을, '자경문'은 자신을 경계·경책함을 의미한다. 고려 중~후기의 보조 지눌知訥, 활동 시기: 1158년~1210년이 지은 「계초심학인문」戒初心學人文은 불교 초입자가 반드시 알아야 할 계율범절과 기초 수행법을 설명한다. 「발심수행장」發心修行章은 통일신라시대 원효元曉: 617년~686년가 지어 발심의 중요성과 구체적 수행 방법을 논하는 글이며, 「자경문」自警文은 고려 말 선사 우각우玗覺牛 야운野雲, 활동시기: 1353~1383년이 집필한 십문十門 형식의 경책문으로, 수행자를 "주인공"主人公이라 부르며, 수행자의 마음가짐과 실천을 강조한다. 국내 최고最古의 불교 입문 교과서로, 태조 6년1397에 혜근惠勤 상조上肇가 세 부분을 묶어 편찬했으며, 오늘날까지 승려 교육의 기본 입문서로 활용되고 있다. 『한국민족문화대백과사전』

거짓 없고 순수한 마음인 '赤子之心적자지심'을 이상으로 제시합니다.

성경에서도 이 무구無垢함, '때 없이 살기'는 단지 착하게 사는 것을 넘어서, 영과 혼과 몸 전체가 흠 없이 보존되어 성령의 인도와 말씀의 순종을 통해, 하나님 앞에서 온전하게 살아가는 거룩한 상태로 그리스도의 재림을 준비하는 삶의 기준이 되기를 반복하여 강조하며 권고하지요. 살전 5:23; 엡 5:27; 빌 2:15; 골 1:22; 벧후 3:14

> 너희 영과 혼과 몸이 그리스도께서 강림하실 때에
> 흠 없이 보존되기를 원하노라 살전 5:23

말씀인 도道

K형, "도道란 무엇인가?"하고 한마디만 적으셨습니다. 제겐 참으로 큰 숙제군요. 외람되지만 좀 우회迂回적으로 말씀드려도 괜찮겠는지요?

존재론적으로 산다는 것은 결국 유한한 인간이 무한을 뛰어넘어 신의 품에 안기려고 하는 노력이 아닐까 합니다. 그러기 위해서는 우리의 삶인 유한이 무한을 타고 넘어야 할 것이란 생각이 드는군요. 그런데 우리가 무엇으로 무한을 뛰어넘고 또 어떻게 영원을 먹어내겠습니까? 저는 그것이 도道라고 보며, 이 '도'는 하나님이 자기를 열고 낮추어서 내보이신 '말씀'이라고 믿고 있습니다.

성경에 보면 하나님과 분리될 수 없는 진리로써, '말씀'이 구약에서는 '지혜히) חָכְמָה 라)ḥokmā/chokma, wisdom'로 명기되어 있는데, 신약의 '학문Σοφια,Sophia,예지'은 배후에 있는 이성, 목적, 말씀, 동기를 함의含意하는 '로고스Logos'의 껍질입니다. 그런데 이 "말씀이 태초부터 '도道'로 있었다太初有道" 요 1:1는 것이고, 또 이 '도'인 "말씀은 하나님 자체"라고 하는 신비입니다. 요 1:1 이 말씀דָּבָר,다바르은 '하늘도 땅도 짓기 전에 있었고', 골 1:5-17 하나님은 '이 말씀과 함께 세계를 창조하셨으며', 잠 8:22-31; 요 1:10-11 그래서 '세계는 말씀 안에 존재한다'는 것입니다. 골 1:17 더욱 신비한 것은, 하나님께서 "우리 모습형상을 닮은 사람을 만들자"창 1:26고 '삼위일체 신의 복수 개념'을 사용하신 것에 있습니다. 하나님이 성령, 그리고 '말씀예수'과 함께 의논하여 인간을 만들었다는 감동적인 말씀이지요.

K형, 이토록 '현지우현玄之又玄노자'하고, '심묘막측深妙莫側붓다'한 중묘衆妙의 문, '도'에 대해 한자 자전字典, 後漢代의 『說文解字』은 그 뜻을 풀이하여 '도시언야道是言也'라고 합니다. 즉 '도道는 말씀言'이라는 것이지요. 이처럼 동양인의 심성과 사유 형태에서도 '도'는 '말씀'으로 해석되어 집니다.

성경의 '말씀'의 길목과 만나는 크나큰 신비가 아닐는지요? 따라서 동양인들이 익숙한 자연의 개념에서 볼 때, '자연은 곧 신神卽自然, Deus sive Natura, 스피노자'이라 할 수 있습니다. 동양인은 신을 따로 가지기보다는 자연에 귀의하는 삶을 살아갑니다. 이러한 자연의 흐름 속에서 형성된 '도'의 개념은, '말씀'의 개념으로 번역하여 대치해 볼 여지를 지닌다고 할 수 있겠습니다. 마치 자연의 품에 안기듯, 우리는 '말씀' 속으로 안길 수도 있다고 할까요. 자연을 보듯이 말씀을 보아야 한다고나 할까요. '말씀'이 곧 '도'이고 '도'는 '자연신'이기 때문입니다.

사실 자연은 특별계시인 성경이 나오기 전의 성경, 말하자면 '제일성경일반은총, 일반계시'으로써의 위치를 지니고 있습니다.

> 창세로부터 그의 보이지 아니하는 것들, 곧 그의 영원하신 능력과 신성神性이 그 만드신 자연만물에 분명히 보여 알게 되나니…, 롬 1:20
>
> 날은 날에게 말하고 밤은 밤에게 지식을 전하니, 언어도 없고 들리는 소리도 없으나 그 소리가 온 땅에 통하고 그 말씀이 세계 끝까지 이르도다 시 19:3-4

인류의 선조들은 이 자연과 더불어 하나님께 청종하고 동행하는창 5:24 삶을 살았습니다. 문자로 된 성경이 없었을 때, 그들은 자연 안에서 자연을 배우며 하나님과 같이 교제하며 산 것이지요. 자연은 하나님 의지의 수평적 현현顯現인 까닭에 그들은 거기서 삶의 교훈을 배울 수 있었을 것입니다.

마태복음 13장 34절에 보면, "예수께서는 비유가 아니면 아무것도 말씀하지 아니하셨다."라고 쓰여 있는데, 이 문장은 깊은 의미를 담고 있습니다. 한 예를 들어 예수께서는, "공중에 나는 새를 보라"마 6:26-27고 말씀하셨는데, 이 새에게서 배울 수 있는 교훈의 면모는, 기독교 신비가로서 '인도의 사도Apostle of India'라 불리는 사두sādhu, 거룩한 사람, 성자, 수행자, 썬다 싱Sadhu Sundar Singh, 1889~1929년경 히말라야에서 실종의 히말라야산맥을 넘나들던 경험 중의 하나인 「불붙는 둥지와 어미 새」에서 잘 관찰되어 있습니다.

> 어느 날 나는 산불이 난 것을 보고 있었습니다. 산불은 점점 크게 붙어서 내가 서 있는 언덕 아래의 큰 나무 가까이 까지 번져오고 있었습니다. 그런데 그 나무 꼭대기에는 새 둥지가 있어서, 어미 새가 파닥거리는 아기새들의 둥지 위를 빙빙 돌며 안타까이 짹짹거리고 있었습니다.
>
> 시뻘건 불길은 커다란 불혀를 날름거리며 그 나무의 밑둥에까지도 번져, 이윽고 거목의 꼭대기에 있는 둥지를 삼키려 들었습니다. 나는 불길이 꼭대기까지 닿으면 어미새가 날아 가버릴 줄 알았습니다. 그런데 참으로 희한한 일이 벌어졌습니다. 비명을 지르며 안타까이 돌던 그 어미새는 불길이 둥지에 옮는 순간, 쏜살같이 내려와 양 날개를 펴서 새끼들을 덮쳐 안은 채 함께 타죽는 것이었습니다.
>
> 『히말라야의 눈꽃』-본문 중에서

K형, 하나님께서는 사람이 자연을 유심히 보지 않으니까, 제2 성경인 율법 책舊約을 문자로 주시고, 또 직접 육화肉化하셔서, 예수의 말씀을 통하여新約 그의 진리를 우리에게 가르쳐 주시는 것입니다. 이를테면 수평

적 진리인 자연만으론 완악해진 인간이 따라주질 못하니까 그의 마음과 뜻을 몸으로 직접 보이시는 '성육신예수 그리스도'하신 것 아니겠습니까. 따라서 '도'는 '도성인신' 하신 예수의 말씀으로 자연까지가 비유로서 수렴되고 승화되었다고 할 수 있겠지요.

요약하면, 그 하나님의 '말씀'은 곧 '도'라고 정의 내리고 싶군요. 그 말씀言은 모든 것을 이루기成 때문입니다. 그리하여 "다 이루었다誠"요 19:30 동양인에게 있어서 '도'는 『중용中庸』의 '성誠'이며, 이 '성'이 곧 기독교의 '도'예수인 것입니다. 『중용』은 성誠의 신학책이라 할 수 있습니다. 공자孔子 B.C. 551~479, 춘추전국시대가 편찬한 선진先秦 유학 경전은 대부분 '경敬'과 '성誠'의 덕목127을 중심으로 구성되어 있지요. '성誠'은 『중용』에서 신성이 인격적으로 자세하게 설명이 되어 있음을 봅니다. 옛 희랍인의 '로고스' 개념원래 '우주적 보편에 내재 된 합리적 이성'이란 뜻보다도 훨씬 더 위격성位格性이 있는 것이지요. 이와 관련, 요한복음 1장 1절을 중국어 성경번체자, 繁體字 표기에서 한 절 적습니다.

太初有道	tàichū yǒu dào	태초에 말씀이 계시니라
道與神同在	dào yǔ shén tóngzài	이 말씀이 하나님과 함께 계셨으니
道就是神	dào jiùshì shén	이 말씀은 곧 하나님이시니라

127 '경"敬은 공경, 즉 '마음을 집중하고 삼가며 진지하게 대하는 태도'로, 유학에서 수양의 핵심 덕목이다. 공자는 『논어』에서 "수기이경"修己以敬이라 하여 경을 수양의 방법으로 강조했는데, 이는 『논어』 <헌문편>에서 공자가 제자 자로子路와의 대화 중 "자신을 닦아 경으로 삼는다"는 뜻으로 언급된 말이다. 『중용』의 '성'誠은 '말씀言으로 다 이루다成'에서 유래해 진실함과 참됨을 뜻하며, 인간 본성의 순수함을 나타내는 핵심 개념이다. 공자의 손자인 자사孔伋는 성을 인간의 도덕적 본질로 보았고, 성리학에서는 '성즉리'性卽理로 발전했다. 공자 사상의 중심은 인仁·예禮·경敬·성誠 등 도덕적 덕목을 통해 이상적 인간과 사회를 구현하는 데 있다.

언어를 넘어서 - 기독교와 불교의 접촉점

K형, 형께서는 '불교와 기독교가 영원한 평행선으로 남을 것이라'고 하시지만 저는 시각을 달리합니다.

동양인의 사유가 자연과 인간과의 관계를 일치할 수 있는 조화로 보는 한, 저는 불교 또는 노장老莊사상이 기독교의 신비주의 사상과 그렇게 먼 거리에 있다고 보고 싶지 않습니다. 물론 깨달음에 대한 근본 교리로 말하면, 기독교의 구원관觀과는 대조적 관점에 있는 불교 사상의 신비주의는 기독교 신비주의와 인식 체계상 차이가 있지만, 양 종교가 '거룩聖'128이라고 하는 신성神性에의 합일을 지향하는 한 만날 수 있다고 하는 안위安慰를 가져봅니다.

비록 불교인들의 경우 십자가란 용어와 그 개념조차도 모르지만, 그들이 신성을 지향하는 마음을 '자비심' 등의 신적 속성으로 실현하려고

128 '거룩'은 한자로 '聖'성으로 표기하며, 기독교뿐 아니라 동아시아 전통에서도 신성함, 존엄함, 도덕적 순수성을 나타낸다. 한자 구성을 파자하면, '聖'은, 귀耳 + 입口 + 왕王의 의미 요소로 구성되어, '왕의 말씀을 귀로 듣는 자' 또는 '신성한 말씀을 따르는 자'라는 뜻을 내포한다. 기독교에서 '거룩'은 히브리어 카도쉬 קָדוֹשׁ, 헬라어 하기오스ἅγιος로, '구별됨'·'하나님께 속함'을 의미하며, 성경에서는 도덕적 완전함을 넘어 하나님께 바쳐진 특별한 상태를 뜻한다. 불교에서는 깨달음을 얻어 세속을 초월한 존재를 '성인'聖人이라 하고, 유교에서는 덕과 지혜를 갖춘 이상적 인간을 '성인'이라 부른다.

노력하는 한, 대화의 여지가 있다고 보입니다. '거룩'이라든지 '자비심'이라든지 하는 것은 서양적 사고와 동양적 사고 두 개의 것을 다 받아들일 수 있는 보편의 가치가 아닙니까? 그리고 무엇보다도 기독교가 원래의 동양적 모습에서 서양철학이나 신학의 영향으로 정형화되었다고 해도 예수 가르침의 기본, 즉 「산상수훈」이 품고 있는 그 동양적 자연의 마음, 그 시적인 동양적 사고는 탈색脫色시킬 수가 없는 것으로 여겨지는군요.

예를 들어 말씀드린다면, 예수의 가르침에는 '낮아지라', '비우라', '없어지라' 하는 '공空'과 '무無' 개념이 있는데, 이것은 대승불교 사상이, '색즉시공 공즉시색色卽是空, 空卽是色'129에서도 보여주는 바와 같이, '우주의 궁극적 실재를 인식하려면, 먼저 공空이라는 무無의 현존을 감지할 때, 유有의 실존을 긍정할 수 있다.'라는 의미와도 일맥상통하는 것이지요. 진리는 부정을 통하여 긍정으로 나아가는 것이라고나 할까요? 또 상대적인 것을 부정함으로써만 절대적인 것은 긍정에 이른다는 직관이 역설처럼 두 종교사상에는 내포되어 있습니다.

기독교와 불교의 만남에 있어서, 무엇보다도 기독교의 성인 신비주의 학자들은 선가禪家들처럼, 철학적이고 합리적인 객관적 사고가 아니라.

---

129 이 유명한 구절은 불교 경전인 『반야심경』般若心經에 등장하며, 존재와 실체에 대한 깊은 통찰을 담고 있다. 신라의 고승 원측圓測, 613~696이 『반야바라밀다심경찬』般若波羅蜜多心經贊에서 이 구절을 깊이 해석하였다. 뜻을 살펴보면, 색즉시공:色卽是空 "**색**물질적 현상은 곧 **공**실체 없음이며", 공즉시색空卽是色: "공은 곧 색이다"라는 뜻으로, 즉, '형상 있는 모든 것은 본질적으로 실체가 없으며, 실체 없음이 곧 형상 있는 존재로 드러난다'라는 불이不二의 원리를 말한다. 요약하면, '색'은 망념으로 그려낸 허상이기에 '공'하고, 인연 따라 생겨나는 '색'은 가유假有이므로 '공'할 수밖에 없으며, '색'은 일어남도 없고 사라짐도 없는 '공'의 본질이기에 역시 '공'하다는 의미이다. 이 구절은 단순한 철학적 명제가 아니라, 집착을 내려놓고 실상을 직관하라는 수행의 핵심을 담고 있다. 『한국민족문화대백과사전』

시적詩的이고 정적情的이며 직관直觀만으로 '신인합일神人合一'을 하려고 하는 면모가 있습니다. 마치 선가가 깨달음에 있어서 사유와 지성을 넘어서 버린 채로 '일심一心'이나 '진여眞如', 참 마음의 절대 경지와 합일하려고 하는 신비주의 성향을 띄듯 말입니다.

이 선가가 주객主客의 대립을 넘어서서, 즉 대승의 '화엄철학'130이나 소승의 '요가차라'131 철학에서 보이듯이 주主도 없고 객客도 없는 보편의 일치 속에서 실재實在를 경험하는 것은 신성의 경험, 그 열반涅槃Nirvāna의 감지感知이나, 사실상 신을 만나는 것이 아닐는지요.

이 점은 성경에서도 자주 보입니다. 예를 들어 제삼 하늘삼층천까지 올라갔던 사도 바울이고후 12:1-10 하나님을 아는 지식을 그가 몸담고 있던 랍비 전통의 문서 속에서 궁구하지 않고 미디안 광야의 사막에 나가 하늘을 그대로 면벽面壁한 채 삼 년이나 묵상 훈련을 거치는 것갈 1:17-18은 불교의 신비주의 관觀으로 볼 때 형태적 상사相似가 있다고 할 수 있을 것입니다.

사실, 기독교 신비주의는 문자에 걸려있지 아니하고, 그 시간에 하나님 안에 안겨, 그 임재132의 은혜로 하여 신적 사랑을 삶의 충전된 힘으로 비축備蓄하고자 하는 데 있습니다. 그런 만큼 그들에게 있어서 인

---

130 『화엄경』을 소의경전으로 하여 정립된 불교 교리로, '우주의 모든 사물은 그 어느 하나도 홀로 있거나 홀로 일어나는 일이 없고 모두가 서로의 원인이 되며, 대립을 초월하여 하나로 융합하고 있다'라는 '법계연기'法界緣起의 개념을 기초로 한다. 이 개념은 '사사무애법계'事事無碍法界와도 연결되며, 중중무진重重無盡한 관계망 속에서 존재의 상호작용을 설명하는 데 사용되기도 한다. [「한국불교문화포털」, 불교학술원, 동국대학교]

131 Yogacarā; 명상과 철학적 추론을 통해 인지, 지각, 의식을 연구하는 불교철학과 심리학의 전통이다.

132 臨在παρουσία는 파루시아Parousia 즉, '그리스도의 재림'을 의미한다.

간 사유의 유전遺傳에서 나온 교리나 교설, 또 전통적인 신학 사상 등은 중요한 것이 못 되는 것이지요. 따라서 신비주의자들은, 소위 교리만으로 정통 운운하는 교계 인사들과 진리의 역설逆說 성향이나 기도와 묵상으로만이 교통할 수 있는 영적 언어의 영교靈交 개념에 익숙해 있지 않은 학자들로부터, 이단으로 취급받기도 합니다. 예수의 가르침이 '신인합일神人合一'에 의한 하나님 아버지 품성의 신비적 습득인데도 말입니다.

K형, '교외별전敎外別傳 불립문자不立文字'라 하여, 불교인들이 "진리는 언어를 넘어서 있다."라고 보듯이, A.D. 4~5 세기 경, 흑해Black Sea 주변에서 형성된 카파도니아 학파133도 '알 수 없는 하나님unknowable God', '숨어계신 하나님hidden God'의 면모를 학설로 발전시켰고, 지금도 그 학설은 '부정도 신학Via Negativa'으로 남아 있습니다.

'거룩하시되 숨어계시는, 높고 깊으심의 하나님'은 『로마서』 11장 33절~36에서 극명하게 보입니다.

> 깊도다. 하나님의 지혜와 지식의 부요함이여! 그의 판단은 측량치 못할 것이며, 그의 길은 찾지 못할 것이로다.

"하늘이 땅에서 아득하듯 나의 길과 생각은 너희 것보다 높다."사 55:9라고 하시는데, 인간의 사고나 교리가 어찌 문자를 넘어서는 그 영의 세계를 다 말할 수 있겠습니까? 『시편』 기자는 하나님의 뜻에 대해서는

---

133 성서상의 '갑바도기아'Cappadocia는 현재의 터키 중앙부 지역으로, 4세기에 바실리우스 대제Basil the Great이나 나지안조스의 그레고리오스Gregory of Nazianzus, 니사의 그레고리오스Gregory of Nyssa 등 카파도키아의 세 교부三敎父, Cappadocian Fathers 라 불리는 각기 행정가, 교부, 신학자들을 배출했다. 이들은 콘스탄틴 공의회를 통하여 니케아 신조를 확증하고, 이들의 "성령동일론"을 담은 '세 번째 조항'을 신조에 추가했다. 신약성경 사도행전 2장 9절과 베드로전서 1장 1절 등에 언급되며, 당시 로마제국의 속주였던 이 지역 출신 오순절에 예루살렘에 모였다고 기록되어 있다.

언어가 아니라 "수금으로 오묘한 말을 풀고"시 49:4라고 하였으며 그리고 예수께서도 "비유가 아니면 아무것도 말씀하지 아니하셨다"마 13:34고 하지 않습니까?

하나님 자신이 빛이고 진리로 묘사되는 알레고리의 계시를 가지시기 때문에, 성경 언어의 상징성과 비유성은 실로 인간의 사유로선 난해한 데가 많은 것이 사실이기도 합니다. 그러므로 신지神智 신애神愛는 지성과 교리를 초월하여 직접 신성에 대한 체험이 정적情的으로 있어야 한다고 여겨지는군요. 그리고 그 체험은 신비주의 성인들처럼 시적詩的인 언어, 또는 침묵함으로써만 표현될 수 있는 것인지도 모릅니다. 예수께서 기도로까지 바치면서 강조하는 그 '한 띠' 경험의 황홀한 일치요 17:21-23[134]를 어떻게 사변적으로 설명할 수가 있겠습니까?

따라서 성경은 가능한 한 침묵 속에 마음으로 보아야 하고, 정情으로 하나님과 진리를 겪어내야 할 것으로 생각합니다. 이 신비로운 경지에 들어가는 체험이 없이는 하나님의 임재 현상, 그 현존現存을 느낄 수 없고, 이 현존의 계시가 없으면 "일어나서 빛을 발하라"사 60:1는 그 반사해야 할 깨친 영혼의 사명자 노릇을 다 할 수가 없을 것입니다.

---

134 요한복음 17장 21~23절(개역개정)은 예수께서 성부와 성자의 깊은 연합처럼 제자들이 영적·본질적으로 하나 되기를 기도하신 말씀이다.
21절: "아버지께서 내 안에, 내가 아버지 안에 있는 것 같이 그들도 다 '하나'가 되어 우리 안에 있게 하사, 세상으로 아버지께서 나를 보내신 것을 믿게 하옵소서." ㅡ 하나 됨의 기도
22절: "내게 주신 영광을 내가 그들에게 주었사오니, 이는 우리가 하나 된 것 같이 그들도 '하나'가 되게 하려 함이니이다." ㅡ 영광을 통한 일치
23절: "내가 그들 안에 있고 아버지께서 내 안에 계시어 그들로 온전함을 이루어 '하나'가 되게 하려 함은, 아버지께서 나를 보내신 것과 또 나를 사랑하심 같이 그들도 사랑하신 것을 세상으로 알게 하려 함이니이다." ㅡ 연합을 통한 사랑의 증거
이 연합을 통해 세상은 하나님께서 예수님을 보내셨고 우리를 사랑하신다는 사실을 알게 된다. 본문은 교회 공동체의 본질과 하나님과의 친밀한 관계를 깊이 묵상하게 한다.

불교 경우에도 '여如의 절대 경지와 합일 한다'고 하는 것은 여래如來 조차도 돌아가는 그 근원, '진여眞如, tathatā' 또는 일심一心일진데, 환각 같은 지식을 '공空'으로 깨고不立文字 敎外別傳'135 직접 마음의 직관으로 뚫어서直指人心, 깨침見性成佛의 경지로 들어가라는 것이 아닙니까?

대 자유大自由의 경지 안에 드는 존재론적 통찰이 기독교와 비교해서 전혀 다른 것만은 아니라고 느껴집니다.

---

135 '직지인심, 견성성불'과 함께 4구로 이루어진 이 말은, 선禪을 부처님의 깨달음의 진수로서 '경전이나 문자 밖에서 별도로 전해지는 진리'로 규정하며, 선의 특징을 잘 드러낸다. 이는 경전·교학보다 선이 더 '진수'임을 강조한 선불교의 창안 사상이다. 최초 출전은 '위경' 논란이 있는 『대범천왕문불결의경』大梵天王問佛決疑經으로, 중국 불교의 교화 목적으로 창작된 것으로 추정되며 인도 전래의 정통 경전은 아니다. 이후 『보림전』曹溪寶林傳, 寶林傳, 801년경 저술 등 선의 역사서와 어록에 수록되며 보편화되었고, 이는 교학을 배척하고 선을 옹립하기 위한 사상적 투쟁의 일환이었다. [불교신문 2533호, 6월 17일]

묵상 적용과 토론을 위한 질문 [4부 붓다는 신을 알았을까?]

1. 붓다는 신을 직접 언급하지 않았지만, 인간 내면의 궁극적 실재를 향한 탐구를 멈추지 않았습니다. 여러분은 붓다의 깨달음과 기독교의 계시 사이에서 '신을 안다'는 의미를 어떻게 이해하며, 자신의 삶에서 신과의 관계를 어떻게 경험하고 있습니까?

2. 사막은 고독과 침묵 속에서 진리를 찾는 공간으로 묘사됩니다. 여러분은 현대 문명의 소음 속에서 사막적 지혜를 어떻게 회복할 수 있으며, 그것이 개인의 영성과 공동체의 신앙에 어떤 영향을 줄 수 있다고 생각합니까?

3. 본 단락은 신을 단순히 알 수 없는 존재로 치부하는 불가지론을 넘어, 인격적이고 계시된 하나님을 강조합니다. 여러분은 불가지론과 계시 신앙의 차이를 어떻게 이해하며, 오늘날 신앙인들이 신을 인식하는 방식에 어떤 도전이 있다고 보십니까?

4. 성경은 단순한 종교문서가 아니라, 인류의 대도(大道)를 흐르게 하는 정맥으로 제시됩니다. 여러분은 성경을 '대도의 정맥'으로 이해할 때, 그것이 동양의 사상들과 어떻게 연결되며, 오늘날 그들을 보는 태도에 선교 전략적 관점에서 어떤 변화가 필요하다고 생각합니까?

5. 인간의 자아는 먼지처럼 덧없고 부서지기 쉬운 존재로 묘사됩니다. 여러분은 자아의 해체와 영적 정체성의 회복 사이에서 어떤 긴장을 느끼며, 자신의 삶에서 에고를 내려놓는 훈련은 어떻게 이루어지고 있습니까?

6. 예수 그리스도는 '말씀'이며 동시에 '도'로 묘사됩니다. 여러분은 기독교의 '도' 개념과 동양의 '도' 개념을 비교할 때(특히 기독교와 유교, 기독교와 불교의 접촉점), 어떤 공통성과 차이를 발견하며, 그것이 오늘날 진리 추구에 어떤 통합적 시각을 제공한다고 보십니까?(유의할 점은 불교를 신비주의 일변도에서만 살피면, 영지주의 쪽으로 빠진다는 점입니다.)

7. 본 단락은 언어로 표현할 수 없는 진리의 세계를 강조합니다. 여러분은 종교 언어의 한계와 상징성을 어떻게 이해하며, 오늘날 신앙 공동체가 언어를 넘어 행함(사랑과 봉사)으로 전도하기 위해 어떤 희생과 노력이 필요하다고 생각합니까?

8. 붓다의 깨달음과 예수의 계시는 모두 신비와 체험을 포함합니다. 여러분은 신비주의적 체험과 이성적 신앙 사이의 균형을 어떻게 이해하며, 자신의 신앙 여정에서 이 둘은 어떻게 조화를 이루고 있습니까?

1권 .. 어느 구도자에게 보내는 편지

제5부
제5 왕국

문제는,
의심하면서도 믿으려고 몸부림치는
인간의 한계 상황,
그 순수를 보고
하나님은 구원을 베푸시는 것이겠지요.

5부

이상복 스케치

- 제 5 왕국
- 하시도처유청산何時到處有青山
- 모든 길은 신에게로
- 지식의 무용성
- 진리, 그 단순의 지혜 (I)
- 진리, 그 단순의 지혜 (II)
- 마음으로 보고
- 마음으로 말하고 (I)
- 마음으로 말하고 (II)
- 침묵, 그 신성神性의 여울목

제 5 왕국The Fifth Kingdom

K형, 장문長文의 〈종교론〉, 흥미롭게 읽었습니다.

종교 현상에 대해 퍽 부정적으로 여기고 계시는군요. 물론 역사적으로 보면 문명을 중심으로 변전變轉해 온 종교에 대해 회의를 가지실 만도 하지요. 교회사에는 과열된 이단 논쟁이 있었고, 그에 따른 무수한 인명을 앗아간 종교 재판, 그리고 그보다 더 추악한 것은 종교와 정치가 야합野合함으로써 피 묻은 역사의 페이지를 많이 기록해 왔다는 것도 부끄러운 사실입니다. 종교와 종교가 서로 반목하며 싸웠고, 같은 종단이라 할지라도 교조教條를 달리하는 수많은 교파끼리 살상 행위를 하여 온 것입니다. 그러니 형의 말대로, '신은 한 분인데 어찌하여 종교는 이토록 많은가?'란 질문이 나올 만도 하지요.

K형, 종교의 다양성의 연원은 성경에 있듯이, 하늘을 뚫을 듯 쌓아 올린 바벨탑 사건 이후 인류가 흩어지면서 지정적 · 부족적 특성에 따라 정신문화를 여러 가지로 이루어 온 데 있습니다.행 14:16-17, 17:26-27 그러니까 신의 경험은 인간 심성의 궁극적인 것이니까 하나일지라도, 그들의 도그마는 그들의 언어와 관습과 교조에 따라 다양하게 형성되기 시작한 것이지요.

이를테면 불교 경우 '다르마Dharma, 法, 진리'는 분명히 신神의 뜻을 함축하고 있습니다. 그러나 불자佛子들은 이 어휘를 하나님이란 뜻으로 쓰지를 않습니다. 왜냐하면 '다르마'는 이 우주를 생성하고 조화하게 하는 그 근본적인 힘으로서의 '법法' 즉, 무 인격적인 '이理' 개념으로 보려는 경향이 더 강하기 때문입니다. 고대 인도인들의 사유 경우, '법Dharma'은 '현존現存' 또는 '임재臨在' 그 자체이지 인간人格일 수 없다고 보는 것이지요. 그래서 그들은 인격신의 개념 없이 계속 유심唯心 또는 물리적인 각도에서 아리안Aryan, आर्यावर्, 인도·이란계 민족 특유의 종교·철학적 사색을 해왔던 것이라 할 수 있지요.

익히 알고 계시는 대로 불교는 종교로서 출발한 것은 아니었습니다. 심리철학이었지요. 그런데 특이한 것은 붓다가 '신'이란 말을 한 번도 사용하지 않았지만, 原始 經典, 원시 경전 '신'을 지칭코자 할 때는 이 '다르마'란 말을 꼭 사용했다는 사실입니다. 마치 공자가 그 시대에 시작된 인문·도덕 정신의 계발啓發과 아울러 상대上代의 선현들이 쓰던 인격신 개념의 '상제上帝' 용어를 지양 하고, '도道', 혹은 '천天'이라는 용어를 대치해서 썼듯이 말입니다. '도'가 천지를 지배하는 원리로 들어선 것이지요.

K형, '여호와'YHWH, Yahweh, Jehovah[136], 이름의 의미가 히브리인의 사유 속에서 '영존 자' 또는 '스스로 있는 자'אֶהְיֶה אֲשֶׁר אֶהְיֶה, I AM THAT I AM. 출 3:14의 뜻이듯이, 불교에서 '법法'을 지칭하는 '다르마Dharma'의 원래 뜻 중의

136 히브리어 원어로, יהוה YHWH, 테트라그라마톤Tetragrammaton, 즉 4개의 자음으로 구성된 하나님의 이름으로, 영어 음역 표기는 "Jehovah"개신교에서 흔히 사용 또는 "Yahweh"학문적·신학적, 천주교, 일부 학자 선호이다. 정확한 히브리어 발음은 역사적으로 잃어버렸으며, 유대인들은 경외심으로 인해 직접 발음하지 않고 '아도나이' Adonai, 주님로 대체한다. 어원을 살펴보면, 히브리어 동사 היה hāyāh, "존재하다", "있다"에서 유래하였다. 출애굽기 3:14에서 하나님은 모세에게 자신의 이름을 다음과 같이 계시한다: אֶהְיֶה אֲשֶׁר אֶהְיֶה, Ehyeh Asher Ehyeh; "I AM THAT I AM", "나는 스스로 있는 자다". 이는 하나님의 자존성과 영원성을 강조하는 표현이다.

하나는 '있는 것 자체That Which is', '스스로 있는 자I am that I am'란 말이지요. 그러므로 다르마와 신God, 여호와은 어의학語義學적으로 같은 의미를 포함하고 있다고 할 수 있겠지요.

상형象形문자이고 표의表意문자인 한자에서도 '천天'은 고대 갑골문자甲骨文字에서 ""으로 나타나는데, 사람의 머리 위에 위대하고 큰 것이 있다고 하여 '하늘'→天로 표기하였고, '도道' 또한 '首'머리가 '辶' '나아간다'의 뜻으로 '道'라고 쓰는 것입니다. 인도인의 '다르마' 개념에 비하면 '도'가 좀 더 인격신의 의미를 지니긴 하나, 『시경』詩經에 많이 나오는 고대 중국인의 용어인 '상제上帝'에 비하면 결코 인격신의 뜻을 나타내는 말은 아니지요. '도'나 '천'이 도덕의 근거로만 머물렀을 뿐 엄격한 의미에서 인격화되지를 못한 것입니다. 춘추전국의 문명이 초래한 인간 정신의 비극이지요.

'도'나 '천'은 이후 계속 도덕론적 요청에 따라 사유 되다가, 송 · 명宋·明대代에 와서는 불교 철학에 상응하는 교학教學으로 전개되면서 거의 '비인격적 유물론적 원리'로 떨어지고 만 것을 주시해 볼 필요를 느낍니다.

말씀드리려고 하는 것은, 붓다나 공자의 사유에 드러나는 비 인격 신적인 측면으로서의 '신' 개념에 대해 그들의 공과를 논하려고 하는 것은 아닙니다. 시대적·문화적 컨텍스트에 따라 비 인격 신적인 것을 더 강조할 수밖에 없었던 것은 앞서도 언급한 그들의 정치 문화적 상황이라고 하는 문명에 기인하는 것 같습니다. 말하자면 공자는 그 전란의 시대에 의례적인 '상제 제사' 때문에 상제 숭배가 미신화 되어 가는 것을 막고, 또 '법은 멀고 폭력주먹은 가까운 인간성.'[137] 즉 '법원권근法遠拳近'의 마

137 직접 출처는 없으며, 의미상 유사 기록은『韓非子·外儲說左上』등에서 '법의 집행이 멀고, 힘폭력은 즉각적이다'라는 취지의 논의가 있으며, 후대에 이를 사자

멸에 대처, 상제를 인간의 덕에 내재화시키는 인문 도덕 운동을 일으킨 것이지요.

고타마 신달타붓다 역시 최고 신, 브라흐만Brahman이 인도인들의 종교적 요구에서 모색된 것이긴 하지만, 브라흐만 숭배 제도 때문에 인도 사회가 위계位階질서로서 카스트 제도화된 것을 보고 절망한 나머지 인간 중심의 '마음 찾기'랄까, '마음 깨끗하기' 운동을 벌인 것으로 보입니다. 그에게는 제도보다도 인간성의 개조가 더 문제시된 것 같습니다. 그래서 그는 '만인은 다 깨치라'고 하는 '붓다覺' 사상과 평등사상을 역설한 것이지요. 그리고 인생의 '고苦'에 관한 이유를 밝히고, '팔정도八正道'138에 의하여 수행하고 생활함으로써 불성佛性으로 나아가는 사해四海동포주의, 만민 평등주의를 주창主唱한 것이 아니겠습니까?

문제는 공자나 붓다가 그들의 최고신 '상제上帝'나 '브라흐만'梵天, 범천을 잊어버린 것이 아니라, 후대 학인學人들의 백가百家 백파百派에 의해 그들의 원原정신이 선진先秦 유교 철학이나 인도철학에서 왜곡되고 관념 철학으로 번쇄煩碎하게 되어버렸다는 데 있습니다. 인격신인 하나님이 설 자리가 없게 됨은 말할 것도 없지요. 다행히도, 현재 대만을 포함한 중국 기독교는 이 '상제上帝'란 인격신 용어를 성경에 7천 번 가까이 기입하고 있습니다.139

성어처럼 압축해 사용한 것으로 보인다.

138 깨달음을 얻기 위한 바른 여덟 가지 수행을 뜻하며, 괴로움을 없애고 해탈 열반에 이르는 길로, 사성제(四聖諦-불교의 핵심 교리로, 고苦, 집集, 멸滅, 도道의 네 가지 진리)의 마지막 가르침인 정견正見·정사유正思惟·정어正語·정업正業·정명正命·정정진正精進·정념正念·정정正定을 말한다.

139 상제上帝는 문자 그대로 "위에 계신 지배자"라는 뜻으로, 고대 중국에서도 천天과 함께 '창조주적' 개념으로 사용되었다. 기독교 선교사들은 이 용어를 활용하여 히브리 성경의 '엘로힘'이나 '야훼'에 해당하는 개념을 중국 문화에 맞게 번역했는데, 이는 단순한 번역을 넘어, 문화적·신학적 적응의 결과로 볼 수 있다.

K형, 종교 현상의 다양성에 대한 문제로 다시 돌아갑니다만, 언어의 혼동[140]사건 이후창 11:9 모든 것이 하나로 남아 있는 것이 없게 되었습니다. 관습과 사유의 방법들도 단수가 아니라 복수가 되고, 무엇보다도 사람들은 저마다 신들을 창조하기 시작했던 것입니다. 현재 파악되고 있는 종교의 숫자만 해도 360개가 넘고, 그 안의 교파 숫자는 31,500개가 더 된다고 합니다.[141] 이렇게 다양한 종교 현상에 대한 교주教主들의 공통된 의견은 진리의 대양大洋에 어떻게 하나의 교리만 있을 수 있느냐는 것이지요. 사람 개개인이 각각 독특하듯이, 문화적 규범에 따라 각 종교 또한 신神 관념이 다양할 수 있다는 것이 그들의 생각입니다.

종교가 진실로 마음 밭心田의 갱을 뚫고 내려가는 내면적인 일인 한, 사실 어떤 사람에게 있어서 진리란 그 사람만의 것으로 되는 아름다움이 있어야겠지요, 신앙은 남이 살아 줄 수 없는, 남과 나누어서 할 수 없는 것이기 때문에 그 만의 길대로 신 앞으로 나아가는 것이어야 함은

중국어 성경의 대표 번역본인 「대표역본」Delegates Version, 1854에는 두 가지 판이 존재하는데. '신판'神版에서는 하나님을 '신'神으로 번역, "상제판"上帝版에서는 하나님을 '상제'上帝로 번역하였고, 이후 「화합역본」和合譯本, Union Version, 1919이 중국어 성경의 표준 번역으로 자리 잡았는데, 이 번역에서도 '상제'라는 표현이 약 7,000회 가까이 등장한다고 알려져 있다. 대만에서도 번체繁體, 전통 한자 중국어 성경에서 '상제'上帝라는 표현이 널리 사용되며, 이는 기독교의 하나님을 인격신으로 표현하는 데 있어 가장 일반적인 용어이다. [출처: 대만어 성경 Barkclay 개정판 한자판, 번체 중국어]

140 바벨탑의 '바벨'은 원래 '하늘에 이르는 문'이란 뜻이나 후에 '혼돈'이란 뜻으로 쓰였다. '바벨'의 의미 변화를 살펴보면, 히브리어 בָּבֶלBavel은 "하늘에 이르는 문" 또는 "신의 문"이라는 뜻으로 원해 해석되기도 한다. 이는 고대 바빌로니아어 "Bab-ilu"에서 유래한 것으로, '신의 문'이라는 뜻을 지닌다. 성경적 재해석으로, 창세기 11장에서는 하나님이 인간의 언어를 혼잡하게 하신 사건 이후, '바벨'이라는 이름이 '혼돈' 또는 '혼잡'의 상징으로 바뀌게 된다.

141 2024년 기준, 세계 인구 81억 1,883만 6천 명의 88%인 72억 2,581만 5천 명이 종교를 믿고 있으며, 이 중에 세계 기독교 인구 비율은 32.4%종교 다양성 지수 0-10, 10=최대치로 4.4를 나타내고 있다. [『International Bulletin of Missionary Research』, 2024년 1월호, '세계 선교 통계'(2024), Krim한국선교연구원]

물론입니다. 이를테면 어떤 평범한 소녀가 호렙산아라비아의 시내산 근방의 고원 지대, 갈 4:26에서 양을 치며 하나님에 대해 깊이 체험한 것을, 아무리 위대한 선지자 에스겔142이라도 같은 체험을 할 수는 없는 것과 마찬가지겠지요. 환경이랄까 상황이 다르기 때문입니다.

이런 의미에서 세상에는 여러 언어가 있듯이, 그 언어의 민족성과 지정학적 특성에서 나온 정신적 코드에 따라 여러 종교가 있을 수 있다는 생각이 듭니다.창 17:26-27; 14:16-17 마치 뜰의 꽃이 다양한 가운데 조화의 아름다움을 갖고 있듯이, 또 하나님의 모든 피조물이 각양각색의 색깔을 가지고 아름답듯이, "…합력해서 하나님께서 기뻐하시는 선善을 이루기"롬 8:28만 하면 된다고 할 수 있을지도 모르지요.

문제는 종교의 경우 합동合力해서 선을 이루지 못해 왔다는 역사적 사실에 있고, 또 많은 종교인은 하나님의 계시 안으로 들어와 그 보편적 빛 앞에 겸손히 서려는 마음 없이, 각자의 방식대로 진리를 추구하려 했습니다. 이를테면 지역종교가 그리스도교와 조우遭遇할 때, 그 지역 종교는 지방성locality을 겸손히 인정하고 우주 보편적인 복음 진리cosmic gospel truth of universality 앞으로 나아와야 할 터인데 그렇지를 못해 온 것입니다. 따라서 종교가 한 하나님을 고백하지 못하는 데 오늘날 우리들의 문제가 있고, 불확실한 세계에 내던져진 동서東西 현대인들의 삶의 비극이 있습니다. 종교가 하나님의 몸을 찢고 있다면 그것은 종교가 아닐 것입니다.

142 "Ezekiel", 주전 597년 남 유다의 여호와 긴 왕과 함께 바벨론에 포로가 되어 가서 22년간 본 6개의 환상을 기록한 선지자이다. 에스겔서는 바벨론 포로지에서 활동한 선지자 에스겔이, 이스라엘의 죄로 인한 철저한 심판과 그 후 하나님의 주권적 은혜에 의한 회복을 강렬한 환상과 상징으로 선포한 책이다. 즉, 무너진 성소와 절망 속에서도 새 마음과 새 영을 주시고 흩어진 백성을 다시 모으시는 하나님의 구속 약속을 드러낸다.

결과는 종교 기피증을 느낀 지식인, 예술인 그룹들이 주축이 되어 '제5 왕국'The Fifth Kingdom이란 "무신론자 심령협회"를 세계적인 규모로 만들게 된 상황까지 오게 된 것입니다. 인간의 신성을 강조하는 이들은, "개개인은 누구나 다 신이다."라고 가르치면서 '새 시대' 정신, 즉 'New Age 운동'의 횃불을 들고 있습니다. 희랍철학과 영지靈知주의, 그리고 신플라토니즘Neo-Platonism과 동양의 자연적 신비주의의 범신론을 중심으로 하는 사상을 배경으로 이들은 역사적 기독교 운동에 철저하게 도전합니다. 니체가 "사람들그리스도인들이 신을 죽였다. 그러므로 이제 신은 죽었다."[143]라고 선언한 이후 이제 인간들은 저마다 신이 된 것이지요. 물론 "신은 죽었다."라는 말을 처음으로 쓴 사람은 헤겔이지요,

> **영을 다 믿지 말고 오직 영들이 하나님께 속하였나 시험하라. 많은 거짓 선지자가 세상에 나왔음이니라. 하나님의 영은 이것으로 알찌니 곧 예수 그리스도께서 육체로 오신 것을 시인하는 영마다 하나님께 속한 것이요, 예수를 시인하지 아니하는 영마다 하나님께 속한 것이 아니니 이것이 곧 적 그리스도의 영이니라** 요일 4:1-3

---

143 니체의 유명한 선언 "신은 죽었다"*Gott ist tot*는 그의 저서 『즐거운 지식』*Die fröhliche Wissenschaft, 1882* 제125장에서 〈광인〉*Der tolle Mensch*이라는 비유적 이야기 속에서 처음 등장하는데. 이 구절은 다음과 같이 표현된다: "신은 죽었다. 신은 죽어 있다. 그리고 우리가 그를 죽였다. 우리는 모든 살인자 중의 살인자 아닌가."*Gott ist tot. Gott bleibt tot. Und wir haben ihn getötet. Wie trösten wir uns, die Mörder aller Mörder?* 이는 단순히 종교적 신념의 붕괴를 의미하는 것이 아니라, 절대적 가치 체계의 붕괴, 즉 허무주의의 도래를 상징한다. 『짜라투스트라는 이렇게 말했다』*Also sprach Zarathustra: Ein Buch für Alle und Keinen, 1983*에서도 이 개념은 반복되며, 니체는 기존의 도덕과 종교가 인간을 나약하게 만들었다고 비판한다. 즉 그는 인간이 더 이상 외부의 초월적 존재에 의존하지 않고, 자신 삶의 의미를 창조해야 한다고 주장하는 것이다. "신은 죽었다"라는 선언은 초월적 가치의 붕괴를 의미하며, 인간이 이제 자신의 가치와 의미를 창조해야 하는 시대에 들어섰다는 경고로, 이로부터 니체는 〈초인〉Übermensch 개념을 제시하며, 기존의 도덕을 넘어선 창조적 인간상을 제안한다. 이 표현은 단순한 무신론적 주장이라기보다는, 서구 문명의 근본적 전환점을 알리는 철학적 선언이다

영 분별의 은사, 하나님의 특별한 은혜로 주어진 영적 선물인 '성령의 은사들를 받은 것'144에 대해 성경적 검증고전 12:4-11; 롬 12:6-8; 엡 4:11-13; 벧전 4:10이 시급합니다. 예수 그리스도나 성경 지식에 대해 고담준론이 빛나는 사람이 얼마나 많으며, 황금의 입술을 가진, 은 쟁반에 금 사과와 같은 말의 탤런트를 가진 설교자가 부지기수 아닙니까? 그러나 두 말끝에 '예수, 예수 오직 예수'나, 그분의 '보배로운 피'벧전 1:19를 강조하는 십자가 말씀이 강단에 울려 퍼지지 않으면 그 강단은 모조품counterpart/replica이거나 혹은 가짜fake입니다. 진리의 성읍, 하나님의 포도원에서슥 8:3 그런 생계형 목회, 곧 밥벌이 통으로써의 목회직을 호구지책으로 삼고 있는 하나님의 '포도원의 작은 여우들'아 2:15은 다 잡아내야 한다는 말의 의미를 깨달아야 합니다.

불교계도 마찬가지입니다. 윤회輪迴라는 행위 규정, 사람들을 금지 규정으로 옭아매어 삼계육도三界六道의 세계를 돌고 돌게 된다는 공포의 윤회설, 그것은 생명과 평안의 법이 아닙니다. 날조된 진리fabricated truth입니다.

여호와께서 이같이 말씀하시되
하늘은 나의 보좌요 땅은 나의 발 받침대이니
너희가 나를 위하여 무슨 집을 짓겠으며
어느 곳에다가 나를 쉬게 하겠느냐 사 66:1

144 '카리스마타'χαρίσματα는 '카리스마'χάρισμα의 복수형으로, '카리스'χάρις, 은혜에서 파생된 말로 '은혜로 주어진 선물'을 뜻한다. 이는 다양한 형태의 성령의 은사를 가리키며, "하나님의 은혜가 성도 각자에게 다른 방식으로 나타나는 것"을 의미한다. 은사의 목적은 교회의 덕을 세우고 성도를 온전하게 하는 데 있으며, 그 출처는 하나님의 은혜를 통해 성령이 각자에게 나누어 주심에 있다. 신학적으로 은사는 하나님의 은혜의 실천적 표현이자, 취소되지 않는 하나님의 부르심으로 이해된다(앞의 성구 참조).

나 여호와가 말하노라.
나의 손이 이 모든 것을 다 지어서 다 이루었느니라
무릇 마음이 가난하고, 심령에 통회하며, 나의 말로 인하여 떠는 자
그 사람은 내가 권고하려니와 사 66:2

하시도처 유청산何時到處 有靑山

K형, 지난주에 케임브리지Cambridge, Massachusetts로 올라오셨다고요. 그러고 보니 뉴욕 퀸스의 포레스트 힐Forest Hills, New York에도 여러 달 계신 셈이군요. 지금 머무르시는 케임브리지의 찰스 강변Charles River waterfront은 어떠하신지요. 1861년에 설립된 MITMassachusetts Institute of Technology와 1636년에 설립된 하버드 대학교가 자리한 이곳 케임브리지에는, 현재 국가사적지로 지정된 롱펠로우 하우스Longfellow House가 있습니다. 이곳은 한때 시인 헨리 워즈워스 롱펠로우가 거주했던 곳으로, 랄프 왈도 에머슨, 헨리 데이비드 소로, 윌리엄 제임스 등 정신적 거인들이 생애의 빛나는 시간을 보낸 장소이기도 합니다. 흘러가는 강물을 바라보시며, 그들의 숨결과 사유가 깃든 이 땅에서 어떤 생각을 하고 계신지요?

형께서, 교육도시 케임브리지로 올라온 이후로는 잡다한 생각만 머리를 서성댈 뿐, 직관도 확실성도 없이 나날을 보내신다고 하였는데 이해가 갑니다. 사색의 구조는 '가능성이나 개연성蓋然性의 문제'이기 때문에 우리가 궁극적으로 갖고자 하는 확실성과는 거리가 멀 수도 있겠지요. 사랑이나, 인격이나 우정이며 하는 것이, 사랑하지 않고서는 알 수 없는 체험의 인식이듯이, 항차恒次 진리가 어찌 철학적 사색이나 연역演繹으로 터득이 되겠습니까? 진리는 체험의 문제라고 생각해 봅니다, 사유思惟의 지성만으로도 부족하고, 천지를 꿸 수 있는 직관으로도 부족할 것입니다. 사도 바울이 진리를 사랑으로 규정하고, "사람이 이 세상의 모든 비밀을 헤아리는 지혜를 가졌다고 하더라도, 사랑이 없으면 그것은 아무짝에도 쓸모없다."고전 13:2라는 이유가, 사랑은 상대방을 불행하지 않게 하는 책임, 그 체험의 확실성에서만 가능하다는 얘기가 아니겠습니까?

그렇습니다. 실존은 가꾸려고 노력하는데, 무한한 절대자영원자를 겪지 못하기 때문에 신앙은 자꾸만 불확실한 선에서 나아가지를 못하는 것입니다. 유한한 인생이 무한한 영원자를 체험으로 인식해야 하는데, 체험을 통한 확증이 없으니까 신의 문제에 관한 한 '불가지론不可知論'이 되는 수가 많아진 것도 사실이고요. 그러나 문제를 문제로 인식하는 한, 길은 있겠지요. 모든 것이 정正과 반反의 합合 이듯이, '불확실성'일 수밖에 없으나, 확실성의 과정을 추구하는 한 어찌 하나님의 은혜가 없겠습니까?

체험을 가질 날이 오겠지요. 신의 실재를 믿는 한 우리의 영혼은 자꾸만 고귀한 방향으로 나아갈 수밖에 없기 때문입니다. 종교개혁의 일도양단一刀兩斷, 마틴 루터Martin Luther, 483-1546조차도, "신앙은 빛이 없는 캄캄한 방 안에서 발을 내딛는 것이다."라고 말하며, 확신보다는 신뢰와 순종의 태도를 강조했습니다. "오직 믿음Sola Fide으로 의롭다고 여김을 받아 은혜로 구원을 얻는다"히 11:1를 믿음의 본질로 내걸었던 그 루터조차도 "어떤 때에는 나는 믿고, 어떤 때에는 나는 의심한다."라고 하나님 앞에 솔직하게 고백하지 않습니까.[145] 문제는 의심하면서도 믿으려고

145 언급한 "**어떤 때에는 나는 믿고, 어떤 때에는 나는 의심한다**"라는 문장은 마틴 루터의 직접적인 원문 발언이라기보다, 그의 신앙 태도를 후대에서 해석·요약한 표현에 가깝다. 루터는 실제로 믿음과 의심이 공존하는 인간의 내면을 자주 언급했지만, 이 문장을 그대로 남긴 기록은 없다. 루터의 실제 어록 중에는 다음과 같이 유사한 맥락을 보여주는 말들이 있다. 예를 들어, "**나는 하나님께서 나를 인도하시는 길을 모르지만, 나의 인도자는 잘 압니다.**" 이 말은 신앙의 확신과

몸부림치는 인간의 한계 상황, 그 순수를 보고 하나님은 구원을 베푸시는 것으로 생각합니다. 마치 욥이 '자기에게 닥친 재난과 신상의 고통을 견디지 못하여 하나님을 원망하고, 자기가 태어난 날까지 저주함욥 3:1-3에도' 결국 하나님은 그에게 은혜를 주시듯이 말이지요.

K형, '진리와 신앙조차도 회의롭다.'라고 하셨는데, 이제는 진리를 지식적 측면에서 접근하려고 하지 마시고 생명의 측면 즉, '하나님의 사랑을 사모'해 보셨으면 합니다. 사유와 논증적 사색보다는 겸손히 무릎 꿇고 하나님의 사랑을 구해 보는 것 말입니다. 물리적으로 가시적으로 미치는 은혜라도 좋고, 정신적인 안식의 경험이라도 좋습니다.

자연은 또 하나의 성경일반은총이라고도 할 수 있는데 자연 속에 계시는 하나님의 뜻과 능력을 살펴보는 것도 그분께 외경심畏敬心을 품을 수 있는 은혜로운 일이 아닌지요? 실로 사람은 자연 속에서도 신성을 알 수 있고, 그 찬양할 수밖에 없는 하나님의 활동력에 대해 경이驚異의 경험을 가질 수가 있는 것입니다.

또 영존하시는 하나님께는 우리가 진홍眞紅같이 붉은 우리 죄를 고백함으로써 회개의 경험을 가질 수 있고,사 1:18 또 불완전한 우리를 매일 그의 법도 안에서 온전하게 하여 달라고살전 5:23 기도를 드릴 수도 있습니다. 기도는 영적인 호흡이라고 하는데, '사람은 기도를 통하여서만 하나님을 뵙게 되기'마 6:6 때문입니다. 사실 하나님의 존재 문제에 관한 한 신뢰함으로써 만나지는 이 영교靈交만큼 구체적인 확실성은 없는 것이라고 저는 믿습니다.

동시에 인간적 한계와 불확실성을 인정하는 태도를 잘 드러낸다. 또한 루터는 **"당신의 마음이 집착하고 신뢰하는 것은 무엇이든 그것이 바로 당신의 신이다"**라고 하여, 신뢰의 대상이 곧 신앙의 본질임을 강조했다. (출처: Godinterest - 믿음에 대한 50가지 마틴 루터 인용문)

일단 하나님의 사랑을 체험하고 나면, 종교의 다양성에 대한 눈도 그리스도교 신관神觀을 중심으로 차분히 정리될 것으로 기대됩니다. 혼자 이스라엘도 여행해 보셨다는데, 이제는 하나님의 살아계심을 믿으면서 마음으로 다시 시나이산을 올라가 보면 어떻겠습니까? 저는 이 세상에서 가장 복된 사람은 하나님을 잘 믿는 사람시 73:28이라고 믿고 있습니다.

K형, 일체 선입견을 버리고 진리 앞에 겸손한 마음으로 성경을 통독해 보시기 바랍니다. 기도로 말씀들을 읽으면서 말이지요. 기도는 영의 호흡이라고 하지요. 성경에는 신 · 구약 성서가 있고, 그 신 · 구약의 중심에는 예수 그리스도가 있습니다. 그리고 그리스도는, 전에도 편지에 썼듯이, '말씀道, 진리' 자체입니다.

우리는 성경 말씀을 통하여 우리 자신을 비추어 볼 수 있습니다. 우리가 말씀 앞에서 떨고 하나님의 도우심을 사모하기만 한다면 하나님께서는 우리에게 음성을 들려주시고, 그리하여 '말씀'에 순종해 살게 하십니다. 이때 우리는 "이제껏 내가 산 것도 주님의 은혜라."찬송가 305장 하는 찬송도 나오게 되는 것입니다.

K형, '지식 훈련'을 통해서도 물론 우리는 삶의 방법과 질과 진리에 이르는 길을 깨닫게 되겠지요. 그러나 생명이 되는 하나님의 말씀을 통하여 성령의 은혜와 능력을 받아들이는 것, 덧입는 것은 더욱 중요하다고 생각해 봅니다.

그러니 지금부터 자기중심적인 삶에서 벗어나, 성경의 말씀을 주체로 해서 삶을 가꾸어 보시기 바랍니다. 나는 넘어지고 주저앉으나, 하나님은 나를 세우시고 멀리 보게 하십니다.시 37:23-24; 사 40:31 그뿐만 아니라, 권능과 생명을 받게 합니다.시 28:7 그러므로 성경 앞에 나를 세워 보시지요. 그리하여 성경 말씀이 나를 깨뜨리고, 세우고 지도하게 하시는 것이 좋습니다. 사실 우리는 성경 앞에 순종할 수밖에 없지 않습니까?

K형, '하늘길이 보이면 땅의 길은 풀리는 법입니다'.마 18:15-20 하나님의 구원사는 실로 하늘과 땅을 꽉 채우는 놀라움인데, 성경의 신비로 나를 채우시기를 바랍니다. 성경을 양量으로 읽지 말고, 깊이深로 읽으면 하나님도 보이고, 또 살아 움직이는 나도 보입니다. 실로 성경이 아니면 '내가 누구인가?' 하는 것을 알 길이 없습니다. 저도 전에 입산入山했던 적이 있습니다만, 바로 이 '내가 누군가?'는 선종의 으뜸가는 화두이고, '나는 누구인가?' 하는 문제는 불전佛典 속에서 도저히 알 길이 없어, 그 질문을 내려놓는 것이, 곧 해답이 되는 방식[146] 아닙니까. 그런데 은혜롭게도 성경을 보면서 이 어려운 문제가 다 풀렸지요.

K형, 그리스도말씀 안에서 안식을 구하라는 권면을 다시 드려봅니다. 하나님 안에 있으면 푸른 산은 도처에 있습니다. **"何時到處 有青山"**하시도처 유청산[147] 성경을 마음과 뜻과 힘을 다하여 집중해서 몇 번이고 읽어

---

146 불교는 자아를 해석 정의하기보다, 오히려 자아를 해체하고 초월하는 길을 제시한다. 이를 설명하는 대표적 개념은 다음과 같다.
① 무아無我: '나'라는 고정된 실체는 없으며, 인간은 오온五蘊: 색, 수, 상, 행, 식의 집합일 뿐이며, 영속적인 자아는 존재하지 않는다. 『금강경』金剛經에서는 '응무소주 이생기심'應無所住 而生其心이라 하여 '집착 없는 마음'을 강조한다.
② 공空: 모든 존재는 본질적으로 비어 있음을 뜻함; 『반야심경』般若心經의 '색즉시공 공즉시색'色即是空 空即是色은 '형상과 공의 일체성'을 설하며, 자아 또한 공空하므로, '나는 누구인가'라는 질문은 집착의 대상이 될 수 없음을 전한다.
③ 화두話頭: 선종에서 '나는 누구인가?'를 수행의 화두로 삼아, 답을 찾기보다 의심과 집중을 통해 자아를 초월하는 깨달음에 이르는 방법이다. 『무문관』(無門關, 저자는 무문혜개無門慧開, 1183~1260)에서도 이와 같은 수행 태도를 강조한다. 불전은 이 질문에 명확한 해답을 주기보다, 질문 자체를 내려놓는 것이 곧 해답이 되는 길임을 보여준다. (『불전해설사전』, 정승석, 민족사, 2018)

147 중국 북송시대 시인 소동파蘇東坡의 시구인 '인생도처유청산'人生到處有青山에서 원용한 것으로 소동파의 시집 『소식시집』蘇軾詩集에 수록된 작품 중 하나이다. 한국 내에서는 『소식시집』 권17부터 권23까지의 시 377수를 번역하고 주해한

보시지요. "**書中自有萬種祿**"서중자유만종록148이라고, 책 속의 큰 보물에 눈이 떠질 것입니다.

또한 "산은 산이요, 물은 물이로다."라는 성철 스님이 법어로 인용한 문제도 '이해가 깨끗하지 못하다'라고 하셨는데, '자명한 이치와 눈앞의 현실을 깨달은 말'로 진리란 긍정하면서도 부정하고 부정하면서도 긍정하는 것, 즉 '중도中道의 체득'이란 말씀을 드려보고 싶습니다. 일단 진리 확신에 대해서는 귀납도 연역도 다 접어놓으시고, 그 명제命題,,premise에 대해 긍정해 보시지요. 그리곤 시간을 가지면서 다시 진위를 두고 성찰해 보시지요. 그리곤 그 부정의 결론을 다시 긍정적인 측면에서 성찰해 보면 어떨까요. 이번에는 종합synthesis이 되는 승화transcendence의 긍정이 나오면서 마음이 안정될 것입니다.

이 법어는 옛 중국 송대宋代 청원산 정거사淨居寺에 주석했던 청원유신靑原惟信,?-1117 입적 선사의 경험에서 나온 어록에 나온 이야기이기도 합니다. 이 노승老僧이 30년 전, 참선을 '시작할' 때에는, 1) '산을 보면 곧 산이고 물을 보면 곧 물' **看見山就是山 看見水就是水** 이었습니다. 그런데 부정의 논리를 다하여 궁구窮究하고 선법禪法을 '깨치고 나니', 2)'산은 산이 아니고 물은 물이 아니었습니다.' **見山不是山 見水不是水** 더욱 정진해 불법 도리를 확철대오하고 지식이 더해져서 맑은 눈으로 보니까 '이제는' 처음 인식이 맞았습니다. 그전처럼 3) '역시 산은 산이고 물은 물' **依前見山只是山 見水只是水**이었습니다. 처음은 '몰유지식沒有知識의 무식'無識,Having no-Knowledge이고, 나중에 선지식善知識을 친견親見하여 깨침에 들어

시집으로, 황주 유배기 시절의 대표작들이 포함된 도서, 『정본완역 소동파시집 3』, 류종목, 서울대학교 출판문화원, 2016이 있다.

148 宋송나라 3대 황제인 眞宗진종의 勸學詩권학시이다. 진종황제968~1022의 이름은 趙恒조항, 재위 997~1022으로 송나라의 전성기 기초를 다진 황제이다.

서서는 분별을 떠난 깨달음의 경지, 즉 『반야심경』에서 말하는 '공성空性의 진리'이고 금강경에서 설파하는 무상無想의 진리로 처음 깨달음을 얻은 성인의 경지입니다. 마지막 깨달음은, 일체 분별심을 떠나무분별 어떠한 지식에도 안주하지 않는 반야공관般若空觀의 '절대적인 무지'無知의 知, Having no-Knowledge로 본질적으로 다르다는 깨달음이 원숙한 "성인의 경지"인 것입니다. - 출처: 「靑原行思」, 청원유신선사, '山是山 水是水'

청원유신이 설파한 선종 사유 방식의 삼단논법과 변증법은 긍정正: 감각의 인식, 부정反: 분별의 해체, 긍정合: 무분별의 분별, 즉 진여의 직관적 인식의 '삼반견해三般見解' 원리로 사물을 보니까 '눈理解이 깨끗해졌다'는 것입니다. 한마디로 진리에 대해선 부정하면서도 긍정해 보는 영적 자각을 일으키는 인식이 필요합니다. 합력해서 선善을 이루는, 예를 들면, 선종의 '무심無心'과 기독교의 '겸허한 마음'은 서로 다른 전통이지만, '정신의 동류항同類項' 같은 것이 생길 것입니다. 독일의 관념론을 완성한 헤겔Georg W. F. Hegel, 1770-1831의 정·반·합의 명제가 있는 『역사철학』149이 그런 방법론 위에 있는 것 같습니다.

---

149 1822년~1831년 베를린 대학에서 총 5회 강의를 학생들의 강의록과 헤겔의 노트를 바탕으로 편집하여, 헤겔 사후 6년 뒤 제자인 Eduard Gans가 편집하여 출간하였다. 헤겔은 『역사철학강의』에서 정·반·합의 변증법을 통해 역사를 설명하는데, 이 구조는 단순한 철학적 개념이 아니라, 세계사의 발전 원리로 작용한다. 그는 역사를 다음과 같이 이해한다. **정**Thesis; 기존 질서나 체제예: 동양의 전제정치, **반**Antithesis; 그에 대한 반작용 또는 모순예: 고대 그리스의 자유 개념, **합**Synthesis; 정과 반의 대립을 극복한 새로운 질서예: 근대 유럽의 자유민주주의. 이러한 과정은 자유 의식의 점진적 실현을 의미하며, 세계사는 이성의 간계를 통해 자유를 향해 나아간다고 본다. 정반합 변증법은 역사·철학을 모순의 운동이 상위 종합을 산출하는 과정으로 재정의해, 진보·혁명 서사와 마르크스주의·현대 대륙 철학의 비판적 사유에 결정적 방향을 부여했다. 오늘날 헤겔의 사유는 단순한 고전 철학 해설을 넘어, 사회·정치 분석, 과학철학, 심리학, 인공지능 담론까지 폭넓게 재해석되고 있다. 그러나, 헤겔의 변증법은 역사와 사유를 필연적·체계적 발전으로 환원해 현실의 복잡성과 우연성을 간과하고, 지나친 추상성과 완결성으로 인해 비현실적·폐쇄적이라는 비판을 받고 있다. [출처: "헤겔 변증법 이후의 변증법 비판과 변증법 기획-아도르노와 들뢰즈를 중심으로-", 강순전, 「철학연구」, 2006, vol. 100, pp. 155-178, 대한철학학회]

모든 길은 신에게로
Tous les chemins mènent à Dieu

K형, 일전의 편지가 아무래도 형의 진리관이랄까 종교의 다양성에 대한 이해를 돕는데 미진할 것 같아 좀 더 부연하고자 붓을 들었습니다. '모든 종교가 다 진리일 수 있는가?' 하는 문제에만 초점을 대어서 가능한 한 간략히 적어 보기로 하지요.

결론부터 말씀드려 보면, 세상의 모든 종교가 다 신적 기원에 정통성을 가졌다거나 완성된 진리는 아니라는 점입니다. 하나님의 말씀에다 기초를 두며, 그리하여 하나님의 특별계시라고 하는 '도성인신道成人身'150, 즉 그리스도가 친히 세운 진리가 아니면 종교의 무 차별론은 신중히 검토되어야 할 것으로 여겨지는군요. 이 점에서 우주 만상의 창조주이신 하나님께서 그의 본성과 존재성을 드러내 보이신 계시종교와 일반 자연종교와는 동일한 진리가 아니라고 봅니다.

자연종교도 신성 지각神性知覺을 목적으로 두긴 하나, 경전의 내용이랄까 목적이 하나님을 창시자로 하고, 하나님으로부터 직접 진리를 전

150 '道'는 말씀, 진리, 또는 하나님의 뜻을 상징하는데, 요한복음 1장 1절 "태초에 말씀이 계시니라"는 구절에서 이 '말씀'을 '道'로 표현하고 있다. 따라서 '道成人身'은 "말씀이 육신이 되다"라는 요한복음 1장 14절의 내용을 함축한 표현으로, '하나님이 인간의 몸을 입고 이 땅에 오셨다'는 기독교의 핵심 교리인 성육신成肉身, Incarnation을 나타낸다.

수하고 있는 성경 진리의 계시종교와는 다른 것일 수밖에 없음을 깨닫습니다. 무엇보다도 자연종교에는 하나님의 본성과 존재성, 그리고 우주 주권자 하나님에 대한 인간의 도리와 목적이나 구원에 이르는 인간의 길이 밝혀져 있지 않기 때문입니다. 구체적이고 확실한 하나님의 구원사史의 부재라고나 할까요. 그러므로 이 구원에의 길을 보여주시기 위해 경륜의 어느 때에, 그의 '말씀道'의 인간화를 통해, 즉 성육成肉으로 역사에 개입하는 계시종교와는 자연종교가 차이가 있는 다른 것입니다.

> 영원한 생명은 곧 참되시고 오직 한 분이신 하나님을 알고 또 그의 보내신 자 예수 그리스도를 아는 것이라 요 17:3

우주적인 공교公敎가 될 수 있는 진리란 이토록 하나님을 아는 지식, 즉 그의 품성과 구원의 뜻과 육체를 입은 '도', 그리스도에 대한 참지식과 신앙이란 것입니다. 그리하여 "이제는 내가 산 것이 아니라 하나님의 말씀인 도그리스도께서 내 안에 사신다는 것"갈 2:20을 알려주고 있는 것입니다.

'religion'란 단어를 파생시킨 라틴어 'religio'의 're-ligare'다시 결합시킨다란 단어는 이런 면에서 음미해 볼 만한 말입니다. '존재의 신적 근거와 다시 결합한다'는 서구인의 사유는 종교宗敎란 단어를 쓰는 동양적 사고방식, 즉 '갓머리'宀변 밑에 '보일 시示'를 넣는 의미와 흡사한 데가 많이 있습니다.[151] "위로부터 보여져 내려오는 하나님의 계

151 종宗을 파자하면, 宀면: 집을 뜻하는 부수로 조상이나 신을 모시는 공간을 상징한다. 示시: 신神 또는 제사와 관련된 뜻으로 신성한 존재를 나타낸다. 따라서 "宗"은 '신을 모시는 집' 또는 '조상을 받드는 으뜸 집안'이라는 의미를 지니며, 근본, 중심, 최고, 궁극적인 것을 상징한다. 또한 교敎를 파자하면 孝효: 효도, 즉 부모에 대한 존경과 사랑을 뜻이며, 文문: 글, 문화, 가르침을 의미. 따라서 "敎"

시"란 뜻에서 말입니다. '종교'란 단어는 일본인들이 명치明治 초기11870년대~1880년대에 유럽, 특히 독일과 영국과 미국에 유학留學하고 나서 돌아온 학자들이 이성이니 합리니, 철학이니 하는 백수십여 개의 수입 신조어新造語와 함께 처음으로 썼지요.

사실 좀 더 엄격히 말하면 기독교는 여타의 다른 종교와 구별되기 위해, '특별계시'special revelation 또는 '말씀'이라고 불려 져야 할 것입니다. 왜냐하면 성경은 "하나님의 자기 계시와 그리스도 안에서 그가 구원을 베푸신 목적을 기록"하고 있기 때문입니다. 따라서 성경은 하나님 계시의 예언과 성취, 그리고 인간의 믿음과 순종을 기록한 책입니다. "순종이 제사예배보다 낫다"삼상 15:22 성경의 대강령은 창조주와 피조물 간의 언약적 관계covenantal relationship에 대한 절대 순종입니다. 하나님에 대한 아브라함처럼 대효大孝의 인격적인 문제152입니다.

한편 일반 자연종교는 도덕 종교라고도 분류되듯이, 양심의 빛에 따라 도덕심의 계발啓發, 그 인문 정신의 완성에 중점을 둠으로 창조주 문제에 대해 실존적으로 고백할 절대자를 상정할 필요가 없습니다. 그러므로 정직하고 성실하면서 올바르게 산다는 자연종교는 도덕과 양

는 '효를 글로써 가르친다'는 뜻으로, 모범적인 삶을 후대에 전하는 교육을 의미한다. 따라서 "종교"宗教의 파자적 의미는, 종교는 단순한 신앙 체계가 아니라, '가장 근본적이고 으뜸 되는 가르침', 즉 인간이 어떻게 살아야 하는지에 대한 궁극적인 삶의 지혜와 모범을 전하는 것이다. 이러한 해석은 동양적 전통에서 종교를 삶의 본질을 가르치는 교육의 뿌리로 보는 관점과 연결된다. 요약하면, 종교라는 말은 단순히 신을 믿는 행위가 아니라, '인간 존재의 목적, 삶의 방향, 공동체의 질서를 정립하는 근본 교육'이라는 철학적 의미도 담고 있다.

152 여기서 "하나님에 대한 아브라함처럼 대효大孝의 인격적인 문제"라는 표현은, 아브라함이 하나님께 절대적인 순종과 신뢰를 드린 사건특히 이삭을 바치려 한 순종, 창 22장을 부모에게 드리는 효孝보다 더 큰 차원의 '궁극적 효성'으로 비유한 것이다. 즉, 단순한 가족 윤리의 효를 넘어, 하나님을 아버지로 모시고 하나님께 대한 절대적 신뢰와 순종이라는 인격적 결단으로 그분께 전 존재를 바치는 태도를 가리킨다.

심의 빛, 그 일반진리에 대한 인간의 관계이며, 반면 기독교 신앙은 하나님의 근본적인 말씀 진리에 대한 실존적이고 인격적인 관계입니다.

문제는 아무리 인간이 윤리나 도덕을 수련할지라도, 그리하여 인간이 자기 스스로 노력을 통해 어느 정도까지는 존재 이유의 자각과 신성에 동참할 수 있다 할지라도, 궁극적으로 윤리나 도덕 자체가 완전한 진리를 만들어 낼 수는 없다는 것입니다. 그러니 자연종교가 '특별진리'를 전적으로 내포한다든지, 인간은 스스로의 노력으로 절대적인 진리를 내면화할 수 있다고 말하는 것은 오류가 되겠지요. 결국 자연종교에서는 '가치관으로서의 신념Principled belief'을 가꿀 수는 있으나, 반면 생애를 던질 수 있는 '생명적인 신앙Life-giving faith'은 계시종교의 영역이라고 생각되는군요.

신앙을 가진다는 것은, 폴 틸리히Paul J. Tillich, 1886~1965[153]의 말대로,

153 폴 틸리히는 『존재의 용기』*The Courage to Be, 1952* 등에서 실존주의 철학을 바탕으로 현대인의 가장 절박한 위기인 '무의미와 불안'을 극복하는 길을 기독교 신앙의 언어로 제시함으로써 현대 신학에 큰 영향을 끼쳤다. 그러나 그의 신학 사상은 여러 측면에서 논란을 불러일으켰다. 그는 하나님을 '무한'이나 '존재'와 같은 철학적 개념으로 규정하려 했는데, 이러한 '존재로서의 하나님' 개념은 하나님을 인간의 인식 범주 안에 가두거나 객관적 실체로 환원시킬 위험이 있어 전통적 신론과 충돌한다. 또한 그가 말한 "새로운 존재" 개념은 예수 그리스도를 역사적 실재로 이해하기보다는 철학적 상징으로 해석하는 경향을 보임으로써 기독론적 문제를 야기한다. 더 나아가 틸리히의 상관관계 방법론은 하나님의 계시와 인간의 질문을 연결하려는 시도였지만, 칼 바르트는 이를 비판하며 "신이 인간의 이해에 의존하게 된다"는 점을 지적하였다. 바르트는 자유주의 신학과 자연신학, 특히 '접촉점' 전제를 거부했으며, 틸리히의 방법론 역시 신학의 주도권을 인간 쪽으로 기울게 할 위험을 내포한다고 보았다. 결국 틸리히의 상관관계 신학은 하나님의 영원한 진리를 시대적 상황과 연결하려는 의도에도 불구하고, 신과 인간의 관계를 어떻게 이해해야 하는지에 대한 근본적 문제를 여전히 드러내고 있다는 점에서 비판의 대상이 된다.폴 틸리히의 상관관계 신학은 인간의 실존적 질문을 출발점으로 삼아 하나님의 계시를 철학적 언어로 해석하려는 시도였던 반면, 칼 바르트의 변증법적 신학은 오직 하나님의 계시 자체를 신학의 유일한 근거로 삼아 인간의 이해나 문화적 조건을 철저히 부정하는 데서 출발한다. 틸리히는 하나님을 "존재 자체"로 규정하고 예수 그리스도를 "새로운 존재"라는 상징적 개념으로 설명함으로써 현대적 적실성을 확보하려 했으나, 이는 하나님을 인간의 인식 범주에 종속시키거나 기독론의 역사성

비非존재에서 존재로, 물질에서 정신거룩한 생명의 세계으로 향해가는 '궁극적인 일 또는 관심ultimate concern'이라고 하면 어떻겠습니까?

성경은 "우리가 다 어둠과 사망의 세계에 속해 있었으나 그리스도에 대한 믿음을 갖게 되면 생명과 성령의 법世界으로 옮겨진다."롬 8:2-3 라고 하는 달라진 신분을 말해줍니다. '성경聖經'은, 한자 뜻을 보면, '거룩한聖', '눈금經' 또는 '잣대'줄經,란 말입니다. 이 세상의 모든 것은 하나님의 거룩한 눈금으로 재어 져야尺 한다는 것입니다. 하나님의 거룩하신 말씀만이 모든 것의 기준이자 표준standard,Katá, Canon이라고 합니다.

을 약화시킨다는 비판을 받았다. 반대로 바르트는 하나님을 전적으로 타자Wholly Other로 강조하며, 인간의 어떤 종교적·철학적 시도도 계시 앞에서는 무력하다고 선언했다. 결국 틸리히의 방법론은 신학을 현대인의 질문과 연결하는 장점을 가지지만 신학의 주도권이 인간 쪽으로 기울 위험을 내포하고, 바르트의 신학은 복음의 절대성을 보존하지만 시대와의 소통이 제한된다는 한계를 지닌다. 요약하면, 바르트가 자유주의 신학에 대항하여 하나님의 절대적 주권과 그 온전한 계시로서의 예수 그리스도를 강조하였다면, 틸리히는 이 하나님의 계시가 인간의 구체적인 상황에 어떤 의미가 있는지를 탐구하였다. 이를 위해 그는 바르트처럼 하나님의 계시에서부터 신학을 시작하지 않고, 그 시대의 사람들이 던지는 질문에 귀 기울인 다음, 거기에 대답하는 형식으로 신학을 전개하였다. 즉, 바르트가 하나님 중심, 계시 중심적인 신학을 전개했다면, 틸리히는 인간 상황에서부터 출발하는 인간 중심 혹은 경험 중심적인 신학을 전개하였던 것이다. [출처: 1) "틸리히에 있어서 하나님과 인간의 상관관계", 김균진, 현대와 신학, Vol.12, 1989; 2) "신학의 변증법적 근본 구조 - 폴 틸리히와 칼 바르트의 논쟁을 중심으로", 신용식, 한국조직신학논총, 2016, vol., no.46, pp. 7-49, 한국조직신학회, DOI : 10.21650/ksst..46.201612.7 3) 폴 틸리히(Paul Tillich, 1886~1965)의 생애와 신학 / 칼 바르트(Karl Barth, 1886~1968)의 생애와 신학|작성자 ilople]

지식의 무용성

K형, '지식의 무용성'에 대해 많이 쓰셨군요. 저도 지식이 지혜는 아니라고 생각합니다. 어떤 점에선 오히려 지식은 지혜에 이르는 데 방해가 되는 것이라고 할 수도 있을 것입니다.

지식이 자기의 경험에서 쌓인 것이 아니고 남의 경험의 집적集積이기 때문에 지식은 많이 가지게 될수록 자기 경험을 육화肉化하는 운신運身의 폭이 좁아진다고 할 수 있겠지요. 또 지식은 때로 우리를 기만欺瞞할 수도 있는 것 같습니다. 왜냐하면 지식은 남이 살았던 삶의 흔적이기 때문에 내 삶의 마디 마디와 맞지 않을 수도 있습니다.

불교에서 통용하는 용어로는 이 세상 지식을 '번뇌煩惱'라고도 하지 않습니까? 이미 지나간 것을, 이미 남들이 경험한 것을 아직, 자기 자신에게도 맞을 줄 알고 집착하고 있는 태도이기 때문에, 그것을 무지나 집착과 혐오에서 오는 '망상妄想'이라고도 합니다. 불교의 산스크리트어梵語로 말하면 '클레샤,' क्लेश, kleśa, klesha즉, 더러운 '똥파리 떼'이지요.

예를 들어, 인간 최고의 가치라고 하는 '사랑'이 어디 지식으로 가능한 것입니까? 이것은 어디까지나 책으로 알아가는 것이 아니라, 자기의 실존적 경험을 통하여 터득되는 것이겠지요. 자기 경험에서 축적된 지혜와 타인의 경험에서 축적된 지식은 다르다고 할 수 있을 것입니다. 자기 경험 속에서 쌓이는 만큼 지혜는 그야말로 앎이며, 이 앎의 자리가 바로 실존의 자리가 되는 것이 아니겠습니까. 그래서 존재한다는 의미는 지식의 문제가 아니라 앎의 문제인 것 같습니다.

> **무지한 자들은 어둠에 떨어질 수 있다. 그러나, 지식이 있는 자는 더 큰 어둠에서 길을 헤맬 수 있다. 무지한 자는 그래도 성실한 사람들이기 때문에 그가 모른다는 것을 알고는 있다. 그러나 아는 자는 문자로, 경전으로 자기를 감싸고 있어서 모르는 것에 부딪혀도 아는 체 한다. 이 앎의 길로 나아가려고 하지 않는 무지성이 바로 그를, 그리고 타인을 망치게 하는 더 큰 어둠이다.**
>
> -『우파니샤드: 궁극적 진리에 이르는 길』, 이명권, 한길사, 2011, 911

사도 바울은 무엇을 좀 안다고 하는 지식인들에 대한 전도의 어려움을 『고린도전서』 1장에서 피력하고 있습니다. 지식인들은 깨치기 어렵다는 것과 그들은 지식을 가지고, 지혜에 대한 무지를 방어한다는 것입니다. 1:18-21

지식의 모음보다는 본질적인 것을 알아가려고 노력해야 할 것 같습니다. 지식Knowledge은 과거 사건들의 축적된 흔적으로, 마치 편집된 스크랩북처럼 선택적으로 구성된 기억의 집적集積이며, '알아가는 것knowing'은 과정process이 아닙니까? 지식knowledge은 이미 더 나아갈 데 없는 도달이지만, 지혜wisdom는 '순례'인 것으로 생각되는군요. 삶이야, 어디 부단히 흐르는 강물이어야지,flowing like a river 마침표처럼 고여서는 안 되겠지요.

이런 의미에서 '구도求道함'의 행위는 지식을 추구하는 것이 아니라, '알아 감Knowing'을 좇는 일인 것 같습니다. 마치 학인學人이 결론에 도달하기 위해 학문을 하는 것이 아니라, 배움의 여로旅路, 그 자체에 더 흥미를 갖듯이 말입니다. 사실 눈이 아니라 마음으로 읽는, 영적 양식이 되는 책은 말미末尾에 가까워지면 아쉬워지지 않습니까? 여행도 마찬가지지요. 명미明媚한 풍광風光이 산 따라 물 따라 줄을 잇는데, '주마간산走馬看山'154 격으로 목적지를 서두르는 사람은 없을 것입니다.

서두르는 사람은 목적지에 빨리 가고자 하는 사람입니다. 구도자는 서두르는 욕망을 갖지 않습니다. 그가 관심을 기울이는 것은 순간순간을 눈 밝게 충실히 보는 것입니다. 마치 '관광觀光'이라는 말이 『주역』에서 '본질빛을 본다'라는 말이듯, 삶의 순간순간에서 겪는 경험을 자기 것으로 알려고 할 뿐입니다. 이 경험들이 그에게는 그저 참다운 생生 자체가 되는 것이겠지요.

"너희들이 살았다 하는 이름은 가졌으나 죽은 자로다"계 3:1 「계시록」에 나오는 일곱교회 중 사데교회the church in Sardis에 보낸 편지의 첫머리입니다.

'알아감Knowing'은 지식처럼 기계적인 기억장치가 아니라 생명에 대한 본질적인 하나의 인식 행위, 자각awareness 행위, 혹은 관조적인 묵상 행위라고나 할까요. '묵상'meditation,명상과 '약'medicine,의학, 치료의 어간은 medi-로 라틴어 'mrderi'에서 파생된 말로 '치료하다'란 뜻이 아닙니까.

묵상함이 없는 사람들의 기계적인 정보 모음과 기억 연습, 이것이 오늘날의 대학 교육이고, 그래서 진정한 구도인, 혹은 철학자나 과학자는

---

154 '말을 타고 달리면서 산을 바라본다'라는 뜻으로, 일이 몹시 바빠서 이것저것 자세히 살펴볼 틈도 없이 대강대강 훑어보고 지나침을 비유한 한자 성어로 속담 '수박 겉핥기'와 같은 의미로 쓰인다. '주마간산'은 원래 중국 당나라 때의 시인 맹교孟郊가 지은 「등과후」登科後에서 유래하였는데, 원시原詩의 구절은 '주마간화'走馬看花이다. 『두산백과 두타피아』

진리를 배우지 못하는 대학 교육을 종종 중단하고 말지요. 이 점은 형께서도 경험하셨지 않습니까? 종교학을 공부해 보겠다고 미국의 대학까지 왔으나 결국 포기하고 마셨다니까 말이지요.

하나님 말씀에의 묵상은 실로 앎의 근원입니다. 그리고 자비는 그 근원의 넘침이라고 봅니다. 한편 성찰적이지 못한 사람은 영혼이니 지혜니, 또 자비라는 말과는 상관없이 사는 것 같습니다. 그러나 묵상하는 사람은 영원을 먹어내기에 영원히 삽니다. 아니 영혼의 불꽃으로 영원히 꺼지지 않을 준비를 합니다.

지식은 부와 명성 같은 세상살이의 외관을 휘황하게 하는 가교이고, 묵상은 영원히 사는 내면의 여행에로의 가교라고 생각합니다.

지식은 지혜를 박해합니다.

사울아, 사울아, 너는 왜 나를 박해하느냐 …. 행 9:4

사랑은 덕을 세웁니다.

… 지식은 교만하게 하며 사랑은 덕을 세우나니 …. 고전 8:1

진리, 그 단순의 지혜 (I)
- 물음을 내려놓고

K형, 이번 편지에는 '진리를 보는 눈, 또는 진리를 대하는 태도'에 관해 말해보라고 쓰셨군요. 생生도 학學도, 또 도道도 아직 영글지 않은 사람인 제가 어찌 감히 진리를 보는 눈을 논하겠습니까. 그러나 제게 확실하게 느껴져 오는 것 한 가지는, 진리가 어려운 사변의 구조에 있지 않다고 하는 것입니다. 저는 이 점을 작년 여름 어느 가정 집회에서 우연히 확인할 수 있었습니다.

평소에 잘 아는 이곳 토론토의 한국인 한 분이, 경북의 어느 시골에서 방문차 오신 분의 '말씀 집회'가 있다고 하면서 저를 찾아왔습니다. 그의 집으로 따라가 보니 5, 6명이 둘러앉아 있었고, 그 방문자는 초로의 검게 탄 얼굴에 굵고 거친 손으로 성경을 들고 있었습니다. 말씀을 들어보니 그는 학교 교육이 별로 없는 것 같았습니다. 성경도 서툴게 읽었고, 성경 강해 중에 발음 또한 표준어를 모르는지 비둘기를 '비닭기''로 말하는 등 많이 배운 것과는 거리가 멀게 보이는 사람이었습니다. 그런데 정신을 차리고 들어보니 그의 말씀은 모두가 하늘로부터 내려오는 것 같았습니다. 그리고 그 촌부의 모습 또한 얼마나 평화롭던지요, 저는 지금까지 그토록 담담하고 깨끗한 법문法門이나 설교를 들어본 적이 없습니다. 참으로 많은 것을 깨닫고 나온 자리였습니다.

K형, 진리에 관한 한 우리는 어린아이의 마음을 가져야 할 것입니다. 어린아이의 눈은 거울처럼 맑아서 세상의 모든것이 고스란히 비칩니다. '이런 때 묻지 않은 순진의 눈으로 보아야만, 진리는 마음 안으로 투명하게 들어온다'마 18:4고 예수께서는 가르칩니다. 그는 진리 탐구에 대하여 지적인 마음이나 논리적 인식 체계를 중시하라고 하지 않았습니다. 그는 단지 순수의 근원으로, 아이가 아버지께 무엇을 달라고 할 때 조건을 달지 않듯이, 아무 조건 없이 그렇게 단순한 마음으로 진리를 보고 믿음을 가지라고 합니다. 그래서 그의 관심은 '심령의 가난' - 앞서 언급한 대로, 산상수훈에서 '절대적 가난'이라는 말의 원어는 '프토코스 πτωχός'로써 '비운다'는 뜻마 5:3 - 과 '순수'입니다. 마치 송광사松廣寺의 조실祖室에 앉아 있던 목우자牧牛子, 보조지눌국사, 1158~1210 선생께서, 진리 문제로 한참 열띤 토론을 하고 있던 청년 납자納子들을 향해서, "**이놈들아, 지금 너희가 얼마나 순수하냐? 그것이 문제다.**"라고 한마디만 한 것처럼 말이지요.

제 생각에도 신앙은, 진리는 단순으로 살아져야 하는 것이지, 그것을 문제라고 놓고, 해결하려고 해서는 안 될 것 같습니다. 화두話頭에 답 찾듯이 궁리하고 있어서는 안 된다155는 것이 저의 믿음입니다. 낙도樂道,

155 선불교에서 깨달음을 얻기 위한 참구의 실마리인 화두話頭에 대한 화답은 논리적 사고나 궁리로 풀어내는 것이 아니라, 직관적 깨달음과 마음의 집중을 통해 얻는 것이다. 즉, '화두에 답을 찾듯이 궁리하고 있어서는 안 된다'는 말은, "머리로 풀려 하지 말고, 마음으로 꿰뚫으라."라는 선불교의 핵심 가르침을 담고 있다. 다시 말하면, '의심하되 머리로 풀지 말 것'을 의미하며, 화두는 일반적인 상식을 뛰어넘는 문답이기에, 이성적 분석보다 존재 전체로 의심하고 몰입해야 해야 하며. 또한 '간절함으로 붙들 것'을 내포한다. 고승 휴정休靜, 淸虛, 西山大師, 白華道人, 1520~1604은 『선가귀감』禪家龜鑑, 1564 집필에서 "닭이 알을 품듯, 고양이가 쥐를 노리듯, 어린아이가 엄마를 그리듯 간절한 마음으로 화두를 붙들라."라고 말한다. 화두는 '생각'이 아니라 '살아 있는 의심'으로, 그 의심이 깊어져 생각이 멈추는 순간, 화답은 저절로 드러난다. 『한국민족문화대백과사전』

낙천樂天이란 우리 선현 들의 말도 있듯이, 진리란, 도道란, 그저 지극히 즐기는 것, 간절히 사모만 하는 것이라는 생각이 듭니다.

들판에 피어나는 한 송이 꽃도, 그 열매 맺고 꽃핌에도 창조주의 손길과 질서를 반영하고 있어 놀라운데, 롬 1:20 인간이 자연 뒤에 계시는 신을 모른다고 할 수는 없겠지요. 그렇습니다. 진리는 단순한 경외심, 그 믿음에 있는 것 같습니다. 철학은 우주 현상의 근본 원리를 풀어야 할 물음을 가지고 있지만, 신앙은 풀어야 할 문제가 없습니다. 화두처럼 숙제가 없습니다. 진리라고 하는 신, 길道이라고 하는 하나님은 그대로 자신을 열어 놓으신 채로 인생들을 기다리고 계시기 때문입니다. 하나님은 집을 나간 탕자를 기다리듯이, '모든 자식이 돌아오기를 문 열어 놓고 기다리고 있는 것'입니다. 눅 15:11-32

실로 믿음은 물음이나, 또 보아야 믿을 수 있다는 조건을 제기치 않았기 때문에, 히 11:1 구해야 할 해답도 없는 것이지요. 이 믿음의 문제는 풀려고 노력하면 풀 길이 없습니다. 처음부터 열려있는데 무엇을 찾아내려고 하겠습니까? 닫힌 것을 열어야 할 문제는 바로 우리 자신의 마음입니다. 개체인 에고ego입니다,

에고는 감각기관을 가진 생명이지만 폐쇄성이 있는 만큼 열린 생명체가 아니라는 것을 압니다. 열린 생명체가 아니면 온전한 생명이라고 말할 수 없겠지요. 롬 12:2; 고전 2:14

진리, 그 단순의 지혜 (Ⅱ) - 지식과 지혜

K형, 일전에 '지식과 지혜는 다르다'고 말씀드렸습니다. 지식은 관념을 조합組合하고 분석하며 증명하여 논리로 만들어 내는 하나의 메마른 오성悟性, Verstand, understanding과 이성理性, Vernunft, reason의 밭이라면, 지혜의 물은 인간 내면의 깊은 곳으로 가서 시간을 끊고 고이는 영원한 못이라고나 할까요. 지식이 수평을 취하는 넓음, 그 광박廣博에 있다면 지혜는 수직적인 깊이에 있다고 할 수 있을 것입니다. 그래서 지식이 만 권의 책을 읽어 진리에 달達하려고 하면, 지혜는 한 가지 현상이라도 '말씀'에 비추어 만萬의 다양을 꿰뚫는 '영靈의 맥脈'이라고 할 수 있지요.

지식은 더 많이 알기having를 원하지만, 지혜는 더 깊이 존재being하기를 원합니다. 그러므로 지식은 정보를 향해 나아가는 길이라면, 지혜는 존재의 본질을 향해 걷는 길이라 할 수 있겠지요. 마치 아리스토텔레스가 『니코마코스 윤리학』θικὰ Νικομάχεια, Ethika Nikomacheia에서 인간의 지혜를 두 가지로 구분하여, 진리 탐구를 향한 학문적 지식 능력을 '소피아, Sophia' 올바른 선택을 위한 실천적 지혜 능력을 '프로나시스Phronesis'로 구분하며, 지혜는 삶의 문제를 해결하는 실천적 능력이라고 보았던 것과 같지요.

그래서 지혜는 성령적 신지神智, divine wisdom의 숨결이고, 지식은 인간적 숨결이라고 생각되는군요. 인간적 숨결은 모습이 있고, 성령의 바람은 모습이 없습니다. 성령의 바람은 모든 것을 주기만 하는 사랑의 바람이기 때문입니다. 성령의 바람은 세미하고 은은한, 「산상수훈」의 동산에 향기 날리는 그런 훈훈한 바람입니다. 그러나 받을 수 있을 만한 사람에게는 인印을 치는, '불의 혀같이 갈라지는 급하고 강한 바람'행 2:2-3의 '현존'現存, presence입니다.

지식과 지혜는 이토록 커다란 차이가 있습니다. 지식이 작위作爲 또는 인위人爲의 바람이라고 하면, 지혜는 모습 없는 성신聖靈의 바람입니다. 지식의 바람은 사람을 교만하게 만들고 삶의 외관外觀을 휘황하게 만들지만, 지혜의 바람은 온유와 사랑으로 빛나는 보석을 사람의 내면 깊숙이 심어 줍니다. 예수께서 "외모를 보고 사람을 판단하지 말라"요 7:24; 삼상 16:7; 롬 2:11; 벧전 1:17고 일러주시는 이유도 여기 있다고 할 수 있겠지요.

성령의 바람, 지혜의 향기에 취한 사람은 비록 삼베옷, 아니 초의草衣를 걸쳤다고 하더라도 부유한 자로 살며, 대大자유인으로 삽니다. 그는 '하나님의 나라를 기업으로 받을 것'약 2:5; 마 5:5이기 때문입니다. 우리의 옛 선현들은 말합니다. '주경득천진主敬得天眞'156이라, '하늘을 공경하면 진리를 얻으리라'고 말이지요.

"어린아이 같은 마음을 가진 자天眞, 꾸밈이나 거짓이 없이 순진하고 자연 그대로의 참됨만 하늘나라에 든다"마 18:3고 예수께서는 제자들에게 말씀하시곤, 나아가 "그러므로 누구든지 이 어린아이처럼 자기를 낮추는 자 곧 그가 하늘나라에서 가장 큰 자니라"마 18:4 이렇게 덧붙이십니다. 단순한 순진함

156 이 문구는 송나라 성리학자 주자朱子의 사상에서 비롯된 것으로 알려져 있으며, 특히 그의 「심성론」心性論과 관련된 문맥에서 등장한다. 주자는 "인간의 마음을 수양하고 경건함을 유지함으로써 '하늘이 부여한 본래의 순수한 성품'天眞을 회복할 수 있다"고 보았다. 『近思錄』근사록은 주자의 사상을 집대성한 책으로, "主敬得天眞"주경득천진이라는 표현이 자주 인용된다.

을 넘어서, 겸손하고 진실된 마음가짐이 천국의 기준임을 보여줍니다. 어린아이의 마음을 지닌 자, 즉 '하늘의 참됨天眞을 간직한 자야말로 하늘나라에 합당하다'는 사상이 성경의 핵심 아닙니까.

'출천진出天眞'157!

157 출천진出天眞은 문자 그대로 "하늘에서 나온 참됨", 곧 천성天性·본래의 참된 성품을 뜻하는 표현으로, 주로 도가道家나 선종禪宗 계통의 문헌에서, 인위적 가식이나 분별을 벗어나 자연 그대로의 본래 진실한 마음을 가리킬 때 쓰였다. "出天眞性, 非學而得"출천진성, 비학이득, 곧 "하늘에서 난 참된 성품은 배워서 얻는 것이 아니다."라는 식의 구절이 선종 어록에 전해진다. 신학적·철학적 의미는 인위적 노력이나 학습 이전에 이미 주어진 본래의 진실한 성품을 강조하는 개념이다.

마음으로 보고

K형, '성경은 이상하게도 잘 읽혀지지가 않는다'고 하셨는데, 눈으로서가 아니고 심독心讀, 즉 마음으로 보시고자 노력해 보시면 어떨는지요. 묵상하면서 마음으로 보면觀想 믿을 수 없는 것이 믿을 수 있는 것으로 보이는 것은 신비입니다.

우리가 성경을 읽으면서 늘 묵상하는 습관에 익숙하게 되면 결국 하나님을 만날 수 있게 되리라고 생각합니다, 언뜻 보기엔 묵상이 단조와 권태뿐인 고임 현상 같아 보이지만, 묵상이야말로 활력의 충전 현상이지요. 썬다·싱이 회교도들과 라마 불교도들의 박해 때문에 나무 밑이나 바위 사이에 폐장을 쪼는 새우잠을 자면서도, 기도와 묵상 끝에 얻은 하나님의 임재, 그 성령이 주는 위로와 안식으로 해서 그다음 날 또 지대한 전도 임무를 수행해 냄은 저에게 큰 깨달음을 줍니다.

사실 침묵은 난맥을 이루는 인간들의 언어 조작과 관념의 유희에 대하여, 그것들을 증류하고 정제整齊시키는 작업이 아닌지요. 하나님의 말씀 소리가, 문을 걸어 잠그고 조용히 기도하고 묵상하는 영혼의 뜰에서나 들을 수 있는 세미細微한 음성이듯이, 혼돈의 물, '유액 상태를 이루는 인간의 사유'158 또한 세미하게 정제되어야 한다고 생각합니다. 그렇지 않고는 나와 하늘의 비밀한 내면, 그 영靈의 코드를 어떻게 이을 수가 있겠습니까?

흠 많은 인간이 신의 섭리, 그 자비에 두 손을 조용히 모으고 감사의 눈으로만 성경을 보면 그리고 말씀을 은혜의 기도로 읽으면 하늘은 우리에게로 내려와 성령님으로 임재해 주시고, 시간은 촌각寸刻이 영원으로 이어질 것입니다. 하나님은 그 시간과 영원 사이의 거리 안에서 계시는 것이지요. 눈물의 잔이 찰 때에도 계시고, 고뇌의 혼이 깊을 때에도 계시는 것입니다. 단지 우리가 침묵 속에서 귀 기울이지 않고, 묵상 중에 그의 말씀을 이해하려고 하지 않아서 그의 감로甘露의 말씀, 그 '생명 강'을 보지 못하는 것입니다.

우리는 마치 불교도가 '상구보리上求菩提 하화중생下化衆生'159 의 서원을 간절히 하듯, 또 유자儒子가 "성聖" 공부에서 '거경居敬'의 집중으로160 거룩을 품듯, 조용하고 지극한 마음으로 성경을 보아야 할 것으로 믿어집니다.

---

158 인간의 사유는 종종 '질서와 논리로 정리'되기를 요구받지만, 그 근원은 혼돈 속에서 자유롭게 흘러가는 유액상流液狀 처럼, 유동적이고 규정되지 않은 상태일 수 있다. 루마니아 출신 프랑스 철학자 에밀 시오랑Emil Mihai Cioran, 1911~1995은 "혼돈 상태를 부정하는 사람은 누구도 창조자가 될 수 없다."라고 말하며, 혼돈을 창조의 전 단계로 본다. 이는 그의 저작 『해체의 개설』*Précis de décomposition, 1949* 또는 『고백과 저주』*Aveux et anathèmes, 1987*에서 유래한 것으로 본다. 또한 『장자』의 우화에서는 '혼돈'混沌이 감각기관이 없는 상태로 존재하다가, 인위적으로 일곱 구멍을 뚫은 뒤 죽음을 맞이하는데, 이는 자연적이고 무분별한 상태가 인간의 인위적 개입으로 파괴되는 과정을 상징함을 보여주는 것이다.

159 보살의 수행 목표를 표현한 말로, '위로는 깨달음을 구하고自利, 아래로는 중생을 교화利他 하는 것'을 의미한다. 대승의 의미를 가장 잘 표현한 가르침으로 불교에서 추구하는 궁극의 목적이다.

160 거경궁리居敬窮理, '마음을 경건하게 하여 이치를 추구한다'는 뜻으로, 성리학에서 중시하는 학문 수양 방법을 가리키는 유교 용어이자 성리학 용어이다. 인식론적인 의미의 '궁리'와 실천론적인 뜻의 '거경'을 합하여 '거경궁리'라고 한다. 송나라 때의 정호程顥와 정이程頤에 의해서 '경'敬이 비로소 철학적으로 다루어졌고, 주희朱熹, 1130~1200에 의해서 '궁리'窮理가 강조되었다. 조선시대에 퇴계退溪 이황李滉, 1501~1570이 계승하여 '거경궁리'의 철학적 의의를 심화시켰다. 『한국민족문화대백과사전』

침묵의 고요 속에 계시는 하나님, 영혼의 '어둔 밤'을 지나고 있는 인생에 천상까지 사다리를 놓아주시기를 원하는 하나님, 묵상의 수풀 속에서 불타되 태우지 않는 호렙산시내산의 불꽃처럼 우리에게 오십니다.

우리가 '조용히 부르되 타는 혼으로 말씀을 보면 하나님은 우리를 지도해 주시고, 또 영안靈眼을 열어 주신다'시 121:1-8; 엡 1:17-19고 성경은 말합니다. 이 영적인 지혜와 하나님 안에 있는 심령의 뜰로 사도 바울은 그 아라비아 광야 서쪽의 거친 사막 지대의 가시덤불 산인 호렙산에서 엎드린 채로 여러 해3년 동안 계시를 공부하였고, 또 삼층 천까지 들려 올라가 하나님의 보좌권의 비밀을 보는 것입니다.

하나님의 말씀을 공부하려고 하는 사람들은 누구나 먼저 나를 부인하고 사막에 나가 앉아야겠지요. 에스겔이 포로로 끌려간 그 전란의 와중, 바빌론의 '그발 강가에서'겔 1:1 무너져 앉아 하나님을 사모할 때, 하나님께서는 그에게 그 장대한 비전의 계시를 열어 보여주시듯이, 우리도 먼저 마음의 황야로 나아가 꿇어 엎드려 시온을 그리워하는 '그발 강가의 노래'를 불러야만 할 것입니다. 그리하면 긍휼의 하나님께서 어찌 우리를 외면하겠으며, 영광중에 우리를 붙들어 주시지 않겠습니까?

사실 '엑스타시ecstacy, 황홀감, 환희, 탈혼' 상태란 딴 것이 아니라, 속俗의 영혼이 묵상 중에서 깨달음으로 받게 되는, 하늘 사다리를 타고 거룩한 영혼께 올라가는 경험입니다.

진리의 말씀은 마음으로 보아야 할 것입니다. 마음으로 보고 깨닫게 되면 행간에 더 구애받을 필요가 없을 것입니다. 불교식으로 말하자면 중생 속에 파묻혀야 하는 '출세出世, Loka-prādurbhāva의 출가出家, pravrajana'만 남는다고나 할까요. 수미須彌산이 겨자씨 안에 들어 있는 것이지요. 그러므로 일반진리의 현상계든, 계시 진리의 영계든, 눈으로서가 아니고 마음으로 깨치려고 할 것입니다.

우리의 불교 민간설화에 있는 대로, 옛날 신덕행信德行의 처녀 장설張雪이가 『관음경』과 『법화경』을 독송하면서 일생을 보내고 있었는데, 어느 날 산골 빨래터에서 빨래하는 도중 산골 개울물을 따라 흘러 내려오는 '절 종소리를 마음으로 듣고서는 문득 깨달아' 버립니다. 그 직관적 깨달음見性, 禪宗을 통한 득도의 시간 이후, 그녀는 다시는 불전佛典으로 돌아가지 않고 선禪만 하면서 선덕善德을 쌓으며 살지요. 한 번 마음으로 보고見性 나니, 천지는 원만圓滿 안에 있고, 그래서 산천의 버들은 푸르고, 꽃은 붉더란 얘기가 아닙니까?

성경은, 깨달음을 방해하는 근본 원인인 죄업의 무명無明 속에서 마음으로 눈을 뜨라는 메시지이고, 그래서 그 무명을 걷어내고 빛 되는 길이요 진리요, 생명이 되시는 예수를 보라는 것입니다.14:6 예수 그리스도의 마음으로 진리가 꽉 차서, 그 마음, 그 진리로 하나님 나라를 보기 위해서만 인간은 존재한다는 말씀입니다.

실로 인간은 야곱처럼, 압복강에서 하나님과 씨름하며 초극超克되어야 할창 32:24-28 그 무엇161과 같습니다.

---

161 인간의 내면적 갈등과 영적 돌파를 상징하는 강력한 메시지를 담고 있는데, 형, '에서'와의 재회 앞에서 극심한 두려움에 휩싸여 있는 야곱은 홀로 남아 하나님과 씨름한다. 이 고뇌는 단순한 육체적 싸움이 아니라, 자신의 과거, 두려움, 죄책감, 정체성과의 혈투로, 결국 그는 하나님께 축복을 간청하며, 이름이 '야곱속이는 자에서 이스라엘하나님과 겨루어 이긴 자'로 바뀐다. '압복강'은 '내면의 경계선'으로 야곱은 그곳에서 자신의 한계를 초월하고, 하나님과의 만남을 통해 새로운 존재로 거듭난다. 이 사건은 우리에게도 "압복강은 극복해야 할 두려움, 죄, 상처, 자기의식이 있음"을 상기시킨다. 초극超克은 도피가 아닌 '단독자'單獨者로서의 직면, 하나님과의 씨름을 통한 변화이다. 마침내 하나님은 야곱의 씨름을 통해 그를 축복의 통로로 변화시키시는 이 장면은, 기독교 영성에서 가장 강렬한 회심과 정체성의 전환을 상징하는 사건 중 하나이다.

마음으로 말하고 (I) - 논리가 아닌 침묵

K형, 전번의 편지에 이어 적어 보고 싶습니다. '마음으로 볼 수가 있다면 마음으로 말할 수도 있을 것'이라는 생각이 들어서입니다.

K형, 사람은 침묵으로, 마음으로 말할 수 있어야 할 것이라고 봅니다. 온 인류의 죄를 대속代贖하시기 위하여 하나님이 친히 인간의 몸으로 오셔서 죄 없는 아들 예수가 되셔서, 십자가의 보혈寶血로 인류의 죄를 대신 씻어 구원하시려 골고다 형장으로 갈 때, 갈보리 언덕에서 예수의 곁에서 무거운 십자가를 대신 지고 올라갔던 구레네 사람 시므온이, '자신이 십자가를 지겠다.'라고 입으로 말을 하였겠습니까?162막 15:21

162 "마침 알렉산더와 루포의 아버지인 구레네 사람 시몬이 시골에서 오는데, 그들이 그를 억지로 끌어다가 예수의 십자가를 지게 하더라"막 15:21. 이 구절에서 주목할 점은 시몬의 아들들, 알렉산더와 루포가 언급된다는 것이다. 이는 단순한 역사적 정보가 아니라, 초기 교회 공동체에서 이들이 잘 알려진 인물이었다는 것을 암시한다. 즉, 시몬(시므온) 가족과 제자됨을 살펴볼 필요가 있는데, 로마서 16장 13절에서 바울은 "주 안에서 택하심을 입은 루포와 그의 어머니에게 문안하라. 그의 어머니는 곧 내 어머니니라."라고 말한다. 이 구절은 루포가 초기 교회에서 존경받는 신자였으며, 그의 어머니시몬의 아내 또한 바울에게 영적 어머니로 여겨질 만큼 중요한 인물이었음을 보여준다. 따라서 구레네Cyrene, 북아프리카 리비아의 키레나이카, Cyrenaica 지역, 현 리비아의 샤하트, Shahhat 근처 사람 시몬은 억지로 십자가를 졌지만, 그 사건은 그의 가족에게까지 영향을 미쳐 다음 세대가 복음의 제자가 되는 계기가 되었다. 이는 억지로 십자가를 진 한 사람의 순종이, 그 가족과 지역에까지 영향을 미쳤다는 점에서 깊은 묵상이 가능하며, 구레네는 디아스포라 유대인들이 거주하던 지역으로, 사도행전에서도 구레네 출신 유대인들이 예루살렘에서 복음을 전하는 장면이 나오듯이, 이곳은 단순한 지명이 아니라, 복음

전에도 말씀드렸듯이 신앙인은 사변思辨을 두지 않은 마음으로 진리를 보아야 할 것입니다. 무심無心의 마음으로만 내면 깊숙이 계시는 신을 만나는 일이지요. 노자의 말에도 있듯이 '지자불언知者不言'이라고, '입으로 말할 필요가 없는 것'이겠지요.『노자』 56장

진리는 말로서 배워지는 것이 아닌 것으로 보입니다. 온갖 사유의 가구家具들을 다 버린 무심의 마음으로만 채워지는 것 같습니다. 나와 실존 사이에 아무것도 두지 않고 텅 비게 한, 그래서 들어올 것이 많은 무심의 마음, 그 침묵의 마음으로 실존을 접하는 것이라고나 할까요.

> **구원은 믿음에서 나고, 그러므로 믿음은 들음에서 나며, 들음은 그리스도의 말씀으로 말미암느니라** 롬 10:17

하나님의 세미한 음성을 듣기 위해서는 침묵 속에 그분 곁에 가서 앉아 있어야 한다는 말일 것입니다. 그분 곁에 앉아 침묵으로 묵상하되, 타듯이 사모하면 어찌 보혜사 진리의 성령이 가르쳐주시지 않겠습니까.요 14:16-17, 15:26, 16:13, 25

하나님을 중언부언하는 기도나 설교로 싸안지 말아야 할 것 같습니다. 하나님에 대해 무언가 말을 할 수는 있어도, 하나님을 말할 수는 없기 때문입니다. 삼라만상의 근원자, 그 실재는 너무도 깊고 신비적인 존재이기 때문에, 인간의 표현 능력으로써는 불가능한 것이지요. 이것은 '비아 네가티바,'Via,Negativa 사막의 교부들로부터 시작된 2천 년 가까운 역사를 지닌 '부정도否定道 신학'의 핵심이 아닙니까?

마치 사랑에 대해서 논할 수는 있어도 사랑은 말해지는 것이 아니듯이, 사랑처럼 하나님은 겪어져야 하는 것입니다. 말로써 하나님을 접촉

의 역사 속에서 중요한 상징적 장소이다.

하고 교감하려고만 해서는 안 될 것이지요. 죄 많은 여인의 사형 집행 현장에서 예수께서 말을 하지 않고 땅바닥에 손가락으로 무엇인가만 쓰시면서 침묵을 지켰듯이,요 8:6-8 또 그가 진리를 묻는 빌라도 총독에게 끝내 침묵함으로써만 진리를 진리이게 하듯 말이지요,요 18:38 침묵만이 언로言路로 통할 수 없는 것을 전체로 통하게 하는 것이라 느껴집니다.

기독교는 말의 종교, 교리의 종교가 아니라고 할 수 있을 것입니다. 말 없는 가운데 전달되는 내면의 체험이 없이 어떻게 진리가, 하나님이 표현될 수 있겠습니까? 기독교는 고요한 가운데 인격 대 인격으로 만나지는 실존적인 체험, 이 신성神性의 발화 현상에서만 하나님의 은혜 가운데 '생명'으로 충전되는 것이라고 할 수 있을 것이지요.

실로 성경에 나오는 하나님의 모든 초자연적인 역사는 우리가 입을 다물 수밖에 없는 기적들입니다. 그러나 하나님 편에서 볼 때는 너무도 당연한 섭리와 주권 역사로서 기적이 아닙니다. 이를테면 '도성인신', 그 '로고스말씀'의 육화肉化, Incarnation의 신비를 인간이 어떻게 이해할 수 있겠습니까?

요한복음 1장에 보면 로고스 되신 예수 그리스도의 신비적인 특성, 즉 '영원 존재성', '하나님과 동일한 신성', 그리고 '말씀이 육신이 되신 인성'이 기록되어 있습니다.

> 태초에 말씀이 계시니라. 이 말씀이 하나님과 함께 계셨으니 이 말씀은 곧 하나님이시니라. 그가 태초에 하나님과 함께 계셨고 만물이 그로 말미암아 지은 바 되었으니 지은 것이 하나도 그가 없이는 된 것이 없느니라1-2절 ….,
>
> 말씀이 육신이 되어 우리 가운데 거하시매14절 …."

인류 역사상 가장 찬란한 신비는 그리스도의 부활과 승천, 그리고 하나님께서 인간의 몸을 입으시고 인간이 되셨다는 바로 이 '도성인신'의 기적적 사건입니다. 인간의 생각으론 도저히 알 수 없는 기이한 암호입니다.

여호와의 말씀에
내 생각이 너희의 생각과 다르며,
내 길은 너희의 길과 달라서
하늘이 땅보다 높음같이
내 길은 너희의 길보다 높으며
내 생각은 너희의 생각보다 높으니라 사 55:8-9

마음으로 말하고 (Ⅱ) - 고요하면 볼 수 있어

K형, 우주에 대한 존재론적 통찰의 과정을, 참선參禪을 통해 닦아내는 견성성불見性成佛[163]의 선禪불교 사상도, 영적인 차원에서 보면, 그 공空의

---

163 '견성성불'見性成佛은 불교철학에서 매우 핵심적인 개념으로, 간단히 말하면 "자기 본성을 깨달아 부처가 되는 것"을 의미하는데, 이 말은 단순한 깨달음이 아니라, 존재의 본질을 꿰뚫어 보고 궁극적인 자유와 평화의 경지에 이르는 과정을 말한다. 그런데, '견성성불'이라는 말은, 대장경 전체를 다 검색해보아도 어느 대승경전, 대승논서에서도 '견성성불'이라는 말은 찾아볼 수 없다가, 6조 혜능선사의 단경檀經에서 처음 나오는 말이다[*"견성성불見性成佛은 옳은 말인가?"*, 선가어록, 「전법지견」, 법성, 2024]. '견성'見性은 '성품을 본다'는 뜻으로, 불성佛性 또는 자성自性을 깨닫는 것을 의미하는데, 이는 번뇌에 가려진 본래의 순수한 마음을 꿰뚫어 보는 것이며, 공空의 진리를 체험하는 단계이다. '성불'成佛은 '부처가 된다'라는 뜻으로, 단순히 깨닫는 것을 넘어서 모든 번뇌와 고통에서 벗어난 열반의 경지에 도달하는 것을 말한다. 연기법緣起法을 이해하고, 중도실상中道實相을 체험함으로써 이루어진다. 그러나 이 말은 어폐가 있어, 듣는 이로 하여금 오해를 하게 만든다. 듣는 사람이 '견성'見性과 부처의 '아뇩다라삼먁삼보리'阿耨多羅三藐三菩提, '上없는 바르고 평등한 완전한 깨달음'를 동일시同一視할 수 있기 때문이다. '견성'이란, 자신의 진여자성眞如自性 즉, 불성佛性을 보는 것이다. 그렇다면 불성을 보면 곧바로 부처가 되는가? 아니다. 첫 번째 견성은 초발심初發心의 지위에 해당한다. 이것은 마치 초하루의 달과 같아서 빛을 발휘하지 못한다. 15일이 된 보름달이 되어야 비로소 완전한 밝은 빛을 비추듯이, 십오분十五分의 공덕이 완성되어 충만해야만功德成滿 부처의 '아뇩다라삼먁삼보리'를 이룬다. 왜냐하면 초기 불교 경전인 니까야Nikāya, 阿含經와 대승불교 경전에서 모두가 석가모니불 다음의 부처는 미륵불彌勒佛; '미래에 내려와 성불할 부처'이라고 분명히 밝히고 있기 때문이다. 이것은 부정할 수 없는 결정된 법이다. 석가모니불과 미륵불 사이에 이미 수많은 부처가 출현했는가? 역대 조사들이 부처인가? 아니다. 그들은 조사,祖師 대사,大師 선사禪師라고 불릴 뿐이며 부처님이라고 불리지 않는다. 부처가 아니기 때문에 부처라고 부르지 않는 것이다. 선종에서 전해오기로는 5조 홍인五祖弘忍 선사는 삼생三生에 걸친 인연이 있다. 4조 도신道信 선사를 처음 만날 때

반야prajnā,般若智 사상 뒤에 있는 철학적 체계야 어떠하든 한 마디로 신성절대 진리을 보고자 하는 사유의 실존적 고투라고 해도 크게 무리한 말이 아니라고 여겨집니다. 불자들은 이 절대 진리를 먹어내는 힘, 이 "반야지般若智"를 터득하게 되면 사물을 걸림 없이 있는 그대로 볼 수 있게 된다는 것이지요. 이것이 여如,tathatā, 곧, 실상實相의 세계입니다.

마치 기독교 영성의 거인들, 그 신비주의 성인 학자들, 예를 들면, 사도 바울, 사도 요한, 성 어거스틴, 오리게네스, 디오니시우스, 에리우게나, 보나벤투라, 베르나르, 마이스터 에크하르트, 시에나의 성녀 가타리나, 십자가의 성 요한, 아빌라의 성녀 데레사, 니콜라스 쿠자누스 등이 감각적· 지시적 세계를 타기하고 영원의 세계를 바로 보려見고 하듯이 말이지요.

그렇습니다. 진리에 관한 한 천태종天台宗의 바이블인 『법화경法華經』 사상이 일러주듯, 감각적 지식적인 것을 끊어 멈추어야 할 줄 믿습니다. 진리는 고요히 멈춤止으로써 만이 보이기觀 때문입니다.止觀 '천태지관天台止觀'사상164으로 보면, 이 '멈춘다는 것은 비운다'는 뜻이 아닙니까? 멈춤

의 '노인의 몸'老身과 5조 '홍인弘忍의 몸', 그리고 후생에 '법연 선사法演禪師의 몸'이다. 조사가 윤회하면서 계속해서 수행한다는 것은, '견성이 곧 완전한 성불이 아니다'라는 반증이다.["*견성성불은 반은 맞고 반은 틀린 말이다*", 견성성불見性成佛은 옳은 말인가?, 작성자 법성, https://blog.naver.com/dhammatruth/223362969645] 요약하면, 불교에서는 모든 중생이 불성을 지니고 있다고 본다. 즉, '누구나 부처가 될 수 있는 잠재력을 가지고 있다'는 뜻으로, '견성성불'은 이 잠재력을 현실로 드러내는 과정이며, 수행의 궁극적인 목표이지, 부처가 된다는 목표는 아니다.

164 천태지관天台止觀 사상은 중국 수나라의 고승 지의智顗, 538~597가 체계화한 천태종의 핵심 수행법으로, 불교의 이론과 실천을 통합한 깊은 철학적·수행적 체계를 말한다. 철학적 배경으로는, 삼제원융三諦圓融: 공空, 가假, 중中의 세 가지 진리가 서로 분리되지 않고 하나로 융합; 일념삼천一念三千: 한 생각 속에 우주의 모든 법이 담겨 있다는 우주론적 통찰; 지관쌍수止觀雙修; 멈춤과 관찰을 함께 닦아야 진정한 깨달음에 이를 수 있다는 원리; 삼관사상三觀思想; 공관空觀, 가관假觀, 중도관中道觀을 통해 제법실상을 관찰; 일심삼관一心三觀; 하나의 마음

으로써 고요해지고, 고요해짐으로써 순수해지고, 순수해지면 그때 볼觀 수 있다는 말씀이지요. 한 고요한 명상으로 온 천지를 말입니다.一念三天165

이때 '티끌 하나가 우주가 되고, 우주가 티끌이 되는 것'이지요. 다시 말하면, 일즉일체一卽一切 일체즉일一切卽一, 'one atom is the ultimate'166 '네가 비우면청결하면 근원하나님을 볼 수 있다'마 5:8고 하는 예수의 「산상수훈」과 상통하는 것이겠지요.

서신이라서 논리를 다해 연찬硏鑽할 수는 없어도, 불교계가 낳은 2천 년 만의 천재인 용수龍樹167의 중관학中觀學, Mādhyamika의 '공空' 사상도 엄격히

안에 공·가·중의 진리가 원융함을 관찰하는 수행 등을 주요 핵심 사상으로 한다. 요약하면, 천태지관은 '단순한 명상법이 아니라, 존재의 본질을 꿰뚫고 깨달음으로 나아가는 수행의 길'이다. 『한국민족문화대백과사전』

165 천태종의 일념삼천一念三千에서 진여심眞如心이 아니라, 범부凡夫가 미혹으로 생각하는 중생심衆生心과 우주 안에 있는 모든 현상을 의미하는 교의로, '3천'三千이란 우주의 제상諸相 전부를 수數로 나타낸 것이다.

166 '일즉일체一卽一切, 일체즉일一切卽一'은 불교, 특히 화엄 사상에서 중심이 되는 철학적 개념으로, '하나가 곧 일체요 일체가 곧 하나이다'는 뜻으로 깊은 연기緣起의 원리를 표현한다. 이는 의상대사가 지은 게송인 『법성게』法性偈의 '일즉일체一卽一切 다즉일多卽一'과 같은 뜻이며 영어로 표현하면, 'One atom is the universe.'이다. 이 두 구절은 상즉상입相卽相入의 원리로 즉, '모든 존재는 서로를 포함하고 융합하며, 걸림 없이 하나로 연결되어 있다'는 뜻이다. 이 사상은 단순히 철학적 명제가 아니라, 개체와 전체의 관계, 개인의 자유와 공동체의 조화, 민주와 독재의 균형 등 사회적·정치적 함의도 지니고 있는데 즉, 중도中道를 유지해야만 개체와 전체가 병들지 않고 조화를 이룰 수 있다는 현대적 해석에 의한 메시지를 담고 있다. [출처: "온고지신", 신심영. 2018, https://blog.naver.com/skwonh85/221428599662]

167 앞서 언급한 것처럼, 용수龍樹, Nāgārjuna는 2~3세기경 인도에서 활동한 대승불교의 대표 철학자로, 불교 사상사에서 '석가모니 이후 최대의 천재'로 불릴 만큼 깊은 영향을 남긴 인물이다. 그는 중관사상中觀思想의 창시자로, 불교의 핵심 개념인 '공'空을 철학적으로 정립했다. 대표 저서인 『중론』中論, Mūlamadhyamakakārikā에서 "모든 존재는 인연에 의해 생겨나며, 자성이 없다."라는 연기법을 논리적으로 설명했다. 그의 사상은 허무주의가 아닌 중도中道를 강조하며, 존재와 비존재의 극단을 넘어서려는 철학적 균형을 제시한다. 후대의 천태종, 삼론종, 티베트 불교 등 여러 종파에 지대한 영향을 끼쳤다. 용수는 단순한 불교 철학자가

말하면, '근원자'를 찾고 있는 것이라고 말씀드릴 수 있을 것 같습니다. 진리를 진체眞諦와 속체俗諦로 구분하여 '진체'를 절대 불변의 세계, 영원한 실상實相의 세계, 시작도 없고 끝도 없는 멀고 아득한 '절대적 차원의 진리Paramantha Satya'로 보고 있지 않습니까? 무엇보다도 그 '공' 개념이라는 것이 결국 '비어 있음으로써 가득하다'는 사상입니다. 세상적 또는 '상식적 차원의 진리Samvrti Satya'가 아닌 절대의 세계인 '진체'는 그토록 텅 빈, 비어 있음 자체라는 것이죠. 마치 하나님이 순수한 비어 있음의 존재 자체이듯이 말입니다. 영원의 세계에 대해 마이스터 에크하르트Johannes Eckhart, 1250~1327도 얘기하듯이, 영원의 세계가 어찌 무엇으로 가득 차 있겠습니까? 영혼이 근원에 있어서 '비어 있음없음'이듯이, 하나님도 근원에 있어서는 '열려있는空' '없음無' 자체가 아닐는지요?

K형, 자력自力이냐, 타력他力이냐의 문제로 돌아가는 것입니다만, 아무렴 저는 비울空 수 있는 영혼의 눈을 가능케 하는 것은, 하나님의 은총이라고 생각해 봅니다. 하나님 안이 아니고서는 어떻게 유한한 인간이 영원으로 승화하겠습니까? 영원을 먹어낼 수 없는 인간이 영혼의 빛성령으로 해서 존재의 빛하나님 안에 들 수 있다는 성경의 사상은 예수라고 하는 밟고 넘어갈 수 있는 다리가 있기 때문이요, 그래서 은총인 것입니다.

영혼이 가난하지 않은 자는, 하늘에서 땅까지 낮아진 사람,빌 2:6-8 예수라고 하는 말씀의 다리를 밟지 않겠지요. 따라서 다리 너머 있는 그 엄청난 '없음無'의 세계, '빈空' 세계의 순수하고 맑은 '열린' 세계, 근원자 하나님의 세계를 보지 못하는 것입니다. 불자佛子들이 영혼 속에 꽉 찬 잡다한 '번뇌,' 즉, 원래 '똥파리'란 뜻으로 망념, 망상이라고도 하는 집

아니라, 존재의 본질을 꿰뚫은 수행자이자 사상가였다. '2천 년 만의 천재'라는 표현은 과장이 아니라, '그의 사상이 불교뿐 아니라 인류 사유의 지형을 바꿔놓았다는 평가에 기반한 찬사'이다. 『위키피디아대백과사전』

착, 번뇌를 끊는 철퇴인 금강 반야prajnāparāmita로 끊고, 돌아가고자 하는 그 순수하면서 찬연燦然한 자비의 대방광불화엄大方光佛華嚴, 줄여서 華嚴 세계는 실상 하나님의 혼의 세계를 찾는 것이 아닐는지요. 왜냐하면 불교에서 만행萬行 만덕萬德을 닦아 덕과德果를 장엄하고 찬연하게 하는 화엄華嚴의 이상理想은, 기독교인이 성령으로 열매 맺는 덕목갈 5:22-23의 생활로 하여 자신들의 인격을 예수님처럼 완전하게 하려고 노력하는 윤리적 측면과 같은 것이겠지요. 물론 불교 쪽에서 결缺하고 있는 십자가와 '도성인신' 등의 개념은 여기서 논하지 않기로 하고 말입니다.

K형, 불교인들이 자신들의 마음속에 담긴 오묘한 기운이나 에너지인 '신통장神通藏', 그 내면의 빛을 찾는 혜안慧眼을 강조하는 만큼 광명의 대주재大主宰 하나님도 반드시 놓쳐서는 안 되리라고 봅니다. 기독교 진리에 보이는 광명의 하나님은 위에서 말한 '무'라고 하는 순수하고 맑은 열린空세계, 그 본질적인 존재의 전체이기 때문입니다. 이것이 「산상수훈」 정신의 핵심이기도 하지요.

순수하고 고요하면 볼 수 있을 것입니다. 내려놓으면 보일 것입니다.

事理無礙 사리무애 **事事無礙法界** 사사무애법계 168

현상과 이치가 서로 걸림 없이 자유롭게 통하여, 모든 사물이 서로 걸림 없이 자유롭게 상호작용하는 진리의 세계를 구현한다.

---

168 "사리무애"事理無礙와 "사사무애법계"事事無礙法界는 화엄종華嚴宗의 핵심 사상으로, 존재와 진리의 관계를 설명하는 깊은 철학적 개념이다. '사리무애'는 현상과 진리를 뜻하고, '사사무애법계'는 현실의 모든 존재가 서로 원융상즉圓融相卽 연기관계緣起關係에 있는 세계를 뜻하는 '화엄 교학'에서 제시한 법계관이다. 불교의 세계관인 '법계'法界는 모든 존재의 본성을 뜻하는 법성法性, 진리의 핵심인 법신法身, 그리고 만유의 본체를 의미하는 진여眞如와 동의어이다. 이 개념은 『화엄경』華嚴經과 그 주석서들에서 비롯되며, 특히 통일신라 초기의 고승으로 해동화엄종海東華嚴宗의 시조인 의상대사義湘大師, 625~702의 『법성게』法性偈와 『화엄일승법계도』華嚴一乘法界圖에서 잘 드러난다. 『한국민족문화대백과사전』

침묵, 그 신성神性의 여울목

K형, 우리가 진리를 너무 언어로만 붙잡으려고 해서는 안 되겠지요. 다시 말씀드리지만, 하나님은 고요한 침묵을 통해서도 많이 나타나시듯이, 종교 행위에 있어서 통찰되어야 할 중요한 것 중의 하나는 '침묵'의 문제라고 생각합니다. 침묵은 문자 뒤에서 예전禮典을 치르는데 하나의 과정 노릇을 하기에 그렇습니다.

예를 들어, 성만찬 의식을 침묵의 방법 이상으로 더 매끄럽고 은혜롭게 진행하는 방법이 있겠습니까? 하나님께서는 성만찬 때 침묵으로 우리에게 말씀하시는 것입니다. 그 침묵이 우리의 정신 기관에 의해 감지感知되고, 신적인 것으로divine silence 경험되어지는 것이지요. 어떤 이들은 하나님을 더 경험하기 위해 오랫동안 침묵 훈련을 수행하기도 합니다. 예를 들어, 교회사에 보면 초기 중세 시대의 수도승이었던 아가톤Abba Agathon, ?~435, 이집트 정교회 수도사이자 성인 같은 사람은 침묵과 금욕을 배우기 위해 입에다 자갈을 물고 3년 동안 말을 하지 않았습니다. 그는 결국 '하나님의 임재臨在에서 오는 깊은 평화를 느꼈다'라는 전승이 있습니다.[169]

169 Benedicta Ward, SLG-Sisters of the Love of God, 『사막 교부들의 말씀: 알파벳 모음집』*The Sayings of the Desert Fathers: The Alphabetical Collection*, Kalamazoo, MI: Cistercian Publications, 1975.

고요한 도道는 마치 사랑처럼 말로써 이해되는 것이 아니라, 존재 속에 내면화되는 깨달음의 경험인 것 같습니다. 진리는 언어를 넘어서서 느끼는 것이라고 하는지도 모르지요.

대승불교, 특히 나가쥬나Nāgārjuna, 용수의 중관中觀, Madhyamaka 철학의 부정의 변증법인 '귀류법歸謬法'에서도 마지막으로 도달하는 신성적 경험을, 실체가 없는 '공空, Śūnyatā' 또는 공空의 통찰을 통해 드러나는 참된 모습을 '진여眞如, Tathatā'라고 하듯이 말입니다. 물론 여기서 '공' 또는 '진여'는 단순한 사변이 아니라, 삶의 고통을 줄이고 자유를 얻기 위한 실천적 지혜로 경험되어져야 하는 하나의 존재이지요.

K형, 정말이지 오묘한 생의 신비와 지어진 세계, 이 우주에는 무언가 리듬 같은 것이 있다고 하는 생각을 해보시지 않는지요? 저는 생명체 포함, 모든 것에 자율적인 생체시계 메카니즘circadian rhythm이 있듯이, 우주에도 리듬170이란 것이 있다고 믿고 있습니다. 이 리듬은 실상 신의 조화와 자비의 숨결, 그 기氣라고 생각해 봅니다.

---

170 생명체는 24시간 주기circadian rhythm에 따라 움직이는데, 이는 세포 안에서 작동하는 자율적인 생체시계 메커니즘으로, 수면, 체온, 호르몬 분비 등 생리적 활동을 조절한다. 이 리듬은 태양의 주기적 변화와 맞물려 있으며, 우주적 시간 흐름과 생명체의 리듬이 연결되어 있다는 점에서 "우주의 리듬"을 실감케 한다. 한 독립연구푸리에, 나비에-스토크스, 호지 이론의 방정식을 통해 우주의 리듬을 아날로그-디지털-아날로그로 순환하는 구조로 설명한다. 이 모델은 동양철학의 태극太極, 무극無極, 황극皇極 개념과 연결되며, 존재와 인식, 생명의 작동 원리를 리듬과 위상적 응결로 해석한다. 한편, 불교에서는 연기緣起를 통해 모든 존재가 서로 연결되어 있음을 설명하며, 이는 우주적 상호작용의 리듬으로 볼 수 있다. 그리고 진여眞如는 그 리듬 속에서 드러나는 궁극적 실상이며, 중도中道는 그 리듬을 왜곡하지 않고 균형 있게 살아가는 길이다. 요약하면, "모든 것에 메커니즘이 있듯이, 우주에도 리듬이 있다"는 믿음은 과학적으로는 생체시계와 물리적 주기, 철학적으로는 연기와 진여, 우주론적으로는 정보와 에너지의 순환으로 연결된다. [출처: https://www.sciencetimes.co.kr/nscvrg/view/menu/248?nscvrgSn=169371]

고요한 숨결, 세미한 음성처럼 침묵 속에서 진리는 역사役事하는 것이라면, 결국 종교인이란 이 침묵을 배우는 사람들이라고 할 수 있을 것입니다. 닻錨을 내린 배는 평화를 누리듯이, 신앙인이 이 거대한 침묵의 세계 속에 함몰한다고 할까, 정박하지 못하면 존재로 합일合一하기는 어려운 문제이겠지요.

예수께서 '조용한 골방에서 하나님께 은밀히 기도하라.'마 6:6라고 하는 가르침도 '하나님의 고요, 하나님의 침묵 안에 들라.'라고 하는 뜻으로 해석할 수가 있을 것입니다. 마치 모세가 신을 벗고 하나님의 침묵 같은 세미한 음성에 귀 기울이듯이 말이지요. 교리로써 이래라저래라 안 해도 하나님의 침묵 안에 들어 그의 사랑 안에만 들면, 말씀 없이도 말씀을 뚫을 수가 있지 않겠습니까?

사실 하나님의 사랑을 알게 되면 「로마서」의 사도 바울처럼, "이에 대하여 무슨 말을 하리요"롬 8:28-32라는 침묵의 고백밖에 더 나올 것이 없겠지요. 교리나 신학적 체계의 가르침으로써가 아니라, 이 침묵으로 우리는 지성소 안으로 들어가는 것이라고 할 수 있을 것입니다. 그것은 마치 고대 희랍의 스토아 철학자들이 그들의 가르침을 오직 '문porch'일 뿐이라고 하였듯이,[171] 교설敎說들은 다 '문'일 뿐이라고 생각합니다. 문을 들어서서 '지성소'로 들어갈 수 있는 때는 오직 침묵에 대해서 들을 수 있는 준비가 되었을 때인 것입니다. 하나님은 지성소 안에서 문안으로 들어온 자와 독대獨對하시기를 원하실 것이기 때문입니다.민 7:89; 출 19:3; 요 1:14 심령을 이미 다 감찰하고 계시는 이에게 사실 무슨 말들이 필요하겠습니까? 오직 내면 깊숙이 계시는, 영혼의 문 뒤에 계시는 그분에게

---

171 희랍어의 'stoic'이란 단어는 'stoikas', 즉 회랑會廊 '문'이라는 'stoic'을 뜻한 것에서 유래하며. 이에 "스토아 철학파"는 영어로 'Stoic Philosophers' 또는 'Stoicism'이라고 표현한다.

혼을 다해 고백만 할 뿐이지요.

신학적으로, 철학적으로 추론推論, reasoning하고 있는 사람은 언제나 헤아릴 수 없는 그 물음의 문 앞에서만 머무를 수밖에 없다고 생각됩니다. 그래서 시詩적이며 종교적인 동양의 직관적 사유 방식이 아닌 아리스토텔레스적 추리와 분석의 과학적 학문체계로 울타리를 짓고 있는 철학적 신학은, 그것이 개념적이고 분석적 인식에 의존하는 한 끊임없는 물음이고, 수 없는 문門이라고 할 수 있겠지요. 물음을 끊어버린 시간, 그때부터 인간은 영혼의 문 안으로 들어갈 수 있는 법인데도, 많은 사람은 진리의 말씀을 이토록 합리와 과학으로 분석만 하려고 하니 안타깝기도 합니다.

정말이지 서양 신학이 플라톤의 시적 구도의 언어 위에 존재의 집을 지었더라면 이토록 사변적이지는 않았겠지요. 입만 열면 어긋나고 섞여 잘못을 저지른다는 '개구착잡開口錯雜' 말입니다. 불가에서 수행할 때 다짐하는 말이지요. 성경은 "누가 철학과 헛된 속임수로 너희를 노략할까 주의하라 이것이 사람의 유전과 세상의 초등학문을 좇음이요 그리스도를 좇음이 아니니라."골 2:8라고 권면합니다.

불교의 『금강경金剛經』172 용어대로 하자면, "강을 건너면 뗏목은 필요 없는 것"입니다. 장자莊子의 외물편外物篇에도 비슷한 경구가 있지요. 말은 뜻을 나타내기 위한 것인데 '뜻을 얻었으면 말은 잊어버린다'는 득의망언得意忘言이 있고, 조선 중기의 선승禪僧으로 실천불교의 선구자인 우리의

172 대승불교 초기의 공空 사상을 담고 있는 반야 계통의 경전으로 대략 2세기 무렵 인도에서 성립된 것으로 알려져 있다. 이후 동아시아에 널리 유포되었으며 우리나라에는 삼국시대의 불교 유입 초기에 전래 되었다. 우리나라에서 가장 널리 유통되고 신봉되었던 대표적인 불경으로, 『금강반야경』金剛般若經 혹은 『금강반야바라밀경』金剛般若波羅蜜經이라고 불리기도 한다. 『한국민족문화대백과사전』

일옥一玉 진묵대사震默大師, 1562~1633도 말한 대로, '고기를 잡았으면 통발은 잊어버릴 일'이라며 '득어자망전得魚者忘筌'의 게송偈頌을 전하기도 합니다.

언어는 그 본질상 이해하기 전에 필요한 것, 사랑하기 전에 필요한 것, 물음을 제기할 때 필요한 것일 뿐임을 절감합니다. 신의 사랑이 임재하고 있다는 것을 느끼면 교설敎說이 무슨 필요가 있겠습니까? 근원이 하나님인 것을 자각했다면, 그분의 품 안으로 복귀만이 남아 있을 뿐, 그저 내려놓고 문으로 들어가서 무릎을 꿇는 것이지요. 그렇지 않고 신학 체계로 틀지어 가지고 들어가는 한 하나님께서 좌정座定하실 데가 없으실 것입니다. 복음서에서 예수의 십자가상 최후 칠언架上七言은 기실 그가 '다 비웠기'에 '다 이루었다'요 19:30라는 고백이 아닙니까? 이는 단순한 종결이 아니라, 완전한 비움과 순종의 절정에서, 그분의 사역이 온전히 성취되었음을 선언하는 깊은 고백입니다. 더 비울 것이 없었을 때, 예수님은 다 이루었던 것입니다. 마성적인 온갖 인간성에 대한 극복 말이지요.

비워버리지 않는 한 하나님과의 영교靈交는 불가능하다고 믿어집니다. '영적인 교통communion'의 라틴어 원어는 com + unus, 곧 communis인데, 두 개의 단어가 모여져 'come to union' 즉, '한 띠'를 두른다는 뜻으로 하나님과 '한 띠'를 두르기만 하면 말 없는 속에 말하고 있는 것이지요. 또 말할 수 없는 것이 말해지는 것이라고나 할까요.

침묵으로 마음이 앉으면 몸이 앉고, 고요로 몸이 앉으면 마음이 앉을 것입니다. 주主도 객客도 없이 마음이 앉으면 자연의 리듬에 통하게 되리라고 믿습니다.

水靜流沈 수정유침 173

물이 자면 물살도 자는 것이 아닙니까?

선한 나무

- 청마 유치환

내 언제고 지나치는 길가에
한 그루 남아 선 노송老松 있어,
바람 있음을 조금도 깨달을 수 없는 날씨에도,
아무렇게나 뻗어 높이 치어든 그 검은 가지는
추추啾啾히 탄식하듯 울고 있어,
내 항상 그 아래 한때를 머물러
아득히 생각을
그 소리 따라 천애天涯에 노닐기를 즐겨하였거니,
하룻날 다시 와서 그 나무 무참히도 베어
넘겨졌음을 보았나니.
진실로 현실은 이 한 그루 나무 그늘을
길가에 세워 바람에 울리느니보다는 빠개어
육신의 더움을 취함에 미치지 못하겠거늘,
내 애석하여 그가 섰던 자리에 서서
팔을 높이 허공에 올려 보았으나
그러나 어찌 나의 손바닥에
그 유현幽玄한 솔바람 소리 생길 리 있으랴.
그러나 나의 머리 위,
저 묘막渺漠한 천공天空에
시방도 오고가는 신운神韻이 없음이 아닐지니,
오직 그를 증거할 선善한 나무 없음이
안타까울 따름이로다.

『예루살렘의 닭』, 1953

173 "수정유침"水靜流沈이라는 표현은 조선 후기 학자 유정문柳鼎文, 1782~1839의 문집인 『수정재집』壽靜齋集에 나오는데, 후손들이 1900년경 간행에서 유래한 것으로 보인다. "수정유침"은 "물이 고요하면 흐름도 가라앉는다."라는 뜻으로, 자연의 이치나 마음의 평정 상태를 은유적으로 표현한 문구로 해석된다. 『한국민족문화대백과사전』

주註: 정운 이영도 시인이 애송하던 시.

천공天空을 오고 가는 신의 가락을 전달해 주던 통영 문화동 세병관 밑길의 노송老松이 베어졌음을 보고 애석해서, 자신의 손바닥을 하늘에 뻗쳐 신운神韻 - 신비롭고 고상한 하늘 노래 - 을 들으려 한다. 그 몸짓은 바로 청마의 '생명의지', 곧 구도심의 자기 표현이자 영원에의 그리움의 대입代入일 것이다.

『수국단상』 中

묵상 적용과 토론을 위한 질문 [5부 제 5 왕국]

1. 오늘날 '제5왕국'(The Fifth Kingdom)이라는 개념은 인간이 스스로 신이 되려는 뉴 에이지 단체들(지식인과 예술인 중심의 종교적인 정신적 왕국)의 시대적 흐름이 사회 응집력으로 나타나는 문화와 문화현상인데, 그 속에서 하나님의 영적 통치와 진리 회복은 어떤 방식으로 가능하다고 생각합니까?

2. '하시도처(何時到處)유청산(有靑山)'은 삶의 어느 자리에서도 진리를 발견할 수 있다는 의미입니다. 여러분은 일상의 공간에서 말씀의 진리를 발견하는 경험을 어떻게 해석하며, 그것이 신앙과 철학적 사유에 어떤 영향을 준다고 보십니까?

3. 본문은 "모든 길이 신에게로 향한다."라고 말한 주장에 대한 반론입니다. 여러분은 종교 간 다양성과 통합 가능성을 어떻게 이해하며, 오늘날 다원주의 사회에서 신앙인은 어떤 태도를 지녀야 한다고 생각합니까?

4. '지식이 인간을 구원하지 못한다'는 「지식의 무용성」에 관한 본문의 통찰은 현대 지식사회에 대한 비판입니다. 여러분은 지식 중심 사회에서 존재 중심의 삶을 어떻게 회복할 수 있다고 보며, 그것이 교육과 신앙에 어떤 변화를 요구한다고 생각합니까?

5. 진리는 복잡한 논리가 아니라 단순한 지혜로 제시됩니다. 여러분은 단순함 속에 담긴 진리의 힘을 어떻게 경험하며, 그것이 현대인의 삶에 어떤 해방과 통찰을 줄 수 있다고 생각합니까?

6. 본문은 진리를 '마음으로 보는 것'이라 말합니다. 여러분은 사유의 이성적 판단과 직관적 통찰 사이의 균형을 어떻게 이해하며, 자신의 삶에서 '마음으로 보는' 경험은 어떤 의미를 지니고 있습니까?

7. 진리를 말하는 방식은 논리가 아니라 마음의 울림으로 제시됩니다. 여러분은 진리를 말하는 언어의 방식에 대해 어떻게 생각하며, 오늘날 신앙 공동체와 사회에서 '마음으로 말하는 태도'는 어떤 변화를 가져올 수 있다고 보십니까?

8. 침묵은 진리를 담는 그릇으로 묘사됩니다. 여러분은 침묵의 영성과 언어의 한계를 어떻게 이해하며, 오늘날 통신(SNS) 소음과 과잉 정보 속에서 침묵은 어떤 신성한 공간을 열어준다고 생각합니까?

네팔 반디푸르(Bandipur)에서 바라본 히말라야

1권 .. 어느 구도자에게 보내는 편지

제6부
자유한 전체와의 만남

흐르는 물 푸른 산밖엔
물어볼 곳이 없음이여
꽃은 붉고 버들은 푸른데
새는 가지에서 노래하네.

6부

「일출」울산 방어진에서 - 이재현

자유한 전체와의 만남

K형, 편지에 "교리를 떠나야 한다."라고 쓴 말은 딴 뜻이 아닙니다. 부분에 잡히지 말라는 말이지요. 너무 문자에 붙들리지 말란 뜻도 되고요 '에고'를 가지고 있으면 자유로운 전체를 만날 수가 없기 때문입니다.

모든 것을 싸안고, 모든 것을 끌어들이는 자연의 리듬은, 기실 선한 기氣인 성령의 흐름입니다. 『주역』周易이나 『화담집』花潭集174에서 보이는 바와 같이, '하나님의 입김'이랄까 '자기 활동'이라고 표현할 수도 있겠지요. 하나님의 입김은 모든 것을 어우르는 만큼 전체를 조화있게 하

174 조선 중기의 성리학자, 산림처사였던 화담花潭 서경덕徐敬德, 1489~1546의 시가와 산문을 엮어서 1605년부터 여러 차례 목판·활자본으로 간행된 시문집이다. 서경덕은 우주를 '기'氣로 이해하며, 주자학의 '이기론'理氣論을 비판하고 '이기일물론'理氣一物論을 주장하였으며, 자연과 우주의 통찰을 통하여 '태허太虛-우주 만물의 근원적 상태와 기'氣의 관계를 설명하며, 우주의 생성과 변화는 기의 자발적 운동에서 비롯된다고 보았다. 기존 성리학과는 다른 철학적 입장으로, 후대 철학자들에게 영향을 주었다예: 율곡 이이의 주기론과의 대비. 문학적 가치로는 시, 산문, 유사遺事, 제문 등 다양한 장르의 글을 포함하며, 그의 인격과 사유가 잘 드러난다. 『화담집』이 유명한 이유는, 철학적 독창성으로 기존 성리학의 틀을 넘어서 '기'氣 중심의 우주론을 제시한 점과 인격적으로 고매하여 '선비로서 황진이의 유혹을 뿌리친 일화' 등으로 도덕적 모범으로 존경받았다. 특히, 사고전서 수록인데, 청나라 건륭제가 편찬한 『사고전서』四庫-經·史·子·集-全書, 1773-1781에 완성에 조선인의 개인 저서로는 유일하게 수록되어 있다는 점이다. 후학들의 존경을 받아, 허엽, 박민헌 등 문인들이 그의 글을 모아 편찬한 문집으로, 후대에 지속적으로1605, 1752, 1770, 1786년 등 여러 차례 목판·활자본으로 간행되었다. 『한국민족문화대백과사전』

고, 살리는 생명의 에너지라고 믿습니다. '태극太極이 무극無極이고, 무극이 태극'175이 되는, 이 전체로 흐르는 생명 에너지를 우리는 받아들여야 하는 것이지요. 사랑의 실천이란 다름이 아니라 이 생명 에너지의 흐름에다 자신의 에너지를 던져 하나의 길을 이룸이 아니겠습니까? 자신 내면에만 있던 작은 생명 에너지가 생명의 근원, 그 무한한 전체 생명 에너지와 만나 이루어지는 불꽃 현상입니다. 어린아이의 눈동자가 어머니의 숨결과 만나서 갖는 평안과 조화의 상태 말이지요.

쉬어야 할 것입니다. 「시편」에 하나님은 그가 "사랑하는 자에게 잠을 주신다."시 127:2라고 합니다. 안연安然한 마음으로 하나님 안에서 안식하는 것, 어떻습니까?

> **무엇을 먹을까 무엇을 입을까 걱정하지 말라. 너희는 먼저 하나님의 나라와 그 의를 구하라. 그리하면 이 모든 것을 너희에게 더하시리라. 그러므로 내일 일을 위하여 염려하지 말라. 내일 일은 내일 염려할 것이요, 한 날 괴로움은 그날에 족하리라** 마 6:33-34

풀이 절로 자라듯, 그저 자연스럽게 진리 옆에 앉아 있기만 할 일입니다. 하나님의 의와 생기聖靈를 사모만 할 일입니다. '예수와 같은 인격으로 인성人性을 가꾸겠다'라고 하는 사람이 어찌 뭘 그리 받겠다고 분투하겠습니까? 불교의 '용맹정진勇猛精進'176도 마찬가지입니다. 실락원失樂園

175 태극太極은 무극無極의 작용으로 나타난 최초의 형상이며, 음양의 분화가 시작되는 우주의 근원적 원리이다. 무극은 형상이 없는 절대적 본체로서 모든 가능성을 내포한 상태이며, 태극은 그 무극이 운동을 시작하면서 음과 양이 생겨나는 최초의 질서이다. 다시 말해, 무극은 본체體이고 태극은 그 작용用이라 할 수 있다. 따라서 무극은 형이상학적 근원으로서 음양 이전의 상태이며, 태극은 그 무극이 발현되어 음양이 분화되는 최초의 우주적 운동으로 이해된다. 이는 『주역』의 "무극이 태극을 낳고, 태극이 양의를 낳는다"는 구절에 근거한다. [출처: https://m.blog.naver.com/yangskim2000/221213332598]

176 "용감하고 맹렬하게 정성을 다해 수행에 나아간다"는 의미로, 목숨을 걸고 수

이전 아담의 삶 경우, 그는 실제 어린아이처럼 그저 즐기면서, 무위無爲 속에서 살지 않았습니까? 그런데 뭔가를 해보겠다고 하는 유위有爲가 그를 파멸시키는 것이지요.

K형, 플라톤은 『공화국』Republic에서 말하기를, "최상의 사회 형태는 이제 비록 돌아갈 수는 없지만 그래도 돌아가려고 노력해야 하는 원시 공동체 사회이다."라고 합니다. 노자도 이상향은 '전원마을의 순진무구한 어린아이들의 생활'이라고 말합니다. "덕을 두텁게 품은 자는 갓난아이에 비할 수 있다." "함덕지후含德之厚 비어적자比於赤子", 『도덕경』 제55장 자연 안에 고향이 있고, 고향 안에 생의 따스함이 있는 거기서 우리들의 삶의 근원에 하나님, 노자 용어로는 '상도常道'를 모시고 소박하게 순수를 다해 살자는 것이지요.

분투하지 않고 하나님의 법도法度 안에서 자연처럼 사는 것이 영적이고 최선의 삶인 것 같습니다. 아담과 이브가 뭔가를 알아보려고 자아를 가지고 분투했을 때 그들이 뱀사탄에게 유혹당하듯, 유위有爲는 사람을 자연적이지 못하게 합니다. 때 묻지 않은 존재를 잃게 됩니다. 존재를 잃을 뿐 아니라 사도 바울의 말대로, **"욕심은 죄를 잉태하고 죄의 값은 사망이라"**야 1:15라고 하는 대가를 치르게 됩니다. 루소Jean Jacques Rousseau, 1712~1778가 당시 태풍을 불러일으킨 '문명관의 시각'177도 이 구경究竟에

행에 몰두하는 자세를 뜻하는 불교 용어이다. 특히 선종禪宗에서 수행자가 화두를 들고 잠을 자지 않고 정진하는 고강도 수행을 가리킨다. 불가佛家에서는 단순한 노력 이상의 결단력과 집중력, 그리고 자기 초월의 의지를 강조하는 수행 태도를 일컫는다.

177 『과학과 예술은 인류를 위해 무엇을 했는가?』*Discours sur les sciences et les arts?*, 1750 는 불란서 한림원 디종 아카데미의 현상 논문 당선작에 포함된 내용이다. 공모 주제는 "학문과 예술의 부흥이 풍속의 순화에 기여했는가?"이었다. 이에 대한 루소의 요약 답변은, "아니다. 오히려 도덕을 타락시켰다."였다. 핵심 주장은, '학문과 예술의 발전은 인간의 도덕성을 향상시키지 않았으며, 오히려 타락

서 멀지 않은 것이지요. 그는 과학과 예술의 공헌도에 대해 냉혹하리만큼 부정적인 반응을 보였으며, 인류가 살길은 '자연으로 돌아가는 길'뿐이라고 역설합니다.

K형, 사람은 '자기'가 다 없어진 때, 그때 자연스럽게 이루려고 함도 없이 이루어 나가야 할 것이라는 생각이 듭니다. 특히 성직자가 되려고 하는 사람은 자기 모습이 다 없어진 후에나 성직으로 나서야 할 것이라고 봅니다. 그렇지 않으면 자기를 불구화시키는 것은 고사하더라도 남들에게 너무 큰 누폐陋弊를 끼치기 때문입니다. 자기감정의 주인 노릇조차 못하는 사람이 남의 영혼의 선장 노릇을 하려고 나선다면 소경이 소경을 인도하여 둘이 다 구덩이에 빠지는 꼴마 15:14이 되겠지요. 그들은 자아가 죽고, 그리하여 자기 문제가 다 해결된 사람이라야 할 것입니다. 자기의 의지로 뭔가를 이루어 보겠다고 하지 않고 만유萬有를 조화되게 하는 신성神性의 기氣, 그 성신의 흐름에 자기를 맡기는 사람 말입니다.갈 5:16-18; 롬 8:14; 요 3:8; 슥 4:6

이 성령의 도움과 함께 '무위 자연심無爲自然心'178을 가지고 삶의 광장

과 위선, 사치, 불평등을 심화시켰다'며 루소는 자연 속의 순수한 인간을 이상으로 보며, 문명은 인간을 '행복한 노예'로 만들었다고 비판하였다. 이후로, "자연으로 돌아가라."며 '무지無知의 지'知를 예찬하고, 소크라테스의 '겸허함'을 높이 평가했다. 무엇보다 *"도덕 없는 지식은 위험하다."*라는 철학적 메시지를 남겼다. 이 논문으로 루소는 유럽 지성계에 이름을 알리게 되었고, 이후 『불평등 기원론』, 『사회계약론』 등으로 이어지는 문명 비판의 흐름을 시작한다. 그의 사상은 프랑스 혁명, 근대 민주주의, 교육 철학, 자연주의적 인간관에 큰 영향을 미쳤다고 평가된다.

178 노자의 『도덕경』에서 말하는 '무위자연'無爲自然은, 단순히 아무것도 하지 않는 게으름이 아니라, 억지로 하지 않고 자연의 흐름에 맡기는 삶의 태도를 뜻한다. 이 개념은 곧, '道'의 본질이며, 하늘의 경계와 맞닿아 있는 신성한 질서로 여겨진다. 즉 '도'道 개념은 하늘의 경계와 맞닿아 있는 것으로, 하늘의 경지를 이르므로, 인간이 자신의 의지를 내려놓고, 만유를 조화롭게 하는 '도'의 흐름에 자신을 맡길 때, 비로소 하늘의 경지에 도달할 수 있다는 철학적 통찰을 담고 있다.

에서 때로 넘어지고, 때로 정강이가 깨어지더라도 모두 자연적 질서인 하나님 질서 앞으로 나아가야 할 것 같습니다. 불교에서 '연緣'의 사슬을 끊으려고 애쓰는 것도 어찌 보면 개체個體에 매달리는 것입니다. 또한 불교가 인간의 힘으로 그토록 해탈하려고 정진하는 삼학三學인 계戒•정定•혜慧의 3대 원리179도, 기실 그리스도교에서는 '**나를 성령 안에서 매일 십자가에 단다**'고 하는 '계戒'와 '**아버지와 하나 되는**' '정定'이며, 또 '**그리하여 말씀을 이룬다**'고 하는 '혜慧'가 아니겠습니까? 불교의 추상성, 개인성, 몰役역사성과는 달리 그리스도교는 이렇게 구체적이고 역사적인 데가 있으면서 하늘 아버지의 성신으로 이루어 간다고 하는 '타력他力'에의 의지랄까 믿음이 있습니다.

> **이는 힘으로 되지 아니하며 능으로 되지 아니하고, 오직 나**여호와**의 신神 성령으로 되느니라** 슥 4:6

이 무위無爲의 자리 같지만 참으로 유위有爲의 마당인 그리스도교인의 계·정·혜가, 예수처럼 일체 기존의 틀을 부수는 것입니다. 예수는 기존의 도덕 체계나 사회 가치에 대해 가차 없는, 그러면서도 조용히 혁명을 일으키지 않습니까? 시퍼런 정신의 혁명, 그 어두운 시대 갈릴리 바닷가 일대의 낮은 동포 소수를 데리고 그 유대 지식인들과 종교인들이 '집단 역학적 민족 구심력'의 방편으로 사용했던 죽은 하나님 신앙을

179 불교의 삼학三學인 계·정·혜는 해탈에 이르는 세 가지 길로, 계戒는 도덕적 삶을 통해 마음의 기초를 세우는 것이고, 정定은 산란한 마음을 고요히 집중시키는 수행이며, 혜慧는 진리를 꿰뚫어 보는 지혜를 뜻한다. 이 세 가지는 서로 연결되어 인간의 집착과 무지를 벗어나 자유에 이르게 하는 원리로 작용한다. 기독교의 성화聖化 개념 역시 성령의 역사 안에서 점진적으로 거룩함에 이르는 과정을 강조하는데, 이는 계·정·혜가 인간의 힘으로 수행을 통해 해탈을 추구하는 것과 달리, 하나님의 은혜와 말씀, 성령의 인도 속에서 이루어진다는 점에서 차이가 있다. 요약하면, 불교의 '삼학'은 인간적 수행을 통한 해탈의 길이고, 기독교의 '성화'는 하나님의 은혜 안에서 성령의 도우심으로 이루어지는 거룩의 길이라 할 수 있다.

'산 하나님 신앙'으로 되돌려 놓는 것입니다. 인류사에 다시 없는 파격破格이지요. 하지만 이 이단적인행 24:5 파격 때문에 그는 죽어도 살고, 또 이루는 것입니다. 낮아질 대로 낮아져 '속俗' 가운데 서서, 아니 죄를 지고 가는 죄인의 '속俗'이 되어서조차 말입니다.[180]

그러나 그가 '속' 가운데 있기에 그의 성聖이 빛나는 것입니다. 에고를 버리면 사람은 이토록 빛날 수밖에 없는 것입니다. 그는 전체와 만나기 때문입니다.

180 예수의 길은 기존의 도덕 체계나 사회적 가치의 틀을 깨뜨리고, 죽은 신앙을 산 신앙으로 되돌려 놓는 영적 혁명이었다. 그는 낮아질 대로 낮아져 죄인과 함께 서셨으나, 바로 그 '속俗' 가운데서 그의 거룩함이 빛났다. 그러나 예수께서 추구한 낙원은 결코 이 땅의 정치적 왕국이나 통치가 아니었다. 그는 분명히 말씀하시기를, "내 나라는 이 세상에 속한 것이 아니니라"요 18:36 하셨고, 또한 "하나님의 나라는 먹고 마시는 것이 아니요 오직 성령 안에서 의와 평강과 희락이라"롬 14:17 하셨다. 따라서 예수의 혁명은 세속 권력의 건설이 아니라, 인간의 내면과 공동체 속에 임하는 하나님 나라를 드러내는 것이었으며, 이는 인류사에 다시 없는 파격이자 참된 구원의 길이었다.

생명보다 더한 신비 (I)
- 사랑은 연꽃이요, 나무

K형, 인생에서 가장 위대한 기적은 물론 사랑이라고 믿습니다. '사랑'은 기실 '생명보다도 더한 신비'일 것입니다. 무릇 생명이 이에서 시작되니까요. 또 사랑은 시작과 끝인 것, 그래서 사람은 사랑을 잃으면 모든 것을 다 잃게 된다고 할 수 있을 것입니다. 사랑은 삶의 충전체, 그 신묘神妙한 생명력입니다.

생명력의 기저基底가 사랑하는 마음, 감사하는 마음, 기뻐하는 마음에 있다고 의학계에서도 말하고 있지 않습니까?[181] 사랑은 진흙 속에서 피어오르는 연꽃처럼 진창 속에서 솟아오르되 진창 위에서 핍니다. 연잎에 한 방울의 더러운 물도 태우지 않고 말이지요. 그리하여 연꽃은 그

181 [출처: 1) 하버드대학 연구팀 - 감사와 사망률; 감사하는 마음을 가진 사람은 전체 사망률이 29% 낮음, 심혈관 질환 사망률은 15% 낮음, 감사는 혈관 내피세포 기능 개선, 염증 수치 감소, 사회적 유대 강화, 우울증 감소 등 건강에 긍정적 영향, 재인용 조선일보 의학연구 다이제스트, 2024.08.08. 2) 로버트 에먼스Robert Emmons 박사 - 감사 일기 실험; 감사 그룹은 행복감, 낙관성, 삶의 만족도 증가, 운동 빈도 상승, 질병 발생률 감소, 사회적 유대감 강화, 친절한 태도 증가, 감사는 뇌를 긍정적으로 재구성하며, 정신적·신체적 건강을 향상시킴:https://blog.naver.com/syclinic/223860678253] 이러한 연구들은 결론은, 단순한 감정이 아니라, 생명력의 흐름을 지지하는 에너지로서의 사랑, 감사, 기쁨이 실제로 신체적 건강과 생존율에 영향을 준다는 사실을 보여준다. 이는 동양철학의 기氣 개념과도 통하며, 성신의 흐름에 자신을 맡기는 삶이 단지 영적 이상이 아니라 의학적으로도 유익한 삶의 방식임을 시사한다.

청정淸淨으로 진흙의 연못 전체를 아름답게 합니다. 중생들이 사는 세상, 사바세계娑婆世界[182]는 바로 이 못입니다. 그리고 이 못은 어떤 면에선 뻘밭 같은 정치와 경제, 군사 같은 물질적이고 감각적인 현실의 층위를 드러낸다고 볼 수 있습니다.

그런데도, 연꽃은 더 맑은 정신적인 세계를 향해 피어납니다. 이를테면 시라든지, 그림, 음악과 같은 예술은 연꽃처럼 세속의 더러운 물을 걸러내며, 인간의 내면을 정화하려는 움직임이라 할 수 있지요. 이 점에서 예술은 연꽃을 피워내야 하는 신의 뜻을 담은 '신탁信託'으로 보입니다. 세속을 정화하고 인간의 영혼을 고양하는 사명을 지닌 이 신탁에 종사하려고 하는 사람들은 가능한 한 정신적인 향기로 삶의 둥지를 틀어야 할 것입니다.

꽃을 보는 마음, 어린 아기가 어머니의 눈빛을 보는 마음으로 세상을 보면 세상은 온기溫氣가 있는 곳입니다. 아니 꽃을 피워내는 마음으로 세상을 온기 있게 해야 할 것입니다. 예술의 창조나 진리의 촉구는 결국 신의 온기를 느끼게 하는 행위라고 생각합니다.

---

182 사바세계娑婆世界는 불교에서 우리가 살아가는 이 현실 세계를 가리키는 용어로, 고통과 인내의 상징적 공간이다. 산스크리트어 'Saha'에서 유래한 것으로, 음역하여 '사하沙河, '색가'索訶라 하는데, 의역하여 감인토堪忍土 혹은, 인토忍土, 즉 '참고 견뎌야 하는 땅'이라는 뜻이다. 우리가 살아가는 세상을 가리키는 속세俗世라는 의미로 통칭하여 속세俗世, 예토穢土, 잡회雜會, 오탁악세五濁惡世 등으로 불리며, 더럽고 혼탁한 세계를 의미한다. 우리가 거주하는 세계에는 삼고三苦, 팔고八苦, 헤아릴 수 없는 온갖 괴로움이 갖추어져 있고 조금도 즐거움이 없으므로 '사바세계'라 한다. [불교문화포털의 '사바세계', 불교학술원, 동국대학교]

생명보다 더한 신비 (Ⅱ)

K형, 나무를 때면 냉방의 한기寒氣를 다 몰아낼 수 있듯이, 사랑은 실로, 자신을 태워 한기를 몰아내는 장작 같은 존재입니다. 자신을 불태움으로써 남을 훈훈하게 하는 일이라고나 할까요.

좀 묘한 문자 얘기가 됩니다만, 불교에서 쓰는 '나무아미타불'183의 그 '南無나무'는 'namo나모'의 음사어로 '예배, 절, 인사'를 의미하는 산스크리트어 'namas나마스'의 연성에 따른 변화형으로 '예배'에서 바뀌어, '귀의歸依, śaraṇāgamana'를 표명한다는 뜻으로 이용되며, '저는 귀의합니다'로 해석되지 않습니까? 온 우주와 산하대지를 우주이게 하고 대자연을 존재케 하는 그 절대의 '진여 일심眞如一心'에 귀의한다는 뜻입니다. 화엄철학華嚴哲學184 으로 말하면, 온 천지와 중생을 위하여 있는 비로자나毘盧

183 나무아미타불南無阿彌陀佛,, नमो अमिताभ의 '나모 아미타바'은 명호의 하나로 육자명호六字名號이며 '아미타불'阿彌陀佛에 '귀의'歸依를 표명하는 정형구이다. '南無'나무는 산스크리트어 'namo'의 음사로, '예배하다', '귀의하다'는 뜻이며, '아미타'阿彌陀는 두 불명佛名인 '아미타바'무량의 광명, amitābha와 '아미타유스'무량의 수명, amitāyus의 '잴 수 없는'無量이라는 '아미타'amitā'만을 음사한 것이다. 즉, "나무아미타불"이란 "저는 헤아릴 수 없는 광명, 헤아릴 수 없는 수명인 아미타불에 귀의합니다."라는 의미이다.

184 불교에서 『화엄경』을 소의경전으로 하여 정립된 불교 교리로, "우주의 모든 사물은 그 어느 하나도 홀로 있거나 홀로 일어나는 일이 없고 모두가 서로의 원인이 되며, 대립을 초월하여 하나로 융합하고 있다."라는 '법계연기'法界緣起의 개념을 기초로 하고 있다. '법계연기'의 세계는 그 자체로 부처의 자비가 충만

遮那 진법신眞法身, 法身佛의 상주설법常住說法에 귀의하는 일이지요.

재미있는 일입니다. '나무'를 한자적 음차音借로는 '南無'라고 쓰나 그것은 음사音寫, transliteration인 만큼 의미가 없고, 순수한 우리 말인 또 하나의 낱말, '나무木'와 발음상 같은 음으로 우연히 만나는 것은 예사로운 일로 느껴지지 않습니다. 나무는 짓고 세우며, 그리고 무엇보다도 자기를 태워서 남을 따뜻하게 해주지 않습니까. 바로 그 사랑입니다. 절대자, 그 천지 만물을 돌보고 다스리는 인격적 힘이 사랑이라고 하면 불교의 염불念佛에서는 글자 그대로 이렇게 기도(註: 참조) 해야겠지요.

나는 귀의합니다. 절대자시여, 사랑이신 당신에게 귀의합니다.[185]

나무 때문에 따뜻하게 되었으면 나무의 힘을 빌려서 남도 따뜻하게 해주어야겠지요. 이것이 붓다覺者가 되면, 차별하는 마음 없이 남을 나처럼, 아니 온 중생에게 사랑을 주고자 하는 불교도의 의무가 아닙니까? 그러니 불교도들에게도 "인격적 '절대 진리'인 하나님, 우주적 절대 여연성如然性의 인격화이신 하나님을 사랑하지 않으면 남을 사랑할 수 없다."라는 인식은 생길 수 있는 것이지요.

한 연화장蓮華藏세계이며, 비로자나불의 불국토佛國土 사상과 결합하여 전제왕권 국가 체제를 뒷받침하는 구실을 담당하기도 했다. 우리나라에서는 의상과 원효가 방대한 화엄 사상을 깊이 이해하고 체계화하여 기틀을 마련했는데, 그 맥은 고려의 균여와 지눌, 조선의 휴정으로 이어졌다. 『한국민족문화대백과사전』

185 산스크리트어 번역(의역): "Namo Bhagavate Premasvarūpāya"
- Namo: 귀의합니다
- Bhagavate: 절대자께
- Prema-svarūpāya: 사랑의 본체이신 당신께

한자음 역 (음역 중심): 나모 바가바테 프레마스바루파야
- 나모南無: 귀의합니다
- 바가바테薄伽梵帝: 절대자께
- 프레마스바루파야愛體尊: 사랑의 본체이신 분께

이 염불은 사랑 그 자체이신 절대자께 온 마음으로 귀의한다는 고백이다. 산스크리트어는 불교뿐 아니라 힌두교, 요가 철학에서도 사용되며, "Bhagavate"는 신성한 존재를 향한 경배를 표현하는 데 자주 쓰인다.

사실상 불교도들이 형이상학적인 신의 문제보다 정신·심리적 측면의 현실적 인간에 대한 치유책을 우선함으로써, 하나님에 대해서 인격적으로 믿지 않을 뿐, 붓다의 불신관佛身觀인 삼신,三身·Trikaya 즉 법신,法身·Dharmakāya 보신,報身·sambhogakāya 응화신應化身·nirmānakāya 사상에는 놀랄 만한 인격적인 삼위三位 개념이 있습니다. 이는 기독교의 성부와 성자와 성령의 '삼위일체三位一體,' - 헬라어 Τριάς트리니타스, 라틴어 Trinitas트리니티, 영어 Trinity트리니티로 "three persons one essence" - 와 구조와 형태상 흡사하지요. 우선 '법신法身' 사상에는 인격 개념의 '진여眞如'가 나오고 '일심一心'이 등장하는 것은 단순한 상식이 아니라, 존재의 근원을 설명하는 필연적 구조 아닙니까? 이 '진법신'의 진여성과 일심의 통합적 작용을 통해 드러나는, 바로 우주적 절대 '여연성'의 인격화인 천주天主요, 하나님 모습입니다.

사랑은 실로 엄청난 힘입니다. 이 생명의 에너지, 신眞·如의 자비가 있기에, 만물은 존양存養 되고 화육化育 됨을 믿습니다. 이 우주적 사랑이 기氣로 흐르지 못한다면 생명이 질서를 갖지 못할 것입니다. 마치 온갖 물을 대양으로 모으고, 그 대양의 물을 증발해서 구름이 되게 하고, 그 구름이 우로雨露를 만들어서 모든 생명체에게 수분을 공급하듯이, 사랑은 그렇게 큰 신의 영적인 입김입니다.

아무런 계산도 없이 거저 주기만 하는 '아가페'적인 사랑은 제도 속에 사는 사람들에게는 아주 어리석어 보입니다. 그러나 사랑만이 인생일 수 있다고 믿는 사람들에게는 사랑만이 실존의 자리입니다. 무릇 실존의 자리를 깊게 파야 하겠지요. 그것은 존재의 문제이기 때문입니다. 남을 사랑해 보지 못한 사람, 남을 용서해 보지 못한 사람은 아직 인생을 살았다고 할 수가 없을 것입니다. 불교의 자비 문제는 나무歸依가 되고 불火, 佛이 되고, 그리하여 사랑이 되는 하나님과의 실존적인 만남의 문제라는 생각이 드는군요. 신은 이토록 뜨거운 만남의 사건에서 만나 뵙는 인격체입니다.

오라 우리가 굽혀 경배하며
우리를 지으신 여호와 앞에 무릎을 꿇자
대저 저는 우리 하나님이시오
우리는 그의 기르시는 백성이며 그 손의 양이라
너희가 오늘날 그 음성 듣기를 원하노라 시 95:6-7

【註】 K형, 위에 '기도'란 표현을 썼습니다만, 생각해 보면, 불교 용어였던 것이 그리스도교의 용어로도 토착화된 것이 많군요. 우선 기도祈禱란 말이 순수한 불교 낱말이지요. 예배나 교리, 천주 또 강좌나 신앙, 영생, 간증, 장로, 봉헌, 수양, 서원, 성령, 자비, 공부, 영혼, 신도, 천당, 목자, 그리고 축원, 지혜, 은혜, 전도, 천사, 지옥 등의 종교 용어는 불교에서 유래하거나 불교적 언어를 차용한 것들이 많습니다.186

그중, 천주天主 용어의 사용은 그 연원이 마테오리치 문서에 자세히 나옵니다만 여기서 간단히 언급하고 싶군요. 1582년에 동방 선교를 위해 중국에 온 마테오 리치는Matteo Ricci, 1552-1610187이탈리아 출신의 예수회Societatis

186 이러한 현상은 단순한 언어의 중복이 아니라, 역사적·문화적·언어적 토착화 과정에서 비롯된 것이다. 역사적·언어적 배경은, 1) 불교의 선행적 토착화로 불교는 삼국시대부터 조선시대까지 한국의 주류 종교로 자리 잡으며, 종교적 언어의 기반을 형성했다. 또한 불교 용어는 한자어 중심의 고급 종교어휘로 정착되었고, 문학·철학·윤리·예술 전반에 영향을 미쳤다. 2) 그리스도교의 후발적 수용과 언어 차용으로, 18세기 말~19세기 초 천주교가, 19세기 후반 개신교가 한국에 전래 되면서 기존 불교적 언어를 차용하여 복음을 전달했다. 예를 들면, 기도祈禱: 불교에서 신에게 바라는 마음을 표현하는 행위 → 그리스도교에서 하나님께 드리는 기도로 전환; 자비慈悲: 불교의 보살적 사랑 → 그리스도교의 아가페적 사랑과 연결; 천당天堂과 지옥地獄: 불교의 내세관 → 그리스도교의 구원과 심판 개념에 적용 등을 들 수 있다. 3) 토착화 신학의 등장으로, 20세기 중반 이후, 특히 제2차 바티칸 공의회 이후, 가톨릭과 개신교 모두 토착화 신학incultu rational theology을 강조하게 된다. ["대립과 조화 - 한국 불교와 그리스도교 관계의 역사", 이찬수, 종교교육학연구, Vol. 19, 2004, 韓國宗教教育學會, pp. 197-222]

187 한자로는 이마두利瑪竇로, 당시 중국에서는 '이자'利子라는 존칭으로 불렸는데, 중국에서 공자, 맹자처럼 '자'子 칭호를 받은 유일한 서양 선교사, 신부이자 학자이다. 풍응경馮應京이 『천주실의』天主實義 서문에 썼듯이 리치가 '이중화중'以中化中의 태도, 즉, 중국을 빌려 중국을 변화시키는 유연한 입장을 선택했기 때문에, 그 결과 마테오 리치의 사후 40년 동안 중국인 가톨릭 신자 수는 15만 명으로 늘어났다. 이러한 마테오 리치의 글은 조선에도 상당히 영향을 끼쳤으며, 리치 신부는 고대 그리스 수학자인 유클리드Euclid의 『기하학』*Elements*을 한문으로 번역한 『기하원본』幾何原本, 1607을 저술하여 조선에도 전해졌고, 리치의 저서 『천주실의』天主實義, *De Deo Verax Disputatio, A Veritable Disputation on the Lord*, 1603 역시, 조선에서 외교관으로 활약한 조선 중기의 문신이자 실학의 선구자 이수광李睟光, 1563~1628이 조선 최초의 백과사전 격인 그의 저서 『지봉유설』芝峯類說, 1634을 통

Iesu 소속 신부로 내화來華 이후 여러 해 동안 하나님의 성호聖號인 라틴명 '데우스'Deus, 영어명 Theos를 중국인들에게 전하지 못해 고민했습니다. 그러던 중 어느 날 소주韶州의 전도 여행에서 돌아와 보니 입교入教 희망자이자 과거 초시初試 합격자 유생儒生인 구여기瞿汝夔[188]가 예수 성상聖像 밑에 '천주天主'라고 써 붙이고서는 절하고 있는 것을 보게 되었습니다.

이때부터 마테오 리치 신부는 하나님의 이름을 고대 경전에 많이 나오는 인격신인 '상제上帝' 또는 천天과 연계시키면서 '천주天主'라고 명명하고 전도했습니다. 그러나 이 '하늘의 주인' 또는, '하늘에 계신 임금님'이란 용어는 유학 경전에는 한 번도 나오지 않지요. 원래 도교道教 문서에 나오는 용어로써, A.D. 66년 후한後漢 명제明帝 때 불교가 수입되자 다시 불교 문서에 등장하지요. 이런 문헌적 배경 없이 '천주'를 전도하면서도 불교 이론들을 공박하자, 리치 신부는 불교도들로부터 박해받았습니다. 천주는 불교 용어였었기 때문입니다. 그러니까 명조明朝 중국에 들어온 기독교는 어쩔 수 없이 기존에 있던 불교의 용어를 많이 빌려서 썼고, 또 수입 종교 불교는 고래古來로부터 중국에 있던 토착 종교인 도교의 용어를 빌려서 쓴 것이지요.

중국의 25명의 대사代史 중 외국인으로선 유일하게 『명사열전』明史列傳에 오를 정도로 '영원한 중국인'의 친구가 되었다가朋友·붕우 선종善終한 '서방에서 온 현자', 西泰子서태자 - 明나라 조정에서 내린 추존追尊 시호 - 마테오 리치이마두·利瑪竇의 헌신적인 사랑은 한 송이 연꽃이요, 살신성인의 나무입니다.

해 서양 문물과 천주교 교리까지 소개하며, 『천주실의』를 처음 소개한 이래로 널리 퍼져, 천주교가 자연스레 전해지는 가교가 되었다. 『한국민족문화대백과사전』

188 호는 太素1549~1612, 구태소는 마테오 리치의 인품과 학식에 매료되어 다른 사대부들에게도 그를 알려 전하게 되었다고 한다.

필자는 『서방에서 온 현자-마테오 리치 생애와 중국 전교』(빈센트 크로닌과 공저, 분도출판사, 1989)를 통하여, 16세기 동방에 그리스도의 '변화산 상'을 보여준 "문화 적응적 선교 방법론"에 대해서만이 아니라 사도 바울 이래로 이토록 문화의 유비類比와 구원의 복음 문제를 통전通典적으로 보여준 마테오 리치 신부의 겸비하고 따뜻한 영성을, 그리움과 함께 적어 내려보았습니다.

문화와 복음의 가교, 그의 도포 소맷자락은 가히 피레네산맥에서 곤륜산까지 뻗습니다.

소명을 철徹하고 산 사람만이 가질 수 있는 하나님의 은총과 사랑이 넘쳐나는 사람은 이토록 긴 소맷자락을 지니는 것일까요?

일원론과 이원론

K형, '기독교의 이원론二元論 사상은 쉽게 납득되지 않는다'고 하셨군요. 소위 도덕 종교라고 하는 자연종교에는 자연神과 인간의 관계를 일원론一元論으로 보는데, 기독교에서는 왜 '신은 신, 인간은 인간'이라고 구분하는지 모르겠다고 쓰셨습니다.

물론 기독교 사상에서는 초월적인 창조자의 세계와 피조물인 인간 속세의 세계를 분리합니다. 그러나 신이 자연이나 세계의 기초라는 점에서, 또 인간이 신께 피조물로서의 도덕적 의무를 인격적으로 지고 실존적 합일合一 관계하에 있어야 하는 한, 후대에 들어온 기독교 사상 전통인 '이원론'을 따른다는 것은 부조리한 데가 있다고 여겨집니다. 성경의 가르침은 영원과 유한의 세계라고 해서 어디 두 세계를 갈라놓으라는 것입니까? 오히려 "하나님이 거룩한 것처럼 너희도 거룩해져서 온전해지고, 그리하여 '한 띠'를 두르라"는 것레 20:6-9; 요 17:15-26이 아닙니까. 말씀만 먹어내면 신적 역사役事로까지 끌어 올림을 받는 것이 성경의 인간관입니다.요 10:34-35 하나님 뜻이 있고 섭리하에 있는 '종'에게 철장鐵杖의 권세를 주어, '신'처럼 쓰신다는 것이지요.계 2장과 11장에서 연결

물론 하나님의 지혜와 능력은 인간의 그것과는 확실히 다릅니다. 그러나 놓치지 말아야 할 것은, "인간의 몸이 하나님의 성전"고전 3:16이라

는 존재론적인 문제입니다. 몸 밖의 자연에도 하나님은 외경畏敬할 수밖에 없는 존재로 계시지만, 믿음을 가지면 몸 안에도 하나님은 항상 계신다고 말씀합니다.습 3:17; 신 31:6; 마 28:20

사람은 내면에 계신 하나님을 우러러 공경하고 두려워하며敬畏 사는 것이 더 중요한 일일 것 같습니다. 왜냐하면 내면에의 빛이 꺼지면 외부의 빛이 다 무슨 소용이겠습니까? 불전 『천수경』에도 이와 유사한 말이 있지요.

> **受持身是光明堂** 수지신시광명당 사람의 몸은 빛의 집이요,
> **受持心是神通藏** 수지심시신통장 마음은 신령의 보고寶庫라.[189]

K형, 일원론, 이원론에 구애됨이 없이 다만 내면으로만 향하고 있는 것이 중요한 것 같습니다. 하나님을 '지고선'至高善,the Highest Goodness으로 본 소크라테스는 그의 "너 자신을 알라."그노티 세아우톤,헬)γνωθι σεαυτόν 라는 금언은 결국, 자신을 들여다보고 하나님께 눈 떠 하나님과 하나가 되라는 것 아니겠습니까? 문제는 야곱처럼 우리가 "믿음의 지팡이 머리에 기대고 의지하며 죽느냐?"하는 것히 11:21; 창 47:31입니다.

학술적 분류와 관련 없이 전신全身을 하나님께 던지고 죽으면 신과 인간의 관계는 일원론이 되고, 그렇지 못하면 이원론이 될 것입니다. 내

189 두 게송은 『천수경』의 깊은 안목을 담고 있는 매우 중요한 구절이다. 불법을 받아 갖는 이 몸은 광명의 깃발이고, 깨달음의 가르침을 받아 지니는 이 마음은 그대로 '신통의 창고'라는 말이다. 큰 깃대가 서 있고 깃발이 휘날리는데 그 깃발은 지혜의 빛으로 눈이 부신 광명의 깃발이다. 즉, 부처님의 가르침이나 깨달은 사람의 가르침을 받아 지니는 우리의 몸이 그대로 광명의 깃발이라는 것이다. 그리고 그러한 마음은 '신통의 창고'라는 것이며, 불법佛法 그 자체는 그대로 신통의 창고인데, 그걸 우리가 제대로 받아 가지면, '수지심시신통장'이 되는 것이고, 그것을 받아 가진 우리의 육신은 '수지신시광명당'이다. 더 이상 다른 신통은 없다. [불교 학보, 불교문화연구원, 불교학술원, 동국대학교]

속에 중생이 있으면, 나와 중생이 하나인 붓다의 마음이 불이不二이듯이, 내가 하나님께 있고 하나님이 내 속에 있으면,요 17:21 어찌 이자二者가 되겠습니까? 하나님의 나라로 드는 사람에게는 이승 · 저승, 즉 예토穢土와 정토淨土가 없을 것이요, 못 드는 사람에게는 두 개의 세계가 존재할 것과 같은 이치일 것이겠지요. 예토穢土는 불전에 나오는 '더러운 땅'이란 뜻인데, 성경에도 레위기 18장 24-25절과 마태복음 7장 23절 등에 나오지요.

한마디로 말한다면, 믿지 않는 자에겐 하나님과 인간의 관계가 항상 명확하게 이원론으로, 즉 인간 밖에 하나님이 계시게 된다고 할 수 있을 것입니다. 그러므로 인간의 구원을 위해서는, 예수라는 단절의 강을 건너기 위한 다리가 필요하지요. 그러나 믿음을 지닌 자는 '내심內心의 빛', 즉 '자기의 몸이 성전'이기 때문에 이미 그는 '종이 아니라 하나님의 친구'입니다.고전 3:16, 6:19 '아브라함이 하나님으로부터 친구요 벗'시 41:8; 약 2:23으로 불렸듯이 말입니다.

따라서 하나님의 빛 안에서 회심한 자는 우주보다도 크고, 또 종교 이상으로 위대한 숭고한 의식sacred sense의 존재라고 할 수 있겠지요, 그는 모든 때와 장소, 그리고 인위적인 개념과 주의를 넘어선 존재가 아닙니까? 불교 용어로 말하자면 '참 인간'의 무이無二성, 그 일여一如성이지요. 다시 말하면, 참 인간이란, 존재의 이원성을 넘어선 '무이'의 통합된 인격이며, 신성과 인성이 분리되지 않고 하나로 어우러진 '일여'一如의 존재입니다.

학계의 이론적 카테고리에 너무 신경 쓰지 마시기를 바랍니다. 어떤 사람에게는 학문과 신앙이 별개이지만, 또 어떤 사람에게는 분리가 아닌 일치임을 깨닫습니다.

강물이 쉬임없이 바다로 가듯

K형, 우리의 삶이 어느 한때 어둠 속에 있다고 하더라도 실망치 않을 일입니다. 잃었던 것을 다시 찾을 때 기쁨이 있듯이, 어둠 속에서 광명을 보는 기쁨이 또한 얼마나 큽니까? 강물이 쉬지 않고 바다로 가듯, 빛을 찾고자 만 하면, 진리를 얻고자 만 하면 태산인들 앞을 막겠습니까?

> **山窮水盡疑無路** 산궁수진의무로 **柳暗花明又一村** 유암화명우일촌
> **산도 막고 물도 막아 길이 없는 것 같으나, 계속 나아가 보면 버드나무 우거지고 복사꽃 환한 마을은 또 있으리.**
>
> 「유산서촌遊山西村」, 육유陸遊, 1125~1210. 남송시대

K형, '도가자류道家者流'의 준말인 '도가道家'에서 "천일무사 화지유서" - **天日無私 花技有序**, "하늘의 태양은 사사로움이 없지만, 꽃나무 가지에는 피는 순서가 있다." - 라는 말이 있는데, 저는 이 말을 참 좋아합니다. 노자의 『도덕경』에서 유래한 철학적 개념인 '천도무사天道無私', "하늘의 도는 사사로움이 없다."라는 말과 같은 뜻이겠지요. 저는 이런 선현들의 일반은총적 글을 보면서 '인생도, 깨침의 문제도 너무 조급해서는 안 되겠다'고 생각 해봅니다. 노자老子의 혜안과 같이 "천도무친 상여선인"天道無親 常與善人, 글자 그대로, "하늘은 사私가 없이 공평하셔서, 언제나 착한 사람의 편을 들어 누구에게나 다 가지 뻗고 꽃 피는 때를 주시는

것" - 『도덕경』 제79장과 사마천의 『사기』 「백이열전」에서도 인용 - 처럼, "자기중심적 욕심ego이 아닌 하나님의 뜻에 따라서 구할 때 응답받는다."라는 것이 성경의 가르침입니다.약 4:2-3; 히 11:6]

에고를 버린 마음에는 하나님의 임재臨在가 반드시 있을 것입니다. 예수께서 "내 뜻대로 하지 말고 아버지의 뜻대로 하옵소서."마 26:39하고 마음과 뜻과 정성과 힘을 다해 기도하듯이, 신앙은 내 원願이 아니라 아버지의 뜻이기 때문에 내 삶의 모습을 버리고 빛 앞으로 나아가는 것이라고 봅니다. 그리하여 영혼의 눈만 뜨면 하나님은 늘 나의 깊숙한 내면에 좌정座定하고 계심을 믿습니다. 아니 '내 안에 이미 하나님께서 성령이라고 하는 빛으로 내주內住해 계시는 것'요 14:16-27이지요.

그렇습니다. 이 하나님의 빛, 우주의 생명의 에너지를 감지하려고도 하지 않고 그 빛 뒤에 있는 하나님 품성의 덕을 계발하려고도 하지 않으면, 의미 없이 살다가, 동물처럼 흙으로 돌아가는 육肉이 되고 만다고나 할까요, 인생의 길도 우주의 섭리와 같아서 혼에 불을 놓으면 빛과 함께 봄이 되고, 꺼버리면 고사枯死의 겨울이 되지 않겠습니까. 이제 머지않아 죄와 어둠만으로 된 이 죽음의 땅에 광명한 천지, 하나님의 나라가 도래할 것입니다. 이제는 모두 생명의 나무들이 되어 꽃 피고 열매 맺을 수 있어야 할 것 같습니다. 씨를 뿌려놓고 기다리듯이, 믿음생활이란 결국, 이 쉼 없는 인고忍苦의 문 두드림이라 생각됩니다.

눈물로 씨를 뿌리는 자는 기쁨으로 단을 거두리라 시 126:5-6

하나님께서 말씀하셨듯이, 생명의 본성을 찾고 찾아가면 결국 생명의 독생성자獨生成子,요 3:16 그의 빛을 찾게 되겠지요.

너희는 여호와를 만날 만한 때에 찾으라,
가까이 계실 때 그를 부르라 사 55:6

어둔 밤

K형, 토마스 머튼Thomas Merton, 1915~1968의 『칠층산』Seven Stories Mountain, 1948을 읽고 나서 겟세마니 수도원Abbot of Gethsemani을 다녀왔다는 서신 잘 받았습니다.

토마스 머튼이 청년 시절부터 혼을 안식했던 그 수도원과 숲은 저도 언젠가는 가보아야 할 순례가 불가피한 성城같이 느껴집니다. 그 숲으로만 가면 저 자신 트라피스트 수도자190는 아니지만, 저도 모르게 그 수도원의 고독과 평화 속에 밀어 넣어질 것 같습니다.

시詩를 써보는 버릇이나 취미가 없어서 낙서라고 하셨습니다만, 깊은 울림이 있는 글이라 새겨읽었습니다.

어둔 밤,
숲속에 앉으면

190 그가 소속된 수도원은 로마 가톨릭 수도회 중에서도 규율이 엄격한 시토회, 즉 트라피스트회였다. 수도회에 들어간 뒤 죽을 때까지 그는 수도사들과 함께 공동 예배에 참석하면서 4시간 이상을 예배당에서 보냈고 개인 기도를 드렸으며 침묵 수련, 공부, 노동 등을 했다. 시토회Order of Cistercians, 약어 O.Cist는 11세기 프랑스 시토Cîteaux 수도원에서 시작된 베네딕토 규칙을 따르는 수도회이다. 트라피스트회Order of Cistercians of the Strict Observance, 약어 O.C.S.O는 시토회의 개혁 분파로, 더 엄격한 수도 규율을 따르는데, "트라피스트"라는 이름은 프랑스의 라 트라프La Trappe 수도원에서 유래했다.

나는 태초의
자연이 된다.
바람 소리 세미한
오, 영원한
숨결이여!

바람 소리, 물소리, 별 흐르는 소리를 들으며 태초의 자연 숲속에서 깊은 밤, 영혼이 정화되는 탈아脫我의 감感을 가지셨다니 얼마나 귀한 영적 체험입니까.

중세기 스페인의 신비주의 학자였던 십자가의 성 요한St. John of the Cross, 1542~1591의 '무아無我'의 가르침이 문득 생각납니다. 평생을 신비적인 묵상과 기도 생활로 관상觀想 수행191을 하며 지냈던 그는 순수한 영혼의 고독한 여과濾過 과정에 대해, 인간이 빛을 받아들일 때, 그 스스로는 감성을 어둡게 하여 캄캄한 밤이 된다고 말합니다. 육肉의 죽음, 즉 감각의 죽음은 완덕完德으로 나아가는 정화淨化를 가능케 한다고 하면서 말입니다. 그는 『영혼의 어둔 밤』*La noche oscura del alma*, *The Dark Night of the Soul*, 저술 시기 1578-1785이나,『깔멜의 산길』*Subida del Monte Carmelo*, *The Ascent of Mount Carmel*, 1579-1585에서 '모든 애집愛執은 버려야 하는 것'이라고도 말합니다.

그에게 있어서 인간의 애욕과 집착이란 무명無明뿐인, 즉 어둠 현상입니다. 이 '어둠을 둘러싼 영혼이 먼저 어둠을 떨어 버리지 않으면 순전純全한 사랑, 그 하나님의 빛을 받아들일 수가 없다'고까지 말하며, 그는

191 불교에서 대표적인 관상 수행이 「관무량수경」觀無量壽經으로, 말 그대로 무량수불, 아미타불을 관상하는 16가지 수행법이다. 이는 현상을 상상하여 마음에 이미지를 심고 현실적인 목표를 추구하는 것으로, 염불 수행에서도 관상觀象 염불이 있으며, 관상 수행의 대표적인 경전이, 위에서 언급한, 무량수불無量壽佛을 관상觀想하는 「관무량수경」觀無量壽經이다. 결국은 염불 수행도 부처님의 명호를 염念하고 관觀하며 부처의 마음과 행위를 닮아가는 것을 이른다.

정화淨化를 '영혼의 암야暗夜'라고 부릅니다. 일체를 끊고 씻는 그 자리는 하나님과 하나 되는 '영교靈交의 불꽃' 자리인데, 이것은 고뇌하는 영靈의 밤을 통과해서만 들어오는 좁은 길이며, 무아의 교통交通 또한 성령의 미세한 숨결로 힘입는다는 것이지요.

K형의 '생명의 밤' 인식도, 이 '어둔 밤' 같은 무無에 대한 순수의 체험에서 멀지 않다고 생각합니다. 숲속의 밤은 어두웠으되, 영원한 생명의 밤은 영을 비추고 빛을 준다는 '우주 감정cosmic consciousness적 관상觀想을 지니신 듯 같으니까요. 어둔 밤, 영혼의 강가에 찾아드는 "은은한 불빛", 경험만큼 인생에서 귀한 희열의 시간이 어디 있겠습니까. 예수님께서도 매일 깊은 밤, 또 미명未明의 새벽에도 습관을 좇아 한적한 곳에 나가 기도를 하셨던 것이겠지요.막 1:35-39 기도는 "하나님과 직접 만나고, 그분의 음성뜻과 때을 듣는 거룩한 시간"렘 33:3; 요 10:27; 시 145:18이니까요.

어두워 짐으로써만 밝아지는 암야暗夜의 경험을 저 자신 스스로만으로도 겪고 싶습니다. 어둠이되 어둠이 아니고 도리어 대낮처럼 환하게시 139:12 되는 빈자貧者의 낮은 모습으로 서고 싶습니다.

사랑하는 사람은
일체(하나님)를 얻기 위해 일체를 버리고,
일체(하나님) 속에서 일체를 갖는다.

\- 토마스 아 켐피스Thomas à Kempis, 1380~1471

『그리스도를 본받아』*De Imitatione Christi, The Imitation of Christ*, 약 1418년~1427년경

꽃이 피어 아름다운 자연을 이루듯

K형, "오직 어린아이들과 같은 마음을 가진 사람들만이 하늘나라에 들어갈 것"이라고 한 마태복음 19장 14절의 예수님 말씀의 뜻을 좀 더 깊이 있게 알고 싶다고 쓰셨군요.

꽃을 만지고 별 헤는 어린아이들 같은 천진성, 즉 아무것도 섞지 않은 불순물이 없는 것과 같은 '순수純粹', 또 어린아이들 같은 '놀라움驚異, 경이'의 심성이라야 하나님이 기뻐 받으시며 '천국에 들어간다'마 18:3는 말씀이겠지요. 예수께서는 우리 인생들이 어린아이들처럼 자연의 흐름대로 살다가, 자연의 것들을 만지고 놀다가, 아버지가 부를 때는 모두 놓고 곧바로 집으로 돌아갈 수 있기를 원하실 것입니다.

어린아이에게는 모든 것이 놀랍습니다. 풀 한 포기 꽃 한 송이도 놀람의 눈, 기쁨의 눈으로 봅니다. 산도 신기하게 보고, 물도 신기하게 봅니다. 신기하게 보는 놀람의 눈, 이 외경畏敬의 눈이라야, 만물을 지으신 하나님도 놀람의 눈으로 대할 수 있을 것입니다. 마치 우리가 소년 시절, 깊은 산 속이나 들판에서 별빛 빛나는 밤하늘을 우러러보았을 때, 그 만고의 신비로 가득 찬 우주 앞에서 우주보다 더 큰 거룩함과 경이驚異로 우리의 마음이 뿌듯했었던 것처럼 말이지요.

여호와를 경외하는 것이 지식의 근본이라 잠 1:7

그저 침묵 속에서 산이고 물이고 구름을 바라볼 뿐입니다. 그러나 질문을 세우는 순간, 이미 어린아이의 그 '놀람'은 '분석'으로 바뀌고, 그 '신비'는 '해석'으로, 그 '직관'은 '개념'으로 바뀌어. '질문', 그것이 '철학'이 되고 맙니다. "철학의 근본은 자연에 대한 호기심cūriōsitās과 그 탐구indāgātiō이다."192라고 아리스토텔레스가 말했듯, 같은 놀라움이라도 자연에 관해 물음을 세우면, 그것은 철학이 되는 것입니다. 끊임없는 물음, 그것이 관념론이 되고 유물론이 되고 형이상학이 됩니다. 그러나 본래부터 답이 없는 질문인 만큼, 그 물음은 결국 아무 데도 이르지 못합니다. 묻고 탐구하는 심령을 피로케 할 뿐이라는 생각마저 드는군요.

전도서는 말합니다.
많은 책을 짓는 것은 끝이 없고, 많이 공부하는 것은 몸을 피곤케 하느니라 전 12:12

한편, 자연에 대해 같은 놀라움이라도 질문을 세우지 않으면 신앙信仰이 됩니다. 묻지 않는 한, '산은 산이고 물은 물'입니다. 마음이 자연대로 있으니, 자연도 자연대로 있습니다. 칸트의 말대로 "그저 하늘에는 별이 반짝이고 내 마음에는 도덕률이 빛날 뿐…."193입니다. 달리 욕심이 있

---

192 그의 저서 『자연학』*Physikēs akroaseōs*, Physics, 기원전 350년경은 우리가 눈으로 보고 경험할 수 있는 '현상 세계의 원리'를 설명하는 반면, 이 글은 그의 또 다른 중요한 저서 『형이상학』*ta meta ta physika*,, Metaphysics(자연학 다음에 온다는 의미의 'meta-physics', 기원전 4세기 후반, 그러나 현재의 제목과 구성은 기원전 1세기경, 로도스의 안드로니코스가 편집하며 정착)과 깊이 연결되어 있는데. 『형이상학』은 '왜 그런 현상이 일어나는가?'라는 '존재의 본질에 대한 근본적인 질문'을 다루고 있다. 예를 들면, 『자연학』은 '나무가 빛과 물을 흡수하면서 자라는 과정을 설명'하고, 『형이상학』은 '나무는 왜 존재하는가?'와 같은 질문을 던지는, 즉 각각 현상의 '어떻게'와 '왜'를 다루며 서로를 보완하는 역할을 한다.

193 이 유명한 문장은 독일 철학자 임마누엘 칸트Immanuel Kant, 1724~1804가 그의

을 수가 없습니다. 우주 만물이, 온 자연이 모두 다양의 특색을 갖고, 그러면서도 조화를 이루고 있는데 뭐, '이래라~저래라' 할 필요가 있겠습니까. 우리의 모든 삶을 주관하시고 섭리하시는 그런 하나님께서 "…, 곧 그의 뜻대로 부르심을 입은 자들에게는, 모든 것이 합력하여 선善을 이룬다."롬 8:28라고 하시듯, 자연은 자연 스스로의 조화가 있는 것입니다.

流水青山無問處 유수청산무문처 **花紅柳綠鳥哥枝** 화홍류록조가지
흐르는 물 푸른 산밖엔 물어볼 곳이 없음이여

꽃은 붉고 버들은 푸른데 새는 가지에서 노래하네." [겁외가]劫外歌194

대표 저서인 『실천이성비판』"*Kritik der praktischen Vernunft, 1788*에서 남긴 구절이다. 독일어 원문 인용: "Zwei Dinge erfüllen das Gemüt mit immer neuer und zunehmender Bewunderung und Ehrfurcht: der bestirnte Himmel über mir und das moralische Gesetz in mir." 한국어 번역문: "두 가지가 나의 마음을 늘 새롭고 강하게 감동시킨다. 그것은 내 위에 있는 별이 빛나는 '하늘'과 내 안에 있는 '도덕 법칙'이다." 이 구절은 칸트 철학의 핵심을 상징적으로 표현한 것으로, '별이 빛나는 하늘'은 '자연의 질서와 우주의 웅대함'을, '내 안의 도덕 법칙'은 '인간 이성의 자율성과 도덕적 의무'를 뜻한다. 칸트의 철학은 인간 이성에 대한 신뢰를 바탕으로, 우리가 세상을 이해하고 도덕적으로 살아가는 데 필요한 보편적 법칙을 제시하는데, 그는 이 구절에서 인간이 자연을 통해 경험하는 우주의 질서와 웅대함과 이것이 인간이 자신이 속한 더 큰 존재의 구조와 의미를 깨닫게 해준다고 이야기한다. [https://www.bandinews.com/news/articleView.html?idxno=466] 임마누엘 칸트의 영향력은 철학사, 사상적·학문적 파급, 정치·사회 사상 전반에 걸쳐 "칸트 이전과 이후"로 나눌 수 있을 만큼 지대하다. 철학적 전환점에 국한하여 살펴보면, 합리론과 경험론의 종합, 즉 데카르트·라이프니츠 계열의 합리론과 로크·흄의 경험론을 비판적으로 통합해, 인식의 조건을 규명하는 초월 철학을 확립했다. 또한 『순수이성비판』·『실천이성비판』·『판단력비판』의 3대 비판서를 통해, 이성의 한계와 가능성을 분석하고 형이상학·윤리학·미학의 새로운 토대를 마련했다. 그런데, 칸트의 도덕률 강조는 계몽주의적 합리주의 신학의 도전과, 경건주의적 신앙의 실천적 강조라는 두 흐름이 교차하는 지점에서 나온 철학적 응답이었다. 즉 칸트가 『순수이성비판』 등 세 비판서를 집필하던 18세기 유럽은, 계몽주의와 합리주의 신학이 지배하면서 전통적 교리와 형이상학적 신 개념이 흔들리고, 대신 도덕적 실천과 이성적 신앙을 강조하는 흐름이 결정적이었다.

194 『겁외가』劫外歌는 숭산스님법명: 행원, 당호: 崇山, 1927~2004이 저술한 선시집으로, 1992년 이화문화출판사에서 출간되었다. '겁외가'는 '겁 밖의 노래'라는 뜻으로, 생사를 벗어난 해탈의 노래를 뜻한다. 보편적인 사고로는 알 수 없는 불가사의

그래서 자연을 단순의 눈, 놀람의 눈만으로 바라보는 사람은 종교적인 사람이라 할 수 있겠지요. 종교적인 사람은 물음을 현학玄學적으로 꾸미거나 철학적으로 해석하지 않습니다. 그는 물음 속에 머물며, 그 물음과 함께 존재하며, 그저 "그대와 더불어 한 뿌리로 돌아갈 뿐同歸一體"[195]입니다. '각자위심各自爲心'이라는 자기중심적 사고를 극복하고, 하나님한울님, 天主께로의 귀의 의식을 가집니다. 우리가, 누군가 상喪을 당했을 때 '죽었다'라고 말하지 않고 '돌아가셨다'라고 표현하는 것은, '우리를 지으신 생명의 주主, 그 하나님께로 돌아간다'는 종교적 사상을 본래 가지고 있는 우리 민족의 위대한 예지가 아닙니까. 법문 한 구절 적어 봅니다.

> **相逢誰問還家路** 상봉수문환가로 **山自高兮水自深** 산자고혜수자심[196]
> 서로 만나도 누가 집으로 돌아가는 길을 묻겠는가. 산은 그저 높고, 물은 그저 깊을 뿐

종교적인 사람은 자연을 거슬리지 않습니다. 그들은 음미하고 일치하는 삶, 자연 뒤에 있는 그 놀라운 힘에 안겨 있는 삶을 삽니다. "도불원인道不遠人"이라. 분별하려고 하지 않으면 '도'는, '말씀'은 늘 손 가까이 있음을 압니다.[197] 유·불·도 삼교三教를 아우르는 사상적 통합을 추구했던 신라 말

한 깨달음의 세계를 표현한 선시禪詩이다.

195 "同歸一體"동귀일체는 동학東學사상의 핵심 개념 중 하나로, '모든 존재가 궁극적으로 하나의 근원으로 돌아간다'라는 통합적 세계관을 뜻한다. 이 개념은 수운水雲 최제우崔濟愚, 1824~1864가 창시한 동학에서 비롯되었으며, 한울님과 인간, 만물이 본래 하나라는 깨달음을 강조한다.

196 조선 숙종 42년 1716년에 세워진 문경 봉암사경상북도 문경시 가은읍 소재 상봉대사비霜峯大師碑에 새겨진 문구이다. 이 문장은 선승 상봉대사霜峰大師, 1627~1709, 법명 淨源의 생애와 수행을 기리는 비문에 포함된 시적 표현으로, 해탈의 경지를 상징적으로 드러낸다. 비문 저자는 이덕수李德壽, 1673~1744이고 서자는 윤순尹淳, 1680~1741이다. [출처: "문경 봉암사 상봉대사비"聞慶 鳳巖寺 霜峰大師碑, 금석문 검색, 국가유산지식이음, https://portal.nrich.go.kr/kor/ksmUsrView.do?menuIdx=584&ksm_idx=2943]

197 『중용』 13장에 나오는 말로, '道는 인간에게서 멀어져 있어서는 안 된다'는

기의 유학자인 고운孤雲 최치원857~908?도 "도는 인간 삶 속에 실천되어야 한다."라는 점에서 불경과 『중용』 13장의 이 구절을 자주 인용했지요. 성경에서도 "말씀이 네게 가까워 네 입에 있으며 네 마음에 있다 하였으니, 곧 우리가 전파하는 믿음의 말씀이라."롬 10:8고 말합니다.

종교는 질문을 세우고 교리화할 수 있는 성질의 것이 아닙니다. 앞서 편지에도 말씀드렸듯이, 종교는 '도그마'Dogma, 독단적인 신념이나 학설가 아니라, '안식安息'이기 때문입니다. 내면에서 꽃피워야 할 신성을 지향하는 행위에 어찌 외부에서 강요된 무엇이 필요하겠습니까? 종교는 단순히 종교인 것입니다.

예수께서 십자가에 못 박히시기 전, 유월절 최후의 만찬에서 주님은 단순한 식사를 넘어, 사랑과 섬김의 본을 몸소 보여주셨습니다. 원수까지 품는 사랑, 제자의 발을 씻기는 겸손, 그리고 하나님의 뜻에 순종하는 봉사奉仕의 삶, 이 모든 행위는 하늘나라의 문을 여는 열쇠입니다. 요한복음 13장 1-17절은 그 영적 유산을 우리에게 전하며, "내가 너희에게 행한 것 같이 너희도 행하게 하려 하여 본을 보였노라."요 13:15고 말씀하십니다. 이 가르침은 교리나 도그마로 강요될 수 없는 진리입니다. 오직 삶으로 실천될 때, 그 말씀은 빛이 되어 우리를 인도합니다. 신약의 복음서에 공통으로 기술되어 있는 그 말씀에 무슨 주입식 도그마가 필요하겠습니까? 꽃봉오리가 벙글어 아름다운 자연을 피워내듯이, 그저 그리스도를 닮아 갈 뿐입니다.

해 질 녘, 불러줄 때까지 기다리며 열심히, 그러나 무심코 노는 어린 아이들….

뜻으로, '도'란 그저 인간이 매일매일 살아가는 데 필요한 삶의 지표가 되고 가야 할 길이 되어야 한다는 것이다.

깨달음의 경지란, 결국 삶이 무심無心인 것을 아는 것 같습니다.

너희가 어린아이들과 같지 아니하면
결단코 천국에 들어갈 수 없느니라 마 18:3

이 봄도 또한 다 지나가는데

K형, 복사꽃 환한 봄이 오자 운필運筆이 좋은, 한시漢詩 한 편을 보내셨군요. 화선지에 붓으로 써주셨으면 기起, 송送, 회回로 구성된 필筆 서법書法도 감상할 수 있을 것을 그랬습니다.

「절귀」絶句

-두보杜甫[198]

江碧鳥逾白 강벽조유백　　山青花欲然 산청화욕연
今春看又過 금춘간우과　　何日時歸年 하일시귀년

강이 짙푸르니 나는 새들 더욱 희고
푸른 산엔 꽃 빛이 불붙는 듯하도다
이 봄도 또한 다 지나가는데
어느 때 고향엘 돌아가리

---

198 두보712~770가 53세765년, 당나라 때의 봄, 피난지 성도成都에서 지은 무제無題의 '5언 절구 2首' 가운데 두 번째 작품이다. 두보가 '안녹산의 난'755년 12월 16일부터 763년 2월 17일까지 약 7년 2개월 동안 이어진 대규모 반란을 피해 성도에 머물면서 지은 시로, 기약 없이 세월만 보내면서 고향에 돌아가지 못하는 안타까운 심정을 읊은 것이다. 눈 앞에 펼쳐진 화려한 봄의 정경, 그 봄이 또 지나감을 아쉬워하며 고향에 대한 애틋한 그리움을 읊은 걸작이다. 화려한 색채의 조화를 이룬 봄날의 경치起承, 기승, 거기에 조응된 고향에 대한 그리움에 젖어 있는 작가의 초라한 삶과 향수轉結, 전결를 대구법 구성과 표현으로 역력히 드러내고 있다. 어느 날이나 고향에 돌아갈 수 있게 될 해인가를 절실히 토로하고 인생의 무상감을 강조하며 향수에 애태우던 두보는 결국 죽을 때까지 고향에 돌아가지 못했다고 한다. [『한국민족문화대백과사전』, 두공부집杜工部集 관련 주석, 고방 서예자료 등]

저도 좋아하는 이 시詩의 '碧벽'은 '푸를 벽' 자字이지만 담청색에 가까운 짙은 녹색의 푸름이라서, **'강이 짙푸르니'** 이렇게 해도 되겠지요. 그래서 두보는 '짙푸른 강물이라 나는 물새들 더욱 희게 보인다'는 대조법을 쓴 것 같습니다. 그런데 둘째 줄에는 더욱 대비되는 선명함이 보입니다.

봄 산은 초록으로 푸르른데, 꽃들은 불타듯 더욱 붉어라.

아마 두보의 눈엔 만산에 핀 철쭉과 진달래꽃이 마치 불타고자 하는 듯 보였던 모양입니다. '然연'은 '불탄다'라는 뜻이나 '불탈 연燃' 자도 되니, 욕연欲燃, 즉 '더욱 불탄다'라는 말이 아니겠습니까? 사뭇 꽃이 붉음을 이토록 강한 연상聯想을 자아냈군요.

그런데, 이 시가 저의 가슴에 닿은 것은 "이 봄 또한 다 지나가는데, 나는 언제나 고향에 돌아갈까?"하는 구절 때문입니다. 갑작스럽지만, 벌써 5년째 이역異域을 흘러 다니고 있다고 하시는데, 혹 형께서도 저처럼 향수에 젖어, 동東으로 동으로 흘러가는 강물 줄기를 쳐다보고 있는 것은 아닙니까?

환란의 시대를 산 두보처럼 임진왜란 후 1604년선조 37년, 포로로 끌려간 수천 명의 우리 동포들을 데려오기 위해, 선조의 특명으로 일본에 갔다가 약 9개월 정도 체류했던 사명대사도 두시杜詩 풍으로 적은 그의 시에서 이 「절귀」를 인용했지요. 나고야성에서 - 당시는 매립이 되지 않아서 바다에서 성까지 배가 들어갈 수 있었음 - 8개월이나 억류되어 있던 사명대사가 바로 두보의 「절귀句」와 같은 심정을 토로한 것입니다.

불초한 필자도, 오래전 국내에 머물 때, 한국 정신 문화유산의 한 맥을 찾아, 사명대사1544~1610, 속성은 임, 속명은 응규법명은 '유정', 당호는 '사명당의 생가 밀양 응천골, 무안면 고리 및 선영을 비롯하여, 그의 발자취를 따라 북한 지역을 빼곤 다 다녀 보았지요. 그리곤 규슈 사가현 가라쓰시 인근 나고야성名護屋城까지 갔던 적이 있지요. 먼저 나는 호수처럼 넓은 해자垓子, 즉 성곽이나 요새의 방어를 위해 만든 도랑이나 물길을 건너 성으로 들어가기 전, 맞은 편에 있는 칠 층 정도의 높이로 된 건물로 갔습니다.

그 건물 스카이라운지에 '만몽萬夢'이라는 이름의 찻집이 있었습니다. '만몽'이라……! '만 가지의 꿈'이란 말이 아닙니까? 토인비의 말을 빌릴 것도 없이, 역사란 인간이 저지른 '만 가지 과오過誤의 기록'이 아닙니까. "역사란 무엇이고 그 변명은 가능할까?" 자문自問해 봅니다.

'만몽'에서, 도요토미 히데요시豊臣秀吉, 1537~1598가 임진왜란을 일으키기 위해 전략적 군사기지로 건설했던, 나고야なごや, 名護屋성을 바라보던 나는 만감이 착잡했습니다. 9개월 후에 수천 명의 동포를 데리고 귀국했지만, 사명대사는 마음이 복잡하고 어수선하여 안절부절못하면서 성안에서 51편의 시를 지었는데 이 시도 그중 하나지요.

이 봄도 또한 다 지나가는데 어느 때 고향엘 돌아가리.

K형, 우리는 모두 태초의 고향인 에덴Eden, 기쁨의 낙원을 잃어버린 채 지금 바벨론의 바벨탑 안에 갇혀 있습니다. 성경은 '바벨론에서 나오라'렘 51:41-64; 계 17:7-12; 18:1-6고 수도 없이 말하지만, 우리는 지금 시날Shinar 평원199의

199 유프라테스와 티그리스강 사이의 비옥한 평야 지대, 즉 메소포타미아 지역으로, 오늘날의 이라크 남부에 해당하는 시날Shinar 평원은 성경에서 매우 중요한 지리적·역사적 장소로 등장하며, 특히 바벨탑 사건과 관련이 깊다. 바벨탑 건설은 노아의 후손들이 시날 평지에 모여 하늘에 닿는 탑을 쌓으려 했으나, 하나님이 언어를 혼잡하게 하여 그들을 흩으셨고, 그 도시를 '바벨'이라 불렀다고 기록되었다창세기 11:9. 또한 시날은 함의 손자인 '니므롯'이 세운 왕국의 중심지로 언급창세기 10:10되었듯이, 시날 평원은 단순한 지명이 아니라, 인류 문명의 시작과 교만의 상징, 그리고 하나님의 개입을 보여주는 장소로 성경과 역사에서 깊은 의미를 지닌다.

바벨론 성에 다 갇혀 있습니다. 심지어 복음도 신학도 바벨탑 안에 갇혀 있지요. 사회는 어떻습니까? 앞서 언급했던 프랑스, 독일의 철학자이자 시인이며 작가인 모리악François Mauriac, 1885~1970이나 하이네Heinrich Heine, 1797~1856가 지금 살아 있으면 이 시대를 두고 개탄을 금치 못할 것입니다.[200]

지금 우리는 대부분 탕자이거나 길 잃은 미아迷兒들이거나 고아들이라고 할 수 있을 것입니다. 아버지가 없기 때문입니다. 6.25 전쟁 이후인 1950년대代는 고아孤兒, orphan들이 많았습니다. 동무들과 같이 놀다가도 해가 지고 나면 그들은 돌아갈 데가 없었습니다. 순이도 철수도 놀이를 멈추고 다 부모님 집으로 돌아가는데, 그들은 돌아갈 곳이 없어 멍하니 서 있던 것을 기억합니다.

성경의 말씀은 '빛이고 생명'요 1:4인데, 우리가 '은혜와 진리로 다시 나서'요 3:5 '그분의 영과 연결되어 생명으로 자라',요 15:5; 엡 4:15-16 "하나님의 나라를 상속받고 새 하늘 새 땅의 새 예루살렘에도 들어가는 하나

---

200 이유는, 그들이 문학과 철학을 통해 인간성과 도덕, 진실과 정의를 옹호했던 지성인들이었기 때문에, 오늘날의 사회적 혼란과 도덕적 퇴행, 인간성의 상실은 그들의 가치관과 정면으로 충돌한다. "프랑수아 모리악"의 시각에서 본 개탄의 이유는, 먼저 가톨릭적 인간애와 도덕성을 강조하는 모리악은 인간 내면의 죄와 구원, 사랑과 희생을 깊이 탐구했는데, 오늘날의 이기주의, 물질주의, 도덕적 무관심은 그가 경계했던 인간의 타락을 그대로 보여준다. 또한 정치적 양심과 저항 정신을 표방했던 그는 나치 점령기 프랑스에서 양심적 지식인으로서 저항했으며, 진실을 말하는 데 주저하지 않았다. 오늘날 진실이 왜곡되고, 권력에 침묵하는 지식인들을 보면 분노했을 것이기 때문이다. 한편, 신랄한 풍자와 현실을 비판하는 "하이네"는, 낭만주의적 감성을 지녔지만, 현실에 대한 냉소와 풍자로 독일 사회를 비판했다. 오늘날의 정치적 분열, 혐오와 차별, 언론의 퇴행은 그의 시적 비판을 자극했을 것이다. 또한 자유와 민주주의 옹호했던 그는 독일 정부의 탄압을 받으면서도 민주주의와 표현의 자유를 지지했었기에, 오늘날 표현의 위축, 감시 사회, 권위주의적 경향은 그에게 절망을 안겼을 것이기 때문이다. 그들이 개탄할 시대적 풍경을 요약하면, 인간보다 자본이 우선되는 가치관, 진실보다 이미지와 선동이 앞서는 미디어 환경, 예술과 문학의 상업화와 깊이 없는 콘텐츠의 범람, 그리고 전쟁과 갈등, 혐오와 배제의 정치 등으로, 모리악과 하이네는 '단순한 문인이 아니라, 시대를 꿰뚫는 도덕적 나침반'이었다. 그들이 지금 살아 있다면, 아마도 "우리가 꿈꾸던 인간의 존엄은 어디로 갔는가."라고 탄식했을지도 모른다.

님의 자녀들이 되어야 한다"계 21:1-8고 했습니다. 생명의 새로움, 사람은 누구나 하나님 경륜의 신비 안에서 성육신 된 그리스도의 비밀을 알아야 하고, 그의 십자가에서의 죽음에서 나오는 보배로운 피로, 우리가 다시 살아, 하나님 아버지께까지 나아간다는 것이 성경의 핵심입니다. 그리스도의 '보배로운 피'벧전 1:19의 공로로 아버지께 가지 못하면, 우리는 다 부모 없는 고아들이며 길 잃고 헤매는 미아들이란 것입니다. "그리스도와 함께 십자가에 못 박히고 함께 부활하지 않으면, 우리는 생명이 되지 못한다."갈 2:20; 롬 6:4-5라는 것이 성경에서 말하는 '생명 농사'의 핵심입니다.

고향으로 돌아가고 싶어 애타게 기다리는 두보와 사명대사, 혼돈과 길잃은 시대를 살아가고 있는 우리 모두에게도 이 시절귀는 '영원한 안식이 있는 아버지의 집天國으로 돌아가야 한다'고 하는, 진정한 고향 회귀의 절박함을 나타내 보입니다.

> **버드나무에 우리의 수금을 걸고… 바벨론의 여러 강변 거기에 앉아서 시온을 기억하며 울었다** 시 137:1-2

옛날 유대인들이 영혼의 본적인 고향을 잃어버리고는, 포로로 끌려가 바벨론의 그발 강가Nehar-Kebar, River of Chebar; KJV, NASB, 선지자 에스겔이 하나님의 환상을 보았던 그 장소,겔 1:1에서 노역할 때, 그들의 영적 본적지 예루살렘에서 하나님께 찬양하며 예배드렸던 것을 떠올리며, 눈물로 회개 고백하면서, 그때 그곳, 영원한 본향을 회상하고 있는 내용이지요. 어둠의 멍에yoke를 씌운 소의 목멍에목을 벗어나지 못하고 있는 현 시대의 우리 모습을 보는 것 같아서 이 자리에 인용해 보았습니다.

묵상 적용과 토론을 위한 질문 [6부 자유한 전체와의 만남]

1. '자유한 전체와의 만남'은 인간의 에고를 내려놓고, 성령의 흐름과 하나님의 질서에 자신을 맡김으로써 이루어지는 존재의 통합과 영적 자유의 회복을 의미합니다. 이는 무위의 삶 속에서 자연과 진리와 조화롭게 연결되는 상태이며, 예수 그리스도의 인격과 십자가적 자기 비움 안에서 실현되는 신성과 인간성의 일치입니다. 여러분은 오늘날 자기 중심성과 성취 중심의 삶 속에서, '자유한 전체와의 만남'이라는 영적 통합의 길을 어떻게 이해하며, 그것이 개인의 삶과 공동체의 신앙에 어떤 변화를 요구한다고 생각합니까?

2. 생명은 단순한 생물학적 현상이 아니라, 존재의 신비로 제시됩니다. 여러분은 생명에 대한 동서양의 관점을 비교할 때, 어떤 차이와 공통점이 있으며, 그것이 인간 존재에 대한 이해에 어떤 영향을 준다고 보십니까?

3. 본 단락은 생명을 넘어선 신비의 차원을 강조합니다. 여러분은 자신의 삶에서 생명을 넘어선 의미나 경험을 어떻게 인식하고 있으며, 그것이 신앙이나 철학적 사유에 어떤 통찰을 주었습니까?

4. 동양은 일원론적 세계관을, 서양은 이원론적 구조를 강조해 왔습니다. 여러분은 이 두 사상 전통을 비교할 때, 오늘날 인간의 실존 문제나 윤리적 선택에 어떤 통합적 시각을 제공할 수 있다고 생각합니까?

5. 본 단락은 존재의 흐름과 귀결을 강물과 바다의 이미지로 표현합니다. 여러분은 자신의 삶이 어떤 흐름 속에 있다고 느끼며, 그 흐름이 궁극적으로 어디로 향하고 있다고 생각합니까?

6. 어둠은 고통과 침묵의 상징이지만, 동시에 내면의 성찰을 위한 공간이기도 합니다. 여러분은 삶의 어두운 순간을 어떻게 받아들이며, 그것이 영적 성장이나 인간 이해에 어떤 역할을 한다고 보십니까?

7. 본 단락은 존재의 조화와 아름다움을 꽃의 이미지로 표현합니다. 여러분은 자연의 질서와 인간의 삶 사이의 관계를 어떻게 이해하며, 그것이 신앙과 생태적 책임에 어떤 통찰을 준다고 생각합니까?

8. 시간의 흐름과 덧없음은 인간 존재의 조건입니다. 여러분은 '지나가는 봄'이라는 이미지 속에서 어떤 삶의 교훈을 발견하며, 그것이 현재의 선택과 태도에 어떤 영향을 주고 있습니까?

7권 .. 어느 구도자에게 보내는 편지

제7부
명상生命의 샘가에서

인생은

결국

이 '주십시오'와 '만드소서' 사이의

여정이겠지요..

7부

『그곳』울주 신불산神佛山에서 - 이재현

• 명상生命의 샘가에서

명상瞑想, 生命의 샘가에서

K형, 불교에서는 '피조물被造物'이란 말을 쓰지 않는데, '무엇에 기뻐하고 감사해야 하는가?'라고 쓰셨군요.

K형, 한적한 샘터에 가면 마음이 고요해지고 자기를 보게 되듯이, 무심히 피어 있는 한 송이 들꽃이나 산나리에서도 자연의 섭리에 대해 감사를 드리고 싶은 나날입니다. 물고기 한 마리를 위해 큰 바다의 물이 그 작은 생물을 수온과 중력 속에서 조화로 감싸듯이, 산나리 하나를 위해서도 태양과 공기와 물이 수고를 아끼지 않는 것이 새삼 창조주의 은혜임을 깨닫고 있습니다. 달 밝은 가을밤에, 또 일출日出의 장관에 옷깃을 여미는 것도, 우리 속에 있는 신성神性의 감지로부터 비롯된 감사하는 마음의 표출이라고 할 수 있겠지요. "하늘이 하나님의 영광을 선포하고 궁창이 그의 손으로 하신 일을 나타내는 도다. 날은 날에게 말하고 밤은 밤에게 지식을 전하니…."시 19:1-2 달 밝은 밤과 일출의 장관을 바라보며 느끼는 경외심과 감사, 또 하늘과 밤, 낮의 순환 속에서 '하나님의 존재와 지혜가 끊임없이 드러 난다' "All are expressions of divine wisdom and abundance."라는 시편 기자의 고백시 104:19-24이 우리 모두의 고백이기를 기원해 봅니다.

감사하는 마음, 은혜를 아는 마음은 누가 이래라저래라 안 해도, 자연스럽게 인간에게 주어진 생래生來적인 마음일 것입니다. 마치 신성이 사람에게 나뉘어 있지 않듯이, 자연의 풍물風物과 경색景色을 보고 느끼는 인간의 마음에는 자연과 교감交感하는 '자연 정신'이 있습니다. 불교에서는 이것을 불성佛性이라고 보지요. 무정물無情物이 감성感性을 갖고 있지는 않지만, 그러나 그것에게도 자연성Nature은 있다고 보지 않습니까? 나무도 돌도 물도 '자연성', 즉 '불성佛性'을 지니고 있다는 것은, 이원론을 믿고 있는 서양인들에겐 하나의 신비지요. 자연성 또는 불성을 유학儒學에서도 '유성有性'201이라고 합니다.

하나님은 '범사에 감사하는 마음'을 인간에게 주셨습니다.살전 5:18 성령 자체의 본질적 성격이 인격체로서, 하나님이 인격체가 아니었다면 우주 만물을 창조할 수 없었을 것이며, 사람들에게 감사의 마음을 불러일으킵니다. 이 감사의 마음이 하나님께 '영적인 제사'까지도 드리게 하는 것이지요.시 116:17 하나님은 우리의 낡은 옷을 벗기고 새로운 인격의 옷을 입히며, 중생重生과 성화聖化에 대한 감사를 고백하게 합니다. 그래서 '예배는, 피조물인 인간이 하나님의 은총과 역사役事 안에 있는 것을 기뻐하고 감사하는 시간'시 100:2-4; 롬 12:1이라고 생각되는군요.

앞서도 언급한 적이 있습니다만, 13세기 때의 사람 신비주의 사상가

201 유학儒學에서 말하는 자연성自然性 또는 불성佛性과 관련된 개념은, '인간이 본래부터 지닌 도덕적·정신적 성품'을 가리키는데, 이를 유학에서는 유성有性이라고 표현하기도 하며, 이 개념은 특히 성리학性理學에서 중요한 위치를 차지한다. 즉 이는 공자와 맹자, 그리고 송대 성리학자들정호, 주희 등에 의해 발전된 개념으로, 인간은 본래 선한 성품仁義禮智信을 가지고 태어난다고 본다. 이러한 유성은 인간의 심성心性과 연결되어 있으며, 이를 닦고 밝히는 것修明擴充, 수명확충; 주희의 『대학장구』이 유학의 핵심 과제이다. 불성佛性은 불교에서 말하는 인간 내면의 깨달음 가능성과 본래적 순수성을 뜻하나, 유학은 불성의 개념을 직접 받아들이기보다는, 인간의 도덕적 성품을 강조하는 방식으로 유성이라는 개념을 통해 자연적 도덕성을 설명한다. 『한국민족문화대백과사전』

인 에크하르트Eckhart von Hochheim, 1260년경~1327년경의 말대로 하자면, '하나님의 불꽃divine spark'으로 심어진 나의 '씨'를 다시 확인하고, 그 '씨'를 주신 분에게 감사하는 것이 '예배禮拜 시간'입니다. 그 불꽃으로 된 신성의 씨를 부활한 나의 씨로 찾을 수만 있다면, 그 예배의 시간은 고스란히 하나님의 은혜이지요. 이 신성의 씨, 생명의 옹달샘을 찾지 못하면, "하나님을 알기까지는 내 인생에 평안이 없었다."라는 어거스틴Sanctus Aurelius Augustinus Hipponensis, 354~430의 고백『고백록』, *Confessions*, 401년처럼 인생은 참으로 불행한 삶을 산다는 것입니다.

어린아이가 어머니 품속에 안겨야 하듯이, 피조물인 사람은 하나님의 영적 '프뉴마'Pneuma, πνευμα, 생기, 바람을 받아야 한다는 말씀이지요. 성경은 이 생기에, 이 온기에 "우리의 허물과 죄악을 대신하여 찔림과 상함을 당하고 징계와 채찍에 맞음으로, 우리는 나음을 받게 된사 53:5 예수 그리스도의 이름으로 감사하며,엡 5:20 그의 빛 안에 감싸여야 한다."라고 합니다. 아니 인간의 가슴은 '신지,神智, Divine Wisdom 신애神愛, Divine Love의 빛이 싸여 있는 '성전聖殿'이라는 것고전 6:19고전입니다.

> **여러분은 자신이 하나님의 성전이며, 하나님의 성령께서 자기 안에 살아 계시다는 것을 모르십니까? 만일 누구든지 하나님의 성전을 파괴하면 하나님께서도 그 사람을 멸망시킬 것입니다. 하나님의 성전은 거룩하며, 여러분 자신이 바로 하나님의 성전이기 때문입니다** 3:16-17

그러므로 성경은 은혜의 마음, 감사의 마음으로, "자신의 몸을 하나님이 기뻐하시는 거룩한 산 제사로 드리라."롬 12:1라고 우리에게 이릅니다. '주님의 거룩한 성전'엡 2:21이 되고, '신령한 하나님의 집'엡 2:22이 되어야 한다고 합니다. 거룩한 성전이 되어, 이미 내주內住하고 계시는 거룩의 빛, 그 성령의 불꽃으로 영혼이 밝혀지기만 하면 하나님의 뜻은 땅 위에 이루어진다는 것이지요.

불교에서 쓰는 '恩은'자와 '惠혜'자는 그 구조를 파자破字해 보면 '心마음'이 중심에 자리하고 있다는 점에서 감사와 보답의 마음을 상징합니다. 불교 용어 중에서도 '布施보시'와 '慈悲자비'는 '惠혜'의 실천적 표현이며, '참회懺悔'나 '회향回向'은 '恩은'에 대한 응답으로 볼 수 있겠지요.

유자儒子의 심성으로 말하자면, 인간이 인간답게 되기 위해서는 천명天命을 자각하고 인성을 계발해서 천인합일天人合一로 왕도낙토王道樂土를 이뤄야 한다는 것입니다. 하늘 성품을 타고난 '천명지위성天命之謂性'이 인간의 본분이라는 것이라고나 할까요. 인간이 하늘로부터 난 이상 '天生烝民천생증민',『詩經』, 증민편 즉, 인성에 내재 되어 있는 그 하늘 덕을 밝히고 밝히면서 사람들을 사랑하고, 그리하여 최고선을 이루어야 한다는 말씀이지요. - '明明德 親民 至善명명덕 친민 지선',『大學』 1장

본체本體의 밝음, 그 광명한 덕을 숭모하면서 하늘에 제사를 지내고, 시대에 따라 내려오는 동맹, 무천, 영고, 팔관 등, 빛의 도를 펴는 것은, 사실 우리 대무大武 한민족이 생래적으로 전수해 내려오는 불함不咸문화의 '한밝ᄒᆞᆫ밝'사상, 즉 그 넓고 큰 '한瀚, 韓'인 광명대도光明大道 정신입니다. 우리 민족은 하늘 앞에서 겸손하면서 내면의 함咸, 不咸, 큰 빛을 가진 민족202입니다. 그래서 한민족 원류랄까 고유신앙은 '이신설교以神說教'입

202 이 내용은 최남선崔南善, 1890~1957이 한국 고대문화의 기원을 '불함문화권'동북아 북방계 문화권에서 찾고, 단군신화와 만주·연해주·백두산을 중심축으로 보는 역사·민속학적 논지로, 일제 식민사관에 맞서 한국 고대문화의 세계사적 위상을 밝히려는 대표적 민족주의 역사 이론으로 평가된다. 연도별 저작을 간략히 보면, 계고차존1918, 불함문화론 제창1925 혹은 1927, 단군론과 아시조선1926, 단군급기연구1928로, 연표는 『한국민족문화대백과사전』EncyKorea의 항목 서술을 근거로 정리하였다. 광역 비교와 상징 해석이 많아 가설적·추정적 요소가 크다는 지적이 있으며, 본문 최초 발표·판본 연도에 대해서도 1925년 제창설과 1927년 출간 표기가 병존하는 한계가 있다. [출처: "최남선의 「불함문화론」을 통해 본 고대사

니다. 문자 그대로 '하나님神께서 말씀하시고 가르치는 종교', 즉 '하나님이 직접 계시하고 인도하는 종교'라는 뜻이지요. '써以'와 '말할說' 자 아닙니까. 줄여서 신교神敎203라고 합니다.

K형, 불교의 사유로 돌아갑니다만, 인간이 감사할 수밖에 없는 것은 피조된 만물이 '일심', 또는 '진여眞如'로 인해 지어졌기 때문입니다. 진여 혹은 '眞心'은 보조 지눌의 용어로, "모든 존재가 본래부터 진여眞如의 작용으로 생겨났다."라는, 즉 존재의 본질과 수행의 방향을 동시에 제시하는 핵심 개념이지요. 다시 말하자면 천상의 것인 '법신'法身, 法性身, Dharmatakāya 또는 '자성신'自性身·Svabhāvikākaya,『攝大乘論』,섭대승론204 또는 『佛地經論』,

---

만들기와 역사비교 언어학의 관계", 김훈문, 성균관대 동아시아학술원, 2017.] 본서의 본문 내용은 「불함문화론」不咸文化論과 그 안에 담긴 '한밝'ᄒᆞᆫᄇᆞᆰ 사상, 그리고 '광명대도'光明大道 정신을 참고하였으며, 이 사상들은 우리 한민족의 고유한 정신 문화로써, 하늘을 숭상하고 광명의 덕을 따르며, 내면의 밝음을 실현하려는 철학적·종교적 전통을 담고 있다. (저자 주註)

203 이 개념은 단군신화, 천신天神 숭배, 백두산 중심의 신성 공간 인식 등과 연결되며, '불함문화론'이나 환단고기桓檀古記 계열 사서민족주의 역사관과 결합, 고대사 재해석 시도, 개벽 사상동학·천도교에서의 종말론·새 시대론, 근대 민족운동과 종교운동의 결합, 한국적 기독교 환원 운동서구 기독교 교리를 한국 전통사상과 접목하려는 신학적 시도 등 다양한 사상 흐름에서 언급된다. '이신설교'以神說敎는 신의 계시를 통해 교리를 전수 받는 방식으로, 묵시문학, 영성 중심 신학과 관련한 사상이며, 단순한 종교 개념을 넘어, 한국 고유의 신앙 전통과 현대 신학적 재해석이 만나는 지점이다. [관련 학술·연구 자료 요약: 김열규, 「단군신화 연구」; 윤내현, 『고조선 연구』 / 김상태, 「불함문화론의 전개와 비판」; 이형구, 『환단고기 위서론 비판』 / 한국고대사학회 자료집; 김용환, 「개벽사상의 사상사적 의의」 / 『개벽』 잡지 분석; 김흥수, 「한국 기독교의 토착화와 환원 운동」; 김회권, 『묵시와 예언』 / 박영호, 「이신설교의 신학적 함의」 등]

204 『섭대승론』攝大乘論은 무착無著, Asanga, 약 300년경, 인도 브라만 계급 출신 보살이 저술한 대승불교의 핵심 논서로, 유식학唯識學의 철학적 기초를 체계화한 저작이다. 이 논서는 미륵보살의 가르침을 바탕으로 무착이 정리한 것으로 알려져 있으며, 대승불교의 교의와 수행 체계를 총괄적으로 설명한다. 총 10장으로 구성되어 있으며, 각 장은 대승불교의 핵심 개념을 다루는데, 유식학의 핵심 개념인 "아라야식"阿賴耶識과 "삼성설"三性說을 중심으로, 보살 수행의 전 과정을 체계적으로 설명한다. 특히, '유식'唯識의 관점에서 '모든 존재는 마음의 작용'이라는 점을 강조하며, 깨달음으로 나아가는 실천적 길을 제시한다. 한편 "아라야식"은 모든 경험과 업業의 '종자'種子를 저장하는 가장 근원적이고 심층적인 의식제8식

불지경론의 영원한 진리, 그 '진체眞諦, 第一義諦, Paramārtha-satya의 근원인 시작도 끝도 없는 영원한 절대의 초월자 '진일심眞一心' 또는 '심진여心眞如'로 지어졌기 때문에,『大乘起信論』 지은 자에 대한 은혜를 갚아야 한다는 것이지요.

나를 낳아준 부모에 대한 은혜조차 잠시라도 소홀히 하지 말라고 하여 『부모은중경』父母恩重經205이 지어졌는데, 어찌 이성과 윤리의 종교인 불교가 천하 만물을 지은 창조주 하나님을 모르겠습니까? 불학佛學에서 그렇게도 자주 쓰는 '一切唯心造일체유심조'는 실상 근원자 하나님一心께서 보이는 것, 보이지 않는 것, 그 일체의 만물을 천리天理인 '다르마Dharmā, 法'

으로, 개별 존재의 업과 기억이 축적되어 윤회의 근거가 되며, 깨달음에 이르면 '대원경지'大圓鏡智로 전환된다는 의미이다. 또한 "삼성설"은 '세 가지 성품본성에 대한 가르침'이란 뜻으로, 유식학에서 모든 법法의 존재 양상을 세 가지로 구분하는 이론:1. 遍計所執性변계소집성 – 잘못 분별하여 집착하는 허망한 성품, 2. 依他起性의타기성 – 인연에 의지해 일어나는 의존적 성품, 3. 圓成實性원성실성 – 집착이 사라진 완전하고 참된 성품이라는 의미이다. 요약하면, 아라야식은 모든 경험의 씨앗을 간직한 '의식의 창고'이고, 삼성설은 그 경험과 세계를 바라보는 '세 가지 층위'를 설명하는 틀이다.

205 『부모은중경』은 부모의 은혜를 설하는 불교 경전으로, 중국 당나라 시대에 편찬된 것으로 추정되며, 불교와 유교의 융합적 성격을 띠고 있어 위경僞經 논란이 꾸준히 제기되어 왔다. 695년경, 당나라 시기 『대주간정목록』大周刊定目錄, 695년에 釋明佺 등 고승들이 편찬한 불전 목록집에 수록된 것으로 보아 당대 중국에서 편찬된 경전으로 추정되며, 경전 명칭은 『불설대보부모은중경』, 『불설보부모은중경』 등 다양한 이름으로 유통된다. 『부모은중경』은 불교의 자비 사상과 유교의 효 사상을 접목한 경전으로, 동아시아 불교의 대중화에 기여하였으며, 조선시대에는 언해본과 삽화본으로 널리 간행되어 가정 윤리와 효 교육의 교재로 활용되었다. 주요 내용은 부모의 십대 은혜十大恩를 중심으로 구성되어 있는데, '품고 지켜주는 은혜, 해산의 고통을 견디는 은혜, 자식을 낳고 근심을 잊는 은혜, 쓴 것을 삼키고 단 것을 먹이는 은혜, 진자리 마른자리 가려 눕히는 은혜, 젖을 먹여 기르는 은혜, 손발이 닳도록 씻어주는 은혜, 먼 길 떠날 때 걱정하는 은혜, 자식을 위해 악업까지 짓는 은혜, 끝까지 사랑하고 불쌍히 여기는 은혜' 등으로, 우란분절盂蘭盆節, 즉 불교에서 부모와 조상의 은혜를 기리고 천도薦度하는 날로, '음력 7월 15일에 지내는 중요한 명절로. 한국에서는 흔히 '백중'百中이라고도 불리며, 현대 사찰에서는 49일간 천도재를 지내며, 돌아가신 부모와 조상의 극락왕생을 발원하는 것'과 연결되어, 부모를 위한 공양과 경전 수지受持, 즉 단순한 독송이나 암송을 넘어, 마음으로 받아 지니고 실천하는 것을 의미하는 공덕을 강조한다.

로써 만들었다는 것입니다. 그러므로 불교에도 창조주, 실제 불전에는 '造化主'란 용어가 자주 쓰이고 있음과 같이, '근원자'가 있다고 할 수 있을 것입니다.

원효元曉의 『해동소海東疏』206대로 하자면, 이 근원자 '일심'은 불佛 · 법法 · 승僧 삼보三寶의 근원이지요. 그러므로 불교의 '만법귀일萬法歸一' 개념은 본질적 원천인 이 근원에의 복귀還歸心源, 歸一心源207라고 보입니다. 주지하는 대로, 원효 심학心學의 위대성이 이 원융적圓融的이고 회통적會通的인 '일심관一心觀'에 있지 않습니까? 그에게 있어서 '일심'의 세계는 제9식識208의

---

206 『기신론소』起信論疏 또는 『대승기신론소』大乘起信論疏는 7세기 남북국 시대, 신라 668~935의 고승인 원효元曉, 617~686가 저술한 불교 논서로, 전통적으로 마명보살馬鳴菩薩의 저술로 여기는 『대승기신론』大乘起信論의 해석서'疏', 소이다. 『대승기신론』에 대한 주석서로는 1,000여 권이 있으나, 원효의 이 책이 가장 잘 되었다고 하여 중국에서는 『해동소』海東疏로 불리었다. 원효의 해동종 불교 사상의 기본 원리들이 저술되어 있으며, 당시 동아시아 불교학계에 『해동소』라는 이름으로 널리 유통되었다. 『한국민족문화대백과사전』

207 이 두 표현은 모두 불교 철학에서 마음의 근원으로 돌아가는 수행적 의미를 담고 있으며, 특히 신라의 고승 원효의 사상과 깊은 관련이 있다. '환귀심원'還歸心源은 중생이 번뇌와 분별을 내려놓고 본래의 청정한 마음자리로 돌아가는 것을 뜻하고, '귀일심원'歸一心源은 모든 존재가 하나의 마음 근원一心으로 귀결된다는 원효의 핵심 교리이다. 『대승기신론소』, 『금강삼매경론』 등에서 자주 등장하며, 요약하면, "모든 길은 결국 하나의 마음으로 돌아간다."라는 '일심' 사상으로, '수행의 방향성과 깨달음의 본질'을 강조한다.

208 원효의 일심一心 사상과 유식학唯識學의 심층 구조를 연결하는 시도에서 등장하는 개념으로, 전통 유식학에서는 8식 체계 – 전5식감각식 + 제6의식분별식 + 제7말나식아집 + 제8아뢰야식알라야식, 저장식 –가 일반적이다. 그러나 일부 대승 불교 해석에서는 제9식은 아마라식阿摩羅識또는 청정식淸淨識으로 언급되며, 이는 '아뢰야식'보다 더 근원적인 청정한 마음의 자리를 뜻한다. 원효는 『대승기신론』을 통해 '일심이문'一心二門 사상을 전개하며, 모든 '識'의 작용은 결국 일심의 작용으로 귀결된다고 본다. 이때 제9식은 일심의 배후, 즉 모든 식의 근원이며, 생멸과 분별을 초월한 청정한 마음자리로 이해된다. 다시 말해, 일심=제9식=진여=불생불멸의 본체로 제8식아뢰야식이 생멸과 업의 저장소라면, 제9식은 그 모든 것을 초월한 궁극의 마음이다. "心者 一法界大總相也 名爲眞如", "마음이란 일법계의 총체이며, 진여라 이름한다." 이는 곧 일심이 모든 존재의 본체임을 뜻한다. [참고문헌: 1) 『대승기신론』), 진제眞諦 한역본; 6세기 남북조 시대의 고승 진제가

배후와 같아서 낙원적 환경의 세계인 '불국토佛國土' 또는 '극락세계,極樂世界' 즉 '서방정토西方淨土'이지요. 이 낙원적 환경의 세계가 인간의 심성 안에서 나타나고, 또 구체화 되어야 한다는 것입니다. 그리스도교식으로 말하자면, 하나님 나라의 건설은, '그리스도인이 살고 있는 삶의 자리, 바로 이 땅에서부터 구체적으로 확장되어야 한다'눅 17:21; 막 4:26는 것이라고나 할까요.

원래 불교의 가르침은, 흔히 잘못 이해되고 있는 대로, 염세의 사상을 가꾸는 부정적인 철학이 아니지요. 그것은 우선 대승大乘,Mahāyāna, 큰 수레바퀴라는 뜻으로 동북아 불교를 일컫는 말이며, 한역으로는 '마하연摩訶衍'이라 하는데, 불교가 대덕행大德行의 이상理想으로 삼고 있는 보살菩薩 정신에서, '보살'이란 용어 자체가 창조주의 존재를 인정하는 것에 대한 반증反證으로 작용한다고 볼 수 있습니다. 아시다시피 보살은 '보리살타菩提薩埵'의 준말이며, 이 '보리살타Bodhisāttvā'는 범어梵語의 '보디覺Bodhi'라는 말과 '사트바'有情物또는 생명을 지닌 존재 sāttvā의 합성어가 아닙니까?

그런데 '중생有情物'을 가리키는 '사트바'란 말은 창조주造化主를 가리키는 'Sat', 즉 '생명, 진리 등의 뜻을 가진 우주의 최고 원리'의 파생어가 아닙니까? 'Sat'로 말미암고, 'Sat'의 입김이 들어 있다는 '사트바,' 이것의 한자적 음사音寫가 '살薩'이고, 그리하여 유정有情인 '중생衆生'으로 음역音譯된 것이지요.

그러니 '보디사트바菩薩'란 말이 대승사상에서는 '성불成佛을 보류하고서라도 대중과 고통의 아픔을 같이하며, 그들을 제도濟度한다'는 말이지만,

---

번역한 것으로, 현존하는 대승기신론의 가장 널리 쓰이는 한자본으로, 원효·법장 등의 주석서도 이 진제역을 저본으로 삼았다. 2) 한자경, 『대승기신론 강해』(불광출판사, 2013); 진제 한역본을 바탕으로 원효와 법장의 주석을 비교·분석하며, '일심이문' 사상을 체계적으로 해설한 책이다. 240여 개의 도표를 활용해 전문 연구자뿐 아니라 일반 독자도 이해하기 쉽게 구성되어 있다.]

실제 축어逐語적으로 한 마디씩 따라잡으면 "창조주의 입김으로 지어진 것사트바을 깨닫는다."보디, 菩提, 보리라는 것입니다.

上求菩提 상구보리 **下化衆生** 하화중생
위로 깨달음을 구하고, 아래로 중생을 교화한다.

대승법을 닦는 수행자들의 원願은, 엄밀히 말하면 '피조물에 대한 연민의 자각'이라고 할 수 있습니다.

목민牧民의 심정이지요. "예수께서 모든 도시와 마을에 두루 다니사 그들의 회당에서 가르치시며 천국 복음을 전파하시며 모든 병과 모든 약한 것을 고치시니라. 무리를 보시고 민망히 여기시니 이는 그들이 목자 없는 양과 같이 고생하며 기진함이라."마 9:35-36 여기서, '민망히 여기셨다'라는 표현은 신약에서 12번이나 사용된 단어로, 깊은 동정심으로 '측은하게 여기셨다'로, 헬)σπλαγχνίζομαι, splagchnizomai는 "a deep feeling of compassion"의 의미이지요. 『맹자』의 '측은지심惻隱之心'입니다. 이 목양牧養의 마음이 바로 보살의 '대덕행大德行'이며. 붓다 가르침의 핵심이 아닙니까. 이들은 '의인지심義人之心'의 사람들인데, '천명天命을 자각함으로 천인합일天人合一하게 된다'고 했습니다. 이들의 마음은 붓다처럼 커서 그 목민 교화의 삼천대천세계三千大天世界209에 이른다고 했습니다. 온 중생에 대한 '측은지심' 즉 사랑, 연민, 자비, 긍휼이 제일이라는 것입니다. 하나님은 '대자대비大慈大悲'하십니다. 크신 사랑大慈도 가지시고 큰 슬픔大悲도 같이 나누시는 분입니다.요 3:16; 사 53:3-4; 마 9:36; 히 4:15

---

209 『구사론』俱舍論 등에 따르면, 4대주四大洲와 해·달, 세계 중심의 거대 상상산인 수미산須彌山, 색계色界 초선천初禪天과 육욕천六欲天 등을 모두 합한 세계를 천 배 확대한 것을 '소천세계'小千世界라 한다. 이 소천세계를 다시 천 배 확대한 것이 '중천세계'中千世界, 이를 또 천 배 확대한 것이 '대천세계'大千世界이다. 『한국민족문화대백과사전』

기독교에서는 이에 대하여 하나님의 본질 자체는 '사랑'요일 4:8과 '지혜'요1:1-3; 골 2:2-3인데, 신약에서는 '말씀'과 연결되는 개념으로 쓰여 인생을 포함한 우주 안의 만물은 이 '사랑'과 '지혜'의 피조물들이라고 얘기하고 있습니다. 이 피조물로서의 자각이 "서로 사랑하며 창조주이신 하나님을 공경恭敬하라."라는 것이지요. 성경에서 "하나님을 공경공손할 '恭'경배할 '敬'하다."라는 표현은 헬라어로 '티마오timao'로 번역됩니다. 이는 '존중하다', '높이 평가하다', '가치를 두다', '경외하다', '경배하다' 등 깊은 존경의 뜻을 지닌 말입니다. 한편, '프로슈코마이'προσεύχομαι.proseuchomai는 '위를 향해 절하다', '간절히 바라다', '기도하다' 등의 의미를 가진 헬라어로, '하나님께 기도하거나 간청하는 행위'를 묘사하는 데 사용됩니다.

"네 아버지와 어머니를 공경하라."라는 신약성경 에베소서 6장 2절에 나오는 말씀이죠. 이 말씀은 '약속이 있는 첫 계명'이라고도 합니다. 자연 만물에 대해서는 창조 질서의 원리로써 보존하고 관리하며, 또 하나님의 섭리를 배우라창 1:28는 것입니다. 따라서 하나님의 사랑은 지혜에 속하고, 지혜는 사랑에 속하는 만큼, 말씀과 사랑의 계명을 잘 지켜 "주 안에 거하고, 주는 저 안에 거하시게" 하여 '한 띠'를 이루어야 한다는 말씀이지요.

> 우리에게 주신 성령으로 말미암아 그가 우리 안에 거하시는 줄을 우리가 아느니라 요일 3:24

K형, 기독교의 요지는 우리가 성령이라고 하는 신성의 '불씨', 그 빛 가운데로 걷기만 하면, 예수의 피가 우리를 모든 죄에서 깨끗하게 한다는 것입니다.요일 1:7 다시 말하면, 우리는 율법 아래의 희미한 양심의 빛보다도 훨씬 광명光明한 보혜사의 빛, 그 '진리의 성령이 인도'요 15:26하심으로 말씀道인 예수를 통해 창조주 하나님께로 끊임없이 올라가야 한

다는 말입니다. 그래서 인간은 이토록 구체적인 하나님의 사랑과 지혜에 감사하지 않을 수 없다는 것이지요. 따라서 기독교에서 '의로운 사람이 된다'고 하는 것은 죄인 된 인간이 하나님의 모습을 은혜로 되찾아 매일 감사하고 성화聖化에 이르는 과정, 그 완덕完德에의 길을 따르는 것을 이름입니다.마 5:48

'탕자의 귀가'눅 15:11-32에서 보는 비유처럼, 탕자가 처음에는 아버지께 "내게 오는 유산의 분깃몫을 모두 내게 주십시오."하였다가, 나중에는 만신창이가 된 몸을 이끌고 아버지 집으로 돌아와서는, "이제 저를 하인의 한 사람으로라도 만드소서."하고 간원합니다.

인생은 결국, 이 '주십시오'와 '만드소서' 사이의 여정이겠지요. 탕자가 빗나간 것이, 원래 '차축이 차 바퀴에서 벗어남'의 뜻을 지닌 불교의 '두카'Dukkhā苦 쪽의 사유이든, 성경의 '하마르티아'Hamartia,과녁에서 벗어나다, 빗나감 쪽이든, 인간은 신으로부터 빗나간 길을 걷다가, 결국 광야에서 회개의 여정을 시작하여 다시 진리말씀,神 앞에 서게 됩니다. 이는 곧 '두카사카Dukkhā苦' 즉 '고통의 진리'를 통과하며 참된 깨달음으로 나아가는 존재의 길을 의미합니다.

인간의 인간 됨이 '아버지께로 돌리는 이 발걸음에 있다'고 할 것입니다. 기독교에서 자성自性의 모습을 영원한 영혼의 아들, 영원자永遠者라고 하듯, 자성의 사람, 영원의 사람이 되어 아버지의 집으로 돌아가는 것이지요.요 1:12; 계 21:1-4

제 생각에는, 운수승雲水僧,雲水衲子의 행운유수行雲流水,구름이 달 가듯이 떠다니는 것이며 물처럼 흘러가는 것처럼하듯이 행하는 운수행각雲水行脚,구름과 물처럼 정처 없이 떠돌며 수행하는 행위나 보살행行도, 아니 선가禪家들의 순수근원如然에의 회귀回歸도,

결국은 '삼천대천세계三千大千世界'210를 비추는 광명의 집, 이 아버지의 집으로 돌아가는 것이라고 믿습니다. 불교가 계시적 윤리의 크기를 가졌을 뿐 아니라, 또 인간의 구조적 비극에 대한 이해도 기독교적인 이해의 빛에 가깝게 조명하고 있기 때문입니다. 아니, 만천하 온 인생들은 누구나 할 것 없이 진리를 추구하는 구도자truth seeker인 한, 만물의 본원, 하나님 아버지께로 돌아갈 수밖에 없다고 느껴지는군요. 성경과 불전에 공共히 나오는 그 예토穢土, 더러운 땅를 버리고 정토淨土, 하나님의 나라로 말입니다.

K형, 이토록 본질적인 면에서 관찰하여 언제나 참되고 한결같은 본성이 있는 인격성을 가진 '일심진여一心眞如', 그 '불성'如來藏, Tathāgata garbhā으로 하나님을 떠날 수가 없는 것이 아니겠습니까?. 첫 새벽211, 원효元曉도 그러했듯이, 목우자牧牛子 지눌知訥 보조국사普照國師 또한 이 영원한 법, 곧 '인격적인 절대자一心者' 외에는 달리 '법'이라 할 것이 없다고 말했습니다. 그들에게 있어서 '열반涅槃'이란, 이 영원한 법의 깨달음, 그 절대

210 삼천대천세계三千大千世界는 불교에서 우주의 광대함을 상징적으로 표현한 개념인데, 하나의 세계수미산 중심의 사천하를 기준으로 소천세계1,000개의 세계, 중천세계, 소천세계 × 1,000 대천세계,중천세계 × 1,000 이러한 세 단계를 합쳐 '삼천대천세계'라 부른다. 즉, 1,000×1,000×1,000 = 10억 개의 세계를 상징하며, 이는 한 부처가 교화하는 영역 전체를 뜻하는 말이다. 이 개념은 불교의 우주론에서 중생이 머무는 세계의 구조와 범위를 설명하는 핵심 용어로, 수행자들이 깨달음을 향해 나아가는 과정에서 자신의 마음이 곧 우주와 연결되어 있다는 인식을 돕는 역할도 한다. 『한국민족문화대백과사전』

211 '첫 새벽'은 단순한 시간적 표현을 넘어서, 깨달음의 순간, 혹은 진리와 마주하는 내면의 시작점을 상징하는 시어로 쓰인 것이다. 잘 아려진 일화로, 원효元曉, 617, 신라 진평왕 39년~686, 신문왕 6년가 해골에 담긴 물을 마시고 다음 날 '첫 새벽에 깨달음'을 얻은 순간처럼, 시대를 달리하는 지눌知訥, 1158, 고려 의종 12년~1210 역시 수행 중 문득 진리를 통찰한 순간을 '첫 새벽'에 비유한 것이다. 어둠 속에서 빛이 처음 떠오르듯, 무지와 번뇌를 걷어내고 '일심'一心이라는 절대적 진리를 인식하는 시작점, 즉 '진리의 여명'을 상징한다. 요약하면, '불교의 영원한 법은 시간과 공간을 초월해 동일하다'는 메시지를 전달한다.

경지와의 합일을 의미하는 것이지요. '현존재Dasein' 개념을 제시한 하이데거Martin Heidegger, 1889~1976와 함께 독일 실존철학을 창시한 칼 야스퍼스Karl Jaspers, 1883~1969 같은 사람이 불가佛家들을 신비가神秘家로 보는 이유는, 원효의 심학心學처럼 불교에는 인간我, 나 의식의 근원을 '일심자一心者'에게 둔다는 것입니다. 환각幻覺 같은 삶 속에서 불각不覺과 미망迷妄의 무명無明에 있는 인간이, 본각本覺의 원천, 그 절대의 마음如來藏으로 복귀하는 인간의 '식識, Vijñāna의 기능'을 '신비'로 보는 것이지요.

K형, 전에도 잠깐 언급했을 것입니다만, 화엄華嚴에서 선재동자善才童子212가 인생의 갖가지 광장을 거치면서 찾아가는 그 불꽃처럼 타오르는 휘황하고 장엄한 세계大方廣佛華嚴, 비로자나불毘盧遮那佛, Vairocana의 마음은 다름 아닌 우주 만상의 생성 변화의 근본 원동력인 이 인격적인 '일심一心'인 것입니다. '일심'이 인격이 아니고서야 어떻게 화엄 철학에서 중생sattvā, 영육의 생명체인 존재 자체이 붓다가 될 씨앗, 즉 불성佛性, Buddhatā을 가질 수 있다고 할 수 있으며, 또 이 붓다가 될 씨앗은 바로 여래의 마음, 또는 태胎인 여래장如來藏이라고 하겠습니까? 왜냐하면 여래장이 '식識'을 통해서만 알 수 있는 바로 '일심一心'이니까 말이지요.

그리고 무엇보다도 법화경 중심의 천태天台학파 와 화엄경 중심의 화엄華嚴학파 의 사상적 기초인 이 『대승기신론』大乘起信論, Māhāyana śrāddhotpādaśāstra213의 '대승기신'이란 말의 의미가 글자 그대로 '중생들의 믿음의

212 화엄경 입법계품에 등장하는 구도 보살로 53명의 선지식을 찾아다닌다. 불도를 구하는 모습이 순진한 어린아이와 같다고 해서, '동자'童子라 부른다.

213 『대승기신론』大乘起信論은 「대승大乘에 대한 믿음信을 일으키는起 논서」라는 제목처럼 대승불교의 교리를 종합적으로 정리한 논서로써, 6세기 중반 중국의 남북조 시대南北朝時代, 420-589 중 북방에 존재한 왕조北朝에서 등장한 작자 미상의 책이지만, 언급했던 마명보살馬鳴菩薩에게 가탁假託되어 북조에서 찬술된 대승불교 논서로 이후 동아시아 불교 사상에 막대한 영향을 끼쳤다. 범어梵語 원전은 현재 유실되고 없다. 『한국민족문화대백과사전』

깨우침' "The Awakening of Faith in the Mahayana"이란 뜻 아닙니까? 나고 죽음이 없는, 시작도 끝도 없는 영원한 본질의 세계, 그 '일심'에게 두는 큰 수레바퀴大乘의 믿음의 일어남起信을 규정하는 것이지요. 그리하여, '식'識, vijñāna이 '지'智, prajñā 반야가 되어 '공'空, sùnyātā을 깨치면서 절대 진리인 '진체眞諦'를 알게 되는 일 말입니다.

결국 '나고 죽음이 없는214 열반涅槃'215 은 『금강삼매경론』이나 『대승기신론』에서 말하는 대로, 근원에 돌아간 그 '하나의 마음一心'의 상태 이외의 아무것도 아닙니다. 이런 의미에서 불자佛子가 그토록 온갖 번뇌를 끊고자 서원誓願을 세우는 '번뇌무진서원단煩惱無盡誓願斷'216과, 중생과 더불어 근원, 그 '한 곳으로 함께 돌아가고자 하는' '여자동귀與子同歸'는 어떤 의미에선 그리스도인이 울며 찾아가는 하나님의 집, 바로 자기 몸 속의 그 '성전聖殿'이 아닐는지요.

이 점은 지눌 보조가 원효와 마찬가지로 '일심一心'을 최고의 가치, 생명의 본원으로 규정하면서, "옛적부터 계시는 주인어른"舊日主人翁, 구왈주인옹 「眞心眞說」편, 2 眞心異名 이라고 인격성을 부여하는 데서도 보입니다. 이를 기독교에서는 '옛적부터 항상 계신 이'단 7:9이라고 부릅니다. 한국 불교 사상의 철학적 기초를 놓으면서 선禪과 교敎 양종兩宗의 원융217을 꾀했던

214 '생사'生死란 'samsāra', 즉, '흐름'이란 뜻으로 윤회에 적용한다.

215 열반涅槃, nirvāna은 적멸寂滅, vyupaśama과 같은 뜻으로 '끊음', 또는 '무소유'란 의미이나 '공'의 개념처럼 '비움'으로써 충일한 '일심'의 온전한 인격 개념이다.

216 『천수경』에 있는 사홍서원四弘誓願 중의 하나로, 사홍서원은 "모든 중생을 교화하고', '번뇌를 끊고', '법문을 배워' '최상의 불도를 이루겠다"라는 4가지 서원을 가리키는 불교 교리이다.

217 숭유배불崇儒排佛 정책으로 조선이 개창되었음에도, 세종 5년에는 혈통상 형인 불심 깊은 "효령"孝寧이 왕위를 양보해 준 것에 대하여 감사로 궁중에 '선교양종禪教兩宗 원융원圓融院'이 있었던 것은, 넉넉하게 어질었던 세종의 포용성이 담긴 마음에 기인한다.

석학 지눌은 '일심'의 인격성을 더 나아가서 "온갖 형태와 음성의 저편에 있는 사람"威音那畔人, 위음나반인「眞心直說」편, 3 眞心妙體으로도 보고 있지요.

그에 의하면 이 '진심'지눌은 '眞如'나 '一心'을 '眞心'으로 부름의 오묘한 본체는 '삼라만상 일체 세계를 내는 근원'이라는 것입니다; 一切世界 生發之根源 일체세계 생발지근원「眞心直說」편, 3 眞心妙體. 그는 또 이 '진심'을 '아득한 옛날부터 있은 공겁 이전의 자기 모습'空劫前自己, 공겁전자기,「眞心直說」편, 3 眞心妙體으로도 보고 있습니다.

'진심'을 물질인 비 인격성으로서가 아니라 정신이 부여된 생명력, 사람마다 갖추어 타고나는 천성天性, 지눌의 용어로는 '天眞自性'의 그 본 바탈이랄까 모태로써 말입니다. 그래서 지눌에게 있어서 '진심'은 그의 책의 소제목「眞心正信」진심정신처럼, '바른 마음眞心'의 목적正信이며, "믿음은 '도'의 근원"이라는 화엄경의 말을 인용, 華嚴云信爲道源화엄운신위도원 …., '진심'의 인격성을 강조하는 것입니다. 유가儒家사상에서 '기氣' 개념이 유물론적으로만 해석되어서는 안 되듯이, 불교와 힌두교의 '다르마'Dharma, 만물을 지배하는 진리, 법칙개념에 '한 목적성'칸트의 정신력을 부여하는 것이지요. 말하자면 '진심'은 불학佛學 수행자들에게 미래적 불성佛性을 인격적으로 계시해 주면서, '진심' 스스로는 이 불성들의 근원적 총체가 된다는 것입니다.

K형, 이 주제에 대해서는 언젠가 기회가 생기는 대로 다시 자세히 연찬硏鑽해 보고 싶습니다. 아무튼 불전이 신관神觀을 내포하고 있다는 제 견해를 말씀드리고자 합니다. 중국인의 사유에 보이는 비인격적인 우주적 기능으로서의 조화의 자연관 같은 것이 아니라, 『금강경』[218] 첫

218 『금강반야바라밀경』金剛般若波羅蜜經은 대한민국의 대표 불교 종단인 대한불교 조계종의 근본 경전으로. 줄여서 『금강경』 또는 『금강반야경』이라고도 부른다. 대승불교의 모태가 되는 이 경전은 총 600권 분량의 『반야경』인데, 『반야경』의 앞부분 내용은 『금강경』이 되고, 뒷부분 내용은 『반야심경』이 되었다.

부분序分에 나오는 말 "如是我聞여시아문", "이와 같이 내가 들었노라."라는 믿음信의 문제가 불전의 행간行簡들에는 깔려 있기 때문이지요.219

玄之又玄 현지우현　　衆妙之門 중묘지문220『도덕경』 제1장

'참으로 깊고 깊어 측량치 못할 하나님',롬 11:33 그럼에도, 우리에게 그분의 형상Imago Dei,창 1:27인 천성天性을 주신 창조주의 은혜벧후 1:4를 어찌 모른다고 할 수 있겠습니까? 결국 우리가 할 수 있는 것이라곤 유기체적 통일체organic whole로서의, 말하자면 '조건에 따라 일어난다'는 연기緣起의 바퀴 사이에 있는 상호 의존성과 내적 연결성 내內에서만 포착되는 우주적 과정의 연기론緣起論적 자연 인식이 아니라, '물리적 힘이되 정신적 생명력인 우주의 인격을 인정'하는 일입니다.

K형, 그윽하고 신비한 곳, 모든 미묘微妙와 놀라움驚의 문門인 그 아버지 사랑의 품으로, 탕자의 귀가처럼 돌아들 갈 뿐이지요. 죄 많은 삶의 자리들을 떠나…, 「나 이제 돌아가리라」 하면서 말입니다.

아버지, 나 이제 아버지의 집으로 돌아갑니다.
당신의 선하신 팔을 내미셔서 내 병든 손을 잡아 주소서
- 찬양곡, 「나 이제 돌아가리라」, 김태자 작사·작곡

219 불교의 경전은 '팔만 사천84,000 가지'라고 말할 만큼 많은데, 그 많은 경전은 한결같이 여시아문如是我聞, evam mayā śrutam을 한역, 즉 '이와 같이 나는 들었다'로 시작된다. 붓다의 설법을 가장 많이 들은多聞第一 붓다의 수제자인 아난다阿難陀, Ānanda의 '난-난다' 음역가 붓다의 가르침을 사실 그대로 전한다는 의미로 경전의 첫머리에 쓰며 '아문여시'我聞如是, '문여시'聞如是라고도 쓰였다. 『법보일보』

220 '그윽하고 또 그윽한 것, 이것이 온갖 오묘한 것의 문門이다'의 뜻으로. 노자의 '道'는 무無이지만, 그것은 유有에 대한 무無가 아니고 유무有無를 초월한 무無이므로 '문'門으로 표현한 것이기에, 이런 뜻의 '도'道는 그윽하고 오묘하므로 그것이 우주의 삼라만상을 낳은 근본인 것이다.

No man is an island, entire of itself,
…a part of the main!
세상엔 아무도 외딴섬인 사람은 없다.
- John Donne 17세기 영국 시인

There is nothing in life
that is not grace and love in God.
유정해有情海로 세상을 보면
인생이 은혜 아니고 사랑 아닌 것이 없겠지요. 아멘!

묵상 적용과 토론을 위한 질문 [7부 명상(생명)의 샘가에서]

1. 본문은 자연의 섭리와 생명의 질서 속에서 감사의 마음이 생래적으로 깃들어 있다고 말합니다. 여러분은 일상 속에서 경험하는 자연의 질서와 생명의 흐름을 통해 어떤 감사의 마음을 느끼며, 그것이 자신의 신앙이나 삶의 태도에 어떤 변화를 가져왔습니까?

2. 불교의 불성과 기독교의 하나님의 형상 개념은 모두 인간 내면의 신성을 강조합니다. 여러분은 이 두 사상을 비교할 때, 인간 존재의 본질과 영적 책임에 대해 어떤 통합적 시각을 가질 수 있으며, 그것이 오늘날 인간 이해에 어떤 통찰을 준다고 생각합니까?

3. 본문은 '탕자의 귀가'를 통해 인간이 신으로부터 빗나간 길에서 다시 진리 앞으로 돌아오는 여정을 묘사합니다. 여러분은 자신의 삶에서 '주십시오'와 '만드소서' 사이의 여정을 어떻게 경험하고 있으며, 그 과정에서 진리와 존재의 회복은 어떤 방식으로 이루어지고 있다고 느끼십니까?

4. 원효와 지눌은 '일심'을 인격적 존재로 이해하며, 모든 존재의 근원으로 제시합니다. 여러분은 '진심' 또는 '일심'이라는 개념을 통해 인간의 내면과 우주의 질서가 어떻게 연결된다고 느끼며, 그것이 신관과 존재론에 어떤 영향을 준다고 보십니까?

5. 본문은 연기론적 자연 인식에서 인격적 생명력으로의 전환을 제안합니다. 여러분은 동양의 연기론과 기독교의 창조론을 비교할 때, 오늘날 생태 위기와 인간 중심주의를 극복하기 위한 사상적 대안은 무엇이라고 생각합니까?

6. 보살의 대덕행과 예수의 목양적 사랑은 모두 고통받는 중생에 대한 깊은 연민을 바탕으로 합니다. 여러분은 이 두 전통의 사랑 실천을 비교할 때, 오늘날 사회적 약자와 고통받는 이들을 향한 신앙인의 책임은 무엇이라고 생각합니까?

7. 선불교의 화두 "만법귀일, 일귀하처?"는 모든 존재가 하나로 돌아간다는 직관적 깨달음을 요구합니다. 여러분은 이 질문을 통해 인간 존재의 근원과 진리의 자리를 어떻게 이해하며, 그것이 기독교의 '말씀 되신 하나님' 개념과 어떤 대화를 나눌 수 있다고 생각합니까?

8. 불교는 모든 존재에 불성이 깃들어 있다고 말하고, 기독교는 인간을 예수 그리스도를 머리(主)로 하는 하나님의 성전이라 부릅니다. 여러분은 이 두 사상을 비교할 때, 인간 내면의 신성에 대한 이해가 어떻게 다르며, 그것이 오늘날 인간의 영적 책임과 삶의 방향에 어떤 통찰을 준다고 보십니까

묵상 적용과 토론을 위한 질문 [어느 구도자에게 보내는 편지 종합]

1. 광야와 빈들의 침묵은 창조의 시원적 공간으로 묘사됩니다. 여러분은 자신의 삶 속에서 '빈들' 같은 공간을 어떻게 경험하며, 그것이 내적 성찰과 자유에 어떤 의미를 주었습니까?

2. 에크하르트의 '신의 불꽃'과 임제의 '무위진인'은 서로 다른 종교 전통에서 인간 내면의 신성을 강조합니다. 여러분은 동서양 신비사상의 공통성과 차이를 어떻게 이해하며, 오늘날 인간학적·신학적 논의에 어떤 적용이 가능하다고 보십니까?

3. 스피노자의 '신즉자연' 사상은 신을 자연과 동일시합니다. 여러분은 범신론적 세계관과 기독교의 인격신 신앙을 비교할 때, 현대 과학·생태 위기 시대에 어떤 관점이 더 설득력을 가진다고 생각합니까?

4. 불교의 공안과 기독교의 비유·계시는 모두 언어를 넘어서는 진리를 지향합니다. 여러분은 종교 언어의 상징성과 한계를 어떻게 이해하며, 오늘날 신앙 공동체에서 이를 어떻게 풀어내야 한다고 생각합니까?

5. 본 단락에서 강조되는 '전체를 보는 묵상'은 부분적 지식이 아닌 총체적 통찰을 요구합니다. 여러분은 분절된 현대 지식사회 속에서 전체적 안목을 회복하기 위해 어떤 훈련이나 태도가 필요하다고 보십니까?

6. 본 단락은 지식이 인간성을 상실할 위험을 경고합니다. 오늘날 AI·빅데이터 시대에, 여러분은 지식의 비인간화 현상을 어떻게 경험하며, 이를 극복하기 위해 신앙·윤리·교육은 어떤 역할을 해야 한다고 생각합니까?

7. 본 단락에서 다루는 '영원이 된 현재'는 시간 속에서 영원을 사는 삶을 묘사합니다. 여러분은 '영원'의 차원에서 현재의 삶을 바라보는 시각이 개인의 선택과 가치관에 어떤 변화를 줄 수 있다고 생각합니까?

8. 본 단락 - '랑케트로 가는 길' - 은 역사와 인간의 길을 성찰합니다. 동양의 순환적 역사관과 서양의 직선적 종말론을 비교할 때, 여러분은 오늘날 인류의 미래를 어떤 역사관 속에서 이해하는 것이 더 적절하다고 보십니까?

<코카서스의 준령> 작가 無名 (필자 소장)

서신 교환을 마치며

K형, 간 서신을 주고받은 시간이 제법 오래된 것 같습니다. 일 년 정도 되었나요. 형께서 줄 곳 피력하셨던 불교관에 대해선 잘 들었습니다. 나도 불교에 오랫동안 심취했던 적이 있었습니다.

불교철학과 불교 윤리관을 중심으로 한 불교 사상은 우리 동양인의 심성이면 다 한 번쯤은 순례가 불가피한 성城 같은 것이 아니겠습니까. 나는 젊은 시절, 일본에서 백과사전식으로 1923년 다이쇼 일체경 간행회에서 발간된 『신수대장경新脩大藏經』을 늘 가까이에 두고 지낸 적이 있었습니다. 또 일본에서 한문으로 편간된 휴대용 접이식 『불교소의경전佛敎所依經典』, 일반적으로 신행과 교의의 근거가 되는 경전으로, 펼치면 일 미터도 더 되는 길이의 그 소책자를 가죽으로 표지를 싸서 늘 허리춤에 차고 다니기도 했지요.

일전에 사명대사의 발자취를 찾아다녔다는 이야기를 통해 추측은 하셨겠지만, 4.19 직후로 이른 시기에, 입산했으니 오래전 얘기죠. 입산 동기는 자유당 정권의 총체적 부패로 정국이 불안하고 앞날이 무상하던 정치 · 사회적 상황도 있었지만, 고향경남 통영 산양 뒷산인 야소골야시골로도 불림에 있던 네 절 중 특히 정상 가까이 있던 도솔암의 분위기와 창건되고 있던 미래사彌來寺를 보면서였습니다.

도솔암에는 효봉曉峰1888~1966스님[221]뿐만 아니라, 탄허呑虛1913~1983 스님[222]도 한때 머물렀는데, 작고 고적孤寂한 절 분위기가 이상하게도 나의 마음을 움직였습니다. 효봉 큰스님과 후에 송광사에서 주지직을 16년이나 맡은 구산 스님, 또 이십 대 초반의 법정 스님 등의 사람들이 땀 흘려 절을 창건하고 있을 무렵에는, 나 역시 산문山門에 귀의하여, '도道를 공부해야겠다'라고 결심을 세우기도 했습니다.

본격적으로 집을 나서게 된 계기는 1960년 4월 11일, 당시 마산상고 일 학년이던 김주열 군이 눈에 최루탄이 박힌 채로 시신이 되어 마산 중앙부두에 떠오른 사건이었습니다. 당시 중학생이던 나는 무상한 정국과 부패한 사회에 환멸을 느끼며 평소 알아두었던 태평해운 소속 '천신호'를 타고 북마산에 있는 어느 절을 향해 집을 나섰습니다. 그러나 사찰 생활은 절의 많은 일들 때문에 견디기 힘들었고 공부에 집중할 수 없었습니다. 결정적으로 절을 나서 다시 환속還俗한 것은, 큰 스님이 어느 날 하신 말씀 때문이었습니다.

"사대부 한 명이 왔구먼….!"

세월이 흘러 집착 때문에 진리를 깨닫지 못하는 마음의 상태인, 그

221 '효봉'은 가야총림의 초대 방장과 통합 종단 초대 종정 등을 역임한 조계종 승려이다. 출가 전에는 일본 와세다 대학 법학부를 졸업하고 귀국한 이후 10년 동안 조선인 최초의 판사로 재직하였으나 늦은 나이에 출가해 보조국사 지눌의 「정혜쌍수」의 선풍을 계승하여 송광사 삼일암에서 수행 정진하며 많은 제자들을 지도하였다. 해방 이후 불교 정화운동에 참여하였고, 종회 의장 및 종정을 역임하며 종단을 이끌었다. 『한국민족문화대백과사전』

222 탄허는 한학과 동양사상에 능통하였으며 『화엄경』을 비롯한 불교 경전의 번역과 교육에 크게 이바지하였다. 그는 한 때 대표적인 학승으로 불리기도 하였으나, 그의 제자와 동료 및 연구자들은 그가 철저히 선禪에 기반하여 학문을 펼친 것에 주목하며 '탄허 선사'로 인식하였다. 그는 화엄적 관점에서 유·불·선儒佛仙 삼교의 회통回通을 기반으로 서양학문과 서양종교까지 회통하였으며. 국가와 세계, 지구의 미래에 대한 예지를 남겼다. 『한국민족문화대백과사전』

모든 번뇌의 근원이 되는, 무명無明을 벗어난 것은 도道에 허기져서 지구의 미로를 돌고 돌아 나이 늦게 태평양과 대서양을 건너온 유학留學을 통해서입니다. 현상의 다양성을 한 가지 공식으로 정리해 보고 싶다는 변증법적 염원, 그리하여 역사의 암호를 풀고자 동양학 등의 인문사회과학 분야, 특히 역사학과 종교학 분야를 공부하면서, 한편 특별히 비유와 계시가 아닌 것이 단 하나도 없는 언약의 말씀인 『성경』을 접하곤, 인생의 참된 목적과 하나님의 구원 섭리를 알게 되었지요. '혼미번뇌昏迷煩惱가 물러가고, 점점 영생의 진리에 심안心眼이 열려가게 되었다'고 고백할 수가 있을 것 같습니다.

특히 '십자가의 도道'와 선재先在하신 예수 그리스도, 그 보혈의 공로로, 탐貪·진嗔·치痴의 삼독三毒을 벗겨내려고 진심盡心하게 된 것은 내 인생의 새로운 출생出生이었습니다. 해탈解脫이 참 진리를 가짐으로써 죄 많은 삶으로부터의 해방일진데, 나는 참으로 진리이신 예수 그리스도와 그의 십자가 보혈의 공로로 자유함을 입었습니다.

> 고통보다 더한 회개, 해불양수海不讓水223
>
> **바다가 온갖 물을 거절치 않듯이, 실로 더러운 강물 같은 나에게 긍휼과 자비를 베푸시는 하나님, 그리스도 안에 계신 그 다 측량 못 할 하나님의 크고 깊은 은혜의 바다!**

K형, 그동안 서신에서 여러 번 언급했습니다만, 십자가의 복음을 알게 되면 불교의 그 아아峨峨한 가르침들도 심리 철학적 요소의 기초 위에 세워진 심학心學, Psychology of Mind의 집이라는 것을 깨닫게 될 것이라고 믿

---

223 해불양수海不讓水는 '바다는 물을 사양하지 않는다'라는 뜻의 사자성어로, 중국 춘추전국시대의 사상가 관중管仲이 쓴 책인 『관자』管子의 「형세해」形勢解서 유래했다. 「형세해」는 '형세를 해설한 글', 즉 국가나 인간 사회의 외형적 조건과 그 흐름권세, 정세을 분석하고 설명한 장이라는 뜻이다.

습니다. 영원히 목마르지 않을 생명수, 그 영생으로 인도하는 진리는 오직 태초부터 천지를 지으신 빛이고 생명이신 예수 그리스도의 말씀의 원천源泉 밖에는 없습니다.

너희가 내 말에 거하면,
참으로 내 제자가 되고, 진리를 알지니
진리가 너희를 자유롭게 하리라 요 8:31-32

If you hold to my teaching,
you are really my disciples.
Then you will know the truth,
and the truth will set you free
— John 8:31-32(NIV)

그동안 '시절 따른 인연'時節因緣224이 있어서 도형道兄과 나눈 교류에 감사합니다. 형께 하나님의 크신 은총의 빛이 항상 가득하기를 늘 기도합니다.

224 '시절 인연'은 불교의 업설과 인과응보설에 의한 것으로, "사물은 인과의 법칙에 의해 특정한 시간과 공간의 환경이 조성되어야 일어난다."라는 뜻이다. 중국 명明 말末 항주 운서산에 기거한 승려 운서주굉雲棲株宏, 1535~1615이 조사들의 법어를 모아 편찬한 『선관책진』禪關策進에, "시절 인연이 도래到來하면 자연히 부딪혀 깨쳐서 소리가 나듯 척척 들어맞으며 곧장 깨어나 나가게 된다"라는 구절에 연유했다.

저자 후기

이 책에서 필자와 서신을 주고받는 사람은 국내에서 여러 해 동안 절에서 수행하던 불자였는데, 나이 삼십 중반이 넘자 산문山門을 나와 해외에서 방랑하고 있던 사람이다. 눈이 내리는 어느 날 밤 그는 뉴욕의 한 가로등에 기대서서 필자의 졸저 『히말라야의 눈꽃-썬다 · 싱의 생애』홍성사, 1990을 읽게 되었다고 한다. 한인 가게에서 아르바이트도 하며 영어를 무료로 가르쳐 주는 한 '커뮤니티 바이블 칼리지A Community bible College'를 다닌다는 그는 서신 교환을 희망해 왔다. 그는 자신을 자유로운 영혼의 소유자라고 소개했지만 실상 그를 지탱하고 있는 것은 불교적 세계관이었다.

서신이 진행됨에 따라 그가 묻고 내가 간단히 답을 한 회신들이었지만 아무래도 나는 내가 근래에 깨달은 영원한 생명으로 인도하는 그 복음 진리를 변증하고픈 마음이 있었다.

나는 나이 사십 가까워서야 유학하던 하버드대학교 바로 앞 케임브리지교회[225]에서 세례를 받았다. 1983년 4월 3일은 내가 하나님의 은혜와 진리로 다시 태어난 날인데, 허물과 죄 많은 삶이었기에, 눈물이 그

225 1631년 청교도 이민자들이 아메리카 대륙에 도착하여 세운 유서 깊은 공동체이며, '하버드대학교'는 5년 후인 1636년 9월 8일, 현 위치에 설립되었다.

렇게도 많이 났다. 울면서 세례를 받은 십자가의 고백 때문에, 나는 그에게 하나님의 구원 사상의 중심을 전하되, 결코 현학玄學적으로 얘기하려고 하지 않았다.

> **天道無私** 천도무사[226] **天日無私 花枝有序** 천일무사 화지유서….[227]
> **하늘太陽은 사사로움이 없어서 성령의 계시와 지혜의 빛에 쏘이면 사람은 누구나 생명으로 꽃피고 열매를 맺는 법이기에….**

나는 바울의 자각과 결심대로, 서신을 쓸 때마다 "십자가의 복음 외에는 어떤 것도, 전하지 아니하기로 마음을 다졌다."고전 2:2; 갈 6:14 어찌 보면, 그와 대화로 나눈 이 편지들은 '만유를 품은 예수 그리스도,'엡 4:6 곧, 성경 진리 호교론인 '전도 서신Ecclesiastes'이라 할 수 있다.

천지 만물을 만드신 분이 하나님이신데, '하늘이 온 백성을 낳았는데',천생증민天生蒸民『시경』「증민편」 하나님 아버지를 모시는 이 대효大孝를 떠나서 무엇을 말하겠는가. 성경은 하나님께 대한 순종과 부모에 대한 공경을 가르치는 대효의 책이다.

성경의 중심 진리는 '하늘 아버지의 신령한 빛이고, 이 빛φως phōs, 포스은 생명이기에,요 1:4 예수 그리스도 안에 있는 그 생명ζωή zōē, 조에을 따라 영원하고 신적인 생명 존재가 되어 빛 가운데 행하는 삶만이 인간의 본

---

226 "천도무사"天道無私라는 표현은 '하늘의 도', 즉 "자연의 이치가 사사로움 없이 공평하다."라는 뜻으로, 이 말은 노자 『도덕경』 제79장에 등장하며, 다음과 같은 문장에서 유래한다: "天道無親천도무친, 常與善人상여선인", "하늘의 도는 사사로움이 없고, 언제나 선한 사람 편에 선다."

227 "천일무사 화지유서"天日無私 花枝有序는 주로 사주명리학이나 운명 철학에서 인용되는 표현으로, '자연의 이치를 인간 삶에 비유'한 말이다. '천일무사'天日無私의 의미는 '하늘의 태양은 사사로움 없이 모든 것을 공평하게 비춘다'는 뜻으로, '자연은 편견 없이 누구에게나 빛을 주지만…'으로 해석된다. 또한 '화지유서'花枝有序는 '꽃이 피는 가지에는 순서가 있다'라는 뜻으로, '사람마다 인생의 꽃이 피는 시기가 다르다'는 비유이다. 따라서 이 표현은 "자연은 공평하지만, 각자의 운명과 시기는 다르다."라는 철학적 메시지를 담고 있다.

분'요일 1:5-7; 엡 5:8이라는 것을 은연중에 그에게 말하곤 했다.

한·중·일 모든 불자의 법문 공안公案이요, 일생을 붙들고 정진해야 하는 1,700개 화두話頭 중, 조주종심趙州從諗 778-897 선사의 공안처럼:

> **萬法歸一** 만법귀일 **一歸何處** 일귀하처 **是甚麽** 시심마[228]
> **모든 존재법, 진리는 하나로 돌아가는데, 그 하나로 돌아가는 것은 어느 곳인가? 이것이 무엇인가, 이 뭣 고 ….!**

진리는 먼 곳에 있지 않습니다. 조주 선사가 "만법이 하나로 돌아가지만, 그 하나는 어디로 돌아가는가?"라는 한 수행승의 질문에 답하기를, '布杉重七斤포삼중칠근'이라 합니다. '배적삼의 무게가 일곱 근'이라는 일상적인 사물의 무게를 말함은, 즉 평범한 일상과 현실 자체가 진리의 자리임을 드러냅니다.

'만법귀일, 일귀하처'를 묻는 그 마음이 멈출 때, 빛φως, phōs과 생명ζωή, zōē이 지금 여기에서 열립니다. '하나'를 붙잡으려는 생각이 사라지는 그 자리에, 하늘 아버지의 신령한 빛이 우리를 비춥니다. 이 빛은 곧 생명

228 만법귀일萬法歸一, 일귀하처一歸何處? 시심마是甚麽!"는 선불교에서 매우 유명한 공안話頭으로, "인간 존재와 우주의 본질을 '직관적'으로 꿰뚫으려는 수행자들의 근본 질문"을 담고 있다. 이 화두는 조주종심趙州從諗, 778-897 선사의 공안으로, 대표적으로 『벽암록』碧巖錄 제45칙에 실려 있다. 한 수행승이 조주 선사에게 묻기를, "만법귀일, 일귀하처?모든 법이 하나로 돌아간다면, 그 하나는 어디로 돌아갑니까?"이에 조주 선사는 엉뚱하게 "내가 청주에 있을 때 베적삼 하나를 만들었는데, 그 무게가 일곱 근포삼중칠근布杉重七斤이었다."라고 답한다. 이 엉뚱한 답은 논리적 해석을 거부하며, 직관적 깨달음의 세계로 수행자를 이끈다. 조주의 대답은 관념적 사고를 깨뜨리고, '지금 이 순간의 현실을 직시하라'는 메시지이다. "일"一은 '마음, 진여, 공성, 불성' 등으로 해석될 수 있지만, 그 자체를 따지는 순간 이미 분별에 빠진 것을 의미한다. 간화선看話禪은 화두話頭를 붙잡고 참구參究하는 수행법으로, 조주 선사의 이 공안은 대표적인 간화선의 화두이다. 수행자는 "만법귀일, 일귀하처?"라는 질문을 붙잡고, 머리로 이해하려 하지 말고, 온 존재로 꿰뚫으려는 수행을 해야 한다. 또한 "시심마!"는 지적 해석을 거부하고, 즉각적인 직관을 요구하는 선불교의 핵심 태도를 드러낸다.

이고,요 1:4 그 생명은 예수 그리스도 안에서 우리를 영원하고 신적인 생명 존재로 일으킵니다. 그러니 높은 사유의 꼭대기가 아니라, 오늘 손에 닿는 '마삼근麻三斤'229과 '포삼중칠근布衫重七斤' 같은 평범함 속에서 사랑과 자비, 인내와 진실의 빛진리 가운데 '나를 부인하고, 나의 십자가를 지고 날마다 예수 그리스도를 따르는 순종'눅 9:23만이 사람이 마땅히 지켜야 할 바른 도리, 바로 '대도大道'입니다.

강원 양양 낙산사 홍련암

229 '삼麻 세 근'이라는 뜻'『벽암록』碧巖錄 12칙이고, 『무문관』無門關 15칙에 실려 있음이다. 운문문언雲門文偃, 864~949 선사의 제자인 송宋나라 시대의 승려로 동산사洞山寺에 주석하며 '선'禪풍을 크게 떨쳤던 동산수초洞山守初, 910~990 선사에게 어떤 납자衲子가 "무엇이 부처입니까?如何是佛"라는 질문에 답한 말이다. '삼 세 근'은 당시 세금으로 바치던 최소 단위의 삼의 양으로, 평범한 일상과 현실 자체가 진리의 자리임을 드러낸다. 부처를 찾는 질문에 일상적인 답을 함으로써, "진리는 특별한 것이 아니라 지금 여기의 현실 속에 있다."라는 선禪의 가르침을 전한다. 요약하면, '마삼근'麻三斤과 '포삼중칠근'布衫重七斤은 선종禪宗의 대표적인 화두로, "일상 속에서 진리"를 드러내는 상징적인 표현이다.

태초에 말씀이 계시니라太初有道
이 말씀은 곧 하나님이시니라요 1:1

그가 태초에 하나님과 함께 계셨고요 1:2

만물이 그로 말미암아 지은 바 되었으니,
지은 것이 하나도
그가 없이는 된 것이 없느니라요 1:3

그 안에 생명이 있었으니
이 생명은 사람들의 빛이라요 1:4

그는 보이지 아니하는 하나님의 형상이시요
모든 피조물보다 먼저 나신 이시니골 1:15

만물이 그에게서 창조되되
하늘과 땅에서 보이는 갓들과 보이지 않는 것들과
혹은 왕권들이나 주권들이나 통치자들이나 권세들이나
만물이 다
그로 말미암고
그를 위하여 창조되었고골 1:16

또한 그가 만물보다 먼저 계시고
만물이 다 그 안에 함께 섰느니라골 1:17

.....

그리스도에 의해서 by Christ

그리스도로 말미암고 through Christ

그리스도께로 돌아가느니라 to Christ

- 바울서신의 핵심要點!

.....

우리의 생명 되시는 하나님 아버지,
당신의 신령한 빛으로 우리 마음의 골짜기를 비추소서.
예수 그리스도 안에 있는 생명으로 우리를 새롭게 하시사,
오늘, 이 작은 자리에서 빛 가운데 행하게 하소서.
찾는 마음求道心을 거두고, 주의 말씀생명으로 살게 하옵소서.

일어나라 빛을 발하라.
이는 네 빛이 이르렀고
여호와의 영광이 네 위에 임하였음이니라사 60:1

……

다시는 낮에 해가 네 빛이 되지 아니하며
달도 네게 빛을 비추지 않을 것이요
오직 여호와가 네게 영원한 빛이 되며
네 하나님이 네 영광이 되리니사 60:19

……

작은 자가 천千을 이루고 약한 자가 강국强國을 이룰 것이라
때가 되면 나 여호와가 속히 이루리라사 60:22

주님께 영광 올리게 하소서. 아멘!
"Gloriam Domino tribuamus. Amen!"

『John Stott and The Hookses』,
David Cranston, Words by Design, 2017,
ISBN: 978-1-909075-54-2.
Published by permission of David Cranston
and WordsbyDesign,
61 McGuire Road, Heyford Park, Bicester, OX25 5DU, England.

【부록】 훅시스의 오두막

『새, 우리들의 선생님』 본문 中에서

존 스토트 박사가 한국의 서남 해안에 있는 칠발도에서 갈색바다제비 Swinhoe's Storm Petrel를 손 위에 올려놓고 기뻐하고 있다.

『존 스토트』 목사를 추모하며

김 창 범목사, 시인

우리 시대의 성인聖人, '엉클 존'이 보고 싶다면
언제든 런던역을 훌쩍 떠나라. 반나절도 걸리지 않아
웨일스 땅끝, '훅시스' 가까운 역에 내릴 수 있다.

그 역에서 이웃집 녹색 밴을 만난다면 더없는 행운이다.

이젠 구름처럼 몰려다니는 하얀 양 떼를 헤치고
잿빛 아스팔트 도로를 조심스럽게 달려가면 된다.
런던공습 때 저 망망한 땅끝으로 날아올랐던
앳된 조종사들의 영웅담을 들어가며 활주로 옆을 지날 때,
차는 어느새 해변 절개지切開地 밑에 도착한다.
우리는 창고가 딸린 한 낡고 작은 농가 앞에 내린다.

그곳이 하나님 나라의 도서관, 훅시스 오두막이다.

만면에 웃음 짓는 '엉클 존'을 따라 거실에 들어서면
통유리창 가득히 대서양 거친 파도가 하얗게 달려온다.
건너편 스코크호른 섬에 이십만 마리 바닷새를 거느리고
날마다 쌍안경으로 해안 절경을 순찰하는 '엉클 존'
그는 거기서 전도자의 영감을 받고, 예언자의 책을 쓴다.

높은 사제 자리는 오래전 밀쳐둔 독신 수도사, 존 스토트!

그는 만나는 사람마다 한쪽 무릎을 꿇고 천국의 복을 빈다.
누구나 당황하겠지만. 그 기쁨을 무엇에 비교할까?

밤새 말씀과 기도로, 산 예수를 만나는 사람, '엉클 존'

다음 날 아침, 우리는 그에게 어떤 인사를 남겨야 할까?
전화는 없고 희미한 전등 하나만 켜놓은 오두막,
거짓 없고, 가식 없는 이야기로 밤을 새운 그날을
우리는 기억한다. 우리 모두 어린아이가 되어
가슴 뛰게 하던 그 오두막을 그리워한다.

*‘엉클 존’Uncle John은 영국 성공회의 성인聖人으로 알려진 신학자, ’존 스토트‘John Stott, 1921-2011 목사의 애칭이다. 스토트는 웨일스의 땅끝마을, Hookses에서 거주한 조류 연구가였고, 1993년 여름, 방한하여 철새 서식지인 칠발도와 휴전선을 방문했다. 제자 이기반(李基班, 비교종교문화신학 전공, 1946-)박사로부터 전해 들은 훅시스의 추억과 그리움을 한 줌 詩글로 소개한다.

「존 스토트 목사 추모시」는 『수지문학』 제16호(2025년)에 게재된 작품을 일부 수정하였다.

*김창범(金昌範, 1947-) : 계간 『창작과비평』 1972년 등단
시집 『봄의 소리』, 『소금창고에서』, 『노르웨이 연어』, 『해질녁 강가에 앉아』, 『버들치를 찾아서』 등, 동국문학상 (제34회, 2021년) 수상

『존 스토트, 우리의 친구』
A Portrait of John Stott by His Friends

인생은 사람을 만나는 여로와 같아서 우리는 끊임없이 사람과 조우遭遇하면서 삶을 채운다. 그때 그 사람을 만났기 때문에 지금의 이런 '나'가 있다는 말을 듣곤 하는데, 나에게는 멘토였던 존 스토트 박사와의 만남이 그런 만남이다.

스토트 목사는 생활에서나 학문에서, 또 복음적 영성의 가르침이나 다른 모든 점에서 나에게 스승이었다. 경건의 모양은 있으나 경건함이 없고, 학구적인 듯 하나 학자적 태도가 미성숙했던 내게 그분은 밝고 따뜻하고 자상한 말과 행동으로 '제자도discipleship'의 참모습을 보여주었고, 객관의 검증인 진리 추구에서 균형 잡힌 사고가 얼마나 중요한지 깨우쳐 준 분이다. 어쩌다 말끝에 '스승'이라거나 '목사님reverend'이라는 경칭을 붙이면, 그는 허허 웃으며, "스승은 무슨 스승, 목사는 무슨 목사, 하나같이 다 주님의 제자들이고 형제들이지요."라고 말씀하시곤 했다.

개신교계의 교황 같은 그가 사람들로부터 '엉클 존Uncle John'이라고만 불리는 바탕에는 그리스도 안에서 사私가 없음으로써 진정한 사私를 이루게 된 이런 '무사성사無私成私'의 겸손과 '무위이화無爲而化'230의 자연스

230 '무사성사'無私成私는 '사사로움사욕이 없으면 도리어 자신의 일이 성취된다'라는 뜻으로, 사욕을 비우는 겸손이 결과적으로 자신에게 가장 큰 유익을 이룬다는

러운 변화와 성숙한 인생관이 있는 것 같다.

사실 루터의 말대로 모든 성도가 만인 제사장, 만인 전도자라면 진리 세계의 구만리 장천에선 너도 날고 나도 날아 모두 주님의 소유일 뿐이다. 존 스토트의 말로는, '모두가 주님의 형제요 동역자'고전 3:9일 뿐이다. 나는 율법적 전통과 위계질서를 깨는 '자유의 영', 곧 주님의 말씀 같은 넓고 깊은 이 한마디 말에 깊이 공감했다.

이제 이 위대한 복음의 리더는 "선한 싸움을 싸우고 달려갈 길을 다 마치고 믿음을 지키며 …."딤후 4:7-8 주님의 품으로 갔으나[231] 우리에게

의미이다. 출처는 노자 『도덕경』 제7장으로 원문과 해석을 살펴 보면: "是以 聖人 後其身 而身先,시이 성인 후기신 이신선 外其身 而身存.외기신 이신존 非以其無私邪?비이기무사야? 故能成其私고능성기사"。"그러므로 성인은 자신을 뒤로 하지만 오히려 앞서게 되고, 자신을 밖으로 내놓지만, 오히려 보존된다. 그가 사사로움이 없기 때문이 아니겠는가? 그러므로 그의 사私가 성취된다." '무위이화'無爲而化는 노자 『도덕경』 제57장에 나오는 표현이며, '인위적으로 억지로 하지 않되,無爲 덕으로 감화하여 사람들이 스스로 변화한다而化'의 의미로. '통치나 리더십에서 강제가 아닌 자연스러운 변화와 성숙'을 뜻한다. "我無為而民自化아무위이민자화, 我好靜而民自正아호정이민자정, 我無事而民自富아무사이민자부我無欲而民自樸"아무욕이민자박。"내가무위하면 백성은 스스로 교화되고, 내가 고요함을 좋아하면 백성은 스스로 바르게 되며, 내가 일 벌임이 없으면 백성은 스스로 풍족해지고, 내가 욕심이 없으면 백성은 스스로 소박해진다." 이 본문은 또한 노자 『도덕경』 제37장에서도 다루고 있다.

231 20세기 복음주의자들에게 가장 큰 영향을 끼쳤던 존 스토트 목사가 7월 27일 오후 3시 15분현지 시각 노환으로 생을 마감하고 소천召天했다. 향년 90세였다. 스토트 목사는 2007년86세 현직에서 물러나 영국 성공회가 은퇴자들을 위해 마련해 준 잉글랜드 링필드 성바나바 대학 내 사택a residence within St. Barnabas College, Lingfield, England에 머물러 왔다. 독신으로 살아온 고인의 임종 순간을, 오랜 세월 함께한 비서와 지인들이 성경을 읽고 헨델의 「메시아」를 같이 들으면서, 지켰다고 존 스토트 선교회의 벤자민 호만 회장Chairman Benjamin Homan of the《John Stott Ministries은 전했다. 전 세계 기독교 지도자들의 추모행렬이 이어지고 있는 가운데, 스토트 목사의 장례 예배는 8월 8일 오후 12시 15분현지시간, 고인이 평생 목회해 온 런던의 "올 소울즈 교회"All Souls Church에서 거행된다. [크리스찬저널, 입력 2011.08.05. 00:00, https://www.kcjlogos.org.]

는 힘든 이별을 남겨두었다. 그를 추모하니 지난 기억들이 회오悔悟의 아픔으로 남는다. 세상에서 가장 큰 복은 좋은 스승을 만나는 것인데, 왜 나는 그가 언제나 살아 있을 것 같은 마음으로 의지만 하다가, 그의 사랑을 조금도 갚아 보지 못하고 이렇게 왜소한 형제요 동지로 남았는지 자탄하며 가슴을 친다.

스토트 목사는 실로 위대한 복음의 용사였다. 장성長城을 쌓듯, 큰 물길을 뚫듯, 마치 바다를 향해 내달리는 산맥처럼 줄기차면서도 한편으로는 세심하게 제자도의 길을 묵묵히 걸어왔다. 20세기 복음주의 최후의 보루라고도 불리는 그의 삶과 여정은 복음을 사랑하는 만인의 재산이고 전유물이기에, 그리하여 많은 사람이 그의 발자취를 따랐고 어떤 이들은 육신적으로도 그를 가까이 알고 지낸 특권(?)들이 있기에, 제자의 도리를 다함에서 가장 뒤떨어지는 내가 그 앞에 회고의 붓을 들기가 송구스럽기만 하다.

먼저, 그의 대담한 용기가 기억난다. 한국을 방문했을 때이다. 1993년 7월 하순 목포 쪽 서남해는 태풍 경보가 내려 어떤 배도 목포항에서 출항할 수 없었다. 그런데도 그는, 소흑산도 멀리 서북쪽에 있는 새우는 소리가 중국에서 더 가깝게 들린다는 절해의 고도 '칠발도'에 가서 한국에만 있는 '갈색바다제비새' 한 마리를 보아야 한다는 것이었다. 한철호 선교사 등 우리 일행은 나이가 칠순 중반인 그의 신변에 이상이라도 생길까 봐 걱정을 태산같이 했다. 그러나 그의 단호한 뜻을 도무지 굽힐 수 없어, 목포 지방해운항만청으로부터 끝내 특별 허가를 받아 배를 띄웠다. 기이하게도 비금도부터는 날씨가 쾌청해졌고, 섬에 도착한 그는 '바다제비새'들을 손과 어깨와 머리에 올려놓으며 너무도 예뻐하며 즐거워하였다. 성난 파도와 태풍을 보고도 동북아의 태평양 바다로 나가는 그의 용기는 어디서 나왔을까? 나는 주님 안에 있는 그의 태산 같은 믿음 앞에 고개를 숙였다.

또한, 그는 한철을 지내기 위해 시베리아에서 강원도 철원까지 날아온 몸집 큰 두루미 군락을 보고 싶어 했다. 그러나 그 이만여 마리 두루미 떼는 구舊 철원의 남방한계선 안에 있었고 그곳은 정전법停戰法에 따라 민간인 통행이 금지되어 있었다. 존은 아무 말도 없이 제6 사단장실을 찾았다. 다행히 사단장은 믿는 사람이었기에 안수기도도 해줄 수 있었으나, 6사단 보안부대장과 사단 정보과 과장은 여전히 강력하게 반대하였다. 그날은 휴전 40년이 되는 1993년 7월 27일이었다. 위관 장교를 포함한 몇몇 사람들은 스토트 목사를 막기 위해 옷을 잡아당기려 했으나 일행 중 우리 둘은 끝내 전진, 남방한계선의 철책을 붙잡고 간절히 기도했다.

> 만군의 主이신 여호와 하나님 아버지, 오늘이 이 땅에 휴전협정이 체결된 지 40년이 되는 날입니다. 생체의 잔등을 잘라 놓은 듯한 이 무참한 아픔, 휴전선을 언제 거두어 주시렵니까. 이 민족을 둘로 갈라 막고 있는 이 어둠의 철장을 끊어 주옵소서. 형제가 형제를 살육하여 산천을 피로 물들였으면서도 아직도 어둠밖에 없는 이 어리석은 민족에게 광명을 허락하옵소서. 무지에서 빛으로 나오게 하옵소서. 평화의 왕 예수님의 이름으로 기도합니다.

민간인은 국방부 장관도 못 들어간다는 그곳을 여호수아 장군처럼 좌도 우도 보지 않고 뚜벅뚜벅 걸어가 철책을 잡고 통곡하듯 기도하는 그의 용기는 어디서 나왔을까?

두 번째로, 그의 집념 가운데 일면을 언급하고 싶다. 『새, 우리들의 선생님』John Stott, 이기반 옮김, IVP, 2001에도 자세히 나와 있듯이, 그는 남극의 흰 올빼미 한 마리를 보기 위해 25년을 기다리는 사람이다. 영국에 있을 때 자주 그의 극지 조류 관찰기 시사회에서 한국인들을 위한 통역을 부탁받았기에, 나는 존의 조류 관찰에 대한 열정을 알고 있다. 그는 새를 보기 위해 남극에 두 번, 북극을 세 번 방문했고, 지구를 25번이나 돌았다고 한다. 한국 방문 때, 한국의 새 전문가로 잘 알려진 윤무부 교수가 스토트가 알고 있는 새 종수가 얼마나 되는지를 묻자, "2,512 종류의 새를 보았습니다."라고 대답하던 것을 기억한다. 조선 세조의 능인 광릉光陵 인근의 포천시 소흘읍에 자리한 국립수목원인 "광릉수목원" 개울에서 한국의 원앙새 한 쌍을 못 보고 가는 것을 그렇게 아쉬워했다. 그가 내게 예언처럼 한 독백은 이랬다.

"마지막 때에도 이 지구상에 새가 있을까?" 존은 그의 부드러움만큼이나 참으로 자연을 사랑하는 사람이었다. 칠발도에서 본 일이지만, 그는 비탈의 흙 속 보금자리에서 꺼낸 새들을 자기 손과 어깨와 머리 위에 올려놓고 이야기하며 놀았는데 새들이 두려워하거나 날아가지 않았다. 재촉하지 않았으면 풀 여치 하나가 어깨에 앉아 있듯, 새 한 마리를 어깨에 얹고 무심히 길을 갈 사람으로 보였다. 새들과도 친구가 되는 '만물공동체Ecological Community'의 사람이었다.

영국 웨일스의 땅끝 "Hookses훅시스" 절벽 밑에는 파도를 마주하고 통유리 창을 낸 외딴 오두막hut이 있다. 내가 초청받아 둘이서만 4일간 산책하고 기도도 나누면서, 쌍안경으로 앞의 멀리 보이는 두 섬의 물새떼도 관찰하던 그곳 〈훅시스의 오두막〉A hut in Hookses은 그의 모든 저술의 산실인데, 최초의 저술인 『기독교의 기본 진리』*Basic Christianity*, 1958 한 권은 예외였지만, 문을 잠그지 않아도 지난 수십 년 동안 오두막과 책들이 온전히 보존되었다는 사실은 많은 생각을 하도록 했다. 전화도 없었고 전기는 내가 방문할 때는 출력이 낮은 소형 발전기만이 설치되어 있었다. 오랜 세월을 석유 호롱불 하나를 밝히면서 집필을 한 그는 50세가 되자, '대리 사제직'을 영국 성공회 내 복음주의 진영에서 찬송가 작곡자로도 잘 알려져 있고 신학적 동지이자 협력자인 마이클 보건Michael Baughen 1930~현재에게 맡겼다. 그리고 54세 때엔, 그 25년 전 여왕으로부터 임명받았던, 영국에서 제일 큰 교회 "올 소울즈"All Souls Church, Langham Place in London 교회의, 주임 사제직을 사임하고, 그의 '복음 호福音 號'를 세계로 향해 띄웠다. 그리하여 오늘의 현대판 사도 바울이 된다.

"오직 그리스도만 바라보라."라고 설교하며 명색名色이 없고 교단 정치와 무관하게 지내던 그는, 울 소울즈 교회의 후배 목회자인 마이클 보건을 주교Bishop, 제39대 체스터 주교, 1982-1996로 천거하면서도 정작 본인은 주교직이나 대주교Archbishop직에 전혀 관심을 두지 않았다. 내가 「히말라야의 눈꽃 - 썬다 · 싱의 생애」훗날, 홍성사 刊를 한국어로 집필한다고 하자, 그는 자신 일처럼 기뻐하면서 썬다•싱에 대한 자료를 아래와 같이 정확하게 인용해 주었다.

> 어느 때이던가, 썬다는 불가지론자인 힌두 대학의 어느 비교종교학 교수로부터 그가 예전에 견지했던 종교, 즉 시크교에서 발견하지 못했던 것을 그리스도교에서 발견한 것이 무엇이냐는 물음을 받았다. "나는 예수 그리스도를 가졌습니다." 그가 대답했다. "예, 그것은 나도 짐작하고 있지요" 교수는 좀 성급했다. "그러나 전에 발견하지 못했던 무슨 특별한 교리라도 그리스도교에서 발견하셨습니까?" "특별히 내가 발견한 것은…," 썬다가 대답했다. "예수 그리스도입니다."
>
> - 『히말라야의 눈꽃–썬다·싱의 생애』, p. 104.

무너져 가는 유럽 교회를 심장으로 받치고 박물관으로 가던 복음주의를 가슴으로 안은 존 스토트, 인간 정신의 마지막 장章이라 할 수 있는 20

세기의 한복판을 걸어간 그는 '진리의 서술'에서는 "소크라테스적 중용의 논리"를 택했고, '영성의 실천'은 '십자가의 은혜와 사회학적 관심 문제를 동시에 아우른 성령의 사람', 곧 "하나님의 사람"이었다. 그는 실로, 주님의 길을 예비하되 균형 잡힌 보혈의 복음과 진리의 영의 말씀으로 아름다운 주단을 까는 법을 우리에게 보여주었다.

한없이 부러웠던 훅시스의 오두막과 절벽의 풍경들, 영불해협 도버의 흰 절벽만큼이나 평화로운 바닷가와 주위 언덕에서 풀을 뜯던 양들 …. 그의 통유리창 앞에는 아직도 존의 손때 묻은 책들과 쌍안경과 성경이 그대로 있을까? 망원경과 성경은 그에게 하나님의 계시를 보는 두 개의 눈이었다. 작고 낡은 차를 손수 운전하고, 만날 때마다 언제나 먼저 무릎 꿇고 기도하던 존, 자연 앞에서나 사람 앞에서 늘 겸손했던 그가 무척 그립다.

평생 독신으로 살면서 하나님과 사람, 교회와 세상, 인간과 자연 모두를 사랑하고 사랑받은 존 스토트,

그립습니다. 빈손, Uncle John!

칠발도七發島

김 창 범목사, 시인

한여름 태풍 경보로
목포항을 떠나는 배는 한 척도 없었다.
그는 소흑산도 너머로 일곱 개의 작은 암초들이 모여
섬이 된 무인도, 칠발도에 들리는 일이 중요했다.
그 등대 섬에서, '갈색바다제비'를 만나는 일이 더 소중했다.

그것은 하나님이 그에게 주신 깨달음이고 소명이었다.

일행은 지방해운항만청에서 어렵게 허가받아
일흔이 넘은 그와 함께 위험한 뱃길을 떠났다.
놀랍게도 비금도부터 바다는 잔잔하게 열렸고

주님은 분명히 우리와 함께 바다 위를 걷고 계셨다.

2천5백여 종의 새를 찾아 스물다섯 번이나 세계 오지를 찾았고
'흰올빼미' 한 마리를 찾아 남극을 두 번,
북극을 세 번이나 방문,
25년이나 기다려 마침내 남극에서 만난 것은 우연이 아니었다.

그해 칠발도 어디에도 태풍이 온 흔적은 없었고
수천 마리 바닷새는 천국의 안식을 누렸지만,
우리는 몰랐다. 그가 모래톱을 뒤지기까지
새들이 그렇게 오래 기다린 것을 우리는 몰랐다.

손과 어깨로 기어 올라와 날개를 퍼덕이며
새들은 하나님의 사람, 그를 온몸으로 반겼다.

그가 들려준 천국 휘파람 소리에 새들은
공중에서 춤을 추었다. 무엇이 이보다 반가울까?

주님이 선포하신 만물공동체의 사랑과 평등이
온 섬에 살아났다. 저기 먹구름이 몰려와도
칠발도는 하늘 기쁨으로 가득했다. 온몸을 일으키며
장보고 뱃길이 저 바다 끝에서 깨어나고 있었다.

*칠발도七發島는 신안 서쪽 끝, 크고 작은 7개의 암초 바위로 형성된 무인 등대섬이다. 수천 마리 바닷새 서식지로 유명하며 유네스코에 등재된 중요 자연보전지역이다. 존 스토트 목사는 1993년, 이기반 박사와 한국의 몇몇 지인들과 함께 이 섬을 방문했다.

*칠발도로 가는 배 위의 존 스토트

1993년 7월, 촬영 안동규 교수

* 본고本稿는 한국기독학생회출판부IVP에서 출간한 『존 스토트, 우리의 친구, 〈영문 제목〉 『A Portrait of John Stott by His Friends』, London, 2011, IVP. - 우리 시대 최고의 복음주의를 기리는 35인의 회고록, 2011』에 게재되었던 공동 저자(대표 크리스토퍼 라이트, Christopher J. H. Wright) 35인과 한국인 저자 9명 중. 이기반의 원고"이 땅에 타오르는 불꽃,'36, '훅시스의 오두막'를 옮겨 실은 것임.

* 푸른 풀들이 많은 언덕을 조금 내려가면 물가에 작은 창고가 딸린 오두막이 있었다. 1986년 여름, 스토트는 웨일스 훅시스Hookses에 있는 이 오두막에서 자신이 출간한 대부분의 책(생애 동안 50권 이상 집필, 그중 30권 이상이 한국어로도 활발히 번역되어 소개됨)을 집필했다. 쌍안경으로 보이는 멀리 있는 섬은 십오만 마리의 물새 집단 서식지로 알려져 있다.

【부기】 附記

로잔선교대회가 1974년 스위스 로잔Lausanne에서 "온 땅이여, 그의 음성을 들어라!"Let the Earth Hear His Voice!라는 주제로 시작하여 1989년 2차 대회필리핀,Manila는 "그리스도께서 오실 때까지 주를 선포하자: 모든 교회 구성원들이 모든 복음을 가지고 모든 나라들에게!"Proclaim Christ until He Comes: Calling the Whole Church to take the Whole Gospel to the Whole World!라는 주제로, 또한 2010년 3차 대회남아공,Cape Town에서는 "온 교회가 온전한 복음을 온 세상에 전하자!" Let the whole Church take the whole Gospel to the whole world! 라는 주제로 열렸었다. 이어 4차 대회를 희년禧年,Jubilee, 50년을 맞이하는 2024년 한국에서 9월 22일부터 28일까지 6박 7일간 인천 연수구 센트럴로 송도 컨벤시아한국,Incheon에서 "교회여, 다 함께 그리스도를 선포하고 나타내자!"Let the Church Declare and Display Christ Together! 라는 주제로 세계가 주목하는 가운데 200개국으로부터 복음주의 목회자들과 신학자, 그리고 기독교인들 5,000명이 참가하여 열렸다.

하나님의 창조 세계가 울부짖는 신음에 대해 민감하게 반응하며 50년 전 시작한 로잔 운동Lausanne Movement은 본질적으로 '복음의 본질을 발견'하는 것이 핵심 정신이다. 과학·정보·통신 기술의 발달로 21세기 삶 형태의 급변과 환경오염에 비롯한 기후·생태 위기, 끊이지 않는 최첨단 무기가 등장하는 동서양의 전쟁, 동성애 입법 옹호, 마약류 사용 확대 입법 등을 통한 개인과 가정의 파괴, 자국 이익 중심주의로 급변하는 외교 및 경제 등 하루가 다르게 예측이 불가한 상황에서, 한국 교회에 전 세계의 복음주의 개혁교회들이 주목하고 있다.

1974년 스위스 로잔에서의 로잔 복음 언약대회The Lausanne Covenant Congress에는 150여 국가에서 약 2,700여 명이 모였고 한국에서도 초교파적으로 한경직 목사를 비롯한 65명이 참석하였다. 제1차 로잔 선교대회에서 세계 선교 협력의 근거가 되는 '신학적 입장과 고백'을 「로잔 언약」The Lausanne Covenant에 담아 발표하였다. 당시 현대교회 역사에서 가장 중요한 종교 선언문 중 하나로 평가되는 「로잔 언약」의 주 설계자chief architect인 존 스토트John Stott 박사가 직접 다 작성한 1,400 페이지 분량을 가지고 회의를 주재했다.

존 스토트는 복음 전도와 그리스도인의 사회적 책임을 통합함으로써 로잔 운동을 글로벌 복음주의 운동으로 이끄는 데 핵심적인 역할을 했다. 그가 제시한 '이중 경청double listening'—즉, 성경과 세상의 목소리를 동시에 경청하는 사상—은 로잔 운동의 신학적 틀을 정립하는 데 가장 기본적인 원리로 자리 잡았다.

존 스토트는 복음과 문화 사이에서 발생하는 창조적 긴장을 신학적으로 균형 잡힌 시각으로 접근했으며, 그의 방대한 저술과 실천적 활동을 통해 이를 총체적으로 조명하였다. 특히 그는 '십자가 중심의 복음을 통한 창조 세계의 회복'이라는 주제를 강조함으로써, 복음주의 전통 속에서 중요한 신학적 유산을 남겼다. 이러한 사상은 복음의 본질과 그 사회적 함의를 통합적으로 이해하려는 현대 복음주의의 방향성을 제시하며, 로잔 운동의 지속적인 신학적 발전에 깊은 영향을 미쳤다.

존 스토트 박사가 주도적으로 입안立案하고 상정上程한 「복음주의 로잔 언약」은, 역사 속에서 점차 희미해져 가는 복음의 본질을 회복하고 이를 통해 세계와 사회에 근본적인 변화를 일으키자는 사명을 중심 내용으로 담고 있다. 이 언약은 복음 전도와 사회적 책임을 통합하려는 복음주의의 신학적 선언으로, 스토트의 신학적 통찰과 실천적 비전이 집약된 결과물이라 할 수 있다.

예수 그리스도의 십자가와 요한복음 6장 46절에 나타난 '하늘에서 내려온 생명의 떡'을 붙드는 보수 복음주의 신학계는, 존 스토트를 20세기 복음주의를 종교적 고립의 '게토Ghetto' 상태에서 공적 영역으로 끌어낸 지도자로 평가한다. 그의 사역은 복음주의가 내향적이고 방어적인 태도를 벗어나, 사회적 책임과 공적 참여를 통해 세상 속에서 영향력을 발휘하도록 이끌었다. 그 결과, 복음주의자들은 자신들의 신앙과 신학에 대한 확신과 자신감을 회복하게 되었으며, 스토트는 복음주의의 마지막 보루로 불릴 만큼 그 사상적·실천적 기여가 지대하다.

복음 전도와 세계 복음화에 대한 열정으로 로잔 운동을 창설하고 지속적으로 이끌었던 빌리 그레이엄William Franklin Graham Jr.,별칭 'Billy Graham', 1918~2018, 미국의 남침례회 목사은 공과가 있는 인물이지만, 복음주의 역사에서 지대한 영향을 끼친 지도자로 평가받는다. 그는 존 스토트를 가리켜 "오늘날 전 세계에서 가장 존경받는 성직자"라고 말한 바 있으며, 이는 여러 서평과 회고록에서 반복적으로 인용되었다.

『뉴욕타임스The New York Times, NYT』는 2011년 7월 27일자 보도를 통해 "존 스토트 목사가 영국 서리Surrey, Southeast England에서 별세했다"고

전하며, 그를 "세계 개신교의 교황 격"이라 평가하였다. 이 표현은 존 스토트가 복음주의 신학과 실천에 있어 갖는 상징성과 영향력을 함축적으로 드러낸다. 다시 언급하면, 그는 복음주의를 종교적 고립의 '게토Ghetto' 상태에서 공적 영역으로 끌어내어, 복음주의자들이 사회적 책임과 영향력을 자각하고 자신감을 회복하도록 이끈 인도자였다.

존 스토트는 '개신교계의 교황'이라는 추앙을 받았지만, 실제 삶은 그와는 거리가 먼 겸손하고 소박한 모습이었다. 그는 오래된 빌라형 아파트의 두 칸짜리 방에서 기거하며, 평생을 검소하게 살았다. 이러한 삶의 태도는 후대의 가슴에 깊은 울림으로 남아 있다. 2005년, 『타임』지가 선정한 '세계에서 가장 영향력 있는 100인'에 이름을 올린 그는, 제2차 세계대전 이후 영국에서 복음주의 운동을 주도하며 신학적·사회적 영향력을 발휘해 왔다. 영국 BBC의 한 기자는 그를 "복잡한 신학을 단순한 언어로 표현하는 데 능숙한 인물"이라 평가하며, '개신교계의 교황'이라는 별칭을 붙였다.

존 스토트는 2006년 『Christianity Today』와의 인터뷰에서 "복음주의자는 평범하고 꾸밈없는 기독교인입니다."라고 말한 바 있다. 그는 그 말 그대로, 자신의 삶을 통해 기독교인이 얼마나 소박하고 진실할 수 있는지를 몸소 보여주었다. 『Christianity Today』는 그의 추모 기사 서두에서 "그는 언제나 성경으로 돌아갔다. 성경을 꿰뚫어 보고 설명해내는 은사를 지닌 인물이었다"고 기록하며, 그의 성경 중심적 사역과 영적 통찰을 높이 평가했다. [출처: 크리스찬저널, 2011.08.05]

'존 아저씨Uncle John'라 불리던 존 스토트 목사의 별세 소식이 전해지자, 세계 복음주의 지도자들은 깊은 안타까움과 존경의 마음을 표했다. 빌리 그래함 목사는 성명을 통해 "복음주의 세계는 가장 위대한 대변인

가운데 한 명을 잃었다"고 애도했다. 국제로잔운동 총재 덕 버드셀은 "스토트의 초점은 언제나 십자가에 있었다. 그는 교회를 사랑했고, 세계 복음화에 대한 열정으로 불타올랐으며, 그의 모든 권위는 성경에 근거했다"고 회고했다.

세계복음주의연맹WEA 총재 제프 터니클리프는 "그는 나의 신학 연구에 지대한 영향을 끼쳤으며, 성경의 정통성, 세계 선교, 연합과 일치에 대한 그의 헌신은 내 영적 여정의 기초가 되었다"고 밝혔다. 맥스 루케이도 목사는 "그는 모든 목회자의 모델이었고, 학생들의 교사였으며, 구도자들의 친구였다"고 존경을 표했다.

미국 워싱턴 D.C.에 기반한 기독교 사회정의 잡지·단체 '소저너스Sojourners'의 편집장 짐 월리스 목사는 그를 "겸손하고 자상한 사람"으로 기억했다. 영국 성공회 소속이었던 고인을 추모하며, 로완 윌리엄스 캔터베리 대주교는 "그는 삶의 모든 영역에 예수의 복음을 적용하는 통전적 선교의 필요성을 주장함으로써 세계 복음주의의 얼굴을 바꾸어 놓았다"고 평가했다. 노트르담대학교의 마크 놀 역사학 교수는 "스토트는 서구 사회와 기독교 사이에 다리를 놓았으며, 수많은 복음주의자들이 경제, 정치, 예술, 문화 등 세계의 문제에 대해 책임 있는 자세를 갖도록 이끌었다"고 말했다. 남침례교 신학대학교의 앨버트 몰러 총장은 "존 스토트 목사 없이는 20세기 복음화를 이야기할 수 없을 것이다"라고 강조했다. [출처: 크리스찬저널, https://www.kcjlogos.org]

날로 어둠이 온 땅을 덮고 캄캄함이 만민을 가리고 있는 이때, 모두가 일어나서 하늘을 향하여 회개하고, 스토트가 주창하는 대로 '교회가 사회 가치 창출의 집단 응집력을 발휘하는 계기'가 되었으면 좋겠다.

하나님은 선교하시는 성부聖父이시다. 요한복음 3장 16절은 "하나님이 세상을 이처럼 사랑하사 독생자를 주셨으니, 이는 그를 믿는 자마다 멸망하지 않고 영생을 얻게 하려 하심이라"고 증언하며, 하나님의 선교적 사랑이 인류 구원의 기초임을 밝힌다. 이처럼 성부 하나님은 세상을 향한 구속적 사랑의 주체로서 선교의 원천이 되신다.

예수 그리스도 또한 선교하시는 성자聖子이시며, 보혜사로서의 사역을 통해 성령의 사역을 예비하신다. 요한복음 14장 16절에서 "내가 아버지께 구하겠으니 그가 또 다른 보혜사를 너희에게 주사 영원토록 너희와 함께 있게 하시리니, 그는 진리의 영이라"고 말씀하시며, 요한복음 16장 7절에서는 "내가 떠나지 아니하면 보혜사가 너희에게 오시지 아니할 것이요, 가면 내가 그를 너희에게 보내리니"라고 하셨다. 이는 성자 예수께서 성령을 보내시는 선교적 사명을 수행하심을 보여준다.

이러한 삼위일체적 선교의 흐름 속에서, 주님의 몸 된 교회는 '부름 받은 예배 공동체'이자 동시에 '보냄 받은 선교 공동체'로 존재한다. 교회는 하나님께 예배드리는 동시에 세상으로 파송되어 복음을 증거하는 사명을 지닌다. 선교는 단순한 활동이 아니라, 주님께서 교회에 위임하신 '대 위임령大委任令 The Great Commission'이며, 이는 곧 교회의 본질적 사명인 '지상명령'으로 이해된다.

마태복음 28장 18~20절은 이를 다음과 같이 명확히 선언한다:

> 예수께서 나아와 말씀하여 이르시되 하늘과 땅의 모든 권세를 내게 주셨으니, 그러므로 너희는 가서 모든 민족을 제자로 삼아 아버지와 아들과 성령의 이름으로 세례를 베풀고, 내가 너희에게 분부한 모든 것을 가르쳐 지키게 하라. 볼지어다 내가 세상 끝날까지 너희와 항상 함께 있으리라 하시니라.

이 말씀은 교회의 선교적 정체성과 사명을 규정하는 핵심 본문으로, 복음 전파와 제자 양육, 그리고 삼위일체 하나님의 이름으로 행하는 세례와 가르침을 통해 교회가 세상 가운데 하나님의 구속 사역에 참여하도록 부르심을 받았음을 보여준다.

그러므로 우리는 주님께서 다시 오시는 그날까지 온 세상을 향하여 복음을 증거하는 사명을 지속적으로 감당해야 한다. 세계 복음화를 이루기 위한 효율적인 전략으로서 선교대회는 반드시 필요하며, 이러한 대회를 통해 선교 정보와 비전을 공유함으로써 교회 간의 공감대를 형성하고, 선교 동원과 전략적 협력의 효율성과 가치를 제고할 수 있다. 이러한 관점에서 로잔선교대회는 한국 교회뿐만 아니라 전 세계 복음주의 교회들로부터 지속적인 관심과 지지를 받고 있다.

우리가 추구하는 모든 사역의 근거는 하나님만이 원저자이신 성경Sola Scriptura이며, 신앙과 삶의 최종 권위는 오직 성경에 있다는 신학적 원칙을 의미하며, 이는 복음주의 신학의 핵심이다. 그러나 지상의 교회가 완전하지 않듯, 인간이 주관하는 운동이나 회의 역시 공과功過를 함께 지닐 수밖에 없다. 따라서 로잔선교대회를 평가함에 있어 특정 측면만을 강조하거나, 자신 혹은 소속 교단이 중요하게 여기는 부분이 충분히 반영되지 않았다는 이유로 그 가치를 폄하하는 것은 바람직하지 않다.

복음주의 선교는 반드시 진리인 성경 말씀을 근원으로 하며, 오직 은혜에 의한 구원을 중심으로 행위의 열매가 나타나는 교회의 일치와 연합을 지향해야 한다. 이러한 교회의 본질적 사명은 선하시고 공의로우신 하나님 성령의 은혜로 말미암아, 한국 교회뿐 아니라 세계 기독교 공동체 전체에 편만遍滿하게 이루어지기를 간절히 기도한다.

"Ecco Homo"이 사람을 보라 그리스도 한 분만 쳐다보아야 한다. 역사의 한복판에 피로서 세운 언약! 그리스도는 살아계신 하나님의 복음으로서 천군만마를 질타하는 하늘의 우레요 천둥소리다. 오늘도 골고다를 오르고 있는 예수, 가시관에 자색 옷이 입혀진 예수를 가리키며 빌라도가 말한 '에코 호모', 이 한마디를 스토트는 평생 강대상 뒷벽에 걸어놓고 설교했다.

존 스토트 박사와의 인연은, 필자가 1984년에 영국교육부로부터 2년간 국비 장학생으로 선발되었는데 그 수혜 기간이 끝나자, 스토트 박사는 복음주의 후원단체이자 신학 지원기관으로 자신이 책임지고 있던 'Langham Trust Society'에 의뢰해 필자가 학위를 마칠 때까지의 경비를, 생활비를 포함하여 전액 장학금으로 제공케 하여 주었다. 불초한 필자는 그가 당시에 주관하던 "제3세계 복음주의자 학술위원회"에 들게 되는 영광을 갖게 되었다.

본 합본 책의 1권과 2권 사이에 【부록】편으로 실게된 『훅시스의 오두막』은 1986년 여름, 존 스토트 박사의 초청에 응하여 그를 방문했던 기억을 회고하며 기록한 글이다. 훅시스Hookses는 영국 웨일스Wales 남서부 펨브로크셔Pembrokeshire 해안 절벽에 위치한 갈고리 모양의 숨겨진 계곡으로, 데일Dale 마을 인근에 자리하고 있으며, 런던에서 자동차로 약 5~6시간이 소요되는 거리이다.

당시 부족하고 허물 많은 사람을 4박 5일간 홀로 초청해 주신 스토트 박사의 배려에 감사할 따름이다. 그곳은 대서양의 파도가 이중 유리창picture window을 향해 철썩이며 부딪치던 장소였고, 수만 마리의 물새들이 집단 서식하는 섬이 멀지 않은 곳에 위치해 있었다. 또한, 거대한 절벽 뒤 들판에서는 번호표를 단 양 떼들이 낭떠러지 가까이에서도 태연히 풀을 뜯고 있었다.

절벽과 초지가 어우러진 그 전경은 실로 아름다웠으며, 존 스토트는 1950년대에 이 지역의 일부를 매입하여 집필과 휴식을 위한 공간으로 활용하였다. 이곳은 이후 조용한 영적 성찰과 창작을 위한 휴식처로 널리 알려지게 되었으며, 그의 삶과 사역의 깊이를 상징하는 장소로 기억된다.

웨일스의 '땅끝'이라 불리는 훅시스Hookses는 그야말로 외딴 곳이었다. 당시만 해도 가장 가까운 마을조차 자동차로 15분 이상을 달려야 닿을 수 있었으니, 그 고요함과 고립감은 대서양의 파도 소리 외에는 어떤 소음도 허락하지 않는 공간이었다. 바로 그곳은 존 스토트John Stott 목사의 주요 저작들이 집필된 장소로 알려져 있다.

다만 그의 대표작인 『기독교의 기본 진리』*Basic Christianity*는 예외였다. 이 책은 1950년대 후반, 스토트가 런던 랭햄 플레이스Langham Place 웨스트엔드West End in London에 위치한 올 소울스 교회All Souls Church에서 목회하던 시절에 집필되었으며, 복음의 핵심 교리를 명확히 전달하고자 하는 그의 열망이 담긴 저술이었다. 1958년 영국에서 초판이 출간되었고, 한국에서는 1963년에 번역·출간되었으며, 이 책은 현재까지 65개 국어로 번역되어 전 세계적으로 널리 읽히고 있다.

반면, 그의 마지막 저서인 『제자도』*The Radical Disciple*, 2010는 만 89세의 나이에 훅시스에서 집필된 것으로 알려져 있다. 이 책에서 스토트는 크리스천 리더들이 예수님의 가르침을 따르되, 표면적인 순종을 넘어서 근본적인 문제까지 철저히 직면하며 헌신하는 '급진적인 제자Radical Disciple'가 되어야 함을 강조한다. 여기서 "radica"은 단순히 과격함을 뜻하는 것이 아니라, 근본root, radix에 충실한 제자도를 의미한다. 즉, 예수님의 가르침에 뿌리 깊게 헌신하고, 삶의 모든 영역에서 철저히 따르는 제자를 가리키는 표현으로, 그는 제자도의 본질과 본분을 여덟 가지 측면에서 정리하며, 자신의 평생 사역을 집약한 메시지를 남겼다. 그가 제시한 리더의 핵심 자질은 다음과 같다: 불순응Non-conformity, 닮음Christlikeness, 성숙Maturity, 창조 세계를 돌봄Care for Creation, 단순한 삶Simplicity, 균형Balance, 의존Dependence, 죽음Death. 이 책에는 그가 마지막으로 전한 공개 설교의 내용도 포함되어 있어, 고별 메시지로서의 의미를 지닌다.

불민한 필자에게도 스토트 목사는 깊은 영향을 주었다. 그의 요청으로 번역한 책 『새, 우리들의 선생님』(IVP, 2001)은 자연 속에서 하나님의 지혜를 발견하려는 그의 영적 통찰이 담긴 작품이다. 끝으로, 필자의 졸저인 『히말라야의 눈꽃 –썬다 · 싱의 생애』 역시 그의 집필 격려가 있었음을 이 자리를 빌려 밝힌다.

휴전선에서

김 창 범목사, 시인

사랑하는 사람, 그리워하는 사람을
이토록 갈라놓다니, 세상에 무엇이 이보다 잔인할까?
한반도, 그 허리를 뚝 잘라놓은 곳.

세상 사랑을 모으고 다 모아도 이보다 더 아플까?
세상 그리움을 모으고 다 모아도 이보다 더 애탈까?

휴전 40년이 되던 해,
때마침 시베리아에서 몰려온 큰 두루미 떼를 만나려고
그는 철원 남방한계선으로 걸어 들어갔다.
경계를 맡은 6사단도 그 걸음을 막지 못했다.

무력으로 갈라놓은 철책선을 바라보며
세 아픈 역사의 시간과 공간을 그는 단단히 잡았다.

"이 무참한 아픔, 이 어둠의 철장을 이젠 거두어 주소서."

주님은 피 흘리고 계셨다.
우리와 함께 울고 계셨다.

하늘을 열고 친히 내려오셨다는 단군의 땅에서
그는 철조망을 흔들며 기도하고 있었다.

* 존 스토트 목사는 휴전 40년이 되던 해 1993년, IVP(기독교학생회 출판부, 한국본부) 소속 사역자들과 함께 휴전선을 방문했다.

존 스토트 목사의 훅시스 묘비

상단에는, "예수 그리스도와 그가 십자가에 못박히신 것 외에는 아무 것도 알지 않기로 작정하였다."고전 2:2가 새겨져 있다.

하단에는, "『그리스도의 십자가』와 많은 책을 여기에서 썼다" "Here, he wrote 『The Cross of Christ』 and many other books."라고 새겨져 있다.

제 2 권

동양과 서양의 마음

• 그 길은 진리의 바다

이 기 반

「로마서 8장」 목판 필사, 박형만 作

2권 The Deep Ocean of Truth between the Eastern and the Western Mind

진리를 추구하는 모든 이에게
마음을 나누며
이 책을 바칩니다.

'주님의 날'에 펼쳐놓은 동·서양의 마음

서평

동·서양을 뚫어보는 마음의 전망대

여산余山 이기반李基班 박사는 남해의 푸른 바다와 한려수도의 수많은 섬을 병풍처럼 품은 미항美港 통영統營에서 태어났다. 어려서부터 진리에 대한 탐구심이 깊어 남다르고 호학好學이던 그는, 최근 세계 문명의 온상이 된 인류 사상과 종교의 근원을 누구나 조망할 수 있는 높은 지성의 전망대를 세웠다. 그 전망대는 그의 저서 『동양과 서양의 마음 - 그 깊은 진리의 바다』 속에 구현되어 있다. 이 책에서 저자는 세계 문명의 온상 속에서 형성된 동서양의 사유와 신앙의 뿌리를 탐구하며, 독자가 그 깊은 진리의 바다를 한눈에 바라볼 수 있도록 안내한다.

독자들은 이 책에서 아득한 문명의 벌판을 달려가며 동서양의 정신세계를 돌아보는 즐거움을 누릴 수 있다. 그가 상재上梓한 책, 『동양과 서양의 마음 - 그 깊은 진리의 바다』는 마치 동서고금의 철학과 신학, 그리고 종교와 사상의 요체要諦를 잔뜩 차려놓은 성찬을 마주 대하는 듯하다. 책을 논하기에 앞서, 저자의 놀라운 학문적 성과를 먼저 축하하지 않을 수 없다. 동양과 서양의 문명사적 흔적과 거기서 발견한 사상의 소중한 보물들을 한곳에 모아 소중한 책으로 남겼으니, 장차 후학들이 배우고 익히기에 참으로 유익할 것이다. 참 진리만을 찾는 구도심과 학자의 열정으로 쓴 이 책에는 시작부터 마지막까지 단 한 줄도 가볍게 넘길 구절이 없다. 모든 문장과 단어 앞에는 학자로서의 깊은 사색과 객관의 검증이 따른 변론이 넘친다. 경건과 직관으로 직조된 감동의 대서사시, 불멸의 「대화록」인 이 책은 인류 정신사의 암호를 풀어 주는 양서 중의 양서로 추천하기에 조금도 망설임이 없다.

이 책은 세상의 종교에 대한 진리 인식, 곧 비교종교학적 안목과 신학적 비평을 솔직하게 펼치고 있을 뿐 아니라, 여러 종교의 속성을 파헤치고 마침내 기독교 신앙의 합일에 이르는 한 개인의 신앙적 고백을 예수 그리스도 안에서 겸손히 담고 있다. 인류가 문명을 배태하는 시초에 어떻게 신의 아이디어를 만나게 되었고 각 문명에서 어떻게 종교가 태어났는가를 밝힌다. 저자의 통합적이면서도 치밀한 분석적 탐구를 통해, 동양의 자연관이 지닌 순환적·조화적 세계 이해와 서양의 시간관이 지닌 선형적Linear Time·목적론적 역사 이해Teleological History가 서로 교차하며, 그 접점에서 종교적 열정과 깨달음이 형성되는 진리를 발견한다.

단순한 담론 위주나 지식의 지평을 넓혀주는 비교종교학 전문 서적에 머물지 않고, 동양과 서양의 사상적 발전과 변화의 과정을 소상히 밝힘으로써 각 개인을 진리에 대한 철학적 깨달음의 경지까지 끌어내는 논리의 위력을 발휘한다. 선과 악, 영과 정신이라는 형이상학적이며 고도하고 광대한 이성의 영역을 건드려 한층 진보된 깨달음과 이해에 이르도록 안내해 준다. 그 사색의 공간과 시간도 고대로부터 현대에 이르기까지 신학과 철학이라는 거대한 과제를 조금도 흔들림 없이 비교하고 섭렵한다. 동양과 서양의 마음을 깊이 헤아리려는 한국의 철학도와 목회자와 수도사, 그리고 일반신도들에게 더없이 좋은 입문서요 안내서로서 충분한 가치를 보여준다.

플라톤의 보자기에 싸인 정신문명

이 책은 플라톤 사상으로부터 시작한다. 플라톤의 동굴 비유에서 보았듯이, 발견된 비실제적인 그림자와 빛의 혼란이 진리를 혼돈에 빠뜨리고 인간은 허상에 사로잡혀 몰려다니고 있다. 소위 신비주의적 인식론이다. 신과 신학의 비전을 제시한 플라톤은 신학의 문턱을 넘었으니 사실상 '신학의 아버지'라고 저자는 말한다. 나아가, 붓다를 아는 일은 마치 넓은 보자기를 정갈하게 펼쳐놓고 거기에 인간의 모든 사유를 담아 보자기의 네 귀퉁이를 하나로 묶는 것과 같기에, 플라톤 사상의 이해는 붓다와 불교 심리학 이해의 개방과 수용의 첫걸음이라고 갈파喝破한다. 사상의 대담한 추론이며 결론이고 놀라운 정신의 발견이다. 플라톤에게서 붓다를 찾아내고 붓다로부터 플라톤을 찾아내는 일이야말로 거의 미지에 가까운 사상의 위험한 비행이 아닐 수 없다. 저 논리의 정원이자 사유의 광장인 그리스 반도에서부터 설산수미雪山須彌가 피워낸 지혜의 숲, 인도 대륙 한가운데를 가로질러, 황하를 타고 자연과 하나 되어 흐르며, 모든 분별과 집착을 넘어 만물의 근원인 '도道'로 귀의하는 깊고도 넓은 진리의 바다를 향해 던지는 저자의 담대한 진격은, 사유의 깊은 진보를 통하여 이 책 전체에 한결같이 관통하는 동양인의 마음과 서양인의 영성에 있어, 그 조우遭遇를 도맥道脈 중의 도맥, 혜맥慧脈 중의 혜맥인 '道成人身도성인신' 진리 앞으로 인도한다.

저자는 동양과 서양, "양쪽은 다 현 상태를 초월하여 현상의 배후에 있는 불변하는 원리를 추구했다는 점에서 동일하다"는 결론을 이끈다. 동양의 마음과 서양의 마음은 마침내 융합하여 하나의 궁극을 찾아 하늘의 마음을 탐구하였으니, 그것은 우주적인 공동체, 하나님 나라이며 예수 그리스도의 마음이다. 이 책은 동양 정신까지 포괄하는 신플라톤주의로부터 시작하여 토머스 머튼Thomas Merton, 1915~1968의 융합적 신학 정신에 이르기까지 학문적 한계를 뛰어넘는 천의무봉天衣無縫의 학문적 탐구력을 보여준다. 종교로서는 동양의 힌두교와 불교, 유교 등의 근원을 다루었고 서양의 조로아스터교와 유대교, 기독교, 이슬람 등과 각 문명이 추구한 신의 세계와 신비주의적 영의 원천을 탐색하였다. 이러한 그의 끈질긴 묵상은 정신의 계곡에 잠겨있는 깊이를 측정할 수 없는 잔잔한 호수를 만나게 한다.

동양의 불성과 서양의 성화가 만나는 연결점을 찾으려는 저자의 학구적 노력은 동양 문명과 서양 문명이 그리스도 안에서 '하나The One'가 되는 그 유일성 가운데서 신비함과 성결함으로 존재하는 세계 문명의 시원을 찾아간다. 그것은 예수 그리스도로 말미암아 이성적으로 합일하고 내재적으로 존재함을 깨닫게 한다. 마이스터 에크하르트Meister Eckhart 1260~1329의 신비주의적 개념인 공空의 사상으로부터 마침내 동서의 사상적 융합을 이루어 낸 현대적 수도승인 토머스 머튼의 묵상 세계에 이르기까지 기독교 정신을 실천한 위대한 신학자들의 새로운 의식의 각성을 살펴보는데 이 과정에서 인간의 본질적 회귀의 본성이 존재하는 영의 바닥을 깊이 공감하려고 한다.

저자는 동양과 서양의 마음이 만나는 그 깊고 독특한 순간을 토머스 머튼의 명상과 침묵의 산길, 켄터키의 '겟세마네 수도원'에서 만난다. 머튼은 그 한적한 숲에서 명상의 씨를 뿌리며 동 · 서양의 사상적 원융圓融을 유일신 하나님 안에서 합일하는 깨달음을 얻게 되었는데, 시대는 서로 다를지라도 비슷한 경력의 진리 탐구자인 두 사람이 구도자로서의 처참하리만큼 고독과 침묵 속에서 덧포개진 하나님 묵상의 참된 모습을 이 책을 통해 여실히 보는 듯한 느낌이다. 저자는 이 특이한 경험을 정치精緻하고 생동生動하는 글로 표현하고 있다. " 머튼은 기독교를 떠나지 않으면서도 그의 개인적인 순례이자 생의 은유metaphore of life이기도 한 동방에로의 긴 여로를 통해 기독교의 신하나님과 고대 동양인의 지혜의 근원을 동시에 발견한다." 이에 저자는 빈 들에서 만나는 심오한 영성으로 외친다. "동양은 서양으로부터 생동하는 '영'을 받아 들이고歷史性, 서양은 동양으로부터 '자연과의 조화', 즉 그 직관마음을 배워서 서로 균형을 가지고 문화와 문명을 진일보시켜야 한다." 동과 서의 두 정신은 상호 보강하여 '한 믿음'이 되는, 큰 세계 사상을 만물 공동체 사상과 더불어 이루어야 할 것이다."

Sit finis libri, non finis quaerendi.
책은 끝났으되, 탐구는 끝나지 않았노라.

『칠층산』 마지막 문장을 적곤, 머튼은 읊조린다. 인간은 영원과 초월을 꿈꾼다. 그러나 이 꿈은 실재하고 실현 가능한가? 저자는 어디까지나 '언어와 믿음의 문제'라고 일갈一喝한다. 인간 자체가 하나님의 피조물이기에, 우리는 이미 초월의 세계에 살고 있고, 초월적인 신성이 내재한다는 것이다. 로마서8장 2절 말씀대로 '죄와 사망의 법에서 생명의 성령의 법' 가운데로 들어와 살고 있기에, 우리는 이미 초월한 것이다. 이러한 신성을 우리 생활에서 실제로 깨닫고 살아간다면, 믿음의 씨앗信仰이 되어 우리 앞에 다가오는 현실 속의 산더미 같은 문제도 두려워할 까닭이 없으며, 인류의 불확실한 미래조차도 불안하게 여길 필요가 없다. 심지어 '세상 종말' 앞에서도 그리스도의 영을 지닌 하나님의 자녀임을 믿는다면, 생명과도 바꿀 수 없는 진리의 생명 말씀을 붙잡고 '마지막 때'에 대한 긍정적 인식과 회개를 통하여 예수 재림을 위한 영적 준비를 부단히 하며 담담히 살아가야 할 것이라고 저자는 권면한다.

정신문명과 뉴 에이지, 그 영적 전쟁 앞에서

책의 후반부에서는 정신문명과 하나님의 섭리를 깊이 있게 서술하며, 나아가 지구촌의 문화를 바라보는 현대적 안목으로 종교와 문명의 미래도 다루었다. 저자는 세계 문명을 탐구하면서 각 문명이 믿는 종교마다 섬기는 신神의 존재를 어떻게 인식하고 평가할 것인지에 주목한다. 문명의 영성화를 위하여 특별 계시은총인 기독교의 우월성을 지구적 종합의 변증을 통하여 제시한다. 우주와 인간과 자연을 창조하고 역동적으로 다스리며 살아계신 인격적 존재인 하나님만을 유일신으로 섬기는 종교로써, 역사적으로 인간의 정신문명의 한계를 뛰어넘어 초월한 종교는 기독교뿐이라는 것이다. 인간은 하나님으로부터 지음을 받아 우주와 자연을 다스리는 인격적 힘을 부여받았으니, 그것이 바로 사랑이다. 사탄의 방해에도 불구하고 세상에 사랑을 전하여 온 세상이 사랑의 에너지로 넘치게 하려는 것이 하나님의 뜻이라는 것이다.

> **天地之大也 人猶有所憾** 천지지대야 인유유소감
> **天地之愛 唯居其中者知之** 천지지애 유거기중자지지
> 아무리 천지처럼 크고 넓은 세계 속에 살아도 인간은 여전히 불만족이 남는 존재, 천지는 사랑이니 천지 안에 사는 인간만이 그것을 안다.『中庸』, 제26장

이 책은 다가오는 미래가, 비록 과거의 탁월한 신학자들과 철학자들에 의해 다양한 준비가 이루어졌음에도 불구하고, 급격한 과학기술의 발전으로 인해 종교의 초월성과 거룩성聖性마저 위협받는 시대가 될 것이라

고 주장한다. 인간의 정신은 칸트와 헤겔 등에 의해 고도의 형이상학적 영역을 선점했음에도 불구하고 부정과 긍정의 철학적 기술에 의해 현란하고 다양한 발전을 해왔다. 무의식을 파고든 프로이트, 공산주의 비극을 안겨준 칼 맑스, 실존주의를 발견한 키르케고르와 사르트르에 대한 저자의 해박한 설명은 학문의 즐거움을 더해 준다. 이제 AI 기반 산업 시대와 양자역학 시대가 본격적으로 등장함으로써 새로운 정신 혁명 시대가 우리 앞에 다가오고 있다. 그 시기는 예수 재림의 때와 함께 달려올 것이다. 이 책은 우리 기독교인들이 충분하게 변화와 폭발하듯 밀려드는 현대 기술의 변화 앞에 무엇을 준비하고 어떻게 살아갈 것인가를 답하려고 한다. 저자의 견해를 한 장씩 묵상하며 읽어간다면, 누구도 답할 수 없는 부분에 대해 지혜로운 선지자의 소리를 만날 수 있을 것이다.

이 책에는 누구도 생각지도 못한 커다란 함정이 기다리고 있다. 그것은 기독교적인 진리와 정통성을 지키며 문명의 미래를 살아온 현대인들에게 참으로 위험한 세력이 만든 문명의 구덩이이다. 지금도 많은 사람이 부드럽게 춤추며 자진하여 빠져드는 신비주의적 공동체 운동인 뉴에이지New Age가 그것이다. 저자는 '뉴 에이지 운동'New Age Movement의 정체를 밝히고 이해하는데, 상당한 분량의 연구 자료를 제시했다. 이 뉴에이지야말로 회피할 수 없는 영적 싸움의 대상이므로 현명한 대응 방법에 대해서도 알아두어야 한다는 뜻이 있다. 그러므로 동양의 마음과 서양의 마음을 다룸에 있어 반드시 짚어야 할 분야가 바로 뉴 에이지 운동이라는 점을 강조한 것이다. 동양 종교나 동양 사상의 스승guru, 선사들과의 신비한 만남을 통해 서양의 사람들, 특히 기독교 세계 사람들이 위기에 빠지게 되고 기독교인들은 이 어둠의 세력에게 포로가 되거나 개종당하고 있다. 이런 현상은 서구의 뉴 에이지 운동에서 많이 나타나고 있는데, 이를 기독교 신앙의 새로운 일상으로 방치해서는 안 된다고 경고한다.

그러나 저자는 동양의 마음과 서양의 마음이 문명적으로 만나는 자리인 뉴 에이지 운동을 두고 사상과 문화의 원융圓融 현상으로 이해하는 자세를 잠시 견지하자고 한다. '한 사람이라도 더 구원하고자 하는 사도 바울의 선교 방법론'고전 9:22-23을 지니고 현대적 기독교의 포용성을 일단 긍정적으로 바라보자는 것이 저자의 견해이지만, 이 상태를 계속 방치해서는 안 되며 또 포기해서도 안 된다는 주장이다. 영지주의靈知主義처럼 기독교의 본질을 해치는 독버섯인 그들은, 고대부터 현대에 이르기까지 기독교의 정통성을 파괴하는 갖가지 영적 시도들과 맥을 같이하는 현상임을 기억해야 한다고 말한다. 전략적으로 현명하게 대응하며 집중적으로 선교 정신을 발휘할 때가 됐다는 것이다.

뉴 에이지 운동은 1990년대까지 50여 년간 서구의 예술과 문화와 사상, 다시 말해 사회 전반에 걸쳐 나타난 거대한 물결이었다. 이 운동에 중추적 역할을 한 사람들은 서양에서 자란 기독교 세대의 후예들이었다. 그들은 새로운 문화의 옷으로 갈아입는 정도가 아니라, 영혼과 영혼이 교류하는 정신의 깊은 만남과 함께 마침내 변종의 신인류를 낳기에 이른다. 이들을 회개시키고 기독교 문명의 영향권 안으로 안정된 이전을 실현하기 위해서는 조직화 되고 제도화된 기독교의 힘과 권력으로 일방적 비판과 억압을 가해서는 안 될 것이다. 오히려 그들의 다양한 운동에 관심을 가지고 그리스도의 보혈이 없는 문제점을 진심으로 지적해 주어야 한다. 그리하여 그들을 그리스도의 머리 앞으로 인도하자는 것이다. 뉴 에이지 운동의 울타리를 넘어 들어가 그들의 정신적 좌표를 새롭게 제시해 줄 수 있어야 한다. 다시 말해 그들을 구원하기 위해 십자가 신앙의 적극적인 선교 자세가 요구된다는 것이다. 이를 위해 저자는 기독교가 먼저 개혁되어야 한다고 주장한다. 기독교가 보수적 관점에서 안이하게 이들을 관망하고 비판하고 경원敬遠시만 할 것이 아니라, 새로운 문명 창조, 역사 창조의 대열에 뛰어들어야 한다고 주장한다. 그것은 또 다른 양이방인도 찾으시는 그리스도의 전도 위임명령이기 때문이다. "한 사람이라도 더 구원하기 위해 나는 모든 것을 한다. 심지어 주님으로부터 끊어지는 일이 있더라도 나는 내 동족의 율법적 관습 안으로 들어가겠다"롬 9:3는 비장한 제자도를 말하는 것이라고, 저자는 애통해하면서도 힘주어 강조한다.

저자는 사실상 이를 계기로 현대적 기독교 개혁론을 제시하였다. 이 부분이야말로 이 책에서 주장하고자 하는 논지의 핵심이고 동양과 서양의 마음을 하나로 합일시키려는 방법론적 결론이기도 하다. 이로써 결국 기독교 자체가 죄와 사망의 법에서 생명의 성령의 법 가운데로 들어가야 한다. 여기서 개혁된 기독교가 가능하며 동양의 마음이 서양의 마음과 하나가 됨으로써 하나님의 뜻에 순종하는 아브라함의 믿음의 완성을 보게 되는 것이다.

이를 위해 저자는 가장 먼저 교회가 할 일은, 시대정신the spirit of the era 또는 현대 정신the spirit of the time에 관한 사관史觀을 지녀야 한다고 말한다. 이 사관을 통해 과거를 돌아보고 미래를 전망하는 안목이 준비되어야 교회가 현대화되고 세상을 개혁할 교회가 될 수 있다는 것이다. 그러나 오늘날 교회는 여전히 현대화를 거부한 채, 시대와 문화에 적응하지 못하고 있다. 우리는 분명히 초격차를 보이는 정보통신과학 시대를 살아가고 있음에도 불구하고, 교회는 뉴 에이지 그룹보다도 더 낙후한 과학적 인식에 빠져 진보적 상상력에 눈뜨지 못하고 있다고 지적한다. 저자는 이렇게 시대정신에 뒤떨어진 부분들을 자세히 지적하면서 보수와 진보의 차이를 좁히려는 개혁적 의지를 오늘의 교회가 안고 있는 새로운 과제로 제시하면서도, 분명 기독교의 궁극적인 목표인 주님의 재림을 준비하는 일에 목숨을 걸어야 한다고 주장한다. 이를 위해서는 무엇보다 교회가 먼저 시대를 바로 볼 줄 알고 옳고 그른 것을 분명히 밝혀 주는 개혁적인 자세를 지녀야만 한다고 외친다.

뉴 에이지 운동에 대한 저자의 비판적 사고와 융합적 정신의 추구는 매우 긍정적 선교 전략이라고 생각된다. 그러기 위해서는 교회 자체가 먼저 개혁되어야 가능하다는 생각은 매우 도전적이며 설득력 있는 주장이 아닐 수 없다. 특히 뉴 에이지 운동의 치명적 문제점만으로 그 운동의 현상과 진전을 개선하려고 한다면 "교회가 먼저 개혁하라"는 요구는 매우 당연하게 들린다. "말씀과 기도로만 거룩하게 되나니…."딤전 4:5 교회는 그리스도 보혈이 강물같이 흐르고, 그 살려주시는 영고전 15:45으로 생명 농사하는 곳이다. 생명을 건 말씀 공부를 통해 참된 제자도를 알게 되면, 이단이나 뉴 에이지에 빠지지 않음을 강조한다. 요즘 한국 교회에 큰 위협이 되는 신천지新天地耶蘇教 證據帳幕聖殿와 같은 이단의 문제 역시 같은 맥락에서 읽힌다. 한국교회가 내부 개혁 없이 지내 온 결과, '신천지'와 같은 문제가 야기되었다는 지적과 함께 저자는 책임을 통감한다.

뉴 에이지 사상의 핵심과 그 사사의 문제점을 정리하면 첫째, '모든 것은 하나monism'라는 개념을 주장하고 둘째, 모든 것이 신이라는 '범신론pantheism'에 빠져있으며, 셋째는 진화론적 낙천주의를 통해 '모든 것은 선으로 진보'한다고 믿는다. 결국 십자가와 부활이 빠진 뉴 에이지는 성령의 역사를 부인하고 인간인 나 자신이 스스로를 초월하는 신비를 체험하며 완전한 인간 공동체를 추구한다. 하나님의 계시를 부인하고 나의 깨달음과 수행을 통하여 나의 가능성과 성공에 열광한다. 결국 그들은 하나님이 없는 기독교로 전락한 것임을 저자는 반증을 통해 예리하게 지적한다. 이러한 뉴 에이지의 허물을 깨닫고 우리는 "나를 사랑하시는 성부 하나님, 나를 위해 십자가에서 돌아가신 성자 하나님, 교회를 세우시는 성령 하나님께로 다시 돌아가야 한다."라고 저자는 반복하여 호소한다.

방대한 지식과 깊은 혜안, 그리고 재림

오늘날 우리에게 남겨진 성경은 완전하신 주님의 말씀임에도 불구하고, 아직 설명이 더 요구되는 빈틈이 보이는 듯하다. 이른바 역사적 상식이나 과학적 논리나 자연의 순리에 어긋나 있어 보이는 부분은, 오히려 추수한 들판에서 온전한 이삭을 줍듯이 의외의 기쁨을 안겨준다. 이를 테면 아기 예수의 탄생과 관련된 성경 상의 전승들 가운데, 하늘에서 빛나는 이상한 별을 2년 가까이 쫓아와 마침내 아기 예수에게 예물을 드리고 경배했다는 3명의 동방박사 이야기는 아직도 우리의 궁금증을 자극한다. 그들은 누구이고 도대체 어느 나라 사람들인가?

저자는 이 동방박사에 대한 배경을 추적하면서, 2년 가까이 걸려 멀리 동쪽의 해 뜨는 나라, 신라에서 건너온 천문학자였을 것으로 의외의 가설을 제시하는데, 그의 주장은 매우 과학적이고 합리적 논거도 있어 설득력을 보인다. 저자는 장場을 달리해서 이 문제를 학술적으로 깊이 살펴 논하겠다고 하니 기대한다. 이 외에도 이 책은 성경의 전설 같은 인물을 언급하는데, 바울의 위대한 믿음과 전도와 순교에 관한 이야기를 「신 앞에 선 단독자」인 키르케고르의 회심을 통하여 펼쳐내고, 또한 에녹과 선지자 엘리야의 승천에 대한 오해, 시신을 보이지 않고 죽은 모세에 대한 미스터리, 특히 다볼산과 갈멜산과 관련한 엘리야의 아합과 이세벨과의 대살륙전의 종말 사관적 의미 분석은 손에 땀을 쥐고 읽

게 한다. 이 책의 대단원 중의 하나이다,

이 책을 마무리하면서, 저자는 우리 기독교인의 미래를 긍정적으로 조망하고 나름의 낙관적이고 건강한 기독교 종말론을 제시한다. 특히 우리가 살아가는 현재 시점은 온갖 예언과 종말론들이 쏟아져 오히려 우리를 우울하게 만들고 있어 걱정이었는데, 참으로 다행스러운 일이 아닐 수 없다. 저자는 특별히 「마지막 시대에 대한 인식과 준비」라는 제하題下에 종말론에 대한 상당히 긴 글을 게재한다. 주님 재림이, 곧 닥칠 문명의 종말임을 생각할 때, 저자가 심혈을 기울여 쓴 그의 종말에 대한 견해는 큰 관심사가 아닐 수 없다. 인류 문명의 시작과 마지막을 진리의 송신탑 같은 사명으로 조망해 온 저자의 남다른 시각이 예리하고 단호하기에 더욱 그러하다.

AI 기술과 양자역학 등, 빛의 속도로 진보하는 과학 문명의 시대, 곧 문명사의 마지막 국면에 접어든 오늘날, 저자는 오히려 이러한 흐름을 '세상의 끝'을 예고하는 시대적 징조로 해석한다. 이에 그는 이 종말의 때를 우리는 어떻게 준비해야 하는가를 진지하게 성찰하며, 책의 마지막 장을 향해 나아간다. 100페이지에 달하는 방대한 대단원에서 저자는 성경을 중심으로 종말의 의미를 세밀하게 해석하고, 그 글은 점점 더 간절하고 절절한 호소로 깊어져 간다. 이 책은 구약에서 언급되는 종말의 날—'여호와의 날', '주의 날', '심판의 날', '마지막 때', '종말의 날' 등—에 대한 신학적 의미를 깊이 있게 조명한다. 저자는 이 날이 "의로운 자에게는 소망의 날이지만, 불의한 자에게는 멸망과 형벌의 날"이라는 이중적 성격을 지닌다고 강조하며, 그 명칭들이 함축하는 종말 의식과 예언적 메시지를 중심으로 재림 사상의 본질을 탐구한다. 이러한 주제는 독자 각자가 직접 성경을 읽고 묵상하며, 말씀 속에서 그 의미를 발견해 나가는 것이 가장 합당하다는 저자의 권면으로 이어진다. 특히 요한계시록에서 '축복'이라는 단어가 여덟 번, '어린 양'이라는 표현이 스물여섯 번 등장한다는 사실을 통해, 저자는 어린 양을 따르는 길이야말로 영광 가운데 주님을 만나는 확실한 길임을 단언한다. 이 책은 학문적 분석과 신앙적 고백이 조화를 이루며, 독자에게 종말의 의미를 성경 중심으로 깊이 성찰할 수 있는 통찰을 제공한다.

저자는 재림을 소망과 기쁨 중에 기다리고 있다. 고통 많고 슬픔이 가득한 이 세상이 낙원적인 환경으로 회복될뿐더러 더 나아가 궁극적으로는 '새 하늘', '새 땅'의 영원한 새 예루살렘이 오기 때문이라고 논파한다. 시온을 선험先驗하는 사람들은 모두 다 변화된 부활 체, 그 영광의 몸이 된다고 하니 이 이상 더 좋은 소망이 있겠는가?

> 예수님은 이제 머지않아 반드시 이스라엘에 다시 오신다. 그가 태어났던 베들레헴의 마구간, 로마로 향하는 국도 삼거리 초입의 나사렛 마을, 그가 땀 흘려 일하던 작은 목공실, 그리고 그가 옷자락을 날리면서 훠이 훠이 걸으시던 요단 강변들, 무엇보다도 온 벳세다 들판이 거대한 야전병원이 될 정도로 전국 각지에서 몰려든 그 많던 병자들을 일일이 다 고쳐주시던 측은과 눈물의 갈릴리 땅, 그 본적지 고향에 예수님이 어찌 다시 오시지 않겠는가? 또 예루살렘의 감람산 동쪽 기슭 아래 있던 작은 베다니 마을의 나사로의 집, 용서받은 죄 많은 여인 마리아가 삼백 데나리온이나 되는 값비싼 향유 옥합을 깨뜨려 주님의 발에 붓고 차마 얼굴을 바로 볼 수 없어 발 뒤에 앉은 채로 눈물로 범벅이 된 머리카락으로 주님의 발을 닦아 주던 그 최초의 가정교회, 그 생명의 집을 어찌 잊을 수 있으리요?

예수님은 반드시 가신대로 다시 오셔서,행 1:11 '평화의 터'라는 예루살렘을 중심으로 천년 지상 왕국을 건설하신 후, 전능하신 하나님의 전능한 방법으로 이제는 죽음도 눈물도 없는 '새 하늘', '새 땅'의 영원한 성읍, '새 예루살렘', 복음의 아들들과 딸들만이 들어가는 영원한 하늘 진리의 성읍을 준비하셔서 온 우주를 새로운 조화의 질서 속에 있게 하실 것이다."

사유와 직관을 다 해서 동서양 인류의 문화와 문명을 날실과 씨실로 엮어 직조하던 저자는 이제 이 아름다운 영광의 세계, 생명의 나라를 기다린다. 저자는 주님 재림의 꿈을 이렇게 소박하게 그러나 간곡하게 우리에게 전한다.

김 창 범 시인, 목사

추천사

한국 사회는 역사적으로 불교, 유교, 민족종교, 무속, 무교, 그리고 근현대에 이르러 기독교까지 다양한 종교 전통이 공존하며 사회 각 분야에 영향을 미치고 있다. 이러한 종교다원사회는 세계적으로도 드문 현상으로, 종교를 이해하고 경험하기에 유리한 환경을 제공한다. 그러나 유일신 하나님만을 믿는 기독교는 타 종교에 대해 부정적이고 배타적인 교육을 받아 왔고 그 결과 한국교회는 성장 과정에서 타 종교와의 불협화음을 경험하고 있다. 그리스도인이 되기 위해서는 기존의 종교적 전통으로부터 이탈해야 하고, 이러한 과정에 이전 종교에 대한 차별과 부정적인 판단이 뒤따른다. 나아가 신앙 열정이 강할수록 기존 종교나 타 종교에 대한 배타적 태도가 강화되어, 때로는 기독교의 전도와 선교가 타 교단이나 타 종교와의 '투쟁'으로 이해되는 현실을 초래하기도 한다.

『동양과 서양의 마음, 그 깊은 진리의 바다』는 오늘날 종교다원사회와 다문화사회 속에서 기독교가 본질을 회복하고, 타 종교와 문화 가운데서도 하나님의 진리를 담대히 증언하도록 이끄는 귀한 생명의 글이다. 이미 한국 사회는 총인구 대비 이주민 비율이 5.8%에 달하는2024년 10월 기준 다인종·다문화 사회로 진입하였으며, 이는 하나님께서 예배자들을 한국으로 보내시는 'Missio Dei'선교하시는 하나님의 역사적 사건으로 이해될 수 있다. 그러므로 교회는 '파송하는 선교'에서 '환대하는 선교'로 나아가야 하며, 그리스도 안에서 하나 된 공동체를 세우는 사명을 감당해야 한다. 이 과정에서 타 종교와 각 민족의 역사와 문화적 배경을 깊이 이해하고, 복음을 상황화contextualization하고 동양인의 언어와 심성으로 토착화inculturation of the Gospel하여 전하는 것은 필수적이다. 이는 성경의 진리를 타협하지 않으면서도 상대방이 공감할 수 있는 방식으로 복음을 증언하는 길이며, 사도 바울이 "모든 사람에게 복음을 전하기 위해 모든 사람의 옷을 입었다"고전 9:19-23고 고백한 것처럼, 오늘날에도 '한 영혼이라도 더 구원'All things for all하기 위한 헌신으로 이어진다. 바로 그 정신이 교회를 세우고 말씀의 생명을 재생산하는 농사로 이어지며, 오늘날 전도와 선교하는 그리스도인의 마음과 태도를 규정하고 선교적 교회의 본질적 원리라 할 수 있다.

『동양과 서양의 마음, 그 깊은 진리의 바다』는 타 종교와 각 민족의 역사와 문화, 종교적 전통을 깊이 이해하고 비교함으로써 복음을 효과적으로 전하는 길을 제시하는 귀한 전도 문서이자 선교 수작秀作이다. 저자 필생의 연구와 신앙고백이 담긴 이 책은 단순한 학문적 성과를 넘어, 진리 되신 주님을 향한 경건한 신앙의 고백으로 드러난다. 특히 저자가 통전적通典的으로 방대하게 변증한 사상·문화·철학·종교에 대한 비교 성찰은 '비교종교문화신학'의 학문적 진지함과 동시에 신학자로서의 신실한 믿음을 보여준다. 각 단락 끝에 제시된 함축적이면서도 열린 질문은, 독자로 하여금 말씀을 묵상하고 삶에 적용하며 공동체적 대화를 나누도록 이끄는 유익한 장치가 된다. 또한 난해한 종교 언어와 상징을 친절하게 구분하고 풍부한 각주와 주석을 덧붙여 독자의 이해를 돕는 세심한 배려는 곧 사랑의 표현이라 할 수 있다.

무엇보다 저자는 심히 임박한 '주의 날'에 대한 성경의 종말론적 예언을 문명사적 맥락과 성경 말씀의 예언적 관점 속에서 직조하여, 마지막 시대를 준비하도록 장문에 걸쳐 강력히 외친다. 이 책은 철학·종교·사상·신학의 모든 흐름을 철저한 개혁신학적 토대 위에서 정제해 낸 점에서 그 백미이자 보배라 할 수 있다. 저자가 펼쳐내는 지식과 지혜, 그리고 하나님 나라의 진리에 관한 깊은 탐구는 마치 끝을 알 수 없는 심연深淵 속으로 들어가는 듯한 도전과 경이로움을 안겨준다. 그러나 독자가 그 여정에 자신을 맡기고 정독하는 순간, 새로운 신학적 세계와 영적 감동, 그리고 학문적 짜릿함을 동시에 경험하게 될 것임을 확신한다.

이 책은 한국교회와 신학계뿐 아니라, 세계 모든 민족과 열방과 공동체들이 함께 하나님을 찬양하는 선교적 교회, 곧 예수 그리스도 십자가의 피와 공로 위에 말씀으로 세워지는 교회를 이루는 데 귀한 안내서가 될 것이다. 반드시 영어를 비롯한 외국어로 번역되어 동서양의 학문과 진리를 추구하는 이들에게도 널리 읽혀야 하며, 이는 하나님 나라의 확장과 복음 증언을 위한 시대적 사명이라 할 수 있다. 종교다원주의와 포스트모더니즘이 만들어 낸 상대적 문화와 가치가 만연한 오늘날, 이 책은 말씀道의 절대적 가치를 변증하며 독자들에게 깊은 깨달음과 영적 성장을 인도하는 귀한 생명의 양식이 될 것임을 확신한다. 목양에 분주한 목회자, 학업에 몰두하는 신학자와 학생들, 신앙생활 중 궁금증과 정리가 필요한 성도들, 그리고 문화인류학적 관점에서 민족의 다양성과 종교의 본질, 비교 종교와 문화 역사, 철학과 신학에 관심을 가진 일반 독자들 모두가 그 무엇보다 시간을 들여 정독하고 권할 만한 귀한 양서이기에 추천함에 주저함이 없다.

비록 직접 뵙지는 못했으나, 학문하는 이로서의 성실과 진지함, 그리고 목회자로서의 경건과 신실한 믿음을 이 책을 통해 깊이 느낄 수 있었으며, 그 울림은 큰 감동이 되었다. 이에 부족한 후학이 존경의 마음을 담아 상찬賞讚한다

박 춘 삼 원봉교회 담임목사, 총회대전신학원 학장

책의 머리에

『동양과 서양의 마음-그 깊은 진리의 바다』라는 대언장어大言壯語의 제목을 단 책을 내니 외람스럽다. 세상의 중요한 말들이나 사상은 이미 말해졌고, 또 학문 연구에서 지식과 통찰력을 갖춘 사람들이 인류 정신의 유역流域에 피고 진 꽃밭들에 대해서 나름대로 훌륭한 언급들을 많이 하였다. 그러니 필자의 이 책도 진리에 대한 예리한 감수성과 영적 직관을 가진 분들에 의해 다 말해졌다고 해도 과언이 아닌데, 이번에 불민不敏한 사람이 감히 큰 제목을 부쳐서 몸 둘 바를 모르겠다.

만학이었던 필자는 1970년대 중반부터 외국의 대학들에서 역사와 인생, 그리고 현상의 다양성을 한 가지 공식으로 정리하고픈 욕망으로 일과 학업을 병행하면서 역사학 종교학 등의 공부를 하였다. 이 책에 있는 내용들은 그때 학문 수업의 밭에서 주워 건어 올린 이삭들이다.

인류가 낸 정신의 강줄기들에는 지정학적 특성과 민족적 성향에 따라 그 민족을 이끌고 나갔던 윤리의 큰 교사들이 있었다. '천도무사天道無私' '천지불인天地不仁'이라고, 선인의 밭에도 비를 내리시고, 악인의 밭에도 비를 내리시는 하나님은 편벽된 사私가 없으셔서 만물을 존양存養시키시고 화육化育하심으로, 민족들에게 두루 교사들을 내셨다. 따라서 이 책은 하나님의 말씀인 '특별 계시special revelation'와 하나님의 자연 은총인 '일반 계시general revelations/grace'가 어떻게 종교·문화적 토양, 곧 인류 정신의 하상河床에 꽃밭을 이루는지를 더듬어 본 글들이다.

부족한 글이지만 믿음과 세계관을 점검하고픈 학우들에게, 또 인생 여정에서 진리 탐구의 여로에 있는 사람들에게 삼가 이 글을 보인다. 비옵기는, 하늘의 빛을 받아 하나님의 뜻대로 살기를 간절히 바라는 사람들이 더욱 있으면 좋겠다.

이 책이 나오기까지는 여러 사람의 도움이 있었다. 선배 어른들과 학문의 도반들에게 감사를 드린다. 서평을 주신 김창범 목사님과 추천사를 써주신 박춘삼 목사님께 감사의 예禮를 올린다. 책의 출판을 위해 피땀 흘려 도와준 이기문, 김진희 박사 동생 내외에게는 고마움을 표현할 마땅한 말을 찾질 못한다. 기획과 편집을 도와준 김낙춘 형제의 비범한 상상력과 김정완, 김정숙님의 변함없는 도움도 영원히 잊지 못할 것이다. 마지막으로 '敬天愛人경천애인'의 배경을 사진으로 갖게 해주신 '하중당 한의원'의 정세영 원장님께도 깊은 사의를 표한다.

캐나다에 있는 아이들, 사랑하는 범일Francis, 지은Lillian, 천은Joshua이와 그 가정과 손주들에게 하나님의 성은聖恩이 함께 해주옵시기를 빌며, 죄와 허물 많은 필자에게 진리와 생명을 가르쳐 주신 살아계신 우리 주 예수 그리스도께 경배와 찬양을 올린다.

2025년 6월 22일, 가평의 상천재에서,

이 기 반 識

A rainbow over The Hookses

2권 :: 동양과 서양의 마음 - 그 깊은 진리의 바다

플라톤주의와 동양정신 1부

- 플라톤주의와 동양 정신
- 이데아idéa 개념
- 동굴의 비유
- 현상과 절대
- 플라톤, 신학의 아버지
- 플라톤, 그 철학적 문학
- 문명의 황금기

라파엘로의《아테네 학당》, dessin, 이상복, 소묘素描

플라톤주의와 동양정신

플라톤과 동양 정신을 한 수평저울에 놓을 수 있다고 말씀하셨는데 무슨 뜻인지요?

플라톤과 동양 정신이 만날 수 있는 곳은 아무래도 동양 종교의 원형이라고 할 수 있는 불교와 힌두교라고 할 수 있을 것입니다. 우선 양쪽이 다 신비주의적인 면을 띄고 있지요.

신비주의라는 것은 인간의 이성을 초월해서 궁극적인 실재와의 만남, 또는 하나가 된 깨달음인데 양측은 다 이 점에서 상사相似를 가지고 있습니다. 그리고 양측 다 영원에 대한 사모, 그 종교적 추구를 절실히 합니다. 시간과 공간을 초월한 실재의 추구를 인간의 지식 추구의 종착점으로 보고, 그리하여 진정한 지혜란, 이 궁극적인 대상을 추구하는 것으로 보고 있습니다. 영적으로 추구하는 목적이 같다는 것이지요. 불교가 절대불변의 진리, 아득하고 영원한 진리, 그러면서 추상적인 진리를 사모하고 있다면, 소크라테스가 말하는 '이데아ἰδέα, idéa'[1]의 세계야말

---

1 소크라테스는 '이데아론'을 직접 주장하지는 않았지만, 보편적 진리를 탐구하고 대화법을 통해 개념을 정리하는 그의 철학적 탐구는 제자 플라톤에게 깊은 영향을 주었고, 이를 바탕으로 플라톤은 '이데아론'을 발전시켰다. 이데아론에 따르면, 감각적 현실 너머에는 완전하고 변치 않는 본질인 '이데아'가 존재하며,

로 멀고remote, 영원하고eternal, 절대적이고absolute, 불변한unchangeable, 그러면서도 추상적인abstract 진리의 세계이지요. 이 점에서 불교가 말하는 절대불변의 진리, 그 진체眞諦는 최고선善으로 이루어야 하는 '이데아'의 세계와 형태적 상사morphological analogia를 갖고 있습니다. 무엇보다도 철학적인 측면에서 양쪽 다 인간의 삶이 관련된 사상事象 그 자체를 말철학적 문학을 통해 밝혀 나감으로써 인간 자신의 존재를 진실 속에 굳혀 가는 도덕적 도정道程을 보입니다.

석가가 종교적이고, 소크라테스는 철학적인 방식을 택했다고 할 수 있겠지만 인도인의 언어 자체가 인도•유럽어족Indo-European Language에 속해서 그들의 정신적 코드, 사유의 틀이 유럽인들과 많이 닮아서, 아리아인의 후예인 석가도 소크라테스처럼 철학적 사유를 많이 합니다. 어떤 면에선 석가의 말들이 전부 철학적 시詩라고도 할 수 있겠지요. 소크라테스의 말이 문학적 철학이듯 말이지요. 철학적 사색을 한다는 점에서 그들은 닮았다고 할 수가 있을 것입니다.

상이한 점은 소크라테스 경우 변증법[2]적 이론이 많이 들어 있고 좀

우리가 경험하는 세계는 그 이데아의 불완전한 그림자에 불과하다. 이데아는 모든 사물의 원형이자 본질로서 감각 세계를 초월한 존재이며, 감각이 아니라 이성을 통해서만 인식될 수 있다. 플라톤은 기원전 380년경, 저술한 『국가』*Politeia, The Republic*에서 '동굴의 비유'*The Allegory of the Cave* (Republic, Book VII, 514a-520a)를 통해 이를 설명했다. 그는 사람들을 어릴 때부터 동굴 속에 묶여 벽에 비친 그림자만 보고 살아가는 죄수에 비유했다. 이들은 그림자를 실재라고 믿지만, 한 사람이 밖으로 나가 태양 아래에서 참된 사물과 빛을 보게 되면, 이전에 보았던 것은 단지 허상임을 깨닫는다. 그러나 다시 동굴로 돌아와 이를 전하려 해도, 여전히 그림자에 익숙한 사람들은 그 말을 믿지 않거나 거부한다. 이 비유는 우리가 감각 세계에서 보는 것은 진정한 실재가 아니라 이데아의 그림자에 불과하며, '**참된 앎은 이성을 통해 이데아 세계를 인식하는 데서 비롯된다**'라는 점을 상징한다.

2 변증법辨證法은 본래 '대화의 기술', '문답법', '토론술'을 뜻하는 고대 그리스어 'διαλεκτική' 'dialektikē'에서 유래하였다. 이는 서로 모순되는 견해를 맞대어

더 대화적이라고 할 수가 있겠지요. 그러나 둘 다 궁극적인 원리는 하나라고 하는 '일자一者' 관념을 신비하게 갖고 있습니다. 플라톤은 희랍의 판테온Pantheon, 萬神殿을 깨뜨리지 않습니까. 고래古來의 범신 사상汎神, pantheism 초월하는 것이지요. 그리하여 신관과 우주관을 일신一神, monotheism적으로 세우지요.

불교와 힌두교의 신관theism도 '일원론'인 신론입니다. 물론 불교는 인격신에 대해 신이 존재한다고도 하지 않고, 존재하지 않는다고도 하지 않지요. 이것은 필자가 『어느 구도자에게 보내는 편지』란 졸저拙著 중 특히, 「붓다는 신을 알았을까? 편」에서도 다루었습니다만, 붓다는 신을 알았다고 할 수 있습니다. 단, 형이상학적 논쟁을 피하려고 죽을 때까지 그가 침묵을 지켰던 것이지요.

또 불교의 신神 경우 언어의 문제가 남습니다. 그들에게 있어서 궁극적인 원리는 '하나이다'라는 것은 앞에 말씀드렸습니다. 플라톤 경우든, 불교·힌두교 경우든 그들은 일원론적인 우주관 또는 신관을 궁극적인 실재에 대해서 갖고 있습니다. 그래서 플라톤의 사상과 불교·힌두교는 대승적인 차원에서 같은 원리를 말하고 있다고 할 수 있지요.

말하자면 힌두교는 '브라만'[3]을 얘기합니다. 모든 현상의 궁극적인 본

놓고, 대화를 통해 그 모순을 극복함으로써 진리에 도달하려는 사유의 일반적 방법론이자 과학적 철학이다. 다시 말해, 변증법은 상반된 주장과 논거를 논리적으로 대질·검토하여 더 높은 차원의 통일과 이해에 이르는 사고방식으로 쓰인다.

3 힌두 사상에서 말하는 브라만Brahman은 단순히 여러 신들 가운데 가장 높은 신을 뜻하는 것이 아니라, 모든 신과 세계를 넘어서는 "**궁극적 실재**"를 가리킨다. 이는 시간과 공간, 자연법칙을 초월하는 절대적 근원으로서, 존재·의식·지복을 의미하는 **사트-치트-아난다**Sat-Chit-Ānanda로 묘사되며, 우파니샤드에서는 개인의 자아인 아트만Ātman과 본질적으로 동일하다고 설명된다. 따라서 브라만은 창조신 브라흐마Brahmā나 사제 계급인 브라민Brahmin과 구분되며, 특정한 인격신이 아니라 모든 신적 현상과 우주의 근원이 되는 형이상학적 원리로

질은 결국 '하나'인데 그들은 본질의 본질essence of essence이라든지 형상의 형상이라든지, 빛의 빛이라든지 하는 일원론적인 말을 쓰지요. 그리고 그 본질이, 그 궁극적인 실체가 참 실체이고, 우리의 현상 세계는 참 실체의 그림자 같은 그러한 존재론적인 레벨이 있지요. 양쪽은 다 현상계를 초월해서 현상의 배후에 있는 불변하는 원리를 추구했다는 점에서 동일하다고 할 수가 있습니다. 이런 점에서 동양 정신은 플라톤과 대화할 때 열매를 많이 맺을 수가 있겠지요. 신플라토니즘[4]과 헬레니즘의 영향을 받은 초대 교부들의 사상도 빼놓을 수가 없을 것입니다.

이해된다.

4 신플라톤주의新플라톤主義, Neo-Platonism는 고대 말기인 3세기부터 6세기 사이에, 플라톤 사상으로의 복귀를 주장하며 전개된 종교적으로 신비적이고 매우 사변적인 철학 사조이다. 그 사상의 토대는 플라톤주의와 헬레니즘 시대를 거쳐 동방에서 전래된 종교·신비 사상에 있다. 신플라톤주의의 핵심은 '근원적 일자'一者, The One 이론으로, 현상의 다양성을 궁극적 근원인 '일자'로부터의 유출流出, emanation로 설명한다. 이 사상은 그리스·로마 철학 전통을 체계적으로 종합했을 뿐 아니라, 아우구스티누스를 비롯한 교부 철학과 중세 기독교 신비주의를 잇는 중요한 연결고리가 되었으며, 그 영향은 근대 르네상스 철학과 범신론적 사상 체계에까지 미쳤다. 신플라톤주의의 사상적 창시자는 플로티노스Plotinus, 약 204/5~270년로, 그의 저서 『엔네아데스』*Enneads*는 제자 포르피리오스가 편집·완성하였다. 신플라톤주의의 우주론은 '**일자**The One-**누스**Nous, 지성-**프시케**Psyche, 영혼'의 3원 구조로 이루어지며, 모든 존재는 일자로부터 발출되고, 다시 일자로 귀환하는 순환적 질서를 지닌다고 본다.

이데아idéa 개념

'이데아idéa' 개념을 어떻게 보시는지요?

플라톤의 '본질의 세계'가 되겠지요. 신성神性의 속성attributes을 이름입니다. 영원한 세계에 속하는 것으로서 궁극적인 실체입니다. 형용할 수도 없고 묘사할 수도 없는 신비적인 실체이지요. 플라톤 철학에서 영원 불변의 것인 '이데아Idea, 形相'를 구체적으로 나타내는表題 것은, 엄밀한 의미에선 힌두교, 불교와는 좀 다른 면이 있지요. 영원의 세계에 질서가 있다는 것을 그토록 철학적 용어로 표현하는 것이 힌두교와 불교에서는 부족하지요. 네오新플라토니즘Neo-platonism 쪽으로 가면 '존재의 위계位階, hierarchy'가 좀 더 뚜렷이 다양하게 나옵니다.

플라톤의 기초 사상인 영원의 세계가 '이데아의 세계'와 궁극적 실재Ultimate Reality인 '최고선'으로 이등분되어, 이 최고선善인 'the Good'이 제일 윗자리를 차지하는데, 아무래도 이런 철학적 구조는 힌두교에서는 신화적으로 나타난다고 할 수밖에 없지요. 왜냐하면 신들의 신인 '브라만' 밑에 여러 등급의 신들이 있고 하므로, 영원의 문제가 이데아와 형상이기보다는 좀 더 인격체를 가진 종교적인 면으로 나타납니다. 헬라철학에 있어서 이데아는 생성에 대한 존재, 다多에 대한 일一이며, 영혼의 눈인 이성에 의해서만 보이는 세계입니다.

동굴의 비유

'동굴의 비유Allegory of Cave'5 는 신학적 개념에서 어떻게 보아야 하는지요?

신비주의이지요. 신비주의의 인식론epistemology입니다. 깨달음覺으로써, 봄觀으로써, 궁극적인 실체의 빛을 받음으로써, 그림자와 같은 현상의 세계자기 존재, 자아에서 자유함을 받는다는 말이지요. 이데아의 세계는 절대적이고, 불변하며, 영원한 진리의 세계입니다. 그러나 '가시계可視界 visible things and world'는 인간이 낸 종교와 문화와 교육과 산업과 오락 등과 같은 것으로, 사람들을 체계화하여 하나님과 반대하는 사상 체계들을 만들었습니다. 그래서 플라톤주의의 신봉자인 장자크 루소Jean-Jacques Rousseau, 1712~1778 같은 사람은 프랑스 한림원에 제출한 현상 논문인 「과학과 예술은 인간을 위해 무엇을 했는가?」라는 제목을 달고 그 내용 속에서 '아무 것도 한 일이 없다.'라고 혹평합니다.

---

5 플라톤이 자신의 저서인 『국가』*Politeia 제7권*에서 제시한 '동굴의 비유'는, 불빛에 의해 동굴 벽에 비친 그림자를 인간이 만들어 낸 실재에, 그 그림자를 만들어 내는 형태들은 인간과 무관하게 존재하는 대상의 세계에, 그리고 동굴 밖의 생명체와 사물들은 이데아의 세계에 각각 비유한다. 플라톤은 이 비유를 통해, 인간이 시·공간 속에서 생산적으로 활동하는 세계는 참되고 완전한 이데아 세계를 불완전하게 묘사한 그림자에 불과하다는 점을 드러내며, 자신의 '객관적 관념론'의 핵심 사상을 설득력 있게 보여준다.

사도 요한은 말하기를, "세상에서 나온 것은, 모두가 감각적인 것으로, 하나님으로부터 나온 것이 아니기에, 사라져 없어질 것"요일 5:15-17이라고 합니다. 그래서 플라톤은 이데아계를 '태양의 세계'라고 보고 세상적인 것에 대한 일체의 감각적인 것은 '환영幻影, illusion'으로 봅니다. 그에 의하면 역사조차도 시간의 환각幻覺이기 때문에 영원한 진리를 사랑하는 '애지자愛知者'가 되라고 합니다.

현상과 절대

'현상과 절대'의 문제를 좀 더 구체적으로 말씀해 주시지요.

현상계는 유한의 세계이고 즉, 부패할 수밖에 없는 세계이고, 영원세계는 썩지 않는 세계, 완전한 세계를 일컬음이지요. '플라토니즘'에 있어 영원한 세계는 궁극적인 실체이고, 현상의 세계는 의식 본질의 실재 자체가 아니라 실재의 그림자 같은 세계이지요. 힌두교·불교의 '환각Maya설'과 같습니다. 우리가 사는 현상 세계를 환幻, illusion으로 즉, 헛것으로 보는 것이지요. 가변적이고, 그래서 무상無常하기만 함으로 해서 실제實際가 없는 것인데, 인간이 무지 무명無明, avidhyā으로 해서 미망迷妄 속에 있다는 것입니다. 깨어 나면覺 브라만[6]이 아트만小我이고, 아트만이 브라만大我인 것을, 자신의 신성에 눈뜨지 못하였기 때문에 그래서 본래의 자기에 먼지가 가득히 끼어 있어서 현상의 실체를 바로 보지 못한다는 것입니다. 그러나 그 '먼지집착, 망상'가 닦여졌을 때, 인간은 마야illusion의 세계에서 인과응보Karma의 업장業障을 벗어날 수가 있다는 것이지요. 속세samsāra, 흐름를 다시 타지 않는다는 말입니다.

---

6 앞서 언급했듯, 브라만은 힌두교의 창조신神으로 범천梵天, 브라흐마이라고 쓴다. 『우파니샤드』 사상의 최고 원리인 브라만을 인격화한 것으로 세계를 주재主宰하는 신이기도 하다.

'헛것을 보다가 깨어나서 다시 보니 그게 아니더라'는 사상은 8세기 '不二一元論的불이일원론'적 베단타 힌두 학파의 거두 상카라Śankara, 약 788~820에 의해서 극명하게 되지요. 그는 어느 날 달밤에 썩은 새끼줄 동아리를 보았는데, 그것을 뱀으로 착각하지요. 플라톤의 동굴의 비유와 같은 맥락입니다. 플라톤은 "현상의 실체를 보려거든 '동굴 밖으로' 나와야 한다"라고 역설하지 않습니까. 그림자가 사실의 물체는 아니라는 것입니다. 그의 '철인 왕Philosopher King'7개념도 같은 것이지요. 인간이 지각을 연마해서 신적인 신령에 이른 후에 왕이 되어야 한다는 것 아닙니까. 그의 기준대로 한다면 '철인 왕'은 소정所定의 학업을 52세까지 하고, 53세가 되어서야 왕으로 나아 오는 사람입니다. 그중에 기하학 공부가 10년, 철학 공부가 13년이나 되는 것은, 소크라테스의 완전한 인간 상像은 '이성의 빛, 그 교육을 통해서'라는 것을 시사해 줍니다. 소크라테스 같은 신비주의자가 플라톤의 입을 통해 이렇게 말하는 것은 어떤 면에선 기이한 일8이라고밖에 할 수 없겠지요. 그는 16살부터 죽을 때까지 평생 신에 의해 계시를 받았고, 그 계시대로만 산 사람9 아닙니

7 플라톤이 『국가』에서 제시한 이상적인 정치 형태는, 순수한 진리, 곧 이데아를 인식하는 것이 철학의 목적이며, 국가의 이데아인 '정의'를 실현하는 것이 정치의 목적이라는 전제 위에 세워져 있다. 그는 정의를 가장 잘 이해하는 사람이 국가를 가장 올바르게 다스릴 수 있다고 보았기에, '중우衆愚정치로 흐르기 쉬운 민주정치'를 배격하고, 오랜 세월 학문과 수양을 쌓은 '**소수의 철학자가 통치하는 국가**'를 이상으로 삼았다. 플라톤에 따르면, 이러한 국가는 철학자가 왕이 되거나, 왕이 철학자가 될 때 비로소 실현될 수 있다.

8 플라톤의 『변명』*Apology*은 기원전 399년, 소크라테스가 아테네 법정에서 신성모독과 청년 타락 혐의로 재판받을 때 자신을 변호한 내용을 담고 있다. 그는 델포이 신탁이 말한 '가장 현명한 자'라는 평판의 의미를 확인하기 위해 정치가·시인·장인들을 찾아다니며, 자신이 아는 것은 '**자신이 모른다는 사실**'임을 깨달았다고 밝혔다. 이러한 태도가 사람들의 반감을 샀고, 결국 고발로 이어졌다고 주장했다. 소크라테스는 죽음을 두려워하지 않으며, 아테네 시민들을 깨우는 '등에'虻의 역할을 계속하겠다고 선언했고, "**검토되지 않은 삶은 살 가치가 없다.**"라는 신념을 끝까지 굽히지 않았다. 그는 철학적 탐구를 멈추느니 차라리 죽음을 택하겠다며, 사형 선고를 담담히 받아들였다.

까. 소크라테스도 플라톤도 참 신비적인 구석이 많은 사람입니다. 플라톤은 올림픽에 두 번이나 출전했던 철인鐵人이었고, 소크라테스는 그의 두 번의 전쟁 출전에, 남은 다치고 죽고 하는데 적의 화살과 칼이 그를 피합니다. 구보行進에서도 남들은 다리가 다 부어 지쳐 쓰러지는데, 그는 전혀 피곤을 모르는 초인적인 힘을 가졌었다고 하지요.

---

9 플라톤의 『변명』*Apology*에 따르면, 소크라테스는 16세 무렵부터 크고 작은 일에서 늘 '신'daemon의 인도를 받아왔다고 제자들에게 고백했다. 그러나 사약死藥 사발을 들고 처형 직전에 이르러서도 그 신이 아무런 계시를 주지 않자, 그는 이를 자신이 독배를 마셔야 한다는 뜻으로 받아들이고, "**악법도 법이다**."라는 태도로 제자들의 구출 제안을 거절한 채 죽음을 맞았다. 소크라테스가 말한 '신'의 정체는 해석에 따라 다를 수 있으나, 그는 '**신적인 힘에 의해 삶이 이끌어졌다**.'라고 고백한 만큼, 이는 신비적 직관 또는 영감의 인도로 볼 수 있다. 그의 '신'은 주로 어떤 행동을 금지하는 내면의 경고로 나타났으며, 완전한 인간상 형성을 이성의 빛과 교육에 두었던 그는 평생 마음속에서 울려오는 그 목소리에 귀 기울였다. 이는 그의 실존이 본질적으로 종교적 성격을 지니고 있음을 시사한다.

플라톤, 신학의 아버지

많은 서구 신학자들이 플라톤을 "신학의 아버지"라고 부르는군요.

옳은 말이라고 생각합니다. 헬라에서의 철학은 기원전 6세기 중반, 달의 월식月蝕, Lunar Eclipse원리를 과학적으로 밝혀낸 탈레스Thales, B.C. 624~546[10]로부터 시작되어, 신비주의적 사유의 선구자로 불린 피타고라스Pythagoras, B.C. 570~495[11]와 파르메니데스Parmenidés, B.C. 510~450[12]를 거쳐 '질문왕'이라 일

10 탈레스Thales of Miletus는 이성적·관측적 근거로 달이 지구의 그림자 속에 들어가 태양 빛이 차단될 때 '**월식**'이 일어난다는 사실을 발견하여, 천문 현상이 신화가 아니라 과학적으로 설명한 최초의 인물로 고대 그리스 자연철학의 선구자이다.

11 피타고라스는 사모스 출신으로 남부 이탈리아 크로톤에 정착해 수학과 영혼불멸, 우주의 조화에 대한 신비주의적 학파를 세웠다. 그는 "모든 것은 수數이다"라는 명제 아래, 수적 비율이 모든 현상의 근간이라고 봤으며, 천체의 운동도 일종의 음音과 조화harmony로 해석했다. 그의 윤회론μετεμψύχωσις, Metempsychosis, 메템프시코시스과 금욕적 생활양식은 영혼의 정화를 통해 보다 높은 실재에 도달한다는 신비주의적 사유 전통을 열었다.

12 파르메니데스는 고대 그리스의 철학자로 '엘레아 학파의 시조'로 불린다. 자연을 통해 계시된 진리를 노래한 가운데, 불생불멸不生不滅·불변부동不變不動하는 존재의 세계가 둥근 구球처럼 원만과 완성 가운데 있다고 보았다. 그리고 이 '존재하는 것'을 우리에게 제시하는 이성理性, 로고스만이 진리를 포착하며, 감각은 오류의 세계에 쏠린다고 믿었다. 따라서 그에게 있어서, 감각되는 사실은 모두 허망이며, 이성의 사유만이 진리를 인식할 수 있는 진실이다. 진리와 비진리를 '존재하는 것'빛과 '존재하지 않는 것'어둠으로 구분하였으며, 『자연서시』*自然序詩*에서 밝히듯, 스스로**메니데, 젊은 파르스**가 태양신의 딸들이 모는 마차를 타고 무명無明과 어두운 억견臆見의 비진리의 세계를 떠나 밝은 진리의 세계에 당도하

컬어지는 소크라테스Σωκράτης, Socrates, B.C. 470년 경~399년에 이르러 비로소 윤리적인 철학관이 세워지지요. 이것은 당대의 제일가는 소피스트Sophist, 궤변가로 "세상의 진리는 상대적인 것"이라 주장 했던 프로타고라스Πρωταγόρας, Protagoras, B.C. 490~415/410년와 대화하는 것을 기록한 『프로타고라스』의 「덕德편」과 「교육敎育편」에 잘 나타나 있습니다. 35세 정도의 소크라테스는 연장자인 프로타고라스와 이런 대화를 합니다.

> *선생님은 올해 연세가 어떻게 되십니까?*
> ***나는 쉰아홉 살인데 곧 육십이 됩니다.***
> *선생님, 저는 실로 인간이 인간을 가르치는 것은 불가능하다고 생각합니다. 왜냐하면, '덕을 가르칠 수가 없다'고 믿기 때문입니다.*[13]

여 마침내, 계시를 받는 우화寓話의 무대를 설정, '존재'와 '진리'의 문제를 역설했다. 파르메니데스의 철학적 사유는 당시의 사상계에 큰 영향을 끼쳐 그때까지의 철학의 기반을 뿌리에서부터 흔들어 놓고, 그 뒤의 철학사에 새로운 장章을 열게 했다. 피타고라스와 파르메니데스는 고대 그리스 철학의 두 기둥이지만, 사상과 방법론에서 극명한 대조를 이룬다. 피타고라스는 '**신비 의례와 수비학을 통해 우주의 비밀을 탐구**'한 반면, 파르메니데스는 '**논리적 시詩를 활용해 존재의 본질을 규명**'하고자 했다. 플라톤은 피타고라스의 수적 조화와 파르메니데스의 불변적 존재 개념을 융합해 이데아론을 전개했으며, 아리스토텔레스는 파르메니데스의 존재론적 문제를 운동·변화 개념으로 보완했다.

13 플라톤의 『프로타고라스』는 "**덕ἀρετή은 가르칠 수 있는가?**"라는 철학적 질문을 중심으로, 소크라테스와 프로타고라스 사이의 깊이 있는 논쟁을 담고 있다. 대화체로 구성된 이 작품에서, 소크라테스는 "**덕은 가르칠 수 있는 것입니까, 아니면 사람들에게 본래부터 있는 것입니까?**"라고 질문하며 논의를 시작한다. 이에 당시 최고의 소피스트로 명성을 떨치던 프로타고라스는 덕을 지혜σοφία, 절제σωφροσύνη, 정의δικαιοσύνη, 경건ὁσιότης, 용기ἀνδρεία 등으로 구분하고, 덕이 공동체의 유지에 필수적인 요소이며 시민 모두가 정치적 참여를 통해 나누어 갖는 것이므로 교육이 가능하다는 입장을 밝힌다. 소크라테스는 이에 대해 "**덕이 지식이라면, 교육을 통해 습득될 수 있다.**"라고 응답하지만, 이는 프로타고라스의 견해에 대한 동의가 아니라, 철학적 탐구를 위한 논리적 접근이다. 그는 지자知者요 현자답게 산파법μαιευτική과 반어법εἰρωνεία을 구사하며, 상대의 논리를 존중하는 학문적 태도를 견지한다. 이러한 태도는 단순한 논쟁을 넘어, 진리에 대한 공동 탐구라는 철학의 본질을 드러낸다. 소크라테스는 덕을 단순한 지식으로 환원하지 않고, 인간 전체의 성숙과 내면의 성찰을 통해 접근해야 하는 '전인적 가치'로 이해한다. 그는 덕을 '하늘의 덕'이라 표현하며,

여기서 말하는 덕德이란 무엇이겠는지요? 절대 진리가 낸 덕, 다시 말해 하늘이 낸 그 덕, '최고선the Good'이 아닙니까? 이를테면, **'明明德 親民 至善**명명덕 친민 지선'14 '하늘 덕을 밝히고 밝혀, 사람들을 사랑하라. 이것이 최고선이다.'의 '명명덕'이지요. 소크라테스는 하늘 덕을 그 개인의 힘만으로는 밝히기가 어렵다는 것입니다. 소크라테스의 교육관은 '전인교육Holistic Education'입니다.

그의 스승인 소크라테스의 사상으로부터 구별되는 소위 변하지 않는 형식, 관념, 참된 실재를 나타내는 플라톤의 '이데아론Theory of forms'이 나오게 된 것은 「파이돈」*Φαίδων*에서 비롯된 것이며, 이는 '영혼의 불사론不死論'입니다. '철인 왕 정치Rule of Philosopher King' 개념에서도 나타나듯이 그는 현명한 왕 하나가 나오기 위해서는 여러 과목의 학문을 집중 교육받아야 한다고 말합니다. 윤리학, 수학幾何學 정치학, 법학, 수사학修辭學 등과 함께 심리학Psychology, 원래, '영혼의 학'이란 뜻, 예술론, 문학 등과 신비주의神學론이 들어 있는 것은 말할 것도 없습니다.

그것은 개인의 힘만으로는 온전히 밝히기 어려운 것이므로, 궁극적으로 "**인간이 인간을 가르칠 수 없다.**"라는 인식으로 이어진다. 이는 교육의 본질이 단순한 정보 전달이 아니라, 인간 존재 전체를 향한 성찰과 성장이라는 점을 강조한다. 결국 프로타고라스는 소크라테스의 지적·도덕적 우위를 인정하며 "당신은 참으로 지자智者 σοφός sophos, **sage, wise man**입니다."라는 찬사로 대화를 마무리한다. 이는 단순한 승패의 선언이 아니라, 철학적 대화 속에서 상대의 논리적 깊이를 존중하는 태도를 보여준다. 이러한 맥락에서 소크라테스의 교육관은 지·덕·체를 아우르는 전인격ὅλη παιδείαholē paideia, 즉 인간의 내면 성찰과 도덕적 성숙에 중점을 둔 오늘날 말하면, "전인 교육"παιδεία ὁλοκλήρου ἀνθρώπου paideia holoklērou anthrōpouHolistic Education 의 원형으로 이해될 수 있다.

14 이 문장은 유교 경전 『대학경』大學經의 첫 구절로, 유학의 핵심 가르침을 압축한 삼강령三綱領이라 불린다. 1장에 나오는 말로, "**大學之道. 在明明德. 在親民. 在止於至善**"의 줄임말이다. 明明德명명덕; 밝은 덕을 밝히다, 親民친민; 백성을 새롭게 하다, 止於至善지어지선; 지극한 선에 머무르다. 이 구절은 유학의 수양론과 정치론의 출발점으로, 자기 수양 → 가정의 정제 → 국가의 다스림 → 천하의 평화로 이어지는 유교적 삶의 구조를 제시한다.

그의 세계관은 논리와 신비가 정교하게 엮이어 있는, 거대한 직조물tapestry입니다. 그가 궁극적인 실체를 찾기 위해 정립한 우주관은 코스몰로지cosmology만을 다룬 「티매우스」*Timaeus*편에 잘 나타나 있으며, 영혼의 문제만을 다룬 것은, 플라톤의 중기 『대화편』중 하나인 「파이돈」*Φαίδων, Phaedon*에 극명하게 있지요. 그리고 그의 신학관은 그의 30여 권의 책에 두루 나타나 있습니다. 이를테면 『변명』이라든지, 『공화국,』 『향연』, 『정치가』 등 산발적으로 나타나지 않는 데가 없지요. 그러니 그를 '신학의 아버지'라 부르는 데는 이의가 없을 것입니다.

무엇보다도 그는 원래 안개처럼 비밀 속에 있는 신들에 대한 학문이란 뜻의 '신화' 중, 그리스의 신화mythology를 재해석하지 않습니까. 그러니까 고래古來의 신학을 철학적으로 재해석하였기에, 그는 '**철학적 신학의 선구자**'라 할 수가 있겠지요. 종교를 논리적 체계로 설명하였으니까 '**신학의 아버지**'라고 할 수 있을 것입니다. 20세기 케임브리지의 세 천재[15]인 비트겐쉬타인, 럿셀, 화이트헤드 중의 한 사람인 화이트헤드Alfred North Whitehead, 1861~1947[16]가 "**유럽의 정신 작업과 그 문화유산은 전부 플**

15 20세기 초반의 영국 케임브리지 대학교는 철학과 수학의 혁신적 중심지로서, 서양 지성사의 결정적 전환을 이끈 학문적 토양이었다. 이 시기 케임브리지에서 연구와 강의를 병행한 앨프리드 노스 화이트헤드, 버트런드 러셀, 루트비히 비트겐슈타인은 각기 독자적인 사상으로 철학과 논리학의 지형을 근본적으로 재구성하였다. **화이트헤드**는 수학적 논리와 형이상학을 통합하여 **과정철학의 기초**를 마련하였고, **러셀**은 분석철학의 기초를 확립하며 **현대 논리학의 구조를 정초**하였으며, **비트겐슈타인**은 **언어철학과 철학적 방법론에 있어 혁신적 전환**을 주도하였다. 이들이 활동한 '케임브리지'는 단순한 지리적 명칭을 넘어, 20세기 철학의 르네상스를 이끈 지성의 상징으로 기능하며, "**케임브리지의 세 천재**"라는 표현은 곧 '**시대적 사유의 전환점을 상징하는 학문적 기표**'로 이해된다.

16 화이트헤드는 자신의 사상을 '**유기체 철학**'이라 불렀으며, 이는 진화론의 영향을 받아 그의 철학의 근본 원리를 이루었다. 그는 유기체 철학의 어원을 존 로크의 『인간 오성에 관하여』에서 찾았는데, 여기서 '오성'悟性, **이해력·지성**이라는 개념을 '경험'으로 대체하여, 이를 보다 확장된 의미의 유기체 철학으로 해석하였다. 그는 세계를 고정된 실체들의 집합이 아니라 '**끊임없이 생성·변화하는 과**

라톤의 각주脚註에 불과하다.17"라고 일갈하였듯이, 진실로 지난 2천 년 동안의 서양 철학과 신학은 '플라톤 언설言說의 주석'에 지나지 않는다고 해도 과언이 아닙니다. 소크라테스는 그 2천 년 동안 인류가 해야 할 말을 플라톤의 붓을 통해 다 말한 것이지요.

물론 소크라테스 전에 우주의 실체를 '존재'로 간파한 사람이 있었습니다. 앞에서 잠시 언급했던 파르메니데스는, 고대 그리스의 식민지인 남부 이탈리아 엘레아에서 발흥한 소크라테스 이전의 철학 학파로, 존재론과 형이상학의 창시자로 형이상학의 아버지로 불리는 '엘레아 학파 Eleatic School'18의 대표적인 철학자이지요. 그는 세계의 근원을 물질의 네

정process과 상호의존적 관계relationship의 총체'로 이해했다. 그는 모든 존재를 독립적 개체가 아닌 상호연결된 사건event들의 네트워크로 보고, 존재의 본질을 '되는'것becoming에 두었다. 이러한 관점에서 실재는 개별적 실체가 아니라 유기적 전체 속에서 서로 영향을 주고받는 과정이며, 모든 존재는 내재적 관계 속에서 정의된다. 또한 신은 세계와 분리된 초월자가 아니라 우주적 과정의 일부로서 질서와 창조 가능성을 제공한다고 보았다. 유기체 철학은 전체론적·생태학적 시각을 지니며, 과학과 철학, 종교를 통합하려는 시도로서, 현대 생태 사상과 지속가능성 논의에도 깊은 영향을 미쳤다. 그러나, 화이트헤드의 유기체 철학은 존재를 고정된 실체가 아닌 상호연결된 사건들의 생성적 과정으로 이해하고, 신을 세계와 분리된 초월자가 아닌 우주적 질서의 일부로 규정함으로써, 개혁보수신학의 창조주 하나님의 인격성과 초월성, 그리고 실재의 객관적 구조에 대한 전통적 교의와 본질적으로 충돌하며, 특히 신론과 존재론에서 하나님의 자율성과 절대성을 약화시키는 철학적 상대주의로 비판받는다.

17 화이트헤드의 이 말은, 그의 저서인 『과정과 실재-우주론에의 한 시론』*Process and Reality, 1929*에 실려 있다. 그는 "**유럽 철학 전통의 일반적 성격을 가장 무난하게 설명하자면, 그것은 플라톤에 대한 일련의 각주로 구성되어 있다.**"고 말했다. 여기서 화이트헤드가 의도한 바는, 모든 서양 철학이 단순히 플라톤의 주석에 불과하다는 뜻이 아니라, 오히려 플라톤의 대화편 속에는 이데아론을 반박하는 인물까지 등장하듯, 그의 "**철학적 착상은 '놀라울 만큼 풍부하여' 철학의 거의 모든 아이디어를 그 안에서 찾아낼 수 있다**"는 의미다.

18 엘레아학파Eleatic School는 고대 그리스의 식민지 엘레아Elea, 현재의 이탈리아 벨리아Velia를 중심으로 형성된 소크라테스 이전 철학 학파로, 존재론과 형이상학의 기초를 정립한 파르메니데스와 그의 제자인 제논에 의해 대표된다. 파르메니데스는 존재를 불변하고 단일한 실재로 규정하며, 감각을 통한 인식보다 이성적 사유를 통한 진리를 강조하였고, 제논은 그의 논리를 강화하기 위해 '역

가지 요소물, 불, 공기, 흙로 파악하려고 했던 '밀레토스학파Miletos School'의 사람들19과는 달리 전적으로 로고스만을 이성理性의 사유로서 신뢰하였습니다. 감각은 결코 진리를 인식할 수 없는 것으로 본 것이지요. 그리하여 논리학의 아버지, 또는 존재의 사상가로 불리는 파르메니데스의 존재에서부터 희랍철학은 '일원론'적인 체계가 갖추어졌다고 할 수 있겠지만, 그러나 플라톤처럼 신화를 재해석하지 않으므로 철학 또는 신학의 선구자라고 하기가 어렵겠지요. 그래서 서양 고전학에서는 시대적 구분을 B.C. 444년을 기점으로 '전前소크라테스 철학'과 '후後소크라테스 철학'으로 나눕니다.

기독교 사상에 미친及 플라톤의 영향은 주지周知하는 사실이라서 언급할 필요도 없겠지요. 그는 가히 '신학의 아버지'란 말이 합당합니다. 우선 서양 정신문명의 아버지로 불리는 어거스틴Aurelius Augustinus, 354~430이 플라토니즘과 네오플라토니즘을 기초로 그의 대저大著 『신국』*De Civitate Dei, The City of God*을 저술했지요. 필자는 모던 라이브러리 판Modem Library Edition

---

설'paradox을 통해 다수성과 운동의 개념을 논박하였다. 이 학파는 세계를 변화하는 현상으로 보지 않고, 오직 '**존재하는 것만이 진리**'라고 주장함으로써, 이후 플라톤의 이데아론과 형이상학적 사유의 발전에 결정적 영향을 미쳤으며, 서양 철학에서 존재의 본질과 인식의 기준에 대한 논의를 본격화한 기초적 전환점으로 평가된다.

19 밀레토스학파Milesian School는 고대 이오니아 지방의 도시 밀레토스Miletus, **현재 터키 서부 해안**에 기반을 둔 소크라테스 이전의 자연철학 학파로, 탈레스Thales, 아낙시만드로스Anaximander, 아낙시메네스Anaximenes 등 세 명의 철학자가 중심 인물로 활동하였다. 이들은 세계의 근원을 물질적 원리에서 찾으려는 시도로 각각 '**물**', '**무한자**'apeiron, '**공기**'를 만물의 **아르케**archē로 제시하며, 신화적 설명을 배제하고 자연현상을 합리적으로 해석하려는 철학적 전환을 이끌었다. 밀레토스학파는 '**서양 철학의 출발점**'으로 평가되며, 이후 존재론, 자연과학, 형이상학의 발전에 기초를 제공하였으나, 경험적 관찰과 논리적 정교함이 부족하여 이론의 체계성과 검증 가능성 측면에서 한계를 지닌다. 그럼에도 불구하고 이들의 사유는 '**신화에서 이성으로의 이행**'을 상징하며, '**철학적 탐구의 방법론적 기초**'를 마련한 점에서 지대한 역사적 의의를 지닌다.

으로 된 전질全帙을 지니고 있는데, 참으로 그의 작품의 현대성에 놀랄 뿐입니다. 그의 『고백록』*Confession*이 마치 우리와 동시대를 사는 어떤 사람이 일생의 삶을 참회하고 난 후 몇 년 전에 기술이라도 한 듯 생생한 문체이듯이 이 『신국』도 문장이 생신生新합니다. 그는 역사와 철학과 기독교 문제를 그의 특유한 수사 어법Rhetorics으로 다루지요. 스칸디나비아 반도에서 기원한 동게르만족의 일파인 고트족Ostrogothi, Goths에 의해 불타는 로마와 동게르만족의 한 일파인 반달족Vandals에 의해 불타는 북아프리카의 히포Hippo 거리를 바라보면서, 문명의 야만과 인간 나라의 허망을 깨닫지요. 그래서 그는 '이교도와 대결하는 신의 도성'을 의미하는 '하나님의 도성', 『신국』413년부터 15년에 거쳐 저술을 쓰는 것입니다.

그 시작은 거룩한 성城 로마가 어떻게 야만인들에 의해 약탈 되었는가를 그리스도 이전 시대부터 추적하면서 최후의 심판까지를 적고 있습니다. 총 22권 중, 1-10권까지는 기독교를 옹호하는 호교론護教論을, 11-22권은 두 도성에 관해 설명하고 있는데, 그 사이에 있는 신학적 논리의 틀을, 대부분 플라톤의 학문적 유산 안에서 세우지요.

그리고 역시 주지하듯이, 13세기 와서는 이탈리아 자연 신학자이자 스콜라 철학자인 토마스 아퀴나스Thomas Aquinas, 1225~1274 아퀴노의 토마스가톨릭 신학 집대성Thomaism가 그의 『신학대전』*Summa Theolcgiae*, Ⅰ•Ⅱ권은 1266-1272, Ⅲ권은 1272-73, 절필로 미완성을 씀에 있어서 플라톤의 제자였던 아리스토텔레스의 학문을 고스란히 빌리지요.[20] 그래서 기독교 사상은 4~5세기경에 이미

20 다만 토마스 아퀴나스는 아리스토텔레스를 수용함에 있어 "**은총은 자연을 파괴하지 않고, 오히려 자연을 완성 시킨다.**"라는 태도를 견지하며, 은총과 자연, 신앙과 이성 사이에 조화로운 통일을 이루었다. 그는 모든 자연이 신에 의해 창조된 것이며, 그중에서도 '**인간의 이성이, 자연 가운데 가장 고상한 부분**'이므로, 인간이 자연 전체를 이해함으로써 신의 존재를 추론하는 것은 곧 신을 찬미하는 길이라고 보았다. 또한 그는 본질 구조의 규정 원리로서 아리스토텔레

헬라 철학의 옷을 입고 나왔고, 13세기에 와선 헬라·철학적 신학으로 이론이 집대성되지 않습니까. 한 마디로 서양의 정신문명은, 신학과 철학의 아버지 플라톤의 사상과 토마스 아퀴나스가 그 주춧돌을 놓고 장성長城을 쌓은 스콜라 철학의 학문적 유산입니다.

스의 **질료**質料와 **형상**形相, **가능태**可能態와 **현실태**現實態의 개념을 활용하였다.

플라톤, 그 철학적 문학

플라톤의 글은 우미優美하면서도 장중하고 장중하면서도 신선한 특징이 있는데, 그의 신학적, 철학적 성격의 문학을 어떻게 보시는지요?

플라톤의 글은 서양 문명에선 최초의 '대화 서술 기법'이지요. 요즈음의 언어로 말하면, 플라톤 저술은 전부 희곡, 또는 서술敍述/敍事신학 Narrative Theology으로 되어 있습니다. 입으로 말하는 이야기 철학 또는 신학이란 것입니다. 플라톤은 의사 표현에 있어서 '구두口頭상의 대화체' oral communication, 또는 oral channel을 이용한 셈이지요. '동양'에서는 석가모니싯다르타 가우타마, 가우타마 붓다가 이 방법을 썼습니다. 지금 서양에서도 이 이야기식 신학이 번져 나가고 있습니다. 그래서 『풀어 쓴 성경』이 나오고 『대화식 성경』이 나오며, 신학도 '서사 신학[21]'이 유행이지요. 성경이 이야기로 되어 있는 만큼 모든 기독교의 사상과 신학 또는 설교는 다 이야기식으로 엮어져야 한다는 것입니다.

---

21 1970년대 이후 등장한 신학적 흐름으로, '성경을 하나의 이야기로 보고 그 이야기 속에서 신앙의 의미를 찾는 접근 방식'이다. 대표적인 신학자로는 한스 프라이Hans Frei, 스탠리 하우어워스Stanley Hauerwas, 또한 제임스 맥클렌돈James McClendon 등이 있다. 그 핵심 개념은 성경을 '**논리적 명제의 집합이 아니라, 하나님의 구속 이야기로 이해**'하는데 있다. 신앙은 교리보다 삶의 이야기와 실천 속에서 드러나며, 공동체의 이야기가 교회 전통, 성도들의 간증과 함께 신학 형성에 중요한 역할을 한다는 것이다.

이 학풍의 선구자들은 원래 독일의 프랑크푸르트학파22였는데, 이 학파의 일부가 1970년부터 영국의 버밍엄대학교에 와서 그 학문의 꽃을 피웠습니다. 대학교 신학부 안에 '비교종교문화신학Department of Inter-religious and cultural Theology'과도 창설시키면서 말이지요. 버밍엄대학교23 신학부는 유럽, 아니 세계에서도 작은 W.C.C.24라고도 불렸는데 13개의 학

22 Frankfurter SchuleFrankfurt School는 1930년대 이후 독일 프랑크푸르트 암마인 대학교의 사회 연구소를 중심으로 형성된 신新마르크스주의 사회 이론가 집단을 가리킨다. 이들의 '비판 이론'은 헤겔의 "**주관 이성과 객관 이성에 대한 연구**"에서 출발하였다. 1960년대에 들어서면서 프랑크푸르트학파의 비판이론은 위르겐, 하버마스의 의사소통적 합리성과 언어적 상호주관성, 그리고 하버마스가 '**현대성에 대한 철학적 담론**'이라 부른 주제들을 연구 지표로 삼아 발전하기 시작했다. 프랑크푸르트학파의 사상은 1968년, 이른바 '**68혁명**'으로 불리는 유럽과 일본 대학가를 강타한 학생 운동의 지적 배경이 되었다. 주요 인물로는 허버트 마르쿠제, 막스 호르크하이머, 테오도어 아도르노, 에리히 프롬, 카를 비트포겔, 레오 뢰벤탈, 프리드리히 폴로크 등이 있다. 이 학파는 1970년대 한국에 소개되어, '군부독재 시기 한국 사회를 비판적으로 분석'하는데 중요한 이론적 자원 역할을 했다. 그러나 1980년대 마르크스주의가 진보적 사회비판의 주류로 부상하면서 대중적 관심에서 다소 멀어졌다. 그럼에도 불구하고, 프랑크푸르트학파 2세대의 대표이자 1990년대 포스트모더니즘 논쟁에서 모더니즘의 옹호자로 부상한 '하버마스'가 1996년 한국을 방문하면서, 이들의 사회비판이론은 다시 주목받게 되었다. [프랑크푸르트학파 100년, 다시 불붙는 '사회비판이론', 한겨레 신문, 2023.10.18.]

23 버밍엄대학교University of Birmingham는 영국 제2의 도시인 버밍엄의 Edgbaston에 위치한 종합 대학으로 영국 내에서 '여섯 번째로 많은 학생 수'를 보유하고 있다. 1900년 Queen's College, Birmingham & Mason Science College의 후신으로 1900년 영국 왕실 헌장을 받아 설립되었다. 영국의 명문대학교 연합이라 일컫는 러셀 그룹Russell Group의 창립 멤버이자 산업 혁명의 상징적인 붉은 벽돌 대학Red Brick Universities 중 하나로 11명의 노벨상 수상자를 배출하는 등 세계적 명문대학교로도 잘 알려져 있다. [Wikipedia, IEN 국제공인교육전문기관]

24 세계 교회 협의회World Council of Churches, WCC는 세계적인 교회일치운동 **에큐메니컬 운동 단체**로, 1846년 영국 런던에서 설립된 세계복음주의연맹World Evangelical Alliance, WEA와 함께 세계 양대 기독교 연합단체의 한 축을 이루고 있다. 1948년 네덜란드 암스테르담에서 개신교회를 중심으로 한 교회일치운동, 즉 에큐메니컬 운동ecumenical movement의 첫 총회를 시작으로 결성되었다. 초창기에는 개신교회 일치 운동으로 시작했으나, 점차 개신교회와 정교회, 가톨릭, 타 종교와도 연합하게 되었고, 종교다원주의와의 교류로까지 확장되었다. 이에 따라 예장 합동은 1960년 2월 제44회 총회에서 WCC 탈퇴를 결의하

과가 있고 교수진도 정교수가 13명이나 될 정도로 큰 규모였습니다.

이 신학부의 중심인물은 스위스 국적의 독일계인 홀렌베거Walter J. Hollenweger, 1927-2016세계 오순절주의 전문가로 인정받음인데, 그는 복음주의 신학자로서 대화체 서사 신학의 선구자 중 하나입니다. 그는 칼 바르트Karl Barth, 1886~1968스위스 개혁 교회 목사 서사 신학을 자주 소개하는데, 필자의 생각에는, 바르트가 지방에서 오랫동안 목회해서 그런지 그의 설교나 글은 이론적 또는 철학적 조직신학으로 무장된 말이나 글이 아니라 평범합니다. 바르트의 신학은 딱딱한 이론적 서술보다도 대화적이기에 친근하고 문장도 경건하다고 분석됩니다. '하나님의 구원 계획인 경륜 이야기가 왜 딱딱하고 어려운, 화석처럼 경직된 논리로 써지거나 말해져야 하는가?'라고 하며, 모든 신학 문서들은 다 가독력可讀力이 있고 이해하기 쉬운 대화체 식의 서술문이어야 한다는 것이 홀렌베거[25] 교수의 주장입니다.

며 예장 통합과 분열되었고, 이후 WCC에 재가입하지 않은 채 종교다원주의와 에큐메니컬 운동에 반대하는 입장을 유지하고 있다. 감리교단은 WCC와 한국기독교교회협의회NCCK에서 공식적으로 탈퇴하지는 않았으나, 2022년과 2024년 총회에서 탈퇴 논의가 있었고 모두 부결되어 보류 결정이 내려졌다. 대신, 복음적인 인물들을 파송하고, 내부 개혁을 통해 영향력을 행사하자는 방향으로 정리하였다. [new.pck.or.kr, www.kmib.co.kr, www.goodnews1.com, veritas.kr]

25 1965년부터 1971년까지 세계교회협의회W.C.C의 세계선교 및 복음전도부 초대 복음 전도 비서로 봉사했던 홀렌웨거Hollenweger는 오랫동안 오순절교회를 위한 에큐메니즘의 확고한 옹호자로 활동하였으며, 1971년부터 1989년까지 영국 버밍엄 대학교와 셀리옥 칼리지에서 선교학 교수로 재직하였다. 그는 오순절 운동의 사회적·문화적 다양성과 신학적 역동성을 포괄적으로 조명하며, 오순절주의를 단순한 감정주의나 반지성적 흐름으로 보는 기존의 편견을 극복하고자 하였다. 그의 대표적 저서인 『오순절주의자들』1972과 『오순절주의: 전 세계 오순절주의의 기원과 발전』1997은 오순절 운동의 역사적 기원과 세계적 확산을 분석하며, 이를 통해 오순절주의가 세계 기독교의 중요한 흐름임을 강조하였다. 그러나 그의 사상은 일부 보수적 신학자들로부터 오순절 운동의 신학적 정체성과 교리적 엄밀성을 희석시킨다는 비판을 받았으며, 특히 에큐메니즘적 접근이 오순절 고유의 성령론과 종말론적 긴장성을 약화시킬 수 있다는 우려도 제기되었다. 그럼에도 불구하고, 홀렌웨거는 '**오순절주의의 신학적 다양성과 문화적 적응력을 강조**'함으로써, 현대 선교학과 세계 기독교 담론에 중요한 기여를 남겼다.

그가 이렇게 말하는 데는 두 가지의 이유가 있는데, 서양의 정신 문화를 지지하고 있는 플라톤 전집 130권이 모두 대화체dialogical writing로 쓰여 있고, 무엇보다도 성경 대부분이 대화식으로 쓰였다는 점입니다. 홀렌베거의 저술 목록은 160페이지가 될 정도로 방대한데 대부분 그의 모국어인 독일어 외에도 영어와 이탈리아어 그리고 불어로 되어 있습니다. 홀렌베거 교수가 중심이라고 할 수 있는 이 학파의 본부는 아직도 프랑크푸르트에 있지요. 지금까지 학술간행에 있어서 단행본만도 수백권을 냈는데 '비교종교문화신학'을 중심으로 한 책들도 더러 있습니다.

질문의 초점으로 다시 돌아가면, 플라톤에게 있어서 신학적이란 것은, 그가 죽음의 문제를 『아폴로기아』*Apology*, 소크라테스의 변명와 『고르기아스』, *Gorgias* 『파이돈』*Phaedo*, *Φαίδων*등에서 다루고, 우주 창조의 문제를 『티메우스』에서 다루며, 영혼과 신의 문제 등 종교적인 이슈들을 『파이돈』『파이드로스』『향연』『메논』『파르메니데스』『테아이테토스』『소피스테스』『국가』『필레보스』 등에서 무게 있게 다루는 데 있겠지요. 아리스토텔레스는 스승과는 달리 학문적 어프로치를 '백과사전적 체계'로 세분화함으로써 구별되지만, 플라톤은 그의 시적 직관을 종교적 감성 안에서 문학적 철학으로 정리해 버리지요. 그러니까 그의 글에는 종교적 용어가 많이 나오고, 그러면서도 그 언어를 철학적 그릇 안에 담습니다. 그래서 그의 글은 하나의 대양을 방불케 합니다. 철학과 종교, 윤리와 예술이 어우러지는 큰 바다이지요.

청소년 시절에는 정치를 지망했으나 스승인 지자知者 소크라테스가 처형되는 것을 보고 정치를 경멸, 아테네 근교에 학원 '아카데미아Academia'를 개설했던 그는 인간 존재의 뜻을 근거 지을 수 있는 것을 '애지愛知' 즉, '철학philosophia'으로 보았으니, 그의 희곡 또는 대화록은 철학적일 수밖에 없겠지요. 플라톤은 그의 대화편들을 『국가』나 『법률』, 또 『정치가』 같은 작품에서도 철학적•신학적으로 수놓고 있어 특이한 문체라고 할 수 있을 것입니다.

문명의 황금기

혹 이런 것을 생각해 보셨는지요? 문명의 황금기, 소위 말하는 'axis of civilization'이 하필이면 왜, 비슷한 시기인, 2,500년 전에 거의 각 대륙에서 일어났을까? 하는 것 말입니다.

좋은 질문입니다. 제게도 그것은 미해결의 장章입니다. 유럽에서는 소크라테스가, 동방에서는 조로아스터, 마하비라,26 석가 그리고 노•장과 공•맹이, 그리고 중•근동中·近東 이스라엘에서는 포로로 끌려가는 민족의 비운을 놓고 여러 명의 예언자가 나왔지요. 그중에서도 에스겔과 다니엘과 예레미야의 예언은 인류사의 미래를 담아 놓은 귀중한 보배인데 참으로 수수께끼입니다. 한가지 추측할 수 있는 것, 사적인 견해입니다만, 2,500년 전, 지구 곳곳에 전에 없었던 큰 전란戰亂들이 있었다는 것입니다. 그 전란의 시대를 살면서, 지각 있는 사람들은 평화의 방법을 '치국책治國策'으로 생각하게 되었고, '눈물의 소망을 종교적인 언어'에 담았겠지요. 이 극명한 예가 춘추시대B.C. 722~B.C. 481를 의식 있게 살았던 재상 자산子産?~B.C. 52227과 '천생덕어료天生德於了'28를 마음에 품고 되

26 마하비라Mahavira, 기원전 599년~527는 자이나교의 제24대 티르탕카라최고 스승로, 왕족 출신이었지만, 세속적인 삶을 버리고 철저한 수행자의 길을 걸었다. 그의 가르침은 불교와 견줄 만큼 깊은 철학적 의미를 지니고 있다.

뇌면서 세상을 건지고자 천하를 주유하던 공자B.C. 551~479의 사상에서 볼 수 있습니다.

대양大洋의 동•서를 막론하고 큰 스승들은 다 '하늘 덕을 인간의 내면'에 심지요. 아니 "폭력은 가깝고 하늘은 머니까."子産 내면에 있는 하늘 덕을 계발하라고 하지요. 인간의 내면에 생래적으로 있는 그 덕을 가꾸어야 한다고 부르짖은 점에서 그들은 인류사 최초의 '인문주의자Humanist'들입니다.

성경에도 보면, **"하나님께서 민족이 다 저마다 제 갈 길을 갔으나 어느 시대 어느 민족에게도 하나님께서 당신의 증거자를 남기지 않은 적이 없다"**행 14:16고 하셨는데, B.C. 5~6세기경에는 특히 극심한 전란 때문에 하나님께서 더욱 큰 윤리의 지도자를 대륙마다 내신 것 같습니다. 중국 경우 주周의 동천東遷, 곧 수도를 호경鎬京에서 낙양洛陽으로 옮긴 이후 공자 때까지 춘추春秋 250년 동안 52개 분봉국分封國에서 '시해살군弑害殺君, 신하가 임금을 죽이는 일'이 51번이나 있었지요. 이것은 전한前漢시대 동중서董仲舒가 쓴 『춘추번로春秋繁露』에 기록되어있고, 사마천史馬遷B.C. 145~86년?의 『사기史記』에도 나오는데, B.C. 5~6세기경에 일군一群의 고철대덕高哲大德들이 많이 나오는 것은 이 정국이 무상하고 앞날이 불안한 암흑기와 관련이 있지 않을까 하는 생각이 듭니다. 어둠이 깊으면 새벽이

---

27 춘추전국시대 정鄭나라의 정치인으로, 성은 희姬, 씨는 국國, 이름은 교僑이며 '자산'은 자字이다. 귀족 출신인 자산은, 나라의 재상으로 뛰어난 견식과 합리적인 사고에 의하여 귀족정치의 폐해를 꿰뚫어 보고 토지개혁과 성문법을 구축하는 등, 작지만 강한 나라를 이룩하였다. 제나라 안영과 정나라 자산, 두 재상을 높이 평가한 공자는 말하기를, **"사람들이 자산이 어질지 않다고 말하더라도, 나는 그것을 믿지 않을 것이다."**人謂子產不仁 吾不信也, 『공자가어』

28 『논어』 '술어'편 제23장, **"하늘이 만든 덕이 내게 깃든 것뿐인데, 사마환퇴가 나를 어찌할 수 있겠는가?"** 子曰: "天生德於予, 桓魋其如予何?"자왈, **"천생덕어여환퇴기여여하"** 라고 말했다.

멀지 않듯이 말이지요.

B.C. 5~6세기경은 동서양 모두 극심한 정치적 혼란과 문명적 전환의 시기로, 고대 그리스에서는 폴리스 간의 경쟁과 외적 위협, 특히 이후 B.C. 431년에 발발한 펠로폰네스 전쟁Peloponnesian War[29]의 전조가 되는 긴장과 갈등이 누적되던 시기였습니다. 아테네와 스파르타를 중심으로 한 세력 간의 대립은 정치적 불안과 사회적 분열을 심화시켰으며, 이러한 격동의 시대적 배경은 밀레토스·엘레아·피타고라스 학파 등 소크라테스 이전 철학자들의 사유를 자극하여 존재, 자연, 윤리에 관한 근본적 탐구를 촉진하였지요. 특히 엘레아학파의 '존재론적 사유'와 밀레토스학파의 '자연철학'은 불안정한 현실에 대한 이성적 해석의 시도로서, 이후 서양 형이상학과 윤리 철학의 기초를 마련하는 데 결정적 영향을 미치게 됩니다. 이러한 철학적 각성은 펠로폰네스 전쟁과 같은 역사적 격변과 밀접하게 연관되며, 사상과 철학은 종종 혼란 속에서 태어난다는 점을 보여줍니다.

그런데 굳이 또 하나 말한다면, 인간의 정신 연령이 전체적으로 그때 성숙했다고 보아야겠지요. 말하자면 글자가 완전한 체제를 갖추고 나타났고[30], 이러한 문자 체계들은 단순한 기록 수단을 넘어, 철학·종교·문

29 펠로폰네스 전쟁은 고대 그리스의 두 주요 세력인 아테네와 스파르타 간의 패권을 둘러싼 충돌로, 기원전 431년부터 기원전 404년까지 약 27년간 지속되었다. 이 전쟁은 고대 그리스 세계의 정치적 균형을 무너뜨리고, 아테네의 몰락과 스파르타의 일시적 우위를 가져왔으며, 이후 그리스 전체의 쇠퇴를 촉진하는 계기가 되었다.

30 기원전 5~6세기경을 전후하여 동서양 문명권에서는 문자 체계가 정형화되고 완성된 형태로 등장하였으며, 이는 인간 정신의 성숙과 사유의 언어적 표현을 가능케 한 중요한 전환점이었다. 중국에서는 갑골문과 금문을 거쳐 **한자가 정형화**되었고, 인도에서는 브라흐미 문자가 등장하여 후대 **인도 문자들의 기초**가 되었으며, **서아시아의 페니키아 문자**는 그리스와 라틴 문자로 발전하여 **서양 알파벳의 원형**이 되었고, **아람 문자**는 **페르시아 제국의 공용 문자**로 확산되었다. 이러한 문자 체계의 성숙은 철학, 종교, 문학 등 인간 내면의 사유를 다양한 장르로

학의 언어로서 인간 정신 표현을 가능케 하였으며, 각 문명권에서 사유의 도구로 기능하며 문화적 정체성을 형성하는 데 기반을 제공했습니다. 문학이 각종의 장르를 띄고 나타났고, 언어가 활발히 쓰이게 되니까, 인간에게 내재하였던 철학 언어와 종교 언어가 분출한 것이라고 할 수 있겠지요. 문명의 황금기인 그 이전에는 정신 역학적 측면psychodynamic에서 종교성이 높게 꽃피워 나지를 못했습니다. 이 말은 그때가 되어서야 인간의 정신 연령이 성숙해져서 문화의 싹이 움트고 나오게 되었다는 것이지요.

동양의 주역 체계에 따른 각종 역학易學 사상이나 유대교의 고대 신비 사상을 따르는 서방의 '신지주의神知主義,Theosophy'학파에서도 얘기하듯이, 인류는 2,500년마다 문명이 다시 진보하는 사이클을 지니는 것인지도 모르지요. 그들에 의하면 문명의 '소장消長' 관계는 작은 역사 바퀴로는 30년과 300년, 그리고 큰 역사의 바퀴로는 2,500년마다 섭리의 수레가 굴려진다고 하지요. 그들의 주기설에 의하면 황금기Golden Age, 그때를 2,500년 전前의 축軸이라고 하고, 우연의 일치인지 모릅니다만, 서방 사회특히 New Age 운동 그룹들에서는 이제 또 '아쿠아리스Aquaris期기31'를 기다

분출시키는 기반이 되었으며, 언어의 구조화는 곧 정신의 구조화로 이어져 고대 사상의 형성과 전파에 결정적 역할을 하였다.

31 "Aquarius期"**물병자리 시대, Age of Aquarius**라는 용어는 점성학적 전통에서 비롯된 것으로, 지구 자전축의 세차운동에 따라 약 2,150년마다 춘분점이 황도대의 새로운 별자리에 들어서는 주기를 가리킨다. 이 가운데 물병자리에 해당하는 시기를 "Aquarius期"라 부르며, 그 기원은 고대 천문학과 점성술의 결합 속에서 형성되었다. 물병자리는 본래 '물을 붓는 사람'을 뜻하는 라틴어 "Aquarius"에서 유래했으며, 그리스 신화에서는 신들에게 술을 따르던 미소년 가니메데스의 형상과 연결된다. 상징적으로는 혁신, 인류애, 자유, 진보, 과학기술의 발전과 같은 가치와 연관되어 해석되어 왔고, 20세기 이후에는 **뉴에이지 운동과 맞물려 "새로운 시대의 도래"**라는 문화적 상징과 해석으로 자리 잡았다. 역사적 시 사점으로는, 물병자리 시대가 언제 시작되었는지에 대한 학문적 합의는 없지만, 민주주의의 확산, 전기와 컴퓨터, 항공과 우주 탐사, 인류애적 가치의 강조 등 근현대의 흐름이 물병자리적 특성과 맞닿아 있다는 해석이 제시된다. 따라서

리고 있지요. 마치 우리 한국의 역학자들과 증산도 측이 정역正易 시대가 임박한 것으로 기다리듯이, 서양인들도 조화와 사랑과 평화가 편만한 새로운 천년 시대가 A.D. 2,000년경부터 온다고 믿고 있지요. 기독교 측의 '하나님 나라Kingdom of God' 개념과 비교해 볼 때 흥미롭습니다.

플라톤도 재미있는 언질을 주고 있지요. 과거를 회상하면서, 즉 과거 지향적인 이상적 사회관을 가지고 '옛날로 돌아가야 한다'라고 말합니다. 그 '원시사회플라톤 시대'가 현대인의 눈으로 볼 때는 '돼지사회piggish society' 같아 보일지라도 인류는 개인의 밭이 생기고, 국가의 경계가 생기기 전인 그 시대로 돌아가야 한다고 플라톤은 『공화국*Republic*』에서 역설합니다. 이 사상은 노자老子에게서도 보이지 않습니까. 인간이 '자연으로 돌아가야 한다'라고 하면서 말이지요. 그것을 서구학자들은 『도덕경*道德經*』 주석에서 'infant living like', 즉 '전원마을에서 어린아이들이 순박하게 노는 것 같은 사회와 삶'이라고 학술 용어를 붙였지요. 이점은 공자에겐 더욱 극명하게 나타납니다. '주례복귀周禮復歸'라며 선대先代 성인들이 통치하던 그 시대를 그는 그렇게 그리워하지요. "이제 나는 꿈에 문왕文王도 뵙지 못한다."『논어』, 자장편 22장라고 하면서 옛 시대로 돌아가는 것을 동경합니다.

Aquarius期는 단순한 점성학적 개념을 넘어, 현대 사회가 경험하는 과학기술 혁명과 가치관의 전환을 설명하는 하나의 '**은유적 틀**'로 기능하고 있다. [참조문헌: Nicholas Campion, *The Book of World Horoscopes*, 1988, Aquarian Press 2004, The Wessex Astrologer.]

묵상 적용과 토론을 위한 질문 [1부 플라톤주의와 동양 정신]

1. 이 장을 읽기 전, 여러분은 플라톤 철학과 '이데아'(forms) 개념을 어떻게 이해하고 있었습니까? 읽은 후 그 이해에 어떤 변화가 있었습니까?

2. 플라톤의 이데아론과 불교·힌두교의 궁극적 실재(眞諦Paramārtha-satya와 브라만Brahman) 개념을 비교할 때, 여러분은 '변치 않는 진리'에 대한 동서양의 사유가 인간의 삶과 신앙에 어떤 의미를 준다고 생각합니까?

3. 동굴의 비유는 감각적 현실을 넘어 진리를 향해 나아가는 과정을 보여줍니다. 여러분의 삶 속에서 '그림자'에 머무른 경험과 '밖으로 나아가려는 시도'는 어떤 모습으로 나타났습니까?

4. 불교의 마야幻 사상과 플라톤의 현상계-이데아계 구분은 모두 현실을 불완전한 것으로 봅니다. 이러한 관점은 오늘날 우리가 살아가는 사회와 문화에 대해 어떤 비판적 통찰을 줄 수 있을까요?

5. 플라톤의 철학적 언어와 석가모니의 종교적·시적 언어는 서로 다른 방식으로 인간의 내면을 깨우려 합니다. 여러분은 철학적 사유와 종교적 직관이 어떻게 서로 보완될 수 있다고 보십니까?

6. 플라톤을 "신학의 아버지"라 부르는 견해는 철학과 신학의 긴밀한 관계를 드러냅니다. 여러분은 철학이 신학을 어떻게 풍요롭게 할 수 있다고 생각하며, 동시에 어떤 한계가 있다고 보십니까?

7. 플라톤의 '철인 왕' 개념은 '지혜와 도덕적 수양을 갖춘 자가 다스려야 한다'는 이상을 담고 있습니다. 오늘날의 정치·사회 현실 속에서 이 개념은 어떤 도전과 교훈을 줄 수 있을까요?

8. 신플라톤주의가 초기 기독교 신학에 영향을 주었다는 사실은 종교와 철학이 서로를 형성해 온 역사를 보여줍니다. 여러분은 오늘날 종교 간 대화나 철학과 신학의 만남이 어떤 새로운 가능성을 열 수 있다고 생각합니까?

2권 : 동양과 서양의 마음 - 그 깊은 진리의 바다

동•서의 성화 개념 2부

- 동•서의 성화聖化 개념
- 십자가의 성 요한St. John of the Cross
- 공空의 해석학
- 불성佛性과 서양의 영적 거인들
- 공空과 에크하르트의 무無
- 불성, 그 가능성의 미학美學
  - 문명의 영성화를 위하여
- 기독교 신비주의의 통전通典적 이해

[성령의 임재], 소묘 이상복

동•서의 성화聖化 개념

동•서에 있어서 성聖, Sacredness 또는 성인화聖人化, Sainthood의 과정을 말씀해 주실 수 있을는지요?

좋은 테마를 지적하시는군요. 저로서는 감당할 수 없는 큰 질문입니다. 용기를 더하여 답한다면, 우선 동•서의 성화 개념은 '신비주의적 정신'에서 만나는 데가 있다고 말하고 싶습니다. 유교에서 교육의 목적이나 완전한 인간상像의 이상理想은 하늘을 아는 정도에 머무는 것이 아니라, 곧 '천인합일天人合一'에 이르는 데 있으니 더 말할 나위도 없고, 또한 불교나 도교와 같은 동양의 자연 종교들 역시 궁극적 실재를 사모하며 신성을 지향하려는 행위에 있어서, 기독교적 신비주의와 나란히 생각해 볼 만한 점이 많이 있지요.

'성인화聖人化, Sainthood'에 관한 한, 서양에서는 신과 인간이 분리되어 있는 만큼 '인간이 하나님을 찾아가는 과정'이 '성화sanctification'인데, '거룩함의 요청'벧전 1:15-16과 '성령께서 우리를 거룩하게 만드신다'살후 2:13는 개념으로 강조됩니다. 반면, 동양에서는 신과 인간이 분리되어 있다고 보지 않습니다. 오히려 인간의 내면에 이미 신성divine nature이 깃들어 있다고 여기지요. 따라서 동양적 전통에서는 이 신성을 깨닫고 덕을 내면

화합으로써 자아를 완성하는 데 중점을 두는 것입니다.

어거스틴Doctor of Gratiáe, 교회 학자, 은총의 박사'로 불림의 책 『삼위일체론*De Trinitate*』32에 보면, 그는 인간의 주관으로 깊이 들어가서 하나님의 형상을 논하지요. 그에 의하면 신비 과정은 '인간의 주관을 통하지 않고는 불가능하다'라고 합니다. 다시 말하면 신비주의는 인간이 신을 아는 것은 곧 자기 자신을 아는 것인데, 주관內面으로 들어가서 하나님의 형상을 발견해야 한다는 것이지요. 그런데 그 발견 경로가 재미있습니다. 그에 의하면 인간 오관五管의 감성은 '밖에서out 안으로in 조합해서 들어오고, 또 안으로 들어온 것은 위로above 올라간다'라는 것입니다. 인식 작용이 외外에서 내內로 들어와서는 상上으로 향한다는 것이지요.

유교 쪽에서는 이 진리의 인식 작용이랄까 성학聖學을 알아가는 과정이 주•정朱子, 程子적 체계와 육•왕陸象山, 王陽明적 체계, 다시 말하면 진리 탐구의 방법론을 형이하학에서 형이상학으로 올라가는 방법주•정과 형이상학에서 형이하학으로 내려가는 방법육•왕이 있어서 기독교와 닮은 면들이 있지요. 그러나 불교 쪽에서는 좀 다르다고 할 수가 있을 것입니다. 불교 묵상의 신비는 '밖에서 안으로 들어가서, 또 안으로 계속해서 들어가는' 그러한 과정입니다. 기독교처럼 위로 올라가는 과정에 대해서는 강조하지 않지요. 인간 안에 이미 신이 계시니까, 기독교적으로 말하면, '안이 곧 위'가 되는 것이지요.

그러나 기독교에서는, 앞에서 언급한 대로, 교부 어거스틴 경우만 하더라도 안으로 들어와서 결국 위로 가는, '위에 계신 초월 신'에게 두

32 어거스틴이 '삼위일체' 교리'*the doctrine of the Trinity*에 대한 자신의 견해를 정리한 책이다. 총 15권으로 되어 있으며, 제1권부터 제8권까지 전반부에서는 성경에 근거해 '삼위일체 교리'를 설명하고 있고, 후반부에는 삼위일체 교리에 대해 논리적이면서 체계적으로 설명하고 있다.

팔을 벌리고 나아가는 것이지요. 그렇지만 동양인에게는 초월 신보다 '내재內在신' 쪽에 신경을 쓰므로 결국 신성을 '내면의 깨침'에 의해 발견하려고 하는데 강조점을 둡니다. 서양에도 물론 이런 의식 작용이 없는 것은 아니나 아무래도 인간의 신성의 내면화의 그 기준이 동양은 '**자아실현**'이고, 서양은 'Imitatio Christi', 즉 '그리스도의 형상을 닮아 감'이지요. 기독교 쪽의 변화 또는 신성을 지향한다는 의미는 '**그리스도를 닮아간다**'in the likeness of Christ는 뜻이지요.

그래서 변화transformation의 잣대가 우선 다른 것을 알 수가 있습니다. 동양은 내면에 있는 신성의 능력으로 스스로 신성화 되어가는, 즉 무지無知를 깨어가는 자력自方 구원적 실현이고, 기독교적인 것은 타력他方,聖靈에 의한 구원으로 매일 '그리스도처럼 되어 가는' becoming Christ 변화를 말하는 것이지요. 대비가 되는 것은 동양은 인간 내면을 완전한 그릇ground이 '이미' 있는 것으로 보고, 그리하여 그 먼지 묻은 그릇을 닦아내는, 즉 '깨치기만 하면 되는 것'으로 보나, 서양기독교에서는 원죄로 불완전한 인간이 완전을 지향해 가는 '순례Pilgrim,광야 경험 의지'로 보지요. 그러므로 헬라 쪽은 동양인의 심성과 맞아 들어간다고 할 수 있을 것입니다.

따라서 성화聖化 과정의 이상理想에 관해서 말한다면, 기독교가 원죄로 인해 분리된 인간이 다시 자신의 영혼의 고향하나님으로 돌아가려고 애쓰는 처절한 몸부림, 즉 '하나님의 형상을 회복하고 예수 그리스도의 삶을 닮아가는 과정'고전 1:2; 히 10:10; 롬 5:1이 윤리적으로 있는죄의식 때문에 만큼, 실존적으로 더 긴장을 가진 심도深度를 보인다고 할 수가 있겠지요. 다시 말하면, 성화란 죄인을 죄의 부패에서 깨끗하게 하시며, 죄인의 전 본성을 하나님의 형상으로 새롭게 하시며, 죄인으로 하여금 선행할 수 있도록 하시는 '성령님의 계속적이고 은혜로우신 사역'이라고 정의할 수 있습니다. 'Sainthood성인화'의 과정이 더 여실如實하다고 할까요. 종교개혁 신학자인 칼뱅Jean Calvin, 1509~1564은 그리스도인들이 성화되는 것은 '하나님을 아는 지식에 근거하여, 하나님의 임재를 체험'하거나 '코람데오Coram Deo33의 삶을 살 때 이루어진다'라고 봅니다.

기독교와 헬라 사상의 성화를 비교해서 말해도, 어거스틴은 플라톤주의와 네오플라톤주의의 본질 철학 위에다가, 윤리 위에 선 인격 개념으로서 'Sainthood'를 더 심화시켰다고 할 수가 있습니다. 어거스틴은 그리스도의 '**道成人身**incarnation', 즉 '말씀이 인간의 몸이 된다'요 1:1, 14:18는 철학 이론의 틀을 빌려서 설명할 수밖에 없으므로, 그의 사상이 플라톤 철학으로부터 연역된 것이라 하더라도, 그의 시간과 영원 개념the concept of time and eternity을 중심으로 한 '계시revelation'사상에는 본질적인 '성화' 신비가 깔려 있습니다. 어거스틴은 철학이라고 하는 인간 이성의 작업을 떼어내지 않으면서도 역사와 계시에 대해 신령의 세계에 깊이 스스로를 묻었던 특이한 사람이지요. 이런 의미에서 기독교의 영성이랄까 성화는 밸런스가 잡힌 역사성이 있는 것이라고 볼 수가 있습니다. 기독교 자체가 '역사 종교'이듯이 말입니다. 이런 점에서 불교를 포함해서 역사성이 없는 자연 종교들은 인식론적인 차원만으론 궁극적인 실체를 알 수 없으므로 계시종교의 성화 기준 앞으로 나와야겠지요.

불교는 엄밀한 의미에서, 출발부터가 그랬듯이, 종교라기보다는 끊임없는 '사색의 철학'입니다. 인간은 아무리 사색해도 인격적 절대자와의

---

33 라틴어 'Coram Deo', 신전 의식 **神前意識**. 곧 '**하나님 앞에서**' before God, in the presence of God 라는 뜻을 지닌 이 단어는 하나님의 임재 혹은 신전 사상을 의미한다. 라틴어 원어로는 2개의 단어로 구성되어 있어, '코람'Coram은 '**~의 면전에서**', '**~앞에서**', '**~의 존재 안에서**' 의미를 지닌 전치사와, 남성 명사 데우스 'Deus, **하나님, 신**'의 뜻을 지닌 합성어이다.

동적動的살아 있는인 관계없이는 본질적인 것을 알아낼 수가 없는 것 아닙니까. 사실 고타마 싯다르타佛陀가 죽을 때까지 제자들의 그 여러 차례 질문에도 불구하고 영원과 절대자에 대해서 침묵을 지킨 것은, 그가 침묵을 지킬 수밖에 없었기 때문입니다. 그는 인간의 문제를 인간 스스로의 노력으로 해결하려고 하였던 사람이었습니다. 스스로의 '비춤illumination'의 성화 의지라 할 것입니다.

역사성을 가진 '도성인신' 개념, 그 신비와는 무관합니다. 이 점에서 칼 바르트Karl Barth, 1886-1968가 '신학을 포함해서 인간의 모든 학문은 그리스도의 십자가 앞에 무릎을 꿇어야 한다'[34]고 한 말에 동의합니다. 인간은 하나님의 은혜 없이는 인간의 힘만으론 완성성화시킬 수 없는 한계가 있습니다. 그런 면에서 그리스도교기독교는 '말씀'이고 '계시'입니다.

제 생각으론 세계의 모든 종교가 그리스도의 십자가, 성경적으로 말하면 '말씀의 다림줄' 앞에서 '판단判斷, 정죄'을 받아야 한다고 봅니다. 요한복음 16장 13절에도 있듯이 '성령의 말씀의 진리가 모든 진리를 인도'하기 때문이지요. 성령 하나님의 진리말씀는 모든 언어를 초월합니다. 공자도 노자도, 초월할 수 없는 언어의 한계를 가지고 있는 사람들입니다. 그렇기에 '죽음 저편life after death'을 묻는 제자의 질문에 공자는 "생도 모르거늘 어찌 죽음을 얘기하리요未知生미지생 焉知死언지사?"『논어』論語 선진先進편 제11장라고 하며, "당장 오늘 저녁에 죽어도 좋다. 아침에 도를 들을 수 있다면…..朝聞道조문도 夕死可矣석사가의"『논어』論語 이인里仁편 제8장라고 했고, 노자는 궁극적인 '도道'에 대해 '이름 모름'[35]을 안타까워하고 있는 것입

34 『칼 바르트의 신학묵상』, 리하르트 그루노브Richard Grunow 지음, 이신건 외 옮김, 대한기독교서회, 2013.

35 『도덕경』 제1장에서 노자는 "道可道 非常道도가도 비상도 名可名 非常名명가명 비상명: 말할 수 있는 도는 영원한 도가 아니며, 이름 붙일 수 있는 이름은 영원한 이름

니다. 따라서 만천하의 온 사람들은 신앙의 학문이라고 하는 신학을 공부함으로써 존재론적인 측면에서 '신론'을, 그리고 실존론적인 측면에서 '도성인신道成人身' 신비의 '기독[36]론'을 공부해 볼 필요가 있다고 느낍니다. 그 공부가 이성적으로 필요한 것은 이성 안에 하나님의 신성이, 형상이 나타나 있기 때문입니다. 이성의 작업에도 신성적인 의미가 있다는 말씀이지요. 항차恒次, "성경은 하나님 성령의 감동으로 쓰여졌다"딤후 3:16고 되어 있는 만큼 지각을 연단하여 하나님의 은혜로 신령에 이르러야겠습니다. 그런데 무엇보다도 성경적 진리의 요구는, '사람이 하나님

이 아니다."라고 하여, 도가 궁극적이고 무한한 실재이기에 인간의 언어와 개념으로는 결코 온전히 규정할 수 없음을 밝힌다. 이어 "無名天地之始무명천지지시 有名萬物之母유명만물지모: **이름 없음은 천지의 시작이고, 이름 있음은 만물의 어머니다.**"라고 하여, 무명은 아직 규정되지 않은 근원적 실재의 차원을, 유명은 인간이 인식할 수 있는 구체적 세계를 가리킨다. 노자는 이 둘이 같은 근원에서 비롯되었으나, 이름을 붙이는 순간 본래의 신비가 가려진다고 보았다. 따라서 그는 도를 설명하지 않을 수 없으면서도, 설명하는 순간 이미 참된 도가 아니게 되는 역설에 직면하며, 그 불가피한 한계를 안타까워한다. 결국 노자가 "이름 모름"을 강조한 것은 '**도가 언어와 개념을 초월한 실재임을 드러내고, 인간이 그것을 붙잡아 설명하려는 순간 본질에서 멀어지는 아이러니를 표현**'한 것이라 할 수 있다.

36 헬라어 Χριστός, Christos는 '**기름 부음을 받은 자**'를 뜻하며, 예수 그리스도의 메시아적 정체성을 나타내는 핵심 용어이다. 이 용어는 17세기 예수회 중심의 선교사들을 통해 중국에 전래되었고, 당시에는 '**基利斯督**'기리사독으로 음차되었다. 그러나 발음이 길고 복잡하다는 이유로 앞뒤 글자만 남긴 '**基督**'기독으로 축약되었으며, 이는 본래 의미와는 무관한 단순 음차일 뿐, '**기름 부음 받은 자**'라는 성경적 의미를 담지 못한다. 이후 중국에서 일본을 거쳐 한국으로 번역어가 전해졌고, 초기에는 '**야소교**'라는 표현이 사용되다가, 1933년 한글맞춤법 통일안에 따라 '**기독(교)**'로 정착하게 되었다. 한글이라는 표음문자가 있음에도 불구하고, 중국식 한자 음차를 그대로 수용하여 종교를 뜻하는 **教**를 붙인 합성어인 '기독교'라는 명칭을 사용하게 된 것이다. 이는 신학적으로 부적절하다는 지적이 있다. 19세기 말, 미국과 캐나다 선교사들이 세운 장로교와 감리교 중심의 교단들이 '기독교'라는 용어를 사용하며 한국에 정착시켰고, 이후 성결교, 침례교, 오순절교회 등 다양한 교단에서도 이 명칭을 채택하였다. 그러나 '기독'이라는 표현은 예수의 이름처럼 오해되기 쉬우며, 그리스도의 직함과 사명을 충분히 반영하지 못한다. 따라서 원어의 의미를 더 충실히 반영하는 표현은 '**그리스도**'이며, '기독교'는 '**그리스도교**', '기독교인'은 '**그리스도인**'으로 복원하는 것이 성경적·신학적 의미상 더 적절하다고 할 수 있다. [출처: 웨슬리안타임즈, 「'*기독교基督教라는 이름의 유래*」; 국립국어원, 「'그리스도'와 '기독基督'의 어원」, dspace.kci.go.kr, www.christiantoday.co.kr]

의 명철明哲을 구하면 성령이 모든 것을 가르쳐 준다' 요일 2:27는 신비의 사실 아닙니까.

결국 사람의 영성 발전계발은 신적인 것의 비춤계시, revelation이 아니고는 불가능하다고 보입니다. 위로부터 내려오는 인격적 신적인 것에 덧입지 않는다면, 인간은 언어 기능으로부터 모든 기능이 동물과 다름없겠지요. 이제 모든 종교는 언어의 도구를 빌려서 자기 종교 내의 '신학성'theological integrity이 과연 하나님의 도말씀가 인간이 되었다고 하는 '도성인신예수 그리스도' 사상, 그 '하나님의 경륜' 안에 있는 것인지 점검하여야 할 것입니다. 만약 점검 결과 자기의 경전이 그 하나님의 계시된 말씀인 예수 그리스도 안에 있지 않다고 하면, 그 모든 인본적인 종교의 가면을 벗고 그리스도의 현존現存, Presence 앞으로 나아와야지요. 이것은 인간이 '우주 주권성universal sovereignty'을 가진 하나님 앞에 복종해야 할 도덕적인 의무라고 봅니다. 기독교의 성화 개념은 하나님의 형상으로 지어진 자기 본래 모습의 발견, 그 자아의 회복 또는 무의식에서 인격신 앞으로 나아오는 의식의 회복입니다. 그 과정에 어느 하나 성령 하나님의 조명 아래 인도하시는 은혜 없이는 도달할 수 없다는 것을, 성경 말씀은 가르치고 있지 않습니까?살전 4:3; 살후 2:13; 고후 3:18 기독교에서는 영성을 이 '근본'과 만나는 작업으로 이해하며, 그리하여 영성을 또 다른 말로 '제자도Discipleship'라고 합니다. 제자도는 인간이 인간일 수 있는 가장 고차원적인 정신 의식이고 또 본분인 것이지요. 인격적 궁극적 실체와 교제할 뿐 아니라 그 하나님을 아버지라고 부를 수 있는 특권요 1:12; 롬 8:14-16은 참으로 인간만이 누릴 수 있는 특권 중의 특권이 아니겠습니까. 존재의 구조에서 보면 인간은 시공時空 중에 거居하는 존재이니, 시간도 공간도 꽉 붙잡고 하나님의 품을 떠나 살 수가 없습니다.

인간이 만들어 낸 종교 전통과 경전에는 일반 진리적 측면이 없는 것은 아니지만, 그것이 완전 진리는 아닙니다. 어떤 언어든지 그 언어가 구체화 되어서 나오면 그 표현은 언어의 구조 자체 상 진리의 일면一面성밖에 표현할 수가 없기 때문입니다. 동양 종교의 경전에도 진리는 포함되어 있지만 진리가 다 포함된 것은 아니라고 보아야지요. 그래서 사도 바울은 성경 진리를 '고등학문'σοφία θεου sophía theoû 하나님의 지혜 고전 1:24; 2:7 그리고 성경 밖의 진리를 전부 '초등학문'στοιχειον 스토이케이온 사람의 지혜 갈 4:9으로 분류합니다. '성화'의 문제도 이런 것들이 먼저 상고詳考되어야만 하겠지요. 이 점에서 동과 서의 영성은 서로 만나는 것도 있지만 본질적으로 만날 수 없는 점도 있다고 할 수 있을 것 같습니다.

십자가의 성 요한

십자가의 성 요한St. John of the Cross에 대해 듣고 싶습니다. 그는 오늘도 기독교와 불교를 매개해 줄 수 있을까요?

십자가의 성 요한Joannes de Cruce, 1542~1591 37에게는 희랍적Hellenic 신비주의가 있지요. 기독교 언어가 들어 있다고 하지만, 그에게는 플라톤의 세계와 네오플라톤주의가 다 들어 있지요. 헬레니즘적인 신비를 기독교적인 것으로 승화synthesizing했다고 하는 말이 더 옳을지도 모르겠군요. 그의 신비가 헬레닉한 것인 한 그의 영성은 동양의 것, 특히 선禪불교인 하고 통하는 데가 있다고 할 수 있습니다.

불교인과 힌두교인, 그러니까 참선 또는 묵상, 또는 요가 쪽을 하는

37 십자가의 성 요한John of the Cross은 스페인의 폰티베로스에서 태어나서 예수회 대학에서 공부하였으며, 깔멜수도회에 들어가 수련 생활을 하였다. 1567년 사제로 서품된 이후 개혁운동의 기수가 되었으나 보수파에 의해 투옥, 한 평 되는 공간에서 기아와 고문을 받으며 9개월을 살다가 탈옥했다Toledo. 말년에 반대파에 의하여 다시 핍박받다가 추방 직전에 49세로 사망하였다. '**신비주의 성인**'이라고 불리는 학자 사제인 그는 지성과 경건 훈련으로 하나님 안에 합일된 자신의 사랑을 다수의 시로서 표현하였는데. 대표작은 『깔멜의 산길』*La monte du Carme*, 『어둔 밤』*La nuit obscure*, 『영혼의 노래』*Le Cantique spiritue*, 『사랑의 불꽃』*La Vie Flamme* 등이 있다. 성인 칭호는 1726년에 올려졌고, 학위는 1926년 당시 교황 피우스Pius 11세가 요한의 저술들을 성서 및 신학 사상에 비추어 검토한 후, "영성신학"으로 박사 학위를 추서했다.

사람들한테는 일치하는 데가 있습니다. 신비주의는 양洋의 동•서를 막론하고 현상 세계를 초월해서 본질의 세계로 향해 나아가는 동질성이 있으니까 말입니다. 그러나 동양인에게는 인간의 이성을 중시하는 십자가의 성 요한적 '수도修道'가 딱딱하게 보일 것입니다. 왜냐하면 선가禪家적 동양인은 좀 더 시적이고 직관적이기 때문이지요. 그리고 무엇보다도 동양인에겐 그의 관상觀想 수행의 언저리에 있는 기독교 상징들, 이를테면 영혼이니 밤, 또 고요니 사랑이니 하는 언어들을 이해하지 못하지요. 그렇지만 폴 틸리히Paul Tillich, 1886~1965[38]가 말년에 신비주의로서 동•서양의 가교를 찾아내듯이, 중세기의 기독교 신비주의가 헬라적인 것인 한, 선불교와 만날 수 있는 공통점이 있다고 보입니다. 그러나 여전히 현대의 기독교와 불교는 접촉점을 찾기가 쉽지 않겠지요. 예를 들어, 판넨베르크Wolfhart Pannenberg, 1928~2014[39]와 동양 불교는 그 접촉점 설정부

---

38 폴 틸리히는 독일의 프로테스탄트 신학자이자 철학자로, 베를린·마르부르크·프랑크푸르트 대학에서 가르치다 나치에 반대해 해직되고 1933년 미국으로 건너갔다. 이후 유니온신학교, 하버드대, 시카고대에서 교수로 재직했다. 그의 사상의 중심은 그리스도교 계시와 복음을 현대 문화와 철학의 맥락 속에서 재해석하고자 하였으며, 이를 '상호 관련의 방법'method of correlation에 입각한 '**답하는 신학**'으로 정식화하였다. 그의 신학은 하나님을 '존재 자체'Being-itself 또는 '존재의 힘'Ground of Being으로 규정함으로써, 하나님을 인격적 창조주로 이해하는 전통적 신론을 탈피하고, 존재론적·실존론적 차원에서 신학을 전개하였다. 이러한 존재 신학은 하이데거의 실존철학에 영향을 받았으며, 예수를 '**새 존재의 담지자**'로 이해함으로써 그리스도의 구속적 사역보다는 존재론적 전환에 초점을 두었다. 이에 대해 개혁주의 신학은 틸리히의 **신학**이 하나님의 초월성과 인격성을 해체하고, 계시의 객관성과 성경의 권위를 상대화하며, 구속사적 중심성을 상실하게 만든다고 비판하였다. 틸리히의 **신론**은 하나님의 존재론적 정의를 통해 전통적 창조주 개념을 대체하고, **기독론**에서는 역사적 예수의 실재성과 대속적 사역을 약화시키며, **구원론**에서는 인간의 실존적 불안에 대한 해방으로 구속을 환원시키는 경향을 보인다. 이러한 점에서 그의 신학은 개혁주의 교의학과 본질적으로 충돌하며, 신학의 근본 구조와 권위에 대한 해석에서 심대한 이견을 드러낸다. 그의 주요 저서로는 『조직신학』*Systematic Theology, 전3권, 1951-1963*, 『존재에의 용기』*The Courage to Be, 1952*, 『새로운 존재』*The New Being, 1955*, 『문화와 종교』*Culture and Religion, 1965* 등이 대표작으로 그 외 많은 저작이 있다.

터가 불가능한 것일지도 모릅니다. 또한 스위스 천주교회 사제이자 기독교 신학자로 '사제 독신제'를 비판하여, '반항하는 신학자'로 불리는 한스 큉Hans Küng, 1928~2021[40] 같은 사람 경우도 그가 '세계 평화'라고 하는 것 때문에 불교와 대화는 하지만 그의 심중에는 아마 갈등이 있겠지

39 독일 루터교 신학자 볼프하르트 판넨베르크는 현대 기독론의 전개에 있어 '**아래로부터의 그리스도론**'을 체계화한 인물로 평가된다. 그는 1967년부터 1994년까지 뮌헨대학교에서 기초신학 교수로 재직하며, 교회일치연구소를 설립하고 루터교와 로마 가톨릭 간의 신학적 교류에 기여하였다. 또한 1975년부터 1990년까지 세계교회협의회WCC 신앙과 직제 위원회에서 독일 개신교 대표로 활동하였다. 판넨베르크의 신학은 "**신학을 학문으로 볼 수 있다**"는 입장을 중심으로 철학, 역사, 자연과학과의 대화를 적극적으로 모색하였으며, 특히 그리스도의 부활을 역사적 사건이자 계시의 한 형태로 이해함으로써 현대 신학의 중심 주제로 부상시켰다. 그는 칼 바르트의 영향을 받았으나, 공교회 전통의 포괄성과 보편성을 강조하며 바르트의 특정 입장—예컨대 그리스도의 유기 개념—을 비판하고 하나님의 아들의 보편성을 주장하였다. 그의 '역사-계시 중심 접근'은 개혁신학 진영으로부터 성경의 초월적 계시를 약화시킬 위험이 있다는 비판을 받았으며, 삼위일체론에 있어서도 각 위격의 상호 의존성을 강조한 점이 논쟁의 대상이 되었다. 특히 예수의 부활을 역사적 사건으로 이해하려는 그의 견해는, 개혁신학자들이 부활을 신앙의 핵심이자 초월적 의미를 지닌 사건으로 간주하는 입장과 충돌하였다. 그럼에도 불구하고, 판넨베르크의 신학은 현대 신학의 지형에서 중요한 위치를 점하고 있으며, 개혁신학과의 긴장 속에서도 지속적인 대화와 신학적 발전을 견인해 왔다. 그의 작업은 신학의 학문성과 공교회적 보편성, 그리고 역사와 계시의 통합 가능성에 대한 깊은 사유를 제시한다는 점에서 오늘날에도 여전히 유의미한 평가를 받고 있다.

40 한스 큉Hans Küng은 로마 가톨릭 신학자로서 제2차 바티칸 공의회에서 전문위원으로 활동하며 교회 개혁, 교회 일치, 그리고 종교 간 대화에 지대한 기여를 한 인물이다. 그는 '교황 무오성 교리와 사제 독신제' 등 기존 교회 권위에 대해 비판적인 입장을 취하며, '**신학의 개방성과 현대성, 그리고 윤리적 책임을 강조**'하였다. 그의 대표작 『교회』에서 제시된 교회론은 교회를 은사와 봉사의 공동체로 이해하고, 성령의 자유 안에서 질서를 이루는 구조를 제안함으로써 교회의 통일성과 보편성에 대한 새로운 해석을 제시하였다. 그러나 이러한 사상은 교황청과의 갈등을 초래하여 가톨릭 신학 교수직 박탈이라는 논란을 불러왔으며, 특히 전통적 교회 구조와 교리에 대한 도전으로 인해 정통보수주의 진영과 신학적 충돌을 야기하였다. 큉은 역사적·비판적 방법론을 통해 신학을 전개하면서 교리의 절대성을 상대화하는 경향을 보였는데, 이는 '신앙의 객관성과 교리의 불변성을 중시'하는 개혁보수주의 신학의 입장과 본질적으로 상충하나, 그의 신학적 접근은 '**교회의 사도성과 권위에 대한 근본적 재해석**'으로 평가된다.

요. 왜냐하면 그가 조직신학자인 한 기독교적 세계관이 더 고등적이라는 우월의식을 갖고 있을 것이기 때문입니다.

기독교와 동양 종교는 앞으로 시간이 흐르면 흐를수록 점점 더 만나지 못할 것이라는 생각이 듭니다. 양 종교가 지닌 원초적Primordial인 모양새들이 옛날에는 신비주의 때문에 어느 정도 서로를 포용할 수 있었지만, 앞으로는 마치 사과나무 씨앗과 배나무 씨앗이 나무로 자라 열매를 맺을 때, 전혀 다른 것이 되듯이 이질성이 확연해지지 않겠는지요. 현상학적으로 엄격히 말하면 지금 기독교와 불교는 만나지 못하고 있습니다. 본질적인 차원에선 아직도 플라톤의 품 안에 있긴 하지만, 서양기독교이 플라톤주의를 떠났지만 반면에, 동양의 불교는 아직도 플라톤적인 것에 가깝게 남아 있기 때문입니다. 서양은 중세기가 끝나기 전인 15~16세기까지만 하더라도 플라톤적이었으나, 과거 몇백 년 동안 너무도 크게 점프 스타트jump-start, 활성화를 통해, 헬라적인 것에서 튀어나왔다고 할 수 있지요. 특히 개신교 기독교 문화권이 새로운 역사의 바람에 의해 전통 가치 또는 문명으로부터 탈출하다시피 하였기 때문에 이제 불교와 기독교는 이을 수 있는 선이 거의 없다고 해도 과언이 아닙니다.

동양이 플라톤과 가깝다고 한 말은 동과 서가 옛날에는 하나로 이을 수 있는 '접촉점'이 있었다는 말이지요. 본질적인 영역에서는 일맥 상통되는 데가 있었으니까요. 말하자면 영성이라는 것이 고대에선 영원성 또는 영원의 세계에 대한 의식의 눈뜸을 말함인데, 양쪽의 세계가 언어가 다르듯 사유의 체제가 약간 다르지만, '신성 체험'이라는 본질 추구는 그 구경究境이 비슷하였지요. 신성의 감지感知가 신의 본질적인 속성인 자비의 추구였다면 동•서를 막론하고 구도의 목표나 의지가 크게 다르지 않았을 것입니다. 동•서가 용어는 다르게 쓸 수 있어서, 말하자면 동일한 '비'를 희랍 사람들은 소나기 같은 '은혜의 비'라고 하고, 동양인들은 부슬부슬 내리는 단비 또는 부드럽게 내리는 '은총의 우로雨露'라고 하듯이 말입니다.

공空의 해석학 - 그 가능성의 미학

불교의 '공空' 개념을 '해석학Hermeneutics'41적으로 얘기한다면 어떻게 보시는지요?

'공空'은 '열반Nirvana' 개념을 받쳐 준다고 할까, 같이 쓰는 동의어이며 불교 사상의 핵이지요. 불교 이론철학과 실제묵상의 초점입니다. 먼저, '열반' 개념을 조금 말씀드려 보도록 하지요.

'열반涅槃'은 옛 인도인들의 사색에서 주관과 객관이 초월된 심적 상태입니다. '브라만'42의 초월성이 강조되면서 생긴 인도인의 복잡한 일

41 해석학Hermeneutics은 텍스트, 상징, 행동 등을 이해하고 해석하는 방법론을 연구하는 학문으로. 원래 성서 해석에서 시작되었지만, 이후 철학, 문학, 법학, 역사학 등 다양한 분야로 확장되었다. 해석학은 텍스트의 의미를 밝히는 방법론뿐만 아니라, 해석 과정에서 발생하는 인식론적 문제도 다루는데. 예를 들어: 1) **문헌학적 해석학**: 고전 문헌과 성서 해석에 적용되는 방법론이며, 2) **철학적 해석학**: 하이데거와 가다머의 연구를 기반으로 인간 존재와 이해의 본질을 탐구하고, 3) **비판적 해석학**: 사회적·문화적 맥락에서 텍스트를 분석하는 방식 등이 있다.

42 브라만, ब्रह्म Brahman은 힌두교에서 우주적 절대자, 비인격적 궁극 실재를 의미하는데 형상이나 인격이 없으며, 모든 존재의 근원으로 이해된다. 곧 힌두교 철학에서 등장하는 절대자로 우주 최고 신의 명칭이자, 구전되어온 인도 철학 사상의 문헌이다. 위로는 4개의 『리그베다』 사상집이 있고, 보통 12권의 『우파니샤드』가 있으나 사실은 108권의 우파니샤드 집성集成이 있다고도 한다. 우파니샤드Upanishad는 '무릎'upa과 '가까이 와서 앉는다'nishad는 뜻이다. '브라만'

원론 개념을 깔끔하게 씻어내고 신성궁극적인 실재의 초월성만을 강조하면서 나온 불교 정신 수행의 이상理想 경지이지요. 열반은 최고의 목적을 나타내는 불교 특유의 말이라고 생각되나 실은 불교 이전, 그러니까 옛 힌두교에서부터 내려오던 것으로서 붓다가 이것을 답습踏襲하고, 정화淨化하여 더 광범위하게 사용하게 한 것입니다.

열반의 본래 의미는 언어 구성으로 말하면 '끄다nir'란 말과 '불다vāna'의 합성어로써, '후 불어 꺼버린 상태'를 말하지요. 온갖 악을 불러오는 탐貪·탐냄 · 진瞋·성냄 · 치痴·무지로 어리석음의 삼독三毒, 그 격정의 불이 꺼져버린 상태를 이름입니다. 또 팔리Pali어로는 'nibbāna'라고 씀으로, '번뇌의 숲이 없는 상태'란 말입니다. 결국 열반은 번뇌를 초극한 정신의 평화를 의미하는 것이지요. 동북아의 대승불교에 들어오면 고뇌를 초극超克하고 정신적으로 안정된 경지에 들어간 후에도 이 경지에 머물러 있지 아니하고, 이타행利他行의 실천으로 향해 가는 보살정신Bodhisāttvā Ideal의 극치를 말하지요. 그리하여 열반도, 삶Samsāra, 본래 '흐름'의 뜻조차도 잊어버린 걸림 없는 경지입니다.

이 열반의 또 다른 뜻이 '공空'이지요. 이것은 반야般若, Prajnā[43]계통의 여러 경전과 그 입장을 포괄하는 용수龍樹, Nagārjuna[44]를 위시한 중관中觀파

은 우파니샤드에서 특히 발전된 개념으로, 이 명칭은 인간에게 '신성한 말' 또는 '거룩한 힘'을 의미하게 되었다. 인간 속에 있는 브라만의 힘은 우주에 있는 신성한 브라만의 힘으로 간주됨으로써 소아小我인 아트만Atman은 대아大我인 브라만의 또 다른 이름이기도 하다. 절대자 브라만은 설명할 수 없는 어떤 것으로서 '**이것도 아니고, 저것도 아니다**'*this not, that not* 라고만 말할 수 있는 초월적 그 무엇이다. 『바가바드-기타』Bhagavad-Gita에서는 브라만은 인격적인 신으로 뚜렷이 나타난다.

43 '지혜'를 뜻하며, 6개의 완성품 중의 하나인 『반야 바라밀다』Prajna Paramitas는 지혜의 완전함과 관계된 대승불교 경전을 모아 놓은 것을 가리킨다. 주후 1세기경에 편찬된 것으로 추정되며, 그 뒷부분에는 「나가주나의 교훈」과 「공空의 교리」가 실려 있다.

사람들이 특히 그 입장을 견지합니다. 『반야바라밀다심경』줄여서 『般若心經』의 '일체 개공一切皆空' 사상이 특히 그러하지요. 여기서 말하는 '공'은 본래 집착을 떼어버림이니, '공'을 '허무론nāstika'으로 보는 것은 단견短見입니다. '공'은 산스크리트梵語로 śūnyata로 유有에 대치되는 비유非有로, 존재를 부정하는 뜻이나, 익히 알려져 있는 무無 또는 허무虛無, nāsti 개념과는 전혀 다르지요. 왜냐하면 'śūnyam'의 원래 뜻이 '비어있다devoid, empty' 또는 '열려있다open'란 의미이기 때문입니다. 또 '상대성relativity'을 함축하는데도 쓰이지요. 그래서 이 '공'이라는 śūnyam, 또는 śūnyata는 '여연如然, yathābhūtam', 즉, 'the way things really are'를 인식하기 위한, 구도적 방편方便, Upāya의 언어입니다.

앞서도 말씀드렸습니다만, '비어 있음'으로 가득한 '공'이지요. 산스크리트 본래의 뜻에도 있듯이 쇠잔해서 없어지는 것이 아닌 것으로서 도리어 집착과 환각을 떼어내는 생산 작업 용어입니다. 그래서 '공'은 근심과 노怒와 고통도 넘어선 그 무상無上의 행복과 자유blissful perfect freedom 상태인 '열반'과 동의어입니다. 선禪불교의 묵상參禪 전통은 중관학파中觀學派, Mádhyamika의 철학적 공관空觀과는 달리 심리적 신비 사상으로써 '공'을 다룹니다. 선가들은 체험을 중시하니까 '공'을 심리적으로 느끼려고 할 수밖에 없겠지요. 선가들에게 있어서 '공'은 사물에 집착하는 것을 피하라는 것으로 해석하지요. '업業, Karmān'을 씻어 나가야 하는 윤리적, 심리적 규정으로 이해한다고 할까요. 이 심리적 해석에는 '심心, cittā'만을 다루는 유식학唯識學파와 중관학파의 영향이 큽니다. 그들에게 있어서 '공'은 '자아를 비운다.'라는 뜻입니다. 그리하여 선가禪家들은 비운다는

44 나가주나는 불교의 14대조祖로 중관학中觀學파의 창시자며 대승불교의 아버지라고도 불린다. 공空개념을 최초로 교리화하여 가르쳤으며. 생애는 확실치 않으나 주후 2세기 사람으로 알려져 있다.

생각도 없이 자신을 비우지요. 이 점에서 '공'은 묵상 전통의 열반과 직결되는, 아니 열반의 심리적 면을 강조하는 것이 되지요. 깨달음의 입장에선, 열반이 '공'이고, '공'이 열반입니다.

불성佛性과 서양의 영적 거인들

불성佛性을 서양의 영적 거인들, 예를 들면 신플라톤주의의 플로티누스, 가톨릭의 어거스틴, 개신교의 루터 사상과 비교해 인물 중심으로 간단히 설명해 주실 수 있을는지요.

플로티누스

기원후AD 3세기의 사람인 플로티누스Πλωτινος, 205-270적 '불성' 개념은 아무래도 그의 'Emanation Theory流出, 유출'를 중심으로 해야겠지요. 플라톤보다도 더 불교 쪽에 가까울 수 있는 것은 이 개념밖에 없을 것이라고 봅니다. 그는 먼저 일체 만물이 영원한 영역인 '일자一者'로부터 나온다고 봅니다. 그의 신학적 철학에 의하면 '일자'는 그 자신 가만히 있으면서도 마치 샘에서 물이 흘러나오듯이 그렇게 유출한다는 것이지요. 그러므로 '일자'는 준다는 일 없이 주며, 인간은 그의 영혼을 높이고 순화해서 '누스nous 정신, 예지'와 그 이상의 것에 도달하려고 노력하다 보면 자기도 모르는 사이에 어느 날 일자一者에 합일하여 '엑스타시스ekstasis, 脫我 탈아'의 경지에 들어간다는 것이지요. 따라서 그의 철학은 '일자'와 하나인 '영원의 생명을 얻는 것'을 궁극의 목표로 삼는다고 할 수 있습니다.

물론 플로티누스의 사상을 바로 불교적인 개념과 연결하려고 하는 데는 문제가 없지 않아 있지요. 그에게는 불교에는 없는 이성의 세계, 즉 세계를 이성의 세계와 감성의 세계로 나누는, '이성계理性界'가 위계位階질서를 가지고 있습니다. 가장 높은 것이 '일자一者, the One'이며, 그 다음이 '누스Nous정신mind, 예지, intellegiance', 그리고 '영혼Soul'의 순입니다. 플라톤의 「파이돈」과 「티마이오스」에서 빌린 형이상학적 틀이지요. 플로티누스에게 있어서 '일자' 자신은 일체를 초월하고, 존재의 피안彼岸, 그 초선超善, 초미超美가 되며 상대의 한계를 가진 인간이 파악하기 힘든 절대의 존재입니다. 그러면서 이 절대자 '일자'는 일체 만물의 근원이며, 또 일체의 만물에 현전現前하고 있지요. 그것은 '어디에도 없는가 하면, 또 어디에서도 존재'합니다.

이 '일자' 다음의 '누스'는 '가능성'으로써 일자에서 나오며 완성된 정신으로 '일자'에게 돌아갑니다. 이 '누스'에는 주主와 객客, '하나一'와 '다多'가 있으나 '다'가 '하나'이며, '하나'가 '다'이지요. 원圓의 중심은 분명 하나인데, 그 중심은 일체의 반경半徑이 집중되는 중심인 동시에 '다'가 있는 것과 같은 이치입니다.

플로티누스는 인간의 '영혼Soul'관觀에 대해서 인간의 영이 감성계인 육肉에 갇혀 있는 것은 타락 때문인데 '악'이라고 보며, 도덕과 지각의 연단을 통하여 '누스'를 거쳐 '일자'에게 돌아갈 수 있는 것으로 보았지요. 이토록 플로티누스의 기본 생각은 우선 알 수 없는 신, 모양이 없는 신, 그러면서도 만물과 만법萬法이 근원인 '일자'에 귀일歸一한다는 것입니다. 그 알 수 없는 신인 '일자'의 '최고선The Good'이 낮은 데 있는 인간의 영혼을 끌어올린다는 것이지요.

따라서 그의 신비적 형이상학에는 인간의 영인 '개인 영'을 우주 영인 '일자'의 영으로 회복시켜야 한다는 과제 'understanding the divinity of his soul and restoring its relationship to the divine All'가 있습니다. 이런 점에서 플로티누스의 사상에는 불교와는 다른 인격신 개념이 있지만, '만법이 하나로 돌아간다萬法歸一'는 절대 경지空과 如와 합일 사상에는 신비주의의 성격 규정 측면에서 같은 데가 있습니다. 그리고 궁극적인 실재에 대해서도 불교처럼 '말할 수 없다ineffability'는 입장을 견지하고 있지요. 이점에 관하여는, 앞으로도 지속적으로 논하겠습니다만, 기독교에서도 하나님을 '**알 수 없는 하나님**', '**깊고 부요한 하나님**', '**인간의 생각과는 다른 하나님**' 등으로 신명기 29장 29절, 로마서 11장 33절과 이사야서 55장 8절과 9절에서 말씀하고 있습니다.

이리하여 플로티누스는 플라톤에 이어 '**기독교 신비 철학의 아버지**'가 됩니다. 그에게 있어서 신은 '말로 형용할 수 없는 하나님', '주관도 객관도 없으신 하나님', 그러면서도 'being존재과 doing행을 연합하여 겸전兼全하신 하나님', '본질 중의 본질essence of essence', '형상 중의 형상form of forms'이지요. 이것은 그의 '우주 영World-Soul' 개념에서 나오는 구절들입니다. 인간의 영은 개인 영으로서 '타락된 하위 개념'이고, 하나님의 영은 영원한 상충인 '상위 개념'으로 인간이 헤아리기 어려운 창조 세계지요. 마치 플라톤의 "이데아의 세계"처럼 말입니다. 앞서 살펴보았듯, 이 이데아의 세계는 추상적이고, 멀리 있으며, 그러면서도 절대적이고 영원불변한 세계이지요. 이 세계는 현상계에 있는 유한한 객체의 세계와는 다른 곳입니다. 불교 쪽으로 말하면 '진체眞體의 세계'이고, 노자의 용어로 말하면 '道可道 非可道도가도 비가도''**도라 부르면 이미 도가 아니**

다'라고 하는 그 상도常道이지요. 플로티누스의 학문적 유산은 이후, 4세기의 히포Hippo의 어거스틴, 위僞디오니시우스, 에리우게나, 13세기의 토마스 아퀴나스, 에크하르트, 에크하르트의 제자 계열인 수스Heinrich Seuse, 1295~1366, 타울러Johannes Tauler, 1300경~1361와 르네상스 시대의 추기경인 쿠자누스Nicolaus Cusanus, Nicholas of Cusa 1401~1464, 그리고 근대철학의 스피노자, 헤겔 등의 사람들에 의해 수렴됩니다.

어거스틴

📖 어거스틴Augustinus Hipponensis, 354~430에게 있어서의 불성적 측면은, 'Imago Dei하나님의 형상'라고 할 수 있겠지요. 'Similitude Dei하나님과의 닮음'라고 할까요. 결국 "인간 안에 삼위일체가 '닮음'으로 다 있다"는 것이지요. 그러나 어거스틴은 아무래도 기독교의 근본 핵인 윤리의 문제, 즉 '죄의 문제'를 다루고, 기독론과 구원론, 교회론을 다루는 사람 아닙니까. '도성인신' 개념을 중심으로 '하나님 경륜의 구속사'라고 하는 역사관을 세운 사람이니까 플라톤이나 플로티누스처럼 인간과 신을 일치시키는 면도 있지만, 또 엄격히 구별도 하지요. 그래서 그는 '진리의 양면성'을 말할 때 하나님과 인간의 관계를 일치로 연계하는 것보다는 도리어 단절성, 구별성을 더 뚜렷하게 한다고 할 수 있지요. 잠재 가능성이라고 할 수 있는 불성佛性, Buddha Nature보다는, 이 단절의 문제가 더 강조되어 있다고 볼 수 있지요. 그의 영혼관은 불교의 불성 개념처럼 인간의 내면에 있는 신성의 내재성이 아니라 '위로 하나님을 찾아 올라가는 신성의 초월성'이 궁극적으로 강조되어 있습니다.

마틴 루터

루터Martin Luther 1483~1546 같은 종교개혁자들은 철학의 틀을 벗어나는 사람들이지요. 그는 고래古來로부터 내려오는 형이상학을 초월하는 시대에 살았으니까, 말하자면 인간 정신의 중세기적 상황에 쌓여 있는 저 위의 하나님보다는, 르네상스적 인식 전환, 즉 인간 자체를 중심으로 신을 보려고 하는 심리학적 신학을 생각해 보지 않을 수 없었습니다. 종교를 밖에서보다는 안으로 끌어 들여놓고 보려고 한 것이지요. 그래서 루터는 '인간론'에서 획기적인 구원의 문제를 선포합니다. 소위 말하는 '믿음으로 구원을 얻는다'라고 하는 '이신칭의以信稱義, Justification by Faith' 개념이지요. 그가 '죄론Theory of Sin'을 다시 안쪽으로 끌어들여 해석하면서 '오직 믿음만으로Sola Fide!' 구원받는다고 한 것입니다. 이것은 그가 형이상학을 탈피한다는 말이지요. 즉, 형이상학은 존재의 우주적인 카테고리 안에서 본질Substance과 현상 세계를 연관시킬 수가 있고, 그리하여 신과 인간의 문제를 수렴할 수 있지만, 루터는 철학의 세계를 떠나서 무섭도록 성서 쪽으로만 돌아갑니다. '오직 성서만으로Sola Scriptura!' 하면서 말입니다.

성서로 돌아가면 실존적인 역사로 돌아가는 것입니다. 역사라는 현상 속에서 상대의 세계인 인간이 되는 것이지요. 이렇게 되다 보니까 절대인 하나님은 초월하는 하나님이 되시고, 인간은 그야말로 유한한 죄인이 될 뿐입니다. 따라서 루터에겐 '불성'이라는 말을 쓸 수가 없지요. 헬레니즘 권에 있었던 초대 교부들과 중세기 신학자들과는 다른 신관이요 인간관입니다. 이 루터의 사상에는 부정적인 요인도 있지만, 긍정적인 면이 크게 있습니다. 말하자면 신학의 학문神學이 형이상학 진리로부터 떨어져 나가는 면이 있지만, 성경의 원原정신을 착실히 알아간다는 데에는 성숙의 과정을 겪고 있는 면이 있습니다. 마치 어린아이가 부모의 곁을 떠나 성숙해 나가듯이 말입니다.

공空과 에크하르트의 무無

불교의 '공空' 개념을 13세기의 도미니칸 신학자 에크하르트의 사상과 연계해서 들어보고 싶습니다. 또한 '선禪' 전통의 장·단점은 무엇이라고 보시는지요?

에크하르트의 사상

마이스터 에크하르트Meister Eckhart의 사상은 '종교적 형이상학'인데, 그는 활동하는 신神의 보이지 않는 이면異面, the Otherness of Divine Being에는 '무無' 또는 '암흑'이라고 할 수밖에 없는 신성神性, Godhead이, 침묵하는 성부Silent Godhead로서 고요한 광야Wilderness of Godhead처럼 있다고 합니다. 이 '무'인 신성 성부는 자의식 작용으로 삼위일체의 조화를 내는 그 '본질'입니다. 그러니까 하나님 아버지는, 그의 신성으로서 삼위일체의 '성부자의식의 주관'와 '성자자의식의 객관'와 '성령성부와 성자를 일치되게 하는 '본질'에서 나오는 숨길 같은 사랑'을 역사役事케 한다는 것입니다.

따라서 에크하르트가 말하는 이 '무'의 신성은 일체를 초월, 심지어 삼위일체까지 초월하게 됩니다. 신God도 신성Godhead이 실제로 활동할 때

신이 되기 때문입니다. 신비신학의 '중시조中始祖'[45]라고 할 수 있는 이 에크하르트의 사상은 이토록 먼저 신과 신성을 구분합니다. 삼위三位가 각각 활동을 하는 한, 각 위位는 'Godhead'의 자의식 작용에 의한 바깥 모습, 또는 '표면적 세계surface of the absolute'이고, '궁극적 실재Ultimate Reality'는, 안에 계시는 '침묵의 아버지The Godhead in Sacred Silence'라는 것이지요. 이 아버지를 'God of God'라고 부릅니다.

에크하르트는 또 그의 가르침에서, 인간은 태어나면서부터 내면에 신을 알게 하는 '**신의 불꽃**divine spark**을 영혼**psyche **안에 부여받는다**'고 합니다. 그에 의하면 우리 인간들은 성경이 가르치는 대로, '누구나 다 영원을 사모하는 마음'전 3:11을 가지고 태어나고, 또 하나님의 자녀들Children of God이라고 불리는 한, 아버지 영의 나타나심manifestation of the Spirit을 내재하고 태어난다는 것입니다. 그리고 무엇보다도 예수께서 '하나님의 말씀Divine Logos'이라고 불리기 때문에, 우리 개개인도 다 '하나님의 작은 말씀'a word of God이라고 하는 주장입니다. 그는 우리가 하나님의 자녀들이고, 또 작은 말씀인 것은 우리가 신에게서 나와서 다시 신께로 돌아갈 수밖에 없는 도덕적 필연 때문이라고 봅니다.

이 '도덕적 필연'이라고 하는 신과의 관계성 문제와 그 안에 본질적으로 내재하는 '신의 불꽃' 문제는 아무래도 에크하르트를 일원론자一元論이게 합니다. 따라서 에크하르트의 신비 사상은 일원론적 '모달리즘

---

45 신비신학Mystical Theology의 초대 시조로는 일반적으로 위僞디오니시우스Pseudo-Dionysius the Areopagite를 꼽는데, 그는 부정否定의 신학Apophatic Theology을 강조하며, 신비주의적 신학의 기초를 마련했다. 이른바, 신비신학의 중시조는 시대와 학파에 따라 다르게 평가될 수 있지만, 대표적으로 마이스터 에크하르트Meister Eckhart로 언급되는데, 그는 독일 신비주의의 핵심 인물로, '**신과 인간의 합일**'을 강조하며 신비신학을 발전시켰다. 이 외에도 요하네스 타울러Johannes Tauler, 하인리히 수스Heinrich Seuse 등이 신비신학의 중요한 인물로 평가된다.

modalism의 윤리학'이며, 신성의 내재론에 중점을 둔 하나님 형상의 '성화 신학'Theology of Sanctification입니다. 그리고 이 성화 신학의 목적은 예수님이 하나님과의 '한 띠'를 강조하시듯이, 하나님과 합일을 이루라는 것이지요. 육의 인간은 이 일을 할 수 없지만 '신의 불꽃'은 성령의 속성상 인간의 영혼을 신과 사귀도록 한다는 것입니다.

그리하여 에크하르트는 때로, "신의 불꽃이 바로 신이다"고 말하기도 합니다. 이 신의 불꽃은 그의 '성령 신학'이라고 할 수 있는 'Spirit-in-Process' 개념에서 잘 나타나고 있습니다. 기독교인의 본분은 사역하시는 성령, 그 하나님의 성령의 능력 안에서 하나님과 하나가 되어야 한다는 것이지요.

인간이 직접 신과 합일해야 한다고 하는 에크하르트의 사상의 성경적 기저基低는 요한복음 10장 34절과 35절입니다. 거기서 예수님은 인간이 가질 수 있는 신성의 능력 또는 체험을 하늘로까지 끌어 올려 줍니다. 그는 시편 82장 6절을 인용하면서, "아버지께서 너희는 신들이라고 하셨거니와 나도 말하노니, 하나님의 말씀을 '받은헬)원어는 '되면'' 사람들은 '신원어는 '신들''이라."요 10:36라고 신비한 말씀을 예수님은 하십니다. 기독교 영성 또는 '제자도Discipleship'의 궁극은 이토록 신성의 공유共有 끝에 갖는 '신인합일神人合一,unity with God'임을 에크하르트가 간파한 것이지요.

사실 이 '신인합일' 사상은 에크하르트 이전에도 천년이나 계승 되어 왔습니다. 플로티누스와 오리게네스 이후 어거스틴, 위디오니시우스Pseudo Dionisius, 에리우게나Johannes Scotus Eriugena, 약 810년경~877년경, 보나벤투라Sanctus Bonaventura, 1221~1274 등이 이론상으로는 방법론에서 약간의 차이점을 보일지라도 이 신비 전통의 맥을 보이고 있습니다. 이러한 신비주의자들의 주장은 인간이 하나님의 형상으로 지어진 참 자아의 회복을 위해 먼저,

하나님의 품에 안길 수 있어야 하는 그 신성에 대한 체험이 우선á Priori 이라는 것이지요. 기독교 신비주의는 신과 인간이 구별되어 있다는 생각을 배격하고 직관적으로 신과 하나가 되려는 데서, 자연을 세계의 근원神으로 보고 그 안에 안기려고 하는 동양의 '자연 즉 신自然卽神' 전통과 통하는 데가 있습니다.

에크하르트와 동양 정신 - 그 조우遭遇의 문제점

📖 에크하르트의 사상이 동양적 정신 채널과 통하는 또 하나의 면은 위에서 말씀드린 신의 내재성, 그 삼위일체 현현顯現의 근저根低이기도 한 '무無'를 본질적으로 체험한다는 것 외에, 그가 희랍철학의 유산을 신학적 형이상학으로 답습하고 있다는 것입니다.

플라톤 철학에서 인간이 추구해야 할 것은 '절대 불변의 세계'이나, 이것은 설명할 수 없는 본질적 영역입니다. 따라서, 플라톤은 선善의 이데아Idea 개념을 중심으로 한 그의 신비주의 변증에서, 인간 이성의 한계를 넘어서는 이 큰 영혼에 대한 동경을 보이고 있습니다. 이 큰 영혼은 이성理性 발전의 원인이 되고, 이성을 초이성으로까지 끌어올리는 '최고선The Good'이지요. 소크라테스에게 온 이 영감은 이후 플라톤과 아리스토텔레스를 거쳐 플로티누스의 철학에 와서 '신인합일神人合一'의 신비주의로 굳어짐을 보입니다.

이토록 고대로 올라갈수록 인간의 종교 경험은 초월적 실재에 대한 신뢰와 동경을 '신비적 관조mystical contemplation' 안에서 추구합니다. 그것은 절대 세계를 향한 영혼의 순례 흔적으로써, 이론적으론 철학적 인식을, 그리고 실제적으로는 종교적 명상을 남겼습니다. 그래서 인간 영혼이 신과 합일하려는 노력은 그것이 동양의 신비주의에 나오는 '공'의 개념이든지, 플라톤 철학의 개념이든지 간에 본질적으로는 절대 선善을 향한 영혼의 순례이지요. 이 영혼의 순례는 언어의 옷이 다를 뿐 추구하는 궁극은 '신성의 체험'일 것입니다. 다만 민족마다 종교적 전통이나 영성이 다른 것은 그들의 강조점이 다르고, 또 그들이 지향하는 궁극적 실재의 영성이 뚜렷이 나타나느냐 그렇지 않으냐의 차이 때문입니다. 이 점에서 에크하르트적 기독교 신비주의는 동양적 신비주의인 '공空' 사상과 만나면서도, 또 만나지 못하는 면이 있습니다. '공' 개념의 인격성과 역사성이 문제 되기 때문이 아니겠습니까?

에크하르트의 기독교에는 '은총설'과 '종말론' 등 기독교가 가져야 할 기본적인 교리가 다 있지만, 불교는 자신과 끊임없는 사색일 뿐 시간의 역사성이 없습니다. 그래서, 열반의 개념이 모든 것을 초월한다는 것은 좋지만, 역사를, 자연을 열반이 되게 하는 것이 뚜렷하지 않으므로 '열반의 실체가 맹물처럼' 되는 문제가 있습니다. 그리고 불교의 신비주의가 '봄見'과 '깨달음覺'에 이르는 심적 안정을 강조함으로써 지성을 초월하여, '공'이나 '여'의 절대 경지에 합일하려는 신비성은 있으나 기독교처럼 인격적 절대자인 신이 전제되어 있지 않으므로 기독교와는 다른 신비주의입니다. 그래서 에크하르트의 '신의 불꽃'과 당唐 임제臨濟 선사46의 '무위진인無位眞人' 개념은 '신성의 빛'이라는 차원에서 양쪽이 만

46 임제 의현臨濟 義玄, ?~866 선사는 중국 당나라 시대의 대표적인 선승으로, 임제종臨濟宗의 창시자이다. 그는 직설적이고 강렬한 가르침으로 유명하며, 특히 "**부처를 만나면 부처를 죽이고, 조사를 만나면 조사를 죽여라**"는 말로 잘 알려져 있다. 이는 고정된 관념을 깨뜨리고 스스로 깨달음을 얻어야 한다는 뜻을 담고 있다. 그의 사상은 크게 다음과 같은 특징을 지닌다:

나면서도 '인격성과 역사성'의 유•무 때문에 헤어지는 것입니다. 사실 선禪 자체는 종교가 아닙니다. 주主도 객客도 넘어서는 존재의 본체론本體論적 인식깨달음일 뿐이지요.

인간은 현실이라고 하는 역사의 실존적인 상황에 있어야 하고, 역사와 자연이 의미를 가진 것이라면, 하나님은 그 모든 것을 '화목和睦, reconciliation'하게 하여야 합니다. 그리하여 존재 구조적인 면에서 역사와 자연을 종말Eschaton로 이동, 결국 하나님의 영광이 가득하게 되는 만물의 승화가 있어야 하는 것입니다. 기독교에서는 하나님의 영광중에 풍요한 이 새 시대와 공간을 하나님의 나라라고 하고, 여기에 인류와 지구의 운명이 극복되는 소망을 걸지요. 그러나 불교에는 역사에 내재하시는 인격적 실재 개념과 역사의 완성 과정이 시공時空적으로 나타나 있지 않다고 할 수 있습니다. 정토종淨土宗47의 정국토淨國土 사상은 시간관과 우주관이 역사적이지 못하고 추상적입니다.

- 즉시현금卽是現今; 지금 이 순간이 가장 중요하며, 수행도 현재에 집중해야 한다는 가르침
- 무위진인無位眞人; 분별과 차별을 초월한 참된 인간의 본성을 깨닫는 것이 중요하다는 철학
- 활인검活人劍과 살인도殺人刀; 기존의 관념을 깨뜨리고, 참된 깨달음을 얻기 위한 강렬한 수행 방식 등이 있다. 임제 선사의 가르침은 중국 선불교의 발전에 크게 기여했으며, 이후 한국과 일본의 선불교에도 깊은 영향을 미쳤다.

47 정토淨土, Pure Land, Sukhavati는, 대승불교 교본인 『묘법연화경』妙法蓮花經에 따르면, 서방 극락 세계로서 아미다불Amita佛이 거居하는 서쪽의 '축복의 세계, 곧 '순수한 땅'을 의미한다. 정토학파는 주후 4세기 혜원慧遠 법사에 의해 중국에 소개되었으며, 우리나라에서는 신라의 원효대사617-686가 아마불佛 신앙을 널리 전파했고, 고려의 의천義天 대사도 정토 관련 경전을 간행하였다. 이 종파의 교리에 따르면, 아미다불을 믿어야만 구원을 받아 그의 천국에서 다시 살 수 있으며, 나아가 그의 이름名號을 단순히 부르는 생활만으로도 열반 또는 정토淨土에 들 수 있다고 한다. 정토종 사상의 핵심은 '불국토 정국토'佛國土 淨國土로, "모든 사람이 부처깨달은 자의 깨달은 마음만 가지면 그 나라는 깨끗하고 순수한 세상이 된다."라는 것이다. 정토종은 현재 일본에서 가장 큰 불교 종파로, 일본 불교계 전체 신도 수가 8,900만 명을 넘는 가운데, 이 중 약 850만 명이 정토종계 신도이다. [문화청 통계 연감, 2022]

하나님이 인간의 몸을 입고 이 땅에 오신 은혜 사랑인 성육신成肉身, Incarnation[48] 사건을 중심으로 절대와 인격적 관계를 맺는 종교는 완전 종교라고 할 수 있습니다. 절대의 영성령이 인간을 위로 끌어올릴 뿐 아니라, 현상계의 위치를 세워주기도 하면서 초월시키기도 하는 다양성의 역할을 내재화 역할과 함께 보이기 때문입니다. 즉, 에크하르트적으로 말하면, 기독교의 성부 하나님은 '영의 기능'을 다양하고 충분하게 하시는 것이지요. 불교에는 영에 대한 궁극적 실체랄까, 이 영성에 대한 개념이 부족하다고 할 수 있습니다. 한 예를 들어보면, '공空' 자字를 쓰는 것도 자연 개념 안에서만 파악되는 공간Space개념이므로, 시간time개념이 부족하지 않습니까. 역사는 시간과 공간이 합해서 일어나는 사건의 집적集積인데, 불교는 시간 개념이 없으니까 결국 역사성이 약합니다.

종교가 종교로서 기능을 발휘하자면 완성을 향해 달려가는 시간 개념이 있어야겠지요. 불교는 이것을 빠뜨리고 있음으로써 진리 또는 '참'의

---

48 **"하나님이 세상을 이처럼 사랑하사 독생자를 주셨으니, 이는 그를 믿는 자마다 멸망하지 않고 영생을 얻게 하려 하심이라."** 요 3:16 이 구절은 기독교 신앙의 정수를 담은 말씀으로, 하나님의 무조건적 사랑, 예수 그리스도의 대속적 희생, 그리고 믿음을 통한 구원이라는 세 가지 핵심 진리를 선포한다. 먼저 "**세상을 이처럼 사랑하사**"라는 표현은 하나님의 사랑이 특정 민족이나 계층에 한정되지 않고, 모든 인류를 향한 보편적 사랑임을 보여준다. 이는 곧 '하나님의 구원이 누구에게나 열려 있다'는 '복음의 포괄성과 개방성'을 드러낸다. 이어서 "**독생자를 주셨으니**"라는 구절은 하나님께서 먼저 사랑을 실천하신 능동적 구원의 의지를 나타낸다. 인간의 자격이나 공로가 아닌, '전적인 하나님의 은혜에 기초한 구원'임을 강조하는 대목이다. 또한 "**그를 믿는 자마다**"라는 조건은 믿음이 단순한 감정이 아니라 인격적 결단이며, '구원은 은혜로 주어지되 믿음으로 응답해야 한다'는 신앙의 책임성을 내포한다. "**영생을 얻게 하려 하심이라**"는 말씀은 영생이 단지 죽은 이후의 삶만이 아니라, '**지금 이 순간부터 시작되는 하나님과의 관계**'임을 뜻하며, 시간의 길이보다 관계의 깊이를 강조한다. 마지막으로 이 구절은 창세기부터 이어진 하나님의 구속사적 계획이 예수 그리스도 안에서 완성되었음을 보여주는 선언으로, 성경 전체의 중심 메시지가 '**예수 그리스도 안에서 완성된 구원임을 선언**'하며 요약하는 복음의 정수라 할 수 있다. 이처럼 요 3:16은 단순한 위로를 넘어, 하나님의 사랑과 은혜, 믿음의 응답, 그리고 구원의 완성을 아우르는 신학적 진술로서, 기독교 신앙의 신학적 기초와 구속사의 정수를 응축한 복음의 핵심 선언이라 할 수 있기에 모든 신앙인의 가슴에 깊이 새겨야 할 말씀이다.

'전반全體성'을 다 포착하지 못하고 '일면一面성'만을 포착하고 있다고 할 수 있습니다. 따라서 선불교는 신의 초월성만을 포착한 종교이고, 묵상默想, meditatio과 관조觀照contemplatio 만으로 접근하는 특이한 정신 전통이지요.

진리 또는 실재實在란 전반全體의 다양성에 대한 수용인데, 이 점에서 불교는 전체를 붙잡고 있다고 볼 수가 없습니다. 이것이 불교가 가지고 있는 전반에 대한 '미성未成,immaturity'이라 생각합니다. 선불교는 시간은 말할 것도 없고 철학적 공간개념도 개념 설정이 불가능합니다. '물物' 체계는 공간뿐만 아니라 시간과 더불어 이루어지는 것임으로 '시간과 공간은 상호보완적'으로 같이 있어야 합니다. 그리해야 외계에 존재하는 객관적 사물의 외재성外在性을 우리의 가능한 경험 속에서 고찰할 수 있고, 또 인간의 힘으로 고찰할 수 없는 부분은 신적인 것에 의지하는 것입니다.

결국 '역사의 완성'은 성경에 제시되듯, 신의 창조물인 이 '시간과 공간'이 신의 섭리의 어느 때에 승화되는 것을 이름이지요. 불교가 공간을 자연 만물로는 붙잡았으나 중세기 신학처럼 예지적 공간으로 보지 못한 것은 공간개념을 철학화 하지 않았기 때문입니다. 이와는 대조적으로 기독교 신비주의와 만나는 플라톤이 「티마이오스」*Timaeus* B.C.,360년경 저작[49]에서 서술한 다음과 같은 말은 아주 흥미롭습니다.

> 이데아가 아버지라면, 그 복사複寫인 감각적 사물은 자식이며, 공간은

49 「티마이오스」Τίμαιος, Timaios, 기원전 360년경는 플라톤의 우주론과 형이상학적 세계관을 설명하는 후기 『대화편』 중 하나로, 데미우르고스Demiurge가 조화로운 우주를 창조하는 과정과 이데아의 역할을 다룬다. 특히, 플라톤은 이데아아버지, 감각적 세계자식, 공간어머니이라는 비유를 통해, 이데아가 감각적 세계의 원형이며, 공간은 그것을 담아내는 역할을 한다고 설명한다. 이러한 개념은 플라톤의 이데아론과 깊이 연결되어 있으며, 후대 철학자들에게도 큰 영향을 미쳤다.

자식을 낳을 수 있는 어머니이다.

물론 선불교의 묵상참선 전통에는 큰 봉우리도 있습니다. 묵상은 종교의 실천적인 면이랄까, 수행에서 올라갈 수밖에 없는 최고의 봉우리인데, 선가들은 이 전통을 잘 붙잡고 있다고 볼 수 있습니다. 인간 영靈의 내면에 종교적 훈련spiritual discipline을 그토록 체계화하고 고도화시킨 점에서 불교가 내놓을 수 있는 은사이지요. 기독교에도 수도원 전통을 통하여 묵상적 문화의 디멘션dimension이 있기는 하지만 불교처럼 보편의 큰 몫을 담당했다고는 볼 수 없습니다. 그리고 기독교인들은 선가禪家들로부터 삶의 단순한 태도도 배워야 합니다.

이를테면 30여 년 전에 입적入寂한 성철性徹, 1912~1993 스님의 그 단순의 영성과 구도 의지는 기독인들도 본받아야 하는 것입니다. '돈오돈수頓悟頓修'50를 강조하며, 즉각적인 깨달음과 실천을 주장했습니다. 많이 알려진 대로 "산은 산이요, 물은 물이다."라는 법문은, 있는 그대로의 진리를 깨닫는 것이 중요하다는 의미를 담고 있어, 조계종 종정을 지냈으나 선禪과 교教를 아우르는 수행과 가르침을 후학 불자와 학승들에게뿐만 아니라 구도심 있는 신앙인에게도 큰 가르침으로 주었지요. 특히 '장좌불와'長坐不臥, 오랫동안 앉아서 결코 눕지 않음 곧, 8년간 한 번도 눕지 않았다는 것이 아닙니까. 깨치지 않으면 누운 채로 죽을 수 없다고 하는 처절한 구도 의지의 극치입니다. 그러나 기독교적인 입장에서는, 그의 죽음

50 '돈오돈수'頓悟頓修는 불교에서 깨달음과 수행의 관계를 설명하는 중요한 개념으로, "단박에 깨닫고 단박에 닦는다."라는 뜻이다. 즉, 깨달음과 수행이 동시에 이루어진다는 사상이다. 이 개념은 중국 당나라 육조 혜능慧能 선사에게서 비롯되었으며, 그의 저서 『육조단경』六祖壇經에서 '돈오돈수'의 종지가 강조된다. 한국불교에서는 태고 보우太古普愚, 1301-1382 스님이 이 사상을 계승하여, 보조지눌普照知訥, 1158-1210의 '돈오점수'頓悟漸修와 대립되는 견해로 발전시켰다. 현대에는 퇴옹 성철性徹 스님이 『선문정로』禪門正路에서 '돈오돈수'를 적극적으로 주장하며, 이를 한국 선종의 수행 전통으로 확립하였다. 『한국민족문화대백과사전』

은 장엄한 비극입니다. 성철 스님 자신이 "뭇 남녀를 속이기만 하다가 이제 무간지옥으로 떨어진다."라고 하는, 인간적인 진실로 인간적인 구도인의 순수를 '회한悔恨에 찬 유언'으로 고백한 것은 좋지만, 문제는 그가 '죽어 돌아갈 그의 집本鄕이 없다'라는 것입니다. 야곱처럼 믿음의 지팡이에 머리를 기대고 돌아갈 아버지의 품이 없다는 것입니다.창 49:29 자신만을 의지해서 '정정진精精進' 하다가 자신만을 믿고 더 깨닫지 못함을 한탄하면서 죽을 것이 아니라, 인간은 누구나 고요히 은총 속에서 평안히 생을 마감하여야 하는 것입니다.

에크하르트가 말한 대로, '말씀道은 지극히 우리 가까이 있습니다.'롬 10:8 이 말의 동양 지혜적 짝은 『중용』이나 최치원이 「진감선사탑비」眞鑑禪師塔碑51 첫 머리말에서 쓴 구절입니다.

> **道不遠人 人無異國** 도불원인 인무이국
> 도가 우리 곁에 있는데, 사람들이 어찌 이 나라 저 나라에 따라 차별이 있겠는가.

불변의 말씀, 그 '도'는 항상 사람에게서 멀지 않다는 것이지요. 말씀뿐만이 아니라 "성령도 우리의 마음 문을 열라고 탄식하면서 간구"롬 8:26하고 있습니다. 신성의 내재內在는 실로 이 말씀과 하나님의 영을 우리의 심령 안으로 받아들이는 것입니다. 정관靜觀은 '신성의 불꽃'이 있는 이 심령의 바닥을 들여다보는 일입니다. 말씀의 신지神知와 성령의 신애神愛 안에 잠기는 일입니다.

---

51 이 탑비는 통일신라 시대의 승려인 진감선사 혜소慧昭, 774~850의 공덕을 기리기 위해 세워졌는데, 887년진성여왕 1년에 건립되었다. 탑비는 경상남도 하동군 화개면 쌍계사에 위치하며 국보 제47호로 지정되어 있다. 최치원이 쓴 비문은 유교, 불교, 도교의 사상이 조화를 이루는 삼교합일三敎合一의 정신을 담고 있으며, 그의 대표적인 사산비명四山碑銘 중 하나로 평가되고 있다. 『한국민족문화대백과사전』

이 땅에서 일평생 도를 닦았고, 그리하여 고명한 이름을 가졌던 큰 스님 중의 한 분인 숭산崇山, 1927~2004[52] 큰 스님은 '오직 모를 뿐' *Only Don't Know*이라고 했고, 다른 스님들도 모두 허망의 프리즘을 통해 나온 염세나 무상의 생각으로 된 '오도송悟道頌'이나 '열반송涅槃頌'들을 남겼습니다. 숭산 스님은 또 후학들에게 마지막 유언처럼 남기는 '열반송'에서도 두 번이나 "걱정하지 말라" "걱정하지 말라"고 하셨다는데 아쉽습니다. '무엇을 걱정하지 말라'는 것입니까? 참된 진리가 무엇이겠습니까. 내가 "그 진리를 위해서는 형주刑誅에 매달려 불태워져도 좋다"고 하는 생명을 건 신념의 핵심이 아니겠습니까.

영국 성공회의 사제 목사였던 존 스토트John R. W Stott, 1921~2011는 그의 묘비명을 사도 바울의 말씀을 빌려서 "나는 예수 그리스도가 십자가에 못 박히신 것 외에는 아무 것도 알지 아니하기로 작정하였음이라."고전 2:2 "I resolved to know nothing except Jesus Messiah, and him crucified."는 말씀만 남겼습니다. "구원을 얻기 위해 애써 정진精進하되 두렵고 떨림으로 하십시오."빌 2:12 인간의 철학적 인식이 아닌 살아계신 하나님의 절대 진리를 깨달은 사람이라면, 진리에 복종하고 그 진리를 등불 삼아 힘써 구원을 이루라고 해야만 하지 않겠습니까. 서술이 정확하지 못한 문장이나 말은 지성, 곧 인식과 통찰이 애매하다는 사실밖에

---

52 숭산崇山 스님은 승려대학을 설립하여 선불교 전파와 불교 개혁 활동에 힘쓰는 한편, 해외에 불교를 알리고 외국인 승려를 배출하는 등 다양한 활동을 펼쳤다. 당호堂號는 숭산, 법명은 행원行願이며 속명은 이덕인이다. 그는 서양에서 가르침을 펼친 독보적인 한국 선사로 평가된다. 1966년 일본 도쿄를 시작으로 미국과 유럽 등 세계 36개국에 한국 불교를 전파했으며, 2004년 입적할 때까지 '**오직 모를 뿐**' *Only Don't Know*이라는 화두로 벽안碧眼의 지식인**푸른 눈을 가진 지식인, 즉 서양 출신의 지식인을 지칭**들에게 깨달음의 길을 제시했다. 특히 미국 대학생들에게 큰 영향을 미쳤는데, 처음 브라운대학에서 설법을 시작한 이후 하버드, 예일 등 명문대의 학생과 교수들이 몰려들어 그의 가르침을 따랐다. 『한국민족문화대백과사전』

더 되겠습니까.

> 너희가 내 말에 거하면 참 내 제자가 되고 진리를 알지니 진리가 너희를 자유롭게 하리라 요 8:31-32

진리[眞理]참된 이치, 참된 도리, 보편타당한 인식는 요한복음 1:14과 17절에 나오는 '참의 것'[헬)αληθει,]알레테이아[라)Veritas,]베리타스 즉, '실재實在'와 같습니다. 인간이 이성으로 축출해 낸 도그마적인 이치로서 진리가 아니라 신성한 것들의 실체인 절대 하나님 자신입니다. 그 '길이요 생명'[요 14:6]인 본질입니다. 이 신성한 본질divine element만이 인간을 자유롭게 하는데, 바로 '절대 하나님의 체현embodiment[골 2:9]인 그리스도'입니다. 이 '참'의 실재는 하나님의 신성 요소[element,]essence를 가진 그리스도이기에 " 아들이진리가 너희를 자유롭게 하면 너희가 참으로 자유로우리라"[요 8:36]고 말합니다. 말씀을 우리 안에 존재하고, 우리가 그분의 영과 하나가 되면 우리는 신성한 아들들이 된다는 신비입니다.[요 10:35] 크리스토스[Χριστός,]기름 부음 받은 자, 곧 그리스도가 크리스토이χριστοι, 주격 복수형로서 그리스도들, 그리스도의 영에 참여하여 하나님의 아들들이 된 작은 그리스도인들[Χριστιανοί,]크리스티아노이이 되는 것입니다. 수도원장이기도 했고 교수였던 가톨릭 신비주의자인 에크하르트의 설교는 하나님과의 대화식인데, 그의 신비한 설교는 여기까지 나아가는 것입니다.

불성, 그 가능성의 미학 - 문명의 영성화를 위하여

불성佛性을 '서양적 영성'으로는 어떻게 얘기해야 할까요. 문명과 관련해서 말씀을 들어보고 싶습니다.

불성佛性53은 'Buddhata' 또는 'Buddhatva'라고 하여 중생들이 본래 몸에 갖추고 있는 불佛이 될 수 있는 성질, 그 '중생성불衆生成佛'의 가능성을 말하지요. 불성은 또 'Tathāta' 또는 'Tathāgatagarbha'라고 하여 여래如來 씨seed, 종성種性, gotra 또는 인因이지요. 대승불교 경전인 『대승열반경』大乘涅槃經에 보면 '**一切衆生**일체중생, **悉有佛性**실유불성'이라고 하여 "온 중생이 다 불성Buddha Nature, 즉 깨달을 수 있는 '성覺性', 또는 붓다가 될 수 있는 '각자覺者'의 마음을 갖고 있다."라는 것이지요. 대승불교의 가장 중요한 테마가 아닙니까.

---

53 '불성'은 산스크리트어 '붓다 다투'Buddha-dhātu를 번역한 것인데, 붓다를 음에 따라 번역한 불佛과 다투dhātu를 뜻에 따라 번역한 성性이 합쳐져서 이루어진 낱말이다. '붓다 다투'는 각성覺性: **깨달음의 성품**이라고 번역되기도 한다. 각성은 붓다를 뜻에 따라 번역한 각覺과 다투dhātu를 뜻에 따라 번역한 성이 합쳐져서 이루어진 낱말이다. '붓다 다투'는 **Buddha-nature**부처 성품, **Buddha Element**부처 요소 또는 **Buddha-Principle**부처 원리로 각각 번역된다. 붓다의 또 다른 명칭인 'Tathāgata'는 완전히 깨닫게 되는 사람을 의미하는데, 불성은 여래장如來藏, Tathāgatagarbha과 같은 뜻으로 쓰인다. 대승불교도 사이에서 이 말이 주는 의미는 절대적이며 불변하는 것을 지칭한다. 『글로벌세계대백과사전』

이 '불성'의 서양적 짝은 이미 플라톤과 신플라톤 철학에도 나오며 나중에 에크하르트에게도 보이는 그 '신성의 불꽃divine spark'이지요. 플라톤의 인식론은 종교 철학적으로 말하면 '산파midwife' 개념입니다. 소크라테스가 "나는 단지 출산을 돕는 산파일 뿐이다."[54] 라고 하였듯이, 진리佛性는 이미 인간 안에 있는데, 인간이 수행으로 닦지 않아 성불하지 못하므로, 그 진리를 끌어내는 질문으로써 인식론의 세계를 펼쳐주는 것이지요. 신성이 이미 몸 안에 있다는 것을 깨닫게 해주는 '産婆산파'라는 말입니다. 이 신성은 불교 용어로는 '불성' 또는 '불심佛心, Buddha Mind' 이지만, 이지理智가 발달한 헬라 철학으로 말하면 로고스보편적 이성입니다. 플라톤은 진리가 인간 내면에 있다는 말을 이 로고스의 영원성, 그 진선미를 추구하는 마음이 사람 안에 다 있다고 말하지요. 플라톤은 불교인처럼 '깨친다覺'라고 하지 않고 이 불성진선미의 로고스을 '다시 기억나게 한다' 또는 '있는 것을 다시 나오게 한다'라는 말을 씁니다.

유대•기독교에서는 '하나님의 형상'Imago Deiimage of God이란 말을 쓰는데, 인간의 본분은 이것을 닮아가는 일in the likeness of it이라는 것이지요. 하나님의 형상 또는 신성이 인간을 통해서 절대적으로 완전하게 표현되는 것은 아니지만, 제한된 구속 속에 있는 실존적인 인간 안에 신성이 상대적인 세계에서 나타나는 것으로 이해하는 것이 기독교의 인간관입니다. 그러니까 불심 또는 불성이 상대적인 세계인 인간 안에 하나님 형상의 흔적으로 영이 남아 있다는 것이지요.

---

54 소크라테스의 산파술Maieutics 개념은 그의 대화법을 설명하는 철학적 방법론으로써, 그는 자신을 '출산을 돕는 산파'에 비유하며, 지식을 직접 전달하는 것이 아니라 질문을 통해 상대방이 스스로 진리를 깨닫도록 돕는 역할을 한다고 주장했다. 이 개념은 플라톤의 「테아이테토스」Theaetetus에서 등장하는데, 이는 인식론을 다루는 대화편으로, 소크라테스가 젊은 수학자 테아이테토스와 대화하며 지식의 본질을 탐구하는 내용을 담고 있다.

사실 각 종교를 들여다보면 인간 완성의 원천은 외부에 있는 것이 아니라 내적인 것, 즉 인간 안에 있다는 것을 주장합니다. 소크라테스의 "네 자신을 알라"Know thyself, γνῶθι σεαυτόν 그노티 세아우톤 라는 경구라든지, 인도인들처럼 "아트만Atman이 브라만Brahman이고, 브라만이 아트만"범아일여, 梵我一如이라든지, 또 "자성본불[55]自性本佛을 찾으라"는 것 등은 다 인간의 완성spiritual consumation이 외적인 것에 있는 것이 아니라 영적內面이라는 사상이지요. 그래서 인간이 완성될 수 있는 원천을 인간 내부의 영靈이라고 보는 것입니다. 과정課程 철학Process Philosophy으로 말한다면 인간의 내면에 가능성Potentiality이 있는데, 이 잠재 가능성을 현실화하는 것이지요. 인간이란 동물은 얼마만큼 가능성을 가지고 있는가? 한계성은 어디에 있는가? 이런 질문들을 과학적 측면에서 조사하는 것이지요. 결과는 인간이 생래적生來的인 유한성을 벗어나기는 어렵지만, 무한을 향해 나아가는, 말하자면 진보를 향해 끊임없이 향상해 가려고 하는 의지가 있는 것으로 나타납니다.

이토록 인간 안에 있는 잠재 가능성을 심리적 측면에서 신성 또는 불성이라고 말할 수 있겠지요. 성경에 하나님께서 "내가 만물에 신성을 두었느니라"롬 1:19-20; 골 1:6고 하시고, 또 "내가 만인에게 영원을 사모하는 마음을 두었느니라"전 3:11고 하셨듯이, 만물 안에는 불성 또는 브라만이 있다고 할 수 있습니다. 자연 객체客體가 모두 하나님을 향해 눈을 뜨고 있다고나 할까요. "온 피조물이 하나님의 나라가 오기를 탄식하면서 고대한다"롬 8:19-23고 할 수 있습니다.

---

55 자성본불自性本佛. 본체의 마음 바탈바탕. 줄여서 자성自性이라고 하는데 불교에서 모든 중생의 본래 마음속에는 본래부터 부처가 되는 성품佛性이 내재해 있으며, 그 마음의 바탕이 곧 깨달음의 근원임을 뜻하는 표현이다. 이 개념은 선종禪宗과 대승불교에서 특히 강조되며, 깨달음은 외부에서 얻는 것이 아니라 자기 안의 본성을 바로 보는 데서 비롯된다는 가르침과 연결된다.

결국 불성은 심리학적으로 말한다면 일종의 인간 잠재력이 되겠지요. 상대적인 세계에 살아가는 인간이기에 다소 문제가 있는 이야기이지만, 미래가 잠재력을 공통 분모로 한 과학의 세계로 들어가면 인간 문명은 진보를 볼 수 있을 것입니다. 과학을 통해서 종교나 정치, 그리고 각 분야의 앞을 가로막고 있는 장애들을 무너뜨리고 새로운 보편의식을 인류가 형성해 나아갈 수 있다는 생각입니다.

인류의 역사는 지금 과학 문명화로 흘러가고 있지요. 이 과학 문명화가 현재 생태계 문제와 인류의 공존 문제를 국제적 차원에서 관리 또는 연구하고 있는데, 이미 그리고 앞으로도 '태양 생태계Sola Ecosystem' 쪽으로 나가는 차원이 되겠지요. 결국 인간은 그의 문명을 지구적 차원의 자연 관리 정도에 그치지 않고 '인간 대 우주'의 관계로 나아갈 것이라고 보입니다. 그것은 이미 수천 개가 들어선 우주 정거장space station과 위성들이 우주 시대의 진입 사인sign임을 말해 주고 있지요. 따라서 앞으로 우주탐험space exploration, 우주개발space development, 또한 별들 사이 여행 같은 이런 우주 산업들이 더욱 왕성하게 될 것이라고 보는데, 이것들은 이미 미국에서 민간 차원 레벨에서 계획들이 진행되고 있지 않습니까. 인류의 지구적 운명에 별다른 사건이 없는 한 역사는 초超과학 문명의 미래 시대로 흘러가게 되겠지요. 불행하게도 슈퍼 양자역학과 초超 인공지능AI 기반으로 될 그 문명은 지금까지의 인간이 지력智力이나 능력이 아닌 어떤 보이지 않는 인격이나 지성을 갖춘 외부의 힘invisible active force with personality and intelligence에 의한 문명, 곧 '마성魔性적 문명'이 될 것이라고 보입니다. 슈퍼컴퓨터로 수천·수만 년 걸려 계산되던 것을 양자컴퓨터가 불과 몇 분에 끝낸다[56]면, 필요성에도 불구하고 그것이

56 IBM, 네이처Nature 발표 2023.6: IBM 연구팀은 127큐비트 초전도 양자 프로세서를 이용해 자기적 성질을 가진 물질의 '스핀 동역학'을 시뮬레이션했다. 동일

어디 사람의 머리로 된 문명이겠습니까. 과학 기술개발은 인간에게 주어진 하나님의 은총일진대, 영적 분별력과 사용에 따른 윤리 도덕적 자제와 선한 제한이 스스로 규정화되지 않으면, 그 지대한 유용성에도 불구하고 기술에 지배당하는 인간 사회가 얼마나 '마성적 사회'devilish society가 되겠습니까.

따라서 인류가 인간성이 마멸磨滅될 수 있는 과학정보 시대를 직면하게 됨에 따라 심리학계도 새로운 차원의 각종 전문 분야를 인류 앞에 소개하게 되겠지요. 이를테면, 범 물리학Para-Physics 범위 내에서 심리연구psychical research가 좀 더 과학적인 차원으로 발달 될 것으로 생각합니다.

여하튼 인간의 신성이나 불교에서 직관적으로 의식하고 있는 불성이 실현되는 무대는 역사이므로, 역사가 합合으로 나아가는 변증법적 완성이 있어야만 합니다. 신성神性이 나타나는 것은 '하나님의 나라'가 이 땅에 건설된다는, 즉 "하나님의 뜻이 하늘에서와 같이 이 땅에서도 이루어지소서"「주의 기도문」하는 것인데, 지금 이 시점의 문명이 '대륙적 종합의 변증'continental dialectics에서 '지구적 종합의 변증'global dialectics으로 되어가고 있으므로 모든 문화와 종교가 일체화되어 가겠지요. 인류가 지구 위에서 피워 낸 정신의 결정, 이 종교들이 도맥道脈 중의 도맥, 혜맥慧脈 중의 혜맥인 '**道成人身**'도성인신 진리 앞으로 나아 올 것이란 뜻입니다. 만약 정치적인 문제, 사회적인 문제 등등의 이유로 종교들이 서로 상합相合하여 '성육신'의 말씀 진리 앞으로 못 나온다면, 성경에서 가르치는 대로, 하

한 계산을 슈퍼컴퓨터로 시도했을 때는 규모가 커질수록 성능이 급격히 저하되어 사실상 불가능했지만, 양자컴퓨터는 1000분의 1초도 안 되는 시간에 결과를 도출했다고 한다. [참고: 동아사이언스 - "양자컴퓨터 계산능력, 슈퍼컴 뛰어 넘었다"; 테크M - "IBM 양자 컴퓨터, 슈퍼컴퓨터 넘는 성능 보였다"; 인공지능신문 - "양자 컴퓨팅 유용성과 파워 증명"]

나님은 그의 주권성을 가지고 역사 안에 개입하실 것입니다. 신비지요. 이 신비, 이 새로운 영적인 몸이 교회의 연장선인 우주적인 공동체 '하나님의 나라'라는 것입니다. 그리고 이 '하나님의 나라'에는 '새로운 종교성영성만이 생명의 나무로 일어나 천년 지복千年至福의 성령적 열매를 맺는다'라는 것이 성경의 가르침 아닙니까. 인류는 지금 그런 빛의 나라, 의의 나라를 학수고대합니다.

기독교 신비주의의 통전적 이해

기독교 신비주의를 어원語源부터 비판까지 통전通典적으로 들어보고 싶습니다.

1

신비주의 또는 신비설은 원래 헬라어 'mystikos'에서 온 것으로서. '비밀로 가득한', 또는 '안개에 싸인' 이란 뜻입니다. 신의 본질, 존재의 궁극적인 근원은 인간이 신에 대하여 직접적으로 체험하여 터득하는 길밖에 없다고 보는 것으로서 영혼과 절대자 신과의 합일 염원에서 나온 것입니다. 이 종교적 경험의 특색은 묵상默想과 정관靜觀에 있습니다. 가급적 말을 적게 하고 묵상하며, 고요히 본질을 정관하는 습관을 삶에서 갖습니다. 언어보다도 더 근 원적인 정감의 교감을 경험하려고 하는 신비주의자들의 의식에는 사물의 바닥에는 신성과 깊이 통하는 근본적인 내장內藏 질서, 그 감추어진 현묘玄妙한 질서가 있다고 보는 것이지요. 그래서 그들은 마음을 비우고, 영혼의 이끼를 닦아내는 '관상觀想 수행'의 태도를 지닙니다.

인간의 지성만으로는 도달할 수 없는 신과의 합일 경험을, 신플라톤 학파는 '신비적 사랑' 또는 '황홀'이라 하고, 보나벤투라[57]Sanctus Bonaventura, 1221~1274는 '정신의 절정', 에크하르트는 마음 안에 있는 '신의 불꽃'이라고 하지요. 신비주의자들은 이 신의 사랑을 감지하는 체험을 인격적 종교 경험의 기초로 보며, 이 개인적인 체험은 신비주의적 형이상학에 의해 보편성을 갖게 된다는 것이지요. 주主도 없고 객客도 없는, 주관과 객관이 구분을 뛰어넘어 하나로 어우러지는 합일은 플로티누스나 어거스틴으로 말하면 내면默想의 영이 위로 상승해서 절대의 영과 만나는 것입니다.

이토록 신비주의 학파에서는 신과 세계의 구별을 꺼려, 신을 형태 없는 절대적 '일자'一者, the one 또는 '신성' 자체로 추상화합니다. 이 종교적 신비 사상은 9세기 사람 에리우게나[58]Johannes Scotus Eriugena, 810~877에

---

57 Bonaventura는 로마 가톨릭의 중세 시대 가장 뛰어난 신학자이자 사상가이며 성인 중 한 사람으로, 토마스 아퀴나스와 동시대인으로 큰 발자취를 남겼다. 경건하고 사랑이 흐르는 면에서 '세라핌 박사'The Seraphic Doctor로 알려진 그는, 성 프란치스코의 대전기를 비롯하여 수많은 저서를 남겼다. 흔히 프란치스코회 수도복을 입거나, 추기경을 상징하는 빨간 예복을 입은 모습으로 그려지며, 망토 가장자리에는 세라핌Seraphim, '불의 천사 또는 가장 높은 천사의 뜻'이 장식되어 있다.

58 Eriugena는 아일랜드 출신의 스콜라 철학의 선구자로, 중세 전기의 유럽에서 뛰어난 사상가이다. 그는 『디오니시오스 위서』를 그리스어에서 라틴어로 번역했는데, 이 번역으로 중세 철학은 플라톤주의의 결정적인 영향을 받게 되었으며, 고트샬크Gottschalk의 '이중예정설praedestinatio gemina', 즉 '**하나님이 어떤 사람은 구원받도록, 어**떤 사람은 영원한 형벌을 받도록 예정했다'는 입장인데, 이에 대해 Eriugena는 '**하나님은 오직 선만을 예정하신다고 주장하며, 형벌은 인간의 자유의지와 죄의 결과일 뿐 하나님의 의도는 아니다**'라고 반박하기 위해 쓴 『신의 예정에 대하여』는 교회에 의해 이단으로 몰렸다. 다시 말하면, Eriugena는 '모든 존재가 결국 하나님께로 돌아간다'라는 신플라톤주의적 관점을 취했는데, 이는 지옥이나 영원한 형벌의 실재를 부정하거나 축소하는 해석으로 받아들여졌고, 당시 교회는 이를 정통 교리에서 벗어난 이단적 주장으로 간주했다. 주요 저서는 865~870경에 쓰인 『자연구분론』*De Divisino Naturae* 5권으로, 창조, 타락, 구원, 완성이라는 구원의 역사를 바탕으로 자연을 네 단계로 나누어

의해서 기독교 사상에 흡수됩니다. 아일랜드 태생으로 스콜라Scholar 철학관을 가지고 신플라톤 철학을 다시 학계에 소개한 그는 일체의 사물이 신으로부터 나와서 다시 신으로 되돌아가는 장대壯大한 우주 사史의 모습을 그렸지요. 그는 후대의 에크하르트처럼 "신은 만물의 근원이며, 만물을 초월해서, '나타나지 않는 신'이며 본질상 '무無'인 것"으로 보았습니다.

'무'로부터 모든 것을 창조함으로써 채웠다는 것이지요. 이 신의 초월적 세계, 그의 의지가 현현된 제1의 세계가 '자연'이라는 것입니다. 그러나 신은 자기를 나타내지 않으면 안 되었다는 것입니다. 에리우게나는 신 스스로가 로고스원래, 우주를 흐르는 보편적 이성 또는 법칙이므로, 만물의 원형이 되는 모든 이데아원래, 진선미로 하여금 진선미 되게 하는 원래의 모습를 그 안에 간직하고 있는 것으로 보았는데, 이것이 제2의 자연으로서 예지 또는 '정신의 세계'로 보았습니다. 그리고 이 밑에 피조적 세계인 '영혼의 세계'가 있는 것으로 보아, 이것을 제3의 자연으로 보았습니다. 그러나 머지않아, 모든 것은 '신의 안으로 돌아와 영원한 안식을 얻게 될 것'이라고 하였지요. 이 최후의 단계가 제4의 자연이며, 여기에서 신은 '일체의 일체'가 됩니다. 생명의 신비가 하나님 안에서 새로운 환희의 세계를 갖게 되는 자연주의적이면서도 생명人格적인 신비의 형이상학이지요. 기독교가 신과 피조물의 대립을 신조로 세우는 것에 반反하여, 신앙의 내면성을 강조한 이 신학자의 생각은 이후에 에크하르트가 영향을 끼친 신학자들,

---

설명하며 중세 전기의 유일한 철학서로 간주되고 있다. 이 책은 선생과 학생의 대화 형식으로 쓰였으며, 신플라톤주의에 입각하여 만물은 신으로부터 유출流出하여 단계적인 구조를 이루며 모든 것은 신에게 돌려야 한다면서 이성과 신앙의 일치를 주장하고 있다. 이러한 사상은 교회의 교리적 틀을 넘어선 철학적 신비주의로 간주되어 경계의 대상이 되었다. [출처: 예정론 문제: 고트샬크 대 에리우게나, 한국기독공보 https://www.pckworld.com/; 요하네스 스코투스 에리우게나, 위키백과]

수소[59]Henry Suso$_{1295\sim1366}$와 타울러Johannes Tauler$_{1300\sim1361}$[60]에 와서 더욱 온건히 합리적인 신비주의로 정착되어 갔으며, 이 신비주의 영성은 개신교의 경건 운동과 내면적 영성 훈련 운동에도 영향을 끼칩니다.

물론 인격신에 대한 신앙 대신에 추상적인 신성, 즉 신적, 종교적인 것만을 논설하는 신비주의자들도 있지요. 기독교인이라고 하면서도 역사상 이 범주에 드는 사람들은 쉘링, 괴테, 노발리스, 카알라일, 에머슨 등의 낭만주의와 스피노자, 라이프니쯔, 헤르더, 레싱, 칸트, 슐라이마허, 헤겔 같은 종교철학자들도 있지요. 그러나 이것은 자유주의 학풍이

59 독일 신비주의자 하인리히 수소Heinrich Seuse 또는 Amandus, Johannes/Henry Suso는 중세 후기 독일의 신비주의를 대표하는 사상가로서 자신의 설교와 저술을 통해 신비주의의 신학적 이탈을 경계하면서도 스콜라 신학의 이성적이며 사변적 접근과는 구별되는 내면적 영성 계발의 필요성과 그 구체적 방법을 제시했다. 무엇보다 수소는 스승 에크하르트와 달리 하나님의 절대성과 차별되는 인간의 불가변적 피조성을 구별하여 지적했으며, 그리스도 수난의 실천적 의의와 금욕적 삶의 모범으로서의 그리스도의 역할을 강조했다. 그는 자신의 저술에서 영적 실체에 대해 진술하고 그 실천에 대해 교훈할 때 항상 물리적이며 이성적인 차원을 넘는 선 영적 진리와 지복의 신비적 측면을 강조하기도 했다. 수소의 사상은 중세 후기 신비주의뿐 아니라 이후 나타난 근대적 경건devotio moderna과 중요한 이해들을 공유한다. [아신대학교 신학연구소 2020.07, ACTS 신학저널 44권 pp. 141-180] 주요 저서로서, 수소의 첫 번째 작품은 1328년에서 1334년 사이에 콘스탄츠에서 쓰인 『진리의 작은 책』*Büchlein der Wahrheit*이였다. 주 내용은 1328년에서 1329년 사이에 이단으로 재판받아 단죄받은 마이스터 에크하르트의 가르침을 간략하게 변호한 것이었다. 『지혜의 시계』*Horologium Sapientiae*, 그리고 **엘서벳**Elisabeth Stagel, - **약 1300년경~1360년경, 스위스 취리히 근처 도미니코회 수녀원**Töss Monastery**의 수녀로 하인리히 수소의 영적 제자이자 서신 교환자이며 수소의 편지와 영적 조언을 기록하고 보존한 인물** - 이 Suso의 28통의 편지를 모아 발간한 **『대서한집』***Grosses Briefbuch* 등이 있다.

60 요한 타울러는 독일 신비주의자이자 카톨릭 설교자이자 신학자였다. 마이스터 에크하르트의 제자였던 그는 도미니코 수도회Dominican order에 속해 있었으며, 도미니코 수도원의 영성에서 분명한 신플라톤주의자 차원을 장려했다. 타울러의 설교는 독일어로 된 가장 귀한 설교 중 하나로 여겨졌다. 수소의 설교처럼 감정적이지도 않았고 에크하르트의 설교처럼 사변적이지도 않았고, 오히려 매우 실용적이었으며 도덕적, 영적 삶의 더 깊은 문제를 모든 면에서 다루었다. [참고: Jole D'Anna, '*La teologia della perfezione in Johannes Tauler*", in "Perennia Verba", nn. 6-7, 2002-2003, pp. 181-200]

만들어 낸 또 다른 유형의 지적 신비주의자들이고, 보다 원형적인 기독교 신비주의는 어거스틴이나 에리우게나, 또 아퀴나스와 동시대를 살았던 보나벤투라, 그리고 다음 세대인 에크하르트 같은 사람들의 생각이지요. 이들의 신비주의적 전통이 16세기의 십자가의 성 요한에게까지 내려옵니다.

이들은 하나 같이 삼위일체의 비밀은, 신비적 체험에 의하지 않으면 이해할 수 없다고 주정적主情的 성격을 보입니다. 외계의 사물 속에 신의 힘을 보는 단계에서 차츰 자기의 내면에 신을 발견하는 경지에 들어가 '정신의 절정'apexmentis에 있어서 신과의 황홀한 교제가 이루어진다고 보는 것이지요. 플라톤적이기도 하나 온전히 플로티누스, 어거스틴적인 생각이지요. 이 신비가 에크하르트의 설교로 하여금 하나님과 대화하도록 만드는 것입니다. 에크하르트의 방대한 설교는 전부 하나님과의 대화록 같기도 한데, 그 대화들이 참 주정적主情的이지 않습니까.

물론 이 사색적이고 대화적인 신비주의의 성격 때문에 에크하르트는 1329년 교황으로부터 이단이란 정죄도 받았지요. 에크프르트 수도원장 도미니칸과 파리대학 교수, 튀빙겐 부총장, 그리고 작센교구 교구장과 보헤미아 지방의 부감독을 지낸 그가 말입니다. 그러나 모든 수도원과 신학교스트라스부르크 신학교의 학장이기도 하였음에서 그의 영적인 설교가 필사본으로 읽히고 많은 사람이 그를 '홀리 매스터'Holy Master, 큰스승로 따르자 교황도 그에 대한 이단 선고를 취소하기에 이르렀습니다. 교황청에서도 인간의 주관적 내면성이 신비적으로 신을 인식한다는 것을 인정하게 된 것이지요. 따라서 신비주의자들을 주정적인 추상과 철학적 사변에만 몰두하는 사람들로 보는 것은 단견短見임이 밝혀졌습니다.

사실 인간은 위僞디오니시우스Pseudo-Dionysius Areopagita, 생출 미상, 5세기 말~

6세기 初61가 말하듯이 '사랑의 힘'에 의해서만 신에게 일치될 수 있지 않겠습니까. 신에 관한 지성적 인식보다는 인식하는 사랑으로 넘어가야만 신을 통찰할 수 있는 것이겠지요. '인식하는 사랑'이란 이성과 신앙의 합일, 이를테면 인간의 주관적 내면성과 우주적 존재 원리의 만남이 신에 대한 '앎'궁극적 지혜으로, 그 앎은 '사랑'의 능력이 된다는 것이지요. 보나벤투라가 1259년 그의 책, 『신으로의 순례』*Itinerarium mentis in Deum*의 부제목 「하나님께 이르는 영혼의 여정」 같이, 결국 신비주의자들의 알 수 없는 신을 알아가는 영혼의 침잠,沈潛 그 눈뜸開眼 입니다. 이것은 부정신학에서도 갖는 실천적 지혜의 종합인 것이지요.

주지周知하듯이, 신학에는 만물의 근원인 신을 긍정적으로 보는 '긍정신학肯定 神學,kataphatic theology'62이 있고, 또 신을 말로써 형용할 수 없고,

---

61 5세기 말부터 6세기 초까지 활동한 그리스의 기독교 신학자이자 신플라톤주의 철학자이다. 그가 작성한 작품의 모음은 『디오니시오스 위서』Corpus Dionysiacum 또는 Corpus Areopagiticum로 알려져 있다. 저자는 자기 자신을 사도 바울로에 의해 개종한 '디오니시오스 아레오파기테스'로 소개하는데, 사실이 아니었음에도 불구하고, 결과적으로는 그 신학적 저술이 이 작품에 대단한 권위를 부여하게 하였다. 『디오니시오스 위서』는 4권의 저서와 10통의 편지로 구성되었는데, 내용은 신플라톤주의의 영향을 받은 신비주의적인 그리스도교 사상이다. 4권의 저서는 〈천상의 계급제도에 대하여〉, 〈교회의 계급제도에 대하여〉, 〈신들의 명칭에 대하여〉, 〈신학의 신비에 대하여〉 등으로, 세계 전체가 단계적으로 질서지워져 있다고 보고 또한 각 존재는 그 완성 전의 정도에 따라 지위가 정해진다고 본다. 모든 사물은 '신으로부터 나와 신에게 돌아가는 것'이며, 이러한 이중적 운동이 바로 세계의 역사인 것으로, 곧 '우주의 역사가 신으로부터 신으로 흘러가는 운동'임을 명백히 함으로써, 이 책은 이후 '**아리스토텔레스 사상과 그리스도교 신앙을 결합하는 기반을 제공**'하였다. 그는 또한 '**부정의 신학**'이 긍정의 신학 보다 하나님의 특성을 잘 보여주며 이해하기 좋다고 하였는데, 이는 모든 이름이 부정될 때 '**신의 침묵, 어두움, 그리고 알지 못함**'이 따라온다는 것이다.

62 하나님을 서술하기 위해 '긍정적인' 용어를 사용하는 신학으로, 하나님이 어떤 분인지를 언급하는 것이다. 긍정적이라는 단어는 헬라어 확신함κατάφασις, 카타파시스, kataphasis, affirmation에서 왔는데, 이 용어는 '카타'kata라는 강조어와 '파네'phanai, 말하다의 복합어이다. 예를 들면 긍정의 신학은 '**하나님은 사랑이시다.**'라고 하면, 부정의 신학은 '**하나님은 미움이 아니다.**'라고 말하는 것이다.

이름 붙일 수도 없는 '부정신학否定神學via negativa, apophatic theology'[63]이 있습니다. '전지전능 신'이란 말, '빛의 신'이란 말, 또 '신을 사랑이니, 생명'이니 하는 말로 나타내는 것, 등은 다 긍정 신학의 용어들이고, '숨어 계신 하나님hidden God', '알 수 없는 하나님unknowable God' 등으로 신을 '은폐된 신성', 그리하여 '인간의 지성적 인식으로는 도저히 숨겨진 부분의 신성을 알 수 없는 것으로 보는 것'사 55:8-9; 롬 11:33을 부정신학이라고 하지요. 긍정 신학이든 부정신학이든 만물의 근원인 하나님의 양면성, 그 보이는 부분과 보이지 않는 부분을 말하는 것인데, 우리는 이 긍정과 부정을 종합해서 완전한 신의 모습을 보게 되는 것입니다. 인간이 부분을 출발점으로 해서 전체에 도달하는 것과 마찬가지인 진리 창조의 변증법Dialectics이지요. 결국 진리는 '긍정과 부정의 종합'입니다.

이 긍정과 부정은 신성에서 통일되지 않습니까. 그래서 모든 신비주의자플로티누스 등는 정점에 있는 통일된 신성을 '일자'一者로 보고, 일자가 완전함에 비하여 일자에서 유출된 정신, 영혼, 물질은 불완전한 것임으로 일자에로의 복귀가 불가피하다는 것입니다. 이 일자에로의 복귀를 '신과의 합일'合一이라고 하는데, 이 신을 향한 영혼의 움직임을 신비주

63 부정신학否定神學, Apophatic Theology은 '직관 신학'直觀 神學, 헬 ἀπόφασις이라고도 불리는데, 무한한, 제한되지 않은 하나님본질, essence은 인간의 언어와 이성으로는 온전히 설명할 수 없으며, 오히려 하나님에 대해 말할 수 없는 것들을 통해 하나님을 이해하려는 신학적 방법이다. 즉, "하나님은 무엇이다"라고 단정하기보다는, "하나님은 무엇이 아니다"라고 말함으로써 하나님의 초월성과 신비를 보존하려는 접근이다. 예를 들어, '**하나님은 인간이 아니다. 따라서 하나님은 시간과 공간에 제한되지 않는다.**' 따라서 앞선 부정적 내용을 역설적으로 서술한다면, '**하나님은 초월적이며 영원하신 전능하신 분이다.**'로 쓰인다. 사람의 이해력으로는 하나님을 완전히 이해할 수 없으며 하나님은 사람의 언어로는 전부 묘사할 수 없는 초월적인 존재이기 때문에 하느님을 부정적인'제한적인 표현으로만 서술하는 신학 사상이다. 이 사상은 (위)디오니시오스 아레오파기타Pseudo-Dionysius the Areopagite, 6세기의 영향 아래 발전했으며, 이후 요하네스 에리우게나, 마이스터 에크하르트, 니사의 성 그레고리우스 등에게 계승되었다.

의자들은 묵상과 기도에 쏟는 것입니다. 그리고 그 기도는 신의 은총의 빛, 그 알 수 없는 부분까지도 받기 위한 마음가짐입니다.

겟세마네 동산에서 예수께서, 얼굴을 땅에 대고 엎드려 간절히 "내 뜻대로 하지 마옵시고, 아버지 뜻대로 하시옵소서."마 26:39란 기도는 계시의 빛에 대한 인간의 응답인데 자신을 비우겠다는 고백입니다. 비움으로써 순수한 상태로 계시의 빛을 받겠다는 것이지요. 결국 하나님의 형상으로 된 자기, 그러나 먼지 묻어 있어 자기를 잃어버린 그 자신을 명상과 관조와 기도로 다시 찾는다는 것입니다. 자기 안에 있는 신의 흔적을 찾아가는 영혼의 내면적 순례, 신비주의자들은 이 순례가 신성을 체험할 때까지 먼저 이루어져야 한다는 것이지요. 그리고 그들은 이 하나님의 내재성을 추구해 가는 이 영적 작업을 '윤리'로 규정하기도 합니다. 인간은 먼저 하나님과의 수직적인 면이 확실해야 한다는 것입니다.

하나님의 내재성을 추구하는 종교적 작업이 중세기에 절정을 이룬 것은 헬라 고전을 중요하게 보는 르네상스의 영향이 컸고, 또 중세기에는 헬라 철학의 유산인 형이상학이 왕성하게 남아 있었기 때문에 묵상과 기도 쪽을 좋아하는 사람들이 그들의 신비 체험을 신플라톤주의의 학문적 틀을 빌려 신비 철학으로 사상을 보편화시켰기 때문입니다. 또 그 신비주의 운동에 일조一助가 된 것은 당시 크게 일어났던 수도원 운동도 문화적인 영향으로 이유가 되지요

그 시대는 예술적 경향도 신비한 경향이 있어서 교회 첨탑spire들도 스테인드글라스와 함께 하늘로 치솟는 뾰족한 아치pointed arch들 만을 건축Gothic style/Gothic architecture하였음을 볼 수 있는데, 역시 수직관계의 신비를 추구하는 인간 정신의 영적 경향성이라고 볼 수 있지 않을는지

2

이 르네상스 시대의 형이상학적 신비주의는 종교개혁 시대에 와서 면모가 달라집니다. 그리고 계몽시대가 되면서부터 신비주의의 세勢는 운동 면에서 약해지기 시작했습니다.

이 점에서 토마스 머튼Thomas Merton, 1915~1968 경우는 어떤 면에서, 아주 반反시대주의적anachronistic인, 시대에 맞지 않는 반동reactionary이지요. 과거로 돌아가는 복고적 보수주의를 갖고 있기 때문입니다. 현대인의 의식 구조에는 중세기 때 가꾸었던 플라톤주의 또는 네오플라톤주의적 신비주의가 맞아 들어가지 않아 어울리지 않는 면이 있습니다. 하지만 아무리 서구사회가 근대와 현대에 개신교 일색의 문화의 꽃을 피운 흔적을 보인다고 하더라도, 그리하여 신비주의적 영성이 사회 관심 문제에 큰 영향을 끼치지 못한다고 하더라도, 이 세속화된 어두운 현실에 수도원적 신비 정신이 있다는 것만으로도 빛을 발하는 의의는 있다고 할 수가 있을 것입니다. 문제는 신비주의자들이 그들 영성의 영역을 지킴에 있어서 더 이상 문명의 기술적 진보에 무관심하다든지, 신앙의 역사적 완성에 동참하지 않는다든지, 또 신성을 체현시키는 것을 너무 비의적秘義的, esoteric으로만 독점하여 종교 행위의 귀족화를 보여서는 안 될 것입니다. 또 초자연이 존재하는 것처럼, 하나님이 주신 이성은 존재하고 있으므로, 이성과 초자연의 경험이 종교적 경험 안에서 균형 있게 원융圓融되어 야합니다. 예수께서 말씀하셨듯이, '좌로나 우로도 치우치지 말아야 하는 것'잠 4:23-27; 수 1:7이 기독교의 영성弟子道, Discipleship 아닙니까.

종교가 반 현실화, 몰沒 역사화 되면 종교의 사명은 만료되는 것이라고 봅니다. 기독교의 본래 참뜻이 역사 속의 성육신이기 때문입니다. 나사렛 예수는 역사에서 끝없이 낮아지고 하나님의 품으로만 침잠한 분이었지만, 또 그는 끝없이 역사에 대한 책임을 지고 혁명을 한 사람이었습니다.빌 2:6-8; 눅 4:18-19; 마 20:28 역사 속의 예수를 알지 못하면 하나님의 신성을 온전히 이해할 수 없습니다.[64] 그리고 역사 속에서 사람을 사랑하며 살아가지 않는다면, 역사 속에서 하나님께로 돌아갈 수도 없을 것입니다. 즉, 하나님의 계시는 역사 안에서, 인간과의 관계 속에서 드러난다는 기독교 신학의 핵심입니다. 신비주의는 역사의 다이내믹함을 내는 영적인 힘의 원천 역할, 신앙의 그 '안의 길'inner Way의 안내역에 다시 일어나서 빛을 발해야 합니다. 그러나 그 '안내역'은 모습이 없어야 합니다. 그저 포도나무에 붙어있는 가지가 되어서 말이지요. 그리스도와 함께 못 박혀서 셋째 하늘三層天에 올라갔음에도 자신의 신비 체험을 자랑하지 않고, 바울이 '어떤 삼자三者의 이야기'인 것처럼 말하는 것은, 신앙의 깊이는 체험의 과시가 아니라, 은혜에 대한 겸손한 응답임을 보여주는 중요한 본문으로 모든 신비주의자가 배워야만 할 하나의 교본教本이지요.

> 인자가 온 것은 섬김을 받으려 함이 아니라 도리어 섬기려 하고, 자기 목숨을 많은 사람의 대속물로 주려 함이니라마 20:28

예수께서 역사 속에서 희생과 섬김을 통해 비탈에 쓰러져 가는 인류를 사랑하사 하나님의 창조 경륜으로 구원의 길을 여신 것입니다. 신비주의를 바라보는 이성理性의 사람들도, 성경에서 일어난 사건들과 종교적 계시를 논리로, 이성으로만 이해하려고 해서는 안 될 것입니다. 모세와 선지

---

64 예수 그리스도의 자기 비움과 섬김빌 2:6-8, 가난한 자와 억눌린 자를 향한 선포눅 4:18-19, 그리고 대속적 헌신마 20:28은 신성이 역사 속에서 드러나는 방식이며, 이는 '하나님을 아는 지식이 인간과 세계에 대한 사랑과 책임을 통해 성취된다'는 **기독론적 통찰**을 제공한다. 따라서 역사 속 예수를 외면한 신적 이해는 성육신의 의미를 상실하며, 신앙은 반드시 역사적 삶과 연대 속에서 실현되어야 한다.

자들, 그리고 예수와 사도들의 행적이 인간의 생각만으로는 알 수 없는 신비 사건들의 기록이기 때문입니다. 누가 뭐래도 기독교는 신비의 종교이고 개인의 영이 그리스도의 영에 접붙임이 되어야 하는 신인 합일의 체험 종교입니다. 이성만의 종교가 아닌 그리스도와의 영적 결합에 기독교 신앙의 중심이 있다는 말이지요. 신비주의자들은 성령 충만에 의한 이 영적 결합으로, 또 십자가 보혈의 사랑에 감격하면서 절대적 위탁委託으로 살아갑니다. "이제는 내가 산 것이 아니요 오직 내 안에 그리스도께서 사신다"갈 2:20고 하면서 "그리스도 안에서 날마다 죽는 것"고전 15:31입니다.

균형 있는 영성을 가진 기독교 신비가는 개인의 성화聖化[65]와 역사에 대한 책임을 지니고, 이 그리스도와의 일치 하에서만 윤리적 기준을 가지고 사는 것입니다.

사람은 사랑받은 만큼 남도 사랑합니다. 하나님의 사랑의 바다, 그 생명의 물에 안겨보지 않고는 남을 살리는 무조건의 사랑을 할 수 없을 것입니다. 이런 점에서 건전한 신비주의는 성화를 위한 크나큰 기독교의 덕목이라고 할 수 있겠지요. 묵상 없이 신을 볼 수 있을까요? 깊은 밤, 미명未明의 새벽에도 한적한 들이나 산으로 나아가 기도 하신 예수, 막 1:35-38; 눅 4:42-43 묵상과 기도의 미스터리 속에 기독교 전체가 들어 있습니다. 사랑은 신비로운 성령의 충만함이 삶 속에 분출되어 드러난 은총의 흔적일 뿐입니다.

---

65 성화聖化, Sanctification는, 믿음으로 구원받은以信稱義, justification by faith 성도가 일생을 살면서 죄의 세력으로부터 점차적으로 벗어나, 예수 그리스도의 성품을 닮아가는 과정, 즉 거룩하게 되어가는 것을 의미한다. 말씀, 기도, 성례, 공동체 생활 등을 통해 이루어지는 '**점진적 변화**'로, 성화는 구원받은 성도들이 구원받았다는 외적인 표징이 되며, 거룩하신 하나님께서 영광을 받으시는 방식이고, 죄의 권세에서 벗어나 하나님의 형상을 회복해 가는 '**전 생애적 여정**'으로 '**구원의 궁극적 목적**'이기도 하다.

묵상 적용과 토론을 위한 질문 [2부 동·서의 성화 개념]

1. 십자가의 성 요한이 말한 '어둠의 밤'(dark night of the soul)은 인간이 신과의 합일을 향해 가는 과정에서 겪는 고통과 정화를 의미합니다. 여러분은 자신의 삶 속에서 '어둠의 밤'과 같은 경험을 어떻게 이해하고, 그것이 영적 성숙과 어떤 관계가 있다고 생각합니까?

2. 불교의 '공(空)' 사상은 모든 존재가 독립적 실체가 아니라 관계적·의존적임을 강조합니다. 이 개념은 기독교 신학의 '창조와 은총' 이해와 어떻게 대화할 수 있을까요?

3. 불교의 '불성(佛性)' 개념과 기독교의 '하나님의 형상(Imago Dei)' 개념은 모두 인간 안에 내재된 신성의 가능성을 말합니다. 두 전통의 유사점과 차이점을 어떻게 비교할 수 있으며, 여러분은 어느 쪽에 더 공감합니까?

4. 선불교의 '직관적 깨달음'은 논리적 사유를 넘어서는 체험을 강조합니다. 플라톤의 '이데아 직관'이나 기독교 신비주의의 '직접적 신 체험'과 비교할 때, 여러분은 어떤 공통성과 차이를 발견합니까?

5. 기독교 신비주의는 '내면으로 들어가 위로 향하는 길'을 강조합니다. 불교·도교의 내면적 깨달음과 비교할 때, 기독교 신비주의가 가진 독특한 통전성은 무엇이라고 보십니까?

6. 동양은 내면의 신성을 깨닫는 '자아실현'을, 기독교는 '그리스도를 닮아가는 성화'를 강조합니다. 여러분은 이 두 길이 인간 완성의 목표에서 어떻게 만날 수 있다고 생각합니까?

7. 기독교 성화는 '역사적 계시'와 긴밀히 연결되어 있습니다. 반면 불교나 도교는 역사성보다는 '보편적 깨달음'을 강조합니다. 여러분은 영성의 길에서 역사성과 계시의 의미를 어떻게 평가합니까?

8. 노자가 말한 "도가도 비상도(道可道 非常道)"처럼, 언어는 언제나 궁극적 실재를 온전히 담아내지 못합니다. 기독교 신학에서 '말씀(로고스)'이 언어의 한계를 어떻게 넘어선다고 생각하십니까?

2권 : 동양과 서양의 마음 - 그 깊은 진리의 바다

3부 토마스 머튼의 동•서 원융 사상

- 머튼의 동•서 원융圓融 사상
- 머튼의 동양 정신에 대한 애착
- 머튼의 동양 정신에의 경도傾倒
- 머튼에게 있어서 웃음과 해학諧謔의 의미
- 언어의 유용성有用性과 고요
- 머튼의 문제점

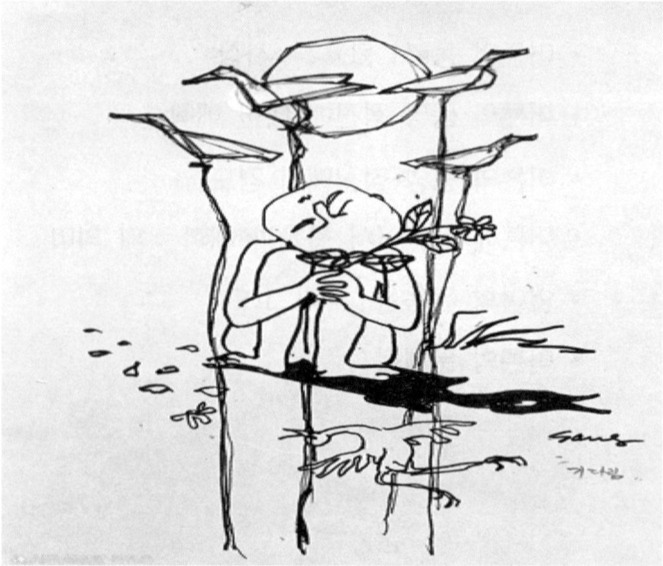

「기다림」 이상복 스케치

머튼의 동 • 서 원융圓融사상

토마스 머튼Thomas Merton, 1915~1968은 '서양의 신비주의 위에 서서, 동양과 대화'를 한다고 보아야겠지요. 그의 저술들에 보이는 동양관은 중세기적 신비주의의 이해 위에 있으며, 특히 신플라톤주의의 연장선인 위僞디오니시우스, 에크하르트, 십자가의 성 요한 등의 사상을 현대화했다고 할 수 있을 것입니다. 그는 거의 평생을 켄터키 겟세마네 수도원the Abbey of Geth-semani의 수도승으로 있으면서도마지막 3년은 은둔생활, C.S. 루이스Clive Staples Lewis, 1898~1963나 프랜시스 쉐퍼[66]Francis A. Schaeffer, 1912~1984처

66 미국의 기독교 철학자로 장로교 목사이자 복음주의 운동가인 쉐퍼는 신학적 모더니즘을 반대하고 역사적 개신교 신앙을 더욱더 촉진하였으며, 그 시대의 질문에 대답할 기독교 변증학을 위해 **'전제주의 변증 방법'**을 발전시켰다. 성경을 통해서 철학과 문학 그리고 사회와 정치를 분석하고 예언적 방향을 제시한 그의 방식으로, 많은 기독교인에게 큰 영향을 주었다. 1955년 한국강원도 양양에 위치한 한국 라브리 공동체에서 청년 및 대학생 대상 사역 지속을 비롯한 전 세계에, 기독교적인 배움공동체인 '라브리 공동체'프랑스어: L'Abri를 설립하여 그곳에 오는 많은 사람에게 성경과 기독교 세계관의 관점에서 토론하고 기독교 문화에도 많은 도전을 주었다. 1990년대에 한국 라브리 설립을 주도한 성인경Sung, In-Kyung은 '쉐퍼의 문화관'을 5가지로 요약 정리했다. 첫째, 쉐퍼는 모든 문화가 복음 안에서 통일되기를 추구했다. 둘째, 그는 모든 문화의 가치는 하나님에게 있다고 보았다. 셋째, 기독교적인 주제에만 제한되면 안 된다고 보았다. 넷째, 쉐퍼는 작품을 통하여 작가와 시대, 예술성을 비평했다. 다섯째, 문화를 전도의 접촉점으로 사용해야 한다고 주장했다. 결론적으로, 21세기는 '문화의 시대'라고 하는데 그의 문화적 변증학, 문화적 전도학이 성경적 방법이라는 것이 인정되고 빛을 발할 때가 된 것이라고 요약한다. [출처: "프란시스 쉐퍼의 문화관", 성인경라브리선교회 한국지부 총무 간사, 《크리스천투데이》, 2002.01.18]

럼 대중적인 글을 많이 쓰기도 하였지요. 2차세계대전 발발과 함께 프랑스의 징집을 피해 미국으로 이주한 머튼은, 이후 반전운동에도 글과 강연으로 참여하여, 젊어서는 사회적 관심에 앞장섰으며, 말년에는 그리스도 안에 있으면서 동양의 자연관을 이해하려고 애썼습니다. 그의 동양관에 관한 책들로는 『선과 욕구의 새들』*Zen and the Birds of Appetite* 1968, 『신비가와 선의 대가들』*Mystics and Zen Masters* 1967 그리고 『장자의 도』*The Way of Chuang Tzu* 1965 등이 있지요. 제 개인적인 생각입니다만, 인류사 수천 년 동안에 동양인의 마음을 가장 잘 이해한 서양인이 아닌가 합니다. 평화주의자이며 떠돌이 화가인 프랑스인 부모에게서 태어난 머튼은, 마치 플라톤이 환생이라도 한 듯 정열과 직관으로 많은 저술을 남겼습니다.

그리고 그의 사상을 일관해서 흐르고 있는 큰 테마 중의 하나는 '부정否定, Via Negativa 신비주의'로서, 이 사상을 통해서 그는 동양 정신, 특히 노·장을 포함한 불교와 대화하려고 하는 것입니다. 동방 선교의 사도 바울이라 불리는 '마테오 리치'Matteo Ricci, 1552~1610 예수회 신부가 유교와 대화를 통하여 동·서를 하나로 묶으려고 애썼다면, 머튼 신부는 선禪불교와 노·장을 통하여 양대 문화를 중재仲裁하지요. 그래서 그는 마테오 리치와 더불어 동·서 정신의 가교 역할bridge builder을 하는 사람입니다. 그가 동양 정신을 이해하게 되고, 그 이해된 동양 정신을 서양에다 알리는 데는, 스즈키 다이세츠銘木大拙[67] 박사의 영향이 컸습니다. 1870년

67 스즈키 다이세츠鈴木大拙, 1870~1966는 서구사회에 선불교를 소개한 불교학자로, 1950년대 선불교 열풍을 이끌어 미국 사상계에 새로운 바람을 일으켰다. 그의 영향으로 참선禪의 영문 표현은 일본어 발음 그대로 '젠'Zen이라는 고유명사를 사용하고 있으며, 그가 없었다면 미국을 비롯한 세계에서 '젠'이 인기를 끌 수 없었을 것이다. 1870년 일본이 근대화의 변화를 겪고 있던 시기에 태어난 스즈키 다이세츠는, 삶에 대한 고민에서 자연스럽게 선 수행을 시작했다. 출가한 선사는 아니었지만, 선사처럼 살았던 그는 1897년 미국으로 건너가 11년간 동양고전을

생으로 동경대학 선과選科, 예과에서 영어를 전공했던 스즈키는 그의 생평生平 94년 동안 1백 38권이라는 방대한 불교학 저술을 남겼는데, 그의 저술 중 반은 영어로 쓰였지요. 그리고 스즈키의 면모 중 흥미로운 것은, 젊은 시절 『대승기신론』大乘起信論을 영어로 번역하면서도, 한편 기독교 2000년사 3대 신비주의자인, 마이스터 에크하르트, 사두 썬다·싱 등과 그 한 명인 임마누엘 스베덴보리Emanuel Swedenborg, 1688~1772[68]의 35권의 책 중 일부 『Divine Love and Divine Wisdom』, *하나님의 사랑과 지혜,*

영어로 번역하는 일을 하였다. 1957년 6월 컬럼비아대학교에서 은퇴한 후에는, 미국과 유럽 대학에서 선禪에 대해서 강의하였다. 그의 강의와 책은 당시 지식인과 문화 예술계의 인사들에게 전폭적인 호응을 받았다. 음악가 ·존 케이지, 심리학자인 칼 융과 에리히 프롬, 젊은 소설가 잭 케루악, 앨런 와츠 등이 그를 통해 접한 선불교를 자신들의 분야에 적용하였고, 이후 선은 하나의 문화 코드가 되었다. 스즈키 다이세츠의 선이 선풍적인 인기를 끈 것은 서양, 특히 당시 미국인들이 원하는 바에 잘 맞춰져 있었고, 당시 서구 사상계의 종교적 경험religious experience 담론의 연장선에 있었기 때문이다. [출처: 불교평론, http://www.budreview.com] 대표 저작: 『선의 정신』*Essays in Zen Buddhism, 1927,* 『선의 세계』*The World of Zen, 1960,* 『신비주의와 논리』*Mysticism: Christian and Buddhist, 1957* 등 [출처: https://www.taylorfrancis.com/books/mono/10.4324/9780203217856/mysticism-christian-buddhist-suzuki]

68 임마누엘 스베덴보리는 수학, 지질학, 광물학, 식물학, 동물학, 해부학 등에 전문성을 가지고 많은 연구물을 발표했다. 26세부터 30년 동안 스웨덴 황실과학협회 회장직을 맡다가 1744년 과학계를 떠나 신학을 연구, **창세기 주석 13권과 계시록 주석 13권을 포함, 모두 66권의 책을 라틴어로 출간했다**. 그의 철학적 기초는, 종교·도덕적 관심과 수학적 자연을 하나의 체계로 형이상학화하려 했던 데카르트이며, 동시대인 라이프니쯔Leibniz, 볼프Wolf 등과 친교가 있었다. 그는 루터교를 개혁코자 하였으며, 따라서 성경을 보는 시각과 교리도 개혁적이었고 교회도 "**새 교회**" New Church라고 명명했다. 그의 철학적 신학은 이후 많은 문인에게도 영향을 미쳤는데, 특히 19세기의 낭만주의 및 상징주의 시인들과 에머슨Emerson을 비롯한 미국 지식인 사회에도 지대한 영향을 미쳤다. 하바드대 교정에 스베덴보리의 「New Church」가 있다. 그는 대大신비가로서, 천국과 지옥계를 보는 것을 비롯하여, 초자연적 신비 체험을 많이 가졌다. 19세기 에머슨, 쏘로우 등이 그를 기념하여 하버드 신학대학 옆 Beacon St.에 큰 출판사를 내기도 했었다. 예수의 자연비유들에 대한 그의 영적인 해석은 신학계의 주목을 받고 있다. 그러나, 개혁주의 신학은 스베덴보리의 신학을 성경의 객관적 권위와 은혜 중심 복음에서 벗어난 신비주의적·주관주의적 체계로 평가하며, 그의 계시 체험과 교리 전개를 정통 기독교 신학의 범주 밖에 두는 비판적 입장을 견지한다.

1763 『Heaven and Hell』, *천국과 지옥,* 1758 『Divine Providence』하나님의 섭리, 1764를 일본어로 번역하였다는 사실입니다.

토마스 머튼이 동양 정신과 연계해서 견지하는 '부정' 신비 사상은 세 개의 패턴이랄까 뿌리를 가지고 있다고 할 수 있을 것입니다. 'Negation부정'과 'Illumination깨달음' 그리고 'Union Mystica신비적 합일'이지요. 'Negation부정'은 우파니샤드 철학의 'Neti Neti'이것 아님, 저것 아님 This not, That not 개념처럼, 진리의 궁극적 실재Ultimate Reality가 어느 하나에도 걸림 없이 현상계를 초월하는 것으로 보는 것이지요. 한편, 'Illumination깨달음'은 특별계시와 자연 계시의 진리를 통해 이성이 빛을 받아서 의식이 깨는 것을 말합니다. 그리하여 영적 직관만으로 된 깨달음이 절대와 '신비적으로 연합'union mystica이 되는 것이지요. 결국 머튼의 영성은 중세기 기독교가 플라톤주의, 특히 네오플라톤주의와 접목하여 피워낸 그 수도 정신을 이어받는 것으로 보입니다. 머튼의 의식의 세계에는 부정과 긍정의 변증dialectics을 통한 정관靜觀이 보입니다. 마치 6세기의 위僞디오니시우스가 그의 '사랑의 황홀한 힘신과의 합일'의 사상을 부정과 긍정을 거쳐 기독교 신비주의 철학으로 정착시키듯이 말이지요.

서양 신비주의의 연원은 말할 것도 없이 플라톤의 합리주의적rationalistic 또는 사변주의적 신비주의speculative mysticism 그 인식론이 논리로 다듬어진 철학 전통을 이어받습니다. 플라톤의 저술 중에 특히 신비주의의 경향성을 많이 담고 있는 문서로는 『공화국』*Republic*, 『향연』*Symposium*, 「파이돈」*Phaedo*, 『변명』*Apology*, 「티매우스」*Timaeus*, 그리고 『파르메니데스』*Parmenides*가 있습니다. 머튼은 케임브리지와 콜럼비아 시절에 벤자민 조웰Benjamin Jowett, 1817-1893[69]이 번역한 플라톤의 이 고전들을 읽었으며, 장

---

69 옥스퍼드에 재직하면서 플라톤 전집 130권을 영어로 총 39권을 번역. 19세기는

년에는 스즈키가 서방 언어 철학적 카테고리를 써서 소개한 불교 문서들을 보고, 동양인의 정신적 감수성을 서양인의 심층 구조에 좀 더 체계적이고 세련되게 설명하였는데, 이 작업이 바로 머튼적 동양관이며 영성입니다.

그런데 머튼의 동양관이 기독교 신비주의의 맥락 안에서 이해되는 것은 '궁극적인 진리가 언어로 표현할 수 없다'는 것을 그가 간파, 플라톤적 알레고리와 불교적 알레고리의 사용을 동시에 수용한다는 이유 때문입니다. 계관시인桂冠詩人, poet laureat70일 정도로 저명한 그였지만, 언어 한계성의 극복과 언어의 아날로기analogy적인 기능을 위해서 어쩔 수 없었겠지요. 마치 플라톤이 알레고리, 예를 들면, 공화국에 나오는 '동굴의 비유'에 의존하고, 아퀴나스의 토마스Thomas Aquinas71는 이것을 더 세련시킴으로서만 그의 『신학대전』*Summa Theologiae* 72을 가능케 하듯이 말

'**벤자민 조웰의 시대**'였다며 그를 기린다.

70 "계관시인"poet laureat이라는 개념은 고대 그리스·로마에서 시인과 영웅에게 수여되던 월계관laurel crown의 전통에서 기원하며, 근대 이후에는 국가나 공적 기관이 특정 시인에게 공식적 직함과 영예를 부여하는 제도로 제도화되었다. 한국어의 "계관시인"桂冠詩人은 이러한 전통을 충실히 반영하는 번역어로, 단순히 뛰어난 시인을 지칭하는 것이 아니라 공적 권위에 의해 임명된 시인을 의미한다. 따라서 이 용어는 '**문학적 탁월성과 더불어 사회적·제도적 인정**'이라는 이중적 성격을 내포하며, 문학사적·문화사적 맥락에서 학술적으로 타당한 표현으로 사용될 수 있다.

71 서방교회의 저명한 신학자이자 스콜라 철학자1224~1274로 아리스토텔레스의 철학 체계로 신학의 집을 지었다. 또한 '자연신학'의 으뜸가는 선구자이며 서방교회에서 오랫동안 주요 철학적 전통으로 자리잡고 있는 토마스 학파Thomism의 대부이기도 하다. 그는 교회학자 33명 중 한 명이고, 라틴 가톨릭 신학을 체계화한 교회사 최고의 철학자 겸 신학자로 파리대학에서 수학했고 가르쳤으며, 많은 저술과 함께 찬송시詩를 써서 교회 예배 음악에 사용되고 있는 것으로 유명하다.

72 『신학 대전』神學大全, Summa Theologica, 1265-1273은 중세의 스콜라 학파였던 기독교 신학자 토마스 아퀴나스의 대표적 저서로. 트리엔트 공의회에서 제단 위에 성서 옆에 놓아 권위를 부여하였다. 숨마Summa, 大全라는 명칭은 성 빅토르의 후고Hugh of Saint Victor, 1096~1141에 의한 숨마『De Sacramentis Christianae Fidei』,

입니다. 그래서 머튼은 마치 플라톤이 그랬던 것처럼 이성로고스이 언어의 몸을 떠나는 것을 허용하고, 영靈이 자유의 세계로 들어가는 것을 인정합니다. 인간이 이성의 빛을 받은 이상, 이성의 인간은 결국 진리를 떠나지 아니하는 것을 그가 신뢰하기 때문이지요.

결국 머튼의 동서 원융 사상이 기독교 신비 사상의 범주 안에 드는 이유는 이와 같은 플라톤의 종교철학 때문인데, 플라톤주의는 플로티누스Πλωτινος205~270[73]에 이르면 완전히 종교적 신비 철학으로 자리를 잡게

'**기독교 신앙의 성례에 대하여**'가 최초의 전형으로 12세기의 스콜라 용어에서 시작되었으며, 기독교의 진리를 제시할 목적으로 편찬된 여러 학설의 전체적·체계적 집대성한 책을 말하는데, 토마스 아퀴나스의 『신학 대전』은 가장 완성된 대표적 작품이라 불리 운다. 이 책은 성서나 교부 등의 저서 중에서 신학 관계에 대한 중요한 견해Sententia, **센텐티아**를 모아서 변증적으로 처리하던 것을 더욱 발전시켜, 철학·논리·정치·경제 등 인간에 관련되는 모든 지식을 유기적으로 구성하고 신앙의 빛에 비추어 학문적으로 체계화한 종합적 노작이다. 『신학 대전』은 중세 대학의 교육 활동 과정에서 생긴 것으로, 신학에 요구되는 최소한의 내용을 교육적 효과가 있도록 집약한 것이다. 이러한 목적을 갖고서 현실 생활을 긍정한 이 신학적 사상 체계는 중세 기독교 성기盛期에 국가까지도 복종시키는 세속적 권력을 가졌던 가톨릭의 정신적 기반이 되었다. 『신학 대전』은 3부로 구성되어 있는데 6백여 문제, 3천여 항목을 포함하고 있다. 제1부신와 제2부인간는 1269-72에 완성하였고, 제3부그리스도는 다시 이탈리아에 돌아와 살던 시대1272-73에 썼으나, 미완성인 채 병사하여 제자인 피페르노의 레기날도가 '보유補遺'로 완결시켰다. 토마스는 각부에 많은 문제를 세우고, 각 문제를 몇 개의 항목으로 나누었고, 또 각 항목을 이론異論, 반대이론反對異論, 주문主文, 이론해답異論解答으로 구성하였다. 곧 스콜라학의 논증법論證法에 따라 우선 자기의 주장과 다른 주장을 말하고, 다음에는 이에 반대하는 주장을 말하고, 끝으로 자기의 주장을 말하여 그 이유를 설명한다. 내용을 보면 아리스토텔레스 등의 그리스 사상과 교부들의 기독교 사상을 종합한 대작이다.

73 북아프리카 리코폴리스Likopolis에서 출생하였으며, 비교적 늦은 나이28세에 본격적으로 철학에 몰두했다. 처음 암모니우스 삭카스Ammonius Saccas, 175~242에게서 플라톤의 가르침을 전해 듣다가 플라톤의 사상에 크게 감동하였고, 이후 '플라톤 철학의 해석자'로서의 길을 걸었다. 플라톤 사상에 몰두해서 가르쳤기에 사람들은 그를 '**신플라톤주의의 창시자**'라고 평한다. 그의 제자 포르피리오스가 작품 54편을 보존해서 스승의 전 작품을 9권씩 묶어서 총 6집으로 편집했다. 그가 신플라톤주의의 창시자로 불리는 이유는, 특히 「티마이오스」에서, 무엇보다도 "**어찌 '하나'에서 다수가 흘러나왔는지?**" 하는 당시 새롭게 제기된 물음에 집중하여 사상을 펼쳤다는 사실에 있다. 소위 '영원한 것이 그대로 완전한 채로 머물러 있지 않고, 이 세상의 불완전한 다수로다양한 것들로 존재하게 되었는지?' 하는 '난해

되지요. 플라톤 사상의 주류는 아무래도 정치적인 면, 윤리적인 면이 강조하기 때문이지요. 그리고 이 플로티누스에게서 영향받은 초대 교부 신비주의자인 오리게네스[74]Ὠριγενες, Origenes, 185~253가 등장합니다.

오리게네스는 현상의 다양을 '일자一者의 유출'流出로 봅니다. 플로티누스의 '일자' 개념에서 영향을 받은 그는 일자一者를 '영을 가진 거대하고 완전한 인격체'로 보며, 세계現象는, 마치 우리의 신체 부분들이 영혼의 정신 작용에 의하여 유지되듯이, 그렇게 이 일자에 의하여 지배되는 것으로 생각하였습니다. 그리하여 오리게네스에게 있어서 세계란 '거대한 생물체적 조화'a vast organic whole입니다. 신의 조화 안에 있는 건전한 유기체적 조직이라고 할까요. 이 유기체적 조직 안에는 신의 섭리가 있고, 그 신의 섭리 또는 예정 안에 세계가 있다는 것입니다. 이토록 신

한 물음'에 대해 답변하고자 했던 것이다. 중기 플라톤주의자들에게는 아직 제기되지 않았던 이 같은, 물음이 플로티노스로 하여금 신플라톤주의자들의 관심사인 '유출'Emanation 개념에 몰두하도록 이끈 셈이다.

74 **초대 교부** Origenes**오리겐, 오리게네스**은 알렉산드리아학파를 대표하는 기독교의 교부이다. 매우 독창적인 신학 체계를 세웠기 때문에 이단과 논쟁하였고 교회와도 마찰을 일으켰다. 오리게네스는 오늘날의 성경해석신학, 조직신학, 변증적 그리스도교 사상가로 볼 수 있다. 그는 먼저, 성경 해석자로서 성경에 대한 문자적 의미의 불충분성을 지적하였는데 그의 성경해석은 문맥적, 영적인 해석을 주로 다루고 있다. 오리게네스의 조직신학적 사상은 그의 저서인 『원리에 대하여』*de principiis*에서 교리화를 목적으로 하기보다는 오리게네스가 살았던 당시의 이단들 즉, '**마르시온주의자들과 가현설주의자들에 대항**'하여 창조주 하느님의 자비와 예수 그리스도의 인성과 신성을 증언했다. 그런데 그의 이론 중 '만물의 복귀' apokatastasis pantōn(ἀποκατάστασις πάντων)라는 개념은 자비하신 하느님께서 사람뿐만 아니라 사탄과 마귀까지 구원할 것이라는 입장이어서, 하나님의 정의와 심판을 약화시킨다는 비판을 받았고, 6세기 제2 콘스탄티노플 공의회(553년)에서 오리겐/오리게네스주의 일부가 이단으로 규정되었다. 그러나 그의 사상은 신비주의적이고 철학적인 깊이로 인해 오늘날에도 신학적·철학적 탐구의 대상이 되며, 하나님의 자비와 정의, 자유의지와 예정 사이의 긴장을 성찰하게 한다. 그의 저서 『켈수스를 논박함』*Contra Celsum*에 나타난 변증적 그리스도교 사상은, 하느님의 계시에 대해 구체적으로 성경의 해석에 큰 비중을 두고 있다. [출처: 가톨릭 영성 자료 - 오리게네스 논쟁, https://home.catholic.or.kr/pdsm/bbs_view.asp?num=3&id=162962&menu=4823]

은 하나의 완전한 정신의 사령탑입니다. 이 정신으로 신은 '무無, exnihilo'로부터 세계를 창조하였다는 것이지요. 동시에 이 '일자'의 영은 플라톤이 말한 것처럼 세계를 창조할 때 창조의 물질적 근원인 '질료'質料, materia를 갖고 있기에, 그 물질이 천지의 에너지energy field가 되고, 또 천지 그 자체가 된다는 것입니다. 그런데 흥미 있는 것은 오리게네스가 플로티누스로부터 빌린 사상이든, 플라톤으로부터 빌린 사상이든 세계의 존재 문제를, 오리게네스는 '신의 의지,' 즉 '신의 인격'에 의한 것으로 본다는 사실입니다. 다시 말하면, '세계를 존재토록 하는 근원적인 원리는 신이고, 인간은 이것을 믿어야 한다.'라는 것입니다. 이 점에서 그가 기독교 신비주의 학자가 되지요. 그는 신앙과 이성의 균형을 강조하였으며 신과의 합일을 권고하지요. 하나님이 그의 형상으로 인간을 지었다는 것은 창조니까 '신앙'이며, 육이 어떤 질료에 의해 하나님의 뜻으로 만들어졌다는 것은 '이성'이기 때문이라는 것입니다.

사실, 신학은 그 신앙에 대한 사유의 사다리가 위로 올라갈수록 신비주의로 나타나지요. 기독교 경우 대 신학자들이 끝에 가서는 다 신비주의자가 된다는 말씀입니다. 성경적으로는 우선 사도 바울이 그렇고, 어거스틴이나 아퀴나스도 그들 인식론의 구조는 다 신비주의이지요. 머튼의 경우도 플라톤주의와 네오플라톤주의의 인식론으로 사상의 뼈대가 잡혀 있는 만큼 그의 영성은 데카르트 이전의 신비주의이지요. 교부 시대로부터 기독교 전체를 꽉 붙잡고 있는 힘은 플라톤과 네오플라톤주의의 철학 신학적인 요소들이란 것을 머튼이 간파했던 것입니다. 그렇기에, 머튼에게는 어거스틴의 『삼위일체론』*De Trinitate*p. 428에서 처럼, 인간의 주관 안에서 신의 형상을 발견하는 신비의 과정이 없지 않아 있습니다. 또 머튼은 보나벤투라처럼 '철학과 신학과 신비주의'를 이성과 신앙의 변증법 안에서 통일하고 사랑으로 종합해 버리기도 합니다. 그래서 그의 묵상의 씨앗은 결국 하나님의 사랑입니다. 하나님의 이 사랑이 머튼을 하나님과 합일되게 하였지요. 라빈드라나드 타고르벵)রবীন্দ্রনাথ ঠাকুর 1861~1941인도의 시인, 철학자처럼 신비주의적인 면이 많이 있는 사람입니다.

그러나 머튼이 보나벤투라나 교부 오리게네스의 이성과 신앙의 변증법적 전개를 따라가면서도, 그들과는 조금 다른 면모를 보입니다. 그것은 머튼이 그들처럼 자연에서 신의 로고스의 흔적을 보는 것을 인정하면서도, 인식의 관점을 구도자적 태도로 시적으로 표현한다는 것입니다. 그래서 그의 시는 일반 계시 안에서의 우주와 자연도, 동양적 지혜로 노래하는 것을 잊지 않습니다. 자연 안에 신성이 있다는 것을 그도 인정하는 것이지요. 따라서 머튼은 형이상학적 지반을 튼튼히 잡아 놓고, 그 위에다가 세계를 신비주의 철학 개념 내에서 분석하고 이론화한 것, 즉, 그는 신에 이르는 길을 철학적으로 이론화하지 않고, 수도자의 눈으로 그것을 동양적 직관과 감수성으로 시詩에 담아냈던 것입니다. 현대인이 쉽게 마음을 움직일 수 있도록 말입니다. 그리하여 머튼은 그의 감수성 있는 시詩와 선禪불교와 동양적 노장老莊 정신을 십자가의 성 요한이나 위 다이노시우스의 사상으로 해석하지요.

머튼은 기독교를 떠나지 않으면서도 그의 개인적인 순례이자 생의 은유metaphore of life이기도 한 동방에로의 긴 여로를 통해 기독교의 신하나님과 고대 동양인의 지혜의 근원을 동시에 발견합니다.

머튼의 동양 정신에 대한 애착

머튼은 동양 정신에 깊은 애착을 보입니다. 무엇이 그를 동양으로 이끌었을까요?

I

단편적인 대답을 몇 가지 말씀드린다면, 우선 그는 기독교 신비주의가 갖는 '깨침illumination' 전통 위에 서 있으니까, 묵상 수도승contemplative monk인 그가 선불교 정신에 관해 이야기할 수 있는 '공지空地'를 발견할 수 있었겠지요. 머튼은 어거스틴처럼 신의 형상을 발견하기 위해 신비 과정을 이론적으로 체계화하지 않고 '직관만'으로 신에게 접근하려는 경향이 있지요. 머튼이 컬럼비아대 대학원 재학 시에, 이미 계관시인으로 활동한 시인이어서 그런지는 모르지만, 그는 언어를 논리화시키는 과정을 떨쳐버리고 곧바로 신의 품에 안기려고 하는 기질을 보입니다. 또 화가인 부모를 따라, 또한 당시 프랑스의 징집령을 피해서, 미국으로 이주한 것 등으로 인하여 머튼은 젊은 시절부터 타 종교에 관심을 지니게 되었지요. 기독교의 뿌리에 동양 세계가 있는 것을 보고, 그는 동양에 대해 호기심을 가지면서도, 한편으로는 갈등을 겪어 영적인 방황을 보이기도 합니다. 이 영적인 방황이 머튼에게 평생 구도자의 입장에 서게 했다고 할까, 순례의 과정에 들어가게 한 것이지요. 이렇게 하여 그는 '수도승'75이 됩니다. 그리고 서양의 수도원 운동이 동양에서 온 것인 한, 그의 신비주의자로서의 자질이랄까 수도승으로서의 영성은 동양적 영성과 닮은 데가 없지 않을 수 없었습니다.

그리고 노•장을 포함한 선불교 정신은 기독교 신비주의가 뿌리를 내리고 있는 네오플라톤주의와 맞아떨어지는 데가 있습니다. 우선 언어를 초월해야 한다는 것이 쌍방의 인식 아닙니까. 언어를 통해서는 궁극적인 실체를 깨닫지 못한다는 것이지요. 궁극적인 실체는 주관과 객관이 초월 되는 세계이고, 말로 표현할 수 없는 영역이라는 것이 플라톤과 노자부터가 가르치고 있는 말이지요. 그래서 그들은 언어를 초월하고, 인간의 직접적인 경험에 더 역점을 둡니다. 궁극적인 진리란 인간의 사고와 이성을 초월한 인식론이라는 것을 양쪽 전통이 인정하는 것이지요.

머튼은 특히 선불교의 'anti-letters'不立文字·불립문자에 동조하고, 노자의 『도덕경』 제1장의 언설言說에 쾌재를 부릅니다.

道可道 非常道 도가도 비상도　　**名可名 非常名** 명가명 비상명

---

75 수도승은 세속적 삶을 떠나 하나님과의 일치와 영적 완성을 추구하는 이들을 가리키며, 그 기원은 3세기경 이집트와 시리아 사막에서 은둔과 금욕으로 신앙을 지키려 했던 사막 교부들 - 이집트 사막의 안토니우스, 동방에서는 4세기 파코미우스의 공동체 수도원은수·공주 수도원 - 에서 비롯된다. 이후 4세기~6세기경 수도원 제도가 확립되었고, 6세기 서방교회에서 베네딕투스Benedictus of Nursia, 480~547가 베네딕트 규칙Regula Benedicti을 제정하여 기도와 노동, 성경 연구, 가난·순종·정결의 서원을 체계화하여 서방 수도원 제도의 표준이 되었으며, 이를 통해 신앙을 실천하였다. 중세 유럽에서는 베네딕트 규칙을 따르는 수도원들이 학문과 문화 보존의 중심지가 되었고, 병원·학교·구제 활동을 통해 사회적 역할도 감당하였다. 오늘날에도 수도승적 영성은 단순히 수도원 안에 머무르지 않고, 세속 속에서 침묵·기도·봉사의 삶을 실천하며 하나님과의 깊은 관조를 추구하는 방식으로 적용되고 있다.

도라고 이름할 수 있는 것은, 영원한 도가 아니며, 이름 붙일 수 있는 것은 영원한 이름이 아니다.[76]

왜냐하면 인생의 참된 의미는 말로 옮길 수 없다는 것에 대해 크게 동감하기 때문입니다. 이 점에서 머튼은 십자가의 성 요한John of the Cross, 1542~1591적이면서도 혜능[77]六祖 慧能선사의 풍모를 함께 지니고 있습니다. 물론 성 요한은 가톨릭 신비주의의 '어두운 밤'을 통한 "정화와 합일", 혜능은 '선禪의 돈오頓悟'를 통한 "즉각적 깨달음", 머튼은 이를 동서 영성의 대화 속에서 통합하려 했다는 점에서 차이가 있습니다만, 머튼, 성 요한과 혜능 세 사람은 모두 내적 침묵과 직관을 통해 궁극적 실재와의 합일을 추구했다는 점에서 공통된다고 할 수 있겠지요. 사실 엄밀히 말하면 신비주의자들은, 불교도든 기독교도든, 묵상을 통해서 신에게 접근하려는 그런 전통을 공유하고 있습니다. 이런 보편적인 종교적 신비주의 영성이 머튼으로 하여금 동양 정신을 순례하게 하는 것으로 보입니다.

Ⅱ

76 노자 『도덕경』 제1장 첫머리에 나오는 말로, 여기서 '도'는 말로 규정할 수 없는 궁극의 진리를 뜻하며, 이름 붙이는 순간 그것은 이미 본래의 도가 아니라는 철학적 통찰을 담고 있다. 즉, '궁극적 실재, 그 절대의 세계는 언어의 표현을 초월한다'라는 뜻으로, '인간의 사변과 분석'으로 도道를 제한하지 말라는 충고가 들어 있다.

77 선불교의 제 6조祖, '스님이 되기도 전에 스님이 된 사람' - 그는 소년 시절 땔나무를 하여 집으로 오는 도중 어느 집의 모퉁이를 돌다가 '**응무소주 이생기심**' - 應無所住 而生其心, 마땅히 머무는 바 없이 그 마음을 내라. - 이 낭송되는 것을 들었는데, 『금강경』에 있는 이 문구의 뜻을 즉시 이해했다. 그 길로 홍은의 동산법문으로 들어갔다고 전해진다. 돈오頓語, sudden Enlightenment를 주장했으나 선禪과 교教를 원융圓融했다. 5조 홍은弘恩에게서 법통法統을 받았으며 저술로 『단경』壇經이 있다. 생평生平은 A.D. 638~713. 『한국민족문화대백과사전』

□□ 두 번째로 머튼의 동양 정신 경도傾倒에는 노자老子의 '무위無爲' 개념에 대한 그의 공감이 짙게 깔려 있다고 할 수 있습니다. 유위有爲나 무위無爲 개념은, 본래 불교학과 종교철학에서 '존재being'와 비존재non-being'의 문제가 아닙니까. 존재 '유有'는 doingaction이고, 비존재 '무無'는 non-doingnon-action으로 이해되기도 하지요. 그리고 이 'doing은 바로 non-doing'이고 'non-action은 action'입니다. 그 이유는 존재有, being를 가능케 하는 것이 비존재無, non-being이기 때문이라는 것이지요.

플라톤은 그의 책 『파르메니데스』*Parmenides*에서 이 '유'와 '무'의 개념을 '흐름flow'과 '휴식rest'으로 표현합니다. 'doing'을 '흐름' 또는 '움직임'으로, non-doing을 '쉼'의 원리로 철학적 개념화를 하지요. 4세기 말 플라톤 철학으로 신학의 이론을 무장했던 어거스틴은 바로 이 플라톤의 'rest쉼'와 'movement흐름' 개념에서 하나님의 쉼에 들어가라는 '안식sabathica' 개념을 만들어 냅니다. 머튼은 『파르메니데스』 고유의 철학 개념인 'Being존재'과 'Becoming되어감'의 사유의 틀을 플라톤의 신학의 집에 빌려 씁니다.

머튼은 청년 시절 플라톤에 탐닉했던 만큼 이 플라톤의 '쉼'과 '움직임흐름'의 사상을 알았습니다. 그것은 방랑 생활에 익숙해 있던 그에게 하나의 오아시스였지요. 그래서 그는 자신의 정신 코드가 유럽인 생래生來의 사변적이고 분석적인 것에도, 직관과 체험의 종교적 심성을 동경하게 됩니다. '행동action'의 세상 와중에서, 침잠된 내면의 영성을 가꾸려는 이 동경이 결국 말년 시절 그로 하여금 동양의 '무위'를 알게 해준 것이지요.

그래서 수도승 머튼은 쫓기듯이 바쁜 미국이라고 하는 문명의 현장에서 이제 격정passion과 행동action의 다단多端, complexity을 다 내려놓습니다. 함이 없는 함의 위대함, 자연 그대로의 삶spontaneity이 최선의 삶이라는 '무위無爲'의 '위爲'의 공능功能을 알았던 것입니다. 'non-doing이 doing'이라는 그 저절로 풀리는 신비를 알았던 것이지요. 결국 그가 깨달은 것은 모습 없는 모습, 함이 없는 함의 자연스러움과 고요가 모든 것을 하는 삶의 힘이라는 것이었습니다. 그래서 그는 『도덕경』의 '덕德'자가 'Power'로 번역되는 것을 좋아합니다. '함이 없는 함'인 모든 것의 근원 '도道'는 바로 만물을 살리는 생명의 힘이란 것이지요.

이 '도'는 '무無', 그 보이지 않는 실상實相의 세계도의 '신비적' 측면와 '유有'인 보이는 현상의 세계도의 '현상적' 측면를 다 포괄합니다. 결국 '도'의 음陰적인 면이 '무'라고 하는 실상계이고, 양陽적인 면이 '유'라고 하는 현상계라면 '부정도否定道, Via Negativa'의 신학에 익숙해 있는 머튼이 '무'와 '유'의 '원융'圓融, 그 위대한 실용Practicality에 눈뜨지 않을 수 없었겠지요.

그래서 말년의 머튼은 겟세마네 수도원의 그 고독한 묵상 수행을 그리스도의 십자가와 함께 자연과의 친화감이 강조된 노•장사상을 읽으면서 이겨내는 것입니다. 머튼에게 있어서 '도'는 문화와 종교를 초월해 존재하는 '무위의 위', 그 생명의 힘입니다. 그가 장자를 안 후, 개인적인 감동을 토대로 영적인 해석을 가한 『장자의 도』*The Way of Chuang Tza*, 1969 같은 것이 그가 본 무위의 동양의 세계가 아니겠습니까?

머튼의 동양 전통에의 경도傾倒

반복되는 질문입니다만 왜, 머튼은 그의 수도원 생활과는 이질적으로 보이는 동양 전통에 그렇게 매력을 느꼈는지 궁금하군요.

앞서도 말씀드렸듯이 서구 기독교 전통이 가지고 있는 그 분석적이고 수리적인 이성 중심의 교리와 문명관에서 분만한 해방감 같은 것을 가지려고 하지 않았겠는지요. 그가 『신비주의자들과 동양의 선사들』*Mystics and Zen Masters*, 1967이란 책에서도 썼듯이 "현대의 서양인들은 경험적 자아 위에서만 오류 없는 지적 진보로 진리에 달達하려고 하는 역병疫病을 앓고 있다."고 본 것이지요. 그래서 머튼은 서구의 신학조차도 산뜻하게 목록화된catalogued 추상 개념으로 밀쳐버리는 면이 있습니다. 사물을 세밀하게 관찰할 수 있는 시인 수도승인 그로선 '**直指人心**직지인심 **見性成佛**견성성불'78 이라고 하는, 사물을 한눈에 꿰뚫어 버리는 순수한 경험quest

78 중국 선종에서 수행자가 '경전의 매개 없이 마음을 가리켜 단박에 성불하게 된다'는 불교 교리이다. 불교는 전통적으로 경經·율律·론論의 삼장三藏에 의거하여 가르침을 전승해 왔지만, 중국의 선종은 경전적 가르침에 의거하지 않고, 불교의 핵심인 마음을 곧장 가리켜 성불하는 가르침을 표방하였다. 이것이 바로 '**사람의 마음을 곧장 가리킨다**.'는 뜻의 직지인심直指人心이다. 그러므로 직지인심은 선종을 여타의 불교 종파와 구분 짓는 중요한 기준으로 사용되었으며 또한 직지인심은 견성성불見性成佛, 돈오頓悟 등의 용어와 연관되어 사용된다. 즉, 경전의 매개 없이 곧장 사람의 마음을 가리키므로, 수행자는 '**자신의 마음의 본성을 보고 단박에 성불하게 된다**'는 것이다. 『한국민족문화대백과사전』

for direct and pure experience을 더 귀하게 여기는 것이지요.

그래서 그는 데카르트René Descartes, 1596-1650[79]적인 관념 작업을 언어의 조작操作으로 아주 싫어합니다. 이 점은 머튼이 그의 책 『선과 탐욕의 새들』Zen and the Birds of Appetite, 1968에 내보이며, 또 『토머스 머튼의 단상』Conjectures of a Guilty Bystander, 1966에서도 "데카르트류의 관념 사상이 언어유희이며, 합리合理란 수학이고, 그것 자체가 자아를 발견할 수 있는 거울이 아니라 인간 의식을 도리어 우상화 시키는 연장tools"이라고 하면서 "선불교 사상에 건강한 진리가 있다."라고 말하고 있지요. 서구 2000년의 합리 전통을 깨는 혁명적인 발언이 아닐 수 없는데, 우선 그는 선불교 전통에는 교리적인 것, 교조적인 것이 없으면서도 현실에 의해 직통直通, direct적이고 돈오頓语, sudden enlightenment적인 실존이 있다는 것입니다. 그리고 선禪 사상이 건강하다는 의미는 선 체험이 일상의 삶에서 생활화되고 있다는 점이지요. 임제臨濟 조계선[80]曹溪禪, 한국 불교를 대표하는 종단을 좋아하는데, 선은 삶에 대한 사상을 말하는 것이 아니라 그 삶 자체를

---

79 프랑스의 수학자인 데카르트는 '근대철학의 아버지'라 불리는데, 스콜라적的 학문에 만족하지 못하고 주의주의적主意主義적 관점에 기초를 두어 형이상학을 수립했기 때문이다. 그의 형이상학적 사색은 방법적 회의懷疑에서 출발한다. 즉, 학문에서 확실한 기초를 세우고자 한다면 조금이라도 불확실한 것은 모두 의심해 보아야 하는데, '의심을 하는 자신의 존재만은 의심할 수가 없다.'라고 보았다. 그래서 그는, "**나는 생각한다 그러므로 나는 존재한다.**" cogito, erge sum라는 관념 철학의 근본 원리를 『방법서설』*Discours de la méthode, 1637*에서 확립하였다. 데카르트는 그의 철학 체계를 한 그루의 나무에 비유, 뿌리는 형이상학, 줄기는 자연학, 가지는 의학, 기계학, 도덕의 세 가지로서, 이 최후의 도덕을 인간적 지혜의 구극究極이라고 보았다.

80 6조六祖 혜능慧能이 조계산曹溪山에서 달마선법達磨禪法을 따라 수행한 남선맥南禪脈의 종단宗團이다. 우리나라 경우는 신라 하대下代에 입당구법入唐求法한 대부분의 승려들이 유학을 끝내고 귀국할 때는 대부분 선승禪僧들이 되어서 돌아왔는데132명, 구산선문九山禪門으로 종풍宗風을 일으켰다. 고려 중기 목우자牧牛子, 지눌 보조국사에 이르러 선종禪宗을 총칭하는 종단이 되었다. 이조 이후의 대표적인 법통法統 인맥으로는 휴정•유정사명•경허鏡虛•만공滿空을 거쳐 최근의 효봉과 성철 스님이 있다. 『한국민족문화대백과사전』

꽉 붙든다grip with life itself는 것이지요. 선 생활에 보이는 우직성愚直性, foolishness of Zen이 인간을 인간답게 하고, 그리하여 인간 삶의 순수 경험에 방해가 되는 온갖 지적 장애물들의 옷을 벗겨낸다는 것입니다.

머튼에 의하면 선禪에는 에고ego라고 하는 가면masks도, 관념의 목적도, 조작manipulation도 없다는 것입니다. 또 그는 서구인의 사유를 지배해 온 신학의 지성화intellectualization가 신을 더 멀리 있게 한다고 봅니다. 그래서 그는 자신의 저술들조차도 폐기 처분해야 한다고 말하지요. 그에게 있어서 진리란 '추구하는 무엇'이 아니라 '거기 그대로 있는*such as it is*' 일 뿐입니다.

트라피스트Trappist 수도승81이었던 그가 말년에 깨달은 것은 이 '자연스러움'naturalness의 탈脫 언어사상과 함께 자연을 관조하면서 인간들끼리는 어깨춤을 추며 사는 여유와 웃음의 미학이었습니다. 이 웃음의 미학은 일종의 천진天眞의 '장난스러움'play fullness인데, 가시밭길 같은 삶의 경험을 이 '천진의 솜으로 싸야 한다'는 것입니다. 그래서 그는 인생이란 구조물을 비극으로만 보고, 신학적 작업이 너무 진지 일변도로 딱딱해서는 안 된다고 보지요.

진지하되 '함이 없는 함'이 신학 안에도 들어와야 하고, 모든 믿는 자들은 거룩한 바보들, 즉, 그리스도를 위해서는 '천하의 바보들'holy fools f

---

81 트라피스트회는 공식적으로 엄격한 준수 시토회 라)Ordo Cisterciensis Strictioris Observantiae, OCSO로, 하루 7~8회의 공동 기도와 침묵의 삶과 모든 재산 공유, 공동 노동과 기도하는 것으로 알려져 있으며 이들은 성 베네딕토의 규칙을 따르고 각각 트라피스트Trappist와 트라피스틴Trappistine으로 알려진 수도자와 수녀 공동체를 가지고 있다. 1664년 아르망 장 르 부틸리에 드 랑세Armand Jean le Bouthillier de Rancé, 1626~1700 수도원장이 도입한 개혁으로 시작되어 나중에 트라피스트 수도회가 만들어지고 결국 1892년에 별도의 수도회로 공식 헌장이 제정되었다. 이들은 성 베네딕토 규칙서를 엄격하게 따르며, 금욕적인 수도 생활과 기도를 중시한다.

or Christ's sake이 되어야 한다는 것입니다. 마치 12세기의 성인 아씨시의 프란체스코San Francesco d'Assisi, 1181~1226[82]처럼 말입니다. 그에 의하면 성 프란체스코는 육조六祖 혜능慧能처럼 다 내려놓았기 때문에 모든 것을 얻을 수 있었던 것이지요. 그래서 그는 탁발 수도승 프란체스코의 일상을 좋아하고, 맨발의 누더기 차림으로 교황을 방문하는 그의 정신세계를 존경합니다. 머튼의 눈에 비친 성 프란체스코는 진실로 단순하기 짝이 없는 인간이었고, 범용凡庸하기 그지없는 '무위진인無位眞人, True Man of No Title'[83] 이었던 것이지요. 이리하여 말년의 머튼은 파안대소破顔大笑 하면서 모든 것을 버립니다. 그의 『칠층 산』*The Seven Storey Mountain, 1948*[84]에서 얻은 명성도, 또 Trappist 수도회 수도승이라는 'good monk'의 이미지조차도 잊어버리고 그저 인간이고자 합니다. 그가 이렇게 파안대소를 하면서

82 이탈리아 기독교 수사이자 저명한 설교가이다. 또한, 프란치스코회의 창설자이기도 하나, 프란치스코는 생전에 사제 서품을 받은 적은 없었다. 1204년 전쟁에 참전하기 위해 가던 길에 스폴레토 근처에서 '환시'幻視, vision; **하느님의 부르심을 직접적으로 느낀 신비로운 체험**를 체험하고 아시시로 돌아간 프란치스코는 세속적 생활에 대해 즐거움을 느끼지 못하게 되었다. 로마로 순례를 떠난 그는 성 베드로 대성전에서 구걸하는 걸인들을 보고 깊은 감동을 느껴 가난한 은수자의 옷을 입고 아시시 지역에서 몇 달간 구걸 행위로 연명해가다가, 아시시 인근에 돌아와 2년 동안 통회의 삶을 살았다. 이후로 평생 가난한 삶을 살겠다고 결심하게 된다. 아시시로 돌아간 그는 길거리에서 복음을 전파하였으며, 그의 삶에 감동을 받아 따르는 추종자들이 생겨났다. 프란치스코는 그가 지은 『태양의 찬가』*Canticum Fratris Solis 또는 Laudes Creaturarum, 1225* 때문에 이탈리아 최초의 시인으로 여겨지고 있다. 일반 평민들은 자신들의 언어로 하느님께 기도할 수 있다고 생각했던 그는 가끔 라틴어 대신에 이탈리아 중부 '움브리아Umbria 방언'으로 글을 쓰곤 하였다. 20세기의 익명의 사람이 작성하여 폭넓게 사용 중에 있는 「**평화를 위한 기도**」는 한때 프란치스코가 작성한 것이라고 잘못 여겨졌었다.

83 진인眞人은 『장자』 6편 〈대종사〉大宗師편에 나오는데, 지인至人, sublime man이라고도 한다. 걸림 없는 대자유인**man of absolute freedom**으로 실재Reality와 일치되어 사는 사람으로, '무위진인'無位眞人이란 말은 9세기 중반 당唐의 선승禪僧 임제臨濟가 썼다.

84 『Seven Storey Mountain』는 단테의 『신곡』 중 연옥산Purgatorio의 7층 구조에서 영감을 받은 표현이다. 각 층은 인간의 7가지 죄**교만, 질투, 분노, 나태, 탐욕, 식탐, 색욕**를 상징하며, 머튼은 이를 영적 성장의 여정으로 비유한다.

버리는 삶을 살게 된 데에는, 불교의 공空, Sunyata 사상과 바울신학의 '케노시스Kenosis, 그리스도의 비우심'의 상사相似를 깨달으면서였습니다. 즉 '비움으로써 가득한 공the fullness of emptiness'의 원리, '비움의 충만'이 참된 자유의 근원인 것을 알았다고나 할까요. 성 프란체스코에게서 보는 것처럼, 크게 버리면 크게 얻는다는 것을 깨달은 것입니다.

그리고 또 그에게 크게 깨달음을 준 소박한 사건이 하나 있지요. 그것은 다름이 아니라, 그가 절에서 1년간 수행을 한 청년에게 무엇을 배웠느냐고 물었을 때, "**저는 1년 동안 단순히 문을 열고, 닫는 것만을 배웠습니다.**"하고 겸손히, 그러나 무심중에 한 대답을 들었지요. 문을 여닫는 것은, 일종의 관습적인 'play' 같은 것인데, 그렇다면 인생이란 유희 같은 것이 아닌가 하고 깨달았다는 것이지요.

선禪의 장난기에서 '파격'破格, Iconoclastic Zen gesture이라는 삶의 여유를 배우고, 석상처럼 앉은 '고요'寂靜, the statue-like stillness에서 인생의 진지를 배우고 나자, 그는 신부로서의 체면치레 장식을 떼 내고 싶어졌다고 고백합니다. 그리고 그에게 있어서 영성의 의미는 결국 '단순하게 되는 것attaining simplicity' 그리고 '범용凡庸한 평범most ordinary'이라는 것입니다. 그래서 그는 초대 교부신학자 중의 한 사람인 이레네우스Eἰρηναῖος, Saint Irenaeus, 130~202년경[85]의 『이단 반박』*Against Heresies, 180* 에서 하는 말에 동의

85 이레니우스Irenaeus of Lyon는 당시 현재의 프랑스 남부 지역Lyon에 있던 기독교 공동체를 이끌고 확장했던 역할과 더 나아가 기독교 성경에 대한 영지주의적 해석에 반대하고 원시 정통파를 정의함으로써 기독교 신학을 발전시킨 그리스 주교였다. 프랑스 남부 리옹의 주교로 선출된 그는, 『Adversus Haereses』로 널리 알려진 『Against Heresies』*이단반박, 2 C 후반*의 저자로 가장 유명하다. 이 작품은 특히 약 100년경부터 189년경까지 활동한 발렌티누스Valentinus, 약 100년경~189년경의 영지주의 사상을 반박하기 위해 집필된 것으로, 고대 교회 내 이단 사상에 맞선 중요한 저작으로 평가받는다. 비밀스러운 지혜를 주장하는 영지주의 종파의 교리를 반박하기 위해 그는 '**성경**'과 사도들로부터 전해졌다고 하는 '**전통**', 그리고

합니다. "하나님의 영광은 사람이 생동감 있게 살아 있다는 것이다." 머튼은 이 삶의 생동감을 단순한 인간미의 일상성으로 보았습니다.

머튼은 생전에 세 사람과 그들의 말을 좋아하였지요. 초대 교부 중의 한 사람이었던 성 이삭Ισαάκιος,613~700년경[86]St. Isaac the Syrian,Isaac of Nineveh의 "새는 날고 물고기는 헤엄치며 그리고 인간은 기도한다."『금욕적 강론집』*Ascetical Homilies*688 라는 말, 장자의 '무위진인無位眞人' 그리고 노자의 '상선약수上善若水'[87]였지요. 머튼의 눈에 비친 최고의 삶은 이토록 자연스러움이었습니다. 즉, '물이 얼마나 노력 없이도 아래로 잘 흘러가는가'Water exerts no effort.를 머튼도 깨달은 것이지요. 그래서 그는 문명조차도 '함이 없는 함action of non-action'이어야 한다고 말합니다. 무위無爲의 공능功能,effectiveness of non-action은 모습 없는 물의 흐름을 보면 알 수 있다는 것이지요. 이 물의 흐름way of a flowing stream을 그는 도道로 보았으며, 인간은 이 자연스러운 도를 따라 살아야 한다고 본 것입니다.

그리고 머튼은 붓다의 '염화시중拈華示衆'[88]을 좋아하였습니다. 붓다가

사도들의 후계자들의 '가르침'이라는 세 가지 정통교리 기둥을 제시했다. 또한 그는 현재 정경이 된 네 복음서를 모두 필수적인 것으로 여긴 가장 오래된 증인이다.

86 성 이삭은 메소포타미아오늘날 카타르·이라크 일대 출신, 니네베 주교, 은수자·신비주의 영성가로, '하나님의 무한한 사랑과 자비, 내적 침묵과 관상, 금욕과 회개를 통한 하나님과의 합일'을 그 신학의 중심으로 한다. 개인의 내면 변화, 고독 속의 기도, 보편구원적 희망을 강조하며, 관상·신비주의 중심으로 개인 영혼의 하나님과의 합일에 초점을 둔다. 그의 『영적 설교집』*Homilies*은 동서 기독교에 큰 영향을 미치고 있다.

87 모습 없는 물 같은 삶이 최고의 삶이란 것. 물은 모습名色이 없으면서 만물을 이롭게 하고 섬기기만 한다. 도道의 최고의 상징으로 겸손과 온유를 나타낸다.

88 '염화시중'은 '한 송이 꽃을 들어 대중에게 보인다'는 뜻으로, 말이나 글에 의하지 않고 마음과 마음으로 전한다以心傳心는 뜻이 담겨 있다. 이는 『대범천왕문불결의경』大梵天王問佛決疑經에서 유래한 것이며, 또는 달리 '염화미소拈花微笑 심심상인心心相印'이라고 한다.

영취산에서 긴 설법을 하고는 그의 가르침의 결론으로 연꽃 한 송이를 치켜들었습니다. 그때 아무도 그의 뜻을 헤아리지 못하였는데, 붓다의 제자 가운데 가장 뛰어난 수행자 중 한 사람으로, 특히 선종禪宗의 시조로 존경받는 인도 마가다국 출신의 고승 가섭존자迦葉尊者, Mahākāśyapa가 빙긋이 웃기만 하였다는 것이지요. 즉, 이심전심以心傳心의 상징으로, 선종의 핵심 정신을 보여주는 일화로 침묵으로 말하는 답의 귀함, 이 '답없음無爲'을 최고의 행동有爲으로 본 것이지요.

머튼의 수도修道신학theology of the monastic vocation 뒤에는 동양인의 '무위'와 '침묵'不立文字과 그리고 장자적 선가禪家들의 웃음의 미학이 삶의 활력으로 직조tapestry, 타페스트리[89]를 짜고 있습니다. 유대•기독교적 정신의 '장엄한 비극성'tragedy을 '동양적 희극성'comic으로 감싸려고 하였다고나 할까요. 서양 정신의 심각성진지성의 갈등을 동양 웃음으로 초월하려고 한 흔적이 짙습니다.

89 태피스트리tapestry란 색실을 짜 넣어 그림을 표현하는 직물 공예이다.

머튼에게 있어서 웃음과 해학의 의미

머튼은 동양인의 지혜, 특히 선가禪家들의 관조 속에 보이는 그 진지하면서도 자유분방한 웃음이나 해학 같은 것도 아주 좋아하는데요.

그렇지요. 중국의 오경웅90吳經態, John Wu1899~1986 박사가 말했듯이, 토마스 머튼은 전생에, 저는 전생 같은 개념은 믿지 않지만, 중국의 수도승이었는지도 모르지요. 그렇지 않으면 그가 그렇게 선가적禪家的, Zen Way 동양 정신에 심취할 수가 없지요.

그건 그렇고, 제가 보기에 머튼의 영성이랄까 신비 사상은 유대•기독교Judaeo-Christian적이라기 보다는 헬레니즘 쪽에 뿌리를 두고 있는 것 같습니다. 즉, 헬레니즘적인 것이 인도적Indic인 것, 그리고 도교적Taoistic인 것과 많이 상사相似를 이루지요. 사실 『호계삼소도』*虎溪三笑圖*91에 보이는

90 존 칭슝 우오경웅는 중국의 지식인, 법학자, 작가로 주로 중국어와 영어로 법학, 법철학, 중국 문학, 철학과 종교, 그리고 기독교 영성에 관한 저술을 남겼다. 그는 중국 고전을 영어로, 시편과 신약을 한문으로 번역했다. 그의 저서는 약 15개 언어로 번역되었다. 가톨릭으로 개종한 그는 중화민국 주재 교황청 대사를 역임했고, 여러 대학에서 강의를 했다. 1960년대에 John Wu우는 일본 선불교 학자인 D.T. 스즈키Suzuki와 미국 트라피스트 수도사이자 작가인 토머스 머튼Thomas Merton과 친구가 되었고, 많은 서신을 주고받았다. 1965년에 머튼은 그의 책인 『장자도』*The Way of Chuang Tzu*를 우박사에게 헌정하기도 했다. 1961년에는 머튼은 중국 고전 『도덕경』*Daodejing* 의 영어 번역본을 출판하기도 했다.

그 자유분방한 웃음, 다시 말하면 위진 남북조시대[92]의 걸물들인, 동진의 혜원慧遠[93] 법사와 유교의 전원시인 도연명[94]陶溫明 그리고 도교의 도사 육수정陸修靜[95] 등이 동림사東林寺가 있는 호계虎淡의 죽림에서 한바탕 웃는 그림 있지 않습니까, 그런 그림은 헬레니즘적 부류입니다. 동양인 일상의 삶에 활력을 주는 파격적인 유머 감각이 아닐 수 없지요. 그것도 유•불•선의 대표 격인 사람들이 모여서 말이지요. 유대•기독교적인 입장에서 보면, 유머에 대한 영성이 다릅니다. 관觀이랄까 분위기가 다르지요. 불교나 도교 같은 것은 일원론一元論이니까 궁극적인 차원에서

---

91 중국 송대宋代의 석각石格이 그린 그림으로, 강서성江西省 구강九江 남쪽의 동림사東林寺에 있는 혜원慧遠 법사를 도연명이와 육수정이가 찾아와서는 놀다가 셋이 호계虎淡를 건너면서 껄껄 웃는 모습을 담았다. 화제書題 『호계삼소』虎淡三笑는 30여 년 동안 절 밑의 호계를 건넌 일이 없던 혜원 스님이 어느 날 찾아온 유학자 도연명陶溫明 시인과 도사道士 육수정陸修靜과의 교우交友를 즐기고는 그만 호계를 넘어 배웅함으로써 셋이 크게 웃었는데, 그때 골짜기의 호랑이가 울었다는 내용에서 유래한 말이다. [출처: "사찰의 벽화와 조각으로 만나는 이웃 종교"-*사찰에 이상한 것들이 산다.*, 불광미디어, 2019.10.15]

92 위진남북조 시대魏晉南北朝 時代 약 400년간220년 ~ 589년은 중국 역사에서 장기간의 분열과 혼란이 이어진 시기로, 220년 후한 말 조조의 아들 조비가 황제를 폐위하고 위魏를 세운 데서 비롯되었다. 이어 사마염이 서진西晉을 세우고 이후 동진東晉으로 이어졌으며, 그 뒤로는 남조南朝의 송宋·제齊·양梁·진陳과 북조北朝의 북위北魏·동위東魏·서위西魏·북제北齊·북주北周가 대립하는 남북조 시대로 전개되었다. 이 시기는 정치적 분열과 전란 속에서도 불교의 전래와 발전, 문학과 사상의 새로운 흐름이 나타나 중국 문화사에 중요한 전환점을 마련하였으며, 결국 589년 수隋나라가 남진을 멸망시키고 중국을 재통일함으로써 약 400년에 걸친 혼란의 국면이 마무리되었다.

93 도안道安의 제자로 도교와 유교 철학을 광범위하게 연구하였고, 불교의 근원을 밝히는데 도움을 주었으며 불교 역경譯經 사업 및 불교 토착화에 공헌했다. 정토종淨土宗의 중국 1조祖이며, 생평生平은 335~417.

94 중국 남조南朝 송宋대의 시인. 이름은 잠潛. 유학자로 41세 때 관직을 버리고 고향으로 돌아와 전원생활을 하면서 시작詩作에 몰두하였는데, 『도연명집』 5권이 있고 대표작은 『귀거래사』*歸去來辭*이다. 당대唐代 시풍詩風에 많은 영향을 미쳤으며, 생평生平은 365~427.

95 중국 동진東普 말에서 남조南朝 송宋나라에 걸쳐 살았던 도사道士이자 학자로서 도교 경전들을 목록화하고 『천사 도교단』天使 道敎團을 개혁하여 계율과 의례를 정비했다. 생평生平은 406~477.

말하자면 인간은 이미 신自然 안에 화목이 이루어지고 있습니다. 그러나 유대•기독교에서는 이 신과 인간의 관계성 문제가 심각하지요. 그래서 예수 그리스도가 십자가까지 오지 않습니까.

'삶存在論'을 헬라 철학에 놓고 보면, 현상계는 그야말로 그림자와 같고, 궁극적인 실체는 실상계인 '영원계'에 있습니다. 이 점은 불교와 힌두교에서도 마찬가지지요. 그래서 궁극적인 실체神와 자연을 분리하지 않습니다. 분리해 버리면 창조주가 피조물들을 만들어 놓고 부여한 부여 가치에 틈이 생기지요. 이 틈이 바로 불화不和, irreconciliation, 즉 '단절'입니다. 유대•기독교에서는 이 '틈죄, hamartia' 개념이 강하게 나타나 있지요. 그러기 때문에 이 죄의식에 대한 갈등이 인생에 대한 존재와 삶의 심각성을 심화시킵니다.

한편 머튼이 선불교의 뿌리로 보는 도교는 일원一元사상이니까 하늘과 땅에 화和가 이루어져 있습니다. 음陰과 양陽의 교차와 역할 또는 관계에 대립이 없지요. 불교도 불성佛性, Tachāgātā-garbhā이 인간 안에 있으니까 이미 일원론一元論적 이지요. 그래서 도교나 불교에는 자연과 삶을 관조하는 여유가 있습니다. 이 여유가 동양인의 마음불교, 도교에 해학과 여유를 불러오는 것이라고 봅니다. 선사禪師들의 그 꾸밈없는 해학comic sense은 유대•기독교에서는 볼 수 없는 웃음이고 익살이지요. 인생의 고해와 갈등을 일시에 초월해 버리는 탈 긴장의 영성이라고나 할까요. 머튼은 도교•불교에서 이 해학과 유머가 갖는 종교 현상, 특히 웃음의 신비한 정신 과정의 매개체를 이해한 것 같습니다. 그래서 머튼은 동양의 선사들과 함께 큰 소리로 호탕하게 웃습니다.

선불교 전통은 도교 전통을 따라 진지한 사색보다는 천둥벌거숭이 어린아이들의 삶을 따르고자 합니다. 문자를 세우지 않고不立文字 글자 그대로 '여연如然, suchness'이고자 하지요. 그래서 그들은 배꼽을 드러낸 채로 웃기도 하고 춤도 추며, 머리 위에 개구리를 올려놓고 같이 놀아주기도 하는 우스꽝스러움을 보입니다. 스승과 제자 간에도 서로 때려 주다가는 낄낄거리며, 또 낄낄거리고 웃다가 밀어 넘어뜨리기도 하는 동심 세계의 장난들이 있습니다.

이 자연스러움과 인간적인 여유는 기독교 사회 내에서는 찾아보기 어려운 것이지요. 바로 이 점이 머튼으로 하여금 선禪체험 앞으로 나아오게 하는 것입니다. 말하자면 머튼은 그가 4세기 사막 교부들의 금언을 모아 번역한 작품인 『사막 교부의 지혜』*The Wisdom of the Desert*, 1960 를 통해, 교부들의 생활과 수도원 생활의 경직에서 벗어나 성경적 진리의 법도 안에 있되, '대자재大自在한 정신'free spirits으로서의 기독교 삶을 원한다고 볼 수 있을 것입니다. 동양적 해학과 여유를, 스스로를 초월하는 자유self-transcending freedom의 한 방편方便으로 보았다고나 할까요.

머튼은 자아와 신비에 관한 한 이 도교적 뿌리의 선불교를 에크하르트나 십자가의 성 요한과 깊이 결부시켜 설명합니다. 역설적이지만 그는 거기에서 동•서의 단순함의 만남을 보려고 하는 것이지요. 그래서 머튼은, 1964년 컬럼비아 대학에서 스즈키를 처음 만났을 때 크게 웃고는 말없이 그의 손을 잡고는 그리곤 그들은 말없이 차를 듭니다. 자기磁器 주전자의 물 끓는 소리, 그리고 그 안에 녹차 녹는 소리를 들으면서 그는 '천연天然의 경험'을 하지요.

언어의 유용성有用性과 고요

머튼은 언어의 유용성을 안 사람이 아닙니까. 그런데 고요와 침잠은 왜 얘기할까요?

나비가 곤충 상태인 누에고치의 처지에서 겉옷을 벗고 자유의 세계로 훨훨 날아가듯이, 언어도 성숙해지면 그 언어의 옷을 벗고서 영의 세계로 들어가는 것이지요. 이 영의 세계는 결국 침묵의 세계이고 고요의 세계가 됩니다. 모든 것이 정지하고, 현상의 내·외부 운동들이 대립을 멈춘 '포용'包容Karunā, 자비/Equanimity, Upekṣā, 평정심의 세계입니다. 머튼은 언어를 아는 사람인 만큼 언어를 뛰어넘어 존재와 바로 만나려고 하였겠지요.

그래서 머튼은 일종의 '반反언어anti-language'로서의 '침묵'을 얘기하는 것입니다. "언어를 초월하기 위해서 언어를 쓰지 않는다"는 말은 역설逆說 같지만, 그것도 의사소통의 매개체라면 방법론이 될 수 있겠지요. 언어에 내재하고 있는 모순성과 부조리를, 침묵을 통해서 초월한다는 의미는 '긍정 신학Via Positiva, 肯定道'이라고 분류됩니다. 그런데 재미있는 것은 언어를 세우지 않는 것을 생의 원칙으로 세우고 있는 선승들이, 책은 또 엄청나게 많이 지니고 있다는 사실입니다. 머튼도 책과 논문을 수백

편이나 썼지요. 특히 그가 선불교 문서들에서 눈여겨보는 것은 불교학자들이 그들 특유의 '언어철학'을 한번 수립해 보는 것이 좋겠다는 말 아닙니까. 불성을 깨우는 데 인간이 가지고 있는 언어라고 하는 이성을, 로고스를 통해 볼 필요가 있다는 것이지요. 그에 의하면 언어의 로고스는 낮은 차원의 로고스이성에서 점점 더 높은 차원의 로고스영성, spirituality로 올라가는 것입니다.

그는 인간의 정신 작용에는 언어의 로고스를 통과해야만 하는 필연이 있다고 믿으면서, 불교의 공안公案[96]도 이렇게 로고스를 통해서 나오는 것이라고 말합니다. 아무튼 수도승이었던 그가 '고요와 침잠'沈潛, Spiritual absorption 이라는 '반언어'를 강조하면서 수백 편의 글을 냈다는 것은 모순이 있어 보이지요.

---

96 '公案'은 공식 기록 자료란 뜻으로, 불교의 선종禪宗에서 도道를 깨치기 위하여 조사祖師들이 공식적으로 정한 문제들로 일종의 교육 방법을 이른다. 이 방법은 당대唐代, A.D. 618~906에 집약적으로 나온 것으로 송대宋代까지 1천 5백 개가 넘게 채집되었는데, 대부분 『벽암록』*碧巖錄*과 『무문관』*無門關*, 그리고 『경덕전등록』*景德傳燈錄*에 수록되어 있다. 문제들은 주로 수수께끼 같은 난해難解한 질문들을 조사祖師 또는 큰스님이 묻는 것으로 되어 있고 제자는 '이심전심'以心傳心의 심리적 이법理法에 따라 스승과 함께 불법佛法을 관통할 수 있는 답을 할 수 있어야 한다. '공안'은 분석적인 이해를 거치는 것이 아니라, '느낌'으로 스승의 뚱딴지같은 소리를 역시 헛소리 같은 사설辭說로 받아넘기는 일이다. [출처: 한국불교문화포털, 동국대학교, https://buddhaland.dongguk.edu/bulVoca/view?dataId=KBDI0002362]

머튼의 문제점

머튼이 동양 사상에 경도傾倒했다고 말씀하셨는데 너무 기울어졌다는 것을 의미하시는지요. 머튼의 문제점은 무엇이라 보시는지요?

예, 너무 동양 정신 쪽으로 흘러버린 면이 있습니다. 그가 말하는 기독교 정신의 비극성과 심각성에는 옳게 본 견해도 있지만, 또 크게 놓친 것도 있지요. 예수의 웃는 모습이 성경에 없다고 해서 십자가 진리를 심각 일변도로만 보아서는 안 될 것입니다. 왜냐하면 하나님께서는 '이 세상을 너무도 사랑하셨고',요 3:16 사람에게 '삶을 주되 풍성히 주려고 하시기'요 10:13 때문입니다. 그리고 무엇보다도 기독교의 핵심은 '성령의 열매 맺는 덕'갈 5장, 벧후 1장을 중심으로 한 '기쁨'Joy과 '사랑'Love과 '화평'Peaceful movement이지요. 머튼은 이 점을 간과하고 있습니다. 이 점을 드러내면서 동양 정신의 '고요'도 이야기해야 하는데, 그는 노·장과 선불교 쪽에 너무 빠진 면모가 있습니다. 심지어 그는 토인비의 말처럼, "앞으로의 세계는 동양적인 정신세계, 특히 노·장과 선불교 정신이 크게 좌우할 것이다."라고 예언적인 말을 밝히기도 하였지요. 이는 그가 동양의 영성과 직관적 지혜가 현대 문명의 방향에 결정적인 영향을 미칠 것이라 믿었음을 보여줍니다. 하비 콕스Harvey Cox 1929~현재도 같은 맥락의 말을 하였는데, 그의 대표작인 『세속도시』 같은 책에서지요.97

머튼이 '기쁨' 개념 외에 또 놓친 것은 '자비mercy' 개념입니다. 자비 개념은 동양에도 있지만, 기독교에서는 그것이 좀 더 실질적이고, 구체적입니다. 왜냐하면 기독교 자체가 '피 흘림의 종교'이기 때문입니다. 이 아가페적all-given인 사랑에는 '기쁨'뿐만이 아닌 자발적인 성령의 열매인 '감사'thanks-giving 개념이 있습니다. '기쁨'은 십자가라고 하는 죽음의 신비를 통해서 부활로 나오는, 즉 신비주의는 '부정도via negativa' 측면만이 있는 것이 아닌, 말하자면 '비워서 오신'빌 2:7 하나님께서 구체적

97 하비 콕스 역시 머튼과 유사한 관점을 공유하며, 그의 대표작 『세속도시』에서 현대 문명의 방향성과 종교의 역할에 대해 깊은 통찰을 제시한다. 그는 세속화와 도시화를 단순히 종교적 쇠퇴로 보지 않고, 오히려 인간의 성숙 과정이자 신의 역사적 개입으로 해석한다. 특히 그는 "거룩한 신을 세속적인 방식으로 말할 수는 없는가?"라는 질문을 던지며, 종교가 시대의 변화 속에서 고립되기보다 세속적 현실과 적극적으로 소통하고 참여해야 한다고 주장한다. 이러한 입장은 동양의 영성과 직관적 지혜, 특히 노장사상과 선불교가 제시하는 내면 중심의 통찰과도 맞닿아 있으며, 머튼의 동양 사상에 대한 관심과도 공명을 이룬다고 본다. [출처: https://chedulife.com.au/1998-12-31] 하비 콕스는 하버드대에서 '사회윤리학'을 가르친 신학자로서, 『세속도시』*The Secular City, 1965*를 통해 도시화와 개인주의를 긍정적으로 해석하고 성경의 문자적·로고스 중심 해석을 거부하면서 남미 해방신학의 확산에도 영향을 주었다. 제2차 세계대전 이후 존 로빈슨, 반 뷰렌 등과 함께 그는 신학의 관심을 초월적·영원한 주제에서 현실 세계와 사건으로 전환시켰고, 이는 '세속화 신학'으로 불리게 되었다. 존 로빈슨John Arthur Thomas Robinson, 1919~의 『신에게 솔직히』*Honest to God, 1963*와 『동양으로 눈 돌리기』*Turning East: The Promise and Peril of the New Orientalism, 1977*, 또한, 콕스의 『세속도시』는 이 흐름을 대중화시켰으며, 나아가 '신의 죽음' 신학으로 급진화되었다. 콕스는 전통적 성육신 교리를 거부하고 회개·중생·영생을 언급하지 않았으며, 현대 도시 사회 자체를 하나님의 나라로 보아 인간의 영적 차원을 배제했다. 또한 하나님이라는 용어 사용을 중지하자고 제안해, 비판받았고, 과학기술과 세속화를 긍정하면서도 그 어두운 면을 간과했다는 지적을 받았다. 요컨대 그의 신학은 세속화·해방신학·문화신학 등 현대적 주제를 과감히 수용한 혁신성을 지녔으나, 동시에 기독교 정통성과의 충돌, 신학적 정체성의 약화, 공동체 윤리의 희석이라는 비판을 불러왔다. [참고문헌: 「*해방신학에 대한 비판적 고찰*」, 대한기독교서회, 『기독교사상』 제29권 6호 (1985); 『하비 콕스의 문화신학 연구』, 김정철, KISTI Science ON, Richard John Neuhaus, *The Naked Public Square :* 하비 콕스의 세속화 이론이 공적 신앙의 소멸을 정당화한다고 비판; David Wells, *No Place for Truth:* 콕스의 신학은 신학의 탈신학화를 초래하며, 교회의 정체성을 약화시킨다고 지적; Stanley Hauerwas; 콕스의 세속도시 신학은 기독교 공동체의 윤리적 독자성을 무시한다고 비판 등]

인 아픔을 통해서 새로운 생명으로 가는 사건을 말합니다. 죽음을 극복한 부활의 영, 그 생명의 환희를 말하는 것이지요. 즉, 헬라어인 '조에' ζωή는 단순한 생명이 아니라, '영생을 갖는 기쁨으로서의 생명'입니다.[98]

이토록 예수의 사건은 심각한 실존의 문제입니다. '공중에 권세 잡은 자사탄' 엡 2장 '이 세상의 신' 고후 4:4이요, '임금이요 통치자' 요 12:26, 30인 '그 사탄의 일을 멸하려고 오신요일 3:8 예수'는 동양 종교들이 가지고 있는 자연 인문 정신의 그 느긋함 속에서 종교적 휴머니즘을 말하고만 있을

98 십자가의 신학은 '감사'와 '기쁨'이라는 두 영적 열매를 통해 고통과 부활의 신비를 드러낸다. 토마스 머튼은 동양 사상과의 대화 속에서 '기쁨'에 주목했지만, 기독교 신앙의 핵심인 십자가의 고통과 자비, 그리고 '감사'의 신학을 상대적으로 간과했다는 비판이 제기된다: 1. **십자가, 감사, 기쁨, 그 신학적 구조**: 십자가는 단순한 고통의 상징이 아니라, 자발적 헌신과 순종을 통해 하나님의 사랑에 응답하는 자리이며, 그 안에서 '감사'thanks-giving는 신앙적 태도로 요청된다. 이는 성령의 열매로서, 고통 속에서도 하나님을 신뢰하는 내적 자세를 형성하며,갈 5:22 십자가의 고통을 수용하는 신비주의적 참여로 이어진다. 한편, 십자가를 통과한 부활 사건은 죽음을 극복한 생명의 환희로 이어지며, 이는 '기쁨'joy이라는 영적 열매로 나타난다. 이 기쁨은 단순한 감정이 아니라, 부활의 생명zōē, ζωή 안에서 누리는 영원한 생명의 충만함을 의미한다.요 16:20, 17:3 2. **머튼의 영성과 동양 사상**: 토마스 머튼은 선불교와 노장사상에 깊이 매료되어, 직관적 깨달음과 내면의 고요, 무심無心의 영성을 기독교 관상 전통과 연결하려 했다. 그는 『Zen and the Birds of Appetite』 등에서 십자가의 고통보다는 부활 이후의 내적 자유와 기쁨에 더 주목하는 경향을 보인다. 그러나 이러한 접근은 기독교 신앙의 핵심인 십자가의 고통과 자비, 그리고 '감사'의 신비를 상대적으로 약화시킬 수 있다는 비판이 제기된다. 특히 머튼의 동양 사상 수용이 기독교의 비극성과 구속적 깊이 soteriological depth를 충분히 통합하지 못했다는 지적은 다음과 같은 연구에서 확인된다. 3. **참고문헌 및 연구 자료**: 1) Moon, Young-Suck. "토마스 머튼과 최근 신비주의의 동향 —종교현상학적 접근—." KCI 논문, 2013; 머튼의 신비주의가 동양 명상과 공명하면서도 기독교적 고통의 신비를 상대화할 위험을 지적함. 2) 고계영. "한국 그리스도교의 토착화 관점에서 비추어 본 토마스 머튼의 영성." 한국 그리스도 사상, 2021; 머튼의 영성이 동양 사상과의 조화를 추구하면서도 십자가 신학의 긴장과 고통을 충분히 담아내지 못한 한계를 분석. 3) 최용운. "토마스 머튼과 다석 유영모의 종교사상 비교 연구." 신학 전망, 2024; 머튼이 동양 사상에 경도되며 기독교적 고통의 신비를 관상적 기쁨으로 대체한 경향을 비판적으로 조명. 이러한 신학적 분석은 머튼의 영성이 지닌 종교 간 대화의 가능성과 한계, 그리고 기독교 신비주의의 본질적 요소로서의 '감사'와 '자비'의 회복 필요성을 함께 성찰하게 한다.

수가 없었다고 보입니다. 이것은 예수께서 갯세마네 동산에서 기도할 때, '**땀방울이 핏방울이 되어 흘렀다**'누 22:44라고 하는 것을 보아도 알 수가 있지요. 인간을 살리고자 하는자유케 하고자 그의 연민이 얼마나 고뇌로 깊었으면 그의 눈에서 피눈물이 흘렀을까요. 그래서 예수는 머튼의 그 인간적인 태도인 해학과 웃음과 천진의 장난기로 인생의 시간을 소모할 수가 없는 것입니다. 그 곤고困苦할 수밖에 없는 인간 삶의 역설적 한계 상황Paradox of man을 어깨에 짊어진 만큼, 예수의 얼굴은 무겁고, 심각하며, 우수에 차 있는 인상이 아닐 수 없겠지요.

물론 19세기 자유주의 신학자들99은, 그들이 '역사적 예수Historical Jesus'를 찾을 때, 그리스도를 헬레닉Hellenic 모형에 집어넣어 생동감 넘치는 자유인으로 그려보기도 했습니다. 껄껄 웃고 술포도주도 마시며 심지어 저잣거리에서 사람들과 춤도 췄을 것으로 추정도 합니다. 이런 점에서 이들은 머튼과 닮은 점도 있지요. 이들은 예수의 울음 우는 모습보다도 활력에 찬 웃는 모습을 그리려고 하기 때문입니다. 그러나 문제는 이들도 머튼의 경우처럼 예수 눈물의 의미Atonement, 代贖, 대속를 깊이 있게 적출摘出하지 못했다는 것이지요. "**암탉이 병아리를 품듯 내가 너희를 얼마나 품으려고 하였던고!**"마 23:37 예수는 명멸하는 도성 예루살렘을 내려다

99 19세기 자유주의 신학을 이끈 대표적 인물로는 프리드리히 슐라이어마허Friedrich Schleiermacher, 1768-1834, 알브레히트 리츨Albrecht Ritschl, 1822-1889, 아돌프 하르낙Adolf von Harnack, 1851-1930, 에른스트 트뢸치Ernst Troeltsch, 1865-1923, 월터 라우센부시Walter Rauschenbusch, 1861-1918가 있다. 간략히 요약하면, **슐라이어마허**는 종교를 인간 내면의 감정과 경험으로 이해하며 '**자유주의 신학의 기초**'를 놓았고, **리츨**은 예수의 윤리적 가르침을 중심으로 '**도덕적 신학**'을 강조했다. **하르낙**은 초기 기독교의 역사적 연구를 통해 교리보다 '**예수의 인격과 메시지를 중시**'했으며, **트뢸치**는 기독교를 역사적 상대성 속에서 해석하며 '**종교 다원주의적 시각을 제시**'했다. **라우센부시**는 사회복음주의를 대표하며 '기독교를 사회 정의와 연결 **지어 해석**'한 인물이다. 이들은 모두 전통 교리를 현대적 사고와 경험에 맞게 재해석하며 자유주의 신학의 흐름을 형성했다.

보며 우십니다. 또 저잣거리에서 **"사람들은 이제 피리를 불어도 춤을 추지 않는다"** 마 11:16-17; 눅 7:32 고 개탄하십니다. '살았다' 하는 이름은 있으나 실은 죽은 것 같은 사회, 왜 춤을 추지 않을까요? 춤을 추는 것을 잊어버려서일까요. 그렇지 않으면 춤을 출 줄 몰라서일까요. 나사로의 죽음 앞에서 흘린 눈물,요 11:35 그리고 예수는 나인Nain 성에서 과부 하나가 그의 외아들의 상여 뒤를 울며불며 따라가는 것을 보고 슬픔에 북받쳐 그 상여를 멈추게 하고는, 죽은 소년을 살려 내셨습니다.눅 7:11-17 이때 예수의 눈에 고인 눈물의 의미는 무엇이었을까요? 그리고 그 핏방울이 되어 흘렀다는 눈물은 결국 무엇입니까. 인간 존재의 고통에 대해 죽어서라도 이룬다고 하는 살신성인殺身成仁의 신적 연민, 그 측은의 주는 마음, 그 자비의 생명 사상이 아니겠습니까.

이 십자가로까지 가는 신의 눈물은, 헬라 쪽이든 동양 쪽이든 어느 종교 전통에서도 그 영성의 심도seriousness를 찾아볼 수가 없습니다.

헬라 사상과 동양의 사유에도 궁극적인 실체에 대해 인격적으로 인식하는 것이 없는 바는 아니지만, 그 인격신의 모습이 유대•기독교에 비해 너무도 희미합니다. 따라서 인간 비극의 구조에 대해 신이 스스로 십자가를 지면서까지 연민으로 투쟁하고 씨름하는 그런 심각한 영성이 나오지 않습니다. 기독교에서는 이 심각성이 아주 강하고 포괄적exclusive으로 나타나지요. 헬라 쪽의 정신은 동양 정신처럼 아무래도 다신多神 종교니까 인간의 의식이 분산되어 있다고 할 수 있습니다. 인간의 뜻과 집념이 통일되어 있지 않다는 말이지요. 그러므로 인간의 의식이 집중된 심각성이 부족하니까 헬라 신들은 웃기도 하고 심지어 결혼도 하는 희극적인 면들을 보입니다. 소크라테스의 유머는 결국 이 자국 문화유산의 감성sensitivity에서 나온 것이라고 할 수 있겠지요.

이를테면, "나는 아스클레피오스에게 닭 한 마리 빚졌다." 또는 "분별이 있다면 최대한 빨리 나를 따라오라." 그는 죽음에 임했는데도 농담할 정도로 유유자적합니다. 동양의 경우는 헬라 것과는 다른 차원의 유머이겠지만 농경민족 특유의 너그러움과 안정성을 보입니다. 동양의 종교가 자연 종교도덕 종교로 분류되는 것은 그것이 땅을 기초로 한 종교라는 말인데, 땅에 붙잡혀밀접해 있는 한, 자연을 포용하면서 합일해 버리는 영성을 갖지요. 땅을 떠나면 이미 그것은 유대•기독교에서 보는 것처럼 투쟁이고 심각성이 나오겠지요. "그리스도인의 싸움은 혈과 육이 아니요, 공중에 권세 잡은 자와의 싸움"엡 6:12이기 때문입니다. 머튼이 기독교가 심각할 수밖에 없는 이 이유를 알았는지 모르겠군요. 그가 이 점을 알았다면 장자莊子의 해학과 유머가 아무리 천의무봉天衣無縫적 여유를 보이더라도, 그렇게 예찬하며 빠져들지는 않았을 텐데….

묵상 적용과 토론을 위한 질문 [3부 토마스 머튼의 동 · 서 원융 사상]

1. 토마스 머튼은 서양 신비주의 전통 위에서 동양 사상(특히 불교·노장 사상)과 대화하며, '부정의 신비주의(Via Negativa)'를 통해 동서의 가교역할을 했다고 평가됩니다. 머튼의 이러한 시도를 읽고, 여러분은 동서양 사상의 만남이 신앙과 영성에 어떤 새로운 가능성을 열어준다고 생각합니까?

2. 머튼은 단순한 관심을 넘어, 동양 사상에 깊이 경도되어 그것을 서양에 알리는 가교역할을 했습니다. 머튼의 동양 사상 수용은 기독교 신앙을 풍요롭게 했다고 보십니까, 아니면 혼합주의적 위험을 내포한다고 보십니까?

3. 머튼은 장자의 해학과 선불교의 역설적 유머를 긍정적으로 수용했습니다. 영성의 길에서 '웃음과 해학'은 어떤 역할을 할 수 있다고 생각합니까? 여러분의 신앙 경험과 연결해 보십시오.

4. 머튼은 언어의 유용성을 인정하면서도 침묵을 '반언어'로 제시합니다. 여러분은 언어를 통한 진리 인식과 침묵을 통한 존재 경험 사이의 긴장을 어떻게 이해하며, 오늘날 신앙 공동체는 이 두 방식 사이에서 어떤 균형을 추구해야 한다고 보십니까?

5. 머튼은 언어의 한계를 인식하면서도, 알레고리와 시적 언어를 통해 신비를 표현하려 했습니다. 언어가 신비를 온전히 담아낼 수 없다는 점에서, '침묵과 고요'는 영적 성찰에 어떤 의미를 가질까요?

6. 머튼은 동양 사상과의 대화에서 기독교 신앙의 독특성을 희석시켰다는 비판도 받습니다. 머튼의 동양관에서 나타나는 한계나 문제점은 무엇이라고 생각하며, 오늘날 우리는 어떻게 균형 있게 동서 사상을 대화시킬 수 있을까요?

7. 머튼은 침묵과 고요, 선불교의 직관적 사유를 높이 평가하며 동양 사상에 깊이 경도되었습니다. 여러분은 머튼의 이러한 접근이 기독교 신앙의 핵심인 십자가와 부활, 성령의 역사와 어떻게 조화를 이루거나 충돌한다고 생각합니까?

8. 머튼의 사유는 동서양 사상의 접점을 모색한 시도였습니다. 여러분은 오늘날 동서양 사상의 대화를 통해 인간의 영성과 신앙이 어떻게 풍요로워질 수 있으며, 그 과정에서 기독교의 정체성과 보편성은 어떻게 균형 있게 유지되어야 한다고 생각합니까?

2권 :: 동양과 서양의 마음 - 그 깊은 진리의 바다

동양인의 마음과 서양인의 영성 4부

- 동양인의 마음 서양인의 영성
- 동東은 자연이고, 서西는 시간
- 인간은 초월할 수 있을까?
- 기도
- 인성人性의 문제
- 붓다
- 피타고라스
- 불교와 힌두교
- 성인들에 대한 인물평

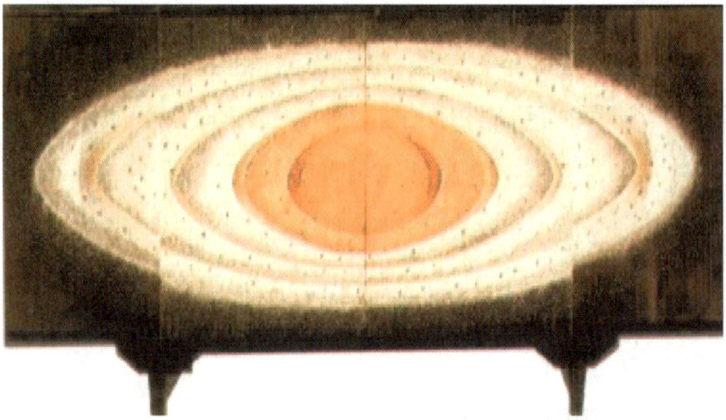

「환상」 공예작품, 김맹길 作, 『숙국단상』 中에서

동양인의 마음과 서양인의 영성

동양인의 마음Eastern Mind과 서양인의 영성Western Spirituality에 대해서 듣고 싶습니다. 세계관의 차이를 어떻게 보시는지요?

플라톤 전집을 읽고 난 후 제가 가지고 있던 서양에 대한 편견을 버렸습니다. 그리곤 외람되지만, 학문에 대한 눈이 떠지기 시작했습니다. 존재론과 인식론, 그리고 제가 가지고 있었던 철학적 물음들에 대해 많은 부분 해답을 얻었습니다.

저는 서양인의 영성을 높이 평가하고 싶습니다. 저울에 달 수는 없겠지만, 만약 제가 동양과 서양의 정신을 한 저울에 단다면, 아마도 형평衡平이 서양 쪽으로 좀 더 기울지 모릅니다. 그렇다고 어느 한쪽의 정신이 무시되거나 훼파毁破되어야 한다는 이야기는 아니지요.

인류의 정신사에는 동양인의 마음과 서양인의 마음이 똑같이 공헌하는 것들이 있습니다. 물론 서양 정신이라고 할 때 서양의 민족마다 종교가 문화의 옷을 입은 것이 있어서 민족 고유의 것들이 있겠지요. 그러나 제가 서양인의 영성이 귀하다고 하는 것은 우선 서양인 영성의 핵심인 기독교가 거기서 먼저 성장했으니까, 기독교의 영성을 선호選好한다는 것이지요. 그리고 저는 기독교가 미래의 정신세계를 이끌고 나갈

주역으로서의 능력과 위치에 있다고 믿습니다.

저는 아랍인들의 종교인 이슬람보다는 인도에서 나온 불교와 힌두교를 선호합니다. 국수적nationalistic이지 않기 때문에, 들여 마실 수 있는 영적 공기의 양이 많다고나 할까요. 좀 더 숨을 쉴 수 있는 공간이 있어서이지요. 민족주의에 걸리지 않고, 문화로 경직되어 있지 않으며 무엇보다도 평화의 종교들이기 때문입니다. 그런데 인도인의 마음과 기독인의 영성을 대비시켜 말한다면, 저는 말할 것도 없이 기독교를 완성된 진리로 봅니다.

카테고리를 쓸 수 있다면 불교와 도교는 '자연Nature'에 기초한 것힌두교와 유교도 포함이고, 기독교는 '영靈·Spirit'에 기초한 것이라고 할 수 있습니다. '영'이 '자연'에 포함되어 있을지라도, '영'은 '자연'을 극복하는 힘이고, 그래서 '영'은 '자연'보다는 고차원적인 영역입니다. '자연'은 '무의식無意識unconsciousness'으로 가고, '영'은 '의식consciousness'을 통해서 '초의식transcendental consciousness'의 세계로 가지 않습니까.

동양은 자연에 파묻히니까 자연에 대한 도전과 개조함이 없는 만큼 과학이 자라기 힘든 반면 종교가 밀생密生하기 쉽지요. 또한 동양에서는 철학이 자라기 힘듭니다. 철학성은 있는데, 그것은 준準 철학quasi-philosophy이고 종교적인 진술陳述·statement로 이루어진 것입니다. 과학적 정신과 합리적 사고로 이루어진 논리의 기틀을 통한 철학이 아니지요. 대신 동양인은 종교와 신비와 직관에 강합니다. 그러나 이 강점이 약점이기도 하지요.

동양 정신이란 대체로 서양 정신에 대비對比해서 사용되는 말인데, 동양인은 일찍이 지정적 그리고 풍토적 특이성에 있어, 몬순monsoon, 계절풍

지대에 속하므로 대개 외계의 자연에 대한 신비성에 경이驚異하며 외경畏敬하여 자연히 수용적受容的, 인종적忍從的 태도를 취해 왔습니다. 그래서 서양인들같이 이지적이고 과학적으로 자연을 지배 또는 관리하려는 의욕은 부족합니다.

한편 서양 쪽은 자연을 통해 포근히 감싸오는 정적인 종교성이 약한 것이 흠이지만 철학이 발달했으므로 과학이 나왔습니다. 그리고 선진화된 이 과학으로 인해서 합리적인 인간의 삶의 질서와 논리적인 가치 체계를 보려 합니다. 그래서 과학성, 적극성과 진취성이 부족한 동양인은 문명의 추세에서 진취적이지 못하고 서양을 따라가고 있는 편이지요.

따라서 동양인은 사상적으로도 적극적으로 자아를 주장하기를 염오厭惡하는 만큼 전승적傳承的이고 타협적이며, 절충적折衷的 태도를 취하기 쉬운 경향성을 가지고 자연 안에서 마치 황하黃河처럼 담담히 삶을 흐르면서 살아온 셈입니다. 마치 동양인의 사유의 혼인 언어, 즉 '한자漢字'가 자연의 모습을 본떠 만들어진 '구상具象'성의 표현[100]이듯이 말이지요. 그래서 동양인은 지각知覺이 표상表象적이고 도해圖解적이기에, 언어 표현 및 사유思惟에 있어서 비논리적인 성격과 보편普遍, universality에 대해 법칙적 이해가 결여된 상태로 나타납니다.

결과적으로, 동양인은 자연과 인생에 대하여 분석적이기보다 종합적이며, 추리적推理的이기보다 직각적直覺的이고, 조직적이 아니라 개괄적이고, 또한 이지본위理知本位라기보다 정서본위情緒本位입니다. 이것은 동양인의 사유 형태뿐 아니라 예술 세계에서도 나타나지요. 이를테면 동양화

100 한자의 기원은 3,300년 전 갑골문으로 추정되며, 3,000년 전 금문, 6,800년 전 도문 등에서 그 뿌리를 찾을 수 있다. 상형표의象形表意 문자인 한자 언어의 표의적表意的 개념은 동이인東夷人 복희伏羲 씨가, 그리고 구상적 지각 개념은 역시 동이인인 창힐倉頡 씨가 만들었다. 『한국민족문화대백과사전』

는 '기운생동氣韻生動'을 위주로 종합을, 즉 '여백餘白'의 구성에 먼저 신경을 씁니다. 이것은 '정밀직통精密直通'의 분석에서 종합으로 나아오는 서양화와는 다르다고 할 수 있겠지요.

앞에서 '동양인의 사유의 형태'라는 말을 했습니다만, 동양인은 문학과 철학 역시 그들의 표현에 있어서 분석의 사유를 쓰지 않고 종합의 직관에 의존합니다. 이 직관에 따라 파악된 깨달음들이 문집, 어록, 또는 수필 형식으로 표현되어, 우리 민족 경우 문자글를 어느 정도 아는 사람은 대부분, 개인 문집들을 후손들에게 남겼지요. 그러므로 동양인의 사유 형태는 헬라 철학, 특히 아리스토텔레스의 학문체계에서 보듯이 사물을 정밀하게 분석하고 해부해서, 거기에 추리와 비판을 가한 결과 어떠한 진리에 도달하고 그것을 정연한 조직체계로 종합 구성하는 서양 철학의 방법과는 본질적으로 그 취향이 다른 것이지요. 동양인의 비논리성은, 불교조차도 문자를 세우지 말게 하고不立文字 책을 떠나게 하여 教外別傳101 비논리적인 선禪 전통으로 만들지 않습니까.

동양인의 경우 종교성이 강하다고 한 말은 인도인의 심성을 염두에 두고 한 말이지요. 인도인들의 심전心田은 명상적思索的이며 초 상식적 경

101 '불립문자不立文字 교외별전教外別傳'은 주로 '직지인심直指人心 견성성불見性成佛'과 함께 선종禪宗의 종지를 간결하게 표현하는 네 구절 중 앞의 두 구절이다. '불립문자'는 '문자나 언어에 의존하지 않는다'는 뜻으로, 여기서 '입立'은 '세운다'가 아니라 '활용하지 않는다'라는 의미다. '교외별전'은 '경전과 교학 밖에서, 마음에서 마음으로 직접 진리를 전한다'는 뜻이다. 이 표현은 경전이나 교학보다 선이 부처의 깨달음의 진수를 더 잘 드러낸다는 점을 강조하며, 교학을 배척하고 선을 옹립하려는 사상적 성격을 지닌다. 부처의 직접 설법이 아니라 중국 선불교에서 창안된 말로, 위경인 『대법천왕문불결의경』大梵天王問佛決疑經에 처음 나타나고, 801년 지거智炬의 『보림전』寶林傳에 수록되면서 널리 퍼졌다. 결국 이 말은 불심佛心을 '문자나 형식이 아닌 직접적인 깨달음으로 파악'하는 것이 선의 본질임을 나타낸다. 즉, 붓다가 설한 가르침教에 의거하기보다는 곧바로 가르침의 근본인 마음을 파악하는 것이다. 『한국민족문화대백과사전』

향성을 가지고 있는데, 불교의 사유 구조는 바로 이 정신적 경향의 정화精華이지요. 그들은 '보편'을 중시하기 때문에 추상抽象 개념을 즐기며, 때로는 이 사색speculation의 추상 개념에 실체성을 주어 '여실如實'의 논리로써 사유하기도 합니다.

또 신성의 내재성內在性에 신경을 써서 신관 역시 '부정의 도' 신학을 애호하여 절대자를 부정적으로 파악하면서 그와 '한 띠' 되는 것을 동경하지요. 반면에 개체個體individuality 및 특수特殊particularity를 무시하는 경향이 있어 '범아일여梵我一如' 및 '만물 일체관萬物一體觀'을 강조합니다. 시간적으로는 시간의 무상,無常 현실 및 역사의 허망에 익숙해 있어서 생멸生滅적이고 변화적인 것이 아닌 '항상恒常과 정지靜止'된 것만을 실체로 '이상理想'으로 파악하려 하지요. 따라서 인도인들의 사유에는 시간관과 역사의식이 없다시피 합니다. 시간에 관한 한, 3천 년 전이나 지금이나 사색의 틀이 같은 것이지요. 따라서 사람들이 운명에 체관적諦觀的이고 역사에 관조적觀照的입니다. 따라서 자연계의 질서를 객관적으로 탐구하는 과학에 관심이 없어 자연법칙을 무시하는 공상가들이 많으며, 경제에 무책임, GNPGross National Product국민총생산 경쟁은 정부도 국민도 신경을 쓰지 않는 경향이 있는 것입니다. 대신 그들은 종교적이어서 인도 대륙 전체가 명상의 수풀이라고 할 수 있을 것입니다. 인도인들은 극단에 이르러서는 신까지도 초월하려 합니다. 아트만小我이 바로 브라만大我이라는 사상이 그것이 아니겠습니까. 그 대신 그들에게는 세계 어느 민족도 갖지 못한 '관용寬容과 유화宥和'의 정신이 있지요.

요약하여 말씀드리면, 동양인은, 그가 한국인이든 중국인이든 또는 인도인이든 기독교적 영성을 배워야 한다고 봅니다. 왜냐하면 '영Spirit'이 역사를 주관해 나가기 때문이지요. 따라서 옛날 농경시대의 사람들처럼 자연을 쳐다보면서 신화적인 생각이나 하고 질병뿐일 수 있는 관념적인 사색만 할 것이 아니라, 사회와 국가는 과학적인 정신과 합리적인 태도로 산업 건설을 위해 노력해야 하고 사회 전반의 문화 문명을 일으켜 세워야 할 것입니다. 한편 서양인들은 '영'이 역사를 이끌고 가지만, 그 '영'은 자연을 버리지 않는 '역사의 영'인 만큼 동양인 심성의 장점인 자연과의 조화, 자연 안의 침잠도 배워야겠지요. 자연自然은 글자 그대로 '스스로 불타고 있는'然'은 '燃-불탈 연'으로도 씀' 고향 같은 따뜻한 품이 아닙니까. 동양은 서양으로부터 생동하는 '영'을 받아 들이고歷史性, 서양은 동양으로부터 '자연과의 조화', 즉 그 직관마음을 배워서 서로 균형을 가지고 문화와 문명을 진일보시켜야겠지요. 동•서의 두 정신은 상호 보강하여, 한마음으로 되는 한, 큰 세계 사상을 '만물공동체' 사상과 더불어 이루어야 할 것입니다. 인류의 숙제로 보이는군요.

'만유萬有를 품으시는 하나님'엡 4:6 만물이 쉬면 하나님도 쉬신다는 시 한 편을 소개해 보고 싶습니다.

저 녁 에[102]

김 창 범 목사•시인[103]

102 <시 단평, 필자> 저녁 만물이 나래를 펴고 안식에 잠드는 시간이 오면, 냇물도 책을 읽고, 참새도 그 작은 냇물 소리에 잠이 든다는 이 시 속에는 '어둠 속에서도 어둠 너머의 세계랄까 영혼의 길을 찾아가는 시인의 깊은 평안이 있다' - 필자 시평, [『수지문학』 15호, 용인수지문학]

103 라이프 코치이자 목사이며 시인이다. 변혁적 리더십 코칭TLC 코치 트레이너이고 전 현대경제일보 기자, 전 국제방송교류재단아리랑TV 이사, 전 한국 NCD선교회 총무 목사를 거쳐 현 '북한구원운동' 사무처장, 주간 '미래한국' 편집위원, 현 '한국크리스천 품성연구원 대표'로 있다. 지은 책으로는 『봄의 소리』창비시선, 1982, 『예수의 품성을 가진 크리스천』역서, 국제제자훈련원, 2006, 『그리스도의 향기가 되라』언약, 2007, 『살아온 날들과 살아갈 날들을 위하여』굿위즈덤, 2022 등이 있으

만물이 어두워 가는 저녁,
참새들이 재잘대는 한 그루
나무를 본다.

성복천 냇가에 잎이 무성한
나무 한 그루,

가지마다 앉았다 날았다
분주하게
저물어 가는 필름에 남은
시간을 찍는다.

저기 황홀한 순간을 찾아
날개 치는
생명들을 보라.

낡은 세상에 남긴 흑백 사진
한 장,

한 그루 나무 위로 한가롭게
불이 켜지고
참새 떼 소리는 어둠 속에
스며든다.

해 저문 하늘에 키 작은
나무 한 그루

기쁨도 고통도 두려움도
나뭇잎마다 품으니

며, 출판된 시집으로는 『해질 녘 강가에 앉아』, 『버들치를 찾아서』, 『노르웨이의 연어』 등이 있다.

한 날의 이야기는 그날로
족하지 않겠는가?

아! 그분의 숨소리가 냇물 따라 흐르고
책 읽는 냇물 소리에 잠드는 참새,

저들의 조용한 순종과 기쁨을 기뻐하며
이제야 그분도 침상에 드시는구나.

「…*in the sunset*」, Claude Conradie, DCC

동東은 자연이고 서西는 시간

앞서 영원과 시간을 얘기하면서 "동東은 자연이고 서西는 시간입니다."라고 말씀하셨는데 어떤 깊은 의미를 담고 있는지요?

자연은 공간空間이고, 영靈은 시간입니다. 영은 동적이니까 시간이 나오지요. 역사가 나오고요. 그리고 자연은 정적이니까 거기 가만히 있는 것이지요. 예를 들어 건물을 짓던 사람이 멈춰 버리면 그 건물은 자연으로 돌아가는 것이지요. 사람도 몇 년 동안 가만히 있기만 하면 수염이 덥수룩하고 의복도 낡고 썩어 무위의 자연으로 돌아가지 않습니까. 자연은 그저 가만히 있는 것이고, 영은 뭘 만들고 하는 것입니다. 창세기로 말하면, '보전과 관리'창 1:28, 2:25입니다.

태초에 자연이 있었지요. 그리고 거기 수면自然 위에 하나님의 영이 운행하셨습니다.창 1:2 자연 위에 활동이 있었던 것이지요. 움직임이, 생명이 역사로 있은 것입니다. 하나님의 영은 단순한 움직임이 아니고, 성령의 움직임이기 때문에, 의식이 있고 지혜가 있으니까 섭리가 있다divine providence는 말씀입니다. 점이 연결되어 선이 되고 선이 연결되어 입체가 되듯이…. 목적 없는 움직임이 아니고, 섭리가 기저에 흐르는 목적을 향한 움직임이, 거기서 곧 창조의 역사가 인류의 역사가 나오게 된 것이지요. 그러니까 목적을 향해, 곧 뜻을 이루기 위해 나아가는 과정이므로 기독교에서는 사관史觀이 뚜렷하게 나오고, 역사관이 강하기 때문에 발전이 있는 것입니다. 발전이 있다는 것은 '역사의 비전'이 있다는 것입니다.

비전꿈이 없는 백성은 망하리라잠 29:18

기독교는 십자가로 말미암아 삶을 존재로 보고, 사건으로 보고 그리하여 내세來世, 하나님의 나라가 오는 것의 빛 안에서 현재를 살라고 하는 소망의 종교로서, 기독교는 역사를 무시하지 않으며 시간을 그리스도 안에서 성령의 인도하심으로 살아내야 합니다. '이 땅에 먼저 하나님의 왕국을 이루면서….'.마 6:33 이 점에서 기독교는 역사에 참여합니다. 역사의 흐름을 결코 기피하거나 회피하지 않고, 한 시대를 고치려고 하고 가치를 부여하려고 합니다. 따라서 영에 기초한 서양은 시간을 살고 있고, 자연에 기초한 동양은 공간을 살고 있지요. 인도는 수미설산須彌雪山의 지혜로 담담히 명상의 수풀 속에서 사색하면서 살았고, 중국은 만리 장강, 양자강의 흐름을 보며 7천 리 황하黃河에 부는 바람으로 농사를 지으며 자연 안에서 덤덤히 살았지요.

인간은 초월할 수 있을까

인간은 초월超越, transcendence할 수 있을까요?

언어의 문제가 많이 개재介在되지요. '신성'이 무엇을 말하느냐에 따라 달라지기 때문입니다. 만일 인간이 하나님의 이미지형상, 성품를 지니고 태어났으며, 그 이미지를 '신성'神性, divine-nature이라 부른다면 '인성'人性은 이미 신성을 내포하고 있습니다. 또한 궁극적 삶의 의미를 추구하는 것이 인간의 본질이라면, 그 의미 추구 자체에도 신성적 요소가 깃들여 있지 않겠는지요. 물론 인간의 실존은 유한하기에, 무한인 신성을 논할 때 '연속성continuity'과 '불연속성discontinuity' 사이의 간극이 존재하는 것이 사실이지요. 그러므로 인간은 역설적 한계 상황paradox of human being을 지닌 존재라고 보아야 할 것입니다. 이 '역설적 한계'The human predicament를 깨트리신 분이 그리스도입니다. 그로 인해 우리는 참된 초월에 이릅니다. 요한복음 10장 34절과 35절에도 있듯이 "말씀을 '받은원어로 '되면'104

104 우리말 성경 개역과 개역개정에서 사용된 '**받은**'이라는 번역은 헬라어 원어의 의미를 충분히 반영하지 못한다. 헬라어 'ἐγεννήθη**에게네트**'는 '되다', '생기다', '낳다'와 같이 어떤 것이 새롭게 만들어지거나 변화하여 다른 상태로 되는 것을 나타낸다. 이는 '되다'라는 뜻을 가진 동사 'γεννάω**게네아**'에서 파생된 형태이며, 같은 어근에서 나온 'γίνομαι**기노마이**' 역시 '만들어지다', '생겨나다', '되어지다'라는 의미를 지닌다. 따라서 단순히 '받다'라는 말과는 전혀 다른 뉘앙스를 가진다. 또한 '신'이라는 표현도 복수형 'θεοί**데오이**', '신들'을 의미하며, 'θεων'은 소

사람은 신들이다."31-1라는 선언은 매우 오묘하고 비법秘法, esoteric적입니다.

내재하시는 그리스도, 곧 '보혜사이자 진리의 성령'요 14:16-17으로 내 안에 오시면, 내 참된 자아에 그리스도가 옷 입혀져 그와 '한 띠'로 연합하게 됩니다. 그러면 우리는 진정으로 초월할 수 있습니다. 참 자아를 알지 못하고 방황하다가 '말씀그리스도'에 눈이 떠져, 그리스도 안에서 참 자아를 발견하니, "…그런즉 이제는 내가 사는 것이 아니요, 내 속에 사시는 분이 그리스도이더라…."갈 2:20는 바울의 고백은 그 의미가 심장深長 합니다. 로마서 7-8장은 '죄와 사망의 법' 아래 속박된 인간이 '생명이 성령의 법'으로 나아가, '양자'105養子, the adopted child의 특권, 곧 하나님

유격 복수형으로 '**신들의**'라는 뜻이다. 예수께서 시편 82편 6절을 인용하신 것은, '그리스도의 영과 하나로 연합된 사람들이 옛적 재판관들이 하나님을 대신하여 송사를 맡았던 신적 존재였던 것처럼, 하물며 아버지께서 거룩하게 하시고 세상에 보내신 분이 자신을 하나님의 아들이라 하는 것을 어찌 참람되다 하겠느냐'는 비교의 말씀이다. 이는 성경을 주석하는 주경註經 신학의 기초적 이해에 속하며, 더 나아가 비유 해석학Figurative Hermeneutics에서 동의하는 바는, 인간이 위격이나 신격Godhead으로 '하나님처럼 된다'는 것이 아니라, 성경이 여러 차례 증언하듯 '신성에 참여하여 하나님의 아들들이 된다'는 점이다. 예수께서도 "내가 온전하니 너희도 온전하라"마 5:48 하셨고, "내가 거룩하니 너희도 거룩할지니라"**벧전** 1:16 하셨으며, 베드로 역시 주님의 말씀을 인용하여 신성에의 참여, 곧 하나님의 성품을 덧입음으로써 맏아들이신 예수 그리스도와 함께 하나님의 아들들이 되어 하나님의 나라를 유업으로 받으라고 권면하였다. 그러므로 신자는 그리스도를 살아내고bring Christ to life; live out the Christ, 그리스도를 닮아가며in the likeness of Christ, 그리스도처럼 되어가는becoming like Christ 삶을 통해 '작은 그리스도들'Χριστιανός, **크리스티아노스**이 되어야 한다. "그리스도의 장성한 분량이 충만한 데까지 이르리니"**엡** 4:13-16라는 말씀은 그 한 예이다. 따라서 개역이나 개역개정에서 '**받으면**'으로 번역된 부분은 '**되면**'의 오역으로, 반드시 수정되어야 하며, 성경에서 'ἐγεννήθη'는 하나님의 아들 예수 그리스도를 통해 새롭게 태어나는 '새로운 창조' 또는 '다시 태어남'을 의미하는 것으로 이해되어야 한다. - [필자 註]

105 '양자養子'는 헬라어 휘오데시아υἱοθεσία로 이는 '아들로 삼다' 또는 '아들로 받들다'라는 의미를 지니고 있으며, 헬라어 '휘오스'υἱός, 아들와 '티데미'τίθημι, 놓다, 앉히다의 합성어이다. 여기서 '양자의 영'은 하나님과의 '**관계적 친밀함과 자녀됨의 신분**'을 나타낸다.

의 아들[롬 8:15-16; 히 2:13]까지 되었다는 자유의 선언 아닙니까.

인간이 하나님의 자녀가 되어 감히 '아빠 아버지'[Ἀββα ὁ πατήρ, Abbâ ho patēr]라 부를 수 있다니![요 1:12; 롬 8:15] 이는 온 우주를 지으신 창조주께서 우리를 품에 안으시고, 그분의 심장 가까이 불러주시는 말할 수 없는 은혜요, 세상 그 어떤 권세와도 바꿀 수 없는 하늘의 특권입니다.

기 도

영성 신학에서 동양인이 하는 기도는 정관靜觀기도라고 하고, 한편 서양인이 하는 기도 형태는 묵상默想기도라 분류합니다. 묵상기도는 하나님과 대화하듯 하는 기도이고, 정관기도는 하나님을 고요히 나 자신의 마음속에 깊이 의식하는 기도입니다. 그렇게 되면 기도는 이원론적二元論的, dualistic이겠습니까, 비이원론적non-dualistic이겠습니까?

참으로 어려운 질문입니다. 저도 잘 모르겠으나, 한 가지 말씀드릴 수가 있다면 제 생각에는 서양인 기도 형태나 동양인 성격의 기도 형태는 둘 다 기도의 원형prototype of prayer은 아닐 것이란 것입니다. 그 원형은 최소한도 하나님의 선민인 이스라엘 사람들, 특히 옛 히브리인들의 기도 모습에서 찾아야 하지 않을는지요.

먼저 「시편」詩篇, Psalms에 나타난 유대인들의 종교의식은 어떤 것인가를 알아보면서 말입니다. 거기에는 대화식인 플라톤의 본질 철학도 나타나지 않고, 옛 선가禪家들의 참선參禪 같은 '정定, 三昧'의 모습도 없습니다. 또한 "Oh, endless and vast ocean of love, infinite God." 운운하는 인도·아리안인 종교 전통에서 신특히 크리슈나, 비슈누적 사랑을 '사랑의 대양ocean of love'으로 묘사하는 추상적인 언어도 없지요. 무릎을 꿇고, "오, 나의 하나님, 구원의 하나님!" 하면서, 힌두교 문헌인 '푸라나Purana나 바크티Bhakti 시' 등에서 묘사한 것처럼, 두 손을 든 채로 나아가는 연약한 인간의 모습이 있을 뿐입니다. "나를 기가 막힐 웅덩이와 수렁에서 건져내신 여호와 하나님"시 40:2이라고 하는 그 개인적인 하나님이 있을 뿐입니다. 시편에 나타난 기도는 이토록 그 사상이 실존적입니다. 키르케고르Søren Aabye Kierkegaard, 1813~1855[106]적 실존 사상이 아니라, 장 폴 사르트르,Jean-Paul Sartre, 1905~1980 마르틴 하이데거Martin Heidegger, 1889~1976 등의 사상과 연결되는, 특히 개인의 내면적 고뇌와 신앙, 자유의 문제를 중심으로 다뤄지는 '개인적 실존주의'입니다.

그래서 시편은 본질이나 철학적 주관을 다루는 것이 아니라 바로 그 사람 개인입니다. 삶과 죽음 사이의 갈림길에서 절규하듯 안기며 부르짖는 그 기도[107]는 아버지 하나님께로 나아가 의탁하는 기도이겠지요.

---

106 쇠렌 키르케고르Søren Kierkegaard는 '**신 앞에 선 단독자**' 사상을 지닌 덴마크의 철학자이자 신학자로, '**실존주의의 아버지**'로 불린다. 그의 저서 『공포와 전율』은 아브라함이 이삭을 번제물로 바치려 모리아산으로 가는 여정을 통해 실존의 긴장과 결단을 극명하게 드러낸다. 그의 사상에서 핵심은 "**개체성**"과 "**신앙의 도약**"과 "**의심**"이다. 그는 『철학적 단편에 부치는 비학문적인 해설문』에서 "**개체성이 진리이고 진리는 개체성이다.**"라고 주장하며, 객관적 진리보다 개인이 진리에 참여하는 주체적 관계를 중시했다. '**신앙의 도약**'은 이성을 초월한 위험하고 초자연적인 결단으로, 하나님을 믿고 사랑으로 행동하는 개인의 실존적 선택을 뜻한다. 또한, '**의심**'은 신앙과 공존하는 내적 긴장으로, 의심은 신앙을 더 깊게 하는, 회피가 아닌 성찰의 계기이자 요소이다. 키르케고르는 신앙 속에 의심이 공존함을 강조하며, 기독교인의 삶에 의심의 중요성을 도입하려 했다. 그의 일기에서 '**죄의 용서**'는 인간 존재를 영적으로 변화시키는 중대한 사건으로, 이를 믿는 사람만이 참된 영적 존재가 될 수 있다고 기록했다. [출처:『쇠렌 키르케고르의 일기와 메모』*Søren Kierkegaard's Journals and Papers*, 하워드 V. 홍 편집, VIII A 673 n.d., 1848, 인디아나 대학 출판부, 1976, ISBN 0-253-18240-9]

107 헬라어 '프로슈케'προσ/ευχή는 '프로스'향하여와 '유코마이'바라다, 원하다가 합쳐진 명사로, '기도, 예배'를 의미한다. '프로슈코마이'προσεύχομαι는 '프로슈케'의 동사형으로, '기도하다'로 '위를 향하여 영혼을 다하여 말하다'를 뜻한다. 마태복음 6장 9절에서 "**너희는 기도할 때에 이러하라.**"마 6:9라고 할 때, '기도'는 '프로슈케'를 의미하며, '기도할 때'는 '프로슈코마이'를 의미한다.

거기에는 묵상도 정관도 없고 오직 아버지의 날개 밑으로 들어간 '순종의 합일合一'만 있습니다. 이 점에서 옛 히브리인들의 기도 사상은 일원적non-dualistic이었을 것입니다. 사실 '이원론二元論, dualism' 사상은 후대 기독교 사상에서 나온 것이니까요.

인성人性의 문제

Humanity人性가 '완전 타락'했다고 보십니까 그렇잖으면 '하나님의 형상Image of God'이 어느 정도 남아 있어서 신성으로 나아갈 수 있다spiritual advancement고 믿으시는지요?

어거스틴Augustinus, 354~430의 '죄론Doctrine of Sin'에서부터 현대 신학자들이 각각 다른 대답을 하듯이, 그것은 성서 해석에 따라 다른 답을 할 수 있겠지요. 어거스틴은 '완전 타락'으로 보았고 16세기의 존 칼빈도 '전적 타락'으로 그에게 동조하다가 여운이 있는 얘기를 하고….108

108 어거스틴Augustine과 칼빈John Calvin은 모두 인간의 타락을 구원론의 핵심 주제로 다루었으나, 강조점에서 차이가 있다.

- 어거스틴의 '완전 타락'Complete Depravity': 아담과 하와의 원죄로 인해 인간 본성이 완전히 부패했으며, 스스로 선을 행할 능력이 없다고 보았다. 하나님의 은총 없이는 구원이 불가능하다고 강조했으며, 그의 사상은 로마 가톨릭과 개신교 신학에 큰 영향을 주었다.
- 칼빈의 '전적 타락'Total Depravity: 인간의 지성·감정·의지 등 모든 영역이 죄로 부패했지만, '**완전히 악한 존재가 된 것은 아니라**'고 보았다. 하나님의 일반은총으로 인해 일정 부분 선을 행할 수 있으나, 구원은 전적으로 하나님의 은혜에 의존한다고 강조했다. 이는 개혁주의 신학의 핵심 교리가 되었다. 결국 두 사람 모두 인간의 타락을 강조했지만, 어거스틴은 '전적인 무능과 은총의 절대 필요성'을, 칼빈은 '전반적 부패 속에서도 하나님의 은총이 인간 삶에 미치는 영향'을 부각했다. 이에 대해 일부 신학자들은 이 교리가 인간의 도덕적 책임을 모호하게 만들고, 일반은총과 구원의 은총 사이의 경계를 불분명하게 한다는 비판을 제기한다.

영국 출신의 종교철학자이자 신학자인 존 힉John Hick, 1922~2012[109]은 그의 저서 『악과 하나님의 사랑』*Evil and God of Love*, 1966에서, '인간의 타락'과 구원에 대하여 어거스틴적인 모델과 이레니우스적인 모델[110]을 병렬

---

109 존 힉은 종교다원주의와 신정론Theodicy 분야에서 중요한 기여를 한 인물이다. 그는 기독교뿐만 아니라 다양한 종교 간의 관계를 연구하며, 모든 종교가 궁극적인 실재를 향한 다양한 길이라고 주장했다. 주요 사상 정리:

1. **종교다원주의**Religious Pluralism; 존 힉은 특정 종교만이 절대적으로 참된 것이 아니라, 모든 종교가 각자의 문화적·역사적 맥락 속에서 궁극적 실재Ultimate Reality를 향해 나아가는 다양한 길이라고 보았다. 그는 종교 간의 대화를 통해 상호 이해와 구원의 가능성을 모색했다.
2. **신정론**Theodicy; 악의 존재를 신의 선함과 어떻게 조화시킬 수 있는가에 대해, 힉은 인간의 도덕적 성숙을 위한 '영적 성장의 장'으로서 악의 필요성을 강조했다. 이는 이레니우스의 사상에 영향을 받은 것으로, 고통과 시련이 인간을 더 나은 존재로 이끄는 과정이라는 관점이다.
3. **칸트의 인식론 영향**; 칸트의 현상과 물자체 개념을 바탕으로, 힉은 인간이 신을 직접 인식할 수 없으며, 각 종교는 자신만의 방식으로 신을 경험한다고 주장했다. 따라서 종교적 진리는 절대적이라기보다 상대적이며, 인간의 인식 구조와 문화에 따라 다양하게 나타난다. 주요 저서: 『신앙과 지식』*Faith and Knowledge*, 1957; 신앙과 인식의 관계를 철학적으로 탐구, 『악과 하나님의 사랑』*Evil and the God of Love*, 1966; 악의 문제와 하나님의 사랑에 대한 신정론theodicy적 해석, 『종교의 해석』*An Interpretation of Religion*, 1989; 종교 현상의 다양성과 궁극적 실재에 대한 철학적 분석 등의 저서를 남겼다.

110 존 힉John Hick은 그의 저서 *Evil and the God of Love, 1966*에서 "**구원론**"에 있어, 어거스틴적 모델Augustinian Model과 이레니우스적 모델Irenaean Model을 비교하며, 후자를 더 긍정적으로 평가했다. 두 모델은 인간의 타락과 구원의 과정에 대한 이해에서 다음과 같은 차이를 보인다.

1. **어거스틴적 모델**Augustinian Model:
   (1) 원죄와 타락: 어거스틴은 인간이 아담의 죄로 인해 완전히 타락했다고 보며, 구원은 오직 하나님의 은총으로만 가능하다는 주장이다.
   (2) 구원의 즉각성: 구원은 하나님의 선택에 의해 즉각적으로 이루어지며, 인간의 노력은 거의 의미가 없으며, 고난의 역할은 죄의 결과로서 부정적인 것을 본다.
   (3) 이원론적 구조: 인간은 선과 악으로 나뉘며, 구원받을 자와 그렇지 않은 자가 명확히 구분하고, 악은 인간의 죄에 대한 처벌이다.
2. **이레니우스적 모델**Irenaean Model:
   (1) 영적 성장: 이레니우스는 인간이 타락했지만, 점진적으로 신의 형상으로 성장할 수 있다고 보았다.
   (2) 구원의 과정: 인간은 고난과 경험을 통해 도덕적으로 성숙하며, 구원은 점진적인 과정으로, 고난은 인간을 성장시키는 긍정적 요소로 본다.
   (3) 신정론Theodicy과 연결: 존 힉은 이 모델을 발전시켜 '영혼 형성'Soul-making 개념을 강조하며, 고난이 인간을 성장시키는 필수 요소라고 주장. 존 힉은 이레니우스적 모델을 더 현대적인 관점에서 발전시켜, 인간이 신의 형상으로 성장하는 과정에서 고난이 필수적이라고 보았다. 이에 따라 그는 구원은 단순한 선택이 아니라, '인간의 도덕적

해 놓고 설명합니다. 이 두 흐름은 기독교 신학에서 부정적인 흐름과 긍정적인 흐름으로 대별됩니다. 어거스틴적 모델의 타락 중심 또는 즉각적 구원의 은총 중심 '성선설性善說'과 이레니우스적 모델인 성장 중심 또는 도덕적 성숙 중심의 점진적 구원의 '성악설性惡說' 논쟁이라고나 할까요. 그런데 두 해석마다 현실에 기초한 각자의 타당성이 있습니다. 마치 맹자孟子의 '성선설'과 논리의 달인 순자荀子의 '성악설'의 이론이 각각 타당성을 보아듯이 말입니다,

개혁신학자들이 말하는 성서관으로 본다면, 인간에게는 성경이 말한 죄성sinful human nature이 있어서 스스로 자신을 구원할 수는 없습니다. 구원받기 위해서는 하나님의 은혜가 필요한데, 이 은혜는 하나님께서 역사 안으로 보내신 예수 그리스도를 통하여 가능한 구원 사역입니다. 그리고 그 은혜가 "성령으로 말미암아, 교회를 통해서, 말씀진리의 씨앗이 심령에 떨어졌기 때문에 우리가 구원에 이르는 은혜에 참여"롬 10:17; 벧전 1:23케 된다는 것이지요.

따라서 인간은 그가 생래生來적으로 가진 죄성, 즉 인류 최초의 조상 아담의 원죄 행위의 결과로 만인은 다 죄를 가지고 태어났기 때문에 스스로를 구원할 만큼 완전한 경지에는 이르지 못합니다. 그러나 생명 나무를 버리고 선악을 알게 하는 나무를 택하고 따라간 인간이 하나님의 생기*neshāmāh*, 네샤마, 하나님의 거룩한 숨로 지·정·의의 혼적 세계nephesh ḥayyāh 네페쉬 하야, 살아 있는 존재가 지어졌기 때문에창 2:7 하나님을 감지할 수 있는 '양심', 곧 하나님의 형상이

성숙과 연결된 과정'이라고 주장했다. 요약하면, 존 힉은 이레니우스적 모델을 통해 고난의 의미와 인간의 도덕적 성숙을 강조하는 '**긍정적 신학 흐름**'을 제시했다. 그러나, 존 힉의 이레니우스적 모델은 고난을 인간 도덕적 성숙의 필수 요소로 보며 긍정적으로 해석하지만, 신학계에서는 이 관점이 악의 현실과 고통의 부조리를 지나치게 낙관적으로 평가한다는 비판이 있다. 특히 '전통적 기독교'에서는 그의 '**종교다원주의와 구원론이 성경적 계시의 독특성과 그리스도의 유일성을 약화시킨다고 지적**'한다

완전히 사라진 것은 아니고, 선한 면이 있지요. 플라톤의 말을 빌리자면 진眞 · 선善 · 미美를 추구하는 마음이 누구에게나 다 있습니다. 전도서에서도 말씀하시지 않습니까. "하나님께서 만인에게 영원을 사모하는 마음을 두었느니라"전 3:11고 말이지요. 만약 사람의 양심이 화인火印 맞은 양심으로 짐승 같다면 어떻게 이 '영원을 사모하는 마음'을 가질 수가 있겠습니까. 원죄로 타락해서 하나님의 임재παρουσία, 파루시아, 원래 '옆에 계신다'는 뜻가 있던 에덴에서 쫓겨났지만,창 3:23-24 인간에겐 하나님과 교통交通하고 직감直感할 수 있는 양심 부분이 생각知의 제일 깊은 안쪽에 남아 있습니다. 하나님의 영을 받아들일 수 있는 '사람 안의 심령'슥 12:1이지요. 이 사람의 영이 양심 부분으로 살아 있기에 하나님은 이방인을 일반 계시일반은총, 일반진리의 빛 안에 두고, 그 빛 안에서 갖가지의 높은 윤리로 삶을 영위하게 하는 것도 인간이 하나님의 형상으로부터 완전히 떠난 것이 아니라는 것을 반증하지요.행 17:21-22, 26-27 물론 이 '선善'이 하나님이 말씀하시는 구원으로까지는 이르지 못하지요. 구원 문제는 참으로 신묘神妙한 하나님의 은혜의 잣대입니다.

인성의 문제에 있어서 인간이란 하나님의 복음, 그 위로부터 오는 은혜와 진리의 생명 나무 법과 하나님을 떠난 인간의 지식의 집적集積, compilation인 선악과나무 사이의 방황인 것 같습니다. 오죽 많이 방황했으면, 사도 바울이 "죄가 많은 곳에 은혜도 크다"롬 5:20며, 역설적으로 '죄가 많음으로 인하여 죄 없음을 알았다'고 고백하겠습니까. 인간이 죄를 짓는 것은, 나면서부터 죄인이었기 때문에, 마치 다윗이 고백하듯이 "어머니의 복중에 있으면서부터 죄인이었기"시 51:5 때문에, 그 아담과 하와의 유전적 잠재성genetic possibility으로 인하여 죄를 짓는 것, 그 답이 단 하나입니다. 우리의 죄 많은 본성inherited sinful human nature, 죄성의 피를 죄 없는 예수님의 피로 바꾸기 전까지는 바울처럼, "누가 이 죄의 몸에서 나를 건져내랴?"롬 7:24-25하고 몸부림치며 살아갈 수밖에 없는 것이지요. 이것이 우리 삶의 실존입니다.

붓 다

붓다를 어떻게 이해하십니까. 그는 실로 위대한 인물로 보입니다. 인도 대륙에서 최초로 사해四海 동포주의를 부르짖고 나왔고, 각覺, Buddha의 사상에 의해 만민이 다 붓다가 될 수 있다고 하는 '만민 평등사상'을 들고 나왔습니다. 그런데 '윤회'라는 말과 함께 자주 쓰이는 '還生設'환생설과 '因果應報設'인과응보설 문제에 관한 한, 그에게도 풀리지 않는 데가 있는 것 같은 생각이 드는데요.

붓다Buddha, Siddhartha Gautama는 힌두교의 개혁자로 인류사에 등장합니다. 실천적 측면에서 그렇지만, 힌두교의 철학적 측면의 핵심에서도 크게 벗어나지 않았다는 생각이 듭니다. 지엽적인 면에서 카스트 제도를 타파한 것이라든지, 힌두교가 삼위 신으로 위계질서를 가지는 것을 허무는 것이라든지, 즉 시바Shiva니 비쉬누[111]Vishnu 같은 자질구레한 것들

111 힌두교에서 트리무르티Trimurti는 우주의 창조, 유지, 파괴를 담당하는 세 신격으로 구성된 삼위일체 개념이다. 이들은 각각의 역할을 통해 우주의 순환과 질서를 유지한다. 시바Shiva는 파괴와 재생의 신으로, 우주의 순환을 담당한다. 시바는 파괴를 통해 새로운 창조의 가능성을 열며, 명상과 요가의 상징으로도 숭배된다. 그의 파괴는 단순한 종말이 아니라 정화와 갱신의 과정이다. 비슈누Vishnu는 우주의 유지와 보호를 맡은 신으로, 세상이 혼란에 빠질 때마다 아바타Avatar의 형태로 현세에 강림하여 정의를 회복하고 질서를 바로잡는다. 대표적인 아바타로는 라마Rama와 크리슈나Krishna가 있다. 비슈누는 자비롭고 평화로운 성격으로 인류의 구세주로 여겨진다. 이 두 신은 창조의 신 브라흐마Brahma와 함께 트리무르티를

을 떨어뜨려 버리지요. 그러나 구원론에 있어서 사물의 실체를 일원론적인 측면에서 본 것이라든지, 구원의 문제를 신비주의적인 체험을 통해서, 다시 말하면 '빛을 받아서 눈이 뜨여져야 하는 것'은 크게 벗어나지를 않지요. 불교가 깨달음enlightenment을 통해서 구원받는 것은, 불교에 형이상학이 없지는 않습니다. 붓다의 붓다가 됨은 결국 깨닫는 것으로서, 불심 또는 불성이 나타나게 하는 것인 만큼, 기본적으로 힌두Hindu의 사유의 형태하고 크게 다르지 않다고 보입니다.

석가가 고스란히 지킨 힌두교의 그 '인과응보설'은 카스트 시스템과 연관시키기보다 '우주론'으로 봅니다. 카르마Karma, 인과응보 법칙론는 플라톤의 현상계와 현상계를 초월한 세계관처럼 불교 우주관의 중요한 가르침이죠. 마야Maya, 환각의 세계와 붓다Buddha, 깨달음의 세계를 전제하는 것이니까요. 그래서 불교에서는 문제를 알려주지요. 그리고는, 그 벗어나는 길을 가르쳐 줍니다. 불교에서의 문제는 '무지avidyā'입니다. '눈目 덮임'입니다. 그들에게는 무지가 번뇌와 윤회의 근원으로 만악萬惡의 근본이지요. 여연如然, suchness의 진리를 알지 못하기 때문에 인간은 탐•진•치 삼악三惡에 빠져 고통Vyādhi, 病에 시달리다가 죽음에 이른다는 것입니다. 붓다 신비주의의 이유와 타당성은 바로 여기에 있습니다. 인생이 고해苦海에서 깨달음覺으로 나온다는 것은 구원론이기 때문이죠. 이것은 앞에 말한 플라톤의 종교적 직관intuition과도 같은 것으로서 힌두교에서도 이 문제를 다룹니다.

'환생설'도 붓다의 구원 논리를 가만히 보면 그가 못 벗어나는 이유가 보이지요. 앞서도 말했듯이 그들 인도인의 영성 개발은 구원을 향한 강력한 의지가 종교적 해탈 과정을 거칩니다. 마야환, 幻에서 깨달음覺으로

이루며, 각각의 역할을 통해 우주의 균형을 유지한다.

나아오지 않으려고 하는 사람들에 대한 일종의 제재에 해당하는 조치 같은 것이 아닐는지요? 플라톤 경우에도 그것이 보이듯이 말입니다. 또 한편 이 설說은 일생 단 한 번의 구원을 못 받는 사람들을 위해 수십, 수백 번 환생하더라도 영성이 자꾸 정화되고 고양高揚되도록 기회를 주기 위한 것으로도 보입니다. 죄 많은 일상의 삶이 그 두꺼운 업장業障으로 말미암아 한 번의 삶에서 바로 지옥으로 던져지면 어찌하겠습니까?

붓다 자신도 '수 없는 전생 끝에 깨달음'으로 나아왔다고 고백합니다. 그래서 붓다는 마라mara, 악마 사탄하고 싸운 얘기도 체험적으로 하지요. 결국 불교는 마라또는 마구니를 이겨 마야환각 세상를 초월한, 그래서 해탈함으로써 카르마karma(कर्म), 인과응보, 업를 벗어나자고 가르치는 것이지요. 해탈만 하면 다시는 이 속俗의 세상에 태어나지 않습니다. 열반의 세계에 앉아 있게 되는 것이지요. 환생설이 동양한국을 포함에서 깊이 뿌리를 내린 것은, 연유가 있다고 생각합니다.

다름이 아니라, 동양인은 자연에 가깝다는 점입니다. 그 당시에는 아무래도 자연 순환의 우주관으로 모든 것을 보았을 것이므로, 인생에도 사이클輪迴, Samsāra이 있다고 여겼겠지요. 하지만 너무도 과학적인 논리의 천재인 붓다가 고苦 · 집集 · 멸滅 · 도道의 네 가지 진리인 사성제四聖諦와 팔정도八正道[112]로 힌두 교단을 박차고 나왔음에도, '**輪迴**윤회', 곧 '수레 비

---

112 팔정도八正道는 불교에서 고통을 극복하고 해탈에 이르는 여덟 가지 바른길을 말한다.
(1) 正見정견: 바른 견해; 세상의 진리를 바르게 보는 것예: 사성제 이해
(2) 正思惟정사유: 바른 생각; 탐욕, 분노, 해를 끼치려는 생각을 버림
(3) 正語정어: 바른 말; 거짓말, 욕설, 이간질 등을 하지 않음
(4) 正業정업: 바른 행위; 살생, 도둑질, 싸움하지 않음
(5) 正命정명: 바른 생계; 해를 끼치지 않는 직업으로 생계를 유지
(6) 正精進정정진: 바른 노력; 선한 마음을 일으키고 악한 마음을 버리려는 노력
(7) 正念정념: 바른 마음 챙김; 현재의 몸과 마음을 바르게 알아차림

퀴가 계속 구르듯' 인간들이 번뇌와 업장業障 때문에 '삼계육도三界六道'113의 삶과 죽음의 세계로 쉬지 않고 되풀이한다는, 소위 말하는 "연기緣起, Pratitya-Samutpada의 법칙", 그 인과응보 때문에 힌두교와 결별하지 못한 것은 기이한 일입니다. 깨달을 때까지 '계속 흐른다'는 '삼사라Samsara, संसार 법칙', '주박呪縛, demonic trap 같은 윤회설'은 실제로 존재하는 것일까요? 그렇지 않다면 계율을 지키기 위한 방패막이일까요? 장章을 달리해야겠지만, '금지 규정'으로 경전이 되게 한다면 그것은 해탈과는 아무 관계가 없을 것입니다. 붓다는 양수겸장兩手兼將, versatility, 두 가지 능력을 겸비한 능한 사람인 것 같습니다. 불교가 고등종교가 되려면 윤회 개념은 빠져야만 한다고 봅니다.

---

(8) 正定정정: 바른 집중; 선정禪定을 통해 마음을 고요히 집중함
팔정도는 불교 수행의 핵심 실천 지침으로, 고통의 원인을 제거하고 열반에 이르기 위한 실천적 길이다. 『한국민족문화대백과사전』

113 불교에서 말하는 삼계육도三界六道는 중생이 윤회하는 세계의 구조를 설명하는 핵심 개념이다. "삼계"三界는 욕계欲界; 욕망의 세계, 색계色界; 물질의 세계, 무색계無色界; 무형의 세계이며, "육도"六道는 여섯 가지 윤회 세계로 天道천도; 신神들이 사는 하늘의 세계로, 즐거움도 많지만, 무상함도 존재, **人道**인도; 인간 세계로, 고통과 기쁨이 공존하며, 수행과 해탈의 가능성이 가장 높은 세계, **阿修羅道**아수라도; 싸움의 세계로 질투와 분노가 많은 투쟁의 존재들이 사는 세계, **畜生道**축생도; 짐승의 세계로, 무지와 본능에 따라 살아가는 동물의 세계, **餓鬼道**아귀도; 굶주림의 세계로, 탐욕과 집착으로 인해 항상 굶주림에 시달리는 존재들, **地獄道**지옥도; 극심한 고통과 형벌을 받는 고통의 세계로, 가장 낮고 괴로운 상태를 나타낸다.

피타고라스

헬라 철학 얘기가 나왔으니까 말입니다만, 피타고라스에 대해서도 잠깐 언급해 주시지요.

특이한 사람입니다. 앞서 잠깐 언급했습니다만, 동양 천지에 처음 기독교를 전한, 동방 선교의 사도 바울이라고 불리는 학자 선교사 마테오 리치Matteo Ricci, 중국명 利瑪竇, 이마두[114]도 피타고라스를 언급하지요. 수학자이며 천문학자이기도 했던 마테오 리치四書三經'을 최초로 라틴어로 번역했음'는 "동양 불교의 윤회설이 피타고라스[115]의 영향을 받은 것 같다"고 『천주

114 이탈리아 예수회 신부로 1552년 마체라타에서 출생하여 1610년 북경에서 선종善終하였다. 그는 1582년 명明 중국에 온 이래 사도 바울의 선교원칙고린도전서 9:23에 입각, '**문화적응적 선교 방법론**'cultural accommodation method을 썼다. 『명사열전』明史列傳에 실려 있으며, 명明 조정에 의해 '서방에서 온 현자'西泰子로 추존追尊되었다.

115 ΠυθαγόραςPythagoras, 기원전 570~495년는 고대 이오니아 출신의 그리스 철학자이자, 피타고라스 학파라 불리는 종교적·철학적 공동체의 창립자였다. 그는 수학, 철학, 음악, 신비주의에 이르기까지 다양한 분야에 영향을 끼친 인물로 평가받는다. 1) **역사적 불확실성**; 피타고라스에 대한 대부분의 기록은 그가 사망한 뒤 수 세기 후에 작성된 것으로, 신뢰할 수 있는 자료는 매우 드물다. 그의 삶과 사상은 전설과 혼재되어 있어 실제 공적을 명확히 구분하기 어렵다. 2) **철학과 종교적 교리**; 그는 기원전 6세기 말 철학적 사유와 종교적 교리를 결합하여 가르쳤으며, 영혼의 윤회와 정화, 금욕주의를 강조했다. 그의 학파는 엄격한 규율과 공동체 생활을 중시했다. 3) **수학적 업적**; 피타고라스는 특히 '피타고라스의 정리'로 널리 알려져 있다. 이 정리는 직각삼각형에서 빗변의 제곱이 나머지 두 변의 제곱의

실의』天主實義, De Deo Verax Disputatio, *A True Discussion on God*, 1603에서 썼습니다.

아득히 2600년 전, 크레파스보다 더 진하고 코발트색보다 더 푸른 에게 해변의 사모스섬116에서 푸른 눈의 청년 수학자 한 사람이 갈색의 구레나룻을 쓰다듬으며 사후死後의 응보應報와 윤회설에 몰두해 있는 것을 상상해 보십시오. 그 지중해 바닷가에서 수평선 너머로의 무한한 획득, 그 낭만에나 벅차 있어야 할 사람이 수미영산須彌靈山 아래서, 끝없는 사색이나 가꾸고 있는 아리안 인도인들과 같은 생각을 하고 있었다는 것은 신비한 일이지요. 석가와는 동시대인이니까 서로 만날 수도 없었고…. 누가 누구에게 영향을 미친 것일까요? 버트런드 러셀Bertrand Russell, 1872~1970은 『서양 철학사』에서, 피타고라스의 윤회설을 "영혼 불멸에 대한 종교적 신념을 수학적·형이상학적 사유와 결합시켜 서양 철학의 원형을 이룬 사례"로 평가하기도 합니다.

그런데 놀라운 것은 플라톤에게도 '영혼의 윤회설metempsychosis, 메템프시코시스'적인 면이 있지 않습니까. 물질의 형성과 우주 문제에 대해 자세히 쓴 「티메우스」*Timaeus*에 보면 윤회설적인 것이 많이 나오죠. 이를테면 '사람이 이 세상에 살 때 너무 욕심내고 그러면 다시 태어날 때는, 돼지가 되어 나온다든지, 또 어떤 사람은 식물로 환생한다든지….' 하는 그런

합과 같다는 내용을 담고 있으며, 오늘날에도 기초적인 수학 원리로 사용된다. 그러나 이 정리의 발견이 실제로 그의 공적인지, 혹은 제자들의 업적인지는 논란이 있다. 4) **신비주의와 자연철학**: 그는 "모든 것은 수로 이루어져 있다."라는 믿음을 바탕으로 우주의 질서를 수학적으로 설명하려 했으며, 음악과 수의 관계를 탐구하여 음계의 수학적 구조를 밝혀냈다. 피타고라스는 철학자, 수학자, 신비주의자로서 고대 사상의 흐름에 깊은 흔적을 남겼지만, 그의 실질적인 공적은 여전히 역사적 논쟁의 대상이다. 『위키피디아대백과사전』

116 'the island of Samos'는 그리스 동부 에게해에 위치한 섬으로, 고대에는 피타고라스, 아리스타르코스, 에피쿠로스 등의 철학자와 과학자들이 활동한 것으로 알려진 곳이다.

것이지요. 하여튼 동양 정신과 서양 철학 사이에는 연결점이 있는데, 개념적인 것뿐만 아니라 역사적인 영향의 관계가 많이 있지요. 페르시아 문명이 꽃처럼 지고, 역동적인 헬레니즘이 흥할 때,117 대승불교 사상이 힌두 문명 쪽에서 서구 쪽으로 가고, 헬레니즘의 서구 쪽 문명의 축이 다시 인더스 계곡으로 왔다고도 볼 수 있지 않겠는지요? 결국 "Who influences who? "의 문제인데 '중간 시대사'Inter-testament Period 때의 일입니다. 이때 인도 마우리아 왕조 3대 왕인 아쇼카阿育王, 기원전 304~232는 인도를 넘어 유라시아 전역으로 나가는 대승불교 흥왕의 문을 열지요. 1900년대에 들어와서 이스라엘의 유대의 회당에서와 키브츠 농장에서 불교의 길상吉祥 표시인 '卍'만자 표시의 문양이 여섯 점이나 발견된 것118은 놀라운 일입니다. 무엇보다도 동·서 사상의 해후에 있어서 불교 경전의 하나로 들어가 있는 『밀란다왕문경』彌蘭陀王問經The Questions of King Milinda, 기원전 1세기경이 증좌證左가 아닙니까. 기원전 2세기 후반, 그리스인으로 알렉산더 사후 서북쪽 인도를 지배한 박트리아 왕국의 왕인 밀란다Menandros, 메난드로스와 인도의 고승 나가세나Nāgasena 사이에 있은 인

117 **기원전 4세기 후반**, 알렉산드로스 대왕의 동방 원정기원전 334~323년은 고대 세계의 지형을 근본적으로 바꿔놓았다. 기원전 330년, 그는 페르시아의 수도 페르세폴리스를 함락시키며 아케메네스 왕조를 멸망시켰으나, 기원전 323년, 알렉산드로스가 갑작스럽게 사망하면서 그의 제국은 분열되었지만, 이 시점을 기점으로 헬레니즘 세계가 본격적으로 시작되었다. 헬레니즘은 단순한 그리스 문화의 확산이 아니라, 동방의 문화-**페르시아, 이집트, 인도 등**과의 융합을 통해 탄생한 혼종적이고 역동적인 문명이었다. 철학, 예술, 종교, 언어 등 다양한 영역에서 그리스와 동방의 요소들이 결합 되었으며 대표적으로 이집트의 알렉산드리아 같은 도시들이 문화와 학문의 중심지로 성장했다. 이 시기의 문화는 '**개방성과 융합성**'을 특징으로 하며, 이후 로마 제국에도 깊은 영향을 미쳤다. 헬레니즘은 고대 세계의 '세계화'라 불릴 만큼, 동서 문명의 교류와 통합을 이끈 결정적 전환점이었다.

118 공식적인 고고학 보고서나 학술 논문은 확인되지 않았다. 다만, 관련 이미지와 문화적 맥락을 보여주는 자료는 일부 존재한다. [참고자료: 하주성, 「거북등 민자모양」, 오마이뉴스, 오마이포토, 2011.03.13.; 1992년 이스라엘의 집단농장 키브츠 (Kibbutz)의 모습, earthwow.org, 2022.07.06]

생과 세상 등의 실체를 토론한 高談峻論고담준론이죠. 문학적 철학적으로 아주 귀중한 문헌119으로 여겨집니다.

119 한역본 이름은 스님 이름을 딴 『나선비구경』那先比丘經으로, 기원전 2세기 후반, 동진 시대 한역漢譯하였다.

불교와 힌두교

불교와 힌두교에서 현대화된 면모를 엿볼 수 있는지요, 또 이들이 서양 정신과 어떤 점에서 만난다고 생각하시는지요?

I

불교는 현대화에로의 진전이 두드러진 것 같지 않습니다. 1916년에 만해萬海, 한용운, 1879~1944 스님이 조선의 근대 불교 개혁을 주장한 『朝鮮佛敎維新論』조선불교유신론을 쓴 이래 현대화의 관심은 컸으나 논의만 가끔 있었을 뿐, 1980년대 초반에 들어오면서 민중불교 얘기가 나오고 '정화淨化' 얘기가 나왔지요. 물론 산간 불교에서 재가在家 불교, 도시 불교로 세속화secularization는 어느 정도 이루어지고, 포교사 양성과 함께 포교원이 생겼으며, 불교문화의 대중화를 위한 불교 방송국BBS, BTN도 생겼지요. 그러나 불교 자체 내에서 사상을 이론화하는데 더뎠고, 일본의 스즈키 다이세츠鈴木大拙가 영문을 포함하여 많은 저술을 통하여 불교철학의 현대화에 공헌했다고 하더라도, 영성 자체가 아직도 굳어 있습니다.

서양 정신과 관련되는 면모를 말하라고 하면 플라토니즘 쪽이 되겠지요. 불교와 플라토니즘은 신비주의적인 면과 불가지론적인 면에서 만난다고 할 수 있습니다. 플라토니즘은 '궁극적인 실체가 인간의 이론으로서는 알 수 없다'고 하지 않습니까. 추론reasoning할 수 없는 것에 대해서 신비주의로 귀착시키지요. 플라톤의 「동굴의 비유」Allegory of the Cave,『국가』 제7권에 수록, 기원전 약 375년경에서도 보여주듯이, 동굴에 있던 사람이 어느 날 밖으로 나와 햇빛을 봄으로써 실존적인 자각으로 깨닫는데, 이 사상의 언저리에는 신비주의가 깔려 있지요. '인식론epistemology'이 신비적이며 체험적이고 직관적입니다. 불교와 상사相似를 이루지요.

플라톤에게 '선the good' 또는 '궁극적인 실재Ultimate Reality'에 대한 갈망이 있듯이, 붓다도 선에 대한 허기虛氣가 있습니다. 플라톤이 '철학적'이라면 붓다는 '좀 더 종교적'이라는 차이뿐이지요. 그러나 플라톤의 선善에 대한 철학에도 종교적인 갈망과 추구가 내재하고 있음을 볼 수 있습니다. 이 점에서 불교가 플라토니즘과 만난다고 할 수 있을 것입니다. 차이점은 불교나 힌두교가 종교성이 다양하다는 것과 신비주의적인 체험이 플라토니즘보다 좀 더 체험 쪽으로 강조된다는 것입니다. 그러나 정작 불교가 서양과 만나는 곳은, '신新플라토니즘Neo-Platonism'입니다.

플라톤 철학에는 정치사상이 나오고 사회 인식에 대한 현실적인 면이 있습니다만, 네오플라토니즘에 오면 서양인 영성의 종교적인 면이 다양한 영성으로 나오지요. 좀 더 신비적이고 궁극적인 실체와 합일union mystica하려고 하는 노력이 담겨 있습니다. 소크라테스 쪽으로 가면 아무래도 신비주의가 '윤리'와 연결되면서 곧장 정치하고 연결되기 때문에 어떤 면에서 선善 사회 명분론의 윤리를 많이 담고 있는 유교적이라고 할 수 있겠지요. 공자의 사서四書: 중용中庸, 논어論語, 맹자孟子, 대학大學 중 특히

『대학』 사상인 수신修身 · 제가齊家 · 치국治國 · 평천하平天下의 도리를 밝힘이 그렇지 않습니까.

II

🕮 힌두교는 『바가바드-기타』120가 보여주는 헌신과 사랑의 영성이 서양 정신과 만나게 합니다. 19세기 전까지는 힌두교가 플라토니즘 쪽이었으나, 19세기 중반의 라마 크리슈나Ramakrishna, 1836~1886121와 20세기 초반의 스리 아우로빈도Sri Aurobindo, 1872~1950122의 시대에 와서는 인격신에 대한 헌신과 사랑이 많이 강조됨으로써 어느 정도 개혁되었다고 할

120 『주께 바치는 노래』란 뜻의 힌두 신학을 대표하는 경전으로 18개의 장章과 702개의 연聯으로 된 범어梵語, Sanskrit 기록이다. 주主 크리스나와 아리쥬나 사이의 시문적 대화록으로 위대한 서사시 『마하바라타』Mahabharata 제 6권에 있다. 주전 400년경에 편찬된 것으로 추정하는데, 헌신과 신비 영성에 관한 한, 세계적인 문학으로 꼽힌다.

121 인도의 신비주의적 종교가로, 힌두교의 비슈누파 전통을 따랐다. 그는 칼리 여신을 숭배하며 깊은 명상과 고행을 통해 신비적 체험을 쌓았고, 다양한 종교에 대한 이해를 넓혀 결국 모든 종교의 본질이 하나라는 깨달음을 얻었다. 그의 가르침은 후에 '**비베카난다**'에 의해 널리 퍼졌으며, 라마크리슈나 미션을 통해 그의 사상이 전 세계적으로 영향을 끼쳤다.

122 Sri Ghose Aurobindo는 철학자이며 시인으로 현대 인도 사상계의 정신적 지주 중의 한 사람이다. 7세에서 22세 때까지 영국에서 교육받은 후 귀국, 인도의 문화와 종교, 특히 인도 문학과 역사, 언어, 철학을 연구하여 체계적으로 사상적으로 정리하였다. 그의 주요 사상은 <Spiritual Evolution>영적 진화으로, 청소년 시절에 영향받은 기독교적 배경이 바탕을 이루고 있다. 그는 '통합 요가'Integral Yoga를 창시하였으며 이를 통해 인간이 더 높은 의식 상태로 진화할 수 있다고 주장했다. 주요 저작인 『신의 삶』*The Life Divine*, 『요가 종합』*The Synthesis of Yoga*, 『사비트리』*Savitri* 등의 저서를 통해 자신의 철학을 체계화했다. 그의 사상은 오늘날에도 많은 사람에게 영향을 미치고 있으며, 오로빈도 아쉬람Aurobindo Ashram과 오로빌Auroville 공동체를 통해 그의 가르침이 이어지고 있다.

까 진보되었습니다. 이론적인 면까지도 그렇지요.

『바가바드-기타』*Bhagavad Gita*, 기원전 4~2세기경는 '종교 사학사'적인 측면에서 중요한 위치가 있는 것으로 봅니다. 우선 이 책은 역사적인 영향을 많이 끼쳤는데, 이를 아주 귀하게 여긴 사람은 간디Mahatma Gandhi, 1869~1948가 대표적인 예지요. 그리고 힌두교를 재해석해서 서구 철학계에 인도 영성의 거대한 산맥을 보였던, 스리 아우로빈도Sri Aurobindo도 그 한 예입니다. 아우로빈도는 1880년대 말과 90년대 초 영국에서 고전Classics을 전공했던 사람입니다. 감수성과 상상력이 강하던 이십 대에 라틴 고전과 희랍 고전의 세계로 인해 세계관이 확정된 사람이었는데, 인도에 귀국하자마자 그는 『바가바드-기타』와 자국인 종교의 자생성, 그 영성적 스케일에 압도당해 인도의 고전을 분석하기 시작합니다. 그리하여 그 방대한 연구물 등을 세계 앞에 내놓지요. 『바가바드-기타』는 작은 책이지만 힌두교의 가르침이 요약되어 있으며 또 상당한 체계를 갖고 있습니다. 인도인의 종교적 심성이 결정체된crystalized '동양 종교 문학의 진주 중의 진주'라고 말한 사람도 있지요.[123]

'크리슈나Krishna'[124]가 인류의 문화 문명을 어떻게 보느냐 하는 것은

---

123 『바가바드 기타』는 '동양 종교 문학의 진주 중의 진주'"라고 말한 인물은 미국의 시인 겸 철학자, 초월주의자Transcendentalist인 랄프 왈도 에머슨Ralph Waldo Emerson, 1803~1882으로 알려져 있다. 그는 동양 사상, 특히 힌두교와 불교의 철학적 깊이에 매료되었고, 자연과 인간의 내면을 연결하는 영성적 통찰을 높이 평가했다. 이 표현은 이후 『바가바드 기타』의 영적 가치와 문학적 위상을 상징하는 대표적 인용구로 널리 회자되었다. [참고 문헌: Aldous Huxley, The Perennial Philosophy (1945) – 이 책에서도 『바가바드 기타』를 "세계 종교 문학의 정수"로 평가하며, 에머슨의 인용을 언급함; Eknath Easwaran, The Bhagavad Gita for Daily Living – 서문에서 에머슨과 톨스토이, 간디 등이 이 경전에 대해 극찬한 내용을 소개함.]

124 힌두교에서 가장 중요한 신 중 하나로, 비슈누Vishnu의 8번째 화신으로 여겨진다. 그는 지혜, 사랑, 그리고 신성한 기쁨을 상징하며, 특히 『바가바드 기타』*Bhagavad Gita*에서 아르주나에게 가르침을 전하는 모습으로 널리 알려져 있다. 크

답변이 쉽지 않을 것 같습니다. 『바가바드-기타』는 종합적으로 다양한 것을 다루기 때문입니다. 모든 것을 감싸는 면이 있는데, 말하자면 지적인 사람우주의 실체를 추구하는 사람으로부터 문명을 저버리는 사람까지 다 수용합니다. 문명 안에 있는 사람과 문명 밖에 있는 모두를 포괄적으로 다룬다는 말씀이지요. 702수首밖에 안 되는 소책자일지라도 갖가지 인생의 길을 다룬다는 점에서는 큰 책자입니다. 마치 화엄의 『보현행원품』普賢行願品125에 나오는 '선재동자善才童子'126의 여행과 같은 맥락이 보입니다. 갖가지 직업을 가진 53명의 사람을 만나면서 인간의 갖가지 곤고함과 충돌적인 면을 취급하는 데서 말이지요.

리슈나는 단순한 신이 아니라, 삶의 의미와 사랑의 본질을 깨닫게 해주는 존재로 많은 사람에게 영감을 주고 있다.

125 『보현행원품』普賢行願品, The Chapter on the Conduct and Vows of Samantabhadra 또는 Samantabhadra's Practices and Vows. 『화엄경』華嚴經의 마지막 품제40권에 수록되어 있다. 대승불교 성립기 **기원후 3~5세기**, 한역은 5세기경, 불타발타라 또는 실차난타 번역으로, 주요 내용은 보현보살이 설한 10대 원願을 중심으로 보살의 실천과 회향을 강조하는 경전이다. 보현보살普賢菩薩은 대승불교에서 행行과 원願을 대표하는 보살이며, 10대 원十大願은 예불, 찬탄, 공양, 참회, 수희, 청법, 전법, 불수호, 상수불학, 보중생 회향인데, 그 중 회향廻向은 자신의 공덕을 모든 중생의 깨달음을 위해 돌리는 것을 의미한다.

126 선재동자는 『대방광불화엄경』 「입법계품」에 등장하는 어린 구도자로, 문수보살의 가르침을 받고 53명의 선지식을 찾아 깨달음을 향한 여정을 떠난다. 이 순례는 불교 수행의 이상적인 모습으로 여겨지며, 마지막에 보현보살을 만나 궁극적인 깨달음에 도달한다. 그의 이름 '선재'善財는 태어날 때 집에 진귀한 보물이 저절로 생겨났다는 데서 유래하며, '동자'童子는 순수하고 청정한 마음으로 불법을 담을 수 있는 그릇을 상징한다. '남순동자'南巡童子라는 별칭은 그가 남쪽으로 순례를 떠났다는 데서 비롯된다. 선재동자의 이야기는 한국 불교에서도 깊은 의미를 지닌다. 조선시대 관음신앙에서는 관세음보살과 함께 등장하는 경우가 많으며, 특히 고려 불화 『수월관음도』水月觀音圖에서는 관세음보살 곁에 선재동자의 모습이 자주 묘사된다. 그의 순례는 단순한 여행이 아니라, 불보살의 서원을 실천하며 깨달음에 이르는 상징적 여정으로 이해된다. [출처: 『대방광불화엄경』大方廣佛華嚴經 「입법계품」入法界品, 한글 번역본: 『화엄경』, 동국역경원 역, 동국대학교 출판부; (고려) 수월관음(보살)도(보물 제1903호)]

성인들에 대한 인물평

성인들에 대해 인물평을 한번 들어볼까요. 그들의 인간상像과 이상理想 등을 인품을 중심으로 해서 간단히 들려주시지요. 대상은 공자, 노자, 붓다, 아브라함, 소크라테스, 모세 정도로 한정하는 것이 좋겠군요.

공 자

공자孔子, Confucius, 기원전 551~479년는 '도道'를 사회 윤리적으로 정치화한, 말하자면 윤리적인 차원에서 신성의 윤리성을 사회적으로 추구한 사람이라고 할 수 있을 것입니다. 윤리적으로 신성의 옷을 입혔는데 자연 안에서 사회의 명분론way of social life을 구체화했다고 해도 좋고, 또 '천명天命, Mandate of Heaven사상'을 사회 윤리화 또는 정치화했다고 해도 좋겠지요. 동양의 '실용주의자Pragmatist'라고 하면 어떻겠습니까. 그는 '인간은 능히 도를 크게 할 수 있다'는 '인능홍도人能弘道'를 주창했지만, 저는 그를 '도道'의 사람이기보다는 '학學'의 사람으로 봅니다. 대학자이기 때문입니다. 동양의 플라톤이지요. 그의 예禮·악樂 개념의 신비라든지 학문에 대한 태도, 그리고 진리道에 대한 태도가 그렇게 플라톤과 닮아 보일 수가 없습니다.

잠시 플라톤 이야기 잠시 나누지요. '철인 왕Philosopher King'을 이상적인 인간상像으로 보고 평생을 '아카데미아 학원'에서 보내던 플라톤은 장년 대代에 '민주 공화국Republic'의 이상을 실현코자 두 번이나 시실리 섬에 건너갔습니다. 그러나 시라쿠사의 참주僭主 디오니시오스 2세를 교육하여 이상 정치를 실현해 보려던 그의 꿈은 좌절되었을 뿐 아니라, 그나마 귀국 길에, 나중에는 노예로 팔릴 뻔한 사건도 있었습니다.[127]

공자도 60대에 이상을 실현코자 제자들을 데리고 주유천하를 했으나 다 실패하고, 송나라에서는 환퇴[128]桓魋한테 죽을 뻔했으며, 정鄭 나라에서는 '초상집의 개喪家之狗'로 몰렸었지요.[129] 플라톤과 공자는 둘 다 그

---

127 플라톤은 『편지들』*Epistulae*, 특히 제7서간에서 자신의 시라쿠사 방문 경위, 디오뉘시오스 2세와의 관계, 그리고 정치 이상 실현을 위한 노력과 그 실패를 직접 서술하고 있다. 그는 철인정치의 이상을 실현하고자 시라쿠사 참주 디오뉘시오스 2세에게 철학을 가르치려 했으나, 참주의 권력욕과 주변 인물들의 이간질로 인해 계획은 좌절되었고, 결국 정치적 긴장과 갈등 속에서 아테네로 귀환하게 된다. 이 편지는 플라톤이 현실 정치에 직접 참여했던 드문 사례로, 그의 철학적 이상과 정치적 현실 사이의 괴리를 생생하게 보여준다. 고대 그리스 전기 작가인 디오게네스 라에르티오스Diogenēs Laertios는 그의 책, **『저명한 철학자들의 생애와 사상』***Vitae philosophorum, 기원 후 3세시경,* 에서 플라톤의 시라쿠사 사건을 언급하며, 그가 노예로 팔릴 뻔한 일화까지 전하고 있다. 이는 플라톤이 철학적 이상을 실현하려다 현실 정치의 위험에 직면했던 극적인 순간으로, 그의 생애에서 가장 긴장감 넘치는 에피소드 중 하나다. 이 두 출처는 플라톤의 철학과 정치적 실천 사이의 복잡한 관계를 이해하는 데 핵심적인 자료로 평가된다.

128 환퇴桓魋는 중국 춘추시대 송宋나라의 군정을 담당했던 사마司馬인 상퇴向魋를 가리키며 그는 공자를 적대시했던 인물로 알려져 있는데, 『논어』論語의 술이편述而篇에는, 공자가 그를 언급한 유명한 구절이 있다. "**하늘이 나에게 덕을 주었으니, 환퇴가 나를 어찌할 수 있겠는가?**"子曰 天生德於予 桓魋其如予何, 이 말은 공자가 '자신의 도덕적 가르침이 하늘의 뜻에 따른 것'이므로, 환퇴가 아무리 방해하려 해도 결국 큰 영향을 미치지 못할 것이라는 의미를 담고 있다.

129 출처: 1. 환퇴桓魋 사건; 『논어論語』 술이편述而篇 5장 2. '초상집의 개'喪家之狗 사건; 『사기史記』「공자세가孔子世家」, 『공자가어孔子家語』「곤서편困誓篇」에 수록; 내용은 '공자가 정鄭나라에 갔을 때 제자들과 떨어져 홀로 성곽 동문에

들의 윤리 이념을 현실 정치에 대입하는 실험에서 실패하고, 고향으로 돌아와서는 죽을 때까지 제자들을 가르쳤습니다.

노 자

노자Lǎoz, 老子, 기원전 571~471경는 호남성湖南省 평원 복판에 솟은 태산泰山의 정기를 한 몸에 받아 생生·학學·도道를 깨우친 양자강의 철리哲理, 그 '고요한 물의 지혜'입니다. 수미須彌 설산이 키워 낸 석가의 중국적 짝이지요. 붓다가 부성父性이라면 노자는 모성母性적입니다. 우선 그가 취하는 메타포어metaphor, 隱喩인 '물水' 자체가 음양오행 철학으로 보면 '현玄'이니까. 암暗이고 여성입니다. 『도덕경』 25장의 명언, '상선약수'上善若水란 글자 그대로 그는 '물'과 같이 모습 없는 사람입니다. 그저 만만적慢慢的한 만리萬里 양자강의 흐름입니다. 중국인을 중국인으로 성격 규정지은 사람입니다. 우주의 궁극적 실재인 도가 '덕'德, power으로 나타나되 그것이 물의 흐름처럼 '무위無爲'로 나타난다고 하면서 푸른 소靑牛를 타고 서문西門 함곡관函谷關130으로 넘어간 조화harmony의 사람, 그는 '상대성'131 애

서 있었는데, 한 노인이 그를 보고 "이마는 요堯임금 같고, 목은 고요皐陶 같고, 어깨는 자산子産 같으나, 허리 아래는 우禹임금보다 짧고, 풀 죽은 모습이 마치 초상집의 개 같다"고 묘사함. 자공이 이를 전하자 공자가 웃으며 "**그 말이 맞다.**"라고 한 내용으로, 이는 후대에 실의에 빠진 사람을 가리키는 관용어로 굳어졌다.

130 함곡관函谷關은 중국 하남성河南省 영보시灵宝市 북쪽에 위치한 고대의 요새로, 이곳은 장안長安과 낙양洛陽 사이의 중요한 길목에 있어, 군사적으로 매우 중요한 전략적 요충지였다. 함곡관의 특징으로는, 먼저, 천하제일험관天下第一險關으로, "**한 명이 지키면 만 명도 뚫지 못한다.**"라는 말이 있을 정도로 험준한 지형을 자랑한다. 또한 노자의 흔적이 남아 있는 곳으로, 『도덕경』道德經을 저술한 노자가 이곳을 지나며 관령 윤희尹喜에게 가르침을 남겼다는 이야기가 전해진다. 역사적 사건으로는, 전국시대부터 진秦나라, 한漢나라에 이르기까지 여러 전쟁과 정치적 사건에서 중요한 역할을 했던 곳이다.

기를 최초로 한 사람이지요. 장자의 『제물론』齊物論은 노자 얘기의 각주입니다.

참으로 천지의 모성적 정신과 기운에 붙잡혀 춤을 춘 사람입니다. 힌두교의 크리스나가 장대한 카일라스티베트 자치구 아리 지구 푸란 현, 약 6,638m 산정에서 뭉게뭉게 노니는 흰 구름과 더불어 피리를 불며 춤을 춘 사람이라면, 노자는 양자강의 여울목에서 발을 담그고 춤을 춘 사람이지요.

붓 다

붓다132는 만년설雪이고 하늘과 마주하여 명상에 잠긴 설산 수미雪山須彌, 히말라야, 그 지혜의 산 아래 앉아 있는 한 개 석상石像입니다. 천년 함묵含默의 바위처럼 굳은, 그러나 신비한 평안平安이 감도는 고요한 석상입니다.

다 버린 사람입니다. 그는 우주에 흐르고 있는 기운조차도 사랑이라고 언급하지 않았고, 하나님조차도 존재 여부에 대해서 답하지 않았습

131 『도덕경』道德經 제2장에서 가장 뚜렷하게 드러난다. 관련 원문도덕경 2장 일부을 살펴보면, "天下皆知美之爲美 , 斯惡已천하개지미지위미 사악이。皆知善之爲善, 斯不善已개지선지위선 사불선이" '**천하가 모두 아름다움을 아름다움이라 알면, 그 속에 이미 추함이 있고, 모두 선을 선이라 알면, 그 속에 이미 불선이 있다.**' 즉, 상대성이란 사물의 가치·성질은 절대적으로 존재하는 것이 아니라, 대비되는 다른 것과의 관계 속에서만 성립한다는 원리로 절대 기준의 부정, 관계적 존재 이해, 무위無爲와 조화, 겸손과 포용의 의미 등이다. 정리하면, 노자의 '상대성' 사상은 "**모든 것은 서로를 통해 드러나며, 절대적 고정 관념은 없다.**"라는 깨달음으로, 단순한 철학적 통찰을 넘어, 타인과 자연을 대하는 겸손한 삶의 태도로 이어진다.

132 Shakyamuni Buddha, 佛陀, Gautama Siddhartha고타마 싯다르타, 석가모니釋迦牟尼, 부처님, '**깨달은 자**'로, 네팔 룸비니에서 출생생졸의 기록은 명확히 없음, 기원전 5~6세기경 출가하여 '깨달음'을 얻은 후 부처Buddha가 되었다.

니다. 평생 침묵을 지켰지요. 그러나 그의 '답 없음이 답 있음'不立文字이었습니다.

그는 '공空'을 '자비' 개념으로 보기도 함으로써 소승小乘과 대승大乘 두 수레를 동시에 가졌습니다. 그저 돌꽃石花 같은 사람이었습니다. 돌이 어찌 꽃을 피우겠습니까? 그런데도 돌은 바람에 날려 온 꽃씨들을 보살펴서 아름다운 꽃들을 돌 틈 사이로 피워냅니다. 돌에도 체온이 있는 것이지요. 그 체온, 영취산靈鷲山에서 연꽃 한 송이를 들고 5백 비구比丘 앞에 앉아 있는 그 고요한 돌부처의 모습, 붓다는 '체온 있는 석상'입니다. 돌부처의 체온이 그의 가르침이며 '사성제四聖諦'네 가지 성스러운 진리, '팔정도八正道'고통을 없애는 여덟 가지 길 등의 교리를 통해 인간의 고통을 극복하는 방법을 전하지요.

아브라함

아브라함[133]은 그저 인간입니다. 진실로 인간적인, 정상적인 인간입니다. 철저하게 인간적인 성품concrete Humanism이 갖는 '절대적인 인본absolute Humanism', 그리고 그 절대적인 인성人性 때문에 나오는 '절대적인 신본absolute Theism' 이 두 가지를 다 갖추고 있는 사람이 아브라함입니다. 인간의 휴머니즘이 절대적이기 때문에 절대적인 신관이 나오는, 그야말로

133 그의 이름은 아브람Abram, אַבְרָם, '존귀한 아버지'였는데, 창세기 17:5에서 하나님께서 아브람의 이름을 아브라함Avraham, אַבְרָהָם, Abraham아랍어) إبراهيم(Ibrahim), '열국의 아버지'로 바꾸시며, '열국, 많은 민족의 아버지'로 확장되게 하셨다. 그는 유대교, 기독교, 이슬람 모두에서 신앙의 조상으로 존경받는다. 이름의 변화는 곧 정체성과 소명, 그리고 하나님의 언약에 대한 응답의 상징으로 이해되며, 이는 단순한 이름의 변경이 아니라, 그의 사명과 언약의 범위가 가족에서 세계로 확대되는 신적 선언이다.

인간다운 인간이 아브라함이지요. 그는 철학적으로 추상화된 사람도 아니요, 또 신화적인 사람도 아닙니다. 공자나 플라톤이나 마호메트처럼 정치적인 인간도 아닙니다. 그렇다고 개혁하는 인간도 아니요, 고행하는 인간도 아닌 오직 하나님 앞의 한 피조물인 인간일 뿐입니다.

그래서 그의 인성人性, humanity은 성정性情이 여타 사람들과 같습니다. 살아남고자 아내Sarah를 왕 앞에 내놓기도 했고, 하나님께서 언약을 주셨는데도 그 약속 기간을 참지 못하여 첩Hagar을 통하여 86세에 육肉의 아들 이스마엘Ishmael을 얻었고, 하나님의 약속대로 100세에 언약의 아들 이삭Issac을 얻었던, 울고 웃었으며, 걱정하고 근심할 때도 있었고, 기뻐할 때도 있었으며, 땀을 흘리며 노동할 때도 있었으며, 포도주를 마시며 휴식을 취하는 때도 있는 그런 인간, 결혼하고 자식 키우고 밭도 사고하는 인간, 지혜의 불을 받고자 산으로 퇴수退修하지 않고, 세상 속에 남아 평범하게, 그러나 하나님의 말씀 앞에는 온전히 믿음으로 순종하여 하나님과의 언약을 맺은 순수한 인간을 보게 됩니다.

소크라테스

아브라함은 단순한 인간이지요. 그가 사막과 광야를 횡단하며 1,620km의 발걸음이 머무는 곳마다 제단을 쌓으며 나가는 것은, 다듬어지고 다져진 인간으로서의 순수 때문입니다. 순전純全하고 강직한, 그러면서도 마음씨 착한, 한 노인이 메소포타미아의 황사黃沙 평원을 뚜벅뚜벅 걷는 것은, 마치 문명 이전 혈거인穴居人의 우직愚直성을 보는 것 같습니다.

이에 비해, 소크라테스Socrates, Σωκράτης, 기원전 470~399년, 아테네는 문사文士

요, 재사才士요, 도사道士로서, 양손에 아주 잔꾀가 많은 사람처럼 보입니다. 또 엘리트 의식elitism을 가지고 있는, 문화적으로 세련된, 그래서 그의 과학적인 논리는 너무도 완벽해서 인간적인 면모가 없지요. 그러나 그의 심미審美 의식은 신적이고 웅대해서 인간의 생각이라고 보기가 어려울 정도입니다. 가히 그의 예술 철학은 플라톤을 거쳐 아리스토텔레스에 와서 시학詩學·Poetics과 미학美學·Aesthetics으로 집대성되어서 헬레니즘 시대를 수놓게 되지요.

도교에서는 오동나무 잎 하나가 흔들리는 데서도 천지를 알고, '지수화풍'地水火風,원래 '주역' 용어이나 나중에 불교에서 많이 쓰임에서도 자연의 조화가 '무위이나 유위가 아닌 것이 없음'無爲而 無不爲을 알았습니다. 그래서 동양의 정신관은 '풍수風水'입니다. 그저 만사萬事 감지感知가 바람과 물입니다. 물의 흐름에서도 바람의 흐름에서도 전 우주를 감싸고 따뜻하게 해 주는 천지의 기운을 느낍니다. 그래서 그 모습 없는 물, 그 모습 없는 바람처럼 자연 같은 인간으로 돌아가라고 하는 것이 도교의 가르침이지요. 따라서 도교는 반反문명, 탈脫문화적입니다. 정치도, 교육도, 법도, 제도도, 정의도 그리하여 어떠한 형태의 인위人爲도 다 내려놓으라는 것입니다. 불교 정신과 흡사한 바가 있지요.

소크라테스의 영성을 말하라면, 인간을 통해서 나타나는 인간의 영성입니다. 곧 소크라테스에게는 자연의 화기和氣가 사람의 마음속으로 스며들어, '무위이화無爲而化', 곧 '이래라저래라'하지 않아도 저절로 감화感化되는 그러한 흐름은 존재하지 않았지요. 물론 『플로타고라스』*Plotagoras*의 '덕편'과 '교육편'을 보면 교육의 '이화而化'의 어려움을 논술함으로써 동양적 덕德 개념이 희미하게 보이기는 하지요. 그러나 동양의 대덕大德들이 가슴bosom으로 만물을 '견성見性'했다면, 소크라테스는 머리brain로 '사물의 본질'을 꿰뚫었지요. 두뇌에서 나오는 단어들과 생각들이 인간 논리의 영역을 통하여 신성화되는 것이지요. 이 점에서 신성이 인간 사변의 영역에 가장 잘 나타나 있는 곳이 소크라테스의 사상이라고 할 수 있을 것입니다. 따라서, 소크라테스에게도 자연이 초월한 면모가 있지요. '절대하나님가 곧 영靈'이라는 사상은 소크라테스의 위대한 발견이지요. 유대와 기독교 종교에서도, "하나님을 신령Spirit과 진정진리, Truth으로 예배할지니라, 사람들이 여기서도 저기서도 아니고 하나님을 참으로 신령으로 예배드리는 때가 온다"요 4:23-24고 하셨지요. 사실 그리스도 예수께서 와서 "하나님은 영Spirit이시라"요 4:24고 하시면서, 하나님에 대한 예배를 신령한 차원의 영역으로 새롭게 끌어 올렸습니다.

참으로 생각해 보면 인간의 영성은 오랫동안 자연에 파묻혀 있었습니다. 그러다가 소위 말하는 '문명의 황금기Axial Age'에 와서, 앞서 말한 동·서양 윤리의 대大 교사들에 의해 영성이 자연에서 나와, 인간의 영이 의식으로 눈떴다는 것은, 정신사의 크나큰 진보입니다. 영의 의식이 인간의 '이성理性, reason', 곧 '로고스logos'라는 자연 안에 있는 무의식적인 자연법칙을 통하는 것이 아니라, 그 '이성'을 넘어서서 인간의 의식을 통해 '우주적universal인 현상form과 영원Idea'을 붙잡게 된 것이지요. 이 점에서 소크라테스는 전前 그리스도인이다. 'Socrates is a Pre-Christian.'이라고 말한 교부敎父 순교자 저스틴Justin, the Martyr, 기원후 100년경~169[134]의

134 저스틴 마터는 초기 기독교 변증가이자 철학자로, 플라톤 철학을 비롯해 스토아·피타고라스 학파를 연구한 후 기독교를 최고의 철학으로 받아들였다. 그는 『제1변증론』*First Apology*과 『제2변증론』*Second Apology*을 통해 로마 황제에게 기독교의 도덕성과 합리성을 변호하며, 박해받는 신앙을 철학적으로 옹호했다. 저스틴 마터는 로마에서 기독교를 '참된 철학'으로 가르치며 철학자들과 활발히 토론했는데, 한 철학자**크레센스로 전해짐**가 토론에서 패배한 뒤 그를 고발하면서 마르쿠스 아우렐리우스 황제 치하의 박해 분위기 속에 체포되었다. 그는 신앙을 포기하라는 요구를 거부했고, 결국 기원후 165년경 여섯 명의 신자들과 함께 참수형으로 순교함으로써 신앙의 증인이 되었다. 저스틴은 기독교와 그리스 철

말은 의미가 심장深長 합니다. 소크라테스는 율법 없는 이방인이 아니라 '그리스도 오심을 비추는 한줄기 광망光芒'이라는 것이지요. 그러한 저스틴은 A.D. 168년에 로마 5현제五賢帝 중의 한 사람인 마르쿠스 아우렐리우스Marcus Aulelius, 121~180,『명상록』의 저자에 의해 처형된 기독교 역사상 최초의 순교자Martyr 교부 아닙니까. 여담입니다만, 저는 아우렐리우스가 저스틴을 처형한 것에 늘 마음 아파합니다. 이해가 가질 않습니다. 역사의 아이러니인 것 같아요.

모 세

모세Moses,Mosheh, 물에서 건져낸 자 기원전 1391년~1271 추정는 영적으로 무지한 백성들에게 '법을 주는 자Law Giver'입니다. 강력한 빛의 쏘임을 받고, 그 스스로 빛이 되어 시나이산호렙산을 뚜벅뚜벅 내려오는 그의 발길음은 '언약言約, covenant'이, 곧 '자유'가 산을 따라 내려오는 발걸음입니다.

호렙산 아래 미디안 평원에서의 40년간의 목동 생활, 그는 이 기간 낮아짐을 배운 것입니다. 그리하여 낮고 낮아진 그에게 하나님이 찾아와 주신 것입니다. 천천만만千千萬萬의 그 잘난 키 큰 나무들을 제쳐두고, 그 못난 떨기나무 가의 모세에게 말입니다. 떨기나무는 말이 나무이지, 나무도 아니요, 풀도 아닌 '북데기a tangled clump of straw and grass' 같은 것

학을 연결하는 가교역할을 했으며, 그의 생애와 회심은 철학과 신앙의 통합, 그리고 기독교 변증의 출발점으로 평가받으며, 그의 사상은 후대 교부 철학과 신학 발전에 깊은 영향을 끼쳤다. [참고문헌: 『초기 기독교 변증가들』, 박경수, 저스틴을 포함한 초기 변증가들의 사상과 역사적 배경을 분석; 『기독교의 역사』, 유세비우스Eusebius, 저스틴 마터의 순교와 활동을 언급한 고대 교회사 원전; 『기독교 변증론』, C.S. 루이스 외, 저스틴의 변증 방식과 현대적 적용을 비교 분석 등]

입니다. 무너질 대로 무너져 앉아 더 내려갈 곳이 없는 80세의 모세는, 바로 이 '떨기나무'였습니다. 이 한 그루 떨기나무가 되어 있는 모세의 겸손을 보시고, 하나님께서 *"모세야, 모세야, 네가 서 있는 곳은 거룩한 곳이니 신을 벗으라"*출 3:5고 하신 것입니다. '내가 네 겸손한 의식의 영역하고 같이 있느니라' 하는 말씀이겠지요. 어거스틴이 말했듯이, 참으로 하나님의 아들들이 해야 할 것은 "하나도 겸손이요, 둘도 겸손이요, 셋도 겸손, …그리고 일곱째도 겸손"인 것 같습니다.잠 11:2; 엡 4:2; 약 4:6 참조

모세는 이제 이 하나님이 임재하신 산인 호렙산의 경험으로, "네가 발만 씻기면 온몸이 깨끗하게 되느니라"요 13:10한 말씀처럼 전신이 깨끗하게 되어, 그 불꽃으로 스스로 타면서거룩함의 빛이 나면서 민족 앞에 있는 어둠의 사슬을 끊으러 나가는 것입니다. 그리고 그는 하늘 권능으로 지팡이를 들어 바다를 칩니다. 출애굽기 15장 1절부터 15절까지에 보이는 '승리의 노래Song of Victory'는 인류사에 전무후무할 장대한 교향악입니다. 2~3백만 명의 큰 군중이 물결 넘실거리는 지중해를 뒤로하고 '상천하지上天下地' 만군의 주主 여호와를 노래하는 그 장엄한 '대 오케스트라 장면'을 한 번 상상해 보십시오.

불이 된 모세, 이제 그는 만면에 광채를 발하면서 『십계명』이 적힌 돌판石碑을 들고 어둠에 있는 백성들에게 빛을 보입니다. 그 빛은 인류 앞에 비추는 "법Commandments, 계명"이었습니다. 그래서 3,500년 전의 그는 인류 앞에 들어 올린 이 돌비 사건, 이 계시 사건으로 해서 인류의 영원한 교화敎化의 시조,始祖 성화聖化의 창시자가 됩니다.

모세는 백의白衣의 삼군三軍을 울리는 북소리입니다. 어둠의 천군만마千軍萬馬를 질타하는 하늘의 우렛소리입니다. 광야에 내려꽂히는 번개 같은 메시지, 그가 예수의 '변화 산상Mount Tabor, 이스라엘 갈릴리 북부 다볼산, 588m'에

엘리아와 더불어 나타나서 예수의 죽음에 대해 의논한 것은 자연스러운 일입니다. 구약에 나타나는 기라성綺羅星 같이 많은 일군一群의 예언자들을 제쳐두고, 모세와 엘리야가 나타나는 것은 당연한 이유가 있습니다. 그들은 '큰 빛의 광채에 싸인 사람'들이었기 때문입니다. 모세, 그 하나님의 사람은 '불'이었습니다.

묵상 적용과 토론을 위한 질문 [4부 동양인의 마음과 서양인의 영성]

1. 동양은 종합적·직관적·정서 본위의 사유를, 서양은 분석적·논리적·이성 본위의 사유를 강조 합니다. 여러분은 자신의 삶과 학문적 경험 속에서 이 두 가지 사유 방식이 어떻게 균형을 이루어야 한다고 생각합니까?

2. 본 단락은 "동은 자연이고 서는 시간이다."라는 표현으로 동서의 세계관을 대비합니다. 여러분은 '자연(공간)'과 '영(시간)'이라는 두 축이 인류 문명과 신앙의 발전에 어떤 상호보완적 의미를 지닌다고 보십니까?

3. 인간은 유한한 존재이지만, 그리스도를 통해 참된 초월에 이를 수 있다고 본문은 말합니다. 여러분은 '초월'이란 무엇이라고 이해하며, 동양의 '해탈' 개념과 기독교의 '구원' 개념은 어떻게 다르며, 한편 닮았다고 생각합니까?

4. 본문에서는 인간이 하나님의 형상을 지니고 태어났으며, 인성 안에 이미 신성이 내포되어 있다고 말합니다. 여러분은 인간의 본성 속에 신성이 깃들어 있다는 주장에 어떻게 공감하거나 비판하시겠습니까? 그리고 이것이 동양의 '불성(佛性)' 개념과 어떻게 비교될 수 있을까요?

5. 기독교 영성은 '시간 속에서 역사하시는 하나님과의 대화'로서 기도를 강조합니다. 반면 동양의 명상은 '자연과의 합일'과 '내면의 고요'를 중시합니다. 여러분은 기도와 명상이 인간 영성의 성숙에 각각 어떤 기여를 한다고 생각합니까?

6. 본 단락은 불교와 힌두교를 '자연에 기초한 종교'로, 기독교를 '영에 기초한 종교'로 구분합니다. 여러분은 이 구분이 타당하다고 보십니까? 불교·힌두교의 '자연적 직관'과 기독교의 '역사적 계시'는 어떻게 서로를 보완하거나 충돌할 수 있을까요?

7. 본 단락은 동양은 서양으로부터 '역사의 영'을, 서양은 동양으로부터 '자연과의 조화'를 배워야 한다고 말합니다. 오늘날 다문화·다종교 사회 속에서, 여러분은 동서양의 정신이 어떻게 상호 보완되어야 한다고 생각하며, 개인적으로는 어떤 배움을 실천할 수 있겠습니까?

2권 .. 동양과 서양의 마음 - 그 깊은 진리의 바다

정신문명과 하나님의 섭리 5부

- 정신문명과 하나님의 섭리
- 하나님과 사탄의 긴장 관계
- 역사와 계시
- 인류는 진보하는가
- 이슬람Islam교의 배경과 전망
- 신학과 철학의 관계
- (Ⅰ) 신학과 철학의 관계
- (Ⅱ) 인간 이성理性의 역사적 발전

  - 과학과 문명을 관련해서

파르테논 신전, 구글 이미지(goole.com/image)

정신문명과 하나님의 섭리

지역별 문명권에 나타난 하나님의 섭리를 한번 말씀해 볼 수 있겠는지요. 유럽권, 중동권, 인도권, 중국권, 한국권, 북미권 이렇게 나누어서 말씀이지요. 질문이 너무 광범위한가요?

I

저로서는 감당치 못할 질문입니다. 제 공부가 부족합니다. 인류에게 미친 하나님의 섭리를 추적하는 작업을 그렇게 방대한 스케일로 해낼 수만 있다면, 아놀드 토인비Arnold Joseph Toynbee 1889~1975[135]의 『역사의

135 아놀드 토인비는 영국의 역사학자이자 문명비평가로, 1911~1915년 옥스퍼드 대학에서 고대사 연구원으로 활동했고, 1925년 이후 런던대학에서 평생 교수직을 맡았다. 제1차 세계대전 중, 그는 고대 그리스사와 현대사 사이의 철학적 유사성을 인식하며, 비교 문명적 세계사상의 기초를 마련했다. 『역사의 연구』*A Study of History, 1934~1961,* 총 12권에 걸친 이 저작에서 토인비는, 문명의 발생-성장-쇠퇴-해체 과정을 비교 분석하며, 문명 형성의 일반 법칙을 체계화하고, 서유럽의 위기를 통해 현대 세계의 구제 가능성을 모색했다. 말년에는 문명을 독립 문명과 위성 문명으로 구분하고 총 28개의 문명을 설정함으로써 향후 문명론의 방향성을 제시했다. 토인비의 문명론은 그의 종교사관과도 밀접하게 연결되어 있으며, 『한 역사가의 종교관』*An Historian's Approach to Religion,* 1956에서는 종교가

연구』*A Study of History*, 1934년부터 집필을 시작하여 1961년까지 총 12권보다도 더 나은 책이 되어 인류사의 보고寶庫가 될 것입니다. 동양을 아는 사람은 서양을 몰라서 못 쓰고, 서양을 아는 사람은 또 동양을 몰라서 못 쓸 것인데, 아무나 그런 책을 쓸 수가 있을까요? 제게는 과분한 질문입니다. 역사의 본질이나 문명과 종교에 대한 통찰이 토인비보다 나으면 몰라도….

물음이 있었으니, 신의 섭리로 본 역사의 암호를 그렇게 세분화시키지 않고, 「동양과 서양의 종교 정신」이란 테마로 조금 좁히되 자유분방하게 얘기해도 될는지요? 다시 말씀드립니다만 제게는 외람된 일입니다.

먼저 동양과 서양 정신의 영성적 측면은 거리가 가까운 데가 많다고 봅니다. 인류의 뿌리가 원래 하나이기 때문에 지방적인 문화의 특성 같은 것은 지엽말절枝葉末節, accidental적인 것이지 본질적substantial인 것은 아니라고 봅니다. 인간은 누구나 다 같이 하나님의 형상으로 지음을 받았기 때문에 영원을 사모하는 마음이 인간들의 심성에 본질적으로 동일하게 내재하고 있는 한 가까운 점이 많지요.

차이점은 우선 '자연과 영靈'에 관한 카테고리를 써서 말해 볼 수 있겠지요. 예를 들어 아프리카 일부 부족들처럼 문명권에 속하지 않은 사람들은 자연에 묶여 있습니다. 그러나 그들이 원시적이고 샤만적Shamanistic 속성의 종교심에 젖어 있다고 하더라도, 인간은 영이라는 의식이 무의식적으로 그들에게도 남아 있습니다. 인간을 자연과 구분하는 차원이지요. 자연을 신으로 숭배하면서도 극복하는 의식이 있다는 말입니다.

문명의 본질적 요소임을 강조하며 인간의 자아 중심성과 영적 성장의 문제를 통찰했다. 토인비는 서구 중심의 역사관을 넘어선 보편적 문명 이해를 추구했으며, 그의 사상은 오늘날에도 여전히 깊은 울림을 준다.

예를 들면, 중국 경우의 도교道教, Taoism 또는 Daoism는 자연에 속한 것입니다. 인도의 힌두교를 중국 종교와 비교해 본다면, 도교나 유교보다도 좀 더 자연에서 이탈한 것으로 보아야겠지요. 그리고 불교와 힌두교의 차이점은, 불교가 힌두교보다는 좀 더 자연에서 이탈한 것으로 보입니다. 힌두교는 초월적인 원리의 영성을 발견해 냈습니다. 신의 영성이 철학적으로는 묘사가 되어 있으나 현상적으로 너무 분산되어 있어서 잡신들의 수가 수천만입니다. 자연 만물이 다 신이고, 그 다양성이 너무 현란합니다. 사도 바울이 말하는 대로 '최고신 하나님을 알면 실제 우상잡신 같은 것은 없는 것'고전 8:4인데, 인도인들의 관념에는 너무도 저급한 신들이 많습니다. 따라서 힌두교는 신학의 고상한sublime 영역까지는 이르지 못한 것으로 보입니다. 세계관과 우주론의 구조가 너무 복잡합니다.

한편 불교에서는, 붓다가 나와서 힌두교를 개혁하면서 본질을 붙잡았다고 볼 수 있겠지요. 지엽말절적인 것은 다 떼네 버리고, 부정否定의 원리를 통해서붓다의 철학은 부정-negation임 힌두교를 정화淨化하는 것입니다. 그래서 그는 '정화의 사람man of purification'입니다. 깨끗이 씻어내는 사람입니다. 온갖 잡신을 다 씻어내 버리고, 심지어는 인도인힌두교이 금과옥조金科玉條처럼 모시고 있는 '삼위일체Trimurti 신'136 곧, 브라만, 시바, 비슈누조차도 깡그리 내동댕이쳐 버립니다.

이런 면에서 불교가 힌두교보다 우월낫다고할 수 있습니다. 다 씻어 버

---

136 앞서도 언급한 대로 힌두교에서 삼위일체Trimurti는 우주의 창조, 유지, 파괴를 담당하는 세 신을 의미한다. (1)브라마Brahma: 창조의 신으로, 우주와 생명을 창조하는 역할 (2)비슈누Vishnu: 유지의 신으로, 세상을 보호하고 균형을 유지 (3)시바Shiva: 파괴와 재생의 신으로, 기존 것을 파괴하고 새로운 창조를 가능하게 한다. 이 세신은 서로 긴밀하게 연결되어 있으며, 우주의 순환과 조화를 상징한다.

리고 공空, śūnyata의 영화靈化, spiritualization라는 유일한 한 원리만 붙잡고 있습니다. 주관도 없고 객관도 없고, 현상의 다양에 대한 온갖 이원론이 초월된 '열반Nirvāna'의 경지만 남아 있습니다. 자아自我조차도 부정되는 '부정의 종교'이지요. 그래서 붓다는 카일라스 산정에서 놀고 있는 힌두교의 신들을 쫓고, 거기 그가 '고고孤孤'하면서도 '고고高高'하게 있으나 자기도 없이 '무아'無我, anattā가 되어 앉아 있습니다. 보편의 화엄華嚴 바다처럼 중생을 안고서, 아니 중생의 마음이 되어서 말입니다.

이 점에서 붓다는 자연과 멀어져 있습니다. 도교와 유교가 자연에 속함으로 인해서 한 단계 낮은 영성이라고 한다면, 영성의 포착이 강하게 나타나 있는 불교는 조금 더 고등한 종교라고 할 수가 있겠지요. 말하자면 도교나 유교는 어떤 면에서 삶의 철학이고 명분론이기 때문에 실용적pragmatic이나, 불교는 좀 더 궁극적인 실재reality를 추구하고 있다는 말이지요. 그리고 이 불교가 중국에 와서는 "대승불교Mahayānā"137로 한 단계 더 높게 승화됨으로써 종교로서의 위치를 굳히게 되었습니다.

137 대승불교와 소승불교는 불교의 두 주요 분파로, 각각의 독특한 가르침과 실천 방법을 가지고 있다. 공통점은 부처님의 가르침을 따르므로, 두 분파 모두 부처님의 깨달음과 가르침을 바탕으로 수행한다. (1) 팔정도八正道 실천: 올바른 삶의 길을 강조하며, 수행을 통해 깨달음을 얻고자 함이다. (2) 인과 법칙업業과 무아無我 중시: 모든 존재가 업karma의 영향을 받으며, 무아無我의 개념을 중요하게 여긴다. 차이점으로는 (1) 깨달음의 목표: 대승불교-모든 중생의 해탈을 목표로 하며, 보살Bodhisattva의 길을 강조한다. 소승불교-개인의 깨달음과 해탈을 중시하며, 아라한Arhat의 경지를 추구한다. (2) 경전과 실천 방식: 대승불교-초기 불교 경전 외에도 대승경전을 포함하며, 자비와 보살의 길을 강조한다. 소승불교-초기 불교 경전에 기반을 두고 있으며, 개인 수행과 명상을 중시한다. (3) 공동체 의식: 대승불교-모든 존재의 행복과 해탈을 위해 노력하며, 공동체 의식을 강조한다. 소승불교-개인 수행을 중시하며, 자기 성찰과 내면의 평화를 추구한다. 요약하면, 대승은 '보다 포괄적이고 자비 중심'의 수행을, 소승은 '개인의 해탈과 수행을 강조'하는 경향이 있다. 두 흐름은 서로 다른 길을 걷지만, 모두 고통에서 벗어나 깨달음에 이르려는 불교의 본질을 공유한다.

신성의 내재 문제를 추구하는 유대교

팔레스타인의 유대 종교를 말하면, 이 종교의 영성은 힌두교나 불교보다도 더 고등한 종교입니다. 우선 『십계명』에 있듯이 '하나님은 유일하신 신神'이라는 것이 나와 있고, 또 신의 형상을 만드는 것을, 계명으로 막아 놓았습니다. 즉, 신의 영성, 그 초월성의 하나님은 자연을 절대적으로 초월한 권능이라는 것, 자연을 절대적으로 다스리는 창조주라는 것이지요. 자연에 묻혀 있는 존재가 아니라 …. 여기에서 유대 종교가 가지고 있는 하나님의 영성이 뚜렷하게 나오게 됩니다. 자연을 두려워하거나 자연을 경외하지 않고 초월해 버린다는 말입니다. 물질을 초월해 버리기 때문에 중국 종교나 인도의 종교들보다도 더 고등한 종교라고 할 수가 있습니다. 예를 들어 힌두교와 비교해서 말해볼까요. 힌두교는 소를 성우聖牛로 여깁니다. 신성이 있다고 여기는 것이겠지요. 그러나 유대 종교는 소 앞에 절하거나 신성한 동물로 여기지 않고, 그 소를 잡아서 하나님 앞에 번제물로 바칩니다. 유대 문서와 구약성경에 보면 옛날 양 대신 작은 수송아지를 번제로 바친 적이 있는 것민 29:2; 창 8:20으로 기록되고 있지요.

유대교가 동방중국, 인도의 모든 종교보다 더 고등한 것은 이 종교의 영원한 영혼의 고향이 '인격체'로 나타나 있기 때문입니다. 인격체로 나타나 있다는 것은 자연 종교처럼 자연과 문화를 포괄하는 것은 부족하다 할지라도, 인간은 영靈이기 때문에, 그 초월성을 직관적으로 의식할 수 있는 능력이 있다는 것입니다.

유대교의 하나님은 구약에 보이듯이, 인간과 인격으로서 교감交感하고 싶어 합니다. 불교의 초월 추구의 대상인 궁극적인 원리 또는 경지보다는 '영성의 불꽃divine sparks, 에크하르트'이 튀기는, 인간과 대화하고 친구라고 부르며, 특히 아브라함은 '여호와 하나님의 친구로 불렸으며'사 41:8; 약 2:23 그를 통하여 역사役事하고 싶어 하십니다. 그래서 인간과 하나님이 만나는 '제사예배는 하나의 인격'입니다. 도교의 '무위자연無爲自然'의 원리보다는 역동力動의 인격이지요. 도교에 나타난 자연 사상의 원리는 평화롭기는 하나, 어떤 면에선 맹물 같은 데가 있습니다. 어머니의 품처럼 포근하기는 하지만, 뭔가 힘이 없는 것 같고 풀어진 것 같습니다. 유대교의 하나님이 '양陽'인 것에 비해, 도교의 도道는 '음陰'이라고 할 수 있겠지요.

구약의 여호와 신은 힘이 넘치고 살아있는 인격신입니다. 자연을 초월하면서 자연을 자연 되게 하는 전능한 지혜이고 능력입니다. 유대인 영성이 가장 깊게 나타난 「시편」은 여호와의 본성nature, essence을 '무소부재無所不在, Omnipresence' 하시고 '전지전능全知全能, Omniscience, Omnipotence'한 하나님으로 그립니다. 여호와 신은 분명히 하나의 인격체인데 그러면서도 형체도 없으시고, 제한되지도 않으시는 신비한 하나님입니다. 유대인은 이 신묘神妙한 하나님에 대해, 인간이 '영으로만이 그 하나님을 의식할 길이 없다'는 것을 고백합니다. 이 점에서 유대인의 영성은 정화淨化가 된 영성이라고 볼 수 있지요. 궁극적인 실체를 의식하기 위해서 인간의 영성을 자극하는 그러한 종교의식의 매개체를 거치지 않고, 곧장 궁극적인 실체를 붙잡으려고 하는 영성이므로 고상한 영성이지요. 이 영성은 남성적인 영성이고, 그래서 여호와 신은 '남성적이고 능동적'입니다. 성경에 보이는 대로 이 신은 결심하시고, 계획을 세우시고 역사하시며 "*네가 어디 있느냐?*"창 3:9 "*네가 무엇을 하였느냐?*"창 4:10하고 묻기도 하십니다.

살아계신 여호와 신은, 힘 넘치는 인격신

한편 도교의 '도'는 모든 자연현상 과정에서 하나님이 고요하게 수동적으로 나타납니다. 마치 낮은 곳을 향하여 지면地面에 물이 스며들듯 그렇게 부드럽게 역사하십니다. '최고의 선善은 물과 같다'는 도가道家 사상인 '상선약수上善若水, 노자, 『도덕경』' 장章이 그렇듯이, 인간과 불티가 나도록 교감하고 서로 말言語도 나누고 하는 구약의 인격적 영성, 그 뚜렷하게 나타나는 하나님과는 달리, 역사의 치리治理조차도 고요하게 합니다. 그러나 유대교의 하나님은 어디 그러신가요. 태풍을 보내기도 하고, 요나서 1장 태양도 멈추어 주시며수 10:13 홍해도 갈라지게 하시는출 14장 하나님이지요. 또 애굽의 바로 왕을 벌하기도 하시고출 7-12장 바위를 쳐서 물을 내시기도 하시잖아요. 그야말로 역사에 개입하시는 살아계신 남성적인 인격신이지요. 그러나 성경은 하나님을 남성이나 여성으로 한정하지 않으며, "어머니가 자식을 위로함 같이, 내가 너희를 위로할 것이라"사 66:13는 말씀처럼 때로는 모성적 이미지의 인격적 존재입니다.

이토록 유대교는 고등종교의 최고봉에 설 수 있는 면모들을 갖추고 있습니다. 안타깝게도 '국수적國粹的 민족주의'가 그 종교를 우주적인 종교가 되게 하는 것에 걸림돌이 되지만, 이것은 여호와 하나님의 잘못이라기보다는 역사적인 차원에서 보면 유대 민족성의 잘못이지요. 왜냐하면 창세기에서부터 예언서 후반으로 성경 기사가 전개되는데, 거기에 보이는 하나님의 뜻은 점점 인류 전체와 우주적 차원으로 확정되는 계시의 흐름을 보여줍니다. 이를테면, "온 땅의 거민들아, 여호와를 찬양하라,"시 100:1-2 "하나님이 우리에게 은혜를 베푸사… 주의 길을 땅 위에, 주의 구원을 모든 나라에게 알리소서,"시 67:1-2 "각 나라와 족속과 백성과 방언에서 아무도 능히 셀 수 없는 큰 무리가… 보좌 앞과 어린 양

앞에 서서….”계 7:9 등 하나님의 구원은 모든 민족과 언어를 포함하는 ‘보편적 구원’임을 나타냅니다. 그러나 유대인은 이 우주적인 하나님, 역사에서 지구적global으로 일하시는 영의 하나님을 너무 자기 민족의 부족 신처럼 묶으려고 하는 경향이 있습니다. 역사란 마지막을 향해 나아가는 시간의 흐름인데, 어찌 하나님의 역사를 한 부족 위에만 올려놓을 수 있겠습니까?

그리고 무엇보다도 유대민족의 잘못은, 구약 곳곳에 나오는 메시아 출현에 관한 예언약속들사 11:1, 9:7, 7:14, 40:3; 막 5:2; 호 11:1; 말 3:1을, 신약에서 ‘나사렛 예수로 성취’되는 것을 믿지 않으려 하는 것입니다. 그들은 아직도 메시아를 기다리고 있지요. 참 이해가 안 가는 안타까운 사람들입니다. 역사란 어제와 오늘의 구별이 있고, 오늘과 내일의 구별이 있는 사건의 연속이고 그 사건은 하나님의 한 목적성 안에 있는 계시적인 것인데, 어찌하여 인류 전체와 우주적 계시종교를 민족종교로 묶고 있는지, “라헬의 통곡”[138]을 유대 민족, 이스라엘 국가는 탄식하며 들어야 할 것입니다. 영원은 그냥 영원히 아니지요. 역사적으로 과거와 현재의 특성들이 다 걸러지고 모여서는 영원이란 정점 속으로 흘러가는 것이지요.

사실 한 민족유대족이 선택됨으로써 유대 종교가 인격체인 하나님으로부터 시작되었다는 사실은 참으로 놀라운 계시요 섭리입니다. 따라서,

138 “라헬의 통곡”은 예언과 구속의 상징으로 성경에서 깊은 슬픔과 회복의 약속을 나타내는 강력한 이미지로 사용된다. 예레미야 31장 15절에서는 ‘라마’에서 자녀를 잃은 라헬의 애통을 통해, **이스라엘의 멸망과 영적 상실**을 표현하며, 마태복음 2장 18절에서는 이 예언이 예수 탄생 당시 헤롯의 유아 학살 사건 속에서 성취됨을 보여준다. 라헬은 자녀를 잃은 어머니의 상징으로, 민족의 고난과 흩어짐을 대변하며, 그 통곡은 단순한 슬픔이 아니라 ‘하나님의 구속사 속에서 회복과 위로의 약속을 품은 예언적 탄식’이다. 곧 ‘예수 그리스도는 이 통곡의 해답으로 오신 참된 구속자로서, 잃어버린 자녀들을 회복시키는 하나님의 약속의 성취‘를 나타낸다. 이 구절은 구약의 예언과 신약의 성취가 연결되는 대표적인 사례로, **복음의 흐름 속에서 고통이 구원으로 전환되는 신학적 깊이**를 보여준다.

위에서 말씀드린 대로 유대인들이 국수적으로 편협을 보이는 제한이 있긴 하지만, 동양 종교들보다는 훨씬 고등종교의 차원이 있는 것은 하나님의 특별한 은총입니다. 무엇보다도 기독교가 이 유대 종교에서 나오지 않습니까. 예수가 유대인이었다는 것은 신비지요.

그리스도메시아 예수그리스도교는 대지大地 중국에 올 수가 없었습니다. 중국은 중국인이 가지고 있는 문화의 유전자라고 할까 정신의 토양이 있습니다. 예수가 태어나기 아득한 옛날, 중원中原에는 노자와 공자가 있어서 그들이 온 중국인을 도교와 유학의 의식의 세계로 만들어 놓았기 때문입니다. 그 자연과 명분을 중심으로 하는 문화 문명권에 예수가 올 수 없는 것이지요. 거기에 예수가 와서 "상도常道, 노자는, 또는 무극無極, 유학은 나의 아버지이시고 또 너희의 아버지시라"요 20:17고 가르칠 수가 없겠지요. 항차恒次 기독교의 성령격格이라고 할 수 있는 태극太極을 받으라고 할 순 없을 것입니다. "아버지가 너희를 사랑한다"요 16:27; 요일 3:1든지, 또 "내가 너희를 위해서 피를 흘리니, 이 피로써 너희는 살리라"마 26:28; 요 6:53; 히 9:22하는 신비한 말씀을, 물처럼 사는 삶이 원리인 '상선약수' 사상, 그리고 실용적이고 합리적인 유가 사상의 중국인들에게 할 수 있겠습니까.

예수 십자가의 의미는 중국에선 빛을 발하지 못할 것입니다. 중국적인 상황에서 십자가에 못 박힌다는 것은 범죄자의 극형 처리 이상에 지나지 않을 것이고, 대못으로 못 박혀 죽은 사람이 사흘 후에 부활했다는 것은 귀신 소동 이상의 해프닝으로 밖에는 보지 않을 것입니다. 세계적인 기독교가 중국적인 토양에서 나올 수 없다는 것은 여기서 증거와 논리를 다 펴지 못합니다.

그렇다고 기독교가 불교의 토양에서 나올 수 있겠는가 말이지요. '열반Nirvāna'의 아버지가 나의 아버지이고, "나의 아버지가 나를 보내셨은즉, 내가 말하는 것은 내가 임의로 말하는 것이 아니요, 아버지가 내게 말하는 바를 너희에게 말하는 바라."요 12: 49, 17:18 '뭐 이런 식으로 말할 수 있겠는가' 하는 것입니다. '공空인 아버지가 나와 함께 한다'는 말을 하면 아무리 사색에 익숙해 있는 인도인이라 하더라도 이 정신사를 헤아리기에는 어느 사유라도 감당 못할 것입니다.

예수 그리스도가 탄생할 수 있었던 곳은 유대 종교밖에 없었지요. 예수 그리스도가 전한 메시지는 사랑의 종교였습니다. 사랑의 원리는 온 우주에 편만하지만, 예수의 '사랑'은 자연의 순리를 따르는 유가적儒家的 '인'仁, 곧 사람 둘 사이의 명분 또는 하늘과 땅 사이에 있는 사람의 본분을 나타내거나 불교의 중생과 만물에 대한 불살생不殺生 또는 비폭력적인 자비 정도가 아니고, 인격적영적인 차원에서의 '아가페Agape' 사랑이었습니다.

목숨까지도 내어주는 이 '아가페all-given' 사랑은 위의 하나님으로부터 내려오는 사랑인데, 그 사랑은 인간들을 향한 영적이고 인격적인 사랑입니다. 이 영적 사랑은, 바로 하나님이 인격적인 신이라는 것에 확실히 뿌리를 내린 종교인 유대 종교가 아니면 불가능한 것입니다. 왜냐하면 고대에 유대 종교만이 인격체 하나님을 섬기는, 말하자면 유일신monotheistic적인 종교의 아가페 개념을 감지했고, 그것을 민족 신념의 형태로 동력화했기 때문입니다. 여기에 기독교가 유대 땅에서 나올 수밖에 없는 자생성의 연결점이 있다고 볼 수 있겠지요.

II

📖 그러면 하나님은 "왜 하필 수메르제국 때의 '우르Ur'에 살던 아브람139을 택했을까?" 하는 문제가 제기되어야겠지요. 모르긴 해도, 죄가 크면, 은혜도 크다고, 가장 죄 많은 땅에서 죄 때문에 아파하는 사람 하나를 고른 것이 아닌가 하는 생각이 듭니다. 우르는 '지구라트Jigurat 바벨탑'을 쌓아 올렸던 시날Sinar평원 남쪽, 그러니까 바벨론의 가장 남단에 자리한 도성이었습니다. 우상의 도시, 제기祭器를 비롯한 갖가지의 우상 단지와 우상 장식용 금•은 세공품을 전 시민이 생업으로 만들었다고 하는 곳이지요.

저는 하나님이 죄인이 되어서조차 죄인을 구하러 죄인 곁에 오시는데, 요 3:16 '죄 많은 삶의 현장에 있는 사람 하나를 빼내지 못하겠는가' 하는 생각을 해 봅니다. 아브라함이 '부르심'을 받는 종교사적 의의는 하나님이 연약한 범인凡人,mortal을 쓴다는 것입니다. 도교의 노자나 유교의 공자 그리고 불교의 석가는 다 그 시대 최고의 엘리트들이었습니다. 힌두교의 크리스나는 신적인 어떤 출처에서 신화적으로 내려왔다고 믿으니까 논외論外 이지요. 그런데 유대 종교의 뿌리는 한 민족을 택하는 것으로부터 하나님의 구속 역사가 시작이 되는데, 전승에 나오는 흥미 있는

139 아브람Abram, '**높은 아버지**'라는 뜻은 창세기 17장 5절에서 하나님과 언약을 맺는 과정 속에서 아브라함Abraham, '**많은 민족의 아버지**'로 이름이 바뀌게 된다. 이 사건은 아브람이 99세 되었을 때, 하나님께서 그와 그의 후손에게 언약을 주시며 그의 자손이 하늘의 별처럼 많아지고 여러 민족의 조상이 될 것임을 약속하신 시점에 일어난다. 본래 이름인 아브람Abram은 '**가문의 존귀함**'을 드러내는 의미였으나, 새 이름 아브라함Abraham은 한 개인의 가문을 넘어 '**인류 전체를 향한 하나님의 구속사적 계획을 담은 명칭**'으로 확장된 것이다. 따라서 이름의 변화는 단순한 호칭의 교체가 아니라, 하나님이 아브라함에게 부여한 새로운 사명과 정체성, 곧 '여러 민족의 아버지'로서의 소명을 상징하는 중요한 사건으로 이해된다.

사실은 아브라함이 우상 앞에 놓는 제기祭器를 만들어 파는 '데라Terah'의 아들로서 평범한 사람ordinary/lay man이었다는 사실입니다. 자연과의 조화를 깨달은 노자 같은 사람도 아니고, 성자도 아니며, 공자 같은 대학자도, 붓다 같은 왕자도 아닌 범인이었지요. 앞서 언급했듯이, 아브라함의 생애를 보더라도 그는 애굽 왕 앞에서 생명을 부지하기 위해 그의 아내를 넘겨 주는창 12:12-13 등 여러 번의 실수를 하는 사람입니다. 이토록 그는 연약한 인간의 모습 그대로를 적나라하게 보여주지요. 그러나 모순이 많은 인간이면서도, "하나님을 경외하고, 하나님을 붙잡는 면모"를 보입니다.롬 4:20-22; 히 11:8-12, 11:17-19

'중심'을 보시는 하나님, '믿음의 그릇'을 보시는 하나님, '비전'을 보시는 하나님께서 이 보통 사람 아브라함을 찾아오신 것입니다. 친히 찾아오셔서 '부름calling'으로 말미암아 유대 종교의 핵심 뿌리가 내리게 하신 것이지요.

아브라함이 여호와 하나님과 관계를 맺었던 그 순종과 축복의 문제는 실로 눈물겹도록 실존적이고 인격적입니다. 신이 찾아오셨다고 하는, 하나님이 땅으로 내려오셨다는 이 사건이 여타 종교와는 다르지요. 절대자가 세우고, 절대자가 창시자가 된 종교가 유대 종교라고나 할까요. 이것은 인간을 통해서 메시지가 펼쳐지고 하는 그런 류가 아니라 하늘이 직접 계시하셔서 적극적으로 새로운 역사를 만드는 특이하고 독특한 신관神觀입니다. 기독교에 그것이 연결되는 것은 그분의 섭리에 따른 은혜의 경륜입니다.

하나님과 사탄의 긴장 관계

하나님은 분명히 역사의 주인이십니다. 그러나 어느 일정 동안 사탄이 '이 세상의 신God of this world'으로 언급고후 4:4되어 있습니다. 긴장 관계를 어떻게 보시는지요?

성경에 보면 하나님은 항상 사랑으로 사역事役하시고 진리로서 역사役事하십니다. 또 빛 안에서 역사하시고 평강 속에서 역사하십니다. 한편 사탄은 계속 하나님의 도덕성에 도전하고 있지요. 하나님은 사랑과 자비로 세우려고 하고, 사탄Satan, 마귀, 본래는 "대적자, 고발자, 참소하는 자"라는 뜻은 미워함과 불신의 속성으로 무너뜨리려고 하는 세력입니다. 결국 말씀의 진리인 빛과 어둠의 세계인 무지가 상충하는 장場이 역사라고 할 수 있겠지요. 무지에 있는 사람들은 혼돈과 두려움, 어둠에 있는 사람들입니다. 그래서 사탄이 무지로 말미암아, 인간들의 양심을 도적질하고 문명을 멸망시키려 하나, 하나님은 믿음으로 말미암아 이 세상을 세우신다는 것이지요.

인간이 일시 사탄의 세력에 종 노릇하는 것은 앞서 언급했듯, '유전적 잠재성genealogical potentiality' 때문입니다. 「로마서」가 말하듯 인류는 원조상 아담이 원죄를 저지름으로써 그 죄의 값을 어느 때까지 대대손손

받는다는 것이지요. 그래서 오해하고 증오하는 그 모든 이기적인 인간의 약점은 인간이 태어날 때부터 갖는 것입니다. 그 이기심과 복수심이 전쟁을 일으키게 하고, 그리하여 인간은 사물의 배후에 있는 보이지 않는 악한 영, 사탄의 종노릇을 하게 된다는 것롬 5:12-21이지요.

하나님과 인간 사이를 갈라놓는 미움과 불신의 상징적 존재인 사탄Satan은 이리하여 이 세상의 정사政事를 주관하고 권세를 잡는 영靈이 됩니다. '이 세상을 미혹하는 영'요일 5:19이며 '공중에 권세 잡은 자'엡 2:2며, '이 세상의 임금이요 통치자'요 14:30, 12:31; 단 10:13, 20입니다. 그래서 사탄이 '이 세상의 신God of this world'인 것입니다.고후 4:4 빛의 세계로 나아오지 못한 인간들이 세우는 어둠의 왕이지요. 그래서 지옥은 다른 것이 아닐 터이지요. 빛의 외계에 있는, 성령적 질서의 밖外에 있는 어두운 구렁텅이의 세계를 이름입니다.

성경이 말하는 대로 인간은 자유 도덕 의지를 가진 이상 하나님을 따를 수도 있고, 사탄을 따를 수도 있습니다. 진리를 따를 수도 있고 거짓을 따를 수도 있듯이 말입니다. 그런데 인간은 그 간단한 테스트선악과 사건에서 사탄 편에 서고 말았습니다. 하나님 관점에서는 'test'시험:창 22:1; 신 8:2; 욥 1:6-12이고, 사탄에게는 'temptation'유혹:마 4:1; 약 1:13-14; 욥 1:6-12이지요. 그래서 인간은 사탄에게 미혹 당해 무너지게 되었습니다. 그 결과 고통받고 병들면서 영육이 모두 마귀에 짓눌려 지내는 것입니다. 민족과 민족 사이에 일어나는 분쟁과 전쟁도 마찬가지이지요. 서로 싸우고 죽이고 하는 이 떼 전쟁은 무너뜨리려고 하는 그 보이지 않는 영물靈物,invisible spirits의 활동력인 사탄의 세력엡 6:12,spiritual forces과 그것에 넘어가는 인간의 무지 때문에 연유하는 것입니다.

그러나 죄보다도 더 큰 자비, 그 하나님의 사랑은 인간의 곤고함을 그대로 내 버려두지 않고 언젠가는 섭리의 때에 따라 다시 인류를 마귀의 올무로부터 건져내신다는 것입니다. "세상을 이처럼 사랑하사 먼저 독생자를 죽기까지 보내어 주시사 …..."요 3:16 '하나님의 나라'로 인류의 역사에 강권적으로 개입을 하셔서 이 땅과 하늘을 정화하신다는 것입니다. 따라서 빛의 세력과 어둠의 세력 사이의 긴장 관계는 상대적이고 유한적으로 되겠지요. 구약 때 역사를 주관하신 하나님이 신약 때도 주관하셨고, 또 지금도 역사를 주관하시며, 미래도 틀림없이 그의 섭리 아래 주관하실 것이라고 믿습니다. "삼위三位이시나, 본체 하나이신 하나님三位一體, Trinitas, Trinity"은 오늘도 "성부 하나님의 계획하심의 사랑과 성자 하나님의 구원의 크신 은혜와 성령 하나님의 믿는 자들 안에서 운행하시어, 하나님의 뜻을 깨닫게 하시고 인도하시는 교통하심이 지금부터 영원까지 믿는 우리 모두와 함께하심"을 믿습니다.고후 13:13 자연과 역사와 양심의 일반계시를 통하여 하나님의 역사하심을 깨닫게 하시는 하나님의 은총은 역사를 둘러볼 때, 시이저Gaius Julius Caesar, 기원전 100년~기원전 44년 3월 15일 로마 출생, 암살로부터 히틀러Adolf Hitler, 1889~1945년 4월 30일, 오스트리아-헝가리 브라우나우암인 출생, 베를린에서 자살에게 이르기까지, 사탄의 지속적이고 간교한 계교에도 불구하고, 하나님은 한 번도 그분의 손에서 역사의 측량줄을 놓으신 때가 없었습니다.

성경이 보여주는 대로 역사는 하나님의 손안에 있지요. 앞으로 역사는 심판을 거친 후 그리스도를 중심으로 해서 새로운 차원, 빛의 세계, 의의 나라로 전개될 것이 틀림없습니다. 계시 된 대로, "하나님의 뜻이 하나님의 왕권을 통해서" 이루어지겠지요.계 11:15; 사 4:9-10, 9:6-7; 단 4:35; 골 1:16-17

그리스도로 말미암아 이 세상에 믿음의 영이 들어왔고, 그리하여 오순절 성령강림 사건으로 말미암아 교회가 탄생했으며, 지금도 새로운 인류가 세워져 가고 있습니다. 이 믿음의 영은 '양자養子, Sonship의 영'인데 인간이 하나님을 "아빠, 아버지"라 부르는 것롬 8:15; 갈 4:6; 막 14:36은 특권 중에도 특권인, 하나님의 친자녀요 1:12가 되는 신비입니다. 이 '믿음의 영'은 인간을 인간 되게 하는 '성결의 영'이고, 도道가 도가 되게끔 하는 '진리의 영'이며, 만물을 새로운 질서와 공동체로 승화시키는 '사랑의 영'이지요. 또 만물이 그의 도眞理, 예수 그리스도 안에서 안식할 수 있는 평강의 영입니다. 이 영靈이 그리스도 십자가 사건과 부활 사건으로 말미암아 하나님 나라의 '모퉁잇돌cornerstone'을 놓았고, 앞으로 시간이 갈수록 역사 안에서 점점 '산 돌living-stone'로 장성하여 급기야는 다니엘서 2장에 나오는 대로 '뜨인돌cutout-stone'이 되어 온 왕국들을 내리친다단 2:44는 것입니다. 하나님의 '신령한 반석 예수 그리스도'고전 10:4가 역사를 역사 되게 하신다는 것은, 하나님의 공의이신데, 바로 '머릿돌capstone'이신 주가 하나님의 백성들인 세계 거민으로부터 '은총'의 영광송슥 4:7을 받는 일입니다.

하나님의 영을 받은 사람들이 숫자적으로 역사 안에서 자라 가면서 하나님의 왕국을 확장해 나아가다가, 역사의 어느 시점에서 그리스도를 왕중왕으로, 대제사장으로 모신다는 신비는 "하나님의 왕권이 이 땅 위에 이루어지고 있다"는 것을 말합니다.계 11:15; 단 2:44; 히 7:24-25

Oh, ***Μαρανάθα*** Maranatha Revelation 22:20

아멘. 주 예수여 오시옵소서 *Amen. Come, Lord Jesus.*

역사와 계시

앞서 언급했던, 판넨베르그의 『역사와 계시』를 좀 더 들어보고 싶습니다. 다른 신학자들, 이를테면 칼 바르트, 몰트만, 한스 큉, 그리고 샤르댕의 종말 사관 논리와 연계해서 말씀해 주시지요.

'역사를 통해서 하나님의 계시가 나타난다'는 그 말씀 말인가요? 그리스도가 역사 안에 들어왔으니까, 역사 안에서 계시가 나타난다는 뜻이지요.

하나님께서는 구약에서 역사를 통해서 하나님의 존재와 구속의 역사를 드러내셨습니다. "하나님이 모세에게 이르시되, 나는 스스로 있는 자니라 I AM WHO I AM."출 3:14 약속을 주시고 약속을 성취함으로써 자신을 보이셨습니다. 이스라엘 백성을 애굽으로부터 인도하여 가나안 쪽으로 이끄심으로써 자신을 나타내셨는데,출 13:21-22; 삼상 12:6 이는 하나님께서 역사와 동떨어진 영역에서 계시하시는 분이 아니라는 것을 의미한다고 할 수 있겠지요. 하나님께서는 신약에서, 자신을 온전히 나타내실 때 그리스도 안에서 하셨습니다. 인간 세상으로 성육신Incarnation하시사 역사 안에서, 또 십자가의 사건과 부활 사건을 통해서 계시하신 것입니다.

앞서 언급했던 판넨베르그Wolfhart Pannenberg, 1928~2014의 '역사신학'이란,

역사의 과정 안에 하나님이 계신 것을 보게 하는 그런 신학이라고 할 수 있겠지요. '후천년설'에 대입됩니다만, 하나님의 왕국이 이미 시작되었고 또 세월이 갈수록 더욱 건설된다는 것이며, 현재의 우리는 후기의 하나님 왕국 시대에 임하고 계신 예수의 영과 함께 살고 있다는 것입니다. 따라서 하나님의 왕국이 절정에 이르도록, 그리하여 예수님이 재림하셔서 세상을 심판하고 영원한 왕국으로 들어갈 수 있도록 우리가 하나님 나라 건설에 적극적으로 참여해야 한다는 역사적 계시와 부활의 실재성을 강조합니다.

판넨베르그[140]의 '종말 사관'은 예수가 초자연적으로 하늘에서 구름 타고 내려오는 것으로 보지 않고, 몰트만Jürgen Moltmann, 1926~2024[141]처럼

140 판넨베르그 신학의 특징과 논란의 대표적인 핵심 시도는 '**역사와 신앙을 연결하여, 하나님의 계시를 역사 속 사건에서 찾고 이를 신학의 기초**'로 삼으려 한 점이다. 주요 저서로 『역사로서 나타난 계시』*Revelation as History, 1961*, 한국어 번역 1979에 출판되었다. 개혁보수신학계의 비판과 논란을 살펴보면, 1) 계시 이해: 계시를 역사 속에서만 찾음으로써 초월적 계시의 중요성 약화 우려, 2) 신앙 근거: 신앙을 역사적 증거에 의존하게 하여 신학의 초월성 제한 가능성, 3) 부활 해석: 부활을 종말론적 사건으로 이해하는 점이 전통적 해석과 차이, 4) 삼위일체 이해: 삼위일체를 역사적 과정 속 실현으로 보아, 전통적 삼위일체론과 차이를 보이며, '하나님의 존재가 역사 속에서 점진적으로 드러난다'는 주장은 하나님의 본질적 속성과 충돌할 수 있다는 점 등이 지적된다. 요약하면, 판넨베르크는 역사 속 계시를 강조하며 현대 신학에 큰 영향을 미쳤지만, 그 접근은 전통 신학과의 간극과 신학적 논쟁을 불러일으켰다.

141 위르겐 몰트만Jürgen Moltmann의 신학은 흔히 '**희망의 신학**'으로 불리며, 종말론적 관점에서 기독교 신앙을 새롭게 해석한 것이 특징이다. 그는 신앙을 과거의 교리적 전통에 한정하지 않고, '하나님의 미래와 희망을 향한 역동적 기대' 속에서 이해하려 하였다. 몰트만의 핵심 주장은 십자가 사건을 삼위일체 하나님의 내적 관계로 해석하는 데 있다. 곧, '인간 예수가 십자가 위에서 아버지를 부르며 응답받지 못했으나, 아버지는 그 고통을 자기 것으로 받아들이셨다'고 설명하며, '예수의 고통이 아버지께로 향하는 운동'을 '성령'으로 규정하였다. 그는 이러한 십자가상 고통의 교류를 삼위일체의 실체로 파악하는 독창적 해석을 제시하였다. 그러나 이에 대한 비판도 뒤따랐다. 전통적 삼위일체 이해를 십자가의 고통 교류로 대체함으로써 '초월적이고 인격적인 하나님 개념이 약화된다'는 지적이 있었고(서철원), 또한 하나님의 존재를 역사적 사건 속에서만 규정하려는 경향이 창조주 하나님의 초월성과 독립성을 훼손할 수 있다는 우려도 제기되었다. 종합하면,

미래에서 우리를 기다리고 계시는 분으로 봅니다. 미래에 오고 계시는 하나님으로 본다고나 할까요. 이 점에서 역사는 지금 그리스도를 향해 흘러가고 있고, 동시에 그리스도는 역사를 자기에게로 끌고 간다는 것입니다. 따라서 우리의 윤리와 영성이라고 하는 것은, 이 그리스도 주도 하下의 역사의 흐름에 참여하는 것입니다.

그러나, 판넨베르그와 같이 시간과 역사 속에서 하나님의 계시를 강조한 샤르댕[142]Pierre Teilhard de Chardin, 1881~1955의 접근 방식은 조금 달라서, 우주적 진화의 낙관적 전망에 따른 묵시적apocalyptic인 비전이 나타나지요. 그에게는 '재림παρουσία, parousia' 개념이 강하게 있습니다. 샤르댕의 '묵시적 비전'이라는 것은 그리스도와 하나님의 왕국이 완전히 이루어지는 것이지요. 그런데 그 전에 인류가 대환란great tribulation의 위기를 지난다는 것입니다. 그리고 예수의 재림 때에는 인간들이 '영체화靈體化' 한다고 합니다. 영이 물질을 떠나는 상태라고나 할까요, 통합적인 비전을 제시하는 신비적인 데가 있는 사람이지요.

몰트만은 종말론적 희망을 중심으로 신학을 전개하며 기독교 신앙에 새로운 활력을 불어넣었으나, '십자가 사건을 삼위일체 이해의 핵심'으로 삼는 그의 해석은 개혁 신학과 긴장과 논쟁을 불러일으킨 사상적 전환이었다.

142 샤르댕은 예수회 수도사 출신 가톨릭 신부이자 프랑스 관념주의 철학자로 고생물학·지질학을 전공하고 베이징 원인과 필트다운인 발견에 참여했다. 그는 '오메가 포인트'Omega Point라는 활력주의活力主義; Vitalism 이념을 고안했으며, 오메가 포인트 개념을 우주가 최고 수준의 복잡성과 의식에 도달해 그리스도 안에서 완성된다는 종말론적 진화관으로 제시한다. 또한 정신권Noosphere 개념을 발전시켰는데, 이는 블라디미르 베르나디스키가 제시한 지권→생물권→정신권 진화 단계 이론을 에두아르 르루아와 함께 확장한 것이다. 진화론을 신학적으로 해석하여 물질과 영혼이 함께 발전해 신적 완성에 이른다고 주장한다. 그에 대한 평가와 비판은 먼저, 진화생물학계는 그의 사상에 대해 전반적으로 단호히 부정적 평가하며, 신학계에서는 전통 교리와의 긴장, 범신론적 경향, 진화론과 신학 결합 방식에 대한 다양한 비판 존재한다. 정리하면, 샤르댕은 과학과 신학을 결합해 우주와 인류의 진화를 그리스도 중심의 완성으로 해석했으나, 과학·신학 양측에서 모두 논쟁적 인물로 남아 있다.

한편, 판넨베르그와 같이 하나님의 자기 계시를 신학의 출발점으로 삼으나, '말씀 신학'에 중점을 둔 칼 바르트Karl Barth, 1886~1968[143]는 묵시적 측면의 종말 사관이 좀 희박하지요. 그러나 그의 십자가 종말론은 '호교론apologetic'적인 측면에서 강한 색채를 띠고 있습니다. 역사의 끝에 가서 십자가를 통하여 영원의 세계로 간다는 '초월적 계시'를 말하는 것입니다. 그의 글 전체가 다른 사람들예를 들면, 판넨베르그나 몰트만처럼 이론이 정연하다든지 철학적이라든가 하는 것이 아닌, 공중에 뜬, 좀 관념적이고 추상적인 면이 있는 사람입니다. 종말에 대해 균형 잡히고 구체적인 코멘트가 없지요. 역사의 종말이 하나님의 눈으로 볼 때는 종말이 아니지요. 미래란 무한히 열려있는 것이라고 봅니다.

---

143 칼 바르트의 신학은 19세기 자유주의 신학의 낙관주의와 인간 중심적 경향에 대한 반발 속에서 형성되었다. 바르트가 성장하던 시기 독일과 스위스 신학계는 슐라이어마허 이후의 자유주의 신학이 주류를 이루었다. 인간의 종교적 경험, 역사적 예수 탐구, 문화와의 조화를 강조하면서, 성경의 계시적·초월적 권위를 약화시켰다. 바르트는 대학에서 아돌프 폰 하르낙, 빌헬름 헤르만 같은 자유주의 신학자들에게 배웠고, 한때 그들의 영향 아래 있었다. 또한 그는 스위스 자펜빌 교회에서의 목회 경험과 사회주의 운동을 통해 자유주의 신학의 현실 무력함을 절감했고, 1914년 '독일 지식인 93인의 선언'에 서명한 스승들을 보며 신학이 국가주의에 포섭된 현실에 깊은 회의를 느꼈다. 이러한 배경 속에서 그는 『로마서 주석』*Der Römerbrief, 1919*을 통해 하나님의 전적 타자성과 계시의 주권을 강조하며, 인간의 종교적·윤리적 성취 위에 하나님의 "Nein!"을 선언했다. 이는 신정통주의Neo-Orthodoxy의 출발점이 되었고, 변증법적 신학으로 이어지며 하나님과 인간 사이의 간극, 계시와 종교의 긴장을 중심으로 한 새로운 신학적 틀을 제시했다. 그러나 바르트의 신학은 개혁신학과 여러 지점에서 충돌한다. 그는 성경을 하나님의 말씀 그 자체가 아닌, 계시의 도구로 이해하며 성경의 무오성과 객관적 권위를 상대화했다. 또한 계시를 오직 예수 그리스도 안에서만 파악할 수 있다고 주장함으로써 일반 계시와 역사적 사실의 객관성을 약화시켰다. 선택 교리 역시 그리스도 안에서의 보편적 선택으로 재해석되어, 개혁파의 이중 예정 교리와 대치된다. 이러한 신학은 교회의 설교를 성경과 동일한 계시 사건으로 간주할 수 있는 위험을 내포하며, 말씀의 객관성과 역사성을 희석시킬 수 있다는 비판을 받는다. 바르트는 자유주의 신학을 극복하려 했지만, 개혁파 입장에서는 성경과 교리의 본질을 변형시킨 새로운 체계로 평가된다. [참고: "칼 바르트(Karl Barth, 1886-1968) 신학 형성 배경과 바르트 신학 비판"|작성자 박주동, https://blog.naver.com/adjudong/223987675215]

인류는 진보하는가

전에 "진보를 믿으십니까. 인간은 향상向上, ascending하고 있다고 믿으십니까"라고 물어본 적이 있습니다. 그때 대답에 '십자가와 부활'이라고 하는 카테고리를 넣어서 긍정적으로 짧게 대답하였는데, 설명이 미진했습니다.

십자가와 부활

십자가에는 '부정否定'의 요소가 있지요. 부정의 역사가 있지만, 부정의 세력이 이기는 것은 아닙니다. 부정은 더 큰 생명을 탄생시키는 매개체가 되는 것이지요. '십자가'가 철저히 수욕受辱적이고 부끄러움의 죽음이었지만, 그러나 그 부끄러움의 죽음이 그리스도에게 가장 높은 이름, 가장 고귀한 영광을 부여하는 발판이 됩니다.

그러니까 역사의 부정적인 요소를 통해서 인류를 멸망시키는 위기가 온다고 할지라도 그 위기가 인류를 온전히 내버린 게 아니라는 것이지요. 어둠의 세력에 의해 인류가 버림당한 것 같지만, 인류는 하나님의 은총과 권능으로 말미암아 하나님 섭리의 높은 단계로 들어가게 된다는 것입니다.

탄생과 성장

다음은 탄생과 성장이란 생물학적인 카테고리로 설명해 보고 싶습니다. 탄생과 성장은 자연에 나타난 하나님의 생명체에 대한 섭리이지요. 그 섭리가 예수님의 '하나님 나라' 개념 비유에도 많이 나왔고, 그리스도의 몸 된 '교회론'에도 나오지요. 하나님의 섭리가 교회를 탄생시키고 자라게 하여서는 완성되게 한다는 것 말입니다. 하나님의 나라조차도 생명력 있는 유기체적인 실체인데, 그것은 탄생이란 하나님 나라의 시작점이 있고,[막 1:15; 눅 17:21] 점진적 확장과 성숙으로 성장하는 과정이 있으며,[마 13:31-33] 그리고는 종말론적 성취를 이루는 완성되는 경지가 있다.[계 11:15; 고전 15:24-25]라는 것이 성경의 가르침입니다. 이 성서관에 기초해서 구속救贖의 역사를 보는 것이고, 인간 역사가 완성의 방향으로 나아간다고 말하는 것입니다.

약속과 성취

마지막으로 약속과 성취 개념은 예시豫言된 것이 실현된다는 것입니다. 현상학적으로 말씀드렸습니다만 인류 안에 소망이 있는데, 그 꿈은 곧 인간의 영에게 속삭이는 신의 약속divinepromise입니다. 이 소망이 역사의 마지막에 가서는 이루어진다는 것이지요. 구약의 역사인 가나안 땅을 향한 소망[창 17:8; 출 3:8] 그리고 종말론적 완성인 '새 땅과 새 하늘新天新地' 세계에 대한 소망[사 65:17; 벧후 3:13; 계 21:1]이 이루어진다는 것이지요.

그런데 이 약속과 성취는 자연 속의 자동적인 발랄潑剌, 그 비밀한 현상의 완성이 아니고 하나님의 약속에 기초해서, 하나님께서 약속하셨기 때문에 이루어진다는 것입니다. 하나님의 약속이란 것은 하나님의 필연적인 섭리라 할 수 있겠지요. 그러므로 하나님의 섭리는 '이루어진다'는 완성 개념입니다. 제가 말하는 진보는 이 하나님 섭리 안에서의 인간 운명의 극복을 이름입니다.

이슬람교의 배경과 전망

최근 수십 년간 이슬람Islam 교세는 세계적으로 급속히 확장되고 있습니다. 이슬람교도 유일신을 믿는 종교인데, 앞으로 개신교 인구보다 훨씬 많은 이슬람교도가 역사의 전면에 나타날까요?

이슬람[144]이 '미래 역사의 주인공이 되어서는 안 된다'는 생각이 듭니다. 이슬람은 과거에 집착된 종교이며, 따라서 그 문화가 밝지를 못합니다. 경직되어 있고 과거 지향적입니다. 그 종교의 시작 자체가 아브라함으로 돌아가는 복고復古 지향이므로 인류가 새로운 미래로 나아가는 꿈이 없습니다. 과거에서 안식을 찾고 전통에 안주할 뿐입니다. 따라서 그쪽에는 과학이 발달하지 않았습니다. 8세기경 아랍 제국이 흥

144 2010년 전 세계 이슬람 인구는 약 16억 명으로 전체 인구의 23%를 차지했으며, 이후 가장 빠르게 증가하는 종교로 성장해 왔다. 2020년 현재 이슬람 인구는 약 19억 명에 이르며, 그중 62%가 아시아·태평양 지역에 거주하고 있다. 현재 기독교 인구가 약 22억 명, 이슬람 인구가 약 19억 명 수준이지만, 성장 속도는 이슬람이 훨씬 높다. 이러한 추세가 지속될 경우 2050년경에는 이슬람 인구가 28-29억 명세계인구의 30-31%에 달해 기독교 인구와 거의 같아지거나 이를 넘어설 것으로 전망된다. 2020년 현재 PEWPew Research Centre 추정. 특히 아프리카, 중동, 동남아시아 지역에서 이슬람의 영향력은 앞으로 더욱 확대될 것으로 보이며, 높은 성장률과 젊은 인구 구조를 바탕으로 21세기 중반에는 기독교와 세계 최대 종교의 자리를 놓고 경쟁하게 될 가능성이 크다고 예측한다. [한국선교연구원]

기興起할 때 의학이 잠시 발달하긴 했지만, 그 문화권이 지금도 중세기적 문화의 색채로 남아 있습니다. 정체된 역사이지요. 따라서 거기에는 진보가 없고 종교의 정신이 뭔가 병적인 보수로 고정되어 있습니다. 아직도 '눈은 눈으로, 이빨은 이빨로, 손은 손으로' 하는 모세 율법적 법 Lex Talionis同害報復法, 동해보복법을 그대로 지키는 나라입니다. 그래서 훔친 자의 손은 잘립니다. 여자는 아직도 눈 얼굴 전체를 베일로 감추고 부르카Burqa, Burka와 니캅Niqab를 착용하고 다녀야 하지 않습니까.

그 종교가 맺는 열매를 살펴보고서 하는 말입니다만, 만약 이슬람이 역사의 주인공이 된다면 인류에겐 소망이 없을 것이라고 봅니다. 퇴보하게 되겠지요. 우선 그들은 한 손에 코란 경전을 들고, 또 한 손에는 칼을 드는 사람들입니다. 평화를 지향하는 사람들이 어떻게 종교의 이름 아래 칼을 들고 나서겠습니까.

교리적으로 보더라도, 교조인 마호메트Mahomet, Muhammad, 570~632, 헤자즈 메카 출생 자신부터 기독교 진리의 신비를 붙잡지 못했습니다. 우선 삼위일체를 이해하지 못하였고, '성육신'이라는 십자가 진리를 전혀 이해하지 못합니다. 기독교 사상의 핵은 이 '십자가의 도' 문제가 아닙니까. 그러니 성자聖子 하나님이라고 하는 예수의 정체성identity을 알지 못하는 고로, 예수를 여러 예언자 중의 '한 사람a prophet'으로 취급할 뿐입니다. 마호메트가 '최고의 예언자the greatest prophet'이자 '마지막 예언자the last prophet'로 이 세상에 왔다는 것입니다. 기독교 신앙의 역사적 완성 과정을 전혀 모르는 얘기이죠.

이슬람교의 배경 I

그들 종교가 일어난 배경에는 역사적 정황에 따른 사회·경제적 이유, 정치적인 이유, 그리고 종교·문화적인 이유가 있겠지요. 그러나 짧게 말한다면 지정적geographical인 특이성과 그들의 정치적 그리고 종교적 상황 때문이었습니다. 우선 '지정적 특이성'에 따른 심성 구조부터 살펴보려 합니다.

중동 · 북아프리카의 아라비아145는 사막지대이지요. 사막은 가도 가도 끝이 없는 모래와 그 모래바람과 단조하기 짝이 없는 황야이지요. 나무나 숲이 없고, 단지 이글거리는 태양만 위에 떠 있을 뿐입니다. 그래서 이들의 정신세계는 대단히 단순합니다. 매일 보아도 똑같이 비춰는 단색單色의 사막, 그리고 구름도 별로 없는 열사熱沙의 태양만의 하늘이 그들의 영성을, 단조롭고도 경직되게 만든 것이지요. 따라서 이들의 종교관이나 세계관의 이해로는 삼위일체며, 동정녀 탄생설이니 하는 이런 복잡하고 신비한 요소를 머릿속에 넣을 수가 없습니다.

이러한 지리적 배경이 민족정신에 많은 영향을 미쳤겠지요. 단순한 종교를 갖게 말입니다. 이를테면 사막에서는 베토벤의 교향곡 같은 음악 문화나, 선線의 부드러움으로 섬세한 북인도의 간다라 예술, 지중해변의 미美를 상형象形화한 그리스인 부족인 이오니아Ionians인의 아름다운 건축 같은 것을 상상해 볼 수가 없습니다. 정신 세계계에 들어오는 것

145 아라비아는 일반적으로 서아시아에 위치한 광대한 아라비아반도Arabian Peninsula를 가리키며, 아시아와 아프리카를 잇는 지리적 요충지이다. 면적은 약 320만㎢로, 사우디아라비아·아랍에미리트·예멘·오만·카타르·쿠웨이트·바레인 등이 이 지역에 속한다. 지형의 대부분이 사막이며, 대표적으로 룹알할리 사막이 있다. 이곳은 이슬람교의 발상지로, 메카와 메디나 같은 중요한 종교적 도시가 자리하고 있다.

이 없으니 말입니다, 그래서 아-트art 같은 것을 말하더라도, 머릿속에 영상이 들어오는 것이 적으니 다양한 계절이 가져다주는 자연의 풍요를 색체Colour로 그려내지 못하지요. 산수화는 단순한 풍경이 아니라 자연 속에 깃든 도道와 인간의 내면을 반영하고 있기에, 동아시아 산수화에서는 "산은 영혼의 고향, 물은 시간의 흐름, 사람은 자연과의 조화 속 존재"[조송식, 『산수화의 미학』, 아카넷, 2015]로 묘사되는 예술의 통합적 사유를 보여주는 '기운생동氣韻生動'의 표현입니다.『한민족문화대백과사전』 과문寡聞한 탓인지는 몰라도 저는 아직 아랍인들의 회화會畫에서 산이 있고 물이 있고, 그리고 사람이 있는 이런 유현幽玄한 산수도를 보지 못합니다. 한때, 아랍 문화권에 속하면서도 서구적 감성과 동양적 심상을 동시에 품은 예외적인 인물인 카릴 지브란Kahlil Gibran, 1883~1931의 시와 그림에 관심을 지니고 접하곤 했지요.146

적도직하赤道直下라고 하는 지형과 기후 때문에 그들의 심성은 강직하고, 그래서 그들은 생존을 위해 최고신과 수직적 관계를 맺을 수밖에 없습니다. 그들의 신앙적인 힘이라고 할까요, 종교의 필요성은 이런 배

146 이슬람 미술은 문화적·종교적·미학적 전통의 영향으로 추상적이고 기하학적인 문양, 서예와 칼리그래피, 장식적 패턴을 중심으로 발전했으며, '우상숭배 금지'로 인해 '인물화나 자연의 사실적 묘사는 제한'되었다. 그 결과 산수화처럼 자연을 유현하게 표현하는 전통은 발달하지 않았고, 회화보다 건축·장식·문양·서체가 미학의 중심이 되었다. 드물게 레바논 출신인 카릴 지브란Kahlil Gibran, 1883~1931은 브샤리에서 태어나 어린 시절 가족과 함께 미국 보스턴으로 이주해 성장했으며, 다시 베이루트에서 학업을 이어가 아랍 문학과 전통을 접했다. 청년기에는 파리에서 미술과 문학을 공부하며 서구 예술 감각을 흡수했고, 이후 주로 보스턴과 뉴욕을 무대로 활동하면서 아랍어와 영어로 작품을 남겼다. 그의 글과 그림에는 자연에 대한 경외, 인간 존재의 고뇌, 영혼의 여정이 담겼으며, 산과 나무, 인간 형상은 상징적이고 시적인 방식으로 표현되어 동아시아 산수화의 정서와도 맞닿아 있다. 1912년 소설 『부러진 날개』*The Broken Wings*, 1918년 『미친 사람』에서 1933년 『예언자의 정원』에 이르기까지 주요 저작들은 시와 그림이 함께 수록되었고, 특히 『예언자』*The Prophet, 1923*는 그의 사상과 미술이 가장 완벽하게 결합된 작품으로 전 세계적으로 널리 읽히며, 아랍적 뿌리와 서구적 감성을 융합한 독창적인 영적·철학적 문학 세계를 보여주었다.

경에서 나왔기 때문에 종교문화가 단순하게 경직되어 있습니다. 그러면서도 뜨겁고 말이지요. 이런 곳에, 힌두교가 들어올 수 없었을 것이고, 인종적으로 또 심리구조로 볼 때도 몬순 지역이 피워 낸 정신의 꽃인 선禪불교도 상륙할 수 없겠지요. 그렇다고 도교가 유입되기는 상상도 해 볼 수 없고 …. 뭐 흘러야 할 물이 있어야지요. 자연의 아름다움을 보아야 자연과 하나가 될 터인데, 참으로 기후가 인간의 심성 형성과 종교성에 미치는 영향은 크다 할 것입니다. 그래서 종교는 어쩌면 지정적 특이성과 민족의 성격적 특수성에 조화를 맞추어 일어날 수밖에 없는 자연 발생적인 정신 현상이지요.

이슬람교의 배경 II

📖 두 번째로, 이슬람이 시작되는 배경은 종교적인 이유라고 보입니다. 원래 아랍인들은 셈어족의 백색인종으로 분류되며, 비록 아브라함의 두 아들 중 이삭의 후손이 이스라엘인들이고, 아랍인들은 이스마엘의 후손임에도, 아브라함을 조상으로 여기기 때문에[147] 유일신론monotheism의 뿌리가 있지요. 그것도 예민한 종교적 감성으로 말이지요. 그런데

147 이삭과 이스마엘은 아브라함의 두 아들로, 서로 다른 어머니에게서 태어났다. 이스마엘은 사라의 여종 하갈 사이에서 태어난 첫째 아들이며, 이삭은 사라를 통해 하나님의 약속으로 태어난 둘째 아들이다. 비록 이스마엘이 먼저 태어났지만, 하나님은 이삭을 약속의 자녀로 삼으셨다. 창세기 21장에 따르면, '이삭이 젖을 떼던 날 이스마엘이 그를 희롱하였고, 이 일로 하갈과 이스마엘은 아브라함의 집에서 쫓겨나 브엘세바 광야현재의 남부 네게브 지역에서 방황'하게 되었다. 이후 이스마엘은 12명의 아들을 두어 '아랍 부족의 조상'이 되었고, 이삭의 후손인 야곱이스라엘은 12지파를 이루어 '유대 민족의 기초'가 되었다. 두 민족의 후손은 '역사적으로 긴장 관계'를 이어왔으며, 이는 오늘날 이스라엘과 아랍 국가 간 갈등의 뿌리 중 하나로 여겨진다.

이 신앙심이 시대를 거쳐 내려오면서 왜곡되고 다신론多神論적으로 되었으며 무엇보다도 샤머니즘적인 색채를 띠게 되었습니다. 그래서 마호메트가 태어나는 A.D. 570년대의 아랍은 우상숭배의 나라가 되었고, 그들의 순례지인 메카는 거대한 카바 운석 외에 3백 60개의 운석이 서 있었지요. 이 돌들은 하나같이 사람들로부터 절을 받았습니다. 거기에다 설상가상으로 아랍 대륙은 수백 년 동안 부족 전쟁이 있어서 영일寧日이 없었습니다. 이에 종교심이 강한 마호메트가 먼저, 메카를 청소하고, 돌 360개를 갖다 버렸습니다. 그리고는 코란과 칼을 들고 무력으로 아랍 대륙의 질서를 잡았습니다. 이 마호메트 군대는 향후 140년간, 즉 8세기 후반 프랑크Franks의 샬레망 대제Emperor Charlemagne, Charles the Great, 748~814에게 북스페인과 남프랑스의 국경지대에서 패하기까지는 한 번도 패한 적이 없는 무적의 군대였습니다. 그리고 평정 또는 정복한 곳에는 쿠란을 심고 아라비아 문화Arabic culture를 건설하였지요.

하나님의 섭리가 궁극적으로 어디에 있는지 알 수 없으나 저는 이슬람이 일어나는 주된 배경을 '종교의 정화'人身供養, 사람의 몸을 제물로 바치는 부족들도 있었음와 부족들 간의 그 해묵은 전쟁 종식에 있었지 않았나 하는 생각이 듭니다. 생각해 보면 그 거칠고 강팍한 사람들을 하루에 다섯 번이나 무릎 꿇게 하여, 그것도 이마를 땅에 댄 채로, 신께 경배케 하는 것은 하나님의 섭리 없인 되는 일이 아니라고 봅니다. 물론 성경 내용과 그들의 경전은 다르기는 합니다. 그러나 그들의 경전에 '도덕 문제'가 뚜렷하게 나오며, 무엇보다 알라 하나님 신에 대한 무조건의 '복종 윤리'Islam, '무조건 알라에게 복종한다'는 뜻와 '심판 문제'도 있어서 고등종교가 기본적으로 갖춰야 하는 진리의 보편성과 객관성도 있습니다.

비록 '보배로운 피,'벧전 1:19 '십자가의 도'와 '삼위일체'에서 그리스도 예수의 위치가 빠져, 불완전한 진리이긴 하지만 이것은 선교적 차원의 문제이고, 우선 우상숭배와 전쟁으로 병들고 죽어가는 아랍 대륙을 살리는 것이 하나님의 뜻이었는지도 모르지요. 저도 늘 '이슬람교는 왜 나타나게 되었을까?' 하고 생각해 보는 때가 많습니다. 우리가 계시의 타워tower에 올라가서 위에서 밑을 내려다보고 말할 수 있는 처지가 아닌 만큼, 수평적인 역사 행위의 '때Χρόνος, Chronos, 크로노스'를 같이 치르고 있는 한계를 가진 사람들로서 그 종교가 '왜 이 땅 위에 나타났느냐'고 부정으로 말할 순 없겠지요. 그 종교는 하나님께서 '이스마엘Yishma'el, Ishmael'창 16:12과 '에서Ésaw, Esau, 야곱의 형'창 27:40에게 주신 특이한 예언대로 손에 평생 칼을 들고 살아야 하는 그 아랍인들에게는 맞는지도 모릅니다. 물론 그들은 우리가 전도해야 할 또 하나의 양 떼인 것은 말할 것도 없지만 말이지요.

"기도에 대하여" 『예언자』*The Prophet*
Kahlil Gibran, 칼릴 지브란

신학과 철학의 관계 I

신학과 철학과의 관계를 알고 싶습니다.

신학이 철학의 뒤를 따라다니는 편입니다. 철학 공부를 야무지게 해야, 신학을 체계 있는 이론으로 만들어 갈 수 있다고나 할까요. 철학자들의 책을 정독하면 그 시대 신학자의 사상은 환히 알 수 있게 되지요. 예를 들어 플라토니즘과 신플라토니즘의 책들, 특히 신플라토니즘의 창시자인 플로티누스Plotinus의 제자 포르피리오스가 편집한 6권 54편의 논문집인 『엔네아데스』*Enneads*읽고 나면, 어거스틴Aurlius Augustinus의 책은 읽어보지 않아도 대강 무슨 용어와 무슨 내용으로 되어 있을 것이란 짐작이 가지 않습니까. 사실 어거스틴의 책을 읽어보면 그가 신플라토니즘으로부터 얼마나 영향을 많이 받았는가에 대해 놀라지 않을 수 없습니다.

앞에서 언급한 적이 있습니다만, 플로티누스의 일자一者, The One 개념이며, 본질영원, nous 개념, 그리고 영혼靈魂, soul 등 주요 개념이 어거스틴에게도 나옵니다. 말하자면 플로티누스는 플라톤의 철학을 신비적·형이상학적으로 확장한 인물로, 그의 사상은 존재의 근원, 인간의 영적 여정, 세계의 구조를 통합적으로 설명하며 서양 철학의 깊이를 한층 더 넓힌 인물입니다. 따라서 아우구스티누스를 비롯한 초기 기독교 신학자들에게 깊은 영향을 끼치고, 또한 중세 신비주의, 르네상스 철학, 현대 형이상학에도 지속적 영향을 미쳤으니, 어거스틴의 사상적 배경이 플라톤의 철학과 그 유산이라는 말이지요. 이것은 성 토마스 아퀴나스에게도 마찬가지로 나타납니다. 그는 플라톤의 제자인 아리스토텔레스의 철학으로 그의『신학대전』神學大典, *Summa Theologiae*을 집대성하지 않습니까. 학자들이 일치하듯이[대표적으로, 한국성토마스연구소의 –'토마스 아퀴나스의 신학대전' 등에서], 기독교 사상은 이미 5세기에 신플라토니즘 일색一色이랄까 희랍철학의 옷을 입고 나왔고, 그리고 13세기에는 모든 신학의 이론이 더 정교하게 희랍철학의 기초위에 서게 됩니다. 어거스틴이나 아퀴나스가 쓰는 용어들, 이를테면 '말씀의 신Word Spirit'이나 '말씀의 혼Word Soul', '영원자Eternity' 개념, 또 '신의 하나one concept of god' 개념 등은 희랍철학에는 현란한 구조물로 깔려 있지요.

이토록 아득한 옛날부터 신학의 원리는 철학에 있었고, 그리하여 신학을 깊이 있게 하려면 철학을 공부하지 않을 수 없었습니다. 신학이 철학의 옷을 입었을 뿐 아니라 방법론까지, 언어까지 헬라화된 것이지요. 이것은 현대 신학의 골재骨材에서도 마찬가지로 나타나는 현상입니다.

한 예를 들어, 앞서 언급했던 현대의 독일의 신학자 판넨베르그의 저서들을 보면 그의 사상과 그 전개는 아주 철학적입니다. 하이데거와 헤겔, 그리고 칸트와 가다머Hans-Georg Gadamer, 1900~2002, 해석학 분야의 중요 철학자와 같은 거인들하고만 대화하면서 그의 신학의 뼈대를 정립해 나가지요. 그는 최근까지 생존해2014년, 사망 있던 신학자 중 가장 철학적인 사람입니다. 그는 이론이 철학적으로 정연한 사람인데 분석과 종합에 특히 능합니다. 견해를 달리하는 연구도 있지만, 역사적 계시와 그리스도론에 대한 독창적인 것은 말할 것도 없지요. 이것이 그가 대가가 된 이유입니다.

이토록 신학은 역사적으로 볼 때 철학의 뒤를 따랐습니다. 그리고 철학은 항상 그 시대의 세계를 선도했습니다. 철학이 세계를 바꾼 것이지요. 데카르트가 그랬고, 칸트가 『순수 이성비판』*The Critique of Pure Reason, 1781*으로 전 세계에 혁명을 일으키지 않았습니까. 헤겔도 마찬가지지요. 이들이 인간 정신세계의 인식론을 바꾼 것입니다. 이성의 자유와 세계에서, 보편적 세계에서 정신 작업을 하니까 문화와 이성, 언어 등을 보다 보편적이고 객관성 있게 다룹니다. 이리하여 철학자들이 역사의 장章을 열어간 것입니다. 생각 구조가 경직되어 있음으로써, 자기 서클circle 안에서만 말할 수 있는 신학자들이 아닙니다.

신학과 철학의 관계 Ⅱ

신학과 철학의 관계를 역사적으로, 특히 영향 관계를 중심으로 좀 더 자세히 들어보고 싶습니다.

종교에서 신학이 나오나, 철학이 신학에 영향을 끼치기 때문에 신학의 구조물은 이론적으론 철학이 되지요. 한 사회에서 시대에 따라 종교가 바뀌면 새로운 문화가 형성되고, 또 그 문화에서 새로운 정신철학이 나오고… 이렇게 변증법Dialectics적으로 상호작용을 한다고 볼 수 있을 것입니다.

역사적으로 보면 인간의 이성은 철학의 영역에 가서야 확실한 발판을 이론적으로 얻었습니다. 이성이 확실한 발판을 얻을 때 정신세계가 내적인 깊이를 튼튼히 가지게 되었다는 말이지요. 문화의 발전은 이 의식세계의 새 차원에의 변전變轉이라고 할 수 있겠지요. 자연의 법칙을 잘 몰랐던 옛날에는 과학적 지식이 미신적인 지식으로 이해되었습니다. 이성의식의 세계에서 붙잡을 수 있는 것을 무지로 말미암아 과학적 지식으로 이해하지 못한 것입니다. 그러다가 인간이 과학적으로 좀 더 뚜렷한 지식을 얻게 되자, 그 지식에 의해서 철학적 지식이 생겼습니다. 이 철학이 신학에 영향을 미치고, 그리고 신학은 위에서 말씀드린 대로 종교계에 영향을 미쳤습니다.

철학은 희랍에서 먼저 발달했습니다. 단순히 사변적 사고를 한 것이 아니라, 자연 현상을 관찰하고 논리적으로 설명하려는 과학적 태도를 취했던 일군一群의 자연과학 철학자들[148]의 실험을 거쳐 소크라테스 시대BC 430년대부터~BC 400년경, 펠로폰네소스 전쟁(BC 431~404)과 겹치는 시기에 와서 인간 중심으로 전환되며 객관적인 학문으로써 철학이 윤리적·인식론적 탐구로 꽃을 피우게 되었지요. 석수石手, 石公와 조산원 사이에서 태어난 소크라테스는 마치 하늘이 철학을 위해 그의 운명을 따로 준비하기라도 한 듯 신적인 설득력과 고매한 인품으로 학문 전반에 걸치는 방대한 사상 체계를 세웠습니다. 물론 그 스스로는 한 글자도 기록한 적이 없고, 수제자 플라톤이 스승의 대덕大德을 기리기 위해서 죽편竹便 끝으로 그 수백만 자字를 기록한 것이지요.

플라톤에 의해 담담히 묘사된 소크라테스의 인품, 특히 죽음을 맞는 소크라테스의 평정과 청명한 태도는 철인의 자세를 보여주는 것으로써 읽는 사람의 마음에 깊은 감동을 줍니다. 흥미로운 것은 소크라테스의 사상이 그의 대화에서 항상 '아직 그것은 모른다'고 하는 '무지無知의 지知'를 '문답자問答者가 함께' 고백하도록 전개합니다. 궁극의 근거에 관한 무지를 깨닫고, 그것에 관한 질문을 통하여 '막다름aporia' 속에 머무르는데 점에, 소크라테스의 애지愛知, philosophia가 있지요. 이것은 근원에서

148 고대의 자연과학 철학자들은 세계의 본질을 이성적으로 탐구한 최초의 사상가들로, 실험적 사고를 통해 철학을 객관적 학문으로 발전시키는 기초를 마련했다. 그중 탈레스Thales, BC 624~545는 "만물의 근원은 물"이라고 주장하며 서양 철학의 아버지로 불렸고, 일식을 예측하는 등 실용 과학에도 능했다. 피타고라스Pythagoras, BC 570~495는 "만물은 수로 이루어져 있다."는 사상을 바탕으로 수학과 형이상학을 결합하고, 영혼의 윤회를 주장했다. 헤라클레이토스Heraclitus, BC 535~475는 "만물은 변화한다."는 관점에서 로고스 개념을 제시하고 변증법적 사고의 원형을 남겼다.

물음을 받는 자로서의 자리에 자기를 두는 일이며, 이와 같은 방법으로 자신의 모든 것이 근원에서부터 비춰지는 것입니다.

따라서 소크라테스는 그 이전의 희랍 철학자들이 우주의 원리를 철학적 주제로 물었던 것에 비하여, 그는 '자기와 자기의 근거에 대한 물음'을 철학의 주제로 삼았습니다. 이런 뜻에서 소크라테스는 내면, 영혼의 차원의 철학의 시조이지요. 또 자기에 대한 물음은 자기를 근거 짓고 있는 '보이지 않는 것超越, 초월'에 대한 물음이란 의미에서는 그는 형이상학形而上學의 시조입니다. 소크라테스를 고철대덕高哲大德이 되게 한 사람은 말할 것도 없이 플라톤이었습니다. 약관의 나이에 레슬링선수로서 고대 올림픽에서 두 번이나 참여했다는 건각健脚 플라톤은 아테네 제일의 귀족 출신임에도 불구하고 오직 소크라테스의 사상을 배우는 데만 청춘을 보냅니다. 본명은 아리스토클레스Aristocles이며, '플라톤Platon'이라는 이름은 그의 체격, 특히 '넓은 어깨πλατύς, platýs:넓은, '폭이 있는''에서 유래했다는 설이 있지요. 이는 그의 체격이 크고 어깨가 넓었다는 인상에서 비롯된 별명으로, 후대에 본명보다 더 널리 알려지게 되었습니다.

철인哲人 그 자체인 소크라테스에게서 플라톤이 배운 것은, 앞서 말한대로 "애지愛知, philosophia"이지요. 소크라테스와 마찬가지로, 플라톤에게 있어서 애지철학란 '가장 중요한 일을 모른다고 하는 자기 자신의 무지를 깨닫는데' 있었습니다. 또한 플라톤은 때와 함께 변하는 일 없이, 동일한 것으로서 머무는 영원불변의 것을 "이데아Idea, 形相" 라고 불렀습니다. 이데아는 생성에 대한 존재, '다多'에 대한 '일一'이며, 육체의 감각을 통해 파악되지 않는 영혼의 눈인 '이성理性'에 의해서만 보이는 절대 불변의 세계라는 것입니다. 플라톤에 의하면, "인간 영혼psyche은 원래는 천상에 있어 진실재眞實在의 관조觀照를 즐겼으나, 사악한 생각 때문에 지상에 떨어져서 물질 속에 갇히어 살게 되었다."라는 것입니다. 따라서 애지철학는 영혼이 지상의 사물 속에서 천상의 사물과의 유사類似를 찾아내어, '진실재'를 상기하며 이것을 연모하는 일로 보았습니다.

이 플라톤에 의해서 철학이 활자화되었는데, 그는 이전의 사상가들이나 종교가들과는 달리 완벽한 논리의 방법을 썼습니다. 이 학문적 유산이 어거스틴과 아퀴나스를 통해 이론화신학하게 되었지요. 그래서 플라톤이 "신학의 아버지"라고 불립니다. 기존의 형이상학이 고정된 본질을 강조했다면, '존재는 끊임없이 변화하는 과정'이라는 점을 강조하는 과정철학過程哲學, Process Philosophy자인 화이트헤드Alfred North Whitehead, 1861~1947가 말하듯, 앞서 언급했던, "가히 유럽의 정신 문화서양 철학 전통는 모두 플라톤 책들의 각주脚註, footnote에 불과" 할지도 모릅니다.[149]

이 희랍철학이 천년의 시간의 거리를 지나면서 기독교 문화권을 세련시키다가, 16세기에 이르러 중세기 철학이 완성되니까 그 스콜라 철학에 기초한 종교개혁 문서들이 쏟아져 나왔습니다. 철학이 발달하게 되니까 신학이 분명 해진 것이지요. 신학이 학문적으로 체계가 잡혀가게 되었다고나 할까요. 비록 헬라 철학의 옷을 입고 스콜라 철학으로 안감이 넣어졌다 하더라도 신학으로서의 기독교 사상이 대중 앞에 나타났습니다. 그러나 이 철학의 옷을 입은 종교개혁 신학은 예수의 '통옷'요한복음 19:23이 아니라, 수십 조각으로 갈라지는教派 옷이 되었습니다. 이에 18세기 중 반이 되자 칸트가 나타나서 철학과 신학계에 새로운 구획 정리를 하고 개신교 문화를 암시해 줍니다. 사실 그는 58세에 낸 『순수이성비판』 한 권으로 인류사에 혁명을 일으켰지요. 칸트는 『순수이성비판』에

149 [출처: *"The safest general characterization of the European philosophical tradition is that it consists of a series of footnotes to Plato."*, Alfred North Whitehead, 『Process and Reality』 (New York: Free Press, 1985), p. 39]

서 인간 이성의 인식 능력과 그 한계를 철저히 규명함으로써, 우리가 무엇을 알 수 있는지를 밝히고자 했지요. 그러나 그는 거기서 멈추지 않고, 『실천이성비판』을 통해 도덕적 자유와 행위의 가능성을 열어 보였습니다. 이성의 경계를 설정한 후, 그 너머에서 자유의 근거를 찾으려는 그의 철학은, 결국 앎의 한계를 규정하고, 행위의 가능성을 여는 사유의 구조로 요약될 수 있습니다.

칸 트

'세계 시민'이라고 불리는 임마누엘 칸트[150]Immanuel Kant, 1724-1804는

150 칸트Immanuel Kant가 인간 중심적 사유를 하게 된 배경은 18세기 계몽주의 시대의 이성 중심적 분위기와 경험론·합리론의 철학적 갈등 속에서 비롯되었다. 그는 데이비드 흄David Hume, 1711~1776의 '회의주의'에 자극받아 인간 인식의 구조를 탐구하며, 인간이 단순히 외부 세계를 수동적으로 받아들이는 존재가 아니라 능동적으로 인식 세계를 구성하는 주체임을 주장했다. 데이비드 흄은 18세기 스코틀랜드 철학자로, 경험주의Empiricism와 회의주의Skepticism를 바탕으로 인간 인식의 한계를 탐구했다. 그는 모든 지식이 감각 경험에서 비롯된다고 주장하며, 특히 인과율causality에 대한 비판을 통해 인간이 인과 관계를 필연적으로 인식할 수 없음을 강조했다. 또한 도덕 판단은 이성보다 감정에 기반한다고 보았고, 자아 역시 고정된 실체가 아닌 인상의 흐름으로 이해했다. 흄의 이러한 사상은 임마누엘 칸트에게 깊은 영향을 주어, 칸트가 "나는 흄의 글을 읽고 도그마의 잠에서 깨어났다"고 고백할 만큼 인식론의 전환점을 마련했으며, 이후 현대 철학, 윤리학, 과학철학, 심리학에 이르기까지 칸트, 밀, 러셀, 비트겐슈타인, 마르크스 등 수많은 사상가에게 폭넓은 영향을 주었으며, 현대 인식론과 윤리학, 과학철학의 기초를 놓은 인물로 평가받는다. 이처럼 흄의 회의주의는 후대 철학자들에게 깊은 자극을 주었고, 인간 인식과 존재에 대한 근본적 질문을 던지게 했다. 한편, 칸트는 또한 도덕 철학에서 인간은 외부 권위가 아닌 자신의 이성에 따라 도덕법칙을 설정하고 따를 수 있는 자율적 존재로 보았으며, 이는 인간의 존엄성과 보편적 도덕성을 철학의 중심에 놓게 했다. 이러한 배경은 칸트가 신학적 계시보다 이성적 판단과 도덕적 자율성을 강조하는 인간 중심적 사유로 나아가게 만든 기반이 되었다. 이러한 영향으로 그는 세계 시민주의 개념을 철학적으로 심화시켜, 인간을 특정 국가의 시민이 아니라 보편적 인류 공동체의 일원으로 보았다. 그는 저서 『영구평화론』*Perpetual Peace*

1724년 마구馬具 제조업을 경영하는 부친과 경건주의 신앙이 깊은 모친 사이에서 출생, 당시 부패해 가던 개신교에 '윤리적인' 기독교를 투사投射시켰습니다. 윤리 위에다가 하나님을 프로젝션projection했다고나 할까요. 그는 이 '윤리 위에 신관'을 세움으로써 도덕적인 인간, 도덕적인 사회의 지반地盤, ground을 발견하려고 하였지요. 이는 개신교사史 중기에 흘러나온 거대한 강물이었습니다. 그리고 지금도 그 큰 흐름은 그의 후예들의 정신의 밭을 적셔주고 있지요. 금세기의 자유·진보 신학자들, 특히 해방신학자 중에는 칸트적 요소를 가지고 있는 사람이 많이 있지요. 즉 하비 콕스Harvey Cox라든지, 윤리를 중히 다루는 본 회퍼Dietrich Bonhoeffer 같은 사람도 칸트주의자Kantian들이지요.

칸트가 그의 윤리 속에서 인류에게 호소하는 것은, 진정한 종교를 윤리로써 증명하라는 것입니다. 예를 들어 그의 저서 『이성의 한계 안에

에서 세계시민법Weltbürgerrecht을 제안하며, 모든 인간이 상호 존중 속에 평화롭게 공존할 수 있는 국제적 법질서의 필요성을 주장했다. 특히 '환대의 권리' Right of Hospitality를 통해 외국인을 적대하지 않고 존중해야 한다는 원칙을 강조했으며, 이는 현대 인권과 국제법의 기초가 되었다. 이러한 세계시민 개념은 오늘날 글로벌 윤리, 국제 협력, 인권 보호 논의에 여전히 영향을 미치고 있다. 한편, 칸트의 철학은 인간 이성의 자율성과 도덕적 보편성을 강조하며 근대 사상의 기초를 놓았지만, 신학적으로는 '하나님의 계시와 초월성을 상대화'한다는 비판을 받는다. 그는 인간이 인식할 수 있는 것은 '현상에 한정'된다고 주장함으로써 하나님에 대한 객관적 인식 가능성을 제한했고, 도덕을 종교의 본질로 간주하여 '복음의 은혜성과 예수 그리스도의 구속 사역'을 도덕적 상징으로 축소시켰다. 또한 "인간을 단순히 수단으로 대하지 말고, 언제나 동시에 목적 그 자체로 대우하라"는 정언명령定言命令, Kategorischer Imperativ을 통해 인간의 존엄성과 보편적 가치를 철학의 핵심으로 삼았다. 조건 없는 도덕적 명령이라는 의미를 담고 있는 정언명령을 통해 자율적 윤리를 강조함으로써 하나님의 계명에 근거한 신학적 윤리와 충돌하며, '성경의 역사성과 계시의 실재성을 약화시키는 결과'를 낳았다. 이러한 점에서 칸트의 사상은 개혁신학의 계시론, 구원론, 윤리관과 본질적으로 대치되며, 인간 중심적 사유가 신앙의 본질을 흐릴 수 있다는 신학적 우려를 불러일으킨다. [참고: "칸트 인간중심주의: 인간은 목적이다", post ucan, https://blog.naver.com/post-philo/223617257421; Britannica; Wikipedia]

서의 종교』*Die Religion innerhalb der Grenzen der bloßen Vernunft,Religion within the Limits of Reason Alone, 1793* 에서의 강조점은, 기독교와 이슬람교와 유대교는 다 계시종교인데 서로 자기들만이 옳다고 우기면서 상대방 종교를 사악시邪惡視 하여 증오나 폭력으로 대할 것이 아니라, 네가 하나님 앞에 올바르게 살고, 진실로 행실이 하나님의 사랑을 받는 사람처럼 모범적인 행동과 삶을 보이라. 이웃을 도와주고 사랑하고, 그리하여 네 종교가 진짜 종교임을 증명하라고 한 것입니다. "높은 도덕률로 하늘을 증거하며 사는 종교는 다 참 종교이다."151이렇게 선언한 것입니다.

칸트는 이 윤리로, 형제애로써 그의 철학을 또 하나의 우주적 정당성을 갖는 종교로 만든 셈입니다. 사실 그의 종교는 결국 윤리적인 종교이지요. 그런데 의미 있으면서도 재미있는 것은 그의 종교가 미래를 내다보는 통찰력을 가졌다는 것입니다. 그의 예언대로 지금 세계는 서로 옳다고 주장하면서 온갖 종교 폭력과 종교전쟁이 난무하고 있으니까요. 칸트가 말한 대로 역사가 진행되고 있는 것이지요. 프로테스탄트 배경에서 나온 그는 생각하는 사람의 모형입니다. 모든 기독교 사상가들과 신학자들의 순례가 불가피한 큰 성城입니다.

---

151 [참고: 임마누엘 칸트, 백종현 역, 아카넷, 제1부 해제, 제1 논고, pp. 153, 175, 178]; 제1부 해제는 책의 서론적 성격을 띠며, 칸트의 철학적 종교론과 저술 배경을 설명하고, 제1 논고는 "인간 자연 본성에서의 근본악"을 주제로 하며, 도덕과 종교의 관계를 탐구한다. 해당 페이지인 153, 175, 178쪽은 칸트가 '도덕은 종교 없이도 자족할 수 있으며, 인간의 도덕적 결핍은 외부 존재가 아닌 인간 자신에게서 비롯된다는 주장을 담고 있다'. 책의 서론적 성격을 띠는 이 부분은 칸트의 철학적 종교론과 저술 배경을 설명하므로 칸트의 핵심 사상인 "도덕의 자율성과 종교의 도덕화"가 드러나는 중요한 지점이다.

헤 겔

19세기로 오면, 철학 세계의 새로운 그라운드ground를 만들면서 글자 한 자字로 세계를 뒤집는 거인 한 사람을 만날 수 있게 되지요. 헤겔Georg Wilhelm Friedrich Hegel, 1770-1831입니다. 그리고 그 한 단어는 정·반·합의 그 'Dialectics변증법, 보통 'D'자로 통함'입니다. 물론 헤겔은 변증법을 역사와 존재의 운동 원리로까지 확장했지만, 그 이전에도 진리 탐구의 방법론으로서 변증법은 소크라테스에서 시작되어 플라톤, 아리스토텔레스, 그리고 중세 신학자들을 거쳐 꾸준히 발전해 왔습니다. 따라서 헤겔은 변증법의 창시자라기보다, 그것을 철학적 체계로 완성한 사람이라 할 수 있습니다.

헤겔은 천 년에 한 번 나올까 말까 한 걸출한 인물이지요. '20세기의 철학과 신학의 아버지'로 불리는 그로 인해 신학은 다시 한번 철학의 뒤를 밀어주는 학문으로 남고 맙니다. 20세기도 역시 철학이 시대를 이끌고, 신학은 그 철학의 뒤를 따라오기만 했다고나 할까요. 한 시대를 책임졌던 헤겔의 다음과 같은 메시지는 온 기독교계와 신학계가 귀담아들어 경각警覺해야 할 부끄러운 말이라고 생각됩니다.

"현대에 있어서 기독교 진리의 수호자는 철학이어야 한다." 1821년부터 1831년까지 네 차례에 걸쳐 진행된 강의 내용을 바탕으로 편집한 『종교철학 강의』*Lectures on the Philosophy of Religion* 에서 설파한 대목이다.

이 말의 저의底意는 무엇일까요? 헤겔에 의하면 그의 시대 때 신학이 과도한 자유주의로 흘렀다는 것입니다. '고등 비평higher criticism'이니 '문헌 비평textual criticism', 또 '역사 방법론historical method'이니, '편집critical editing' 하면서 '비평학literary criticism' 등이 활개 치며 신학계가 기독교의 정통교리를 수호한 게 아니라, 성경 자체를 왜곡시키고 있었다는 것입니다. 신학이란 학문도 좋지만, 신학계가 텍스트인 성경 자체를 너무 비판적으로 보게 되면, 성경의 진실을 오도誤導, 사실과 멀어질 수 있다는 것입니다. 그래서 그는 '기독론Christology'에 상당한 시간을 바칩니다. 헤겔의 이 기독론은 스위스 출신의 신학자인 한스 큉Hans Kung, 1928-2021의 대작인 『헤겔의 기독론』*The Incarnation of God: An Introduction to Hegel's Theological Thought as Prolegomena to a Future Christology, 1970* 에서 자세히 분석되고 있습니다. 신학계가 'Kantian칸트파'이니 'Romantist낭만파'152이니 하면서 신학이 맹물처럼 되고, 기독교가 기독교의 고유한 맛을 잃어버리게 되니까, 헤겔 자신의 철학이 기독교를 수호해야 한다며 안타까운 선언을 하고 나온 것이지요. 그는 한 걸음 더 나아갑니다.

진리의 제사장이 철학자여야 한다. 『종교철학 강의』 중에서.

과연 헤겔은 금세기에 희한한 제사장 역할을 했습니다. 그로 인해 세계가 다 바뀌었다고 해도 과언이 아닙니다. 그의 죽음 이후 제자들은 그의 사상적 유산을 "헤겔주의Hegelism"로 명명하고 학문적으로 분가分家했지요. 칼 맑스Karl Marx, 1811-1883는 헤겔에게서 사회학적인 것을 꺼내 가지고 경

152 근대 이후 신학계는 크게 '칸트파'Kantian와 '낭만파Romanticist로 나뉘며, 각 흐름은 신학적 인식론과 인간 이해에 따라 구분된다. 칸트파는 이성을 통한 도덕적 자율성과 종교의 도덕화를 강조하며, 프리드리히 슐라이어마허Friedrich Schleiermacher, 알브레히트 리츨Albrecht Ritschl, 폴 틸리히Paul Tillich 등이 대표적으로 분류된다. 이들은 종교를 인간 내면의 의식이나 도덕적 구조로 이해하려 했으며, 계시보다는 인간 경험과 이성에 무게를 두었다. 반면 낭만파는 신비주의와 감성, 초월적 체험을 중시하며, 노발리스Novalis, 프리드리히 슐레겔Friedrich Schlegel, 칼 바르트Karl Barth 등이 그 흐름에 속한다. 특히 바르트는 계시 중심의 신학을 통해 인간 중심적 사유를 비판하고, 하나님의 초월성과 말씀의 주권을 강조함으로써 '**낭만주의적 신비성과 개혁신학을 결합**'한 독자적 신학을 전개하였다. 이처럼 두 흐름은 신학의 방향성과 인간 이해에 있어 서로 다른 길을 걸으며, 현대 신학의 다양성과 긴장을 형성해왔다.

제학적으로 분석하고 나름대로 유물론적으로 해석해서 『자본론』*Das Kapital, 총 3권, 1867-1894*이란 정치경제 학설을 내놓았습니다. 그리고 『The Communist Manifesto』공산인(당) 선언1848년 2월 21일에 첫 출판', 이란 책을 만들어 전 세계의 무산자 계급을 결속했습니다. 이에 세계 지식인들의 반 이상이 그의 책을 읽었고 고뇌하기 시작했습니다. 당시 20대의 대학생들치고 맑스의 책을 읽지 않으면 젊음이 없는 사람으로 간주 되었지요. 맑스로 인해서 러시아에 '볼셰비키 혁명'이 일어나고 모택동의 '대장정大長征'이 일어납니다. 물론 레닌•스탈린과 모택동의 등장은 맑스가 예상치 못한 아이러니랄까 비극이지요. 그들은 역사의 불한당들이기 때문입니다.

그리고 맑스 자신도 그의 이론이 완벽했다고는 볼 수가 없습니다. 허깨비를 본 것이 더러 있지요. 한 예를 들어, 그는 도시 노동자 계급무산자 계급,proletarius, 프로레타리아이 혁명을 일으켜 계급 없는 사회classless society를 이룰 것으로 보았습니다. 그러나 실제로 혁명은 도시에서 일어나지 않았고 도리어 농촌에서 일어났습니다. 모택동의 농민 결성이 그 예이지요. 그리고 도시 산업사회의 노동쟁의 문제도 노동조합이 노사문제를 해결해 나갈 줄 몰랐습니다. 또 레닌과 스탈린이 그렇게 기묘하게 니콜라이 3세 짜르Tsar 정부를 뒤엎고 민중을 장악, 저질의 공산당을 만들 줄 몰랐습니다. 1894년, 사제 양성 기관인 티플리스 정교회 신학교Tiflis Theological Seminary에 입학하였으나, 1899년, 혁명 사상에 심취해 중퇴한 이후 마르크스주의 활동에 본격적으로 뛰어들었던 스탈린은 제1 서기장 재임 시1924-1953 무려 약 5천만 명이나 되는 인민을 살상했습니다.[153]

153 스탈린의 재임 기간1924-1953 동안의 사망자 수는 학자들 사이에서 크게 엇갈린다. 보수적 추정에 따르면 공식 처형, 강제수용소Gulag 사망자, 집단 이주 및 대기근 피해자를 포함해 약 900만~1천만 명으로 추산되며Stephen Wheatcroft, Michael Ellman 연구, 반면 Robert Conquest, Anne Applebaum 연구 등은 최대 2천만~6천만 명까지 제시하기도 한다. 통계의 차이는 소련 기록의 신뢰도, 정치적

그리고 한국전쟁을 사주한 장본인이 아닙니까.

어쨌든 맑스 한 명만 보더라도 헤겔의 영향이 얼마나 큰지 알 수 있습니다. 맑스-레닌주의가 20세기 세계 어느 종교보다도 더 인류에게 영향을 끼쳐 온 셈입니다. 세계 인구의 50%와 면적의 60% 이상의 나라에서 사회주의 이데올로기를 채택[154]했고 그들 삶의 패턴을 바꾸어야 하지 않았습니까. 그토록 수많은 사람의 일생이 뒤바뀌고 역사가 바뀌는 것을 보고 있으면 철학의 힘은 실로 크다는 것을 알 수가 있습니다.

또한, 심리학계에서도 지그문트 프로이트Sigmund Freud, 1856~1939[155]가 그의 '무의식 이론unconscious consciousness'을 비롯한 사상 형성에 중요한 철학적 배경을 헤겔의 변증법적 주체 이해와 무의식적 정신 작용에 대한 사유 개념에서 이론적 토양으로 삼았다는 것이 학계의 일반적 평가[156]

해석, 범주 설정 방식에 따라 발생한다. [Cf. Robert Conquest, The Great Terror; Anne Applebaum, Gulag: A History; Stephen Wheatcroft, "Victims of Stalinism and the Soviet Secret Police"; Wikipedia, "Excess mortality under Stalin".]

154 [참조도서: 김윤태, 『사회학의 발견』, 2006, 새로운 사람들; 에릭 홉스봄 Eric Hobsbawm 『극단의 시대』, *The Age of Extremes, 1994;* 20세기1914-1991를 "극단의 시대"로 규정하며, 전쟁, 혁명, 냉전, 자본주의와 사회주의의 충돌, 문화의 변화 등을 분석한다. 특히 마르크스주의 역사학자로서 홉스봄은 아래로부터의 역사, 민중의 삶, 구조적 변화에 초점을 맞추며, 20세기를 비판적으로 조망한다.]

155 지그문트 프로이트Sigmund Freud, 1856~1939는 오스트리아의 정신과 의사이자 정신분석학의 창시자로, 근대 심리학과 정신의학의 지형을 바꾼 인물이다. 그는 특히 '의식'consciousness과 '무의식'unconsciousness, 그리고 '충동'Trieb 문제를 핵심 주제로 삼아, 이를 치료 기술로서의 정신분석과 심리학 이론 속에 체계화했다. 프로이트에 따르면 '**인간의 마음은 의식, 전의식, 무의식의 층위로 구성되며, 무의식 속에는 억압된 욕망·기억·감정이 자리해 행동과 사고를 은밀히 지배**'한다. 그는 이러한 무의식의 내용을 드러내고 해소하기 위해 꿈 해석, 자유연상, 전이 분석 등의 기법을 개발했다. 대표 저서로는 무의식 이론의 기초를 세운 『꿈의 해석』(1900), 일상 속 무의식의 발현을 분석한 『일상생활의 정신병리』(1901), 성 발달 단계와 성적 충동을 다룬 『성 이론』(1905), 그리고 정신 구조를 이드Id·자아Ego·초자아Superego로 구분한 『자아와 이드』(1923)가 있다. 이들 저작을 통해 프로이트는 인간 정신을 이해하는 새로운 틀을 제시했으며, 그의 사상은 '심리학뿐 아니라 철학, 문학, 예술 등 다양한 분야에 깊은 영향'을 미쳤다.

입니다. 프로이트 학파만 해도 하나의 종교가 될 만큼 얼마나 큰 구조물입니까. 물론 현대 심리학계의 많은 사람이 프로이트주의를 초월했다 하더라도, 그들 사상의 뿌리는 다 프로이트이지요. 그의 심리분석psycho-analysis에서 칼 융Carl Jung도 나오고 미국의 심리학자 칼 로저스Carl Rogers의 연구에 그 뿌리를 두고 있는 인간 중심 심리상담인 '로저리안Rogerian'도 나오고 그러잖아요. 그러니까 현대의 심리학은 프로이트가 커다란 초석을 놓은 셈이지요. 그토록 프로이트가 현대 심리학계에 미치는 영향이 큽니다. 미국의 경우 그들의 사상은 미국인의 의식 속에서 '준準종교quasi-religion가' 될 정도로 하나의 '문화'를 형성하지 않았습니까.

이 외에 헤겔의 영향을 받은 학문 분야는 지금 다 열거치 않아도 좋겠습니다. 다만 사회학자 막스 웨버Max Weber, 1864~1920, 허버트 마르쿠스Herbert Marcuse, 1898~1979, 또 역사가 중에 아놀드 토인비 같은 사람들도 헤겔의 영향을 받았다는 말만 하도록 하겠습니다. 특히 토인비는 1911년 그가 옥스퍼드 대학을 졸업한 때부터 문명사를 연구하기 시작, 1934년부터는 대작 『역사의 연구』*A Study of History*로 '문명의 도식圖式'을 그리는데, 그의 역사 연구의 추진력은 바로 헤겔의 『역사 철학』*Philosophy of History, 1837* 이었습니다.

최근의 사람 중에 헤겔의 영향을 받은 사람 정치가 한 명을 들라고 하면 소련의 마지막 공산당 서기장이었던 고르바초프157Mikhail S. Gorbachev,

---

156 [출처: 1)Hegel, Nietzsche, and Freud on Madness and the Unconscious, JSTOR 논문, 2) 『Hegel, Freud, and Lacan: the subject and the Other』 (Perry Myers, 1996, University of Texas, (UT Repository), 3) 『Freud and nineteenth-century philosophical sources on the unconscious』 (Cambridge University Press, *Thinking the Unconscious*); 요지: 프로이트의 『꿈의 해석』(1900)에서 제시된 무의식 개념은 19세기 독일 철학(특히 헤겔, 셸링, 쇼펜하우어)의 영향을 받았음을 분석]

157 고르바초프는 1985년부터 1991년까지 소련 공산당 서기장을 역임했으며, 1990년부터 1991년까지 소련 대통령으로 활동했다. 그는 페레스트로이카정치·경제

1931~2022이지요. 그는 독일의 철학자로 '희망의 신학자'라 불리는 몰트만 Jürgen Moltmann, 1926~2024에게 영향을 주었던 에른스트 블로흐[158]Ernst Bloch, 1885~1977가 1930년대 초반에 모스크바에 체류하며 모스크바 마르크스-레닌 연구소Moscow Institute of Marxism-Leninism에서 강의할 때, 그로부터 헤겔주의의 영향을 받은 사람입니다. 그리고 최근 정치학계에는 많은 수의 '신헤겔주의자Neo-Hegelian'들과 '신맑스주의자Neo-Marxist'들이 새로운 정치경제의 이상으로 미래 사상을 재편하고 있습니다. 전부 젊은 시절 헤겔주의에 영향을 받은 사람들인데, 이제 나이 들어 헤겔을 다시 연구해서 미래 질서의 청사진으로 내놓는 것이지요.[159]

구조 개혁 정책,Perestroika와 언론 자유와 정부의 투명성을 확대하려는 개방 정책인 글라스노스트Glasnost를 추진하며 소련의 경제와 정치 체제를 변화시키려 했지만, 결국 소련 붕괴로 이어졌다. 그는 냉전 종식에 중요한 역할을 했으며 이에 1990년 노벨 평화상을 수상하기도 했다.

158 에른스트 블로흐Ernst Bloch, 1885~1977는 독일의 철학자로, 20세기 사상사에서 '희망의 철학'을 정립한 대표적 인물이다. 그는 인간이 단순히 현재에 머무르는 존재가 아니라, 아직 실현되지 않은 미래를 향해 나아가는 존재라는 점을 강조하며, 이를 '희망의 원리'Das Prinzip Hoffnung로 체계화했다. 블로흐에게 유토피아적 사고란 단순한 공상이 아니라, 현실을 비판적으로 성찰하고 더 나은 사회를 향한 가능성을 탐구하는 창조적 상상력이었다. 그는 이를 '아직-아님' Not-Yet의 의식이라 부르며, 현재 속에 잠재된 미래의 가능성을 발견하고 실현하려는 인간의 능동적 지향을 철학의 핵심에 두었다. 종교와 철학의 관계에서도 그는 독창적인 시각을 제시했다. 전통적 신학의 틀을 벗어나 '종교를 인간 해방과 희망의 지평에서 재해석'했으며, 이러한 사상은 위르겐 몰트만Jürgen Moltmann 등 현대 신학자들에게 깊은 영감을 주었다. 그의 주요 저서로는 『희망의 원리』*Das Prinzip Hoffnung*, 『유토피아의 정신』, *Geist der Utopie*, 『자취들』*Spuren*이 있으며, 이들 저작에서 그는 철학·정치·종교를 아우르는 폭넓은 사유를 전개했다. 생애 또한 격동의 역사와 맞물려 있었다. 1933년 나치의 탄압을 피해 스위스로 망명했고, 이어 소련으로 이동했으나 1936년 스탈린 체제의 숙청 분위기 속에서 소련을 떠나 미국으로 이주했다. 제2차 세계대전 종전 후에는 동독에서 교수로 재직했으나, 관료주의와 정치적 억압에 반대해 서독으로 망명했다. 이러한 경험은 그가 정치적·사회적 변혁을 철학적 사유와 결합시키는데 중요한 토대가 되었다. 요약하면, 블로흐는 미래를 향한 인간의 희망과 유토피아적 상상력을 철학의 중심에 놓고, 이를 역사·정치·종교와 연결하여 사유한 사상가였다. 그의 철학은 오늘날에도 '**변혁과 해방, 그리고 더 나은 세계를 향한 비전을 모색하는 데 중요한 영감**'을 제공한다.

그리고 실존주의美學도 마찬가지로도 헤겔에서 빌려 온 것입니다. 그것이 하이데거Martin Heidegger, 1889~1976에서 야스퍼스로 이르는 길목이든, 키르케고르에서 사르트르에 이르는 길목이든 하이데거나 키르케고르는 헤겔을 깊이 연구한 사람들입니다. 그러니까 '실존주의existentialism'라는 것도 결국 헤겔에게서 나온 것이지요. 십 대부터 이십 대 초반까지 플라톤과 성경을 읽은 쇠렌 키르케고르Søren Kierkegaard, 1813~1855는 헤겔에 경도傾倒, devotion, dedication, 헤겔에게서 실존 구조의 모티브를 끄집어내서는, 헤겔의 용어와 개념을 쓰면서 헤겔과 싸웠습니다. 어떤 면에선 유치한 일이지요. 어쨌든 그도 헤겔에게 삼키게 된다고 할까, 감싸이게 되지요.

그리고 최근 50년 동안 학계를 휩쓴 학문 연구의 새 방법론 "해석학Hermeneutics"도 그 연원origin이 헤겔에게 있지요. 헤겔의 학자딜타이 슐라이마허 쪽도 있지만를 거쳐 한스 가다마, 하버마스, 그리고 폴 리쾨르 등도 헤겔리안Hegelian들이죠. 물론 폴 리쾨르160Paul Ricœur, 1913~2005는 헤겔과 칸트를

---

159 20세기 이후 정치철학과 정치경제학에서는 젊은 시절 헤겔 사상에 영향을 받았던 학자들이 다시금 헤겔을 재해석하며 미래 질서의 청사진을 제시하고 있다. 알렉상드르 코제브는 『정신현상학』 강의를 통해 "역사의 종말" 논의를 펼쳤고, 허버트 마르쿠제는 프랑크푸르트 학파 안에서 헤겔과 맑스를 결합해 "현대 자본주의를 비판"했으며, 위르겐 하버마스는 의사소통 행위 이론으로 "비판이론을 계승"했다. 또한 슬라보예 지젝은 라캉 정신분석과 헤겔·맑스를 접목해 "현대 정치철학을 새롭게 구성"했고, 로버트 피핀은 "근대성과 자유 문제를 헤겔적 관점에서 재해석"했다. 이처럼 신헤겔주의자와 신맑스주의자들은 동시대의 정치·경제적 위기를 넘어설 새로운 사상적 틀을 모색하며, 헤겔적 전통을 미래적 전망으로 다시 불러내고 있다.

160 폴 리쾨르는 20세기 프랑스를 대표하는 철학자로, 해석학Hermeneutics과 현상학Phenomenology을 결합해 인간 경험과 언어, 그리고 의미 해석의 문제를 심층적으로 탐구했다. 그는 독실한 개신교 가정에서 성장했으며, 가브리엘 마르셀의 종교적 실존주의 영향을 받은 뒤, 에드문트 후설과 마르틴 하이데거의 사상에서 큰 영감을 얻어 자신의 철학을 전개했다. 리쾨르는 "**현상학적 방법을 통해 인간 경험의 구조를 분석하면서, 이를 해석학적 사유와 결합해 이해와 해석의 과정을 철학적으로 체계화**"했다. 그는 인간이 세계를 경험하는 방식이 언어와 상징, 그리고 이야기 속에서 드러난다고 보았으며, '**텍스트 해석**'을 통해 자기 이해에 이르는 과정을 강조했다. 그의 연구는 문학, 역사, 심리학, 신학 등

동시에 종합하는 사람이지요. 이토록 헤겔의 학문과 사상이 세계를 뒤집어 놓았으니 가히 19세기와 20세기는 헤겔의 시대라 할 수 있을 것입니다.

기독교 사상은, 수도승 마틴 루터가 종교개혁을 하여 독일에 개신교를 심은 이래, 철학에 접목되다가 칸트에 의해 윤리를 수정받고, 그리고는 거인 헤겔 때에 와서 엄청난 문화의 꽃을 찬란하게 피운 것입니다. 개신교의 문화가 기독교 문화로 빛을 발하게 된 데에는 이토록 시대를 이끌어온 철학의 영향이 있지요. 이제 미래는 어떻게 신학, '성서적으로 균형 잡힌 복음주의 신학'이 철학과 동서문화를 종합하면서 밀레니엄millennium, 하나님의 나라 도래의 역사 창조를 사상적으로 예비하느냐 하는 것입니다. 철학으로부터 많은 도움을 받았으니, 이제는 은전恩典을 갚는 의미에서 살아 있는 궁극의 섭리, 그 인격여호와 하나님의 신지神智, Divine Wisdom, 고전 1:24; 골 2:3와 신애神愛, Divine Love, 요 3:16; 롬 5:8를 궁극의 섭리와 진리인 가장 승화된 진리, '십자가의 도'고전 1:18; 빌 2:8-9로 가르쳐 주어야 합니다.

다양한 분야와 맞닿아 있었고, 특히 프로이트의 정신분석을 해석학적으로 재조명하며 심층심리학과 철학의 대화를 시도했다. 주요 저서로는, 『해석학과 정신분석』*Hermeneutics and the Psychoanalysis*, 『시간과 이야기』*Time and Narrative*, 『기억, 역사, 망각』*La mémoire, l'histoire, l'oubli* 등이 있다. 리쾨르의 사상은 "**해석을 통한 자기 이해**"라는 주제로 요약될 수 있으며, 이는 현대 해석학과 인문학 전반에 깊은 영향을 미쳤다.

인간 이성의 역사적 발전 -과학과 문명에 대하여

인간의 이성이랄까, 사물을 보는 눈은 역사적으로 어떻게 발전해 왔다고 보십니까. 과학과 문명을 중심으로 좀 더 부연 설명을 들어 보고 싶습니다.

옛날 인간이 무지의 세계에서 살고 있을 때, 말하자면 호머Homer, 기원전 8세기의 『일리아드』*The Iliad*나 『오디세이』*The Odyssey* 같은 책에 보이는 그런 신화시대에 살았을 때는, 인간의 이성이 잠자듯 한 시대였습니다. 번개가 치면 제우스Zeus, 올림포스 최고의 신가 화가 나서 때린 것으로 알았고, 해일이 일면 해신海神 포세이돈Poseidon이 노해서 큰 파도를 보내는 것으로 알았습니다. 아프리카 사람들은 동양 사람들과 마찬가지로 정령精靈 신앙을 가지고 큰 나무 밑에 가서 절하고, 죽은 이의 혼이 나중에 살아 있는 가족에게 제해초복除害招福하는 것으로 보았습니다. 그리고 죽는 것도 귀신이 들어, 즉 귀신이 데려가려고 해서 병들어 죽는 것으로 여겼기에 무당을 불러 귀신을 기쁘게 해서 재앙을 면하려고 한 것입니다. '무당 굿하다'는 귀신을 쫓아내는 일이지요. 우리나라 한자인 '굿㐙'의 뜻은 한자의 '굿㐙'의 음역음사音寫transliteration으로, 의미는 원래 귀신에게 절기도하여 그로 기쁘게 해드린다는 뜻입니다. 그리고 '신神난다'는 뜻은 '귀신이 내려온다'라는 뜻, 즉 '신이 나리신다'의 준말이지요. 축귀逐鬼, 축사逐邪,

또는 무법巫法이라고 하는데, 시베리아 퉁구스족에서 유래한 용어인 샤만shaman을 불러서 귀신이 '나리시게神-나릴 신'하는 것입니다. 북미 원주민의 medicine man, 아프리카의 witch doctor, 한국의 무당 등도 넓은 의미에서 shaman으로 분류되지요. 'Spiritualism영매술의 한 종류인 exorcism'이죠. 귀신을 두려워해서 무지하니까 그랬던 것 아니겠습니까.

사도 바울이 말한 대로, "진정으로 하나님을 알면 귀신 같은 것은 없어"고전 8:4; 고후 6:14-15인데 말이죠. '하나님이 제일 강하신전지전능한 분'이시기 때문입니다.창 17:1; 욥 36:5; 사 40:28; 계 1:8 등 또한, 잠언서가 알려주듯이, 개인의 내면과 선택이 무지하면5:22-23 온 세상을 미혹하는 영, 사탄 악마에게 지배당하는 것입니다.요일 5:19 그래서 '사람은 마음에 생각하는 대로as man thinks in his heart'잠 23:7 믿고 행하기도 합니다. "무지하면 주 앞에 짐승과 같다"시 73:22고 하였는데, 비록 만물의 영장이고 하나님의 형상으로 지어진 인간이지만 누가 가르쳐 주지 않으면 모두 다 어둠無知 속에 있게 됩니다. 진리의 세계 안에, 즉 빛의 세계 안에 살면 자유케 되는데, 어둠 속에 살고 있으니까 갖가지 잡령雜靈의 두려움에 눌려 산단 말이지요. 마치 우리나라 사람들이 옛날에, 부엌에도 귀신이 있고 변소에도 귀신이 있다고 여겼듯이 …. 그러다가 인간은 종교 시대에 접어들었습니다. 인간의 의식이 발달해서 '무한의 세계'를 인식하기 시작한 것입니다. 그러나 너무 지엽말절枝葉末節적인 종교의식으로 살게 됨으로써 정체된 사회 속에서 생명 인식이 종교성과는 무관하게 살았다고 할 수 있습니다. "살았다고 하는 몸은 있었으나 실은 죽은 몸들"계 3:1이었지요. 영과 혼이 죽은 인간이라면 살아 있어도 죽은 사람들이 아닙니까.

이 시대 이후 인간은 무지에서 눈이 떠지고 또 맹목적인 종교 행위에서 '이치에 맞고 논리적인 것'을 생각하면서 르네상스Renaissance, 文藝復興[14]

세기부터 17세기 초까지를 통과하게 되었습니다. 그리하여 이성에 눈이 떠진 일단의 사람들이 '휴머니즘Humanism'쪽으로 갔었지요. 이 사람들 중에 중세 최대의 인문학자로 불리는 에라스무스Desiderius Erasmus, 1466-1536 등의 인문주의자들이 쌓아 올린 정신과 학문은 종교개혁자들에게 종교적 통찰력을 줄 수 있었습니다. 마틴 루터가 권위와 형식 의식에 젖어 있던 로마 가톨릭Roman Catholic Church을 탈출, 낡은 종교 전통에 대항하여'Protestant' 새로운 정신문화를 진작振作시킬 수 있었던 것도, 인쇄 기술의 발달 등과 더불어, 어떤 면에선 이 인문주의의 영향이 가장 컸었다고 할 수가 있습니다.

이 개혁운동은 한 세기 후, 정치와 문화 전반에 걸친 「계몽주의」로 연결이 되었지요. 그리하여 볼테르Voltaire, 본명 François-Marie Arouet, 1694-1778가 철학 · 계몽사상과 자유와 이성을, 몽테스큐Charles-Louis de Secondat, Baron de Montesquieu, 1689-1755가 삼권분립 이론 정립과 법의 정신을, 케네François Quesnay, 1694-1774가 중농重農주의Physiocracy 경제학파 창시를, 디드로Denis Diderot, 1713-1784가 《백과전서》*Encyclopédie*, 1751-1772 저작 등을 통해 계몽주의 지식 집대성과 종교·권위 비판을, 루소Jean-Jacques Rousseau, 1712-1778가 사회계약 문제를 통해 근대 민주주의·공화주의 발전에 큰 영향을, 라이프니쯔Gottfried Wilhelm Leibniz, 1646-1716가 철학적으로는 천문학과 수학을 일으켰음을 우리는 알고 있습니다. 우선 그들은 신이 왕에게 왕권을 주었다고 하는 '왕권신수설王權神授說, Divine Right of Kings'에 대하여 거역 반응을 나타내기 시작했습니다. 포식하고 타락한 왕권 그룹들의 도덕성과 무엇보다도 민중을 착취하고 마음대로 죽이는 무법성에 대항하여 이 사상가들은, '왕도 법法 밑에 있어야만 한다'는 것을 생각한 것입니다. 법에 우주성이 있다면 왕권신수설은 윤리적인 측면에서 맞지 않다고 보게 된 것이지요. 이리하여 봉건 왕정 체제가 무너지고 시민 사회의식이 싹트기 시작했습니다.

헌법The Constitution이 생기고 국회a parliamentary system가 생긴 것이지요. 그리고는, 혁명의 불길이 솟았습니다. 전제專制의 의자 밑에서 신음하던 시민이 '인권과 정의'를 위해 봉기한 것입니다.

한편 주목할 만한 것은, 이탈리아 출신의 예수회 전교사로서 중국과 아시아 대륙에 기독교 신앙을 정착시킨 마테오 리치Matteo-Ricci, 1552-1610의 문서가 서구인 인문주의의 승화와 혁명 개념을 현실화시켰다는 것입니다. 마테오 리치가 유럽에 중국 문명을 소개한 최초의 본격적 보고서로 평가받는 방대한 『중국 전교사』中國傳敎史, *Della Entrata della Compagnia di Giesu e Christianita nella Cina, 1615, 645쪽* 가 지중해권 너머 원동遠東에도 '고등 윤리와 학문'이 있다는 것을 알렸고, 무엇보다도 그가 소개한 『맹자』孟子의 위민爲民-王道, kingly way for the people과 여민與民-同樂, enjoy together with the people 사상, 그리고 유신혁명維新革命 사상이 서구사회 개혁과 혁명 의지에 불을 질렀습니다. 맹자에 따르면, 천자天子가 하늘로부터 백성을 다스리라는 명天命을 받으나, 그 천자가 치자治者로서 부덕不德하여 하늘 명을 어길 때는 '강도'나 '도적'과 마찬가지니 그를 끌어내리라는 것입니다. [『孟子集註』, 「양혜왕 장구 下 제8장, 맹자 혁명론」 -中에서]

유럽은 마테오 리치의 위민爲民에 관한 이 문서로 인해서 사실상 계몽주의 시대에 들어가게 되었다고 해도 과언이 아니고, 그래서 프랑스 혁명은 그 연장선이라고 할 수 있습니다. 마테오 리치의 『중국 전교사』는 동료인 니콜라 트리콜트Nicolas Trigault 金尼閣에 의해 1615년에 라틴어로 출간된 이래 1630년까지 유럽 각국의 언어로 번역되었지요. 계몽주의와 근대 민주주의에 끼친 마테오 리치의 영향은 실로 커서 이 자리에서 언급을 다 하진 못합니다. 다만 한 가지를 얘기한다면, 볼테르François-Marie Arouet, Voltaire, 1694~1778는 평생 그의 서재에 공자의 상像을 부쳐 놓고는 아침저녁으로 그에게 절을 하며 살았다는 사실입니다. 그런데 나중에 그의 서재가 성경 간행 출판소가 된 것[161]은 작위作爲일까요, 우연偶然의 아이러니일까요.

이 인간의 이성이 중요시된 계몽시대 이후 신학을 포함 한 모든 학문에 비평주의 정신이 들어왔습니다. 그리고 과학 시대가 영국의 버밍엄 시를 공업도시로 특화하면서, 기관차가 나오는 등 산업 시대와 함께 막을 열었습니다. 사물을 보는 방법론이 관념론에서 과학적이고 합리적인 것으로 바뀌었습니다. 생물학과 수송 수단의 자동화, 그리고 의학도 이때부터 시작되었지요. 수천 년의 수공업이 기계공업으로 바뀌었습니다. 문명의 마지막 때를 알려주는 다니엘 12장 4절이 시작된 것입니다. "사람들이 빨리 왕래하고 지식이 증가하리라." 곧 운송 수단의 발달과 과학 정보통신 지식의 혁명이 있다는 것입니다. '개국有史 이래로 없는 환난의 때'단 12:2가 오면 이런 문명이 된다니까, 마지막 시대의 징조이지요.

사실 목하目下 현시대는 놀라운 시대가 되어, 2,000년도 전까지만 해도 대학의 책 한 권을 빌리려면 책의 도서 목록을 따라 대출 번호를 알

---

161 볼테르Voltaire, 1694-1778는 프랑스 계몽주의를 대표하는 사상가로, 공자를 계시 없이도 도덕을 구현한 이상적 인물로 높이 평가하며 그의 초상을 서재에 걸어 존경의 뜻을 표했다. 그는 종교적 권위와 미신을 비판하면서도, 합리적 도덕과 인류 보편의 가치에는 깊은 관심을 가졌다. 그가 말년을 보낸 스위스 제네바 근교의 저택 '레 들리스'Les Délices는 훗날 제네바 복음주의 성경협회의 손에 넘어가, 성경과 복음 전도지를 전 세계로 배포하는 거점으로 사용되었다. 이 사실은 "**기독교와 성경을 비판했던 계몽주의 철학자의 집이 오히려 성경 보급의 중심지가 되었다.**"는 점에서, 종종 역사의 아이러니로 회자된다. 이 일화는 볼테르의 종교 비판과 계몽주의 정신, 그리고 그가 남긴 문화적 유산이 이후 전혀 다른 맥락에서 재해석될 수 있음을 보여주는 사례로, 오늘날에도 철학·역사·종교 담론 속에서 흥미로운 화제로 다뤄지고 있다. [참고: (1) Merritt, Daniel. *"Voltaire's Prediction, Home, and the Bible Society: Truth or Myth?"* CrossExamined.org 기사 (2) *"Was Voltaire's house being used by the biblical society?"* Christianity StackExchange 토론]

기 위해 도서관으로 직접 가야 했는데, 지금은 세계통용유통망www.world wide web으로 디지털화 되어 있는 전 세계 도서관과 거의 모든 연구 자료가 데이터 베이스DB를 통해 검색search하고 출력print하고 편집edit할 수 있는 기술 단계입니다. 한 예로, 하버드대학교 도서관Harvard Library 시스템은 90개의 도서관으로 구성되어 있는데, 하버드대 소장 전체도서 1,680만 권2020년 기준을 제목, 저자, 또는 키워드만 입력하면 내용의 검색은 물론 내용까지 (무)유로로 다운로드 할 수 있다고 합니다. 이는 국내 국립중앙도서관과 대부분의 학교·연구기관도 적용하고 있으며, 인류의 보고인 그 수백억 자字로 된 대영백과사전Encyclopaedia Britannica, 大英百科事典을 손톱 크기의 칩에 다 옮겨 저장할 수 있거나, 내가 사용하는 컴퓨터, 심지어는 기기 내부의 실행용 임시 저장 공간 용량이 대용량인 휴대폰Cell/Smart/Mobile phoneMemoryStorage의 다양한 내부/외부 저장소나, 데이터를 서버에 저장해서는, 한편 언제 어디서나 접속이 가능한 인터넷 기반 원격 저장소Cloud에 저장할 수 있다 하니,162 이 얼마나 놀라운 일입니까.

하나님의 형상을 닮은 인간의 잠재 능력들이 인간과 자연에 감춰진 비밀의 문들을 열고 나온 것이라고 말하기도 합니다. 그러나 이 과학이 21세기로 들어오면서 놀라운 정보통신과학과 테크놀로지technology로 이

162 한 예를 들면, 자연어 처리 기반의 인공지능 챗봇인 ChatGPT4는 단순한 대화형 AI를 넘어, 데이터 수집, 분류, 분석 능력을 갖춘 고급 언어 모델로 발전해 왔다. 수치화된 성능은 모델 자체의 구조와 활용 방식에 따라 다르지만, 간략히 예시하면, '수백 년에 걸쳐 축적된 방대한 데이터를 단 몇 분 만에 수집하고 분석하며, 의미 있는 패턴으로 분류해내는 능력은 인공지능 기술의 핵심 역량 중 하나이며,' 'AI는 인간이 수십 년간 축적한 데이터를 실시간으로 불러와, 수초 내에 요약하고 분류할 수 있는 처리 능력을 갖추고 있다.' 등이 있다. 이러한 예로, 300년간 축적된 기후 데이터수백만 건를 AI가 수집·정제·분석하는 데 걸리는 시간은 수 분~수십 분에 불과하다. [참고: (1) *"누구나 따라 할 수 있는 챗GPT 데이터분석"* **https://www.aiground.co.kr/anyone-can-do-data-analysis-with-chatgpt** (2) *"ChatGPT로 사회과학 데이터를 분석하는 5가지 방법"* **https://blog.naver.com/exploretoday/223814843565**]

어지고, 그리고 지금 이러한 테크놀로지가 문화 자체를 변화시키는 대리인이 되었다는 사실입니다. 한 예를 들어 현재 우리는 OTTOver-The-Top 플랫폼platform을 통해 휴대폰이나 TV로 유트브나 넷플릭스, 티빙, 왓챠 등의 서비스 컨텐츠를 선택하여 언제 어디서든지 사용할 수 있다고 하니 말이지요. 편집자의 도움을 받아, 알려진 내용들을 몇 가지 정리해 보려 합니다. 필자는 국내외 어디에서든 2010년대 전반까지 일본제 Sony 'Walkman' 녹음기를 휴대하며 반복해 듣고, 설교나 강연 등을 녹음하던 시대를 살아온 세대인데, 당시 이 녹음기는 기능이 다양하고 사용이 편리하여 일상에서 널리 활용되었지요. 이제는 고高화소Megapixel사진 및 동영상 제작까지 가능한 휴대용 스마트폰 하나로도 이 모든 기능을 아우르게 되었더군요. 1990~2000년대까지만 해도 휴대전화는 통화와 문자 기능이 전부였지만, 오늘날의 스마트폰은 단순한 통신 기기를 넘어 온라인과 오프라인의 경계를 허물고, 손 안의 컴퓨터이자 녹음기, 사진기, 동영상 캠코더 기능까지 갖춘 융복합 시스템으로 진화했다는 생각이 듭니다.

익히 사용하고 계시지만 스마트폰의 주요 기능들을 구별하여 잠시 살펴보려 합니다. **이하 편집자 구성**: *통신 기능; 음성 통화, 문자 메시지SMS, 영상 통화, 메신저 앱 *데이터 네트워크; 4G LTE, 5G, Wi-Fi, 블루투스, NFC *멀티미디어; 카메라로 사진·동영상 촬영, 편집, 갤러리에 분류 보관, 음악·영상 재생, 스트리밍 *위치 기반 서비스; GPS, 지도, 내비게이션, 위치 공유 *애플리케이션 실행; 게임, 생산성 앱, 금융·쇼핑 배달주문 앱 등 *보안 및 인증; 지문 인식, 얼굴 인식, 패턴·PIN 잠금 *센서 활용; 가속도계, 자이로스코프, 근접 센서, 조도 센서, 심박 센서 등 *결제 기능; 삼성페이·애플페이·구글페이 등 다양한 모바일 결제, 일반금융 전자결제 및 입출금과 이체를 위한 스마트 뱅킹 등을 들 수 있겠습니다.

한 개의 스마트폰은 하드웨어센서·칩셋 + 소프트웨어OS·앱 + 네트워크5G·Wi-Fi + AI·클라우드 컴퓨팅Cloud Computing163이 유기적으로 결합 된 융합 기술의 집약체입니다. 즉, 각각의 기능이 따로 동작하는 것이 아니라, 운영체제와 하나의 반도체 칩 안에 집적한 것인 System on ChipSoC가 중심이 되어 모든 기능을 통합·최적화하는 구조입니다. 저와 독자 제현께서는 이러한 기능 중 어느 정도 실제 사용하고 있는지 스스로 자기 점검self-test해 보는 시간이 될 것 같군요.

선진국과 우리나라가 선도하고 있는 최근 정보통신과학의 융복합 기술 발전 과정과 그 활용 사례에 대한 정보를 정리해 보면, 저자 독자께도 이해와 실생활 활용에 도움이 될 것이라는 생각이 듭니다. 이에 편집자의 도움을 받아 이를 어느 정도 정리해 보고자 합니다. 먼저, 오늘날은 IoTInternet of Things, 사물인터넷 기술을 통해 집 안에서는 원하는 영화를 자유롭게 선택해 감상할 수 있고, 집안의 여러 가지 전자 장치를 제어하고 예약할 수 있으며, 집 밖에서도 에어컨, 냉장고, 엘리베이터, 자동차 시동 등 다양한 전자기기를 원격으로 제어할 수 있는 시대입니다. 또한 스마트폰이나 컴퓨터를 활용해 집 안에서 쇼핑을 하거나 비행기 예약까지 처리할 수 있으며, 이러한 일상 속 자동화와 연결성은 인공지능 AI Artificial Intelligence164의 발전과 함께 더욱 확대되고 있습니다. 또한, 기술

163 클라우드 컴퓨팅Cloud Computing은 사용자가 직접 서버나 저장 장치를 갖추지 않아도 인터넷을 통해 서버, 스토리지, 데이터베이스 등 다양한 컴퓨팅 자원을 자유롭게 활용할 수 있는 기술이다. 이러한 방식은 물리적 장비 없이도 데이터 저장과 처리, 서비스 운영이 가능하게 하며, 대표적인 서비스로는 Google Drive, Dropbox, Microsoft OneDrive, Amazon Web ServicesAWS 등이 있다.

164 간략히 정리하면, AI, 인공지능은 인간의 학습·추론·판단 능력을 모방해 데이

의 확산과 협업, 공유를 통해 오픈 소스Open Source, 기술 공개Technology Disclosure, 공개 표준Open Standards, 라이선스 공유Licensing Sharing와 같은 제도들이 국내외 법규에 따라 정착되면서, 정보통신과학기술ICST은 전 세계적으로 보편화되었습니다. 이러한 기술은 컴퓨터를 기반으로 실제처럼 체험할 수 있는 인공 환경인 가상현실 VRVirtual Reality의 활용으로 이어졌으며, 인간의 여가 활동은 물론, AI 로봇을 활용한 심리·감정 조절까지 플랫폼과 컴퓨터가 제어할 수 있도록 연구가 진행되어 다양한 형태로 상용화되고 있다고 합니다.

더욱 그 기술이 흥미로운 것으로, 빛의 간섭 현상을 이용해 3차원 입체 이미지를 구현하는 기술인 '홀로그램Hologram'은 'Holo전체, 완전함' + 'Gram기록, 메시지'의 합성어로 빛의 간섭 무늬를 기록하여, 실물처럼 입체적으로 보이는 영상을 만들어 내는 기술로 우리가 흔히 영화나 공연에서 보는 "공중에 떠 있는 영상" 같은 장면이 바로 홀로그램 기술의 응용 사례입니다. 이렇듯 홀로그램은 단순한 시각 효과를 넘어서, 정보 전달 방식의 혁신을 이끌고 있는 기술입니다. 나아가 'Meta초월' + 'Universe세계'의 합성어로 현실 세계와 가상 세계가 융합된 3차원 디지털 공간인, '메타버스Metaverse'는 단순한 가상현실을 넘어 사회·경제·문화 활동이 가능한 디지털 생태계로 발전하고 있으며, 교육, 의료, 산업, 엔터테인먼트 등 다양한 분야에서 활용되고 있습니다. 그 기술의 발전이 놀라울 뿐입니다. 예를 들면, 생전의 사진과 동영상, 시나리오 등을 합성하여, ARAugmented Reality, 증강현실 즉, 현실 세계에 디지털 정보나 이미지를 겹쳐 보여주는 기술과 사용자를 완전히 가상의 환경에 몰입시키는 기술

터를 기반으로 스스로 개선하며 확장하는 기술로, 알고리즘과 데이터 처리, 머신러닝·딥러닝 같은 기술적 개념을 기반으로 동작하며, 이를 통해 의료 진단, 금융 분석, 제조 자동화, 맞춤형 추천 등 다양한 분야에서 효율성과 정확성을 높이는 데 활용된다.

인 VR Virtual Reality, 가상현실 기술을 적용, 현실을 확장하는 기술과 현실을 대체하는 기술을 활용하여 돌아가신 아버지와 함께했던 일정한 때의 내용들을 '메타버스'에 반영하여 '아바타Avatar'[165]를 통해 화면으로 만나는 경험을 체험할 수 있고, 이미 상용화되어 장례식이나 추도식, 또는 제례 때 사용한다고 합니다.

최근 한 예로, 광복절 80주년에 이 플랫폼을 활용하여, 독립운동가들을 살아있는 모습으로 재현하여 마치 패션쇼 하듯, 선현 한 분 한 분씩 소개되는 모습을 보았지요. 의료 분야, 쇼핑 및 유통, 업무 및 협업, 그리고 교육 분야, 예를 들면, Harvard Univ. & MIT는 '공동 메타버스 캠퍼스'를 운영하며 물리적 제약 없이 협업 수업을 진행하는 등 현실 세계의 모든 물체와 환경을 실시간으로 메타버스에 반영, 다양한 분야에서 실제로 활용되고 있는 현실 기술이 되었습니다.[166]

'컴퓨터와 인간의 의식'에 관한 박사 학위 논문들도 나오고 있는 것으로 들었습니다[scienceon.kisti.re.kr; daewoofound.com; scholar.google.com.hk 등 참조]만 앞으로 인간의 의식은 연상 구조적 측면이 더욱 활발히 광폭으로 또한 국가 전략산업으로 상당한 속도로 더욱 발달하게 될 것이라고 하지요. 2024년 노벨 화학상과 물리학상이 인공지능 연구자들에게

---

165 '아바타Avatar'는 산스크리트어 'अवतार Avatāra'에서 유래한 말로, '내려오다', '현현顯現'이라는 뜻을 지니며, 전통적으로는 힌두교에서 신이 인간 세계에 모습을 드러내는 '화신化身'을 의미한다. 그러나 현대에 들어 디지털 및 가상 공간에서의 '아바타'는 사용자를 대신해 활동하는 디지털 분신 또는 캐릭터를 뜻한다. 활용 예로는 메타버스 플랫폼에서 아바타를 꾸며 소통하거나, 온라인 게임에서 플레이어의 캐릭터로 등장하며, 가상 회의에서는 사용자 얼굴 대신 이미지나 3D 모델로 표시되는 형태 등이 있다.

166 [참고: "홀로그램의 뜻과 원리", 네이버 블로그; "홀로그래피 개요", 위키백과; IT테크뷰: 호로그램의 적용 사례와 전망; "메타버스, WIS 2025에서 현실로? 최신 메타버스 플랫폼 & 활용 사례", AI 주제 및 정책 방향 https://blog.naver.com/alexcta/223843073828; https://m.blog.naver.com/nuovoparadiso/222343988687]

수여된 것은, AI가 단순한 기술을 넘어 과학적 창조의 핵심 도구로 자리 잡았음을 보여주는 역사적 사건으로, 이는 보수적인 학계조차 AI의 지식 생산 능력과 학문 간 경계 허물기를 공식적으로 인정한 상징적 전환점으로 보도된 것처럼, 보수적인 학계에서도 인공지능의 혁신적 가치를 공식적으로 인정했다는 것이기에 그 의미가 심장하고 확장성을 상징한다고도 볼 수 있겠습니다.[NobelPrize.org, 2024 Chemistry Press Release, Physics.org., "AI Predicts Protein Structures", *Nature,* AI Comes to the Nobels]

선명하게 영상이 떠오를 수 있도록 의식 능력이 강해졌다는 것은 인간의 잠재의식이 뛰쳐나오는데 상당히 영향을 끼칠 것으로 봅니다. 현재 인간은 '12~20퍼센트 정도의 머리 능력밖에 쓰지 않고 있다과학적으로 근거가 없는 속설'167고 하는데 80~90퍼센트를 쓸 수 있게 되면 과학과 문명이 어떤 상태의 것이 될 것인지에 대해서는 상상도 못 할 일이지요.168 문명이 지속적으로 진화한다면, 인류는 위로는 우주과학의 시대에서부터 아래로는 인간의 의식과 사고방식의 변화에 이르기까지, 지금

167 신경과학 연구에 따르면, 인간의 뇌는 항상 활동 중이며, 특정 기능을 수행할 때 다양한 영역이 협력한다. 과학적 연구 결과, MRI 연구로는 뇌를 촬영하면 어떤 활동을 하든 거의 모든 부분이 활성화됨을 확인할 수 있으며, 신경세포의 역할로는 뇌의 뉴런은 서로 연결되어 있으며, 비활성화된 뉴런은 '퇴화하기 때문에 사용되지 않는 90%의 뇌가 존재할 가능성은 낮다'는 것이다.

168 사용자를 완전히 가상의 세계로 몰입시키는 기술 가상현실, VR; Virtual Reality과 현실 세계 위에 디지털 정보를 덧입혀 보여주는 기술증강현실, AR; Augmented Reality, 이 두 기술은 교육, 의료, 산업, 엔터테인먼트 등 다양한 분야에서 빠르게 확장되고 있다. 그 외에도, 혼합현실MR; Mixed Reality, 확장현실XR; Extended Reality, VR, AR, MR을 포괄하는 상위 개념 등은 학문적 통섭과 기술적 융합을 통해, 앞서 언급한 OpenAI에서 개발한 챗봇Chatbot인 'ChatGPT'의 활용 영역까지를 포함하면, 모든 연구 분야에서 사람의 능력을 뛰어넘어 어디까지 발전하게 될지 모른다고 얘기들 한다.[https://blog.naver.com/PostView.nhn?blogId=ktw3259&logNo=221821752598]

껏 경험하지 못한 새로운 형태의 문명을 구축하게 될 것입니다. 예컨대, 현재 상용화를 앞두고 있는 자율주행차AV, autonomous vehicle와 도심항공교통UAM, Urban Air Mobility 기술은 시공간의 제약을 극복하는 이동 혁신의 상징입니다. 머지않아 우리는 서울에서 아침에 공중을 나는 차량을 타고 출근한 뒤, 낮에는 뉴욕에서 업무를 보고, 저녁에는 다시 서울 자택으로 돌아와 가족과 식사를 함께하는 생활양식[169]을 현실로 맞이하게 될지도 모릅니다. 이러한 변화는 단순한 기술 진보를 넘어, 인간의 존재 방식과 사회구조 전반을 재편하는 문명사적 전환의 신호탄이라 할 수 있습니다.

인류는 지금 AI 기반 기술을 중심으로 한 문명 전환기의 한가운데에서 있으며, 이는 인간이 시공간의 제약을 넘어서는 새로운 형태의 지능형 문명을 구축하는 과정이라 할 수 있습니다. 앞으로 전개될 정보통신 과학기술의 발전은 단순한 기술 혁신을 넘어 사회구조, 인간의 삶의 방식, 존재의 의미 자체를 근본적으로 재편하는 거대한 패러다임 전환을 이끌 것으로 전망됩니다.

예상되는 혁신 기술 발전으로는 개인화된 AI 에이전트Agentic AI; 차세대 컴퓨팅 기술인 양자 컴퓨팅Quantum Computing; 현실 세계의 사물이나 시스템을 가상공간에 실시간으로 복제하는 디지털 트윈Digital Twin을 스마트 도시 관리, 공장 시뮬레이션, 헬스케어 모니터링 등에 적용; AI 거버

169 플라잉카UAM는 2024~2025년을 목표로 한국, 미국, 유럽, 중국 등에서 시범 운행 및 상용화 준비 중이나, 현재 기술로는 불가능하다. 대륙 간 초장거리 비행은 전통 항공기만 가능한데, 그 이유는 평균 시속 150~300km, 1회 충전 시 약 100~300km 비행이 가능하기 때문에, 고도의 기술개발이 요구된다. 한국 정부는 2025년 K-UAM 상용화를 목표로 시범 노선 구축 중이나, 장거리 초음속 이동 **예: 서울-뉴욕**은 하이퍼루프, 우주 비행체, 초음속 제트 등과 결합된 미래 기술로 논의되고 있다.[www.aitimes.com, www.lgcns.com]

넌스 플랫폼; 지속가능한 기술Sustainable Tech. 등 다른 많은 기술은 단순히 편리함을 넘어서, 정치적 의사결정 구조, 교육과 노동의 개념, 인간의 정체성과 사회적 관계까지도 근본적으로 변화시킬 것입니다. 특히 AI와 디지털 트윈, 양자(역학) 컴퓨팅2025년 노벨물리학상 부분 3인 공동수상은 '예측 가능한 미래'에서 '설계 가능한 미래'로의 전환을 가능하게 합니다.[170]

이러한 흐름에 맞추어, 어느 정도 연구 개발이 진행되곤 있으나, 과학기술 선진국의 조건인, "최초의 질문"[『최초의 질문』*original questions*, 이정동, 민음사, 2022]을 던지며, 이제 한국도 한국학중앙연구원The Academy of Korean Studies, AKS과 국책대학인 한국과학기술원KAIST 같은 연구기관에서 통섭적으로 뇌과학 연구기관들과 융복합하여, 한국인 의식의 정체성Korean national identity의 핵심을 끄집어내는 연구가 필요합니다. 사람이 자아 성찰을 통해서 자아의식을 확고히 하는 것처럼, 민족적인 자아 성찰도 깊이 하면 깊이 할수록 민족의 창조적 정체성도 새로 붙잡을 수가 있는 것이라고 봅니다. 민족정신의 핵을 붙잡는단 말씀이지요. 이 걸러져 나온 민족정신을 그리스도 정신으로 정화시켜, 다시 말해 그리스도 정신을 우리 민족정신의 원형archetypal Korean Spirit에다 접붙여서, 우리 정신이 홍익弘益, 널리 이롭게 함정신인 우주적인 정신, 박애 정신이 되게 하는 것입니다. 이 민족으로 하여금 하나님의 넓은 마음, 그리스도의 마음을 심어 주어 그 스케일이 '세계문화world-wide culture'까지 나아갈 수 있도록 용기와 정신력을 불어넣어 주는 것입니다.

그러려면 지금 눈과 귀를 즐겁게 하는 쇼 위주인 눈요기 식의 대중문화가 아니라, 종교개혁의 5대 신앙 원칙信條인 'Five Solars': 'Sola Scr

---

170 [참조: SPRi 디지털 미래 기술 전망 2025: "*기술 지평선 너머의 신호*", 박강민, 강송희, ISSUEREPORTl, 2025.1.7, IS-194, 소프트웨어정책연구소.]

iptura오직 성경'과 'Solus Christus오직 예수 그리스도의 십자가를 통한 구원'의 환원이 'Sola Fide오직 믿음'을 통해, 'Sola Gratia'오직 은혜로 'Soli Deo Gloria오직 하나님께 영광'으로 한국 위에 놓여야 할 것입니다.

> We are saved by Grace AloneSola Gratia through Faith Alone Sola Fide in Christ AloneSolus Christus according to Scripture Alone Sola Scriptura all for The Glory of God AloneSoli Deo Gloria.

알려진 바와 같이 1990~2000년대 초반까지만 해도, 우리 국내에는 선교의 불이 붙어서 전국 '기독교실업연합회'직장선교연합회,Christian Businessmen's Committee CBMC의 조직이 청와대부터 면사무소, 그리고 크고 작은 기업체들까지 5,760여 개의 조직이 있었지요.[171]그러하듯, 한국교회가 복음의 주자로서 하나님의 포도원 마지막 품꾼이라는 사명을 온 세계에 알리면 그 선교 국가의 역동성을 세계가 따라올 것이고, 그래서 선교 국가로서의 향도向導 역할을 해 보는 것입니다. 꿈이 있는 백성은 삽니다. 지난날 영국이 십자가 문양인 국기, 유니언 잭Union Jack[172]과 성경을 배에 싣고 현지 문화에 복음 비전의 횃불을 높이 들었던 것처럼, 그리스도의 선교 대 위임령Great Commissio마 28:19-20; 막 16:15; 눅 14:23; 행 1:8을 우리 한국이 수행할 때만이 일등 국가가 될 것입니다. 옛날부터 우리 배달倍達, 밝달한 민족은 하늘에 제사예배를 드린영고, 무천, 동맹 등 제천祭天 행사의 나라입니다. '개천開天절'[173]이란 국경일을 가진 나라는 세계에서 한국밖에 없

171 2020년 기준으로 한국기독인실업연합회, CBMC Korea는 국내에 281개 지회, 해외에 130개 지회를 운영하고 있으며, 약 7,500여 명의 회원이 활동, (사)한국기독실업인회, 공식홈페이지

172 Union Jack은 가장 널리 사용되는 명칭이며, 영국의 잉글랜드성 조지의 십자가, 스코틀랜드성 앤드루의 십자가, 아일랜드성 패트릭의 십자가를 상징하는 세 개의 십자가가 결합된 형태이며, Union Flag는 공식 명칭이며, 특히 해상 이외의 장소에서 사용될 때 이 용어가 선호되기도 한다. 그러나 일상적으로는 Union Jack이 더 널리 통용된다.

는데 '천손天孫 민족', 『환단고기桓檀古記』174의 자부심입니다. 하나님을 공경하는 것敬天이 대효大孝입니다.

173 개천절은 1909년 나철이 중심이 된 대종교大倧敎-단군교에서 개명에서, 민족정신의 원류와 고유 종교 기원을 찾는 과정에서 단군조선 건국 기원을 기원전 2333년 음력 10월 3일임을 보고 그날을 경축했다. 이 개천절 경축 행사는 상해 대한민국임시정부에서도 그대로 이어져 오다가 1948년 대한민국 정부 수립 후 정부 주관으로 개천절 경축 행사를 하다가 1949년에는 <국경일에 관한 법률>로 반포되었고 양력 10월 3일 전국엔 개천 예술제 등의 행사가 열렸다. 지금도 대종교에선 매월 음력 10월 3일 강화도 마니산 정상 참성단參星壇에 개천과 단군조선 건국 의례를 치르고 있다. 『한국민족문화대백과사전』

174 『환단고기』桓檀古記는 종교인이자 사학자인 계연수桂延壽, 1864~1920가 1911년에 편찬했다고 전해지는 역사서로, 「삼성기 상·하」, 「단군세기」, 「북부여기」, 「태백일사」 5권의 고서를 합본한 것이다. 계연수는 이들 문헌의 80% 이상이 고성固性 이李씨 집안에서 보존하던 자료를 바탕으로 했다고 주장했으나, 실제 해당 문헌의 보존 여부와 사료적 진위에 대해서는 학계의 검증이 충분히 이루어지지 않았다. 책의 내용은 민족의 뿌리始原를 찾는 데 있어서 한민족의 위상을 천손天孫 민족의 건국, 환국-배달국-고조선으로 이어지는 상고사를 서술한다. 그러나 다른 고대 문명사와 마찬가지로 『환단고기』 역시 연대기Chronology 중심의 역사기록학Historiography과 서지학Bibliography적 교차 검증이 어렵고, 고고학적 증거가 부족하다는 한계가 있다. 또한 문체와 내용이 고대 문헌이라 보기에는 지나치게 현대적이라는 지적도 있어, 역사 자료로서의 신뢰성에는 논란이 따른다. 그럼에도 불구하고 『환단고기』는 고대 한국사의 정체성과 자긍심을 회복하려는 대안 역사서로서, 민족 정체성과 역사 복원이라는 사회·문화적 의미를 지닌 텍스트로 평가되기도 한다. 우리 민족의 존재 근원을 '하느님'(하나님)에 두는 관점에서, 이 책에 실린 「단군세기」, 「천부경」, 「삼일신고」 등은 깊이 연구할 가치가 있다고 보는 시각도 있다. 위서냐 진서냐를 떠나, 이 논쟁은 역사 해석의 다양성과 민족 정체성에 대한 깊은 고민을 던져준다. 정신의 뼈대를 모르는 민족은 영혼이 없는 민족과 같기 때문이다. 고려 말 문신이자 『단군세기』 저자인 우담愚潭 이암李嵒, 1297~1364은 서문에서 **"나라는 몸과 같고 역사는 혼과 같으니, 몸이 혼을 잃고서 유지될 수 있겠는가"**라고 강조했다. 민족주의 사학계는 『환단고기』를 일제 식민사관에 대한 저항의 상징으로 보며, 일제강점기 이후 민족 정체성 회복의 표상으로 소비해 왔다. 대중문화와 종교계에서도 일부 민족운동 단체나 종교 단체가 이를 정통 역사서로 신봉하며, 개천절·단군제 등과 연계해 활용하고 있다. 정리하면, 『환단고기』는 위서냐 진서냐를 둘러싼 논쟁 속에서도, 역사 해석의 다양성과 민족 정체성에 대한 깊은 성찰을 촉발하는 상징적 저작으로 자리해 있다. 해당 내용은 전문가의 집필 견해를 바탕으로 하며, 한국학중앙연구원의 공식 입장과는 다를 수 있음이 명시되어 있다. [한국민족문화대백과사전: 참조; 유철 박사 - "*환단고기 위서 논쟁의 핵심과 그 진실*", 세계환단학회 - 환단고기 진서고, "환단고기에 대한 일본의 평가-가시마 노보루의 일역", -https://blog.naver.com/kangsu2040/150009261484]

孝是 萬德之本 효시 만덕지본 - 『효경』 1장 1절

만물을 창조하신 그리스도를 하나님으로 모시면 삽니다 요 1:3-4; 골 1:16-17

나라가 크든 작든 간에 정신의 문제가 중요합니다. 한 시대를 살면서 '민족이 무엇을 생각하며 어떤 정신을 키우느냐'가 문제입니다. 앞으로 우리 조국도 '한 시대의 불꽃'이 되기를 소망해 봅니다. 예루살렘을 중심으로 해서 지구를 한 바퀴 돌아 '땅끝'까지 오신 하나님 성령의 역사가 한반도를 축軸으로, 단순히 개인의 신앙생활에 그치지 않고, 도시 공동체 전체를 성경적 가치와 사랑, 정의로 채우는 것을 목표로 하여, 복음과 신앙의 가치로 세계 각각의 도시 전체를 변화시키는 운동인 '세계 성시화聖市化'의 전초기지로 해서 마지막 복음 문화의 꽃을 피운다면 얼마나 좋겠습니까.

성경에 "말씀이 없어서 멋대로 방자히 행하는 백성, 그래 그 꿈을 갖지 못한, 백성은 망하리라"People without a vision will perish.잠언 29:18라고 하였는데 이제 한국 민족은 세계 대열에 우뚝 서는 꿈과 용기가 필요합니다. 이러려면 의식이 자꾸 깨어지고 걸러져서 생각이 그리스도의 영 안에서 창조적인 생각을 할 수 있도록까지 민족정신과 시대정신을 깨워주어야 합니다. "여호와의 눈은 온 땅을 감찰하사 전심으로 자기에게 향하는 자를 위하여 능력을 베푸시나니 …." 역하 16:9 생각하는 민족은 하나님께서 눈동자처럼 지켜주십니다. 한국인의 의식과 문화가 좀 더 보편화되고 세계화되어 나가야 합니다.

최근 2023년 미국 캔터키주 '에즈베리 부흥Asbury Revival 2023' 현상[175]

---

175 2023년 2월 8일, 미국 켄터키주 윌모어Wilmore에 있는 애즈베리대학교Asbury University 정규 채플 예배 후 일부 학생들이 자발적으로 남아 찬양과 기도를 약 2주 이상 이어가면서 시작되었다. 회개와 용서, 중보기도, 찬양이 끊임없이 이어졌고 SNS와 유튜브를 통해 소식이 확산되며 미국 전역과 해외에서 수천 명이

과 같은 회개와 용서, 도고 기도와 찬양으로 이어지는 개인과 공동체의 영적 회복에 초점을 맞춘 자발적·지속적 회개 기도를 통한 대각성 운동이 이 땅의 젊은이들에게도 일어나야 하며, 또한 예전에 영국이 그랬듯이, 성경을 한반도 위에 놓고 전국의 교회들이 한마음으로 먼저 거국적인 금식기도욜 1장, 대하 7:14를 하면서 그리스도를 아버지로, 나라의 주인으로 모시는 심령 대각성 부흥회를 전 교회적으로 해야 합니다. "예수 그리스도의 십자가를 이고 지고 말씀으로 무장하여 나아가는 교회는 한 나라를 지탱하는 마지막 힘이고 집단 사회 가치, 정신 문화 창출의 마지막 보루"입니다.

인도의 시성詩聖, 라빈드라나트 타고르Rabindranath Tagore의 외침, "**코리아여 깨어나, 빛을 비추라**"라는 「동방의 등불」을 소환하여 읊조려 봅니다.

일즉이 아세아의 황금시기에
빗나든 등촉燈燭의 하나인 조선
그 등燈불 한번 다시 켜지는 날에
너는 동방東方의 밝은 빛이 되리라.
자유의 천국으로 (내 마음의 조국코리아이여) **깨어나라**176

방문하였는데 특정 유명 설교자나 대형 집회 기획 없이, 학생 주도의 자발적 예배로 진행되었던 것이 특징이다. 1970년, 2006년에도 같은 학교에서 유사한 부흥이 있었던 전통과 연결되며, 다른 대학과 교회로 확산되어 '캠퍼스 부흥' 물결 형성하여 일부에서는 '제3차 대각성' 가능성을 언급하며 영적 각성의 신호로 평가한다. '**회개·성결·성령 체험**'을 강조하는 복음주의 전통을 재조명하는 데까지 영향을 끼쳤다. 요약하면, 애즈베리 부흥은 현대 미국에서 보기 드문 자발적·지속적 회개 기도 운동으로, 정치·사회적 이슈보다 '**개인과 공동체의 영적 회복에 초점**'을 맞춘 것이 특징이다.

176 라빈드라나트 타고르Rabindranath Tagore, 1861~1941는 1913년 『기탄잘리』Gitanjali, 1910, 1912 영어판로 동양인 최초 노벨문학상을 받은 인도의 시인이자 사상가이다. 1929년 3월 28일, 그는 세 번째 일본 방문 중 도쿄 무도관에서 연설을 했고, 이를 들으러 온 조선 유학생들이 '코리아'에 대한 견해를 물었다. 또한 동아일보 기자가 조선 방문을 요청했으나 일정상 불가능하자, 타고르는 안타까운 마음을

담아 조선 민족에게 주는 6행의 짧은 영어 메시지를 즉석에서 메모 형식으로 써 주었다. 이 원문은 다음과 같다. "In the golden age of Asia / Korea was one of the lamp-bearers. / And that lamp is waiting, / to be lighted once again / for illumination / In the East". 이 글은 동아일보 편집장이자 시인이었던 주요한이 번역해 동아일보 1929년 4월 2일자에 「조선에 부탁」이라는 제목의 4행시로 게재되었으며, 이후 '동방의 등불'이라는 이름으로 널리 알려졌다. **"자유의 천국으로 내 마음의 조국(코리아)이여, 깨어나라."**는 원문엔 없는 것을 옮겨 실으며 첨가한 것이다. 타고르는 이미 1919년 3·1운동 소식을 접했고, 이는 자와할랄 네루의 자서전과 간디의 언급에도 남아 있다. 그는 조선에 온 선교사들이 발행한 영문판 『코리아의 역사』를 통해 조선이 과거 문명국이었음을 알았으며, 언젠가 다시 문명의 등불이 켜질 것을 확신하고 있었다. **"1921년 인도 선교의 사도 바울이라 불리는 썬다•씽**1889~1929**이 일본을 방문하기 전 벵갈만의 힌두교 신비주의 시인 타고르를 이틀간 만나 그리스도와 복음을 전했다. 그 이후로부터 타고르는 인격신에 대해 헌신적이고 경건한 시를 많이 썼다."** 『히말라야의 눈꽃-썬다•씽의 생애』, -中에서, 이기반, 홍성사, 1990.

묵상 적용과 토론을 위한 질문 [5부 정신문명과 하나님의 섭리]

1. 오늘날 우리가 누리는 과학·기술·물질 중심의 문명은 인간 정신의 성취이자 동시에 위기이기도 합니다. 여러분은 현대 문명이 하나님의 섭리 안에서 어떤 의미를 가진다고 생각하며, 개인의 삶 속에서 문명의 혜택과 위험을 어떻게 경험하고 있습니까?

2. 동양은 자연과 조화를, 서양은 역사의 진보와 합리성을 강조해 왔습니다. 이 두 정신이 하나님의 섭리 안에서 어떻게 상호 보완될 수 있다고 보십니까? 그리고 여러분은 개인적으로 어떤 균형을 추구하고 있습니까?

3. 성경은 역사를 하나님과 사탄의 긴장 속에서 이해합니다. 동양 사상에서는 선악의 대립보다 음양의 조화를 강조합니다. 여러분은 이 두 관점이 인간의 고통과 악의 문제를 설명하는 방식에서 어떤 차이를 드러낸다고 생각합니까?

4. 기독교는 하나님이 역사 속에서 자신을 계시하신다고 강조합니다. 반면 불교나 도교는 역사보다 초월적 깨달음을 중시합니다. 여러분은 '역사 속 계시'와 '역사 초월적 깨달음' 중 어느 쪽이 오늘날 인류의 미래를 더 잘 이끌 수 있다고 보십니까?

5. 서양은 역사의 진보를, 동양은 순환과 무상을 강조해 왔습니다. 여러분은 인류가 실제로 '앞으로 나아가고 있다'라고 보십니까, 아니면 같은 문제를 반복하며 순환하고 있다고 보십니까? 개인의 삶 경험과 연결해 성찰해 보십시오.

6. 신학은 계시에, 철학은 이성에 기초합니다. 그러나 역사 속에서 두 영역은 서로 영향을 주고받아 왔습니다. 여러분은 신학과 철학이 오늘날에도 여전히 대화해야 한다고 생각합니까, 아니면 각자의 영역을 지켜야 한다고 보십니까?

7. 인간 이성은 과학과 문명을 발전시켰지만, 동시에 전쟁과 파괴를 낳기도 했습니다. 동양의 직관적 지혜와 서양의 합리적 이성이 오늘날 어떻게 균형을 이루어야 한다고 생각합니까? 그리고 여러분의 삶 속에서는 이성적 사고와 직관적 통찰이 어떻게 조화를 이루고 있습니까?

2권 :: 동양과 서양의 마음 - 그 깊은 진리의 바다

미래를 보는 눈 - 종교와 문명 6부

- 미래는 낙관적인가
- 지구촌 문화Planetary Culture
- 과학과 종교
- 과학시대의 종교문제
- 생태계에 대한 태도
  - '청지기' 직과 '다스림'
- 생태계와 문명관
  - 만물공동체를 위하여

바티칸 박물관Vatican Museums, 브라만테 계단Bramante Staircase, 구글 이미지

미래는 낙관적인가

인류의 미래를 낙관적으로 보시는 것 같은데요?

낙관적으로 기울어지는 편입니다. 역사를 신뢰할 수 없지만 그렇다고 불신하는 것도 아닙니다. 왜냐하면, 지구의 운명과 인류의 운명에 관한 한 '하나님의 경륜經綸', 곧 '섭리의 계획'이 따로 있기 때문입니다. 그래서 낙관적인 방향을 택할 수밖에 없습니다. 이는 개념적으로 볼 때 '아이디얼리즘Idealism, 이상주의'이 계시적으로 낙관적이기 때문입니다. 그러나 현실적으로 볼 때 역사의 '옵티미즘Optimism, 낙관주의'이란 것은 아무래도 상대적인 옵티미즘이 될 수밖에 없다고 보지요. 시간의 끝헬)telosultima에 가면 사람들은 역사 완성의 실체를 믿게 되고, 그래서 그 완성을 위해 일련의 문화적 프로젝트들을 가지게 되겠지만 완전한 옵티미즘을 상정할 수는 없을 것입니다. 왜냐하면 역사의 흐름이란 불안한 불연속선不連續線의 기후 조건을 스스로 내포하고 있기 때문입니다.

한편 성경은 "만물이 그리스도로 말미암아 창조되었고, 그리스도를 위하여 창조되었으며, 그리하여 하늘과 땅의 모든 피조물들이 그리스도에게 무릎을 꿇게 되어 그리스도의 주권이 이루어진다"롬 11:36; 골 1:16-17고 합니다. 하나님의 사랑과 영이 만물 위에 충만하게 되어 그리스도가 하나님의 나라를 다스리는 '종말 사관'의 과정을 말하는 것이지요.

저는 이 하나님의 주권적 개입인 역사의 완성을 낙관적으로 믿으며, 이 종말사관적 성취 현상은 생물학적인 측면에서도 이해됩니다. 이를테면 유기체적인 생명체는 탄생과 성장, 그리고는 나중에 완성의 단계를 거치지 않습니까. 이토록 하나님의 섭리는 그분만이 가지고 있는 깊고 부요한 로고스말씀의 역사役事 단계, 그 과정을 거쳐서, 그 지혜로 말미암아 하나님의 경륜이 의미 있게 완성된다고 보입니다. 구약의 약속豫言과 신약의 성취가 연결되는 과정도 이 범위를 벗어나지 않겠지요. 하나님의 약속이 성취되는 섭리가 살아 숨 쉬는 유기체적 과정을 통해서 이루어진다는 말씀입니다.

이토록 역사에는 과정이 있는데, 하나님의 구원사도 구약에선 희미하게 있다가 신약에 오면 뚜렷하게 나타납니다. 빛과 어둠의 싸움이라든지, 사탄과 하나님의 전쟁으로 하나님 역사의 대단원이 명시되는 것이 그런 것이지요. 역사는 현실적 측면에서만 보면 부정적으로 보일 수 있지만, 성경적 관점에서 바라보면 하나님의 역사가 결국 승리한다는 계시가 드러납니다. 제가 인류의 미래를 낙관적으로 바라보는 이유도 바로 성경의 예언이 약속하는 이 점에 근거하고 있습니다. 출 15:6; 요 5:4, 16:33; 고전 15:57

또 일반적으로 말해서 역사 현상을 보아도 우리의 역사는 어둠에서 빛으로 나아가는 과정을 겪었다는 것을 볼 수가 있습니다. 암흑無知에서 빛知의 세계로 점점 전이轉移되어 온 것이 역사의 흐름이라고나 할까요. 인간의 영이 그를 묶고 있는 물질에서부터 점점 해방된 것을 볼 수 있지요 인간이 비행기를 만들거나 텔레-콤tele-communication으로 우주 공간을 초월하고, 그리하여 물질의 시공時空 권세자Σατανας Satanas, Satan, Diabolos,

사탄를 따돌리는 것이 우리 역사에 나타나지 않습니까. 기계문명과 정보지식 혁명이 인류의 정신 문화와 지구의 운명에 조종弔鐘을 울리는 것 같지만, 전 세계적인 정보 네트워크w.w.w World Wide Web의 사회관계망 서비스SNS Social Network Service 문명이 또 얼마나 땅끝the ends of the earth에까지 복음을 한순간에 전하게 합니까. 참으로 전능하신 하나님의 전능한 방법입니다. 헤겔 역사 철학의 변증법에도 있듯이, 부정하면서도 긍정하는 태도를 지녀야 할 것 같습니다. 어두운 곳을 비추는 등불 같은 예언의 말씀에 관하여는 인간이 사사로이 풀어서는 안 될 것입니다.벧후 1:19-20

전쟁 등의 행위로 인간이 무명無明 천지를 헤맨 적도 있었으나, 그러나 현재의 인간은 전반적으로 과거에 비해 인간을 인간 이하로 떨어지게 하는 기아 상태에서 벗어났으며, 정치적으로도 대부분 사람이 인간의 품위를 가질 수 있는 민주 시대에 살고 있습니다. 앞서 언급했듯, 전제專制의 의자를 타고 앉은 군주 왕정王政 시대가 아니라 이제는 정치가 국회Parliament 쪽으로 가고, 무엇보다도 공평한 법에 따라 정치 체계가 집행됩니다. 민주화 자유화를 향한 역사의 흐름이지요.

이토록 역사의 흐름은 인류가 진보의 과정을 겪었음을 보입니다. 이것은 헉슬리Aldos Huxley 1894~1963, 『멋진 신세계』*Brave New World*, 1932나 도스토옙스키Fyodor M. Dostoevski, 1821~1881,[177] 또 스펜서Herbert Spencer 1820~1903나 토인비의 문명

177 심리소설과 철학적 문학의 거장으로 평가받으며, 인간의 내면과 도덕적 갈등을 깊이 탐구한 작품을 남겼다. 대표 4대 장편소설로 『죄와 벌』*Crime and Punishment, 1867*, 『카라마조프의 형제들』*The Brothers Karamazov, 1880*, 『백치』*The Idiot, 1869*, 『악령』*Demons 또는 The Possessed, 1872* 등이 있으며, 그의 작품은 실존주의와 심리학적 분석에 큰 영향을 미쳤다. 도스토옙스키는 젊은 시절 급진적 정치 모임에 가담했다가 체포되어 사형 선고를 받았으나, 극적으로 감형되어 시베리아 유형 생활을 겪었고, 이 경험은 그의 문학 세계에 깊은 영향을 주었으며, 이후 작품에서 죄와 구원, 인간의 본성을 탐구하는 주요 주제로 자리 잡았다.

사관을 굳이 빌리지 않아도 우리가 체험하고 있는 사실이지요.

또 제가 종국終局의 역사를 낙관적으로 보고 싶은 것은 한편 '심리학적인 측면'입니다. 인간의 심리구조, 그 심층의 내면에는 파스칼이 『팡세』*Pensées*, 1670에서 말한 것처럼 '인간의 이성이 알지 못하는 논리이론'가 있단 말이지요. 그것은 '미래를 향한 소망'이라는 것입니다. 현실의 불만에서 벗어나 좀 더 나은 삶을 살려고 하는 욕구, 또한 그것을 실현 가능케 하려는 진취 욕구가 사상적 갈증ideological drive으로 있다는 것입니다. 이것을 성경적으로 말하면, 하나님께서 "내가 만인에게 영원을 사모하는 마음을 주셨느니라"전 3:11고 말씀한 그 '영원에 대한 사모' 때문이라고 할 수 있겠지요.

'영원을 향한 사모', 그 하향 수직적 영성, "내가 거룩하니 너희도 거룩할지어다"벧전 1:16의 수평적 짝은 완전한 사회 건설의 실현, 그 역사의 완성에 대한 꿈을 이루는, 그리하여 공동체적으로는 '인류의 지구촌 비전이 실현'되는 사모함을 말합니다. 이것은 천래적天來的, innate인 인간의 '완전해지려는 의지'라는 것이지요. 이 의지가 지금 역사를 움직여 가고 있고현상적, 그리하여 이 의지의 논리대로 하면 앞으로도 '역사는 무조건 진보'해야 한다는 것입니다. 설령 핵전쟁이 벌어진다고 하더라도 이 의지의 논리는 인간이 어떠한 상황에서도 전멸당하고 말 것이 아니라, 핵전쟁을 극복해야 하는 논리밖에 없다는 것입니다. 이 점에서, 다시 현상학적으로 말합니다만, 인간은 인간 창조에 내포하고 있는 그 로고스 mysticism of Word를 발견할 수 있는 것이지요. 인류의 진보에 대한 타당성의 발견 말입니다.

마지막으로, 철학적 측면에서 말씀드린다면, 하나님 개념의 철학적 용어인 '원리Principle'는 '제일의第一義, First Cause 본질Substance' 또는 '최고

선The Good'입니다. 만물 형성의 절대적인 힘인 이 '원리'는 원리의 속성 때문에 역사를 필연적으로 완성한다는 것입니다. 그리하여 인류에겐 계시적인 소망이 주어질 수 있고, 따라서 인류는 자신보다도 더 큰 세력인 우주적 대아大我 앞으로 나아간다는 것입니다. '인류가 가지고 있는 영력Spiritual Power'과 '미래를 향한 의지Determination toward the future' 그리고 그로부터 나오는 '비전의 힘The strength of a clear vision'을 가지고 말입니다.

이상과 같은 여러 가지 측면에서 볼 때, 역사의 마지막을 낙관적으로 볼 수 있는 흐름이 있다 할 수 있겠지요. 따라서 성경에 나오는 '전천년설178'적인 종말론적 신념Apocalyptism도 마지막을 향한 하나의 프로세스로 보아야겠지요. 완성으로 도달하기 전에 대단원으로 나타나는 '어둠의 세력'을 현상적으로 인정해야 하고, 또 그 부정의 세력과 하나님의 세력 사이에 변증법dialectics이 있는 것도 부인해서는 안 될 것입니다. 결국 인간이 운명과 지구의 운명은 하나님 나라 도래로 인해 정합正合, synthesis으로 승화되지 않습니까. 그리고 하나님의 왕국이 도래하기 직전에 있는 '대환란great tribulation'이, 그것이 전쟁이든 역병이든, 지진이든 인류의 생존을 위협하는 대재난이란 것을 잊어서는 안 되겠지요. 그러나 종말을

178 전천년설은 요한계시록 20장에 언급된 '천년왕국' 개념을 문자적으로 해석하는 종말론적 입장으로, '역사적 전천년설과 세대주의 전천년설'로 나뉜다. 이 견해에 따르면 예수 그리스도의 초림 이후는 교회 시대이며, 재림 이후에 천년왕국이 시작된다고 본다. 이 왕국은 그리스도를 대제사장이며 왕 중의 왕으로 모시는 지상 통치의 시기로 이해되며, 천년의 끝에 사탄의 미혹을 극복한 자들과 함께 영원한 하나님 나라로 이어진다고전 15:23고 주장한다. 그러나 이러한 해석은 '문자주의'에 의존하고 있으며, 고린도전서 15장 23절 등에서 드러나는 구속의 완결성과 충돌한다는 비판을 받는다. 또한 세대주의적 해석에서는 재림과 심판이 여러 번 반복되는 구조를 상정함으로써 종말 사건의 일회성과 통일성을 훼손할 우려가 있으며, 이스라엘 중심의 구속사 해석은 신약의 보편적 구속 개념과 조화를 이루기 어렵다는 지적도 있다. 예수 그리스도의 초림으로 구속이 이미 완성되었다는 신학적 전제에도 불구하고, 그가 재림 후 지상에서 통치한다는 전천년설의 구조는 구속사의 종말론적 일관성과 긴장되며, 이에 따라 전천년설은 신학적·해석학적 차원에서 본질적인 재검토가 요청된다.

이렇게 '전천년설'에서 보더라도, 성경적 근거가 부족한 문자적 해석에 집착할 것이 아니라, 결국 이것은 역사의 종착점이 아니고 더 나은 세계로 가기 위한 단계로 볼 수가 있을 것입니다. 이것은 역사적인 측면에서 본 기독교의 정통적인 교리입니다.

지구촌 문화

요즈음 '지구촌 문화planetary culture'라는 말이 많이 쓰이고 있습니다. 인류가 지구촌 문화를 건설할 수 있을까요?

먼저 신학적 측면에서 말씀 드려보면, 인류가 미래에 대해서 소망을 가질 수 있는 것은 '하나님이 계시기Theism' 때문입니다. 신학은 하나님을 '창조주 하나님Creator'이라고 하고, '구속자 하나님Redeemer'이라고 하는데, 바울신학에 보면 '새 인류New Humanity'가 나오고엡 2:15, 4:24 '새 창조New Creation'가고후 5:17; 갈 6:15 구속과 종말론 개념으로 나옵니다. '새 창조' 개념은 곧 '구속救贖' 개념이지요. 그래서 창조주 하나님은 곧 구속의 하나님입니다. 새 창조의 역사가 곧 구속의 창조역사이기 때문입니다. 그러니까 전 우주의 모든 과정은 창조의 과정이라고 할 수가 있겠지요. 창조는 "'이미already' 이루어졌으되 '아직not yet' 완성은 되지 않았으므로 지금도 '창조의 역사'는 진행 되어Creatio Continua 가고 있다"시 104:30; 골 1:16-17; 히 1:3; 고후 5:17고 볼 수가 있는 것이지요. 이렇게 인류가 미래에 대해서 소망을 가질 수 있는 것은, 새로운 일을 창조하시는 하나님, "내가 새 일을 행하리라"사: 42:8는 말씀을 믿기 때문입니다.

물론 지구촌 문화 창출創出 문제에 대해서는 언어의 문제가 있습니다.

'지구촌 문화planetary culture'라면 그 용어가 「New Age」[179] 운동가들에 의해 나왔다고 해서, 보수 근본주의 기독인들은 무조건 배척하려고 합니다. 그러나 알아야 할 것은, 단어, 예를 들어, 'New Age', 'planetary culture', 'new world order' 등을 마귀시 여기면demonizing, 대화해 볼 수가 없고, 대화를 할 수가 없으면 전도는 영원히 불가능하다는 사실입니다. 대화는 상호 신뢰의 최소한의 증거가 아닙니까. 마음을 열고 먼저 상대방의 얘기를 들어야지요. '지피지기 백전불태知彼知己百戰不殆', 원문은 백승百勝이 아니고 '불태不殆'로 '적을 알고 나를 알면 백 번 싸워도 위태롭지 않다.'『손자병법』 3장, 모공(謀攻)편라는 그 의미가 귀합니다.

사실 기독교에서 먼저 'New Age'라는 말을 가슴 설레면서 썼어야 했지요. 「하나님의 나라」라고 하는 성령의 주권적 행사가 인간의 역사에 개입하게 되는 저 신권神權 역사는 그야말로 인류 앞에 열려 오는 '새 시대New Age'이기 때문입니다. 정말이지 기독교는 이런 용어를 역동성 있게 써야 합니다. 왜냐하면 성경에는 '지구촌' 또는 '지구적Planetary'

---

179 뉴에이지New Age 그룹은 20세기 후반에 등장한 영적·사회적 운동으로, 기존 종교와 철학의 틀을 넘어 새로운 시대적 가치와 영성을 추구하는 것이 특징이다. 이들은 '전통 종교의 교리보다 개인의 직접적인 영적 경험을 중시'하며, 동양 철학, 명상, 점성술, 초월적 의식 등 다양한 사상을 포괄한다. 핵심적으로 "**우주적 에너지, 영적 성장, 내면의 깨달음을 중요한 가치**"로 삼는다. 주요 활동으로는, 명상과 요가를 통한 정신적 평온과 내면 성장, 자연 치유 및 대체 의학 탐구, 특정 종교에 국한되지 않는 종교 간 융합과 다양한 신념 결합, 심리적 안정과 명상을 돕는 뉴에이지 음악 창작·보급 등이 있다. 그러나 뉴에이지에 대한 비판도 존재한다. 이들은 먼저, '혼합주의'Syncretism 경향으로 기존 종교의 교리를 변형·혼합하여 전통 종교와 충돌할 수 있고 충돌된다. 치유법과 영적 개념이 과학적으로 검증되지 않은 경우가 많아 객관성이 부족하다는 지적이 많으며, 특히 일부 기독교 신학자들은 뉴에이지가 기독교의 핵심 교리와 대립한다고 뚜렷이 우려한다. 정리하면, 뉴에이지는 다양한 문화·종교 요소를 융합해 새로운 영적 흐름을 만들어 냈지만, 그만큼 '**전통 종교와의 긴장과 검증 문제를 안고 있는 현대적 영성 운동**'이라 할 수 있다. 뉴 에이지에 관하여는 다음 장에서 자세히 다루고 있다.

이란 용어가 없습니다. 그렇지만 성경에는 "예수님의 주권하에 이 땅의 모든 종파를 망라한 온 족속들이 다 모여서 예수 그리스도를 왕으로 섬기면서 경배하고 찬양하는 모습"이 계시록에 나오지요. 계 5:9-10, 7:9-10, 11:15 「바울서신」들에도 보면, 하나님께서 유대인과 이방인 사이에 막혀 있는 담을 무너뜨리시고, 그리하여 기독교가 유대교와는 다르게 우주적인 종교로 나타납니다. 엡 2:14-16 모든 벽을 무너뜨리고 온 인류를 포용하는 사랑의 종교인 것이지요. 벽을 쌓는 종교가 아니라 그야말로 인류가 한 가족이 되는 연합의 종교입니다.

'New Age' 쪽에서 '지구 문화planetary culture를 창출해야 한다'는 기치를 들고 일어났지만, 그 비전은 원래 기독교적인 것이지요. 교회가 그것에 기대도 확신도 갖지 않으니까, 그들이 교회로부터 나가서는, 보도에 따르면, New Age 그룹의 85%가 기독교에서 나온 사람들이라고 『크리스차니티 투데이』(*Christianity Today*, 94년 2월)가 밝힌 것처럼, "새 가치, 새 질서"'New Values, New Order' 운동을 하는 것이지요. 그러므로 이제 기독교가 기독교 본연의 것인 그것을 부르짖어야 한다고 봅니다.

기독교적 새 가치 • 질서 운동 펼칠 때

교회에 관해 이야기를 나눠보려 합니다만, 현재 한국 내의 교계는, 특히 한국 장로교 계가 200여 개의 교파로 분열되어 있으며 대한예수교장로회장로교라는 이름을 사용하는 교단 수는 2020년 6월 기준 337개입니다. 『아이굿 뉴스』, 2020.6.11 하나님의 몸 된 교회를 인간적인 욕심과 권력욕으로, 그리고 무엇보다도 그 쓸데없는 교리 싸움으로 어쩌면 이렇게도 찢어 놓는지 모르겠습니다. 모두가 회개하고 주님께 돌아와서 옛 형제들과 사랑으로 뭉쳐야 할 일입니다. 그리하여 성령의 열매를 맺는 교회가 되어야지요. 이것은 신약 성경에서 교회의 정체성과 사명을 가장 아름답게 묘사하는 「에베소서」에 주主를 이루는 주제 사상이 아닙니까. "그리스도 안에서 그의 은혜의 풍성함을 따라 그의 피로 말미암아 속량 곧 죄 사함을 받은 지체들인 그리스도의 몸교회이, 진리 안에서 서로 연합하고 믿음의 일치를 이루는 비전"엡 1:7, 4:3-4, 4:13; 요 17:21; 고전 12:27 말입니다. 사랑으로 그리스도의 몸을 세우는 일치 운동이지요.

에베소서 1장에서는, '그리스도 안에서 때가 찬 경륜을 위하여 예정하신 것'9절이 '하늘에 있는 것이나 땅에 있는 것이 다 그리스도 안에서 통일되게 하려 하심이라'10절고 되어 있는데, "경륜"은 헬라어로 '오이코노미아οἰκονομία'입니다. 하나님의 시대 따른 법계획이 통일되는 '하나님의 체제dispensation;,system or order'을 말하는데, 이 하나님의 '오이코노미아'에서 '오이쿠메네헬)οἰκουμένη, oikoumene'라는 단어까지 나온 것입니다. 따라서 1장 9절에 나오는 그 '통일됨, 하나됨, 일치'는 헬라어로 '오이쿠메네'로서 '에큐메니칼ecumenical, 일치'은 이 단어에서 파생되어서 나온 것입니다. "그리스도의 정신을 본받아 그리스도께 순종함으로 말미암아 사랑과 진리 안에서 그리스도를 머리로 모시고 하나가 되자"는 것이지요. 엡 4:15-16; 빌 2:5-8; 골 3:14-15 그래서 성경을 '하나님의 경륜'의 책이라고 합니다.

분열된 장로교회는 더 이상 그리스도의 몸을 찢지 말고 회개의 운동이 일어나서 하나가 되어야 합니다. 이렇게 할 때 불신자들이, 하나님 사랑과 이웃 사랑이라는 정신을 가지고 구원을 논하는 '저들은 그리스도의 제자라' 하는 성경의 말씀요 13:34-35을 따라 하고자 할 것입니다. 또 갈라질 대로 갈라진 개신교도 하나가 되어야 합니다. 그것은 개個 교단이 지닌 자체의 특색을 버리라는 것이 아니지요. 개체個體를 초월해서, 개체가 성경의 정신으로 가득 참으로 말미암아 절대 성령과 하나가 되는 '띠'를 둘러야 한다는 것엡 4:3; 골 3:14; 롬 8:9입니다. 그렇게 되면 개체는 이미 개체가 아닙니다. 보편 안에 있는 개체, 또는 '객관화된 조화의 주체'가 되는 것이지요. 절대 성령은 평강의 띠를 맺게 하는 영靈이니까 개個 교단이 성령 충만하게 되면 어떤 경계境界, boundary든 뛰어넘을 수가 있다고 봅니다. 이것이 에베소서 2장에 나오는 하나님의 진정한 한 권속식구의 의미가 아니겠습니까.

개신교와 가톨릭의 관계도, '진리이신 그리스도 안에서', 일치와 연합 운동이 더욱 증진되어야 합니다. 가톨릭이 1962년부터 1965년까지 횟수로 4년 동안 3천5백 명이나 되는 주요 멤버들주교, 신학자 등이 6개월씩 네 번이나 회합을 거쳐 내놓은 「제2차 바티칸 공의회 문헌」The Second Vatican Council은 가톨릭 교회가 전례•교리•종교 자유•타 종교와의 대화 등 전 영역에서 현대 세계와 소통하며 자기 쇄신을 이룬 인류사적 의미의 개방성과 보편성을 담은 보고寶庫라 할 수 있습니다. 한편 개신교는 전 세계 복음주의 교회의 연합과 세계 선교 · 복음화를 지향점으로 1846년 '세계복음주의교회연합World Evangelical Alliance, WEA'을 결성하고 종교다원주의를 명확히 배격하며, 구원은 오직 예수 그리스도를 통한 것임을 강조하는 '전통적 신앙 고백과 선교적 열정'에 집중했지요. 한편, 100년이 지나, 전 세계 교회의 '일치와 연합'의 필요성을 느끼고 1948년 에큐메니즘헬)oikoumene,Ecumenism을 위해 일하려고, 전 세계적 기독교 교회 간 조직인 '세계교회협의회World Council of Churches, WCC'가 설립되었습니다. 그런데 국내에서는 WCC의 용공容共적 성향 때문에 한국장로교회는 오히려 분열의 아픔을 겪게 되어, 1959년에 일어난 현 장로교 통합과 합동 교단의 분열이 그것이지요.

한편, 기존의 교회 연합체인 WCC가 지나친 인간화나 상황 중심에 치중하고, 진보주의, 자유주의적 목소리를 내기도 하며, 특히 종교다원주의에 대해 명확히 배격하지 않고, 대화와 포용성과 사회 참여를 중시하는 경향으로, 정작 선교에는 소홀히 하는 측면에 대한 자각에서 일단의 복음주의자들이 1974년 스위스의 로잔Lausanne에서 전 세계 135개국의 복음주의evangelical 교회 지도자들 3,750명이 초교파적으로 참여하여 로잔 대회를 개최하였습니다.빌리 그레이엄 목사와 존 스토트 박사가 공동의장 "온 땅이 주님의 음성을 듣게 하라." "Let the earth hear His voice."라는 주제로, '교회와 세계와의 관계'와 '복음과 문화와의 관계'를 존 스토트 박사가 직접 입안한 문서인 '로잔 언약'15개 항목 「The Lausanne Covenant」으로 채택, 균형 잡힌 성서관으로 정립하여 입장을 천명한 것은, 개신교 역사 450년 만에 처음 있은 개혁 회의대회로 그 의의가 큽니다. 이후 제2차 대회는 1988년에 필리핀 마닐라에서 "마닐라 선언"의장. 존 스토트으로, 제3차는 남아프리카공화국 케이프타운에서 "케이프타운 서약"으로 2010년에 열렸던 것은 주지하고 있는 것입니다.

그리고 2024년 9월 22일부터 28일까지 서울과 인천 송도컨벤시아에서 개최된 제4차 로잔대회는 로잔 운동 50주년을 기념하는 역사적 행사로서, "교회여, 함께 그리스도를 선포하고 나타내자" "Church, Let Us Proclaim and Embody Christ Together!"라는 주제를 중심으로 진행되었다. 본 대회에는 전 세계 200여 개국에서 약 5천여 명의 대표들이 참여하였으며, 각기 다른 문화적·신학적 배경을 지닌 복음주의자들이 하나의 선교적 연합을 이루는 데 기여하였다. 대회 기간 중에 발표된 「대사명상황보고서」State of the Great Commission Report는 2050년을 향한 글로벌 선교의 방향성과 과제를 제시하였고, 대회의 결론으로 채택된 《서울선언》Seoul Declaration은 복음주의 공동체의 신학적 정체성과 실천적 사명을 재확인하는 문서로 평가됩니다. 이와 같은 결과물들은 참여국들의 선교적 노력에 실질적 영향을 미칠 것이며, 향후 세계 교회의 협력과 복음 전파에 있어 중요한 이정표로 작용할 것으로 기대된다고 발표하였습니다.[180]

나아가, 가톨릭과 개신교는 더욱 개혁 작업이 일어나야 합니다. 물은 흘러야 합니다. 고인 물은 결국 썩지만, 흐르는 물은 썩지 않지요.流水不腐, 유수불부[181] '계속해서 개혁하라', 이것이 하나님의 음성입니다.롬 12:2; 고후 5:17; 엡 4:22-24 개신교를 향해서 '너희도 성숙하라'고 하신 말씀 따라 '로잔대회'를 개최하고 '로잔언약'을 선포하게 된 것은 하나님의 은혜입니다. 사실 성경을 보면, 그리스도의 몸은 계속해서 자라나게 되어 있습니다. "하나님께서 정하신 '때'에 충만에 이르기까지" 말씀이지요.엡 4:12-13, 1:9-10 그렇게 되려면, 이교적 논란[182]에도 불구하고 예수 그리스도

180 '근본주의 진영'이 로잔 운동을 '탐탁지 않게' 여기는 주된 이유는, 이 운동에 자유주의 신학 사상을 지닌 인사들뿐 아니라 로마 가톨릭, 안식교, 신사도주의, 에큐메니컬 운동 등 자신들이 이단으로 규정하는 집단이 포함되어 있다는 점 때문이다. 또한 동성애와 차별금지법과 같은 사회·윤리적 이슈에 대해, 신복음주의적 선교 성향을 가진 인물들이 참여하고 있는 것 역시 문제로 지적한다. 즉, 근본주의 진영은 로잔 운동이 '**신학적 순수성을 훼손하고, 성경적 입장을 모호하게 만들 수 있는 다양한 신학·종교 세력과 연대하고 있다**'고 우려하는 것이다. 그럼에도 불구하고 로잔 운동은 세계 복음화에 대한 공동의 비전과 선교 전략을 제시하며, 다양한 교단과 문화권의 기독교인들이 협력할 수 있는 플랫폼을 제공해 왔다. 특히 사회 정의, 환경, 도시 선교, 디지털 시대의 복음 전파 등 시대적 과제에 대한 신학적 성찰과 실천적 대응을 이끌어낸 점에서 중요한 기여를 해왔다. 따라서 로잔 운동을 단순히 신학적 경계의 논쟁 대상으로 보기보다는, 복음의 본질을 중심으로 다양한 신앙 공동체와 협력하며 시대적 사명을 감당하는 하나의 선교적 흐름으로 이해하고 참여하려는 노력이 필요하다.

181 출처는 『여씨춘추』呂氏春秋로, 편찬자는 여불위呂不韋, 기원전 3세기 진나라의 재상이다. 이 문장은 끊임없는 움직임과 변화가 부패나 퇴보를 막는다는 뜻으로, '**사람도 늘 배우고 움직여야 도태되지 않는다.**'는 교훈으로 자주 인용된다.

182 기독교의 구교舊敎인 가톨릭 신학에 대해 개신교 진영에서 제기하는 주요 이교적 논란 핵심점은 다음과 같이 정리할 수 있다. 첫째, **교황 무류성**Papal Infallibility 교리이다. 이는 교황이 신앙과 도덕에 관한 공식 선언을 할 때 오류가 없다고

안에서 구교와 신교가 하나 되어야 합니다. 그리스도의 몸이 점차 에큐메니즘의 극대화로 해서 완성되는 것을 말하는 것이지요.

그리스도의 몸이 지금까지 온전히 하나가 되지 않고 갈기갈기 찢겨 상처투성이로 있는데, 어떻게 그리스도께서 이 병든 몸교회 위로 임할 수 있고 만물을 충만케 하실 수 있겠습니까. 성경의 흐름에 따라 볼 때, 그리스도의 몸이 마지막 때의 표징sign이라고 한다면, 우리는 아직 역사가 완성으로 나아가는 길목에 이르지 못한 듯합니다. 그러한 연유로 'planetary culture지구촌 문화'라는 것이, 결국 기독교라는 우주적이고 보편적인 공교公教·universal religion의 입장, 그 기독교 진리의 핵심인 하나님과 이웃 "사랑"의 원리에서 볼 때, 인류가 먼저 종교적교단적 벽들을 무너뜨려야 하고, 민족적nationalistic인 한계를 초월해야 하는 과제가 있지요. 영적인 힘으로 말입니다. 과학기술을 장치로 한 물질적 개발은 모두 영적인 힘이 흘러가는 매개체에 불과합니다.

보는 가톨릭의 입장으로, 성경적 근거가 부족하며 인간에게 절대적인 권위를 부여함으로써 하나님의 말씀보다 교황의 권위가 우위에 설 수 있다는 비판을 받는다. 둘째, **성례전 중심 신학**Sacramental Theology이다. 가톨릭은 세례, 성찬 등 성례전을 구원의 필수 요소로 강조하지만, 개신교는 구원이 믿음으로 말미암는 은혜의 선물이라는 성경적 가르침을 훼손한다고 보고, 의식 중심의 신학을 비판한다. 셋째, **마리아 숭배**Marian Devotion이다. 가톨릭은 예수 그리스도 외에 마리아를 '중보자'로 높이며 종신 동정, 무죄 잉태, 승천 등의 교리를 주장한다. 그러나 개신교는 "**하나님은 한 분이시요, 또 하나님과 사람 사이의 중보도 한 분이시니, 곧 사람이신 그리스도 예수라**"라는 성경 말씀딤전 2:5에 근거해 이러한 신앙 행위를 우상숭배적 요소로 본다. 이와 함께 개신교는 가톨릭이 여전히 '**전통과 성경의 권위**Tradition vs. Scripture를 동등하게 인정'하는 점을 문제 삼으며, 종교개혁 이후 확립된 오직 성경Sola Scriptura 원리를 고수한다. 또한 가톨릭의 '**연옥**'Purgatory 교리에 대해서도 성경적 근거가 없다고 지적하며, "사람이 죽으면 즉시 천국이나 지옥으로 간다"고 믿는다. 서철원은 『교의신학 - 신학 서론, 믿음으로 신학함』(2018)에서 이러한 가톨릭 교리들을 "성경과 상충하는 심각한 오류"로 규정하며, 개신교 신학의 정체성은 '**성경의 절대 권위**' 위에 세워져야 한다고 강조한다.

그 영적인 힘이란 무엇입니까? "사랑"이지요. 사랑에는 하나님의 권능이 있고, 아니 '사랑 자체가 곧 하나님' 요일 4:7-21입니다. 인류 안에서 사랑을 베풀어 주시고, 그리스도로 말미암아 사랑의 에너지를 부어주시고 성령님을 보내주시는 것이 우리에게 곧 아낌없이 주시기만 하는 하나님의 사랑, '아가페Agape'인 것입니다. 사랑의 열기가 죽었던 생명을 다시 살게 하고, 얼었던 생명체를 다시 녹여 살게 하는 것입니다.

이 사랑의 역사가 성령으로 말미암아, 인류 안에서 '신애'神愛, divine love로서 역사하고 있지요. 이 'divine love'만이, 십자가의 사랑만이 인류를 하나 되게 할 수 있습니다. 이 십자가의 사랑은 그리스도의 몸을 하나 되게 하고 온 인류에게 '너희는 그리스도 안에서 하나가 되라' 빌 4:1-3고 말씀하십니다. 서로가 벽을 쌓고 금선을 긋지 말고서 말입니다.

'인간이 서로 싸우지 말라'는 하나님의 음성은, 1990년 8월 2일부터 1991년 2월 28일까지 이어진 걸프만 전쟁이 탐욕적인 다국적 연합군의 승리 이후에도, 중동 지역과 세계 곳곳에서 계속되는 국지전과 긴장 속에서도, 여전히 메아리치고 있습니다. 2022년 이후 계속되고 있는 우크라이나와 러시아 간 전쟁은 사상자 100만 명에 이르는 참상을 낳았으나 아직 종식되지 않고 있지요. 또한 2023년 10월 전쟁 발발 이후 가자지구를 중심으로 한 이스라엘과 하마스 간의 무력 충돌은 2연 이상 장기간 계속되며 양측 모두 막대한 피해를 내고 있는데, 가자지구팔레스타인 측 피해는 누적 사상자가 약 20만 명에 이르렀다는 보도를 접하며, 가슴 아픈 마음을 금할 수 없습니다. 이스라엘의 폭격으로 가자지구 전역이 폐허에 가까운 상태로 전쟁으로 인한 기아와 질병이 광범위하게 확산, 약 200만 명의 주민 대다수가 식량·의약품 부족의 기아 상태연합뉴스, 2025.03.27 등로 보도되고 있는 것을, 참담한 심정으로 역사와 온 만물의 주관자이신 그분은 보고 또 듣고 있을 것입니다. 한편 2025년 6월 중순부터 말까지, 이스라엘과 미국은 이란의 핵 개발 문제를 둘러싸고 군사 작전을 전개하여 벙커버스터를 동원한 공습으로 이란의 지하 핵시설을 타격했고, 이에 대한 이란의 보복 공격이 뒤따랐습니다. 이 사태는 단순한 군사 충돌을 넘어, 중동의 안보 지형과 국제 핵 질서에 중대한 영향을 미칠 수 있는 분수령으로 평가되고 있습니다. 이처럼 국가 간 전쟁이 여전히 횡행하는 지금, 하나님의 음성은 인류에게 더욱 깊이 울려 퍼지고 있습니다.

이제 인류는 '새 가치 · 새 질서 운동'으로 새 지구촌 문화를 건설할 수밖에 없는 역사의 때에 이르렀습니다. '인간이 인간의 적'[183]이던 위선적 인격의 옷은 다 벗어버리고 모두가 '그리스도 안에서 새로운 인격'의 옷을 입고 태어나기만 하면, 그리하여 이 시대의 하늘 소리에 귀를 기울이기만 한다면, 새로운 지구촌 문화는 건설이 가능할 것입니다. 이것이 하나님 나라의 도래를 앞두고 하나님께서 인간들에게 바라는 세계관의 변혁입니다. 이제 이 세계관의 변화를 겪지 않은 사람이나 교회나 국가하고는 이미 시작된 21세기 새 밀레니엄의 시대에 아무것도 논할 수가 없습니다.

'지구촌 문화'란 다른 것이 아닙니다. 역사적성경의 계시 사건으로 볼 때, 말세에 인류가, 여러 대부분 족속이 하나님 앞에 나와 함께 모이는 것이 있지요. 하나님의 임재 앞에서 하나님과 인간이 만난 장場에서, 인간

183 "만인에 대한 만인의 투쟁"이라는 표현은 토머스 홉스Thomas Hobbes, 1588~1679가 그의 저서 『리바이어던』*Leviathan, 1651* 에서 사용한 개념이다. 홉스는 인간이 자연 상태state of nature에 있을 때, 모든 사람이 서로를 적으로 여기며 끝없는 갈등과 투쟁 속에서 살아간다고 주장한다. 그는 이러한 상태를 벗어나기 위해 '사회계약'social contract을 통해 강력한 정부와 법이 필요하다고 보았으며, 이를 '리바이어던'Leviathan이라는 강력한 통치자로 비유한다.

이 지역이기주의, 집단이기주의, 국가 이기주의를 내려놓고, 하나님의 뜻대로 새 정신 작업을 하는 것입니다. 이것이 'planetary culture'입니다. New Age 운동가들이 인간 힘만의 가능성으로 설립하려고 하는 '지구촌 문화'하고는 개념 정립부터가 다르지요. "그리스도를 머리로 하고 심령을 새롭게 하는"엡 4:13 기독교적 신앙 없는 지구촌 문화 건설은 허구입니다.

하나님 앞에 모여 그분 뜻대로 변화되어야!

이제 인류는 심화된 위기 국면 속에서, 위로부터 내려오는 사랑의 힘 없이는 더 이상 생존할 수 없는 지경에 이르렀습니다. 절망의 풍랑을 만난 인류는 전멸하든지 그렇지 않으면 함께 생존하든지 하는 둘 중의 하나입니다. 그렇기에 인류는 하나님의 거대하신 섭리의 손이 우리를 싸안으려고 하는 것을 알아야 합니다. 풍랑을 잠재우던 하나님은 암탉이 병아리 새끼들을 날개 밑으로 모으듯, "내 백성아, 거기바벨론서 나오라" 계 18:4고 하시면서, 병든 역사 속에서 병든 인간들을 부르고 계십니다. 생명의 길로 나와 생명의 문화를 건설하라는 것이지요. 새 지구촌 운동, 새 국제화 운동globalization은 인류의 사활死活이 담긴 역사의 과제인데, 바로 하나님 나라 확장의 절정을 말합니다.

안타깝게도 지금 세계는 기독교인들이 특히 마음 문을 닫고 이 하늘 영이 가는 길을 보려고 하지 않습니다. 국제화는 20세기 말엽부터 본격화된 특이한 역사적 전환점으로, 냉전 종식, 정보·통신 기술의 발전, 신자유주의 확산으로 가속화된 역사적 현상입니다. 구분하면 '1980년대~'는 국가 단위 유지의 교류 중심에서 '1990년대~' 는 경제·문화·정치의 통합을, '2000년대 이후의 흐름'은 디지털 기반과 초연결성을 특징으로 하여 국가의 경계를 넘어서는 구조적 변화를 이끌었을 뿐만 아니라, 각국 내부의 제도와 사고방식까지 바꾸어 놓은 전환이었기에, 이는 인류사에 전례 없는 사건이라 할 수 있습니다. 물론, 최근 급증한 환경오염과 기후 변화, 코로나 팬데믹과 엔데믹으로 촉발된 복잡한 국제정세, 국제 공급망의 교란, 강대국 경쟁의 재현, 국제제도와 체제regime의 기능 미진, 글로벌 거버넌스UN의 난맥상, 그리고 최근 강화되는 경제 민족주의Economic Nationalism에 따른 자국 산업 보호 정책Industrial Policy, 무역 보호주의Trade Protectionism, 경제 안보 전략Economic Security Strategy, 특히 미국 도널드 트럼프 행정부가 역점을 두고 있는 미국 우선주의America First 와 MAGAMake America Great Again 등은 세계 곳곳에서 다양한 갈등과 충돌을 불러일으키며, 불확실성과 리스크를 증대시켜 세계화의 단절을 부축이고 있습니다. 그러나 그럼에도 불구하고, 세계 문화, 곧 지구촌의 사회·경제·문화는 이미 그리고 여전히 형성되어 가고 있으며, 앞으로는 그 속도가 더욱 가속화될 뿐입니다. 이제 더 이상 전통적인 영토 개념territorial concept은 의미를 잃어가고 있습니다.

본 권 7부에서 자세히 언급합니다만, 1991년 9월 26일, 미국 민간 연구소와 벤처회사 주도로 인류가 다른 행성에서도 생존할 수 있는지를 연구하기 위해 제2의 생태계인 '바이오스피어Biosphere II[184]'가 한 때 건

184 바이오스피어 IIBiosphere 2는 현재 미국 애리조나대학교University of Arizona가 소유 및 관리하고 있으며, 일반에 박물관 형태로 공개되고 있다. 이 프로젝트는 1991년, 지구 외 환경에서 생명체가 자급자족하며 생존할 수 있는지, 그 가능성을 실험하기 위해 시작되었으며, 완전히 밀폐된 인공 생태계를 구축하는 것을 목표로 하였다. 건축가, 생태학자, 기술자, 농학자, 의사, 회계사 등 400명 이상의 전문가가 참여하여, 생태계 축소 모델을 설계하고 운영하려 했으며, 총면적 약 1.27헥타르의 유리 돔 구조물 내부에 열대우림, 사막, 바다, 습지, 농장, 인간 거주지 등 7개 생태 구역을 구현, 지구의 다양한 생태계를 축소하여 구현하였고, 인간이 외부와 단절된 상태에서 생존할 수 있는지를 실험하였

설되었었지요. 그러나 이 계획은 실현 가능성의 한계에 부딪혀 결국 실패로 귀결되었고, 더 이상의 진전 없이 현재는 애리조나대학교가 해당 시설을 박물관 형태로 소유·관리하고 있습니다. 이 프로젝트는 완전히 밀폐된 인공 생태계를 구축하여 자급자족이 가능한 환경을 실험하는 것을 목표로, 바이오스피어 연구회Biosphere Research Institute와 Space Biospheres Ventures라는 민간 단체가 주도했습니다. 정부의 직접적인 예산 지원 없이 약 2억 달러USD에 달하는 민간 자본과 후원이 투입되었고, 400여 명의 각 분야 전문가들이 참여했음에도 불구하고, 산소 농도 저하, 생물 다양성 붕괴, 내부 갈등 등 다양한 과학적·사회적 문제로 인해 초기 실험은 실패로 평가되었습니다. 그러나 이러한 시도는 비록 실패했음에도 불구하고 세계 곳곳에서 유사한 연구가 계속되고 있으며, 한국에서도 영종도에 세계적인 국제공항인 '스마트 공항'을 건설할 계획이 추진되고 있다는 보도를 접한 바 있습니다. 더 나아가 앞으로 몇 년 내에 인천에서 뉴욕까지 초음속 여객기, 즉 과거 콩코드나 그 후속 기종을 이용해 불과 두 시간 반 만에 이동하는 시대가 열릴 것이라는 전망도 제기되고 있습니다.185 물론 아직 공식적으로 운항 계획이 발표되

다. 그러나 초기 실험 단계에서1991~1993, 산소 농도 저하, 생물 다양성 붕괴, 내부 갈등 등 여러 과학적·사회적 문제로 인해 초기 실험은 실패로 평가되었으며, 이후 우주로의 적용 가능성은 중단되었다. 현재 바이오스피어 II는 생태학 및 기후 변화 연구를 위한 실험실로 활용되고 있으며, 과거의 실패를 기록한 공간적 아카이브로서도 의미를 지닌다. [출처: https://chedulife.com.au/ https://www.usjournal.kr/, https://visla.kr/feature]

185 운항할 계획을 공식적으로 발표하거나 추진 중이라는 보도나 연구 자료는 존재하지 않지만, 초음속 여객기 개발 동향을 잠시 살펴보면, 콩코드는 과거 마하 2.0시속 약 2,180km의 속도로 운항했으며, 뉴욕-런던 간 최단 기록은 2시간 52분 59초였다. 현재는 미국 NASA와 록히드마틴이 공동 개발 중인 X-59와 같은 차세대 초음속 여객기가 시험 비행을 준비 중이며, 2030년경 상용화를 목표로 하고 있다. 또한, 미국의 붐 슈퍼소닉BOOM Supersonic은 마하 1.7 속도의 여객기를 개발 중이며, 2029년 상업 운항을 계획하고 있다고 한다. [*"뉴욕 강 위에 웬 비행기? 비운의 초음속 여객기, 집으로 돌아오다"*, 국제:미국, 중앙일보, 2024.03.15

거나 추진 중이라는 자료는 없지만, 초음속 여객기 개발 동향을 살펴보면 흥미롭지요. 과거 콩코드는 마하 2.0, 시속 약 2,180km의 속도로 운항했으며, 뉴욕-런던 간 최단 기록은 2시간 52분 59초였다고 합니다. 현재는 미국 NASA와 록히드마틴이 공동으로 개발 중인 차세대 초음속 여객기 X-59가 시험 비행을 준비하고 있으며, 2030년경 상용화를 목표로 하고 있다고 하지요. 또한 미국의 붐 슈퍼소닉BOOM Supersonic은 마하 1.7 속도의 여객기를 개발 중으로, 2029년 상업 운항을 계획하고 있다는 소식입니다.

이처럼 한국에서 아침에는 맥도날드나 KFC, 혹은 이탈리안 스파게티를 먹고, 불과 3~4시간 뒤 미국 동부나 서부에 도착해 동양식을 점심이나 저녁으로 즐기는 '리너Linner, Lunch+Dinner' 문화는 우리가 이미 경험하고 있는 생활의 국제화의 한 단면이라 할 수 있을 것입니다.

'Planetary Culture'라는 말은 기독교인들도 빨리 사용하여야 합니다. 왜 좋은 의미의 용어를 New Age 쪽 사람들만 사용하게 하여야 합니까. 'Planetary Culture!', 얼마나 멋진 말입니까. 그리스도 안에서, 'planetary culture'를 지구공동체로 형성해야지요. 이 planet지구위성을 그리스도 앞으로, 이 땅에 거하는 인류를 그리스도 앞으로 이끌어야지요. 【지구를 그리스도에게로, 그리스도를 지구 위에!】 인류사 최고의 '생명의 별곡別曲' 참으로 멋진 구호입니다. 피레네Pyrénées산맥[186]에서 아

https://www.joongang.co.kr/article/25235419]

186 피레네산맥Pyrénées은 유럽 남서부에 위치해 프랑스와 스페인의 자연 국경을 이루는 거대한 산맥으로, 그 사이에 소국 안도라도 자리하고 있다. 서쪽의 칸타브리아 산맥에서 시작해 동쪽 지중해 연안의 크레우스곶까지 약 500km에 걸쳐 동서로 뻗어 있으며, 최고봉은 해발 3,404m의 아네토산Aneto이다. 지질은 주로 화강암·편마암·석회암으로 구성되었고, 형성 시기는 고생대에서 중생대에 걸친 조산운동의 결과이다. 산맥의 서부는 대서양에서 불어오는 습한 공기의 영향으로 강수량이 많고, 중앙부는 험준한 봉우리와 빙하 지형이 발달해 있으

라랏산Mt. Ararat187과 히말라야, 그리고 곤륜산崑崙山,Kunlun Mountains188에서 백두와 한라산까지 걸어야 할 현수막입니다.

질문의 핵심으로 돌아갑니다만 인류는 지구촌 문화를 건설할 수 있습니다. New Age 사람들처럼 인본주의 위에서의 'world culture'는 그리스도가 빠진 만큼 마성적魔性的으로 되기 쉽고 그리하여 무너질 수밖에 없겠지만, 그리스도인들이 신본주의로, 즉 말씀 되신 그리스도 위에 세계 문화를 건설하면 영영히 남을 것입니다. 이를 위해서는 전 세계 구령운동救靈運動, 즉 '영혼 추수 운동Evangelistic Movement' 또는 '생명 살림 운

며, 동부로 갈수록 건조하고 완만한 경관이 나타난다. 기후와 지형은 지역마다 차이가 크다. 서부와 중부 고산지대에는 겨울철 풍부한 적설과 빙하가 존재하지만, 동부는 눈이 적어 빙하가 거의 없다. 북사면프랑스 쪽에는 수력발전소와 목축지, 남사면스페인 쪽에는 건조한 고원과 협곡이 펼쳐진다. 역사적으로 피레네 산맥은 바스크·카탈루냐 등 독자적 문화권을 가르는 경계였으며, 오늘날에도 프랑스·스페인·안도라를 잇는 도로와 터널, 고개를 통해 교류가 이루어진다. 또한 몽 페르뒤Mont Perdu 일대는 독특한 석회암 지형과 전통 고산 목축 문화로 1997년 유네스코 세계유산에 등재되었다.

187 터키 동부에 위치하는 성경적·역사적으로 중요한 산으로. 이 산은 해발 5,137m로 터키에서 가장 높은 산이며, 노아의 방주가 머물렀다고 전해지는 장소로 유명하다. 아라랏산은 아르메니아, 이란과 가까운 국경 지역에 있으며, 맑은 날에는 아르메니아 수도 예레반에서도 볼 수 있을 정도로 웅장한 규모를 자랑한다.

188 곤륜산崑崙山은 중국 서부, 티베트고원 북쪽을 따라 약 3,000km에 걸쳐 뻗어 있는 거대한 산맥으로, 중국 신장·티베트·칭하이 지역을 포함한다. 최고봉은 해발 7,167m의 리우시 산이며, 웅장한 자연 경관과 더불어 중국 신화 속에서 중요한 상징성을 지닌다. 전설에 따르면 곤륜산은 서왕모西王母가 거주하는 신성한 산으로, 불사의 존재들이 사는 신비로운 세계로 묘사된다. 서왕모는 불사의 복숭아를 지닌 여신으로, 인간에게 불로장생을 부여할 수 있는 능력을 가진 존재로 전해진다. 도교에서는 그녀를 여신 가운데 으뜸으로 여기며, 요지금모瑤池金母라는 이름으로도 부른다. '곤륜'이라는 명칭은 한자 파자破字로 해석하면 崑(산 곤)은 '산'을, 崙(둥글 륜)은 '둥근 형태'를 뜻해 '높고 둥근 산'을 의미한다. 이를 통해 곤륜산은 단순한 지리적 명칭을 넘어, '거대한 산맥' 또는 '신성한 산'이라는 상징적 의미를 지닌 이름으로 이해될 수 있다. 이처럼 곤륜산은 웅대한 자연과 신화적 상상력이 결합된 공간으로, 중국 문화와 종교, 특히 도교 전통 속에서 중요한 위치를 차지하고 있다. [출처: 위키백과 한국어판; 국가문화유산포털]

동Soul- Saving Movement'과 같은 복음의 불길 운동의 횃불이 타올라야겠지요. 지금까지의 그 차지도 덥지도 않은 미지근한 태도와 몰沒역사적인 태도를 털어 내고 말입니다.

그리스도 안에서의 '지구촌 문화'를

분명히 "역사의 주인은 하나님"이십니다. 성서의 사관으로 볼 때 하나님이 분명히 역사의 주관자이시라면 하나님의 능력은 무한히 큽니다. 그분이 인류사의 핸들을 이 어둡고 무서운 역사의 흐름으로부터 더 나은 방향으로, 광명한 천지로 이끌어 주실 것을 우리는 믿는 것입니다.단 2:21; 사 46:10; 롬 8:28; 골 1:13; 계 21:1-5 이 점에서 저는 하나님의 계획에 참여하는 지구촌 문화를 상정想定하고 우리가 심령을 회개하고 문화를 개혁하는 길로 나오기를 바라는 것입니다. 아니 외람되게 바라고 있다기보다는, 우리 인간은 의식하지 못하고 있으나 하나님께서는 이미 섭리하고 계시겠지요. 그렇지 않고서야 세계가 이토록 작은 지구촌이 되어갈 수가 없지 않겠습니까. 가히 다니엘이 예언단 12:4한 대로 지금 문명은 마지막 때가 되어 사람들이 빨리 왕래하고 지식이 엄청나게 증가하고 있습니다. 문명이라고 상상도 할 수가 없게 되었지요.

판넨베르그W. Pannenberg가 그의 과학적 사고의 검증으로 쓴 『신학과 하나님의 나라』*Theology and the Kingdom of God*. 1969 에서 밝히듯이, '역사 안에 계시'가 있지요. 우리가 눈멀어 있어서 그렇지, 분명히 역사 안에는 하나님의 섭리가 있습니다. 우리는 역사 속에서 하나님의 손길을 느껴야 합니다. 하나님의 음성을 들어야 합니다. 그런데 흥미로운 것은 성경이 보여주듯, 인류가 완전한 하나님의 역사만을 경험하지 않는다는 것입니다. 철학적인 이상주의와는 달리 성경은 완전한 이상주의Idealism만의 세계가 아니라 인간의 지혜와 사탄의 역사가 있는, 다시 말해 '세상에는 빛과 어둠의 역사가 함께 펼쳐지는 현실적이고 구속사적인 이야기'로 구성되어 있습니다.요 1:5; 고후 11:14; 골 1:13; 고전 1:20-21 원죄 사건 이후, '어둠의 세력도 하나님께서 쓰신다'는 변증의 신학이 나오지요. 역사의 암호, 신의 암호로 보입니다. 따라서 세계 문화라는 것이, 현재 부정적인 면이 많이 있지만 궁극에 가서는 이 Planetary Culture가 긍정적인 세력에 의해서 완성된다는 것이 성서적 입장이지요. 이것이 창조주 하나님의 '우주적 주권'입니다.

사랑이 있는 곳에는 하나님께서 역사하십니다. "선인善人의 밭에도 비를 내리시고 악인惡人의 밭에도 비를 내리시는 하나님"마 5:45이시기에, 우리는, New Age 사람들New Agers을 배척하지 않고 거두어서 기독교가 온 인류를 살신성인殺身成仁으로 품으면, 그리하여 그리스도 안에서 사랑의 정신을 가지고 연합하기만 하면 'planetary culture'라고 하는 지구의 꽃이 필 것입니다. 또 피어져야 하지 않겠습니까.

땅과 거기 충만한 것과 세계와 그 가운데 사는 자들은
다 여호와의 것이로다 시편 24:1

과학과 종교

과학이 종교와 인류의 역사에 영향을 미칠 것이라는 말은 무슨 뜻인지요?

종교와 과학의 문제는 한 나라의 미래가 달려져 있는 일이라고 봅니다. 역사적인 관점에서 볼 때 인간의 정신이 개명開明되면 될수록 종교와 문명의 성숙은 정비례해 왔음을 볼 수 있습니다.

생각해 보면 인류의 문화와 문명은 처음 물이 있는 땅을 기초로 해서 발전189하다가 점차 강을 따라 확장, 마지막에는 바다를 정복한 나라들

189 세계 4대 문명의 발상지를 살펴보면, 먼저 메소포타미아 문명은 티그리스강과 유프라테스강 유역에서 기원전 약 3500년경 발생하여 수메르, 바빌로니아, 아시리아 문명이 번성했다. 이집트 문명은 나일강 유역에서 기원전 약 3000년경 시작되었으며, 나일강의 정기적인 범람이 비옥한 토지를 형성해 농업과 도시 발달의 기반이 되었다. 인더스 문명은 인더스강 유역에서 기원전 약 2500년경 발생하여 모헨조다로와 하라파 같은 계획도시를 건설했고, 중국 문명은 황허강과 양쯔강 유역에서 기원전 약 2500년경 시작되어 하나라, 상나라 등 초기 국가가 등장했다. 이들 문명은 모두 강을 중심으로 농업이 발달하고 도시가 형성되면서 성장했다. 최근 중국 요서 지방요하 서안, 河南以西, 특히 내몽골 적봉赤峰 일대 에서 출토된 신석기 후기~청동기 초기 유물군은 전통적인 황하 문명권과 구분되는 독자적 문화층으로 평가된다. 한국 국학원이 2022년 발표한 「고조선 상고 문명 연구보고」에서는 이 지역 문화를 '홍산문명'紅山文明이라 명명했으며, 세계 고고학계에서도 이를 주목해 기존 황하 문명보다 시기적으로 앞선 독립 문명권으로 격상하기 시작했다. [관련 연구: 1. 『中國考古學報』 특집 「요서 신석기 문화권」 제2호 - 우하량(牛河梁) 및 하가점(夏家店) 유적 발굴 최종 보고(2023); 2. 케임

이 세계를 정복하게 되었습니다. 과거 그리스나 로마, 영국, 스페인, 일본 또 지금의 미국 문명이 그렇지요. 중국과 인도는 삼면이 바다를 끼고 있는데도, 바다를 자기 한계점으로 보았기 때문에, 자국인의 의식을 수평선 너머로 폭을 넓혀주지 않았지요. 따라서 세계를 향해 진출하지 못했습니다.

미래는 하늘, 곧 우주를 정복하는 사람들이 세상을 이끌게 되겠지요. 나아가, 이제는 창공을 가로질러 우주를 점령하기 위한 거대한 '우주공간 쟁탈전Aero Space War'이 가히 국가 경쟁력을 판단하고 있습니다. 그러나 이제는 거리나 영토의 개념이 아닌 지구의 공간적 거리를 융복합 인공지능Hybrid Convergent Artificial Intelligence을 활용해, 정보통신과학기술ICST로 정복하는 나라가 세계를 정복하게 되고, 또 시간을 정복하는 사람들이 세계 역사를 이끌고 나갈 것이라고 봅니다. 어떤 민족이 바다를 정복했다든지 우주를 정복한다든지 하는 것은 땅에서와는 다르게, 어떤 모험이라고 하는 생사를 건 용기와 막대한 비용, 그리고 바다와 우주대기권공학Marine and Aerospace Engineering에 대한 고도의 전문기술이 따라야 하는데, 이것은 땅이 주는 일상의 타성에 젖어 천편일률적으로 대지나 일구며 앉아 있는 사람들과는 정신의 자극이 다른 이야기입니다. 인간의 진보가 자극과 계몽이라면, 인간은 부단히 창의력을 가지기 위해 자극과 도전을 받아야 하겠지요. 그래야 내면에 가지고 있는 신성 또는 가능성이 민족문화 정신의 동류항으로 튀어나오게 될 것입니다.

이 점에서 과학은 한 민족이 한 시대 비전의 역동성vitality을 가질 수

브리지대 차이나센터의 Beyond Yellow River: The Hongshan Phenomenon(2024); 3. 시카고대 문명연구소의 Origins of Civilisation in West Liao Region: Reassessing Pre-Yellow River Cultures(2024) 등이 있다. 이들 연구는 요서 적봉 일대가 기원전 약 6500년경부터 기원전 3000년경까지 청동기급의 독립 문명층, 즉 홍산문명을 형성했음을 보여주며, 이는 동아시아 문명사에서 황하 문명 이전의 새로운 기원을 제시하고 있다.]

있도록 자꾸만 발전되어져야 합니다. 그리고 종교는 과학 문명이 건전한 정신 위에 서도록 영적 직관력을 심어 주어야 합니다. 그렇지 않으면 과학 교육은 파스칼의 말대로 '무서운 악마들을 길러낼 뿐'이며, 인류가 인류를 죽이는 기구들만을 만들뿐이지요.[190] 에스프리esprit가 없는 테크니션technician이 되는 비극과 기술 노예mechanic slave로서의 인간 군상은 생각만 해도 피폐하고 초라하기 짝이 없는 것입니다. 그렇지 않아도 인류의 문명이 피 흘리는 다툼의 역사 위에 있는데, 종교가 인간을 인간으로, 역사가 역사 되게 하는 성숙한 정신의 토양을 제공하지 못하면 세속적 과학 문명을 지탱할 수 없습니다. 종교는 역사 속에서 인간의 가치관과 문화를 형성하며, 사회의 도덕적·정신적 기반을 세우고 공동체를 결속시키는 중대한 역할을 해왔기 때문입니다. 말하자면 과학 문명은 그 문명을 지탱하기 위해 영적인 힘이 필요한 것이지요. 이 영적인 힘이 불어넣어지지 않으면 그 문명은 기계 사회이고 하루아침에 섰다가 사라지는 허깨비들의 춤의 행렬일 뿐입니다.

교육과 종교는 진리를 깨닫게 하고 삶의 가치를 세우며, 인류 공동체를 바르게 이끄는 두 기둥이라고 생각합니다. 그러나 우리 한국 사회에는 과학이 과학 되게 하고 기술이 기술되게 하는 교육, 이 영적인 힘이 부족해 보입니다. 과학도가 건전한 이성과 종교적 영성을 가지고 과학을 탐구하여 민족 운명을 개척할 수 있도록, 문사철文史哲 인문학과 영성에 관한 과목들이 대학에 교양 필수로 들어서야 하는데 우리는 그렇지 못하였습니다.[191] 그러다가 특수 과학기술 전문기관들에서 1990년대

---

190 이 주장은 블레즈 파스칼Blaise Pascal의 직접적인 발언으로 확인되지는 않으며, 현재까지 알려진 그의 저작, 특히 『팡세』*Pensées*에도 이와 같은 표현이 등장하지 않는다. 다만, 이 문장은 파스칼의 사상 - 즉, 이성의 한계와 신앙의 필요성, 인간의 타락한 본성에 대한 경고 - 을 바탕으로 후대에 재구성된 해석적 표현일 가능성이 높다.

이후로 과학기술과 인문 사회 융·복합의 필요에 부응, 인문사회학부를 만들어 다양한 문사철 관련 과목들을 개설하고 있는 점은 바람직합니다.192 종교라든지 가치 부여를 할 수 있는 철학 정신이라든지 하는 것은 민족의 세속적 하수구를 걸러내고 씻어낼 수 있는 최소한의 물이 아닙니까.

한국 경우, 국제화가 시작하는 즈음의 1980년대, 사회 동력의 주 세력으로 들어선 것이 그리스도교인데,193 이 기독교는 서양 문명을 토대로 온 것인 만큼 과학 문명을 받아들일 수 있는 토대가 되어 있습니다. 이 기독교 정신을 그야말로 그리스도의 영靈으로 해서 민족의 문화관과 역사관, 그리고 세계관이 바뀌도록 역사와 사회를 그리스도의 제자화, 즉 성시화 해야 합니다. 그렇게 되면 그 정신은 그리스도의 '성육화Incarnation'로 이루어진 영성인 만큼, 문화에 기여하고 새로운 문명을 인류 앞에 창달創達할 수가 있을 것입니다. 그야말로 과학의 선용善用을 통한 밝은 미래를 인류 앞에 제시하는 것이지요.

191 최근 4년간 서울 소재 대학에서 330여 개의 인문·사회 계열 학과가 통폐합된 것으로 보고되었다.연합뉴스, 2025.10.8 이러한 현상은 수험생들의 이공계 선호에 기인한 것으로, 인문·사회 전공의 지속적 축소와 기초학문의 약화라는 구조적 문제를 드러낸다. 단기적 차원의 학과 구조조정에 그치지 않고 국가적 차원의 미래 경쟁력 저하로 이어질 수 있다는 점에서 심각한 우려가 제기된다. 이에 따라 균형 잡힌 학문 생태계 유지를 위해 정부 차원의 지원 확대와 대학의 기초교양 강화 등 제도적·자율적 대응이 요구된다.

192 한국과학기술원KAIST 인문사회과학부 1994년에 설립, 포항공과대학교POSTECH 1986년, 학교 개교와 함께 교양학부로 설립되었으며, 이후 1999년에 인문사회학부로 명칭을 변경하였다.

193 '90년대 한국에서 그리스도인 수는 전체 인구의 25퍼센트 정도였는데, 2023년 1월 기준으로, 현재는 16.6%를 차지한다. [목회데이터연구소, 2023]

과학시대의 종교 문제

미래의 종교가 점점 상호 관용mutual tolerance으로 나아가겠습니까. 그렇지 않으면 서로 배척reciprocal rejection할 것 같습니까?

광범위한 질문입니다. 앞서 언급이 있었으나 '종교와 과학'이란 한 측면만을 가지고 대답해 볼까요. 종교가 궁극적으로 '서로 관용'하는 방향으로 나아갈 것 같습니다. 역사에 관한 한 '절대'를 말할 수 없는 일이라서 역사의 움직임이 관용에서 '불관용intolerance'으로 갈 수도 있겠지만, 현재 역사 기류의 큰 줄기로 보아 '관용' 일 것이라고 보는 것입니다. 사람으로는 못하지만, '하나님의 성령'은슥 4:6 그렇게 할 수가 있지 않겠습니까.

인간 의식의 세계를 하나로 묶는 것이 종교의 역할입니다. 종교에는 우주관, 역사관, 세계관과 같이 사물을 바라보는 고유한 시각이 존재하지요. 지금까지 종교 간의 갈등은 이러한 시각觀 차이에서 비롯된 윤리적 해석의 불일치 때문이었습니다. 이러한 인식이 윤리의 영역에서 행동으로 나타날 때, 때로는 충돌을 빚고 때로는 화합을 이루기도 합니다. 그리고 그 시각이 본질적인 것 인지, 아니면 부차적인 것 인지에 따라 불협화음의 크기와 파장은 더욱 커질 수밖에 없습니다.

인류는 그동안 무의식적으로 감정과 직관과 본능에 의해서만 사물現象을 이해하고悟, 권위上部의 체계에 의해서만 관觀이 받아들여지던 시대가 있었습니다. 고대에 해당하는 '종교 시대'지요. 그리고 인류의 역사는 인간이 이성을 사용해서 사물현상을 해석하는 시대로 옮겨졌는데, '관'에 따라 신앙을 다루는 신학이 나오거나, 또는 이유를 캐는 철학이 나오기도 했습니다. 소위 말하는 '형이상학 시대'지요. 그런데 이제는 중세기와 초기 근대를 포함하는 그 형이상학 시대가 지나고, 프랑스의 철학자이자 사회학자인 콩트Auguste Comte, 1798-1857가 예언했듯이, "인류의 정신은 반드시 신학적 단계를 거쳐 형이상학적 단계를 통과한 뒤, 마침내 실증적 단계에 도달한다"콩트『실증철학 강의』Cours de philosophie positive 1830-1842고 하는 이 실증적 단계인 '과학의 시대'로 들어섰고,[194] 또 그 과학으로 인류는 역사의 완성을 가름하려고 합니다.

과학에는 신뢰할 큰 면모가 있습니다. 종교는 종교끼리 자꾸만 서로 분열되고 부딪히게 되는데, 객관성이 없으므로 보편적 영역에서 서로 대화할 수가 없기 때문입니다. 몇 마디 하지 않아서 인식의 차이로 대화가 막혀 버리니까 권력 또는 정치와 야합野合하는 사람이 이깁니다. 객관성이 없는 종교의 영역이 종교라는 이름으로 자행되는 비극이지요.

---

194 오귀스트 콩트Auguste Comte는 저서 『실증철학 강의』*Cours de philosophie positive*에서 '과학이 인류 문명의 발전 단계 중 가장 성숙하고 최종적인 지식 체계'임을 주장했다. 그는 사회학 역시 자연과학과 마찬가지로 관찰과 실험에 기초한 실증적 방법으로 연구되어야 한다고 보았다. 그는 학문의 발전을 과학의 위계론으로 설명하며, 가장 단순하고 보편적인 학문에서 점차 복잡하고 구체적인 학문으로 발전한다고 보았다. 그 순서는 수학 → 천문학 → 물리학 → 화학 → 생물학 → 사회학이며, 사회학을 가장 복합적이고 최종적인 과학으로 규정했다. 따라서 콩트가 말한 '과학 시대의 도래'와 '과학으로 인류 역사의 완성을 가늠하려는 시도'는 그의 실증주의 철학과 사회학적 전망에서 비롯된 것이다. 『실증철학 강의』는 이러한 핵심 사상을 집대성한 저작으로, 과학적 방법을 인류 지식의 보편 원리로 확립하고, 이를 통해 사회 질서와 진보를 동시에 달성하려는 그의 구상을 잘 보여준다.

반면에 과학은 철저한 객관의 영역에서 관찰과 과학적 방법을 통해 사실에 기반한 설명으로만 나오기 때문에, '관'이 같은 사람들끼리 '인식'이 세워져 가는데, 이 '시각'이 종교 같은 것도 초월해 버립니다. 또 과학은 정치적인 이데올로기 그 이념을 초월해 버립니다. 말하자면 그 엄밀한 객관성 때문에, 문화적인 차이를 다 초월한다는 얘기이죠. 인종, 장벽 또는 언어적 장애물을 초월하는 것은 말할 것도 없지요. 그리고 과학은 진리에 대한 '절대 주장absolute claim'을 하지 않습니다. 절대의 영역은 하나님만의 것이라서 인간이 건드릴 수가 없다고 믿기 때문입니다. 대신 과학은 '현상의 영역'에만 고착합니다. 현상계는 실용적으로 측정할 수가 있고, 또 객관성이 있기 때문이라는 것이지요.

그래서 과학이 내놓는 것은 절대적이고 우주적인 타당성을 가진 것은 아니더라도, 상대적으로 보편성이 있는 '관점'을 내놓는 것이지요. 관점이 같으면, 즉 정신적인 영역에서 연합이 되면 사람들은 마치 물이 높은 곳에서 낮은 곳으로 자연스럽게 흐르듯, 문화의 동질성을 갖게 되지요. 그런데 정신적인 영역이 다르면, 다시 말해 인간의 생각意識에 이질성이 많으면 종교처럼 거기에는 분리가 있고 다툼이 있고 불일치가 있겠지요. 내적인 세계가 외적인 세계를 지배하지 못하니까요.

이 점에서 위에서 말한 대로 과학이 정신적인 차원에서 연합할 수 있다는 것은 인간이 희망의 숨을 쉴 수 있는 배기통입니다. 과학기술은 현재 국가이익과 마성魔性적 상리商利 행위의 제물이 되어 있기도 하지만, 일반적으로 볼 때 삶에 편리와 유용성을 제공하기 때문에 인류의 문화 문명을 더 좋은 질로 이끌어 가고 있습니다. 언급한 관점으로, 인류의 공영과 발전을 위한 높은 윤리 의식으로만 인류의 정신문화를 계속 높은 차원으로, 즉 자연에서 계속 승화되는 영역으로 이끌어 갈 수 있습니다. 문화작업이 결국 정신의 산물인 한, 과학도 지금 영적인 작업을 수행하고 있는 것이지요. 왜냐하면 과학은 오직 인간의 이성理性만으로 실험하고 답을 찾는 합리적이고 논리적인 정신 활동이기 때문입니다.

현시대는 과학이 놀라운 문명을 이루고 있습니다. 그리고 가까운 미래에 과학은 고차원의 새로운 문화와 문명을 인류에게 주문할 것입니다. 과학이 발달하면 문화 문명은 반드시 변화되지 않을 수 없기 때문입니다. 이토록 고도로 발달한 과학화 시대, 인간이 길을 잘못 찾지만 않으면, 즉 과학에 윤리적인 영성이 가미만 된다면 우리는 미래를 낙관해도 좋을 것입니다. 과학은 엄정한 이성의 산물이기 때문입니다. 따라서 '주관'의 종교는 예전처럼 종교끼리 서로 백안시하면서 대립이나 하고 있을 것이 아니라, 과학 분야에 영적 직관력의 통찰을 주며 과학을 더욱 영화靈化시켜야 할 것입니다. 이런 의미에서 종교는 종교끼리 관용하면서 과학의 보조를 따라잡을 수밖에 없습니다. 객관의 과학이 문명을 이루는데, 종교가 어찌 집안싸움이나 하며 수수방관하고 있겠습니까.

생태계에 대한 태도 - '청지기' 직과 '다스림'

생태계에 대해서 인간이 가져야 할 태도는 어떠해야 한다고 생각하시는지요?

생태계와 인간은 상호 의존성을 가지고 있지 않겠습니까. 지구라고 하는 자연환경에서 나오는 물질로써 우리가 의식주를 해결하고 있고, 또 자연은 우리가 죽어 묻히는 안식의 자리이기도 합니다. 그런 만큼 우리는 물질을 떠나서 살 수 없지요. 지구는 하나님께서 우리에게 선물로 주신 것으로써, 인간은 땅의 모든 것을 존중하고 사랑해야지요.

지금 지구라고 하는 가든garden에서 우리가 청지기직Oikonomia, οἰκονομία, Stewardship을 잘못함으로써 얼마나 많은 생물체가 이 땅에서 사라져 가고 있습니까. 땅을 허락하신 하나님께 대한 감사의 표시로써 우리는 생태계의 모든 구성원요소을 보호할 책임관리, 보존이 있습니다.창 1:28 신학계에서 분류하는 동•식물은 다 '유정물有情物'이지요. '생혼生魂과 각혼覺魂'들이 있습니다. 이에 대하여서는 토마스 아퀴나스는 그의 저서 『존재와 본질에 관하여』*De Ente et Essentia*, 1252-1256에서 심도 있게 다루고 있는데 우리 인간들이 영혼을 갖고 있듯이, 아퀴나스의 논지는, 존재하는 모든 것은 신으로부터 존재를 부여받은 '본질적 가치'가 있으며, 동식물도 단순한 도구가 아니라 '영혼적 원리'를 지닌 피조물이라는 점에 있지요.

"땅을 다스리라"는 문화생태 명령에 대한 창세기 1장의 개념이, 유럽인들에게 '땅을 정복하라'는 개념으로 인식된 것은 잘못입니다. '창조 질서의 보존과 관리'에 대한 문제지요. '다스림conquest, 정복'과 '청지기직stewardship' 이 두 가지를 다 지니는 것이 바람직합니다. 의학과 윤리Medical and Ethics 문제가 서로 중요하듯이 '청지기직 신학'과 '윤리'에도 들을 만한 것이 있습니다.

동쪽과 서쪽이 만나는 지금, 동쪽은 서쪽에 귀를 기울이고, 서쪽은 동쪽에 귀를 기울여서, 그리하여 새로운 '합성synthesis'을 만들어 가야 한다고 봅니다. 인류에겐 과학도 필요하고 자연도 존중하는 영성이 필요합니다. 과학은 삶에 편의를 제공해 주고, 자연은 과학의 진전을 위한 영적 직관의 통찰력spiritual intuitive insight을 주지 않습니까. 앞서 잠깐 언급하였지만, 이 에스프리éspri가 깔리지 않으면 과학기술은 단순 기술자technician의 비극으로 남고 말지요. 인간을 통한 자연의 질서와 자연을 통한 우주의 질서는 다른 것인 만큼 조화가 필요하다고 봅니다.

땅은 사람을 위해 있고,창 1:28-29; 시 115:16; 레 25:23 땅은 사람을 위해 주어진 하나님의 선물이므로 사람은 이 땅의 수확물로 하나님께 감사와 영광을 돌립니다.신 8:10; 시 67:6-7; 고전 10:31 곧 삶 전체를 하나님께 드리는 청지기의 자세를 요구하는 메시지가 성경의 중점 진리 중의 하나입니다. 동양 사상적으로 말하면 천天·지地·인人 삼재三才가 만유萬有의 구성 요소에서 조화를 가지고 제 역할을 하게 되는 것이지요. "만유萬有를 품으시는 하나님."엡 4:6 헬라어 '코스모스κόσμος'는 온 세계inhabited world를 둘러싸고 있는 공간, 천문학에서는 천체를 비롯한 만물을 포용하는 물리학적 공간을 의미하고 있으며, 철학에서는 하나님의 창조 능력과 그것들을 주재하는 주권과 관련된 피조물 세계의 질서와 조화에 관계가 있습니다. 한 마디로 코스모스는 우주, 사람 사는 세상, 질서, 조화와 관계있는 말입니다. '하나님께서는 하늘을 펴시고우주宇宙크고 큰집이란 뜻 땅을 지으셨으며땅의 터를 세우시며 사람 안에는 심령을 지으셨다'슥 12:1고 하셨는데, 코스모스는 이 하늘과 땅과 사람을 가교 짓는 하나님 경륜의 중점 역할을 하고, 사람은 청지기stewardship로 참여합니다.

蓮堂 魚美淑, 대한민국문인화대전 초대작가, 이사역임, 게재 협의

생태계와 문명관 - 만물 공동체를 위하여

생태계 문제는 자연과 문명의 여성적인 면을 보완하자는 의식도 내포하고 있습니까. 『어느 구도자에게 보내는 편지』를 보면 '만물 공동체 사상'을 제시하는 것 같은데요.

우선, 서양인 중심의 문명관이 오늘의 환경 문제를 불러왔다고 보아야겠지요. 서양인들은 창세기의 '땅을 다스리라*Subdue the earth*' 란 구절을 '정복' 개념으로만 보았는데, 앞서 언급한 것처럼, 관리 개념, 청지기 개념으로 보아야지요. 유럽인들이 땅을 정복하는 것으로 본 것에는 아무래도 세계를 경영해 본 그들의 제국주의적 발상이 있었습니다. 그들은 성경 뒤에 대포를 싣고 온 아편 전쟁식의 문명을 주도하는 사람들이 아닙니까. 마치 현재 미국이 세계 경찰국가로서의 역할을 자임自任하면서도 인명을 살육하는 무기를 최대로 수출하여[195] 자국의 이권利權을 챙기듯이 말입니다.

긍정적 유산도 많이 남겼지만, 사실 대체로 서세西勢가 동점東漸하면서, 유

195 전 세계 무기 수출고의 37.5퍼센트를 차지하는데, 지하 폭력배들에게 암거래되는 것까지 합하면 60퍼센트 이상 예상, 2022년 미국이 40%, 러시아 22-16%, 프랑스 약 11%, 중국 약 5%, 독일 약 4%, 한국 2.4%이다. 한국의 무기 수출은 2018-2022년 사이 74% 급증했으며, 세계 9위 수출국을 점하고 있다. [출처: 스톡홀름 국제평화연구소, SIPRI, *Arms Transfers Database, 2023년* 기준; 연합뉴스 2023년 5월 보도: SIPRI 통계 재인용, 한국의 무기 수출 급증]

럽인들이 피 선교지에 남긴 것은 '정복conquest과 정착settlement'의 역사였습니다. 이것은 크리스천의 양심으로선 부끄러움 없이 읽을 수 없는 근대사, 아니 인류사의 수치지요. 식민지 영토 확장과 그 역사의 페이지마다 묻어 있는 전쟁의 핏자국들, 또 현지 정착 과정에서 빚은 갖가지 마찰들은 모두 서양 기독교 국가들196에 의해서 자행되었습니다. 그 제국주의적 유산이 제3세계의 곳곳에 아직도 아물지 않은 상처로 남아 있지요. 1927년 영국총리3차례 재임 스텐리 볼드윈Stanley Baldwin, 1867~1947이 간디Mahatma Gandhi, 본명: Mohandas Karamchand Gandhi, 1869~1948를 찾아가서 평화와 안전에 대해 자문을 구한 적이 있습니다. 간디는 말없이 테이블 위에 있던 성경의 산상수훈 장章들을 짚으면서 말했습니다. "**이것을 사람들이 실천하면 됩니다.**"『간디의 자서전』 中에서, *An Autobiography: The Story of My Experiments with Truth,* 1927 역사의 땅거미가 깊어지면서 세상이 점점 흉흉하고 어둠에 빠져갑니다. 이제야말로 산상수훈 정신의 실천과 생태계 또는 환경 보전을 통해서만 인류의 생존이 가능한 때가 되었습니다.

정말이지 인류가 배태胚胎해 낸 서구적 문명의 방향과 진로는 산상수훈과는 너무도 거리가 멀고 우주적 자연 질서와도 다른 것입니다. 우주적 자연 질서는 남성과 여성이 균등하게 조화를 이루는 남녀 공동의 온

196 기독교제국주의Christendom는 일반적으로 4세기 로마제국 황제 콘스탄틴 1세의 기독교 개종과 공인을 기점으로, 20세기 말까지 이어진 역사적 체제를 가리킨다. 이 시기는 교회가 단순한 종교 공동체를 넘어 '세속 권력과 결탁하여 국가 운영과 사회 질서 유지에 직접적인 영향력을 행사'했던 시기였다. 313년 밀라노 칙령으로 기독교가 공인되고, 380년 데오도시우스 1세에 의해 로마 제국의 국교로 선포되면서, 교회는 '제국의 정치·행정 체계 속에 깊숙이 편입'되었다. 그 결과 교회와 국가는 사실상 하나의 권력 구조를 형성했고, 종교적 권위와 정치적 권력이 상호 정당성을 부여하며 사회를 통치했다. 이 체제 아래에서 기독교는 유럽 전역의 문화·법률·교육·윤리의 중심이 되었으며, 왕권과 교황권이 긴밀히 얽혀 종교적 통일과 정치적 안정을 동시에 추구했다. 그러나 이러한 **결합**은 '복음의 본질을 세속 권력의 이해관계에 종속시키는 결과를 낳았고, 교회의 부패와 권위주의를 심화시켰다.'라는 비판도 받는다. 따라서 기독교제국주의는 단순히 '기독교가 지배적인 사회'라는 의미를 넘어, 교회와 국가가 결합하여 하나의 통치 체제로 기능했던 역사적 시기와 그 운영 방식을 지칭하는 개념이다.

전한 인간 중심적 질서입니다. 그런데 지금까지 우리의 문명은 대개 남성 중심적 질서 중심으로, 즉 반쪽 중심의 질서에 불과한 정복 질서, 소위 거둬들이고 모으고 마무리하는 그런 여성적 질서라기보다는, 나가서 저지르기만 하는 정복 질서였지요. 이제 인류는 그 정복 질서의 끝에서, 공룡과 같은 문명이 무너져 가는 조락 현상을 목도하고 있다고 할 수 있습니다. 사회와 자연, 양쪽의 면에서 다 말이지요. 이것은 '인간 이성의 절대적 하락not believe in human progress but descending'을 진단한 헉슬리Aldus Huxley, 1894~1963의 말이기도 합니다.197

소위 문명의 불합리성은 여성적인 원시, 그 자연에 반反하는 사실입니다. 현대 문명이 우주적 자연 질서와는 다른, 말하자면 창조 질서의 보존과 관리에 있어서 '무위자연無爲自然'적 개념과는 너무도 다른 것에, 저는 인류의 정신사적 비극을 느낍니다. 서구인의 문명 중시가 현대인에게 남긴 유산은 인종과 성차별과 국제 분쟁, 그리고 오염된 환경뿐이라고 해도 과언이 아닐 것이기 때문입니다. 이런 의미에서 플라톤이 『국가』 안의 「대화편」에서 한 얘기는 의미가 새롭게 들립니다.

> **우리는 아득한 옛날 우리의 선조들이 누렸던 그 자연의 사회로 돌아가야 한다. 그것이 돼지들이 사는 사회piggish society처럼 원시 사회로 보일지라도, 그리로 돌아가지 않으면 안 된다.**

서양인들이 만든 그 문명 때문에 지금 지구는 인간에게 시달리고 있습니다. 갈보리산 꼭대기에 매달린 십자가만 십자가가 아닙니다. 이제는 지구조차도 공중에 매달고 있습니다. 인간이 과연 지구의 꽃이겠습니

197 헉슬리는 그의 저서 『멋진 신세계』*Brave New World, 1932*와 『영원한 철학』*The Perennial Philosophy, 1945*에서 '인간 사회의 발전이 반드시 긍정적인 방향으로 나아가는 것이 아니라, 오히려 기술과 사회구조가 인간의 본성을 억압할 수 있다'고 경고했다.

까? 인간이 과연 만물의 영장이겠습니까? 지금 온 피조물이 모두 하나님의 아들과 하나님 나라가 도래하기를 학수고대鶴首苦待합니다. 롬 8:19

> 피조물이 다 이제까지 함께 탄식하며 함께 고통을 겪고 있는 것을 우리가 아느니라 롬 8:22

모든 창조물이 지금까지 함께 탄식하고 있다는 점은 무정한 사회와 환경 속에서 '만물 공동'체로 살지 않는 우리를 돌아보게 합니다. 자연과 함께하는 그 순수한 사랑의 시 한 편이 떠오릅니다.

사 랑[198]

박형진

풀 여치 한 마리 길을 가는데
내 옷에 함께 앉아 길을 간다.
어디서 날아왔는지,
언제 왔는지
갑자기 그 파란 날개 숨길을 느끼면서

나는
모든 살아 있음의 제자리를 생각한다.

풀 여치 앉은 나는 한 포기 풀잎
내가 풀잎이라고 생각할 때
그도 온전한 한 마리 풀 여치

어느 날 길을 가다가 자신 옷에 날아와 앉은 풀 여치 한 마리와 무심중에 함께 길을 걸어가는 얘기로, 자연과 사람이 함께 어우러져 있는 것 같습니다. 온기와 조화가 있는 생명의 세계가 그립습니다. - 시 단평, 필자

198 시집 『바구니 속 감자 싹은 시들어 가고』, 1994 -中에서

묵상 적용과 토론을 위한 질문 [6부 미래를 보는 눈 – 종교와 문명]

1. 본 단락은 인류의 미래를 낙관적으로 보는 근거를 하나님의 섭리와 종말 사관에서 찾습니다. 여러분은 개인적으로 역사의 불연속성과 위기 속에서도 낙관을 유지할 수 있는 근거를 어디에서 찾고 있습니까?

2. 동양은 순환적 세계관을, 서양과 기독교는 직선적·종말론적 세계관을 강조합니다. 여러분은 이 두 관점이 인류의 미래를 바라보는 태도에 어떤 차이를 만들어 낸다고 생각하며, 오늘날 우리는 어떤 균형을 취해야 한다고 보십니까?

3. 본 단락은 과학이 영적 직관과 결합하지 않으면 "무서운 악마들을 길러낼 뿐"이라고 경고합니다. 여러분은 과학과 종교가 오늘날 어떻게 협력해야 인류의 미래를 밝히는 힘이 될 수 있다고 생각합니까?

4. 동양은 자연과의 조화를, 서양은 자연의 정복과 관리의 사명을 강조해 왔습니다. 오늘날 기후 위기와 생태계 파괴 앞에서, 여러분은 두 전통의 태도가 어떻게 상호 보완되어야 한다고 생각합니까?

5. 본 단락은 문명이 발전할수록 인간이 자연을 소외시키는 위험을 지적합니다. 여러분은 현대 문명이 생태계와 어떤 관계를 맺어야 한다고 생각하며, 개인의 삶 속에서는 자연과 문명 사이의 균형을 어떻게 실천할 수 있습니까?

6. 기독교는 역사를 계시의 무대로 이해하지만, 동양 종교는 역사보다 초월적 깨달음을 중시합니다. 여러분은 오늘날 인류의 위기 속에서 '역사 속 계시'와 '역사 초월적 깨달음' 중 어느 쪽이 더 큰 의미를 지닌다고 보십니까?

7. 본 단락은 인류가 어둠에서 빛으로 나아가는 진보의 흐름을 강조합니다. 그러나 동양은 무상과 순환을 강조합니다. 여러분은 인류가 실제로 진보하고 있다고 보십니까, 아니면 같은 문제를 반복하고 있다고 보십니까?

8. 본 단락은 하나님의 '원리'(First Cause, The Good)가 역사를 완성한다고 말합니다. 여러분은 신학과 철학이 인류 미래를 이해하는 데 어떤 역할을 하며, 어떤 방식으로 협력해야 한다고 생각합니까?

2권 : 동양과 서양의 마음 - 그 깊은 진리의 바다

New Age 운동과 기독교 7부

(Ⅰ)

- New Age 운동을 보는 태도와 자세
- 성육신 기독론
- 기독교의 개혁 방향 소고小考
- 타종교인을 위한 기독교 이해
- 신성神性의 내재內在 문제
- 유한 속에 있는 무한

(Ⅱ)

- 기독교와 관련된 New Age 운동
- 바이오스피어 Ⅱ
- New Age : 과학과 종교의 교량
- 생태계에 대한 기독교의 관심
- 유토피아

(Ⅲ)

- 기독교에 도전하는 New Age 운동

'아들아 ….' 요 10:14, 이상복 스케치

I

New Age 운동을 보는 태도와 자세

New Age 운동을 보는 자세랄까 태도에 대하여 알고 싶습니다. 그리스도인이 견지해야 하는 시각에 대해서 말씀해 주시겠습니까.

New Age 운동은 1970년대 초에 서구사회에서 빠르게 성장한 다양한 영적 또는 종교적 관행과 신념입니다. 종교보다는 문화운동으로 영국을 중심으로 서구 사회에서 빠르게 성장하다가 1980년대와 1990년대 초에 미국, 특히 캘리포니아에서 두드러지게 일어나 널리 퍼졌습니다. 종교다원주의pluralism 실험과 운동이 일어난 산타바바라, 클래어몬트, 버클리 등이 중심 무대입니다. 주지하듯이, 미국 문명의 중심은 유럽인들이 바다대서양, Atlantic Ocean를 건너 처음 배를 댄 동부였으나, 그들이 개척 시대대략 1803년~1890년를 거치면서 점차 대륙 횡단의 끝인 서부로 나아왔지요. 지리적으로 그 서부는 태평양을 상거相距하고 아시아와 마주하는 캘리포니아 연안입니다. 따라서 New Age 운동은 진취성과 개척정신의 실험지인 이 캘리포니아에서 일어날 수밖에 없는 지정적地情的

특성이 있다고 할 것입니다. 왜냐하면 아시아인으로 보면 캘리포니아는 대對 세계 창구 역할을 하는 북미 상륙의 길목이며, 미국 측으로 보면 서양인들이 뭔가 묵은 것을 떨쳐버리고, 새로운 것을 찾아서 운명을 걸고 찾아온 마지막 땅일는지도 모르지요. New Age 운동이라고 하는 동·서 만남의 실험은 이렇게 용기 있는 사람들에 의해 일어났습니다.

이 새로운 영적 모험spiritual enterprise 뒤에는 먼저 동양인들, 특히 구루Guru,힌두교, 시크교의 영적 지도자와 선사禪師들이 이곳으로 와서는 동·서가 만나는 고리 역할을 하였습니다. 이들이 와서는 서양인들의 호기심을 자극, 동양적 정신의 신비 세계로 그들을 몰입沒入하게 해서는 개종改宗시켰습니다. 개종한 서양인들은 전수傳授 받은 동양 정신을 그들의 의식 속에 그대로 담을 수도, 또 전수傳授 받은 대로만 전할 수도 없었습니다. 그리하여 구루Guru로부터 배운 것을 서양인의 구조에 맞게 변형시켰습니다. 우선 그들은 옛 문자 산스크리트어나 힌디Hindi가 아닌 영어로 종교의식을 치른단 말이지요. 해당 문화 안에서 선교하기 위해 '상황화contextualization' 또는 '토착화inculturation'시킨 것이지요.

따라서 서양인들은 좀 더 합리적이고 과학적인 사고방식으로 동양 종교를 흡수하면서, 서양인에게도 내재 되어 있는 신비주의와도 융화시켜 여러 가지 문화 예술 놀이와 지적 유행 등을 배태시켰습니다. 그것은 90년대까지 약 50여 년간, 예술·문화·사상 등 사회 전반에 걸쳐 거대한 흐름으로 전개된 뉴에이지 운동은 오늘날에도 여전히 그 파급력을 유지하며 서구사회 전반에 지속적인 영향을 미치고 있다고 할 것입니다. 이 운동에 중추 역할을 한 사람들은 서양에서 자라난 선교사들의 후예였습니다. 그들은 서양에서 New Age 운동의 지도자들이 되어 서양인들의 의식구조에 깊이 있는 만남, 즉 서양 정신에 동양 옷을 입히는 정도로 그치는 그런 만남이 아니고 좀 더 깊이 있는, 영혼과 영혼의 대화를 교류하게 하는 정신 레벨의 심화를 있게 하였지요.

이렇게 우후죽순, 즉 매우 절충적이고 체계적이지 않은 구도로 인해 New Age 운동에 관해 정확한 정의가 어렵습니다. 절충주의와 혼합주의 성격 때문에 'New Age Movement'라고 부르는 이 용어에, 이의를 제기하고 이를 환경이나 시대정신으로 보는 편이 더욱 낫다고 주장하는 사람들도 있습니다. 나름대로 각 분야에서 진취성을 가지고 뿌리를 내린 New Age 운동에 대해 논쟁의 여지가 있긴 하나, 우선 두 가지 정도만 말씀 드려보겠습니다. 무엇보다, 그리스도인은 New Age 운동의 문화 또는 과학적 실험들에 대해 잘못을 따져 정죄定罪로 다루기보다는, 그들에게 좀 더 시간을 주고 그들이 하는 행위를 보면서, 그리스도인 시각으로 잘못된 점들을 짚어주고 비판해 주어 그들의 활동들이 변증Dialectics의 법칙에 따라 합合, Synthesis 앞으로 나아오게 하도록 해야 합니다. 역사의 모든 것이 세월이 지나고 보면 'Dialectics'이 아닌가요. 그래서 '기독교적 합'에 그들도 결국 수렴收斂되고, '문명의 합合' 앞으로 승화되어 나오는 것이지요. 문화는 한꺼번에 부숴버릴 수 있는 그 어떤 것이 아닙니다. 제국주의적으로 일거에 훼파해 버리면, 그들은 영원히 기독교라고 하는 캠프 안으로는 들어오지 못하게 될 것입니다.

이 점에서 그리스도교는 뉴 에이저들에게 복음 전도를 지혜롭게 하여야 한다고 봅니다. 그들, New Age 그룹의 사람들은 대부분 전통적인 그리스도교에서 이미 이탈해서 나간 사람들이기 때문입니다. 따라서 그들은 전통적인 기독교 앞으로 다시 들어오라고 하면 거부 반응을 일으키면서 들어오려 하지 않을 것입니다. 그들은 최소한 시대와 미래에 눈뜬 사람들이므로 과거의 전통만 지키고 있고, 사회적 제諸 문제에 대해 성서적으로 답변을 준비치 못하는 사람들하고는 상종相從이나 교류하지 않으려고 하는 사람들이기 때문입니다.

따라서 그리스도교 측에서는 New Age 운동에 비판자로만 남아 있을 것이 아니라 좀 더 적극적으로 New Age 운동에 관심을 가져야 합니다. 그들의 말을 들어주면서, '그리스도가 빠진' 그들의 문제점도 지적해 주어야 합니다. 더욱 나은 사회를 추구하려면 그리스도를 중심으로 해야 한다고 권면하면서, New Age 쪽에서 추구하는 모든 것이 그리스도 안에서 성취할 수 있다고 인도하는 것입니다. 다시 말하면, 개인적인 차원, 사회적인 차원, 역사적인 차원, 문화•문명적인 차원의 모든 것이 그리스도 안에서 완성된다고 계몽시키는 것입니다. 그리스도의 머리headship 앞으로 나오라고 설득하면서 말이지요. 물론 분야별로 성경적 권위와 신학적 논증을 통해 이루어지며, 이는 교회의 질서와 공동체적 일치를 유지하고 신앙적 정체성을 모범으로 일상에서 보여주고 실천하는 그리스도인의 향기가 선행되어야 할 것입니다.

그들을 그리스도의 머리 앞으로 인도해야

그리스도인들은 밖에서 비판도 해야겠지만, New Age의 울타리를 넘어 들어와서 그들의 지도력에 정신적 좌표direction of spiritual compass를 넣어주어야 합니다. 다시 말하면, New Age 그룹을 그리스도 안에서 승화시키는 차원의 양상dimension을 주는 것 말입니다. 이것은 그리스도인이면 해야 할 의무이고 사회 문화적 틀 안에서 적극적 선교 자세가 아닐는지요. 사도 바울의 선교 원칙고전 9:22-23은 '사회 문화 적응적 선교 방법social-cultural accommodation method'이었습니다. 실로 사람은 상호 존중하는 가운데 자극을 통하여 발전하고, 계몽을 통해 진보하기 마련입니다.

그러기 위해서는, 그리스도인이 New Age 운동에 먼저 귀를 열어야 합니다. New Age 운동이 무엇을 말하고 있는지, 그들의 욕구가 무엇이지, 왜 그런 생각들을 지니고 있는지, 그리고 그 타당성은 무엇인가? 하고 듣는 귀와 생각하는 머리를 가져야지요. 이 방법이 아닌 '아편 전쟁식 선교 방식강제적 개방, 서구 세력의 보호, 문화적 충돌'을 택해선 안 됩니다. 듣는 자세를 취하면 나중에 New Age를 부정적으로 비판하게 되더라도 좀 더 그들의 심금을 울릴 수 있는 정확성을 가지고 비판할 수 있고, 무엇보다도 그들을 더욱더 정확히 올바른 길로 인도할 수가 있을 것입니다.

그러나 그리스도인이 뉴 에이지 운동에 대해 비판적 거리를 유지하면서도 동시에 일정 부분을 수용하려는 입장에 서기 위해서는, 현재의 기독교적 상황 전반에 걸쳐 다각적인 개혁이 요구됩니다. 개혁된 기독교, 즉 새로 태어난 기독교만이 New Age 운동을 당면하여 대처할 수 있을 것이기 때문입니다.

기독교는 무엇보다도 뉴 에이지 운동이 보여주었던 것과 같이 과학적 흐름에 발맞추고 이를 선도하려는 태도를 견지할 필요가 있습니다. 국제화 시대에 있어서는 역사의 실체를 직시하고 적극적으로 참여하는 자세가 요구되며, 단순히 비판적 태도에 머무르는 것은 생산적이지 못하지요. 따라서 기독교는 국제화된 상황 속에서 새로운 역사를 공동으로 창조해 나가는 데 기여를 해야 하며, 이를 위해 문화·문명의 질적 수준을 점검하고, 사회구조 및 정치·경제적 체제의 개선을 시도함으로써 새로운 질서의 형성에 공헌해야 합니다.

역사 창조에 수많은 일꾼이 나와서 나름대로 기여하고 있는데, 기독교가 이들을 보수적으로 관망 또는 비판만 할 것이 아니라, 눈을 뜨고 귀를 기울여서 장단점을 발견하여 좋지 않은 점은 비판하고 좋은 점은 칭찬하면서, 역사 창조의 대열에 뛰어 들어가야 합니다. 그리하여 역사의 종합을 향해 선도하고 공헌해야 합니다. 중요한 것은 이 모든 공헌이 그리스도, '주님을 중심'으로 나아가야 한다는 것입니다. 그리스도의 영은 윤리적 가치를 결정해 주고, 살려주며, 생명을 주는 영life-giving Spirit 고전 15:45이기 때문입니다. 이 살려주는 영, 곧 '생명을 주는 영'을 가진 사람은 뉴 에이지 측 사람들을, 마치 불교인들을 외면하듯 강 저쪽 언덕에 두고만 있어서는 안 됩니다. 물은 반드시 두 개의 둑 사이에 흐르고 있습니다. 한 지구 안에 산다는 공동체 의식을 가지고 그들을 만나 '하되doing' '함이 없는non-doing' "무위이화無爲而化"의 태도를 지니고 은연중, 한 사람이라도 그가 다시 '십자가 밑만이 인간다운 삶이고 가치'라는 것에 자신이 객관적 결론을 내리도록 해 주어야 합니다. 많은 그리스도인이 잘못된 선민의식에 빠져 휴머니즘을 잃어가는 것은 인간의 가치와 생명력을 훼손하는 죄악입니다. 십자가 아래서만 참된 인간의 삶과 가치가 드러납니다.

네가 어디 있었느냐 창 3:9

네가 무엇을 하였느냐 창 4:10

귀 있는 자는 들을 것이라 마 11:15

눈물로 씨를 뿌려야…, 기쁨으로 그 단을 가지고 돌아오리라. 시 126:5-6

성육신 기독론

New Age 휴머니즘은 New Age 그룹 사람들이 시대의 문화 속으로 육화肉化되어 들어오지 못하는 기독교에 대해 실망한 나머지 그들 나름대로 세운 인본주의적 철학입니다. '성육신 기독론Incarnation Christology'의 원형은 무엇입니까?

New Age Humanism은 글자 그대로 '인간의 인성humanity'을 강조하는 것입니다. 종국적으로는 자아 완성에 의한 초월 추구로써 '신성을 지향하는 행위'라고 할 수도 있겠지만, 기독론Christology이 빠진 운동인 만큼 결정적인 문제가 있습니다.

이 휴머니즘 운동이 나오게 된 배경에는 기독교 측에도 원인이 있다고 봅니다. 예수 그리스도가 '도성인신道成人身'이므로, 모든 신학과 기독교 사상은 이 성육신 믿음 위에 서야 하는데, 현재 성육신 기독론이 잘 정립이 되어 있질 않습니다. 말하자면 문화와 역사를 보는 눈은 문화 안에 육화된 그리스도론으로 보아야 하는데, 전통적 신학계와 교회 사정은 문화부터 경원시敬遠視하거나 나아가 터부시taboo하는 것이 사실입니다. 현재 기독론은 단지 신학적인 관점에서만 사고思考 되고 있을 뿐, 성육신 기독론이 윤리적으로, 즉 신학Theology에서 윤리Ethics로 실현되어 있지 않습니다. 실천적인 측면에서πραξις, praxis, "doing" or "action" 볼 때, 생활과는 동떨어진 신학 또는 교리로만 남아 있다고나 할까요. 질퍽질퍽한 삶의 현장에서 쓰러지고 좌절하는 인간과 함께 고뇌하며, 문화와 역사의 실체 안에서 능력으로 나타나는 '육화肉化된 기독론'이 아니라는 말입니다.

진실로 기독론이 육화된 기독론으로서 광휘光輝를 발하려면 '기독교 인문주의Christian Humanism'가 나와야 합니다. 고린도전서 9장 22-23절에 나오는 "…all things to all men….."을 선교원칙으로 주창하는 사도 바울은 어떤 면에선 위대한 그리스도인 휴머니스트입니다. 즉 '한 사람이라도 더 주님 안에 구하기 위해서 모든 일을 할 수 있다'고전 9:22는 사상, 그래서 그는 로마에 가면 로마인의 법을, 유대에 가면 유대인의 관습을, 또 율법말씀이 없는 이방인에게 가면 이방인처럼 되어서라도 그리스도를 전하겠다고 하지 않았습니까. 심지어 그는 "그리스도에게서 끊김을 받는 한이 있더라도 동족을 위하겠다"롬 9:3고 하였습니다.

성육신 기독론은 문화적 측면에서 보면 '크리스천 유신론Christian Theism'이 되기도 하여야 하지만 크리스천 인본주의와 조화를 갖추어서, 다시 말하면, 수직적인 영성하나님과의 관계과 수평적인 영성사회적 관심이 만나는 이상적인 그리스도인 인간상像을 만들어야겠지요. 마치 존 스토트John Robert Walmsley Stott, 1921~2011가 그의 저서 『현대 기독교』*Contemporary Christian, 1992*에서 강조하고 있는 것처럼, 하나님의 말씀과 현대 세계의 목소리를 동시에 경청하는 '이중 경청Double Listening'을 통해 신앙과 현실을 조화롭게 연결하는 균형 잡힌 접근이 필요합니다. 그는 이중 경청을 기독교 제자도와 선교에 있어 필수적인 태도로 규정하며 성경의 진리를 깊이 들으면서도 시대의 고통과 질문에 민감하게 반응하는 자세를 제안했지요. 이러한 관점은 오늘날에도 여전히 유효하며, 신앙이 단절되지 않고 살아 있는 현실 속에서 작동하기 위한 핵심적인 통찰을 제공합니다.

그리스도를 중심으로 하는 참다운 휴머니즘의 승화인 세계 문화가 성육신 기독론을 통해서 나오고, 그리하여 문화를 기독교적 역사관으로 인도하여 나가는 것입니다. 여기에 기독론을 통해 나오는 기독인다운 국제 정치와 경제 제도가 가능하다는 것이지요. 참다운 크리스천 휴머니즘은 이토록 문화를 그리스도 앞으로 이끄는 힘입니다. 이제 선교는 종래從來의 'text성경'에서 'context상황'에로의 적용 외에, 'context'에서 'text'를 찾아가는 '육화肉化'를 실천하는 방식 역시 병행해야 할 필요가 있다는 생각이 듭니다.

참으로 기독교적 세계관의 확장은 신학과 교회가 인간 속으로 들어가는 성육신의 사건, 그 "화신"化身, incarnation, 불교 용어이 있어야지요. 예수 그리스도께서 오셔서 '아버지'라는 말을 많이 쓰시면서 '신령영, Holy Spirit과 진정진리, Truth으로 예배드리는 삶'요 4:24을 보여주셨듯, 우리는 부단히 아버지를 모시고 신적인 레벨로 나아가야 합니다. 휴머니티를 매일 신령스럽게 하며 사는 그리스도처럼 말입니다. "말씀을 받으면 너희는 신이라."요 10:34-35 '받으면'은 헬라어 원어로 '되면become'이죠. 앞에서 언급한 적이 있습니다만, 다시 한번 살펴보면, '에게네토ἐγένετο'라는 원형 동사primary verb에서 파생된 동사 '기노마이γίνομαι'는, 말씀이 '되면'이란 뜻으로 너희가 말씀즉, 그리스도으로 '살아 내면live out the Christ'의 뜻입니다. 그리스도를 살아 낸다는 말은 그리스도의 형상을 이룬다는 말인데, 그런 사람들은 신과 같은 사람들이 된다는 것입니다. 그리스도인들의 이상ideal이지요. 성경은 성도를 이렇게 신적 인격이 되도록 품성을 고양高揚합니다.

'인간 내부에 신성이 있다'는 사상은 New Ager만의 가르침이 아니라, 성경 안에도 풍부한 의미로 있습니다. 너희가 양자養子, 헬)υἱοθεσία, 휘오떼시아를 줄여서 아들 '휘오스'υἱός, sonship의 영을 받고 있다고 했고, '하나님의 자녀들'τεκνον, 테크논, children이라 하는 등롬 8:16; 요 1:12 내재한 신성이 강조되고 있지요. "너희는 신성에 참여하라."벧후 1:4 "생각심령을 새롭게 해서 그리스도의 키 높이까지장성한 분량까지 자라라."엡 4:13 그러면서도 기독교에서는 신을 하나님으로, '아빠Abba'를 '하늘에 계신 아버지로 부름' 롬 8:15으로써 인간과 하나님을 구별하는 것입니다.199 얼핏 보면 모순 같지만, 모순 속에서 합일合一의 종합이 되어 있는 것은 기독교의 신비이지요. 기독론에서 이원론二元論, Dualism의 모순적인 두 가지가 융합이라고 할까, 종합이 되어 있다는 말입니다. 말하자면 하나님과 인간의 차이점, 그 불연속성discontinuity과 연속성continuity이 그리스도 안에서 일관되고 조화coherence롭게 드러나는 것이지요. 모순적이지만, 거기에 종합synthesis이 있다는 것은 놀라운 조화입니다.

New Age처럼 너무 인본주의로 가게 되면 범신론汎神論, pantheism이 나올 수가 있고, 그렇다고 또 너무 신본주의theism로 치우쳐도 초월적인transcendental 이원론dualism만의 '엄격한 보수 신본주의a rigid form of Conservative Theism'가 나올 수 있습니다. 이 보수 신본주의 문제는 하나님과 인간과의 연결성이 없어진다는 것이며, 한편 New Age처럼 범신론에서는 하

199 **교회**는 한 성령의 역사로 한 부르심 가운데 한 믿음을 지닌 한 몸, 곧 "**그리스도의 몸**"을 뜻한다(엡 1:23; 4:4~5, 12; 5:30). 교회에는 여러 지체肢體가 있으나 머리가 하나이므로 몸도 하나이다(고전 12:13, 20; 엡 4:15~16). 그리스도가 유일하신 "몸의 구주"가 되시기 때문이다(엡 5:23). 주님은 이 땅에 오셔서 대속의 모든 의를 다 이루시고(요 19:30) 하나님의 보좌 우편에 오르셔서 보혜사 성령을 부어주심으로써(요 15:26; 행 2:33), 그 영을 받은 자마다 자신과 함께 하나님을 "**아빠 아버지**"라고 부르는 자녀이며 상속자의 자리에 서게 하셨다(막 14:36; 롬 8:15, 17). 그러므로 하나님의 자녀됨과 교회의 지체됨이 서로 다르지 않다. [출처: "*주님의 멍에를 메고, 주님의 하교서 배움에 힘쓰자*", 개혁주의 윤리-참 교회와 참 성도, 문병호, 기독신문, 2015.12.14]

나님과 인간의 차별성, 구별성이 없어져 버립니다. 이 점에서 저는 두 가지가 통합된 것이 성육신 기독교라고 보고, 기독교는 기독론으로 해서 궁극적으로 하나님과 인간을 융화시킨다고 봅니다. 바로 이 점이 말씀의 종교인 기독교가 모든 진리를 인도할 수 있는 근거도 되겠지요. 요 16:13 기독교 안에 전 세계 종교가 연합된다고 할까 수용되어야 하는 힘power이 무궁무진한 잠재력으로 있다는 것이지요. 그래서 성경에서는, '그리스도가 곧 교회의 머리'골 1:18; 엡 5:23; 엡 1:22인데 나중에 "만물이, 하늘에 있는 것이나 땅에 있는 것들이 모두 그리스도 앞에 무릎을 꿇고 예수를 주主라 고백하게 될 것"빌 2:10-11이라고 하는 것입니다.

즉, 온 세계 종교가 그리스도 앞에 나와 그의 절대적인 주권 아래 엎드릴 때, 그리스도 안에서 모든 종교와 문화와 인간의 이상이 완성된다는 것이 '기독교의 종말 사관Eschatology'200입니다. 신앙의 역사적 완성에 모든 그리스도인은 윤리적 결단으로 참여하는 자가 되어야겠지요. '신본주의와 휴머니즘'이라는 두 개의 조화된 축軸을 들면서 말입니다. 성육신 기독론은 성서적으로 균형 잡힌 그리스도인의 사유와 행함의 원형입니다. 그의 저서 『균형 잡힌 기독교』*Balanced Christianity, 1975*에서 평생 전한 B.B.C 원리201, 존 스토트의 말입니다.

---

200 종교별 종말론을 간략히 살펴보면,
- 기독교: 예수 그리스도의 재림, 최후의 심판, 새 하늘과 새 땅
- 유대교: 메시아 시대, 유대인의 귀환, 의인의 부활
- 이슬람: 마흐디Mahdi의 등장, 예수Isa의 재림, 최후의 심판
- 힌두교: 칼키Kalki의 강림, 현재 시대Kali Yuga의 종말
- 불교: 마이트레야Maitreya, 미륵의 출현, 불법의 쇠퇴 후 새로운 깨달음

201 존 스토트John Stott는 기독교 신앙이 지적·영적·사회적 균형을 갖추어야 한다고 주장하며, 다음 세 가지 축'BBC'을 강조하며, 성경에 뿌리를 두되 시대와 단절되지 않는 신앙을 제시한다. Ⓑiblical:성경적 신앙과 삶의 기준은 성경에 근거해야 함; Ⓑalanced균형 잡힌 극단을 피하고, 다양한 신앙 요소 간의 조화를 추구; Ⓒontemporary현대적인 시대의 질문과 문화에 민감하게 반응하는 것, 다시 말하면, 기독교는 성경에 뿌리를 두되, 현대 세계와 단절되지 않아야 하며, 교리적

샤론의 꽃(Rose of Sharon, 히비스커스 시리아쿠스)

샤론의 꽃 (Mugunghwa, 무궁화)

https://korelimited.com/blogs/korelimited/the-reason-behind-south-korea-s-national-flower-mugunghwa

엄밀함과 실천적 사랑, 개인 경건과 사회 참여 사이의 균형을 유지해야 한다는 것이 스토트의 평생 메시지이다. 그는 『제자도』를 마지막 저술로 남긴 저술가이자 설교가이며, 현대 기독교 지성을 대표하는 복음주의 목사였다. [출처: 『Balanced Christianity』 InterVarsity Press, 2013, 『존 스토트의 균형 잡힌 기독교』 새물결플러스, 2011] 그는 평생 오직 그리스도만을 위한 길을 걸었고, 자연과 새들을 사랑하며 교제하는 소박한 삶을 살았다. 영국의 많은 귀족들이 옥스퍼드1096년 개교나 케임브리지1206년 개교 같은 명문대학을 졸업한 뒤 식민지 총독, 대사, 국내 정치의 최고위직, 혹은 대학 총장직을 맡았던 것과 달리, 그의 삶의 궤적은 전혀 달랐다. 부친인 존 스토트 경Sir John Stott은 제2차 세계대전 당시 황실 특임을 받은 영국군 의무감이었고, 스토트 자신도 케임브리지대학에 수석으로 입학할 만큼 뛰어난 학문적 재능을 지녔지만, 그는 특별한 대우나 권력의 길을 거절했다. 17세에 케임브리지대학에 입학할 때 서원한 대로 평생 독신으로 살았으며, 런던 BBC 방송국 바로 옆에 있는 영국 성공회 "올 소울스 교회"All Souls Church에서 평생을 담임목사로 봉직했다. 영국 최남단 훅시스 해변가에 세워진 그의 묘비에는 고린도전서 2장 2절 말씀, "**예수 그리스도와 그가 십자가에 못 박히신 것 외에는 아무 것도 알지 않기로 작정했다.**"라는 문구만이 새겨져 있다. 그의 선교 좌우명은, "**우리는 그를 사랑함으로, 우리는 가서, 우리는 일한다**"*We love, We do, We serve*였다. 이처럼 존 스토트는 학문적 명성과 사회적 지위를 뒤로하고, 평생을 복음 전파와 목회에 헌신한 20세기 복음주의의 거장이었다. - 필자 註

기독교의 개혁 방향 소고小考

New Age 운동이 절정을 넘어서는 지금, 교회와 기독교는 개혁되어야 한다고 하셨습니다. 개혁 방향을 말씀하신다면 어떤 것을 들겠습니까?

교회는 우선, 시대성에 대한 사관史觀을 가져야 한다고 생각합니다. '시대정신Zeitgeist'이랄 수 있겠지요. 헤겔이 『역사철학』에서 한 말이지만, "한 시대는 그 한 시대가 갖는 정신the spirit of the age을 지닌다."라는 것입니다. 사관을 가질 때만이 교회가 문명과 인간 정신을 회고하고 전망하면서, 문명에 차지하는 교회의 위치를 현대화할 수가 있는 것입니다.

가톨릭은 아득한 옛날 농경 위주의 사회 시대부터 시작된 교단입니다. 따라서 그중에는 고대 시절부터 지녔던 인간의 의식과 사관이 옛것 그대로 남아 있습니다. 개혁되어야지요. 그리고 개신교도 중세 때 종교개혁의 뿌리가 미래 지향적인 단체로 일어난 만큼 지금도 더 계속해서 개혁해야 합니다. 개신교는 몇백 년 전, 항로의 발견과 더불어 새로운 자본주 계층이 생길 때 일어난 교단입니다. 그 초기 산업사회와 후기 산업을 거친 지금의 4차 산업사회는 성격 규정이 다르지요. 한 예를 들어 그때는 정보 과학 산업이나 가열 찬 노동자 문제가 없었습니다.

루터교나 감리교, 또 성공회도 별로 변한 것이 없이, 현대화에도 큰 변화 없이 있는 편이지요. 따라서 기독교 세계 전체가 시대와 문화에 적응 또는 보조를 맞추지 못하고 있어서 안타깝습니다. 이를테면 지금은 정보통신의 과학 시대인 만큼 기독교가 과학에 눈을 떠서 과학과 대화를 하여야 하는데 과학의 세계를 터부taboo시 하는 듯한 면이 크게 있습니다. 반면 생태계를 걱정하는 New Age 그룹들이 과학 시대에 빠르게 적응하고 있습니다. 그들은 '진보적인 상상력progressive imagination'에 빨리 눈떠 '종교와 과학'을 많이 종합시키고 있습니다. '환경 문제'와 '새 세계 질서'에 대한 연구는 말할 것도 없고요. 또 그들은 심리학의 학문적 유산이랄까 열매들을 빨리 도입해서 '인간의 정신 문제'에 사용하고 있습니다. 인간의 종교의식과 종교성에 대해 심리학적 접근을 통하여, 그들 운동의 영성적 측면을 살찌우자는 것이지요.

이제 기독교는 과학을 경원시하거나 두려워만 하고 있을 것이 아니라 그 발달을 기독교 정신으로 선용善用하고 더 발전시켜야 합니다. 과학과 기술을 다스리면서, 과학의 주인도 그리스도가 되게 하는 것입니다. 과학도 하나님이 허용하신 것선물이라면 과학을 선용하고, 그리하여 하나님께 영광을 드려야겠지요. 그런데 기독교가 눈을 떠서 과학과 친밀히 대화하지 않으니 안타깝습니다. 기독교에 개혁되어야 할 큰 과제 중의 하나입니다.

또한, 기독교는 각 교단의 전통을 존중하되, 그것을 넘어서 서로를 향한 연합과 사랑을 지향해서 그리스도를 머리로 하는 참다운 교회 일치 운동에 관심을 두고 개혁하여야 합니다. '일치'는 '통일'경륜, οἰκονομία, 이코노미아로 번역되어 우리말 성경에 여러 번 나오는데, 이 단어의 근본적 뿌리는 '오이코스'οἶκος, oikos, 집, 가장, 공동체에 '노모스'νομος, nomos, 규범, 제도가 더하여 된 것으로써, 하나님 시대에 따른 살림살이의 법, 그 '행정치리' οἰκονομία oikonomía dispensation를 말합니다. 엡 1:10, 3:9, 2:20-22; 골 1:25; 딤전 1:4 이것은 '재통일하다, 총괄하다' ἀνακεφαλαιόω, anakephalaiōō, 애나케팔라이오, gathering together in one로, 접두어 ἀνα-, ana-다시, 위로 되돌아와 어근 κεφαλή, kephalē, 머리, head 란 단어와 '의미 발상'이 같아서 우리말 성경에 '경륜'이라고 번역되었는데, 그리스도의 사역이고 교회의 청지기 사역 안에서 일치, 곧 '통일을 가지고 잘 관리된다.'라는 의미입니다. "하늘에 있는 것이나 땅에 있는 것이 다 그리스도 안에서 통일되게 하려 하심이라." 엡 1:10 여기서 헬라어 ἀνακεφαλαιώσασθαι는 부정과거 중간태 부정사로, '다시 하나로 모으다', '통합하다', '요약하다'라는 의미를 지닌 동사 ἀνακεφαλαιόω의 형태로 즉, '머리로 다시 모으다', '그리스도를 중심으로 모든 것을 통합하다'는 뜻이 됩니다. 따라서, 앞서 인용했던 "하늘에 있는 것이나 땅에 있는 것이 다 그리스도 안에서 통일되게 하려 하심이라"는 문맥에서, 우주적 통합, 곧 그리스도를 중심으로 만물이 회복되고 질서 있게 재편되는 것을 의미합니다.

'하나님의 비밀은 그리스도' 골 2:2이고, '그리스도의 비밀은 그의 몸인 교회' 엡 1:23인데, 성경의 명시대로 한 하나님, 한 주님, 하나의 영, 한 복음이어야 할 교회니까 '티나 주름 잡힌 것들' 엡 5:27인 불일치가 있을 수 있겠습니까. 성경은 그리스도께서 다시 오실 때까지 흠도 점도 책망 받을 일이 없도록 '하나님의 전신 갑주' 엡 6:11-18로 '너희 몸개인과 교회을 보전'하라고 했습니다. 그리스도인이라고 하지만 "누구든지 그리스도의 영이 없으면, 그리스도의 사람이 아니라" 롬 8:9는 말씀은 성도들을 두렵고 떨리게 합니다. 이 말씀은 "너희가 살았다 하는 이름은 있으나 실은 죽은 자로다" 계 3:1는 말씀보다 더 뼈를 때리는 말씀이 아닙니까.

작금의 한국교회는 황금의 '송아지 복음'출 32:4이 아니라 살아계신 하나님의 살아계신 말씀, 그 '생명의 도'행 7:38 복음을 회복해야 할 줄 믿습니다. 그뿐만 아니라, 한국교회는 전 교회의 거국적 회개의 금식기도욜 1-2장와 대각성 운동으로 교인들이 잠에서 깨어났으면 좋겠습니다. 로마서 9장 3절에서 바울이 비장하게 말하는 '동족애', 그토록 간절한 민족애는 못 가진다고 할지라도 조국, "한국을 성경 위에"라는 선교 열정은 개인마다 교회마다 가져야 할 것입니다. 교회 내에서 '사경회'査經會, Bible Study Meeting란 단어를 젊은이들은 들어본 적이 없으며, 그 수없이 많던 산 기도원들도 다 허물어지고, 마가의 다락방 같던 교회들도 '88 올림픽 이후엔 현재 모두 다 영적 긴장이 사라진 채로 있습니다. 교회는 더 이상 민족의 영혼들을 위해 울며 기도하지도 않을 뿐 아니라, 열화 같던 구국 제단들도 사라져 버리고 없습니다.

'무신론주의', '번영주의', '사회 공산주의'의 저 흉용하고 창일漲溢한 물이 목까지 차오르는데도,사 8:5 임마누엘Immanuel, עמנואל하나님이 우리와 함께 계신다, God with us. 하나님의 '편만한 날개'사 8:8를 찾질 않습니다. 숫자만이 아닌, 미전도 종족에의 세계 선교에 관심이 없는 것은 말할 것도 없어 보입니다. 세계 각국의 도움으로 6.25의 잿더미에서 살아난 이 민족인데도 말이지요. 통계로 익히 아는 대로, 전쟁 후 한국은 1950년대 1인당 국민소득이 연평균 50~60달러 선이었고, 1961년 5.16 군사 정변한민족문화대백과사전, 90년 이후 공식적으로 사용 시기엔 85달러로서 세계 150개국 중 최하위 정도였습니다. 그런데 '24년 기준 대한민국의 1인당 국민총소득GNI, Gross National Income은 36,624달러로 집계, 원화 기준으로는 4,995만 5천 원이며, 이는 전년 대비 5.7% 증가한 수치로, 대한민국은 세계 6위를 기록하며 일본보다 높은 수준을 유지하고 있습니다. 이 수치는 한국은행에서 발표한 공식 자료인데, 이러한 시대에 지금 우리 한국 사회의 '시대정신'은 무엇입니까?

교회조차도 눈물의 천막 교회나 지하교회 생활을 다 잊어버리고 그저 '금송아지' 뿐입니다. 이진우는 『한국 교회 이대로 좋은가?』크리스챤 신문사, 2002라는 책에서, 각 강단에서 이름난 목회자들이 10년 이상 설교한 자료를 통해서 밝히듯이, 한국교회 '강단의 75%는 복음 외적인 말들'이라는 것입니다. 한편, 최근 조사들에 따르면 한국교회 강단 설교는 '구원과 행위' 논쟁, 개인적 체험담, 사회적 메시지 등 주변적·비본질적 요소가 강조되면서, 복음의 본질적 선포가 상대적으로 약화된다는 평가가 병행seo.goover.ai되고 있으며, 그 결과 성도들은 점점 더 유튜브 설교나 찬양과 같은 미디어 콘텐츠59%~53%에서 신앙적 도움을 얻는 경향이 뚜렷해지고 있음을 보입니다. 반면, '출석 교회 예배/목사 설교'의 영향력은 64% → 28%로 절반 이하로 급감목회데이터연구소, 2024 Numbers 레포트하고 있다는 조사 자료는 성도들의 영적 성장을 충분히 견인하지 못한다는 해석이 가능한데, 곧 강단 설교의 복음 회복이 한국교회의 시급한 과제임을 보여줍니다. [출처: 문화선교연구원·한국교회 트렌드 2025, 2024년 조사][202]

진정 이 땅에 하나님의 경륜이 십자가를 중심으로 해서 성경 공부와 설교가 행해지고 있으며, 주님의 십자가 때문에 교회가 함께 떡을 떼는

202 최근2023 목회데이터연구소의 조사에 따르면, 한국교회 목회자 중 약 47%가 ChatGPT를 포함한 인공지능(AI)을 직접 사용해본 경험이 있으며, 그 중 29%는 설교문 작성에 활용한 적이 있다고 응답했다. AI 사용에 대한 윤리적 판단은 '적절하다' 34%, '부적절하다' 33%, '모르겠다' 33%로 의견이 고르게 분포되어 있다. 이는 AI 기술이 설교 준비의 도구로 점차 확산되고 있음을 보여주는 동시에, 목회자들 사이에서 그 활용에 대한 신학적·윤리적 고민이 병행되고 있음을 시사한다. AI 설교문 작성은 단순한 편의성의 문제가 아니라, 말씀의 권위와 성령의 감동이라는 본질적 요소와 어떻게 조화를 이룰 수 있을지에 대한 한국교회의 현재적 과제를 드러낸다. [출처: 예장통합 "AI가 만든 설교는 온전한 설교 아니다" 못 박아, 국민일보, 2024.07.17., https://www.kmib.co.kr/article/view.asp?arcid=1721116431]

공동체가 되고 다정한 사회가 되어 있습니까. 대부분 교회와 성도가 주님 앞에서 성도로서 교감communion of saints으로 거룩한 예전禮典을 치르는 것도 없이 극장에 왔다가 휑하니 빠져나가는 듯한, 또는 로터리 클럽에 왔다가는 사람들처럼, 그리스도와의 인격적이고 실존적인 교제 없이 명목상 일요일 교인Sunday morning church goer/Nominal Christian들, 아니 '가나안 성도unchurched Christian/believing without belonging'가 아닙니까. 이 땅에 십자가로 우는 교인이 얼마나 될까요. 이 땅에 크리스찬 휴머니즘이 있습니까? 그리스도 안에서 생명 농사짓는 철학이 있습니까. 성경 본문에는 약 3,300여 개의 질문203이 담겨 있습니다. 우리는 그 질문들 앞에서 능동적인 사유와 성찰로 주님의 뜻과 의를 헤아리며, 기꺼이 감격에 차서 응답할 준비가 되어 있습니까? 아리스토텔레스가 『형이상학 I.2』*Metaphysics I.2*, 982b에서 학문적 탐구의 출발점으로 강조한 '호기심'θαυμάζειν, thaumázein, curiositas과 '탐구심'ζήτησις, zētēsis, studium, inquisitionis을 지니고, 눈을 시퍼렇게 뜨고 말씀 안에서, 성령 하나님의 은혜를 간구하며, "말씀을 확실히 알아야 나는 강력하게 믿을 수 있다"딤후 3:16-17; 수 1:8, John Poper, 『Desiring God』는 고백 위에, 오직 진리되신 예수의 '도道'만을 추구하는 이들이 과연 오늘 우리 가운데 있는가요.

따라서 성경을 대하는 그리스도인의 태도 역시 단순한 신앙적 수용을 넘어, "모든 것을 분별하고 옳은 것을 굳게 붙잡으라"살전 5:21 "배우고 확신한 일에 거하라"딤후 3:14는 권면처럼, 질문과 탐구를 통해 말씀의 진리를 확증하는 과정이어야 합니다. 이는 곧 "말씀을 확실히 알아야 강력하게 믿을 수 있다"는 신앙적 확신과 직결되기 때문입니다.

---

203 GotQuestions.org-questions in the Bible; https://www.pastorjasonelder.com/bible-facts-all/how-many-questions-are-in-the-Bible, Old Testament: about 2,200 questions & New Testament: about 1,100 questions

그러나 오늘날 한국교회의 현실은 교단별 교육 목회와 목양 지침이 충분히 마련되지 못한 채, 양들에게 생명의 양식을 공급할 양질의 도서와 자료를 매입하여 또 비치해야 하는데, 예산 배정과 실행의 빈곤한 상황이 마치 황야와 같은 형편으로, 교회가 성도들의 호기심과 면학심을 신학적·성경적 성찰로 이끌어 줄 체계적 장치가 부족함을 부끄러울 정도로 드러냅니다. 교회는 교육 목회적 차원에서 성경적 질문과 철학적 탐구 정신을 결합시켜, 성도들이 진리 되신 예수 그리스도의 '도道, 진리'를 추구하도록 돕는 지적·영적 환경을 시급히 조성해야 할 것입니다.[204]

"나는 그리스도와 그가 십자가에 못 박힌 것 외에는 아무것도 전하지 않기로 작정했다"고전 2:2는 바울의 목양 지침이 이 땅의 교회에도 살아 내어야 교회가 살 것입니다. '왜why'라고 하는 철학 중심과 '어떻게how'라는 과학주의가 사람들을 살리지 못합니다. "오직 하나님의 말씀과 기도로만 거룩하게 되느니라."딤전 4:5 교회에는 보혈의 강물만이 넘쳐흘러야 합니다. 그것이 에스겔 47장의 '생명의 강'이고 창세기 2장의 '에덴에서 발원해 흐르는 네 강'입니다. 불교에서는 자신을 찾는 것自性 發見, 자성 발견이 수행의 목적이라고 하나, 죄로 태어났고 죄 밖에 없는 인간이 어떻게 자력自力으로 깨끗한 자신을 찾아내겠습니까. 예수께서 "사람이 거

---

204 타 교단에서도 잘 개발하여 사용하고 있으나, 대한예수교장로회 합동 총회교육개발원은 약 10년간의 연구와 10억 원 이상의 개발비를 투입하여 **『하나바이블』** 교재를 완성하였으며, 이는 2020년 11월 30일 공식 발표되었다. 2010년대 초반부터 시작된 이 연구는 코로나19 이후 교회학교 교육의 공백을 메우고, 더 나아가 4차 산업혁명 시대에 부합하는 온·오프라인 융합형 주일학교 교재로 총 5과정(5년 과정), 6년 과정(성경 3년, 교리 1년, 성품 1년, 세계관 1년) 구성으로 구성되어 영·유아부에서 대학·청년부에 이르기까지 연령별 교재가 마련되어 있으며, 교사용과 학생용으로 구분되어 현장 적용성을 높여 마련했다는 점에서 중요한 의의를 지니며 모범적인 사례로 생각되어 특정 교단을 떠나 소개한다. [출처: CBS 노컷뉴스, "하나하나님 나라바이블 온·오프라인 주일학교 교재 출간", 2020.11.30]

듭나지 아니하면 하나님 나라를 볼 수 없다/들어갈 수 없다"요 3:3, 3:5고 중생의 필요성을 선언하신 것처럼, 어느 누가 중생重生이 가능하겠습니까. 알다시피, 니고데모와의 대화에서 예수님의 결론은 "거듭남은 성령으로 이루어지며, 그리스도를 믿음으로 영생에 이른다"요 3:16는 복음의 핵심 메시지라 할 수 있습니다. '중생'은 그 뜻이 "위로부터 내린다"는 말 아닙니까. 은혜와 진리의 세계 말이지요. 하나님 경륜의 주안점이 예수 그리스도의 생명 인식과 생명의 성장에 있다는 것, 그리하여 성도들은 모두 하나님의 아들이 되어 하나님의 나라를 유업으로 받는 일에 힘써야 할 것을 무장시키는 곳이 교회입니다.

불교의 어느 큰 스님숭산의 열반송처럼, '오직 모를 뿐*Only Don't Know*'하며 넋 놓고 있어서는 안 될 것입니다. 물론 숭산의 제자인 현각스님도 이 개념을 단순한 무기력으로 오해해서는 안 되며, 그의 저서 『부처를 쏴라』2009 등에서 이를 '적극적 탐구와 깨달음의 태도'로 설명하고 있지요. 사찰에서 1-2주 정도 거의 금식 상태에서 치르는 '용맹정진勇猛精進' 그것이 다 무슨 소용이 있겠습니까. 그 '용맹정진'도 다 사물의 이치를 꿰뚫어 보는 예지叡智가 있어야지요. 바울은 오늘도 외칩니다.

> 너희가 열정은 있도다, 그러나 여호와 하나님을 아는 지식이 없도다.
> 롬 10:2

다시 언급합니다만, 지금의 교회는 '예수 그리스도의 보배로운 피'벧후 1:19를 다 잊어버렸다고 해도 과언이 아닐 것입니다. 예수님의 피가 생명입니다. 영생입니다.요 6장 이 패역한 시대, 인간 정신의 마지막 장章에 있는, 인간의 사고조차도 인공적으로 대체 될 것으로 예측되는 AI 과학기술 발달과 맘몬 숭배와 종교다원주의 시대에, "왜 이 시대에, 예수 그리스도인가?"를 붙들고 변증하기 위하여 한 인간의 영혼 구원을 위해 울며 씨름하는 교회가 그립습니다.205 "너희가 날씨는 분별하면서 시대의 징조는 어찌 그렇게 분별하지 못하느냐?"마 16:3 또 성경의 '예언의 말씀은 어둠환난을 비추는 등불'벧후 1:19이라고 하셨고, 계시록 22장에서는 "내가 오리라 속히 오리라"는 말씀을 세 차례나 반복하여 강조하셨기에22:7, 12, 20 강단에 선 사람이든 일반신도이든, 모두 다 역사의 완성이고 성경의 완결인 이 종말사관終末史觀, eschatology 위에 서서 그리스도의 왕국에 들어갈 준비를 해야 할 것입니다. "세월을 아끼라, 때가 악하니라."엡 5:16 "너희가 이 시기를 알거니와 자다가 깰 때가 벌써 되었으니 이는 이제 우리의 구원이 처음 믿을 때보다 가까웠음이라."롬 13:11 자다가도 벌떡 일어나야 할 말씀입니다. 뼈에 새길만큼 잊을 수 없는 각골난망刻骨難忘이지요.

정말이지 지금 교회는 주님의 재림 준비에 초점을 맞추고 단순한 열심이 아니라 "무엇을 위하여"라는 분명한 목적을 붙잡아야 합니다. 신학적 맥락에서 무엇보다 "하나님의 나라 완성을 위하여"가 표제가 되어야 합니다. 재림은 하나님 나라의 궁극적 성취와 직결되며, 교회는 그 나라를 기다리며 증언하는 공동체이기 때문입니다. 또한 복음 증거를 위하여,마 24:14 성도의 거룩과 준비를 간절히 사모함을 위하여,벧후 3:11-12

205 하나님은 이 땅에 가시적可視的이고 유형적有形的인 교회를 두셔서 자신의 백성을 하나가 되게 하시고 그들을 통하여 찬양과 영광을 받으신다. 지상地上의 교회는 천상天上의 교회를 바라보는 바, 그 본질은 눈에 보이는 건물이나 손에 잡히는 시설이 아니라 성경의 가르침에 따른 온전한 신앙고백과 예배와 사역, 그리고 성도의 교제에 있다. 지상의 참 교회는 완전하지 않으나 필히 완전한 천상의 교회에 이른다. 교회의 머리이신 주님께서 십자가에서 다 이루신 의가 완전하기 때문이다. 주님의 교회가 참된 것은 그 지체들의 공로나 자질이 아니라 그가 베푸시는 은혜로 말미암는다. 참 교회의 세 가지 표지로 거론되는 "말씀의 순수한 선포" "성례의 합법적 거행" "권징의 합당한 시행"은 그러한 관점에서 바라보아야 한다. [출처: "참 교회의 표지", 앞의 글, 문병호]

재림 신앙은 도피가 아니라, 지금 여기서 이웃을 사랑하고 섬기는 삶으로 드러나야 하기에, 사랑과 섬김을 위하여 등이 "재림 준비를 위한 교회의 네 가지 사명"이 되기를 간절히 소망합니다. 반복하여 말씀드리면, 교회는 주님의 재림을 준비한다는 이름으로 막연히 기다리는 것이 아니라, '하나님 나라의 완성과 복음 증거, 성도의 거룩과 사랑의 실천'을 위하여 "생명 농사"에 전심으로 헌신must commit wholeheartedly해야 합니다.

> 내 백성이 나를 아는 지식이 없어 망하는도다.호 4:6
>
> 그러므로 여호와를 알라, 힘써 알라.호 63:
>
> 듣던지 아니 듣던지, 전하라.겔 2:7 때를 얻든지 못 얻든지 전하라.딤후 4:2
>
> 애곡과 애가와 재앙의 말로 된 여호와의 책겔 2:10을 뱃속 창자까지 채우고 나가서 전하라.겔 3:3
>
> 백성과 족속과 방언과 임금에게 다시 예언하라.계 10:11
>
> 그렇치 아니하면 그 영혼의 피 값을 네 손에서 찾을 것이라.겔 3:18

다시 말하면, 교회는 시대를 바로 볼 줄 알고 옳고 그른 것을 분명히 밝혀 주어야 합니다. 'Ecco Home', 빌라도가 말 한대로 '이 사람예수님' 만을 보아야 합니다. 말씀도 모르고 시대의 징조도 모르고 때에 다른 양식마 24:44-45을 양들에게 먹일 줄도 모르면서, 쥐고 있는 밥벌이 통으로써의 생계형 목사직은 다 내려놓아야 한다는 생각입니다. 예수님 말씀대로 '자기도 못 들어가면서 남도 천국에 못 들어가게 하기'마 23:13 때문입니다. 엘리야처럼 "너희가 언제까지 두 담생각, 사상 사이에 머뭇거리겠느냐?"왕상 18:21라고 물어야 하고, 바울처럼 "그리스도안의 복음'자유와 은혜'이냐 종교냐율법적 종교 체계인 '종의 멍에'"하고 질타하여야 합니다.갈 2:21, 3:3, 5:1; 빌 3:3-9; 고후 3:6 성경에 일곱 번이나 언급마 3:2; 히 10:25된 대로 "때가 가깝습니다." "아담사람아, 네가 어디 있느냐"창 3:9 "아담아, 네가 무엇을 하였느냐"창 4:10 사필귀정事必歸正하니, 그 마음에 경천동지驚天動地할 뿐입니다. "주여 인자함도 주께 속하였사오니 주께서 각 사람이 행한 대로 갚으심이니이다"시 62:12 '행 한대로 갚으시는 하나님', 하나님의 공의 앞에서 자신을 돌아보게 되는 영적 떨림으로, 오금膕을 저리는 말씀 아닙니까.[206]

교회는 성도들에게 '존재being의 확인믿음'과 '행함行의 손발들doing, 열매'을 묻는 장소여야 합니다. 그러지 않으면 교회가 아무리 웅장하고 내부가 휘황하게 꾸며져 있다고 하더라도 그곳에 모이는 교우들은 모두 베데스다 못가에 널브러져 있는 병자들'요 5:2-3에 지나지 않습니다.

샤론의 꽃[207]

206 참 교회의 어떠함은 참 성도의 어떠함을 불문不問하고 다룰 수 없다. 그리하여 칼빈은 <기독교 강요>에서 참 교회의 표지를 다루기 전에 참 성도의 됨됨이를 먼저 논하는 바, "신앙의 고백" "삶의 모범" "성례의 참여"가 그 세 가지이다.4권 1장 7절 [출처: "참 성도의 됨됨이", 앞의 글, 문병호]

207 1922년 국제 복음화 대회가 평양에서 열렸을 때, 참여했던 대표들이 오전 11:00에 일제히 울려 퍼진 60여 개의 교회의 종소리를 듣고 평양을 '동방의 예루살렘'이라고 불렀다. 그러나 1945년 9월 북한에 공산당 정권이 들어서자 2천 6백여 곳의 교회가 폐쇄되고, 지금은 눈에 보이지 않은 소수의 지하교회만 남아 있다. 삼천리 반도를 '무궁화동산'으로 만들고자 했던 사람은 1863년 서울 출신이면서 최초의 착실한 크리스찬 멤버 중의 한 사람인 남궁억인데, 그는 서재필, 이상재 등과 독립협회1896년를 만들고 나수연, 유근 등과 황성신문1898년을 창간했다. 1919년 삼일운동 후 그는 홍천군 모곡면에 가서 모곡학교를 설립하고, 학교 안에 나라꽃인 무궁화 묘목장을 만들어 전국 교회와 학교에 보급하기 시작했다. 1933년 개신교 계열 독립운동 비밀 결사인 '십자당'의 주동 인물로 검거되고 8개월간 복역하다가 병보석으로 풀려났다. 그가 묘목장에서 키우던 8만 그루의 무궁화 묘목도 다 소각되었다. 무궁화의 라틴어 학명은 나사렛에서 멀지 않은 갈멜산과 다볼산 위의 지중해 쪽 백리 광야에 피어 있는 '샤론의 장미'*the rose of Sharon*, 히비스커스 시리아쿠스와는 **같은 '종'에 속하지만, '학명'이 다르다.** 그러나 일제 강점기 때의 남궁억의 삼천리 무궁화 심기 운동 이후부터 한국 교회는 무궁화를 샤론의 장미로 여기며 찬송가에도 실려지게 되었다. <샤론의 꽃 예수>는 일제 강점기 때부터 불려진 찬송가이다. 김태원 목사는 북한 교회가 다시 들판의 불길처럼 번져 온 북한 땅이 무궁화, 그 '샤론

김태원 목사시인, 찬송가 작사자

너 빛의 자손 되라
아침의 햇살 같이
만주 연해주 삼천리 반도에
샤론의 꽃처럼 피어라

어디서 그 축복 소리 잊어버리고
붉은 짐승의 무리 되어서
만주도 연해주도 잃어버리고
남과 북으로 갈리웠는가

그 옛날 만주벌판을 달리던
백마의 갈기 소리 잊은 지 오래지만
이제 다시 장수여 일어나거라

삼천리 반도를 갈기갈기 찢은
저 붉은 무리를 몰아내거라
반역의 사상을 품은 악한 소리를
단칼에 잠재우거라

대동강, 압록강, 붉은 물 토하고
푸른 한강 흐느끼는 날
낙동강은 노래 부르거라

다시 이 땅에 평화가 찾아오리니
그때 이 강산
샤론의 꽃향기 만발하리라

의 장미' 동산이 되기를 기도하고 있다. 이육사의 <광야>처럼 민족애의 대서사시다. 그는 다수의 복음 서적을 출간했으며, 특히 성경공부 교재인 『꿈을 심는 십대』는 장기간 베스트 셀러가 되기도 했다. -필자 서평

타 종교인을 위한 기독교 이해

타 종교인의 기독교에 대한 이해를 돕기 위해 우리가 가져야 할 태도는 어떠해야 할는지요?

기독교가 New Age 운동을, 또는 여타 일반 종교들을 잘 인도해야지 무조건 담을 쌓고 마음을 닫고 있으면, 한 민족의 미래가 각박해지고 불안해집니다. 세계가 급변하는 상태인데 한국교회가 예전대로 보수 근본주의자들로 편협한 마음을 가지고 경직되어 있으면 전도는 말할 것도 없고 문화와도 소통할 수가 없습니다. 역사와 문화는 일방통행이 아니지요. "문명의 하상河床은 정신의 유역流域들이 피워 낸 거대한 정원"입니다. 그 정원에 성령의 바람과 물과 토양이 배여서 서서히 그리스도의 향기가 나는 꽃밭이 되게 하여야 합니다.

문화는 훼파될 것이 아니라 완성되어야 한다고 봅니다. 예수께서, "나는 율법과 예언을 폐하러 온 것이 아니라 완성하러 왔다"마 5:17고 한 그 성취의 의미도 이런 것이 아니겠는지요. 요한복음 16장 13절에도 있듯이, '진리의 성령이 오시면 우리를 모든 진리 가운데로 인도하시기' 때문입니다. 그리스도의 정신道은 온갖 물을 거절치 않는 바다 같은 마음이고 사상입니다. '통通 정신'이지요. 그 대양 안에서 온갖 물은 걸러지고 소금 맛이 나는 물 가족이 되는 것입니다. 그리고 그 물이 증발해서는 다시 비가 되어 온 대지심령를 촉촉이 적시는 것이 아니겠습니까. 이 점에서 기독교는 '일반 계시'가 피워 낸 여타 종교의 정신들을 이끌어 주어야引導 합니다. 사람은 누구나 다 '영원을 사모하는 마음'전 3:11이 있기에 생래적으로 가진 '원 고독'을 해결해보려는 갈망을 지니고 있습니다. 바울이 말한 대로 '종교성religiosity'이지요.

그리스도인은 불교와 타 종교들을 매도해 버리지 말고, 그리스도교와 그것들을 먼저 연결하면서 그들이 그리스도교 진리에 관심을 가질 수 있도록 마음 밭心田을 골라주어야 한다고 봅니다. 그러면서도 '특별계시'의 비밀과 '특별진리'의 고상한 점을 드러내어, 읽고 듣는 사람들이 어느 사이엔가 십자가 밑에 와 있게 해야겠지요. '전도하지 않은 죄', 바울의 생사가 걸린 고백입니다. "너희가 어느 때까지 둘 사이에서 머뭇머뭇하려느냐? 여호와가 하나님이면 그를 따르고, 바알이 하나님이면 그를 따를지니라."왕상 18:21 '그리스도냐 종교냐', 엘리야의 '두 담' 얘기입니다. 바울은 그리스도를 생명으로 "삼았고into" 그리스도로 "말미암아through" 살았습니다. "그리스도인이라고 하지만 그리스도의 영이 없으면 그리스도인이 아니느니라."롬 8:9 "복음을 전하지 않으면 내게 화가 있으리로다."고전 9:16 그리스도인은 '나는 죽고 남은 살리는 사람들'요 12:24입니다. 골고다 사건은 하나님께서 영벌의 사람을 위해 죽어주신 완전한 자기 계시이기 때문에, 진정한 그리스도인은 자신은 죽고 남은 살리는 사람들입니다.

신성神性의 내재內在 문제

인간이 자신 안에 빛 또는 신성을 내재하고 있다는 문제를 어떻게 보시는지요?

언어의 문제이지요. 또한 신학의 문제이기도 하구요. 원래 신과 인간 사이에는 '연속성continuity과 불연속성discontinuity' 또한 '일치unity와 차이difference'가 있다'고 신학[208]은 말합니다. 그러나 육화肉化, incarnated된 그리스도로 인하여, 메울 수 없는 불연속성과 차이가 '다리' 놓아진다는 것이지요. 그리스도 안에서 모든 것이 종합되는 것이 역사의 목적이란 말씀입니다. 인간의 이성으로 보면 역설적paradoxical이기 짝이 없지만 "성경은 너무도 불합리하기 때문에 나는 믿는다."라고 터툴리안Tertullian, 155~240[209]

---

208 이 개념은 신학적 인식론과 철학적 신론에서 중요한 논의 중 하나로, 특히 시대별로 다음과 같은 신학적 사상과 학파에서 다루어진다: ① 고대 교부 신학; 초대 교회 교부들은 하나님과 인간 사이의 관계에서 '**연속성과 불연속성을 논의**'하며, 삼위일체론과 성육신 개념을 발전시켰다. ② 스콜라 신학; 토마스 아퀴나스는 신과 인간의 본질적 차이를 강조하면서도, 은총을 통해 '**연속성**'을 가질 수 있다고 보았다. ③ 개혁 신학; 칼뱅주의와 루터주의에서는 하나님의 절대적 초월성과 인간의 타락을 강조하며 '**불연속성**'을 강조한다. ④ 현대 신학; 폴 틸리히, 칼 바르트 등의 신학자들은 신과 인간의 관계에서 '**연속성과 불연속성의 긴장**'을 다루며, 신앙과 역사적 현실을 연결하려 했다. ⑤ 철학적 신론; 가톨릭과 개신교 신학에서 연속성과 불연속성을 논의하며, '**신 존재론과 인간의 신적 경험**'을 연구한다.

209 터툴리안Tertullian, 약 155~240년경은 북아프리카 카르타고 출신의 초기 기독

이 말했듯이, 십자가의 역사 자체가 역설적인 만큼 깊고 부요한 하나님의 믿음faith의 역사가 건널 수 없는 강을 연결한다는 것입니다. 이것은 기독교가 가지고 있는 '하나님 아버지의 자녀들children of God' 개념과 연계해 보면 좀 더 이해가 쉬워지리라고 봅니다. 하나님 아버지의 자녀들 개념은 아버지 없는 자녀들이 있을 수 없고, 또 동시에 자녀들 없는 아버지God가 있을 수 없는 조화의 놀라움입니다. 연속과 불연속의 세계를 동시에 볼 수 있는 것이지요.

'Children of God'라고 할 때는 아들과 아버지 사이에 연속성이 있는 것 같이, 신과 인간 사이에도 연속성이 있습니다. 베드로전서에도 보이듯이 우리는 하나님의 자녀들로서 신성divine nature에 참여하는 것입니다. 그리스도 안의 약속을 통해서, 죄 아래 있는 우리는 십자가 그 보혈의 공로로 속죄함을 받아, 이 세상의 더러운 정욕을 피하고 하나님의 본질신성에 참여하는 자가 된다고 하는 그런 것벧후 1:4이지요. 그래서 신성은 하나님 한 분만 떼놓고 보면 초월적인 하나님으로 보이지만, 예수와 함께 계실 때는, 곧 '파라클레토스',[210]Parakletos, παράκλητος보혜사 진리

교 교부로, '삼위일체'Trinitas라는 신학 용어를 처음 사용한 인물로 알려져 있으며, 흔히 라틴 신학의 아버지로 불린다. 그는 "하나의 본질una substantia, 세 위격tres personae"이라는 표현을 통해 "**삼위일체 교리를 정식화**"하여 서방교회 신학의 기초를 놓았다. 변증가로서 그는 박해받는 기독교를 적극적으로 변호하며, "**순교자의 피는 교회의 씨앗이다.**"라는 유명한 말을 남겼다. 또한 재혼과 배교를 강하게 비판하며 교회의 순결성과 도덕성을 강조했다. 그러나 생애 후반에는 엄격한 금욕주의와 종말론적 열정을 강조하는 몬타누스 운동에 기울었고, 이로 인해 그의 일부 가르침은 전통적 교리와 충돌했다. 이러한 이유로 가톨릭교회는 그를 성인으로 시성하지 않았다. 그럼에도 불구하고, 터툴리안은 라틴어 신학 용어 체계를 정립하고, 초기 기독교 교리 발전에 지대한 영향을 끼친 인물로 평가된다.

210 성경에서의 파라클레토스παράκλητος paráklētos는 '곁에서'의 어근 '파라'παρά, beside 전치사와 '호출된'κλητός의 동사 형태인 '말하다'의 칼레오καλέω kaléō, 부르다, 초대하다의 합성어로 누군가를 어떤 위치나 임무로 '초청하는'의미를 담고 있어, '곁에서 말해 주는 분'의 뜻이다. 신약에서, 요한복음 14:16-17에서 예수님

의 성령으로 오실 때는 그 하나님이 내재內在하시는 하나님, 임마누엘 그리스도 하나님이 되는 것입니다. 여기에 인간이 하나님의 자녀들이 될 수 있는 연속성이 있지요. 인간이 예수와 함께 있기에 신적인 데가 있다는 것입니다. 하나님과 연결되는 이 관계성은 성경의 여러 군데에서 언급되고 있지요. 이를테면, "내가 너희 안에 있고 너희가 내 안에 있으면 너희는 하나님 아버지 안에 있는 것."요14:20, 15:4-5,7 또 놀라운 사실은 "하나님의 말씀을 받은 사람들은 신들이라"요 10:35고 예수께서 공언하는 것입니다. 인간의 신성 공유와 체험에 대해 그 가능성을 말씀하시는 것이지요. 인간과 하나님 사이에는 건너려고 해도 건널 수 없는 질적인 차이와 거리가 있는데도 불구하고…. 심지어 그리스도께서는 "내가 거룩하니 너희도 거룩할지니라"벧전 2:16하지 않습니까.

지금까지 한국교회는 하나님의 '초월성'超越性, transcendence에 대해서는 많이 강조해 왔습니다. 그러나 하나님의 '내재성'內在性, immanency은 별로 강조해 오지 않았고, 어떤 면에선 도리어 소외해 온 경향이 있습니다. 교회사적으로 보면 고대와 중세의 신학은 '초월성'에 역점을 두었으나, 현대 신학은 '내재성'에도 신경을 쓰고 있음을 볼 수가 있습니다. 말하자면 고대와 중세에는 플라톤의 신학적 철학의 틀을 따라 어거스틴 또는 어거스틴류類의 신학자들이 초월성을 강조했으나, 세월이 지난 지금의 판넨베르그 같은 현대 신학자들은 하나님의 절대성과 완전성, 영원

은 '다른 보혜사'를 보내실 것을 약속하셨으며, 이는 '성령'을 가리킨다. 요한복음 14:26에서는 "**보혜사 곧 아버지께서 내 이름으로 보내실 성령**"이라고 언급된다. 또한 요한일서 2:1에서는 예수님을 '**우리의 대언자**'보혜사로 표현하며, 하나님 앞에서 우리를 변호하시는 역할을 강조한다. 이렇듯, 한글 성경에서는 '보혜사'保惠師로 번역되며, 이는 '**은혜를 보호하는 스승**'이라는 뜻을 담고 있으며, 영어 성경에서는 Comforter위로자, Counselor상담자, Advocate변호자, Helper돕는 자, Tutor개인 교사, Teacher교사, Guardian보호자, Intercessor중보자 등으로 번역된다.

성과 불변성에 대한 전통적인 견해를 거부하고 이들 개념을 재해석하여 '내재성'을 강조하는 신학을 말하기도 하지요. 화이트헤드의 과정철학으로부터 발전된 '과정신학Process Theology' 같은 것도 그 한 예이지요. 기독교 내에서 '진보 학풍'을 가진 사람들 측에서 나오는 신학 작업입니다. 가톨릭도 진보파는 '내재성' 쪽으로 가고, 보수파는 어거스틴 측 성향을 고착하는 전통에 남아 있음을 봅니다. 물론 어거스틴에게 내재성이 전혀 없다는 것은 아닙니다. 강조의 차이기는 하지만, 그는 죄 많은 인간에 대해 좀 더 '초월성'에 중점을 두지요.

제 개인적인 입장은 너무 초월 쪽으로 치우쳐도 안 되고, 또 진보 학풍의 사람들처럼 내재만을 강조해도 안 된다고 봅니다[211]. New Age 사람들처럼 내재성 편에 있으면서도 하나님과 인간 사이의 건널 수 없

211 개혁신학은 하나님의 "**초월성**"-자존성과 절대적 주권과 "**내재성**"-언약과 성육신을 통한 임재에 대하여, 성경 계시 안에서 '**긴장 속의 조화**'로 이해해 왔으며, 세계 신학사는 계몽주의 이전에는 초월성을, 19세기 자유주의 신학에서는 내재성을, 20세기 신정통주의에서는 다시 초월성을 강조하는 흐름을 보여 왔다. 김영환은 "하나님의 초월성만 강조하면 이신론deism이 되고, 내재성만 강조하면 19세기 자유주의 신학처럼 범신론pantheism이 된다"라고 지적하며, 김영환은 "성경의 하나님은 초월성과 내재성을 다 가지신다. 하나님은 하늘에 계셔서 영광을 받으시는 분이면서, 우리와 함께 계시는 분으로 초월성과 내재성의 균형을 이루신다"며 "자유주의 신학자들은 기적을 부인하지 않지만, 모든 것을 다 기적으로 본다. 예수님의 신성을 부인하기보다, 모든 인간의 신성을 다 인정한다."라고 소개했다. [출처: "개혁신학 기독론, 신앙과 지성 균형 있게 사용해야", 한국복음주의조직신학회 정기학술대회, 크리스천투데이, 2024. 05. 19] 한국교회는, 역사적으로 하나님의 초월성과 권위를 강하게 고백하며 성장했으나, 사회적·문화적 현실과의 접점에서 내재적 임재를 충분히 드러내지 못해 신앙이 추상화되거나 반대로 현실 참여 속에서 초월적 하나님을 약화시키는 '양극단을 경험'했다. 앞으로는 초월성과 내재성을 함께 붙드는 '**균형적 신학**'을 통해, 하나님을 '**절대적 주권자**'로 고백하면서도 동시에 '**역사와 공동체 안에 임재**'하시는 하나님을 증언하는 방향으로 나아가야 한다. [출처: "개혁신학 기독론, 신앙과 지성 균형 있게 사용해야", 크리스천투데이, 2024.05.19.; "하나님의 초월성과 내재성에 관한 소고 – 슐라이에르마허의 신학 방법론을 중심으로", 주만성, 『대학과 복음』 제5권 (2001), pp. 190-223, ScienceON(과학기술지식인프라); "하나님의 초월성과 내재성에 관하여", 주만성,https://m.blog.naver.com/0325sam/220614699647; "예수님 안에 나타난 초월성과 내재성", https://blog.naver.com/anastasis1967/223840471482]

는 강, 그 엄연한 사이間를 아예 무시하려고 하는 것도 반대입니다. 어느 종교에도 양면성, 즉 'same'과 'other' 두 가지는 다 있습니다. 만물 존재의 구조 자체에 무한infinity과 유한함finity이 두루 두 가지로 갖춰져 있듯이, 사람의 생각 자체에도 무한과 유한함이 있지요. 그리고 하나님은 저기 초월해 '현상학phenomenology'으로 가게 됩니다. 그러나 유한 안에 무한이 또한 있다는 뜻입니다. 모든 실체 안에는 다 그렇지 않겠습니까. 그런데 유한을 강조하다 보면 너무 이상주의적 관념론이 되어버리고 철학적 일원론philosophical monism이 됩니다.

참다운 가르침은 철학이나 종교로서의 그리스도교가 아니라 초월과 내재의 교량, 말씀 그 자신이신 그리스도 안에 있다고 믿습니다. 왜냐하면 그리스도를 통해서 모든 종교는 완성되고, 하늘 도道, 진리의 문이 열리기 때문입니다. 이 점에서 유한함이 무한 안에서 모순되지 않습니다. 따라서 철학도 기독교적 역사관, 기독교적 시간관觀을 가지고 그리스도 철학Christian Philosophy이 왕성해져서 유한과 무한을 연합하고 융화하는 학문이 되어야 합니다. 종교적으로 말하면 이 둘, 유한과 무한이 연합하여 '한 띠'를 둘러야 할 것은 말할 것도 없지요.

유한 속에 있는 무한

"유한 속에 무한이 있다."라고 말씀하셨는데, 인식론認識論이랄까, 좀 신학적으로 설명해 주시지요.

신학적으로 얘기한다면 유한한 피조물 속에 창조주 하나님이 무소부재omnipresence하시다는 것이지요. 다시말하면, 'God is in all….' 만유 위에over all 만유 안에in all 만유를 통하여through all 하나님이 계시지 않습니까.엡 4:5-6 하나님이 무한자인 절대자라 한다면, 무한자가 유한 속에 함께 있다는 말이지요. 그러니까 유한 속에 무한성이, 즉, 하나님이 창조한 피조물에 하나님의 영원하신 능력과 신성이 나타나는 것이지요. 하나님의 능력과 지혜로써 말입니다.

유한함이 무한에 있지 않고서는 유한함이 될 수가 없겠지요. 바울 사도가 말한 것처럼, "우리가 하나님 안에 거하고, 하나님 안에서 행동하고 사는 것"이지요.행 17:27-28 이렇게 유한함이 무한함 안에 있는 것이지요. 물론 언어 해석학으로 따지다 보면 이 말의 구조도 여러 갈래로 분석할 수 있을 것입니다. '범신론pantheism'적 의미에서 'in'이냐, '유신론theism'에서의 'in'이냐, 아니면 '신비주의mysticism'의 어떤 차원에서 'in'이냐 등으로 생각할 수 있겠지요. 어쨌든 인간의 언어가 가지고 있는 'in'의 연상의 부피는 무엇인가에 둘러싸인 '무한'을 상정想定하고 있습니다.

'만유萬有를 품으시는 하나님'
The Lord who encompasses all creation, 엡 4:6

廣大無邊 광대무변 天地不仁 천지불인
하나님의 사랑과 능력이 끝없이 넓고 무한 하셔서시시 103:11; 엡 3:18-19
천지는 특정한 편애 없이 모든 존재를 품으시며 욥 38:26-27; 마 5:45

天道無私 천도무사 在世理化 재세이화
하늘의 도는 사사로움이 없음으로 롬 2:11; 행 10:34-35
세상을 다스리고 교화하시는 하나님 시 103:19; 마 28:18

그래서 유한 안에 무한이 담겨 있다고 말할 수 있는 것입니다. 우리가 "하나님의 은혜는 찰나의 순간에도 영원을 담는다. 그 순간이 바로 영원이다"요 1:16; 고후 6:2; 히 4:16는 말을 할 때에도, 같은 맥락으로 볼 수 있겠지요. 괴테Johann Wolfgang von Goethe, 1749~1832식의 말입니다만, "영원이 순간 속에 있다."『괴테와의 대화』, Conversations of Goethe with Eckermann and Soret, 1850 라는 말입니다. 괴테는 삶의 매 순간이 단순한 찰나가 아니라, 영원의 깊이를 담고 있는 시간임을 강조하며, 현재에 대한 집중과 경외를 촉구합니다. "Every situation-nay, every moment-is of infinite worth; for it is the representative of a whole eternity."

이것은 불교적인 사유思惟이기도 하지요. 불교 인식론에선 '찰나刹那'라는 말을 쓰는데, 찰나는 매우 짧은 순간인 시간으로, 바람이 불어와 무량억겁無量億劫 동안 함묵으로 앉아 있는 바위에 한 방울씩 떨어지는 물이 위로부터 아래까지 천착穿鑿, 곧 구멍을 내는 데까지 걸린 시간, 또는 선녀의 옷자락을 스치는 미풍이 불어와 그 큰 바위를 가루가 되게 만드는 시간도 찰나라고 봅니다. 영원이 순간이 되고, 순간이 영원입니다. 시편 90편에선 "인생의 수한壽限 칠팔십 년도 째깍거리는 한 밤의 경점更點 같은 것"이라고 하지요. 역사도 다 시간의 '환각幻覺, illusion' 같은 것입니다.

모든 것 다 지나가나definite 말씀만 영영永永합니다.
무한 불멸indefinite, immortal합니다. 사 40:8

Ⅱ

기독교와 관련된 New Age 운동

New Age 운동에는 기독교와 관련된 요소랄까 기독교적인 면이 있다고도 하셨는데, 무슨 말씀 인지요?

종교·심리학적으로 인간의 의식구조를 경험적empirical으로 분석한 자료들212에 의하면, 인간에게는 생래生來적으로 하나님의 창조 사건에서부

212 종교·심리학적 관점에서 인간의 의식은 '**선천적이며 초월적 기원**'에 뿌리내린 구조 위에, 경험과 심층심리의 탐구를 통해 점진적으로 '**의식화·통합**'되는 과정을 거친다. 의식은 단순한 뇌 기능을 넘어, 무의식과 원형, 자기Self의 창조적 에너지와 상호작용하며, 삶과 죽음의 경계에서도 지속되는 경험적 증거들NDE, 체외 이탈이 이를 보완한다. 궁극적으로 개성화는 본래 부여된 존재 구조를 현실 속에서 통합·갱신하는 여정으로 이해된다. 용어 중심으로 살펴보면, **후後천년적 의식**; 창조 이후 인간에게 부여된 초월적·본질적 의식구조를 지칭, **경험적 분석**; 체험 기반의 심리학적·신비주의적 탐구임사체험, 체외 이탈에 의한 의식 검증, **심층심리학**; 융의 분석심리학을 토대로 무의식과 원형을 통해 의식구조 해석, **창조적 갱신**; 인간 내면에서 반복되는 의식의 재구성 과정개성화, 자기실현 등을 의미한다. [참고: 1. **『창조 신화』마리 루이제 폰 프란츠, 김현진 옮김** 2. **『죽음 후 의식 세계』, 윌리엄 불맨, 이문호 역주** 3. **『융의 영혼의 지도-마음의 구조와 개성화 과정』대표적 융 분석심리학 개요, 머리 스타인, 김창한 역**; 핵심 내용은 인간의 의식은 자아ego, 무의식unconsciousness, 자기self로 구성되며, 창조적 통합을 통해 개성화individuation에 이른다는 것으로, 특징으로는 무의식 속에는 집단적 원형archetype이 존재하며, 이는 창

터 부여 받았다고 밖에 볼 수 없는 본질적 존재의 구조가 '후 천년'적 의식으로 있었다는 것입니다. 그리고 이 존재 구조를 만든 힘은 신성神性 같은 힘으로써, 인간 안에 영원히 내재하는 것이라고 말합니다. 이 신적 영원성 때문에 인간은 이상理想을 꿈꿀 수 있는 본래의 힘 또는 잠재력이 있다고 볼 수 있는 것이지요. 결국 인간은 완전이라는 의식, 무한이라는 개념을 생각할 수가 있고, 붙잡을 수 있다는 가능성이 의식구조 안에 있다는 말입니다. 신학적으로 말하면, 하나님의 형상을 닮은 존재이기 때문에 신성을 추구하는 갈증이 있고, 이상理想을 그리는 존재라는 말이지요.

종교학자들에 의하면, 인간이 완전한 자신 또는 초월한 존재를 꿈꾸는 의식이 진보한 질서의 세계 구조를 위해 투영될 때는 '유토피아' 개념이 나온다고 일반적 해석입니다. 유토피아Utopia에 대한 꿈은 사실 모든 인간 안에 잠재하고 있는 사상의 씨앗일 것입니다.213 이 사상의 씨앗은 마치 건물 하위구조substructure와 같아서, 구조물을 지탱해 주는 본질적 힘, 그 에센스와 같은 것입니다. 이렇게 인간의 심리구조를 일반적으로 볼 때, 종교는 다 신적인 질서가 인간의 사회 위에 이루어지기를. 또한 바라는 꿈과 이상을 희구하고 있다는 것을 알 수 있게 되지요. New Ager는 그들의 염원대로 사랑과 평화를 기반으로 한 '새 시대New

---

조적 기원과 연결된다는 것이며, 개성화 과정은 인간이 본래 부여받은 존재 구조를 실현하는 여정으로 본다.]

213 에른스트 블로흐Ernst Bloch, 1885-1977는 그의 저서 『희망의 원리』*Das Prinzip Hoffnung*에서 "아직-아님"*Not-Yet* 이라는 개념을 제시하며, '인간 내면에 잠재된 미래 지향적 희망과 이상향의 씨앗이 종교·예술·정치적 이상으로 투영된다'고 설명하였다. 그는 이러한 유토피아적 지향을 단순한 공상이나 허구적 환상으로 보지 않고, 현실을 변화시키는 동력으로 작동하는 구체적 유토피아로 규정하였다. 따라서 블로흐의 유토피아 철학은 인간 존재의 심층 구조 속에 '**내재된 희망의 원리**'를 해명함으로써, 종교적 상상력과 사회적 변혁 가능성을 연결하는 사상적 토대를 제공한다.

Age'를 꿈꾸며, 불교에서는, 모든 사람이 깨달은 마음을 가지게 되면 괴로움으로 가득한 예토穢土가 정화되어 불국토佛國土, 정국토淨國土가 된다는 염원을 품고, 그리스도교에서는 '이미already' 그러나 '아직not yet' 하나님 뜻이 이루어지는 하나님의 나라Kingdom of God를 기다리는 것입니다. 존 밀턴John Milton, 1608~1674[214]이 17세기에 쓴 장시長詩 『복낙원』*Paradise Regained* 이지요. 인간은 회복된 에덴, 그 낙원적 환경을 기다리는 것입니다.

인간은 누구나 새 하늘과 새 땅의 신적 시대가 나오기를 꿈꾸고 있으며, 그래서 마지막 시대에는 사회歷史의 선善이 실현되고, 인간의 신성이 완전하게 드러날 것으로 보고 있습니다. 이러한 생각은 인간이 신의 특성을 지니고 있으므로, 개인적인 영적 지식을 통한 휴머니즘의 승화가 신적인 구원이 된다靈知主義, Gnosticism고 하는 New Age 운동과 불교 얘기일 뿐만 아니라, 기독교에도 비슷한 맥락으로 이해되는 부분이지요. 왜냐하면 기독교 가르침의 핵이 '종말사관終末史觀'인데, 이 개념은 역사의 마지막 때에 하나님의 왕국이 임한다는, 그래서 피조물이 신께로 돌아간다는 사

214 존 밀턴John Milton, 1608~1674은 영국의 시인이자 청교도 사상가로, 영국 성공회에 반대하며 청교도주의를 옹호하고 왕정에 맞서 공화국을 지지한 인물이다. 그는 문학과 정치사상 양면에서 탁월한 업적을 남겼으며, 셰익스피어에 버금가는 영향력을 지닌 작가로 평가된다. 대표적인 정치·사상 저술로 『아레오파지티카』*Areopagitica*가 있다. 1644년에 발표된 이 글에서 그는 출판 검열에 반대하며, 표현과 언론의 자유를 강력히 옹호했다. 밀턴은 거짓과 진리가 자유로운 공개 토론 속에서 경쟁할 때 진리가 승리한다고 보았으며, 사전 검열은 진리의 확인을 방해한다고 주장했다. 또 다른 저술인 『교육론』*Of Education*에서는 도덕적이고 자유로운 시민을 양성하기 위한 교육 개혁을 강조했다. 그는 교육이 단순한 지식 전달을 넘어, 인격과 덕성을 함양해 사회를 이끌어갈 시민을 길러내야 한다고 보았다. 문학 작품으로는 대서사시 『실낙원』*Paradise Lost*이 대표적이다. 이 작품은 인간의 타락과 구원을 주제로, 사탄의 반역과 아담과 하와의 추방을 장엄한 무운시로 그려냈다. 후속작 『복낙원』*Paradise Regained*에서는 예수 그리스도의 시험과 승리를 다루며, 구속과 회복의 메시지를 전한다. 이처럼 밀턴은 시와 산문을 통해 신앙, 자유, 정의, 인간의 도덕적 책임을 일관되게 탐구했으며, 그의 사상과 문학은 영국 문학사와 정치사상사에 깊은 흔적을 남겼다.

상이니까 말입니다.

사실 기독교의 '후천년설'[215]이 그것 아닙니까, 교회 시대의 마지막이 되면 그동안 뿌린 복음 씨앗의 열매로 하여 땅의 모든 사람이 그리스도인이 되고, 세상 전체가 그리스도의 왕국화化가 된다는 것이지요. 인간의 죄가 완전히 제거되었다고는 볼 수 없지만, 최저의 상태로 감소 되고, 그리고 정치•경제•사회•문화가 크게 개선되어 인간이 풍요를 누리게 되는 성령화된 사회 안에 살게 된다는 것이지요. 그런데 하나님의 나라가 크게 확장된 그때, 적 그리스도가 나타나 교회에 대한 대대적인 공격이 있을 것이란 점, 그리하여 그때 예수가 재림하셔서 세상을 심판하고 하나님의 나라를 세워 왕 중의 왕King of Kings으로 통치한다는 것입니다.

물론 '전천년설'[216]도 있고, 무천년설[217]도 있지요. 그러나 어쨌든 예

---

215 후천년설Postmillennialism은 그리스도의 재림이 '천년왕국 이후'에 일어난다고 보는 종말론적 입장으로, 보수주의적 후천년설과 자유주의적 후천년설로 구분된다. **보수주의적 후천년설**Conservative Postmillennialism은 복음이 역사 속에서 점진적으로 확산되어 교회의 황금기라 불리는 상징적 천년왕국을 형성한다고 본다. 이 천년은 문자적 기간이 아니라 '신학적 이상을 상징하는 은유적 개념'으로 이해되며, '교회의 사명과 역사적 소명을 적극적으로 격려'하는 역할을 한다. 그러나 종말 직전에는 짧은 배교와 환난이 도래하고, 그 후 그리스도의 재림과 함께 부활과 최후 심판, 그리고 새 하늘과 새 땅이 완성된다고 본다. 이러한 견해는 복음의 '역사적 진보'를 강조하지만, '인간 역사에 대한 지나친 낙관'이 요한계시록의 심판적 예언과 긴장 관계를 형성한다는 비판을 받는다. **자유주의적 후천년설**Liberal Postmillennialism은 예수를 하나님의 아들이 아닌 '도덕적 교사'로 이해하며, 사회와 문화가 기독교적 윤리에 기반하여 점진적으로 개선됨으로써 인류가 변혁된다고 본다. 이 견해는 '인간의 사회 구조 개혁, 인권, 평화 운동에 중점'을 두며, 천년왕국을 '인간의 점진적 개혁에 의해 실현되는 지상 낙원의 상징적 용어'로 해석한다. 따라서 '예수의 재림은 부정'되며, 종말은 초월적 사건이 아니라 '역사 속 사회적 진보의 완성으로 이해'된다. 그러나 이러한 관점은 세속적 이념과의 경계가 모호해지고, '종교적 정체성의 혼란을 초래'할 위험이 있다는 점에서 신학적 비판을 받는다.

216 전천년설Premillennialism은 예수 그리스도의 재림이 천년왕국 이전에 일어난다고 보는 종말론적 입장을 의미하며, 그 안에서도 **역사적 전천년설**Historic Premillennialism과 **세대주의적 전천년설**Dispensational Premillennialism로 구분된

수가 초림 하심으로써, 부분적으로 실현된partially realized 하나님의 나라가 교회 시대 중에 역사의 어느 때에 가서는 전체적으로 실현될will be fully realizing 것이라고 보는 영원한 왕국 개념으론 대차大差가 있는 것이 아니지요.218 종교적인 표현이 기독교 내의 제설諸說과 또 종교 간에도 다르지

다. 역사적 전천년설은 '**그리스도의 초림 이후, 교회 시대를 거쳐 환난이 도래하고, 그 후 그리스도께서 재림하여 죽은 성도의 부활과 모든 성도의 휴거**'가 이루어진다고 본다. 이때 사탄은 결박되고, 예수께서 지상에서 문자적 1000년 동안 통치하는 천년왕국이 시작된다. 이 기간 동안 악은 제어되며, 이스라엘의 대규모 회심이 일어난다고 해석된다. 천년이 끝나면 사탄이 잠시 풀려 최후 반란을 일으키고, 이어 악인의 부활과 최후 심판이 이루어진다. 이 견해는 '하나님의 역사 개입과 악의 극복을 강조'하지만, '다단계 부활과 심판 구조, 문자적 기간 해석에 대한 신학적 논쟁'이 존재한다. 반면, 세대주의적 전천년설은 교회와 이스라엘을 엄격히 구분하며, 교회는 대환란 이전에 비밀스럽게 휴거된다고 본다. 이후 7년간의 대환란 동안 유대인의 회개와 회복이 이루어지고, 그리스도는 공개적으로 재림하여 천년왕국을 수립한다. 이 왕국은 이스라엘 중심의 지상 통치로 이해되며, 천년이 끝난 후 악인의 부활과 단회적 최후 심판이 이어진다. 세대주의는 성경을 경륜적으로 해석하며, 연대기적 도식화와 환난 전 휴거 교리를 강조한다. 그러나 교회와 이스라엘의 급격한 분리, 환난 전 휴거의 성경적 근거에 대한 비판과 논쟁이 지속되고 있다. 이 두 입장은 모두 '전천년적 구조를 공유'하지만, 교회론과 종말론의 세부 해석에서 뚜렷한 차이를 보인다.

217 무천년설Amillennialism은 요한계시록 20장의 '천년왕국'을 문자적 기간이 아닌 '상징적 개념'으로 해석하며, 그리스도의 초림 이후 시작된 교회 시대 전체를 의미하는 것으로 본다. 이 견해에 따르면 사탄의 결박은 이미 초림 이후 실현되었으며, 중생한 성도들을 통한 복음 확장이 진행되는 가운데 '이미-아직' 'already-not yet'의 종말론적 구조가 적용된다. 그리스도의 재림은 단회적 사건으로 이해되며, 이때 죽은 성도와 불신자의 총체적 부활, 모든 성도의 휴거, 그리고 최후 심판이 동시에 이루어진다. 교회는 "현재의 사명을 수행하며 종말의 완성을 기다리는 존재"로 간주되며, 이러한 구조는 하나님의 통치와 악의 극복을 강조한다. 다만 요한계시록 20장의 '순차적 부활과 심판 묘사'를 어떻게 신학적으로 조화시킬 것인가에 대한 과제가 남아 있다.

218 공교회적 종말 도식은 그리스도의 역사 속 '실제적이고 보이는 재림을 전제'로 하며, 의인과 악인 모두의 몸의 부활과 산 자와 죽은 자를 향한 최후 심판을 포함한다. 이어 새 창조가 도래하여 새 하늘과 새 땅이 열리고, 의인은 영원한 생명에, 악인은 영원한 형벌에 처해져 영원히 분리된다. 이러한 종말론적 전망은 단순한 미래 사건의 예고에 그치지 않고, '재림의 때와 시기가 하나님께 속한다는 인식' 속에서 교회가 현재를 믿음과 소망과 사랑으로 살아가도록 하는 윤리적 요청을 내포한다. 개혁신학 종말론Reformed Eschatology은 일반적으로 '무천년설 계열'에 속하며, 성경 전체를 '**구약 이스라엘과 신약 교회의 연속성**' 속에서 이해되는 구속사적 언약의 맥락에서 해석한다.

만, 절대적인 완전의 세계에 도달하는, 또는 돌아가는 것에 관한 의식이 있다는 말입니다. 인간이 경험적인 것은 모두 다 떼어내고 순수한 세계로 들어가는 것이지요.

이러한 의식구조는 공간을 놓고 생각하더라도 이차원적인 면에서 이해가 될 수 있는 이야기입니다. 예를 들어 선line을 한번 생각해 봅시다. 인간은 선에서 먼저 '시작'이라는 인식 능력을 포착하게 됩니다. 또 선에는 중간 점이 있고, 끝이 있다는 것을 의식하게 되지요. 다시 말해서 선은 점의 연결이라는 것을 이해할 수 있게 됩니다. 결국 시간이 있으면 면으로 싸인 입체立體의 공간, 즉 역사가 생기지요.

이처럼 인간은 언어의 능력이 생기고, 개념적으로 생각할 수 있는 사고방식에 눈이 떠지면 플라톤의 산파産婆, midwife 개념처럼, 인간의 의식구조 안에 담겨 있는 생래적인 능력의 샘으로부터 의식이 철철 흘러나오도록 끌어낼 수가 있습니다. 의식이 깨기만 하면 언어를 통해서, 앞서 말한 대로 선은 시작과 끝이 있는 점들의 연결이라고 선 개념을 이해할 수 있는 능력이 생긴다는 말입니다. 환경시간과 공간이 주는 구조적인 틀 때문에 갖는 역사 인식 말이지요.

그래서 보편적으로 볼 때 인간은 어느 정도 나이가 들어 언어의 능력이 생기고 개념적인 사고방식의 능력이 생기면 이 '라인'line이라는 개념, 즉 시작과 끝의 개념을 이해합니다. 이 인간의 의식구조를 철학적 카테고리 속에서 알아보려고 하면 칸트의 '물량quantity' 개념과 플라톤의 '같은 것과 다른 것sameness/others' 개념이 도움이 되겠지요. 그들에 의하면 인간은 공간의 차이spatial difference를 알 수가 있고, 기하학적 생각geometrical thinking을 할 수 있는 능력이 있으며 그로 인하여 시작이라는 개념을 가질 수가 있어, 시작의 신학 개념을 가질 수 있으며, 시작과 끝이 연결되는 그 연결성을 '종말 사관'에 이르기까지 될 수 있다고 봅니다. 이 종말 사관은 하나님의 구원 사역, 곧 역사가 역사 되게끔 하는 한 '목적성τέλος, Telos 텔로스'219 입니다.

이 시작과 끝이 있다는 선line의 인지 능력은 인간이 발명해서 낸 것이 아니라 본래적으로 있는 것이 인간의 의식이 깨어남과 함께 나오게 된 것이라고 볼 수가 있습니다. 그러니까 인간의 의식구조에는 이 사고방식의 잠재력이 있다고 할 수 있고, 또 인간은 필연적으로 그렇게 사고방식을 전개하도록 의식의 구조가 잡혔다고도 표현할 수가 있겠지요.

이것을 다른 쪽으로 표현하면, 하나님이 인간을 창조할 때 의식 구조를 부여하셔서, 인간은 관념적으로 생각할 수 있는 능력을 지닐 수밖에 없는 사고의 존재라고 설명할 수가 있습니다. 그래서 인간이 역사와 우주에 접근하는 데도, 필연적으로 역사의 시작점과 우주 창조에 관한 관심을 지니지 않을 수 없을 뿐 아니라, 우주 만물 역사의 종말점에 대한 의식도 질문을 수반하지 않을 수 없는, "생각하는 존재a thinking being, cogito, ergo sum"René Descartes이지요. 이것은 심리학자들이 말하는 일반적인 얘기입니다. 시작과 끝을 의식할 수 있는 능력이 모든 인간에게는 내재적으로 잠재해 있다는 사실 말이지요.

이 시작점 또는 시원始源에 관하여 연구하는 학문을 학계에서는 '원형

---

219 "텔로스"Telos, τέλος는 그리스어로 '**끝**', '**목적**', '**목표**'를 뜻하는 철학적 개념으로, 고대 철학자 아리스토텔레스가 즐겨 사용한 용어이다. 그는 이를 목적론Teleology의 핵심 개념으로 삼아, '모든 존재와 현상이 특정한 목적을 향해 나아간다'고 설명했다. 아리스토텔레스에 따르면 사물과 인간의 모든 행위에는 궁극적인 목적, 즉 텔로스가 존재하며, 이를 이해하는 것이 사물의 본질을 파악하는 길이라고 보았다. 이 개념은 기독교 신학에서도 차용되어, '**예수 그리스도께서 율법의 완성이자 궁극적 목적임을 표현**'하는 데 사용된다. 다시 말해, 텔로스는 철학과 신학 모두에서 '**존재가 지향하는 최종 목표**'라는 의미를 지니며, 인간과 세계를 이해하는 중요한 사유의 틀로 기능한다.

학protology'이라고 하며, 마지막 것을 연구하는 것을 '종말론eschatology' 또는 '목적론teleology'이라고 하지요. 지금 우리가 살펴보고 있는 것은, 마지막 때에 관한 종말론인데, 종말론은 기독교뿐만 아니라 타 종교들에도 있기에, 종교 간 차원inter-religious의 각도에서 또는 비교종교학comparative religion의 각도에서 심리철학과 종교 심리학적으로 의미가 궁구窮究 되어야 할 것입니다. 결국 언어의 문제가 나오고, 문제를 더 논리적으로 파고 들어가면 심리학보다는 의식분석학analysis of consciousness 쪽으로 나아가게 되겠지요. 해답은 위에서 언급한 대로 인간의 의식 구조에는, 신학적으로 단순하게 말하자면, '후천년적'인 종교의식이 나오게 된다는 결론에 이르게 됩니다.

조금 더 구체적으로 말씀을 드려보겠습니다. '전천 년 왕국 설'도 하나님의 나라가 임하기 전에 대환란을 얘기하나, 'Big Bang' 이론처럼 우주가 대폭발로 완전히 분해 되어 흩어져 버린다는 얘기는 아니지요. 다시 말하면 인류 생명들이 다 끊어지는 것이 아니라, 대환란을 통해서 새로운 시대하나님의 나라로 들어간다는 소망 개념입니다. 이것은 결국 낙천주의 입장입니다. 인류의 운명과 지구의 운명이 극복되는 것으로 보니까 말이지요.

사실 어느 종교에서도 절대적인 비관주의pessimism는 찾아볼 수가 없습니다. 다만 있다면 '절대적인 진리, 도덕, 가치는 없다'고 하는 철학적 니힐리즘Nihilism이지요. 정말이지, 인간 의식이 기형적인 어떤 이론에 의해서 자극받아서, 그리로 굴러가지 않는 한, 절대적인 페시미즘이란 있을 수가 없지요. 인간의 삶에 밀착되어 있는 종교라면 페시미즘을 표방할 수가 없습니다. 불교에서도, 이슬람교에서도 조로아스타교에서도, 또 힌두교에도 이 절대적인 페시미즘은 없습니다. 그리스도의 재림과 인류의 부활 및 최후의 심판을 통한 새 하늘과 새 땅을 소망하는 기독교에서야 더 말할 나위가 없지요. 그래서 고등종교Higher religion는 모두 마지막에 가서는 이 낙천주의적인 종말론이 나옵니다. 끝에 가서는 '신적인 질서가 다스려지고, 인간이 신성이 된다'호 6:1,'하나님 앞으로 돌아가고'는 말씀이지요.

따라서 인간의 의식구조에는 시작과 끝에 대한 의식이 있고, 이 시작과 끝 관념이 역사로 투영되어서는, 'beginning시작'과 'end종말' 사관史觀이 'birth탄생'와 'completion완성' 사관으로 이어지는 것이지요. 그래서 시공時空 개념에서 좀 더 질적인, 심도 있는 성숙 의식으로 나아가는 것입니다. 성경 욥기의 순환사적 축복 사관에도 있듯이, "역사는 처음에는 미약하나 나중에는 창대하게 된다"욥 8:7는 것입니다.

이러한 의식에서 볼 때 New Age 운동에도 기독교적인 요소가 들어있다고 하는 것은, 기독교는 지상 왕국하나님의 나라 의식이 강한데, 이 기독교 사상에 영향을 많이 받았다는 것이지요. New Age 운동이 벌이는 'New World Order신세계 질서'가 궁극ultimate eventuality이라는 것은, 기독교와 형태적 상사相似인 관념적 연상analogia, analogy이 있기 때문입니다. 이 아날로기아는 불교나 힌두교의 그것보다도 훨씬 강하지요. 이런 측면에서, New Age 현상 운동은 기독교적 사상에 기초한다는 것입니다.

요약하면, New Age 운동가들의 새 시대 도래 의식 배후에는 나름대로 역사의 완성 개념을 가지고 있습니다. 기독교의 종말 사관에서 영향을 받은 것이라고 볼 수 있지요. New Age는 글자 그대로 '새로운 시대'에 들어간다는 뜻인데, 기독교의 낙천적인 사관, 즉 낙원적 환경의 도래 개념이 New Age의 선견자 역할을 하게 된 것입니다. 특히 예수회 신부이자 탁월한 지질학자요 고생물학자인 피에르 샤르댕Pierre Teihard de

Chardin, 1881~1955의 '하나님이 이끄는유신 진화론적 우주론 사상'이 그 기반에 큰 영향을 미쳤습니다. 그리스도교 신앙과 과학적 지식이 융합된 그의 사상은 인간과 세계, 우주의 신비에 대해 기독교를 진화론 안으로 집어넣으려고 했는데, 그는 '앞으로 세계가 새로운 질서로 들어간다.'라는 '오메가 포인트Omega Point'를 예언함으로써, New Age 운동가들은 이 예언 위에 그들 의식의 기초를 세운 것입니다. 십자가가 빠진 샤르댕이 뉴에이지 운동의 대부로 불리는 연유입니다.

바이오스피어 Ⅱ

앞서 '바이오스피어Biosphere, 생태계'라는 용어를 쓰셨는데 무슨 뜻인지요?

바이오스피어'의 의의에 대한 문제는 앞으로 신학계에도 큰 영향을 끼치리라 생각이 듭니다. '바이오스피어 I', 즉 '생물권 I'은 우리가 지금 사는 '지구 자체'이지요.

바이오스피어 II는, 1991년 미국 애리조나 사막, 투싼Tucson 근처에서 행해진 프로젝트로, '지구의 생태계와는 독립된' '제2의 생태계'라는 이름의 태양 에너지 외에는 외부와 단절된 밀폐 계에서 2년간 실제 생활하는 것을 실험한 사례로, 독립적인 생태계를 만들기 위한 프로젝트였습니다. 현재 인간들은 우주로 나아가고 있습니다. 어린아이들이 자라 부모의 품을 떠나듯, 'mother earth대지'라고 하는 어머니 품, 지구 곁을 떠나가고 있습니다. 우주여행space travel으로 나타난 현상이지요.

알려진 대로, 인류는 1959년 처음으로 인공위성을 우주에 보낸 후, 10년 후인 1969년에는 세 사람을 달까지 보냈습니다.아폴로 3호 이것은 문명의 진보에 엄청난 의미를 부여했으며, 인간 역사의 새로운 장章이 열림을 의미하는 것이었지요. 인간 정신에 있어서, 아니 지구의 역사에 있어서 어쩌면 가장 큰 우주적인 사건입니다. 지구 무대에 있어서 이토록 큰 막이 열린 적이 없었으니까요.

이로부터 인간은 지구 밖으로 나오기 시작했고, 지금은 대표적인 유인 정거장인 국제우주정거장ISS과 중국의 텐궁天宮이 세워졌고 민간 기업들이 계획 중인 정거장이 늘어나고 있다고 하지요. 우주여행 탑승 희망자도 '버진 갤러틱'이 약 700명 이상이 예약 완료되었고, '스페이스 X'는 달여행 프로젝트dear Moon 에 수만 명이 지원하여, 실제 탑승자는 선별 예정이라고 하는 등 우주여행이 더 이상 공상과학의 영역만은 아니며, 기술 발전과 민간 기업의 경쟁으로 인해, 머지않아 더 많은 사람이 우주를 경험할 수 있을 날이 올 것'이라고 종종 발표되곤 하지요.220 2000년 기준으로 40년 전만 해도 꿈 같던 얘기들이 지금은 꿈도 공상도 아닌 현실로 눈앞에 일어나고 있습니다. 1993년 9월에 지구관측과 우주 플라즈마 측정 등의 임무를 수행하기 위한 우리나라 최초의 국내 제작 위성인 우리별 2호가 전송한 사진에서도 충격을 받았지만, 성층권成層圈의 구름 너머인 수만 미터 상공에서 한반도를 찍은 사진에 점과 같은 섬들이 다 나온 것이며, 그리고 무엇보다도 대동강 변을 찍은 사진에서는 강변의 자갈들이 자세히 찍힌 것을 볼 수 있었지요. 최근 한국항공우주연구원이 개발한 한국형 발사체 누리호는 2023년 5월에 전남 고흥 나로우주센터에서 우리 기술로 만든 실용 위성 8기를 우주로 발사하고 모두 분리하여 궤도에 올리는 첫 실전 발사로, 한국의 우주발사체 기술 역량을 입증한 사례로 보도[www.yna.co.kr, korea.kr, www.chosun.com]된 것을 보곤 했습니다.

---

220 ["우주 관광 비용은 얼마? 90분 여행에 최소 3억원 예상, 스페이스X 등 3 개사 경쟁 중", 2025.05.31, 조선일보.]

위에서 간략히 살펴보았지만, 만약 지구 문명이 이대로 존속된다면 앞으로 사람들은 우주여행들을 더욱 선호하고 많이 하게 될 것입니다. 그렇게 되면 우주로 나간 사람들이 그곳에서 캠핑을 하거나, 아예 거기 어떤 곳에서, 마치 우리가 카리브해海의 어느 섬에 가서 한 철을 보내기라도 하듯, 어느 기간 동안 공동체를 이루며 산다든지 하게 되겠지요. 그렇게 되면 사람은 거기서 자급자족할 수 있는 독립된 어떤 생태적ecological인 것이 생존을 위해서 필요하게 될 것입니다. 또 인류가 이 땅에서 받은 천혜天惠의 은사선물을 거기서도 보존하고 활용해야겠지요. 테슬러 창업자인 엘론 머스크Elon Reeve Musk, 1971~, 남아공 프리토리아는 2016년 멕시코 국제 우주 회의에서 2029년까지 화성에 사람을 보내고, 이어서 2050년까지 화성에 100만 명을 이주시켜 인류가 거주할 수 있는 공간을 화성에 만들겠다고 호언장담하였지요. 알다시피, 'SpaceX'사의 CEO인 머스크는 그의 스타십 우주선을 사용하면 지구에서 화성까지 약 3-4개월 만에 도달할 수 있다고 주장하고 있는 등, 화성에 인간이 살 수 있는 생태계를 조성하여 새로운 거주지를 건설하겠다는 계획을 착착 진행하고 있으니 그저 무모하다고 웃어넘길 수는 없을 것 같습니다.

'바이오스피어 II'는 먼저 하나님께서 이 지구를 창조하시고, 중심되는 곳에다 인간을 위해 동산을 만든 것에 착안하였다고 합니다. 성경에서 말하는 에덴동산은 다른 창조 작업보다 더 의미가 있었다고 할 수 있을 것인데, 그곳은 인간의 생명이 지속되기에 가장 적합한 환경으로, 이는 섭리의 결과라 할 수 있습니다. 그런데 바로 이 성경적 동산을 인간 스스로가 흉내 내어 '바이오스피어 II'를 통해 만들어 본 것으로, 1991년부터 약 2년 동안 미국 애리조나주의 사막지대, 오라클에서 진행된 '인공생태계' 프로젝트입니다. 8 명의 과학자들이 3에이커1acre=약 12,140m² x3 =약 3,672.52평의 땅에다 열대 우림, 바다, 사막 등 7개의 생태 구역으로 나누어, 유리로 장막을 치고 외부와는 절연된 상태에서 자급자족하는 농장 환경산소 공급조차도을 만들었습니다. 앞서 잠시 언급했듯이, 정부의 직접적인 지원 없이 바이오스피어 연구회Biosphere Research Institute와 Space Biospheres Ventures라는 민간 단체가 약 2억 달러USD에 달하는 민간 자본과 후원이 투입되었고, 400여 명의 각 분야 전문가가 참여했던 것으로 알려졌지요. 이 동산은 지구 밖을 떠나서 달나라에도 세울 수가 있고, 태양계를 떠나서 별에 가서도 세울 수 있도록 미리 실험해 본 작업입니다. 우주 속에 가서도 지구 생태계를 보전할 수 있고, 지구의 은사를 그쪽에도 심을 수 있도록 연구하는 위성 동산 프로젝트이지요.

이 '바이오스피어 II'의 의의는 인간 문명의 성숙기에, 아니 문명정신이 성숙해 간다는 것보다는 아들이 지구라고 하는 어머니를 떠나는 과정을 보여주는 심각한 징조라고 할까요, 중요한 스텝이라고 볼 수가 있을 것이란 생각이 듭니다. 이것은 카릴 지브란이 『예언자』The Prophet, 1923라는 책에서, "아이는 자라면 어머니의 손을 놓고, 우주 속으로 투사된다. 우주의 아들이 된다."라고 하였는데, 인간이 대지보다 큰 우주의 아들이 되는 새로운 문명 시대로 들어가는 것을 의미하는 사인일는지도 모르지요.

이들 8명남녀 각 3명 외 2명이 이 동산 작업을 하게 된 것에는 두 사람의 생각이 영향을 미쳤습니다. 한 사람은 버나드스키Vladimir Vernadsky, 1863~1945, 러시아의 지질학자, 생화학자, 과학 철학자로, 생물권Biosphere 개념을 정립한 자로서, 그는 우주 방사선으로 여러 가지 유용한 지구 에너지를 만들어야 한다고 역설하였는데, 예를 들면 전력이라든지 화학물질, 열 연료 등입니다. 그리고 또 한 사람은 앞에서 살펴보았던 떼이야르 샤르댕으로서, 1927년에 북경 부근에 있는 주구점周口店, 저우커우뎬에서 '북경 원인류Peking Man'를 발견한 사람이지요. 그는 20세기가 자랑하는 지구 물리학자요, 예수회 신부이기도 합니다. 샤르댕은 역사가, 역사의 종착점인 '오메가 포인트Omega Poin'로 진보한다고 하였는데 지구 물리학자답게 "지구는 살아있는 생물체다."'*Earth is a living organism.*'라고 하였지요.

간략히 말하면, '바이오스피어 II'는, 생태계의 독립된 미니 시스템을 만드는 데 목적이 있습니다. 인류가 우주에서 독립된 지구의 생태계를 보전시키면서 살 수 있겠는가에 대한 가능성을 실험한 것이지요. 인류의 미래에 대한 장기적인 안목을 가지고 추진된 실험이라고 할 수 있을 것입니다. 참고로 말씀드리면, 이 실험은 실패221하였고, 현재는 투싼에 위치한 애리조나대학교University of Arizona, 1885년 설립222의 자연사박물관으로 운영되고 있다.

그런데 흥미로운 것은, 이 바이오스피어 II, 즉 생태계의 모든 것을 갖춘 가든garden을 하나 가지고, 아담 시대처럼 낙원적 환경 위에서 살아 보겠다고 진행해 본 이 실험 뒤의 사상적 배경에는 'New Age'가 있었다고 하는 것입니다. 말하자면 이 실험의 아이디어가 New Age 그

---

221 실험 결과와 문제점은, 1) 내부의 산소 부족 문제 발생 → 콘크리트 구조물이 산소를 흡수, 2) 이산화탄소 농도 증가 → 토양 속 박테리아가 탄소를 이산화탄소로 변환, 3) 생태계 불균형 → 곤충 감소로 인해 식물 수정 어려움, 불개미 번식, 4) 식량 부족 → 실험자들이 영양 부족으로 어려움을 겪음. 결국 실험은 예상보다 많은 문제를 겪으며 일찍 종료되었고, 현재는 박물관으로 운영되고 있다. 이 프로젝트는 '**하나님이 창조하신 이 지구 생태계를 모방하는 것이, 얼마나 무모한지, 또한 하나님의 창조 경륜에 따른 과학적이면서도 한 치의 오차도 없는 창조세계의 경이로움을 보여주는 중요한 사례**'로 평가된다.

222 애리조나대학교University of Arizona는 애리조나주 투손에 위치한 주립 종합대학교이다. 연구 중심 대학으로, NASA와 협력하여 우주과학 연구를 수행하며, 경영, 의학, 공학, 예술 분야에서도 높은 평가를 받고 있다. 우주과학은 세계 10위권 내 연구 성과를 내고 있고, 경영대학Eller College of Management은 정보 시스템 분야 미국 내 3위, 의과대학은 애리조나주에서 유일하게 의학박사 학위를 수여하고 있으며, 예술대학의 사진학 분야 미국 내 3위를 이루고 있는 특성화된 종합 대학이다.

룹의 사람들에게서 나왔다는 것입니다. 역사적으로 전통을 가진 기독교가 생태계 문제에 둔감하고, 또 새로운 시대에 빨리 적응하지 않으니까, New Age 그룹 사람들 스스로가 이 땅과 우주는 인간을 위한 것이라고 하면서 인간이 살 수 있는 미래의 생태계 조성을 미리 과학적으로 실험을 하였다는 것이지요.[223]

세속적 휴머니즘secular humanism을 가진 New Age 그룹 사람들이 지구 생태계를 걱정, 과학으로 대안을 찾으려고 하였다는 것은 의미가 깊습니다. 그러나 과학이 신이 되고 뉴 에이지가 종교가 된 지금의 마성적 문명은 결국 휴머니스트를 사라지게 하여, 사람들은 고독한 군중들이 되며 교회들은 황야가 되어 인류는 파멸케 됩니다. 2025년 1월 29일, 미국 시카고에 본부를 둔 미국 핵 과학자협회는 회보인 「Bulletin of the Atomic Scientists」BAS를 통해 지구 종말 시계인 '둠스데이 클락Doomsday Clock'이 자정까지 89초 남았다고 발표했습니다. 이는 인류 멸망에 가장 근접한 시각으로, 전 세계에 경각심을 불러일으킨 상징적인 발표였지요. 비교하여, 1947년에 이 핵 과학자협회가 지구의 종말을 보도하면서 인류에게 경종을 울렸던 그때에는 7분 전이었는데, 이제는 지구와 인류의 운명이 초 단위로 남아 경각간에 있다는 것을 알리고 있습니다. [출처: www.yna.co.kr2news.sbs.co.kr3h21.hani.co.kr] 예수님이 추상같이 경고합니다.

인자가 다시 올 때에는 노아의 때와 같으니라 마 24:31

---

223 1990년대 미국 애리조나에서 진행된 바이오스피어 II는 지금은 연구·관광 시설로 전환되었고, 그와 같은 "완전 밀폐형 생태계 실험"은 현재 그대로 재현되고 있지는 않다. 그러나 유사한 목적, 곧 **폐쇄 생태계·우주 거주 가능성·자급자족 시스템 연구**을 가진 실험들은 여러 나라에서 다른 형태로 이어지고 있다. 현재 바이오스피어 II와 같은 대규모 밀폐 생태계 실험은 중국**월궁 365**, 러시아 **Mars-500**, 유럽**MELiSSA**, 미국**NASA 연구** 등에서 다양한 형태로 이어지고 있으며, 한국도 우주 식물 재배와 스마트팜 연구를 통해 점차 참여하고 있다.

『인간실험 바이오 스피어2, 2년 20분』(제인 포인터 저, 박범수 역, 알마출판사; 바이오스피어 2, 박물관 모습, 애리조나대학교

'그 뒤의 바이오스피어'. 바이오스피어 연구회는 엄청난 분쟁을 겪었으며, 2억 달러(90년대 초반 기준)를 소모한 뒤에 포기되었다. 그 뒤 실험 시설은 여러 대학 연구실의 소유를 거쳤고, 나름 실험이나 관광지로 사용되었다.

과학의 선용이 오늘날 신앙의 본질과 실천을 고민하는 지혜로운 동방박사 역할을 하기를 간절히 기도합니다.

'동방박사'224라는 말이 나왔으니까, 참고삼아 이들이 누구인지를 한번 살펴보는 것도 의의가 있으리라고 봅니다. '예수님의 동정녀 탄생'에 대한 역사적, 성경적 해석을 올바르게 이해하는데, 중요한 일이기에 '부연敷衍'해 보고 싶은 것이지요. 성경에서마 2:1-2, 2:9-11 그들은 '매기Magi'로서 '매구스Magus'의 복수형으로 불리고 있습니다. 성경행 2:9과 초기 기독교 문헌에서도 그들을 고대기원전 3세기부터 서기 3세기까지 존속 이란 북동부 지역에 위치했던 제국, '파르티아동방'에서 온 사람들로 추정했는데, 당시 헤롯이 "그들이 메시아 왕의 별을 본 시점으로부터 시작해서, '2년 안'에 태어난 유아들을 다 학살하라"마 2:16고 했으므로, 그들이 온 것은 이란 북쪽 지역이 아닐 것으로 생각합니다. 그들의 여행시간은 2년 가까

224 동방박사라틴어 "Magi", "Wise Men" 또는 "Three Kings"는 예수님의 탄생을 축하하기 위해 먼 곳에서 찾아온 지혜로운 자들로, 신학적으로 중요한 의미를 지닌다: 1. **이방인의 경배**: 동방박사는 유대인이 아닌 이방인이었으며, 이는 예수님의 메시지가 모든 민족에게 열려있음을 상징한다. 2. **지혜와 탐구**: 별을 따라 예수님을 찾은 그들의 여정은 진리를 향한 끊임없는 탐구 정신을 보여준다. 3. **겸손과 헌신**: 왕으로 태어난 아기 예수 앞에서 무릎을 꿇고 경배하며 귀한 예물을 바친 행위는 신앙적 헌신을 의미한다. 4. **예물의 상징성**: 황금왕권, 유향신성, 몰약희생은 예수님의 왕, 제사장, 구속자 역할을 예언하는 의미를 지닌다. 5. **인내와 희망**: 먼 길을 떠나 험난한 여정을 거쳐 예수님을 만난 그들의 여정은 예수님 탄생 때나 지금이나 신앙의 인내와 희망을 강조한다. 따라서, 동방박사의 이야기는 단순한 역사적 사건이 아니라, 오늘날 신앙의 본질과 실천을 고민하게 하는 중요한 교훈을 담고 있다고 할 것이다. 정리하면, 하나님의 계시는 민족과 종교적 경계를 초월하여 누구에게나 열려있다. 동방박사들은 유대인이 아님에도 불구하고 자연의 징조와 계시를 통해 메시아의 탄생을 인식하고 기꺼이 응답했지만, 정작 유대 종교 지도자들은 율법과 예언서를 가까이 두고도 형식주의에 갇혀 그 진리를 알아보지 못했다. 동방박사가 따랐던 별은 단순한 천문 현상이 아니라, 하나님의 구속사적 신호로서, 그 계시에 민감하게 반응하는 자들에게만 진리의 길을 여는 상징이었다. 이러한 해석은 오늘날 우리 신앙의 본질을 다시금 성찰하게 하는데, 즉 형식보다 진정성, 지식보다 순종, 전통보다 계시 앞에서의 응답이야말로 살아 있는 믿음의 본질임을 일깨워 준다. [참고자료: 김명현, 「동방박사와 메시아의 별」, 2021; 베데스다 성경 강해, 「마태복음 헬라어 주석 강해」; Jacob Kim, 「성탄절의 기원: 동방박사가 별을 보고 메시아, 예수 그리스도의 탄생을 확신한 이유」; 마태복음 2장 1-12절, 디모데후서 3:16-17]

이 걸렸을 것으로 보이기 때문입니다. 그런데, 파르티아 제국의 중심지는 오늘날 이란 북동부카스피해 남쪽, 호라산 일대였으며, 예루살렘과의 직선거리는 약 1,200~1,500km 이상으로 추정됩니다. 다만 고대 여행은 직선 경로가 아니라 사막·산악·강 유역을 우회해야 했기 때문에 실제 이동 거리는 더 길어졌다고 하더라도 고대 여행자들의 평균 도보 속도는 하루 15~25km 정도였기에, 따라서 1,200km~1,500km를 기준으로 하면, 약 60~75일, 곧 두세 달간의 여행 거리에 불과하다는 연구입니다. [출처: https://christianhistoryinstitute.org/magazine/article/on-the-road] 동방박사들은 천문天文에도 밝고 영적 지식이나 통찰력도 높은 현자들이었을 것으로 보입니다. 그때 동방極東의 그들이 메시아 왕의 별을 보고 경배하기 위해 황금과 몰약과 유황만 가지고 산을 넘고 물을 건너 예루살렘에까지 천신만고 끝에 도착했다면, 여행시간은 최소한도 1년 이상은 걸렸을 것이지요.

한편, 주목해 살펴볼 것은, 베들레헴 마구간 구유의 강보에 싸인 채로 누워있던 '아기메시아'를 최초로 본 사람들은 들판에 있던 목자들이었지요. 누가복음 2장 16절은 '그들이 그날 밤 최초로 구유에 있는 "아기"를 보았다.'라고 기록하고 있는데"So they hurried off and found Mary and Joseph, and the baby, who was lying in the manger", NIV, '아기'를 헬라어 원어로는 '브레스포'βρέφος, vréphos,infant, new-born baby 라고 합니다. 그런데 동방박사들이 강도들과 험난한 지리적 장애물을 통과하여 예루살렘에서 헤롯 대왕Herod the Great,1,B.C.73~B.C.4을 알현하고 베들레헴으로 아기 예수를 뵈었을 때는, 갓난아기, '젖먹이브레포스'가 아닌 '어린아이'인 '파이디온παιδίον, paidíon,infant, young child'으로 표기"On coming to the house, they saw the child with his mother Mary, and they bowed down and worshiped him."마 2:11a,NIV 이 되어 있었지요. 그러므로 동박 박사들이 메시아 탄생의 별[225]彗星, 신라본기을 보고 경배차 찾아 왔을 때는 아기는 벌써 유아파이디온가 되어 있었던 것입니다. 이는 해석과 번역상의 문제로, 헬라어 원문에서 누가복음 2장은 “βρέφος”brephos, 젖먹이 아기로, 마태복음 2장에서는 “παιδίον”paidion, 어린아이로 구분되어 있음에도, 한국어 개역(개정)성경은 모두 “아기”로 번역해 혼동을 일으키므로, 이후 개정 시에는 수정되어야만 합니다.

---

225 『삼국사기』의 <신라본기>편 제2권에 보면, 신라 제2대 왕은 남해南解왕 차차웅次次雄, **제정일치 사회에서 제사장적 성격, 이후 왕들은 '이사금'등의 칭호 사용** 박朴으로, 생평生平이 B.C. 50~A.D. 24년인데, 성서 역사적으로 보면 예수님 때의 사람으로, 그의 재위 기간에 '**혜성이 떨어졌다는 기록**'이 있다. 지금 학계의 중평은 신라 선덕여왕632~647시대에, 지금의 경주시 인왕동구, 계림 월남리에 건립된 첨성대瞻星臺는 그 구조가 천원지방天圓地方으로 되어 있기에 밤하늘을 관측하던 곳이 아니라, '제사를 드리던 곳'이라고 한다. 동방박사들이 여행한 거리와 기간을 근거로 상고해 보면, 동방박사들은 극동의 신라 현자들이었을 것으로 사료 되는데 이는, 유대가 바벨론에 의해 완전히 몰락된 후 동쪽으로까지 흩어진 유대인들이 중앙아시아, 인도와 중국까지 흩어져 정착하게 되는 자료들이 도움이 된다. 사도행전 2:9에 보면 “우리는 바대인과 메대인과 엘람인과 또 메소포타미아, 유대, 갑바도기아, 본도, 아시아, 브루기아, 밤빌리아, 애굽, 구레네에 가까운 리비아 여러 지방에 사는 사람들과 로마로부터 온 나그네 곧 유대인과 유대교에 들어온 사람들과…,” 이 중 “**파르티아인들**”은 바로 동방에서 온 유대 디아스포라를 대표하는 집단 중 하나로 이해된다. 동방박사들의 '신라 현자설'에 대한 논의는 다른 지면을 빌려 충분히 할애하여, 『삼국사기』의 <신라본기>편을 중심으로 연찬研鑽의 자리를 따로 마련하려 한다. - **필자 주**

New Age : 과학과 종교의 교량

New Age 쪽은 과학과 종교를 만나게 함에 있어서 기독교 단체들보다 앞질러 간다고 하였는데 부연敷衍해 주시면 좋겠습니다.

현재 역사는 동과 서가 만나면서 새로운 실체들이 나오고 있습니다. New Age는 새 역사 창조의 실험을 많이 하고 있지요. 반면 기존 기독교의 교파들에서는 그 전통의 껍질이 너무 단단히 굳어져 있어, 그 틀을 깨고 나오기가 쉽지 않은 현실입니다. 전통이 오래된 교단일수록 독단적인 신념이나 학설dokein, dogma 등 역사적 배경 때문에 과학과 대화하기가 힘들다는 것입니다. 그러나 New Age 쪽 사람들은 기존 문명의 낡은 틀을 깨뜨리고舊殺, 구각 새로운 실체문명를 찾기로 마음먹은 사람들이기 때문에 자기들과는 다른 이질적인 집단과도 만나기를 원합니다. 과거의 전통과 집단에서 불만족을 느낀 사람들이니까, 그들은 역사적인 관습에 묶이지 않고 발랄하게 새로운 실체를 찾기를 원하고 있음을 봅니다. 그것이 사상적이든, 종교적이든, 또는 과학적인 것이든 상관치 않고 자유롭게 대화하려고 하는 것이지요.

이 점에서 새로운 문화 문명이 새로운 의식에서만 가능하다고 하면 기독교는 지금 반드시 개혁되어야 합니다. 인간 정신문명의 큰 축을 맡아 온 기독교는 이제 각성의 나팔 소리가 시급히 필요하다고 봅니다. 급변하는 시대 속에서 기독교의 뼈대를 이루는 윤리 문제만 그대로 두고 그 외 것들은 검토가 불가피하다고 생각합니다. 오늘날 기독교의 비극은 딴 것이 아닙니다. 밀레니엄 시대, 하나님 나라의 대전환 시대를 맞이하고도, 아직도 신학자들과 그리스도인들이 세계관의 변화를 겪지 못하고 있다는 사실입니다. 무섭게 변하고 있는 시대이니만큼 개혁신학이 새롭게 계속 연구되어 발전되고, 기독교도 제도적으로 더욱 개방되고 유동성과 새로운 조직망new net-working이 필요합니다.

개방이란 말은 타 종교문화에 대한 열린 관계성이며, 또한 또한 기독교 내부에서 일어나는 변화 가능성에 대한 개방성을 의미합니다. 그리고 유동성이란 말은 '적응성'適應性, adaptability, accommodation 또는 원칙을 버리지 않는 범위 내에서의 '굴신성'屈伸性, humiliation 또는 '토착성'土着性, inculturation을 말합니다. 타 종교인을 위한 기독교 이해 시도는 그들이 알아들을 수 있는 언어와 심성, 그리고 그들의 관습 속에서 행해지는 것이 성경적이고, 사도 바울의 유연한 접근 방식 선교원칙이 아닙니까. "약한 자들에게 내가 약한 자와 같이 된 것은 약한 자들을 얻고자 함이라. 내가 여러 사람에게 여러 모습이 된 것은 아무쪼록 몇 사람이라도 구원하려 함이라."고전 9:22

경직된 교단 신학과 교단 체계들은, 고체화되고 화석화된 그 껍질들로부터 변화와 개혁 앞으로 새 조직을 가지고 나아와야 합니다. 그리하여 New Age 그룹처럼 생태계 현황 같은 것도 그 문제점을 빨리 인식하여야 합니다. 역사는 앞으로 흘러가고 있는데 보수 기독 세력들이 기독교를 역사의 유물로만 안고 있는 것은 비극입니다. 그리하면 복음조차도 바벨탑 안에 갇히고 말 것입니다.

엄밀히 말해서 기독교는 현재 과학과 종교를 접목接木, 적극성을 가지고 생태계 문제를 다루고 있지 않습니다. 전기의 음양이 스파크spark 현상을 일으켜 전류가 흘러가게 하듯이, 이제 기독교는 인류 문명의 새로운 전환점을 마련하는 데 있어, 물질문명과 과학기술을 배척하기보다는 그 안에 담긴 가능성과 생명력을 인정하고, 이러한 상황 역시 성령의 빛 아래에서 거룩한 목적을 향해 전환되어야 합니다. 인간이 창조한 물질과 과학 역시 하나님께서 주신 지혜의 열매로 볼 때, 그것을 단절하거나 부정하는 것이 아니라, 성령의 숨결로 채움으로써 정화되고 고양된 문명으로 승화될 수 있습니다. 기독교는 물질을 정복의 대상이 아니라 성화의 대상으로 삼고, 과학의 진보를 사랑과 진리로 연결하는 다리로 삼아야 합니다.

앞에서 간략히 바울의 선교원칙에서 언급했습니다만, 이것은 고린도전서 9장 21절에서부터 23절까지 사이의 행간 구절로 상술한다면, 바울의 선교 금언이랄까 원칙은 "All things for All men."입니다. 복음의 선교대명宣教大命은 "길과 산을 가로 나가서 사람들을 강권하여 데려다가 내 집을 채우라"눅 14:23는 것입니다. 원어에서 이 본문의 해석학적 의미는, 주님이 그분의 제자들을 더 멀리 내보내시는데, 큰길과 울타리φραγμός, phragmós.보호, 구별, 담들이 쳐지고 세워진 경계 설정로 상징된 이방 세계列邦,열방로 나아가 이방인들을 강권해서ἀναγκάζω,anagkázō,by force, by other means억지로, 모든 수단을 써서라도 주의 몸인 교회로 데리고 오라는 것입니다.

그리스도를 따른다는 것은, 하나님을 구원의 복으로써 누리는 것이기에, 그리스도인에게는 모든 것, 심지어 생명까지도 내려놓고 자기 십자가 지기를 요청합니다.눅 14:26-27, 33, 9:22-24 바울은 그리스도의 '대 위임명령The Great Commission'마 28:19-20; 계 10:11에 복종키 위해 "모든 사람을 위하여 모든 것을 한다"는 것입니다. 4세기경 밀라노의 주교였던 앰브로스

Saint Ambrose의 그 유명한 금언, "로마에 가면 로마법을 따르라." 'When in Rome, do as the Romans do.' 라는 경구가 나오도록, 바울은 고린도전서 9장 20-22절에서 다음과 같이 기록하고 있습니다.

> 유대인들에게 내가 유대인과 같이 된 것은 유대인들을 얻고자 함이요, 율법 아래에 있는 자들에게는 내가 율법 아래에 있지 아니하나 율법 아래에 있는 자 같이 된 것은 율법 아래에 있는 자들을 얻고자 함이요. 율법 없는 자에게는 내가 하나님께는 율법 없는 자가 아니요, 도리어 그리스도의 율법 아래에 있는 자이나 율법 없는 자와 같이 된 것은 율법 없는 자들을 얻고자 함이라. 약한 자들에게 내가 약한 자와 같이 된 것은 약한 자들을 얻고자 함이요, 내가 여러 사람에게 여러 모습이 된 것은, 아무쪼록 몇 사람이라도 구원하고자 함이니라.

이 모두를 복음을 위하여 행하고 있다. 그것은 내가 복음에 '참여' συγκοινωνός, synkoinōnós, partaker, fellow participant, 동역자 즉 주님 사역의 협력자 되기 위하여, 다양한 사람들에게 그들의 상황에 맞게 다가갔음이라고 말합니다.

이방 나라에 가면 자신이 마치 율법말씀, תּוֹרָה, νόμος, nomos, Torah이 없는 이방인처럼 되어서 한 사람이라도 더 십자가 앞으로 이끌겠다는 복음의 일꾼δουλος, doulos, bondservant으로서의 신념과 사상! 그래서 바울은 복음 전파자의 사명을 다하지 않으면, 자신은 화를 당할 것이라고 고백합니다.고전 9:16

바울은 또 "나의 형제 곧 골육의 친척을 위하여 내 자신이 저주를 받아 그리스도에게서 끊어질지라도 원하는 바로라"롬 9:3하면서, 마음을 담고 있습니다. 민족 사랑에 대한 애끓는 표현입니다. 복음 전도를 생사관으로 가지고 있는 간절한 소망! "한 사람이라도 더 구원하기 위해서 나는 모든 일을 한다." 'Again, All things for All men.' 바울의 이 사회 문화적 적응 선교 방법론은 우리 그리스도인뿐만 아니라, New Age 사람들에게도 적용해야 합니다.

헤겔이 "양量, ποσότης, posótēs,quantitas, quantity에서 질質, ποιότητα, poiótita,quality도 나온다"『대 논리학』·Wissenschaft der Logik, 1812-1816 라고 했는데, 그 예수님의 보혈을 모르는 사람들이 한 명이라도 더 십자가 앞으로 나오면 얼마나 좋겠습니까.

생태계에 대한 기독교의 관심

생태계나 환경 문제에 대한 기독교의 관심은 어떻습니까?

최근 가톨릭 측이 많은 관심을 기울이고 있지요. 물론 개신교 쪽에서도 환경에 대한 성명서를 내는 등 관심을 가지기는 합니다만 역사가 일천日淺합니다. 생태계 또는 환경 문제를 역사적으로 구체적으로 다루는 그룹은 아무래도 New Age 사람들이거나 그들에게 관심을 두는 사람들이라고 할 수 있습니다. 이들의 활동은 전통 교회 쪽과는 비교할 수가 없습니다. 그들은 환경 문제에 대해 두드러지게 중요성을 인식하고 관련 환경운동도 적극적으로 합니다. 생태 보존이라는 하나님의 창조 문화 명령에 적극적으로 참여하려 하는 것이지요. 개신교의 특징은, 말 그대로, 개혁을 계속해서 일으킨다는 것인데, 교회 전통에 너무 고착함으로써 환경 문제 등에 적극적으로 동참하지 못하는 것이 안타깝습니다. 그리고 무엇보다도 개신교의 신앙 운동이나 신학도 예수 그리스도의 십자가와 재림 사상이 빠져 있습니다. 그리스도의 '보배로운 피'벧전 1:19에 목숨을 거는 교회가 몇 곳이나 있습니까.

개신교 전통이라는 말이 나왔으니까 하는 이야기입니다만, 칼빈 신학도 역사의 한 때1517년 종교개혁 이후, 즉 500여 년 전의 역사 시점에서 일어난 것인 만큼 문화·환경적 측면에서 완전한 것이라고는 볼 수가 없고, 또 그때는 지금과 같은 환경 문제도 큰 관심사는 아니었을 것입니다. 누구나 당시 가진 우주관과 자연관은 그 시대에 한정되는 제약이 있습니다. 마치 1700년대 초기 미국 퓨리턴들의 자연주의적 세계관이랄까 '자연주의' 신학 이해대표적으로, 조나단 에드워드226가 지금의 환경 신학에는 대입代入되는 그 무엇이 없듯이 말이지요. 물론 에드워드를 중심으로 한 청교도 신학자들이 자연의 신성을 발견하고자 애쓰는 영성의 세계는 있지요. 그러나 그것은 어디까지나 자연에 대한 낭만적 찬양과 이해이지, 그들이 부리는 흑노黑奴들의 저 자연 앞에 혹사당하고 무너지는 처참한 아픔을 고려하지 않았습니다. 인간과 자연이 이분화二分化되기만 하고 기계적이기만 한 자연관은 뉴턴Isaac Newton, 1643~1727적인 이해일 뿐입니다.

사실 칼빈의 자연 이해는 유기체적organic whole인 데가 없습니다. 아마 생물학이 나오기 이전이라서 그랬는지도 모르지요. 생물학이 발달하고서부터라면 만물이 유기체를 가진universe as an organic whole 일종의 '만물공동체적인 사상신학'이 싹터야 하겠지요. 생태학을 하는 이유가 인간도 자연의 한 부분이라는 인식 때문이 아닙니까? 그런데 '칼빈적 자연 이해'는 그런 것이 뚜렷하게 나타나 있지 않지요. 그저 하나님께서 자연을 창조한 것과 인간을 창조한 것은, 차원이 다른 거리목적과 의도가 있는 것으로 보고 있습니다. 그래서 결국 자연과의 유기체적인 관계가 없으니까, 인간은 자연을 관리하는 것이 아닌 정복하는 것으로만 보고 착취

226 조나단 에드워드Jonathan Edwards, 1703~1758는 미국 식민지 시대의 청교도 목사, 신학자, 철학자로, 대각성 운동The Great Awakening을 주도한 인물이다. 주요 사상으로는, 칼빈주의를 바탕으로 개혁신학적 결정론을 강조하고, 대각성 운동을 통하여 강력한 회개와 신앙 갱신을 촉구하며 미국 청교도 신앙을 부흥시켰다. 하나님의 영광과 창조의 목적을 철학적으로 탐구하는 미학과 신학을 강조하였다.

하는exploiting 수단으로만 보았지요.

동양 정신에 보이듯이 인간과 자연의 관계는 밀접할 정도가 아니라 서로가 필요로 하는 조화입니다. 인간이 자연우주을 보고, 자연은 상호 연결성으로서의 교훈을 전체적 질서로서 인간에게 가르쳐주지요. 따라서 오늘날의 신학자들은 칼빈적 윤리관과 자연 이해에만 머물고 있을 것이 아니라 부단히 생태계에 관심을 가지고 환경 문제를 다루어야 합니다. 작게는 생활용품 재활용 실천부터, 환경오염을 줄이기 위한 탄소 배출 정책에 적극적으로 개인과 기업이 참여하기까지 말이지요. 기후환경 보존에 국가적 대응이 절실히 요구되는, 아니 앞으로 지구 보존은, 핵무기를 통한 인류 말살이 아니라, 기후환경오염에 따른 오존층의 파괴로 인한 지표면 온도 상승과 해양 산성화, 수질 악화 등으로 생물의 다양성이 감소하여, 인류가 멸절할 것이라는 끔찍한 예측이 날마다 언론에 발표되고 있지 않습니까. 『지구 위기 보고서』, Earth.Org, 2022[227] 등 이러한 연구들은 지속 가능 사회로의 전환과 저탄소 정책의 필요성을 강조하고 있으며, 각국 정부와 기업들이 환경 보호를 위한 적극적인 대응을 해야 한다는 점을 시사합니다.

---

227 Earth.Org에서 발표한 2022년 가장 큰 환경 문제 12가지는 다음과 같다:
- **화석연료로 인한 지구온난화** - 온실가스 배출 증가로 인해 지구 온도의 상승.
- **부실한 정책** - 환경 보호 정책이 부족하거나 효과적으로 시행되지 않는 문제.
- **음식물 쓰레기** - 전 세계적으로 엄청난 양의 음식물이 낭비되고 있음.
- **생물다양성 손실** - 서식지 파괴와 기후변화로 인해 많은 종이 멸종 위기에 처함.
- **플라스틱 오염** - 바다와 육지에서 플라스틱 쓰레기가 심각한 환경 문제를 초래함.
- **삼림 파괴** - 매시간 축구장 300개 크기의 숲이 사라지고 있음.
- **대기 오염** - 미세먼지와 유독 가스 배출로 인해 건강과 환경에 악영향을 미침.
- **녹는 만년설과 해수면 상승** - 북극과 그린란드의 빙하가 빠르게 녹고 있음.
- **해양 산성화** - 이산화탄소 증가로 인해 바닷물의 산성도가 높아짐.
- **농업** - 지속 불가능한 농업 방식이 환경에 부정적인 영향을 미침.
- **식량과 물의 불안** - 세계 인구 증가로 인해 식량과 물 부족 문제가 심화되고 있음.
- **패스트 패션과 섬유 폐기물** - 의류 산업에서 발생하는 환경오염 문제. 이 보고서는 세계 환경의 날을 맞아 발표되었으며, 기후변화와 환경 보호의 중요성을 강조하고 있다.

"세계환경의 날World Environment Day,"매년 6월 5일, 1972년 유엔 인간환경회의에서 제정 구호만 외치고 행사로만 그칠 것이 아니라, 하나님이 인류를 위해 제정하신 생태환경 보존 지킴이로서 그리스도인들이 먼저 나서서 실천적으로 우선, '종량제 분리수거' '일회용 컵 사용하지 않기 캠페인', '플로킹쓰레기 줍기' 등, 환경 보호 실천 활동에 적극적이고 자발적으로 참여하여야 할 것입니다.

> 너희 마음에 그리스도를 주로 삼아 거룩하게 하고 너희 속에 있는 소망에 관한 이유를 묻는 자에게는 대답할 것을 항상 예비하되 온유와 두려움으로 하고 선한 양심을 가지라 이는 그리스도 안에 있는 너희의 선행을 욕하는 자들로 그 비방하는 일에 부끄러움을 당하게 하려 함이라벧전 3:15-16 "이같이 너희 빛을 사람 앞에 비치게 하여 그들로 너희 착한 행실을 보고 하늘에 계신 너희 아버지께 영광을 돌리게 하라마 5:16

성경에 보면 "만 피조물이 하나님의 나라가 오기를 탄식하면서 기다리고 있다"롬 8:18-27고 말하고 있지 않습니까. 무정물無情物 같아 보이는 자연 만물이 어떻게 하나님의 나라를, 그것도 탄식하면서 학수고대하고 있을까요. 기독교 사회는 환경 문제가 무엇인가를 먼저 파악하는 작업을 하여야 하고, 그 이후에 신학적 논의가 이어져야 한다고 봅니다.

세계사적 대격변과, 유례없는 생태계 파괴로 인한 지구 보전 운동이 초미의 급무인 이때 기독교는 누구보다도 먼저 생명 살리기 운동의 최전선에 서야 합니다. 그리하여 만 피조물과 함께 사는, 만물의 영장으로 '조에ζωή, zoē', 그 신성적 생명요 10:10의 환희를 되찾아야 합니다. 자연 생태계와의 공생共生, 다시 말해 지구 생명에 대한 각성은 기독인에게 최소한의 양심 회복이라고 봅니다. 동물들은 최소한 동족 간에 떼 전쟁은 하지 않습니다. 그런데 지금 지구촌은, 직경 1만 2천 킬로나 되는 지구를 50번이나 폭파할 수 있는 수많은 핵의 위협과 천문학적인 숫자의 탄도미사일들, 그리고 상상도 하지 못하는 생화학 무기의 비축과 핵잠수함, 심지어 항공모함에, 공격용 표적 드론 등의 등장은 실로 인간이 만물의 영장이라는 말이 부끄럽습니다. 이사야 선지자를 통하여 창조주 하나님은 경고합니다. 그때나 지금이나, "**어둠이 땅을 덮을 것이며 캄캄함이 만민을 가리우리라**"사 60:2

유토피아

유토피아가 온다고 하는 것은 개체적인지, 아니면 보편적인 것 인지요. 그 도래를 앞둔 우리는 어떤 태도로 살아야 하는지요?

보편적인 것이지요. 새로운 시대가 도래하는 것에 대한 꿈은 인간의 심리구조에 내재하고 있는 본래적인 의식입니다. New Age가 미래에 대해서 낙관적인 관觀을 가지고 있는 것은 성경적이라고 볼 수는 없지만, 긍정적인 면이 있습니다. 이 낙관은, 특별은총뿐만 아니라 일반은총 영향 아래 사는 사람들에게도 나타나는 관점입니다. '유토피아'라는 말의 의미 자체가 그러하지요. '우헬)ou'라는 부정접두사와 장소를 뜻하는 '토포스topos'의 합성으로, 그러니까 '어디에도 없는 장소, 그런 곳은 없다'는 말인데, 이 말이 심리적으로는 역설적으로 '그런 곳은 있다'라는 이상형의 용어로 써진 것이지요. 한계를 가진 인간 마음의 욕구 분출이겠지요. 마치 안토닌 드보르작이Antonín Dvořák 1841~1904, 보헤미안 민속음악 국민악파 작곡가 1893년에 작곡한 "신세계 교향곡Symphony No.9, *From the New World*"처럼 말입니다. 미국이 미발견의 신대륙이 아닌데도 불구하고, 체코 출신인 그는 꿈속의 고향 같은 새 땅을 생각하며 작곡하고, 1893년 12월 15일, 뉴욕 필하모닉 오케스트라에서 초연했다고 하지 않습니까. 이렇게 인간에겐 낙원적 환경에 대한 향수랄까 갈망 같은 것이 있습니다.

사람의 심리구조에는 완전한 세계를 향한 꿈이 있기 때문입니다.

"만인에게 영원을 사모하는 마음"시 34:8을 심은 하나님, 인간은 하나님께로 피할 수밖에 없는 존재입니다.

낙관하면서 책임을 다하고 사는 것이지요. 문화의 주인이신 그리스도 안에 있으면서 역사에 새로운 문화와 질서를 창조해 보려고 노력하면서 말입니다. '유토피아'란 다름이 아닌 이 세상에 도래하는 역사적 실재의 사건 '하나님의 나라'입니다. 그때까지 죄와 싸우고, 어둠의 권세와 싸우고, 역사의 마성을 극복하면서 문화를 성령화하고 사회를 그리스도화 시키는 것입니다. "내일 세상이 끝난다고 하더라도 나는 오늘 한 그루의 사과나무를 심겠다."228라고 하는 생명 정신, 그 책임 정신으로 묵묵히 생업에 임하면서, 그러나 주님을 맞을 수 있는 준비는 내일 새벽이라도 할 수 있도록 늘 깨어 있으면서 말이지요.

모든 눈물을 그 눈에서 씻기시매, 다시 사망이 없고
애통하는 것이나 곡하는 것이나 아픈 것이 다시 있지
아니하리니 처음 것들이 다 지나갔음이러라계 21:4

228 "**내일 지구가 멸망하더라도 나는 오늘 한 그루의 사과나무를 심겠다.**"라는 문구는 종종 종교개혁가 마르틴 루터Martin Luther의 말로 알려져 있지만, 실제로 그가 이를 말했다는 명확한 역사적 기록은 없다. 한국에서는 이 문장이 '뉴턴이나 스피노자'Baruch Spinoza의 명언으로 널리 퍼져 있으나, 스피노자의 철학적 저작이나 생전 기록에서도 해당 표현은 발견되지 않는다. 일부 연구에 따르면 이 문구는 특정 인물의 발언이 아니라 20세기 이후 유럽에서 유행한 표현일 가능성이 크며, 후대에 루터나 스피노자와 연결되어 전해진 것으로 보인다. 그럼에도 불구하고 이 말은 단순한 낙관주의를 넘어, '절망 속에서도 인간은 자신의 당위와 책임을 다해야 한다.'는 메시지를 담고 있다. 이러한 정신은 스토아 철학의 의연함이나 실존주의의 실천적 태도와도 맞닿아 있다. 결국 이 문장은 확정된 출처보다, '**희망과 실천의 상징**'으로 자리 잡아 시대와 문화권을 넘어 인용되고 있다.

III

기독교에 도전하는 New Age 운동

이 부분은 필자가 서울대학교 기독동문회 초청 강연1997년에서 발표한 내용을 발췌하여 옮겨 실은 것이다. 최근 십 년 동안 출판 문화계와 여러 기독교 언론과 칼럼, 신학적 비평 자료에서는, 인류사를 떠받쳐 온 기독교 문명이 '새 시대'를 표방하는 '뉴 에이지 운동New Age Movement'에 의해 와해 되고 있다고 반복적으로 제기되며 보도되고 있다.[229] 참으로 이제 서구 기독교 사회는 우리가 목도하고 있는 대로 급격한 조락 현상을 겪고 있다. 뉴 에이지 운동의 확산은 서구사회의 탈 기독교화 현상과 긴밀히 연결되어 있어, 점차 교회가 공동묘지화 현상을 빚고 있는 것은 주지의 사실이다. 뉴에이지는 20세기 후반부, '70년대부터 특히 후기 자본주의 사회와 도시를 중심으로 종교적, 정신적 혹은 신체적 잠재력 증진을 목적으로 전 세계적으로 확산하고 있는 하나의 종교문화 현상이다.

1985년 봄, 영국에선 영국 성공회Church of England 주교들과 신학자들

229 [출처: 국민일보 종교란 관련 기사; 크리스천투데이 칼럼; 크리스천 노컷 뉴스; GOODNEWS 교황청 문헌 해설; 말씀보존학회 지식 뱅크 등]

을 중심으로 기독교 지도자 회의가 있었다. 이 회의에서 나온 자료에 의하면 당시 영국 교회의 출석 인원은 전 국민의 4% 정도였는데, 그 지도자들이 우려하고 있는 것은, 향후 15년 내로 기독교 인구가 1% 이하로 떨어질 것이라는 예측이었다.[230] 그리하여 영국은 'Non-Christian Nation', 소위 말하는 '비기독교 국가'가 된다는 것이었다. 인류사에 성공회와 장로교,[231] 감리교와 침례교, 그리고 구세군과 퀘이커교 등을 낸 개신교의 본산이라고 할 수 있는 영국이 이제는 역사 창조에 횃불이 되기는커녕 교회가 거미줄로 싸인 채로 골목 끝에 나앉게 됨으로써 하나의 게토ghetto 현상, 즉 고립 집단이 되고 만다는 보고였다.

---

230 2020년 기준으로 영국 인구의 약 6%만이 한 달에 한 번 이상 교회에 출석하는 것으로 조사되었다. 이는 지난 10년 동안 교회 출석률이 감소하면서 2,000개 이상의 교회가 문을 닫은 이유 중 하나로 작용했다. 지난 4월, 영국의 복음주의 단체 'Talking Jesus'에서 발표한 설문 조사에 따르면, 영국 인구의 약 절반이 자신을 기독교인으로 식별하지만, 단 6%만이 한 달에 한 번 이상 교회에 출석하고 있는 것으로 나타났다. 이러한 교회 출석 감소는 지난 10년 동안, 2,000개가 넘는 교회가 문을 닫은 이유 중 하나로 작용했다. 전국 교회 신탁National Churches Trust의 2021년 조사에 따르면, 42,000개2013년에 이르던 영국의 교회 수는 39,800개로 감소했다. 또한, 영국 성공회Church of England의 최근 보고서에서는 최대 368개의 교회가 향후 2~5년 동안 폐쇄 위기에 처할 수 있다고 밝혔다 [Krim, 한국선교연구원, 2022. 07. 01]

231 장로교Presbyterianism의 발상지는 스코틀랜드이며, 창설자는 존 낙스John Knox, 1514~1572 가톨릭 신부이다. 장로교는 16세기 종교개혁의 영향을 받아 형성된 개신교 교파로, 존 낙스는 장 칼뱅의 개혁신학을 따르며 스코틀랜드에서 장로교를 확립했다. 1560년, 스코틀랜드 의회는 장로교를 국가의 공식 신앙으로 채택했으며, 장로교는 이후 다양한 신학적 발전을 거쳐 웨스트민스터 신앙고백 1647년 등으로 교리적 체계를 확립하며 세계로 펼쳐 나가, 스코틀랜드에서 시작된 장로교는 이후 잉글랜드, 미국, 한국 등으로 확산이 되었다. 한국 장로교의 형성은 19세기 후반 미국 북장로교와 남장로교, 호주 장로교 선교사들의 파송과 더불어 서상륜, 이수정 등 자생적 신앙 공동체의 형성에 기인한다. 1884년 알렌의 입국과 1885년 언더우드의 선교 활동을 계기로 장로교 선교가 본격화되었으며, 1893년에는 장로회 선교 공의회Presbyterian Mission Council가 조직되어 선교 정책을 체계적으로 조율하였다. 이러한 흐름은 1907년 평양 장대현교회에서의 독노회 조직을 통해 한국 장로교회의 자립 기반을 마련하였고, 이후 한국 개신교의 주류로 자리매김하며 교육, 의료, 사회복지 등 다양한 분야에 지대한 영향을 미쳤다. [참고: 대한예수교장로회총회 공식 홈페이지 - 총회역사 제1장 한국장로교회의 시작]

현재 한국교회와 개신교 경우도 교회 성장이 지난 5~6년 동안, 침체된 정도가 아니라 둔화 추세를 벗어나지 못하고 있는데, 특히 대학생들을 포함한 청년들과 지식인층이 매년 등록률 5% 정도의 감소 통계를 보인다.232 이유는 민족 국운이 융성하게 된다고 하는 '정역正易' 시대를 맞아, 동양 정신과 민족종교들로 관심을 돌리고 있기 때문이다. 놀랍게도 한국 청년들의 의식구조가 뉴 에이지 운동에 열중하는 서구인들의 의식을 닮아가고 있다는 사실이다. 오늘날 교회는 양洋의 동·서를 막론하고 이 뉴 에이지 운동의 영향으로 무너져 가고 있다. 그러면 뉴 에이지 운동의 실체는 무엇이고, 그들은 무엇을 열망하고 있는가? 그리고 뉴 에이지의 기본사상은 기독교적 측면에서 어떻게 평가될 수 있는가?

먼저 뉴 에이지 운동은 전체적으론 독립적이고, 부분적으론 상호의존적이란 사실이다. 그리고 뉴 에이지 운동은 사회 표면에 나타난 그런 조직적인 운동은 아니다. 이 운동에는 체계적인 교리도 없고, 교리를 가르치거나 선포하는 기관도 없으며, 가톨릭의 교황청 같은 본부 조직

---

232 2023년 기준 한국 기독교 인구와 2050년까지의 추계 통계를 정리한 내용으로, 출처는 목회데이터연구소, 크리스천투데이, 기독 일보 등 주요 기독교 통계기관이다. 기독인 인구는 한국 전체 인구 5,184만 명 2023, 통계청 기준으로, 약 15%인 771만 명으로 추정된다. 실제 교회에 정기적으로 출석하는 인원은 약 545만 명으로 전체 기독교인의 약 70% 수준이다. 즉, 가나안 성도 불출석자는 약 226만 명으로 추정된다. 목회데이터연구소에 따르면, Z세대 20대 신앙 실태로 20대 출석자 비율은 최근 6년간 3배 가까이 감소했으며, 가나안 성도 비율은 20대의 45% 이상이 교회에 출석하지 않는 것으로 나타났다. 신앙보다 개인적 가치와 사회적 이슈에 더 높은 관심이 있으므로, '**수평적 의사소통**', '**예배 형식 변화**' 등 교회와의 소통 방식 변화의 필요성이 요구된다. 또한 2050년까지 한국 기독교 인구 추계를 보면, 2024년 전체 인구의 16.2%에 해당하는 약 828만 명 기준점으로, 2050년에는 11.9%에 해당하는 약 560만 명으로 약 268만 명 감소할 것으로 예상된다. [재인용, 크리스천투데이, 2025.1.25] 요약하면, 2038년 이후 감소율이 가속화될 것으로 예측되며, 60세 이상 고령 기독교인 비중은 2050년 43.9%까지 증가하나, 청소년·청년층은 2050년까지 절반 이하로 감소할 전망을 보인다.

과 사도신경이나 세례식 같은 그런 강령이나 예전禮典 행위도 없다. 따라서 그들 운동 단체의 리더들 간에는 네트워크가 있긴 하지만 교회에 비교하여 말할 수 있는 조직이나 운동이라고는 말할 수 없다.

이 운동이 가르치는 골자는 점성학적 시대Astrological Age 개념233과 관련이 있다. 즉 지금은 '피스키스Pisces Age'라는 그런 시대에서 2000년경부터는, '아쿠아리스'Aquarius Age라는 시대로 바뀌어 가는 시대에 있는 것이다. 점성술 용어에 나오는 이 '피스키스' 시대는 물질주의와 세속주의가 지배하는 시대로, 의혹과 어둠과 무질서와 혼돈이 가득한 시대이나, '물 천년 운세'로 표시되는 이 '아쿠라이스'기期는 사랑과 빛과 깨달음覺과 조화와 우주적 평화가 가득하게 오는 시대라는 것이다.

그러면 뉴 에이지 운동의 정의는 무엇이며, 어떤 그룹의 사람들을 망라하고 있는가? 그들의 사전인 『New Age Dictionary-Planetary Family Consciousness』Alex Jack, 1976, Kanthaka Press에 의하면, 이 운동은 인류가 영靈의 진보와 지구 환경 의식으로 평화와 안전 가운데 건강하고 행복하게 살자고 하는 것으로서, 참가하는 사람들은 아래와 같다:

> **이슬람의 수피**sufi **신비주의자들, 힌두교의 요가 수행자들**Yogi**, 다수의 불교인들과 도교인들, 주역 해석의 역리 역술가들, 북미 인디언 문화**

---

233 '피스키스 시대'Pisces Age는 약 기원전 1세기부터 2000년대 초까지 이어진 것으로 추정되며, 기독교의 상징인 물고기ΙΧΘΥΣ, Ichthys와 깊이 연결된다. 이 시기는 영적 신앙, 희생, 구원의 개념이 강조되었고, 예수 그리스도의 등장과 기독교의 확산이 시대적 특징으로 꼽힌다. 이에 이어 '아쿠아리스 시대' Aquarius Age는 '2000년대 이후 시작'되었다고 주장되지만, 정확한 시작 시점에 대해서는 논란이 있다. 이 시대는 지식과 기술, 인류 공동체 의식, 평등, 혁신 등의 가치가 중심이 되며, 과학과 기술의 발전, 그리고 인류의 집단적 의식 변화가 주요 특징으로 거론된다. 다만 이러한 시대 구분은 '점성학적 해석', 즉 '**물병자리**'의 상징과 관련된 관점에 따른 것이며, 과학적으로 입증된 개념은 아니다.

연구가들, 신지神知주의자들Theosophists, 평화주의자들, 전원생활 주창자들, 환경론자들, 가능성 운동가들, 진보 교육자들, 영靈 치유자들, 잠재 능력주의자들, 심리탐구자들, 형이상학자들, 자연식품 건강 요법자들, 미래주의자들, 점성술사들, 다수의 예술인과 과학자들, 일부 출판업자들, 세계정부 수립주창자 등.

이상과 같은 많은 단체에 속한 사람들이 현재 미국의 경우, 전체 인구의 25~35% 정도가 뉴 에이지 운동에 종사하고 있는데, [「Christian Today」, 1994년 2월호] 놀라운 것은 뉴 에이지 인구가 금세기가 지나기 전에 70%가 되며, 더욱 놀라운 것은 이들 뉴 에이지 사람들의 85%가 전에 교회를 다닌 그리스도인이라는 사실이다. 미국인 인구의 35%가 뉴 에이지에 심취해 있는 반면에, 기독교 인구는 실제 교회 출석 인구 경우 3.5%도 안 된다[「United States Census Bureau」, December 15, 2020]는 것은 비극이다.

뉴 에이지 운동의 매력점은 그들이 이상적인 세계관을 추구하고 있다는 점이다. 이 운동에는 동양의 힌두교, 불교, 그리고 도교 사상을 중심으로 한 자연적 신비주의와 서양의 물질주의가 기묘하게 혼합되어 있다. 과학과 미신이 섞여 있고, 음양陰陽 사상이 들어 있으며, 물리학과 형이상학이 결합 되어 있고, 심리학의 집단 무의식 문제, 신지철학Theosophy, 그리고 스토아주의Stoicism가 중심된 신플라톤주의가 있다.

이 복잡하고 다양하면서도 뭔가 하나로 묶여 있는 뉴 에이지 운동의 주요 사상은 세 가지로 그 주된 성격을 파악할 수 있다.

첫째, 이 운동의 사상적 기초는 "모든 것은 하나" 'All is one.'이라는 지침인데, 인간과 자연 그리고 신이 분리될 수 없다는 사상으로 힌두교·불교 사상에서 나온 것이다. 즉 아트만이 브라만으로서, 개인적 자아인 소아小我가 바로 우주적 자아인 대아大我라는 말이다. 따라서 신과 인간 사이에는 차이가 없고, '月下假面劇 一切非無常 월하가면극 일체비무상'234 으로서, 역사조차도 시간의 환각 같은 것으로 보고 있다.

뉴 에이지 운동의 대표적인 인물 중의 한 사람인, 물리학자요 시스템 이론가 및 심층 생태학자인 프리죠프 카프라Fritjof Capra, 1939~현재는 과학과 사회의 패러다임 변화를 논의한 그의 저서 『전환점』*The Turning Point,* 1982 이란 책에서 동양사상을 빌려서는, '의식의 궁극적인 상태'는 '일一'이고, 그 안에서 모든 경계境界와 이원론二元論은 초월이 되며, 모든 개체個體, particularity는 '보편성'普遍性, universality 속으로 용해되어 하나로 합일한다고 하였다. 그래서 사물의 배후에 있는 궁극적인 실체는 하나一이고, 현상의 다多는 결국 일一에 속한다고 그는 결론지었다. 이것을 신학적인 용어로 표현하면 '일원론'一元論, monism 또는 '단일주의'라고 표현될 수가 있을 것이다. 'All is one.' 현상의 모든 것은 하나라는 원융圓融적 견해이다.

둘째, "모든 것은 신" 'All is God.'란 사상이다. '모든 것이 하나'는 '일원론'monism이고, '모든 것이 신'이란 것은, '범신론'汎神論, pantheism이다. 그러므로 이 '뉴 에이지' 운동에는 이 두 가지 사상이 병행하고 있

234 월하가면극月下假面劇은 문자 그대로 "달빛 아래에서 펼쳐지는 가면극"을 뜻하며, 문학적·철학적 맥락에서는 '인생의 허상, 가면 뒤에 숨은 인간의 본모습, 삶의 연극성을 상징하는 표현'으로 쓰인다. 달빛이라는 은유는 현실과 환상의 경계, 혹은 은밀하고 내면적인 세계를 드러내는 장치로 작용하며, 가면극은 사회적 역할과 진정한 자아 사이의 간극을 드러내는 상징적 무대가 된다. 일체비무상一切非無常은 "모든 것이 무상하지 않다"라는 뜻으로, 불교의 핵심 교리인 제행무상諸行無常 – 즉 '모든 것은 변한다'는 사상 – 과 의도적으로 대비되는 표현이다. 이 말은 변하지 않는 절대적 가치나 영원성을 강조하거나, 혹은 무상함을 부정하는 철학적·문학적 장치로 사용된다. 두 표현 모두 시나 소설, 수필 등에서 상징적 이미지와 사유의 깊이를 부여하는 데 활용되며, 특히 '월하가면극'은 인간관계와 사회적 가식, '일체비무상'은 변치 않는 진리나 가치에 대한 작가의 신념을 드러낼 때 자주 쓰인다. 『표준대국어사전』, 국립국어원

는 셈인데, 모든 것이 신이고, 신이 모든 것이다. 창조주와 피조물이 단일체로서 구별이 없다. 다시 말하면, 하나님과 우주 만물은 동일하며 하나란 말이다. 자연 만물이 모두 신이라고 칭하는 단일한 비인격적 에너지의 한 부분이며, 그리하여 신은 '이理'이면서, '기氣'적인 것으로, 형이상학적 원리이기도 하다.

이들에게 있어서 신God은 대문자 'G'가 아니고 소문자 'g'로 쓰인 신이다. 그래서 뉴 에이지 운동 사람들이 말하는 신은, 절대의 그 초월신을 말하면서도 하나님을 말하고 있는 것이 아닐뿐더러, 그 신도 마음속에서 지어진 신이다. 이 점에서는 불교인의 사유思惟인 '일체유심조一切唯心造'라든지 '삼계유심三界唯心'235을 그들은 고스란히 수용한다. 모든 것은 마음이 지어내는 만큼 삼천대계三千大界의 온 우주가 다 마음 안에 있다는 것으로, 그야말로 불교인이 말하는 '심상응법心相應法',236 곧 '마음 장난이다', 즉 '만물도 우주도 다 마음 따라 일어난다'고 믿고 있다.

235 삼계유심三界唯心은 세상의 모든 것은 마음에서 비롯된다는 뜻을 담고 있다.
삼계三界의 의미:
- 욕계欲界: 욕망과 탐욕이 가득한 세계
- 색계色界: 욕망에서 벗어났지만, 형상에 얽매인 세계
- 무색계無色界: 형상의 속박마저 벗어난 순수한 세계
삼계유심三界唯心의 의미:
- 모든 현상은 마음의 작용에 의해 형성됨.
- 인간의 탐욕, 집착, 해탈 등 모든 것이 마음에서 비롯됨을 강조. 원효대사가 깨달음을 얻은 후 강조한 개념으로, 일체유심조一切唯心造와도 연결된다.

236 심상응법心相應法 불교에서 사용되는 개념으로, 마음과 상응하는 법을 의미한다.
심상응법의 의미:
- 심소心所: 마음과 함께 작용하는 정신적 요소
- 심왕心王: 마음의 중심이 되는 요소, 심소와 심왕이 서로 상응하여 작용하는 법칙
불교에서의 활용:
- 유식학唯識學에서 심소와 심왕의 관계를 설명하는 데 사용됨.
- 구사론俱舍論에서는 심소를 46가지로 분류하며, 심상응법을 통해 마음의 작용을 분석함.

이 뉴 에이지 운동의 여 제사장이라고 할 수 있는 미국인 여배우 셜리 비티Shirley MacLaine Beaty, 1934~는 그녀의 책 『위태로운 여정』*Out on a Limb, 1983*에서 "이 세계를 행복하고 더 나은 세계를 만드는 데는 한 가지의 원리가 있다."라고 공언하였는데, "모든 사람은 다 신이다." 'Everyone is God.'라는 '범신론'을 주장하는 것이 흥미롭다. 또한, 그의 다른 책인 『새 시대 운동의 복음』[237]Good News of the New Age Movement에서, "당신은 신이오, 나도 신이오, 그리고 우리 모두는 다 신이다." 'You are god. I am god. All human being is god.'라고 선언한다. 그녀는 또 다른 책인 『빛 안에서의 춤』Dancing in the Light, 1985에서는 한 걸음 더 나아간다. "내가 존재하므로 나는 스스로 있다." 'I know that I exist, therefore I am.'

뉴 에이지 운동의 문제점은 기독교가 지적하는 죄와 죄의식의 문제와 같은 윤리적인 것이 아니다. 그들이 지적하는 인간의 가장 큰 문제점은 윤리적인 것이 아니라, '형이상학적'인 것이다. 그들은 죄로 인해 생긴 '역설적인 한계상황The paradox of human being', 그 곤고困苦할 수밖에 없는 인간의 진면목眞面目을 깨닫지 못하고 있다. 그들은 하나님으로부터 멀어져 버린 인간의 문제점을 말하는 것이 아니고, 인간이 인간의 참 정체성으로부터 분리되었다고 말하고 있다.

그래서 그들은 테오도르 로스작Theodore Roszak, 1933~2011이 그의 책 『완성되지 않은 동물』*The Unfinished Animal, 1975*에서 주장하듯이, 인간에게 필요한 것은 '죄 사함' 받는 것이 아니고 '노시스gnosis, 靈知', 즉 '영의 깨달음의 지혜'라고 말한다. 그들 사상의 요지는 뉴 에이지 역사가인 테오도

---

237 1987년에는 같은 제목『Out on a Limb』1983으로, ABC에서 5시간짜리 미니 시리즈로 제작되었으며, 해당 장면에서 셜리 맥클레인이 "*I am God.*"라고 외치는 장면으로 유명해졌다. [출처: www. olsenpark.com, Olsen Park Church of Christ]

르 로스작이 대변하듯이, "사람의 내면 깊은 곳에서 잠자고 있는 신을 깨우라"는 것이다. 인간 존재의 근원에서 잠들어 있는 신을 깨우는 것이 목적인 이 사상은, "네 자신에게 존경과 예배를 드리라. 신은 네 자신 안에 거하는 네 자신이다."라고까지 진전한다.

셜리 맥클레인을 다시 언급하지만, 그녀는 1985년에 낸 책, 『*Dancing in the Light*』에서 "자아실현은 곧 신성의 실현이고, 인간 문제의 해답은 내면에서 찾아지는 것"이라고 강조한다. "영혼을 성찰하고 영혼을 탐구하고, 그리고 자신 내면 깊은 곳으로부터 모든 해답을 찾으라. 그리하여 당신 자신을 알라. 그 자아 지식의 진리가 당신을 자유케 하리라." 라고 그녀는 선언한다.

이토록 뉴 에이지 운동의 골자는 "자아의 신적 실현"에 있는데, 미래조차도 극단적인 낙천주의 입장으로 보고 있다. 앞에서 언급했던, 샤르댕의 진화론적 낙천관을 뉴 에이지적 사상의 틀에 멋대로 맞추어 크게 대중화시킨 그들은, 현재 인류의 영성은 머지않아 영의 진보로 인해 '아쿠아리스기期'의 '천년 지복至福' 시대로 접어들고 있다. 그러므로 우리 모두는 지금의 역사에 대해 책임을 져야 한다. 다시 말해, '아쿠아리스기'를 맞이함에 있어, 개인과 사회, 그리고 이 땅은 반드시 변화를 수용해야 한다는 것이다. 그리고 그 모든 개혁과 변화의 초점은 우리 자신이며, 또 우리 안에는 실제로 변화할 수 있는 무한한 가능성이 신적으로 있다고 믿고 있다. 이 가능성을 가지고 현대인들은 '피스키스 시대'의 마지막에 대해 책임을 다해야 하는 것으로 보고 있다.

그들의 견해에 따르면, 오늘날 인류는 극단적인 이기심에 사로잡혀 있으며, 물질만능주의 속에서 정신적 무기력에 빠져있다고 합니다. 특히 서구 기독교인들은 역사 앞에서 무책임하게 살고 있다. 소금도 누룩도 빛도 아닌 상태에서 도의와 환경, 그리고 사회 문제를 기피하고 있다. 따라서 인간은 교회를 포기하고, 대신 영의 진보, 즉 영을 끌어올려서 역사 발전을 인간 스스로의 노력으로 주도하여야 한다는 것이다.

이토록 이 뉴 에이지 운동은 우리 사회에 대중화되고 일반화된 '심리 개발 운동', 그 가능성 운동과 깊이 연계되어 있다. 주지하는 대로, 인간 잠재력 개발 운동의 창시자들에는 아브라함 매슬로와 스키너, 칼 로저스238 등이 있다. 인본주의 심리학자로 「욕구 단계 이론」Hierarchy of Needs을 제시한 매슬로우Abraham Harold Maslow, 1908~1970 의하면 인간은 지그문트 프로이트Sigismund Schlomo Freud, 1856~1939가 말하는 병적인 심리구조pathology를 가진 병자가 아니고, 가능성에 의해서 자기 정체성identity이 특징지어지는 특이하고 신령한 존재라는 것이다. 그래서 인간은 자아실현을 할 수가 있고, 그리스도인의 선악 개념과는 관계없이 신적 존재로 승화하며, 개인도 사회도 개혁할 수 있는 무한한 가능성을 갖는다고 정의한다.

이상에서 살펴본 바와 같이, 이 뉴 에이지 운동의 성격은 크게 세 가지라고 볼 수 있다. 첫째는 세상의 모든 존재와 현상이 궁극적으로 하나의 근원·실체에서 비롯된다고 보는 철학적 입장인 '일원론', 즉 '모든 것은 하나이다'는 가르침이요, 둘째는 우주와 자연, 존재하는 모든 것을 신과 동일시하여 세계 전체를 하나의 신적 실재로 보는 철학적 입장인 '범신론'으로, '모든 것이 신이다'는 것이며, 셋째로는 인류와 사회가 진

---

238 칼 로저스Carl Ransom Rogers, 1902~1987는 인간의 내면에 존재하는 잠재력을 신뢰하고, 이를 자기실현self-actualization이라는 개념으로 심리학에 정립한 인본주의 심리학의 대표적 인물이다. 인간 잠재력에 대한 대표적인 이론과 사상을 살펴보면, 사람 중심 접근Person-Centered Approach, 자기실현 경향Self-Actualizing Tendency, 충분히 기능하는 인간Fully Functioning Person 등으로, 요약하면, 자신의 감정과 경험에 개방적이며, 진정성 있고, 자율적으로 살아가는 사람을 이상적 인간상으로 제시한다.

화를 통해 점진적으로 더 나은 방향으로 발전하며, 결국 도덕·지성·문화가 향상된 상태에 이를 것이라고 보는 철학적 신념인 '진화론적 낙천주의volutionary optimism', 즉, '모든 것이 선善으로 진보한다'는 사상이다.

그러면 이제 이 운동의 세 가지 성격에 대해 기독교적 평가는 어떻게 가능한가?

첫째, 뉴 에이지 운동은 인간의 자아에 대해 극단적으로 집착하는 것으로 보인다고 할 수 있다. 그리스도인들이 그토록 연약하고 불완전한 것으로 여기는 자신에 대해, 뉴 에이지 사람들은 마치 그리스 신화에 나오는 '나르시스Narcissus'처럼 자아도취에 빠져 있다.[239] 그들은 자기 모습을 너무도 잘생긴 존재로 착각하고 있는 것[240]이다. 따라서 자기를 중심으로ego-centric 자기도취에 빠져있는 이 뉴 에이지 운동은 성경의 진리와는 크게 다르다.

성경은 인간의 무한한 자아실현, 또는 궁극적 의식 상태가 선악을 초월한다는 생각을 거부한다. 하늘 법은, 하나님을 떠난 인간은 어둠에 속하였기에 자기도취에 빠지면 선악을 분별할 수 없다고 공표하고 있다.요일 1:6; 사 5:20; 롬 1:21-22; 잠 14:12; 엡 4:18

무엇보다도 심각한 점은, 뉴 에이지 운동이 하나님을 우선, 삼위일체의 보좌에서 밀어낸다. 독생자 아들과 성령을 부인하는 것은 말할 것도 없다. 성부 하나님을 인정치 않고, 그 자리에 우주와 하나님을 동일시

239 나르시시즘Narcissism은 자기애적 성향을 뜻하며, 심리학에서 자기애성 인격장애Narcissistic Personality Disorder, NPD와 관련된다.

240 나르키소스Narcissus신화는, 오비디우스의 『변신 이야기』*Metamorphoses*에서 등장하며, 자기애의 상징으로 여겨진다. 또한, 나르시스트Narcissist는 과도한 자기애를 가진 사람을 의미하며, 심리학적으로 분석된다.

한다. 마치 동양인의 관념처럼 자연이 신이다. 동양인은 신이란 말 대신에 자연이란 말을 쓴다. 그래서 자연이 신이고, 신이 자연이다. 우주만물을 창조하시고, 그것들을 존양存養하고 화육化育하시며, 그리하여 만물 위에 뛰어나 계시는 하나님은 부인된다. 따라서 이들의 자아 집착 행위는, 로마서 1장에 보이는 대로 '피조물을 창조주보다도 더 귀히 여기고 섬기는 어리석음이요, 죄 지음'1:25이라고 할 수 있을 것이다.

기독교 사상은 하나님과 피조물 사이를 뚜렷이 구별하고 있다. 인간은 창조주와 피조물을 혼동해서도 안 되고 또 얼버무려서도 안 되는데, 뉴 에이지 운동은 창조주 하나님을 기독교적 세계관으로 수용하지 않는다. 이들은 불교인 같이 인간의 마음을 하나의 신으로서, 소우주요 대생명력으로, 또한 초능력으로 보고 있다.

둘째, '도성인신道成人身'하여 구세주가 되신 성자 하나님을 부인한다. 기독교는 자력自力 구원이 아니라 은혜에 의한 타력他力 구원, 즉 "하나님께서 성육신하신 예수 그리스도의 의의 전가轉嫁로 의롭다함을 얻어, 그 은혜로 믿음에 의해 구원을 받는다는 것"롬 3:22-24을 믿는 사람들이다. 그래서 그리스도인의 구원 관은, 우리들이 인간의 내면에 있는 참 자아를 자신 신성의 힘으로 깨우쳐 구원을 이루는 것이 아니라, 나 같은 죄인을 구속하러 오신 예수 그리스도로부터 하나님의 은혜로 얻는 것이다. 그래서 그리스도 안에 신앙을 가진 자들은, 회심과 하나님의 은혜에 대한 감사로,

> 나 같은 죄인 살리신 주 은혜 놀라 와, 잃었던 생명 찾았고 광명을 얻었네.[241]

241 「나 같은 죄인 살리신」*Amazing Grace*, 새찬송가 305장, 존 뉴턴John Newton, 1725~1807 작사한 곡으로, 죄인 됨에 대한 주님의 놀라운 사랑을 고백한다. 그

> 천부여, 의지 없어서 손들고 옵니다. 주 나를 박대하시면 나 어디 가리까. 내 죄를 씻기 위하여 피 흘려 주시니 곧 회개하는 맘으로 주 앞에 옵니다. 242

기독교적 세계관은, 뉴 에이지 운동가들이 '내면의 빛에 의해 인간 스스로를 구원할 수 있다'고 가르치는 것을, 하나님의 자리를 참월僭越, overstepping하는 것으로 규정한다.

셋째, 뉴 에이지 운동은 또한 우리 안에 내재하시고, 우리를 거룩하게 만드시는 '성령의 역사를 부인'한다. 이 운동은 '변화'라는 말을 중요하게 사용하고 있으나 그리스도인이 갖는 의미와는 다르게 쓴다. 그들이 말하는 변화는 기독교의 뼈대를 이루는 윤리적인 요소와는 달라서 원죄 개념, 그 선·악의 진리 파지把持와는 아무 관계가 없다. 즉, 기독교 사상은 기독교 윤리 위에 집을 짓되, 그 윤리는 "원죄" 위에 기초한다. 그들의 관심은 오직 자아의 변화, 자기 정체성의 발견, 그리고 자기 가능성의 개발인 자아의 신성 추구 또는 합일에만 강조를 두는 것이다.

그러나 그리스도를 따르는 그리스도인들에게 있어서 변화란 자신을 발견하는 것이 아니다. 곧 그리스도인에게 있어서 변화란, 성령의 역사로 인해 신자의 삶이 점점 더 '예수 그리스도 하나님'을 닮아가는 과정 'becoming Christ'聖化, Sanctification을 말한다.

> 우리가 …주의 영광을 보매 저와 같은 형상으로 화하여 영광으로 영광에 이르니 곧 주의 영으로 말미암음이니라.고후 3:18

들이 믿는 대상은 스스로가 아니라 오직 천부天父 하나님뿐이다.

242 「천부여 의지 없어서」*Father, I Stretch My Hands to Thee*, 새찬송가 280장, 찰스 웨슬리Charles Wesley 작사, 윌리엄 실드William Shield 작곡으로, 회개와 용서를 구하는 기도의 내용을 담아 곡조 있는 기도를 드린다. 그들이 믿는 대상은 스스로가 아니라 오직 천부天父 하나님뿐이다.

변화를 받는다는 것은 이토록 주와 같은 형상으로 되어간다는, 곧'그리스도를 닮아간다"in the likeness of Christ"'는 말이다. 따라서 뉴 에이지 사람들이 추구하는 변화는 그리스도와 같이 되어가는 변화가 아니므로, 다른 영靈이라고 할 수 있다. 기독교적 입장에 의하면 영은 반드시 분별이 되어야 한다.

> **사랑하는 자들아 영을 다 믿지 말고 오직 영들이 하나님께 속하였나 시험하라 많은 거짓 선지자가 세상에 나왔음이니라 하나님의 영은 이것으로 알지니 곧 예수 그리스도께서 육체로 오신 것을 시인하는 영마다 하나님께 속한 것이오 예수를 시인하지 아니하는 영마다 하나님께 속한 것이 아니니 이것이 곧 적그리스도의 영이니라** 요일 4:1~3

영을 분별해야 한다는 점에서 오늘 기독교인들은 동양 종교의 부흥과 뉴 에이지의 창궐猖獗을 맞아 크리스천이 믿는 하나님에 대해서 신관과 기독론, 그리고 성령론Pneumatology을 다시 한번 상기해 볼 필요가 있다.

기독인은 먼저 인간과 우주 만물을 창조한 아버지 하나님을 믿으며, 인류를 구원하는 아들 하나님을 믿는다. 그리고 개인과 교회를 성결케 하는 성령 하나님을 믿는다. 나를 중심으로 해서 인생관과 세계관을 세우는 '나me', '내 정체성my identity', '내 가능성my potential'이 아니라, 나를 사랑하는 하나님, 나를 위해 십자가에서 돌아가신 하나님, 교회를 세우시는 성령 하나님, '그 피로써 산 복음'을 믿는다.

그러면 이에 비해 뉴 에이지 운동이 추구하는 정신적 및 역사적인 비전은 무엇인가? 그들은 무엇을 믿고 있으며, 또 그리스도인 관점에서, 무엇이 문제인가?

첫째, 뉴 에이지 운동은 "초월적 실재Transcendental Reality", 즉 '경험을 초월하는 궁극적인 존재나 신을 추구'한다. 기독교에 실망한 나머지 교회를 포기하고 나온 그들은 영적 욕구를 채우기 위해 신의 문제에 관한한, 자기 스스로 노력으로 '초월'을 추구한다. 이 영적 추구를 위해 그들은 과학특히 물리학과 형이상학을 접목, 과학적 영성의 추리로써의 초월신 개념과, 과학과 동양적 신비주의의 직관을 통한 명상 수행이나, 요가Yoga, 기氣체험, 또 인간 정신의 보다, 원초적 체험인 원시 신앙에 몰두243해 보기도 한다.

뉴 에이지 운동가들은 이토록 초월 추구를 위해 다양한 시도를 인본주의적으로 하고 있다. 그러나 그리스도인의 시각으로 볼 때 뉴 에이지 운동의 문제점은, 그들이 살아 계시는 인격인 여호와 하나님을 찾는 것이 아니라, 비인격적impersonal 초월적 실체를 찾는 데 있다고 할 수 있을 것이다.

> 사슴이 시냇물을 사모함 같이, 내 영혼이 살아계신 하나님을 갈급하나이다. 나의 힘이 되신 여호와여, 내가 주님을 사랑하나이다. 땅에

243 에밀 뒤르켐Émile Durkheim, 1858~1917은 저서 『종교생활의 원초적 형태』*Les formes élémentaires de la vie religieuse, 1912*에서 종교의 기원을 탐구하며, 종교를 단순한 신앙 체계가 아니라 사회적 상징이자 집단적 삶의 반영으로 해석했다. 그는 종교를 '사회적 사실'social fact로 규정하고, 인간 존재의 본질을 이해하기 위해 원시 사회의 종교 형태를 분석함으로써 인류의 원초적 체험을 되짚고자 했다. 뒤르켐은 특히 호주 원주민 '아보리진' 사회의 **토테미즘**totemism을 연구 대상으로 삼았다. 그는 토템이 단순한 숭배 대상이 아니라, 집단 전체를 대표하는 상징이며, 사람들이 토템을 숭배할 때 사실상 사회 자체를 신성시하는 것이라고 보았다. 이를 통해 종교의 본질은 '**성스러운 것**'*the sacred*과 '**세속적인 것**'*the profane*의 구분에서 비롯되며, '**종교 의례**'는 이러한 경계를 유지하고 공동체의 결속을 강화하는 기능을 한다고 설명했다. 또한 그는 종교적 의례 속에서 나타나는 강렬한 집단적 감정을 '**집합적 열광**'*collective effervescence*이라 불렀다. 이러한 경험은 개인이 자신을 넘어 더 큰 공동체와 하나가 되었다는 감각을 부여하며, 종교가 지속되고 사회가 재생산되는 원동력이 된다. 결국 뒤르켐은 '종교'를 '조월적 실재의 반영이 아니라', '사회가 스스로를 신성화한 산물'로 규정했다. 『종교생활의 원초적 형태』는 종교를 사회학적으로 해석한 대표적 저작으로, 종교의 기원과 기능에 대한 철학적·사회학적 성찰을 집대성한 작품이다.

서는 내가 주님밖에 사모할 자가 없나이다.

그들은 「시편」 42장 1절, 18:1, 73:25 등이 보여주듯 이렇게 갈급하게 인격신을 찾지 않는다.

둘째, 뉴 에이지 운동이 추구하는 것은 자신의 정체성正體性을 찾아 거기에 의미를 부여하는 "자아 완성"이다. 이를 위해 이들은 'liberation', 'transformation', 'empowerment', 즉 '해방자유 획득'을 말하고, '변화됨'을 말하고, '삶의 능력을 덧입는 것'을 말한다. 그런데 이 말들은 사실 그리스도인들에게 생활화되어야 하는 의미심장한 말들이다. 그리스도인은 그야말로 진리를 알아서 자유케 되기를 바라고, 그리스도와 같은 사람들로 변화되기를 원하고, 그리고 "성령의 기름 부음의 능력the power of anointing of the Holy Spirit"을 덧입는 자"삼상 16:13; 고후 1:21-22; 행 1:8가 되기를 원한다. 변화를 위한 가능성 개발이 아니라, 그리스도의 모습 안에서 끊임없이 성화하는 재창조의 삶을 기도하는 것이다. 그런데 문제는 뉴 에이지의 사람들이 볼 때, 그리스도인들은 안으로는 자신을 성화聖化하면서도, 밖으로는 문화를 변혁하고 환경과 사회를 개선해 나가는 책임을 지지 않는다는 것이다.

뉴 에이지 운동에 참여하는 사람들이, 세 번째로 추구하는 것은 '사랑의 공동체'이다. 앞에서 언급한 대로 그들의 첫 번째 추구는 '초월자에 대한 추구'요, 두 번째의 자아실현, '자기 자신을 찾으려고 하는 노력'이며, 세 번째의 '사랑의 공동체 추구'는 '이웃을 발견'하고자 하는 노력이다. 이 절대자와 자기 자신과 이웃을 돌보려고 하는 추구는 인간의 기본적인 열망이고 갈증이다. 특히 이웃에의 관심 문제는 인간이 인간을 사랑함으로써만 인간은 인간이 될 수 있다는 것이다. 뉴 에이지 운동의 지도자들은 실로 공동체 문제를 진지하게 생각하며, 빈부 없이 어울려 사는 공동체들을 고리로 묶어 연결하려고 노력한다. 그들에 의하면 교회는 참사랑과 봉사와 구제에 눈멀어 있다. 얌전한 공리주의, 집단이기주의에 편승해서 역사적으로만, 또한 집단적으로만 흘러가고만 있는 것이 교회라는 것이다.

그래서 그들은 자본주의 시장의 하수구라 불리는 슈퍼마켓을 이용하지 않고, 자영 농장을 경영, 자급자족하며, 자체 출판으로 공동체 교육을 진행하기도 한다. 이 공동체는, 스코틀랜드 벤호은Findhorn Foundation, 1962생태 영성 공동체 설립, 롱아일랜드의 린드스 농장Lindes Farm, 워싱턴의 치누크Chinook Learning Community, 1980년대 초반, 콜로라도의 신광神光 공동체Shingwang Community-New York Shingwang Church, 1985 등 세계 각처에 셀 수 없을 만큼 많아서 그 이름들을 일일이 열거할 수 없다. 세상 속에서, 또는 세상과는 격리된 곳에서, 내면의 빛으로 초월의식을 키우며 사는 이들의 삶과 정신 작업에는 눈여겨보아야 할 것들이 많이 있다. 그러나 역시 분명하고 본질적인 문제는, 그들이 '예수 그리스도를 거치지 않는다'는 점이다. 그리스도인의 역사관과 세계관으로는 "그리스도께서 인류의 주主가 되지 않으면 우리는 아무도 온전하게 될 수가 없고, 인간의 수고가 전부 헛일을 도모할 뿐"이다.시 127:1-2; 롬 14:8-9

넷째, 그들이 추구하는 네 번째 것과 다섯 번째 것을 줄여 말하면 '지구촌 문화planetary culture'와 '유토피아Utopia 건설'이다. 인류는 언제나 꿈을 꾸어왔다. 우리가 아는 바와 같이, 역사는 무질서한 우연한 사건의 연결이 아니고 한 목표를 향해 나아가고 있다. 따라서 뉴 에이지 운동도 전술한 대로 샤르땡의 진화론적인 면에 동조, '역사의 종착점이 Omega Point를 향해 진행해 간다'고 하는 낙관적 미래를 나름대로 가르친다. 그래서 진화론적인 과정을 통해서 완성되는 문화 문명의 때를 믿는 그들은, 안으로는 자의식을 변화시키고, 밖으로는 생태계를 포함한 과학의 진보와 함께 완전한 사회 건설의 추진에 인간의 본분과 목적을 둔다. 이들은 이토록 미래의 낙천적인 비전에 대해 개인적인 책임으로 자신에 차 있다.

이런 인생관과 역사관은 엄밀한 의미에서 합리적이고 정당성을 가진 데가 있다. 그들의 추구가 그리스도를 머리로 하지 않고, 인간 스스로 해결하려고 하는 방법론에 중차대한 문제가 있긴 하지만, 그리스도인으로서는 귀담아들어야 하고 부끄러움으로 들어야 할 문제들이다. 그리고 이 점에서 그리스도인은 큰 도전을 받아야 한다.

오늘날 기독교의 교회는 사회의 제반 문제에 대해 답을 주지 못하고 있다. 교회는 몰沒역사적이고, 크리스천들 또한 미래에 대한 소망을 강조하는 것이 약해진 것이 사실이다. 예수의 가르침의 핵은 '하나님의 나라' 개념을 중심으로 한 '종말 사관'이고, 그래서 성경은 "다가올 하나님 나라의 새 시대를 소망하며, 그 빛 안에서 현재를 깨어 믿음으로 살아가라"는 메시지를 로마서 13장, 고린도후서 5장, 빌립보서 3장 등에서 분명히 증언하고 있다. 그런데 오늘날, 대다수 그리스도인이 안타깝고 부끄럽게도 이 소망의 실체를 잊어버리고 있다는 데 비극이 있다.

하나님의 나라가 온다고 하는 '새 시대', 그 신성적 'New Age'에 대한 믿음, 하늘과 땅이 정화되며 죽은 이가 다시 살아난다고 하는 부활 소망에 대한 확신이 지금 이 땅의 교회 어디에 있는가? 사도 바울이 죽음의 벽 이편에서 죽음의 벽 저편을 쥐고 흔들며, "죽음아, 네 쏘는 추악한 독침이 어디 있느냐? 이제 우리가 죽음을 이겼노라"고전 15:55-57고 하는 죽음에 대한 승리 소망, 지구와 인류의 운명이 극복된다고 하는 역사의 '새 시대', 그 '하나님의 나라' 도래에 대한 열렬한 소망과 기도가 교인들의 가슴 속에 과연 얼마나 불타고 있는가?

엄밀히 말해 오늘날 그리스도인은 그리스도를 '왕 중의 왕'King of Kings, 계 19:16, 딤전 6:15으로, '대제사장King Priests'히 4:14-16, 7:26-28으로 모시고 "성령적 질서로 다스려지는 낙원적 환경사 11:6-9; 계 21:4의 회복", 다시는 전쟁이나 기근이나 슬픔이나 눈물이 없고, 야수들조차 어린아이들과 함께 노는사 11:6-9, 65:25; 계 21:1, 21:4 만물 공동체의 신천신지新天新地, 그 영광중에 풍요한 '새 시대'계 21:1-3; 벧후 3:13; 사 65:17를 잊고 있다고 해도 과언이 아니다.

예수님은 종교 지식을 가르치는 선생이 아니다. 그가 가르친 것은 섬김이었으며, 하나님에 대하여 아는 지식Knowing about God이 아닌, 인격적인 '하나님을 아는 지식'Knowing God, James Innell Packer, 1926~2020을 통한 진정한 자아의 회복이었다. 기독교는 이 회복된 '하나님의 형상Imago Dei'으로 역사의 비탈에 무너져 앉은 낮은 동포들과 함께 역사의 땅거미를 밀어내는 일이다. 그리하여 이 어둠의 역사에, 죄 많은 시대에, 정신적인 왕국을 확장해 가면서, 이제 곧 새 역사가 온다고 하는 오금을 박는 확신, 그 신권神權 역사의 도래에 대한 준비 작업이다. 뉴 에이지 그룹의 사람들처럼 인간의 노력만으로 되는, 인간 영靈의 진보에 의한 유토피아 건설이 아니다. 역사의 한복판에 피로써 세운 언약, 그 '도성인신道成人身' 신비의 진리가 '공의公儀'이기 때문에, '길道'이기 때문에, '생명이고 부활'이기 때문에 예수 그리스도를 따르는 것이다.

그리스도인, 우리는 유토피아를 믿지 않는다. 완전한 이상 사회가 인간의 노력만으로는 불가능하다는 것을 알기 때문이다. 우리 그리스도인은 그리스도를 모시고 그리스도와 함께 이상 사회에 들어가기를 원한다. 그리고 그리스도가 오시기 전까지 계속해서 사회 개혁에 참여해야,

하지만, 그것도 그리스도의 이름으로 한다. 그러나 이 복음 전파에 의한 사회 개선도 사회를 완전하게 할 순 없다. 오직 그리스도만이 재림하셔서 완전하게 하실 수 있다는 것을 믿는 하나님의 은혜가 성령의 인도하심으로 함께 하여야 한다. 따라서 하나님 없는 교육, 그리스도가 빠진 운동은, 그 뉴 에이지 운동이 인간 정신의 여러 분야를 보편적으로 추구하는 정당성이 아무리 많다고 할지라도, 불완전한 진리 운동이라고 하지 않을 수 없다. 그야말로 전도서에 적힌 대로 이 또한 '헛된 일'이라, '바람을 잡는 일'인 것이다.전 1:14, 2:11 "인생의 궁극적인 목적이 하나님을 경외하고 그분의 뜻을 따르는 것임을 가르치며, 삶의 의미는 오직 하나님 안에서만 발견될 수 있다."전 12:13; 미 6:8; 잠 3:5-6 전도자코헬렛, Koheleth는 "헛되고 헛되며 헛되고 헛되니 모든 것이 헛되도다."전 1:2라고 인생의 허무함을 외치고는 그 깨달음으로 **인간의 참된 본분을** 토설吐說한다.

> 일의 결국을 다 들었으니 하나님을 경외하고 그의 명령을 지킬지어다. 이것이 사람의 본분이니라. 하나님은 모든 행위와 모든 은밀한 일을 선악 간에 심판하시리라.전 12:13-14

현재 이 뉴 에이지 운동에는 무신론자들의 영악한 상업주의까지 스며들어서 비디오와 영화, 음악과 미술 등 예술의 세계를 마성魔性적으로 만들어서 젊은이들의 이성을 무너지게 하고 있다. 오늘 세계 교회들의 공동空洞화 문제는 바로 이 뉴 에이지 운동의 대중문화 침투에 기인한다고 보아도 좋을 것이다. 한편, 한국의 교계와 사회에서는 이에 대한 인식, 혹은 인식하더라도 방관하는 사이에, 특히 젊은이들 사이에, 그것이 뉴 에이지 영향에 속한 것인지도 모른 체, 명상적이거나 몽환적 분위기의 음악, 미술, 영상 등은 FM*Frequency Modulation*방송을 통하여 송출되고 있다. 오늘날에도 이미 깊숙이 자리 잡고 있다는 많은 보도가 있음을 자각해야 한다.244 무엇보다도 한국 학계와 교계에서, 뉴에이지와 같은 무정형의 비조직화된 현상을 종교적인 현상이라고 보지 않는 경향이 강하며, 따라서 이단 대책에 대한 청원을 통하여 신학계에서 정밀한 논의가 필요하나 아직도 하나의 심각한 논쟁으로 정립되지 못하고 있다. 이는 상당 부분 종교에 대한 협의의 이해에 기인하고 있다고 할 수 있다.

결론적으로, 뉴 에이지 운동은 (1) 계시 없는 진리를 인류에게 보이

---

244 한국에서의 뉴에이지New Age 운동은 1970년대 후반부터 1990년대 초반 사이에 본격적으로 수용되기 시작했으며, 1990년대 중반 이후 대중문화 속에서 본격적으로 활성화되었다. 특히 음악과 예술을 중심으로 대중문화에 깊이 스며들어 있으며, 특히 감성적인 피아노 음악과 명상적인 분위기의 작품들이 인기를 끌고 있다.

*뉴에이지 문화의 장르별 특징:
- 음악: 이루마, 유키 구라모토, 조지 윈스턴 등의 피아니스트가 대표적이며, 감성적인 선율이 강조됨.
- 예술: 명상, 초월적 경험, 자연과 조화를 이루는 작품들이 뉴에이지적 요소를 포함함.
- 대중문화: 드라마, 영화, 광고 음악 등에 뉴에이지 스타일이 자주 사용됨.

*비판점:
- 기성 종교와의 갈등: 뉴에이지 운동이 기독교적 가치와 충돌할 수 있다는 우려가 다분히 있음.
- 상업화: 본래의 영적 탐구보다는 상업적 요소가 강조되며, 단순한 힐링 음악으로 소비됨.
- 철학적 모호성: 뉴에이지 사상이 일원론적이고 범신론적인 경향을 띠며, 명확한 교리 없이 다양한 요소가 혼합됨.

*관련 보도자료:
- "뉴에이지 운동의 신비성과 비판적 접근", [신종교를 바라보다] 뉴에이지, 공인주 기자, 2003.9.1, 고대신문
- "뉴에이지, 왜 유독 한국에서 잘 팔릴까", 김기철 기자, 2013.8.17, 조선일보

*관련 논문
- "한국의 뉴 에이지 현상 분석과 이에 따른 한국의 현 종교문화지형도 재고찰", 우혜란(가톨릭대학교), 2004, 한국연구재단 지원 연구과제.
- "뉴에이지 운동에 대한 조직신학적 비판 ②: 십자가 없는 우주적 그리스도론의 위험성", 현대 가톨릭 신학의 흐름] (26), 2013.10.15, 가톨릭 신문,
- 「뉴에이지(New Age)의 '우주적 그리스도'(Cosmic Christ) 개념과 전망에 대한 비판적 고찰-교의신학적 관점에서」, 박준양, 「가톨릭신학」 12(2008/여름), 한국가톨릭신학학회,

*관련 서적: 『예수의 道』, 이기반, 홍성사, 1996, pp. 182-201.

고 있고, (2) 자기 부인이 없는 자아실현을 가르치고 있고, (3) 화목케 하는 십자가 없이 공동체를 소개하고 있고, (4) 창조주 없이 창조 질서의 보전과 관리에 대한 영성을 선포하며, (5) 구속이 없는 유토피아를 인류에게 보여 주고 있다.

바로 여기에 '뉴 에이지', '새 시대 운동'의 오류가 있고, 적그리스도 세력이 되는 위험, 아니 적그리스도 세력인 소지所旨가 있다. 뉴 에이지 관련 사진을 2장 게재한다.

하나님, 바꿀 수 없는 것은 받아들이는 평온함을, 바꿀 수 있는 것은 바꾸는 용기를, 또한 그 차이를 구별하는 지혜를 주옵소서.

God, grant me the serenity to accept the things I cannot change, courage to change the things I can, and wisdom to know the difference. 「평온을 위한 기도」Serenity Prayer,

-라인홀드 니버Reinhold Niebuhr, 1892~1971

묵상 적용과 토론을 위한 질문 [7부 New Age 운동(Movement)와 기독교]

1. 본 단락은 New Age 운동을 단순히 정죄하기보다, 그들의 욕구와 동기를 경청하고 대화 속에서 복음을 제시해야 한다고 말합니다. 여러분은 개인적으로 비판과 경청 사이의 균형을 어떻게 잡아야 한다고 생각합니까?

2. New Age 운동은 동서양 사상의 융합과 문화적 실험을 통해 성장했습니다. 여러분은 동양의 신비주의와 서양의 합리주의가 만날 때 어떤 긍정적 가능성과 위험이 있다고 보십니까?

3. 본 단락은 기독교가 과학과의 대화를 두려워하지 말고 선용해야 한다고 강조합니다. 여러분은 과학과 신앙의 협력이 오늘날 사회와 교회에 어떤 변화를 가져올 수 있다고 생각합니까?

4. 사도 바울의 "모든 사람에게 모든 것이 되었다."(고전 9:22)라는 원칙은 타 종교인과의 대화에서도 중요한 지침이 됩니다. 여러분은 타 종교인과의 대화에서 기독교가 보여주어야 할 태도는 무엇이라고 생각합니까?

5. New Age는 인간 안의 신성을 강조하지만, 기독교는 하나님의 형상과 동시에 하나님과 인간의 구별을 강조합니다. 여러분은 '신성의 내재'에 대한 동서양 사상의 차이를 어떻게 이해하며, 개인의 영성 생활에 어떤 균형을 두어야 한다고 보십니까?

6. New Age는 인류의 이상적 공동체, 일종의 유토피아를 지향합니다. 기독교는 하나님 나라를 궁극적 완성으로 봅니다. 여러분은 New Age적 유토피아와 기독교적 하나님 나라의 차이를 어떻게 비교하며, 오늘날 사회적 실천 속에서 어떤 적용이 가능하다고 생각합니까?

7. New Age 운동은 기독교의 전통적 교리와 실천에 도전하면서도, 동시에 현대인들의 영적 갈증을 반영합니다. 여러분은 New Age 운동이 기독교에 던지는 도전과 교훈을 어떻게 평가하며, 교회가 어떤 방식으로 응답해야 한다고 생각합니까?

2권 :: 동양과 서양의 마음 - 그 깊은 진리의 바다

신•구약의 인물 8부

「바울의 전도여행-사도행전 전장 목판 필사」, 『선물』 2007, 박형만 作

사도 바울과 대문호 바울을 기리며

바울에 대한 논의는 도스토예프스키의 〈대심문관〉을 언급하면서 하려 합니다. 하버드대 대학원 재학시절 어려운 과목 중의 하나인 〈니체 신론〉이라는 과목을 수강했습니다. 필수적인 독서물이고 분석 과제인 〈대심문관〉과 함께 말이지요. 저는 이 〈대심문관〉의 법리적 분석 같은 논법에 너무도 놀랐습니다. 이반과 아료사와의 대화, 이질적인 인물 상호 간에 어떤 주관主觀의 공통성을 설정해 놓고, 논쟁을 하는 것과는 별개로 변증법辨證法을 전개하고 있습니다.

〈대심문관〉*The Grand Inquisitor*은 도스토옙스키의 소설 『카라마조프가의 형제들』*The Brothers Karamazov,* 1880년 포함된 주요 장면으로 등장하는 장章으로, 사실 도스토예프스키 자신의 그리스도에 대한 암묵적 견해지요. 우수의 도식을 만면에 그린 도스토예프스키Фёдор Миха́йлович Достое́вский, Fyodor Mikhailovich Dostoevskii, 1821~1881가 종교 재판장에서 예수님을 보는 눈이지요. 『카라마조프가의 형제들』이나 『죄와 벌』*Crime and Punishment,* 1866에서 도스토예프스키가 예수님을 바라보는 법리적 변증의 눈은, 당시 저자에게는 어려웠습니다. 그는 감쪽같이 숨겨진 바늘 자국을 찾아내는 사람처럼, 예수님의 침묵하시는 마음을 은연중에 읽고 있음을 우리에게 보여줍니다.

이 점에서 톨스토이는 그리스도의 사람인 도스토예프스키의 위대성을 봅니다. 독실한 그리스도인인 도스토예프스키는 바울의 실존적 내면 문제도롬 7장 환하게 들여다보지 않습니까.[245]

한편, 레오 톨스토이Лев Николаевич Толстой, Leo Tolstoy, 1828-1910는 그의 문학사상이 위대하고 신비롭기까지 합니다. 그가 말년에 쓴 단편식의 민담들이나 주일 학교 학생들을 위한 성경 이야기인 『톨스토이 단편선』[246]은 그를 성자로까지 볼 수 있게 하여 줍니다. 그는 장인이 운영하는 도서관에서 수천 권의 책을 읽고 러시아의 산맥 같고 평원 같은 대문호가 되지만, 그가 노년에 들어 성경에 경도傾倒 끝내 '아, 진리 진리!' 하면서 생명 진리의 구도자로 나서게 됩니다. 그런데 이 위대한 대문호 톨스토이가 도스토예프스키의 책을 읽고는 자신의 책들을 다 버립니다.[247] 1896년에는 자신의 책을 다 버리거나 불태우라고 합니다. 물

245 도스토엡스키는 바울의 로마서 7장에 나타나는 실존적 내면의 갈등을 문학적으로 심화시킨 대표적 작가로 평가된다. 바울이 "**내가 원하는 바 선은 행하지 아니하고 도리어 원하지 아니하는 바 악을 행하는도다.**"롬 7:19라고 고백하며 드러낸 인간 내면의 분열과 죄의 법에 대한 고통은, 도스토엡스키의 작품 속 인물들—특히 『죄와 벌』의 라스콜리니코프와 『카라마조프가의 형제들』의 이반—을 통해 구체화 된다. 이들은 선과 악 사이에서 실존적 갈등을 겪으며, 자기 내면의 양심과 이성, 신앙과 회의 사이에서 고통받는다. 도스토엡스키는 이러한 내면의 긴장을 통해 인간 존재의 심연을 탐색하며, 바울의 고백처럼 결국 구속과 회복의 가능성을 그리스도 안에서 발견하게 한다. 따라서 그의 문학은 바울의 신학적 통찰을 '**실존적 서사로 확장**'한 작업으로 이해될 수 있다.

246 여러 단편들을 엮은 선집 형태의 번역서로, 『사람은 무엇으로 사는가』*Чем люди живы, 1885*, 『사랑이 있는 곳에 하나님이 있다』*Где любовь, там и Бог, 1885*, 『사람에게는 얼마만큼의 땅이 필요한가』*Много ли человеку земли нужно, 1886*, 『바보 이반 이야기』*Сказка об Иване-дураке, 1886*, 『두 노인』*Два старика, 1885*, 『촛불』*Свечка, 1885*, 『세 가지 질문』*Три вопроса, 1903* 등이 우리에게도 잘 알려진 작품들이다.

247 톨스토이는 말년에 이르러 기독교적 무저항주의와 금욕주의를 강조하며, 자신이 이룬 문학적 성취를 부정하는 태도를 보였다. 『참회록』과 『하느님 나라는 너희 안에 있다』 등의 작품에서 그는 "나는 왜 사는가?"라는 근본적인 질문을 던지며 삶과 문학을 되돌아보았고, 이후 성경을 중심으로 한 진리의 삶을 추구하게 된다. 특히 도스토예프스키의 『죄와 벌』과 『카라마조프가의 형제

론, 두 작가는 동시대를 살았지만 직접 만난 적은 없었으나, 서로의 작품에 대해 강한 관심을 가졌던 것으로 알려집니다.

주지하는 대로 톨스토이는 러시아 문학에서 세계의 지붕이라고 할 수 있는 거대한 우랄산맥이 아닙니까. 건강도 있었고 지위와 명성과 부도 있었으며, 인류의 큰 교사 중의 하나가 될 만큼 러시아가 자랑하는 문필봉으로서 82세에 운명한 그 영광은 아직도 역사 위에 그 광휘가 찬란하지요. 그러나 그리스도를 만나고 도스토예프스키의 글을 접한 이후 그는 자기 문필의 지력知力과 정열과 용기를 다 버립니다. 마치 바울이 최고의 석학 가말리엘 밑에서 습득한 학문과 명예를 배설물처럼 버리듯이 말이지요.빌 3:8 유대교의 중요한 경전인 탈무드Talmud, 히)תלמוד의 전승에 의하면 가말리엘Gamaliel, Rabban Gamaliel I, 1세기 초은 솔로몬이 다시 태어났다고 합니다.탈무드 예화 96편

톨스토이와 도스토예프스키는 용모부터도 다릅니다. 톨스토이는 세상을 정복할 듯한 호상虎像입니다. 사자상입니다. 반면 우수의 도식을 그리고 있는 듯한 용모의 도스토예프스키는 짙은 눈썹 아래 음산하리만큼 어두워 보이는, 그러나 무언가를 응시하는, 역사의 비탈에 무너져 앉은 낮은 사람들과 같이 무슨 비밀 결사체나 사상 써클을 만들 사람처럼 보입니다. 그렇지만 변증 극시인 〈대심문관〉을 보면 그의 영혼은 뭔가 생명의 합일 안에 있는 사람처럼 보이지 러시아 검열 당국이 혐의를 가진 대로 공상적 사회 동아리 안에 있는 사람이지 않았습니다. 그는 동시대

들』을 접한 후, 인간 내면의 고뇌와 영적 깊이에 깊은 감명을 받아 자신의 문학적 작업에 회의를 느끼며 극적인 내면의 전환을 경험했다. 이러한 변화는 톨스토이의 철학적 반성과 영적 구도자로서의 길을 보여주는 중요한 사례로 평가된다. [출처: https://m.blog.naver.com/hhshera/221177858221; https://ko.wikipedia.org/wiki/레프-톨스토이]

사람인 사상혁명가이자, 창조를 위한 역사 변증가인 칼 마르크스의 주박呪縛 안에 있지 않습니다. 마르크스Karl Marx, 1818~1883는 자신의 철학은 "이제 역사를 해석하는 것이 아닌 '창조'하는 것이다."[248]라고 했지요. 실로 유럽 천지 공간에 나타난 유령이었습니다.

'루시의 위대한 고뇌자', 표도르 도스토예프스키(1821~1881)

'러시아 대지의 대작가', 레프 톨스토이(1828~1910)

248 "철학자들은 세계를 다양한 방식으로 해석해 왔다. 그러나 중요한 것은 '세계를 변화시키는 것'이다." 독일 철학자 루트비히 포이어바흐Ludwig Feuerbach, 1804~1872는 유물론적 인간학을 주장하며, 종교를 인간의 투영으로 해석했다. 마르크스는 포이어바흐의 유물론을 계승하면서도 '실천적 변혁의 중요성을 강조'하며 비판적으로 발전시켰다. [출처: 『포이어바흐에 관한 테제』의 제11명제, 1845, 칼 마르크스]

도스토예프스키는 그의 작품들에 보이듯이, 바울의 문서들을 통해, 그리스도를 알게 됩니다. 로마서 7장 24절에 있는 "**이 사망의 몸에서 누가 나를 건져내랴?**"하는 바울의 실존적 물음이 도스토예프스키의 물음이 되어, 같은 실존적 고민을 하게 되며, 그리하여 그도 어둠밖에 없는 부조리한 인간 내면의 세계에 절망합니다. 그러나 그의 민절悶絶은 끝내 그 해답을 로마서 8장, 그 빛과 자유의 세계, '**그리스도 예수 안에 있는 생명의 성령의 법**'롬 8:2 안에서 찾지요. '죄와 사망의 법'롬 8:2 그 어둠과 사망의 세계에서 신음하고 몸부림칠 수밖에 없는 인간 삶의 한계 상황, 그러나 산다고 하는 것의 위대함을 그리스도의 진리와 은혜의 빛 안에서 찾는 것이지요. 이것이 도스토예프스키 문학의 위대성일 것입니다. 톨스토이가 자신의 책은 다 불태워도 동시대인인 도스토예프스키의 작품은 남겨두어야 한다고 말하는 이유가 여기에 있습니다.

인간의 가슴속에 신비로운 광망光芒으로 남는 작품은 아무래도 하나님의 은혜의 빛 안에 있는 것만이 영원하다는 것을 안 것입니다. 바울의 파란만장한 삶이 사람들에게 가슴을 치는 것은, 도스토예프스키가 죄 많았음을 인식함으로써, 죄 많은 곳에 은혜도 크다는 것을 톨스토이도 알게 된 것입니다.

도스토예프스키의 삶은 어둡고 가난한 도시의 뒷골목이었고, 그나마 1844년 공병 중위로 전역 후, 그가 사상적으로 불온한 동아리에 참여했다는 이유로 사형 선고를 받았지요. 28세 때인 1849년 영하 50도의 추운 겨울날, 다른 사형수 두 명과 함께 유형장의 기둥에 묶입니다. 사형 집행까지 남은 시간은 딱 5분, 도스토예프스키는 제한된 이 삶의 시간에 작별 인사를 눈물로 두 사람에게 먼저 합니다. 2분이 지났습니다. "다시 살 수만 있다면…." 하고 조용히 되뇌이는 그 순간, 탄환의 장전과 거총 소리가 들립니다. 그런데 그때 기적이 일어납니다. 한 병사가 흰 손수건을 흔들면서 황제의 특별 감형령을 전한 것이었습니다. 정화된 영혼으로 하나님 앞에 섰던 그의 마음과 기도를 하나님께서 열납悅納하셨던 것일까요. 이것이 그 유명한 도스토예프스키의 '마지막 5분' 이야기 아닙니까.

이후 죽음의 순간에서 풀려나온 그는 4년간 시베리아에서 감옥살이와 또 졸병으로 오지에서 4년간 복무를 한 후 시간을 황금처럼 여기면서 불후의 명작들을 써서 하나님의 은혜를 갚았습니다. 회심한 이후의 바울의 삶과 닮은 데가 있지 않습니까. 외국에까지 가서 그리스도를 따르는 무리를 잡아다 죽이던 것이 천직天職이었던 바울의 포도대장 업무, 바울은 자신의 승인承認으로 스데반이 돌에 맞아 죽는 것을 보고, 하나님 없이 살았던 자신의 악했던 삶과 비참함을 깨닫습니다. 하나님의 은혜로 성령의 조명照明 아래, 세월을 허송하고 산 것이 죄 중의 죄라는 것을 깨달았던 것이지요. 도스토예프스키도 하나님 앞에 자신이 아무것도 한 것이 없다는 그 자각이 얼마나 가슴을 쳤겠습니까. 나머지 3분은 시간을 허비하고 살아온 그 한탄에 대해 하나님께 용서를 구하고 있었을 것입니다. 그래서 바울은 스데반 사형 집행 후에, 그리고 도스토예프스키는 그 유형지의 마지막 3분 후에, 그들의 정화된 영혼은 하나님께 상달되었을 것입니다.

황제의 8년으로의 감형으로 극적으로 살아난 도스토예프스키는 60세를 일기로1821-1881 죽기까지 하나님의 은혜가 충만한 작품들을 남겼습니다. 그리스도를 주제로 한 대 서사시랄까 극시인 이 〈대심문관〉도 실은 그리스도에 대한 은근한 변증이지 않습니까.

다시 말씀드려 봅니다만 이 〈대심문관〉이 나오기까지는 도스토예프스키도, '죄와 벌' 사이로 방황하고 있는 인간 실존의 고뇌를, 바울처럼 묵직하게 그러나 깊이 있게 되새기고 있습니다. **"내가 죄악 중에 출생하였음이여, 모친이 죄 중에 나를 잉태하였나이다"**시 51:5는 고백처럼, 인간은 태어날 때부터 죄의 본성을 지닌, 생래生來적으로, 즉, 날 때부터 죄인이기 때문에 죄를 지을 수밖에 없는 것이 인간이란 것, 그러나 그 죄에 대한 면책은 있을 수 없다는 것, 악의 문제에 대해 매서운 성찰을 하는 이 삶의 실존적인 의미에 대한 해답을 도스토예프스키도 바울처럼 십자가를 붙잡으면서 빛 앞으로 나아가는 것입니다.

"실라야, 우리 기도하고 찬송할까" 그 빌립보 지하 감옥에서 차꼬着錮에 채워 있는 처지인데 찬송해서 어쩌겠다는 것입니까. 그럼에도 그날 밤 감옥 문은 터지고 간수들조차도 하나님 앞으로 나아와 세례를 받지 않습니까.행 16:25-34 감옥이 천성天城이 됩니다.[249]

바울은 겸손하게도 자신이 알고 있는 '어떤 사람'이라는 '그'라는 삼인칭 대명사를 사용하여 십사 년 전에 3층 천Third Heaven에 이끌려 올라가서 하나님의 신비한 경륜을 다 알고 와서고후 12:2-4는, 그 심오하고 방대한 복음 서신 14권의 책을 쓰게 됩니다. 복음서에 있는 그리스도의 가르침을 심도 있게 전개한 바울의 신학, 그 '말씀의 완성 사역'골 1:25을 어찌 다 말로 표현하겠습니까. 그가 죽음의 순간을 멀리 남겨두지 않았음에도, 디모데에게 양피지에 싼 성경을 가져와 달라든지, 인류의 운명과 지구의 운명까지도 '종말사관escatological point of view'적으로 자세하게 강조하는 것들특히 살전, 살후이라든지, 무엇보다도 하나님의 아들들이 되어

249 바울의 "기도하고 찬송하자"는 고백은 고난 속에서도 '하나님을 향한 절대 신뢰', '예배의 초월성', 그리고 '복음의 공동체적 확산'을 보여주는 신학적 상징이다. 이는 오늘날 신앙인이 '상황을 초월하여 하나님을 예배할 수 있는 존재'임을 선언하는 장면으로 해석된다.

하나님의 나라를 유업 받으라든지, 그리고 인생의 궁극은 '그리스도의 몸처럼 영광의 몸으로 부활 되어 변화체가 되어야 한다'고전 15:51-52; 빌 3:20는 구절 등등은 성령의 감동으로 된 글딤후 3:16들이기에 생기가 넘치고 소망이 됩니다. 이 점에서 도스토예프스키가 죽기 전 아내에게 요한복음 11장 43절에 있는 "나사로야, 나오너라"를 읽어달라고 하는 것은, 그가 영생의 복음을 알았다는 점에서 의미가 심장 합니다.

바울이 그토록 강조하는 십자가 신앙과 재림 신앙은 영생으로 인도하는 진리, 결국 그리스도의 왕국 소망에 대한 확신이 아니겠습니까. 이 소망 하나로 바울은 '그리스도의 피 묻은 손을 붙잡고 달려갈 길을 다 달려가면서'행 20:4; 딤후 4:6-7; 행 20:24 자신에게 부과된 하나님의 말씀 완성의 청지기 사명을 다 함으로서 하나님의 비밀인 복음서에서의 핵심인 그리스도, 그 그리스도의 비밀인 그의 몸인 교회골 11, 18, 2:19; 엡 1:22-23를 이 땅에 확실히 알립니다. 인류사에서 큰 윤리의 교사들이 선善과 이타利他를 말하고 행하다가 죽은 경우는 많지만, 바울처럼 오직 그리스도의 영과 하나 되어 예수님과 함께 영의 왕국, 그 그리스도 정신의 왕국 건설을 한 사람은 없습니다.

로마의 대화재를 기독교인들에게 방화 혐의를 뒤집어씌운 악마의 화신 같은 광인 네로Nero Claudius Caesar Augustus Germanicus, A.D. 37~68, 평소 기독교인들을 미워했던 그는 바울을 그들의 수괴로 몰아 황궁 곁에서 처형했습니다. 바울은 암석을 파서 만들어 반은 지하에 묻히고 반만 지상에 노출된 동굴 감옥, 사형장으로 가는 길만 보이는 창문과 그 외에는 창문 하나도 없는 로마의 마메틴 감옥Mamertine Prison, 디모데후서를 남긴 곳으로 추정에 갇혔다가, 참수형으로 순교했다고 교회사적 전승과 고대 문헌, 순례지 전통을 통해 전해지는데AD 67~68년경으로 추정 이후 참수형을 당한 그 자리는 이후 '세 분수 수도원Tre Fontane Abbey'이 들어섰습니다. 바울의 참수당한 순교, 이것은 마지막 때 적그리스도 앞에 놓인 신실한 그리스도인들의 표상이기도 합니다.

말세 때의 교회 하락 형편에 대한 바울의 예언 말씀엔 이런 것도 있습니다. 그가 죽기 얼마 전인 A.D. 65년경에 쓴 교회에 대한 경고이지요.

> 말세가 되면 미혹케 하는 영과 귀신의 가르침을 좇게 되고, 그리하여 양심들이 화인火印을 받는다는 것,딤전 4:1-2 거짓 교리들을 따라감으로써 세상의 헛된 철학과 망령되고 허탄하게 꾸민 이야기들에 귀를 기울임으로써 교회가 하락하게 되며,딤전 4:3-4 그때 교회 형편은 고통당하는 때를 맞게 되는데, 사람들은 자기를 사랑하며, 돈을 사랑하며, 자랑하며, 교만하며, 비방하며, 부모를 거역하며, 감사하지 아니하며, 거룩하지 아니하며, 무정하며 원통함을 풀지 아니하며, 모함하여 절제하지 못하며 사나우며, 선한 것을 좋아하지 아니하며, 배신하며 조급하며, 자만하며 쾌락을 사랑하기를 하나님 사랑하는 것보다 더하며, 경건의 모양은 있으나 경건의 능력을 부인하게 된다.딤후 4:1-5

바울은 마지막 때에 개인적 이기주의와 기독교의 부패한 상황을 미리 말씀해 주고 있습니다. 한 마디로 마지막 때 교회가 타락하여 비통한 날들을 직면하게 된다는 것으로, 말세가 되면 교인들조차도 영악한 개인주의가 이기주의로 기치를 들고 일어나는 가운데, 비인간화가 되어 어둠의 세력이 교회를 지배하게 될 것이란 말씀인데, 주된 원인은 생명의 말씀, 곧 예수 그리스도의 십자가와 생명 양식이 되는 그 보배로운 피의 말씀이 없어서 성도들과 교회는 어둠 속에 있게 된다는 것입니다. 한 마디로 말세엔 교회에 비진리의 세력, 귀신의 영이 들어와 생명인 말씀을 끝까지 붙잡고 나가는 사람들이 드물다는 것이지요.

인자가 다시 올 때 땅에 믿음 있는 사람을 보겠느냐[눅 16:8]

바울은 땅의 것을 보지 말고 위를 보며, 하늘의 것을 찾으라고 하면서,[골3:1-2] "여호와 하나님의 비밀은 그리스도[골 2:2]이고, 그리스도의 비밀은 그분의 몸 된 교회"라는 것을 중점적으로 강조합니다. 그리스도의 몸인 교회, 오금을 박는 얘기가 아닙니까.[고전 3:16; 고후 6:16; 고전 6:19] "교회는 그의 몸이니 만물 안에 만물을 충만케 하시는 자의 충만이니라."[엡 1:23] 저는 이 말씀이 광야에 내려꽂히는 번개와 같은 메시지로 들립니다.

"만유를 품은 예수 그리스도"[엡 4:6] "나는 예수 그리스도와 그의 십자가에 못 박히신 것 외에는 아무것도 알지 아니하기로 작정했노라"[고전 2:2] 생명과 역사의 주관자이신 "하나님 앞에서," 'Coram Deo', 'In the presence of God' 그분의 영광을 위하여 생명까지도 드리는 결단의 고백!

> 그리스도는 보이지 않는 하나님의 형상이요 모든 피조물보다 먼저 나신 이시니, 만물이 그에게서 창조되는데 하늘과 땅에서 보이는 것들과 혹은 왕권들이나 주권자들이나 권세들이나 만물이 다 그로 말미암고, 그를 위하여 창조되었고, 또한 그가 만물보다 먼저 계시고, 만물이 다 그 안에서 함께 섰느니라.[골 1:15-17]

한 마디로 바울의 서신들에서 보이는 그의 신학 사상 요지는 특히 로마서 11장에 천명되어 있듯이,

"이는 '만물이 그리스도에 의해서 나오고from Christ,' '그리스도로 말미암고through Christ,' 그리곤, '그리스도께로 돌아가느니라to Christ.' 영광이 그에게 세세에 있으리로다. 아멘."[250]이 아닙니까.[롬 11:36]

---

250 이 구절은 하나님그리스도과 만물의 관계를 세 가지 전치사로 표현하고 있다. 이 말씀은 그리스도 중심의 우주론을 보여주는 핵심 성구로, - 만물이 그리스도

불교인들이 평생 풀어야 하는 숙제로 주어진 최고 화두 공안의 질문, **"萬法歸一 一歸何處 是甚麽"**-'만법귀일 일귀하처 시심마', "모든 사람들과 만萬의 진리가 다 하나로 돌아가는데 그 하나로 돌아가는 곳은 어디인가? - 이것이 무엇인가?"에 대한 사도 바울의 해답입니다.

"오 깊고 부요하도다 하나님의 지혜와 지식의 부요함이여 그의 판단은 측량치 못할 것이며 그의 길은 찾지 못할 것이로다"롬 11:33 옛날 모세와 엘리야가 머물던 아라비아의 시내산,갈 4:25 그 호렙산에까지 가서 예수님으로부터 3년이나 직접 계시를 공부하고, 또 3층 천까지 들려 올라가서 말로 표현할 수 없는 놀라운 낙원의 신비를 봤던 사도 바울의 경건한 고백입니다.

다메섹 회심 이후, 그 무거운 십자가를 지고 여타 사람의 천 배쯤 되어 보이는 파란만장한 삶, 사자의 입에서조차 건짐 받은,딤후 4:17 그 바울의 삶을 불민不敏한 필자가 어찌 다 필설로 다할 수가 있겠습니까. 아놀드 토인비 박사의 역사적 통찰처럼, '바울을 태운 풍랑 속의 로마 항해의 배, 알렉산드리아 호號,행 27장는 유럽, 아니 세계를 비추는 거대한 복음의 배福音號'[251]였습니다. 그는 회심 후 이스라엘의 첫 임금이었던

로부터 나오고 **창조의 기원**, ἐξ αὐτου, from Him, - 그리스도로 말미암아 존재하며 **섭리와 유지**, δι' αὐτου, through Him, - 그리스도께로 돌아간다 **완성; 궁극적 목적**, εἰς αὐτόν, to Him는 흐름을 통해 그리스도의 주권과 영광을 선포한다. 비슷한 구조는 골로새서 1장 16~17절에서도 확인할 수 있다: **"만물이 그에게서 창조되되… 그로 말미암고, 그를 위하여 창조되었고… 만물이 그 안에 함께 섰느니라."**

251 토인비는 그의 대표 저작 『역사의 연구』에서 문명의 흥망성쇠를 "도전과 응전"이라는 틀로 설명하며, 기독교 문명이 유럽에 뿌리내리는 과정에서 바울의 로마 선교 여정을 역사적 전환점으로 보았다. **"바울이 알렉산드리아 호를 타고 풍랑을 뚫고 로마로 향한 여정은, 단순한 항해가 아니라 복음이 세계로 퍼져나가는 거대한 문명의 항로였다."** 이 인용은 토인비의 강연이나 저술에서 직접 등장한 문장이라기보다는, 그의 사상과 해석을 바탕으로 기독교적 묵상이나 설교문에서 재구성된 표현이다.

'높은 자' 사울을 본을 딴 이름이었던 사울Saul에서, 이방인을 위한 '작은 자, 낮은 자'라는 뜻의 바울Paul로 개명252한 후, 목숨을 건 세 차례 전도 여행을 통해, 14,725km Vs. 지구의 적도 반지름 6,378km를 두 발로 걸어 '길을 달려감으로써,'행 20:24 그리스도로부터 맡은 직무使命, mission를 다 합니다. 그는 임박한 죽음 앞에서 생애를 돌아보며 승리와 환희에 찬 신앙을 간증하며 그리스도인이 갖는 '의의 면류관' 곧 '생명의 면류관', 그 영생의 기쁨도 전하는 것을 잊지 않습니다.

> **관제灌祭와 같이 벌써 내가 부음이 되고 나의 떠날 기약이 가까웠도다. 내가 선한 싸움을 싸우고 나의 달려갈 길을 마치고 믿음을 지켰으니, 이제 후로는 나를 위하여 의의 면류관이 예비 되었으므로, 주 곧 의로우신 재판장이 그날에 내게 주실 것이니, 내게만 아니라 주의 나타나심을 사모하는 모든 자에게니라.**딤후 4:6~8 **아멘!**

---

252 사울과 바울은 동일 인물을 지칭하는 이름이며, 표기와 의미에는 문화적·언어적 차이가 있다. 사울히) Sha'ul, שָׁאוּל은 '**유대인 공동체 내**'에서 사용하였으며, 바울라/헬) Paulus, Παυλος는 '**로마 시민권자 및 이방 선교**' 시 사용하였다. 즉, 사울Saul은 히브리식 이름으로, 바울이 유대인으로서 사용하던 이름이며, 바울Paul은 로마식 이름으로, 이방인을 대상으로 선교할 때 사용한 이름이다. 각 이름이 갖는 본래의 의미를 살펴보면, 사울은 "구하여진 자" 또는 "간청받은 자"로 히브리어 동사 'sha'al'묻다, 요청하다에서 유래하였으며, 바울은 "작은 자" 또는 "겸손한 자"라는 뜻의 라틴어 'paulus'에서 유래하였다. 요약하면, 바울은 회심 후 이름을 바꾼 것이 아니라, 이방 선교를 위해 로마식 이름을 사용한 것으로, 사도행전 13:9에서 "바울이라고도 하는 사울이…"라는 표현이 등장하며, 두 이름이 병행 사용됨을 보여 준다. 회심 이후에도 '사울'이라는 이름은 계속 사용되며, 이름의 변경은 하나님의 직접 개명 사건이 아니다. 이처럼 사울과 바울은 단순한 개명이라기보다, '**문화적 정체성과 선교 전략**'에 따른 이름의 선택으로 이해하는 것이 더 정확하다. [참고: www.igoodnews.net; koinenews.com]

선지자 엘리야
엘리야를 기리며

I

구약에서 예언자의 대표인 엘리야의 선지 사역에 대해서는 믿음의 영웅 전설Saga의 주인공 아브라함이나 인류사 최고의 리더십을 보인 출애굽의 모세만큼, 엘리야אֵלִיָּהוּ, Eliyahu, Elijah; "나의 하나님은 야훼"의 뜻, B.C. 900~B.C. 849년경가 위대한 하나님의 사람임을 알고 있는 사람은 많습니다. 또 말라기 4장 5-6절이나, 계시록적 종말사관을 지니고 역사의 완성이 성경의 예언 말씀대로 이루어질 것을 믿는 사람들에게는 모두 그가 기도로 하늘에서 불을 끌어내리는 사람, 화검火劍의 입으로 땅에 재앙을 치고 나가는 사람,계 11:6 말씀으로 하늘 문을 닫고 여는 사람, 유향과 명의名醫가 있는 길르앗 산렘 8:22 출신 사람인 것, 그리고 무엇보다도 '물이 변하여 피 되게 하는 모세'와 같이 그가 두 증인 중의 하나로서 '예표'라는 것도 인지하고 있습니다. 그래서 족보가 없으면서도 멜기세댁창 14:18-20; 시 110:4; 히 5:6, 7:1-3처럼 역사의 무대에 홀연히 혜성처럼 나타나 역동적이고 신비한 생애를 지닌 엘리야에 대해서, 많은 책이 그를 소개하고 있으므로, '믿음의 특심'약 5:17과 '기도의 능력'렘 33:3; 막 11:24을 가지고 있는 엘리야의 생애와 사역의 의미에 대해서는 생략해도 좋겠습니다.

또한, 3년 동안 여덟 번이나 거주지를 옮기는 그의 신변 거취 문제와 종말 때의 적그리스도 세력과의 전투 문제를 예표로 보여주는 갈멜산의 대결, 4백 리약160 km나 되는 브엘세바 광야까지 도망쳐서 하나님께 죽여 달라고 하는 민절悶絶, 40일을 걸어 그 멀고 먼 아라비아의 호렙산을 향해 가는 그의 곤비한 심상心象, 하나님을 만나는 신비한 호렙산 굴 경험, 그리고 소 열두 겨리두 마리의 소가 함께 끄는 쟁기로 밭을 갈고 있던 대농大農 엘리사를 후계자로 세움으로써, 그와 함께 이스라엘의 병리와 부조리, 그 부패한 악의 카르텔의 멍엣목을 꺾어 혁명적으로 구획 정리를 하는 것 등의 서사적인 부분에 대해서도 언급을 생략하는 것이 좋을 것 같습니다.

엘리야에 대해선 두 가지만 이야기해 보고 싶습니다. 첫 번째는, 엘리야의 승천 사건이고, 두 번째는, 갈멜산 대결의 지리적 역사적 배후가 되는 갈멜산과 다볼산에 관한 것입니다.

그럼, 문제를 제기한 엘리야의 '승천'昇天, ascension 문제부터 한 번 살펴보려 합니다. 이 점은 국내든 외국이든 학계나 교계에서 검증 제의가 없기에 한 번 국내와 세계 앞에서 공론화시켜 볼 필요가 있다고 여겨집니다. 진리는 역사적 사실과 객관의 검증이 필요하기 때문입니다.

주지하다시피, 엘리야는 B.C. 9세기, 북이스라엘의 7대 아합왕Aḥ'āḇ Ahab, B.C. 871~852[253]과 역시 바알의 신봉자로서 후계자인 장남 아하시아

253 아합은 페니키아 시돈, 즉 오늘날의 레바논 지역 출신인 이세벨과 정치적 동맹을 위한 정략결혼을 맺었다. 이세벨의 아버지 엣바알Ethbaal은 시돈의 왕이자 바알 신전의 제사장이었으며, 그녀는 북이스라엘에 바알 숭배를 도입하는 데 결정적인 역할을 했다. 이 결혼은 정치적 이익을 도모했지만, 결과적으로 이스라엘 내에 심각한 종교적 혼합과 갈등을 초래했다. 아합과 이세벨 사이에서 태어난 자녀들 역시 우상숭배와 하나님의 선지자 박해에 가담했으며, 딸 아달랴Athaliah는 남유다 왕 여호람과 결혼하여 유다 왕가에 영향력을 행사했고, 아들 아하시

Ahazyahu, Ahaziah, 오므리 왕조의 마지막 왕; 남유다왕인 아하시아와 동명이인 때에도 계속 선지자로 있었습니다. 왕상 17:11 그런데 그의 사역 연대기에서 눈여겨보아야 할 점은, 그의, 이번에는 남유다를 위한, 선지 사역이 마지막으로 언급된 때가 남유다 왕 여호람Yehoram, Jehoram, 북이스라엘의 아합의 아들 여호람과 동명이인의 8년 통치가 끝나갈 무렵이란 사실입니다. 대하 21:12-15; 왕하 8:16 이 점은 학계나 교회의 강단들도 놓치고 있는데, 엘리야가 "회오리바람 가운데 승천했다" 왕하 2:11 고 하는 불편한 진실의 오해가 있기에 그렇습니다. '회오리바람을 타고 하늘로 승천했다.' 'Elijah went up to heaven in a windstorm' 이 때의 '하늘'은 히브리어로 '샤마임שמים'이고 '올라갔다went up'는 '알라עלה'인데, 여기서 '하늘'은 '폭풍windstorm, whirlwind'이 일어나고 보이는 대기권의 하늘visible sky이 아니라, 바로 머리 위에 있는 공중의 하늘이지, 하나님이 계시는 그 보이지 않는 영적 하늘invisible heaven of heavenly realm, 즉 보좌권 하늘이 아닙니다. 그래서 엘리야는 그 높디높은 보좌권 하늘로 올라감으로써 죽은 것이 아니라, 오히려 그의 후임자 엘리사를 떠나, 눈에 보이는 대기권 하늘공중로 들려 올라감으로써went up, ascended, 히브리어로 '알라' עלה 하늘을 가로질러 옮겨진 뒤에도 여러 해 동안 살아 있었습니다. 역사적 진실을 파악하는 데 있어 이 점은 중요한 문제라고 생각합니다. 다시 말씀드려 보지만, 엘리야는 이때 죽은 것도 아니고 보이지 않는 영계heavenly realm로 들어간 것도 아닙니다. 단지 그는 예언해야 할 다른 임지로 옮겨진 것으로 보입니다. 주목할 점은, '예수님 이전에 하늘로, 보좌권으로 들려 올라간 것이 아닙니다.' 요 3:13 에

야는 아합 사후 왕위에 올라 바알 숭배를 지속하다가 자식 없이 죽었다. 이후 둘째 아들 여호람이 왕위에 올랐으나 예후의 쿠데타로 죽임을 당했고, 아합의 다른 아들 70명도 왕자 교육 중 예후에 의해 이스르엘로 끌려가 모두 참수되었다. 이처럼 아합 왕조는 우상숭배와 악행으로 인해 하나님의 심판을 받아 완전히 멸망하고 말았다. [www.gndaily.kr]

녹에게 죽음의 경험이 없었다는 것도,히 11:5 모세 경우처럼, 그의 시체가 사람들 눈엔 보이지 않게 했다는 것입니다. "믿음으로 에녹은 죽음을 보지 않고 옮겼으니, 하나님이 저를 옮기심으로 다시 보이지 아니하니라. 저는 옮겨지기 전에 하나님을 기쁘게 하는 자라 하는 증거를 받았느니라."히 11:5 하나님의 마음에 그의 의가 합한 사람, 세상에서 제일 겸손하다고 칭찬받는 출애굽의 영웅 모세처럼, 하나님과의 친밀로 하늘 문을 열고, 닫은 엘리야도 그의 죽음엔 하나님의 특별한 보살핌이 있었을 것입니다. 이사야서 57장 2절을 보면 '하나님께선 그의 사랑하시는 자를 평안쉼에 들어가게 하나니 화액禍厄 전에 데려가신다'고 했고, 시편에서도 '사랑하시는 자에게는 잠안식을 주신다'시: 127:2고 했지요. 다시 말씀드려 봅니다만, 영원한 생명을 알고 하나님의 영과 하나 되어 사는 사람에게, 족보와 죽음의 절차 같은 행사가 무슨 필요가 있겠습니까?

에녹 경우 그가 65세부터 365세가 될 때까지 3백 년 동안 하나님과 동행하는 삶을 살았다고 했습니다.창 5:21-24 하나님께서 손을 잡고 '동행히)הלך, 하라크,'삶의 매너를 하나님과 같이 살았다'는 뜻' 하셨는데, 인간의 눈에 그의 죽어감과 죽음on dying and death을 보이겠습니까. 그렇다고 하늘 보좌 곁, 네 생물과 천사들이 서 있는 그 영역에 자리를 주시고, 거기 거하라 말씀하시겠습니까? 원어 상으로 살펴보아도 에녹은 말할 것도 없고창 5:24; 히 11:5 엘리야 경우도 '승천'이란 단어는 없습니다. 히브리어로 '라카לקח,Lakah'는 글자 그대로 '하나님이손을 잡고 데려감인도하심'이란 뜻시 139:10; 사 41:13이기에, 하나님은 그분만의 방식으로 사람들은 모르게, 즉 죽음의 경험광경 없이 그들을 모세처럼 옮기셔서 묻어주신 것입니다. 사람은 '한 번 나면 죽는 것은 정한 이치'히 9:27가 아닙니까.

모세와는 대면하셔서 말씀한다고 할 정도로 친밀감을 유지하셨던 하나님은, 모세의 경우 그의 시신을 벳브올 맞은 편 모압 땅에 있는 골짜기로 옮기셔서 묻으셨습니다.신 34:6 에녹도 엘리야도 하나님께선 사람들이 모르게 그렇게 데려가셔서 묻어주신 것입니다. 무덤을 남기면 사람들이 그 무덤을 성역화하니까 말이지요. 유다서에도 보면 하나님께선 미가엘이 다니엘을 도우러 오는데, 대군大君 미가엘이라고 표현되었지요. 미가엘은 히브리어로 מיכאלMikha'el로 "누가 하나님과 같으랴?", "누가 하나님과 대적하리요?"의 뜻으로, 즉 'great prince,' '큰 임금', '대천사'란 말이 아닙니까. 히브리어로 '리숀ri'shon, ראשון 사라르sarár, שָׂרַר'인데 그야말로 큰 임금이지요. 모세의 시체가 사탄에게 뺏겨 성역 무덤으로 우상화되지 않아야 하는 그 중요한 시점에 하나님께서 심부름이나 하는 '부리는 영'히 1:14에 불과한 일반 천사에게 사탄에게 가서 씨름하라고 하시겠습니까.유 1:9 성경에서 여러 번 나오는 미가엘은 예수님께서 역사와 사람에게 특별히 개입하실 때 사용된 이름입니다.

다시 말씀해 봅니다만, 하나님께서 아직 강건하고 눈이 형형한 모세를 사람들 모르게 그를 모압 땅 맞은편, 비스가스 산모압,땅과의 거리는 6백 미터 정도으로 옮겨 묻으시고 '아름다운 땅그리스도 예수님을 지칭'은 후계자 여호수아에게 맡깁니다. 이것은 하나님의 '시대 따른 경륜οἰκονομία, oikonomia, 오이코노미아, 하나님 살림살이의 경영법칙'이므로, 구약의 율법이 가고 복음의 신약이 오듯, 사람도 지도자도 바뀌는 것입니다. 그래서 엘리야도 엘리사אֱלִישָׁע, Elisha, B.C.852~B.C. 798 추정로 바뀌는 것입니다. '엘리עלי,Eli'는 복음 시대의 일꾼들을 말하지요. 그래서 하나님은 신실했던 엘리야를 데리고 가셔서 어디엔가 묻어주신 것입니다. 그런데도 엘리사의 제자들 50명이 그분의 시체를 찾겠다고 산을 수색하는 것은 희극이지요. 엘리사는 아무것도 모르는 체, 방관하고 있고 말이지요.

결론적으로, 사람들이 '여출일구如出一口,' 곧 한 입으로 엘리야가 승천했다고 하면서 '하늘로 들려 올라갔다'라고만 하니, 1859년에 나온 찰스 다윈의 책 『종의 기원』*The Origin of Species*이 진화론의 정석定石으로 아직도 초등학교에서부터 대학까지 교과서로 쓰이고 있는 것처럼, 왜곡된 전통distorted tradition은 이렇게 무서운 것입니다. 특히 교단이나 교파에서 나온 이론들은 그 전통을 따르는 경직성 때문에 그들 이론이나 사상은 더욱 고체화되고 화석화되다가 결국 나오지 못하고 바벨탑 안에 다 갇히고 말지요. 성경은, 그것도 예수님께서 직접 니고데모, 그 이스라엘에서 제일가는 선생이란 사람에게도 철퇴를 가하듯 못을 박지 않습니까. "인자 외에는 하늘로 올라간 자가 없다."요 3:13 되풀이합니다만, 엘리사가 자기의 주인, 곧 스승을 위해 애도 기간을 전혀 갖지 않았다는 사실도 놀라운 일입니다. 엘리야는 회오리 바람폭풍 사건 후 여러 해가 지나도 여전히 살아있으며 예언자로 활동하고 있는데, 남 유다 여호람이 악한 행동을 따르기 때문에, 엘리야는 그에게 여호와 하나님의 정죄 말씀을 표현하는 편지를 쓰게 되고 이 내용은 그로부터 얼마 후에 성취가 됩니다.대하 21:12-15

II

엘리야는 갈멜산 대결 후 이스라엘을 타락시키고 부패케 한 직업 종교꾼들, 그 거짓 선지자들을 기손 시내로 끌어내려 다 살육합니다. 기손 시내의 발원지는 갈멜산Carmel Mountain, 546m 인근 북동쪽에 있는 북갈릴리에서 제일 높은 다볼산Mt. Tabor, 588m입니다. 다볼산은 성경에서

'높은 산'으로 나오는데,샷 4:6; 시 89:12; 렘 46:18; 마 17:1-2 '하나님의 성산'이라고 불리는 곳입니다. 하나님은 사사시대가 끝나고 사울이 처음 왕으로 등극할 때 마지막 사사 사무엘에게 말씀합니다. **"너는 사울에게 가서 이르라 상수리나무를 지나 나의 산, 성산 다볼산에 오르라"**삼상 10장 말할 것도 없이, 사울 왕은 '상수리나무를 지나라'는 말씀도, 또 '높은 산 다볼산에 오르라'는 말씀의 의미도 몰랐습니다. 결국 사울은 이후에 아들 요나단과 함께 블레셋과의 전투에서 길보아산에서 비참하게 죽고 맙니다.

다볼산은 북갈릴리의 지중해 쪽에 위치한 제일 높은 산인데 산의 용자容姿가 빼어납니다. 그 산은 사사들과도 긴밀한 연관성이 있고 엘리야와 모세가 영광 속에 나타난 가운데 예수님의 모습이 변형transfiguration된 곳입니다. '변화산'이라고도 하지요. 나사렛이 20리 밖 북동쪽에 있고, 바로 인근에는 하나님의 과수 동산이라 불리는 열매가 많이 맺히는 '아름다운 정원 산garden-mountain'이란 이름의 갈멜산왕상 18:19-40이 있습니다.

갈멜산과 다볼산 사이의 계곡에는 폭이 넓은 평야형 분지가 동남쪽 갈릴리 호수를 향해 뻗어 있습니다. 그리고 갈멜산에서 아래쪽으로 몇 킬로미터 정도에 위치한 제법 폭이 넓은 곳이 '하르-므깃도', 즉 '학살의 산하르-마겟돈, Harmagedon, 아마겟돈, Armageddon'[254]입니다. 이 지역의 위쪽으로 아름다운 샤론의 꽃들이 지중해 쪽으로 백 리가 훨씬 넓게 꽃밭을 이루고 있으며, 갈멜산은 어원이 뜻하듯 아름다운 씨를 뿌려 그 수확이

---

254 라틴어 하르마겟돈Harmagedon은 요한계시록 16:16에 등장하는 종말의 전투 장소로. 히브리어 Har Megiddo에서 유래하였으며, 영어식 표기인 아마겟돈Armageddon은 라틴어 'Harmagedon'에서 파생된 대중적 형태이다. 어원은 Har(הַר): 히브리어로 '산' 또는 '언덕'과 Megiddo(מְגִדּוֹן): 고대 이스라엘의 전략적 요충지로, 합쳐서 **Har-Megiddo** → Harmagedon이 되며, 이는 라틴어와 그리스어를 거쳐 영어 Armageddon으로 변형된 것이다. 이 용어는 종말론적 상징으로 사용되며, 문자 그대로의 장소보다는 상징적 전투와 심판의 무대를 의미하는 경우가 많다.

아름답고 풍성하게 '평안한 추수'슥 8:12를 거두어야 한다는 하나님의 '에덴 같은 정원산'인데, 그 갈멜산에 들 포도와 개 포도가 가득히 맺히는, 타락하고 부패한 이스라엘 사회였습니다. '유향과 명의가 계시는 길르앗 산'렘 8:22에서 갈멜산의 의미를 곱씹으며 자란 엘리야는 갈멜산과 다볼 산 사이에 있는 이스르엘 아합 왕가의 독버섯 같은 바알신 숭배 사상을 두고 볼 수 없었습니다. 그래서 그는 허물어진 갈멜산 제단을 수축복구하고 기도를 올려 하늘에서 불을 끌어 내립니다. '불로 응답하는 신 여호와.'왕상 8:38

예언의 '원근 통시법遠近通視法'[255]으로 볼 때 이 사건은 말세에 일어날 두 증인의 일을 생생하게 보여주는 표상表象입니다. 계시록 11장의 그 두 증인은 계시록 14장에서도 하나님의 생명의 전령사들로 바벨론 멸망을 경고하는 천사들로 나옵니다. 계시록의 '앙겔로스ἄγγελος Angelus, Angel, 使者, 전령'들은 하늘의 천사 또는 지상적 교회의 주님의 사역使者자지요. 그들은 앞으로 '멸망할 바벨론,'렘 51:1 앞으로 '불탈 산'렘 51:25을 경고하는, 바벨론에 대항하여 싸우는 '말씀의 활 쏘는 자'들이지요.렘 51:1 계시록 14장에서 출出 바벨론을 다급하게 외치는 그들의 메시지는 '영원한 복음'계 14:6입니다. 영원한 복음의 내용은 계시록 14:7-12까지입니다.

천지를 창조하고 물의 근원까지 만드신 창조주 여호와 하나님을 크게 두려워하라고 하시면서 하나님의 계명과 그리스도 예수님의 말씀을 인

---

255 예언의 원근통시법Prophetic Foreshortening은 성경 예언에서 '**과거, 현재, 미래의 사건이 하나의 시각적 흐름으로 겹치는 방식**'을 의미한다. 이 개념은 특히 요한 계시록에서 중요한 해석 방법으로 사용되며, 예언이 단순히 미래의 사건만을 가리키는 것이 아니라 과거와 현재를 포함하여 통시적으로 적용될 수 있음을 강조한다. 예를 들어, **계시록 1장 19절**에서 **"네 본 것과 이제 있는 일과 장차 될 일을 기록하라"**는 구절은 과거, 현재, 미래를 아우르는 예언적 시각을 보여준다. 이러한 해석 방식은 예언이 특정 시대에만 국한되지 않고, 모든 시대의 신자들에게 적용될 수 있음을 의미한다.

내로써 굳게 지키라는 것입니다. 그래야 그리스도께서 낫을 들고 익은 포도송이를 거둘 때 수확이 되어 하나님의 창고에 들게 된다는 것으로 영생의 천국에 들게 되는 것을 비유적으로 하신 말씀이지요. 한 마디로 계시록 14장에서 세 천사가 외치는 것은 영생으로 인도하는 영원한 진리로써 그리스도의 '평안한 추수'슥 8:12에 빠짐없이 들라는 것입니다. 그렇지 않으면, 여호와 진노의 포도주 틀에 밟혀 죽게 되는 사망의 심판에 들게 된다는 것입니다.계 14:17-20 그때 심판받는 사람들의 말 굴레까지 닿은 피는 시산혈해를 이루게 되는데 죽음의 바다로 흘러가는 피의 강줄기 길이가 1천6백 스타디온στάδιον, 곧 1 stadion은 약 185-192m이므로, 곧 약 296~307km 정도가 된다고 했습니다.계 14:20 3백km는 이스라엘의 남단 브엘세바에서 북쪽 끝단까지 이스라엘 남북의 전역을 관통하는 거리인데, 하나님의 사람들이라고 하는 사람들도 그 무서운 하나님 진노의 날에 대부분 다 심판을 면치 못한다는 것계 14:20 [256]입니다. "인자가 세상에 다시 올 때 믿음 있는 자를 보겠느냐?"눅 16:8 계시록 14장의 '영원한 복음'14:6은 이날을 대비해서 모두 멸망할 세속의 바벨론에 있지 말고 마지막 생명 복음의 주자들인 두 증인들, 그 살아 있는 하나님의 말씀의 집의 생명 선언을 들으라는 것입니다. 이 영원한 복음을

256 요한계시록 14:20 "**성 밖에서 그 틀이 밟히니, 틀에서 피가 나서 말 굴레에까지 닿았고, 천육백 스타디온에 퍼졌더라.**"의 상징적 의미는, 먼저 "**말 굴레까지 닿은 피**"는 심판의 깊이와 강도를 나타낸다. "1,600 스타디온"은 단순한 거리보다 심판의 범위가 전 지구적이며 철저하다는 상징으로 해석된다. 숫자 1,600 = 4×4×10×10으로, '4'는 세상 전체, '10'은 완전함과 권세를 상징하여 완전하고 전면적인 심판을 암시한다. 본문은 단순히 이방인이나 악인만이 아니라, 하나님의 이름을 입에 담았던 자 중에서도, '**진정한 믿음 없이 행한 자들은 심판을 피하지 못함**'을 경고한다. 이는 형식적 신앙이나 외적 종교 행위만으로는 하나님의 진노를 피할 수 없다는 메시지로, 내면의 진실한 믿음과 순종을 강조하는 '**종말론적 경고**'이다. 이 구절은 단순한 거리 계산을 넘어, 하나님의 심판이 얼마나 철저하고 광범위한지를 보여주는 묵시적 상징이다. [참고: 392766.exbible.net; m.blog.naver.com, 다윗, 김성수, 2016.3.24]

듣지 않으면, 그리하여 바벨론에서 나오지 못하면 모두 마지막 아마겟돈 재앙이라 불리는 일곱 대접 재앙의 심판에 들어간다는 것입니다.

기손 시내Kishon River는 그 발원지가 다볼산입니다. 성경에서 '높은 산'이라고 불리는 다볼산은 '여호와의 성산', 곧 주님의 산입니다. 예수님은 그를 따르던 무리 중에 사도라 칭할 제자들을 택하실 때 그 산에 올라가셔서 밤이 세도록 기도하셨고,눅 6:12 또 베드로와 야고보와 요한을 데리고 올라가셔선 몸이 변형되신 그 산인데, 이 외에도 다볼산 얘기는 성경에 여러 번 나오지요.

이 다볼산은 돌을 쪼개는, 잘라내는 산입니다. 돌은 그리스도를 나타내는 상징어인데, 성경 속의 돌에는 예수님의 체온이랄까 혈맥들이 있습니다. 돌에 그리스도 영의 생명의 인격과 지성이 있는 것이지요. 출애굽할 때에도 '큰 돌반석'이 이스라엘 백성의 뒤를 따라 동행했다고 했고, 예수님의 이름도 '산 돌living stone', 부활 후에 하나님의 높이심을 받고 머리가 될 것을 의미하는 '머릿돌Capstone 또는 Headstone,' 교회 건물을 받치는 '모퉁이 돌Cornerstone 또는 Chief Cornerstone',마 21:42 '영원한 복음Eternal Gospel'계 14:6으로 새 노래를 부르며 하나님의 왕국까지 들어가는 이기고 남은 자만이 향유하는 생명의 떡만나이 은밀하게 있는 그 '흰 돌White Stone', 계 2:17[257] 또 하나님의 주권적 심판과 나라의 도래를 나타내는 '뜨인 돌cut-out stone by God'단 2:34-35 즉 인간의 손으로 만든 것이 아닌, 초자연적

257 이 상징은 '**승리자에게 주어지는 영적 승인과 새 이름**'을 의미하며, 그 기원은 고대 법정의 관습에서 찾을 수 있다. 당시 배심원들은 '유죄 판결' 시 '검은 돌'을, '**무죄 판결**' 시 '흰 돌'을 사용했는데, 흰 돌은 곧 '무죄와 정당함'의 표식이었다. 이러한 전통이 변형되어, 흰 돌은 신앙 안에서 끝까지 이긴 자에게 주어지는 하나님의 인정과 새로운 정체성을 상징하게 되었다. 즉, 흰 돌은 단순한 장식물이 아니라, '승리와 의로움', 그리고 하나님과의 친밀한 관계 속에서 부여되는 새 이름을 담은 '**영적 표징**'으로 이해된다.

기원을 가진 심판의 도구 등 우주적인 몸인 그리스도에겐 돌로 형상화된 이름이 많지요. 돌은 이토록 예수님의 몸인 교회의 건축 재료이면서도 결코 부숴지지 않는 그리스도의 몸 전체를 말합니다. 그래서 예수님께선 '시몬שמעון, Shimon, 히)'소리를 듣는 아이/순종하는 자'라는 평범한 이름',을 '돌', '바위'라는 '베드로헬)Πέτρος, Petros'로, 아람어로 "게바כיפא, Kepha, Peter, 반석"로 바꾸어 줍니다. 교회 건축의 단단한 재료가 되라는 것입니다. 그래서 베드로전서 2장을 보면 '예수님이 산 돌living stone이신 것 같이 우리도 신령한 산돌이 되어 신령한 집을 지어 하나님이 기쁘게 받으실 신령한 제사를 드리는 거룩한 제사장이 되자'고 베드로는 권고하지요.벧전 2:4-6

따라서 하나님의 나라는 돌 나라, '석국石國'입니다. '뜨인 돌이 아니고Stone Not Cut by Human Hands' '떠내신 돌but, cut out stone by God'로, 하나님께서 '잘라내신 돌이 만국의 정부와 우상들을 깨뜨리고 태산'단 2:34을 이룬다고 했습니다. 그리고 그 태산은 '하나님의 영원히 망하지 않는 한 나라'라고 합니다.단 2:44 또한 스가랴서 4장 5-6절에도 이 심판의 돌 이야기가 나오지요. 여호와의 신성령이 '큰 산' '놋 산' 같은 거대한 비진리 세력들을 박살 나게 한다고 했는데, 바로 다니엘이 말하는 크고 견고한, 그 하나님이 손으로 떠서 내신 큰 돌, 예수 그리스도께서 권능의 하나님 역사를 대행해서a chief agent as the deputy ruler 하신다는 것입니다.

'하나님의 성산' 다볼산은 '채석장quarry'이란 뜻입니다. 기손 시내는 이 채석장 산에서 흘러내리는 그리스도 예수님의 몸의 혈맥들입니다. 예루살렘 성민城民을 위한 생명의 담수장인 실로암이란 못The Pool of Siloam의 뜻도 '보내신 자'의 못이란 뜻인데 성의 북쪽에 있는 기혼 샘의 물과 연결된 것이지요. 기혼burst out'은혜가 넘치다'란 뜻 샘에서 남쪽으로 8백미터 떨어진 곳에 있는 큰 못으로, 지하에 있는 암반을 뚫어 그 쪼개진

돌 사이로 물이 흐르게 하여약 85cm 높이 예루살렘 성민을 위한 큰 생명의 젖줄, 풀pool이 되었습니다. 아브라함이 모리아 산[258]으로 가서 독자 이삭을 바치고 얻은 예루살렘[259]이므로, 이스라엘 땅은 망하지 않고 영원히 있는 땅, 즉 하나님이 예비하신 평화의 도시이지요.

나면서부터 소경이었던 사람이 예수님께서 시키시는 대로 그 못에 가서 눈을 씻으니, 눈이 떠져 빛을 보게 되었습니다. 은혜가 넘치는 실로암[260]은 바로 예수님의 피가 고인 못이고, 소경 바디메오는 바로 이 예수님의 피 못에 빠졌던 것입니다.막 10:46-52; 눅 18:35-43

창세기 2장의 에덴에서 흐르는 네 강물 중 첫째 강 이름이 기혼Gihon Spring인데 예루살렘 북쪽 샘 기혼[261]과 단어가 똑같습니다. 에덴에서 흐르는 네 강물, 곧 하나님의 보좌로부터계 22:1 흐르는 네 강물은 다 은혜의 4복음 말씀인데, 첫 번째 강마태복음부터 '은혜가 분출된다'라는 '기혼'으로 시작되는 것은 신비입니다. 4 복음서의 '물'은 다 하늘 보좌의 에덴 강에서 흘러나온다는 말이지요. 구약의 마당이 땅의 질서를 위한 것이라면, 4복음은 시작마태복음부터가 하늘적인 것heavenly realm을 보이고 있는 것이지요. 왜냐하면 예수님께서 니고데모에게 '다시 나라重生'고 말씀

---

258 모리아산מוֹרִיָּה, Moriah, Mount Moria, chosen by Jehovah의 뜻은, '**하나님께서 지시하신 땅, 택하신 땅**'이란 뜻으로, 오늘날 '예루살렘 성전산, 바위 돌이 위치한 곳을 이른다.

259 예루살렘יְרוּשָׁלַיִם, Yerushalayim, Jerusalem의 어원을 살펴보면, '예루'Yeru는 '터', '기초'란 뜻이고 '살렘'Salem은 '평화'란 뜻의 히브리어 'Shalom'을 의미한다.

260 실로암שִׁילוֹחַ, Shiloach, Siloam은 '**보냄을 받았다**'의 뜻으로, 예루살렘 기혼샘에서 흘러온 물을 저장하는 정결 예식을 위한 장소이다.

261 Gihon이라는 이름은 히브리어로 "**솟구쳐 흐르다**" 또는 "**분출하다**"는 뜻을 지니며, 실제로 이 샘은 하루에 여러 차례 물이 솟아오르는 간헐천intermittent spring이다. 히스기야 왕은 이 샘의 물을 히스기야 터널Hezekiah's Tunnel을 통해 예루살렘 성안으로 끌어들였고, 이는 실로암 못Siloam Pool까지 이어진다.

하셨듯, 중생은 '위로부터 내린다'의 뜻인데 바로 '은혜와 성령으로 다시 태어난다'는 것입니다. 그것은 '땅의 것구약, 마당'과는 전혀 다르기 때문입니다.요 3:3-5

예루살렘 사람들, 즉 평화를 터로 하고 사는 평화의 왕의 사람들은 그 은혜의 물을 먹고 살지 않을 수 없습니다. 그래서 은혜의 영적 예루살렘그리스도인들은 영원히 삽니다. 3차 대전에서도, 아마겟돈에서도, 남은 자the remnant가 됩니다.

이 영생으로 이끄는 은혜의 생수를 처음 먹는 사람은 바알신 우상숭배의 본거지인 시돈 땅 옆에 있는 사르밧 땅마을의 한 과부입니다. 예수님께서 생수를 권해주실 사람이 없어 이방 땅이라고 불리던 사마리아의 한 여인에게 가듯이,요 4:26 엘리야는 참 남편하나님 없는 사르밧 과부왕상 17;8-16; 눅 4:26에게 가는 것입니다. 수가성 여인The Woman at the Well 또는 The Samaritan Woman이나 사르밧 과부The Widow of Zarephath는 하나님의 사람인 엘리야나 예수님을 당장 알아보았습니다. 수가성 여인이나 사르밧 과부는 진실로 도의 사람道女, 곧 복음의 여인이었기에 은혜를 받았습니다.

하나님의 '에덴같이 아름다운 정원'이란 이름의 갈멜산 대결과 그 다른 이름으로 불리는 하르-마겟돈 전쟁에서 그들은 다 패배하고 결국 기손 시내에서 다 도륙당합니다. '불로 응답하는 신 여호와,'왕하 18:38 엘리야의 기도로 하늘에서 불이 내려왔을 때, 한 명이라도 엘리야의 캠프 쪽으로 왔으면 얼마나 좋았겠습니까. 교리란, 교파들이 쌓아 올린 그 왜곡된 전통이란 이렇게 무서운 것입니다. 그들은 비진리의 사상, 그 온전치 못한 진리로 몸과 마음이 경직되고 고체화된 나머지 목과 머리가 화석화된 사람들입니다. 그 종교 지도자들은 바디메오 앞에서조차, '보지도 못하면서 본다고 하니까 죄가 그대로 남아 있게 되어'요 19:41 심판을 받게 되는 사람들입니다. "소경이 소경을 인도하니[262] 둘 다 멸망의 구렁텅이지옥에 빠지느니라"마 15:14는 말씀처럼.

요약하여 말씀드리자면, 진리의 복음 세력인 엘리야두 증인적 인물들의 단체성가 비진리, 온전치 못한 비진리 세력인 자기들도 천국에 들지 못하면서 남들도 들어가지 못하게 하는 그 아합과 이세벨의 맘몬주의 세력들과 에덴처럼 아름답다는 동산 갈멜산에서 전투를 벌이는데, 중요한 것은 하나님께선 역사의 교훈으로 엘리야 시대로부터 약 3백 년 전의 선지다 드보라와 바락 장군 시대에도 있었고, 또 종말의 때 그 '학살의 산,'하르 므깃도에서 마지막 전쟁, 곧 하르-마겟돈, 아마겟돈 전쟁이 일어나는데, 그것은 세계 3차 대전과 하나님과 사단 간의 최종 '큰 선악전'의 예고편이란 것입니다. '여호와 진노의 날'욜 2:2에는 여호사밧יְהוֹשָׁפָט Yehoshafat, Jehoshaphat; 여호와께서 심판하셨다, 예수님의 표상 판결원어론 '심판[263]의 골짜기에 죽을 사람이 많게 되는데욜 3:14 바로 갈멜산과 다볼산 사이의 골짜기 들판을 말합니다. 크고 넓은 평원 은 아니지만, 인류 역사상 가장 많은 전쟁이 벌어졌던 이곳 하르-므깃도죽음의, 학살의 므깃도 산가 마지막 큰 날의 전쟁을

---

262 히브리어 nachah נָחָה는 "인도하다, 이끌다, 만들다"의 뜻이며, 'iwer עִוֵּר는 "**눈먼 자, 소경**"을 의미하는 합성어이다. 즉, nachah iwer는 직역하면 "눈먼 자를 인도하다"로, 이 표현은 "**무지한 자가 무지한 자를 이끄는 위험한 상황**"을 상징한다. 또한, 주목할 것은, 'nachah'는 단순히 '안내하다'를 넘어서, '길을 만들다', '방향을 제시하다'라는 의미도 포함되어 있어서 "만들다"라는 뉘앙스가 일부 해석에서 반영될 수 있다. 이 구절은 단순한 시각 장애에 대한 묘사가 아니라, 영적 무지와 잘못된 지도력을 경고하는 비유로, 예수님은 '**영적 진리를 모르는 자가 다른 무지한 자를 이끌면 모두 파멸에 이른다**'라는 교훈을 주신 것이다.

263 히브리어에서 '**심판**'을 뜻하는 단어로는 'מִשְׁפָּט Mishpat'과 'דִּין Din'이 있다. 'Mishpat'은 성경에서 '**하나님의 정의롭고 공의로운 심판**'을 나타낼 때 자주 사용되며, 정의, 판결, 공의 등의 의미를 포함한다. 반면, 'Din'은 보다 '**법적이고 절차적인 판결이나 재판**'을 의미하는 경우가 많아, 인간 사회의 사법적 맥락에서 주로 쓰인다. 이처럼 두 단어는 모두 '심판'을 뜻하지만, 문맥에 따라 신적 심판과 인간의 법적 판단을 구분하는 데 사용된다.

가리키는 표상어가 된 것이지요. 스가랴서 14장을 보면 하나님의 보호와 승리를 기념하는 성일인 '초막절'264에 거룩한 땅 예루살렘에 올라오지 아니하는 열국 세력들은 모두 죽임을 당한다고 합니다.[14:16-19] 물론 여호와 하나님으로부터 돌아서 있는 유대인들도 포함될 것입니다.

한 마디로, 마지막 때 하나님의 진정한 복음 세력엘리야 세력과 비복음 진리의 결전장은, 반드시 중동과 이스라엘이 될 것이라고 확신이 듭니다. 진리의 성읍, 하나님의 포도원슥 13:8 이스라엘 땅에 그 과수원을 망치는 여우아합 집단를 잡으라고 명령하셨듯, 악의 카르텔 안에 있는, 그리스도의 영이 없는 교계, 그 현세주의자들은 다 멸망 당하리라고 봅니다.

생명과 죽음의 실상實相이 깔려 있는 이 하르-마겟돈아마겟돈의 모티브랄까 거울은, 여선지자 드보라와 바락 장군이 야빈 왕과 시스라 군대의 9백 승강 철병거를 깨버리고, 또 거기에다 하나님의 자연재해폭우까지 겹쳐서 그 악의 군대가 전멸되는삿 4-5장 예표로 잘 보여주고 있습니다. 드보라의 승리 노래를 보면 '하늘 구름이 물을 퍼부었다'삿 5:5고 했는데, 이것은 하늘이 문을 연 듯한 거대한 폭우로 개천의 물이 홍수처럼 불어

---

264 초막절은 성경과 유대 전통에서 다양한 이름으로 불리며, 각각의 명칭은 절기의 의미와 기능을 반영한다: 1) '초막절'은 원어로 'Sukkot'숙곳이며 그 의미는 '초막들'이라는 뜻으로, 광야에서 임시 거처에 머물렀던 이스라엘의 삶을 기념한다. 2) '장막절'은 'Feast of Tabernacles'로, 영어 번역에서 흔히 사용하며, '장막'은 초막과 같은 의미로 사용된다. 3) '수장절'은 'Feast of Ingathering'으로, 히브리어로는 '**Hag Ha-Asif**'로 표현된다. 그 의미는 추수한 곡식을 저장하는 시기, 감사의 절기를 나타낸다. 4) '여호와의 절기'는 'The Feast of the Lord'로, 레위기 23:39 등에서 사용되며, 하나님께 드리는 절기라는 점을 강조한다. 5) '그 절기'는 'The Feast**Ha-Hag**'으로, 왕상 8:2 등에서 단순히 '절기'로 지칭되며, 가장 중요한 절기라는 의미 내포한다. 6) '칠월 절기'는 'Feast of the Seventh Month'로, 유대력 7월티쉬리에 지켜지는 절기라는 지리적·시간적 명칭이다. 참고로, 'Sukkot'은 히브리어로 '수카Sukkah'의 복수형으로, 초막을 뜻한다. 이 절기는 광야에서의 보호와 인도, 그리고 추수의 감사를 함께 기념하는 절기로, 기쁨의 절기로도 불린다.

났을 뿐 아니라 병사들과 말들이 몰고 맹렬히 돌진하던 철병거들 조차 한 발짝도 움직이지 못하는, 하나님께서 개입하신 자연 재난을 의미합니다. 이것은 최후의 선악 대전the great controversy between God and Satan에서 하나님께서 내리시는 복음 군대, 그 말씀의 불 칼과 자연재해, 이를테면 기후, 기근, 역병, 거대한 화재들에 의한 재앙일 수도 있음을 보입니다.

오늘 현대인의 비극은 이 종말의 전쟁 환난과 재난의 비극을 비극으로 이해하지 못하는 것에 있으며, 더욱 비극 중의 비극은, 바로 엘리야의 갈멜산 대결과 그 산 밑에서 벌어진 므깃도의 학살 전쟁이 진리의 하나님 세력과 비진리의 사탄 세력적그리스도의 세력 사이에 벌어지는 인류사 최후의 선악전아마겟돈 전쟁이라는 것에 무관심한 것에 있습니다. 하나님께서 "종말에 될 일을 처음부터 고하며 아직 이루어지지 아니한 일을 보이고 다 일러주셨다"사 46:10고 했고, 또 "하나님의 비밀이 그 종 선지자들에게 복음대로 이루어진다"고 했으며사 46:10 엘리야와 거의 동 시대격인 아모스 선지자는 "선지자들에게 명한 것 외에는 하나도 달리 행하시지 않으신다"암 3:7고 했는데, 오늘날 사람들은 하나님 말씀에 귀를 막고 있습니다.참조. 사 28-29장 예수님께서 예언하신 대로 '마지막 때는 평범한 일상속에서 갑작스럽게 임할 것이므로, 영적 준비하라.'라고 엄중히 말씀합니다.

> 또 롯과 노아의 때와 같으리니 사람들이 먹고 마시고 사고 팔고 심고 집을 짓더니 롯이 소돔에서 나가던 날에 하늘로부터 불과 유황이 비오듯 하여 저희를 멸하였느니라. 인자가 나타나는 날에도 이러하리라 눅 17:28-30; 마 24:37-39

기손 시내와 인근 벌판에 쏟아진 폭우도, 바알과 아세라 신 쪽의 850 거짓 선지자들과 철병거 900승대의 막강한 시스라 군대만 죽인 것이 아니라, 적그리스도 세력인 아합왕이 마차를 타고 자신의 궁궐 속으로 급히 피신하나 역시 폭우 속에서 바람처럼 달리는 맨발의 엘리야가 그를 앞질러 궁에 도착하는 것은 사탄 세력의 처절한 패배를 직접 보여주는 것입니다.

비 진리 세력이 하나님의 '아름다운 정원 산' 갈멜까지 올라가 하나님의 현존 앞에서 대적하는 것은, 하나님 없이 사는 인간들과 세력들에게 보여주는 교훈으로써, 하나님께서 이 마지막 때에 하나님 아름다운 동산인 에덴을 회복하신다는 유추analogia입니다. 계시록 16장에서 '보이는 큰 산악들도 아마겟돈 때 떠나간다.'라는 것은 거짓 세력의 완전 붕괴를 뜻합니다. 예수 그리스도께서 "귀 있는 자는 들을지어다" 라고 일곱 번이나 되풀이해서 말씀마 11:15, 13:9; 막 4:9, 4:23; 눅 8:8, 14:35; 계 2:7, 13:9 등 하시는데 또한, 요한계시록에서는 총 7번, 소아시아의 일곱 교회에 동일한 권면이 주어지는데, 귀 없는 자가 어디 있겠습니까. 헬라어 원문, "ὁ ἔχων ὦτα ἀκουέτω, ho echōn ōta akouetō"으로 보면 '귀 있는 자만 들으라'는 뜻이 함의含意되어 있습니다. 말씀에서 돌아서 있는 사람들, 역사에서 교훈을 배울 줄 모르는 백성은 망합니다. 엘리야의 갈멜산 대결 얘기와 그 산 밑에서 벌어지는 시스라 군대의 대패 얘기는 하르-마겟돈아마겟돈의 예표임을 자각하는 것에 그 의의意義가 있습니다.

> …온 세상의 왕들을 모아 하나님 곧 전능하신 이의 큰 날에 있을 전쟁을 위하여 모으더라… 그들이 히브리어로 아마겟돈이라 하는 곳으로 모이더라.계시록 16:14, 16

Abbazia Delle, "Tre Fontane, Rome"(www. tripadvisor.com)

'엘리아의 기도', m.blog.naver.com

묵상 적용과 토론을 위한 질문 [8부 신・구약 인물]

1. 도스토예프스키는 바울의 로마서 7장 24절 ("이 사망의 몸에서 누가 나를 건져내랴?")을 자신의 실존적 물음으로 삼아, 대심문관에서 인간 내면의 절망과 구원의 문제를 탐구했습니다. 여러분은 바울과 도스토예프스키가 공유한 죄와 은혜의 긴장을 어떻게 이해하며, 오늘날 인간 실존의 문제에 어떤 통찰을 준다고 생각합니까?

2. 바울은 감옥에서도 찬송하며(행 16장), 종말론적 소망을 붙잡고 복음을 전했습니다. 여러분은 바울의 십자가 신앙과 재림 신앙이 개인의 고난과 사회적 위기 속에서 어떤 힘을 줄 수 있다고 보십니까?

3. 아놀드 토인비는 바울의 로마 항해를 "세계 문명의 항로"로 해석했습니다. 여러분은 바울의 복음 전파가 문명사적 전환점이 된 이유를 어떻게 이해하며, 오늘날 세계화 시대의 기독교 선교와 어떤 연결점을 찾을 수 있습니까?

4. 본문은 엘리야의 '승천'을 단순히 보좌권 하늘로의 이동이 아니라, 하나님의 특별한 방식으로 옮겨진 사건으로 해석합니다. 여러분은 이 해석이 죽음과 영생, 그리고 하나님의 섭리를 이해하는 데 어떤 의미를 준다고 생각합니까?

5. 에녹, 모세, 엘리야 모두 죽음과 장례의 전통적 절차와는 다른 방식으로 하나님께서 특별히 다루셨습니다. 여러분은 이 세 인물의 사례가 인간의 유한성과 하나님의 주권에 대해 어떤 신학적 메시지를 전한다고 보십니까?

6. 엘리야가 갈멜산에서 바알 선지자들과 대결한 사건은 단순한 역사적 사건을 넘어, 종말론적 아마겟돈 전쟁의 예표로 해석됩니다. 여러분은 이 사건이 오늘날 진리와 비진리, 하나님 나라와 세속 권세의 대립을 어떻게 상징한다고 생각합니까?

2권 : 동양과 서양의 마음 – 그 깊은 진리의 바다

마지막 시대에 대한 인식과 준비 9부

- 마지막 시대에 대한 인식과 준비
  - (Ⅰ) 성경을 중심으로 한 종말론
  - (Ⅱ) 제3 성전 건축을 보는 눈

「최후 승리 얻기까지」, 이상복

마지막 시대에 대한 인식과 준비

이제는 4차 산업혁명의 물결 속에서, 인공지능과 양자역학 기반의 컴퓨터 시스템, 그리고 5G의 빛처럼 빠른 네트워크는 인간 중심의 전통적 문명 양상을 넘어서고 있습니다. 따라서 사람들은 다니엘 선지자가 예언한 대로,[단 12:4] 과학정보 지식의 발달과 운송 수단의 혁명으로 세상의 끝이 가까이 왔음을 피부로 느끼고 있습니다. 예수께서 '시대의 징조'를 보고 때를 알라고 하셨는데,[마 16:3]실로 지금은 인류가 문명사의 마지막 장章 속을 걸어가고 있다고 할 수 있을 것입니다. 이에 우리는 '텍스트성경'를 통해서 말세론을 먼저 알아보고, 그다음으로, '컨텍스트'환경,제3성전를 보면서 주님의 재림을 앞둔 준비 문제를 언급해 보고 싶습니다. 준비 문제를 언급해보고 싶습니다..

I

성경을 중심으로 본 종말론

【들어가는 말】

✅ '종말end, end times'은 히브리어로 '야하리트א,תירח' 헬라어로 '에크바시스ἔκβασις'로, '시작에 대한 끝'의 의미인데, 성경에서 인간 역사의 '수평적 종말헬)Χρόνος,'Chronos'을 의미합니다. 구약에서의 종말은 주로 선지서에서 '여호와의 날the Day of God'이란 말로 표현되지요. 하나님의 섭리와 목적이 성취되기를 대망하는 묵시적인 내용들입니다. 즉 여호와 하나님의 계약언약 속에 있던 의로운 자들은 구원의 소망을 얻지만 반대로 불의하고 패역한 백성에게는 하나님의 징계심판가 임한다는 내용입니다. 그중에서 이날은 이스라엘하나님 백성들에게는 구원과 희망의 날이요, 적에게는 멸망과 형벌의 날로 이해되었고, 하나님께서 심판과 구원의 완성을 위해 자기를 직접 나타내는 날이기도 합니다. 이것은 전쟁이나 천재를 통해 올 수도 있지요.사 13:6,9; 겔 13:5; 습 1:7

구약의 '여호와의 날'은 신약에 와서 현세적 종말인 예수의 초림과 미래적 종말인 예수의 재림으로 구체화 됩니다. 현세적 종말은 '이미' 예수를 믿는 순간에 영생을 얻고,요 3:16 심판에 이르지 아니하며 사망에서 생명으로 옮겨짐을 말합니다.요 5:24 즉 예수님을 믿는 순간 심판에 이르지 않고 영생에 이르게 되는 종말적 사건이 '이미' 이루어졌다는 것입니다. 그래서 바울도, 베드로도 또 요한도 '말세를 살고 있는 우리들'이란 용어라든지, '마지막 때를 당해'와 같은 용어를 쓰고 있습니다. 예수님이 초림하실 그때 말씀의 심판 문제가 대두되었기에 말세가 시작되었다고 본 것입니다. 예수님께서 니고데모에게 말씀합니다.

> **저를 믿는 자는 심판을 받지 아니할 것이요 믿지 아니하는 자는 하나님의 독생자 이름을 믿지 아니하므로 이미already 심판을 받는**

것임이라. 요 3:18

여기서 심판은 법리적으로 유죄 판결을 의미합니다. '훌륭한 스승', '승리를 가져오는 자'란 뜻의 이름을 지닌 니고데모Nicodemus가 중생衆生 문제가 알고 싶어서 밤에 찾아왔을 때, 예수님이 이스라엘의 고명한 스승 니고데모에게 하신 이 말씀은 충격적입니다. 마치 시편 49:20에서 "아무리 존귀한 자리에 처해 있을지라도 말씀을 깨닫지 못한 자는 멸망할 짐승과 같도다." 하는 것과 같은 말이지요. 니고데모는 70인 공의회 의원이기도 한 존귀한 자가 아닙니까.

한편 미래에 완성될 종말은 홀연히 이루어지며, 살전 5:2 예수님께서는 그 전에 여러 징조가 있을 것이라고 말씀하셨습니다. 마 24장, 막 13장, 눅 21장, 살후 2:1-4 종말에 이르게 되면 그리스도께서 만유萬有의 모든 권세와 통치하는 자를 굴복시키고 승리를 성취하시며, 고전 15:24-27 이때 신실한 자들, 곧 이기는 자들은 생명의 부활로, 악한 자는 형벌에 처하게 됩니다. 마 25:31-46 이것은 하나님의 사역과 섭리의 완성입니다. 따라서 종말의 때, 곧 말세는 하나님 앞에 서게 되는 종말적인 최후의 날을 가리킵니다. 이것은 '주의 날' 개념에서 파생된 시간적인 마지막이지요. 여기에 상응하는 말로는 최후의 심판의 때를 나타날 때 사용된 '카이로스'καιρός'입니다. 종말론적 결과나 마지막 목표를 나타내는 '텔로스τέλος'는 바울이 "나는 달려가야 할 길경주의 끝을 향해 간다"고 하는 그 푯대가 바로 종말적 마지막 목표인 '텔로스'입니다. '끝', '완성'을 나타내기도 하는 최종적인 의미지요.

바울은 말세에 나타날 악한 인심의 기미들과 무정하고 법 없는 냉담한 사회, 윤리의 하락과 도덕과 종교의 타락, 그리고 개인적인 패악을 비롯한 사회의 총체적 인간 악의 병리와 부조리들을 자세히 언급하고 있는데, 딤후 3:1-5 심지어 '교회에까지 미혹의 영, 귀신의 영이 들어와 양심에 화인을 받게 한다'고 하였습니다. 딤전 4:1-3 진리의 하락과 교파들의 난립으로 거짓 교리들이 난무한다는 것이지요. 베드로도 '말세가 되면 하나님을 기롱조롱하는 자들이 예수 그리스도의 재림을 비웃고 불신한다'고 하였습니다. 벧후 3:3-4

따라서 말세론종말론, eschatology은 역사의 마지막에 일어날 일에 대한 학문성경학의 한 분야인데, 특히 그리스도의 재림과 관계된 세상 역사의 마지막 때에 대한 것들에 관심을 둡니다. 종말론적 결과는 계시록 마지막 장인 22장 3절에서 더 이상 심판이 없을 것을 선포하고 있습니다. 즉, 타락을 다루는 창세기 3장과 계시록 22장 사이에 있는 내용들은 모두 이미 내리셨던 저주를 뒤엎으시며, 그의 피조물을 구속하시려 했던 애타는 노력과 깊이 관련되어 있습니다. 하나님은 자신의 형상으로 지으신 백성들을 사랑하십니다. 특히 그분이 선교복음 의지의 구심중심으로 쓰실 이스라엘에 대해서는 제사장 국가로서의 복을 주시며출 19:4-7 격려하십니다. 그러나 아담이 타락하듯이 선민 이스라엘도 타락합니다. 본질인 말씀에서 벗어나는 것이지요.

> 처녀 이스라엘이 엎드려짐이여, 다시 일어나지 못함이로다. 자기 땅에 던지움이여, 일으킬 자 없으리로다. 주 여호와께서 가라사대 이스라엘 중에서 천명이 행군해 나가던 성읍진리의 성읍으로, 현대적 의미로는 교회에는 백 명만 남고, 백 명이 나가던 성읍에는 열 명만 남으리라 하셨느니라… 너희는 여호와를 찾으라. 그리하면 살리라. 암 5:2-6

"너희는 여호와를 찾으라. 그리하면 살리라" 아모스도 이사야도사 55:3 우상 숭배로영적 흑암 멸망 받을 위기에 처한 이스라엘을, 즉 현대적 의미론 영적 이스라엘, 곧 교회도 포함, 향해 생명의 여호와를 찾으라고 거듭

촉구합니다. 이것은 "내 백성이 나를 아는 지식이 없어 망하는 도다"호 4:6 "그러므로 여호와를 알라. 힘써 알라"호 6:3고 하는 '하나님을 아는 지식'이 종말론 구원 이해의 구경究境임을 보입니다. 다시 말하면 종말론은 살아계신 하나님의 살아있는 말씀생명의 도,행 7:38의 구원과 관계가 있다는 것입니다.

'맹세로 약속하시는 하나님'창 22:16-17; 히 6:17-18은 '주의 날'이라고 하는 놀라운 사건을 통하여 정치, 경제, 사회, 문화 전반에 걸친 모든 부패하고 파탄 난 악한 세상이 다 하나님의 다스림 아래 놓이게 된다암 5:18-20; 욜2:31고 말합니다. 예수께서 하나님의 오른편δεξιός, dexios,덱시오스, 영광과 권능 그 하나님 권세의 대행 자리에 앉아계시는 것은 하나님의 통치를 위한 마지막 준비 작업입니다.시 110:1; 행 2:34-35 신실한 사람들은, 이제 그리스도께서 이 어둠과 혼돈의 세상에 재림하셔서 원수 대적들을 패배시키시고 지상에서 공의와 진리로 다스릴 그 광명한 천지를 기다립니다. 그래서 마지막 날에 있을 하나님과 '이 세상의 임금'요 12:31인 사탄 마귀와의 대전투는 생명 나무와 선악과나무, 그 선과 악의 세력들 사이에서 있는 대大이념 전쟁Great Controversy의 거대한 결전장이 될 것입니다. 구약 열왕기에서, "너희가 언제까지 두 담사상 사이에서 머뭇거리고 있겠느냐"왕상 18:21라고 하면서 엘리야가 물질의 신, 그 바알 무신론 세력을 박살 내는 갈멜산 대결이 그 예표지요. 결국 적그리스도 세력인 아합과 이세벨 세력은 다볼산에서 흘러 내려온 피의 시냇물인 기손 시냇가에서 다 처형당합니다.

하나님께서는 노아의 때에, 악이 온 땅을 넘치게 덮음으로, 대홍수로 세상을 다 심판하셨는데, '사탄에 미혹된 온 세상의 인간들'요일 5:19이 성경에 기록된 그 사실을 보고도 교훈을 배우지 못하니까 그리스도께서는 마지막 때도 심판이 있으리라고 말씀합니다.마 24:37-38 베드로는 이 마지막 심판을 '불 심판'이라고 일러줍니다. 하나님의 마지막 분노와 심판은 '불로 이루어진다'고 명백히 말하고 있지 않습니까.벧후 3:5-6 결국 첫 하늘과 땅은 다 없어질 것이며, 천년왕국, 그 천년 지복至福 기간이 끝난 후에는 그리스도의 영원한 신부 공동체교회에 들 수 있는 사람들을 찾기 위해 무저갱에 결박되었던, 활동치 못하게 했던계 20:3 사탄을 풀어서 낙원적 환경 같았던 그 천년왕국에 있었던 사람들을 시험케 하신 후, 다시는 더 기회가 없는 최후의 심판을 사탄과 사탄을 따르는 자들에게 불 심판계 20:10으로 내리는 것입니다.

그런데 그 불 심판을 자세히 보면 새 하늘, 새 땅이 있기 전에 땅의 체질이 다 불타게 되고 이글거려 녹게 된다벧후 3:12는 사실을 알 수 있습니다. '체질體質'은 헬라 원어로 '스토이케이온στοίχειόν'으로, 물리적으로 세상땅의 구성 요소인 원소元素입니다. 모든 원소가 영적인 의미로 다 불에 녹아버린다는 것입니다. 또한 이 물질적 구성 요소인 '원소'의 영적인 의미는 그 뜻이 '초등학문'입니다. 이 '스토이케이온'이라는 말은 성경에 여섯 번 나오는데,히 5:12; 갈 4:3, 9; 골 2:20; 벧후 3:10. 12 그 뜻은 '초보적인 가르침elementary principles rudimentary teachings' 또는 '말씀의 초보'입니다.

히브리서 기자가 히브리서 5장 12절부터 6장 1절에서, 그리스도에 관한 '도의 초보', 그리고 그 초보 수준에만 머무름으로써 오는 위험히 6:4-8을 자세히 설명하듯이, 젖이나 먹는 사람이 되지 말고 단단한 식물장성한 자의 식물을 먹어야 '의의 말씀'을 경험할 수 있다고 질책 같은 권면을 강하게 합니다. '**너희가 하나님 말씀의 초보에 머물러 있어서 젖이나 먹는 사람이 되어 있다**'히 5:12고 합니다. 단단한 식물, 즉 장성한 자의 말씀의 양식을 못 먹어 의의 말씀을 너희 것으로 만들지 못하고 있다는 것입니다. '의의 말씀'은 신부 단장의 옷으로 그리스도의 인격義, δίκαιος, dikaios, 디카이오스의 옷을 말하는데, 신앙 연륜이 오래 되었음Χρόνος,Chronos, 크로노스에도 어린아이들의 '초등학문'골 2:20; 갈 4:9에나 머무르고 있다는 것입니다. 높은 단계의 말씀을 체험하지 못하고 있다는 말씀이지요. 마치 종교인들이 생명이 없이 어떤 종교적인 것, 곧 윤리 도덕적인 가르침만을 붙들고 있듯이…. 그리스도교에서는 예수님의 피, 십자가 보혈 만이 바로 생명입니다.

수십 년 신앙생활을 하면서도 진도가 나아가지 못하고 항상 '초신자 반'에만 머물고 있으니 언제 '성숙자 반'과 '사명자 반'으로 나아가겠느냐는 것입니다. 주일 오후 예배에는 반드시 연경硏經반,성경 말씀 연구 예배를 드리고, 그리고 사역전도, 선교, 특수을 원하는 사명자 반은, 따로 말씀 집중 훈련 프로그램이 있어야 한다고 생각해 봅니다. 물론 주일 공동예배 설교 말씀에서는, 하나님의 말씀 자체가 살아 있고 운동력이 있으므로, 예배자의 영적 분량 구별 없이 성령의 조명으로 성령께서 인도하심에 따라, 온 세대가 함께 드려 성령 하나님의 임재와 역사하심을 시간마다 깨닫게 하는 은혜의 시간이 되어야 할 것입니다.

엘리야에게는 '특심'[265]왕상 19:10, 14,말씀과 기도에 대한 유별한 마음과 열정이 있었다고 했듯이, 성경 진리로 역사의 허망과 인생의 덧없음을 깨달은 사람은 '특심영적 분별력'을 갖는 경우들이 많습니다. 생각하는 사람이라면 '특별계시'인 성경의 '절대 진리special revelation' 추구의 마음이 있고, 또한

---

265 히브리어 원문에서는 'קַנֹּא קִנֵּאתִי' Qanno' Qinne'ti로 기록되어 있는데. 이는 '나는 크게 열심을 내었다' 또는 '나는 열렬히 헌신했다'라는 의미를 지니고 있으며, 헬라어로는 'ζηλω ζελασα' Zēlō Zelasa 이고, 영어로는 'I have been very zealous.' 또는 'I have been extremely passionate.' 의미이다. 이 표현은 하나님을 향한 강한 열정과 헌신을 강조하며, 엘리야가 이스라엘의 배교apostasy에 대해 깊은 슬픔과 분노를 느꼈던 상황을 나타낸다.

그것을 자세히 알아 그 '영생으로 인도하는 진리the Truth leading to the eternal life'를 남에게도 전하고 싶은 마음을 갖지 않습니까.

그런 의미에서, 많은 교회가 잘 감당하고 있습니다만, 한국교회의 '제자도지금은 '영성'이란 말을 쓰지 않고 제자도로 사용' 훈련에서, 교회가 말씀 교육을 초급 훈련만 시킬 것이 아니고, 세~네 반, 즉 성숙자반, 제자반, 사명자반, 나아가서는 중직자와 사역자에 대한 삶의 현장 선교를 위한 전문 선교사역반으로 나누어 영적 분량에 맞추어 말씀과 적용의 양식을 제공하는 훈련 교육의 효율성을 가져야 한다는 생각이 듭니다. 그러나 교회 내에서 진행하는 양육훈련이 이를 통해 목양자의 열심당원을 양산한다는 논란이 더는 없어야 할 것입니다. 훈련생들은 교회 내에서 또 다른 특권의식을 지니고 사역하고 봉사하는 일이 없도록 오직 진리의 말씀을 성령의 조명 아래 인도하심에 따라 하나님을 깊이 만나야 합니다. 이러한 훈련 과정을 통하여, 주님 안에서 신앙생활과 인생의 비전과 푯대를 새롭게 정하며 삶의 현장에서 날마다 실천하여, 하나님 사랑과 이웃 사랑의 모범이 되는 귀한 영적 이정표가 되는 시간이 되어야 할 것입니다. 무엇보다도, 엄정한 복음을 바벨탑 안에 가두어 놓고 축복만 강조하는 강단이 되어서는 안 되며, 예수 그리스도의 피 값으로 세워진 교회는 몸집을 키우는 물량적 성장부흥이 아니라 그리스도 정신의 왕국을 세우는데 전력을 다해야 할 것입니다.

그러기 위해서 그리스도인은 하나 같이 다 '그리스도의 피와 살을 먹고 생명이 되기 위해 그를 살아내자는 것에 삶의 목표'요 6: 53-57를 두어야 할 것입니다. 그렇지 않고서는 이 부질없고 허망한 인생살이에서 어떻게 눈을 감겠습니까. 반복하여 언급했듯이, 예수님이 "너희가 말씀을 받으면 γίνομαί, ginomai, 기노마이, become to, 받아서 '되면' 너희들은 신들아들들이다"요 10:35 신성에 참여하여 하나님의 아들들이 되라고 하지 않습니까. 우리가 하나님의 형상으로 지어진창 1:26 이상, 그렇게 되기를 간구해야 하지 않겠습니까.

'말씀의 초보,'히 5:12 곧 그리스도 도의 초보를 '버리고',헬)καταλείπω, kataleipō, 뒤에 놔두고,히 6:2 지각을 연단하여히 5:14 '단단한 식물'을 먹는 것은 예수님이 교회의 머리골 1:8 되시는 한, 목양 교육의 지상 명령입니다. 생명의 공급자 되시는 예수님으로부터 풍성한 생명을 공급받아 생명의 성숙요 10:10으로 나아가지 못하고 말씀의 초보에 머무르기 때문에 불 심판을 받는다는 것은 비극 중의 비극입니다.

악한 세상 형편에 대해 정의감으로 비분강개하는 것도 좋지만, 그보다 우선인 것은 종말 계시 예언의 말씀인 장성한 자의 식물까지를 먹고 주님 앞에 설 수 있는 자신의 존재 확인, 곧 예수님처럼 피 '뿌린헬)βάπτω bapto 밥토, immersed, 잠겨진'[266] 옷에 '말씀'이란 명찰계 19:13을 달고 복음 군대엡 6:13-17; 계 19:14로 나설 수 있는 그리스도의 군사가 되는 것, 즉 의의 말씀을 경험하는 것이 장성한 자의 분량입니다. 바울이 걱정하며 교회에 권고하는 것은, 이 경지까지 나아가지 못하면 데살로니가 후서 2장에서 분명히 밝히는 대로 "불법한 자적 그리스도가 등장하여 거짓 이적과 속임수를 행하여 그리스도의 재림 전에 교회가, 성도들이 배교할 수 있기 때문"2:3-12이란 것입니다. 공중에 권세 잡고 정사를 주관하며 세상의 풍습을 이끄는엡 2:2-4 저 '멸망의 자식', '불법의 아들'의 미혹 때문에 말이지요. 앞서 언급했듯, 토인비 박사가 "세상은 타살에 의해서가 아니라 자살에 의해 망한다."라고 했는데「『역사의 연구』, A Study of History 중 "도전과 응전",

---

266 헬라어 βάπτω bapto는 '담그다', '적시다' 등의 의미를 지니며, 고대 헬라어에서 염색하거나 액체에 담그는 행위를 표현하는 데 사용되었다. 신약 성경에서는 주로 βάπτιζω baptizo와 관련이 있으며, 이는 '침례를 주다'라는 의미로 발전했다.

원인은 차이가 있어도 성경적으로 살펴볼 때 설득력 있는 말로 들립니다.

앞서 살폈듯이, 말씀의 초보, 젖이나 먹는히 5:13 '초등학문'에 머물러 있는 사람들이 '의'義,예수 그리스도의 말씀을 경험하지 못한다는 것은 성장에 문제가 있다는 것입니다. 성경이 우리에게 가르쳐 주는 것은 '생명의 인식'과 '생명의 성장' 문제가 아닙니까. 창세기 21장 8절에도 있듯이, '아이가이삭 자라매 젖을 떼고' 하였는데 이유식을 말하는 것이지요. 또한 히브리서 5장 12절은 '너희가 마땅히 선생이 될 터인데', 신앙의 시간이 오래 되었음에도 불구하고, 여전히 기본적인 가르침이 필요로 하는 상태를 지적합니다. 13절은 "젖을 먹는 자마다 의의 말씀을 경험하지 못하나니", 영적으로 미숙한 자는 깊은 신앙의 진리를 깨닫지 못하고, 여전히 초보적인 가르침에 의존하고 있음을 나타내는데, 성도들이 단순한 교리에서 벗어나 더 깊은 영적 이해와 실천으로 나아가야 한다는 메시지를 담고 있지요. "주님의 영과 연합하여 그리스도의 신부가 될 사람들은 단단한 음식으로 성장해서"히 5:12-13 주님을 맞이하는 단계로까지 전진해야 하고, 그리하여 성도는 하나님의 아들들이 되어 그리스도와 함께 하나님의 나라를 유업 받아야 한다는 것이 바울 사상의 핵심 아닙니까.롬 8:17; 갈 4:7; 엡 1:11; 고전 6:9-10

재림 예수님을 위한 말씀의 군대의 예표를 보여주는 것은 창세기 14장의 아브라함이 집에서 말씀으로 양육한 그 318명 군대지요.14-16절 그 복음 군대가 악의 세력 연합국 4개국을 패배케 합니다. 그때 영원한 대제사장 예수님을 예표로 하는 살렘Salem,예루살렘의 옛 이름 왕, 평강Peace의 왕, 의Righteousness의 왕 멜기세덱Melchizedek이 떡과 포도주, 곧 생명 공급을 하는 것은 아브라함이 그리스도멜기세덱를 위한 복음 군대가 되었다는 것에 대한 칭찬으로 생명의 선물을 주는 것이지요. 아브라함이 받는 떡과 포도주는 바로 예수 그리스도의 살과 피마 26:26-28; 눅 22:19-22로써 그것을 갖게 됨은 바로 영생입니다.요 6:53-58

예수님은 다볼산, 그 '여호와의 성산'에 올라 천국 헌법인 산상수훈을 말씀하실 때, "하나님께서 온전헬)τέλειος, teleios, 온전한, 성숙한 등의 뜻하시니 너희도 온전하라"마 5:48고까지 말씀하십니다. 베드로도 "주님이 거룩히)קָדוֹשׁ, qadosh; 헬)γιος, hagios, holy하시니, 너희도 거룩하라"벧전 1:16고 권고합니다. 우리가 어떻게 주님처럼 온전하게 되고 거룩하게 되겠습니까. 지각의 연단을 통해서 신령에 이르고,히 5:14 그리하여 신성에 참여하라는 말씀 아닙니까. 앞서 말했듯이, "너희가 말씀을 '받으면' 너희들은 신들이다."요 10:35 예수님께서 직접 주신 이 말씀은 '지렁이벌레, 구더기 같은 우리'사 41:14; 욥 25:6의 가슴을 뛰게 하며, 우리를 그리스도의 복음 군사대로까지 세워주십니다. '물로말씀 날마다 씻어 나고,'딛 3:5; 엡 5:26; 딤전4:5 '진리의 성령으로 날로 새롭게' 되면 그리스도께서 기뻐 받으시는 복음 군대계 19:14가 될 수 있다는 것입니다.

그렇게 되지 못하면, 다시 말해 '말씀의 초보'에나 머물러 있다면, 이는 곧 주 예수 그리스도를 다시 십자가에 못 박는 결과를 낸다고 경고합니다.히 6:6-8 이 점에서 우리가 기억해야 할 것은, '한 번 구원은 영원한 구원Once saved, eternally saved.'[267]라는 교리, 곧 하나님의 값없는 은

---

267 "한 번 구원은 영원한 구원"Once Saved, Always Saved. 이 교리는 개혁주의 신학의 핵심 요소로, 구원의 서정Ordo Salutis 중 성도의 견인堅忍Perseverance of the Saints과 밀접하게 연결된다. 견인은 '하나님께서 택하신 자들을 끝까지 붙드신다는 믿음'에 기초하며, 요한복음 10:28-29, 로마서 8:38-39, 빌립보서 1:6 등은 구원의 확실성과 영속성을 뒷받침하는 성경적 근거로 제시된다. 이러한 관점은 구원이 하나님의 주권적 은혜로 시작되어 영화에 이르기까지 보존된다는 신학적 확신을 담고 있다. 반면, '아르미니안주의 및 일부 복음주의 전통'에서는 히브리서 6:4-6, 마태복음 7:21, 데살로니가후서 2:3 등의 구절을 통해 신자가 믿음을 저버릴 가능성을 강조하며, 구원은 단회적 사건이 아닌 지속적

혜로 말미암아 그리스도의 의를 근거로 죄인 된 우리가 의롭다 함을 얻는다는, 곧 '믿음으로 말미암아 구원을 받는다'롬 5:1; 롬 3:24; 갈 2:16는 칭의稱義, justification 는 단회적 사건이라는 사실입니다. 그러나 성경이 '날마다 새롭게 하라'고 명하는 것은 성화Sanctification의 과정이며, 이는 계명과도 같은 말씀입니다. 그렇다면 '점진적 성화progressive sanctification'없이 어떻게 구원의 열매를 맺을 수 있겠습니까. 성화는 단순한 도덕적 변화에 그치지 않습니다. 그것은 하나님의 말씀과 성령의 역사로 인해 그리스도인이 점점 더 하나님께 헌신하고 거룩해지는 과정을 포함하는, 곧 신앙 여정 전체를 가리킵니다. 따라서 칭의가 구원의 출발점이라면, 성화는 그 구원이 삶 속에서 열매 맺는 과정이며, 결국 하나님께 영광을 돌리는 길입니다.벧전 1:15-16; 살전 4:3; 롬 6:22

"말씀을 떠난 기도는 내가 가증히 여긴다"잠 28:9고 말씀하셨는데, 예수님을 떠난 생활, 말씀을 버리고 타락된 생활을 해도 구원을 받는단 말입니까. 사도 바울도 "나는 날마다 죽는다"고전 15:31고 했고 "두렵고 떨림으로 너희 구원을 이루라"빌 3:12고 했으며, 또 "내가 섰다 함도 아니요 넘어질까 조심한다"고전 10:12고 하는 말씀이라든지, 무엇보다도 "내가 남에게는 가르쳐 놓고전도 나는, 그리스도의 심판대 앞에 섰을 때,고후 5:10 버림ἀδόκιμος, Adokimos, unapproved받은이 될까 두려워 한다"고전 9:27는 말씀은, 참으로 신앙은 예수님의 말씀을 붙들고 인내로 끝까지 지켜내야 한다계 12:11; 14:11

이고 인격적인 신앙 여정으로 이해된다. 이들은 '자유의지를 통해 구원 이후에도 믿음을 유지해야 한다'고 주장하며, 최종 구원은 끝까지 믿음을 지키는 자에게 주어진다고 본다. 결국 이 논쟁은 '**하나님의 주권과 인간의 책임**'이라는 신학적 긴장 속에서, '**구원의 확신과 성화의 열매 사이의 불가분성**'을 중심으로 지속되고 있다. 개혁신학의 견지에서 이 논쟁은 하나님의 절대 주권 안에서 성도의 구원의 확신이 성화의 열매와 불가분하게 연결되어 있으며, 이는 은혜로 시작된 구원이 끝까지 견인되는 과정 속에서 인간의 책임적 순종으로 드러난다는 진리로 요약된다.

는 일이 아니겠습니까. 하나님의 말씀과 예수님의 말씀을 끝까지 인내로 지킨다는 말씀, 이것이 성화가 아니겠습니까. 어린 양을 따라가다가 실족하는 일이 생겨도 구원을 잃지 않을 수가 있을까요? 예수님께서 '99가지율법를 다 잘해도 한 가지를 잘못하면실족하면 잘한 것이 다 무효가 된다'약 2:10라고 했습니다. 성경에 비추어 온전치 못한 교회, 비본질적인 것이 있다면 그 교리는 버리거나 개혁이 되어야 합니다.

중세 교회 암흑기 시대인 1260년간538 ~ 1898, 로만 가톨릭이 행한 천인공노할 짓, 5천만~8천만 명이, 십자군 전쟁 피해자는 제외하고도, 학살당한 죄악사268는 무엇으로 변명하겠습니까. 교단에 매인 교리는 절대로 진리가 아닙니다. 은혜와 진리의 말씀으로, '중생'이란 말이 '위로부터 나다'란 뜻이듯, 성경의 가르침Διδαχή, Didachē, 디다케, 교훈의 핵심은 "영은 성령으로 거듭나,요 3:5-6 혼지, 정, 의은 변화하고롬 12:2 몸은 영광스럽게

268 중세부터 근대 초까지 약 1,360년간538-1898년 교황권 주도로 집행된 종교적 박해와 학살은 총 5천만에서 8천만 명의 사망자를 낳은 것으로 추정된다. 이 수치는 3시기—중세 교황권의 절정기11~13세기, 이단자 탄압 및 마녀사냥 시기15~17세기, 반이단·반자유주의 탄압기18~19세기—에 걸쳐 교황령과 교구 재판소의 권위 아래 이루어진 제도적 처형과 고문, 추방 등을 포함한 결과다. 십자군 전쟁 희생자는 제외되며, 통계는 법정 문서, 지방 연대기, 공문서 등 1차 사료를 기반으로 한 학술적 추정에 근거한다. 이러한 추정치는 단일 사건이 아닌, 유럽 전역에서 장기간에 걸쳐 누적된 종교적 폭력의 총합을 의미하며, 교회 권위가 정치·사회적 권력과 결합하여 제도적으로 집행한 박해의 규모를 보여준다. 특히 이단 심문과 종교 재판은 교황권의 신학적·정치적 통제 수단으로 기능했으며, 계몽주의와 자유주의 사상에 대한 반발 속에서 더욱 강화되었다. 이와 같은 역사적 폭력은 종교적 정당화 아래 이루어진 국가적·교회적 권력 행사의 일면을 드러내며, 현대 종교사 및 정치신학 연구에서 중요한 논쟁 지점으로 남아 있다.
[참고문헌:
R. I. Moore, The Formation of a Persecuting Society (Blackwell, 2007)
Rodney Stark, God's Battalions: The Case for the Crusades (HarperOne, 2009)
Brian P. Levack, The Witch-Hunt in Early Modern Europe (Longman, 1995)
Encyclopedia of World Religions, s.v. "Papal persecutions" (online ed.)
Thomas Madden, Enforcing the Crusades: Faith, Force and Power in the Late Middle Ages (Ashgate, 2005)]

되어야 한다"빌 3:21; 고전 15:52-53는 것입니다. 말씀의 초보에 머물고 있음으로써 '불법의 아들적그리스도 세력'이 세상을 전제의 독재 사회로 만들어 갈 때, 예수님을 또다시 십자가에 못 박음으로, 다시는 회개할 길도 없는히 6:4-8 배도의 마당에 있어서는 안 될 것입니다.

너희는 나의 성전 마당을 밟고만 다녔을 뿐이라사 1:12

"나는 생명을 주되 더 풍성히 주려고 왔다"요 10:10 생명 자체이신 분이 생명을 공급해 주시되, 우리가 평생 먹고 마심으로써 그 예수님의 생명을 누리는 것, 그것이 은혜라는 것입니다. 신앙생활은 이 생명의 떡, 하늘에서 값없이 주시는 만나מָן, man, Manna;man hu?, "이게 뭐지"의 뜻를 누리라는 것, 이 은혜 생활이 아니겠습니까. 생명의 씨, 생명의 물, 생명의 떡은 생명 성장에 필수입니다.

예수 그리스도의 생명의 떡, 그 영생의 피와 살을 먹고,요 6:35-56 그리하여 예수님의 몸과 같이 되는 것이 영화롭게 되는 것입니다. 그 영화로운 몸이 세워지는 곳이 영생의 집이 있는 새 예루살렘입니다. 구원의 끝은 영생인데, 순례의 끝인 거기서 영생 체가 된 성도는 그리스도와 함께 영원히 같이 있는 영적 결혼의 공동체를 이룬다고 합니다.계21:1-2 '아담, 곧 사람의 영혼 형성이 하나님으로부터 온 것처럼,'창 1:26 성도들이 영화로운 모습으로 변화된 아들들이 되어 아버지의 품인 하늘의 예루살렘Heavenly Jerusalem에 있게 됩니다. 따라서 아브라함이 '땅은 잠시 우거하는sojourn 곳이고, 본향은 하늘에 있는 '장자 총회'히 12:22-23가 있는 곳'이라 하듯이, 인생들의 참된 영혼의 본향은 하늘 아버지의 품, 그 하늘의 예루살렘밖에 없는 것입니다. '하늘 예루살렘,'갈 4:26 탕자가 '한 새 사람'엡 2:15이 되어 돌아가는 곳, 바로 아버지의 집인 그곳입니다. 말씀을 인내하며 끝까지 붙들고 산 사람들은 모두 변화된 영광의 몸으로 부활하여, 그곳에서 영원히 함께하게 됩니다.빌 3:20; 요일 3:2; 고후 3:17-18; 고전 15:51-52

갈라디아서 4장 26절에서 "위에 있는 예루살렘은 자유자 곧 우리 어머니"라고 한 말씀처럼, 이 자유로운 자는 율법 아래 있는 '하갈'이 아니라 복음의 언약을 따라 난 이삭의 어머니 '사라'를 가리킵니다. 그러므로 '사라'의 제단에서 태어난 복음의 자녀들만이 하나님의 유업인 하늘 교회, 곧 새 예루살렘을 상속받게 됩니다. 이 하늘 교회인 새 예루살렘의 장막 안으로 들어가는 시온의 백성들은 십자가 보혈 신앙의 지팡이와 '어둠환난을 밝히는 예언의 등불 말씀'벧후 1:19의 지팡이를 굳게 들고 어린 양이 어디로 가든지 따라가며, 신앙의 정절을 지키며, 그 이마에 어린 양의 이름과 아버지 이름이 있어 영광의 '새 노래'까지 배워 부를 줄 아는 사람들로서, 이들은 바로 땅에서 구속받은 사람 중에 첫 열매들복음의 장자들이라고 했습니다. 이들이 '시온산'에서 어린 양과 함께 섭니다.계 14:1-5 이것이 구원론 말씀의 본질이고 종말론의 결론입니다.

시온성(산) -'아름다운 땅', 복음 백성의 종착지; 거룩하고 신성한 성읍 예루살렘

새 예루살렘이 '시온성산'으로 형상화되는 이 시온Zion은 원래 여부스족이 큰 타작마당으로 사용했던, 아름다운 터였습니다.삼하 24:16; 대상 21:15; 대하 3:1 다윗이 그곳을 취하여 하나님의 집을 건축하려고 했던 것은 그곳이 암반으로 된 견고하고 아름다운 너른 터였기 때문입니다. 그리고 그곳은 기원전 2000년 전, 믿음과 순종으로 아브라함이 하나님의 말씀에 순종하여 그의 독자 이삭을 제물로 바침으로써 하나님께서 축복하신 땅이기도 했습니다.창 22장 그 축복의 시온 땅을 다윗이 영적 감수성과 비전으로 하나님의 완선完善 완미完美만 있는 하나님의 하늘 장막을 이상향으로 삼으면서, 그곳을 하나님의 영원무궁한 통치까지가 이루어지는 곳으로 여기게 된 것입니다.시 50:2

솔로몬 성전이 세워진기원전 950년경 이 시온ציון을 좀 더 구체적으로 설명하자면, 원래는 여부스Jebus 족속의 땅이고 거기 모리아 산모리아는 '하나님께서 선택하신 곳, 지정하신 곳'에 성채가 있었는데, 그곳을 다윗이 보상하고 정당하게 매입[269]해 '다윗의 성City of David'이라고 불렀습니다.왕상 8:1; 대상 11:5 다윗은 '마르고 아름다운 땅시온의 어원적 기원. parched land',시 50:2 이곳 시온 산을 함락한 후에 자신의 거처할 집을 세우고삼하 5:6-7, 9 하나님의 성전도 짓고 싶었습니다. 다윗이 하나님의 기름 부음을 받은 자로서 시온에서 통치하는 것을 가리켜 여호와께서는 이렇게 말씀하십니다. "**내가 나의 왕을 세웠노라, 나의 거룩한 산 시온에**"시 2:6 시온은 다윗이 신성한 궤를 이곳으로 옮겼을 때 여호와께 특히 거룩한 산이 되었습니다.삼하 6:17

그 후, '시온'이라는 명칭이 모리아 산 위의 성전 지역솔로몬의 재위 중에 '궤'가 이곳으로 옮겨짐을 포함하게 되어서, 이 용어는 사실상 예루살렘 도시 전체를 가리키게 되었습니다.시 1:8, 8:18 궤가 여호와의 임재와 관련이 있었고,출 25:22; 레 16:2 시온이 하늘 실체의 상징이었기에, 시온은 하나님께

---

269 다윗은 여부스 족속의 땅을 점령한 후, 그 중심에 있던 모리아 산의 타작마당을 매입하여 하나님께 제단을 쌓았는데, 이 사건은 성경에 두 가지 방식으로 기록되어 있다. **사무엘하 24장 24절**에서는 다윗이 **아라우나**에게 **은 50세겔**을 주고 타작마당과 번제물을 샀다고 기록되어 있으며, 이는 즉각적인 제사를 위한 거래로 이해된다. 반면 역대상 21장 25절에서는 **오르난**에게 **금 600세겔**을 주고 전체 땅을 매입한 것으로 기록되어 있는데, 이는 후에 성전이 세워질 터전 '전체'를 확보한 것으로 해석된다. 이처럼 보상액의 차이는 **거래의 범위와 목적이 달랐기 때문**이며, 다윗은 강제로 빼앗지 않고 정당한 대가를 지불함으로써 하나님의 진노를 멈추고, 그 땅을 **거룩한 성전의 터로 삼는 신앙적 결단**을 보여준다.

서 거하시는 곳으로,시 19:11, 74:2, 76:2, 78:68, 132:13-14, 135:21 그리고 하나님의 도움과 축복과 구원의 근원지로 언급되었습니다.시 14:7, 20:2, 50:2, 53:6, 134:2 그러나 시온이 여호와께 불충실했기 때문에, 여호와께서는 바벨론 사람들이 시온, 곧 예루살렘을 황폐시키도록 허락하셨고,애 2:1, 4, 6, 8, 10, 13 그 후 예언의 성취대로, 회개한 남은 자를 시온, 곧 예루살렘으로 회복시켰습니다.사 35:10, 51:3, 52:1-18 등 이로 말미암아 예수 그리스도께서 새끼 나귀를 타고 예루살렘으로 들어오셔서 자신을 왕으로 시온에 나타내 보이심으로 스가랴의 예언이 성취되도록 하였습니다.슥 9:9; 마 21:5; 요 12:15 그리하여 시온은 하나님 영광의 도시로써, 살아계신 하나님의 도시인 하늘의 예루살렘과 그 총회인 하늘의 예루살렘과 관계가 있게 되었지요. 즉 땅에서 예수님 피로 사신 144,000 첫 열매복음의 장자들들이 예수님과 함께 시온에 섭니다.계 14:1 영광 받는 하늘의 시온산, 곧 새 예루살렘에 서게 됩니다.계 14:1

사도 요한은 이것을, "**또 내가 보니 거룩한 성 새 예루살렘이 하나님으로부터 하늘에서 내려오는 것을 보니 신부가 남편을 위하여 단장한 것 같더라**"계 21:1 고 합니다. 여기서 새 예루살렘의 '신부'가 확실히 드러나는데 곧 하나님과 영원히 한 식구엡 2:20-22로 사는 그 복음의 장자들입니다. 이토록 새 예루살렘은, 중동에 있는 도시, 말씀의 본질도 잊어버린 국가인 이스라엘에 있는 현재의 세속도시인 예루살렘 같은 그런 곳이 아니라, 하늘에 있는 도시Heavenly City입니다. 그리스도의 신부 반열에 있는 믿음의 사람들은 그들의 시민권이 하늘에 있다고 하였기 때문이며, 그들의 몸은 생물학적으로 생·노·병·사의 고통과 부패가 수반되는 생물학적인 몸이 아니라, 영원불멸의 변화한 예수님과 같은 신령한 영광의 몸이 되기빌 3:20; 요일 3:2; 고후 3:17-18; 고전 15:51-52 때문입니다.

그들의 몸은, 베드로도 말하듯이, 성도들이 갖는 산 소망은 썩지 않고 더럽혀지지 않고 쇠하지 않는 유업遺業, 상속, 기업, Hereditas Regni Dei을 받는 것갈 4:7; 롬 8:17; 엡 1:11인데, 바로 하늘에 예비 된 것입니다.벧전 1:4-5 **"너희가 이것을 바라보노니 주 앞에서 점도 없고 흠도 없이 평강 가운데서 나타나기를 힘쓰라"**벧전 1:13 바울처럼 베드로가 말하는 하늘 유업도 영적 상징어가 아니고 영원불멸의 영생체의 몸입니다. 그래서 **"지금은 너희가 천사만 못하나 후에는 천사들보다 나은 영적 존재들이 된다"**히 2:5-8고 하는 것입니다. 이것은 땅의 고단한 나그네 생활에서 영원한 시민권이 있는 하늘 본향, 장자들이 모이는 그곳을 마지막 목적지로 알고 뚜벅뚜벅 걸어가는 아브라함의 순례길의 종착지와 같은 것입니다.

따라서 새 예루살렘에서의 삶은 지금까지 한계를 갖고 살아온 병리적 현상으로서의 몸을 가지고 사는 것이 아니라 아예 '병리적 선행요소predisposing cause'도 없는 곳의 삶입니다. 이것은 '변형의 산'에서도 보이듯이 '부활의 몸들이 빛에 싸여있음을 보아도'마 17장 인지할 수가 있습니다. 또 '어린 양계시록엔 27번 나옴의 생명의 책'에 기록된 사람들만 들어갈 수 있는 그곳은 거룩하고 신성한 성읍인데 예배드리는 성전도 없다는 것입니다. 전능자이신 여호와 하나님께서 성전이시고 어린 양도 그러하기 때문이다고 일러줍니다.계 21:22

이제 아브라함처럼 어린 양의 '생명책'계 20:12에 이름이 기록된 자들은 다 그곳 하늘 낙원에까지 갈 것입니다. **"이기는 자는 생명수 샘물을 얻으리니 하나님은 그의 하나님이 되고 그는 하나님의 아들이 되기"**계 21:7-8 때문입니다. 성경은 하나님께서 아브라함을 축복하는 자를 축복하고, 저주하는 자에게는 저주하시겠다고 하셨는데, 궁극적인 축복은 바로 하늘 낙원인 이 새 예루살렘이고, 궁극적인 저주는 지옥임을 보여줍니다. 부자와 나사로의 운명의 갈림길이 그것을 보여주듯이 말이지요.눅 16:19-31 따라서 하늘의 예루살렘, 곧 새 예루살렘은 임마누엘 하나님이 같이 계시기에 평안의 극치가 되는 곳입니다. 앞에서도 언급한 시편 122장 6-9절은 명시 중에서도 가장 명시라고 보여지는데, 그 의의가 여기에 있습니다.

예루살렘을 위하여 평안을 구하라. 예루살렘을 사랑하는 자는 형통하리로다 Pray for the Peace of Jerusalem: May those who love you prosper

예루살렘은 성경에 기술된 대로 평화의 왕이고 진리 자체이신 예수님께서 살신성인하시어 그의 몸으로 세운 성읍이고 여호와의 꺼지지 않는 등불이 있는 '진리의 성읍'슥 8:3이며, '말일에 야곱의 하나님 여호와의 전이 모든 산꼭대기 보다 높아 만방이 그리로 모여드는 높은 산'사 2:2-3으로 일컬어지는 곳입니다. 많은 백성이 그 진리의 높은 산에서 '야곱의 하나님의 도道'를 배울 것인데, 여호와의 말씀이 예루살렘에서부터 흘러나올 것사 2:3이라고 되어 있지요. 그때는 '말일'사 2:1의 때인데, 여호와 하나님께서 열방을 심판하시고 천년왕국이 도래할 때로, 장차 올 평화의 왕국이 예루살렘을 중심으로 이루어진다는 것을 예언하고 있습니다.

예수님의 사랑은 그의 은혜와 긍휼, 곧 그의 측은히 여기는 마음마 9:36을 아는 사람 외에는 아무도 느낄 수 없듯이, 아브라함과 언약횃불 언약, Foedus Flammae, Covenant of the Torch, 창 15장을 맺으시고, 다윗의 꺼지지 않는 등불의 맹세를 스가랴에게도 약속하시듯, 말일에 만방으로 흘러나올 생수의 원천이 그곳이며, 무엇보다도 의의 왕 멜기세덱의 떡과 포도주 축복이 있었던 곳입니다. 한 번 사랑하시면 그 사랑을 끝까지 지키시는 하나님요 13:1이시기에, 메시아의 의와 평강의 집인 예루살렘은 하나님의 변함없는 사랑을 받는다는 것입니다. 그래서 너희는 예루살렘을 위하여

'평안Pax, 예수님의 이름' 사 9:6을 구하라 요 14:27 하시고, 그리스도의 집인 그 예루살렘을 사랑하는 자는 내면의 평안Εἰρήνη, Eirēnē, peace과 안전ἀσφάλεια, Asphaleia, Safety아래 모든 일이 잘되도록, 하나님께서 만사에 필요한 복을 넉넉히 채워 주신다는 것입니다.

예수님의 '피의 새 언약' 눅 22:20이, 그곳 골고다 언덕에서 예수님께서 돌아가실 때 예루살렘 성전의 휘장이 위에서 아래로 갈라짐으로써 이루어졌다는 것마 27:51은 그분의 몸인 언약궤가 있는 지성소로 들어갈 기회 출 26:31-33가 생겼다는 사실 아닙니까. 부활 상징의 싹 난 지팡이가 있고, 생명의 만나 항아리, 그리고 영생의 말씀 창고인 언약궤가 있는 곳이기에 예루살렘 땅을 출애굽 하였던 이스라엘 백성이 들어갈 '아름다운 땅good land,' 출 3:8; 신 8:7-10 곧 젖과 꿀이 흐르고 분천噴泉의 생명 샘들이 흐르는 예수님을 상징하여 주신 것입니다. 새 예루살렘에 들어가는 것도, 거기에 예수 그리스도가 '왕의 왕하나님과 어린 양의 보좌'으로 계시기 때문입니다. 계 21:2-3, 22:3

여호수아יְהוֹשֻׁעַ, Yehoshua, 라)Iosue, Joshua, Jesus의 원래 이름은 호세아הוֹשֵׁעַ, Hōšēa', 헬)Ὡσηέ, Hōsēé인데, 히브리어 이름을 음역한 형태로 'Hosea'이며, '구원', 또는 '그가 구원하다'는 뜻으로, 하나님의 사람 모세가 예수님, 즉 '예수아'를 의미하는 '예호수아'로 개명해 주지요. 민 13:16 당시 85세였던 갈렙Caleb, 히)כָּלֵב은 '개'를 뜻하지만, 충성과 헌신의 상징과 함께 여호수아는 가나안 땅, 아름다운 땅을 정복할 수 있다고 확신하고 있었기에, 그곳으로 들어갈 수 있는 축복을 받은 것으로, 민 14:30, 38 여호수아는 지혜말씀의 신을 충만히 받았기 때문이었습니다. 신 34:9 그는 후에 에발산Mount Ebal, 세겜 지역[270]에서

[270] 신명기 27:11-13에서 모세는 이스라엘 백성을 두 그룹으로 나누어, **그리심산**에서는 축복을, **에발산**에서는 저주를 선포하도록 명령한다. 이는 단순한 지리적 배치가 아니라, 하나님의 말씀에 대한 순종과 불순종의 결과를 상징적으로 보여

하나님을 위한 제단을 쌓고 백성들 앞에서 하나님의 말씀토라, 율법을 전해 주었지요. 가나안 땅을 12지파에게 분배해 준 사람이기도 하지 않습니까.

이사야서 34장 16-17절에 따르면, 여호와의 책에서 에돔Edom271이 망할 말씀의 짝을 다 찾아 자기 것으로 이해한 사람에게 그리스도 하나님께서 땅을 할당해 주시되 친수親手로 줄을 띄어 나누어 주시는데, 바로 택해진 백성이 누릴 구원의 복인 그리스도의 왕국사 35장 아닙니까? 새 예루살렘에 들어가는 자들도 불결하고 더러운 무신론의 에돔 세력사

주는 행위였다. 이후 여호수아는 여호와의 명령에 따라 에발산에 제단을 쌓고, 율법을 기록한 돌판을 세우며, 온 백성 앞에서 하나님의 율법을 낭독한다여호수아 8:30-35. 이 장면은 에발산이 단순히 '저주의 산'이 아니라, 하나님의 말씀과 언약이 새겨지는 장소로서의 신학적 깊이를 지닌다는 점을 드러낸다. 에발산은 구약에서 종종 저주의 산으로 불리지만, 동시에 율법의 제단이 세워진 곳으로서 이스라엘 신앙의 중심을 상징한다. 실제로 에발산 중턱에서 다듬지 않은 돌로 만든 고대 제단이 발견되었으며, 고고학자들은 이를 여호수아 시대의 제단일 가능성이 높다고 보고하고 있다. 이 제단 주변에서는 3,000개 이상의 동물 뼈가 출토되었는데, 대부분이 정결한 어린 수컷으로, 이는 레위기의 제사 규례에 부합하는 희생 제사에 사용된 것으로 추정된다. 이러한 발견은 성경의 기록과 고고학적 증거가 만나는 지점에서, 에발산이 단순한 상징을 넘어 이스라엘의 신앙과 율법이 실제로 구현된 장소였음을 보여준다. 오늘날에도 에발산은 성경 연구와 고고학 탐사에서 중요한 의미를 지니며, 하나님의 말씀과 언약이 새겨진 산으로 기억되고 있다. [참고: 한국창조과학회 고고학 자료실]

271 에돔에서의 후손은, 야곱의 형으로 형성된 민족으로, 오늘날의 이스라엘 남부와 요르단 지역에 해당하는 땅에서 번성하였다. 이들은 기원전 13세기경부터 기원전 125년까지 독자적인 왕국을 이루며 존재했으며, 특히 산악 지형을 기반으로 한 방어적인 도시 구조로 유명했다. 그러나 기원전 6세기경 바빌로니아의 침략으로 인해 에돔 왕국은 점차 쇠퇴의 길을 걷게 된다. 에돔은 이스라엘과 오랜 세월 갈등을 이어온 민족으로, 성경에는 '예루살렘이 바벨론에 의해 멸망할 당시 에돔이 이를 기뻐했다'는 기록도 남아 있다시편 137:7. 이러한 역사적 긴장은 예언서들에서도 자주 언급되며, 에돔은 하나님의 심판 대상이 되기도 한다. 시간이 흐르면서 에돔은 점차 그 독립성을 잃고, 신약 시대에 이르러서는 유대 사회에 흡수되어 이두메아Idumea라는 이름으로 불리게 된다. **이두메아인**은 유대인과 혼합되어 정치적·종교적 정체성이 변화하였으며, 그 중 대표적인 인물로는 **헤롯 대왕**이 있다. 이처럼 에돔은 성경 역사 속에서 단순한 주변 민족을 넘어, 이스라엘과의 관계 속에서 하나님의 언약과 심판, 그리고 민족의 흥망성쇠를 보여주는 중요한 상징적 존재로 자리하고 있다.

34:5-15이 여호와의 진노로 황무지가 되듯이, 그리스도인이라고 하면서도 그리스도의 영이 없는 사람들롬 8:9은 자신들의 옷을 날마다 빨아야 만이, 들어간다는 것입니다.계 22:14 에돔적인 것들, 그 어두운 야행夜行적인 것들을 다 찾아내어서 말이지요.

여호수아는 가나안의 첫째 관문이고 비진리 성읍의 상징 격으로 나오는 '여리고'272를 진입할 때 언약궤 위에 계신 하나님의 임재 가운데 일곱 번 나팔을 불어, 그 난공불락의 악의 세력 여리고 성이 무너져 내리게 했습니다.수 6:13 내 안에 있던 악, 그 허물과 죄가 다 무너지고 사라져야 아름다운 땅에 들어간다는 말씀이지요. 이것은 '주의 날'에 있을 분노의 전조가 되는 '여호와의 진노의 날the Day of the wrath of Jehovah'인데, 바로 계시록에도 있는 일곱 나팔 소리와 함께 나타날 심판의 예표입니다.계 8:2-9:21, 11:15-19 이 심판 문제는 이스라엘의 대적인 이방 세력들이 멸망당 할 것으로 스가랴서에 자세하게 있지만, 사실 하나님의 언약을

---

272 구약의 여리고Jericho는 여호수아가 점령한 고대 도시로, 요단강 서쪽, 사해 북쪽에 자리하며, 오아시스 도시로 번성하였다. 현재는 텔 에스 술탄Tell es-Sultan이라 불리는 유적지에 해당한다. 이는 **신약에 등장하는 여리고와는 '서로 다른 위치'**에 있었으며, 신약의 여리고는 헤롯 대왕이 건설한 새로운 도시로, 구 여리고에서 약 2km 남쪽에 자리했다. 여리고는 성경에서 중요한 의미를 지닌 도시로, 이스라엘 백성이 가나안 땅에 들어가면서 처음으로 정복한 성이었다. 세계에서 가장 오래된 도시 중 하나로 알려져 있으며, 고고학 발굴을 통해 오래전부터 사람이 거주한 흔적이 확인되었다. 특히 여리고 성벽은 실제로 존재했으며, 외성과 내성으로 이루어진 강력한 이중 방어 구조를 갖추고 있었던 것으로 밝혀졌다. 성경 속 여리고의 의미는 구약과 신약 모두에서 두드러진다. **구약** 여호수아 6장에서는 이스라엘 백성이 7일 동안 성을 돌고 나팔을 불며 함성을 지르자 성벽이 무너진 사건이 기록되어 있다. **신약**에서는 누가복음 19장 1-10절에서 예수님께서 여리고에서 삭개오를 만나 그의 집에 머무신 일, 마태복음 20장 29-34절에서 맹인 두 명을 고치신 사건이 전해진다. 또한 선한 사마리아인의 비유 누가복음 10:30-37에서 예루살렘에서 여리고로 내려가는 험하고 외진 길이 강도 사건의 배경으로 등장한다. 이처럼 여리고는 본래 "**비진리의 성읍**"으로 묘사되기도 했지만, 동시에 "**하나님의 기적과 믿음의 승리를 상징하는 도시**"로 성경 속에서 여러 차례 언급되며 중요한 신학적 의미를 지닌다.

지닌 아브라함과 그의 후손세계 교회의 영적 후사들도 포함된 것인 이스라엘의 복에 관련된 언약들도 동시에 나타남을 볼 수가 있지요.

주된 약속은 가나안이스라엘 땅이 아브라함 후손의 기업이 되고, 그 후손은 하나님의 백성이 되며, 아브라함이 모든 민족의 복의 근원이 될 것이란 사실인데, 그 살렘 땅예루살렘에 의의 왕 멜기세덱예수님 상징이 영원한 대제사장으로 계시게 된다는 사실 아닙니까. 그렇기에 아브라함이 멜기세덱 앞으로 나아가는 것은 의의 백성이 의의 왕께 나아가는 새 예루살렘 내러티브narrative, 이야기지요. 시편 122장 6절의 '예루살렘을 위하여 평안을 구하라'고 하는 명령 같은 말씀도 이런 하나님의 축복에 대한 영적 맥락에 그 의의가 있는 것이지요.

따라서 성경이 말하는 하나님 경륜의 궁극적 핵심은 복음의 언약을 가진 자만 들어가는 하늘의 예루살렘Heavenly Jerusalem, 갈 4:26이므로, 주님의 재림으로 시작되는 천년왕국의 수도 예루살렘도 임마누엘 하나님이 계시는 곳사 8:5-8인 평안의 성읍이라는 것을 명념明念 하는 것임을 알 수가 있습니다. 예수님이 예루살렘에만 가시면 늘 낮에는 성전에서 가르치시고 밤에는 감람산에 가셔서 기도하시곤, 또 거기 산비탈 아래쪽에 있는 베다니 마을에 가셔서 교회베다니 교회도 있게 하셔서, 나사로 가족과 한센병에서 치료받은 시몬 등이 모이는 교회를 만듭니다. 최초의 가정교회 같은 예루살렘 감람산 인근의 베다니 마을[273]의 교회는, 나사로의 부활이 있고 죄 많은 마리아도 예수님만 오시면 그의 무릎 가까이 앉아

273 베다니Bethany는 예루살렘 동쪽, 감람산 근처 약 2.6km 지점에 위치한 작은 마을로, 오늘날에도 많은 순례자들이 찾는 성지이다. 이곳에는 '나사로 교회'와 '마리아 기념 교회'가 자리하고 있으며, 성경 속에서 **'예수님의 사랑과 생명의 기적'**이 나타난 장소로 기록되어 있다. 나사로의 부활 사건을 비롯해, 예수님과 가까운 교제를 나누었던 마르다와 마리아의 집이 있던 곳으로, 베다니는 신앙적으로 깊은 의미와 감동을 전하는 장소로 기억된다.

말씀을 듣던 생명 교회였습니다.요 11:43-44; 눅 10:39-42

예수님은 이제 머지않아 반드시 이스라엘에 다시 오십니다. 그가 태어났던 베들레헴베이트 레헴, בית לחם, '떡집'[274]의 마구간, 로마로 향하는 국도 삼거리 초입의 나사렛 마을, 그리고 그가 옷자락을 날리면서 훠이 훠이 걸으시던 요단 강변들, 그리고 무엇보다도 온 벳세다 들판이 거대한 야전병원이 될 정도로 전국 각지에서 몰려든 그 많던 병자들을 일일이 다 고쳐주시던 측은과 눈물의 갈릴리 땅, 그 본적지 고향에 예수님이 어찌 다시 오시지 않겠습니까. 예수님은 '반드시 가신 대로 다시 그곳에 돌아오셔서,'행 1:11 '평화의 터'라는 예루살렘을 중심으로 천년 지상 왕국을 건설하신 후, 전능하신 하나님의 능하신 방법으로 이제는 영원한 성읍인 예루살렘을 내시어서 온 우주를 새로운 조화의 질서 속에 있게 할 것입니다.

생명 전령사들의 외침: "바벨론에서 나오라"

📖 요한계시록 14장은 마지막 복음의 주자들이 생명의 전령사로 등장

274 베들레헴은 **구약**에서 "에브랏Ephrath"이라는 이름으로도 불렸다. 성경 속 사건들을 살펴보면, 야곱의 아내 라헬이 베들레헴 근처에서 사망하여 그곳에 묻혔고창 35:19, 룻은 이곳에서 보아스와 결혼하여 다윗 왕의 조상이 되었다룻기. 또한 베들레헴은 이새의 아들 중 막내였던 다윗 왕의 고향이며삼상 16:1, 다윗 용사들의 충성이 드러난 장소이기도 하다. 다윗이 베들레헴 성문 곁 우물물을 그리워하자 세 용사가 목숨을 걸고 물을 길어왔으나, 다윗은 그것을 마시지 않고 하나님께 부어 드렸다삼하 23:15-17. **신약**에서는 예수님께서 베들레헴에서 탄생하셨으며, 동방박사들이 찾아와 경배한 사건이 기록되어 있다마 2장; 눅 2장. 그러나 동시에 헤롯 왕이 예수를 제거하려고 2세 이하의 남자아이들을 학살하는 비극적인 사건도 이곳에서 일어났다마 2:16. 이처럼 베들레헴은 단순한 도시가 아니라, 구약과 신약을 관통하며 '**하나님의 구원 계획이 역사 속에서 진행된 중요한 무대**'로, **믿음의 역사와 하나님의 섭리를 깊이 간직한 장소**로 기억된다.

하여, 멸망할 바벨론과 불타오를 산을 경고하며,렘 51장 네 천사의 나팔을 통해 마지막 탈출을 촉구합니다. 이어 계시록 17~19장은 물질주의자들, 권력과 욕망에 사로잡힌 현세주의자들과 인본주의자들이 어떻게 심판을 받는지를 철저히 보여 주며, '내 백성아, 거기서 나오라. 바벨론에서 나와야 산다'는 하나님의 음성을 반복하여 강조합니다. 이는 곧 계시록 20장의 천년왕국과 21장의 새 예루살렘이 임할 것을 예비하기 위함입니다. 공중에서 날아가는 천사들두 증인 반열의 마지막 복음의 주자들이 하나님의 '영원한 복음'계 14:6인 '바벨론에서 나오라'를 애타게 외치고, 그 결과는 계시록 15장부터 19장까지에 자세한 메시지로 나오는 것으로 '**지금은 자다가도 깰 때**'롬 13:11라는 사실을 알리기 위함입니다. 물질 위주의 배금주의, 그 맘몬주의자들, 하나님 없이도 살 수 있다고 하는 무신론주의자들, 이슬람 등 이교주의자들, 공산주의자들, 말씀에 관심 없고 비진리에 빠져있는 자들, 대형교회로의 성장 지향주의자들, 복음을 팔아 축복을 사는 사람들, 인간의 지식을 우선하는 인문, 인본주의자들, 다원론 주의자들, 생명 없는 허탄한 철학이나 논하는 자들, 현세주의자들, 과학 만능주의자들, 권력과 명예 지상주의자들, 양복 입은 박수무당들, 그들 모두를 성경은 바벨탑에 갇혀있는 자들, 아니 멸망 당할 자들로 간주하지 않습니까.

> **아무리 존귀에 처해 있을지라도 말씀을 모르는 자들은 멸망 당할 짐승과 같다**시 49:20, 12

개인주의가 기치를 들고 일어난 이 영악한 이기주의자들은 바벨론에서 나올 생각을 하질 않고 있습니다. 노아가 120년 동안의 대홍수를 경고했는데도 꿈쩍도 안 하던 그 사람들처럼…. 이사야와 다니엘 등 기라성 같은 선지자들이 전한 수많은 예언이 지금 이 시대에 다 성취되고 있는

데도 말입니다.

하나님의 인치심과 심판

인자가 다시 올 때 세상에 믿음 있는 사람을 보겠느냐?[눅 16:8]

'심판은 아버지의 집에서부터 시작[벧전 4:17]하는데, 성소에 시체가 가득하게 된다'[겔 9:6-7]고 하니 어찌 된 일이겠습니까? 예루살렘[진리의 성읍, 교회]에 진리로 애통[πενθέω, 펜데오, 통곡]하지 않는 자들은 남녀노소를 불문하고 모두가 죽임을 당한다고 하는 하나님 심판의 경고는 실로 무섭기만 합니다.[겔 9:2-6]

이제 마지막 심판 때가 되면 심판의 질서 아래 하나님과 사탄 사이에 있던 그 긴 갈등은 끝날 것입니다. '하르 므겟돈', 다시 강조하면, 'Har Megiddo'에서 유래한 학살의 므깃도 산 아마겟돈[Armageddon]이라는 최종의 '선[하나님의 편]'과 '악[사탄의 편]'의 큰 전쟁이 아마겟돈[계 16:16] 재앙입니다. 하나님 편의 세력과 사탄 편의 세력이 땅의 사방에서 놓인 바람처럼 풀려나, 유브라데[계 9:14]강을 중심으로, 곧 '중동'을 중심으로 대[大]전쟁이 벌어지고 있음에도 불구하고 하나님의 보호와 승리를 기념하는 그 초막절에 관심 없는 사람들, 그리하여 '예루살렘에 올라오지 않는 사람들'[슥 14:16-19]은 티끌 같고 초개같이 멸해짐을 당하고, 예루살렘에 영원히 멸하지 않는 하나님의 집, 하나님의 왕국이 세워진다고 합니다.

하나님께서는 이제 하나님 말씀의 인침[印針, σφραγίς, sphragis, Seal]을 마치려는 막바지에 있는데,[계 7:3] 사탄은 그 하나님의 인침이 허사로 돌아가도록 사방에 큰 전쟁 등 환난의 바람을 일으키고 있습니다. 거기에다 다니엘 7장이 예언한 대로 '바다에서 올라오는 한 짐승'[275]과 또 새끼 양 같은 모습으로 시작되나 나중엔 용처럼 큰 권세를 가지고 말하는, '땅에서 올라오는 또 다른 짐승' - 많은 학자가 '미국'으로 보고 있음 - 이 올라와서 계시록 13장의 '짐승 시대'를 만들어 '장차 바벨론'의 중심축이 된다고 보고 있습니다.[276] 실로 지금은 정국들이 무상하고 각국의 군사력이 무장되고 있으며 정치와 경제, 사회와 문화의 모든 분야에서 앞날이 불안하기 짝이 없습니다. 공중에 권세를 잡고 정사를 주관하는[엡 2:2-4] 사탄이 갈등을 최고조에 달하게 하는데, 그 이유는 자신이 활동할

275 지중해에 접한 유럽 국가들에서 비롯되는 적그리스도의 세력에 대해, 많은 학자들과 국제 정보 관계 전문가들, 그리고 종교 개혁가들은 전통적인 '역사주의' Historicism 관점에서 해석하며 한목소리를 내왔다. 그들의 견해에 따르면, 이 세력은 곧 '**교황청을 중심으로 한 예수회 세력**'이라고 본다.

276 관련 저작과 연구논문은 다음과 같다.

- W. H. Bennett, The Papacy: Antichrist and the Day of the Lord (Review and Herald, 1935) – 침례교 전통의 저작으로, 계시록 13:11을 해석함에 있어 미국의 공화주의와 출판의 자유를 '일시적 양羊적 속성'으로 보았다. 그러나 종말기에는 이 미국이 제1 짐승인 교황권과 결탁하여 '용龍'과 같이 변질될 것이라고 해석한다.
- J. N. Anderton, The Lamb-Dragon Beast: America in Revelation, Prophecy Watch International Report 22, no. 3 (2014) – **프로테스탄트 현장 보고서**로, 미국이 20세기 말 UN·NATO·세계은행 등에 적극 참여하며 '짐승 시대'를 주도할 것으로 전망한다. 특히 미국의 외교·경제 권력을 '용의 말'에 비유하며 국제 관계적 관점에서 분석한다.
- C. M. Wood, Historicist Prophecy and the USA (Andrews University Press, 1998); Alan E. Kurschner, Antichrist Before the Day of the Lord: What Every Christian Needs to Know about the Return of Christ (Eschatos Publishing, 2013) – Alan E. Kurschner는 비역사주의적 전천년주의(pre-millennialism) 관점에서 종말론을 해석하며, 전환점으로서 적그리스도의 등장을 강조한다. 전통적인 세대주의적 전천년주의(pre-tribulation view)와 달리, 교회가 휴거되기 전에 적그리스도의 대환난을 먼저 겪는다고 주장하며, 이 점에서 비역사주의적 전천년주의로 분류된다.

이들 연구는 공통적으로 계시록 13:11-18의 "땅에서 올라오는 짐승"을 다음과 같이 해석한다.

1. **초기 모습** – 두 뿔이 어린 양 같음(계 13:11 "내가 보매 또 다른 짐승이 땅에서 올라오니, 두 뿔이 어린 양 같고…")
2. **변질 과정** – 입으로 용같이 말함(계 13:11 "…입으로 용같이 말하며…")
3. **최종 권세** – 전 세계에 제1 짐승(교황권)과 동일한 권세를 행사(계 13:12)

이를 통해 '짐승 시대Age of the Beast'가 완성되며, 장차 '바벨론'의 중심축이 될 것임을 주목하고 있다.

수 있는 때가 이제는 얼마 남지 않음을 알고, 분憤을 내서 땅으로 내려가 세상을 혼돈과 어둠 속에 빠뜨리려 하기 때문입니다.계 12:12 계시록은 그때 "**하늘에 있는 자**은혜와 진리의 세계**는 기뻐할지라도 땅에 속해 있는 자는 두려워할지라**"계 12:12고 경고합니다.

"**세월을 아끼라. 때가 악하니라. 때가 그러므로 어리석은 자가 되지 말고 오직 주의 뜻이 무엇인가 이해하라**"엡 5:16-17 계시록에도 '**때가 가깝다**'라는 말이 여러 번 나오는데 헬라어로 '엥귀스ἐγγύς'인 이 단어는 '시간의 임박성of times imminent and soon to come pass'을 의미함으로써 때가 얼마 남지 않았다는 것을 말합니다. 앞서 언급한 것처럼, 최근 2025년 1월 29일에 미국 시카고에 소재한 '핵 과학자 협회'가 발표한 '지구 종말의 시계Doomsday Clock'는 지구 운명의 날의 시간이 89초를 남기고 있다고 알리고 있습니다. 인류가 최종적으로 직면하게 되는 파멸의 마지막 위기를 상징적으로 보여주는 이 시계는 이제 지구의 마지막 날까지 1분도 채 남지 않았음을 보여주고 있습니다.277 실로 이사야 선지자가 예언한 대로 "온 땅이 어둠에 덮이고 만민이 캄캄함에 가려지고 있습니다."For look, darkness covers the earth and thick darkness is over the peoples, but the LORD rises upon you and his glory appears over you.사 60:2

---

277 '지구 종말의 시계Doomsday Clock'는 미국 시카고에 본부를 둔 **Bulletin of the Atomic Scientists**원자과학자회보, BOAS가 1947년부터 관리해 온 상징적 시계로, 매년 워싱턴 D.C.의 미국 평화연구소United States Institute of Peace 등에서 기자회견을 통해 발표된다. 이 시계는 단순한 물리적 시간이 아니라, 인류가 핵전쟁·기후 위기·신기술 오용 등으로 자멸에 얼마나 가까운지를 상징적으로 보여주는 지표로서, 자정은 곧 인류 파멸을 의미한다. 현재 89초 전이라는 설정은 '역사상 가장 위험한 국면에 있음을 경고'하며, 국제 사회가 핵 군축, 기후 대응, 기술 규제 등 공동의 행동을 취하지 않으면 인류의 미래가 위태롭다는 메시지를 담고 있다. [참고: Bulletin of the Atomic Scientists, Doomsday Clock 공식 페이지; Wikipedia, "Doomsday Clock", Al Jazeera, "Doomsday Clock is now 89 seconds to midnight, what does that mean?" 2025.1.29]

그러나 스가랴זְכַרְיָה,Zekharyah, Zechariah,'여호와께서 기억하신다' 선지자가 우리에게 주는 위안의 메시지가 있습니다. 그것은 그리스도의 재림으로 세상은 심판의 형국 아래 놓이게 되고 하나님과 사탄 사이에 있던 큰 갈등the Great Controversy은 끝날 것이라는 말씀입니다. 그러나 재림은 미혹과 큰 박해의 때가 있고 난 후에마 24:4-6 있을 것이며,마 24:27-30 그때 열방들에 대한 심판이 있게 될 것이라고 합니다.마 25:31-46; 고전 15:20-24 '주의 날', 그 '여호와의 심판의 날'에 하나님을 대적하던 모든 자들에게 즉, 그리스도를 믿지 않는 절대다수의 유대인들과 종교 지도자들을 포함한 3분의 2에 해당하는 인구는 멸절되고,슥 13:8-9 심판이 내려짐으로써 세상에 내려졌던 저주로 이 세상은 불로 심판될 것입니다.

> 여호와께서 불과 칼로 모든 혈육에게 심판을 베푸신즉, 여호와께 살육당한 자가 많으리니사 66:16

'여호와의 진노의 날'에 모든 나라들이 이 심판에 포함될 것입니다.암 1:3~2:3; 겔 25:1-17 '여호와의 날'은 요엘서에서만도 '다섯 번'이나 나오지요.1:15, 2:1,11,31, 3:14 '그날'이라고도 나타나는 여호와의 날은 역사를 향한 하나님의 결정적인 간섭의 날을 말합니다. 주님께서는 그가 오실 때까지 살아있던 자들에게 주어질 심판에 대하여사 25:31-46 설명하셨을 때, 인간을 '영원한 생명eternal life'을 소유하게 될 양과 같은 사람과, 영원한 형벌eternal punishment을 받게 될 염소 같은 사람들로 구분하셨습니다. 이런 구분이 있을 것이라는 생각은 '추수 비유'에도 표현되었으며,마 13:38-43; 계 14:14-20 그물에 걸린 좋은헬)καλός,Kalos, Noble, 훌륭한 생선과 좋지 않은 생선의 비유에도 나타나고 있습니다.마 13:47-50

일반적으로 '크고 흰 보좌'라고 불리는 또 다른 최종 심판이 계시록 20장 11-15절에 그려지고 있음도 봅니다. 이 심판은 '둘째 사망'으로 불립니다.계 20:14 심판받게 될 자들은 그들의 이름이 '생명책'에 없다면 불 못불 호수에 던져지게 된다고 합니다. 역사의 마지막에 있게 될 이 하나님의 심판은 의로운 자들눅 14:13-14; 계 20:6과 불의한 자들요 5:29; 계 20:5이 부활 된 뒤에 생명책의 녹명錄名 여부로 있게 될 것임을 알립니다. 이 부활 사이에는 천년이 있게 될 것이라고 성경은 증언합니다.계 20:4-6; 단 12:2-3 물론 이 '천년'이란 숫자는, 999년 다음에 오는 실제 숫자가 아니라, 앞서 언급했듯이, 하나님의 경륜인 '행정 처리법οἰκονομία, oikonomia'의 특별한 기간을 의미하는지도 모릅니다. 성경에는 상징 언어가 많아서 그런 해석학도 필요하지 않겠는지 생각해 보는 것입니다.

종말론은 하나님께서 보내신 구세주가 이 반역과 불의의 땅에 그의 나라를 어떻게 세워나갈지를 보여주고 있는 것인데, 이제 계시록과 다니엘서 등을 포함해서 모든 예언서의 종말에 관한 현상들을 검토해 보면, 시대의 징조들을 통해마 16:3 지금은 오래 참으셨던 하나님의 구원 역사의 경륜이 끝에 다다랐음을 알 수가 있습니다.

4개월이 남은 하나님의 구원과 추수

📖 예수께서 이방 땅 사마리아의 밭을 바라보시면서, 추수할 때가 4개월이 남았다요 4:35고 하는 것도 하나의 방증이 됩니다. 농사의 경작 기간은 12개월인데 8개월은 지나갔다는 말씀이므로 예수님이 익은 곡식을 거두는 구원 기간이 4개월, 즉 '2천 년 남았다.'[278]는 말씀이지요.

278 이 말씀은 단순히 농사의 시기를 가리키는 것이 아니라, 영적 추수를 비유한 것으로 해석된다. 여기서 "**4개월**"이라는 시간적 표현은 종말론적 구원 사역의 시기를 상징한다고 보는 견해가 있다. 일반적으로 팔레스타인 지역에서 밀과 보

너희는 연대를 명념하라신 32:7

그런데 의로운 사람들만 선택하셔서 천년왕국에 들어가게 하시되, 예수님은 '두 부름'의 사람들을 추수에 넣는 것은 성경적으로 잘 알려져 있습니다. 먼저 일차 추수에 들어갈 사람들의 인격 조건은, 계시록 14장 1-4절에 여러 개 자세히 있는데 바로 144,000명 그룹입니다.계 7:4-8, 계 14:1-4 그들은 이마인격, 사상에 하나님 말씀의 인침 받은 사람들계 7:4-8이고, 땅에서 구속받은 자 중에서도 처음 익은 열매들이니까 '첫 열매들'계 14:4로서 하나님과 어린 양에게 속한 복음의 장자들 격인 사람들입니다. 농부들도 잘 익은 첫 열매들을 기뻐하면서 먼저 거두고는 일반 창고에 넣지 않고 잘 싸거나 묶어서 처마에 매달고 하는데 이스라엘에서도 잘 익은 첫 열매는 농부가 제사장에게 갖다 드리고 제사장은 하나님께 감사를 드리고 창고에 특별히 보관합니다. 2차 수확도 같은 계시록 14장 14-16절에 있는데 이것은 그냥 '익은 곡식들θερισμός, Therismos, Ripened grain'이라고만 표현되어 있습니다. 이 그룹의 사람들은 계시록 7장 9-14절에 있는 대로 '큰 환난'에서 나오는 사람들입니다. 어린 양의 피에 그들의 옷인격을 빨고 나오는 '흰옷 입은 큰 무리στολαις, λευκαις, Stolais leukais' 즉, 흰옷을 입은ὄχλος, πολύς, Ochlos polys, 큰 무리A great multitude in white robes라고

리의 추수는 봄철3~5월에 이루어지므로, 예수님의 이 말씀은 당시 시기가 12월이나 1월이었음을 암시한다. 예수님은 이 격언을 인용하시며, "**그러나 나는 너희에게 이르노니 눈을 들어 밭을 보라, 희어져 추수하게 되었도다.**"라고 말씀하셨다. 이는 "**지금이 바로 영적 추수의 때**"라는 선언이다. 이때의 "4개월"은 단순한 시간이 아니라, 예수님의 초림부터 재림까지 이어지는 "**교회 시대**"를 상징하며, 이를 약 2천 년의 구속 역사로 해석하는 견해도 있다. 종말론적 시각에서 보면, 예수님은 사마리아 사람들의 반응을 보시며 지금이 곧 추수할 때임을 선포하신 것이다. 이는 구원의 문이 이미 열려있고, 복음이 열매 맺을 준비가 되어 있다는 의미이며, "4개월"이라는 표현은 기다릴 필요 없이 "**지금 행동해야 한다는 영적 긴급성**"을 강조하는 장치로 이해된다. 결국 "4개월"과 "2천 년"의 관계는 문자적인 시간 계산이 아니라, '**상징적이고 종말론적인 의미**'로 해석하는 것이 일반적이다.

되어 있지요. '이 일 후에' 144,000을 뽑아낸 후 그들 흰옷 입은 큰 무리는 하나님의 소유가 되고 하나님의 보호를 받는다고 성경은 일러줍니다.

혹자들은 144,000을 '구원받은 사람들의 총수'라고 하나, 성경은 엄연히 이스라엘 땅에 있는 교회를 비롯하여 세계 교회에서 먼저 익은 열매들인 144,000이 거두어지고계 7:4-8 '이 일이 있은 후에'계 7:9 세계 교회로부터 흰옷 입은 큰 무리들이 나온다계 7:9-14고 밝히고 있습니다. '흰옷 입은 큰 무리'라고 불리는 이들은 대 환난 중에 그들의 옷을 예수님의 피에 빨아 희게 하여 나오는 사람들이라고 했습니다.계 7:14 이 '흰옷 입은 큰 무리'는 144,000명이 뽑히는 시간의 순서 다음에'이 일 후에' 뽑히는 순서가 있고, 또 계시록 14장에서도 144,000명은 구속된 사람 중에 '초 태생처음 익은 열매'으로 나옵니다. 출애굽에 보면 이스라엘 초 태생 경우 생축이든 사람남자아이이든 하나님께 드렸는데, 짐승 경우는 양으로 대신 드리고, 사람 경우는 5 세겔을 바쳤음 장자는 이처럼 소중하고 귀중하다는 의미로 특별한 위치를 갖습니다. 그래서 '첫 열매히)베코르, בכור'인 장자 144,000명은 먼저 기술되고, '흰 무리'는 '땅에서 익은 곡식'들로 나옵니다. 2차 추수 물 입니다. 따라서 144,000명과 흰옷 입은 무리는 동일시해서는 안 될 것입니다. 개혁주의 신학에서는 144,000을 상징적인 숫자로 보고, "구원받은 모든 성도를 의미한다"고 비유적으로 해석하지요.[279]

---

279 요한계시록에 등장하는 144,000명은 신학적으로 다양한 해석이 존재하는 중요한 개념이다. 이 숫자는 계시록 7장 4절과 14장 1절, 3절에 언급되며, 학자들 사이에서는 '**문자적 해석과 비유적 해석**'이 모두 논의된다. 먼저 문자적 해석에서, 일부 종교 단체(예: 신천지, 여호와의 증인)는 144,000명이 실제 숫자이며, 특정한 구원받은 집단을 가리킨다고 주장한다. 또한 세대주의적 해석에서는 이들을 영적 이스라엘이나 세계 교회와는 별개로, 이스라엘의 열두 지파에서 구원받은 자들로 이해하며, 환난 가운데 특별히 보호받는 무리로 본다. 반면 비유적 해석에서, '**개혁주의 신학**'은 144,000을 상징적인 숫자로 보고 구원받은 모든 성도를 의미한다고 해석한다. 이 숫자는 12(이스라엘 지파) × 12(사도) × 1,000(충만함)의 상징적 계산으로, 구약과 신약의 모든 성도를 포함하는 표현이라는

지금은 계시록 7장 1-3절이 보여 주듯, 땅에 사방의 바람이 부는 국제 정치 역학의 조건들이 대 환난의 위기로 무르익어 가고 있는 가운데도, 다니엘이 말한 대로 과학·정보 지식의 가공할 만한 발달로 인해 복음의 메시지들이 '땅끝들'까지 급속하게 퍼져 나가고 있습니다. 위클리프 성경번역협회*Wycliffe Bible Translators* 2024 연례보고서와 미국 성서협회*American Bible Society*의 「United Bible Societies Global Scripture Access 2024」 두 보고서 모두 '민족·부족 단위' 기준으로, 2024년 말 현재 '신·구약 성경이 전혀 번역되지 않은 그룹은 없으며, 완전 번역구약·신약 진행 중인 소수 원주민 부족이 몇 곳 남아 있다'고 합니다.

"복음이 땅끝들ends of the earth**까지 전해지면 내가 다시 오리라"**는 주 예수님의 말씀마 24:14이 이루어지는 중입니다.

【나가는 말】

승리하는 남은 자들: 복음 장자들의 군대

📖 주지하는 대로 예수님의 초림初臨, παρουσία parousia, The First Advent은 구원을 위한 것이었으며, 막 10:45; 요 3:17 재림再臨, παρουσία Parousia, The Second Advent은

견해가 많다. 따라서 개혁주의 신학에서는 144,000을 문자적으로 해석할 필요가 없으며, 이는 구원받은 성도 전체를 나타내는 상징적 수라고 본다. 또한 계시록의 문맥을 고려할 때, 이 숫자 자체에 지나치게 집중하면 오히려 본래의 메시지를 왜곡할 수 있다는 점을 강조한다. 결국 144,000은 문자적 수치라기보다, **"하나님께 속한 모든 성도의 완전하고 충만한 수를 상징하는 개념"**으로 이해하는 것이 일반적이다. [참고: https://info-box.org/entry; https://bible66.exbible.net/entry/]

근본적으로 심판하기 위한 것이나, "죄와 상관없이 자기를 바라는ἀπεκδέχομαι, Apekdechomai, Eagerly wait, Expect earnestly 자에게 두 번째 나타나시니라"고 했습니다.히 9:28 신앙의 정절을 지키면서 재림을 간절히 기다리는 사람에게 오신다히 9:28는 말씀입니다. 그들은 말씀을 끝까지 인내로 붙잡고계 12:11, 14:12 믿음으로 승리하는 '남은 자the remnant'입니다. 따라서 명목상의 교인들이 아니라 그리스도와 영으로 연합된 그리스도인들은 그분의 재림에 대해 "주 예수여, 속히 오시옵소서"계 22:20하고 기도로 고백합니다.

주의 재림을 학수고대하는 교회는, 시편 110편을 '심비心碑, tablets of human hearts'에 새깁니다. 그리고 엘리야처럼 '특심'을 가진 사람들은 특히 "주의 권능의 날에 주의 백성이 거룩한 옷을 입고 즐거이 헌신하니 새벽이슬 같은 주의 청년들이 주께 나아오는도다"시 110:3를 찬송하며 하나님의 나라를 기다립니다. 이 시편 110편은 왕이요 제사장이신 그리스도의 재림을 그리스도의 왕국에 대한 독특하고 영광스러운 면, 곧 승리하는 메시아로 잘 나타내고 있는데, 그분은 세상에 오시기 전에 이미 하나님과 같이 계신 '영존하신 아버지'사 9:6이시며, 전능하신 하나님이시기에 그 하나님이 마지막 때 원수를 발로 밟으시고시 110:6 위엄과 권위를 지닌 통치자로 만왕의 왕, 곧 우주의 메시아로 등극하며 만물과 우주를 조화 속에서 다스리시는데, 신실한 복음의 장자들은 하늘의 시온성에서 영원히 주님과 같이 있다는 것입니다. '우편'右邊δεξιά, Dexia, Right hand은 손으로써 힘의 상징 '전능'출 15:16을 의미합니다. 또 축복을 의미하기도 하지요. 하나님은 그 손으로 땅의 교회들을 축복하시고 권능과 축복을 가지신 그리스도를 위하는 새벽이슬 같은 청년들을 양육합니다. 또 그 권능으로 온 민족을 다스리시는데 하나님의 신실하고 참된 교회는 바로 '복음 군대', '희고 깨끗한 세마포' 군사,280 의의 군사들을 내는 것입니다.계 19: 14, 4

아브라함의 집에서 말씀으로 훈련하고 양육된 318명이 북방 연합군을 격파세계 최초의 大戰했듯이, 말씀 양육밖에는 무기가 없습니다. 어린 양의 피의 말씀이 불화살입니다.합 3:9 시 110장 5-7절은 메시아의 완전한 심판을 말하는데, 새벽이슬 같은 주의 청년들이 말씀의 이슬 단비미 5:7의 축복을 받아 젊은 사자들미 5:8의 용맹으로 나온다는 것입니다. 특히 마지막 때의 교회가 주의 청년들을 기드온의 삼백 용사처럼 말씀의 물가에 세워 '젊은 사자들'미 5:8의 용맹성으로 키우라는 것입니다. 미가서로 말하면 그들을 영원한 왕이요 제사장이신 그리스도를 보필하는 '일곱 목자 여덟 군왕'미 5;5으로 양육함입니다.

사사士師, 판관Κριτής Kritēs, judge 기드온Gideon은 사사기 6~8장에서 그 막강한 대적 세력적그리스도 세력의 예표을 물리치기 위해 에브라 상수리나무가 있는 타작마당 밑에 '술 틀'을 놓고 밀 추수타작를 합니다. 그것은 그가 '구국

---

280 요한계시록 19장 14절은 예수 그리스도의 '재림 장면'을 묘사하며, 그와 함께 오는 하늘의 군대들이 입은 옷을 이렇게 설명한다. 여기서 '**희고 깨끗한 세마포**'는 단순한 의복이 아니라 깊은 상징성을 지닌다.

1. **정결함과 거룩함**; 세마포는 가늘게 꼰 베실로 만든 고급 천으로, 성경에서 정결하고 거룩한 삶을 상징한다. '희고 깨끗하다'는 표현은 죄로부터 씻김 받은 상태, 곧 성결한 존재를 나타낸다.사 1:18; 계 7:14
2. **성도들의 옳은 행실**; 계시록 19장 8절은 "이 세마포는 성도들의 옳은 행실"이라고 직접 밝힌다. 이는 외형적 장식이 아니라, 내면의 의로움과 믿음의 삶이 외적으로 드러난 결과임을 의미한다. 개혁신학은 이를 '**칭의로 말미암은 성화의 열매**'로 이해한다엡 2:10.
3. **하늘의 군대**; 이 군대는 재림하시는 그리스도를 따르는 자들로, 해석에 따라 천사일 수도 있고, 구원받은 성도일 수도 있다. 개혁주의 전통에서는 문맥상 구속받은 성도들이 영화로운 몸으로 그리스도와 함께 악을 심판하는 장면으로 보는 견해가 강하다고전 6:2; 유 14-15.
4. **신부의 예복**; 같은 장에서 '**어린 양의 혼인 잔치**'에 참여하는 신부 역시 빛나고 깨끗한 세마포를 입는다계 19:7-8. 이는 구원받은 성도들이 그리스도와의 언약적 연합에 참여하는 모습을 상징한다. **요약하면**, '희고 깨끗한 세마포'는 "**하나님 앞에서 정결하고 의로운 삶을 살아온 자들의 영적 상태를 나타내는 상징**"이다. 이는 그리스도의 의로 옷 입은 성도들이 성화의 열매를 맺으며, 마침내 재림하시는 주와 함께 악을 심판하고 하나님의 나라를 완성하는 거룩한 군대로 묘사되는 것이다.

의 기도'를 은밀히 했다는 것이며, 그것도 '술 틀', 곧 '예수님의 보혈인 생명의 포도주잔'을 놓고…, 구름 떼 같은 그 '북편 군대,'사 9:2 북편은 성경에서 죽음의 방위인데, 적그리스도의 세력은 날아간 '보리떡'에 의해 본부 진영사탄의 처소이 박살 납니다. 보리떡은 보잘것없어 보이지만, 자신 몸을 나누어 떼 준 그리스도 자신이 아닙니까. 전쟁은 여호와께서 하시는 것입니다.삼상 17:47 그리고 그 '북편 군대'와의 전쟁은 말씀의 횃불 3백 개, 나팔 3백 개, 항아리 3백 개를 가진 청년 용사들에 의해 승패가 결정됩니다. 결국 '개국 이래 없던 환난,'단 7:2 그 '창세 이래로 없던 환난'마 24:21도 은밀하게 술 틀을 놓고 기도하는 지도자와 말씀의 물가에서 훈련받은 청년 앞에서 박살이 난다는 교훈 아닙니까. 한 마디로 '해를 옷 입은 여인의 후손'창 3:15; 계 12:1 곧 예수님의 영과 연합된 교회만 승리하고 '남은 자'가 됩니다. 그들은 모두 이마에 하나님의 이름과 어린양의 이름, 그 말씀의 인印을 맞은 사람들입니다. 말씀의 인이 하나님의 능력의 불입니다. '말씀의 불로 응답하시는 여호와'왕상 18:38마음의 문설주에 뿌려진 어린 양 피의 말씀이 능력입니다.

보혈의 술 틀, 그 보혈과 말씀 양육 밖에는 없는 것 같습니다. 교회에는 보혈의 강물만 흐르고, 복음의 나팔과 복음의 횃불과 자아가 다 사라진 항아리 3백 개만 필요합니다. 말씀으로 양육된 교회는 민족이 기대는 마지막 보루이고 희망입니다. 그들 '야곱의 남은 자들'미 5:8이 사탄이 주관하는 세상 세력을 이기는 백수의 왕, 사자입니다.

말씀 교육, 즉 십자가 복음과 읽고 듣고 지켜야 하는 종말 계시 예언의 말씀에 관해 가르침 밖에는 없습니다. 철장 권세의 아들들시 2:9; 계 2:6-27, 12:1을 키우는 것 외에는 민족이 기댈 데가 없습니다. 기드온이 삼만 이천 명의 청년 중, 왜 다 돌려보내고 삼백 명만 가지고 구름 떼처럼 몰려온 대적 세력과 싸움하겠습니까. 혼이 죽었으면, 그리스도의 영이 없는 사람은 살았어도 죽은 사람들입니다. "여호와예수 그리스도께서 빠른 구름을 타고 애굽에 임하시리니,"사 19:1 하나님의 심판이 세상에 속히 임한다는 경고입니다. 예수님의 말씀처럼 도적같이 임하고 때가 급하다는 것입니다. 이제 교회에는 '그리스도의 보배로운 피'벧전 1:19가 생명 강겔 47장처럼 흘러야 하고, '피 뿌린 옷'계 19:13을 입어야 하며, 종말 계시 예언의 말씀이 삼군三軍을 울리는 북소리처럼 교회에, 세상에 울려야 합니다.

최초의 구약 헬라어 성경Septuagint, LXX,셉투아진트 70인역,B.C. 280년경에서, 「민수기」民數記의 원래 책 이름은 「광야에서」히)「בְּמִדְבַּר, 베미드바르」,Book of Numbers가 아닙니까. 이 책 처음에 나오는 의미 깊은 말을 따서 '광야에서in the wildness'라고 한 것입니다. 그야말로 광야 한복판에 있는 그들에게 내리꽂힌 번개와 같은 생명의 메시지라는 제목입니다.

종말론 교육은 '보아스와 야긴' 같은 기둥들이 가득해야 할 것입니다. 그들이 민족을 심장으로 받히는 힘이고, 풍랑을 헤치는 거선巨船의 기관입니다. 그들이 애굽을 무너뜨리기 위해 궁성으로 들어가는 모세의 갈대 배Tevah,papyrus basket,방주, 상자들이고 부활의 아라랏산 정상을 향해 가는 노아의 방주[281]Tevah,Noah's Ark입니다. 역청예수의 피을 안팎에 칠한 그

281 노아의 방주는 하나님께서 홍수 심판 가운데 생명을 보존하시기 위해 직접 설계도를 주신 구원의 방주로, 창세기 6장에 명시된 구조적 세부 사항에 따라 제작되었다. 길이 300규빗, 너비 50규빗, 높이 30규빗의 삼층 구조로 구성되었으며, 내구성이 뛰어난 고페르나무와 역청을 사용하여 완전한 방수 기능을 갖추었다. 방주는 인간과 동물의 생명을 보호하는 역할을 수행했으며, 홍수 이후 노아의 가족을 통해 인류의 새로운 시작을 가능케 했다. 현대에 이르러 아라랏산에서 방주 흔적을 주장하는 탐사들이 있었고, 한국 해사기술연구소의 실험 결과에 따르면 방주의 구조는 실제로 극한 해양 조건에서도 안정성을 유지할 수 있는 것으로 평가되었다. 방주에 대한 고고학적 증거는 아직 확정되지 않았으나, 창조과학계에서는 이를 중심으로 '방주학'Arkology이라는 학문적 접근을 제안하고 있다. 개혁신학은 노아의 방주를 단순한 신화가 아닌 하나님의 언약적 구원 계획

방주, 테바תֵּבָה[282]는 나무 기둥십자가 기둥을 의미하는 히브리어 마지막 알파벳인 타우ת와 집ב 안에, 그리고 숨구멍의 의미가 있는 '헤הא,Poros, Pore'로 형상화 되어 있습니다. 십자가 나무집 안에 있는 그들이 바벨론에 대항하여 활 쏘는렘 51장, 슥 8:9 군대이고, 주님으로부터 검열召集받은 군대사 13:4-6입니다. 이 바벨론에 대항하여 활 쏘는 자들의 '영원한 복음'이, 사람들을 바벨론에서 나오게 합니다.계 14:6-11 계시록은 14장 6절에서 이 출出바벨론의 메시지를 '영원한 복음eternal Gospel'이라고 명명하고 내용은 계시록 14장 7-11절에 두고 있습니다.

그러나 이제 마지막 때에 이르러, 하나 짚고 넘어가야 할 일이 있습니다. '**라헬의 통곡**' 사건입니다. '**라헬의 애곡**'哀哭,אֵבֶל, Evel 또는 קִינָה,θρηνος, Threnos,Lamentation, Wailing,슬퍼하여 우는 행위 소리는 예레미야 31장 15절에서 등장하는데, 라헬은 자식이 없어서 천사의 위로조차도 거절하고 슬퍼합니다. 그 좋은 아들 요셉도 있었고,창 30:22-24 또 베냐민창 35:18도 있었습니다. 그런데도 야곱이스라엘의 아내로서, 이스라엘 전체를 상징하는 어머니로서, 자식이 없어서 통곡하는 이유는 하나님의 왕국의 유업과 관계되는 예수님과 영으로 하나 된 '철장 권세의 아들들시 2:9; 계 2:26-27; 12:5이 없다'는 것에 슬퍼하는 것입니다. 이 구절은 바벨론 포로로 끌려가는 이스라엘 백성의 슬픔을 묘사하며, 마태복음 2장 17~18절에서 헤롯 왕

의 역사적 실체로 이해하며, 방주를 그리스도의 구속 사역을 예표하는 은혜의 표징으로 해석한다창 6:18; 벧전 3:20-21. 방주 안은 그리스도 안에 있는 자들의 구원을, 방주 밖은 심판 아래 있는 세상을 상징하며, 이는 종말론적 심판과 구원의 모형으로서 오늘날 교회가 그리스도 안에서 누리는 구원의 확실성을 드러낸다.

282 구약에서 '테바'תֵּבָה, tevah라는 단어는 단 두 번 등장한다. 하나는 노아의 방주이고, 다른 하나는 모세가 태어날 때 띄워진 갈대 상자이다. 두 경우 모두 공통점은, '방향키나 노와 같은 조종 장치'가 전혀 없다는 점이다. 이는 인간의 힘이 아니라 전적으로, '하나님의 주권과 섭리에 의지'해야 함을 보여준다. 따라서 '테바'는 '**하나님께 모든 것을 맡길 때 그분이 친히 보호하시고 구원의 길을 여신다는 상징**'으로 이해할 수 있다.

이 베들레헴에서 두 살 이하의 아이들을 학살한 사건과 연결됩니다. 야곱과 라헬이 진정으로 추구하는 것은, 단순히 자식이 아니라 하나님께서 약속하신 생명의 나라를 받느냐 못 받느냐 하는 사활이 걸려있는 주제였기에 망할 수밖에 없는 이스라엘의 절망적인 모습을 보고 울고 있는 것입니다.

"아담사람아, 네가 어디에 있느냐"?

이제 주님의 재림을 앞두고 진리의 성읍 예루살렘의 회복, 곧 주의 회복을 앞두고 하나님께서는 우리에게 물으십니다. "아담사람아, 네가 어디 있느냐?"창 3:9 "아담아, 네가 무엇을 하였느냐?"창 4:10 미가서도 같은 존재의 확인 질문을 합니다. "네가 무엇을 가지고 여호와 앞에 나아가며 하나님께 경배할꼬?"미 6:6

예언서들은 말합니다. 만왕의 왕이신 예수님이 돌아오시는 예루살렘이, 세상에서 제일 높은 '여호와의 전殿'사 2:2-3; 미 4:1-2인 빛을 발하는 온전히 아름다운 시온시 52:2 성산진리의 성읍이 되며,슥 8:3 거기서부터 여호와 하나님은 자기 백성을 사방에서부터 구원하여 내는 역사를 하셔서는, 예루살렘 가운데 거하게 하시고 자기의 백성으로 삼으시며 만물을 평안한 추수를 내게 하시고슥 8:12 남은 백성남은 자들, '여자의 남은 자손'계 12:17들로 그 '평안한 추수'슥 8:12를 먹게 하는 천년왕국의 수도를 삼으신다고 합니다. 그러므로 전에는 이스라엘 족속세계 교회도 포함이 이방 가운데서 저주가 되었으나 이제는 축복만이 있기에 열국의 백성들도 유다에 남은 자, 곧 신실한 하나님 백성들의 옷자락을 붙잡고 같이 가자고 하며,슥 8:23; 사 4:1 공의로 구원을 베푸시는 겸손한 메시아 왕, 그 미래에 오실 시온의 왕의 구원에 대한 찬송 소리가 드높게 됩니다.슥 9:9-12 이것은 다 예루살렘의 영광된 미래를 예언한 것입니다.

마지막 때, 예언의 뇌관인 예루살렘

마지막 때 예루살렘 성전에 대한 예언을 여는 열쇠와 뇌관은 스가랴서와 학개서인데, 두 선지자는 포로 후 돌아와서 16년이나 중단되고 있던 스룹바벨의 성전을 하나님의 인印이 있고 머릿돌이 있는 성전이라고 격려하여 4년 7개월 만에 완공시킵니다. 선지자는 스가랴Zekharyah; Zechariah,"여호와께서 기억하신다"는 뜻와 학개Chaggai; Haggai,"축제" 또는 "절기"라는 뜻인데, 그들은 둘 다 유다와 예루살렘을 구속하시는 여호와를 찬양하며, 그 여호와께서 대적 세력인 '헬라 자식들'에게 화살을 번개같이 쏘아 택한 백성들을 구하실슥 9:13-16 것이라고 약속합니다. 이 일은 예루살렘을 정결케 하면서 우상 속에 있는 열국의 바벨론 백성들을 심판하면서 이루어집니다. 이 심판의 와중 속에는 열국과 이스라엘의 전쟁이 있습니다.슥 14:1

그런데 혼란과 전쟁이 있는 그날에, 그곳에 낮도 아니고 밤도 아닌, 불안한 어둠이 깃드는 정세밖에 없지만 여호와의 아시는 한 날이 있어, 빛이 있을 것이라고 말씀합니다.슥 14:7 그날은 바로 다시는 전쟁도, 저주도 없는 광명한 '한 날', 곧 주님의 재림이 있을 것이라고 합니다. 스가랴서의 종말 메시지입니다.

> 그날엔 생수가 예루살렘에서 솟아나서 절반은 동해로 절반은 서해로 흐를 것이라. 여름에도 겨울에도 그러하리라슥 14:8

메시아께서 오실 때천년왕국의 시공간에 퍼질 '진리의 보편성'을 미리 말하고 있는 것입니다. 지금도 이스라엘은 아직도 다른 메시아나 기다리고 있으며, 제3 성전을 짓는다며 가증한 짓 - 모든 것이 다 준비되었으나 정부의 허가가 없어 성전의 공사는 시작하지 못하고 있음; 다음 주제 참고 - 을 하고 있지만, 스가랴서와 학개서가 스룹바벨 말씀 성전을 통하여 그들이 말하고 있는 예루살렘 성전의 소망과 기도 속에는, 하나님의 인,[학 2:23] 하나님의 머릿돌이 있는[슥 4:7-10] 성전이고, 그리하여 하나님과의 영적인 관계의 회복뿐이 아니라 영광을 돌릴 수 있는 말씀의 다림줄[암 7:7-8]이 있는 복음적 성전이어야 합니다. 이렇듯 군사·정치적인 것이나 다윗 왕 시대의 영광을 되찾는 것과는 관계가 없음에도, 안타깝습니다. "만군의 여호와가 이같이 말하노라, 만군의 여호와의 집, 곧 성전을 건축하려고 그 지대를 쌓던 날에 있었던 선지자들의 입의 말을 이날에 듣는 너희는 손을 견고히 할지어다"[슥 8:9]라고 했고, '그 성전에는 여호와의 신이 계셔서 만국을 진동시키고 열국의 보좌를 엎을 것이며 태산을 평지박살 낼 권능의 하나님 말씀 성전인 것'[학 2:5; 슥 4:6; 학 2:7, 21, 22]을 그들은 모르고 있습니다. 이제 이스라엘과 유대교 지도자들은 시대의 징조에 눈멀어 있을 것이 아니라, 하나님의 심판이 있을 것을 알아야 합니다. 따라서 정통 유대주의자들이 열광하는 성전 재건은 성경이 말하는 종말론적 맥락, 하나님의 나라 준비에 전혀 맞지도 않을 뿐만 아니라 무슬림들의 절대 성지인 '황금 돔 사원[히 כיפת הסלע, Kipat HaSela; 아랍어 قبة الصخرة, Qubbat As-Sakhrah; Dome of the Rock]'을 건드리므로, 세계 대전 유발의 화약고가 되게끔 하는 형편입니다.

지금 세계의 많은 참된 신앙인들은 현재의 유대인들처럼 그곳 예루살렘 성전산을 그들 민족주의적 성전 재건의 기지로 보지 않고, 성경에 있는 대로 '그리스도 영광의 재림과 관련'이 있는 것으로 봅니다. 만왕의 왕이신 그리스도가 재림하기 전에 전쟁 등의 환난으로 혼돈과 어둠의 세력이 난무해 불안하지만, 그러나 그때 홀연히 빛이 있을 것이라고 예언된 만큼 만왕의 왕이신 그리스도가 재림하면 하나님의 '뜨인 돌[cut out stone by God'단 2:44이 바벨론 세상인 만국을 박살내며 역사 시대를 종결할 것입니다. 그리고 지구는 낙원적 환경으로 회복되고, 이기고 남은 자들에게는 '새 영'겔 36:25과 '새 마음'이 주어집니다. 그리스도께서 만왕의 왕으로서 통치하시는 이것이 여호와 하나님의 '새 일'사 42:9, 43:18, 48:6 역사입니다. 사막에 시내가 흐르고 꽃이 필 뿐 아니라사 35:1-2; 사 43:19-20 인간의 마음 밭도 완전히 바뀌어져, 구원의 복을 감사와 희락과 평강으로 누리게 됩니다. 공경할 손, 하나님의 자비와 오묘한 종말 역사의 신비입니다. **"아멘 주 예수님 오시옵소서"**[283]계 22:20

올리브 산(Mount of Olives)과 구시가지(Old City)

성벽으로 둘러싸인 지역으로, 성묘교회, 통곡의 벽, 바위 돔 등이 위치

283 헬라어: Ἀμήν, ἔρχου, Κύριε Ἰησοῦ (Amēn, erchou, Kyrie Iēsou)
아람어: מָרַנָא תָּא (Maranatha) – "주님, 오시옵소서"라는 뜻
라틴어: Amen, veni, Domine Iesu
영어: Amen. Come, Lord Jesus. 이 표현은 요한계시록 22장 20절에 기록된 말씀으로, 예수 그리스도의 재림을 기다리는 성도들의 간절한 소망과 기도를 담고 있다. 헬라어와 아람어, 라틴어로 전해지는 이 고백은 시대와 언어를 넘어, 모든 세대의 교회가 동일하게 고백해 온 재림 신앙의 핵심을 보여준다. 이는 단순한 종결 인사가 아니라, '**그리스도의 다시 오심에 대한 확신과 갈망을 담은 신앙의 선언**'이다.

【준비가 되어 있는가】

성경에서의 예루살렘과 올리브산

예루살렘은 '하나님의 눈동자'입니다. 성경은 '예루살렘과 하나님의 백성을 해하는 자는 하나님의 눈동자를 건드리는 것'슥 2:8이라고 했습니다. 이 도시는 하나님 약속의 중심에 있습니다. 예수께선 "너희가 선지자 다니엘이 말하는 멸망의 가증한 것이 거룩한 곳에 서거든 읽는 자들은 깨달으라"마 24:15고 말씀하셨습니다. 이것은 창세 이래로 없던 전무후무한 환난이라고 했습니다.

지금 이스라엘에선 제3 성전 건축에 필요한 자재들과 제사용품들이 준비되었습니다.[284] 그런데 예수님의 재림과 관련해서 예루살렘이 관심을 끄는 것은 '올리브 산감람산의 균열'입니다. 올리브 산은 예수님께서 예루살렘에 오시면 밤에 기도했던 곳이고, 우셨던 곳이며, 동편 산자락 밑 베다니 마을의 나사렛 가족에게 설교하셨던 곳이며, 또 그 산은 그가 승천하실 때 발을 마지막으로 디뎠던 곳입니다. 그뿐 아니라, 이곳은 예수님께서 에덴의 성취回復를 위해 다시 돌아오는 산입니다.행 1:11 그런데 그 산에 다시 돌아오실 때 산이 동쪽에서 서쪽으로 갈라져 큰

284 보도와 주장에 따르면, 성전 재건을 위한 '세부 도면과 건축 자재, 제단 및 각종 기명, 제사장 관련 물품' 등이 이미 준비된 상태라고 한다. 특히 제3 성전의 '설계도와 번제 단, 황금 촛대' 등 내부 기물은 제작이 완료되었으며, '제사장 후보생들에 대한 교육'도 진행 중이라는 전언이 있다. 그러나 이러한 움직임은 단순한 종교적 사안에 그치지 않고, 종교적·정치적·국제적 갈등과 직결되어 있다. 성전이 실제로 재건될 수 있을지는 여전히 불확실하며, 그 과정에서 중동 지역과 전 세계의 긴장을 고조시킬 가능성이 크다. [출처: 제3의 성전 제사 의식 복원 '지성소 핵심 기물', 「스페셜」 모세의 언약궤(법궤) 향방을 찾아서, 2019/02/26, 피터 킹, 모닝 선데이]

골짜기가 생긴다고 했습니다. 그때 산 절반은 북쪽으로 산 절반은 남쪽으로 이동됩니다. 이것은 물리적인 사건이되 하나님께서는 그의 현현 때 큰 흔적을 남기는 신령스러운 일이기도 합니다.

옛날 하나님께서 이스라엘 백성에게 임하실 때 아라비아에 있는 호렙 산일명 시내산, 갈 4:25 봉우리를 불로 태우셔서 그 영광의 임재하신 자국은 지금도 검게 그을린 그 부분이 크게 남아서 멀리서도 사람들의 시야에 다 들어와서 크고 두려운 하나님을 의식하게 하듯, 주님이 이 땅에 새 왕으로 오실 때도 예루살렘 거민들에게 두렵고 놀라운 그분의 임재하심을 특이한 자연현상으로 보이며 이 땅에 보이는 것입니다. 사도행전 1장 11절에 있듯이 '예수님은 가신대로 오신다'고 하는 그 감람산이 둘로 나누어지는 것입니다.

최근 지질학계의 연구에 의하면 지금 올리브 산은 지질학적으로 단층대에 위치하여 아주 불안하며 산의 바닥이 갈라져 있다고 합니다. 단층 지질fault geology 또는 지질 단층이라고 불리는데 이 산의 균열은 자연적으로 불안정한 지질학적 문제[285]가 있지만, 그러나 그것은 사람들에게

---

285 올리브 산은 예루살렘 동쪽 기드론 골짜기 너머에 위치한 지형으로, 지중해-사해 단층대Mediterranean-Dead Sea Transform,MDST의 연장선상에 놓여 있는 활성단층active fault 지역이다. 이 지질 구조는 지진 발생 가능성이 높은 불안정 지대이며, 실제로 지반 균열과 지각 변동의 징후가 보고되고 있다. 이러한 지질학적 특성은 **스가랴 14:4의 예언**–메시아의 재림 시 올리브 산이 동서로 갈라지는 사건–과 연결되어, 성경의 종말론적 묘사를 물리적 현상과 연계해 해석하려는 신학적 시도를 가능하게 한다. 국가과학기술정보센터NTIS와 지오빅데이터 플랫폼 등의 자료는 해당 지역의 단층 구조와 지진 위험성을 과학적으로 분석하며, 성경 예언과 현대 지질학 사이의 접점을 제공한다. 개혁신학은 스가랴 14:4를 해석함에 있어 문자적 사건 가능성을 배제하지 않으면서도, 본문의 중심을 하나님의 주권적 개입과 구속사의 완성에 둔다. 예언서의 상징적 언어는 실제 역사와 창조 질서 속에서 실현될 수 있으며, 그리스도의 재림과 최종 심판, 새 하늘과 새 땅의 도래를 지시하는 종말론적 이미지로 이해된다. 올리브 산의 갈라짐은 '**하나님의 백성을 위한 구원의 길이 열리는 상징**'으로 해석되며, 단층 구조와 지진 가능성은 '**하나님의 섭리 속에서 사용될 수 있는 도구**'로 간주 된

보여 주는 하늘의 징조sign입니다. 이 지역을 중심으로 많은 불안정한 갈등이 일어나는데 그것은 우연한 것이 아닙니다. 사탄은 그의 때가 얼마 남지 않음을 알고 이 땅에 자연 재앙을 비롯하여 갖가지 환난을 일으키지만,계 12:7-12 이때 올리브 산이 갈라져 산골짜기가 아셀까지 미치도록 생기는 것은 도망갈 수 있는 통로로써,슥 14:5 주님의 배려가 있는 것이기도 합니다. 이사야 26장 19-20절을 보면, 환난 때에 주님은 그의 사랑하는 백성들을 '밀실'에 잠시 잠깐 동안 만 숨기시듯이 주님께서는 사랑하시는 사람들로 하여금, 잠시 동안 피난할 수 있는 길을 열어주시는 것입니다. 따라서 올리브 산이 갈라지는 것은 우연적인 자연재난이 아니라 주님의 뜻이 있는 영적인 사건이기도 합니다.

사단은 영적인 눈을 혼란스럽게 하고 교회를 핍박하면서 사람들의 믿음을 악화시키려고 하지만 인내로 주님의 말씀을 끝까지 붙잡는 자는 그 환난의 날 수와 고난을 경감시켜 주십니다.마 24:22 따라서 '어린 양'이란 용어가 계시록에 27번이나 등장하듯이, 예수님은 그의 사랑하는 자들, 그 끝까지 이기는 자들에게는 피 뿌린 옷을 입혀서 승리로 남은 자들이 되게 하십니다. 한 마디로 어린 양의 피의 말씀은 실패하지 않아서 사탄의 세력을 이기니,계 12:11 하나님께서 눈동자처럼 지키는 것입니다. 그래서 하나님께서 눈동자처럼 지키신다는 예루살렘에 대한 말씀은 그리스도 최후의 승리를 기다리는 올리브 산의 외침이기도 합니다.

언론 보도에서 보는 대로[286] 예루살렘을 둘러싼 긴장과 분열의 시도

다. 따라서 올리브 산은 지질학적으로 불안정한 지형이자, 성경적으로는 종말론적 구원의 무대이며, 자연 세계와 구속사의 주권자가 동일하신 하나님을 증거하는 장소로 이해된다.

286 제 3성전 재건 논의는 성경적·신학적 해석에 따라 상이한 입장을 낳는다. 개혁신학은 성전의 실체를 예수 그리스도와 그 몸인 교회에 두며, 요한복음 2:19-21에서 예수께서 자신의 육체를 성전으로 언급하신 점, 에베소서 2:19-22와 고린도전서 3:16

는 모두 예언의 말씀이 역사 속에서 메아리치며 드러나는 현상인 '예언의 반향反響' 입니다. 예수님이 예루살렘에 가면 밤에 늘 올라가셔서 기도하던 그 올리브 산은 미래에 나타날 믿는 이들의 영혼의 제단이기도 합니다. 그러므로 오늘날 교회는 예수님의 올리브 산을 높은 산으로 바라보아야 할 것입니다. 시편 122장 1-2절은 말합니다.

> **내가 산을 향하여 눈을 들리라. 나의 도움이 어디서 올꼬, 나의 도움이 천지를 지으신 여호와께로다.**

예수님께서 우시고 기도하시며 또 동쪽 산자락 밑의 베다니 마을에서 소수의 사람을 설교로 인도하던 그 올리브 산은 이제 권능과 영광으로 오실 산인데, 마지막 구원의 도움을 거기서 받는다는 것입니다.

에서 교회 공동체를 하나님의 거처로 규정한 점을 근거로 삼는다. 또한 계시록 21:22은 새 예루살렘에 더 이상 물리적 성전이 존재하지 않음을 선언하며, 그리스도와 하나님 자신이 성전이심을 밝힌다. 이러한 관점은, '**성소 휘장의 찢어짐**'마 27:51과 '**그리스도의 단번 속죄**히 9-10장를 통해 제사의 종결을 선언하며, 물리적 성전의 재가동은 구속사적 퇴행으로 간주 된다. 종말론적 해석 스펙트럼에서 세대주의적 전천년주의는 이스라엘과 교회를 구속사적으로 분리하고, 환난기 중 성전 재건과 제사 재개를 종말의 핵심 징표로 본다. 반면 개혁신학은 성전 주제가 이미 그리스도 안에서 성취되었음을 강조하며, 에스겔 40-48장의 이상적 성전은 성령의 임재와 새 창조 질서의 상징으로 해석한다. 계시록 11장과 데살로니가후서 2장의 성전 언급도 문자적 건물보다는 언약 공동체에 대한 상징으로 읽으며, 해석학적 겸손을 통해 정치적 현상과 계시의 상징을 직접 등치하지 않는다. 종말의 시기와 방식은 하나님의 주권에 속하며, 교회는 표징 추적보다 성화와 선교에 집중해야 한다. 현대 중동 정세와의 연관성도 제3 성전 논의에 복잡성을 더한다. 성전산은 유대교, 이슬람, 기독교의 성지로 중첩된 초민감 지역이며, 법적 관할과 국제 외교의 균형 속에서 물리적 재건은 지역·국제적 긴장을 고조시킬 수 있다. 일부 유대 단체의 성전 기물 제작과 제사장 직분 복구 시도는 상징적·정치적 압박 수단으로 작용하며, 이에 대한 이슬람권의 반발은 실현 가능성을 유동적으로 만든다. 개혁신학은 이러한 현상을 예언 성취로 곧바로 등치하는 것을 경계하며, 교회는 민족주의나 군사주의에 종말 담론을 결박하지 않고, **정의·화해·평화의 복음 윤리를 견지**해야 한다. 성전-제사-임재의 축은 **그리스도의 인격과 사역, 성령의 내주, 교회 공동체로 수렴**되며, 신학적 해석은 교리적 일관성과 목회적 지향을 함께 고려해야 한다.

물리적 세계에선 지진 현상에 의한 산의 움직임이 있습니다. 그러나 영의 세계에선 그것은 하늘의 카운트 다운을 알리는 징조이기도 합니다. 올리브 산이 남쪽과 북쪽으로 나뉘게 될 것이란 말은 지상 왕국과 하늘 왕국 사이의 확실한 개방과 통로가 있게 됨을 의미합니다. 믿는 자는 볼 것이요 조롱하는 자는 떨 것이요, 그리고 깨어서 지켜보는 자는 기뻐할 것이다. 그들은 왕께서 오시는 것을 볼 것입니다. 예루살렘, 곧 '진리의 성읍'슥 8:3 안에 있는 사람들은 모두가 왕의 도착을 부르짖고 있기 때문입니다. 고통과 영광의 기억을 다 가지고 있는 그곳, 예수님께서 예루살렘을 향한 깊은 사랑과 안타까움을 표현하신 장면, '암탉이 병아리를 품듯 내가 너희를 품으려고 얼마나 했던고….'마 23:37; 눅 13:34 하시면서 예수님의 애끊는 심정과 거절당한 사랑으로 우시던 그곳, 또 종말에 일어날 일에 대해서도 비통하게 가르치셨던 그곳, 이제 그분은 그곳에서 영광중에 정의롭게 지상 천년왕국을 이룰 것입니다.

올리브 산은 메시아의 전체 여정을 말하고 있는데, 잡히시던 마지막 밤과 십자가에서의 면류관왕관, 디아데모[287]계 19:12과 부활 승천, 그리고 다가오는 재림의 발 디딤행 1:11이 예루살렘의 이곳에서 시작될 것입니다. 그의 지상 생애의 마지막이었던 올리브감람 산은 그 뜻이 '짓 빻음'이듯이, 그 옆 갈보리의 십자가에서 짓 빻아진 향기는 아름다운 올리브 나무 왕의 향기가 되어삿 9:8-9 온 땅을 아름다움과 평강의 동산이 되게 할 것입니다. 천년의 복 기간은 바로 올리브 향기 날리는 낙원적 환경의 회복입니다.

---

287 헬라어 διάδημαdiádēma는 '머리띠' 또는 '왕관'을 뜻하며, 라틴어에서도 diadema로 동일한 의미로 사용된다. 영어 Diadem 역시 왕관, 곧 왕권의 상징을 가리킨다. 성경에서 '디아데모'는 왕권과 권위를 나타내는 요소로 사용되며, 특히 요한계시록 19장 12절에서는 "예수 그리스도의 머리에 많은 '디아데모'가 있다"라고 묘사된다. 이는 '**그분의 절대적 주권과 만왕의 왕으로서의 권세를 상징하는 표현**'이다.

올리브 산은 단순한 지리적 장소 이상입니다. 올리브 산은 하나님의 섭리 속에 있는 예언적인 랜드마크landmark입니다. 우리는 이 산을 볼 때마다 하나님의 약속을 깨닫습니다. 예수님의 재림에 대한 약속, 그리고 그 재림을 준비하는 것보다 더 중차대한 일은 없습니다. 이 세상에서 하나님의 비밀은 그리스도뿐입니다.골 2:2 "이 마음을 품으라, 곧 그리스도의 마음이니,"빌 2:5 그리스도를 아는 것 이상 귀한 일이 세상에 없습니다.빌 3:8

"하나님께서 성육신하셨다는 사실, 그 하나님이 십자가에 달려서 우리 죄를 위해 돌아가셨다는 사실, 그리고 그분이 다시 부활하시어, 우리에게 보혜사 진리의 성령으로 오셔서요 14:16-17 나와 함께 계신다는 비밀", 이 이상의 신비가 있겠습니까.

이제 하나님의 비밀이신 "그"는 다시 오시되 고난의 종이 아니라 '그분을 기다리고 있는 사람을 위해서'히 9:28 "왕"으로 돌아오십니다.

예루살렘의 부르짖음은 그날을 위한 것입니다. 올리브 산이 갈라지기를 기다리는 것처럼, 하늘도 열리기를 기다리고 보혈의 말씀 가진 주님의 교회들은 휴거를 기다리고 있습니다.살전 4:16-17 부활의 첫 열매, 그 휴거의 첫 열매이신 예수님이 없다면 기독교의 가르침은 전부 헛것이요 우리의 믿음도 헛것입니다.고전 15:14-17, 15:22-23 우리는 그리스도의 임재,παρουσία, Parousia;Adventus Christi;Presence of Christ or Second Coming of Christ그분의 현존presence 앞에 있습니다.살전 4:15-17 우리의 영적인 눈이 열리면 그분은 이미 우리 안에 성전고전 6:17으로 와 계십니다. 우리 안에 성전으로 와 계시는 주님과 동행만 한다면 우리는 아마겟돈 재앙을 피할 수 있습니다. 부활의 첫 열매들이 될 수 있습니다.

주님께서 마지막 밤 제자들과 성만찬을 하신 후 제자들을 위해 아버지께 간곡히 기도하는 것은, 성도들이 아버지 안에서 주님과 합하는 '한 영으로고전 6:17 함께 있게' 해달라는 기도였습니다.요 17:21 우리의 소망은 오직 이 예수 그리스도와 함께 있는 것뿐입니다.

이제 이 재림 예언은 스가랴서를 비롯하여 수없이 말해졌고, 예수님조차도 자신의 증언증거은 '예언의 영'계 19:10이라고 그 기초를 말씀하셨습니다. 즉 예수님 말씀의 증거는 구약 선지자들이 예언한 영과 맥을 같이 한다는 것입니다. 예언의 중요성이 여기에 있는데, 예수님 증거의 말씀은 그 기라성 같이 빛나는 구약의 예언을 정확히 해석하고 설명하는 진리의 영이라는 것입니다.

이제 예수께서 기도하시고 우시고 가르치셨던 올리브 산은 그분이 영광중에 돌아오기를 기다리고 있습니다.

예루살렘 성전은 지금 존재하고 있지 않지만, 성전 재건은 종말 예언의 중심 주제 중의 중심 예언이라는 것은 누구나 다 아는 사실입니다. 그리고 이제 그 성전 재건 문제는 모든 것이 준비되었다는 것도 다 알려졌습니다. 제단뿐만 아니라 제사장의 예복까지도, 심지어 '성전 연구소The Temple Institute'는 D.N.A.stands for Deoxyribonucleic Acid가 같은 아론의 직계 후손 레위 지파 사람도 찾았다고 합니다. 그들은 다니엘서 9장 27절의 제사가 갑자기 황폐하게 된다는 것도 알고 있을 것입니다. 그런데도 그들은 지금 제사 의식 리허설rehearsal하고 있다고 합니다.[288] 그들, 유대인들은 계시록 11장의 성전 측량 이야기도 알고 있어서 성전 바깥뜰은 이방인들에게 짓밟힌다는 것도 알고 있을 것입니다. 그래서

---

288 '*중동의 초대형 뇌관, 제3 성전은 건설될 것인가?*', 주간조선, 2024.09.16

거룩한 성이 42개월 동안 짓밟힌다는 것도 알고 있습니다. 그런데도 성전을 재건하겠다고 합니다.

그러나 이 성전 재건에는 물리적으로 그리고 영적으로도 세계적인 합의가 평화조약으로 필요합니다. 결국 성전은 적그리스도에게 문을 열어준다는 것이 다니엘과 예수님의 말씀인데, 그 기만을 알면서도 그들이 그 일을 진척시키겠다는 의도는 무엇이겠습니까? 예수님께서 "다니엘서를 읽는 자들은 깨달으라"마 24:15고 말씀하셨을 뿐 아니라, "그때 유대에 있는 자들은 산으로 도피하라"마 24:16고 강권으로 살길을 가르쳐 주셨습니다. 성전을 황폐할 더러운 것, 가증한 것은, 바로 적그리스도의 등장입니다. 예수님은 예언의 이 문자적 성취까지를 다 경고해 주셨습니다. 그런데도 유대 지도자들은 정부의 물리적 공간의 승인만을 기다리고 있습니다.

온 세계의 영적 이스라엘 곧 교회는 지금 깨어나야 합니다. 하늘과 땅의 만남 지점인 교회, 그리스도의 몸인 교회가 사단의 속임수 현장에 눈감아서는 안 됩니다. 그 성전에 가증한 것이 선다고 하지 않았습니까. 계시록 13장을 보면 땅에서 올라온 짐승이 그 바다에서 올라온 짐승인 적 그리스도를 위해 형상우상을 만든다고 했습니다. 그는 짐승의 형상에 생기를 줄 수 있는 권세를 가지고 있어서 그 짐승이 말도 할 수 있게 됩니다. 아합의 정권 밑에서 바알의 교권을 가지고 있던 이세벨 음녀의 교권들이 법적으로 통제되듯이, 전 세계의 교회가 육적·영적으로 적 그리스도적 권위에 대해 통제받게 될 것입니다. 계시록은 1장에서 수신자가 '교회들과 종들'이라고 했기 때문에 교회들이 사탄적 통제의 대 환난에 들어가 물리적으로도 경제적으로도 통제를 받는 것을 말하는 것입니다. 사탄의 하수인인, 사탄의 영을 가진 광명의 천사 같고 의의 역군 같은 그 적그리스도의 통제와 인도로 교회들의 예배들은 짐승들의 영의 무대가 될 것이란 말씀입니다.

이것이 오늘날 깨어 있어 뜻있는 성도들이 예루살렘에 대해 정치적·영적 관심을 쏟는 이유입니다. 이제 성전 재건을 위한 한 걸음은 국제 정세 때문에 정부의 승인을 기다리고 있지만, 지상적 몸인 진정한 교회에 대한 하나님의 마음은 이기고 '남은 자The Remnant'계 2:7, 3:5; 롬 11:5를 찾는 것입니다. 그래서 예수님께서 일곱 번이나 '귀 있는 자는 들을지어다' 하시고, 또 여덟 번이나 교회마다 '이기는 자'에게 주시는 약속도 하십니다. 주님은 성도 개개인의 마음에 하나님의 참 성전고전 3:16; 고후 6:16; 고전 6:19 지을 것을 독려하고 계십니다.

> 너희가 하나님의 성전인 줄 알지 못하느냐. 또한 너희 안에 하나님의 영이 거하시는 것을 알지 못하느냐?고전 3:16

지상의 성전은 더럽혀지나 영적인 성전, 예수님의 보혈이 있는 교회는 어떤 외부의 힘도 범접하지 못하는 유월절 교회가 되고 등과 기름을 준비해서 신랑만 기다립니다. 그들은 바벨론에서 나오는 사람들계 14:7-10입니다. 나와야 합니다. 바벨론은 불타고 망합니다.계 18:2, 8, 21; 렘 51:6, 25, 63-64 예루살렘은 이제 궤휼의 큰 무대가 될 것입니다. 이미 그곳은 텔아비브옛날 바울의 선교여행의 출발지, 욥바와 더불어 세계 최대 동성애 축제장이 되어 가고 있는데, 이것은 어둠의 밤이 깊어가는 성지 이스라엘의 민낯이 암시하듯, 예루살렘의 앞날은 마지막 거짓말의 큰 무대가 될 것입니다. 깨어 있지 않은 자, 깨어 경계하지 않는 자들은 거짓 메시아를 받아들일 것입니다. 그러나 예수님이 돌아오실 때 그분의 입에서 나오는 숨의 기운으로,살후 2:8불법의 아들 세력들은 파멸될 것입니다.

참 예루살렘이 부르짖고 있습니다. 종말의 무대가 거의 준비되었는데 영의 눈을 열어달라고, 교회가 깨어나기를 호소하고 있습니다. 파수꾼이 있는 이기는 교회만이 짐승의 놀이터[사 7:23-25]가 되지 않고 그리스도의 복음 군대가 되어 주님의 몸인 참 복으로 애통하는 성읍[겔 9:3-4]에 보루가 되어 우상 숭배자들의 살육[겔 9:1-7]에서 살아남을 것입니다. 현재 여러 나라가 예루살렘을 지구상에서 지우겠다고 야단입니다. 이것은 성경에서 이미 예언한 것의 성취입니다.

> 보라 내가 예루살렘으로 그 사면[四面, All directions]국민에게 혼취케 하는 잔이 되게 할 것이라. 예루살렘이 에워싸인 때에 유다에까지 미치리라. 그날에 내가 예루살렘으로 모든 민족에게 무거운 돌이 되게 하리니, 무릇 그것을 드는 자는 크게 상할 것이라. 천하만국이 그것을 치려고 모이리라[슥 12:2-3]

이것은 하나님의 입에서 나온 확실한 예언의 말씀입니다. 하나님께선 "나의 입에서 나간 말은 하나도 땅에 떨어짐으로써 이루어지지 않는 것이 없다"[사 55:11]고 했습니다. 지금 UN의 투표, 국제 결의안, 캠페인 등 모든 것이 예루살렘을 중심으로 돌아갑니다. 그것은 예루살렘이 세계의 정신적 영적 수도로서의 중심이요 지위가 되는 것에 대한 거부입니다. 그러나 하나님은 예루살렘을 지키십니다. 요엘서 3장 2절은 이렇게 예언합니다.

> 내가 만국을 모아 데리고 여호사밧 골짜기에 내려가서, 내 백성 곧 내 기업 된 이스라엘을 위하여 거기서 그들을 국문하시리니, 이는 그들이 이스라엘을 열국 중에 흩고 나의 땅을 나누었음이며….

예루살렘을 치러오는, 이스라엘을 치러오는 열방에 대한 하나님의 심판입니다. 세계의 분쟁 터가 되고 싸움터가 되는 이스라엘에 대하여 하나님은 가만히 두고 보지만 않으시겠다는 말씀입니다. 전 세계가 예루살렘에 등을 돌리지만 하나님은 그분의 정의로 그분이 뜻이 있어서 세운 도시이기에 예언적 성취의 중심지, 곧 다가올 왕국의 중심지, 예루살렘의 뜻이 의미하듯 그 '평화의 터'로 쓰시겠다는 것입니다. 이 시온의 회복과 영광에 대해 하나님은 이렇게 말씀합니다.

> 나는 시온의 공의가 빛같이, 예루살렘의 구원이 횃불같이 나타나도록 시온을 위하여 잠잠하지 아니하며 예루살렘을 위하여 쉬지 아니할 것인즉….사 62:1

이것은 하나님의 변함없는 진실을 반영하는 것으로 누구든지 예루살렘에 손을 대는 민족은 하나님의 눈동자를 만지는 셈이라는 경고입니다. 스가랴 2장 8절에서 이에 대해 이렇게 말합니다.

> 만군의 여호와께서 이같이 말씀하시되… 무릇 너희를 범하는 자는 그의 눈동자를 치는 범하는 것이라.

하나님은 그분의 꺼지지 않는 등불을 예루살렘의 성전에 두신 이상, 그 등불이 꺼지지 않도록 지키신다는 것입니다. 이제 그분께서 나라들을 심판하실 때가 다가오고 있습니다. 사람들은 국제 관계를 인간적인 눈으로 셈하면서 전쟁도 하지만, 하나님의 전쟁은 혈과 육이 아닙니다. 하나님의 전신 갑주엡 6:10-18로 무장한 전쟁은 마귀의 궤계를 대적하는 영적 전쟁으로써, 다윗의 고백대로 전쟁은 오직 여호와께 속하게 합니다.삼상 17:47

예루살렘을 위한 전쟁은 그 진리의 성읍 이름을 '평화의 터'로 지어주셨기에 오직 영적인 눈으로만 그것을 분별할 수 있습니다. 예루살렘에 대적하는 나라들의 운명에 대한 하나님의 말씀은, 선지서들 특히 이사야서뿐만 아니라 시편에서도 심판받을 수밖에 없는 허망한 세상 역사에 대하여 분명히 말씀하고 있습니다.

> **어찌하여 열방이 분노하며 민족들이 허사를 경영하는고… 하늘에 계신 자가 웃으심이여… 그때에 분을 발하며 진노하사 그들을 놀래게 하여 이르시기를 내가 나의 왕을 내 거룩한 산 시온에 세웠다 하시리로다**[시 2:1, 4-6]

하나님께서 이미 결정하신 사실, 그분의 왕이 시온에서 영원히 통치할 것이라는 그 법령을 깰 수가 없습니다. 예루살렘은 '하르 므깃도' 전쟁으로 파괴가 되더라도 복구될 것입니다. 높여질 것입니다. 지금 세상은 일촉즉발의 전쟁 국면들로 가지만, 반면 하나님의 말씀을 가진 사람들이 나타나고 있습니다. 그들은 예루살렘은 하나님이 지키시겠지만, 예루살렘이 므깃도의 전쟁터가 된다는 것을 경고한 주님 말씀처럼 진리의 산으로 도망가야 산다고 외칩니다. 이사야서와 하박국의 주님 재림의 표지만을 읽어주고, 시대의 징조[마 16:3]로 시대를 분별하라고 외칩니다. '**세월을 아끼라 때가 악하다**'.[엡 5:16]그리고 '주님은 반드시 곧 오신다'[계 22장; 요 14:3] 요한처럼 외칩니다. 통곡의 벽에서 흘린 눈물과 기도들을 다 아신다고 하면서 왕의 재림으로 모든 눈물은 닦여진다고 말합니다.[계 21:4] 따라서 예루살렘은 고통과 통곡의 장소였지만 이제 앞으로는 희망과 안식의 장소가 될 것이라고 위로합니다. 시편 122편 16절에서 말씀하신 "예루살렘을 위하고 예루살렘을 사랑하라"는 평안의 기도는 반드시 주님께서 그들의 마음을 보고 보상을 하실 것입니다.

예수님께서는 '예루살렘이 황폐케 되는 것을 보고 우셨습니다.' 깨어날 사람들을 위해 눈물로 중보[中保, Intercession]하는 것입니다. '그 도시의 멸망을 예언하며 깊은 애통을 표현하신 말씀'인 누가복음 19장 41-44절의 내용은 마지막 때의 예루살렘이 열국의 전쟁터로 황폐케 되는 것의 예표이기도 합니다. 그렇기 때문에 주님의 자녀들은 여호와의 성산, 그 '높은 야곱의 하나님 전의 산'사 2:2으로 피신해야 한다고 이사야 선지자와 미가 선지자가 생명의 전령을 전합니다. 진리의 높은 봉우리로 올라가는 것 그것만이 사는 길이고, 그곳에서 시온을 선험先驗, a priori하지 않으면 시온의 왕국은 들어가지 못한다는 것입니다.사 25:6-8,, 30:25-26

예루살렘은 눈물의 제단입니다. 감람산에서 주님의 우심哭은 세상을 위한 눈물입니다. '예수 그리스도의 보배로운 피'벧전 1:19가 있는 교회는 모두 그리스도의 위로와 평강이 있는 눈물의 제단입니다. 그런 교회들만이 예수님을 모시고 새 예루살렘까지 갑니다. 다시는 사망이 없고 애통함과 고통도 없는 변화된 몸으로 영원히 사는 그곳까지 갑니다.계 21:4 아멘!

갈멜산 구글 이미지

Ⅱ
제3 성전 건축을 보는 눈

https://steemit.com/kr/@dudulee/6tnmfb-3

세계의 눈이 쏠린 제3 성전

인류는 A.D. 2000년의 도래를 '뉴 밀레니엄New Millennium''이라는 대전환의 시대라 부르며, 급변하는 문명과 역사의 향방을 깊은 관심 속에 지켜보고 있습니다. '새 천년New Millennium'은 과거의 성취와 한계를 성찰하고, 인류가 새로운 가치와 목표로 나아갈 방향을 재정립하는 역사적 분기점입니다. 또한 전 지구적 연대와 협력을 통해 정치·경제·사회·문화 전반의 변화를 촉진하며, 인류 공동의 미래 비전을 실현할 기회를 제공하기 때문입니다. 그러나, 사실 지난 20여 년 동안 지구촌엔 인류사에 없던 미증유의 사건들이 목도되고 있습니다. 주지하듯이, 뉴 밀레니엄의 시작인 2001년 9월 11일, 자본주의의 심장인 뉴욕의 쌍둥이 빌딩 세계무역센터가 순식간에 붕괴가 되었던 것WTC, 9·11테러289을 포함하여, 국제 금융 위기와 대지진과 쓰나미들, 전쟁들과 격변의 기후 문제, 그리고 창궐하는 역병 문제COVID-19290들을 겪었습니다. 그런데 모든 것을 바꿀 수 있는 더 큰 일이 지금 예루살렘에서 진행되고 있습니다.

---

289 2001년 9월 11일 발생한 세계무역센터World Trade Center, WTC 붕괴 사건은 알카에다 소속 테러범들이 납치한 민간 여객기를 뉴욕 맨해튼의 쌍둥이 빌딩에 충돌시키는 자살 공격으로, 약 2,763명의 사망자를 초래한 전례 없는 국제적 비극이었다. 이 사건은 미국의 대외 정책과 세계 안보 질서에 중대한 전환점을 제공했으며, 미국은 즉각적으로 '테러와의 전쟁'War on Terror을 선포하고 아프가니스탄 전쟁(2001-2021), 이라크 전쟁(2003-2011), 그리고 파키스탄·예멘·소말리아 등지에서의 드론 공습 및 특수 작전을 포함한 광범위한 군사·정치적 대응을 전개하였다. 이러한 대응은 단순한 군사 작전을 넘어, 대량살상무기WMD 의혹, 테러 지원 혐의, 종파 갈등, IS의 부상 등 복합적 요인을 수반하며, 국제법·인권·시민 자유에 대한 논쟁을 촉발하였다. 결과적으로 9·11 이후의 '테러와의 전쟁'은 세계 정치의 구조적 재편과 국가 안보 패러다임의 변화, 그리고 민주주의와 자유의 가치에 대한 재검토를 요구하는 장기적이고 심대한 영향을 남겼다.

290 "코로나바이러스감염증-19"COVID-19; coronavirus infectious disease는 SARS-CoV-2 바이러스에 의해 발생하는 호흡기 감염병이다. 2019년 12월 중국 후베이성 우한시에서 처음 보고된 이후, 전 세계로 확산되어 '팬데믹'pandemic세계적 대유행으로 이어졌다. 원인 바이러스인 SARS-CoV-2는 박쥐에서 유래했을 가능성이 크며, 중간 숙주를 거쳐 변이 바이러스 virus variant로 인간에게 전파된 것으로 추정된다. 최초 발생지인 우한에서 시작된 감염은 아시아, 유럽, 미주 등 전 세계로 퍼져 200개 이상의 국가에서 확진 사례가 보고되었다.

주요 영향

- 보건: 수백만 명의 사망자 발생, 의료체계 붕괴, 의료 인력 부족
- 경제: 글로벌 공급망 마비, 실업 증가, 경기 침체
- 사회: 사회적 거리 두기, 마스크 착용, 격리 조치, 교육·문화 활동 제한
- 정신건강: 고립감, 스트레스, 우울증, 뇌 노화 가속화 등 부정적 영향

현재는 감기처럼 관리되는 엔데믹endemic 단계에 접어들었지만, 여전히 변이 바이러스 출현과 장기 후유증Long COVID에 대한 경계가 필요하다. [출처: 감염병 포털, 질병관리청 코로나19 정보, 서울아산병원, 닥터나우, 서울경제 MSN]

알고 있는 바대로, 예루살렘은 인류 역사상 가장 중요한, 하나님의 '특별계시'가 있는 영적 문명의 중심지였습니다. 이곳은 하나님께서 계시의 역사상 가장 중요한 그분의 구속 사역을 인간에게 알려주신 장소입니다. 이스라엘의 수도로서 바로 이곳에 성전이 건립되었고, 율법적인 제사가 드려졌습니다. 그리고 왕들과 제사장들과 선지자들이 기름 부음을 받은 곳입니다. 다윗의 자손, 예수 그리스도의 죽으심과 부활하심과 승천 사건도 이곳에서 일어났습니다. 오순절 성령이 강림하셔서 기독교 교회가 탄생하였고, 첫 번째 교회 공회의가 열린 곳행15장도 이곳 예루살렘이었습니다. 이곳은 '여호와께서 자기 이름을 두시려고 이스라엘 모든 지파 가운데서 빼신 성 예루살렘'이라고 적절히 표현했던 바로 그곳입니다.왕상 14:21 고대 1세기 로마의 역사가 플리니Gaius Plinius Caecilius Secundus, Pliny the Younger, A.D. 61~113[291]가 예루살렘은 '고대 동방에서 가장 유명한 도시다.'라고 표현한 바 있는데 사실과 적합한 말입니다. 이 도시는 2천 년이 넘도록 수많은 순례자가 다녀간 곳이며, 예루살렘에 있는 '무덤교회성묘교회, Church of the Holy Sepulchre[292]'를 회복하기 위해 십자군이 결

291 플리니Pliny라는 이름으로 알려진 로마 역사가에는 두 인물이 있다. 바로 플리니우스 마이오르Pliny the Elder와 플리니우스 미노르Pliny the Younger로, 두 사람은 서로 다른 분야에서 중요한 업적을 남겼다.
• 플리니우스 마이오르大플리니는 로마의 학자이자 역사가로, 자연사에 관한 방대한 저서 『Naturalis Historia』를 집필했다. 이 저서는 자연과학, 지리, 생물학 등 다양한 주제를 포괄하며, 고대 세계의 지식과 관찰을 집대성한 귀중한 기록으로 평가된다.
• 플리니우스 미노르小플리니는 로마의 정치가이자 문필가로, 특히 트라야누스 황제와 주고받은 서신을 통해 당시 로마 제국의 행정 운영과 기독교 박해 상황에 대한 중요한 사료를 남겼다. 그의 편지는 행정 문서이자 문학 작품으로서도 가치가 높다. 이처럼 두 플리니는 서로 다른 영역에서 활동했지만, 모두 로마 제국의 역사와 문화를 이해하는 데 중요한 자료를 제공한 인물들이다.

292 예루살렘의 성묘교회Church of the Holy Sepulchre는 기독교에서 가장 중요한 성지 중 하나로 꼽힌다. 전통적으로 이곳은 예수 그리스도가 십자가에 못 박히신 골고타Golgotha와, 장사되셨다가 부활하신 무덤이 위치한 곳으로 여겨진다. 따라서 성묘교회는 예수님의 부활이 이루어진 장소로도 전해진다. 이 교회는 로마

성된 곳이기도 합니다. 세계 어떤 곳에도 예루살렘과 같이 최종적 영광과 영원한 평화가 약속된 곳도 없습니다. 이 도시의 초기 명칭이 아브라함과 의의 왕 멜기세덱의 대화 내용에서[창 14:18] 유래되었듯이, 이 도시의 진짜 이름은 '평화[살렘, שָׁלֵם, Salem]'를 의미하며, 이 장소에다 하나님께서 평화를 주실 것이라고 말씀 하셨습니다.[학 2:9] [293] 그래서 하나님의 자녀들은 하나님의 섭리가 있는 "예루살렘의 평화를 빌고, 평화를 사랑하라"[시 122:6]고 말씀하십니다. 이사야 선지자도 그의 위대한 예언 끝에 '여호와께서 이같이 말씀하시되, 보라 내가 그에게 평강을 강같이 주리니'[사 66:12]라는 주제로 되돌아와서 그리스도와 함께 영원히 있는 사람을 축복합니다.

황제 콘스탄티누스 대제가 4세기에 건립한 이후, 여러 차례의 복원과 개조를 거쳤다. 현재는 로마 가톨릭, 그리스 정교회, 아르메니아 정교회 등 다양한 기독교 종파가 공동으로 관리하며 각자의 전통에 따라 장식하고 있다. 웅장한 돔 천장이 빛을 받아 신비로운 분위기를 자아내며, 성묘교회 내부에는 작은 건축물로, 교회 중앙에 위치한 예수님의 무덤이 있는 에디큘Aedicule과, 십자가 처형이 이루어졌다고 전해지는 골고타 언덕이 포함되어 있다. 이곳은 단순한 건축물이 아니라, 기독교 신앙의 핵심 사건들이 일어난 장소로서 깊은 영적 의미를 지니고 있어, 전 세계 순례자들에게 깊은 신앙적 의미와 감동을 주는 장소로 자리하고 있다.

293 예루살렘은 성경 전체에서 단순한 도시 이름을 넘어 하나님의 임재와 평화의 상징으로 기능한다. 히브리어 표기 יְרוּשָׁלַיִםYerushalayim은 "설립하다"를 뜻하는 동사 יָרָהYarah에서 유래한 "Yeru"와 "평화"를 의미하는 שָׁלוֹםShalom과 관련된 "Shalayim"의 결합으로, "평화의 기초" 또는 "평화의 설립"이라는 의미를 지닌다. 창세기 14:18에서 '살렘 왕 멜기세덱'의 등장과 사무엘하 5:6-7에서 다윗이 여부스 요새를 정복한 사건은 예루살렘이 이스라엘의 수도이자 하나님의 이름이 머무는 도시로 선택되었음을 보여준다대하 6:6. 성경은 예루살렘을 예배의 중심지시 122:6, 구속의 완성지눅 13:34, 그리고 종말론적 새 예루살렘계 21:2으로 묘사하며, 그 상징성은 시대를 초월해 지속된다. 신학적으로 예루살렘은 지정학적 수도를 넘어 '언약 백성과 하나님의 임재가 만나는 언약의 중심지'로 이해된다. 구약의 성전은 그리스도 안에서 성취되었고요 2:19-21, 신약의 교회는 성령의 전으로 그 역할을 계승한다엡 2:19-22. 종말론적으로는 새 예루살렘이 하늘에서 내려와 하나님과 그의 백성이 영원히 함께하는 교제의 장소가 되며계 21:3, 이는 참된 평화가 정치적 안정이 아닌 그리스도의 통치와 복음 안에서만 완성됨을 상징한다사 9:6-7. 따라서 예루살렘은 구속사적 성취와 종말론적 완성의 중심지로서, 하나님의 임재와 평화가 실현되는 성경적·신학적 상징의 총체라 할 수 있다.

예루살렘Yerushalaim, 헬)Ἰεροσόλυμα, 라)Hierosolyma, 영)Jerusalem이라는 말은 구약에만도 팔백 번이나 나옵니다. 그리고 예루살렘은 시온Zion294이란 이름으로도 자주 사용되고 있음을 볼 수 있는데, 구약에 백회 이상 등장합니다. 이것이 예루살렘과 시온이 다 하나님의 도성으로 지칭되는 점입니다. 그래서 예루살렘은 '여호와의 시온,'사 60:14 '여호와의 산,'사 2:3, 30:29 '만군의 여호와의 산,'슥 8:3 '이스라엘의 거룩한 자의 시온'사 60:10 등으로 불렸는데, 중요한 것은 땅의 예루살렘을 하늘적 성으로 승화시켜 '나의 성산'이라고 여러 차례사 65:18, 66:20 말씀하신 것입니다. 이것은 신약에서도 여러 번 발견되며, 성전의 마지막 부분에서 '영원한 하늘의 집'이라는 의미로도 사용되기도 했기에, 마치 '하늘 본부교회천상 교회'가 있고 그분의 몸인 땅의 교회지상 교회가 있듯이, 이 예루살렘이라는 말도 하늘의 예루살렘으로 연동되는 것이기에, "예루살렘을 사랑하라. 그리하면 만사가 형통하리라."시 122:6 하는 것입니다. 예루살렘은 한때 '헵시바Hephzibah'295라는 아름다운 이름을 받기도 했는데, "나의 기쁨이 그녀 안에 있다"사 62:4

---

294 시온Zion은 각 히브리어 צִיּוֹן Tziyon, 헬라어 Σιών Siōn, 영어 Zion으로 표기된다. 본래는 예루살렘의 특정 지역을 가리키는 지명으로 사용되었으나, 시간이 지나면서 의미가 확장되어 하나님의 거처, 성스러운 도시, 또는 구원의 상징으로 쓰이게 되었다. 특히 기독교와 유대교에서 시온은 중요한 신학적 의미를 지니며, 종종 '**하나님의 백성이 거하는 곳**'을 가리키는 표현으로 사용된다. 성경 속에서 시온은 하나님의 임재와 통치, 그리고 구속과 회복의 약속이 실현되는 장소를 상징하며, 궁극적으로는 "**하나님의 백성과 영원히 함께하는 거룩한 공동체**"를 나타낸다.

295 헵시바Hephzibah는 히브리어로 חֶפְצִי־בָהּ Cheftzi-bah라고 표기되며, "**나의 기쁨이 그녀에게 있다**" 또는 "**내가 그녀를 기뻐한다**"라는 뜻을 가진다. 성경에서 헵시바는 두 가지 중요한 맥락에서 등장한다. 1) **히스기야 왕의 아내** – 열왕기하 21장 1절에 따르면, 헵시바는 유다의 13대 왕 히스기야의 아내이자 14대 왕 므낫세의 어머니로 소개된다. 2) **예루살렘의 상징적 이름** – 이사야 62장 4절에서 하나님께서는 회복된 예루살렘을 '헵시바'라 부르시며, 이는 하나님이 자기 백성을 기뻐하신다는 의미를 담고 있다. 따라서 '헵시바'라는 이름은 하나님의 사랑과 기쁨, 그리고 회복과 구원의 약속을 상징하며, 하나님과 그의 백성 사이의 친밀하고 언약적인 관계를 드러낸다.

고 함으로써, 하늘에서 내려오는, 아름다운 신부 단체,계 21:1-2 그 새 예루살렘을 대망하게도 해줍니다.

그런데, 한 마디로 하나님과 관계되고 신앙의 중심지가 예루살렘인데 지금, 이 예루살렘에 변화가 일어나고 있습니다. 인류 역사상 마지막 역사가 될 수 있는 사건이 구체화 되어가고 있는 현상을 보이고 있는데, 신앙의 중심지인 그 예루살렘에 있어서는 안 될 변화가 일어나고 있다는 사실입니다. 다니엘이 말한 마지막 때의 문명 양상단 12:4에 대한 예언이나 이사야 선지자를 비롯한 모든 예언자가 예언한 종말 예언의 핵심들이 거의 다 성취되어 가고 있는 이때, 인류 역사에서 오랜 세월 갈등의 중심이었던 예루살렘이, 이제는 또다시 가장 큰 분쟁으로 번질 수 있는 일을 유대인들이 추진하고 있습니다.

금번에 코로나 팬데믹COVID-19 Pandemic, 2019~2023.5, Endemic 선언, 대한민국 상황으로 인해 그 기간에, 성경에서 예언한 유대인들의 고토 귀환인, '알리야 운동Aliyah Movement'[296]을 통해 1백만 명 가까운 사람들이 돌아옴으로써 이스라엘 인구는 현재 일천만 명을 바라보고 있는 상황입니다. 그런데도 예수님을 메시아로 믿고 십자가 앞으로 나아오는 그리스도인의 수

---

296 알리야 운동Aliyah Movement은 히브리어 עֲלִיָּה Aliyah에서 유래한 용어로, '올라감' Going Up 또는 '승천'을 뜻한다. 본래 이 단어는 유대인 디아스포라흩어진 유대인들가 이스라엘로 귀환하는 운동을 가리킨다. 알리야 운동은 시오니즘Zionism의 핵심 개념 중 하나로, 19세기 후반부터 본격적으로 전개되었다. 1948년 이스라엘 건국 이후, 이스라엘 정부는 귀환법Law of Return을 제정하여 전 세계 유대인들이 이스라엘로 이주할 수 있도록 법적·제도적 지원을 제공하고 있다. 이 운동은 단순한 이주를 넘어, 유대인의 정체성과 신앙 회복, 그리고 이스라엘 국가의 인구 증가를 목표로 한다. 현재까지 수백만 명의 유대인이 알리야 운동을 통해 이스라엘로 귀환했으며, 이는 현대 이스라엘 사회와 문화, 정치에 깊은 영향을 미쳤다. [출처: "알리야란? 유대인의 귀환, 그 깊은 의미", https://blog.naver.com/kjkim728/223804799939; "한 해 유대인 7만 명 이상 귀환… 출애굽보다 놀라운 일", 기독일보, 2023.07.24]

는 2022년 12월 통계로 전체 인구의 1.9%인 187,900명을 차지하는데,CBS,이스라엘 중앙 통계국[297] 그것도 최근 아랍계 무슬림들이 지하교회로 전향하여 숫자가 조금 늘어난 것이라고 합니다. 현재 이스라엘의 종교 인구 분포는 유대교가 여전히 85%이고, 이슬람이 14%, 기독교는 1% 이하인데 그것도 지하에서 비밀리에 예배드리는 일종의 가정 처소교회가 1%가 채 못 되고 있음으로써 이스라엘의 유대 사회도 기독교가 발붙이기 어려운 지역이며, 미전도 종족 혹은 지역[298]으로 보고되고 있습니다.

현재 오픈도어즈 선교회Open Doors Ministry가 발표한 세계 감시 목록WWL, World Watch List, 2025[299]바에 따르면 기독교 선교를 박해하는 나라는 세계

---

297 이스라엘 중앙통계국CBS이 2022년 12월 발표한 자료에 따르면, 이스라엘 내 기독교 인구는 전체 인구의 약 1.9%, 약 187,900명으로 집계되었다. 이 가운데 "75.3%"가 아랍계 기독교인으로, 특히 나사렛21,100명에 거주하며 이는 이스라엘 전체 아랍 인구의 "6.9%"를 차지한다. 메시아닉 유대인예수를 믿는 유대인은 공식 통계에 포함되지 않으며, 일부는 비공식 가정교회 형태로 예배를 드린다. 복음 전도 활동은 유대 사회에서 민감한 사안으로, 법적·사회적 제약이 존재한다(**KRIM, 한국선교연구원**). 최근 몇 년간 이스라엘 내 기독교 인구는 증가세를 보이고 있다. 2021년에는 전년 대비 1.4% 증가한 182,000명, 2022년에는 약 2% 증가한 185,000명으로 집계되었다. 《All Israel News》(2023년 12월 29일 보도)에 따르면, **"중동 전역에서 기독교 인구가 감소하고 있지만, 이스라엘에서는 증가"하는 추세가 나타나고 있다**.

298 "미전도 종족Unreached People Group, UPG"은 선교학적으로 자국 내에서 자생적인 기독교 공동체를 형성할 수 없는 집단을 뜻하며, 통계적으로는 전체 인구의 2% 미만이 기독교인이고, 복음을 전할 충분한 인적·물적 자원이 없는 경우로 정의된다. 이 개념은 1974년 로잔 언약Lausanne Covenant 이후 선교 전략의 핵심 지표로 자리 잡았으며, 선교학자 랄프 윈터**Ralph Winter**가 1980년대에 체계화했다. 현재는 Joshua Project와 Lausanne Movement가 대표적으로 이 기준을 사용하여 세계 각 민족·언어 집단의 복음화 현황을 조사·분류하고 있다. [출처: Joshua Project; Lausanne Movement]

299 기독교 박해 통계를 발표하는 대표적인 단체 중 하나는 "오픈도어즈 선교회"Open Doors Ministry는 매년 '세계 감시 목록'World Watch List, WWL을 발표하며, 전 세계에서 기독교인들이 박해받는 국가들을 조사·분석한 보고서를 제공한다. 오픈도어즈 선교회의 2025년 보고서에 따르면, 전 세계적으로 '**약 3억 8천만**

242개국 중 85개국인데 대부분이 이슬람교 국가들이고 이스라엘의 유대 사회라고 합니다.[300] 이슬람 국가들이 기독교를 받아들일 수 없는 주된 이유는 경전과 교리상의 차이인데 무엇보다도 그들은 삼위일체의 성자 예수 부분을 절대적으로 못 받아들인다고 합니다. 절대 하나님과 성령 부분은 그들의 『쿠란Quran』114개의 장으로 됨[301]과 교리상에도 있지만 '성자聖子 문제가 왜 나오느냐'는 것이고, 또 자신들의 쿠란 경전에는 예수는 예언자 중의 한 명일 뿐이고, 무하마드마호멧가 '최고의 예언자The highest prophet'이자, '마지막 예언자The last prophet'라는 것입니다. 경전의 내용도 창세기 부분이든 종말의 심판 부분이든 너무도 다른데, 전도의 어려움은 무엇보다도 성자 예수님이 설 자리가 없는 것입니다. 이는 이슬람의 절대적 유일신 사상Tawhid, 타우히드 과 깊이 연결되어 있기 때문입니다. 심지어 이슬람 학자들조차도 '하나님의 아들'이 왜 필요하냐고 이해하지 못하겠다고

명의 기독교인'이 '**신앙을 이유로 박해**'를 받고 있다. 특히 북한, 소말리아, 예멘, 리비아, 수단, 에리트레아, 나이지리아, 파키스탄, 이란, 아프가니스탄 등이 박해가 가장 심각한 국가로 분류되었다. [krim. org]

300 이스라엘 내 기독교인들은 다양한 형태의 박해를 경험하고 있으며, 특히 초정통파 유대교Haredim 일부 집단의 기독교인들을 향한 적대적인 행동이 보고되고 있다. 예루살렘에서는 기독교 성직자와 순례자들에게 침을 뱉거나 물리적 공격을 가하는 사례가 증가하고 있으며, 교회 재산 훼손, 언어적 괴롭힘, 묘지 모독 등의 사건도 발생하고 있다. 앞에서 언급한 것처럼, 이스라엘 중앙통계국에 따르면, 이스라엘 내 기독교인은 전체 인구의 약 1.9%를 차지하며, 그중 75.3%가 아랍계 기독교인이며, 초정통파 유대교인들은 이스라엘 인구의 약 13%를 차지하는데, 일부 극단적인 집단이 기독교인들을 향한 공격을 주도하는 것으로 알려져 있다. 이스라엘 정부는 공식적으로 기독교 박해를 장려하지 않지만, 일부 지역에서는 극우 성향과 민족주의의 확산으로 인해 기독교인들이 어려움을 겪고 있다. 특히 **메시아닉 유대교**Messianic Jews 신자들은 유대 사회 내에서 반역자로 여겨지며, 법적 지위 문제와 사회적 차별을 경험하는 경우가 많다. [출처: 오픈도어 선교회 6월호, 재인용 크리스천투데이, 2022.12.28; 기독일보, 2019.06.07]

301 쿠란Quran은 이슬람교의 경전으로, 114개의 장수라, Surah과 6236개의 절아야트, Ayah로 구성되어 있다. 각 장은 무함마드가 받은 계시의 내용을 포함하며, 길이에 따라 배열되어 있고, 절Ayah은 신의 말씀으로 간주하며, 특정한 주제나 교훈을 담고 있다. 또한, 배열 방식은 일반적으로 길이가 긴장부터 짧은 장 순서로 정리되어 있다.

합니다. 주요 이유는 『쿠란』, 4:171, 5:17, 19:35 등과 「쉬르크」Shirk, 알라와 동등한 존재를 두는 가장 큰 죄로 간주 등과 또한 고대 아라비아의 다신교 문화에 대한 반발 속에서, 하나님과의 '혈연적 관계' 개념 자체를 철저히 배제하는 역사적·문화적 배경 때문입니다.

용렬庸劣한 사람이지만 필자가 영국에서 공부할 때, 1980년대 초반 유대학 Judaic Studies의 거장인 유대인 모 교수와 그의 연구실에서 2시간 이상 대화하는 시간을 가진 적이 있었습니다. 이슬람 학자들에게 했던 것처럼 복음 전도가 목적이었지요. 그는 「기독교와 세계 종교」 과목 중에 유대학을 강의하는 랍비 학자였는데, 그 분야 박사 학위들도 있고 또 은퇴를 앞에 두고 있는 분이라서 기대가 있었습니다. 학문 개진의 예의를 벗어나지 않으면서 객관적인 이해의 설득력으로 두 시간 이상을 마음과 정성과 힘을 다해서 열심히 '비교종교문화신학Comparative Religious and Cultural Theology' 필자의 박사과정 연구분야의 각도 내에서 전도했었습니다. 물론 핵심은 '십자가의 도'가 중심이었지요. 그런데 그분이 고개를 푹 숙이고 끝까지 진지하게 듣다가 고개를 들고서 한 말은 이랬습니다. "**그래도 우리는 아직도 다른 메시아를 기다리고 있습니다.**" 나는 허공을 친 듯한 아뜩함을 느꼈습니다.

본론으로 돌아갑니다만, 지금 유대주의자들은 '성전산'의 바위 돔이나 알아크사 사원 바로 옆에 제3 성전 건축 허가가 나기를 기다리고 있습니다. 구약에 나오던 그 희생 제사를 회복하겠다고 말이지요. 하지만 분명한 것은 그들의 종교적 헌신이 종말론적 의미를 지니고 있다는 것입니다. 다니엘서 9장은 제단의 의식이 재개되지만 '멸망의 자식', 그 '불법의 아들'이 등장하여적 그리스도 그 제사 의식이 중단된다고 예언했고, 이를 예수님께서 마태복음 24장 15절에 있듯이, "**땅의 가증한 것이**

거룩한 곳성전**에 서거든 총명이 있는 자는 다니엘서를 읽고 깨달으라**"고 하심으로써 다니엘이 예언한 성전의 시나리오를 확신시켜 줍니다. 문제의 요지는, 이 사건이 어떤 상황 속에서 진행되며 중심인물은 누구냐 하는 것입니다. 어떤 사람들은 세계를 이끌어가는 역동적dynamic 정치인이라고 보고 있고, 또 어떤 사람들은 이스라엘이 오랫동안 기다려 온 그 메시아일 것이라고 말합니다.

이 제단의 불꽃은 아직 피어오르지 않았지만, 제단이 세워진다는 것은 성경의 그 예언적 사건이 무언가를 중심으로 이루어질 것이라는 기대를 합니다.

지금 세계는, 목도하고 있는 대로, 기술 경쟁에서 초기 단계부터 압도적인 격차를 확보하는 전략을 뜻하는 복합 개념인 '초기술 초격차'302를 유지하는 전략을 통해, 초고속, 초저지연, 초연결이라는 특징을 바탕으로 다양한 분야에서 혁신을 선도하는 5G 산업, 양자컴퓨터303의 출

---

302 '초기술初技術·초격차超格差['『최초의 질문, 기술 선진국의 조건-Original Questions』, 이정동, 2022, 민음사] 전략은 기술개발의 초기 단계에서 핵심 기술을 선점해 경쟁사보다 앞서 나가고, 이를 기반으로 장기간 따라잡기 어려운 기술 격차를 유지하는 것을 목표로 한다. • **초기술**: 단순한 기술 도입이 아니라, 원천 기술이나 차세대 기술을 선점하는 것을 의미한다. 예를 들어, 반도체 분야에서 10나노 이하 공정 기술을 먼저 확보하거나, AI 분야에서 생성형 모델 알고리즘을 선도적으로 개발하는 것이 이에 해당한다. • 초격차: 경쟁자와의 압도적인 기술력 차이를 뜻하며, 단순한 우위를 넘어 추격이 사실상 불가능한 수준의 격차를 만드는 전략이다. 현재 삼성전자와 SK하이닉스는 반도체 산업에서 이 개념을 실천하고 있다. • SK하이닉스는 'ETA'Environment, Technology, Application 전략을 통해 초기 기술 기반의 지속 가능한 반도체 경쟁력을 강조한다. • 삼성전자는 HBM4, PIM, CXL 등 차세대 메모리 기술을 선도하며, 초기 기술 확보를 통해 초격차를 실현하고 있다. 요약하면, '**초기술·초격차**' 전략은 "기술 선점 → 격차 확대 → 지속적 우위 유지"라는 선순환 구조를 통해 글로벌 기술 경쟁에서 장기적인 리더십을 확보하는 접근 방식이다. [출처: 아주경제, 2023.10.14. 등]

303 양자컴퓨터Quantum Computer는 양자역학의 중첩Superposition과 얽힘Entanglement 원리를 기반으로 기존 디지털 컴퓨팅의 한계를 극복하고 복잡한 문제를 병렬적으로 처리할 수 있는 차세대 기술로 주목받고 있다. 정보 단위인 큐비트Qubit는 0과

현 등 초과학 문명 시대임에도 불구하고, 세계적으로 자국 중심의 사고와 개인의 이익 추구는 더욱 강화되면서 공동체적 가치가 위협받고 있어 정신들은 더욱 쇠퇴하는 중이고, 거기에 전쟁의 긴장, 기후의 가공할 만한 위협 등 종말의 때가 무르익어 가는 중입니다. 이러한 와중에 핵심은 이스라엘이 기다리는 그 메시아는 누구인가입니다. 요한복음 5장 42절을 보면 예수님이 말씀하십니다.

> **나는 내 아버지의 이름으로 왔으나 너희가 나를 영접하지 아니하나 만일 어떤 사람이 자기 이름으로 오면 그를 영접하리라**

이 말씀은 이스라엘이 참된 메시아를 거절하고 대신 거짓된 어떤 자를 받아들일 것이라는 말씀입니다. 그는 카리스마와 외형상의 권위를 가지고 평화의 해결책을 가지고 있는 사람으로 보일 것입니다. 많은 정통 유대인들이 기다리는 메시아는 정치 군사적인 지도자이며 다윗의 후손으로서 이스라엘의 왕국을 회복하고 성전을 재건하며, 중동의 안전과 평화를 가져오고 열방을 복속시키는 자입니다. 그들은 다윗 왕 같은 정

1의 이진 상태를 동시에 표현할 수 있어 연산 효율을 획기적으로 향상시키며, 양자 게이트Quantum Gate는 이러한 큐비트의 상태를 조작하여 병렬 연산을 가능하게 한다. 특정 문제에서 기존 슈퍼컴퓨터를 능가하는 성능을 발휘하는 양자 우위Quantum Supremacy는 암호 해독, 신약 개발, 금융 모델링, 인공지능 학습 등 다양한 분야에서 응용 가능성을 제시한다. 특히 양자컴퓨터는 RSA 기반의 기존 암호 체계를 위협할 수 있는 잠재력을 지니며, 분자 시뮬레이션을 통한 신약 개발의 가속화, 고차원 금융 데이터 분석, 대규모 머신러닝 모델의 최적화 등에서 실질적 혁신을 예고한다. 이러한 기술적 진보는 IBM, Google, D-Wave 등 주요 기업과 연구기관의 실험적 구현을 통해 점차 현실화되고 있으며, 양자정보과학Quantum Information Science 분야의 핵심 주제로 자리 잡고 있다.

[참고문헌: Nielsen, M. A., & Chuang, I. L. (2010). Quantum Computation and Quantum Information. Cambridge University Press.

Preskill, J. (2018). Quantum Computing in the NISQ era and beyond. Quantum, 2, 79.

Arute, F. et al. (2019). Quantum supremacy using a programmable superconducting processor. Nature, 574(7779), 505-510.

IBM Quantum Research: https://research.ibm.com/quantum]

치적 영웅이 등장하여 정치적, 군사적으로 이스라엘의 옛 영광을 되찾으리라고 보고 있습니다. 그러나 그들은 참 메시아에 대한 본질사 11:1-2; 미 5:2; 렘 23:5-6을 간과하고 있습니다. 그들은 왕을 기다리지만 구세주는 거절하고 있습니다. 그들은 영광을 갈망하지만, 이사야서 53장의 그 '고난 받는 종'은 알려고 하지 않습니다. 실제 유대인들은 공적 회당 낭독에서 이사야서의 53장 -「고난 받는 여호와의 종」의 장- 은 절대로 읽지 않습니다. 금서의 장forbidden chapter304입니다.

만약 성전을 재건하고 이스라엘이 세상에 영향력을 가진 그런 인물이 나타난다면 그를 메시아로 받아들일 것인데, 그러나 성경은 적그리스도, 곧 '멸망의 자식' '불법의 아들'이라고 경고살후 2:3-4; 요일 2:18; 계 13:5-7하는 데에도 불구하고 그들은 전혀 신경을 쓰지 않습니다. 그는 경건한 외모와 놀라운 기적을 행하고 이스라엘과 세계로부터 신뢰를 얻을 것입니다. 그러나 그의 달변과 민완한 외교적 처사 뒤에는 하나님을 향한 반역의 영이 숨겨져 있을 것입니다. 바울은 데살로니가후서 2장 3절에서 주님의 날에 대해 우리에게 경고합니다.

> **어떤 일이 있어도 미혹되지 말라. 먼저 배교배도하는 일이 있고 저 불법의 사람, 곧 멸망의 아들이 나타나기 전에는 그날이 이르지 아니하리니….**

'주의 날'이 임박하면 세상 사람들은 구세주처럼 보일, 평화의 해결사처럼 보일 그자를 받아들인다는 것입니다. 만약 그 인물이 국제 관계에서

304 [관련연구: 1)"초기 번역본들과 유대교 문헌에 나타난 제4 종의 노래의 전승에 관한 연구 - 메시야의 대리 속죄적 고난을 중심으로", 오성호(총신대), The Korean Journal of Old Testament Studies 76 (2020), pp. 68-114(http://doi.org/10.24333/jkots.2020.26.2.68), 2) 브레드 TV: 미치 클레이저 박사의 간증; 브래드쇼 265회 유대인의 금서 '이사야 53장'의 비밀, 미치 글레이저 박사 (2)]

수완과 능력을 발휘하여 예루살렘의 안보를 보장한다면 제3 성전은 실현될 수 있을지도 모릅니다. 그러나 이것은 성경의 예언으로 볼 때 예루살렘에 보이지 않는 위험한 불씨가 될 것입니다. 지금 예의주시하는 예루살렘 상황은 그 성전산 문제로 폭발할 것입니다. 영적이고 지정적 문제로 야기된 마찰 때문에 말이지요.

현재 그 성전산Temple Mount에는 이슬람의 가장 신성한 구조물인 바위 돔이 오랜 세월 전688~691부터 지어져,1 1015년 지진으로 붕괴 후,1022~1023년 사이에 재건됨 천삼백 년 동안이나 세워져 있습니다.[305] 유대교와 이슬람[306] 사이의 이 긴장은 단순한 물리적 공간의 점유지 분쟁이 아닙니다. 그것은 영적 긴장인데 이념 싸움이고 목숨을 건 종교 진리의 주도권 싸움입니다. 그래서 절대다수의 유대인이 거주하고 있지만 그 황금 돔과 회교 사원 주위에는 얼씬하지도 못했고, 몇 번 접근한 적은 있었으나, 무슬림의 무장 경비대들에 의해 사망자들만 내었지요. 이스라엘 정부군이

---

305 바위의 돔Dome of the Rock은 우마이야 왕조의 칼리프 압드 알마리크Abd al-Malik의 명령으로 건축되었다. 이 장소는 '세 아브라함계 종교'에서 각각 중요한 종교적·상징적 의미를 지닌다.

- **이슬람교**: 예언자 무함마드가 하늘로 승천했다고 전해지는 장소로, '이스라와 미라즈' 전승과 깊이 연결된다.
- **유대교**: 아브라함이 아들 이삭을 번제로 바치려 했던 모리아산창 22:2; 대하 3:1으로 여겨진다.
- **기독교**: 솔로몬 성전이 있었던 자리이자, 언약궤가 놓였던 지성소로 전해진다왕상 6:1, 8:6. 이처럼 바위의 돔은 세 종교가 모두 뿌리를 두고 있는 장소로, 예루살렘의 가장 상징적인 랜드마크이자 성스럽게 여겨지는 공간이다. 역사와 신앙, 그리고 상징성이 한데 모인 이곳은 오늘날까지도 종교적 경외와 세계적 관심의 중심에 서 있다.

306 이슬람Islam은 아랍어 الإسلامal-islām에서 유래한 단어로, "복종" 또는 "순종"을 의미한다. 이는 알라Allah께 완전히 귀의하는 신앙을 뜻하며, 이슬람교의 핵심 개념 중 하나이다. 이슬람을 믿는 사람을 무슬림Muslim이라 하고, 여성 신자는 무슬리마Muslima라고 부른다. '이슬람'이라는 명칭 자체가 알라에 대한 절대적 복종을 내포하며, 이를 실천하기 위해 모든 무슬림은 어디에 있든 하루 다섯 번 정해진 시간에 무릎을 꿇고 이마를 땅에 대어 절하는 기도살라, Ṣalāh를 드린다.

참여할 수도 없는 것은 중동 아랍계의 수억의 군사들이 전쟁으로 개입하기 때문입니다. 종교분쟁이란 이렇게 무서운 것입니다. 그들이 가지는 종교적 세계관의 대립은 유혈을 불사聖戰,Jihād하기 때문입니다. 스가랴 선지자는 예루살렘의 분쟁 상황에 대해 말합니다.

> **보라 내가 예루살렘으로 하여금 그 주위**사면 **국민에게 혼취케 하는 잔이 되게 할 것이나 예루살렘이 에워 싸일 때에 유다에게까지 미치리라**슥 12:2

https://steemit.com/kr/@dudulee/6tnmfb-3

마지막 전쟁의 불씨, 성전산 문제

말일에 예루살렘은 모든 민족에게 취하게 하는 잔이 된다고 합니다. 성전산 문제는 '마지막 전쟁의 불씨'가 된다는 것입니다.

예루살렘의 심장은 지금 조용히 요동치고 있다고 할 수 있습니다. 그러나 이 긴장은 곧 폭발할 듯합니다. 구시가지의 가장 높은 곳에 있는 이곳은 치열한 다툼들이 있던 바로 성전산입니다. 그곳은 하나님의 섭리가 있어서 만들어진 곳입니다. 스가랴서 12장은 미래에 있을 예루살렘의 구원 문제에 관한 예언인데 12장 1절을 보면 '여호와께서는 하늘을 펴시어 땅의 터예루살렘를 세우시며, 사람유대인들 안에 심령을 지으셨다'고 합니다. 그런데 그 예루살렘이 '주위 사면의 민족들에게 취하게 하는 잔이 되게 하고 그 열방들에 의해 에워싸이게 된다'슥 12:2고 경고하는 것입니다. 영적·지정학적 마찰 때문에 일어나는 이 비극은 바로 이 산모리아 산 위에 제3 성전이 재건될 것이기 때문에 그렇습니다. 지금 그 자리에는 이슬람의 가장 신성한 건물인 유서 깊은 바위 돔, 일명 황금 사원이 세워져 있지 않습니까.

유대교와 이슬람교 사이에 있는 이 긴장은 영토적 물리적 긴장이 아니라 그것은 바로 예언적 긴장입니다. 왜냐하면 성전은 단순한 물리적 공간이 아니라 조상들이 물려준 정신적 유산의 소유권에 대한 주권을 의미하기 때문입니다. 그것은 예루살렘 땅 전체를 누가 차지하느냐 하는 영적 권위 쟁탈전을 의미하기 때문입니다. 정통 유대교인들에게 있어서 하나님께 드리는 정통 예배 장소는 바로 지성소가 있던 그 자리에서만 가능하다고 주장합니다. **유대교 측**에선 그곳이 '아브라함이 이삭을 번제물로 바쳤던 제단이 있었던 곳'이라고 하고, **이슬람 측**은 '이삭이 아니라 자신들의 조상 이스마엘이었다'고 주장하고 있으며, 또 무하마드Muḥammad[307]가 이 바위 위에서 승천한 것으로 믿고 있습니다. A.D. 63

307 과거 유럽에서는 'Mahomet' 표기를 사용했지만, 현재는 'Muhammad'가 일반적으로 사용된다. 한국어에서도 '**무함마드**'가 더 정확한 외래어 표기이며, 마호메트는 과거 번역에서 사용되었다. 「외래어 표기법」, 국립국어원

6년 무하마드가 64세가 될 때 메카에서 돌아와서 날개 달린 말을 타고 승천한 장소라고 신화적으로 주장하면서 거대한 회교 사원을 지은 것입니다. A.D. 691년 개축

따라서 오랜 역사적 배경을 가진 이슬람의 신성 건물 바위 돔황금 돔과 메카, 메디나와 함께 이슬람교 3대 성지, 무함마드가 승천한 장소로 믿어지고 있는, 그 건물 좌측 바로 밑에 있는 알아크샤 사원Al-Aqsa Mosque을 철거하는 것은 전례 없는 신성 모독으로써, 무슬림 아랍 세계에 전쟁의 불을 붙이는 것과 같습니다. 그것은 20억 명이나 되는 무슬림권회교권에 선전포고를 하는 것과 같습니다.[308] 현재 이스라엘과의 긴장 관계가 어느 정도 교착 상태에 있는 것으로 보이지만, 붉은 송아지들이 준비되면서 제3 성전 건립 문제는 더욱 박차를 가하려고 하고, 또 많은 유대인이 산에 올라가 기도할 권리를 주장하자, 이슬람 측은 행정력으로 여전히 금지하는 실정입니다. 그러나 격렬한 시위가 여전히 끊임없이 이어지자 유대교 측은 이스라엘 정부가 국회의원들을 통해 성전산이 유대인의 통치하에 들어가는 입법을 논의하고 있습니다. 성경은 성전산 문제에 대해 말씀합니다.

보라 내가 예루살렘으로 모든 국민에게 무거운 돌이 되게 하리니 무릇 그것을 드는 자는 크게 상할 것이라 천하만국이 그것을 치

308 2020년 기준 전 세계 인구는 약 78억 명으로 추산되며, 이 가운데 기독교인은 약 22억 명으로 전체의 28.8%를 차지한다. 전 세계 201개국 중 약 120개국60%에서 기독교가 인구 과반을 차지하지만, 2010년 대비 기독교 다수 국가는 4개국 감소했다. 이는 일부 전통적 기독교권 국가에서 세속화가 진행되고 있기 때문이다. 같은 시기 무슬림 인구는 약 20억 명25.6%으로, 기독교와 비슷한 규모를 형성하고 있다. 퓨리서치센터Pew Research Center의 분석에 따르면, 2010~2020년 사이 기독교 인구는 1억 2,200만 명 증가했으나 비중은 1.8%p 감소했고, 무슬림 인구는 3억 4,700만 명 증가하며 가장 빠른 성장세를 보였다. [출처: "2010~2020년 세계 종교 지형 변화 보고서 요약", 데일리굿뉴스; 세계 종교 분포 현황, 미주중앙일보; "무슬림 인구 증가와 기독교 인구 변화 분석", 연합뉴스 등]

려고 모이리라슥 12:3

성전산 때문에 전쟁이 벌어지고 예루살렘은 전 세계의 균형을 깨뜨리는 핵심 지점이 될 것이며 성전산은 그 중심이 된다는 것입니다. 놀라운 것은, 하나님의 주권과 보호 아래 있는 이 무거운 돌인 예루살렘이스라엘을 들어 올리려는 주위의 나라들은 그 무게만큼 멸망 당하게 될 것이라는 스가랴를 통한 하나님의 선포입니다.

현재 성전산 문제는 새로운 형태랄까 국면으로 진화하고 있습니다. 예배의 권리를 둔 다툼입니다. 성전 연구소, 성전산 재단 등과 같은 단체309들이, 심지어는 일부 기독교 단체들까지도 예배권을 주장하며 연합하고 있습니다. 그들은 제3 성전 문제는 '유대인들만의 예배적 권리 확보가 아니라 성경 예언의 성취다'고 주장합니다. 일부 기독교 인사들의 견해는 가짜 평화의 해결사가 그 성전에 앉든 말든 그 성전 건립은 메시아의 오실 길을 준비하는 것이 아니냐고 주장합니다. 그러면 이들의 견해가 예수님이 말씀하신 '총명 있는 자는 다니엘서를 읽고 깨달으라'마 24:15-16; 막 13:14고 하는 경고와 부합되겠습니까?

어쨌든 아랍 세계는 성전산 논의 문제를 용납할 수 없는 도전으로 보

---

309 대표적인 성전산 관련 단체는 다음과 같다.

- **Temple Mount Institute**: 유대교에서 제3 성전 건립을 준비하는 단체로, 성전 기구 제작, 제사 절차 연구, 교육 활동 등을 진행한다.
- **Waqf**: 요르단이 관리하는 이슬람 종교재단으로, 성전산하람 알샤리프의 운영과 유지·보수를 담당한다.
- **Jewish Temple Organizations**: 성전산에서 유대교 예배를 복원하려는 다양한 단체들의 총칭으로, 일부는 제3 성전 건립과 제사 재개를 목표로 활동한다. 이들 단체는 서로 다른 종교적 배경과 목표를 가지고 있으나, 모두 성전산이라는 동일한 장소를 중심으로 활동하며, 그로 인해 종교·정치적으로 민감한 갈등의 한 축을 형성하고 있다. [출처: '성전 연구소, 위키백과; The Temple Institute 공식 홈페이지]

고 있으며, 이 점에서 갈등은 더욱 격화되고 있습니다. 성경은 이 불안한 대치가 결국 깨질 것이라고 예언했습니다. 이제 새로운 돌파구가 있다면 그 변수는 협정 가능성입니다. 예상할 수 있는 국제평화조약으로, 내용은 현재의 바위 돔황금 돔을 철거하지 않고 유대교 측이 그 옆이나 밑에 성전을 지으면 되지 않느냐 하는 것입니다.310 또 거론되는 것은 제3 성전을 옛 광야 시절의 성막처럼 이동식 구조물로 만들면 어떠냐 하는 아이디어311인데, 기혼 샘 인근이나 성전산 남쪽 지역을 대안 부지로 고려하는 움직임대하 32:30도 있다. 상호 관용으로 협정만 성사된다면 두 종교가 같은 산에서 공존할 수 있다고 보고 있지요. 이것이 다니엘이 본 예언의 실현과 관계가 있겠습니까? 그 협정이 어느 쪽의 것이든 그것은 훨씬 더 크고 위험한 길을 열게 될 것입니다. 성경은 하나님의 언약이고 예언 말씀인데, 화해와 일치의 약속을 듣고 등장한 이 카리스마가 있어 보이는 인물은 성경의 관점으로 볼 때 가장 충격적이고 위험한 언약을 체결한 인물이 될 것입니다.

✎ '거룩한 곳'에 세워지는 '가증한 것'

📖 다니엘서 9장 27절의 예언, 곧 "그가 많은 사람들과 한 이레 동안 굳은 언약을 맺고, 그 이레의 절반에 제사와 예물을 그치게 할 것이며…."라는 이 구절은, 이스라엘을 포함하여 아랍권의 여러 나라들, 미국과 UN 등과 체결할 언약을 지칭하며, 제사의 재개와 더불어 제3 성

---

310 "*이스라엘 바위돔 사원의 종교분쟁*", 주간 기쁜 소식, 2019.08.30

311 "*예루살렘 성전 역사와 제3성전 건축의 의미*", 2020.9.10, https://m.blog.naver.com/ok_hyoo/222085231759

전 재건의 길을 열어줄 것입니다. 겉보기에는 유례없는 외교적 성과로 여겨질 것이며, 그리하여 인류의 난제를 해결하는 것처럼 보일지 몰라도 영적으로는 역사의 자정 가까운 종말이 초읽기에 들어감을 의미하게 됩니다. 이 '불법의 아들' 지도자는 한 이레의 절반이 지나면 자신의 언약을 깨고 본색을 드러낼 것입니다.살후 2:4 국제 사회의 용인과 또 유대인들조차도 그를 광명의 천사로 알고 세계의 평화를 위해 이 가짜 본색의義의 역군에게 성전에 앉게 해줌으로써 그들 이성의 승리를 자축할지 모르지만, 이것은 그들 스스로는 상상도 하지 못한 궤휼로서, 결국 인류에게 파국을 열어준 이 일로 유대인은 하나님으로부터 무서운 책망을 받습니다.

> **너희가 말하기를 우리는 사망과 언약하였고 스올과 맹약하였은즉 넘치는 재앙이 밀려올지라도 우리에게 미치지 못하리니 우리는 거짓을 우리의 피난처로 삼았고 허위 아래에 우리를 숨겼음이라 하는 도다**사 28:15

심판받을 수밖에 없는 이유, 화를 당할 죄를 스스로 인정하고 있는 셈인데, 하나님을 속이고 경멸하고 있는 것입니다. 거짓 선지자와 제사장들의 타락렘 23장; 미 3:11; 겔 13장과 하나님을 구하지 않고 열방과 동맹이나 맺는 지도자들의 어리석음렘 27-29; 사 29장; 렘 28장이 받을 화는, 다음 장인 이사야서 29장에도 계속되는데, 유대인들이 자신에게 닥칠 화로 생각지도 못하고 있는 것입니다. 이 임박한 환난은 사람들이 허위와 속임 위에 세운 협정인데도 예언의 참뜻을 모르고 오히려 신뢰를 보일 것입니다. 협정으로 그들에게 평화의 시대가 도래했음을 확인시켜 주는 사건이 될 것입니다. "**평안하다 안전하다 하는 그 때에… 멸망이 급히 닥쳐… 결코 피하지 못하리라**"살전 5:3도 모르고 협정이 국제 사회의 외피 속에서 이루어졌으니, 인류가 이제는 이성의 성숙에 이르게 되었다고 생각하는 것입니다. 이 잘못 인식하는 평화의 감각이 바로 피하지 못할 덫이 된다는 것,살전 5:3 예루살렘의 영적 부흥예배 회복의 징표가 아니라, 예언적 시계가 종말을 향하고 있음을 나타내는 시대의 표식임을 모르는 것입니다. 소수만이 그 성전 건축은 그들의 영적 회복의 절정이 아니라 단절의 무대가 된다는 사실, 곧 은혜의 시대가 끝나고 있다는 것을 알리는 이정표가 될 것이라 사실을 지각知覺할 뿐, 세상 사람들 대부분은 상상치도 못하는 것입니다.

이것은 인류가 역사의 마지막에 이르고 있음을 보여주는, 그리하여 오래 참으심과 자비의 시간이 심판의 시간으로 바뀌게 됨을 시사합니다. 또다시 재개하려고 하는 희생 제사, 그것은 유대인들이 초림 예수님을 구주 예수로 인정할 수 없다는 증거이거나, 그 방대한 『유대학 대백과사전』Encyclopedia Judaica, 22권,1972년 초판 발행이 무지의 창고라는 증거밖에 되지 않음을 만천하에 알리는 것이 됩니다. 왜냐하면 '예수아'예수의 단축형는 그 뜻이 "**하나님이 우리를 구원하신다**"312로 그 백과사전에 명문화되어 있는데도 초림 예수님을 보는 시력은 장님 수준이기 때문입니다.

교회는 성전 재건 문제를 분별력 있게 보아야 합니다. 이들의 움직임은 그들이 말씀의 초보, '도의 초보'에 있음으로써히 5:12; 6:23 하나님의

---

312 여호수아, 예수아, 예수라는 이름은 모두 히브리어 어근 ישע Yasha, 즉 "**구원하다**"에서 유래한 이름으로, 본질적으로 "**여호와는 구원이시다.**"라는 의미를 공유한다. 여호수아יְהוֹשֻׁעַ Yehoshua는 히브리어 성경에서 모세의 후계자로 등장하며, 이스라엘을 약속의 땅으로 인도한 인물로서 하나님의 구속 사역을 상징한다. 이후 '바벨론 포로기'를 거치며 이 이름은 예수아יֵשׁוּעַ Yeshua라는 축약형으로 변화되었고, 이는 '예수님의 히브리어 이름'이기도 하다. 신약 성경에서는 이 이름이 헬라어로 Ἰησοῦς Jēsous로 음역되었고, 오늘날 우리가 사용하는 "예수"Jesus라는 이름으로 정착되었다. 이처럼 시대와 언어가 달라졌음에노 불구하고, 3 이름은 모두 하나님의 구원 계획을 드러내는 상징적 의미를 지닌다. 여호수아가 물리적 구원을, 예수님은 영적 구원을 이루셨으며, 성경은 이 이름들을 통해 '하나님의 구속사를 일관'되게 이어간다.

아들 예수님을 다시 십자가에 못 박아 현저히 욕을 보이는 것히 6:6과 같습니다. 예레미야와 이사야는 동족 유대인들을 향하여, "눈이 있어도 보지 못하고 귀가 있어도 듣지 못하는 백성이여"렘 5:21 하면서 안타까워합니다. 이사야는 아예 히브리 백성이 '송아지 새끼만도 못하다'사 1:3라고 하면서 '하늘이여 들으라 땅이여 들으라'하며 하소연합니다. '소경된 백성이요'사 29:19 '허물진 백성이요 온몸에 상처만 있는 백성,'사 1:4-6 '깊이 잠들게 하는 신을 받아 눈이 감기운 백성,'사 29:10 '하나님의 계시가 봉한 책에 불과하며,'사 29:11 '입으로는 하나님을 기뻐하나 마음으로는 멀리 떠나 있는 백성,'사 29:13 그리고 '말씀의 초보나 계속 가르치기에'사 29:13 하나님은 "예루살렘에 있는 이 백성을 치리治理하는 너희 경만輕慢한 자여" 하시면서 이사야 28장과 29장에 걸쳐 지도자의 교만과 위선과 무지와 타락과 백성들의 타락을 심판으로 경고합니다. 이사야는 하나님의 의에 대한 이스라엘의 무지, 그 예언 말씀의 뜻도 모르고 돌아서 있는 이스라엘의 무지에 대해 덧붙입니다. "주께서 땅 위에서 그 말씀을 이루는 것을 끝내시리라."롬 9:28-29 바울이 이사야서에서 인용한 구절로, 하나님의 심판과 구원이 지체 없이 완성될 것이라는 뜻으로 하나님의 주권과 신실하심을 되새기게 해줍니다. 이사야가 예언한 대로,

> 예수 그리스도는 시온에 둔 부딪히는 돌이요 거치는 반석이나 그를 믿는 자는 부끄러움을 당치 아니하리라.롬 9:33; 사 28:16; 벧전 2:6
>
> 이 돌걸림돌, 곧 완악한 유대 종교 지도자들 위에 떨어지는 사람은 깨어져 산산조각이 날 것이며, 이 돌이 누구 위에든지 떨어지면 그를 가루로 만들어 겨 같이 흩을 것이라마 21:44; 사 8:14; 롬 9:33

율법의 유대인들은 행위로만 구원을 찾는데, 예수님이 하나님의 아들이라고 하면서도 옛 다윗처럼 영웅으로 나타나지 못하고, '자기의 피나

마시라'마 26:27-28; 요 6:53-56고 하고, 또 십자가에서 허망하게 죽는데도 '그의 살과 피가 생명과 영생을 얻는 은혜이며, 그것을 믿는 믿음이 구원에 이르는 의'요 6:53-56; 롬 3:22-25; 사 53:5; 히 9:22 라고 만하니, 그것이 '걸림돌'이었던 것입니다. 그들은 인생의 모든 문제가 "그리스도의 피를 통해서만 해결된다"는 생명과 영생의 말씀에 그를 버려두고 다시는 상종하질 않고 떠났다는 말씀처럼,요 6:52-66 지금도 율법의 이스라엘 사람들은 예수님이 누구신지를 모르는 것입니다. 그러니 십자가에서 죽고 부활하셔선 하늘 아버지로부터 '기름 부음'헬)Χριστός, Christos; 히)משיח, Mashiach, Christ을 받아 메시아가 되어서 '살려주시는 영''l life-giving spirit'고전 15:45, 생명 주시는 영이 되고 '보혜사, 곧 진리의 성령'이 되셔서,요 14:16-17, 요 15:26믿는 이들에게 '중보자' 되고 '변호자' 되고 '후견인'이 되신다는 것을 어찌 알았겠습니까. 어린 양 예수님은 죽으셨으나, 다시 사셔서 우리에게 '살려주는 영'이 되셨다는 큰 초대장으로 보혈 복음과 성령 충만의 나팔과 다시 오심의 나팔을 불어야 할 그들이, 사탄 편에 서서 '저자를 십자가에 못박으라'고 고래고래 소리치는 것입니다.마 27:22-23; 눅 23:21

그러므로 그들이 어떻게 '하나님의 아내 되는 위치'호 2:19-20나 '결혼예복'마 22장, 계 19:8을 알겠으며, 사탄 없는 천년왕국의 복된 기간이라든지, 또 새 하늘 새 땅이며 새 예루살렘이 하나님의 신성한 경륜의 끝이라는 것을 상상이나 할 수 있겠습니까. 예수님께서 말씀하시듯 예복이 없는 자들은 손발이 묶여 어둠 속으로 내던져짐을 당합니다.마 22:13 그리고 '마할살랄하스바스, Maher-Shalal-Hash-Baz'사 8:1-4[313]의 표적, 즉 '북방 노략이

313 "마할살랄하스바스"מַהֵר שָׁלָל חָשׁ בַּז, Maher-Shalal-Hash-Baz는 히브리어로 "노략이 속히 오고 약탈이 급하다"는 뜻을 가진 이름으로, 이 이름은 이사야 8:1-4에 등장한다. 이 아기는 이사야 선지자의 아들로, 그의 이름 자체가 하나의 예언적 표징이었다. 이는 곧 앗수르의 침략이 임박했음을 알리는 경고로, 유다와 북이스라엘이 하나님을 떠나 우상숭배에 빠진 결과, 하나님의 심판이 신속하고도 피할 수 없이 임할 것을 상징한다. 그 신학적 메시지는;

속히 온다'고 하는 이사야 예언의 말씀도 모르면서 '말씀을 증거한다'고 하는 자들도 모두 흑암 속으로 쫓겨 들어가며,사 8:20-22 무엇보다도 다윗의 자손으로 오는 예수, 그 메시아의 이름과 의미가 분명히 이사야서 9장 6절에 '전능하신Omnipotence 하나님,' '영존하시는 아버지Eternality, 영원한 신적 속성' 사 40:28; 히 13:8, 그리고 '평강의 왕שַׂר־שָׁלוֹם; Sar-Shalom,, 영원무궁한 평화의 통치 의미' 요 14:27; 엡 2:14으로 나와 있는데도 육적, 물리적 영웅이었던 다윗 왕향년 70세로 망, 그 3천 년 전에 죽은 사람을 그리워하고 있는 것입니다.

"**너희가 열정은 있도다. 그러나 여호와를 아는 지식은 없도다.**"롬 10:2 하나님의 경륜과 의에 대한 이스라엘의 무지를 질타하시는 예수님의 책망입니다.

> **내 백성이 망하나니 나를 아는 지식이 없도다**호 4:6
> **나는 인애를 원하고 제사를 원치 아니하며 하나님 알기를 원하노라**호 6:6
> **주님을 알라 힘써 알라**호 6:3, 표준 새 번역
>
> Let us acknowledge the LORD; let us press on/strive to acknowledge him.NIV

---

1. **이름을 통한 하나님의 계시**: 하나님은 종종 인물의 이름을 통해 시대적 메시지를 전하셨다.호 1:4-9 '마할살랄하스바스'는 단순한 개인 이름이 아니라, 하나님의 심판이 얼마나 급속히 임할지를 드러내는 언약 경고의 표징이었다.
2. **하나님의 주권과 심판의 신속성**: '속히'와 '급하다'는 표현은 하나님의 심판이 지체 없이 실행됨을 강조한다. 이는 회개를 미루는 자들에게 경각심을 주는 동시에, 하나님의 말씀은 반드시 성취된다는 사실을 상기시킨다.사 55:11
3. **언약 백성의 책임**: 유다는 하나님의 언약 백성이었지만, 불순종과 우상숭배로 인해 심판을 피할 수 없었다. 이는 오늘날 신자들에게도 언약 관계 안에서의 순종과 거룩의 중요성을 일깨운다.벧전 1:15-16 **요약하면**, "마할살랄하스바스"는 한 아이의 이름이자, 하나님의 심판이 임박했음을 알리는 살아 있는 '**예언**'이었다. 이는 하나님의 말씀의 신속한 성취, 불순종에 대한 엄중한 경고, 그리고 회개와 순종의 필요성을 동시에 전하는 상징적 사건이다.

예수 그리스도: 영생의 대로, 천국 정문 열쇠

영생의 대로, 천국 정문 열쇠는 예수님께서 최후의 만찬에서 말씀하셨듯, 아버지 하나님과 그의 보내신 자, 그 아들을 아는 것입니다.[요 17:3] 왜, 예수님을 알아야 합니까? 예수님은 하나님의 체현[體現, embodiment]이기 때문입니다. 아버지의 나타나심이기 때문에 그렇습니다.

"빌립아, 나를 본 자는 아버지를 보았거늘 어찌 아버지를 보이라 하느냐? 내가 아버지 안에 있고 아버지는 내 안에 계신 것을 믿지 아니하느냐"[요 14:9-10] 예수님의 그 안타까움이 오늘날 이 자리에도 절규합니다.

예수님은 하나님의 형상이며,[골 1:15, 고후 4:4]모든 피조물보다 먼저 나신 분[골 1:15-23; 골3:10; 창 1:26; 히 1:3; 고후 3:18; 롬 8:29]이며, 만 창조물은 **그리스도 안에서**in/from, **그리스도를 통하여**through, 그리고 **그리스도께 이르도록**to 창조되었습니다.[골 1:16]

본론으로 다시 돌아갑니다. 제3 성전 건설에 활력소가 된 것은, 흠이 없고 멍에를 매지 않은 붉은 암송아지[민 19장]들인데, 3년 전 미국 텍사스주의 어느 목장에서 생긴 5마리의 붉은 암송아지가 유대 랍비들의 검증을 거쳐 이스라엘로 이송되었으나, 이 중 일부는 자라면서 흰 털이 발견되어 실격되었고, 현재 2~3마리가 제사에 적합한 상태로 성장 중으로, 그 송아지들의 재를 뿌려서는 제사 의식 문제가 해결됨으로 마지막 준비들이 마쳐졌다는 보도입니다.[314] 이것이야말로 마지막 때가 도래했음

314 2022년 9월, "이스라엘에 5마리 붉은 암송아지 도착… 유대인들, '예루살렘 성전 회복' 기대" [크리스천투데이, 2022.09.21]라는 보도가 나왔다. 붉은 암송아지Parah Adumah는 민수기 19장에 규정된 정결 예식에 사용되는 희생 제물로, 유대교 전통에서 성전산Temple Mount을 정결하게 하는 데 필수적인 요소로 여겨진다. 또한 성전연구소The Temple Institute는 1987년 설립, 예루살렘 구시가지 유대인 지구에 위치, 제3 성전 건립과 고대 유대 제사 의식 복원을 목표로 하는 종교 단체로, 2023년 7월, 레위 지파와 제사장들이 참여한 가운데

을 가장 분명하게 보여주는 표적 중에서 하나일 것입니다. 이것으로 이스라엘은 아직도 하나님 구속의 비밀이 '예수님이 유월절 어린 양'임을 인정치 않는다는 증거이며, 그 붉은 암송아지 준비로 해서 결국 예루살렘은 므깃도 산의 학살하르 므깃돈/마겟돈로 이어지는 비극을 반복케 될 것입니다. 이사야서는 대환란 날에 일어날 일에 대해서 이렇게 적습니다.

학살의 산, 므깃도 전쟁

> 여호와께서 땅을 공허하게 하시며 황무하게 하시며, 뒤집어엎으시고 그 거민을 흩으시리니… 그러므로 저주가 땅을 삼켰고 그 중에 거하는 자들의 정죄심판를 당하였고 땅의 거민이 불타서 남은 자가 적으며 ….사 24:1, 6

📖 이 구절들은 같은 대환란 나라에 살아남아 소리 높여 여호와를 찬양할 '남은 자'사 24:14-16와 대조를 이룸을 볼 수 있습니다. 마지막 때 대환란을 통하여 파국을 당할 비참함은 이사야서에만 있는 것이 아니라 나머지 예언서 16권에도 산재해 있습니다. 대파국大破局 속에서도 여호와를 찬양하며 평강 속에 있는 남은 자들, 그 신실한 시온교회의 영광

붉은 암송아지 정결 예식의 예행연습을 실시했다. 한편, 2025년 7월에는 붉은 암송아지를 태우는 의식의 리허설이 진행되었으며, 일부 보고서에 따르면 실제 의식이 티샤 베 아브2025년 8월 3일 또는 초막절2025년 10월 6~13일에 시행될 가능성이 제기되었다. 붉은 암송아지의 재는 성전산을 정결하게 함으로써, 제3성 전 건축의 종교적 장애를 제거하는 핵심 절차로 간주 된다. 이러한 움직임은 종교적·정치적 함의가 크기 때문에, 이스라엘 내부뿐 아니라 전 세계적으로도 주목을 받고 있다. [출처: 크리스천투데이, 「이스라엘에 5마리 붉은 암송아지 도착… 유대인들, '예루살렘 성전 회복' 기대」, 2022.09.21; 주간조선, 「중동의 초대형 뇌관 제3 성전은 건설될 것인가」, 2024.09.16; comforter, 「제3성전 준비 상황, 붉은 암송아지 재는 언제?」, 네이버 블로그, 2024.03.13.; 민수기 19장, 붉은 암송아지 정결 예식 2025년 상황, 네이버 블로그 등]

을 사모하는 자들은 그리스도 하나님께서 위로자로 구원자로 나타나시는데 이것이 '다음 장'사 25장에 있는 내용입니다. 이스라엘이 시온으로 갈 남은 자들이 있지만,사 6:11-13 말씀에 소경이 되어 눈먼 것이 그들 상수리나무가 다 베임을 당하는 원인인데사 6:7-13 그들이 '피로서 세운 새 언약'렘 31:31-33; 눅 22:19-22의 무지와 거절 때문에 파국을 면할 수 없게 되었던 것입니다. 그래서 마지막 때 이스라엘에서 므깃도 전쟁하르 마겟돈이 일어나면 이스라엘 온 땅에서 삼분지 이2/3는 멸절하고 삼분지 일1/3만 남겨지는데, 그 남은 삼분지 일도 불 가운데 던져 은같이 연단하고 금을 정제하듯이 시험해서 불순물을 다 제하고 남은 자들이 있게 합니다. 슥 13:8-9 이 남은 자들이 여호와의 이름을 부르고, 하나님께선 자기의 백성이라며 소유하십니다. '상수리나무 그루터기에서 돋아난 새싹들'사 6:13 말입니다.

2천 년 전 이스라엘의 지도자들, 특히 산헤드린Sanhedrin,71명의 장로로 구성된 고대 유대교에서 최고 종교 및 사법기관의 의회파가 앞장서서 하나님의 아들 예수님을 십자가에 못 박아 죽이는 것은 그들이 '생명과The Tree of Life'는 무엇인지도 모르고 '선악과The Tree of knowledge of good and evil'만 따먹고 있었다는 사실인데, 그들 스스로가 의문儀文,Ritual document에 쓴 율법은 다 도말塗抹되고골 2:14 새 언약의 복음 시대가 된 것을 모름으로써 멸망할 수 밖에 없게 된 것입니다. "말씀을 깨닫지 못하면 멸망하는 짐승과 같다"시 49:20를 암송하면서도, '하나님이 인도하신 과거를 기억하고 교훈을 얻어 신앙을 굳건히 하라는 권면을 명념하라'는 역대의 연대,신 32:7 곧 바뀌는 시대를 모르니 변명할 여지가 없는 것입니다. 그런데도 '남은 자들The remnant'들로 하여금 여호와의 이름을 부르게 하겠다고 하시니 예수님께서 '제자를 사랑하시되 끝까지 사랑하신다'요 13:1라고 하시듯 확실히 구원은 사람의 수효에 있지 않은 것 같습니다.삼상 14:6

"여호사밧 판결심판의 골짜기에 사람이 많음이여, 사람이 많음이여!"라고 강조해서 이스라엘에서영적 이스라엘인 세계 교회도 마찬가지 죽을 사람이 많다고 하시면서,욜 3:14 또 그때에는 '산들이 단 포도주를 떨어뜨리고 젖을 흘릴 것'욜 3:18이라고 함으로써 그 심판의 때에도 단 포도주, 즉 단 말씀을 내는 교회들이 있게 하신다는 것은 하나님께서 공의와 사랑과 소망의 하나님이심을 확증해 주십니다.

이제 수 세기 동안 예루살렘을 덮고 있던 정적은, 제3 성전 문제로 전 세계적으로 파장을 일으키는 영적 비극의 전조로 들어서고 있습니다. 평화שלם,Shalem: Salem의 터Yeru, ירו,Yerushalayim라는 이름을 가진 예루살렘, 그 모리아 산,선택한 땅'이란 의미,모리아는 하나님이 지시하신 곳, 아브라함의 제단이 있던 곳임으로 해서 모든 믿는 사람들의 영혼의 본적지 같은 그곳이, 점점 팔레스타인 공습으로 불행한 역사의 파도에 휘말려 가고 있습니다. 사방에서 핵무장 소리가 나오고 있고, 또 세계 경찰국가의 수장인 트럼프Donald John Trump,1946~, 미국 45, 47대 대통령 같은 사람은 젤렌스키Volodymyr Oleksandrovych Zelenskyy,1978~, 2019년부터 우크라이나 대통령와의 대담에서 3차 대전이니, 핵무기 사용이니 하는 말을 서슴지 않고 하고 있습니다.2025. 3. 28.우크라이나 종전 협상과 광물협정 회담에서 참으로 역사의 불한당들이지요.[315]

315 2025년 8월 15일, 미국 알래스카 앵커리지의 엘먼도프-리처드슨 합동 군사기지에서 열린 트럼프 미국 대통령과 푸틴 러시아 대통령의 정상회담 전후로, 양측 인사 사이에 핵 사용 가능성을 시사하는 위협적 발언이 오간 것으로 알려졌다. 보도에 따르면, 트럼프 대통령은 러시아에 대해 우크라이나 휴전안 수용 기한을 앞당기는 '**최후통첩**'을 전달했다. 이에 푸틴 대통령의 최측근이자 러시아 국가안보회의 부의장인 드미트리 메드베데프는 "우리가 구舊소련의 핵 타격력을 그대로 보유하고 있다는 사실을 잊지 말라"며 핵 능력(*러시아가 구소련 시절부터 보유해 온 대규모 핵무기 전력과 이를 운용할 수 있는 모든 군사적 수단, 그리고 이를 실제 사용할 수 있다는 정치·군사적 의지를 포괄적으로 지칭하는 표현)을 공개적으로 거론했다. 트럼프 대통령은 이를 "**어리석고 도발적인 발언**"이라고 강하게 비판했으며, 동시에 미 해군 핵잠수함 2대를 전략적으로 '적절한 지역'에 배치하라고 명령했다고 밝혔다. 이번 발언과 조치는, 회담의 공식 의제였던 우크라이나 전쟁 휴전 협상을 둘러싼 긴장감을 한층 고조시켰으며, 국제 사회에서는 미·러 간 군사적 충돌 가능성에 대한 우려가 다시 부상하고 있다. [출처: TV 주선 보도; 뉴시스; '러시아 핵 사용 교리

스가랴서를 보면 예루살렘 성전 문제에 대한 영적 무지의 위험은 므깃도 전쟁을 초래할 사건이 틀림없는데도,특히 슥 12:9-10; 14:2-3 강조 붉은 암송아지의 재가 솔로몬의 영광을 다시 찾게 하고 성전 지성소에 하나님의 임재와 거하심Shekinah, שכינה,God's Presence & Dwelling의 영광으로 가득 차게 할 수가 있겠습니까. 말씀에 무지하고 역사의 진실에 등을 돌릴 때 주님은 반드시 채찍을 드십니다. 복음적 근거라곤 모래알만큼의 근거의 가치도 없는 정치적 궤휼과 허구를 예수님은 어떻게 생각하겠습니까.

유대인들은 여호와 하나님의 경륜에 대한 지식의 부족과 종교문화의 마찰이 가져오는 역사의 진실에 대해 깊은 통찰력을 가져야 하리라고 봅니다. 시대도 모르고 통곡의 벽에 와서 기도나 하고 있습니다. 무엇보다도 '말씀 없이 기도하면 하나님께서 가증히 여기신다'고 하는 말씀의 무지는 만 악의 뿌리이기에 세례자 요한도 예수님도 말씀에 귀가 없는 그들에 대해 '뱀의 자식들', '독사의 새끼들'이라마 3장, 23장 분노하는 것입니다. 사도 바울도 "만일 우리 복음이 가려졌으면 망하는 자들에게 가리운 것이라"고고후 4:3고 나무라면서 제발 율법의 수건을 벗고 성경을 읽으라고 여섯 번이나 충고합니다.고후 3:13-18 '하나님의 비밀인 그리스도'골 2:2를 찾지 못하면 그들의 믿음은 참으로 다 헛것입니다.요 5:39; 행 13:27; 고전 15:17

내 백성이 나를 아는 지식이 없어서 망한다호 4:6

이제 이 글을 결론지으려 합니다. 이스라엘 사람들은 '제3 성전' 문제로 국수주의적인 민족혼을 찾겠다고 하기 전에, 먼저 옛 언약과 새 언약렘 31:31-32의 차이부터 먼저 깨달아서 옛사람의 옷을 벗어야 할 것입니다.

개정 관련 보도', MBC 뉴스; '러시아 핵 교리와 미국 반응 분석,' 경향신문; '핵무장 및 억제 체계 관련 국제 분석', 중앙일보·로이터 등]

옛 언약과 새 언약의 차이를 몇 가지만 열거해 봅니다.

새 언약New Covenant ✨

(1) 옛 언약은 모세의 율법으로 '돌판돌비'에 새겨졌다는출 24:12, 34:28; 고후 3:3 점입니다. 반면 새 언약은 어린 양 '예수의 피'로 세운 것으로,눅 22:18-22; 렘 31:31-32 주된 내용은 "라헬의 통곡"렘 31:15; 마 21:18인데, "철장 권세로 가진 복음새 언약의 아들 없음"에 대한 애곡哀哭이 있습니다. 이 새 언약은 자유의 약속갈 4:22-26을 담고 있으며 회복될 신앙공동체와 맺어진 것으로, 포로 귀환을 넘어 메시아 시대로 확대되며, 특히 이스라엘 죄에 대한 영원한 속죄를 선언하고, 이는 영원한 언약 백성이 될 수 있는 근거인 동시에 새 생명의 창조를 의미합니다. 유대인들은 고토故土로 돌아오고 나라가 건국되었음에도, 말씀에 눈이 멀어 있어서 이 기본적인 언약의 핵심과 새 언약의 내용도 인지하지 못하고 옛날 그 성전산에 하나님의 전을 짓겠다고 하는 실정입니다. '새 술은 새 부대에 담아야 한다'마 9:17는 경구도 모르고 있는 것 같습니다.

(2) 옛 언약은, '율법에 새긴 글자들로 죽이는 것'입니다.고후 3:6 반면 새 언약은, '하나님의 영, 곧 그리스도의 영은 자유와 생명을 준다'는 것입니다. 예수님은 부활 승천하신 후 아버지로부터 기름 부으심을 받아 그리스도, 곧 메시아가 되시고 보혜사, 진리의 성령으로 오셔서 가르치시고 도우시고 또 변호자 역할을 하시면서 성도들을 만 진리복음 가운데로, 또 다가오는 일들에 관해서도 가르쳐 주십니다.요 15:26; 16:13, 23-25 고린도전서 15장 45절로 말하면, "그는 죽으셨지만, 그리스도가 되시어 살려주시는 영, 곧 생명 주시는 영으로 성도들에게 다시 오신다는 것"입니

다. 유대인들은 이 새 언약의 약속을 모르고 있습니다.

(3) 옛 언약의 율법은 정죄형벌, 심판를 가져오나,고후 3:9 새 언약은 의를 가져옴으로, 의인은 그 믿음의 생활로 살되, '주님 재림의 믿음으로 산다'합 2:4; 롬 1:16는 것입니다. 성루에 선 자들, 곧 파수꾼이 돼서 주님의 오심을 시대의 징조를 보면서 살피고 전합니다. 이사야처럼 수치를 무릅쓰고라도 "북방 노략비진리 세력의 침투이 속히 온다"는 '마헬살랄하스바스' 메시지를 외치며, 바벨론에서 나와렘 51장; 계 14:7-10, 17-18장 주님의 재림을 준비하라는 생명 전령사들의 임무를 다합니다. 그들은 종말 예언의 말씀들을 꿀 같이 먹고 듣든지 아니 듣든지,겔 2:7-3:2 나아가, 애곡과 애가와 재앙이 있는 종말의 말씀을 전합니다. 그렇지 않으면 '그 영혼의 피 값을 찾겠다'겔 3:18는 하나님의 말씀을 가슴에 새깁니다. 마치 바울이 "전도하지 않으면 내게 화가 입으리로다"고전 9:16 하고 떨 듯이 말이지요. '때를 얻든지 못 얻든지 전한다'딤후 4:2고 하는 선교 대명눅 14:23; 계 10:11은 새 언약의 강령이기도 합니다. 이 점은 '자유케 하는 진리,'요 8:31 곧 생명 복음의 자발적인 실천 사항으로써, 율법의 종으로 속박당해 있는 옛 언약과는 너무도 다른 것입니다.

(4) 옛 언약은, 바울이 지적하듯이, 사라질 것이나 새 언약은 사람들을 살리는 것고전 15:45으로 영원히 남습니다.고후 3:4유대인들은 이 사실을 모르고 있습니다. 일촉즉발의 세계 전쟁 위기 상황은 이사야서 7장과 8장의 상황과 같습니다. 당시 북쪽에는 거대한 아람 제국의 르신왕과 에브라임과 북이스라엘의 르말리야의 아들 베레갸가 공동 전선으로 남 유다를 치려고 했습니다. 아하스 왕과 유다 백성은 사시나무 떨듯 모두 떨었다고 했습니다. 하나님께서는 그때 이사야에게 '윗못예루살렘 대로 북쪽 끝에 있는 수도 끝, 세탁자의 밭 큰길에 있는 아하스를 만나, 낙심하지 말

라'[사 7:3]는 메시지를 전하라고 합니다. 그리고 '하나님께서 도와주시겠으니 표적을 구해보라'고 합니다. 그런데도 왕은 구하지 않습니다. 그래서 이사야는 그 큰 전쟁의 위기 앞에서 '북방의 노략이 속히 온다'는 하나님의 메시지를 큰 서판에 적고는 수치를 무릅쓰고 벗은 몸, 벗은 발로 3년 동안이나 백성에게 전합니다. 지금 여기서 하나님께서 도와주시겠다는 기쁜 소식을 거절하는 완고한 아하스 왕은 '옛 언약구약'이고 조롱과 멸시 천대를 무릅쓰고 주 하나님의 기쁜 소식 복음을 전하는 이사야는 신약의 '하나님의 일꾼'들입니다. 그는 계시록 14장에 나오는, 대 환난을 앞두고 '영원한 복음'[계 14:6]을 전하는 생명의 전령사들입니다. 지금 이스라엘은 이슬람 사람들에게 맹폭을 가하여 수많은 사람을 죽이고, 건물들 심지어 병원까지 폐허가 되게 할 것이 아니라, 또 제3 성전 재건 문제로 세계를 불안케 할 것이 아니라, 이사야서가 주는 의미를 진정 깨달아야 하는 것입니다.

정말이지 지금 이스라엘의 정통 유대인Orthodox Jews들은 성전산을 중심으로 그들이 세계에 불을 지르고 있다는 것을 깨달아야 합니다. 이사야 때의 상황이나 지금의 상황이 같습니다. 언제까지 이슬람 세력을 지구에서 없애겠다고 미국의 군사력까지 도움을 받아[316] 가면서 천인 공노

316 2025년 6월 21일, 미국은 이란의 핵시설 3곳(Fordow, Natanz, Esfahan)을 정밀 폭격하는 '한밤의 망치 작전'Operation Midnight Hammer을 단행했다. 이 작전은 이란-이스라엘 간 무력 충돌이 격화된 가운데, 미국이 직접 개입한 첫 사례로 평가받고 있다. 공격 방식으로는 -> 공군 B-2 스텔스 폭격기 7대가 미 주리주 화이트맨 공군기지에서 출격 -> 벙커버스터 GBU-57 폭탄 14발 투하(포르도에 12발, 나탄즈에 2발) - 미 해군 잠수함에서 토마호크 순항미사일 30발 발사 (나탄즈와 이스파한 타격) -> 공중급유기와 미끼용 B-2 편대도 작전에 포함되어 이란을 교란. 이 작전은 단순한 군사행동을 넘어 중동 정세의 판도를 흔드는 사건으로 유엔 등은 확전 우려 표명, 외교적 해법 촉구했다. [출처: 서울신문, 2025.06.22; 연합뉴스, 2026.06.23; 머니투데이, 2025.07.17; 미국 NBC방송, 2025.06.17. 현지 시간]

天人共怒할 무력권을 계속하겠습니까?

유프라데 강에 결박된 '네 천사'와 하나님의 인치는 역사

계시록은 마지막 때에 땅의 사방에서 네 바람이 부는데, '하나님 말씀의 성령의 인침印沈, Divine Seal of God's Word'엡 1:13의 역사가 복음의 장자들에게 끝나기까지는 이 바람이 제어된다고 했습니다. 예수님께서 말씀하시길 복음이 땅끝까지 전해지면 재림하신다고 했는데, 이사야서는 큰 서판을 취해 통용 문자로 써서 달려가면서도 읽을 수 있도록 했지만, 현재 복음은 초과학 기술의 SNS 작동으로 땅끝 어느 곳에도 다 들어갔습니다. 따라서 이스라엘은 지금 천문학적인 군사비용을 들이면서까지 사람들을 죽이는 전쟁 바람에 동참할 것이 아니라, 전 국민이 기도하고 복음 공부와 십자가의 도, 그 하나님 말씀의 인치는 일에 매달리면, 하나님께서는 그 기도를 들으시고, 예루살렘을 중심으로 한 갈등과 긴장도 풀어 주시며 그들의 땅을 고쳐 주실 것입니다.대하 7:14 이것은 한국 경우도 마찬가지입니다. 교회가 거국적으로 금식하며 기도할 때, 하나님께서 "북방 군대의 전군은 동해로, 후군은 서해로 몰아넣어 멸하시리니, 상한 냄새가 일어나고 악취가 오르리라"고 말씀하지 않으셨습니까.욜 2:20

이제 하나님 말씀의 인치는 역사가 끝나면, 유브라데에 결박되어 있는 악의 천사들이 풀려나고, 그 악의 하수인들이 나와서 세계를 공포에 몰아넣게 되는데 거기에 동원되는 군대는 2억 명이나 되고, 그들이 사람 삼분의 일1/3을 죽인다고 성경은 알리고 있습니다.계 9:15-16 미국의 2

025년 국방비 예산은 약 8,953억 달러약 1,243조 원이고 자체 보유의 핵만으로도 지구를 50번 이상 폭발시킬 수 있다고 합니다.[317] 앞에서 언급한 대로, 지난 3월엔 트럼프가 젤렌스키에게 세계 3차 대전이니 핵전쟁이니 하는 말을 서슴없이 했던 이유입니다.

영과 혼이 없는 사람은 살아있어도 죽은 사람이듯이, 이스라엘이든 미국이든 '칼을 드는 자는 그 칼로써 망할 것'마 26:52입니다. 바라건대 이스라엘은 '성전산'으로 이기려고 하지 말고, 하루라도 빨리 예수님 피의 새 언약인 십자가 앞으로 나아와, 그 십자가의 힘으로 이스라엘을 둘러싸고 있는 마성적 세력들이 물러가게 해야 할 것입니다.

플라톤이 『공화국』에서 '폭력과 복수Violence and Revenge'는 '영원한 복수의 연속'만 있게 한다고 했듯이, 바위 돔과 알아크사 사원을 뺏거나 부순다고 일이 끝나는 것이 아닙니다. 지난 세기 기독교 교단들의 죄악사가 보여주듯이, 서방 기독교 국가들이 성경 뒤에 대포를 싣고 가는 제국주의적 우를 범하지 말고, 사도 바울이 "한 사람이라도 더 구하기 위해서 모든 것을 한다"고전 9:22-23고 하듯이, 겸손한 태도를 지니고 선한 사마리아인이 되어 이웃 이슬람 백성들을 한 사람이라도 더 십자가 앞으로 나오게 하는 것밖에는 길이 없는 것입니다. 그것이 '평화의 터'라는 예루살렘이 할 도리입니다.

아직도 수건을 쓰고 있는 유대인들

317 이는 2024년보다 약 1% 증가한 수치이며, 미 국방부는 이 예산을 중국과 러시아의 군사적 위협에 대응하고, 핵 억제력과 사이버 방어 능력을 강화하는 데 집중할 계획이라고 발표했다. [출처: 미국방부 DoD, 국방정보국 DIA]

유대인들이 옛 언약과 새 언약의 관점에서 놓치고 있는 것은, 한 가지만 더 언급한다면, 유대인들은 아직도 '말씀 앞에 얼굴을 가리고 있다'[고후 3:13-16]는 점입니다. 사도 바울의 말씀대로 하자면 그들은 수건을 덮고 성경을 읽는다는 것입니다. 이스라엘 백성들은 얼굴을 가리지 않으면 하나님의 영광을 바라볼 수 없다고 생각합니다.[고후 3:13] 반면 새 언약은 사람들이 누구나 예수님께 나오면 하나님의 영광을 보게 된다는 것입니다.[고후 3:16, 18] 그럴 뿐만 아니라 '진리를 알아 자유케 되고'[요 8:31] 하나님의 아들을 믿는 것과 아는 일에 하나가 되어 온전한 사람을 이루어 그리스도의 장성한 분량이 충만한 데까지 이르면,[엡 4:13] 그리스도처럼 '영광의 몸'이 된다는 것입니다.[고후 3:17; 빌 3:20; 요일3:2] 그래서 '예수님께 나오면 하나님의 영광을 보게 된다'는 말은 '하나님의 아들이 되는 신령한 몸이 된다'는 말입니다. 성도들이 그리스도의 영과 하나 되면[롬 8:9-16] 맏아들 되시는 예수님을 따라 하나님의 아들들[헬)υἱοθεσία, 휘오스]이 된다고 하지 않습니까. 주님의 복음의 영광스러운 광채[고후 4:4]를 보기 위해선 반드시 율법의 수건을 벗어야 합니다. 수건을 쓰고 성경을 읽으면 하나님의 영광을 바라보지 못할 뿐만 아니라, 하나님을 아버지라고 부르는 특권도 가져볼 수[롬 8:15; 요1:12]가 없습니다.

옛 언약의 영광은 사라지는 것이지만[고후 3:11] "새 언약의 영광은 '자유의 영', '주의 영'으로 영원히 더해 간다"[고후 3:18]는 것이 신약의 핵심 사상 중의 하나입니다. 그리고 하나님의 일을 한다는 것은 보내신 자, 아들 예수 그리스도를 알고 믿는 것[요 17:3; 6:27]인데, 유대인들은 신약을 아예 덮어놓고 한 페이지도 읽지 않겠다고 하니 이것은 하나님을 아는 지식이 없음으로써, 망하기로 작정한 사람들[호 4:6]의 태도가 아니겠습니까. 그뿐만 아니라 영생[요 5:39, 6:53-58]에도 전혀 관심이 없다는 태도입니다.

비극이다 못해 희극인 성전산 문제

이스라엘 사람들이 바위산 돌을 보는 눈은, 희극이다가 못해 비극을 방불케 합니다. 유대인들은 자국 역사의 영광스러운 영적 전통을 알고 있습니다. 그것은 하나님께서 그들에게 내려주신 계시로 된 하늘 문서이지만 그들은 그것을 율법의 창고 속에 봉한 책으로 보관하면서,사 8:16 승화된 복음의 세계, 계시로 된 신약의 하늘이 있다는 것을 모릅니다. 마치 이슬람의 사람들처럼 그들의 변화에 반대하고 전통에만 고착하는 복고주의자입니다. 전통적 질서만을 옹호해서는 역사의 진취란 있을 수가 없지요. 하나님의 계시 역사는 미래를 열어가는 힘이 있기에 반드시 세계 앞에서 승화되는 객관성이 있어야 합니다.

예루살렘의 모리아 산만이 그들의 거룩한 제단이고, 스룹바벨 단체가 70년 포로 생활에서 돌아와 동족과 사마리아인들의 방해로 16년 동안이나 공사가 중단되었다가, 20~22년 만에 겨우 완공BC 516년: 성전 완공 및 봉헌,라 6:15한 그 작은 성전은 마지막 때 열국을 심판할 때 쓰이는 그리스도의 '머릿돌'이 있는 제단,슥 4:7-10 하나님의 '인印, seal'이 있는학 2:23 제단이라는 것을 알아야 합니다. 비진리의 큰 산을 박살 내는슥 4:7 그 복음 말씀의 제단은 하나님의 신영이 운행하는 제단슥 4:6입니다.

이스라엘은 미국산 전략 무기인 핵과 미사일, 그리고 이스라엘 항공우주산업IAI과 라파엘사가 공동 개발한 드론과 아이언 돔Iron Dome 방어체계로 중동을 공격하고 예루살렘의 모리아 산을 지키려고 할 것이 아니라, 옛날 제사장 나라로 택함을 받은 민족출 19:4-7답게, 세계 선교의 구심력으로 주신 '살아계신 하나님'의 그 '살아있는 말씀'을 가지고 종교문화 속에서도 하나님 진리 중심의 가치 창출을 위한, 서로가 나눌 수 있고 감동될 수 있는 정신문화 진작을 위해 온 힘을 쏟아야만 합니다. 3천5백 년 전, 시내산에서 받은 그 언약을 지니고 언제까지 선민의식이나 가지면서 아직도 다른 메시아나 기다리고 있겠습니까. '**법고창신**法古創新 **자아작고**自我作古'318 예수님께서도 말씀하시듯, '새 술은 새 부대'에 담아야지요.마 9:17 부질없이 사는 인생들도 그렇고, 시간의 환각밖에 안 되는 허망한 역사도 그렇고, 이제 '주님의 날'도 가까운데 다들 개인이든 국가든 자아와 집단이기주의의 벽을 깨고 나와야 합니다. 그러지 않는 한 우리 모두는 개인이든 교회든 국가든 모두 에바Eba319 속에 있는 죄악 많은 여인교회와 성도 상징처럼 시날Shinar 땅의 바벨탑 앞으로 옮겨질 것입니다.슥 5:5-11

다시 한번 하나님은 묻습니다. "*아담아, 네가 어디 있느냐?*"창 3:7 "*아담*인간*아, 네가 무엇을 했느냐?*"창 4:10 하나님은 지금 똑같은 물음을 이스라엘과 '영적 이스라엘세계 교회'에 던지고 있습니다.

---

318 "법고창신法古創新의 "뜻은 "**옛것을 본받아 새것을 창조한다**"로, 그 출처는 조선 후기 실학자 연암 박지원의 문학론, 『초정집서』楚亭集序에서 유래한다. "자아작고自我作古"의 뜻은 "**내가 스스로 옛것의 기준이 된다.**" 또는 "**내가 처음으로 모범을 만든다**"이며, 그 출처는 중국 당나라의 역사서 『구당서』舊唐書 「고종본기」이다. 배경을 살펴보면, 당 고종이 황태손을 세우려 하자 신하가 전례가 없다고 반대하자, 고종이 "**내가 스스로 옛것을 만들면 되지 않겠는가**"自我作古라고 응답한 데서 유래하였다. 그 의미는 전례나 관습에 얽매이지 않고, 스스로 새로운 기준을 세우는 창조적 태도라 할 것이다. 두 표현 모두 창의성과 전통의 균형을 강조한다. '법고창신'은 전통을 기반으로 한 혁신을, '자아작고'는 기존 틀을 넘어서는 독창적 개척을 상징한다. 이러한 정신은 학문, 예술, 신앙, 리더십 등 다양한 분야에서 새로운 길을 여는 사람의 자세를 잘 보여준다.

319 "**에바**"는 스가랴서 5장 6-8절에 등장하는 개념으로, 곡식의 양을 측정하는 도구이지만, 성경에서는 '**죄악을 상징하는 요소**'로 사용된다. 에바 속에 있는 여인은 악을 상징하며, 하나님께서 이를 심판하시는 장면이 나온다. 당시 이스라엘 백성이 이방 신을 숭배하며 음행을 저질렀던 것과 연결되며, 납 조각으로 에바의 뚜껑을 덮는 것은 악한 세력이 제한됨을 의미한다.

"다림줄", 하나님의 인과 머릿돌이 있어야 사는 교회

여호와 하나님께서 제2 성전이던 스룹바벨 성전을 허용하시면서 "이스라엘에 복을 주시겠다"슥 1:19 하셨는데, 이 약속은 '새 마음'으로 성전 짓겠다는 마음을 두고 하신 말씀이고, 그 새 마음 교회에는 "내가 불로 둘러싼 성곽이 되어 주시겠다"슥 2:5는 것입니다. 하나님께서 직접 보호하시며, 불 성곽으로 둘러싸여 영광을 나타내실 것입니다. 그래서 하나님은 하나님의 기준과 심판을 나타내는 도구인 측량 줄,슥 2:1-13; 암 7:7 '말씀의 줄'을 가진 자를 예루살렘에 보냅니다. 그래서 스룹바벨의 교회는 말씀의 '다림줄'이 있고 '인印'이 있고 '머릿돌'이 있는 교회였습니다. 바로 이렇듯이, 이스라엘은 바벨론 70년 포로 생활에서 돌아와 지은 이 스룹바벨 말씀 성전을 지어야 합니다.암 7:7-8

그런데도 하나님이 주신 제사장 국가로서의 비전은 다 잊어버리고 제사예배에 쓸 송아지들이나 확보했다고 기뻐하고 있으니, 하나님께서 얼마나 한탄하시겠습니까. 하나님은 이스라엘이 말씀을 가지고 돌아오기를 기다리십니다.호 14장

> **나는 인애서로 사랑를 원하고 제사예배를 원치 아니하며 번제보다 하나님을 아는 것을 원하노라**호 6:6
>
> **너희는 나를 누구라 하느냐?**마 16:15

선민選民이라고 하면서, 성지聖地라고 하면서, 바벨론에서 나오지 못하고 혼합된 포도주나 마시고 있으며 세계 동성애의 축제장Gay Pride Parade[320]

---

320 이스라엘에서는 매년 "게이 프라이드 퍼레이드"Gay Pride Parade가 열리며, 특히 텔아비브는 세계적으로 유명한 성 소수자 축제의 중심지 중 하나이다. 이 축

이 되어 있는 이스라엘은 지금 회개하고 십자가 앞으로 돌아오지 않으면 여호와의 진노를 면치 못할 것입니다.

> **이스라엘아 네 하나님 여호와께로 돌아오라. 네가 불의함을 인하여 엎드려졌느니라. 너는 말씀을 가지고 여호와께로 돌아와서 아뢰기를 모든 불의를 제하시고 선한 바를 받으소서. 우리가 입술로 수송아지를 대신하여 주께 드리리이다.** 호 14:1-2

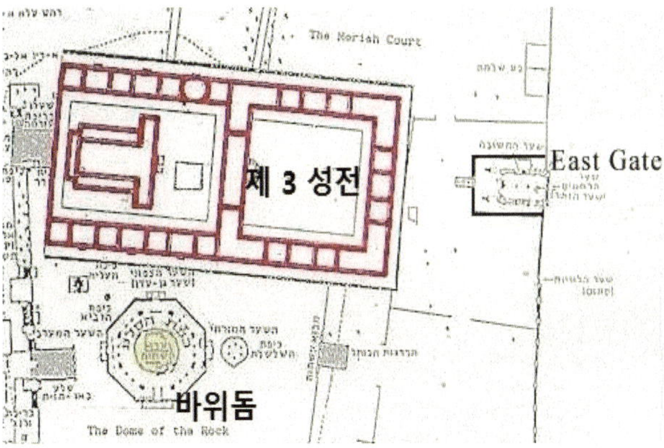

https://steemit.com/kr/@dudulee/6tnmfb-3

제는 1993년부터 시작되어 텔아비브시가 1997년부터 이 축제에 재정 지원을 해왔고, 해당 연도에는 약 100만 달러한화 약 12억 원를 지원했다는 내용도 포함되어 있다. 현재는 전 세계에서 가장 큰 성 소수자 행사 중 하나로 자리 잡았으며, 매년 수십만 명이 참가한다. [관련 기사; - 이스라엘서 20만 명 집결 성 소수자 축제 (한겨레) - '성경의 땅' 이스라엘 메운 동성애자들 (데일리굿뉴스) - '이스라엘서 동성애자 축제…20만 명 모여'(KBS 뉴스, 2016.6.6 보도]

17 우리 주 예수 그리스도의 하나님, 영광의 아버지께서 지혜와 계
시의 영을 너희에게 주사 하나님을 알게 하시고
18 너희 마음의 눈을 밝히사 그의 부르심의 소망이 무엇이며 성도
안에서 그 기업의 영광의 풍성함이 무엇이며
19 그의 힘의 위력으로 역사하심을 따라 믿는 우리에게 베푸신 능력
의 지극히 크심이 어떠한 것을 너희로 알게 하시기를 구하노라

- 에베소서 1장 17-19절(개역개정)

예수 시대 예루살렘의 모습을 재현한 모형도
ⓒ 예루살렘 박물관

묵상 적용과 토론을 위한 질문 [9부 마지막 시대에 대한 인식과 준비]

1. 구약의 '여호와의 날'과 신약의 '예수 그리스도의 재림'은 모두 심판과 구원의 양면성을 지니고 있습니다. 여러분은 오늘날 종말 신앙이 개인의 삶과 사회적 책임에 어떤 균형을 주어야 한다고 생각합니까?

2. 다니엘서의 예언처럼 과학과 지식의 폭발적 발전, 4차 산업혁명, AI와 네트워크 혁명이 종말의 징조로 해석되기도 합니다. 여러분은 이러한 문명사적 변화를 단순한 기술 진보로 볼 것인지, 아니면 성경적 종말론의 맥락에서 어떻게 이해해야 한다고 생각합니까?

3. 요한계시록의 새 예루살렘은 단순한 지상 도시가 아니라, 하나님의 임재와 영광이 충만한 하늘의 도성으로 묘사됩니다. 여러분은 이 새 예루살렘의 비전이 오늘날 신앙인과 교회에 어떤 희망과 도전을 주며, 개인적으로는 어떤 준비를 하게 만든다고 생각합니까?

4. 본 단락은 예루살렘을 '하나님의 눈동자요, 약속의 중심'으로 묘사합니다. 여러분은 오늘날 국제정세 속에서 예루살렘이 갖는 신학적·영적 의미를 어떻게 이해하며, 개인의 신앙 여정에서 '예루살렘을 사랑하라'는 말씀을 어떻게 실천할 수 있다고 생각합니까?

5. 본 단락은 제3성전 재건과 관련된 예언적 긴장, 그리고 적그리스도의 등장과 교회의 환난을 언급합니다. 여러분은 성전 재건 논의와 종말의 징조를 바라보며, 현대 교회와 개인 신앙이 어떤 태도로 준비해야 한다고 생각합니까?

6. 제3 성전 건축 논의는 유대교·이슬람·기독교 사이의 영적·정치적 긴장을 불러일으키고 있습니다. 여러분은 동양의 '조화와 순환' 세계관과 서양의 '종말과 완성' 세계관을 비교할 때, 성전 재건 문제를 어떻게 바라볼 수 있다고 생각합니까?

7. 본 단락은 이스라엘이 참된 메시아 대신 정치적·군사적 영웅을 받아들일 위험을 경고합니다. 오늘날 우리는 '거짓된 구원자'나 '가짜 평화의 해결사'를 어떤 모습으로 경험할 수 있으며, 이를 분별하기 위해 개인과 교회는 어떤 영적 준비가 필요하다고 보십니까?

8. 스가랴서의 예언처럼 예루살렘은 열방 갈등의 중심이자 '취하게 하는 잔'이 될 것이라고 합니다. 여러분은 오늘날 국제정세와 종교 갈등 속에서, 교회와 신앙인들이 예루살렘 문제를 어떻게 바라보고 참여해야 한다고 생각합니까? 단순한 정치적 입장이 아니라, 신앙적·윤리적 차원에서의 적용을 고민해 보십시오.

묵상 적용과 토론을 위한 질문 [동양과 서양의 마음 종합]

1. 플라톤은 이데아를 통해 변치 않는 진리를 사유하고, 불교는 진여(眞如)를 통해 무상한 세계 너머의 실상을 직관합니다. 여러분은 이 두 사상이 제시하는 초월적 실재 개념이 인간의 삶과 신앙에 어떤 의미를 주며, 기독교의 하나님 개념과 어떻게 대화할 수 있다고 생각합니까?

2. 동양은 자연과의 조화를 중시하며 순환적 시간관을 갖고, 서양은 선험적·목적론적 역사관을 강조합니다. 여러분은 이 두 시간관이 인간의 존재 이해와 종말 인식에 어떤 영향을 주며, 기독교의 종말론과 어떻게 연결될 수 있다고 보십니까?

3. 본문은 뉴 에이지 운동을 동서양 사상의 융합 현상으로 이해하면서도, 그 안에 그리스도의 십자가가 부재하다는 점을 지적하며 기독교의 정통성과 선교적 책임을 강조합니다. 그렇다면 무신론이 확산되고 종교다원주의가 일상화된 오늘날, 다양한 사이비 영성 운동이 범람하는 상황 속에서 기독교는 어떠한 정체성과 태도를 견지해야 하며, 타 종교와의 대화 가운데 어떤 선교적 전략을 모색해야 한다고 생각하십니까?

4. '만법귀일, 일귀하처? 시심마?'는 모든 존재가 하나의 근원으로 돌아간다는 선불교의 직관적 진리 인식을 상징하며, 진리의 자리를 언어와 개념 너머에서 묻는 화두입니다. 그러나 기독교는 진리를 상대적 개념이 아닌, 예수 그리스도의 십자가 안에서 계시된 절대적이고 인격적인 '영생의 말씀'으로 이해합니다. 여러분은 선불교의 직관적 진리 인식과 기독교의 십자가 중심 진리 개념 사이의 차이를 어떻게 이해하며, 오늘날 진리를 상대화하는 경향 속에서 기독교는 어떤 기준과 태도를 지녀야 한다고 생각합니까?

에필로그

플라톤이 『공화국』에서 지적하듯이,
원래 벌판은 하나였는데,

인간이 자기 밭을 가지게 되면서부터
그것을 지키기 위해 사병들을 세움으로써
국경이 생기게 되었다.

세상이 진실로 종교적이었을 때는
성자들도 없었는데….

오! 하나님, 우리들로 하여금
이 바보들의 행진을
이제는 멈추게 하소서.

그리고 우리로 침묵케 하소서. - 아멘!

- 하중당에서

필자는 1972년 4월 22일, 박정희 공화당 정부의 길전식吉典植 사무총장이 주관했고, K.B.S. 중앙방송국이 전국에 중계했던 〈전 국민 단합대회〉 연설에서 원고의 예비 심사와 함께 개별 사상 면접을 거쳐 최종적으로 선별된 몇 사람과 함께(예비 심사는 당시 퇴계로 2가 세종호텔 2층 소재 중앙정보부 민사 심리 분실에서 있었음) 청와대 바로 밑 진명여고 삼일당 대강당에 섰던 적이 있다. 면접을 포함한 예비 심사에서는, 1963년 6월 국가재건 최고회의 시절 국회의사당의 의장 단상에서 실시한 전국 고교생 웅변대회에서 특등상을 받은 것도 참고가 되었던 것 같다. 사실 그 웅변대회 때의 제목은 〈다시 한번 4.19를 일으키자〉였고, 주된 내용은 '저 시청 앞의 도깨비 집, 코리아나 호텔Koreana Hotel의 일본 매판자본을 규명하라'는 완전 정치 연설인데도 심사석은 고교생이 가진 순수한 애국심만을 보았던지, 국방부 장관 김성은해병 중장과 각료들과 의원들이 단상 뒤에 착석하고 있는데도 최고상을 주었다(일등은 부산 데레사여고 학생).

1972년 4월, 그때는 정부가 3선 개헌 후 헌법에 규정된 대통령의 행정 권한으로 준 계엄령이든 위수령 등 특별조치법을 연속 공표하던 시기였는데, 유신정권의 통치 강화와 함께 중앙정보부장 이후락李厚洛씨가 박 대통령의 밀사로 비밀 방북, 김일성과 비밀회담을 하여 7.4 공동성명의 단초를 만든 1972년 5월 2일 사건이 있기 10일 전이었다. 대형 극장식으로 건축된 현대식 대강당 삼일당三一堂 단상 뒷벽에는 〈전 국민 대단합〉이란 커다란 플래카드가 좌우에 내려 걸리어 있었는데, 필자는 중앙정보부에 사전 제출했던 원고와는 전혀 관계가 없는 '남북 이산가족 찾기'만을 주된 내용으로 삼아 원고도 없이 온 마음과 힘을 다해 대국민 연설을 했다.

> 생체의 잔등을 잘라놓은 듯한 저 무참한 아픔, 삼팔선. 끊어진 철길 위로 무수한 총탄 자국과 흉물스럽게 누워있는 〈철마는 달리고 싶다〉는 증기 기관차의 유해. 북녘땅을 향해 기관차도 저렇게 달리고 싶다고 울부짖는데, 일천만 명의 이산가족을 낸 인류사 최대의 비극인 동족상잔의 핏자국인 한반도의 이산가족 문제에 정부가 국제적십자사ICRC에 호소하고, 또한 국제 사회 세계 시민들에게 동정과 동감을 구하여 이산가족 찾기 운동을 시급히 해야만 한다….
>
> 엄마가 아들이 살아 있는지, 아버지가 임진강에서 손을 놓쳐버린 딸의 생사를 모른 채 시산혈해屍山血海를 이루었던321 이 한 많은 조국 코리아!

321 1950년 6월 25일부터 1953년 7월 27일까지 약 3년간 지속된 6·25전쟁은 남북한 군인과 민간인을 포함해 총 사상자 수가 300만 명을 상회하는 대규모 인명 피해를 초래한 현대사의 비극적 사건이다. **국방부 군사편찬연구소**의 집계에 따르면, **남한 측** 군인 피해는 전사 137,889명, 부상 450,742명, 실종 32,838명을 포함해 총 621,479명에 달하며, **유엔군** 피해는 전사 40,670명, 부상 104,280명, 실종 9,931명으로 총 154,881명으로 집계된다. 민간인 피해 또한 심각하여 사망 244,663명, 피학살 128,936명, 부상 229,625명, 납치 84,532명, 행방불명 393,212명 등으로 나타나며, 부상자·실종자 합계는 475,237명에 이른다. 북한 및 중공군 측 피해는 북한군 약 801,000명, **중공군** 약 1,234,000명으로 총 2,035,000명에 달하며, 양측 군인 피해만도 약 322만 명에 이른다. 이처럼 전쟁 기간 동안 남북한을 합쳐 수백만 명이 사망·부상·실종되었고, 수백만 명이 피난민으로 전락했으며, 전체 인구의 절반 이상이 직·간접적으로 전쟁 피해를 입은 것으로 평가된다. 이러한 통계는 6·25전쟁이 단순한 군사 충돌을 넘어, 한반도 전체에 걸친 인도적·사회적 재난이었음을 보여준다. [출처: 6.25전쟁 피해통계, 국가기록원; 『6.25전쟁 통계자료집』, 국방부 군사편찬연구소]

> 박정희 공화당 정부는 언제까지 이 조국의 비극을 넋을 놓고 바라보기만 할 것인가? 우리에게 조국이 있는가? 박정희 정부는 도대체 어느 때까지 생사도 모르는 가족과 허리가 잘린 조국의 비극을 방치만 하고 있을 것인가? 하늘이여 땅이여, 이 슬픈 백성의 탄성을 들어라!
> 하면서 눈물로 호소했다.

이산가족 문제는 남북 분단 때문이고, 분단의 원인은 2차 대전 후 강대국 외교의 무단 전횡 때문이므로, 정부는 그 책임을 국제 사회에 묻고, 특히 20세기의 미아로 같이 분단국의 아픔을 겪고 있는 독일과 베트남 정부와는 통일 논의를 위한 외교적 협력 관계라도 주도권을 잡고 시작해 보라고 단상을 치며 강력하게 외치는데, 6, 7분쯤 되었을까. 그 순간 연단 좌우에서 검은 양복을 입은 사람 둘이 부드럽게 필자에게 접근해서는 하단해 줄 것을 속삭이듯이 말하는 것이었다. 방송 사고를 우려해서 표나지 않게 하는 행동이었다.

그 시간 이후로 필자는 중앙정보부로부터 두 사람이 담당하는 요시찰 감시 인물이 되었고, 그들의 지속적인 신변 감시로 인해 직장도 그만두고 결혼과 함께 망명 유학 아닌 망명 유학으로 출국하게 되었다. 1974년 7월 11일이었다(당시 요시찰 감시 인물 대상 건은, 약 20년 후 귀국 후에도 안기부 요원 두 명의 방문 조사와 감시를 받은 적이 있다).

삼일당 대강당에서 〈이산가족 찾기〉를 부르짖었던 필자의 호소가 결실을 보게 된 것은 11년 후인 1983년 11월부터 정부가 전국으로부터 이산가족 인적 사항을 파악하고 접수하여 『〈누가 이 사람을 모르시나요?〉의 지속적인 생방송』 최초의 이산가족 상봉이 남한 내의 사람 중에 이루어졌고, 2002년엔 2000년에 있은 남북 정상회담의 결과로 금강산 온정각에서 최초로 많은 수의 남북 이산가족들이 단체적으로 집단 상봉하게 되었다(남측 상봉단 466명, 북측 가족 100명). 그날 TV를 시청하던 사람들은, 내국인이든 세계인이든 모두 울음바다를 이루었다. 1972년 삼일당 대회 연설 호소가 있은 지 30년 만의 결실이었고, 휴전 후론 49년 만의 가족 상봉이었다.

정보부의 감시를 견디다 못해 출국한 필자는 1970년대 중반부터 해외에서 일을 병행하며 대학 학부부터 학업을 시작했다. 뒤늦은 공부지만 역사와 인생의 본질을 알고 싶었는데, 무엇보다도 역사의 암호와 생명의 성숙에 관한 궁극적인 진리를 알고 싶었다. 시간의 환각 같은 허망한 역사, 살처럼 지나가는 한 번뿐인 인생, 영생으로 인도하는 궁극적인 진리를 붙잡을 수만 있다면 가을바람에 새털 격인 부질없는 땅의 일은 대수가 아니었다. 결국 오랜 수학 끝에 필자는 나름대로 눈에서 육의 비늘이 떨어지는 경험을 하게 되었다.

결국 절대자이고 창조주이신 하나님의 중심사상, 그 경륜의 비밀은 그리스도골로새서 2:2라는 것을 알게 되었고, 성경은 하나님 아버지를 찾아가는 대효大孝의 책이라는 것도 깨닫게 되었다. 아버지의 집으로 돌아가야 한다. 집 나간 아들을 기다리시는 아버지. 동구 밖에서부터 목을 끌어안으시는 아버지. 그리고 머리에 가시관을 쓰고, 온몸이 피투성이가 된 채로 지금도 이산가족을 찾으시는 그리스도. "아들아…."

젊은 시절, 이산가족 찾기 운동을 주창했던 필자의 인생 여정이 아버지의 집으로 돌아가야 한다는 신앙 여정과 학문 노정으로 될 줄은 몰랐다.

폭력과 전쟁이란 과오過誤의 기록밖에 없는 인간 문명의 역사는 이제 어둠이 온 땅을 덮어, 인류는 출구 없는 절망의 시대에 이르러 표류하는 로빈슨 크루소『Robinson Crusoe』, 1719, Daniel Defoe가 되었다. 소설 속의 크루소Crusoe라는 이름은 독일어 '크로이츠네어kreut'에 näher가 더해진 말로 '십자가로 더 가까이'라는 뜻이다.

「전국민 단합 대회」
진명여고 삼일당, 1972년

무궁화
https://korelimited.com/blogs/korelimited

그리스도 없이without Christ 사는 문명은 현명한 악마들이 사는 사회다.
아버지의 집으로 돌아가자. 하나님은 사랑이시라,
감사할 손, 주의 은혜.
내가 외롭고 방황할 때, 내가 괴롭고 힘들 때,
내게 힘이 되시는 여호와여, 내가 주를 사랑하나이다.
예수님, 주님의 거룩한 보혈이 이 지구와 남 · 북한 땅을 덮으소서. 아멘.

저자 소개

이 기 반(李基班) 박사
호(號) 여산(余山)

- 캐나다 오타와시 칼튼대 학사 종교학 전공
- 캐나다 토론토대 석사 동양학 전공/중국 사상
- 미국 하버드대 석사 비교종교학 전공 대학 전액 장학금 수혜
- 영국 런던대 대학원 입학 역사학부/국제정치사학부, LSE 영국 외무부 국비장학금 수혜
- 옥스퍼드대 대학원 입학 신학부 영국 교육부 국비장학금 수혜
- 영국 셀리옥 초교파 통합선교대 졸업 세계종교와 선교 전공
- 토론토 낙스 Knox 장로회 신학대학원 수학
- 영국 버밍엄대 대학원 철학박사 비교종교문화신학 전공
- 전 기독교 및 문화문제 연구소 소장, 토론토
- 한경직 목사 초청으로 귀국, 숭실대학교 및 서강대학교 등에서 초빙 강의 / 캐나다 주립대학교 교수직 임명 포기
- 전 세계 복음주의 신학자 협의회 학술위원 런던
- 목사 안수

- 저 술 -

『히말라야의 눈꽃』 (홍성사)

『들의 꽃 공중의 새』 (홍성사)

『예수의 도』 (홍성사)

『묵상의 숲속에서』 (홍성사)

『내 영혼이 은총 입어』 (세풍)

『서방에서 온 현자』, 편저, (분도출판사)

『어느 구도자에게 보내는 편지』 (세풍)

『땅끝까지 이 걸음으로』 (과학과 예술)

『새, 우리들의 선생님』, 존 스토트 저, 이기반 옮김 (IVP)

『동양의 마음•서양의 영성』 (큰빛)

『수국단상』 (추수루) 외 영문논문 다수

찾아보기